THE ROYAL
HORTICULTURAL
SOCIETY

DuMont's Grosse Kräuter-Enzyklopädie

„Gesetzmäßigkeit und Harmonie entdecken wir nur dort, wo unser Wissen zureicht, doch die Harmonie, die sich aus dem Zusammenwirken einer weit größeren Zahl sich scheinbar widersprechender, in Wirklichkeit aber einander ergänzender (uns jedoch unbekannter) Gesetze ergibt, ist noch viel erstaunlicher."

Henry David Thoreau, Walden oder Hüttenleben im Walde, 1854

THE ROYAL HORTICULTURAL SOCIETY

DuMont's Grosse Kräuter-Enzyklopädie

Über 1000 Kräuter – Mit 1500 Farbfotos

Autorin: Deni Bown

DUMONT

Ein Dorling Kindersley Buch

Für PJ, der den Sinn dieses Lebenswerkes versteht, wie auch für unsere Töchter Anna und Dani sowie unsere Söhne Will, Robin und Ben

WICHTIGER HINWEIS
Die Autorin, die Herausgeber und der Verlag können leider keine Verantwortung für die Folgen eines falschen Gebrauchs einer Pflanze durch den Leser dieses Buches übernehmen.

Titel der englischen Originalausgabe:
The Royal Horticultural Society
ENCYCLOPEDIA OF HERBS & THEIR USES

Fografien: Deni Bown, Andrew de Lory, Christine Douglas, Neil Fletcher, Nancy Gardiner, Tony Rodd, Matthew Ward, Steven Wooster

Illustrationen: Karen Cochrane, Martine Collings, Valerie Hill

Bildrecherche: Anna Lord

Aus dem Englischen von Christian Koziol

Redaktion der deutschen Ausgabe: Gaile & Partner, Wiesbaden
Satz der deutschen Ausgabe: Das DTP-Studio Moeres und Karg, Wiesbaden

ISBN 3-7701-3725-6
Printed and bound in Italy by A. Mondadori Editore, Verona

INHALT

GELEITWORT 6
VORWORT DER AUTORIN 7
DER AUFBAU DIESES BUCHES 8

Klassifizierung der Pflanzen und gesetzliche Bestimmungen 10
Kräuteranbau in der Geschichte 12
Kräuter in Mythen und Sagen 14
Kräuter verändern die Welt 16
Kräuterbücher 18

DIE ANLAGE EINES KRÄUTERGARTENS 20

STRENGE GARTENGESTALTUNG 22
Der geometrische Garten 22
Der Flechtgarten 24
Farbkreis aus Hochbeeten 25

VERSCHIEDENE ENTWÜRFE 26
Ein Potpourri-Kräuterbeet 26
Wiederkehrende Beetmuster 28
Ein Inselbeet mit Küchenkräutern 29

FREI ANGELEGTE GÄRTEN 30
Einzelne Gartenflächen 30
Mittelmeer-Kräuterbeet 32
Kräutergarten mit Waldpflanzen 33

Kräuter unter Blumen 34
Weißes Beet mit Kräutern 34
Gemischtes Beet mit Kräutern 36
Kräuter im Rosengarten 37

Ein Gemüsegarten 38
Ein Garten der Vielfalt 38

Kräuter in Kübeln 40
Ein Kräuter-Blumenkasten 40
Ein Topf für Heilkräuter im Haus 41

Anwendung von Kräutern 42
Kräuter – kulinarisch genutzt 44
Kräuter in der Medizin 46
Kräuter in der Kosmetik 48

Wildwachsende Kräuter 50
Nordamerika 52
Mittel- und Südamerika 54
Europa 56
Afrika 58
Der Nahe Osten 60
Der indische Subkontinent 62
China und seine Nachbarn 64
Australasien 66
Südostasien 67

Der Kräuterkatalog 68
Einschließlich Informationen zu:
Allium 80
Artemisia 88
Capsicum 100
Lavandula 148
Mentha 158
Ocimum 166
Origanum 168
Pelargonium 172
Prunus 184
Rosmarinus 192
Salvia 196
Tanacetum 208
Thymus 212

Die Enzyklopädie der Kräuter 224

Der Anbau von Kräutern 374
Stil und Anlage 376
Auswahl und Anpflanzen der Kräuter 378
Kräuter in Behältern 380
Anbau unter Abdeckungen 382
Laufende Gartenpflege 384
Vermehrungsmethoden 386
Vegetative Vermehrung 388
Die Ernte der Kräuter 390
Konservieren und Lagern 392

Glossar 394
Index 400
Literaturempfehlungen 423
Danksagungen 424

Geleitwort

Im allgemeinen Sprachgebrauch verstehen wir unter Kräutern diejenigen Pflanzen, die wir wegen ihrer aromatischen Eigenschaften oder heilenden Wirkung schätzen. Nicht selten verwenden wir sie im Garten auch nur wegen ihres hübschen Aussehens. Die meisten Gartenliebhaber kultivieren aus der Vielzahl dieser Pflanzen nur einige wenige als Duft- und Zierkräuter, zumeist Einjährige und Immergrüne. Auch bei ihnen ist das Wissen um den kostbaren Wert dieser Kräuter für die Küche und Heilkunst nur schwach ausgeprägt.

Andererseits besteht in der Öffentlichkeit ein großes Interesse an der bemerkenswerten Vielfalt dieser Pflanzen – an der Überlieferung ihrer Kultivierung und ihrer herkömmlichen Verwendung. Dieser Gebrauch ging weit hinaus über ihre Bedeutung als Zierpflanze im Garten. Unsere Wertschätzung für eine Zierpflanze wie die Forsythie oder die Quitte kann sich beispielsweise nur noch steigern, wenn wir dann auch noch von der langen Geschichte ihrer Verwendung in der Medizin des alten China erfahren.

Die britische *Royal Horticultural Society* weiß aus der engen Verbindung zu ihren Mitgliedern und durch die ständigen Kontakte zum breiten Publikum der Gartenliebhaber, daß die Nachfrage nach einem umfassenden sowie anschaulichen Nachschlagewerk über alle Kräuter sehr groß ist. Mit der vorliegenden, von Deni Bown verfaßten *Kräuterenzyklopädie* will sie diesem Interesse nachkommen. Ich empfehle dieses in Ausführlichkeit, Zuverlässigkeit und Bebilderung einzigartige Kompendium der Aufmerksamkeit aller Liebhaber der Kräuter und des Gartens.

Deni Bown hat einen großen Teil ihres Berufslebens der Erforschung und fotografischen Erfassung der Kräuter gewidmet und ihr enzyklopädisches Wissen Gärtnern aus allen Teilen der Welt zur Verfügung gestellt. Alle Liebhaber des Gartens werden es begrüßen, daß die Summe dieser langjährigen Forschungsarbeit in das vorliegende Werk hat eingehen können. Es setzt mit seiner systematischen Beschreibung von über 1.000 Kräutern und mit seinen über 1.500 Abbildungen neue Maßstäbe. Den interessierten Leser wird es besonders erfreuen, daß Teile dieses Buches sich auch mit der Planung und Gestaltung eines Kräutergartens befassen sowie der Sorge um Bewahrung der Artenvielfalt der Kräuter- und Wildpflanzen gewidmet sind.

Möge der Garten- und Kräuterliebhaber mit diesem Buch nun ein hilfreiches, vielleicht sogar unentbehrliches Nachschlagewerk gefunden haben.

Sir Simon Hornby
Präsident der Royal Horticultural Society
London, im Sommer 1995

Vorwort der Autorin

Als mein Interesse an Kräutern wach wurde, gab es in unseren Küchen zumeist nur einige Tüten getrockneter Kräuter. Ich erinnere mich noch lebhaft an mein erstes Essen in einem indischen Restaurant. In meinem Curry-Gericht „schwamm“ etwas, das wie ein welkes Blatt aussah (Lorbeer). Und welch ein Duft erfüllte den Raum, als ich erstmals mit Basilikum in Berührung kam!

In mir erwachten ein tiefergehendes Interesse für den kosmetischen und medizinischen Gebrauch von Kräutern sowie die Neugier, etwas über ihren Anbau zu erfahren. Meine „Bibel“ war das Kräuterbuch von Mrs Grieve („A Modern Herbal“) von 1931. Es war nur spärlich bebildert und kann heutigen Ansprüchen kaum noch genügen. Dennoch bleibt es nach wie vor das umfangreichste Kräuterbuch, das uns zur Verfügung steht.

Etwa seit den 60er Jahren ist das Interesse an Kräutern deutlich gestiegen. Ein Ergebnis dieser Entwicklung ist die gestiegene Verwendungsbreite ihres Nutzens – denken wir zum Beispiel an Gingko: dem Gartenfreund, dem Botaniker, dem Pharmakologen oder dem Kräuterspezialisten wird diese Pflanze unter jeweils verschiedenen Aspekten von Bedeutung sein. Von den neu erforschten Anwendungsmöglichkeiten altbekannter Kräuter und von denen, die erst jüngst bekannt wurden, konnte Mrs Grieve selbstverständlich noch herzlich wenig wissen. Doch haben wir heute auch ganz andere Probleme als sie; wir kämpfen gegen den täglichen Streß an, gegen die Zerstörung unserer Umwelt und den damit einhergehenden Verlust vieler Arten unserer Pflanzenwelt. Zur Zeit von Mrs Grieve machte man sich um die Auswirkungen unserer Importe im Herkunftsland kaum Gedanken. Heute kennen wir solche Probleme und können sie berücksichtigen.

Am Anfang aller Botanik stand die Erforschung der Kräuter. Die Frühformen unserer heutigen Gärten waren folglich Kräutergärten; Kräuter haben im Laufe der Menschheitsgeschichte immer eine große Rolle gespielt. Ihre Bedeutung als Teil der Nahrung, als Gartenpflanze, als Heilmittel, Duftstoff und für kosmetische Zwecke war immer groß. Ich würde mir wünschen, daß Gartenfreunde sich auch dafür interessieren, daß beispielsweise die Pfingstrose auch als Heilkraut Verwendung fand …

Alle Kräuterbücher bauen auf dem Erfahrungsschatz früherer Werke auf. Sie spiegeln das Wissen ihrer Zeit; die *Große Kräuterenzyklopädie* bildet darin keine Ausnahme. Ihr Ziel ist die Zusammenfassung der gegenwärtigen Kenntnisse. Wenn es ihr gelingt, die Neugier ihrer Leser zu wecken und ihr Informationsbedürfnis zu befriedigen, hat sie ihren Zweck erfüllt.

Der Aufbau dieses Buches

DuMont's große Kräuter-Enzyklopädie ergänzt *DuMont's große Garten-Enzyklopädie*. Sie enthält einen außerordentlich umfangreichen Katalog und einen enzyklopädischen Teil über Kräuter, darüber hinaus noch viele andere Themenbereiche.

Der Kräuterkatalog (S. 68-223)

Die in alphabetischer Reihenfolge erscheinenden Einträge zu den einzelnen Gattungen enthalten jeweils eine einführende Beschreibung sowie eine nähere Kennzeichnung der zu dieser Gattung aufgeführten Arten bzw. Sorten. Die Symbole beziehen sich auf die im enzyklopädischen Teil gebotenen Informationen und auf die Empfindlichkeit der Pflanze. Die Fußleisten enthalten eine Auswahl an Trivialnamen.

Die Enzyklopädie der Kräuter (S. 224-373)

Der enzyklopädische Teil bringt Angaben zu jeder Gattung, die im Buch aufgeführt wird – einschließlich einer Reihe von Kräutern, die im Katalog nicht abgebildet sind. In diesem Teil werden Forschungsergebnisse erläutert und der Bezug der Gattung zu Geschichte, Mythos sowie Brauchtum hergestellt. Neben die Angaben zu den verwendbaren Teilen und Eigenschaften des Krautes treten die Informationen über den Gebrauch der Pflanze. Die kurzen und präzisen Erläuterungen zu Anbau und Ernte, die nach der Vorstellung jeder Gattung in einem Kasten erscheinen, werden im Kapitel „Der Anbau von Kräutern" (S. 374-393) vertieft.

Rahmenthemen

Abschnitte von allgemeinem Interesse sind über das ganze Buch verteilt. Man findet darin unter anderem Wissenswertes über die Anlage eines Kräutergartens, den vielfältigen Gebrauch von Kräutern in Geschichte und Gegenwart, in Küche und Medizin sowie in der Schönheitspflege und Parfümherstellung,

Der Kräuterkatalog

Symbole

Die verwendbaren Teile der Pflanze

- Gesamte Pflanze
- Blätter
- Stiele, Stengel, Sprosse
- Rinde oder Holz
- Rhizome, Zwiebeln, Stengelknollen, Wurzeln
- Blüten
- Früchte, Schoten
- Samen
- Öl, Saft, Harz, Gummi, Latex

Der Gebrauch der Teile der Pflanze

- Medizin
- Küche
- Wirtschaft
- Aroma

Der Grad der Empfindlichkeit der Pflanze

❄❄❄ Winterhart: mindestens -15° C
❄❄ Frosthart: mindestens -5° C
❄ Halbhart: mindestens 0° C
Empfindlich: 1) Warm – mindestens 18° C
2) Mittel – mindestens 13° C
3) Kühl – mindestens 10° C

Klimazonen

Die Klimazonen der Erde werden in vier Haupt- und zwei Zwischenzonen unterteilt. Das Wachstum und die Entwicklung der Pflanzen hängen in einem hohen Maß von der Klimazone ab, in der sie heimisch sind.

Tropisch	Hohe Lufttemperaturen, hohe Luftfeuchtigkeit und das ganze Jahr über starke Niederschläge.
Wüste	Die Tagestemperaturen überschreiten 38° C, die Nächte sind kalt; im Jahresdurchschnitt fallen weniger als 25 cm Regen.
Gemässigt	Temperatur und Regen sind über das Jahr gleichmäßiger verteilt, wechseln aber von Tag zu Tag und hängen vielfach von den örtlichen Verhältnissen ab.
Polar	Extreme Kälte, starker Wind und geringer Niederschlag.
Subtropisch	Das ganze Jahr über hohe Temperaturen, aber Regenzeiten nur zu bestimmten Zeiten im Jahr.
Mediterran	Heiße, trockene Sommer und milde, feuchte Winter.

Die klimatischen Verhältnisse wechseln auch mit der Höhe. In allen Klimazonen sinkt die Temperatur um 6° C pro 1000 m Höhe.

1 Einführung zur Gattung
Enthält die Anzahl der Arten in der Gattung und ihr Verbreitungsgebiet. Ein möglicher Anbau im Garten wird erwähnt. In vielen Fällen wird die Ableitung des Namens geboten. Angaben, zu welcher Familie die Gattung gehört, kann man dem Gattungseintrag in der Enzyklopädie entnehmen.

2 Vorstellung der Pflanze
Eine farbige Abbildung stellt jede aufgeführte Art oder Variante vor. Eine Abbildung der Sorte oder Variante folgt auf die der Art.

3 Artenname
Jede Pflanze erscheint unter ihrem vollständigen botanischen Namen. Ihre Synonyme lassen sich im enzyklopädischen Teil unter dem Gattungseintrag auffinden.

4 Volkssprachliche Namen
Von den zahlreichen Trivialnamen heimischer Pflanzen werden die gebräuchlichsten genannt. Der Trivialname der Gattung ist im enzyklopädischen Teil zu finden.

5 Beschreibung der Pflanze
Der Beschreibung der Art und ihrer verwendbaren Teile folgen Angaben zu Höhe (H) und Breite (B) der ausgewachsenen Pflanze. Allerdings werden die Klima- und Bodenverhältnisse Ihres Gartens die Größe Ihrer Pflanzen mit bestimmen.

6 Symbole
Die Symbolleiste unterhalb der Beschreibung der Pflanze weist auf die verwendbaren Teile und ihren möglichen Gebrauch hin. Der Grad der Empfindlichkeit zeigt die Mindesttemperatur, die zum Überleben der Pflanze nötig ist. Eine Legende dieser Symbole befindet sich auf dieser Seite.

Eryngium

Eryngium

Eine große Gattung mit über 230 Arten Zwei- und Mehrjähriger, die in den gemäßigten und subtropischen Regionen besonders Südamerikas vorkommt. *E. foetidum* wächst auf trockenem Grasland in der Karibik, in Mittelamerika und Florida, *E. maritinum* auf Küstensand und Strandkies in Europa, Nordafrika sowie Südwestasien. Viele Arten werden wegen ihres hübschen Laubs und der langlebigen Blüten geschätzt. Das metallische Aussehen einiger Arten kontrastiert sehr gut mit dem lindgrünen oder bronzefarbenen Laub.

Eryngium maritimum
(Stranddistel)
Eine stachlige Mehrjährige mit großen fleischigen Wurzeln und ledrigen blauen bis grünen abgerundeten Blättern; Dolden mit blauen Blüten, umgeben von stachligen Deckblättern, werden im Sommer gebildet. H und B 30-45cm.
❄❄❄

Erythroxylum

Eine Gattung aus etwa 250 Arten tropischer Bäume und Sträucher, die hauptsächlich in Amerika und auf Madagaskar vorkommt. *E. coca* ist in großen Höhen in den Ostanden heimisch.

Erythroxylum coca (Kokastrauch)
Ein immergrüner Strauch mit roter bis brauner Rinde und spiralförmig angeordneten braunen bis grünen Blättern; Trauben mit kleinen weißen Blüten werden in den Achseln gebildet, danach orangefarbene bis rote Beeren. H und B bis zu 2m als Kulturform, 4-5m als Wildform.

auch einen Überblick über die Lebensräume der Pflanzen.

WARNHINWEISE UND GESETZLICHE EINSCHRÄNKUNGEN

Einen Warnhinweis zum medizinischen Gebrauch der Pflanze findet man im Eintrag über die medizinische Bedeutung der einzelnen Kräuter. Der einführende Abschnitt über die Anwendung von Kräutern (S. 42-43) bietet Ratschläge zum sicheren Umgang mit Kräutern ohne ein Gesundheitsrisiko.

SCHOLZIA

attung aus 8-10 winter- Ein- und Mehrjähri- n Westen Nordameri- sch ist. *E. californica*, üstengebieten im Süd- ordamerikas wachsend, ppenblume Kalifor- *hscholzia* ist eine be- leicht anzubauende für trockene sonnige . Viele Sorten kann inzelnen, doppelten doppelten Blüten in n Orange, Gelb, Rosa rhalten. Die mohnähn- iten schließen sich bei Vitterung.

Eschscholzia californica
(Schlafmützchen)
Eine winterharte Einjährige oder kurzlebige Mehrjährige mit feingliedrigen blauen bis grünen Blättern; gelbe bis orangefarbene Blüten werden im Sommer durch gerippte Kapseln von 7-10cm Länge abgelöst. H 20-60cm, B 15-30cm.
❄❄❄

a californica, **Serie**
chlafmützchen)
hat aufrechte oder verzweig- feingliedrige blaue bis grüne doppelte Blüten mit rüschen- lütenblättern in vielen
m.
❄❄❄

7 ESSKASTANIE, siehe *Castanea sativa*, S. 256
ESTRAGON, siehe *Artemisa dracunculus*, S. 23

7 FUSSLEISTE

Die Auswahl an Trivialnamen verweist in der Regel auf den Haupteintrag im Buch. Alle vorkommenden Namen sind im Index zu finden.

DIE ENZYKLOPÄDIE DER KRÄUTER

Dieser Teil enthält Angaben zur Geschichte des Gebrauchs von Kräutern, über die verwendbaren Teile, die Eigenschaften und kurze Hinweise zu Anbau und Ernte der Pflanze.

1 NAME DER GATTUNG

Der volle Name, der Name der Familie und der häufigste Trivialname, soweit vorhanden.

2 VORSTELLUNG DER GATTUNG

Angaben zu den wichtigsten Arten und ihren Verwandten, zur Geschichte ihres Gebrauchs, ihrer Bedeutung in Mythen und der Sagenwelt sowie Ergebnisse der modernen Forschung über ihre Verwendung.

3 NAME DER ART

Hier werden alle Synonyme und die wichtigsten Trivialnamen aufgeführt. Die Seitenzahl verweist auf den Eintrag im Katalog.

BESCHREIBUNG DER PFLANZE

Die botanische Beschreibung der Arten, die nicht im Katalog erwähnt sind.

4 VERWENDBAR

Aufzählung der verwendbaren Teile der Pflanze oder aus ihr zu extrahierender Substanzen in Entsprechung mit den Symbolen im Katalog.

5 EIGENSCHAFTEN

Die Eigenschaften der Pflanze für heilende und andere Zwecke.

6 GEBRAUCH

Unterteilt in vier Hauptanwendungsgebiete: Küche, Aroma, Medizin und Wirtschaft. Unterstützende Wirkungen anderer Kräuter sind angegeben. Hier finden sich Warnhinweise über gesetzliche Einschränkungen zum Gebrauch der Pflanze.

QUERVERWEISE

Die Querverweise zu anderen Gattungen erstrecken sich über den gesamten enzyklopädischen Teil. Querverweise zu anderen Arten werden im Zusammenhang mit der Gattung genannt.

7 ANBAU UND ERNTE

Erklärt die Form der Kultivierung und die Empfindlichkeit der Pflanze, kurze Anleitung zum Anbau und zur Ernte sowie Hinweise zur Verarbeitung; Warnhinweise zur Giftigkeit oder zu möglichen Allergien. Hinweise zu Kultivierung, Wachstumsart, Schädlingsbefall etc. und möglichen Krankheiten ergänzen die Box.

VARIANTEN

Die Seitenzahl bezieht sich auf die Beschreibung und Abbildung der Variante im Katalog. Wenn die Pflanze im Katalog nicht abgebildet ist, wird sie in der Enzyklopädie kurz beschrieben. Die Eigenschaften und der Gebrauch einer Variante sind, soweit nicht anders angegeben, immer die gleichen wie die der Art.

FORM DER KULTIVIERUNG

Jede Art wird zu Beginn des Kastens in eine der folgenden drei Kategorien eingestuft:
Zierpflanze – Kräuter, die hauptsächlich für ihre Verwendung als Zierpflanze angebaut werden (was ihre Verwendung für andere Zwecke nicht ausschließt) und dekorative Gartenpflanzen darstellen.
Kulturpflanze – Kräuter, die in der Regel als Nutzpflanzen für kulinarische, medizinische und andere Verwendungszwecke angebaut werden.
Wildpflanze – Kräuter, die überwiegend aus wildwachsenden Beständen abgeerntet und im allgemeinen kaum kultiviert werden. Unter dieser Bezeichnung sind auch solche Arten erfaßt, deren Anbau Schwierigkeiten bereiten würde, z.B. Moose, Flechten, Pilze.

CYTISUS

aut. Nach Entdeckung des Cynarin hat die rtischocke in den letzten Jahren als Heilflanze an Bedeutung gewonnen. Diese Verindung, die sich in den Blättern befindet, veressert Leber- und Gallenblasenfunktion und enkt die Cholesterinwerte im Blut.

. carduncullus, **Gruppe Scolymus** Artischocke) S. 115

ERWENDBAR Blätter, Vurzeln, Blütenköpfe.
IGENSCHAFTEN itter und leicht alzig schmeckenes Kraut, welhes das Leberewebe entgiftet, ie Gallenblase imuliert sowie lutfett-, Cholеerin- und Blutuckerwerte senkt.
EBRAUCH
ÜCHE Die ungeöffneten lütenköpfe werden gekocht und eiß mit Sauce Hollandaise oder geschmolzener utter verzehrt (bzw. kalt mit Sauce Vinaigrette). ie Herzen werden gebacken oder gebraten.
MEDIZIN Innerlich bei chronischen Leber- oder allenblasenerkrankungen, Gelbsucht, Hepatitis, rteriosklerose und Diabetes.

ANBAU UND ERNTE
ANBAU Frostharte Zierpflanze; tiefer, nährstoffeicher, gut entwässerter Boden; Sonne. Vermehung durch Aussaat im Frühjahr, durch Ausläufer m Frühjahr oder Herbst. Die Blütenköpfe können von der Blütenfäule befallen werden.
ERNTE Die Blätter werden kurz vor der Blüte abgeschnitten und frisch oder getrocknet zu Flüssigextrakten, Sirup oder Tabletten weiterverarbeitet. Bevor sich die Deckblätter öffnen, werden die Blütenköpfe geerntet und als Gemüse verbraucht.

YNOGLOSSUM Hundszunge
Boraginaceae)

. officinale enthält Pyrrolizidinalalkaloide, hnlich den in *Symphytum officinale* (vgl. S. 57) enthaltenen. Die neuere Forschung hat ezeigt, daß diese Substanzen krebserregend ein könnten; deshalb muß die Sicherheit von *. officinale* in Frage gestellt werden. *C. officinale* enthält auch Allantoin, eine sehr wirkame Heilsubstanz. Die Blätter wurden früher ls Kompressen bei Insektenstichen oder kleieren Verletzungen benutzt.

. officinale (Gemeine Hundszunge) S. 115

ERWENDBAR Gesamte Pflanze.
IGENSCHAFT as entzünde eschleunigt
EBRAUCH
MEDIZIN Frül leute meist ektenstiche hen bei Hä

ANBAU UND ERNTE
ANBAU Wildpflanzen werden gesammelt; winterhart; gut entwässerter Boden in der Sonne oder im Halbschatten. Sie vermehrt sich durch Aussaat der Samen im Frühjahr oder Herbst.
ERNTE Blühende Pflanzen und die Blätter im Frühsommer sammeln und zur Verwendung als Aufgüsse trocknen. Wurzeln werden im Herbst geerntet und für Absude getrocknet.
WARNHINWEIS Hautreizend und allergen.

CYPERUS Zypergras
(Cyperaceae)

Die ätherischen Öle und adstringierenden Substanzen, die in einigen Zypergräsern vorkommen, werden bei der Parfümherstellung und als Mittel gegen Verdauungsstörungen eingesetzt. Aus *C. longus* wurde früher ein aromatisches Tonikum hergestellt; heute dient es jedoch nur noch für die Parfümherstellung. Die Knollen von *C. articulatus* verfügen über ein Lavendelaroma und sind hilfreich bei der Behandlung von Übelkeit und Dyspepsie. *C. rotundus* ist in der traditionellen chinesischen Heilkunst von Bedeutung und findet auch in der ayurvedischen Medizin Anwendung.

C. rotundus (Nußgras) S.115

VERWENDBAR Rhizom, Wurzel, Knolle.
EIGENSCHAFTEN Scharfes, halbbitter schmeckendes Kraut, das Krämpfe und Schmerzen lindert, das Verdauungssystem und die Gebärmutter beeinflußt.
GEBRAUCH
MEDIZIN Innerlich bei Verdauungsstörungen mit blockierter Lebertätigkeit und bei Menstruationsbeschwerden. Bei unregelmäßiger Menstruation mit *Angelica polymorpha* var. *sinensis* (S. 238), mit *Atractylodes macrocephala* (S. 246) bei Übelkeit.

ANBAU UND ERNTE
ANBAU Die empfindlichen Wildpflanzen werden gesammelt. Sie benötigen feuchte Böden in sonniger Lage, nicht kälter als 13° C. Sie vermehren sich durch Aussaat der Samen im Frühjahr; durch Teilung im Herbst.
ERNTE Die Wurzelstöcke werden im Sommer oder Winter aus dem Boden genommen und zur Verwendung als Absude getrocknet.

CYPRIPEDIUM Frauenschuh
(Orchidaceae)

Von *C. parviflorum* gibt es zwei Varianten: *C. p.* var. *pubescens* und *C. p.* var. *parviflorum*. Beide sind ähnlich zu verwenden und kommen in der Natur selten vor. Behauptungen, daß sie für medizinische Zwecke angebaut werden, sind weitestgehend unzutreffend, die vorhan-

C. parviflorum var. ***pubescens***, syn. ***C. pubescens*** S. 115

VERWENDBAR Rhizome.
EIGENSCHAFTEN Scharfes, halbbitter schmeckendes Kraut mit einem unangenehmen Geruch, ähnlich dem von *Valeriana officinalis* (vgl. S. 367). Es lindert Krämpfe und verfügt über eine beruhigende und stärkende Wirkung auf das Nervensystem.
GEBRAUCH
MEDIZIN Innerlich bei Angst, nervösen Spannungen, Schlaflosigkeit, Depression und Spannungskopfschmerz; bei Angstgefühlen häufig kombiniert mit *Scutellaria lateriflora* (vgl. S. 351) und mit *Avena sativa* (vgl. S. 246).

ANBAU UND ERNTE
ANBAU Die winterharten Wildpflanzen werden gesammelt. Sie wachsen auf humushaltigen Böden in offener, schattiger Lage. Vermehrung durch Teilung im Frühjahr; fachmännisch durch Aussaat der Samen im sterilen Labor.
ERNTE Die Rhizome werden im Herbst geerntet und zur Weiterverarbeitung für Aufgüsse, Flüssigextrakte, Pulver und Tinkturen getrocknet.
WARNHINWEIS Der Umgang mit *C. parviflorum* var. *pubescens* kann allergische Reaktionen hervorrufen.

CYTISUS Geißklee
(Leguminosae/Papilionaceae)

C. scoparius enthält Alkaloide, besonders Spartein, das in gleicher Weise auf Herz und Nerven wirkt wie Kurare (vgl. *Chondrodendron*-Arten, S. 260, und *Strychnos*-Arten, S. 357). Seine medizinischen Anwendungen sind in allen älteren europäischen Kräuterbüchern unter *Planta genista* aufgeführt. Davon abgeleitet ist der Name des britischen Königshauses Plantagenet.

C. scoparius, syn. *Sarothamnus scoparius* (Besenginster) S. 116

VERWENDBAR Gesamte Pflanze.
EIGENSCHAFTEN Bitteres, narkotisches Kraut, das die Atmung einschränkt und Herztätigkeit steuert.
GEBRAUCH
MEDIZIN Innerlich vorwiegend bei Herzbeschwerden, bei Herzversagen mit *Convallaria majalis* (S. 266). Überdosis führt zum Atemstillstand. Nicht für Schwangere und Patienten mit hohem Blutdruck; darf nur von ausgebildeten Heilpraktikern verabreicht werden. WARNHINWEIS Pflanze unterliegt in einigen Ländern gesetzlichen Einschränkungen.
VARIANTE
C. s. var. ***prostratus***, S. 116.

ANBAU UND ERNTE
ANBAU Winterharte Zierpflanze; gut entwässerter Boden; Sonne. Vermehrung durch Aussaat unter Glas im Frühjahr oder Herbst; durch halbreife

1 CYPERUS Zypergras
(Cyperaceae)

2 Die ätherischen Öle und adstringierenden Substanzen, die in einigen Zypergräsern vorkommen, werden bei der Parfümherstellung und als Mittel gegen Verdauungsstörungen eingesetzt. Aus *C. longus* wurde früher ein aromatisches Tonikum hergestellt; heute dient es jedoch nur noch für die Parfümherstellung. Die Knollen von *C. articulatus* verfügen über ein Lavendelaroma und sind hilfreich bei der Behandlung von Übelkeit und Dyspepsie. *C. rotundus* ist in der traditionellen chinesischen Heilkunst von Bedeutung und findet auch in der ayurvedischen Medizin Anwendung.

3 *C. rotundus* (Nußgras) S.115

4 VERWENDBAR Rhizom, Wurzel, Knolle.
5 EIGENSCHAFTEN Scharfes, halbbitter schmeckendes Kraut, das Krämpfe und Schmerzen lindert, das Verdauungssystem und die Gebärmutter beeinflußt.
6 GEBRAUCH
MEDIZIN Innerlich bei Verdauungsstörungen mit blockierter Lebertätigkeit und bei Menstruationsbeschwerden. Bei unregelmäßiger Menstruation mit *Angelica polymorpha* var. *sinensis* (S. 238), mit *Atractylodes macrocephala* (S. 246) bei Übelkeit.

7 ANBAU UND ERNTE
ANBAU Die empfindlichen Wildpflanzen werden gesammelt. Sie benötigen feuchte Böden in sonniger Lage, nicht kälter als 13° C. Sie vermehren sich durch Aussaat der Samen im Frühjahr; durch Teilung im Herbst.
ERNTE Die Wurzelstöcke werden im Sommer oder Winter aus dem Boden genommen und zur Verwendung als Absude getrocknet.

KLASSIFIZIERUNG DER PFLANZEN UND GESETZLICHE BESTIMMUNGEN

Die Verwandtschaftsverhältnisse der Pflanzen ergeben sich durch gemeinsame Merkmale, besonders der Fortpflanzungsorgane. Die heute gebräuchliche Nomenklatur vergibt an jede Pflanze eine Bezeichnung aus zwei Worten in latinisierter Form: das erste bezeichnet die Gattung, das zweite die Art. Dieses Klassifizierungssystem geht auf den schwedischen Botaniker Carl von Linné zurück. Obwohl es im Laufe der Zeit mit vielen Zusätzen und Ausnahmen versehen wurde, ist es heute auf der ganzen Welt gültig.

DIE UNIVERSITÄT VON UPPSALA (SCHWEDEN)
Die Orangerie im Universitätsgarten von Uppsala. Carl von Linné hatte hier seit 1741 einen Lehrstuhl für Medizin inne, tauschte ihn aber später mit einem der Botanik. In Uppsala entwickelte er in mehreren Büchern sein System der Pflanzenklassifizierung; den schon 1655 angelegten Kräutergarten gestaltete er nach diesem System um.

Man kann das Pflanzenreich in sechs Hauptgruppen aufteilen (siehe unten). Weitere Untergliederungen teilen es in Klassen und Ordnungen, Familien, Gattungen sowie Arten.

1 Bedecktsamer (*Angiospermae*) – krautige Mehrjährige, Einjährige, Zweijährige sowie viele Bäume und Sträucher.
2 Nacktsamer (*Gymnospermae*) – Nadelhölzer und verwandte Gruppen wie Gingkogewächse.
3 Farnpflanzen, Bärlapp und Schachtelhalme (*Pteridophyta*).
4 Moose und Lebermoose (*Bryophyta*).
5 Pilze und Flechten.
6 *Algae* (einschließlich Meeresalgen).

WAS IST EIN KRAUT?

Botaniker verstehen unter einem Kraut eine kleine, samentragende Pflanze mit eher fleischigen als holzigen Teilen (darauf geht unsere Bezeichnung „krautig" zurück). Andere verstehen darunter eine größere Anzahl von Pflanzen, die heilende Eigenschaften haben. Bei weiteren Definitionen sind Kräuter nicht nur krautige Mehrjährige, sondern auch Bäume, Sträucher, Einjährige, Kletterpflanzen und primitive Pflanzen wie Farne, Moose, Algen, Flechten und Pilze. Kräuter haben häufig Aromastoffe, die darum für Gewürze, Duftstoffe und Heilmittel Verwendung finden. Obwohl in der Öffentlichkeit Vorbehalte gegen Kräuterarzneien bestehen, kann es keine Zweifel geben, daß Kräuter Inhaltsstoffe enthalten, die zu einem merklichen Ergebnis führen. Miteinander verwandte Kräuter mögen zwar ähnliche chemische Eigenschaften aufweisen, je-

CARL VON LINNÉ (1707-1778)
Porträt des großen schwedischen Botanikers aus Robert Thorntons „The Temple of Flora" *(1797-1807). Über seinem Kopf rankt sich* „Linnaea borealis", *eine Pflanze, die nach ihm benannt wurde.*

KLASSIFIZIERUNG DER PFLANZEN

Die weitere Einteilung erfolgt in kleineren Gruppen, um die feineren Unterschiede zu beschreiben:
1 *Familie* (Gruppe der verwandten Gattungen): z.B. *Boraginaceae.*
2 *Gattung* (Gruppe der verwandten Arten, Gattungsname ist das erste lateinische Wort des Namens): z.B. *Borago, Symphytum.*
3 *Art* (die einzelne Pflanze, die sich natürlich fortpflanzt; Artname ist das zweite lateinische Wort): z.B. *Symphytum asperum, Symphytum officinale.*
4 *Hybride* (Kreuzung zwischen zwei Arten, selten in der Natur, meist durch künstliche Züchtung). Der Eigenname setzt sich aus den Namen beider Elternteile zusammen: z.B. *Symphytum × uplandicum,* Russischer Schwarzwurz (Kreuzung aus *S. asperum × S. officinale*).
5 *Varietät* (var.), Subspezies (Unterart, ssp.) und Form (f.) sind weitere Unterteilungen einer Art oder natürlichen Hybride, wenn sie in kleinen, beständigen Merkmalen vom Typus abweicht, z.B. *Symphytum officinale* var. *ochroleucum* (weißblühender Schwarzwurz). Diese natürlichen Abweichungen sind im Freien selten, werden aber wegen ihrer Form und/oder Farbe gerne gezüchtet.
6 *Sorte* (Variante einer Art, durch Züchtung herbeigeführt und beibehalten, weil bestimmte Merkmale erwünscht sind), z.B. *Symphytum × uplandicum 'Variegatum'.*

Symphytum × uplandicum

Symphytum asperum (links), *Symphytum officinale* (rechts)

Symphytum officinale var. *ochroleucum*

Symphytum × uplandicum 'Variegatum'

GESCHICHTE DES RHABARBERS

Eines der wichtigsten medizinischen Kräuter ist die Wurzel des Rhabarbers (Rheum officinale *und* R. o. *ssp.* palmatum)*; in China kennt man dieses Abführmittel als 'Da huang'. Alte Aufzeichnungen belegen, daß getrocknete Wurzeln bereits 114 v.Chr. auf Karawanenstraßen den Weg nach Europa fanden. Erst um 1750 wurde das chinesische, später das russische Monopol gebrochen. Davor unternahm man große Anstrengungen, um einen Ersatz zu finden. In den bulgarischen Bergen entdeckte man um 1608* Rheum rhaponticum *und baute es als medizinisches Heilkraut an.*

des Kraut hat jedoch eigene Komponenten. Die Zusammensetzung ist sehr komplex; von *Catharanthus roseus* weiß man beispielsweise, daß er über 75 verschiedene Alkaloide besitzt.

WIRKUNGSWEISEN DER PFLANZENSTOFFE

Kräuter (und Extrakte) enthalten viele Inhaltsstoffe, die zusammenwirken und zu einem anderen Ergebnis führen können als die Gabe eines isolierten Stoffes.
Ein Beispiel ist Mädesüß *(Filipendula ulmaria)*, das Salicylate enthält. Die heilenden Substanzen in Mädesüß wirken zusammen mit anderen Stoffen, die die ätzende Wirkung der Salicylate auf die Schleimhäute dämpfen. Die Chemie der Pflanze mindert Nebenwirkungen; die isolierten Inhaltsstoffe allein können sich als giftig erweisen.

VERWENDUNG DER PFLANZENSTOFFE

Während der Koch oder der Gartenfreund an den Kräutern interessiert ist, die wegen ihrer ätherischen Öle ein Aroma verströmen, konzentriert sich der Pharmakologe auf die Kräuter, die Alkaloide und Glykoside enthalten. Hier eine Aufzählung der wichtigsten Bestandteile:

ÄTHERISCHE ÖLE – aromatisch, keim- und pilztötend, stark reizend, stimulierend, z.B. *Thymus vulgaris.*
ALKALOIDE – bitter schmeckende, meist aus basischen Stickstoffverbindungen bestehende Komponenten; sie reizen das zentrale Nervensystem; viele von ihnen sind hochgiftig und machen süchtig, zum Beispiel *Papaver somniferum.*
ANTHRACHINONE – bittere Reizstoffe, Abführ- und Färbemittel, z.B. *Rheum palmatum.*
BITTERSTOFFE – verschiedene Komponenten (Iridoide und Sesquiterpene) mit bitterem Geschmack, fördern Appetit und Verdauung, z.B. *Gentiana lutea.*
FLAVONE – Geschmack ist bitter oder süß, vielfach harntreibend, keimtötend, krampflösend, entzündungshemmend; gelber Pflanzenfarbstoff, in den meisten Pflanzen enthalten, z.B. *Fagopyrum esculentum.*
GLYKOSIDE: – Herz-Kontraktionen auslösend, z.B. *Digitalis lanata;* – bitter, krampflösend, beruhigend, Herzschlag und Atmung beeinflussend, z.B. *Prunus serotina;* Senföle – beißend, hautreizend, z.B. *Sinapis alba.*
GUMMIS UND SCHLEIMSTOFFE – mild, klebrig oder schleimig, beruhigend und dämpfend, z.B. Eibisch *(Altaea officinalis).*
HARZE – (auch als Harze in ätherischen Ölen und Gummiharze) – beißend, keimtötend, heilend, z.B. *Commiphora myrrha.*
KUMARINE – antibakteriell, gerinnungshemmend, riechen nach frischem Heu, z.B. *Melilotus officinalis.*
SÄUREN – schmecken säuerlich, sind zumeist keimtötend und reinigen, z.B. Zitronensäure in *Citrus*-Arten.
SAPONINE – süßlich, stimulierend, hormonal; vielfach auch entzündungshemmend oder harntreibend; schaumbildend, z.B. *Saponaria officinalis.*
TANNINE – zusammenziehend, häufig keimtötend, hemmen Blutungen und andere Absonderungen, z.B. *Potentilla erecta.*

GESETZLICHE BESTIMMUNGEN

Einige Kräuter in diesem Buch können gefährlich sein. Zusammensetzung, Verwendung und Verkauf sind gesetzlichen Bestimmungen in drei Kategorien unterworfen:
- Giftige Arzneikräuter
- Giftige Gartenkräuter
- Kräuter, die sich außerhalb ihres Ursprungslandes zu schädlichen Unkräutern entwickelt haben.

GESETZLICHE EINSCHRÄNKUNGEN FÜR ARZNEIKRÄUTER

Die gesetzlichen Einschränkungen betreffen viele Arzneikräuter, deren Anwendung, Beschaffung und Verkauf. Diese Einschränkungen können sich auf die ganze Pflanze, Teile, Zubereitungen oder Substanzen beziehen. Die Gesetze sind von Land zu Land verschieden. Sie erstrecken sich auch auf Personen, die berechtigt sind, bestimmte Kräuter zu verschreiben, zu verabreichen, zu liefern oder zu verkaufen. Gleiches gilt für Präparate, Konzentrate, Dosierungen und Zusammenstellungen.

Einen WARNHINWEIS, daß die Pflanze gesetzlichen Einschränkungen unterworfen sein kann, finden Sie in der Enzyklopädie der Kräuter (Seiten 224-373); weitere Informationen sind bei den Behörden Ihres Landes erhältlich.

EINSCHRÄNKUNGEN DES ANBAUS

Einige Länder haben gesetzliche Bestimmungen erlassen, die bestimmte Kräuter betreffen. Sie beziehen sich entweder auf Pflanzen, die der illegalen Herstellung von Drogen dienen, oder auf Arten, die durch ihre Ausbreitung die örtliche Flora und Fauna bedrohen. Die gesetzlichen Bestimmungen, die Gifte, Pflanzen und Unkräuter betreffen, sind zu vielfältig, um in diesem Buch ausführlich berücksichtigt werden zu können. Der interessierte Leser sollte sich an die zuständigen Behörden seines Landes wenden, wenn er in der Enzyklopädie der Kräuter (S. 224-373) im Kasten „Anbau und Ernte" einen Warnhinweis findet.

FRÜHE NUTZUNG

Mädesüß (Filipendula ulmaria) *benutzte man neben der medizinischen Anwendung von alters her für verschiedene Zwecke. Es war eines der drei heiligen Kräuter der Druiden; wegen seines süßlichen Geruchs bestreute man im Mittelalter damit den Fußboden. Mädesüß enthält Salicylate, die Magenschmerzen lindern können; andere Komponenten haben eine heilende und pflegende Wirkung auf beschädigtes Zellgewebe.*

KRÄUTERANBAU IN DER GESCHICHTE

Die Geschichte des Kräuteranbaus ist eng verbunden mit der Geschichte unserer Zivilisation. Wildpflanzen wurden schon in frühester Zeit für Speisen und als Medizin, die Fasern zur Herstellung von Geweben genutzt. Im Laufe der Zeit kamen neue Sorten hinzu, die die Menschen durch Handel, Raubzüge oder Völkerwanderungen kennenlernten. Viele medizinische Kräuter sind auch Nutzpflanzen und werden seit alters zur Herstellung von Speisen, Ölen und Fasern angebaut. Nahezu überall auf der Welt werden Kräuter als Feldfrüchte oder als Zwischenfrüchte unter Gemüse- und Zierpflanzen angebaut.

▲ DES SULTANS DIWAN
Islamische Gärten waren oft umfriedet und hatten einen Teich sowie duftende Blumen.

Die ersten Kräutergärten gab es schon im alten Ägypten vor ca. 4.000 Jahren. Sie befanden sich meistens in der Nähe der Tempel, da sie für religiöse Feiern und andere Kulthandlungen angelegt wurden. Oliven (*Olea* spp.) und Granatäpfel *(Punica granatum)* waren in Ägypten sehr früh heimisch. Königin Hatschepsuth (ca. 1490-1468 v.Chr.) kannte schon Weihrauch *(Boswellia sacra)* und Myrrhe *(Commiphora myrrha)*. Kornblumen *(Centaurea cyanus)*, Mohnblumen (*Papaver* spp.), Alraunen (*Mandragora* spp.), Feigen (*Ficus* spp.) und Lotosblumen *(Nymphaea lotus)* sind auf vielen Darstellungen zu sehen. Durch Pollenanalysen ließ sich feststellen, daß Kamille *(Chamaemelum nobile)* einer der Hauptbestandteile des Öls war, das zur Einbalsamierung des Pharaos Ramses II. (gest. 1224 v.Chr.) benutzt worden ist.

ISLAMISCHE UND CHRISTLICHE GÄRTEN

Unsere Vorstellung von der Anlage eines Kräutergartens hat sich im großen und ganzen aus der ägyptischen, christlichen und islamischen Tradition entwickelt. Der sparsame Umgang mit dem zur Verfügung stehenden Platz diktierte auch die Ordnungsprinzipien.

ÄGYPTISCHE GARTENGESTALTUNG
Ein ummauerter Garten im alten Ägypten. In der Mitte befand sich ein Teich mit blauen und weißen Lotusblumen.

Im Islam wird das Paradies als umzäunter Garten dargestellt, mit kühlendem Schatten, Wasser und erlesenen Blumen sowie Früchten. Es gab u.a. bereits Rosen (*Rosa* spp.), Jasmin (*Jasminum* spp.), Lilien (*Lilium* spp.), Aprikosenbäume *(Prunus armeniaca) und* Granatäpfel.

Die beliebtesten Pflanzen zur Zeit der Römer waren u.a. Rosmarin *(Rosmarinus officinalis)*, Lorbeer *(Laurus nobilis)* und Myrte. Nicht allein als Nutzpflanzen, auch wegen ihrer Schönheit und ihres Duftes waren sie geschätzt und wurden in die Planung von Schmuckgärten einbezogen. Die frühen christlichen Klöster waren gebaut wie römische Villen; die Gärten entsprachen in Symmetrie und Formenstrenge dem römischen Vorbild. Die Klostergärten entnahmen auch einiges aus der ägyptischen, syrischen und persischen Tradition. Diese pflegten den umzäunten Anbau von Nutzpflanzen, um sie vor Tieren zu schützen, auch als Schattenspender und zur Wasserregulierung in trockenen Klimaten.

KLÖSTER ALS SELBSTVERSORGER

Das erste christliche Kloster wurde vom heiligen Antonius in El Faiyum (Nordägypten) im Jahre 305 gegründet. Inmitten der Anlage dieses Klosters sorgte ein kleiner Garten für die Grundversorgung der Mönche. Schnell entwickelte sich der Gartenbau im Leben der Mönche zu einer Tugend. Nachdem der heilige Benedikt im Jahre 540 in Monte Cassino (Italien) den Benediktinerorden gegründet hatte, erhob er die Pflicht zur Gartenarbeit zur zweiten Ordensregel. Ein Jahrhundert zuvor hatte bereits der heilige Hieronymus die Mönche dazu angehalten, „die Erde zu pflügen und den Kohl zu pflanzen…“; Benedikt legte in seiner *Regula Monachorum* fest, daß die Benediktiner Gemüse, Obst, Wein, Kräuter und Trockenpflanzen zum Färben und zur Herstellung von Duftstoffen anbauen sollten. Eine

◄ DER MITTELALTERLICHE GARTEN
In dieser Illustration von Roman de la Rose *(um 1400) sieht man einen Arzt Heilkräuter auswählen. In solchen Kräutergärten wurden auch Küchen- und Zierkräuter angebaut.*

Darstellung aus dem 9. Jahrhundert zeigt einen rechtwinklig angelegten Garten mit 16 Beeten für „Kräuter, sowohl schön als auch heilend", wie z.B. Salbei (*Salvia* spp.) und Rosmarin, sowie einen größeren mit 18 Beeten für Kräuter und Gemüse. Die Klöster waren meist Selbstversorger; dabei wurde großer Wert auf Heilkräuter gelegt. Für fleischlose Fastenspeisen schätzte man Kräuter sehr; zudem verstanden es die Mönche, daraus Bier zu brauen oder Liköre zu destillieren, wie den berühmten „Benediktiner" oder den zu Heilzwecken benutzten „Melissengeist" der Karmeliter.

DIE HEILKRÄUTERGÄRTEN

Im 13. Jahrhundert wurden Kräutergärten immer beliebter. Zu größeren Grundherrschaften gehörte auch ein Garten mit Haushaltskräutern; Bauern hatten Obstbäume, Wiesen und einem Küchengarten, in dem Gemüse, Kräuter sowie Blumen wuchsen.

Seit dem 16. Jahrhundert legten die Universitäten Kräutergärten an. Die Universität von Padua besaß im Jahre 1545 den ersten dieser „Heilkräutergärten". Am Ende des 17. Jahrhunderts gab es keine Universität in Europa ohne einen solchen Garten. Dabei bestimmte der Unterrichtszweck die Aufteilung; zum Beispiel lagen die Kräuterbeete an der Universität von Edinburgh in alphabetischer Reihenfolge. Damals kamen aus den Kolonien auch neue Pflanzenarten. So wurde das botanische Wissen immer umfangreicher, die Heilkräutergärten immer differenzierter.

DIE HERAUSBILDUNG FORMSTRENGER GÄRTEN

Im Europa des 17. und 18. Jahrhundert veränderte sich der Stil der Gartenanlagen. Einige der schönsten Kräutergärten dieser Zeit schuf man in Frankreich. Die wiederhergestellte Buchsbaumanlage im Schloß von Villandry mit ihrem Gemüsegarten ist von erlesener Schönheit. Im 18. Jahrhundert wurden dann Landschaftsgärten modern. Der Zeitgeschmack wollte nun keine unnatürliche Symmetrie mehr. Heute sind alle Stilformen verbreitet. In der langen Geschichte des Gartenbaus hat es die verschiedensten Ausprägungen gegeben, die allesamt bis heute nachwirken.

Im Kolonialzeitalter brachten die Europäer unentbehrlich gewordene Pflanzen in alle Teile der Welt. Nach dem Prinzip „Versuch und Irrtum" gelang ihnen die Aufzucht fern der Heimat. Von den Holländern sagte man, daß sie die besten Gärtner in Europa seien. Sie pflanzten 1652 auf Long Island den Buchsbaum (*Buxus sempervirens)*. Die Hecken überstanden die strengen Winter Neuenglands aber nicht und wurden deshalb durch den widerstandsfähigeren Beifuß (*Artemisia* spp.) sowie die Zierquitte *(Choenomeles speciosa)* ersetzt.

GÄRTEN AUF DER GANZEN WELT

Auch in anderen überseeischen Gebieten ist die europäische Anlage des Kräutergartens nach wie vor sehr verbreitet. So war ein Klostergarten der australische Beitrag zur englischen Gartenschau von 1987 in Chelsea. In Kapstadt gibt es Kräutergärten noch just an der Stelle, wo die holländische Ostindische Kompanie im 17. Jahrhundert mit dem Gartenbau begonnen hatte.

▲ DER FLECHTGARTEN
Aus den rechtwinkligen Anlagen des Mittelalters hat sich das kunstvolle Muster der Flechtgärten entwickelt.

Allerdings verbreiteten sich die von den Kolonisten eingeführten Pflanzen vielfach auch als Unkraut und wirkten schädlich auf die dortige Pflanzenwelt ein. Schon die Azteken in Mexiko nutzten etwa 3.000 Kräuter, die sie klassifizierten und nach intelligenten Methoden anbauten. Die „Schwimmenden Gärten" von Xochimilco sind sehr alt; ihr Bewässerungssystem stammt teilweise noch aus dem 6. Jahrhundert n.Chr. Der spanische Eroberer Cortés schrieb an seinen König Karl V., daß die Gärten des Moctezuma in Huaxtepec (heute: Oaxtepec) die schönsten seien, die er je gesehen habe. Dort kultivierte man bereits Kakaopflanzen *(Theobroma cacao)* und Vanille (*Vanilla* spp.).

KRÄUTERANBAU IM ALTEN CHINA

Kräuteranbau gehörte im alten China eher zum landwirtschaftlichen Denken als zur Gartenkunst. Chinesische Medizin wie auch chinesischer Pflanzenanbau folgten philosophischen Vorstellungen (z.B. der Theorie der „fünf Elemente"), wobei das höchste Ziel stets die Schaffung von Harmonie sein mußte. Chinesische Gärten sind ihrem Grundsatz nach stilisierte Natur, aber niemals symmetrisch angelegt.

▲ MAISANBAU
Die Völker der Vorinkazeit haben in Mexiko schon 2.500 Jahre v.Chr. Chili, Baumwolle und Kürbis angebaut. Bald kamen auch Mais und die Kokapflanze hinzu.

EIN JAPANISCHER GARTEN
In japanischen Gärten (häufig in Miniaturform) stehen die Pflanzen für philosophische Ideale; die Kiefer und der Bambus sind Symbole für ein langes Leben.

KRÄUTER IN MYTHEN UND SAGEN

DAS LILIENSYMBOL
Als ein Symbol der Reinheit ist die Madonnenlilie die Blume der Jungfrau Maria. Im frühen Christentum glaubte man, der Lebenszyklus der Lilie versinnbildliche das Leben der Seele.

Die Volksmedizin stand immer in enger Verbindung zur Zauberei und zum Ritus. In den meisten Kulturen waren die Behandlung von Kranken, das Ausräuchern der Häuser sowie das Parfümieren und Einbalsamieren der Toten Handlungen, die nach heiligem Brauch vollzogen werden mußten. Deshalb galten auch besonders schöne und wohlriechende Pflanzen als heilig; sie mittelten zwischen Gesundheit und Krankheit, Göttern und Menschen, Tod und ewigem Leben. Viele dieser Pflanzen hatten auch einen ganz profanen medizinischen Gebrauchswert, beispielsweise den Duft von ätherischen Ölen.

HEILIGE MAISFRUCHT
Als Hauptnahrungsmittel war Mais (Zea mays) *für die alten Kulturen Mittel- und Südamerikas Symbol des Lebens und wurde deshalb als Gottheit verehrt. Dieses Gefäß stammt vom Volk der Mochica, das vom Jahr 100 bis 800 n.Chr. an der Küste Perus lebte, bereits eine sehr entwickelte Landwirtschaft betrieb und künstliche Bewässerungssysteme besaß.*

Der Gebrauch von Weihrauch *(Boswellia sacra)* und Myrrhe *(Commiphora myrrha)* in kultischen Handlungen ist seit alters bekannt. Beide Pflanzen waren ursprünglich in Arabien beheimatet. Von dort gelangten sie nach Babylon, Ägypten, Griechenland Rom, Indien und China. Im Sagengut bewachen bunte geflügelte Schlangen diese Bäume; ihr Harz wurde in Gold aufgewogen.

DIE LOTOSBLUME UND DIE ROSE

Duftende blaue und weiße Lotosblumen *(Nymphaea caerulea)* sowie die nachtblühende *Nymphaea lotus* opferten die alten Ägypter ihren Göttern bereits vor 4.000 Jahren. Bei ihren Totenfeiern wurden sie zu Kränzen geflochten. Dabei war die Lotosblume ein Symbol des Lebensspenders Nil und der Fruchtbarkeitsgöttin Isis geweiht. Der ägyptische Lotos unterscheidet sich sehr vom heiligen asiatischen *(Nelumbo nucifera)*, den man in Ägypten nicht vor 500 v.Chr. kannte. Diese Art ist in der indischen, tibetischen und chinesischen Tradition heilig. Er ist ein Symbol für die Erweiterung des Bewußtseins, für Reinheit und Erleuchtung.

Im Islam hat die Rose dieselbe Bedeutung wie die Lotosblume im Hinduismus und Buddhismus. Die früheste heilige Rose war die weiße, rosa knospende Damaszenerrose *(Rosa damascena)*.

DIE LOTOSBLUME IM HINDUISMUS
Im Hinduismus heißt es, die Lotosblume sei aus dem Nabel des „Höchsten Wesens" entstanden. In der Blüte saß Brahma, der aus dem Lotos eine neue Welt erschuf. In der buddhistischen Mythologie erschien Buddha in einer Lotosblüte; er wird auf einem stilisierten „Lotosthron" sitzend dargestellt, die Füße unter den Schenkeln verschränkt – im Yoga bekannt als der „Lotossitz".

Der Überlieferung nach ist sie bei der Himmelfahrt des Propheten Mohammed aus einem seiner Schweißtropfen entsprungen. Mythologische Berichte über die Entstehung der roten und weißen Rosen finden sich auch in alten griechischen, römischen und christlichen Legenden. In einer römischen Sage heißt es, daß sich die Göttin Venus auf ihrem Weg zu Adonis den Fuß am Dorn einer Rose stach, ihr Blut verwandelte die weiße Rose in eine rote.

Auch in der christlichen Vorstellungswelt spielt die Rose eine Rolle. Die Jungfrau Maria wird auch als „Rosa Mystica" bezeichnet, ihr Symbol ist die weiße Rose. Die rote Rose symbolisiert das Blut Christi, ihre Dornen erinnern an die Wunden Jesu. Es heißt auch, daß Maria ihren Schleier zum Trocknen auf einen Rosenbusch gelegt haben soll – die Rosen darunter wurden weiß. Bei der Damaszenerrose stellen die dunkelrosa Knospen Fleisch und Blut des Menschen dar, die geöffneten weißen Blütenblätter sind das Symbol des Heiligen Geistes.

KLASSISCHE MYTHEN

Das Christentum hat verschiedene heidnische Sagen übernommen. Sicher nicht zufällig haben die Römer die Madonnenlilie *(Lilium candidum)* der Göttin der Weiblichkeit Juno geweiht. Juno und die Jungfrau Maria sind „Himmelsköniginnen". In der griechischen Mythologie wird berichtet, daß die Lilie den Milchtropfen der Brüste Heras entsproß, der Gattin des Zeus, als sie den Herkules stillte – aus den vergossenen Tropfen aber soll die Milchstraße entstanden sein.

Die Myrte *(Myrtus communis)* gehörte der Venus, die oft mit einem Myrtenkranz dargestellt wird; sie wurde auch unter dem Namen „Myrtilla" verehrt. Venus entspricht der griechischen Göttin Aphrodite und ähnelt Ishtar, der babylonischen Liebes- und Fruchtbarkeitsgöttin. Noch heute werden Hochzeitskränze aus Myrte gewunden. Im alten Griechenland bekamen olympische Sieger, Dichter und siegreiche Krieger den Lorbeer *(Laurus nobilis)* überreicht, bei Kranken hing ein Lorbeerzweig über der Tür, um Übel und Tod abzuwehren.

ROTE UND WEISSE ROSEN
Die Rosen im Stundenbuch des Herzogs von Burgund (1455) sollten durch ihre Verbindung mit der Jungfrau Maria Gottes Segen erflehen.

KRÄUTER UND HEXEREI

Bilsenkraut *(Hyoscyamus niger)*, Tollkirsche *(Atropa bella-donna)* und Alraune *(Mandragora officinarum)* gehörten in Europa zur Hexenkunst und Zauberei. Diese Pflanzen können, inhaliert oder in die Haut eingerieben, Vergiftungserscheinungen auslösen, die das Gefühl zu fliegen vermitteln. Darin hat das Bild der Hexe auf dem Besenstiel seinen Ursprung. Die Alraune wurde in der Alten Welt als eine der zauberkräftigsten und gefürchtetsten Pflanzen angesehen. Aus der Form ihrer Wurzel deutete man eine Menschengestalt. Sie auszureißen überließ man Hunden, weil man glaubte, wer ihre Schreie zu hören bekam, würde den Tod auf sich ziehen. Wolfsmenschen, so meinte man, würden durch die Anwendung von Salben aus Tollkirsche, Eisenhut *(Aconitum napellus)*, Hanf *(Cannabis sativa)* und Opium *(Papaver somniferum)* entstehen.

KRÄUTER IN NORDISCHEN SAGEN

In vielen Kulturen ist Holunder *(Sambucus nigra)* eine wichtige Zauberpflanze, die okkulten Zwecken diente. Den Zigeunern ist sie heilig. Im deutschen Sagengut heißt es, daß ein Mann seinen Hut ziehen müsse, wenn er an einem Holunderstrauch vorbeikommt. In Dänemark sollte man vor der Holunderernte die Holunder-Mutter um Erlaubnis fragen, und auch nie eine Wiege aus seinem Holz fertigen. Schon seit frühesten Zeiten wurden Rotdorn *(Crataegus laevigata)* und Weißdorn *(C. monogyna)* für Fruchtbarkeitsrituale verwendet. Der Brauch, die Maikönigin mit Weißdorn zu bekränzen, stammt noch aus vorchristlicher Zeit. In englischen Sagen bedeutete es ein Unglück, seine weissen Blüten mit ins Haus zu nehmen. Den keltischen Druiden in Gallien, Britannien und Irland war die Mistel *(Viscum album)* heilig. Sie durfte nur zu einer bestimmten Mondphase mit einer goldenen Sichel geschnitten werden; mit Mistelzweigen begrüßten die Menschen das Neue Jahr. In der norwegischen Mythologie wird berichtet, daß der Gott Baldur von einem Pfeil aus Mistelholz getötet wurde; seit dieser Zeit dürfe die Mistel nur in Baumkronen wachsen. Ein Kuß unter Mistelzweigen gilt als Zeichen für Liebe und Frieden. Nach deutschem Brauchtum verleiht diese Pflanze die Kraft, Geister zu beschwören.

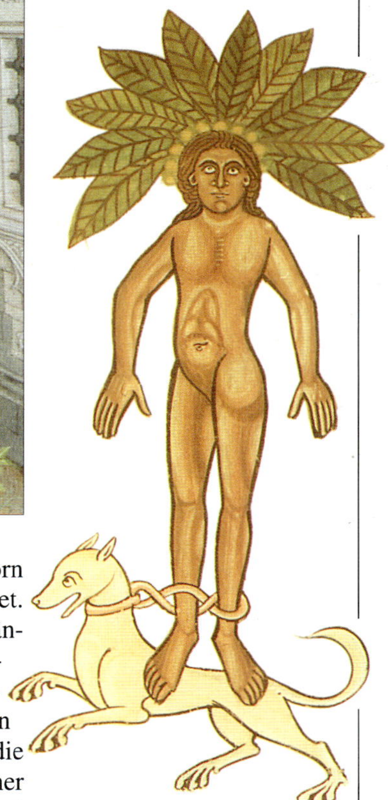

▲ DIE ALRAUNE
Diese Illustration beschreibt den Brauch, die Pflanze von einem daran angebundenen Hund ausreißen zu lassen.

▼ DAS MAIENFEST
In alten Zeiten wurde die Maikönigin getötet, um eine gute Ernte sicherzustellen.

KRÄUTER VERÄNDERN DIE WELT

Unser Leben und das der Pflanzen sind enger miteinander verbunden, als man meint. Einige Kräuter haben eine derartige Macht über unsere Körperfunktionen, daß sie die Medizin revolutionieren konnten. Wer sie anbaute oder verkaufte, ist oftmals reich geworden. In einigen Fällen haben diese Pflanzen auch eine auf die gesamte Gesellschaft bezogene Bedeutung. Der Fingerhut, ein Heilmittel der Volksmedizin, wurde ein lebenswichtiges Medikament. Um Opium wurden sogar Kriege geführt. Paracelsus (1493-1541) schrieb: „Alle Stoffe sind Gifte, es gibt keine ungiftigen. Die richtige Dosis unterscheidet ein Gift von einem Heilmittel".

◄ DER GEBRAUCH VON KOKA
Ein Tasche der Inkas für Kokablätter. Man kaute die Blätter als Genußmittel während der täglichen Arbeit. Außerdem waren sie ein wertvolles Tauschgut.

► *ERYTHROXYLUM COCA*
Frische Blätter der Kokapflanze, die das wirkungsvolle Alkaloid Kokain enthalten.

OPIUMPFEIFE
Von Java im 17. Jahrhundert nach China eingeführt, zog der Genuß von Opium dort schwere soziale Probleme nach sich.

DIE HERBSTZEITLOSE *(COLCHICUM AUTUMNALE)*

Mittel gegen Gicht und Schlüssel zur Gentechnologie

Die giftigen Eigenschaften des *Colchicum* waren schon im alten Ägypten bekannt; im klassischen Griechenland wurde es zur Linderung bei Gicht benutzt. Wegen der hohen Giftigkeit dieser Pflanze nannte man sie auch das „pflanzliche Arsen". Der Wirkstoff ist das Alkaloid Kolchizin. Bei Gicht wird es heutzutage immer noch zur Behandlung eingesetzt. Seine Wirkung auf die Zellen hat die Pflanzenzüchtung geradezu revolutioniert: Wenn es im Stadium der Zellteilung zugeführt wird, kann die Chromosomenzahl derart verändert werden, daß sterile Hybride fruchtbar werden und Größe wie Wuchs von Nutz- und Zierpflanzen erheblich verbessert werden.

KOKA *(ERYTHROXYLUM COCA)*

Lokalanästhetikum; Grundstoff eines Getränks

Die Völker Perus haben wohl schon seit 500 v.Chr. Kokablätter gekaut; kleine Säckchen mit Kokablättern hat man bei einer mumifizierten Leiche aus der Vorinkazeit als Grabbeigaben gefunden. Das Alkaloid Kokain wurde 1860 chemisch isoliert und 1884 zum ersten Mal als Lokalanästhetikum für eine schmerzfreie Operation eingesetzt. Im 19. Jahrhundert waren der Genuß von Kokain und von Erzeugnissen aus Kokablättern weit verbreitet. Der Koka-Wein stand groß in Mode, und während der Zeit der Prohibition gab es in den USA viele alkoholfreie Nachahmungen. Eines der beliebtesten Getränke aus dieser Pflanze stammt von einem gewissen John Pemberton, der im Jahre 1886 das „anspruchsvolle und abstinente" Getränk „Coca-Cola" herstellte. In der Chirurgie ist das Kokain heute weitgehend durch synthetische Stoffe ersetzt worden.

OPIUMGÖTTIN
Von Mohnsamen gekrönte Statue aus Heraklion (Kreta), zwischen 1400 und 1100 v.Chr. Schlafmohn war den Göttern der Nacht, der Träume und des Todes geweiht.

MUTTERKORNBEFALL *(CLAVICEPS)*

Mutterkorn, Geburt und LSD

Die Geschichte ist voll der Berichte über Mutterkornbefall – eine Pilzvergiftung durch Roggenverzehr. Zwischen 1906 und 1920 konnten medizinisch bedeutsame Mutterkorn-Alkaloide chemisch isoliert werden, vor allem das Ergonovin und Ergotamin. Diese Medikamente haben einen großen Einfluß auf Geburtswehen, auf nachgeburtliche Blutungen und die Migräne. Ein anderes Mutterkornderivat, Lysergsäurediäthylamid (LSD), wurde 1943 gewonnen. In den 70er Jahren erlangte diese Substanz als Halluzinogen große Bedeutung. Obwohl es nicht süchtig macht, ist sein Gebrauch doch oft die Ursache von Psychosen, Selbstmorden und Tötungsdelikten.

ZAHNSTOCHERKRAUT *(AMMI VISNAGA)*

Das Anti-Asthmatikum

Die aromatischen Früchte der *Ammi visnaga* wurden von alters her in Ägypten vor allem zur Behandlung von Nierensteinen genutzt. Sie enthalten verschiedene Chromone, darunter das Khellin, das die vegetativ gesteuerte Muskulatur entspannt. Es wurde 1879 zum ersten Mal chemisch isoliert. Im Jahre 1946 fand ein ägyptischer Pharmakologe heraus, daß Extrakte des Krautes auf die feinsten Verzweigungen der Luftröhrenäste sowie die Herzarterien wirken und sich asthmatische Symptome damit

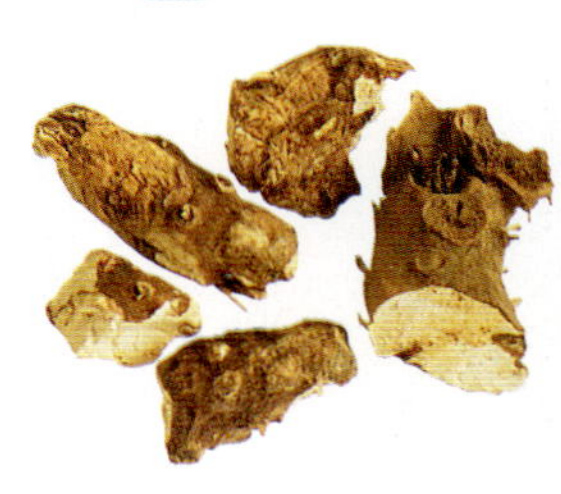

DIOSCOREA
Blätter und getrocknete Wurzeln (rechts) der Dioscorea villosa, *eine der vielen Arten dieser Gattung, die zur Herstellung von Steroidhormonen genutzt wird.*

gut kontrollieren lassen. Man mußte über 670 Verbindungen synthetisieren, um endlich eine Substanz zu gewinnen, die das Freiwerden der den Asthma-Anfall verursachenden Antikörper verhindert. Schließlich war diese Suche erfolgreich, und man konnte mit der Produktion von Natriumcromoglycicum beginnen.

CATHARANTHUS ROSEUS

Der Kampf gegen den Krebs

Seit 1920 analysierte man die Alkaloide der *Catharanthus Roseus*; heute werden Vincristin und Vinblastin zur Behandlung von Leukämie, der Hodgkin'schen Krankheit und anderen Erkrankungen mit tödlichem Verlauf eingesetzt.

MÄDESÜSS *(FILIPENDULA ULMARIA)*

Pflanzliches Aspirin

Das Analgetikum Salizin wurde erstmals im Jahr 1827 aus den Blättern des Mädesüß isoliert. Seit 1838 läßt sich die Salicylsäure gewinnen; 1859 wurde diese Substanz zum ersten Mal synthetisiert und lieferte die Grundlage für die Azetylsalicylsäure, die seit 1899 hergestellt werden kann. Der Name Aspirin kommt von der alten Bezeichnung *„Spiraea ulmaria"* für *Filipendula ulmaria*. Aspirin ist das weltweit verbreitetste Medikament und wird bei über 40 körperlichen Beschwerden verabreicht. Man hat herausgefunden, daß Aspirin auch bei Patienten mit entsprechender Disposition vorbeugend gegen Herzinfarkte eingesetzt werden kann.

YAMSWURZEL *(DIOSCOREA)*

Der Stoff für die Anti-Baby-Pille

Die Hormone wurden relativ spät entdeckt. Erst 1934 ließ sich das Kortison isolieren; daraufhin wurden die Pflanzen nach Saponinen untersucht, um auf billigere Weise Steroide und andere Substanzen herstellen zu können. Aus der Yamswurzel gewinnt man das Hormon Diosgenin, von dem Anfang der 40er Jahre erst einige Kilo hergestellt hergestellt werden konnten. Damals kostete das Kilo dieser Substanz 80.000 Dollar. In Mexiko wird der Anbau der Yamswurzel inzwischen in großem Stil betrieben. Aus ihr werden Steroide zur Herstellung von Anti-Baby-Pillen gewonnen.

SCHLAFMOHN *(PAPAVER SOMNIFERUM)*

Ein unersetzliches Schmerzmittel

Opium ist so alt wie die Medizin selbst; kein anderes Schmerzmittel kommt ihm gleich. Die Sumerer haben seinen Gebrauch bereits im 4. Jahrtausend v.Chr. auf Tontafeln beschrieben; auch die alten Griechen kannten es schon. Opium ist das wirkungsvollste Schmerzmittel überhaupt und bei unerträglichen Schmerzen bis heute das am häufigsten verwendete Medikament. Außerdem ist es eine stark süchtig machende Droge. Im 19. Jahrhundert war der internationale Opiumhandel von grosser wirtschaftlicher Bedeutung. Der damalige Versuch Chinas, den sozialen Problemen der Sucht mit einem Importverbot beizukommen, führte sogar zum Krieg mit den Engländern. Opium besteht aus mehr als zwanzig Alkaloiden; dazu gehört auch das Morphin, das eine stark schmerzlindernde, euphorisierende und narkotisierende Wirkung hat. Es war im Jahre 1806 das erste Alkaloid in der Geschichte der Chemie, das isoliert werden konnte. Opiat-Alkaloide, zu denen auch Kodein und Methadon gehören, können nicht synthetisch hergestellt werden. Daher ist der Anbau von Opium für die pharmazeutische Industrie weltweit von großer Bedeutung.

CHININANBAU IN JAVA
Der große Bedarf an Chininrinde im Kampf gegen Malaria führte zur Suche nach den ertragreichsten Arten. Nach dem Zweiten Weltkrieg gelang es, Anti-Malariamedikamente synthetisch herzustellen. Außerdem wurde die Malariamücke durch den Einsatz von DDT dezimiert. Immer mehr Malariaerreger sind inzwischen gegen synthetisch hergestellte Medikamente resistent.

RAUVOLFIA
Eine Pflanze aus Indien und dem Fernen Osten mit beruhigender Wirkung.

CHONDRODENDRON TOMENTOSUM

Pfeilgift und Entspannungsmittel für Muskeln

Der Extrakt aus dem Stamm des *Chondrodendron tomentosum*, einer großen Liane, ist Hauptbestandteil des Kurare – einer Substanz, die sofort zur Muskellähmung führt. In großen Teilen Südamerikas jagten die Eingeborenen mit Pfeilen, deren Spitzen in Kurare getaucht wurden; so konnte die Beute erlegt werden, ohne das Fleisch zu vergiften. 1942 wurde Kurare erstmals bei einer Vollnarkose eingesetzt. Inzwischen ist es in der Chirurgie unentbehrlich geworden.

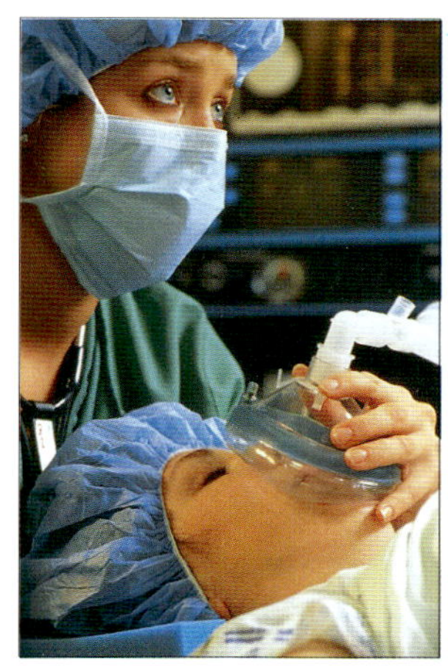

KURARE IN DER CHIRURGIE
Vor der Verwendung dieser Substanz war eine Vollnarkose mit erheblichen Risiken verbunden.

CHINARINDENBAUM *(CINCHONA-ARTEN)*

Das erste Medikament gegen Malaria

Ende des 17. Jahrhunderts war die Rinde des Chinarindenbaums als Heilmittel gegen Malaria gefragt. 1820 konnte man das Alkaloid Chinin isolieren, und es folgte schnell ein erbitterter Wettbewerb um die ertragreichsten Arten. Den höchsten je gemessenen Alkaloid-Anteil wies das aus holländischen Plantagen auf Java stammende *Cinchona ledgeriana* auf.

RAUVOLFIA SERPENTINA

Der erste Tranquilizer

Die Pflanze *Rauvolfia serpentina* wurde schon in der hinduistischen Lehrschrift „Charaka Samhita" aus der Zeit um 600 v.Chr. erwähnt. Das alte Indien setzte sie gegen Schlangenbisse und gegen den Wahnsinn ein. 1952 gelang es, daraus das Alkaloid Reserpin zu isolieren; kurz darauf wurde der Begriff „Tranquilizer" geprägt. Das Reserpin hat inzwischen die Behandlung von Psychosen revolutioniert; außerdem kann es bei Bluthochdruck verabreicht werden.

EIN WUNDERMITTEL
Catharanthus roseus *wurde in den sechziger Jahren zur Behandlung von Diabetes eingesetzt. Die Wirkung der Pflanze auf die weißen Blutkörperchen führte zu ihrem Einsatz in der Krebstherapie.*

KRÄUTERBÜCHER

Das Wissen um die Wirkung von Kräutern ist durch die Jahrtausende von Generation zu Generation weitergegeben worden. In den 70er Jahren entdeckte man im Nordirak ein vorzeitliches Grab voller Blumen. Die Analyse hat ergeben, daß es sich dabei um Kräuter handelt, die Einheimische dort noch heute verwenden. Die Menschen haben das Wissen um den Gebrauch der Kräuter lange nur mündlich überliefert; oft war es nur wenigen Eingeweihten vorbehalten, die damit umgehen durften. In einigen Kulturen, zum Beispiel bei den Eingeborenen am Amazonas, ist das noch heute so.

'HEILKRÄUTER'
Aus der Illustrierten Familienbibliothek*; Leipzig, 1901.*

Die Gefahr für Lebensräume wie den tropischen Regenwald besteht nicht nur darin, daß Pflanzen aussterben, sondern auch darin, daß das Wissen über sie allmählich verloren geht. Mündlich überliefertes Wissen kann schon innerhalb einer einzigen Generation verschwinden, wenn alte Kulturen ausgelöscht werden.

KRÄUTER IN ALTER ÜBERLIEFERUNG

Die chinesische Kräuterkunde wird als die älteste überhaupt bezeichnet, weil sie über die längste zusammenhängende schriftliche Überlieferung verfügt; einige der altchinesischen Kräuterbücher werden noch heute verwendet. Auch die ayurvedische Medizin ist sehr alt und gut dokumentiert. Bereits im „Rigveda", einem über 3.000 Jahre alten heiligen Hindu-Text, werden Kräuter erwähnt. Man weiß, daß es auch bei den Chaldäern um 5000 v.Chr. Kräuterkundige gab; auf assyrischen Tontafeln aus der Zeit um 2500 v.Chr. sind etwa 250 Kräuter beschrieben. Ohne Zweifel hatten auch die Ägypter um 3000 v.Chr. ein breites Wissen über den Nutzen von Kräutern, auch wenn es darüber nur wenige schriftliche Zeugnisse gibt. Doch erscheinen Kräuter auf ägyptischen Wandmalereien und Grabinschriften aus der Zeit um 2000 v.Chr. Solche Darstellungen sind symbolischer Natur und daher keine Hilfe bei der Identifizierung der Pflanzen; sie belegen aber, daß man Kräuter im Alltagsleben kannte. Lediglich der Eberspapyrus (ca. 1500 v.Chr.) beschreibt den Gebrauch von Kräutern ausführlich. Außerdem gibt es schriftliche Fragmente aus dem zweiten Jahrhundert n.Chr., einige davon in griechischer Sprache. Die ägyptische Kräutertradition wurde dann an die Kopten weitergegeben, die christlichen Nachfahren der alten Ägypter.

HANDSCHRIFTEN ÜBER KRÄUTER

Vor der Erfindung des Buchdrucks um 1450 schrieb und illustrierte man Bücher mit der Hand. Da es von einem Buch viele Handschriften gab, entstanden unterschiedliche Versionen; außerdem schlichen sich Fehler ein. Frühe Kräuterhandschriften betten die Beschreibung der Pflanzen in Mythen und magische Vorstellungen ein. Sie enthalten so uralte Botschaften; durch die Intensivierung der Handelsbeziehungen ist auch fremdes Wissen in die Aufzeichnungen eingegangen. Das englische „Heilkundebuch von Bald" (um 900 n.Chr.) enthält neben detaillierten Beschreibungen einheimischer Pflanzen auch syrische Rezepte, die der Patriarch von Jerusalem an König Alfred gesandt hatte; darunter finden sich auch magische Zauberformeln. Ein Kräuterbuch aus dem 13. Jahrhundert unterbreitet geheimes Wissen, welches auf das Brauchtum der Druiden zurückgeht. Eines der frühen Zeugnisse für gedruckte Kräuterbücher ist der „Herbarius zu Teutsch" (1485). Die Zeichnungen von Leonhard Fuchs in der „Historia Stirpium" (1542) und im „Neuen Kreuterbuch" (1543) fanden im 16. Jahrhundert überall in Europa Verbreitung. Mit den neuen Pflanzen aus Übersee erschienen auch neue Gartenbücher. Dann entwickelten sich im 18. Jahrhundert Botanik und Medizin zu selbständigen Wissenschaften; so entstand erstmals eine umfassende Fachliteratur. Diese Trennung der Wissenschaften setzte sich auch im 19. Jahrhundert fort. Der Untertitel der Allgemeinen Kräuterkunde des Engländers Thomas Green („The Universal Herbal") aus dem Jahre 1816 lautet bezeichnenderweise: „Wörterbuch der Botanik, Medizin und Landwirtschaft ...". Heute haben wir wissenschaftliche Fachzeitschriften, sogar Datenbanken, die das Wissen über die Kräuter speichern. Dennoch bleibt auch das allgemeine Kräuterbuch bedeutsam, weil es den einfachsten Zugang zum Gebrauch dieser Pflanzen bietet.

„KREUTTERBUCH"
Die Titelseite des Kräuterbuchs von Pietro Andrea Mattioli (1500-77); er war Leibarzt Kaiser Maximilians II. Das Werk erschien im Jahre 1586.

WICHTIGE KRÄUTERBÜCHER

KRÄUTERBÜCHER AUS DER ALTEN WELT

um 300 v.Chr.: ***Geschichte der Pflanzen*** („Historia Plantarum") und **Wachstum der Pflanzen** („De Causis Plantarum"); Theophrast. 500 Kräuter, auf den Schriften des Aristoteles basierend, mit eigenen Beobachtungen.

77 n.Chr.: ***Geschichte der Natur*** („Historia Naturalis"); Plinius. 37 Bände, Mischung aus Fakten und Phantasie; auch medizinischer Nutzen.

▲ DIOSKORIDES
Ein griechischer Arzt (1. Jahrhundert n.Chr.); Autor von De Materia Medica.

1. Jahrhundert n.Chr.: ***De Materia Medica***; Dioskorides. Ein Standardwerk, das 1.500 Jahre Gültigkeit besaß. Beschreibungen von 600 Kräutern; viele findet man heute noch in Arzneibüchern.

um 150 n.Chr.: ***De Simplicibus***; Galen, ein griechischer Arzt. Seine Schriften, in denen das damalige medizinische Wissen dokumentiert war und welche die Theorie der Temperamente enthalten, waren Standardwerke.

um 900: ***Das Heilkundebuch*** von Bald. Handbuch eines angelsächsischen Arztes; das erste Kräuterbuch des christlichen Mittelalters.

um 1000: ***Canon Medicinae***; Avicenna, der große Arzt der islamischen Welt. In Arabisch geschrieben und ins Lateinische übersetzt, war es bis zum 17. Jahrhundert ein Standardwerk.

um 1250: ***De Proprietatibus Rerum;*** Bartolomaeus Angelicus. Naturkunde in 19 Bänden, von denen der 17. das einzige Kräuterbuch ist, das in England im hohen Mittelalter geschrieben wurde.

1525: ***Banckes Kräuterbuch.*** Eine anonyme Zusammenstellung früherer Kräuterbücher, darunter auch aus dem 10. Jahrhundert: Das Kräuterbuch des Aemilius Macer („De Virtutibus Herbarum"), ein Lobgedicht auf die Tugenden von 77 Kräutern sowie der berühmte Diskurs über Rosmarin von der französischen Gräfin Hainault.

1551-1568: ***Ein neues Kräuterbuch*** (in drei Teilen); William Turner. Das erste englische Kräuterbuch wissenschaftlicher Art, mit über 400 Holzschnitten illustriert, die meisten davon Reproduktionen der Zeichnungen von Leonhard Fuchs.

1570: ***Kräuterbuch;*** Paracelsus (Theophrastus Bombastus von Hohenheim), ein schweizer Arzt und Alchimist.

1597: ***Das Kräuterbuch oder Allgemeine Pflanzenkunde*** von John Gerard, ein angesehener Kräuterkundler und Gärtner der elisabethanischen Zeit. Auf Dodoens' „Cruydboeck" (1554) aufbauend und später erweitert von Thomas Johnson (1633) mit wunderbaren Beschreibungen, auch von exotischen Pflanzen.

1629: ***Paradisi in Sole Paradisus Terrestris;*** **1640:** ***Theatrum Botanicum***; John Parkinson. Das letztere ist das umfangreichste Kräuterbuch in englischer Sprache. Weniger bekannt als das erste, bei dem es sich eher um ein Gartenbuch handelt, beschreibt es 3.800 Kräuter, unterteilt in 17 Gruppen; eine Gruppe besteht aus Nachzüglern, die der Autor bei seiner Zuordnung vergessen hatte.

1652: ***Der englische Arzt***; Nicholas Culpeper. Eines der meistgekauften Kräuterbücher aller Zeiten, es beinhaltet astrologische, mitunter recht oberflächliche Beschreibungen von 398 Kräutern und wurde deshalb seinerzeit von Ärzten kritisiert. Eine erweiterte Ausgabe kam 1653 heraus; viele Neubearbeitungen folgten.

1656: ***Die Kunst des Einfachen***; William Coles. „Eine Einführung in die Pflanzenkunde und in das Sammeln von Pflanzen" mit einer ersten Auflistung von Kräutern zur Behandlung von Tieren.

1710: ***Botanologia.*** **Das englische Kräuterbuch oder die Pflanzenkunde**; William Salmon. Das letzte große Kräuterbuch vor der Trennung von Botanik und Medizin.

1838: ***Flora Medica***; John Lindley. Ein Überblick über alle Heilpflanzen, geschrieben von einem hervorragenden Botaniker; typisch für die neue wissenschaftliche Vorgehensweise.

1866: ***Ein botanisches Handbuch zur Gesundheit***; Albert Coffin. Er brachte die reine Pflanzentherapie von Amerika nach England.

1931: ***Ein modernes Kräuterbuch***; Mrs M. Grieve. Es erreichte fast die Popularität von Culpepers Kräuterbuch; enthält Beschreibungen von über 1.000 Kräutern.

CHINESISCHE KRÄUTERBÜCHER

um 1000 v.Chr.: ***Des Gelben Kaisers Klassiker der Inneren Medizin;*** erste Abhandlung der Grundlagen der Gesundheit nach Huang Di, dem Begründer der chinesischen Medizin, der von ca. 2697-2595 v.Chr. lebte.

Ca. 220 n.Chr.: ***Der Kräuterkanon des Shen Nong,*** dem Gott der Landwirtschaft und legendärem Kaiser zugeschrieben, der um 3000 v.Chr. gelebt haben soll; enthält eine Auflistung von 252 pflanzlichen Heilmitteln.

um 659: ***Tang Materia Medica*** von Su Ying. 54 Bände über chinesische Pflanzen; während der Tang-Dynastie von der Regierung in Auftrag gegeben.

1590: ***Compendium der Medizin*** von Li Shi Zhen. 52 Bände mit Beschreibungen von fast 2.000 Medikamenten, meist auf pflanzlicher Basis. 1765 von Zhao Xue Min überarbeitet und um 900 weitere Heilmittel ergänzt.

1970: ***Atlas der allgemein genutzten traditionellen chinesischen Heilmittel***; herausgegeben von der chinesische Akademie der Wissenschaften; Ergebnis der kommunistischen Neubelebung der traditionellen. Medizin.

▲ PARADISI IN SOLE
Das bekannte Kräuterbuch des John Parkinson aus dem Jahre 1629.

KRÄUTERBÜCHER AUS DER NEUEN WELT

1569: ***Frohe Kunde aus der Neuen Welt***; Nicolas Monardes (spanischer Arzt); erstes Kräuterbuch in Amerika.

1672: ***Die Entdeckung der Seltenheiten Neu-Englands*** von John Josselyn. Die erste Aufstellung europäischer Nutzpflanzen, die in Nordamerika gediehen; eine Hilfe für die Siedler.

1672: ***Der amerikanische Arzt***; von William Hughes; berühmt für seinen Bericht über Schokolade.

1715: ***Das Kräuterbuch der Südsee***; James Petiver. Der erste Bericht in englischer Sprache über die Kräuter in Peru und Chile.

1835: ***Neuer Ratgeber der Gesundheit oder: der botanische Hausarzt;*** **1841:** ***The Thomsonian Materia Medica***; Samuel Thomson; einheimische amerikanische Kräuter und Behandlungsarten; von einem Naturmediziner beschrieben.

▼ PFEFFERPFLANZE
Illustration von Capsicum *aus einem englischen Manuskript (17. Jh.).*

Die Anlage eines Kräutergartens

Ein Hochbeet
Für ein attraktives Hochbeet wird gern Naturstein verwendet.

Ein Kräutergarten kann so ziemlich jede Größe oder Gestalt haben. Er benötigt nicht unbedingt eine sonnige Lage; es gibt Kräuter, die im Schatten, auf schwerem feuchten Boden oder sogar im Wasser gedeihen. Die am weitesten verbreitete Art des Kräutergartens ist ein schmales Beet oder eine Rabatte mit Würzkräutern nahe der Küche. Sie können Ihren Kräutergarten auch mit Heilpflanzen oder exotischen Kräutern bereichern. Vielleicht möchten Sie aber auch nur eine einzige Kräuterart ziehen oder wünschen sich die Anordnung wie in einem mittelalterlichen Klostergarten. Den Möglichkeiten sind keine Grenzen gesetzt. Ein Teil des Vergnügens beim Anlegen eines Kräutergartens liegt in der Auswahl und im Studium der Pflanzen. So werden Sie allmählich zum Experten. In diesem Abschnitt finden Sie Ideen und Vorschläge für strenge sowie freie Anpflanzungen, sowohl in städtischer als auch in ländlicher Umgebung, ferner Entwürfe für Gefäße und für einen gemischten Gemüse- sowie Küchengarten.

Eine gelungene Anordnung
Ursprünglich als reizarmer Garten für Allergiker angelegt, nutzt diese geometrische Anordnung den knappen Raum geschickt aus. Verschiedene Farben und Strukturen machen die Aufteilung lebendig; man erkennt einen Pflanzenkübel, Kletterer und hochstielige Pflanzen. All das vermittelt den Eindruck von Höhe.

Wenn Sie einen Garten anlegen, sollten Sie zunächst ganz praktisch denken. Welchen Stil Sie haben wollen und welches Ziel sie im Auge haben mögen, übernehmen Sie sich nicht! Planen Sie immer nur das, was sich mit Ihrem Platz, Ihrer Zeit, Ihrer Energie und Ihrem Geldbeutel vereinbaren läßt.

Der Abschnitt *Der Anbau von Kräutern* am Ende dieses Buches (S. 374-393) wird Ihnen weitere Informationen für die Planung und Gestaltung Ihres Kräutergartens geben. Machen Sie das Beste aus dem vorhandenen Platz und bleiben Sie im Rahmen Ihrer gärtnerischen Erfahrungen. Am besten fangen Sie mit einem Notizblock und notieren alles, was Sie beachten müssen: Ausmaße, Bodenbeschaffenheit, vorhandener Platz sowie auch, wieviel Sonne, Wind und Regen der Garten bekommt. Bestimmen Sie auch die Extreme: den sonnigsten, den windigsten, den schattigsten und den geschütztesten Standort. Dann notieren Sie sich mögliche Hindernisse, beispielsweise alle Unkräuter, die widerstandsfähig sind und jedes Jahr wiederkommen. Auch alle Begleitumstände zu notieren, ist von Belang – ein Baum könnte dem Hopfen Halt und den Waldkräutern Schatten bieten, sollte aber nicht den Thymian überschatten. Zugangsmöglichkeiten und das Aussehen spielen ebenfalls eine Rolle. Wenn Sie das ganze Jahr über Ihre Kräuter ernten wollen, sollten Sie an wetterfeste Wege oder Trittsteine denken. Sicherlich möchten Sie das Beet nicht allzuweit von Ihrer Gartentür entfernt haben.

Strenger oder freier Stil?

Wenn die praktischen Dinge überlegt sind, müssen Sie den Stil Ihres Kräutergartens bestimmen. Eine Entscheidung von grundlegender Bedeutung besteht darin, zwischen strenger und freier Anordnung zu wählen. Aber Sie müssen auch bedenken, wie der Stil Ihres Kräutergartens am besten zu Ihrem übrigen Garten paßt. Streng angelegte Gärten sind geometrisch und normalerweise durch Wege oder niedrige Hecken aufgeteilt. Der Umriß kann quadratisch, rechteckig, rund, sternförmig oder dreieckig sein. Auch lassen sich verschiedene Formen kombinieren, im allgemeinen sollte aber ein Muster vorherrschen. So können Sie Ihren Platz optimal ausnutzen. Ein frei angelegter Kräutergarten ist besser geeignet, um sich einem vorgegebenen Raum anzupassen, zum Beispiel einer bereits vorhandenen Begrenzung, oder auch, um eine Nische für bestimmte Kräuter zu schaffen.

Strenge Entwürfe

Wenn man die vielen Heckenpflanzen und das Pflastermaterial mit einbezieht, kann ein streng angelegter

Ein klassisch strenger Kräutergarten
Dieser Garten hat symmetrische, von beschnittenen Buchsbaumhecken begrenzte Beete. Kunstvolle Figuren und rosenbewachsene Spaliere erwecken den Eindruck von Höhe.

Kräutergarten zu einem größeren Unterfangen werden. Dennoch lassen sich solche Gärten sehr leicht bepflanzen und in Ordnung halten. Dabei ist die Geometrie und Symmetrie mehr als nur eine Frage der Ästhetik; die sich durch solche Strukturen ergebenden kleinen Teilbereiche bilden nämlich zugleich auch eine praktische Grundlage für den Anbau, die Pflege und die Ernte der Kräuter. Sie können für jede Kräuterart eine eigene Abteilung vorsehen; natürlich können Sie Ihre Aufteilung auch nutzen, um verschiedene Charakteristika hervorzuheben: Heilkräuter beispielsweise geordnet nach ihrer primären Heilwirkung (Herzbeschwerden, Lungenprobleme, nervöse Leiden, Verdauungsprobleme ...) oder nach ihrer Herkunft, wie es im „Garten der Weltmedizin" im „Chelsea Physic Garden" in London beeindruckend vorgeführt wird. Andererseits läßt sich der Eindruck einer geordneten Struktur auch dann gewinnen, wenn man seine Kräuterauswahl auf bestimmte Farben beschränkt. Gervase Markham empfahl in seinem 1613 erschienenen Buch „The English Husbandman" Flächen von weißen, gemischtfarbigen und blutroten Gartennelken. Sie können auch verschiedenfarbige Pflanzen nach den Kriterien einer Farbkomposition zusammenstellen.

◄ PFLANZENHALTUNG IN KÜBELN
*Man kann einen ganzen Garten aus Kübeln anlegen, die beispielsweise auf Stufen oder zwischen anderen Pflanzen stehen können und so eine interessante Wirkung erzielen. Kletterer wie dieser Goldene Hopfen (*Humulus lupulus *'Aureus') eignen sich sehr gut für große Töpfe mit einem Rankgerüst.*

▼ KRÄUTER ALS GARTENPFLANZEN
Lavendel eignet sich ausgezeichnet als Gartenpflanze. Er wirkt sowohl alleine, als auch zusammen mit anderen Pflanzen. Hier begrenzt das dunkle Purpur von Lavandula angustifolia *'Hidcote' eine Rabatte mit stacheligem graublauem* Eryngium *(Stranddistel).*

FREIE GESTALTUNG

Auch eine freie Gestaltung darf mit einem geometrischen Entwurf beginnen. Ihr ästhetischer Effekt beruht auf der Zusammenstellung der Pflanzen. Ein frei angelegter Kräutergarten kann wie ein Bauerngarten, eine Kräuterrabatte oder ein Steingarten aussehen. Das freiere Arrangement ermöglicht es, die in Ihrem Garten bereits vorhandenen Pflanzen mit einzubeziehen; dagegen erfordert der streng geometrisch angelegte Kräutergarten eine viel frühere Planung. Es gibt interessante Kletterpflanzen für Mauern und Zäune, zum Beispiel Bittersüßer Nachtschatten und *Akebia*. Eine Bodendeckung unter Bäumen und Sträuchern kann man mit sich rasch ausbreitenden Pflanzen erreichen. Waldmeister, aber auch niedrigwachsender Holunder lassen sich gut mit frühlingsblühenden Zwiebelpflanzen kombinieren, denn sie bringen frische neue Blätter, wenn die der Zwiebeln verwelken. Sollte eine immergrüne Bedekkung erwünscht sein, ist Efeu selbst in tiefem Schatten gut geeignet; dort kann er den Boden decken und zugleich auch noch klettern. Pflanzen, die besondere Wachstumsbedingungen benötigen, sollten stets an den für sie geeigneten Standorten gepflanzt werden – zum Beispiel die Teebeere und Zaubernuß (die saure Böden lieben) in einem Beet aus Hochmoortorf, aber Mädesüß, Kalmus und Stinkkohl in einem nährstoffreichen, schlammigen Boden in der Nähe eines Teiches.

FRANZÖSISCHER STIL
Dieses mit Gemüse bepflanzte Beet wird durch Kräuter und Blumen aufgelockert. So entstehen Strukturen, und Pflanzen wie die Zwiebel können ihre ganze Schönheit zeigen.

KRÄUTER MIT ANDEREN PFLANZEN KOMBINIERT

Frei gestaltete Gärten bieten die Möglichkeit, Kräuter auch mit anderen Pflanzen zu kombinieren. Viele Kräuter sind gute Gartenpflanzen; sie haben meist eine zarte Färbung, die es erlaubt, sie zwischen Sträucher und andere winterharte Pflanzen zu setzen. Beispiele dafür sind das spätblühende Seifenkraut und Sorten der Margerite sowie Salbei, Lavendel und Fingerhut, die in ihren Farben wie auch Ansprüchen allesamt gut zu Rosen passen. Weiße Gärten regen durch ihre besondere Atmosphäre die Vorstellungskraft an; ein Beispiel dafür sehen Sie auf den Seiten 34-35. Dafür eignen sich Pflanzen mit silbergrauen Blättern oder weißen Blüten, unter anderem Beifuß, Schleierkraut, Myrte, weißblühender Salbei, Lavendel, Majoran, Ysop und Thymian. Andere Pflanzen mit kräftigen Farben und auffälligen Strukturen, wie die smaragdgrüne krause Petersilie und das purpurschwarze salatblättrige Basilikum passen gut zu Beeten sowie Kübeln mit Sommerbepflanzung. Auf den folgenden Seiten finden Sie Ideen für diese und andere Kräutergärten. Ist Ihre Begeisterung für diese Art der Gärtnerei erst einmal geweckt, werden Sie selbst noch viele weitere Ideen entwickeln.

ERLÄUTERUNGEN

Hier sind die Symbole und Farben zur Einstufung der Pflanzen aufgeführt, die in den Gartenentwürfen der folgenden Seiten vorkommen.

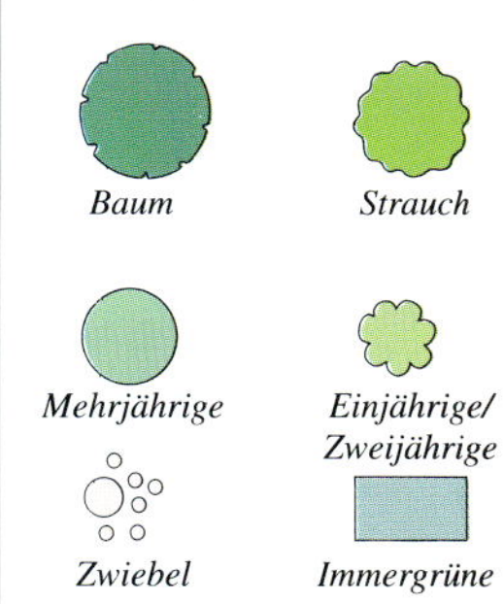

STRENGE GARTENGESTALTUNG

Ein streng angelegter Kräutergarten ist leicht in Ordnung zu halten und bietet einen schnellen Zugang zu den einzelnen Kräutern, während er gleichzeitig ein Ort beruhigender Farben und schöner Düfte sein kann. Wählen Sie Pflanzen nicht nur wegen ihres Aromas oder Nutzens, sondern versuchen Sie auch Kompositionen zu finden, die in Farbe und Struktur gefallen: das zarte Rosa und Blau von Lavendel *(Lavandula)*, Rosmarin *(Rosmarinus)*, Weinraute *(Ruta graveolens)* und Ysop *(Hyssopus)* oder die frischen Farben von Gartensalbei *(Salvia officinalis* 'Icterina') und Majoran *(Origanum onites)* mit dem weißen Rainfarn (*Tanacetum parthenium*).

***Salvia officinalis* 'Icterina' und *Tanacetum parthenium* 'Tom Thumb White Stars'**
Die Blätter des goldgefleckten Salbei passen gut zu den weißen Blüten und dem hellgrünen Laub des kleinwüchsigen gefüllten Rainfarn. Beide Arten erreichen etwa die gleiche Höhe.

DER GEOMETRISCHE GARTEN

Die Pflanzen in den kleinen Beeten wurden wegen ihres ordentlichen Wuchses gewählt. Die hochwachsenden Kräuter wie zum Beispiel die Engelwurz *(Angelica archangelica)* und den Wasserdost *(Eupatorium cannabinum)* sollte man an den Rand zu setzen, wo sie andere Pflanzen nicht überwuchern können wie in der Mitte. Das zurückhaltendste der hochwachsenden Kräuter ist der Fenchel *(Foeniculum vulgare)*.

EIN GEMISCH AUS DÜFTEN

Ein Kräutergarten kann in nahezu unbegrenzter Vielzahl Farben, Düfte und Strukturen kombinieren. Diese Zusammenstellung von aromatischen sowie farbenfrohen Pflanzen ergibt eine herrliche Mischung aus Farben und Düften.

PFLANZENVERZEICHNIS

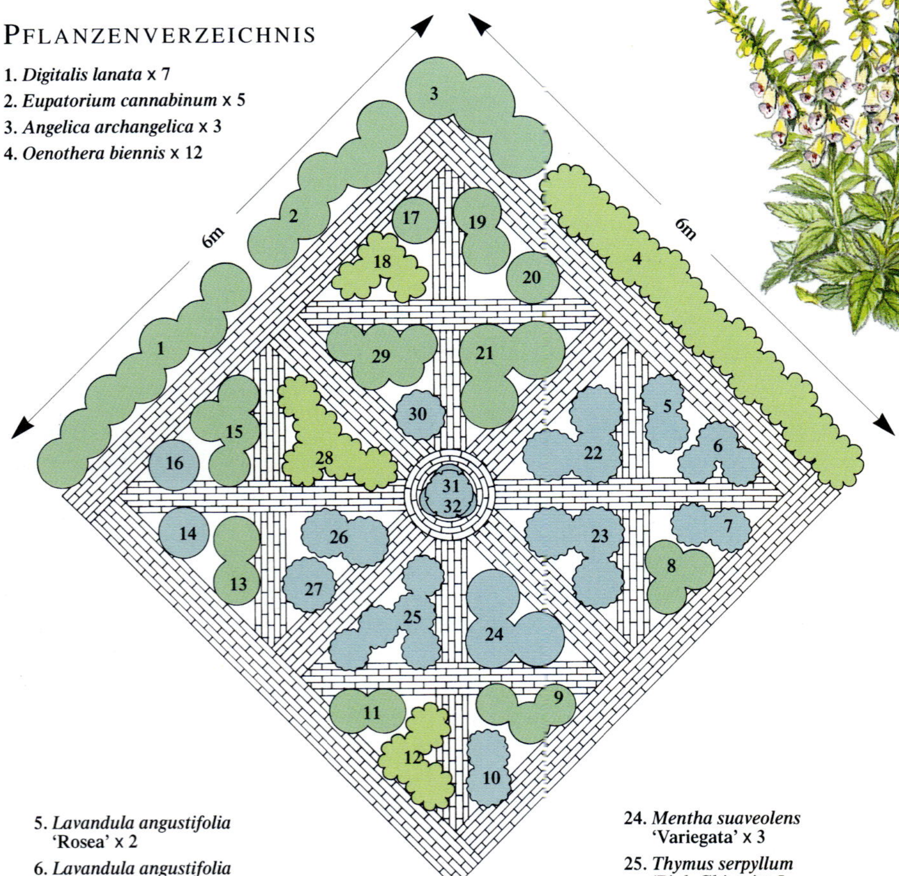

1. *Digitalis lanata* x 7
2. *Eupatorium cannabinum* x 5
3. *Angelica archangelica* x 3
4. *Oenothera biennis* x 12
5. *Lavandula angustifolia* 'Rosea' x 2
6. *Lavandula angustifolia* 'Hidcote' x 3
7. *Helichrysum italicum* x 2
8. *Allium schoenoprasum* x 3
9. *Artemisia pontica* x 3
10. *Salvia officinalis*, Gruppe Purpurascens x 2
11. *Origanum vulgare* x 2
12. *Borago officinalis* x 3
13. *Monarda didyma* x 1
14. *Mentha spicata* x 2
15. *Mentha × piperita* x 4
16. *Allium cepa* Gruppe Proliferum x 1
17. *Foeniculum vulgare* 'Purpureum' x 1
18. *Calendula officinalis* x 3
19. *Origanum onites* 'Aureum' x 2
20. *Melissa officinalis* 'Aurea' x 1
21. *Calamintha nepeta* x 3
22. *Rosmarinus officinalis* x 3
23. *Hyssopus officinalis* x 3
24. *Mentha suaveolens* 'Variegata' x 3
25. *Thymus serpyllum* 'Pink Chintz' x 5
26. *Thymus vulgaris* x 2
27. *Santolina chamaecyparissus* x 1
28. *Petroselinum crispum* x 5
29. *Tanacetum parthenium* 'Tom Thumb White Stars' x 5
30. *Salvia officinalis* 'Icterina' x 1
31. *Laurus nobilis* x 1
32. *Chamaemelum nobile* 'Flore Pleno' x 1

Die Zahl gibt die in jeder Gruppe gepflanzte Anzahl von Pflanzen an.

Borago officinalis* und *Origanum vulgare
Die hellblauen Boretschblüten vermischen sich mit den blaßrosa Blütenköpfen des Gemeinen Dost.

Origanum onites **'Aureum' und *Melissa officinalis* 'Aurea'**
Die Triebe von goldgeflecktem Majoran und Zitronenmelisse zeigen sich schon sehr früh im Jahr.

Lavandula angustifolia **'Rosea' und 'Hidcote'**
Setzt man rosa- und purpurfarbenen Lavendel zusammen, ergibt sich ein interessanterer Anblick; es bietet sich eine breite Farbauswahl für den Schnitt.

Artemisia pontica **und *Salvia officinalis,* Gruppe Purpurascens**
Das filigrane Laub des Pontischen Beifuß schafft einen gelungenen Kontrast zu den breiten samtigen Blättern des Echten Salbei.

Helichrysum italicum **und *Allium schoenoprasum***
Strohblumen eignen sich gut zur Eckenbepflanzung; ihr schlichtes Laub paßt zu den silbrigen Blättern des Schnittlauchs.

DER FLECHTGARTEN

Flechtgärten waren mit ihrem zuversichtlichen und abenteuerlichen *joie de vivre* am beliebtesten im Elisabethanischen England. Komplizierte geometrische Muster aus immergrünen kleinwüchsigen Hecken ordnete man auf einer erhöhten Fläche an. Es entwickelten sich zwei Arten: geschlossene Ornamente ohne Zutritt mit Segmenten, die mit farbigem Sand oder Kies bestreut waren, und offene Ornamente mit Wegen, die Teil des Musters waren, und deren Segmente mit duftenden Pflanzen besetzt waren. Sie stellten aus damaliger Sicht keine Kräutergärten dar. Doch müssen wir die meisten der elisabethanischen Duftpflanzen heute als Kräuter einstufen. Rosmarin, Ysop, Salbei und Lavendel bildeten schöne niedrige und darüber hinaus duftende Hecken.

NIEDRIGE BUCHSBAUMHECKEN

Auch Buchsbaum wurde häufig gepflanzt, obwohl der unangenehme Geruch, den er beim Schneiden verbreitet, ein Nachteil war. Die Ornamente waren in Vierergruppen angelegt, die ein oder mehrere Muster bilden konnten. Heute bescheiden sich die meisten Gärtner mit einem Muster, da die niedrige Hecke einen sehr sorgfältigen Schnitt benötigt. Das Muster kann einfach oder komplex sein; die einzige Einschränkung besteht darin, daß niedrige Hecken ca. 20-30cm breit werden und Wege ungefähr 45cm Breite benötigen.

INVESTITION FÜR IHREN GARTEN

Buchsbaum ist die beste Allzweckhecke für Schmuckgärten, auch für jeden Ort, an dem dichte niedrige Hecken benötigt werden. Er wächst zwar langsamer, ist dafür aber ausgesprochen langlebig (freilich auch verhältnismäßig teuer). Eine Buchsbaumhecke ist eine Anschaffung fürs Leben. Diese Überlegung erleichtert die Kaufentscheidung. Wählen Sie für den Raum zwischen den Hecken vor allem gedrungen wachsende Pflanzen, da hoch schießende Kräuter die Hecke unter Umständen beschädigen können.

EIN OFFENER FLECHTGARTEN
Hier ist der Farbkontrast zwischen dem Grau von Heiligenkraut (Santolina chamaecyparissus) *und den Abschnitten purpurfarbenen Lavendels innerhalb der Buchsbaumhecken* (Buxus sempervirens) *Bestandteil des Musters. Schmale Wege ermöglichen es, Ordnung zu halten und die Hecken zu schneiden. Flechtgärten wirken am besten, wenn man das Muster von oben betrachtet.*

PFLANZENVERZEICHNIS

1. *Buxus sempervirens* 'Suffruticosa'
2. *Santolina chamaecyparissus*
3. *Teucrium × lucidrys*

DIE KONTRASTBILDUNG
Besonders bei geschlossenen Ornamenten können Akzente durch verschiedenfarbige Hecken gesetzt werden. Bei diesem Entwurf wurden drei verschiedene Komponenten gewählt; der Raum zwischen den Hecken ließe sich mit farbigem Kies füllen. Die äußere Buchsbaumhecke (Buxus sempervirens) *schließt Muster aus Heckengamander* (Teucrium × lucidris) *und silberfarbenem Heiligenkraut mit ein. Achten Sie darauf, den richtigen Gamander zu kaufen, denn Heckengamander kann auch als* T. chamaedrys *ausgezeichnet sein, der sehr ausladend ist. Heckengamander wächst dagegen aufrecht und hat glänzende Blätter.*

FARBKREIS AUS HOCHBEETEN

Teilt man einen Garten in geometrisch gestaltete Beete auf, so schafft das den Eindruck von Ordnung und vereinfacht die Pflanz- sowie Routinearbeiten. Hochbeete waren ein Kennzeichen für die Gärten des Mittelalters und der Renaissance; in den letzten Jahren haben sie durch die Umweltbewegung eine Wiederbelebung erfahren, als Versuche zeigten, daß die Bodenbeschaffenheit sich erheblich verbessert, wenn sie nicht künstlich verändert wird. William Lawson („The Countrie Housewife's Garden", 1617) hielt Hochbeete für alle Pflanzen geeignet – ausgenommen davon lediglich Bäume, da sie trockenere Bedingungen bräuchten. Dieser Garten ist ein einfaches Beispiel dafür, was man für ältere und behinderte Menschen auf einer begrenzten Fläche schaffen kann. Um das Mittelbeet herum gibt es Sitzmöglichkeiten, und die Wege sind breit genug für Rollstuhlfahrer. Gartenliebhaber mit schwacher Sehkraft erfreuen sich an einer Bepflanzung, die mehr nach Aromen ausgewählt wurde, wobei auch fein abgestimmte Kompositionen integriert werden können – beispielsweise der Echte Eibisch oder stachelige Hauswurz zwischen Salbei und Thymian.

PFLANZENVERZEICHNIS

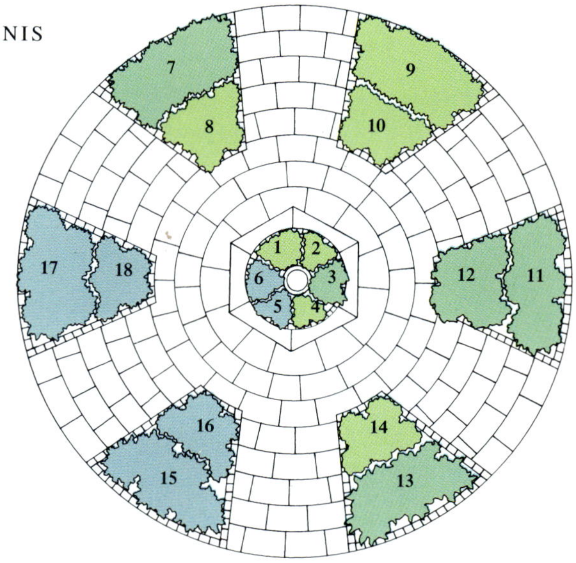

MITTELBEET

1. *Tropaeolum majus* 'Empress of India' x 3
2. *Tagetes patula* x 3
3. *Tanacetum parthenium* 'Aureum' x 3
4. *Petroselinum crispum* 'Moss Curled' x 3
5. *Ruta graveolens* 'Jackman's Blue' x 3
6. *Salvia officinalis*, Gruppe Purpurascens x 3

DREIECKIGE BEETE

7. *Monarda didyma* x 5
8. *Tropaeolum majus* 'Empress of India' x 7
9. *Calendula officinalis* x 9
10. *Tagetes patula* x 7
11. *Melissa officinalis* 'Aurea' x 3
12. *Tanacetum parthenium* 'Aureum' x 5
13. *Rumex scutatus* x 5
14. *Petroselinum crispum* 'Moss Curled' x 5
15. *Hyssopus officinalis* x 5
16. *Ruta graveolens* 'Jackman's Blue' x 5
17. *Lavandula angustifolia* 'Imperial Gem' x 5
18. *Salvia officinalis*, Gruppe Purpurascens x 5

DURCHMESSER 11 M
WEGBREITE 1,2 M

DIE MATERIALAUSWAHL
Geeignete Randmaterialien für das Hochbeet sind bis zu einer Höhe von 30cm Balken oder vorgefertigte Randstücke. Bei höherer Einfassung muß eine Ziegelmauer hochgezogen werden. Die Beete können im Prinzip jedwede Form haben, am praktischsten aber sind geometrische Formen.

VORTEILE DER HÖHENLAGE
Ein Hochbeet erleichtert die Pflege der Pflanzen, denn es weist eine bequeme Arbeitshöhe auf. Das hilft besonders älteren Menschen, die so auf ihr liebgewordenes Hobby nicht verzichten müssen.

EIN FARBENKREIS
Die Freude an der Farbe bringen die Gärtner aller Altersstufen mit; dieser spezielle Pflanzplan berücksichtigt hauptsächlich kurzlebige farbenfrohe Kräuter, die jedes Jahr ausgewechselt werden können, um Abwechslung zu schaffen.

VERSCHIEDENE ENTWÜRFE

Diese Gärten stellen Entwürfe für verschiedene Zwecke dar. Pflanzen mit intensivem Duft für ein Potpourri lassen sich in den diagonal aufgeteilten Beeten finden, in dem schmalen rechteckigen Pflanzen für Farbkontraste. Das runde Beet mit der Ziegeleinfriedung ist mit einer Auswahl an Küchenkräutern bepflanzt. So kann Ihre Küche das ganze Jahr über beliefert werden.

EIN POTPOURRI-KRÄUTERBEET

Die Pflanzen in diesem Entwurf sollen nur Vorschläge sein und lassen sich auch austauschen – eine nach Pfefferminz riechende Geranie gegen eine nach Rosen duftende; oder: grün- gegen purpurblättrigen Salbei. Sie können die weißen Knopfblüten der Kamille *(Chamaemelum nobile* 'Flore Pleno') auch denen von *Tanacetum parthenium* 'Tom Thumb White Stars' vorziehen. Jedes Jahr dürfen andere Einjährige gesät werden – beispielsweise dunkelgrünes Basilikum, Kornblumen und Echter Schwarzkümmel *(Nigella sativa)* mit bunten Stiefmütterchen. Natürlich muß es auch Lavendel und Rosen geben; *Lavandula angustifolia* 'Hidcote' hat starkduftende Blüten von tiefem Purpur; *Rosa gallica* var. *officinalis* wird wegen ihrer duftenden tiefroten Knospen und Blütenblätter geschätzt. Ein Orangenbaum ist wegen seiner Blüten, Blätter und Früchte beliebt.

Dianthus caryophyllus* und *Artemisia abrotanum
Die rosafarbene Gartennelke hat einen wunderbar würzigen Duft; der aufrecht stehende Beifuß bildet dazu einen geschlossenen Hintergrund.

Coriandrum sativum* und *Agastache foeniculum
Die Samen von Koriander können als Parfümfixativ gezüchtet werden. Er hat hübsche weiße Blüten, hier zusammen mit den purpurnen Blütenständen der *Agastache foeniculum* mit ihrem besonderen Duft.

EINE BEPFLANZUNG MIT VIELEN MÖGLICHKEITEN
Diese Bepflanzung bietet viele Duft- und Farbkombinationen. Das volle Aroma der rosafarbenen Blüten läßt sich mit dem des graublättrigen Salbei oder des Thymian zusammenführen; helle Gelb- und Goldtöne passen zum moschusartigen Duft von Hopfen und Koriander. Obwohl an sich schon attraktiv, wird Iris germanica *var.* florentina *vor allem wegen ihrer Rhizome angebaut. Aus dem Puder, das aus ihren getrockneten Wurzeln gewonnen wird, können Sie aromatische Fixative herstellen. Das gibt dieser Pflanze eine zusätzliche Attraktivität.*

Coriandrum sativum* und *Monarda didyma
In diesem Beet paßt der weißblühende Koriander gut zu den Rot- und Rosatönen der Indianernessel. Das zarte Pastellrosa der Malven (*Malva* spp.) ist ohne Duft, kann aber als farbiges Element in einem Potpourri getrocknet werden. Ringelblumen *(Calendula officinalis)* behalten auch getrocknet ihr lebhaftes Orange und unterstützen damit die warmen Gelb- oder Goldtöne der Zitrusarten im Potpourri.

PFLANZENVERZEICHNIS

1. *Rosa gallica* var. *officinalis* x 2
2. *Artemisia abrotanum* x 6
3. *Lavandula angustifolia* 'Hidcote' x 10
4. *Dianthus caryophyllus* x 7
5. *Salvia officinalis* Gruppe Purpurascens x 5
6. *Rosmarinus officinalis* x 5
7. *Mentha suaveolens* 'Variegata' x 6
8. *Thymus vulgaris* 'Silver Posie' x 5
9. *Jasminum officinale* x 1
10. *Teucrium chamaedrys* x 16
11. *Tanacetum vulgare* x 2
12. *Humulus lupulus* 'Aureus' x 2
13. *Origanum vulgare* 'Aureum' x 5
14. *Tanacetum parthenium* 'Tom Thumb White Stars' x 5
15. *Iris germanica* var. *florentina* x 7
16. *Salvia sclarea* x 3
17. *Foeniculum vulgare* x 4
18. *Citrus limon* x 1
19. *Coriandrum sativum* x 5
20. *Calendula officinalis* x 3
21. *Agastache foeniculum* x 3
22. *Malva moschata* x 3
23. *Monarda didyma* x 3
24. *Pelargonium* 'Rober's Lemon Rose' x 1
25. *Aloysia triphylla* x 1

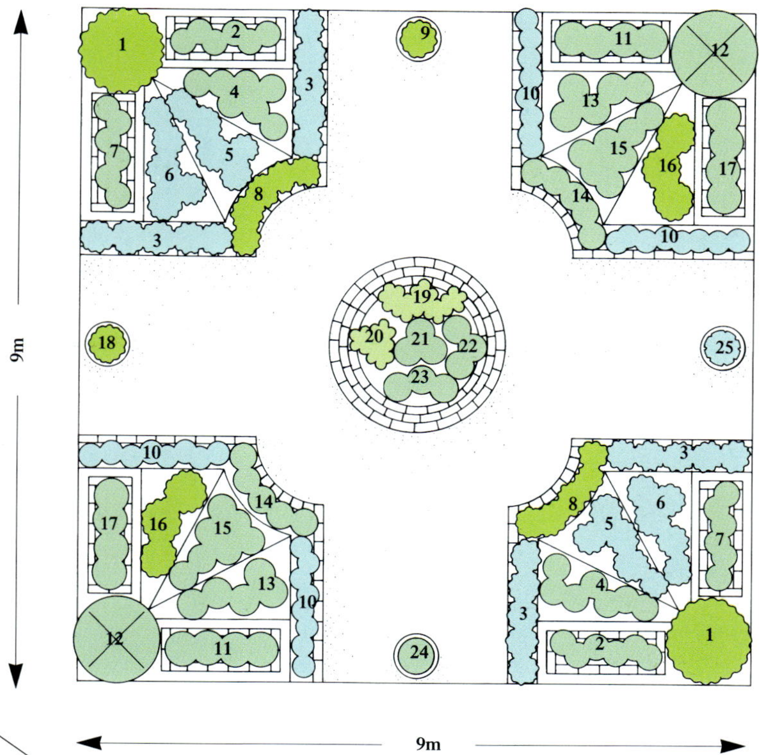

Tanacetum vulgare* und *Humulus lupulus
Eine wohlriechende Mischung aus süßlich duftendem Dost *(Origanum vulgare* 'Aureum'), den dunkelgrünen gefiederten Blättern von Rainfarn, den Federblättern von Fenchel und dem moschusartigen Hopfen mit seinen goldenen dreilappigen Blättern.

***Salvia officinalis*, Gruppe Purpurascens und *Thymus vulgaris* 'Silver Posie'**
Diese stark riechenden Kräuter eignen sich für pikante Mischungen. Die purpurgrauen Blätter des Salbei und die rosablühenden Zweige des Echten Thymian wären ein perfekter Hintergrund für dunkelrote Rosenblüten.

***Mentha suaveolens* 'Variegata' und *Lavandula angustifolia* 'Hidcote'**
Für ein Potpourri kann man Minze aller Arten verwenden; der leicht fruchtige Duft der rundblättrigen Minze ist jedoch der feinste. Diese Sorte des Lavendel hat zarte, purpurfarbene Blütenähren und ist überaus wohlriechend.

WIEDERKEHRENDE BEETMUSTER

Dieser Entwurf für ein streng angelegtes Kräuterbeet geht von einfachen schmucklosen Formen aus, die entweder ganz oder als Hälfte wiederholt werden können. Hier sind farbenfrohe immergrüne Pflanzen angezeigt, die das ganze Jahr über interessant aussehen und wenig Pflege verlangen. Beete wie dieses lassen sich am Rand eines Gartens oder an einer Hausmauer anlegen. Alternativ dazu können sie auch entlang eines Weges liegen oder die Seiten eines Flechtgartens begrenzen. Das Anpflanzen von hohen beschnittenen Büschen oder kunstvoll gestalteten Bäumen ist seit alter Zeit ein Gestaltungsmerkmal gewesen, um einer ansonsten einheitlich niedrigen Bepflanzung Höhe zu geben. An einigen Stellen, so vor Hausfenstern, wo hohe Bäume unpassend wären, könnte man sich stattdessen für kugelförmig beschnittene Sträucher entscheiden.

VORBEREITUNG UND PFLEGE DER BEETE

Wenn Sie ein Beet planen, sollten Sie den Heckenpflanzen genügend Raum geben. Vielleicht sind diese beim Kauf nur wenige Zentimeter breit, werden aber 20-30cm erreichen – je nachdem, wie eng Sie sie beschneiden. Die Pflege besteht im Mulchen mit Kompost (im späten Frühjahr). Die Hecken werden im Frühling und nach der Blüte sorgfältig beschnitten, bei Buchsbaum (*Buxus sempervirens)* zwei bis drei Mal während der Wachstumsperiode; auch Salbei wird so zurückgeschnitten. Obwohl er mehrjährig ist, tendiert er dazu, nach drei oder vier Jahren zu verholzen und muß dann ersetzt werden.

BEPFLANZUNG IN FARBKONTRASTEN
Hier ist ein streng angelegtes Beet mit Lavandula angustifolia, *mit Hecken aus dichten dunkelroten* Berberis thunbergii *f.* atropurpurea *und im Mittelteil mit Gemeinem Thymian 'Silver Posie' bepflanzt. Im Zentrum als Kontrast stehen die Silberweiden (*Salix alba *var.* sericea*). Das Farbschema von Grün, Silber und Purpur sieht gelungen aus, aber viele andere Kombinationen sind möglich.*

EIN BEET MIT DIAMANTMOTIV
Wenn Sie ein schmaleres Beet dieser Gestaltung anpassen möchten, können Sie die innere Hecke aus Lavendel (Lavandula angustifolia) *fortlassen. Lorbeerbäume* (Laurus nobilis) *lassen sich durch Buchsbaum (Silberbuchsbaum,* Buxus sempervirens *'Elegantissima' wäre am günstigsten) und die äußere Hecke aus Ysop durch weißen Zwerglavendel* (L. angustifolia *'Nana Alba') ersetzen. Auch geeignet wäre Gemeiner Thymian* (Thymus pulegioides) *mit Dost* (Origanum vulgare *'Aureum').*

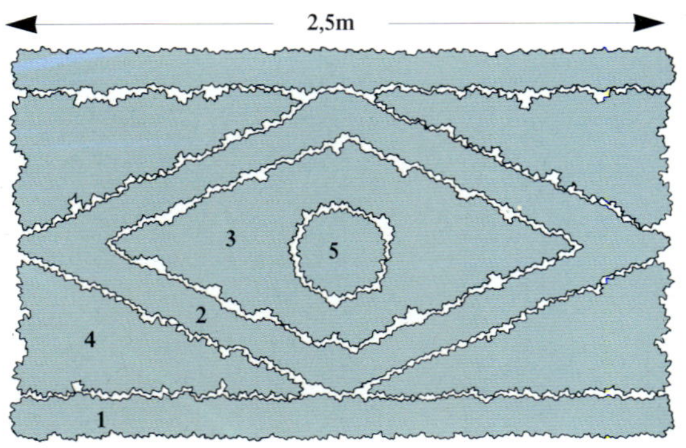

PFLANZENVERZEICHNIS

1. *Hyssopus officinalis* ssp. *aristatus* x 20
2. *Lavandula angustifolia* 'Hidcote' x 16
3. *Salvia officinalis* 'Icterina' x 8
4. *Salvia officinalis*, Gruppe Purpurascens x 14
5. *Laurus nobilis* x 1

Ein Inselbeet mit Küchenkräutern

Viele bekannte Küchenkräuter nehmen nur wenig Platz ein und können auf einer kleinen Fläche gezogen werden. Ein Beet mit 5m Durchmesser spendet Platz für eine große Auswahl an frischen Kräutern. Es ist ratsam, mit mehr als einer Pflanze pro Kräuterart zu beginnen, selbst wenn letztendlich eine einzige Pflanze der größeren Kräuter wie Fenchel *(Foeniculum vulgare)* und Rosmarin *(Rosmarinus officinalis)* ausreicht. Wenn man sich für mehrere Pflanzen derselben Art entscheidet, verhindert man, daß verschiedene Kräuter zu dicht zusammenkommen; es sieht gut aus und garantiert reiche Ernte bereits nach wenigen Wochen. Koriander *(Coriandrum sativum)* und Dill *(Anethum graveolens)* haben nur kurze Lebenszyklen, was vorteilhaft ist, wenn man sie ausschließlich der Samen wegen züchtet. Sollten Sie beständig junge Blätter haben wollen, müssen Sie zwei- oder dreimal pro Saison nachsäen. Obwohl Petersilie *(Petroselinum crispum)* zweijährig ist, sollte auch sie im zeitigen Frühjahr und späten Sommer gesät werden.

Pflanzenverzeichnis

1. *Myrtus communis* x 1
2. *Petroselinum crispum* 'Moss Curled' x 5
3. *Artemisia dracunculus* x 5
4. *Thymus × citriodorus* x 6
5. *Borago officinalis* x 5
6. *Coriandrum sativum* x 9
7. *Rosmarinus officinalis* x 1
8. *Mentha spicata* x 3
9. *Thymus vulgaris* x 7
10. *Salvia officinalis* x 1
11. *Origanum vulgare* 'Compactum' x 7
12. *Ocimum basilicum* x 3
13. *Anethum graveolens* x 5
14. *Rumex acetosa* x 7
15. *Foeniculum vulgare* x 1
16. *Allium schoenoprasum* x 5
17. *Satureja montana* x 4

Durchmesser 5m
Wegbreite 1m

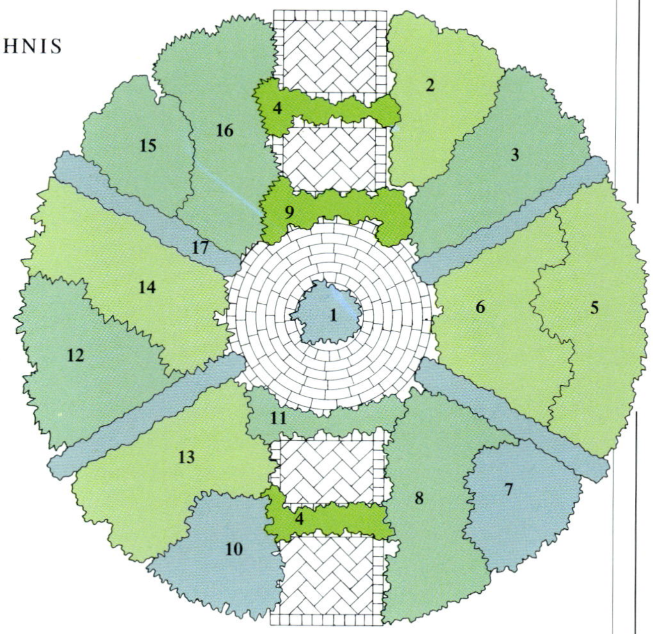

Stufenartige Pflasterung
Eine Serie von Trittsteinen oder Gehwegplatten ermöglicht die Anpflanzung auf verschiedenen Niveaus; die Kräuter sind auch bei nassem Wetter noch leicht zu erreichen.

Ein offen gestaltetes Kräuterbeet
Dieses Küchenkräuterbeet vermittelt in der Abendsonne Ruhe und Entspannung; es gibt noch ausreichend Platz für weitere Zierpflanzen.

Eine dekorative und nützliche Anlage
Die meisten Kräuter in diesem Plan sind winterhart. Eine Ausnahme ist das Basilikum (Ocimum basilicum), *das in kühleren Regionen nur im Sommer im Freien gezogen werden kann. Die Brautmyrte* (Myrtus communis) *sowie Estragon* (Artemisia dracunculus) *müssen in harten Wintern geschützt werden; Rosmarin* (Rosmarinus officinalis) *ist auf schweren Böden anfällig für Kälte und Feuchtigkeit. Die Thymianarten und der Dost werden in Lücken zwischen den Trittsteinen gepflanzt.*

FREI ANGELEGTE GÄRTEN

Frei angelegte Gärten können, je nach den Gegebenheiten, viele Stilrichtungen aufweisen; die folgenden Seiten sollen Ihnen einige Anregungen geben. Dieser Entwurf schließt mehrere kleine Kräutergärten mit Wasser-, Kletter- und Schlingpflanzen mit ein. Auf den nächsten Seiten stellen wir Gärten für Sonne oder Schatten, für städtische und ländliche Umgebungen vor.

EINZELNE GARTENFLÄCHEN

Jeder der hier gezeigten Teilgärten hat seinen ganz eigenen Charakter. Die Gruppenbepflanzung wurde nach Duft, Farbe und Nutzen für die Küche geplant. Ideal für die Strukturierung dieses Gartens, der sieben separate Zonen umfaßt, wären Pflastersteinwege oder eine Kiesbedeckung. So sind die einzelnen Zonen bei jedem Wetter begehbar, zudem wird so das Wasser gut abgeleitet. Steine sorgen auch für eine saubere Umrandung für die Pflanzen. Die Kübel am Rand können gut auf einem Kiesboden stehen.

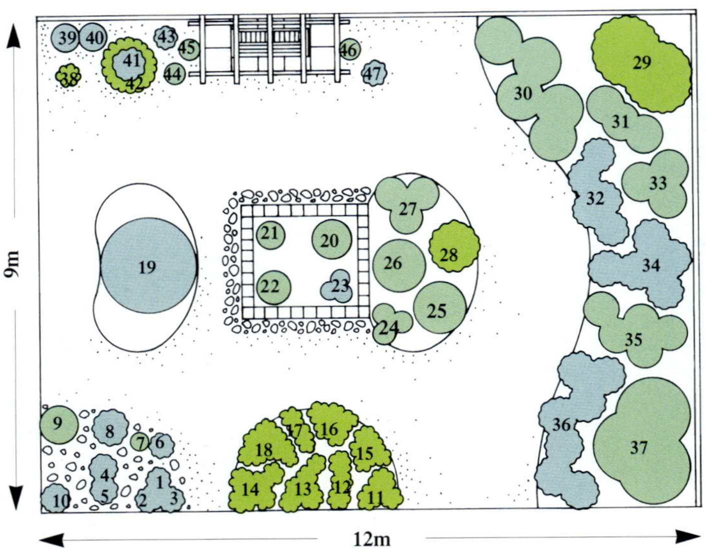

EIN PLATZ FÜR ALLES

Höhere Mehrjährige und Sträucher werden an die Begrenzungsmauer oder -hecke gepflanzt, wo sie am besten zur Geltung konmmen; feuchtigkeitsliebende Kräuter versorgt man in einer wassernahen Umgebung am besten mit nährstoffreichem Schlamm und Wasser. Empfindliche und rasch wuchernde Kräuter sowie solche, die man oft ernten möchte, machen sich am besten in eigenen Töpfen, die je nach Bedarf umgestellt und neu bepflanzt werden können.

Humulus lupulus **'Aureus' und *Lonicera japonica* 'Halliana'**
Der goldfarbene Hopfen und das Geißblatt hier sind an der Laube gut aufgehoben. Beide zusammen spenden im Sommer sowohl Schatten wie auch einen angenehmen Duft, wenn nämlich das stark duftende Geißblatt zu blühen anfängt.

PFLANZENVERZEICHNIS

1. *Thymus vulgaris* 'Aureus' x 1
2. *Thymus praecox* var. *pseudolanuginosus* x 1
3. *Thymus serpyllum* var. *coccineus* x 1
4. *Thymus serpyllum* 'Russetings' x 1
5. *Thymus serpyllum* 'Snowdrift' x 1
6. *Thymus serpyllum* 'Pink Chintz' x 1
7. *Mentha requienii* x 3
8. *Satureja spicigera* x 1
9. *Mentha pulegium* x 1
10. *Thymus herba-barona* x 3
11. *Anethum graveolens* x 3
12. *Borago officinalis* x 3
13. *Papaver rhoeas* x 5
14. *Centaurea cyanus* x 5
15. *Ocimum basilicum* x 9
16. *Calendula officinalis* x 5
17. *Coriandrum sativum* x 5
18. *Satureja hortensis* x 5
19. *Chamaemelum nobile* 'Treneague' (25 pro m²)
20. *Typha latifolia* 'Variegata' x 1
21. *Menyanthes trifoliata* x 1
22. *Nymphaea alba* x 1
23. *Acorus gramineus* 'Variegatus' x 3
24. *Ranunculus ficaria* var. *flore pleno* x 3
25. *Symplocarpus foetidus* x 1
26. *Symphytum* × *uplandicum* 'Variegatum' x 1
27. *Filipendula ulmaria* 'Aurea' x 3
28. *Myrica gale* x 1
29. *Sambucus nigra* 'Guincho Purple' x 2
30. *Allium schoenoprasum* 'Forescate' x 3
31. *Saponaria officinalis* 'Rubra Plena' x 1
32. *Salvia officinalis* 'Tricolor' x 3
33. *Foeniculum vulgare* 'Purpureum' x 3
34. *Ruta graveolens* 'Jackman's Blue' x 5
35. *Salvia officinalis*, Gruppe Purpurascens x 3
36. *Lavandula angustifolia* 'Hidcote' x 5
37. *Cynara scolymus* x 3
38. *Petroselinum crispum* 'Moss Curled' x 1
39. *Pelargonium* 'Graveolens' x 1
40. *Pelargonium crispum* 'Variegatum' x 1
41. *Laurus nobilis* x 1
42. *Perilla frutescens* var. *crispa* x 5
43. *Rosmarinus officinalis*, Gruppe Prostratus x 1
44. *Mentha spicata* 'Crispa' x 1
45. *Humulus lupulus* 'Aureus' x 1
46. *Lonicera japonica* 'Halliana' x 1
47. *Myrtus communis* 'Variegata' x 1

Chamaemelum nobile **'Treneague'**
Die Anpflanzung eines größeren Kamillenrasens ist sehr schwierig (deshalb sind Kamillenrasen so eine Seltenheit); aber diese kleine Fläche hier ist realistisch; kahle Flecken, die nach dem Winter auftreten, können leicht nachgepflanzt werden.

Papaver rhoeas* und *Borago officinalis
Diese Bepflanzung besteht komplett aus Einjährigen, so daß die Zone im Winter gesäubert werden kann und sich im Frühjahr neue Pflanzen setzen lassen. Dieser blaue Boretsch und rote Mohn könnten im nächsten Jahr beispielsweise durch weißen Boretsch und pastellfarbenen Mohn ersetzt werden.

Thymus* 'Pink Chintz' und *Mentha requienii
Diese kriechenden Kräuter sind für eine offene sonnige Stelle geeignet, wo andere Pflanzen sie nicht überwachsen und ihr Duft sich frei entfalten kann.

MITTELMEER-KRÄUTERBEET

Die große Auswahl an Kräutern macht es möglich, bei der Planung eines Kräutergartens selbst extreme Bedingungen zu berücksichtigen. Das hier beschriebene Pflanzenschema ist für ein Beet geeignet, das den ganzen Tag in der Sonne liegt, und deren Kräuter Hitze und Trockenheit gut vertragen. Alles ist allein eine Frage der richtigen Pflanzenwahl – hier könnten Sie sich einen vorwiegend silberfarbenen Kräutergarten schaffen, voll mit den Aromen des Mittelmeerraumes.

SILBERBLÄTTRIGE PFLANZEN

Diesen für Hitze und Trockenheit geeigneten Garten sollten Sie vorzugsweise an einer Terrassenmauer anlegen. Ein hoher raschelnder Eukalyptus, eine stachlige *Agave* und der samtblättrige Lavendel können ihrem Ensemble dabei eine exotische Note geben. Solches Laub und silbergraue, behaarte Blätter schützen diese Pflanzen bei Hitze vor ultraviolettem Licht und vor Austrocknung. Die Anlage läßt sich durch die Farben des Schlafmützchens *(Eschscholzia californica)* zusätzlich beleben; es blüht den ganzen Sommer über.

Lavandula angustifolia, Artemisia ludoviciana* 'Silver Queen' und *Tanacetum densum* ssp. *amani
Diese Gruppe silberblättriger Pflanzen stellt eine Variante zu der im unten stehenden Pflanzverzeichnis dar. Im Hintergrund bringt das leuchtende Purpur des Lavendels das silberne Laub des Beifuß gut zur Geltung. Der Beifuß breitet sich zur Seite aus, wo er den übrigen Raum füllt. Im Vordergrund hängen die hellgelben Blüten und feingezahnten Blättchen des Rainfarns über der Mauer. Als Kontrast zu diesen kleinblättrigen Pflanzen erheben sich im Hintergrund die beeindruckend hohen Disteln. Im Vordergrund sind die breiten pelzigen Blätter einer Königskerze *(Verbascum)* zu sehen, die sich selbst ausgesät hat.

BLATTWERK UND FARBE

Hauptelement der Anpflanzung ist ein Weinstock. Diese Sorte hat graugrünes Blattwerk und bietet einen dichtbelaubten Hintergrund für die schimmernden Silber- und Grautöne der Kräuter.

PFLANZENVERZEICHNIS

1. *Lavandula lanata* x 1
2. *Eucalyptus globulus* x 1
3. *Silybum marianum* x 3
4. *Vitis vinifera* 'Incana' x 1
5. *Artemisia absinthium* 'Lambrook Silver' x 1
6. *Tanacetum balsamita* var. *tomentosum* x 3
7. *Helichrysum italicum* x 1
8. *Lavandula stoechas* ssp. *pedunculata* x 3
9. *Ruta graveolens* x 3
10. *Rosmarinus officinalis* x 3
11. *Salvia officinalis* 'Berggarten' x 1
12. *Iris germanica* var. *florentina* x 5
13. *Eryngium maritimum* x 3
14. *Eschscholzia californica* x 5
15. *Thymus vulgaris* 'Silver Posie' x 5
16. *Agave americana* x 1
17. *Pelargonium* 'Mabel Grey' x 1
18. *Acinos arvensis* x 3

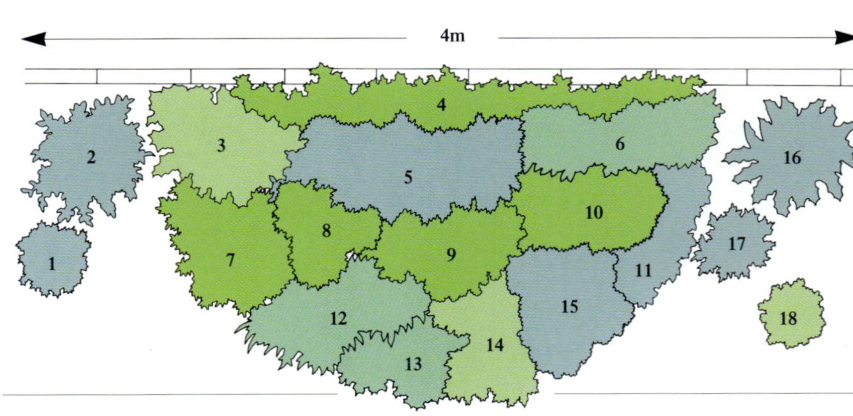

KRÄUTERGARTEN MIT WALDPFLANZEN

Viele interessante Kräuter mit heilenden Eigenschaften, die zugleich sehr schmuck wirken, sind im Wald beheimatet. Sie wachsen unter feuchten, geschützten Bedingungen und vertragen gut Schatten. In einer kühlen, feuchten Umgebung haben sie häufig farnartige Blätter, auch die Eigenschaft, den humusreichen Boden unter den Bäumen teppichartig zu bedecken. Eine Ausnahme bildet der Fingerhut *(Digitalis),* der speziell an Waldlichtungen angepaßt ist. Fingerhutsamen brauchen Licht zum Keimen und können jahrelang ruhend verbringen, bis sich die Bäume schließlich gelichtet haben. Dann aber wachsen in einem Jahr Tausende junger Pflanzen und blühen im folgenden Jahr *en masse*. Wegen dieses zweijährigen Musters müssen Sie den Fingerhut jedes Jahr neu pflanzen, um immer Blüten zu haben. Das Ruprechtskraut *(Geranium robertianum)* und die Süßdolde *(Myrrhis odorata)* säen sich selbst aus, während sich das Immergrün *(Vinca)* und der Waldmeister *(Galium odoratum)* wuchernd ausbreiten. Wenn Ihr Waldbeet kein Dschungel werden soll, müssen Sie Sämlinge und Ausläufer schonungslos ausreißen.

PFLANZENVERZEICHNIS

1. *Sambucus nigra* 'Marginata' x 1
2. *Myrrhis odorata* x 3
3. *Mentha suaveolens* 'Variegata' x 3
4. *Vinca major* x 5
5. *Valeriana officinalis* x 1
6. *Aconitum napellus* x 1
7. *Trillium erectum* x 3
8. *Geranium robertianum* x 1
9. *Ajuga reptans* 'Atropurpurea' x 3
10. *Digitalis lanata* x 3
11. *Melissa officinalis* x 1
12. *Convallaria majalis* x 5
13. *Galium odoratum* x 1
14. *Polygonum bistorta* x 3
15. *Aegopodium podagraria* 'Variegatum' x 1

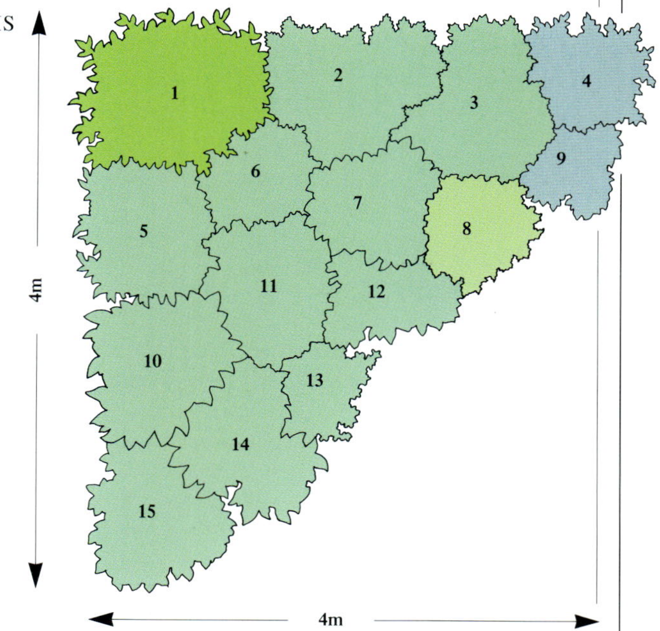

Sambucus nigra* und *Geranium robertianum
Die gefleckten Blätter dieses Holunders *(Sambucus nigra* 'Marginata') werden im Herbst durch einen radikalen Rückschnitt zum Wachstum angeregt. Das rosafarbene Ruprechtskraut *(Geranium robertianum)* bildet einen reizvollen Kontrast.

Alchemilla mollis* und *Geranium robertianum
Die runden gelappten Blätter des Frauenmantels (*Alchemilla mollis*) passen zu dem farnartigen rotgetönten Blattwerk und den rosafarbenen Blüten des Ruprechtskrautes (*Geranium robertianum*).

BEPFLANZUNG EINER SCHATTIGEN ECKE

Dieses Beet in einer feuchten Ecke, eventuell unter Bäumen, zeigt eine ansprechende Lösung für den Teil des Gartens, der oft schwierig zu bepflanzen ist. Unser Pflanzvorschlag beinhaltet vorwiegend Heilkräuter. Dennoch kann man sich an diesen Pflanzen auch wegen ihrer reichen Kontraste an Farben und Blattformen erfreuen. Das gilt besonders für das Dreiblatt (Trillium erectum) *und die breiten Blätter des Wiesenknöterichs* (Polygonum bistorta). *Gartenfreunde mit Kindern sollten wissen, daß Blauer Eisenhut* (Aconitum napellus), *Fingerhut* (Digitalis lanata) *und Maiglöckchen* (Convallaria majalis) *sehr giftig sind; die farbenfrohen Beeren des Maiglöckchens sind trügerisch und stellen eine besondere Gefahr dar.*

KRÄUTER UNTER BLUMEN

Die Zusammenstellung von Kräutern mit Blumen oder anderen Pflanzen kann aus Ihrem Garten die schönste aller Welten machen. Die duftende weiße Randbepflanzung ist an einem warmen Sommerabend einfach wundervoll; das gerundete Beet macht das ganze Jahr über viele Kombinationen und Kontraste aus Kräutern sowie Blumen möglich.

WEISSES BEET MIT KRÄUTERN

Der beste Standort für eine solche Bepflanzung ist vor einer dunkelgrünen Hecke, wo die weißen Blüten gut zur Geltung kommen. Manche Kräuter haben von Natur aus weiße Blüten, wie die Iris (*Iris germanica* var. *florentina*) und die Weiße Lilie (*Lilium candidum*); von anderen gibt es inzwischen weißblühende Sorten. Darunter sind auch bekannte Küchenkräuter wie Salbei (*Salvia officinalis*), den Sie auch in diesem Pflanzenplan finden; es gibt auch weißblühenden Schnittlauch (*Allium schoenoprasum*) und Thymian (*Thymus* ssp.).

EIN GEMISCHTES BEET

Die Pflanzen in diesem Ensemble sind winterharte Mehrjährige sowie Sträucher, mit Ausnahme von Lavatera trimestris *'Mont Blanc' und* Nicotiana sylvestris*, die einjährig sind, sowie* Lunaria annua *'Alba Variegata', einer winterharten zweijährigen Pflanze, die normalerweise ausgesät wird, und bei der die jungen Pflanzen häufig noch keine Farbe zeigen.*

Rosa* × *alba* 'Semiplena' und *Crambe cordifolia
Wolken der winzigen Schleierkrautblüten bieten einen kontrastierenden Hintergrund zu den vollen, duftenden Blüten der weißen Rose von York.

Gillenia trifoliata* und *Artemisia pontica
Die filigranen Blätter des Beifuß kommen neben den weißen Blüten von *Gillenia trifoliata* gut zur Geltung.

PFLANZENVERZEICHNIS

Taxus baccata – als Hecke
1. *Galega officinalis* 'Alba' x 1
2. *Crambe cordifolia* x 1
3. *Rosa × alba* 'Semiplena' x 1
4. *Nicotiana sylvestris* x 3
5. *Philadelphus* 'Belle Etoile' x 1
6. *Veronicastrum virginicum* f. *album* x 1
7. *Tanacetum parthenium* 'Aureum' x 3
8. *Gillenia trifoliata* x 3
9. *Agastache foeniculum* 'Alabaster' x 3
10. *Lavatera trimestris* 'Mont Blanc' x 7
11. *Artemisia* 'Powis Castle' x 1
12. *Lunaria annua* 'Alba Variegata' x 3
13. *Hosta* 'Royal Standard' x 1
14. *Lilium candidum* x 3
15. *Artemisia pontica* x 5
16. *Iris germanica* var. *florentina* x 3
17. *Aquilegia*, Hybride der Serie Musik (weiß) x 3
18. *Galium odoratum* x 1
19. *Ruta graveolens* 'Jackman's Blue' x 3
20. *Geranium dalmaticum* 'Album' x 3
21. *Lavandula angustifolia* 'Nana Alba' x 5
22. *Dianthus* 'Mrs Sinkins' x 3
23. *Viola cornuta* 'Alba' x 3
24. *Salvia officinalis* 'Albiflora' x 3
25. *Hyssopus officinalis* f. *albus* x 3

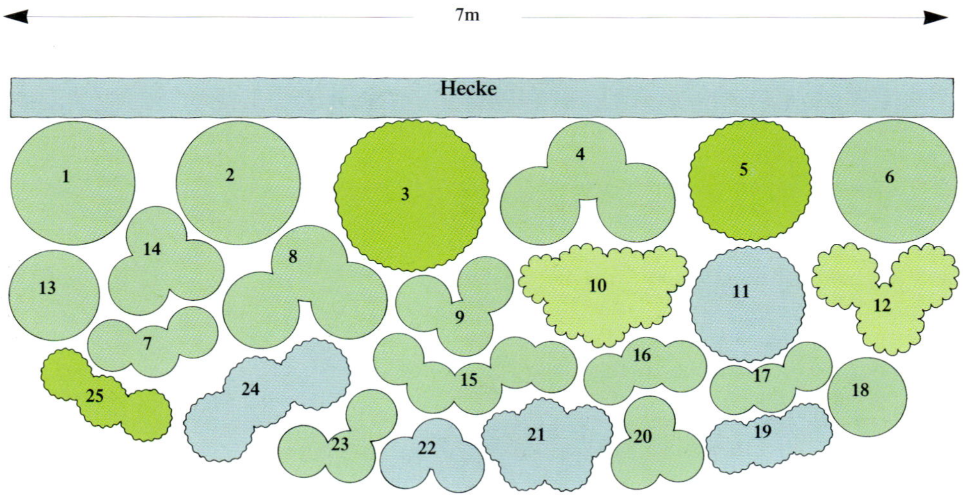

***Artemisia* 'Powis Castle' und *Lavatera trimestris* 'Mont Blanc'**

Einfache weiße Malvenblüten sehen herrlich aus zwischen den feingezahnten silbernen Blättern dieser dichten *Artemisia*.

***Ruta graveolens* 'Jackman's Blue' und *Aquilegia*, Hybride der Serie Musik**

Die Blüten einer weißen Akelei stehen über einem blaugrauen Hügel aus Weinraute.

GEMISCHTES BEET MIT KRÄUTERN

Ein Garten, in dem ausschließlich Kräuter wachsen, mag von großem Nutzen sein. Aber diese Ausschließlichkeit muß nicht sein – Kräuter, die im Garten neben anderen Pflanzen wachsen, riechen genauso gut! Es gibt viel zu beachten, wenn man die Pflanzen so durchmischt. Stellen Sie sicher, daß alle in der Höhe zu ihren Nachbarn passen. Das Bohnenkraut *(Satureja spicigera)* und die Petersilie *(Petroselinum crispum)* sind hier die Eckpflanzen, flankiert von dichtwachsenden Zwergdahlien. Beachten Sie Farbe sowie Aussehen der Pflanze und versuchen Sie, den Koriander *(Coriandrum sativum)* zwischen die magentafarbenen Spitzen der Feldgladiolen zu pflanzen. Im Winter können Stiefmütterchen und die Gemeine Wegwarte das Beet aufhellen.

***Begonia semperflorens* 'Excel Mixed' und *Thymus × citriodorus* 'Archer's Gold'**
Die grüngoldenen Blätter dieses kriechenden Thymians haben ein gutes Aroma, sind von kulinarischem Nutzen und eignen sich gut als Kontrast zu den hellen Mischfarben der immergrünen Hybridbegonie.

UNGEWÖHNLICHE KOMBINATIONEN

Küchenkräuter wachsen hier in einer gemischten Rabatte aus Mehrjährigen und Beetpflanzen. Die Auswahl schafft interessante Pflanzengemeinschaften, was aber auch leicht durch andere, von Ihnen bevorzugte Pflanzen ersetzt werden kann.

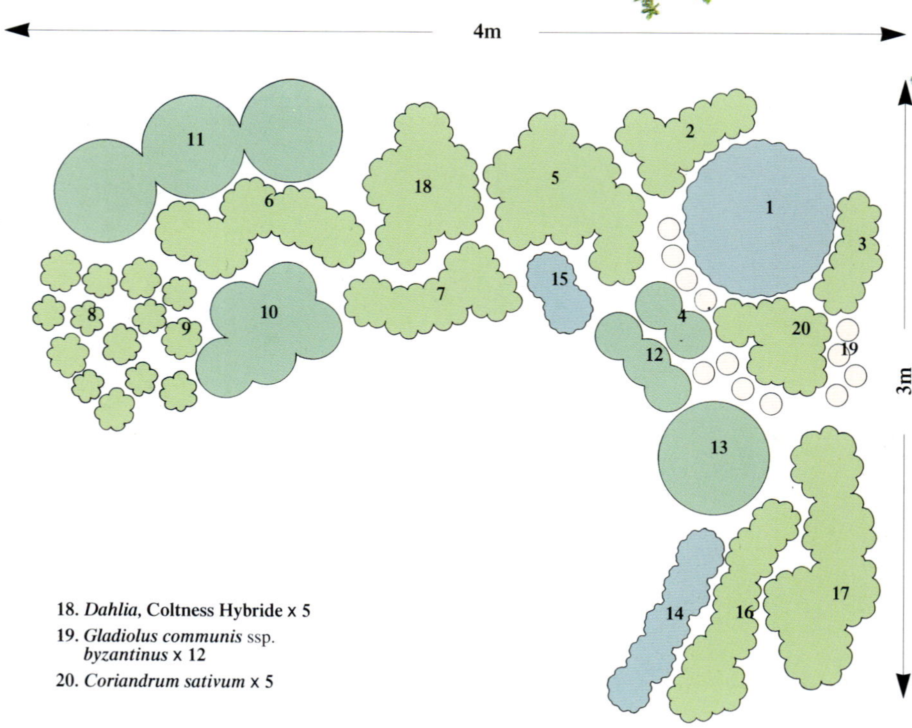

PFLANZENVERZEICHNIS

1. *Phygelius capensis* x 1
2. *Anethum graveolens* x 5
3. *Borago officinalis* x 3
4. *Artemisia schmidtiana* 'Nana' x 2
5. *Ocimum basilicum* 'Dark Opal' x 7
6. *Dendranthema,* Serie Suncharm x 5
7. *Petroselinum crispum* 'Moss Curled' x 5
8. *Viola × wittrockiana,* Serie Universal x 7
9. *Cichorium intybus* 'Giulio' x 7
10. *Allium schoenoprasum* x 5
11. *Allium tuberosum* x 30
12. *Origanum vulgare* 'Compactum' x 3
13. *Rumex scutatus* 'Silver Shield' x 1
14. *Thymus × citriodorus* 'Archer's Gold' x 5
15. *Satureja spicigera* x 2
16. *Begonia semperflorens* 'Excel Mixed' x 7
17. *Portulaca oleracea* var. *aurea* x 5
18. *Dahlia,* Coltness Hybride x 5
19. *Gladiolus communis* ssp. *byzantinus* x 12
20. *Coriandrum sativum* x 5

KRÄUTER IM ROSENGARTEN

Die reichen Farben und außergewöhnlichen Düfte der Rosen sind der Höhepunkt des Sommers; zu anderen Zeiten des Jahres bieten sie freilich ein weniger prächtiges Bild. Fügt man jedoch eine Auswahl aromatischer Kräuter hinzu, ist das Problem schnell gelöst. Ihr feingeschnittenes, oft samtig graues Laub bietet einen Kontrast zu den vorwiegend breiten, dunkelgrünen Rosenblättern; ihre pastellfarbenen Blüten ergänzen die Opulenz der Rosen, statt mit ihnen zu konkurrieren. Alle Kräuter dieser Bepflanzung stehen in Beziehung zueinander; die Blütenfarben reichen von Weiß über Rosa bis zu blauem Purpur. Ihr ähnliches Aussehen trägt zur Harmonie der Formen und Farben bei. Der purpurblättrige Salbei *(Salvia officinalis*, Gruppe Purpurascens) eignet sich für blaßrosa Rosen, während der weißblütige Salbei *(Salcia officinalis* 'Albiflora') besser zu Lachsrosa paßt.

PFLANZENVERZEICHNIS

1. *Rosa* 'Mme Alfred Carrière' x 2
2. *Rosa gallica* 'Versicolor' x 1
3. *Rosa* × *centifolia* 'Muscosa' x 1
4. *Rosa* 'Mme Isaac Pereire' x 1
5. *Rosa* 'Comte de Chambord' x 1
6. *Rosa* 'Complicata' x 1
7. *Teucrium chamaedrys* x 27
8. *Salvia officinalis* 'Albiflora' x 2
9. *Lavandula angustifolia* 'Folgate' x 3
10. *Hyssopus officinalis* f. *roseus* x 3
11. *Salvia officinalis*, Gruppe Purpurascens x 3
12. *Dianthus caryophyllus* x 14
13. *Lavandula angustifolia* 'Rosea' x 3
14. *Salvia officinalis* 'Berggarten' x 3
15. *Origanum vulgare* x 3

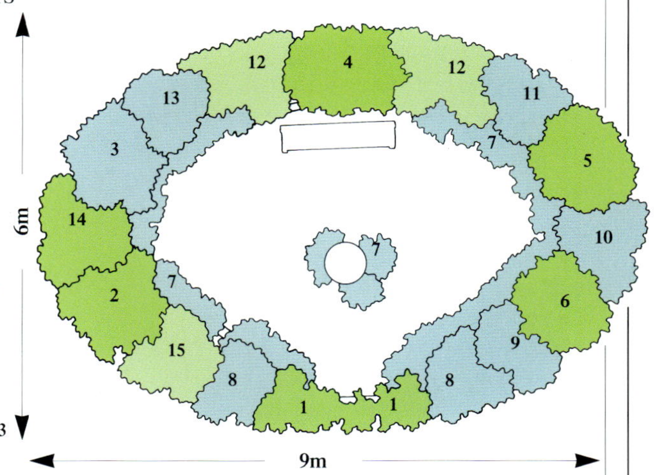

AUSWAHL DER RANDBEPFLANZUNG
Der Edelgamander (Teucrium chamaedris) *ist eine exzellente Pflanze für die innere Randbepflanzung. Es kann jedoch schwierig sein, die richtige Pflanze zu bekommen, da viele Baumschulen sowohl den Namen als auch die Pflanze mit dem hybriden Heckengamander,* T. × lucidrys *verwechseln. Der echte Edelgamander eignet sich besser für Hecken, da er kleiner und verzweigter ist. Wenn Sie statt dessen den Hybriden pflanzen, muß er im Frühling und nach der Blüte beschnitten werden.*

Rosa* 'Mme Isaac Pereire' und *Dianthus caryophyllus
Die leuchtenden Blüten der rosafarbenen Bourbonrose kontrastieren mit dem dunklen Rot der Nelke und der blasseren *Dianthus chinensis* mit der roten Mitte (im Vordergrund).

***Rosa gallica* 'Versicolor' mit *Lavandula angustifolia* 'Folgate' und *Digitalis*-Arten**
Diese duftende pastellfarbene Zusammenstellung ist eine Reminiszenz an den alten englischen Bauerngarten, mit eleganten Stengeln von rosafarbenem und weißem Fingerhut (*Digitalis*-Arten). Sie neigen sich über ein Meer aus rosa Rosen und violettblühendem Lavendel.

EIN GEMÜSEGARTEN

Auch wenn der Platz knapp ist, gönnen sich viele Menschen das Vergnügen, Gemüse zu ziehen. Platzmangel kann eine Herausforderung sein, wie Gärtner in Frankreich gezeigt haben, indem sie ihren „Potager“ ersonnen haben – einen schmucken, streng gegliederten Garten, in dem Kräuter neben Obst und Gemüse gedeihen.

***Tropaeolum majus* und *Allium porrum* 'Musselburgh'**
Für diese Bepflanzung wählen Sie eher eine kompakte, buschige Kapuzinerkresse *(Tropaeolum majus)* als eine kletternde. Wenn diese in das Beet hineinwächst, bleiben die unteren Teile des Porrees *(Allium porrum)* unter den Blättern der Kapuzinerkresse schön weiß.

EIN GARTEN DER VIELFALT

Die Fläche wurde in kleine Beete aufgeteilt; erhöhte Beete ermöglichen einen leichteren Zugang, sowohl für die Pflege als auch für die Ernte. Ein Wechsel in der Anbaufolge wird sich automatisch ergeben, da Sie jedes Jahr etwas anderes anbauen werden, einfach schon aus Freude am Ausprobieren neuer Kombinationen.

Brassica oleracea* 'Red Drumhead' und *Petroselinum crispum
Gegen Ende der Wachstumsperiode reift der Rotkohl *(Brassica oleracea)* zwischen den blühenden Stengeln der Petersilie *(Petroselinum crispum)*.

PFLANZENVERZEICHNIS

1. *Morus nigra* x 1
2. *Cucumis sativus* 'Telegraph Improved' x 4
3. *Calendula officinalis* x 6
4. *Beta vulgaris*, Gruppe Cicla x 12
5. *Allium schoenoprasum* x 3
6. *Fragaria vesca* x 7
7. *Brassica oleracea* 'Red Drumhead' x 12
8. *Petroselinum crispum* x 18
9. *Allium porrum* 'Musselburgh' x 16
10. *Tropaeolum majus*, Whirlybird Serie x 18
11. *Asparagus officinalis* x 5
12. *Tagetes patula* 'Sophia Mixed' x 24
13. *Atriplex hortensis* 'Rubra' x 12
14. *Phaseolus vulgaris* 'Purple Teepee' x 18
15. *Raphanus sativus* 'Cherry Belle' x 24
16. *Anthriscus cerefolium* x 18
17. *Foeniculum vulgare* x 4
18. *Cucurbita pepo* 'Butternut' x 8
19. *Lactuca sativa* 'Cocarde' x 16
20. *Origanum vulgare* 'Aureum' x 8
21. *Rumex acetosa* x 6
22. *Lavandula angustifolia* 'Munstead' x 18

HÖHE IST WICHTIG

Die geschickte Ausnutzung der Höhe fügt den einfachen geometrischen Entwürfen, die aus optischen Gründen meist nur farblichen Kriterien folgen, eine weitere Dimension hinzu. Bei dieser Pflanzung hier wird Höhe durch einen Maulbeerbaum und durch einige Kletterpflanzen sowie Gemüse geschaffen, die sich an hohen Stützen emporranken. Die Position der Kletterer, sowie auch die Art der Pflanzen kann jedes Jahr geändert werden. Als Alternative zu Gurken (Cucumis sativus) *und Gartenkürbissen* (Cucurbita pepo)*, die hier gezeigt werden, versuchen Sie es doch auch einmal mit Kletterbohnen, Kapuzinerkresse oder mit der Schwammgurke* (Luffa cylindrica).

Tagetes patula und _Asparagus officinalis_

Einige Pflanzkombinationen sind farbenprächtig und erfüllen auch einen praktischen Zweck. Die goldfarbene Studentenblume wird gerne gepflanzt, um Bodenschädlinge und die Weiße Fliege vom Gemüse, wie hier vom Spargel, fernzuhalten.

Lavandula angustifolia 'Munstead' und _Rumex acetosa_

Die breiten hellgrünen Blätter des Wiesen-Sauerampfers sind an sich nicht besonders dekorativ, aber hier stehen sie im üppigen Kontrast zu den purpurfarbenen Spitzen der Lavendelbüsche.

Lactuca sativa 'Cocarde' und _Origanum vulgare_ 'Aureum'

Dieser rote Eichenblattsalat 'Cocarde' hat tief eingeschnittene bronzefarbene Blätter, die hübsch und auch eßbar sind. Pflanzen Sie sie zusammen mit dem goldfarbenen Dost *Origanum vulgare* 'Aureum', einem schmackhaften Kraut, das sich gut als Gartenpflanze eignet.

KRÄUTER IN KÜBELN

Kräuter in Kübeln zu ziehen, hat den Vorteil, Ihre Lieblingspflanzen auf engstem Raum zur Hand zu haben, wenn in Ihrem Garten der Platz fehlt, und dabei einige dekorative Kräuter zur Schau zu stellen. Dabei können Sie durch eine geschickte Auswahl in der Pflanzfolge jedes Jahr für ein neues Aussehen Ihres Minigärtleins sorgen.

EIN KRÄUTER-BLUMENKASTEN

Der Blumenkasten mit Küchenkräutern im Fenster spendet Ihnen jederzeit eine Auswahl an frischen Blättern; gleichzeitig ist er ein geschützter Standort für die Kräuter. Lorbeer *(Laurus nobilis)* und Rosmarin *(Rosmarinus officinalis* 'Severn Sea') eignen sich auch vorzüglich zum Umtopfen in größere Gefäße oder zum Umsetzen in ein Freilandbeet. Schnittlauch *(Allium schoenoprasum)* und Majoran (*Origanum vulgare* 'Gold Tip') lassen sich durch Teilung vermehren.

MEHRERE KÜBEL

Die Zusammenstellung von Kräutern in verschiedenen Kübeln bietet einen abwechslungsreichen Anblick, besonders wenn man die unterschiedliche Höhe der Töpfe betont. Treppenhäuser und Balkone können mit ansprechenden Vasen in ein ganz persönliches Kräutergärtlein verwandelt werden.

KRÄUTER-BLUMENKASTEN

1. *Allium schoenoprasum* x 1
2. *Petroselinum crispum* 'Moss Curled' x 1
3. *Laurus nobilis* x 1
4. *Salvia officinalis* x 1
5. *Satureja hortensis* x 1
6. *Rosmarinus officinalis* 'Severn Sea' x 1
7. *Origanum vulgare* 'Gold Tip' x 1

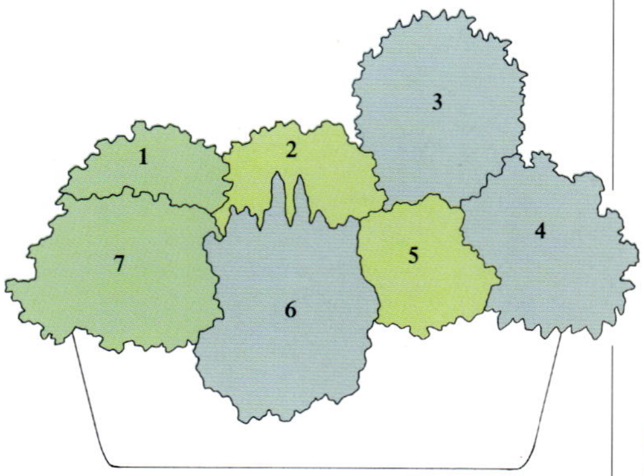

EINE AUSWAHL VON KÜCHENKRÄUTERN

In diesem Beispiel finden Sie sieben der beliebtesten Küchenkräuter, die sich für einen Blumenkasten eignen. Mit Ausnahme von Petersilie (Petroselinum crispum) *und Bohnenkraut* (Satureja hortensis) *sind alle relativ winterhart. Die meisten bleiben auch im Winter grün und bieten somit das ganze Jahr hindurch einen erfreulichen Anblick.*

EIN TOPF FÜR HEILKRÄUTER IM HAUS

Ein kleiner Topf, aus dem verschiedene Kräuter wachsen, bietet vor allem einen originellen Anblick. Mit den geeigneten Kräutern bepflanzt, ist er ein idealer Einstieg für jemanden, der sein Interesse an Heilpflanzen entdeckt hat und sich an Tees sowie anderen einfachen Anwendungen versuchen will. Dieser Topf bietet zwar Platz für viele Kräuter auf engstem Raum; der geringe Anteil an Erde führt jedoch schnell zur Überfüllung. Man muß ihn jedes Jahr im Frühling neu bepflanzen – besonders, wenn man es mit schnell sich ausbreitender Minze zu tun hat.

PFLEGE DES TOPFES

Ein Kräutertopf trocknet schnell aus. Seine Bewässerung kann schwierig sein, wenn die Erde verklumpt ist und das Wasser aus den Öffnungen austritt. Um die Bewässerung einfacher zu gestalten, sollte man den Topf in eine Schale stellen und von oben wie von unten wässern.

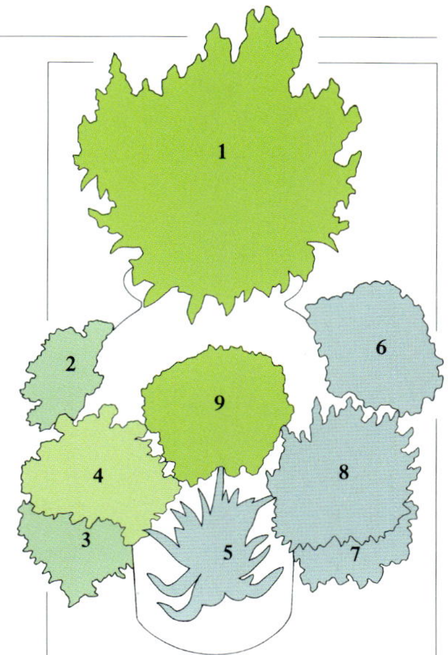

HEILKRÄUTER-TOPF

1. *Aloysia triphylla* x 1
2. *Sempervivum tectorum* x 1
3. *Thymus vulgaris* x 1
4. *Calendula officinalis* x 1
5. *Aloe vera* x 1
6. *Tanacetum parthenium* x 1
7. *Chamaemelum nobile* 'Flore Pleno' x 1
8. *Hyssopus officinalis* x 1
9. *Mentha × piperita* x 1

SOMMERVASE MIT KRÄUTERN

Die Kräuter in unserem Beispiel wurden wegen ihrer Schönheit ausgewählt; einige sind aber auch von praktischem Nutzen. Wenn man die Ableger des Basilikum *(Ocimum basilicum* 'Purple Ruffles') und des Gartensalbei (*Salvia officinalis* 'Tricolor') abpflückt, bleiben die Kräuter buschiger. Die hellroten Blüten der Kapuzinerkresse (*Tropaeolum majus* 'Alaska') sind eßbar, und ihre Blätter würzen jeden Salat. Stiefmütterchen *(Viola tricolor)* und Gundermann (*Glechoma hederacea* 'Variegata') sind ideale Pflanzen für Gefäße: Stiefmütterchen blühen mehrfach; der Gundermann produziert hübsche, bogenförmige Ketten von Blättern, die bis zum Boden hängen.

SOMMERVASE

1. *Salvia officinalis* 'Tricolor' x 1
2. *Pelargonium crispum* 'Variegatum' x 1
3. *Viola tricolor* x 1
4. *Ocimum basilicum* 'Purple Ruffles' x 1
5. *Tropaeolum majus* 'Alaska' x 1
6. *Glechoma hederacea* 'Variegata' x 1

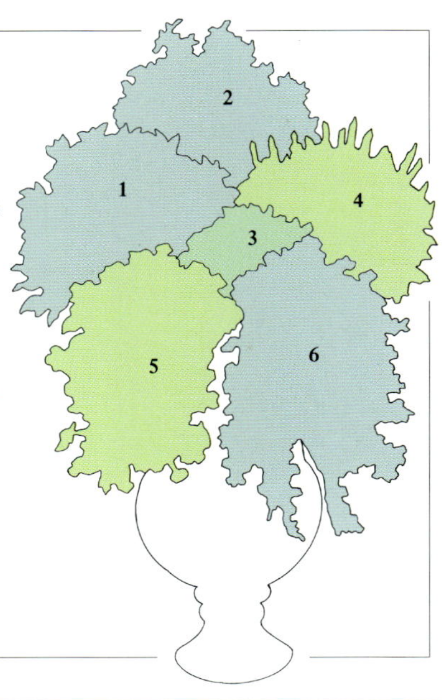

SOMMERLICHE FARBEN

Diese leicht zu ziehenden farbenfrohen Kräuter heitern auf kleinstem Raum auf. Die meisten sollte man jedes Jahr austauschen.

Anwendung von Kräutern

Es ist ein weitverbreiteter Irrglaube, daß Kräuter kleine grüne Pflanzen mit Blättern und starkem Aroma sind. Sowohl als Wirtschaftsgut wie auch im medizinischen Gebrauch umfassen sie sehr viele Pflanzen, von den mächtigen Regenwaldbäumen über Algen bis hin zu Pilzen. Nicht weniger überraschend ist die Anzahl der genutzten Teile, nicht zu reden von den Zwecken, für die sie geerntet werden. Bei *Hibiscus sabdariffa* zum Beispiel liefert nur der Blütenkelch den Geschmack und die Farbe, die in Kräutertees Verwendung finden. Die chinesische Medizin kennt viele Beispiele für spezifische Anwendungen, zum Beispiel werden die Schalen der reifen und unreifen Früchte von *Citrus reticulata* als ganz verschiedene Drogen betrachtet. Auch Herstellungs- und Lagerungsmethoden beeinflussen die Eigenschaften eines Krautes. Ätherische Öle verdampfen schnell, wenn sie Licht oder Hitze ausgesetzt sind; während bestimmte Kräuter nur frisch zu gebrauchen sind, werden andere nur getrocknet verwendet. Dieser Abschnitt handelt von den verschiedenen Anwendungen der Kräuter in Vergangenheit und Gegenwart.

Kräuter zur Nutzung
Gebrauchsfertige getrocknete Kräuter und Pflanzen.

Wenn Sie ein Kraut für die Küche oder für Heilzwecke verwenden wollen, müssen Sie sicher sein, die richtige Pflanze zu haben. Der umgangssprachliche Name ist häufig irreführend, da verschiedene Arten oft denselben tragen. Versuchen Sie besonders bei medizinischen Anwendungen nicht, ein ähnliches Kraut zu nehmen, selbst wenn es mit dem eigentlichen verwandt ist. Varietäten einer Art können unterschiedliche Eigenschaften haben. Seien Sie sicher, daß Sie nur den beschriebenen Teil nutzen und die Kräuter nur auf die in der Enzyklopädie (S. 224-373) angegebene Weise ernten und verarbeiten.

Die Teile der Kräuter

Das o.g. Kapitel beschreibt, welche Teile der Kräuter für welche Zwecke verwendet werden können. Der Ausdruck „gesamte Pflanze" bezieht sich auf die oberirdischen Teile. Blätter und Stengel sind die am häufigsten genutzten Teile. Die Photosynthese läuft in den grünen Teilen ab; dort sind Bestandteile wie ätherische Öle und Alkaloide vorhanden. Blätter und Stengel pflegen im Frühling und Sommer am wertvollsten zu sein.

Bei vielen Pflanzen sind die Blüten das reproduktive Organ. Die Blütenblätter sind oft farbig und duftend, um Bestäuber anzulocken. Sie werden von einem Ring aus Kelchblättern geschützt, die ihrerseits oft über ein Aroma verfügen, das sich von dem der Blüte unterscheidet. In der Mitte ist das weibliche Organ, der Stempel und/oder der männliche Teil,

▲ Der Safrankrokus
Safran besteht nur aus den scharlachfarbenen Narben und Stempeln des Crocus sativus*; sie werden zum Färben oder für medizinische Zwecke eingesetzt. Die Stempel anderer Krokusarten eignen sich nicht dazu und sind kein Ersatz.*

Unterschiedliche Nutzung
Kolben von Mais oder Zuckermais werden als Nahrungsmittel und zur Ölherstellung genutzt, aber nur Narben und Stempel verabreicht man als Heilmittel bei Blasenproblemen.

Teile der Pflanze
An diesem Verkaufsstand in Kaili (Westchina) ist zu sehen, wie Pflanzenteile zur Nutzung für Heilzwecke verkauft werden: Man kann ganze Pflanzen, Früchte, Stengel, getrocknete Rinde sowie Zwiebeln, Rhizome und Knollen erwerben.

die Staubblätter. Bei vielen Pflanzen sind die Samen von einer Frucht umgeben, die sie während ihrer Entwicklung schützt.

Die unterirdischen Pflanzenteile speichern die Nährstoffe und sind während der Ruhezeit am reichhaltigsten. Die Komponenten sind: Wurzeln, Rhizome (verdickter Sproß mit Knospen, aus denen Triebe kommen), Knollen (verdickter Sproß), Kormus (verdickte Stengelbasis) und Zwiebeln (fleischige Blattbasis). Alle haben eine Haut oder Rinde, die sich von den inneren Geweben und von der oberirdischen Rinde unterscheiden. Baumstämme und Äste bestehen in der Mitte aus Kernholz, sind umgeben von Splintholz und geschützt von einer äußeren Rinde. Das harte Gewebe besteht aus Lignin, das reich an Harzen und Ölen ist. Verletzungen an der Rinde machen eine Pflanze anfällig für Infektionen; wird die Rinde in einem Ring um den Stamm entfernt, bewirkt das fast immer ein Absterben der Pflanze.

NÄHRSTOFFEINLAGERUNG
*Petersilie (*Petroselinum crispum *var.* tuberosum*) gibt das Beispiel für Pflanzen, deren Hauptwurzeln anschwellen, um Nährstoffe für die Ruheperiode im Winter zu speichern. Da die Nährstoffe in der Wurzel während der Ruheperiode am konzentriertesten sind, wird normalerweise im Herbst geerntet (oder im zeitigen Frühjahr).*

DER SICHERE GEBRAUCH VON KRÄUTERN

Oft wird gesagt, pflanzliche Arzneimittel seien gefahrlos anzuwenden. Das muß aber nicht so sein; jedes Kraut kann unerwünschte Reaktionen auslösen. Alle Kräuter sind, im Übermaß angewendet, giftig und können zusammen mit anderen Kräutern unvorhersehbare Reaktionen auslösen. Dieses Buch kann dazu nur einen allgemeinen Überblick geben und darf keinesfalls als Gebrauchsanweisung verstanden werden.

Eine Selbstmedikation mit pflanzlichen Mitteln sollte nur bei geringen Beschwerden wie Erkältungen, Magenverstimmungen, Schnittverletzungen und Schwellungen vorgenommen werden. Halten Sie sich an die angegebene Dosis. Kleinkinder, Schwangere und ältere Menschen sollen ohne Rücksprache mit ihrem Arzt keine pflanzlichen Heilmittel verwenden. Eine Selbstmedikation während der Schwangerschaft gefährdet das ungeborene Kind. Nehmen sie keine pflanzlichen Arzneimittel zusammen mit anderen Medikamenten, ohne vorher einen Fachmann konsultiert zu haben.

Seien Sie vorsichtig bei Inhalationsmitteln mit ätherischen Ölen. Diese sind stark konzentriert (man benötigt für 30 Gramm Zitronenöl die Schalen von 85 Zitronen) und hochgiftig. Ätherische Öle werden auch als Geschmacksverstärker und in der Aromatherapie angewendet. Nehmen Sie auch bei Verstopfung und nervösen Spannungszuständen keine pflanzlichen Arzneimittel; diese Beschwerden lassen sich besser durch eine Änderung Ihrer Lebensweise behandeln.

Kräuter stellen etwas dar, das Ihre Gesundheit verbessern kann, aber nicht muß. Als Bestandteil einer ausgewogenen Diät können sie das Immunsystem stärken und für Wohlgefühl sorgen. Pflanzen Sie diese wertvolle Gabe der Natur darum zum Kochen, für Salate, Tees, Haut- und Haarkosmetik und erfreuen Sie sich an ihren Farben und Düften.

WEIHRAUCHHARZ
*Weihrauch (*Boswellia sacra*) zum Verkauf auf einem Markt in Somalia; er wird gesammelt, indem man Rinde von der Pflanze entfernt; das daraufhin austretende Harz wird entweder sofort abgeschabt oder man läßt es auf Matten aus Palmblättern tropfen, wo es fest wird. Die Erntemethoden sind noch die althergebrachten, nur die Preise haben sich geändert; bei den Römern war Weihrauch so kostbar wie Gold.*

GIFTIGE KRÄUTER

Kräuter unterscheiden sich in ihrer toxischen Wirkung stark voneinander; die Bandbreite reicht von solchen, die einen Nährwert mit medizinischem Nutzen haben, bis zur tödlich wirkenden Tollkirsche *(Atropa bella-donna)*. Es gilt: Wenn Kräuter Gutes bewirken, dann enthalten sie Substanzen, die, im Übermaß genossen, giftig sind. Das gilt auch für die beliebten Küchenkräuter wie Thymian, Majoran, Rosmarin und Minze – sie alle enthalten ätherische Öle, die bei hoher Konzentration giftig sind. Obwohl ziemlich ungefährlich, wenn man sie in kleinen Mengen zu sich nimmt, sind sie wegen dieser Öle potentiell immer gefährlich. Vorsichtige Dosierung ist darum angezeigt. Viele giftige Kräuter sind Zierpflanzen. Dazu gehören:

- Fingerhut (*Digitalis* spp.)
- Eisenhut (*Aconitum* spp.)
- Zeitlose (*Colchicum* spp.)
- Maiglöckchen (*Convallaria majalis*)

Papaver somniferum

- Schlafmohn (*Papaver somniferum*)
- Immergrün (*Phytolacca* spp.)
- Madagaskar-Veilchen (*Catharanthus roseus*)
- Gloriosalilien (*Gloriosa* spp.)
- Rizinus (*Ricinus communis*)
- Bittersüßer Nachtschatten (*Solanum dulcamara* 'Variegatum')
- Seidelbast (*Daphne* spp.)

Folgenden Pflanzen können Hautreizungen hervorrufen:

- Wiesenprimel (*Primula veris*)
- Schaftlose Primel (*Primula vulgaris*)
- Weinraute (*Ruta graveolens*)

Jeder, der Kräuter pflanzt, sollte an die Sicherheit von Kindern sowie Tieren denken und Warnhinweise beachten.

KRÄUTER – KULINARISCH GENUTZT

Kräuter geben den Speisen erst ihren typischen Geschmack; die Küche einer Region wird durch die Kräuter ebenso bestimmt, wie durch die Nahrungsmittel selbst. Wir kennen „Kräuter“, „Gewürze“ und „Geschmacksstoffe“; die Unterschiede dazwischen sind gering: Kräuter sind aromatische Blätter, Gewürze sind Samen, Wurzeln und Rinde, Geschmacksstoffe werden oft gleichermaßen wie Kräuter und Gewürze eingesetzt, sind aber an sich schon als Nahrungsmittel zu betrachten; dazu gehören Kaffee, Zitrusfrüchte, Zwiebeln, Knoblauch und Rettich.

KRÄUTER ZUM WÜRZEN
Eine Auswahl an frischen Kräutern aus dem Garten, hier Petersilie, Lorbeer und Rosmarin, bereichert das Essen durch viele Vitamine und gibt Geschmack.

Eine besondere Kategorie sind die Salatkräuter, die man auch in Suppen und Aufläufen verwenden kann; dazu gehören Brunnenkresse, Sauerampfer, Löwenzahn, Rauke und Chicorée. Alle Kräuter haben einen bestimmten Eigengeschmack, der sich aber in Verbindung mit den Nahrungsmitteln verändert. Manche Mischungen haben die Küche ganzer Regionen bestimmt – „Bouquet garni“ (Petersilie, Thymian, Lorbeerblatt) in Frankreich, „Garam masala“ (Kreuzkümmel, Koriandersamen, Kardamom, Nelken, Muskat, Zimt, Lorbeerblatt, Schwarzer Pfeffer) in Nordindien und das Fünf-Gewürz-Pulver (siehe gegenüber) in China. Die Minze verfügt über ein einzigartiges Aroma, das sich aber unterschiedlich entfaltet – in marokkanischem Minzetee anders als in der Minzesauce (zu Lammbraten), im „harissa“ (tunesische Paste aus Minze, Chili, Kreuzkümmel, Koriander, Kümmel und Knoblauch) anders als im nahöstlichen „tabbouleh“ (Salat aus Minze, Petersilie und Bulgurweizen (aus dem Nahen Osten).

SELTENE SALATMISCHUNG
Die pikanten Blätter der Küchenkräuter sind ideal, um einem einfachen Salat Geschmack zu geben.

HILFE BEI DER NAHRUNGSVERWERTUNG

Kräuter sorgen für Farbe und Geschmack. Eine Suppe wirkt geschmackvoller, wenn sie mit kleingeschnittener Petersilie oder Schnittlauch bestreut ist. Gelb ist eine besonders appetitanregende Farbe – am zartesten im Safran und am leuchtendsten im Gelbwurz. Obwohl Annatto als Samen verwendet wird, liefert er auch einen Farbstoff, der in die Butter, Margarine und die „roten“ Käse kommt. Paprika gibt Gerichten wie Gulasch eine leuchtend ziegelrote Farbe. Er kann in größeren Mengen verwendet werden, da ihm das scharfe Alkaloid des Cayenne fehlt. Kräuter und Gewürze erhöhen auch den Vitamin- sowie Mineralgehalt von Nahrungsmitteln und erleichtern die Verdauung. Knoblauch ist reich an Germanium, das gute Auswirkungen auf den Kreislauf hat. Das bittere Element in Kräutern und Gewürzen kann das Verdauungssystem „einstimmen“; es stimuliert Leber und Gallenblase, verbessert die Verdauung, besonders die der Fette, und hilft, Giftstoffe abzubauen. Leicht bittere Aperitifs und rohe Nahrungsmittel wie Salate werden seit alters her aus diesem Grunde geschätzt.

EIN MARKTSTAND MIT NAHRUNGSMITTELN
Dieser Stand auf Sri Lanka zeigt etwas von der Vielfalt der Nahrungsmittel. Ein dort vorkommendes Kraut ist Murraya koenigii. *Da die Blätter aber frisch verwendet werden müssen, findet man sie kaum anderswo auf der Welt.*

FEURIGE TUNESISCHE PASTE
Die tunesische Harissa *besteht aus getrockneten roten Chilies (oben links), Kümmelsamen (oben rechts), getrockneten Minzblättern (unten rechts) mit Kreuzkümmel und Koriandersamen. Auch Salz und Knoblauch können beigegeben werden. Die getrockneten Chilies werden in warmem Wasser eingeweicht und mit den anderen Zutaten vermischt. Frische Chilies werden getrocknet und dann zu grobem oder feinem Chilipulver zermahlen.*

KOCHEN MIT KRÄUTERN UND GEWÜRZEN

Versuchen Sie, Kräuter und Gewürze immer so frisch wie möglich zu verwenden. Den besten Geschmack erhalten Sie, wenn Sie Ihre Kräuter selbst ziehen, die Gewürze im ganzen kaufen und sie bei Bedarf erst in den gerade benötigten Mengen mahlen.

Geben Sie Kräuter immer erst am Ende des Kochens bei, um den besten Geschmack zu erzielen und die Farbe zu erhalten. Knoblauch, Gewürze und winterhärtere Kräuter wie Lorbeerblätter können zu Beginn zugetan werden, um der Speise Zeit zu geben, den Geschmack anzunehmen.

Geben Sie Kräuter und Gewürze auch Essig, Öl und Senf bei. So erhalten Garnierungen, Salatsaucen und Marinaden eine angenehme Note. Bereiten Sie diese Mischungen im voraus zu, um das Aroma durchziehen zu lassen (Flaschen mit Essig oder Öl, mit einem Kräuterästchen darin, halten sich bis zu einem Jahr; siehe auch S. 393). Das ist eine gute Methode, um aromatische Kräuter wie Lavendel zu optimaler Entfaltung zu bringen.

Probieren Sie auch, Topfkräuter von pikantem Geschmack wie Löwenzahn, Kresseblätter, Rauke oder Sauerampfer an grünen Salat zu tun. Viele dieser Kräuter verfügen über wertvolle Vitamine; Brunnenkresse besitzt Eisen, was für bestimmte Diäten wichtig ist.

SAFRANERNTE

In Südeuropa werden Safranblüten (Crocus sativus) *gepflückt. Die Stempel sortiert man später von Hand aus. Safran wird seit dem 10. Jahrhundert v.Chr. in der Küche verwendet.*

Ätherische Öle sind verantwortlich für den Geschmack sowie für die wohltuenden Eigenschaften von Kräutern und Gewürzen. Viele sind antiseptisch und schützen vor Mikroorganismen. Fenchel, Dill und Kümmel haben blähungstreibende Öle, die solche Beschwerden beseitigen. Sie passen daher gut zu schwer verdaulichen Nahrungsmitteln – Fenchel zu öligem Fisch, Dill zu Gurken und Kümmel zu Kohl sowie fettem Fleisch.

WOHLTUENDE EFFEKTE VON KRÄUTERN

Pfefferminz hat einen beruhigenden, mild betäubenden Effekt auf den Verdauungstrakt. Schwarznessel (*Perilla*), die in Japan mit rohem Fisch gereicht wird, enthält Stoffe gegen Fischvergiftungen. Knoblauch ist ein gutes Desinfektionsmittel, das man bei Reisen zu sich nehmen kann, um Durchfall oder Erbrechen zu verhindern. Die therapeutische Seite der Küchenkräuter war früheren Generationen geläufiger als heute. Schlehenschnaps enthielt Polei-Minze und Baldrian, um zu beruhigen. Im Mittelalter wurde aus grobem Getreide, Fett und Rainfarn eine darmreinigende Suppe bereitet; Brennesselsuppe nahm man als „Frühjahrskur" zu sich, um den Körper von den Giftstoffen zu reinigen, die sich im Winter durch Bewegungsmangel und schwerverdauliches Essen angesammelt hatten. Im chinesischen und ayurvedischen Alltag spielen Speisen mit Heilwirkung noch immer eine große Rolle. In warmen Ländern ißt man scharfe Gewürze wie Chili und Pfeffer, um den Stoffwechsel anzuregen, das Schwitzen zu erleichtern, den Körper zu kühlen und die Ausscheidung von Giftstoffen zu beschleunigen. Gewürze dienen auch der Konservierung von Nahrungsmitteln. Das ist in warmen Ländern wichtig, wo das Essen schnell verderben kann. Wie Pfeffer, Ingwer, Zimt, Muskat und Gewürznelken wird auch der Knoblauch in den meisten unserer Küchen geschätzt. Chili und Cayenne waren außerhalb Südamerikas übrigens völlig unbekannt, bis Kolumbus im Jahre 1492 die Neue Welt entdeckte.

▼ PFEFFERERNTE

Pfefferernte in Quilon (Kerala, Indien); Illustration aus dem französischen „Livre des Merveilles" aus dem 15. Jahrhundert. Schon sehr früh wurden Pfeffer, Ingwer, Zimt, Muskat und Gewürznelken weltweit gehandelt, was zu einer erbitterten Konkurrenz zwischen den Handelsgesellschaften führte.

▲ FÜNF-GEWÜRZ-PULVER

Die Bestandteile des Fünf-Gewürz-Pulvers sind Sternanis, Setchuanpfeffer oder Fagara, Kassie, Fenchelsamen und Gewürznelken. Man findet dieses Pulver in ganz China und Vietnam. Die Früchte des Sternanis öffnen sich, wenn sie reif sind, zu dieser attraktiven Sternform.

KRÄUTER IN DER MEDIZIN

In allen Kulturen waren Kräuter ein unverzichtbarer Bestandteil der Medizin und der Vorsorge. Es gibt verschiedene Methoden, um die Wirkstoffe für eine innere bzw. äußere Applikation aufzubereiten. Herbalisten sind heute in Anatomie und Physiologie ausgebildet; sie verschreiben Kräuter nicht mehr für die schnelle Wirkung, sondern zur Unterstützung eines Heilungsprozesses. Meist werden mehrere Kräuter verordnet; der so bewirkte Synergieeffekt steigert ihre Wirksamkeit.

EUROPÄISCHE HEILKUNST IM MITTELALTER
Das Gemälde eines anonymen französischen Malers aus dem 18. Jahrhundert zeigt den Empfangsraum eines Apothekers.

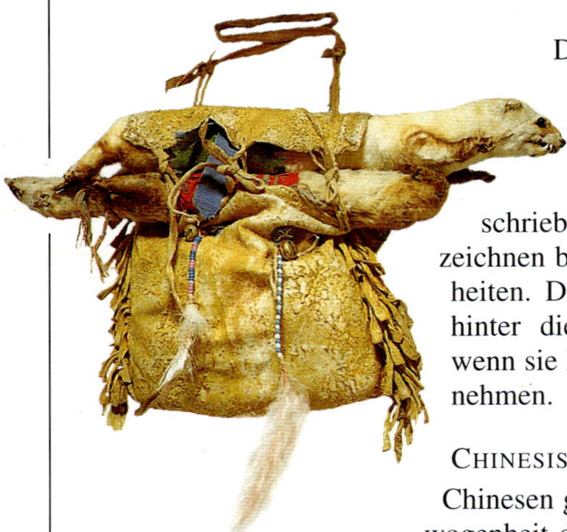

PRÄRIEINDIANER
Dieser Medizinbeutel gehörte einem Indianer vom Stamm der Crow. Während der Beschwörungsriten wurde der Beutel geöffnet, um sich der Kräfte zu versichern, die dem Stamm gute Ernten und Fruchtbarkeit bringen sollten.

Die Naturmedizin folgt verschiedenen Vorstellungen. Bei Naturvölkern sind Heilmittel aus Kräutern Teil ihres Geisterglaubens; der Ausbruch einer Krankheit wird dem Wirken böser Geister zugeschrieben. Frühe europäische Kräuterbücher bezeichnen böswillige Kobolde als Urheber von Krankheiten. Die Medizinmänner am Amazonas glauben hinter die Ursache einer Krankheit zu kommen, wenn sie Halluzinationen hervorrufende Kräuter einnehmen.

CHINESISCHE UND AYURVEDISCHE MEDIZIN

Chinesen glauben, daß Krankheiten auf der Unausgewogenheit der dem Körper innewohnenden gegensätzlichen Kräfte beruhen, dem „Yin" *(*weiblich, dunkel, kalt) und dem „Yang" *(*männlich, hell, warm). Die kosmische Energie „Qi" fließt im Körper durch Meridiane (Kanäle). Die chinesische Kräuterkunde kennt ca. 700 Standardrezepte; in der „Materia Medica" werden über 5.500 Kräuter beschrieben. Auch ayurvedische Mediziner glauben, daß der Körper von alles durchdringenden Kräften beseelt ist: der Kraft „prana" (Atem/Leben), „agni" (Geist/Feuer) und „soma" (Liebe/Harmonie). Diese stehen in ständigem Austausch mit den Elementen Erde, Wasser, Feuer usw., indem sie durch die „chakras", die Energiezentren des Körpers, fließen. So stiften die Elemente die Temperamente, von denen die Gesundheit abhängt – „vata" (Wind), „pitta" (Feuer/Galle) und „kapha" (Phlegma). Die ayurvedische Medizin setzt ca. 500 Kräuter zur Behandlung ein.

Die westliche Kräuterkunde war lange von den Theorien der Elemente (Feuer, Luft, Erde, Wasser), der Temperamente (sanguinisch, cholerisch, melancholisch, phlegmatisch) und der Körpersäfte (Blut, gelbe Galle, schwarze Galle, Schleim) beherrscht. Kräuter wurden in Kategorien (heiß, trocken, kalt, feucht) unterteilt und verabreicht, um die Ausgewogenheit der Körpersäfte wiederherzustellen. Hippokrates (ca. 460-375 v.Chr.) und Galen (2. Jahrhundert n.Chr.) entwikkelten dieses System weiter. Lange Zeit hatte die Lehre des Schweizer Arztes Paracelsus (1493 – 1541) großen Einfluß auf die europäische Kräuterkunde. Sie besagt, daß Gott den Kräutern eine Gestalt gegeben hat, an der ihr Nutzen zu erkennen ist. Im 19. Jahrhundert entwickelte Samuel Thomson seine Physiomedizin, mit der er versuchte, das Wissen des Abendlandes mit der Naturheilkunde der Indianer zu verbinden. Diese Physiomedizin wollte Lebensenergien durch den Einsatz stimulierender oder beruhigender Kräuter zurückgeben. Therapeutisch bedeutsam waren ihr auch Kräuter, die entkrampfen, oder solche, die das Gegenteil hervorrufen können. Von dieser Kräuterkunde zu unterscheiden ist die Homöopathie. Ihr Begründer Samuel Hahnemann entwickelte die Theorie, daß krankmachende Stoffe in winzigen Dosen eine Heilwirkung erzielen können.

KRÄUTERSAMMELN IN CHINA
Das Sammeln der Kräuter ist der erste Schritt, um die alten Heilmittel zubereiten zu können.

WILDWACHSENDE KRÄUTER
Dieser Verkaufsstand in Sao Paulo (Brasilien) zeigt in beträchtlichem Umfang präparierte Heilkräuter, nun als medizinisches Handelsgut auf dem Markt feilgeboten.

MODERNE KRÄUTERKUNDE
Getrocknete Schwämme und Kräuter im Kräuterladen.

Kräuterheilmittel werden teils eingenommen, teils auf die Haut aufgetragen, teils auf die Wunden gelegt.

Für einen **AUFGUSS** gießt man fast kochendes Wasser über das Kraut und läßt es 5-10 Minuten ziehen; dies gilt für Blätter und Blüten. Man nehme 75g frische oder 30g getrocknete Kräuter für 500ml Wasser. Aufgüsse müssen am gleichen Tag eingenommen werden.

Für einen **SUD** köchelt man das Kraut mindestens 15 Minuten und passiert es anschließend. Er eignet sich für harte Teile (Wurzeln oder Rinde). Man nehme 60g frische oder 30g trockene Substanz auf 500ml Wasser. Ein Sud muß am gleichen Tag eingenommen werden.

EINWEICHEN ist angezeigt bei Kräutern, die durch Erhitzen Wirkstoffe verlieren können. Man lege das Kraut 12 Stunden bei Zimmertemperatur in Wasser ein. Nach anschließendem Seihen oder Auspressen verwende man die Flüssigkeit dann wie Aufgüsse oder Sud. Auf 25g getrocknete Kräuter gieße man 500ml Wasser.

Auch **TINKTUREN** werden auf diese Art hergestellt, allerdings mit Wasser und Alkohol. Bei industrieller Fertigung benutzt man dafür Äthylalkohol, für den Hausgebrauch tut es auch Wodka. Um eine Tinktur herzustellen, nehme man einen Teil Kräuter auf vier Teile Flüssigkeit. Der Vorteil gegenüber Aufgüssen und Sud besteht in der längeren Lagerungsfähigkeit und der höheren Konzentration der Wirkstoffe.

FLÜSSIGE EXTRAKTE basieren auf pharmakologisch zubereiteten Konzentraten. Hier ist das Mischungsverhältnis ein Teil Alkohol auf einen Teil Kräuter.

GESUNDHEITSTEES werden wie Aufgüsse zubereitet, nur nimmt man aromatische Kräuter wie Lindenblüten, Fenchel oder Kamille. Kräutertees dürfen gesüßt sein, müssen aber ohne Milch getrunken werden. Nesseln schmecken fad und können mit schwarzem oder grünem Tee gebrüht werden, um einen belebendem Effekt hervorzurufen.

AUSPRESSEN ist vor allem bei frischen Kräutern, wie zum Beispiel dem Klebkraut, sinnvoll. Man sollte den Saft gleich trinken. Die Ausbeute ist aber gering, daher benötigt man große Mengen frischer Kräuter.

SIRUP wird aus Sud oder Aufgüssen hergestellt und mit aufgelöstem Zucker konserviert. Der Zucker kann dabei den Beigeschmack der Kräuter dämpfen. Die Flüssigkeit sollte erhitzt werden, bevor man den Zukker beigibt. Man mische im Verhältnis 500ml Kräuterflüssigkeit zu 500g Zucker.

WICKEL macht man aus erhitzten, frisch gehackten, getrockneten oder pulverisierten und mit etwas Wasser angerührten Kräutern; sie werden aufgelegt. Wirkstoffe wie Beinwell können so besonders tief in das Zellgewebe eindringen.

KOMPRESSEN sind eine Alternative zu Wickeln. Dabei wird ein Tuch mit einem Aufguß oder Sud getränkt und auf die entsprechende Stelle gedrückt. Kalte Kompressen helfen bei Kopfschmerzen oder auch bei leichtem Fieber.

ÖLE werden für Heilzwecke wie auch zur Haut- und Haarpflege verwendet. Sonnenblumenöl hilft bei Muskelkater und leichten Verletzungen, Mandelöl pflegt die Haupt und entspannt sie. Heilöle lassen sich in verschiedenen Verfahren herstellen: Entweder erhitzt man 250g trockene oder 750g frische Kräuter in 500ml Öl für 2-3 Stunden (empfehlenswert für Vogelmiere, Beinwell und Rosmarin) oder füllt ein Glas mit frischen Kräutern, gießt Öl auf, bedeckt es und läßt die Mischung 2-3 Wochen ziehen. Um die Konzentration zu erhöhen, kann man die Kräuter danach gegen frische austauschen. Schließlich läßt sich Heilöl durch Konzentrate herstellen (25-50 Tropfen ätherisches Öl auf 100 ml reines Öl).

SALBEN gewinnt man, indem man Kräuter in Vaseline oder einem anderen hitzebeständigen Fett über kochendem Wasser für etwa 2 Stunden erhitzt und noch im heißen Zustand dann in ein Glas filtriert (60g getrocknete Kräuter für 500g Fett).

PULVER aus getrockneten Kräutern werden in Form von Pillen, Kapseln oder Pasten verabreicht. Pulver lassen sich gut mit Milch, Wasser, Honig oder Ölen einnehmen und werden so schmackhaft.

ZUBEREITUNG EINER TINKTUR
Hier sieht man die erste Stufe der Zubereitung einer Tinktur: Die Kräuter werden mit Wasser übergossen.

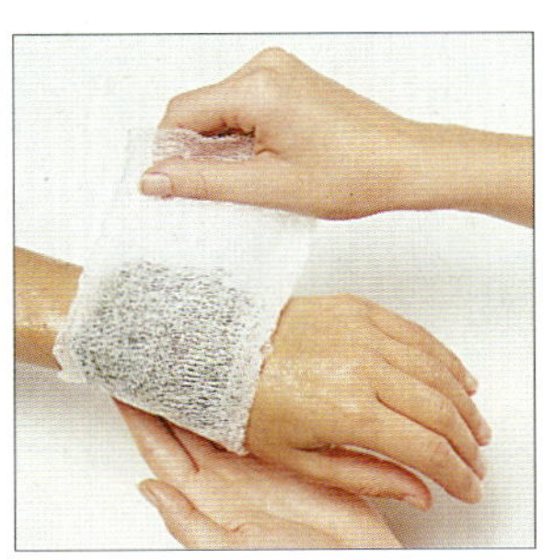

WICKEL AUFLEGEN
Die Kräuterpaste wird zwischen zwei Schichten Gaze möglichst heiß um die betroffene Stelle gewickelt.

HEILKRÄUTER IN DER HAUSAPOTHEKE

Heilmittel aus Kräutern sind bei geringfügigen Störungen der Gesundheit zu empfehlen. Keinesfalls dürfen ernsthafte Erkrankungen ohne ärztliche Aufsicht behandelt werden.

EIN KLEINES SCHATZKÄSTLEIN MIT HEILKRÄUTERN

- *Kamillen- oder Lindenblütentee* gegen Nervosität und Schlaflosigkeit.
- *Melissentee* gegen nervöse Magenbeschwerden (besonders bei Kindern).
- *Salbe aus Vogelmiere* bei Hautreizungen.
- *Beinwell-Salben* bei kleinen Verletzungen.
- *Destillierte Zaubernuß* bei Prellungen und Brennen der Augen.
- *Knoblauch* bei Erkältungen, Grippe, Katarrh.
- *Vorgefertigte Kräutermischungen* für Husten (bei schleimigem, trockenem und Reizhusten nimmt man verschiedene Zusammenstellungen).
- *Vorgefertigte Kräutermischungen* zur Schleimlösung bei Erkältungen.
- *Ingwerkapseln* gegen Reisekrankheit.
- *Kümmelkörner* oder *Fencheltee* bei Verdauungsstörungen.
- *Lavendelöl* bei Verbrennungen oder Verbrühungen.
- *Teestrauchöl* bei Entzündungen.
- *Gewürznelkenöl* bei Zahnschmerzen (ersetzt aber nicht den Zahnarzt!).

KRÄUTER IN DER KOSMETIK

Die Ägypter schätzten Kosmetika und Parfüme derart hoch, daß sie diese sogar ihren Toten mit auf den Weg ins Jenseits gaben. Im Grab von Tut-ench-Amun fand man Parfüm, das noch nach über 3.000 Jahren schwach duftete. Die häufigsten Inhaltsstoffe waren Weihrauch und Myrrhe, die mit Ölen aus Sesam, Mandeln oder Oliven vermischt wurden. Gummiharze schätzte man wegen ihres Geruchs – aber auch, um flüchtige Bestandteile zu binden. In einem Rezept für Lilienöl wird empfohlen, die Kronblätter von 2.000 Lilien zu Myrrhe, Kardamom, Schwertlilie und Zimt beizugeben.

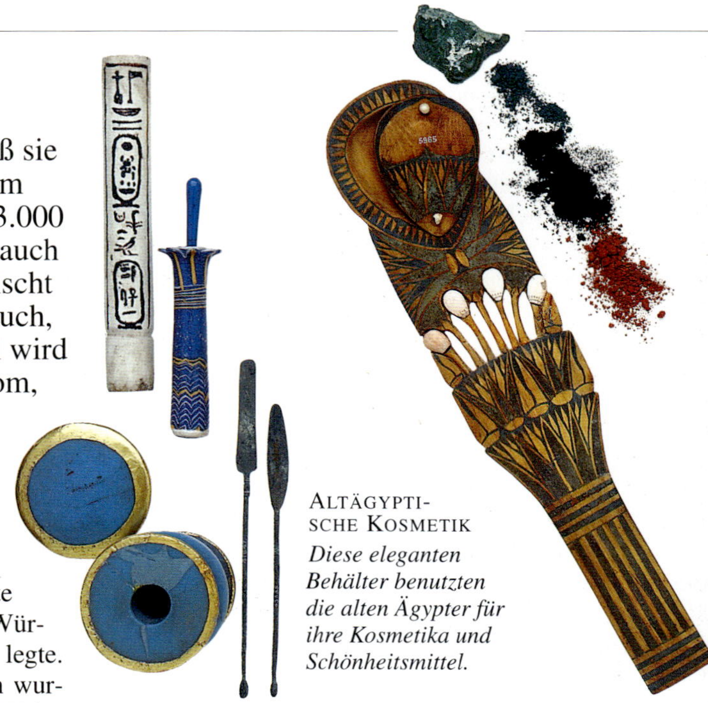

ALTÄGYPTISCHE KOSMETIK
Diese eleganten Behälter benutzten die alten Ägypter für ihre Kosmetika und Schönheitsmittel.

KNOPFLOCH-STRÄUSSCHEN
Solche Kräutersträuße liebte die Oberschicht, um Infektionen abzuwehren und unschöne Gerüche zu überdecken.

Die ersten Parfüme waren Salben, die man aus tierischen Fetten herstellte – erhitzt und angereichert mit pflanzlichen Duftträgern. Man benutzte sie entweder als Salbe oder als Würfel, die man sich auf den Kopf legte. Durch das langsame Abschmelzen wurden Körper und Kleidung auf diese Weise „gesalbt“. Schon die alten Ägypter kannten die Hautpflege: Enthaarungsmittel gewannen sie unter anderem aus Gummi, Gurken und Feigensaft. Selbst parfümierte Deodorants waren schon bekannt; Reinigungscrèmes wurden aus Öl und Limonen hergestellt; für Haarwässer nahmen die alten Ägypter Wacholderbeeren oder Tannenöl.

YLANG-YLANG
Die Blüten des Ylang-Ylang, hier frisch gepflückt auf der Komoreninsel Mayotte, finden in der Parfümherstellung Verwendung.

DIE BELIEBTHEIT VON BADEÖLEN

Ägypter, Perser und Inder kannten parfümierte Öle. Die alten Griechen entwickelten das Parfümieren zu einer wahren Kunst und tradierten diese Vorliebe an die Römer. Durch sie verbreitete sich diese Kunst in ganz Europa. Die Römer kannten verschiedene Arten von Parfümen: feste und flüssige Salben sowie parfümiertes Puder. Man benutzte diese Stoffe besonders nach dem Bad, was in jener Zeit zu hoher Kultur geführt worden war. Konzentriertes Öl kam erst auf, als die Araber Destillationstechniken erfanden. Körperlotionen und Hautpflegemittel sind in unserer Zeit noch ebenso beliebt wie in der Antike. Obwohl die Badezusätze heute meistens aus synthetischen Stoffen bestehen, gibt es doch auch wenige feine Öle wie das türkischrote Öl (sulfuriertes Rizinusöl). Wenn Sie Ihr eigenes Naturöl herstellen wollen, geben Sie 50 Tropfen konzentriertes ätherisches Öl auf 50ml türkischrotes Öl (bei Spezialhändlern erhältlich). Probieren Sie den Zusatz von Zitrone (erfrischend), Lavendel (beruhigend), Geranie (entspannend), Rosmarin (stimulierend) oder Muskatellersalbei (aufmunternd).

DIE ENTWICKLUNG DER DUFTSTOFFE

Lavendel war bei den Römern ein beliebter Badezusatz. Man verband mit ihm die Vorstellung von Reinlichkeit. Das erste neuzeitliche Rezept zur Zubereitung von Lavendelparfüm stammt aus dem Jahre 1615. Getrocknete Lavendelzweige in Säckchen dienten als Raumparfüm, zwischen die Kleidung gelegt der Abwehr von Motten. Der unangenehme Geruch von Seife, die bis zum 18. Jahrhundert aus gekochten, mit Holzasche vermischten tierischen Fetten bestand, wurde gern durch Lavendelöl überdeckt.

Die Herstellung von Duft- und Reinigungsmitteln für die tägliche Hausarbeit erforderte vor der industriellen Massenfertigung einen großen Zeitaufwand; die Geheimnisse ihrer Zubereitung wurden von den Müttern an die Töchter weitergegeben. Größere Haushalte besaßen spezielle Kammern, in denen Kräuter, Gewürze und andere Rohstoffe zu Pudern, Polituren, Seifen, Duftkissen, Blütenwässer sowie Duftsäckchen zusammengebraut, gekocht oder arrangiert wurden. Parfümkugeln, Sträußchen oder kleine Blumengebinde wurden am Körper gegen Infektionen getragen, besonders zu Zeiten von Epidemien oder Seuchen. Zur Abwehr von Fliegen achtete man darauf, Gartenraute einzubinden.

Das erste Eau de Toilette war das „Ungarische Wasser“, das man im 14. Jahrhundert aus (in Alkohol eingeweichtem) Rosmarin herstellte. Die Parfüme, die wir heute kennen, haben ihren Ursprung im Frankreich des ausgehenden 18. Jahrhunderts. „Eau de Cologne", aus Essenzen und Alkohol gemischt, wurde zum ersten Mal 1709 in Köln hergestellt. Eines der ersten Parfüms aus Blüten war Orangenblütenwasser, das gegen 1725 nach Europa kam. Gegen Ende des 19. Jahrhunderts wurden synthetische Duftstoffe eingeführt; natürliche Öle tragen aber immer noch zur Qualität eines Parfüms bei. Ein Parfüm setzt sich aus drei Duftnoten zusammen: der „Oberton" wird von frischen, durchdringerenden Gerüchen erzeugt (Zitrone, Linde, Basilikum, Bergamotte, Koriander, Lavendel, Kamille), die „Mittellage" kommt von Kräutern und Gewürzen mit großer Ausbreitungsfähigkeit (Salbei, Nelken, Ingwer, Jasmin, Zitronengras, Rose, Muskatnuß, Ylang-Ylang), der „Unterton" wird von Hölzern, Wurzeln, Harzen und Gummis zugefügt (Weihrauch, Myrrhe, Sandelholz, Zimt, Zeder). Die Kunst der Parfümherstellung liegt in der gekonnten Mischung von Duftnoten unterschiedlicher Intensität und Dauer. Die Mischung berühmter Parfüms ist geheim, die Hauptinhaltsstoffe sind jedoch bekannt. So bestehen die Obertöne von „Chanel No.5" aus Bergamotte, Zitrone und Orangenblüten, die Mittellage aus Rosen, Jasmin sowie Ylang-Ylang, die Untertöne aus Zedernholz und Vanille.

KÖRPERBEMALUNG UND MAKE-UP

Die alten Angelsachsen bemalten sich mit Färberwaid, einer blauen Farbe, die sie aus der Fermentierung von *Isatis tinctoria* gewannen; die Ureinwohner Nordamerikas besaßen ein breites Repertoire an Kriegsbemalung, die sie aus Pflanzenfarben, Fetten und Ölen herstellten. Das Schminken des Gesichts kam über die Römer von den alten Ägyptern und Persern zu uns. Rote Farben wurden aus Ocker gewonnen. Heute erhält man solche Färbemittel aus dem Annatostrauch *(Bixa orellana)*. Modische Trends des Make-ups wurden an Fürsten- und Königshöfen angeregt. Schönheitsmittel erfreuten sich so großer Beliebtheit und kamen so stark zum Einsatz, daß im Jahre 1770 im englischen Parlament eine Gesetzesvorlage auf der Tagesordnung stand, nach der ein Mann, der durch „Gerüche, Bemalungen und kosmetische Behandlungen" getäuscht in die Ehe eingewilligt hatte, diese wieder lösen dürfe.

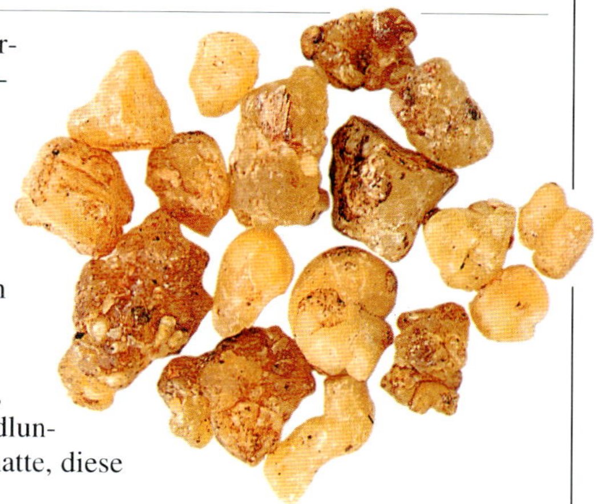

WEIHRAUCHHARZ
Zur Parfümherstellung benutzen die Menschen seit tausenden von Jahren Harz aus Boswellia sacra. *Schon die alten Ägypter machten daraus Antifaltencrèmes. In vielen Parfümen kommt es als Unterton zum Einsatz.*

HENNA ZUR VERZIERUNG
Dieses indische Mädchen benutzt Hennasalbe (Lawsonia inermis), *um für eine besondere Gelegenheit die Hände ihrer Freundin zu verzieren, vielleicht für einen festlichen Rahmen.*

EINIGE PFLANZENSTOFFE IN KOSMETIKA UND PARFÜMS

Aloe vera
ECHTE ALOE
Ein „Wunderkraut", bei der Behandlung von Sonnenbrand und als Feuchtigkeitsspender bei gereizter oder zarter Haut.

Calendula officinalis
GARTENRINGELBLUME
Ein keimtötendes, beruhigendes und entzündungshemmendes Kraut; besonders heilsam bei trockener Haut und bei Sonnenbrand.

Citrus Arten
CITRUS
Enthält Antioxidantien sowie Vitamin C und stellt beschädigte Zellen wieder her; darin enthaltene Säuren lösen abgestorbenes Gewebe ab.

Chamaemelum nobile
RÖMISCHE KAMILLE
Ein entzündungshemmendes Heilkraut, das die Haare pflegt und dünnem Haar mehr Fülle verleiht.

Cucumis sativus
GURKE
Ein kühlendes Kraut, das die Haut glättet.

Fucus
BRAUNALGEN
Extrakte daraus enthalten viele Mineralstoffe und Vitamine für Haut-oder Haarpflege.

Hamamelis virginiana
ZAUBERNUSS
Das wahrscheinlich am weitesten verbreitete Adstringens, das in den meisten Tönungslotionen enthalten ist.

Krameria triandra
RATANHIA
Ein Adstringens, das das Zahnfleisch pflegt.

Mentha x piperita
PFEFFERMINZE
Antiseptisch, kühlend, leicht betäubend und geruchshemmend; in fast allen Hygieneartikeln zur Mundpflege, in Gesichtsmasken, Fußpflegemitteln, Shampoos und Haarpflegemitteln enthalten.

Mentha spicata
ÄHRENMINZE
Ein starkes Antiseptikum und ein Geruchshemmer mit kühlem erfrischenden Geschmack, der auf ihre leicht betäubende Wirkung zurückzuführen ist. Sie ist in fast allen Mundpflegemitteln enthalten.

Oenothera biennis
NACHTKERZE
Öle daraus dienen meist der Behandlung trockener Haut; die gemahlenen Samen sind ein Gesichtspflegemittel.

Prunus armeniaca
APRIKOSE
Enthält glättende Enzyme für die Hautpflege; das feuchtigkeitsspendende Öl enthält Vitamin B15 und beschleunigt die Regeneration der Haut.

Prunus dulcis
MANDELBAUM
Ein sanftes, linderndes Öl, das in vielen Feuchtigkeitsspendern enthalten ist.

Fucus vesiculosus

Rosa
ROSE
Adstringierende, belebende heilende Extrakte für Cold Cream und Hautpflegemittel.

Rosmarinus officinalis
ROSMARIN
Kreislaufstimulierend; stärkt Kopfhaut und Haar.

Sambucus nigra
SCHWARZER HOLUNDER
Beruhigt gereizte und entzündete Haut.

Sanguinaria canadensis
BLUTWURZ
Mit antibakteriellen Extrakten für die Mundhygiene.

Simmondsia chinensis
JOJOBA
Ein natürliches flüssiges Wachs; hat große Ähnlichkeit mit den hauteigenen Ölen.

Symphytum officinale
BEINWELL
Eines der wirksamsten Heilmittel; das darin enthaltene Allantoin beschleunigt die Neubildung von Gewebe.

Theobroma cacao
KAKAOBAUM
Glättendes Öl als Feuchtigkeitsspender für die Haut.

Thymus vulgaris
GARTENTHYMIAN
Ein starker natürlicher Keimtöter; hauptsächlich als Thymol in Mundwässern und Zahnpasten zu finden.

Wildwachsende Kräuter

Regenwald in Surinam
Fruchtbarer Lebensraum für Heilpflanzen.

Seit dem Altertum haben Menschen überall auf der Welt Kräuter gepflückt und ausgegraben. Einige der meistgebrauchten Küchenkräuter wie zum Beispiel Paprika *(Capsicum annuum* var. *annuum)* und Basilikum *(Ocimum basilicum)* werden schon so lange angebaut, daß die Existenz wirklicher Wildpflanzen nie dokumentiert werden konnte. Insbesondere Heilkräuter hat man andererseits schon immer als Wildkräuter gesammelt. Das Wissen darüber, wo und wann man sie finden konnte, gehörte zu den Überlieferungen, die in vielen Kulturen von den Heilkundigen weitergegeben wurden. Diese alten Traditionen begründeten ein ausgewogenes System von Angebot und Nachfrage, weil sich der Bestand immer gut regenerieren konnte. Durch den starken kommerziellen Druck der pharmazeutischen Industrie und der Lebensmittelbranche ist dieses Gleichgewicht ganz empfindlich gestört. Heutzutage werden weltweit über 20.000 höhere Pflanzenarten als Kräuter genutzt, das sind fast zehn Prozent aller den Botanikern bekannten Arten.

Medizin im Regenwald
Die Zubereitung von Kräutermedizin in einem Dorf in Surinam (Südamerika). Die meisten Völker des Regenwalds kennen alte mündliche Überlieferungen, die mit dem Aussterben dieser Kulturen schnell verloren gehen können. Auch die Pflanzen sind in Gefahr, wenn das Ökosystem des Regenwalds zerstört wird.

Anfang des 20. Jahrhunderts glaubte man, daß man mit Hilfe der Wissenschaft die Krankheiten besiegen könne. Die meisten Länder sind aber zu arm, um vom medizinischen Fortschritt profitieren zu können. Es fehlen ihnen die Grundlagen einer modernen Gesundheitsversorgung, zu denen Elektrizität und ein funktionierendes Trinkwassersystem gehören. Etwa 80 Prozent der Weltbevölkerung ist in seiner medizinischen Grundversorgung noch immer auf die traditionelle Pflanzenheilkunde angewiesen. Trotz großer Fortschritte in der synthetischen Produktion von Medikamenten bilden auch in der westlichen Welt Pflanzenextrakte immer noch die Grundlage vieler Heilmittel. Auch die Forschung benötigt Pflanzen, um nach Präparaten zur besseren Bekämpfung von Krankheiten zu suchen.

Änderungen in der Einstellung zur Kräutermedizin

Die Einwohner der hochzivilisierten Länder haben in diesem Jahrhundert durchaus bemerkenswerte Veränderungen erfahren. Ehemals als unmodern angesehen und mit Mißtrauen betrachtet, werden heute Kräuter wie Ginseng und Guarana geradezu als Wundermittel gepriesen. Der Wandel begann in den sechziger Jahren, als die damalige Jugendbewegung für eine natürliche Lebensweise eintrat und sich so eine alternative Medizin entwickelte. Das Anwachsen der Umweltbewegung und die Gründung von Firmen, die hauptsächlich umweltverträgliche Naturprodukte nutzen, trugen ebenfalls zu diesen Veränderungen bei. Heute nehmen wir deshalb die ganze Palette der Kräuter viel bewußter wahr. Sie sind Bestandteil von Kosmetika, Parfümen und frei verkäuflichen Arzneimitteln. Von Jojobaöl *(Simmondsia chinensis)* hatte man vor 20 Jahren noch nichts gehört; es wurde zuerst als industrielles Hochleistungsschmiermittel eingeführt. Heute ist es auch ein Emulgiermittel für Haut- und Haarkosmetika. Die Jojoba konnte mikrobiologisch gezüchtet werden; andererseits sind viele andere Pflanzen dem Aussterben nahe oder in der Natur schon so reduziert, daß nur wenige zur Reproduktion übrig bleiben.

Der Schutz der Wildpflanzen

Der Schutz der Kräuter vor Raubbau verlangt internationale Zusammenarbeit. Ökologen, Pflanzenzüchter, Naturheilkundler sowie Mediziner müssen zusammen mit Politikern einer breiten Öffentlichkeit die Notwendigkeit des Erhalts bedrohter Pflanzen vermitteln. Zum Schutz wildwachsender Pflanzen ist der Beitrag

Ginsenganbau
Der amerikanische Panax quinquefolius *wird in Südkorea kommerziell angebaut. Er wurde im 18. Jahrhundert eingeführt, um den seltenen* P. ginseng *zu ergänzen.*

des einzelnen ebenso wichtig wie das Engagement von Unternehmen und Regierungen.

• Der Schutz vor Ort: In Regionen mit gefährdeten Arten richtet man Naturschutzgebiete und Nationalparks ein. In der Natur kaum noch vorhandene Arten können hier wieder eingeführt werden.

• Andere Formen des Schutzes sind z.B.: Saatgutbanken, in denen Pflanzensamen aufbewahrt werden, die Kältekonservierung (eine neue Technologie der Kältelagerung von Fasern für Zellkulturen) oder Pflanzensammlungen zu Studien- und Züchtungszwecken.

• Der Anbau von Kräutern im Garten oder zur kommerziellen Verwendung reduziert die Belastung der Wildpopulationen. Pflanzenzüchter versuchen, Qualität und Wuchskraft zu verbessern und Technologien für Zucht, Ernte sowie Veredelung zu entwickeln.

SCHUTZ WILDWACHSENDER KRÄUTER IN DER ZUKUNFT

Die Wildkräuterarten werden unter den folgenden Gesichtspunkten geschützt:

SELTEN – Art von geringem Verteilungsgrad und/oder in jeweils sehr kleiner Zahl wachsend.

GEFÄHRDET – erheblich zurückgegangen oder durch Raubbau und Zerstörung des Lebensraums begrenzt.

VOM AUSSTERBEN BEDROHT – nur noch in geringer Zahl vorhanden; ohne ausreichende Vermehrungsquote, so daß zukünftige Verluste schwer auszugleichen sind.

AUSGESTORBEN – als Wildpflanze nicht mehr bekannt.

DIE FLORA WIRD DOKUMENTIERT
Dieses Herbarium gehört einer Bergbaugesellschaft im Regenwaldreservat Linhares (Brasilien). Die Industrie steht unter starkem Druck, die Vielfalt des Regenwalds zu bewahren.

SIMMONDSIA CHINENSIS
Der Jojobastrauch, in der Wüste Mexikos heimisch, wird heute im großen Umfang zur Herstellung von Emulgatoren für Kosmetika mikrobiologisch vermehrt.

Fast überall werden Pflanzen nach diesen Kriterien geschützt. Informationen erteilen Naturschutzorganisationen, Botanische Gärten und Behörden. International geschützte Arten werden von der IUCN (Internationale Vereinigung zur Bewahrung der Natur) überwacht und sind in der CITES (Übereinkunft über den internationalen Handel von gefährdeten Pflanzen- und Tierarten) aufgeführt. CITES wird durch Zollkontrollen sowie eine Dokumentation des Im- und Exports Geltung verschafft. Eine Überwachung findet ferner durch TRAFFIC (Auswertung der Aufzeichnungen über Tiere und Pflanzen im Handel) statt. Die IUCN gibt die „Rote Liste" heraus – eine Auflistung und Beschreibung der seltensten Arten in bestimmten Gebieten.

EINHALTUNG DER GESETZE

• Keine geschützten Arten pflücken oder ausgraben. In einigen Ländern ist es verboten, wildwachsende Pflanzen ohne Genehmigung zu pflücken oder sie gar auszugraben.

• Keine Pflanzen oder Samen ins Land bringen ohne vorherige Vergewisserung, was erlaubt ist. Die meisten Länder haben Quarantänegesetze zum Schutz vor Schädlingen, Krankheiten und Unkraut.

SAMMELN VON KRÄUTERN

Das Sammeln wildwachsender Kräuter kann, abhängig von den gesuchten Pflanzen, verschiedene Auswirkungen auf die Population haben. Bei Unkraut besteht das geringste Risiko; das Sammeln weniger Blätter, Blüten, Früchte und Samen gewöhnlicher Kräuter hat nur geringe Folgen.

MERKMALE GEFÄHRDETER KRÄUTER
- langsam wachsend
- Vermehrung gering
- von Natur aus wenige Blätter und Blüten
- örtlich begrenzt vorkommend

SCHADENSURSACHEN
- die ganze Pflanze wird gepflückt, um an Teile zu gelangen
- die Rinde wird geschält (Abschälen der Rinde führt fast immer zum Absterben eines Baumes)
- Knollen, Rhizome oder Wurzeln werden ausgegraben

NORDAMERIKA

In diesem Großraum gibt es außerordentlich viele verschiedene Landschaftstypen, von der arktischen Tundra über Wälder und Prärien bis hin zu Halbwüsten und subtropischen Sümpfen, mit den Rocky Mountains im Westen und den Appalachen im Osten. Viele der charakteristischen Landschaften der Vereinigten Staaten sind zu Nationalparks erklärt worden. John Muir (1838-1914), Entdeckungsreisender, Naturforscher und weitsichtiger Naturschützer, konnte 1903 Präsident Theodore Roosevelt von seinem Anliegen überzeugen, die Wildnis zu erhalten und Nationalparks einzurichten.

MOUNT RAINIER NATIONALPARK
Dichte Wälder und Bergwiesen sind die Charakteristika des Cascade Range im pazifischen Nordwesten.

HYDRANGEA ARBORESCENS
In der traditionellen nordamerikanischen Medizin wurde der wildwachsende Wasserstrauch als Heilmittel bei Nierenleiden genutzt. Da man jedoch die Wurzeln benötigt, wird immer gleich die ganze Pflanze zerstört.

Trotz einer aktiven Umweltschutzbewegung und entsprechender Gesetze kämpfen die USA und Kanada mit vielen Widrigkeiten, um die einheimischen Pflanzen zu schützen. Die Zersiedlung der Landschaft ist eine Ursache für den Verlust an natürlichem Lebensraum; die Freizeitindustrie und der Handel mit Wildpflanzen bewirken ein übriges. Die Pioniertradition hat in beiden Ländern dazu geführt, daß viele in dem Bewußtsein leben, den scheinbar grenzenlosen Reichtum des Landes auch weiterhin ausbeuten zu dürfen.

Die Heilkräuter Nordamerikas waren ursprünglich die Medizin der Ureinwohner. Die Nutzung der Pflanzen durch die Indianer hatte nur geringe Auswirkungen auf den Bestand der Wildkräuter, da sie nur für den eigenen Bedarf sammelten und dabei die natürlichen Vorkommen schonten. Als später die weißen Siedler diese Heilmittel für sich entdeckten, begann die kommerzielle Nutzung. Die Nachfrage nach amerikanischen Wildkräutern stieg dann im 19. Jahrhundert gewaltig an, als die von Samuel Thomson ins Leben gerufene Naturmedizin populär wurde. Sie basierte weitgehend auf der Heilkunde der Ureinwohner. Im Jahre 1838 brachte Dr. Albert Isaiah Coffin sie nach Großbritannien, wo sie ebenfall eine große Anhängerschaft gewann.

Bäume und Sträucher haben einen großen Anteil an den Pflanzen, die in der amerikanischen Naturmedizin genutzt werden. Dazu gehören Birken *(Betula)*, Kiefern (*Pinus*), Wacholder *(Juniperus virginiana)*, Kreuzdorn *(Rhamnus purshiana)*, Sassafras *(Sassafras albidum)*, Amberbaum *(Liquidambar styraciflua)*, Wasserstrauch *(Hydrangea arborescens)* und der Lebensbaum *(Thuja occidentalis)*. Häufig wird die Rinde abgeschält, was in der Regel zum Absterben des Baumes führt. Schwach verbreitete Arten wie zum Beispiel *Rhamnus purshiana* sind sogar noch stärker gefährdet. In einem Marketing-Ratgeber von 1977 heißt es: „Im Nordwesten ist das Ende des Geschäfts mit der Kreuzdornrinde absehbar, weil jeder geschälte Baum abstirbt … Der Verkauf der Rinde wurde für viele Farmer in Oregon und Washington von 1903 an zum großen Geschäft".

MEDIZINTASCHE AUS NORDAMERIKA
Diese Medizintasche vom Beginn des 20. Jahrhunderts enthält Kräuter für eine Reihe von Gebrechen. Die Verpackung verhindert das Austrocknen und das Vermischen der Kräuter, sie betont aber auch die Aura des Mystischen, die den Heilkundigen umgibt.

GEFÄHRDETE ARTEN IN DEN WÄLDERN

Pflanzen, die auf Waldboden wachsen, gehören in Amerika und Übersee zu den wichtigsten Heilkräutern, so zum Beispiel das Dreiblatt *(Trillium erectum)*, die Orangenwurzel *(Hydrastis canadensis)* und Silberkerze *(Cimicifuga racemosa)*. Dreiblatt ist als Gartenblume und im Kräuterhandel besonders gefragt. Meist werden nur die Wurzeln benötigt, gerade dadurch aber die Pflanze dem biologischen Geschehen entrissen. Langsam wachsende, seltene Pflanzen wie der amerikanische Ginseng (*Panax quinquefolius*) sind durch dieses Ausgraben besonders gefährdet. Jesuitische Missionare, die den Wert der Pflanze schon aus dem alten China kannten, entdeckten diese Art 1752 in der Nähe von Montreal. Schnell entwickelte sich daraufhin ein schwunghafter Handel. Als man aber große Mengen der Wurzel dann nach China lieferte, verweigerten die Chinesen die Abnahme und der Handel wurde ein-

WICHTIGE KRÄUTER DER REGION

Aletris farinosa
ALETRIS
Der Wurzelstock ergibt ein Verdauungstonikum; in Kanada inzwischen gefährdet, weil geländegängige Motorräder die meisten Standorte zerstört haben.

Ceanothus americanus
SÄCKELBLUME
Von den Ureinwohnern zur Behandlung von Hautkrebs eingesetzt, für die Siedler ein Tee-Ersatz.

Chionanthus virginicus
SCHNEEFLOCKENSTRAUCH
Eines der besten Heilmittel bei Beschwerden der Gallenblase und Leber.

Eschscholzia californica
SCHLAFMÜTZCHEN
Verbreitete Gartenpflanze; beruhigendes Heilkraut.

Hamamelis virginiana
ZAUBERNUSS
Adstringierende Augenlotionen, Make-up und Pflegecrèmes.

Hydrastis canadensis
ORANGENWURZEL
Ein Kräutertonikum, hauptsächlich bei Verdauungs- und Menstruationsbeschwerden.

Ledum groenlandicum
PORST
Ein charakteristischer Strauch in den Wäldern des Nordens; er diente im 18. Jahrhundert als Ersatz für Tee.

Lobelia inflata
LOBELIA
Zur Anregung der Atmungs, als Antiasthmatikum und in Hustenmedikamenten.

Panax quinquefolius – getrocknete Wurzeln

Panax quinquefolius
AMERIKANISCHER GINSENG
Dem koreanischen Ginseng so ähnlich, daß er jetzt in China angebaut wird.

Passiflora incarnata
PASSIONSBLUME
Eines der bekanntesten Beruhigungsmittel.

Phytolacca americana
KERMESBEERE
Heilmittel der amerikanischen Ureinwohner gegen Rheumatismus, heute in der pharmazeutischen Industrie wichtig für Verbindungen gegen Viren und als Mittel gegen die Bilharziose.

Podophyllum peltatum
FUSSBLATT
Quelle für Krebsmedizin.

Rhamnus purshiana
KREUZDORN
Bekanntes Abführmittel; auch als Lebensmittel, Medizin und zum Färben.

Sanguinaria canadensis
BLUTWURZ
Ein schleimlösendes Mittel; heute zur Verhinderung von Zahnbelag geschätzt.

Sassafras albidum
SASSAFRAS
Kam als vermutlich erste amerikanische Heilpflanze um 1560 nach Europa.

Senna marilandica
GEWÜRZRINDE
Bekanntes Abführmittel der Ureinwohner.

Serenoa repens
KRIECHENDE SERENOA
Nach Vanille duftendes Tonikum und Aphrodisiakum.

Simmondsia chinensis
JOJOBA
Emulgiermittel in Kosmetika; ursprünglich in der Industrie als Schmiermittel verwendet.

Smilax glauca
STECHWINDE
Tonikum und Aromastoff für alkoholfreie Getränke.

Thuja occidentalis
LEBENSBAUM
Tee gegen rheumatische Erkrankungen, Katarrh und Blasenentzündungen.

Ulmus rubra
ROTULME
Die innere Rinde wird als beruhigendes Medikament bei schweren Verdauungsbeschwerden und bei Magengeschwüren verwendet.

gestellt. Amerikanische Händler zogen ihren Vorteil aus dem Versagen der Kanadier; gegen 1890 wurde die Pflanze derart knapp, daß man mit Versuchen begann, sie anzubauen – wiederum mit Wildpflanzen als Ausgangsmaterial. *P. quinquefolius* ist seit dem Jahre 1975 im CITES (Anhang II) aufgeführt. Die Exporte von Wildpflanzen sind stark zurückgegangen, machten 1987 aber noch immer sechs Prozent des Gesamtvolumens aus. Wildpflanzen werden nach wie vor in den südlichen Appalachen, in den Ozarks und im pazifischen Nordwesten gesammelt; oft handelt es sich dabei auch um seltene Arten wie *Echinacea angustifolia, Sanguinaria canadensis, Hydrastis canadensis* und *Rhamnus purshiana*. Schon 1913 berichtete ein Kräuterhändler von der Knappheit der *Hydrastis*. Damals wie heute sammelt die Landbevölkerung die Kräuter für Großhändler und erhält dafür nur wenig Geld. So bringt ein Kilo *Caulophyllum thalictroides* nur wenige Pfennige. In einigen Fällen sind bereits verwandte Arten, die als Ersatz dienen sollen, gefährdet. Dieses Problem betrifft zum Beispiel alle *Echinacea*-Arten, die in der Natur immer seltener werden. Es gibt Versuche, das Sammeln von Wildpflanzen stärker zu kontrollieren. So veröffentlichen die „National Forests" in den Vereinigten Staaten Listen aller Pflanzen, die innerhalb ihres Geltungsbereichs nicht gesammelt werden dürfen.

KULTIVIERUNG ALS AUSWEG

Wo die Bestimmungen nicht ausreichen, hat man mehr Erfolg mit dem Anbau der Pflanzen. *Echinacea purpurea* wird erfolgreich kultiviert; schwieriger ist es mit dem winterharten Frauenschuh *(Cypripedium parviflorum)*. Man kann ihn nicht einfach verpflanzen und unter Laborbedingungen Samen ziehen. Ebenso schwierig stellte sich der Fall des Jojobastrauchs dar; heute wird er allerdings mikrobiologisch erfolgreich vermehrt. Nur die folgenden nordamerikanischen Pflanzen können in jeder gewünschten Menge angebaut werden: *Panax quinquefolius, Passiflora incarnata, Lobelia inflata* und *Echinacea purpurea.*

▲ TRADITIONELLE ZEREMONIE
Dieser Stich zeigt einen Indianer, der eine Friedenszeremonie vorbereitet; die Friedenspfeife liegt auf einer Astgabel. Kräuter verwendete man für solche Anlässe und für medizinische Zwecke.

▼ *ESCHSCHOLZIA CALIFORNICA*
Der kalifornische Mohn, hier die verschwenderische Fülle orangefarbener Blüten im Antelope State Park (Kalifornien). Die Blume wurde nach diesem Staat benannt und ist auch dessen Wappenblume.

Mittel- und Südamerika

Die Vielfalt der mittel- und südamerikanischen Flora ist unübertroffen. Allein in Brasilien gibt es etwa 55.000 Arten blühender Pflanzen, verglichen mit etwa 20.000 in den Vereinigten Staaten. Im Amazonasgebiet befindet sich der größte tropische Regenwald der Erde, der für seine Rolle im globalen Ökosystem bekannt ist. Hier liegt unsere größte Hoffnung, neue Arzneimittel zur Bekämpfung bisher unheilbarer Krankheiten zu finden. In dieser riesigen und komplexen Wildnis, in der zahlreiche Arten noch zu entdecken sind, geht es darum, Unbekanntes und Bekanntes in gleichem Maße zu bewahren.

Sir Hans Sloane (1660-1753)
Der englische Arzt und Naturforscher Sloane entdeckte die medizinischen Eigenschaften des Guajacum officinale *(Pockholz), das für die Heilung von der Syphilis verwendet wurde. Hierbei handelt es sich um eine der ältesten geschützten Arten.*

Verschiedene tropische Wälder erstrecken sich vom Amazonastiefland bis zu den unteren Hängen der Anden, zum Bergland von Guayana und zur Karibik. Anderswo sind temperierte Bergwälder zu finden, Hochplateaus, trockenes Wald- und Grasland mit einem mittelmeerähnlichen Klima, das im größten Teil Mexikos und in Zentralchile vorherrschend ist, sowie kühle gemäßigte Bedingungen an der Südspitze des Kontinents. Viele bekannte Pflanzen kommen aus den trockeneren Regionen, wie zum Beispiel die Mexikanische Ringelblume (eine *Tagetes*-Art), Salbei (*Salvia hispanica* und *S. microphylla*) sowie Mais *(Zea mays)*. In dieser Region sind auch einige der wichtigsten eßbaren und medizinischen Pflanzen der Erde, wie Paprika und Kürbis (*Capsicum* und *Cucurbita*), sowie Papayas *(Carica papaya)* beheimatet. Einige der im südlichen Südamerika vorkommenden Arten weisen merkwürdige Affinitäten auf: Die in Chile und Westargentinien wachsende aromatische *Drimys winteri* ist mit dem Australischen Pfefferbaum *(Tasmannia lanceolata)* verwandt*;* ein Hinweis darauf, daß diese weit voneinander entfernten Regionen vor langer Zeit einer einzigen Landmasse angehörten.

Die Entdeckung moderner Arzneimittel

Botanische Entdeckungen in der Neuen Welt hatten starke Auswirkungen auf den Welthandel und die Kultur. Amerigo Vespucci (1451-1512), ein Seefahrer aus Florenz, nach dem der Kontinent später benannt wurde, traf auf Eingeborenenstämme, die Kokablätter *(Erythroxylum coca)* kauten – ein Brauch, der schon seit 2100 v.Chr. bekannt ist. Das Alkaloid Kokain erwies sich als wichtiges örtliches Betäubungsmittel,

Kuraregewinnung
Die Frucht der Strychnos nux-vomica *(Strychnin) wird zu Brei verarbeitet und getrocknet, um die giftigen Samen zu gewinnen; das ist die herkömmliche Methode der Kurareherstellung. Von Alexander von Humboldt (1769-1859) stammt die erste Beschreibung des Pfeilgiftes Kurare, dessen tödliche Wirkung auf einer sofortigen Muskellähmung beruht.*

▲ Südamerikanischer Regenwald
In dieser Waldregion im Südosten des Staates Pará in Nordbrasilien sind viele unterschiedliche Pflanzenarten beheimatet.

▼ Eingeborener Amazoniens
Mit dem Blasrohr werden in Kurare getauchte Pfeile verschossen, die schnell töten, ohne das Fleisch ungenießbar zu machen.

aber auch als verhängnisvolles, süchtigmachendes Rauschgift. Nach Schätzungen wurden allein in Peru seit Anfang des 20. Jahrhunderts 6.900 km^2 Regenwald für den Anbau von Koka vernichtet. Zu anderen frühen Entdeckungen gehören Kurare, das Strychnin enthält und aus *Strychnos nux-vomica* gewonnen wird, sowie Brechwurz (aus *Cephaelis ipecacuanha*) wie auch Chinin (aus einer *Cinchona*-Art), ein Heilmittel gegen Malaria, das es den Europäern ironischerweise ermöglichte, unter tropischen Bedingungen zu überleben und das Volk zu unterwerfen, von dem sie dieses Wissen hatten. *Chondrodendron tomentosum* (Regenwaldliane) ist in Kolumbien, Peru und Ecuador ein Bestandteil von Kurare. Es enthält Tubokurarin, das in der modernen Chirurgie eine wesentliche Rolle spielt. Es kann synthetisch nicht hergestellt werden, so daß die pharmazeutische Industrie auf die natürlichen Pflanzen angewiesen ist.

ERHALTUNG DER REGENWÄLDER

Der Erforschung der Vegetation in Brasilien und seinen Nachbarländern wird große Bedeutung beigemessen; es gibt internationale Proteste gegen die Vernichtung der verbliebenen Regenwälder. Wichtig ist auch die Nutzung der Pflanzen durch die Waldvölker. Einige Stämme nutzen etwa 100 Arten für medizinische Zwecke. Leider ist dieses Wissen Teil mündlicher Überlieferung und geht schnell verloren, da die westliche Medizin selbst in den entlegendsten Gegenden Einzug hält und so die traditionelle Kultur verdrängt. Die Statistiken über die Vernichtung des Regenwaldes sind deprimierend. Positiv ist die Arbeit von Wissenschaftlern, die den Pflanzenreichtum erfassen und Schutzgebiete sowie Kultivierungsprojekte für gefährdete Arten einrichten. Costa Rica war eines der ersten Länder, das weitreichende Unterstützung für die Errichtung von Nationalparks erhielt. Andere, wie die Dominikanische Republik, sind der Auffassung, daß sich Naturschutzmaßnahmen über einen ökologischen Tourismus bezahlt machen. Durch die Nachfrage nach *Guajacum officinale* haben sich die Vorkommen derart verringert, daß viele Staaten es heute als geschützte Art führen. Forschungsergebnisse haben gezeigt, daß sich diese langsamwachsenden, langlebigen Bäume aus Samen ziehen lassen und sich einer Kultivierung unter verschiedenen Bedingungen anpassen.

▲ CARICA PAPAYA
Die Papaya könnte aus Peru stammen. Sie ist als Mittel bei Verdauungsstörungen, wegen ihrer eßbaren Samen und Früchte sowie der kommerziellen Nutzung des Papayotin, das aus dem Saft gewonnen wird, sehr geschätzt.

DIOSCOREA MACROSTACHYA
Yamswurzeln sind eine wertvolle Nahrung und enthalten hormonelle Substanzen. Die pharmazeutische Industrie verwendet sie für die Steroidherstellung.

WICHTIGE KRÄUTER DER REGION

Agave americana
HUNDERTJÄHRIGE ALOE
Eine wichtige Faser-, Nähr- und Heilpflanze, deren Blattabfälle Vorläufer von Steroidmitteln enthalten.

Anacardium occidentale
KASCHUBAUM
Eine wichtige Feldfrucht der Tropen für Nahrungsmittel, medizinische und industrielle Produkte; Rindenextrakte werden von Amazonasstämmen zur Empfängnisverhütung benutzt.

Bixa orellana

Bixa orellana
ORLEANSSTRAUCH
Mexikanisches Küchenkraut; wird weltweit als Farbstoff verwendet.

Capsicum
CHILIPFEFFER
Von Bedeutung als Gewürz und Basisheilmittel in der amerikanischen Physiomedizin des 19. Jahrhunderts.

Carica papaya
PAPAYA
Ausgangsstoff für Papayotin, das das Fleisch weich macht und die Verdauung von Proteinen fördert.

Cephaelis ipecacuanha
BRECHWURZEL
Ein starkes Brechmittel, in entsprechender Dosierung ein ausgezeichnetes Expektorans, das in vielen Hustenmitteln Anwendung findet.

Chenopodium ambrosioides
MEXIKANISCHES TEEKRAUT
Eine mexikanische Pflanze, mit einen besonderen Geschmack, die ursprünglich als Medikament gegen Würmer eingesetzt wurde.

Cinchona
CHINARINDENBAUM
Ausgangsstoff für das Malariamittel Chinin.

Datura
STECHAPFEL
Reich an Tropanalkaloiden.

Dioscorea macrostachya
YAMSWURZEL
Ausgangsstoff des Hormons Diosgenin für orale Kontrazeptiva, das seit 1970 synthetisch hergestellt wird.

Erythroxylum coca
KOKASTRAUCH
Die Blätter wurden in Südamerika gegen Erschöpfung und Hunger gekaut; das Alkaloid Kokain wird für Betäubungsmittel und von Drogenhändlern als illegales Narkotikum gewonnen.

Guajacum officinale
POCKHOLZ
Die Nationalblume von Jamaika; bedrohte Art und Edelholzbaum, auch bekannt als Reinigungs- und Stärkungsmittel.

Ilex paraguensis
STECHPALME/MATE
Stimulans, hauptsächlich als Alternative zu Tee benutzt; jetzt in der Wildnis bedroht.

Peumus boldus
BOLDO
Wirtschaftlich bedeutsamer chilenischer Baum; wird medizinisch gegen Leber- und Gallenbeschwerden eingesetzt und oft für Schlankheitsmittel verwendet.

Pfaffia paniculata
BRASILIANISCHER GINSENG
Stärkendes Aphrodisiakum, das im Westen immer bekannter wird.

Pilocarpus
KAPPENFRUCHT
Ausgangsstoff für Pilocarpin; ein Mittel gegen den Grünen Star.

Pimenta dioica
NELKENPFEFFER
Ähnlich der Gewürznelke; wird hauptsächlich in Jamaika angebaut.

Piscidia piscipula
JAMAIKA-HARTRIEGEL
Enthält Rotenon, ein starkes Insektizid, sowie schmerzstillende Bestandteile; wird von Einheimischen beim Fischfang eingesetzt.

Strychnos nux-vomica
STRYCHNINBAUM
Die stark giftigen Samen werden für Kurare und als Ködergift verwendet, in kleinsten, genau dosierten Mengen wirken sie stärkend.

Theobroma cacao
KAKAOBAUM
Für das aztekische Getränk „Chocolatl" verwendet; heute universeller Geschmacks- und Nährstoff (Kakaobestandteile); mit fetten erweichenden Ölen.

Vanilla planifolia
ECHTE VANILLE
Aus den vergorenen Schoten entstehen alkoholische Tinkturen für Parfüm; außerdem einer der bekanntesten Geschmacksstoffe der Welt.

Zea mays
MAIS
Ein Hauptnahrungsmittel; etwas weniger bekannt sind seine heilkräftigen Blüten, mit einer lindernden Wirkung, die schon in aztekischen Pflanzenbüchern beschrieben wurde.

EUROPA

NATÜRLICHE WALDGEBIETE
Blick auf ein noch bestehendes natürliches Waldgebiet in der Nähe der Stadt Vranov und des Flusses Dyje in Mähren.

Europa erstreckt sich von arktischen Gebieten in den skandinavischen Ländern bis zu den trockenheißen Gegenden des Mittelmeerraums. In Mitteleuropa herrscht ein Klima mit gewöhnlich trockenen Sommern und kalten Wintern. Außer in den Beneluxstaaten sind in fast jedem Land Gebirge mit einer charakteristischen Flora zu finden, die sich als Antwort auf topographische und klimatische Unterschiede entwickelt hat. Pflanzen wie Bärentraube *(Arctostaphylos uva-ursi)* und Wachholder *(Juniperus communis)* kommen sowohl in Skandinavien als auch im nördlichen Nordamerika vor.

GENTIANA LUTEA
Der große Gelbe Enzian wächst in Mittel- und Südeuropa wild auf kalkreichen Wiesen in mehr als 600m Höhe. Die Wurzel enthält bittere Glykoside.

Die nordeuropäischen Hochlandgebiete waren einst von immergrünen und Mischwäldern überzogen. Ausgedehnte Waldregionen sind noch in Osteuropa zu finden; anderswo sind sie zumeist der Axt zum Opfer gefallen. Die kahle Landschaft Schottlands war früher von Wäldern bedeckt, in denen Kiefern *(Pinus sylvestris)* vorherrschten. Einige wichtige Pflanzen sind in den europäischen Waldgebieten zu finden, zum Beispiel die Buche *(Fagus sylvatica)*, die Eiche *(Quercus robur)*, der Faulbaum *(Rhamnus frangula)* und die kleinblättrige Linde *(Tilia cordata)*, die heute im Norden kaum noch vorkommt. Früher existierten in den Mittelmeerländern Mischwälder aus immergrünen Eichen, Kiefern und Mastixsträuchern *(Pistacia lentiscus)*. Erosion und Überbeweidung haben diese Region in dorniges Buschland verwandelt. Das gegen Dürre unempfindliche Gestrüpp, das jetzt dort wächst, beheimatet einige der bekanntesten Kräuter der Welt – Lavendel, Olive, Salbei, Thymian, Bohnenkraut, Oregano, Rosmarin und Lorbeer, um nur einige zu nennen.

TRADITIONELLE EUROPÄISCHE KRÄUTER

Die europäische Kräuterheilkunde ist hauptsächlich auf griechische und römische Traditionen zurückzuführen, die wiederum von Theorien aus Ägypten, Assyrien, Indien und der arabischen Welt beeinflußt wurden. Deshalb haben Kräuter aus dem Osten schon seit langem ihren Platz in der abendländischen Medizin, neben den in Europa heimischen Pflanzen. Von besonderer Bedeutung unter den europäischen Kräutern sind der Gelbe Enzian *(Gentiana lutea)*, der auf alkalischen Bergweiden wächst, Arnika *(Arnica montana)*, das auf sauren Bergböden heimisch ist, die Küchenschelle *(Pulsatilla vulgaris)*, die auf trockenen, kalkhaltigen Berghängen gedeiht, und kretischer Dost *(Origanum dictamnus)*, der in wilder Form nur in den Berggegenden Kretas zu finden ist. Sie alle stellen besondere Kultivierungsansprüche und sind viel für medizinische Zwecke oder als Zierpflanzen gesammelt worden. Arnika ist sehr selten und läßt sich nur schwer in geringer Höhe ziehen; Küchenschellen werden in der Wildnis immer seltener. Einige Kräuter haben sich in anderen Teilen der Welt zu Unkräutern entwickelt. Viele Kräuter Europas sind eigentlich Unkräuter und wurden versehentlich in andere Länder eingeführt. Dazu gehören Vogelmiere *(Stellaria media)*, Löwenzahn *(Taraxacum officinale)*, Hirtentäschel *(Capsella bursa-pastoris)*, Labkraut *(Galium aparine)* und Brennessel *(Urtica dioica)*.

▼ HARZGEWINNUNG
Diese klebrige, aromatische, vom Mastixstrauch gewonnene Masse war der ursprüngliche Kaugummi und wurde verwendet, um für einen angenehmen Atem zu sorgen. Der Anbau ist heute auf der griechischen Insel Kos konzentriert.

► ORIGANUM DICTAMNUS
Dieser Dost stammt aus den Berggegenden Kretas. Er wird angebaut und ist auch als Zierpflanze geschätzt.

WICHTIGE KRÄUTER DER REGION

Aconitum napellus
EISENHUT
Das hochgiftige Kraut wird in der Homöopathie bei Schock eingesetzt.

Aesculus hippocastanum
ROSSKASTANIE
Bestandteil von Shampoos für dunkles Haar; kommt medizinisch bei Kreislaufproblemen zur Anwendung.

Alchemilla
FRAUENMANTEL
Kräuter zur Linderung von Störungen der weiblichen Fortpflanzungsorgane.

Arnica montana
ARNIKA
In Deutschland als Herzmittel weit verbreitet.

Artemisia absinthium
WERMUT, ABSINTH
Das Öl wurde früher als Aromastoff für alkoholische Aperitifs verwendet.

Atropa bella-donna
TOLLKIRSCHE
Giftiger Ausgangsstoff für Tropanalkaloide, wird in der Chirurgie und für die Behandlung der Reisekrankheit angewandt.

Borago officinalis
BORETSCH
Die nach Gurke schmeckenden Blätter werden alkoholischen Getränken beigegeben; die Samen enthalten ein Öl, das Hormonfunktionen unterstützt.

Calendula officinalis
RINGELBLUME
Lindernd und entzündungshemmend bei Verdauungs- und Hautproblemen.

Chamaemelum nobile
RÖMISCHE KAMILLE
Beliebter Heiltrank, mildes Beruhigungs- und Verdauungsmittel; auch als Spülung für blondes Haar.

Crocus sativus
ECHTER SAFRAN
Das teuerste Kraut auf der Welt; nur die Blütenstempel werden verwendet.

Digitalis
FINGERHUT
Ausgangsstoff für Herzglykoside.

Digitalis purpurea

Drimia maritima
MEERZWIEBEL
Gebräuchlicher Bestandteil von Hustenmedikamenten.

Filipendula ulmaria
MÄDESÜSS
Enthält schmerzstillende Salicylate und Stoffe gegen Magengeschwüre.

Foeniculum vulgare
FENCHEL
Wie der mit ihm engverwandte Dill ein beliebtes Küchenkraut, das auch bei Verdauungsstörungen hilft.

Gentiana lutea
GELBER ENZIAN
Ein sehr bitteres Kraut, unübertroffen bei Magen-Darmstörungen.

Humulus lupulus
HOPFEN
Heilpflanze mit beruhigender Wirkung; wird als Zutat für Bier angebaut.

Juniperus communis
WACHOLDER
Zutat für Gin sowie Mittel gegen Harnblasenentzündung und Rheumatismus.

Laurus nobilis
LORBEER
Geschmacksstoff für süße und pikante Gerichte.

Lavandula
LAVENDEL
Öl findet in der Parfümindustrie, Aromatherapie und Medizin Anwendung.

Mentha spicata
GRÜNE MINZE
Frischer, belebender Geschmacksstoff für süße und pikante Speisen sowie für die Mundpflege.

Oenothera biennis
NACHTKERZE
Das Öl wird für die Regulierung von Hormonfunktionen und bei Hautproblemen eingesetzt.

Origanum
OREGANO
Mildes, pikantes Würzmittel, das viel in der italienischen und griechischen Küche verwendet wird.

Petroselinum crispum
PETERSILIE
Die Blätter werden zur Garnierung und als Küchenkraut verwendet; die Samen sind harntreibend.

Pimpinella anisum
ANIS
In Mittelmeerländern ein beliebter Geschmacksstoff für alkoholische Getränke.

Rhamnus frangula
FAULBAUM
Nebenwirkungsfreies Abführmittel.

Salvia officinalis
SALBEI
Beliebtes Küchenkraut; wird bei Verdauungsproblemen und starker Schweißabsonderung eingesetzt.

Silybum marianum
MARIENDISTEL
Enthält Silymarin, das die Leber entgiftet.

Thymus vulgaris
THYMIAN
Beliebtes Küchenkraut und Ausgangsstoff für Thymol, ein starkes Antiseptikum, das in der Mundpflege Verwendung findet.

Valeriana officinalis
BALDRIAN
Wird weltweit als Beruhigungsmittel genutzt.

Vinca major
IMMERGRÜN
Basis für Alkaloide mit hypotonischer und blutgefäßerweiternder Wirkung.

▲ WILDKRÄUTER IN SPANIEN *Steineichen* (Quercus ilex) *und Lavendel* (Lavandula stoechas) *wachsen in Spanien wild. Lavendel ist kommerziell vielseitig nutzbar.*

▼ *PLANTAGO MAJOR* *Der Breitwegerich hat sich inzwischen über die ganze Welt verbreitet. Er wird seit langem wegen antibakterieller Eigenschaften geschätzt.*

AFRIKA

Dieser riesige Kontinent reicht von den Küstenregionen des Mittelmeers im Norden, die zu Zeiten der Römer fruchtbares Ackerland waren, über die ausgedörrten Wüstengebiete von Sahara und Kalahari bis zum Südkap mit trockener Savanne, Grasland und offenen Wäldern. In Zentralafrika herrschen äquatoriale Regenwälder vor, die sich entlang des Kongobeckens erstrecken und die Küste von Kamerun bis Gambia säumen. Tropischen Regenwald findet man auch auf der Insel Madagaskar, die schon seit so langer Zeit vom Festland abgeschnitten ist, daß sich hier einmalige Pflanzen- und Tierarten entwickelt haben.

TRADITIONELLER SAMMLER
Der moderne Medizinmann (hier in Simbabwe, nahe der Victoriafälle), schützt den Bestand der Wildkräuter, die er für seine Medizin nutzt, auf die gleiche Weise, wie es schon seine Vorfahren taten. Das traditionelle Sammeln wird durch Tabus eingeschränkt, die eine Erholung des Bestands ermöglichen und ihn auch für die Zukunft sichern.

In der im äußersten Süden des Kontinents gelegenen Kap-Provinz hat das vorherrschende Klima mit heißen, trockenen Sommern und regenreichen Wintern eine reichhaltige Flora entstehen lassen. Das Massiv des Tafelbergs erhebt sich steil hinter der Südküste und schafft unzählige ökologische Nischen. In den afrikanischen Regenwäldern sind Heilpflanzen wie *Catharanthus roseus, Physostigma venenosum, Rauvolfia vomitoria* sowie verschiedene Arten von *Strophanthus* und *Voacanga* heimisch; überraschend viele Kräuter kommen jedoch aus den Trockengebieten und Bergwäldern Afrikas, die von Urbanisierung und schlechter Bodenbewirtschaftung bedroht sind. Trockenregionen reagieren empfindlich auf Überbeweidung, Abholzung und Brandrodung, die längerfristig zur Ausdehnung der Wüsten und zu Hungersnöten führen. In Afrika hat sich die Stadtbevölkerung zuletzt in 14 Jahren verdoppelt und ist dabei für die medizinische Grundversorgung noch immer abhängig von Wildpflanzen.

VERÄNDERUNG IN DER TRADITIONELLEN HEILKUNST

Das Sammeln von Kräutern war hier einst den Heilkundigen vorbehalten und richtete sich nach uralten Verhaltensregeln, die dafür sorgten, daß die natürlichen Vorkommen erhalten blieben. Nun ist es Teil einer

ZENTRALAFRIKANISCHE LANDSCHAFT
Trockene Waldgebiete bedecken in Zentralafrika riesige Flächen. Pterocarpus angolensis, *das hier als Nutzholz von Bedeutung ist, wächst in den Wäldern der Tiefebenen.*

Schattenwirtschaft geworden; wildwachsende Kräuter werden als „Beute für jedermann" betrachtet. Man schätzt, daß 80 Prozent der afrikanischen Pflanzen für medizinische Zwecke geeignet sind; ein hoher Prozentsatz der Afrikaner vertraut bei der Gesundheitsfürsorge auf sie. Auf jeden ausgebildeten Arzt kommen 30 Heilkundige. Während das Sammeln früher nur geringen Einfluß auf den Bestand wildwachsender Pflanzen hatte, kann man das heutige kommerzielle Sammeln mit Heuschreckenschwärmen vergleichen, die alles fressen, was ihnen in den Weg kommt. Als Beispiel sei *Harpagophytum procumbens* angeführt, das weltweit gehandelt wird. 1984 ernteten kommerzielle Sammler 66

ROOIBOS TEE
Anbaugebiet für Aspalathus linearis, *den Ausgangsstoff für Rooibos-Tee, der in den unfruchtbaren Drakensbergen im Westen der Kapprovinz wächst. Die Rooibos-Teeindustrie hat sich im Zweiten Weltkrieg entwickelt, als Orienttee knapp war und neue Forschungen seine wohltuenden Eigenschaften nachwiesen.*

WICHTIGE KRÄUTER DER REGION

Agathosma
DUFTRAUTE
Als Aromastoff, Insektenabwehrmittel und harntreibender Tee verwendet.

Aloe vera
Ausgangsstoff für Abführmittel und heilende Hautpflegemittel; wurde schon im alten Ägypten benutzt.

Artemisia afra
BEIFUSS
Ein beliebtes afrikanisches Mittel gegen Bronchial- und Hautbeschwerden.

Aspalathus linearis
ROOIBOS
Ein Wüstenstrauch, aus dem die Hottentotten Tee herstellten. Heute ein wichtiger Grundstoff für koffeinfreie Getränke.

Catharanthus roseus
IMMERGRÜN
Liefert Alkaloide für Chemotherapie; besonders bei Leukämie im Kindesalter.

Euphorbia tirucalli
WOLFSMILCH
Sukkulente aus Simbabwe, deren ätzender Milchsaft Warzen entfernt, Moskitos vertreibt und brennbare Kohlenwasserstoffe liefert.

Gloriosa superba
RUHMESKRONE
Die giftigen Wurzeln enthalten Colchicin, das gegen die Gicht und bei der Gentechnik eingesetzt wird.

Harpagophytum procumbens

Harpagophytum procumbens
TEUFELSKRALLE
Beliebt als Mittel gegen Arthritis und bei Verdauungsstörungen.

Pausinystalia johimbe
YOHIMBE
Die Rinde dieses westafrikanischen Baumes enthält Yohimbin, das als Aphrodisiakum Verwendung findet.

Pelargonium
Eine beliebte Art von Zier- und Duftpflanzen.

Physostigma venenosum
CALABAR
Basis für Physostigmin, ein in der Augenheilkunde angewandtes Alkaloid, dessen tödliche Samen in Nigeria für die „Giftprobe" benutzt wurden, um Schuld oder Unschuld zu beweisen.

Prunus africana
AFRIKANISCHE KIRSCHE
Ein vielseitiger Baum; bedeutsam wegen der Rindenextrakte zur Behandlung von Prostatastörungen.

Ricinus communis
RIZINUSÖL
In Ostafrika beheimatet und als Abführmittel bekannt, wird dieser Strauch jetzt weltweit für Erzeugnisse in der Farben-, Papier- und Faserindustrie verwendet.

Strophanthus
Ein traditionelles Pfeilgift; heute wichtiger Ausgangsstoff für Herzglykoside.

Voacanga africana
Ausgangsstoff für Arzneimittel gegen zerebrovaskuläre Störungen.

▲ ALOE
Die Aloe gehört zum charakteristischen Bild der afrikanischen Landschaft. Es gibt Hunderte verschiedener Arten, die fast alle medizinisch genutzt werden können. Die südliche Kapregion war einst sehr bekannt für Aloe ferox, *das 1761 erstmals exportiert wurde.*

Prozent des Pflanzenbestandes in Botswana ab. Auch die einheimische Nachfrage kann sich als rücksichtslos erweisen. *Warburgia salutaris*, ein mit *Canella winterana* verwandter Baum, gilt in Afrika als Allheilmittel. Schon 1946 wurde darauf hingewiesen, daß der Bestand durch Abrindung gefährdet sei und ein Kultivierungsbedarf bestünde, jedoch erst jetzt, wo sich das Aussterben abzeichnet, versucht man, ihn zu schützen.

PROBLEME BEI DER ERHALTUNG

In Afrika ist es ein Problem, daß Schutzgebiete und botanische Gärten unter dem gleichen Schicksal wie Wildgebiete leiden; es ist fast unmöglich, bedrohte Heilpflanzen anzusiedeln, bevor sie „abgeerntet" werden. Das Risiko ist für langsam wachsende Arten, deren Rinde, Wurzeln oder Knollen verwertet werden, besonders groß – vor allem, wenn sie nur ein kleines Verbreitungsgebiet haben. Der Kultivierung steht auch die Armut entgegen, die es fast unmöglich macht, Kräuter so billig anzubauen, wie sie wild gesammelt werden können. Außerdem gibt es den Glauben, daß kultivierte Pflanzen keine „Kraft" besäßen. Deshalb stammen die meisten afrikanischen Kräuter aus wilden Vorkommen; lediglich der Tatsache, daß die Vorräte fast erschöpft sind, ist es zu verdanken, daß versucht wird, den Bestand durch Kultivierung zu erhalten.

◄ CALABAR
Eine Bildtafel aus Köhlers „Medizinal-Pflanzen" von 1888-90, die Physostigma venenosum *darstellt. Diese tropische Kletterpflanze wird bis zu 15m lang und trägt rosa, erbsenähnliche Blüten. Die am unteren Bildrand abgebildeten schwarzbraunen Samen enthalten wertvolle Alkaloide.*

DER NAHE OSTEN

HINDUKUSCHGEBIRGE IN AFGHANISTAN
Diese Himalaya-Bergkette erstreckt sich über 800 km von der Dasht-e-Margo *(Todeswüste) bis zum Pamirknoten.*

Mit den Gebirgen Hindukusch, Elburs und Taurus im Norden sowie der trockenen Syrischen Wüste und der Arabischen Halbinsel in der Mitte bzw. im Süden ist der Nahe Osten eine Region der Extreme. In kühlen Hochlandgebieten sind verschiedene Vorfahren der Gartenrose beheimatet. Die Damaszenerrose *(Rosa damascena)* stammt von dort und wurde in Persien schon lange bevor Kreuzfahrer sie aus dem Heiligen Land nach Europa brachten angebaut. Rosen sind im Islam von großer Bedeutung; in Mekka werden zum Waschen der Wände alljährlich 10 Tonnen Rosenwasser benötigt.

TÜRKISCHE KIEFER
In der türkischen Volksmedizin als Allheilmittel betrachtet, ist Pinus halepensis *ssp.* brutia *von der Türkei bis zum Libanon und an der östlichen Schwarzmeerküste zu finden.*

DESTILLATION VON ROSENÖL
Die Destillation von Rosenöl ist eine Erfindung der Araber; der größte Teil des in der Welt produzierten Rosenwassers kommt heute hauptsächlich aus der Türkei und dem Iran.

Zu den charakteristischen Sträuchern der westlichen Gebiete des Nahen Ostens (Israel, Libanon, Syrien, Südtürkei) gehören Olive *(Olea europaea)*, Feige *(Ficus carica)*, Myrte *(Myrtus communis)* und Oleander *(Nerium oleander)*. Einst bedeckten Eichen- und Kiefernwälder große Flächen; doch die lange Zeit der Abholzung sowie Überbeweidung haben Landschaft und Flora des Nahen Ostens unwiderruflich verändert. 1907 gab es nur noch 50 Libanesische Zedern *(Cedrus libani)* in den Bergen Libanons; heute ist die Art im Libanon und in türkischen Naturschutzgebieten geschützt.

Abseits der Küsten ist das Land trockener und beherbergt dürreunempfindliche Sträucher wie den Weihrauchbaum *(Boswellia sacra)*, Myrrhe *(Commiphora myrrha)*, *Salvadora persica*, Gummiarabikum *(Acacia senegal)* sowie jede Menge Knollenpflanzen, die auf trockenem Untergrund überleben können. Bekannt ist die Madonnenlilie *(Lilium candidum)*, die aus dem östlichen Mittelmeerraum stammt. Seit alten Zeiten wurde diese Lilie bei Hautproblemen angewendet. Weil sie jedoch nur noch selten wild vorkommt und ihr Anbau sehr schwierig ist, wird sie heute wenig verwendet.

SCHUTZ BEDROHTER ARTEN

Wiederaufforstung und Beschränkungen für den Handel mit gefährdeten Knollenarten haben für die Länder des Nahen Ostens Vorrang. Israel hat mit der Begrünung der Wüste ein Beispiel gegeben. Westasien und die angrenzende Mittelmeerregion bilden eines von mehreren Zentren für botanische Artenvielfalt, in denen fast alle wichtigen Feldfrüchte der Welt angebaut werden. Solche Zentren, die auf einen russischen Wissenschaftler und Botaniker zurückgehen, umfassen ein Viertel des Ackerlandes der Erde, allerdings in sehr unterschiedlichen topographischen und klimatischen Gegenden. In diesen „Wiegen der Evolution" entwickelten sich Zivilisationen wie die der Assyrer im Gebiet zwischen den Flüssen Euphrat und Tigris (heute Irak). Sie bauten als erste Heilpflanzen an. Fast alle wichtigen Feldfrüchte haben eine beschränkte genetische Basis, was sie für Epidemien anfällig macht.

FORTSCHRITTE BEI DER ERHALTUNG

Die Erhaltung der Lebensräume und Pflanzenarten ist wichtig, weil die Vorfahren der Feldfrüchte Gene enthalten, die sich als wesentlich für die Zucht von resistenten Pflanzen erweisen können. Zu den aus dem Nahen Osten stammenden Feldfrüchten werden Hafer, Gerste, Flachs, Sesam, Kohl, Zwiebeln, Knoblauch, Luzerne, Weintrauben, Feigen, Oliven, Mandeln und Granatäpfel gerechnet. Sie können alle auch medizinisch genutzt werden. Gegenwärtig entstehen in den Ländern des Nahen Ostens Pflanzenschutzgebiete, zum Beispiel die „Flora Iranica" und die „Flora von Arabien", mit denen nach Fertigstellung der „Flora der Türkei" im Jahre 1988 begonnen wurde. Als Ergebnis der gegenwärtigen Arbeiten hat der World Wide Fund for Nature ein Projekt am Königlichen Botanischen Garten Edinburgh gegründet, um die Regierung des Jemen bei Maßnahmen zu beraten, die das empfindliche tropische Ökosystem von Sokotra erhalten sollen. Die Insel vor der Küste Jemens ist schon so lange vom Festland getrennt, daß 216 seiner 680 Kräuter heute nur noch dort vorkommen und ein großer Teil gefährdet ist. Früher war Sokotra von großer Bedeutung für die Gewinnung von Aloen (*Aloe perryi*) für medizinische Zwecke und für die Einbalsamierung.

WICHTIGE KRÄUTER DER REGION

Acacia senegal
GUMMIARABIKUM
Harz als Arzneipastillen, Kaugummi sowie Nahrungsmittelzusatz verwendet.

Allium cepa
ZWIEBEL
Nahrungsmittel und Gewürz; Mittel gegen Infektionen.

Allium sativum
KNOBLAUCH
Strenger Geschmacksstoff und starkes Antibiotikum.

Aloe perryi: Saftgewinnung

Aloe perryi
SOKOTRAALOE
Abführmittel mit entzündungshemmendem Saft.

Ammi majus
KNORPELMÖHRE
Von besonderer Wirkung auf die Hautpigmentation.

Anethum graveolens
DILL
Seit biblischen Zeiten wichtiges Küchen- und Heilkraut im Nahen Osten; verbessert die Verdauung und hilft bei Verdauungsstörungen.

Astragalus gummifer
TRAGANT
Klebriges Kraut; hauptsächlich als Stabilisator und Verdickungsmittel.

Avena sativa
HAFER
Heute ein Hauptnahrungsmittel in nördlichen Regionen; in der Medizin als nervenstärkendes Mittel.

Boswellia sacra – Harz

Boswellia sacra
WEIHRAUCHBAUM
Legendärer Duftstoff; Weihrauch mit entspannender, antiseptischer und antikongestiver Wirkung.

Brassica juncea* und *Sinapis alba
SENF
Scharfes Gewürz; wird auch äußerlich zur Anregung der Blutzirkulation angewandt.

Cannabis sativa
HANF
Halluzinationen hervorrufende Pflanze; Brechmittel, schmerzlindernde und beruhigende Eigenschaften.

Carthamus tinctorius
FÄRBERDISTEL
Anregung der Blutzirkulation, Basis für Küchenöle und Farbstoffe; Kajalstifte.

Carum carvi
KÜMMEL
Kräftige, verdauungsfördernde Pflanze; benannt nach Karien, einer antiken Region in Südwestasien.

Catha edulis
KATHSTRAUCH
Seine Blätter und Stengel werden als stimulierende Droge gekaut; bei den Moslems in aller Welt verbreitet.

Cedrus libani

Cedrus
ZEDER
Das Holz vertreibt Insekten; das Öl wird für Duftstoffe verwendet.

Commiphora myrrha
MYRRHE
Starkes Antiseptikum für die Mundpflege.

Coriandrum sativum
KORIANDER
Wird schon seit über 3.000 Jahren angebaut. Blätter und Samen haben ein ganz unterschiedliches Aroma.

Cuminum cyminum
KREUZKÜMMEL
Geschmacksstoff im Nahen Osten; im alten Indien zur Verbesserung der Leberfunktionen eingesetzt.

Lawsonia inermis

Ferula assa-foetida
STINKASANT
Klebriges Harz, das den Curries und der Worcestersauce den Geschmack verleiht.

Ficus carica
FEIGE
Wahrscheinlich arabischen Ursprungs; leicht abführend wirkende Früchte.

Lawsonia inermis
HENNASTRAUCH
Roter Farbstoff zum Färben von Haar, Haut und Nägeln.

Medicago sativa
LUZERNE
Entgiftendes, harntreibendes Kraut, bekannt sind seine als Salat verwendeten Sprossen.

Morus nigra
SCHWARZER MAULBEERBAUM
Vielseitiger Baum mit eßbaren Früchten und medizinischen Eigenschaften; auch nutzbar für die Industrie.

Papaver somniferum
SCHLAFMOHN
Das wichtigste Schmerzmittel der Welt.

Peganum harmala
STEPPENRAUTE
Basis für roten Farbstoff; in der arabischen Medizin und für Rituale verwendet.

Prunus dulcis
MANDEL
Basis für ein Öl mit abführender Wirkung und für ein aromatisches Bitteröl.

Punica granatum
GRANATAPFEL
Aus den Früchten werden herzstärkende Mittel und Sirup gemacht; medizinisch wird er gegen Bandwürmer eingesetzt.

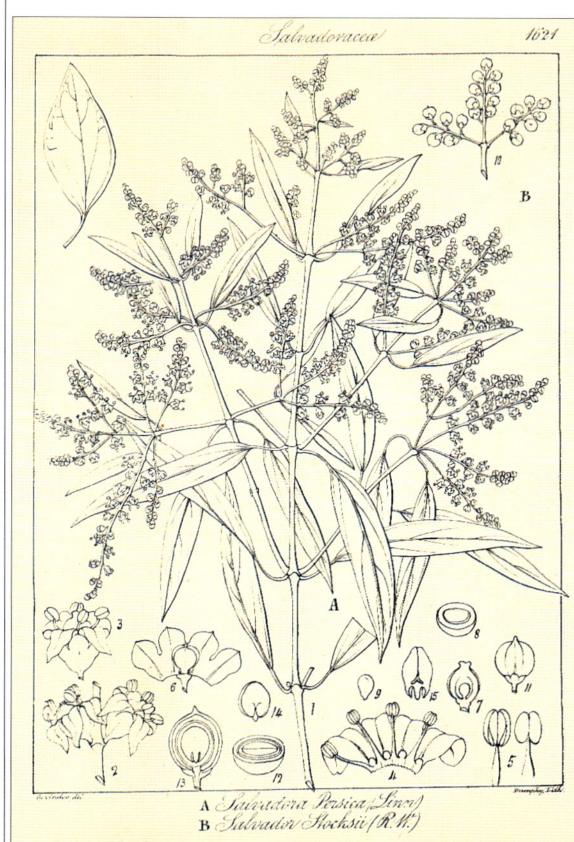

Rosa damascena
DAMASZENERROSE
Öl und Extrakte für die Parfümherstellung, für Kosmetika und als Aromastoffe.

Salvadora persica
Die Wurzeln benutzt man zur Mundpflege, seine Samen sind die „Senfkörner“ aus der Parabel im Neuen Testament.

Sesamum indicum
SESAM
Grundstoff für Öl, Paste und Samen, wird in Speisen des Nahen Ostens verwendet.

Trachyspermum ammi
Bittere Samen mit thymianartigem Geschmack; wird in der Küche des Nahen Ostens verwendet (besonders für Brot und Hülsenfrüchte).

Trigonella foenum-graecum
BOCKSHORNKLEE
Wichtig für die nahöstliche Küche und in der ayurvedischen Medizin.

Vitis vinifera
WEINREBE
Seit langer Zeit als Nahrung, Getränk und in der Medizin.

◄ *Salvadora persica* – Wurzel

▼ Botanische Darstellung

DER INDISCHE SUBKONTINENT

INDIEN, NEPAL, BHUTAN, PAKISTAN, SRI LANKA

Bergregionen verfügen fast immer über einen großen Pflanzenreichtum, da sie relativ unzugänglich sind und durch verschiedenartige Höhenlagen viele Lebensräume haben. Auf dem indischen Subkontinent liegen die höchste Bergkette der Erde, der Himalaya, wo etwa 9.000 Pflanzenarten zu Hause sind, und tropische Gebiete wie die westlichen Ghats in Maharashtra, wo etwa 1.500 Arten vorkommen. Regenwald und zerklüftete Gebirge setzen sich auch in Sri Lanka fort. 30 Prozent der dortigen Arten sind auf bestimmte Gebiete beschränkt.

AUSLÄUFER DES HIMALAYAGEBIRGES IN NEPAL
Terrassenfelder an den Berghängen erleichtern den Anbau von Nahrungsmitteln und verhindern die Bodenerosion.

CALUMBAHOLZ IM SINHARAYA-SCHUTZGEBIET
Einer der letzten unberührten Regenwälder Sri Lankas; Stiele und Wurzeln dieser holzartigen Kletterpflanze enthalten Alkaloide, die denen der Berberis ähnlich sind, auch einen gelbwurzähnlichen Farbstoff.

Wie in China hat die Medizin auch auf dem indischen Subkontinent eine lange Geschichte, was Schriftstücke aus dem Jahre 2500 v.Chr. belegen. Diese Heilkunst heißt „Ayurveda" (Lebenskunde); sie verwendet etwa 600 einheimische Kräuter. Ungefähr 200 Arten werden häufig genutzt, darunter viele Bäume aus den Wäldern dieser Region: *Pterocarpus marsupium*; *Aquilaria malaccensis* und verschiedene Myronbalane (*Phyllanthus emblica, Terminalia bellirica* sowie *T. chebula*). Die Früchte der Myronbalane spielen eine wichtige Rolle als Verjüngungstonikum, „Triphala" genannt, das in diesem Zusammenhang auch in der tibetanischen Medizin auftaucht. Häufig verwendet werden auch *T. arjuna*, ein herzstärkendes Mittel, und Sandelholz *(Santalum album)*. Obwohl das Sandelholz aus Südostasien stammt, ist es in Teilen Indiens sowie in Sri Lanka heimisch geworden und wichtiger Bestandteil der Bräuche sowie der Heilkunst der Hindu.

BEDROHTE ARTEN

Zu den am stärksten bedrohten Pflanzen gehört *Saussurea lappa*, eine distelähnliche Hochgebirgspflanze, die im Himalaya von Pakistan bis Himachal Pradesh vorkommt und in der ayurvedischen wie auch in der chinesischen Heilkunst verwendet wird – ebenso *Rauvolfia serpentina*, ein Strauch, der schon 1563 in einer portugiesischen Darstellung als „die hervorragendste und lobenswerteste indische Medizin" beschrieben wurde. Aus *Rauvolfia* gewinnt man Reserpin, ein wichtiges Beruhigungsmittel. Von beiden Pflanzen werden die Wurzeln verwendet, weshalb das Sammeln in freier Natur ihre Gefährdung zur Folge hat. Wegen der starken Absammlung sind beide Pflanzen heute so selten, daß Indien den Export verboten hat. Die Knappheit der *R. serpentina* zog intensive Bemühungen nach

▼ BAUMSCHULE FÜR HEILPFLANZEN
Diese Baumschule in Haputale (Sri Lanka) betreiben die Königlichen Botanischen Gärten Peradeniya zu Forschungszwecken; dort werden Pflanzen für den Weiterverkauf gezüchtet.

KARDAMON SAMMELN ►
Die Kapseln reifen in der trockenen Zeit im Herbst und Winter. Sie werden in der Sonne fünf Tage getrocknet (oder mit Hilfe von Heißluft in zwei Tagen), was zu einem ausgezeichneten weißen Produkt führt.

sich, diese zu kultivieren, sowie die Ausbeutung weiterer *Rauvolfia*-Arten, die nun ebenfalls bedroht sind.

Gloriosa superba, die in den Teakwäldern und Savannen des tropischen Asien und Afrika zu finden ist, gilt in Bangladesh als bedroht. Ihre flammenden Lilien kamen 1690 erstmals in den Westen und sind seither sehr gefragt. Die Farbe der Blüten reicht von Dunkelrot bis Orange und Gelb; die vorrangig angebaute Art ist die gelbrote *G. superba* 'Rothschildiana'. Ihre giftigen Knollen werden in Indien traditionell für den Selbstmord eingesetzt. Sie enthalten Kolchizin, ein in Medizin und Genetik verwendetes Alkaloid. *G. superba* wird in Indien sowie China angebaut.

SCHUTZ- UND KULTIVIERUNGSAKTIVITÄTEN

In Indien, Bangladesh und Sri Lanka ist die Bedeutung von Forschungsprogrammen zur Verbreitung, Häufigkeit, Verwendung und Wirksamkeit von Heilpflanzen heute erkannt worden; ein Bericht zu den in Gesamtindien vorkommenden Gattungen steht kurz vor der Fertigstellung. In jedem Staat werden Überwachungsstellen für Heilpflanzen eingerichtet, die dem Ministerium für Gesundheit und Famile unterstehen. Indien hat über 800.000 ha Land zur Kultivierung von Kräutern zur Verfügung gestellt, sowohl für den inländischen Gebrauch als auch für den Export. Die allgemeine Tendenz in der Gesundheitspolitik besteht heute darin, die herkömmliche ayurvedische und die westliche Medizin miteinander zu kombinieren. Die Schutz- und Anbaugebiete sind gut entwickelt; in botanischen Gärten werden in unterschiedlichen Klimazonen viele der 600 einheimischen Heilpflanzen gezogen und vermehrt. Zusätzlich existieren in etwa 400 Waldreservaten und 50 Schutzgebieten örtlich begrenzte Naturschutzgebiete für Heilpflanzen.

WOODFORDIA FRUTICOSA
Die Blüten der Woodfordia *werden in Ayurvedamitteln verwendet, besonders gegen Ruhr und bei Lebererkrankungen. Dieser tropische Strauch kommt in Indien, Burma und Sri Lanka vor.*

DAS MAHLEN VON SENFKÖRNERN IN BHUTAN
Indischer Senf ist auf dem Subkontinent eine verbreitete Feldfrucht. Er ist der einzige aus Asien stammende Senf.

WICHTIGE KRÄUTER DER REGION

Andrographis paniculata
Hilft bei Bakterienruhr.

Berberis aristata, B. asiatica
BERBERITZE
Wichtigstes Mittel gegen Durchfall und Ruhr.

Centella asiatica
WASSERNABEL
Wichtigstes altindisches Verjüngungsmittel.

Cinnamomum zeylanicum
ZIMT
Wichtiges Küchengewürz.

Commiphora mukul
MYRRHENSTRAUCH
Wird heute wegen der den Cholesterinspiegel senkenden Saponine ausgebeutet.

Coptis teeta
GOLDFADEN
Entgiftungs- und fiebersenkendes Mittel; Ersatz für das seltene *C. chinensis*.

Coscinium fenestratum
Ein Bittertonikum der ayurvedischen Medizin und Ausgangsstoff eines Medikaments gegen Tetanus.

Dioscorea deltoidea
YAMSWURZEL
Enthält einen wichtigen kommerziellen Ausgangsstoff für steroide Saponine.

Elettaria cardamomum
KARDAMON
Die Samen sind charakteristisch für indische Desserts.

Gloriosa superba
RUHMESKRONE
Die hochgiftigen Wurzeln enthalten Kolchizin, das bei Gicht und in der Genetik verwendet wird.

Jasminum sambac
JASMIN
Wird auf dem Subkontinent wegen des Duftes angebaut.

Gloriosa superba

Nelumbo nucifera
INDISCHE LOTOSBLUME
Ein Herzstärkungsmittel in der Ayurveda-Medizin.

Phyllanthus emblica
AMBLABAUM
Seine Früchte werden in der ayurvedischen und tibetanischen Medizin mit denen von *Terminalia bellirica* und *T. chebula* für ein Verjüngungsmittel eingesetzt.

Piper nigrum
PFEFFER
Das am meisten verwendete Gewürz der Welt.

Plantago indica
SANDWEGERICH
Eine Wegerichart; angewendet als Abführmittel und bei Entzündungen.

Podophyllum hexandrum
MAIAPFEL
Himalaya-Waldpflanze mit Bestandteilen für die Geschwulstbehandlung.

Rauvolfia serpentina
Als Beruhigungsmittel und Sedativum bedeutsam; stammt aus Indien und Myanmar (Burma).

Santalum album
SANDELHOLZ
Aromatisches Öl für die ayurvedischen Medizin, Aromatherapie, Parfümindustrie; auch für Weihrauch.

Saussurea lappa
ALPENSCHARTE
Disteläbnliche Himalayapflanze, die in der Ayurveda- und in der chinesischen Heilkunde bedeutsam ist.

Swertia chirata
TARANT
Enzianähnliche Himalayapflanze mit bitterem Geschmack und verdauungsfördernden Eigenschaften.

Terminalia
ALMEND
Die Früchte werden in der Ayurveda- und tibetanischen Medizin wegen ihrer verjüngenden Wirkung verwendet.

Withania somnifera
Der „Ginseng" in der Ayurveda-Medizin.

Woodfordia fruticosa
Aus dem Blüten werden ein Lebermittel, ein Gummi und Farbstoff gewonnen.

CHINA UND SEINE NACHBARN

Nicht nur die Größe des Landes ist überwältigend; in China lebt auch ein Fünftel der Weltbevölkerung. In der Vielzahl der unterschiedlichsten Lebensräume kommen ein Zehntel aller bekannten Pflanzenarten vor. Das Spektrum der Landschaften reicht von Tundra über Wüste und Grasland bis hin zu Wäldern aller Art – Nadelholz-, Bambus-, Eichenwald, variantenreiche Mischwälder und tropischer Regenwald. Von den 35.000 Pflanzenarten, die in diesen Lebensräumen gedeihen, werden ca. 5.500 in der traditionellen chinesischen Medizin verwendet. Der Ertrag an Rohstoffen beträgt jährlich 634.900 Tonnen und macht 40 Prozent aller chinesischen Arzneimittel aus.

EINE ATEMBERAUBENDE CHINESISCHE LANDSCHAFT
Bei Yangshou findet man diese faszinierende Landschaft. In China gibt es nahezu alle denkbaren Pflanzenlebensräume.

KRÄUTER IM VOLKSGLAUBEN
Die chinesische Göttin Makou mit ihrem Körbchen voller Heilpflanzen aus dem Buch „Untersuchungen über den Aberglauben in China".

ERNTE AUF DEM MEER
Braunalgen, vor der Küste Japans gesammelt, werden getrocknet und von der Lebensmittel- und pharmazeutischen Industrie verwendet.

Die schriftlichen Überlieferungen des medizinischen Wissens reichen in China über 3.000 Jahre zurück. Mit dem Siegeszug der modernen Medizin wurde dieses Wissen um traditionelle Heilmittel in Frage gestellt – wie in anderen Teilen der Welt auch. Mit der Verfeinerung chemischer Analysetechniken begannen nämlich auch die chinesischen Wissenschaftler, Kräuter auf ihre Wirksamkeit hin zu prüfen. Zuerst konzentrierten sie sich dabei auf die Isolierung chemischer Inhaltsstoffe aus einzelnen Kräutern. Dabei fanden sie nur einen einzigen Wirkstoff, der nicht bereits in der antiken chinesischen „Materia Medica" vorkommt – Ephedrin aus der *Ephedra sinica*. Seit 1949 hat man den Forschungsschwerpunkt verlagert. Neben die chemische Analyse trat nun auch das Studium alter Aufzeichnungen. Diese Vorgehensweise stellte sich als besonders fruchtbar heraus und führte in den fünfziger Jahren zur Verbindung moderner Medizin mit traditionellen Heilverfahren.

DER ANBAU VON HEILKRÄUTERN

Unter Mao Tse-tung wurden Institute für herkömmliche Heilkunst eingerichtet, in denen auch moderne Medizin unterrichtet und medizinisches Hilfspersonal für die ländliche Bevölkerung („Barfußdoktoren") ausgebildet wurden. In der Forschung räumt man beiden Methoden den gleichen Stellenwert ein. Erst vor kurzem hat man in einer Art des Tollkrauts, der *Scopolia tangutica* aus dem Nordwesten Chinas, die wichtigen Anisodine und Anisodamine entdeckt, die stark auf die Muskulatur einwirken. Die Verbindung von westlicher mit traditioneller Medizin trieb die Nachfrage nach Kräutern in die Höhe. China startete ein staatliches Programm zum Anbau von Heilpflanzen. Heute sind ca. 3.240km² dem Anbau solcher Kräuter gewidmet. Das Programm wird durch die Chinesische Gesellschaft für Arzneirohstoffe überwacht. Die größte Nachfrage besteht nach *Panax ginseng* und *P. notoginseng, Angelica polymorpha* var. *sinensis, Coptis chinensis, Rehmannia glutinosa, Paeonia suffruticosa, Cinnamomum cassia* und *Atractylodes macrocephala*. Die Chinesen haben in ihr Anbauprogramm auch Kräuter aus dem Ausland aufgenommen, die sie früher in großen Mengen einführen mußten. Bedeutsam ist der amerikanische Ginseng, der aus Zellkulturen vermehrt werden konnte. Bei einigen Kräutern fällt die Aufzucht schwerer als bei anderen. Pilze wie *Wolfiporia cocos* und *Gastrodia elata* stellen eine besondere Herausforderung dar.

WACHSENDER BEDARF NACH GINSENG

Das bekannteste chinesische Kraut ist ohne Zweifel der Ginseng. Dieses belebende Kraut kommt bereits in 3.000 Jahre alten chinesischen Rezepturen vor. In Europa kennt man es seit dem frühen Mittelalter; besondere Aufmerksamkeit widmete man ihm im Westen aber erst in moderner Zeit. *Panax ginseng* ist ein langsam wachsendes Waldkraut mit geringer Verbreitung. Im 19. Jahrhundert war es beinahe ausgerottet; unter Kaiser Tao-kuang (1821-50) wurde das Sammeln untersagt. Die Verknappung des chinesischen Ginseng führte zur Entdeckung des amerikanischen *(Panax quinquefolius)* im 18. Jahrhundert und des sibirischen

TRADITIONELLE CHINESISCHE MEDIZIN
Abwiegen von Heilmitteln in Yünnan (China). Traditionelle Methoden werden mit westlicher Medizin verbunden.

(Eleutherococcus senticosus) in den fünfziger Jahren dieses Jahrhunderts. Der Fund des letzteren war das Ergebnis der Suche sowjetischer Forscher nach einem Ersatz. Man fand, daß die chemische Zusammensetzung von *Eleutherococcus* dem Ginseng stark ähnelt. Nicht nur ist es weiter verbreitet als die *Panax*-Arten (Nordchina, Südostrußland, Japan, Korea), es ist auch leichter anzubauen und ertragreicher.

CHINESISCHE KRÄUTER IM WESTEN

Aus einigen chinesischen Kräutern wurden beliebte Gartenpflanzen. Missionare und Forscher brachten sie seit dem 18. Jahrhundert nach Europa. Die bekannte und beliebte Forsythie ist ursprünglich ein chinesisches Heilkraut. Ihre Früchte werden für ein Heilmittel gegen Entzündungen verwendet, meistens in Verbindung mit Blüten und Stengeln der ebenso verbreiteten *Lonicera japonica* (Heckenkirsche). Auch chinesische Päonien wurden beliebte Gartenpflanzen bei uns. In China gelten sie seit über 1.000 Jahren als Blumen des Kaisers und wurden wegen ihrer heilkräftigen Wurzeln angebaut. Als westliche Pflanzensammler zu Beginn dieses Jahrhunderts in China nach Strauchpäonien *(Paeonia suffruticosa)* suchten, fanden sie nur noch wenige wildwachsende Exemplare. Joseph Rock sandte in den zwanziger Jahren Samen an das „Arnold Arboretrum" in Boston, das ihm später Sämlinge zurückschickte, die er in der Wildnis anpflanzen konnte. Eine der seltensten und ungewöhnlichsten chinesischen Arten ist *Gingko biloba*, die einzige überlebende Spezies einer Pflanzengruppe, die ansonsten vor 160 Millionen Jahren ausgestorben ist. In China wird sie als heiliger Baum verehrt und ist in der Nähe buddhistischer Tempel zu finden. 1727 kam sie nach Europa. Kürzlich wurden die ersten wildwachsenden Gingkos in entlegenen Gebieten Chinas entdeckt. Gingkos lassen sich leicht kultivieren.

DER ASIATISCHE RHABARBER-HANDEL

Das Entschlacken des Körpers wird in den meisten Kulturen als Universalkur betrachtet. Das Land zwischen China und Rußland ist die Heimat des medizinischen Rhabarbers (*Rheum*), der als Abführmittel verwendet wird. Seit frühesten Zeiten wurden getrocknete Rhabarberwurzeln auf dem Landweg von Asien nach Europa gebracht. Die Namensgebung des Rhabarbers bezog sich eher auf den Handelsweg als auf den Ursprung der Wurzeln. Lebende Pflanzen kannte man im Westen nicht vor dem 18. Jahrhundert. Als gegen 1750 endlich Samen nach Europa eingeführt werden konnten, reservierte man seinem Anbau große Flächen.

ZIERPFLANZEN IM WESTEN

Forsythia suspensa

Paeonia suffruticosa 'Reine Elizabeth'

Lonicera japonica 'Halliana'

Diese bekannten Gartenpflanzen stammen ursprünglich alle aus China. Dort werden sie eher wegen ihres medizinischen Wertes angebaut, weniger zur Zierde.

WICHTIGE KRÄUTER DER REGION

Artemisia annua

Artemisia annua
BEIFUSS
Mittel gegen Malaria.

Cinnamomum camphora
KAMPFERBAUM
Zur Mottenabwehr.

Dioscorea nipponica
YAMSWURZEL
Industriell zur Herstellung von Steroiden verwendet.

Eleutherococcus senticosus
SIBIRISCHER GINSENG
Ersatz für den selteneren echten Ginseng.

Ephedra sinica*, *E. equisetina
EPHEDRA
Quelle des Ephedrins.

Ginkgo biloba
Die Blätter enthalten einzigartige Flavonoide.

Glycyrrhiza uralensis
SÜSSHOLZ
Belebendes, harmonisierendes Kraut, kommt in fast allen chinesischen Rezepturen vor.

Mentha arvensis* var. *piperascens
ACKERMINZE
Eine Quelle für Menthol.

Paeonia lactiflora
CHINESISCHE PÄONIE
Kreislaufbelebendes Mittel; gegen Ekzeme bei Kindern eingesetzt.

Rheum
RHABARBER
Wichtiges abführendes Kraut.

Panax ginseng
GINSENG
Weltbekanntes Adaptogen.

HEILUNG GEGEN ASTHMA
Aus den kleinen gelben Blüten des Ginkgo biloba *entstehen diese pflaumenähnlichen Früchte. Die braunen Samenkörner gibt man seit alters her an Asthma-Leidende.*

AUSTRALASIEN

AUSTRALIEN, NEUSEELAND, OZEANIEN

Die einzigartige Pflanzenwelt Australasiens geht auf das erdgeschichtliche Geschehen zurück, als nämlich Teile der nördlichen und südlichen Kontinentalmassen miteinander kollidierten. So entstand eine Landverbindung zwischen Neuguinea und der nördlich Australiens gelegenen Inselwelt, was Fauna und Flora Wanderungsmöglichkeiten eröffnete. Das Gebiet dieses Austausches verläuft zwischen den heutigen Inseln Borneo und Celebes. In dieser Region herrscht ein ungewöhnlicher Pflanzenreichtum – seit Jahrtausenden ein Reservoir für Heilpflanzen jeder Art.

AUSTRALISCHES BUSCHFEUER

Die Pflanzen haben einen hohen Anteil an Harzen sowie Ölen, was gewaltige, aber kurze Feuer ermöglicht.

Die Pflanzenwelt Australasiens wird durch Arten bestimmt, die sich der Trockenheit angepaßt haben. Große Teile Australiens werden häufig von Buschfeuern heimgesucht. Daher bringen viele Pflanzen Öle und Harze hervor, die die oberirdischen Teile schnell verbrennen lassen; so bleiben das Holzgewebe und die Wurzeln unversehrt. Der Gummibaum, dessen Öle und Harze in Medizin sowie Industrie von Bedeutung sind, ist dafür ein Beispiel. Die Arten im tropischen Teil haben weniger Gummi und Harze als ihre im Süden lebenden Verwandten.

ABORIGINES, MAORI UND POLYNESIER

Über den Gebrauch der heimischen Pflanzenwelt durch die Ureinwohner Australiens (Aborigines) ist wenig

TROCKENER LANDSTRICH

Weiße Gummibäume und rote Felsen in Hamersley Ranges (Westaustralien); in dieser trostlosen Dürre gibt es dennoch eine reiche Flora, darunter ca. 450 Eukalyptus-Arten.

bekannt. Zumindest aber weiß man, daß Aborigines und Siedler das Gummi des Eukalyptus sowie das Kinoharz nutzten, um Infektionen, Blutungen sowie Durchfall zu stoppen. Forschungen über die Gewohnheiten der Maori zeigen, daß einheimische Arten wie der Neuseeländer Flachs *(Phormium tenax)* und *Leptospermium scoparium* gegen vielerlei Beschwerden eingesetzt wurden. Die Überwachung der Heilkräuter unterstand den Medizinmännern, die zugleich die Priester waren. Dabei gehörten Rituale und Dampfbäder zum Heilverfahren. Die neuseeländische Pflanzenwelt hat mit der australischen wenig gemein. Die nördliche ist der Südostasiens sehr ähnlich. In der Mitte herrscht ein gemäßigtes Klima; in den südlichen, eher feuchtkalten Regionen wachsen aber einzigartige Bergpflanzen.

Die polynesischen Inseln waren eines der letzten Gebiete, die besiedelt wurden. Die ersten Einwanderer kamen um 1200 v.Chr. aus Asien; Hawaii wurde im vierten Jahrhundert n.Chr. erreicht. Die wichtigste Pflanze dieser Inselwelt ist Taro *(Colocasia esculenta)*; von ihr kennen wir über 1.000 Varietäten. Die Besiedlung Polynesiens kann anhand dieser Feldpflanze nachvollzogen werden. Auf vielen Inseln war sie Hauptnahrungsmittel. Auch als Heilkraut fand sie Verwendung – beispielsweise zur Behandlung von Geschwüren.

KONTROLLE FREMDER ARTEN

Die Sorge um die Bedrohung der einheimischen Flora durch die Einfuhr von Tieren und Pflanzen aus anderen Teilen der Welt verbindet Neuseeland und Australien. In beiden Ländern gibt es strenge Vorschriften über die Einfuhr von Pflanzen sowie zur Kontrolle bereits heimischer Arten aus dem Ausland. Dennoch werden einige Regionen schon von fremden Pflanzen beherrscht. Viele von ihnen sind europäischen Ursprungs und von Siedlern für den Hausgebrauch eingeführt worden, zum Beispiel Fenchel *(Foeniculum vulgare) und* Andorn *(Marrubium vulgare)*.

WICHTIGE KRÄUTER DER REGION

Acacia
AKAZIE
Die Wappenblume Australiens; Bezugsquelle für Gerbrinde und ein altes Heilmittel gegen Durchfall.

Abrus precatorius
PATERNOSTERERBSE
Nördliche Tropenart; Körperschmuck der Aborigines; Heilmittel bei Entzündung der Augenlider.

Abrus precatorius

Atriplex nummularia
MELDE
Üppige Quelle für Vitamin C; von den Kolonisten gegen Skorbut verwendet.

Colocasia esculenta
TARO
Hauptnahrungsmittel und Medizin auf den pazifischen Inseln, insbesondere auf Hawaii.

Dodonaea viscosa
Die Blätter ziehen das Gewebe zusammen; sie helfen bei Zahnschmerzen und bei Insektenstichen.

Duboisia
Den Aborigines als „Pituri“ bekannt, das sie als betäubendes Stimulans kauten. Diese Pflanze ist für die pharmazeutische Industrie wichtiger Rohstoff für Alkaloide.

Eucalyptus
GUMMIBAUM
Reich an Harzen und Tannin, seit langem als Adstringens im Gebrauch; heute in Hustensäften, Erkältungsmitteln und zum Einreiben verbreitet.

Melaleuca alternifolia
MYRTENHEIDE
Das Öl wird gegen Pilze und zur Keimtötung sowie in der Aromatherapie verwendet.

Pandanus odoratissimus
SCHRAUBENBAUM
Vielzweckpflanze der pazifischen Inselwelt; Nahrungsmittel, Heilkraut, Duftstoff, auch Rohstoff zum Weben.

Phormium tenax
NEUSEELÄNDER FLACHS
Die Maori benutzten den Sud dieser Pflanze, um ihre Wunden zu heilen.

Prostanthera
Reich an antibiotischen und pilztötenden Ölen; auch als Zierpflanze beliebt.

Santalum lanceolatum
SANDELHOLZ
Von Bedeutung wegen seiner eßbaren Früchte und der Heilkraft seiner Blätter, Rinde sowie Wurzeln.

Santalum spicatum
SANDELHOLZ
Quelle für einheimisches australisches Sandelholzöl.

Südostasien

Indonesien, Malaysia, Singapur, Philippinen, Thailand, Kambodscha, Vietnam, Birma, Laos

Bis vor wenigen Jahren waren große Teile Südostasiens von tropischen Regenwäldern bedeckt, reich an Nutzhölzern sowie Ursprung wichtiger Gewürzpflanzen; Muskatnuß und Gewürznelken stammen von den Molukken („Gewürzinseln"). Die kriechenden, aromatischen Rhizome der Ingwerfamilie sind am Boden des Regenwaldes weit verbreitet. Einige Pflanzenfamilien, die von Bedeutung für die Heilkunde sind, entwickelten in dieser Region viele Arten, darunter die *Apocynaceae*, eine Quelle für Herzmittel und beruhigende Alkaloide.

Myristica fragrans
Muskatnuß und -blüte sind zwei der vielen beliebten Gewürze, die in den bedrohten Regenwäldern Südostasiens ihre Heimat haben.

Gegen den Kahlschlag der Regenwälder kann sich die Natur nicht in vollem Umfang zur Wehr setzen. Forschungen in Indonesien haben ergeben, daß zum Beispiel *Aquilaria malaccensis* nur im Regenwald vorkommt und sich nirgendwo anders ausbreiten kann. Sie wird wegen ihres harzreichen Holzes gefällt; von den Stümpfen der gefällten Bäume treiben nur die wenigsten wieder aus. In vielen Wäldern ist ein starker Raubbau an dieser Art betrieben worden. Anders verhält sich *Melaleuca leucandendron*. Sie bildet einen dichten Baumbestand, wächst nach dem Fällen rasch nach und läßt sich auch problemlos anbauen. Somit muß der Erhaltung gefährdeter Bäume wie *Aquilaria malaccensis* ein Vorrang eingeräumt werden.

Schutz der Umwelt

Wie in vielen Entwicklungsländern sind es das Bevölkerungswachstum, die Verstädterung und die Ausweitung der Landwirtschaft sowie des Bergbaus, was den Verlust von Lebensräumen, besonders den Rückgang der tropischen Regenwälder nach sich zieht. So kommt es zur Verknappung von Kräutern für die traditionelle Medizin wie auch für den Export. Die Zersplitterung Indonesiens in eine Vielzahl von Inseln stellt ein echtes Hindernis für die Durchsetzung von Programmen zur Wiederaufforstung und Kultivierung dar. Durch die Errichtung von Reservaten sowie von Kolonien für Kräuter, insbesondere der industriell genutzten Pflanzen, leistet man einen Beitrag zu deren Erhalt. Die Behörden fördern auch die Anlage von Kräutergärten für den Hausgebrauch.

In Thailand unternimmt man Anstrengungen, um Kräuterheilmittel wieder im ganzen Land verfügbar zu machen, besonders für die ländlichen Gegenden mit unzureichender ärztlicher Versorgung. In 45.000 Dörfern wurden Genossenschaften gegründet, um die wichtigsten Heilpflanzen wieder anbauen zu können.

Palmen im Regenwald
Unersetzliche tropische Regenwälder wie dieser in Krabi (Thailand) sind durch zunehmende Verstädterung gefährdet.

Traditionelle Medizin
Diese Frau auf Java verkauft „Jamu", die traditionelle Kräutermedizin. Der Raubbau in der Region gefährdet die herkömmlichen wie auch die pharmazeutisch hergestellten Heilmittel.

Die wichtigsten Kräuter der Region

Cananga odorata

Alpinia galanga
Galgant
Ingwerähnliches Gewürz für die regionale Küche.

Aquilaria malaccensis
Adlerholz
Belebendes Kraut und Gewürz in Malaysia.

Cananga odorata
Ylang-Ylang
„Königin der Parfüme".

Croton tiglium
Krotonölbaum
Starkes Abführmittel.

Hydnocarpus kurzii
Einzigartiges Öl für die Behandlung von Hautkrankheiten und Lepra.

Melaleuca leucadendron
Kajeputbaum
Antiseptisches Öl für die Hustenmedizin, für Seifen und in der Aromatherapie.

Myristica fragrans
Muskatnussbaum
Ein weltweit verwendetes Gewürz.

Strychnos nux-vomica
Strychninbaum
Tödliches Gift; als Stimulans nur in kleinsten Dosen.

Styrax benzoin
Benzoe-Storax-Baum
Enthält Balsambestandteile.

Syzygium aromaticum
Gewürznelkenbaum
Wichtiges Gewürz; Mittel bei Zahnschmerzen.

Der Kräuter-Katalog

Ausführliche Beschreibung und Darstellung vieler Kräuterpflanzen mit Hinweisen zu ihrem Anbau und Gebrauch

ABELMOSCHUS

Zu dieser Gattung gehören 15 Arten von Ein- und Mehrjährigen, deren ursprüngliche Heimat die tropischen Zonen Afrikas und Eurasiens sind (früher zu *Hibiscus* gerechnet, vgl. S. 138). *A. moschatus* ist die einzige Art, die verbreitet angebaut wird. Diese farbenprächtige exotische Mehrjährige wird aus Samen gezogen und kann als halbharte Einjährige gut in kühleren Klimazonen wachsen. Der Name stammt vom arabischen *abu-el-misk* („Vater des Moschus") und bezieht sich auf die nach Moschus riechenden Samen.

Abelmoschus moschatus
Buschige Mehrjährige mit handtellerförmigen Blättern; große schwefelgelbe Blüten, die an *Hibiscus* erinnern; im Sommer sind die Blüten in der Mitte kastanienbraun. Die behaarten Samenkapseln enthalten graubraunen Samen, der nach Moschus riecht. H 1-2m, B 45-90cm.

***Abelmoschus moschatus* 'Mischief'**
Diese Sorte hat kirschrote, in der Mitte weiße Blüten mit einem Durchmesser von 6-10cm. H 38-45cm, B 23-30cm.

ABIES

Gattung von ca. 50 Arten; die immergrünen Nadelbäume wachsen in subalpinen und gemäßigten Zonen der nördlichen Hemisphäre sowie Mittelamerikas. Die schnellwachsende *A. alba* findet man in den Gebirgstälern Europas von den Pyrenäen bis zum Balkan; die kurzlebigere *A. balsamea* hat eine kegelförmige Krone und nach Balsam riechende Nadeln; sie wächst in den nördlichen Wäldern Amerikas. Beide sind zu groß für herkömmliche Gärten, man kann aber auf die zwergförmige Sorte *A. b.* 'Hudsonia' zurückgreifen.

Abies alba (Weißtanne)
Ein Nadelbaum mit symmetrischer Krone; bei älteren Bäumen platzt die Rinde und bildet viereckige Platten; die glänzenden, dunkelgrünen Nadeln werden bis zu 2,5cm lang und haben auf der Unterseite zwei blasse Streifen. Die Zapfen werden ca. 15cm lang. H 45m, B 20m.

Abies balsamea (Balsamtanne)
Ein Nadelbaum mit dunkelgrauer Rinde, bei älteren Bäumen rissig. Die glatten Nadeln haben auf der Unterseite zwei graue Streifen. Wenn der Baum ausgereift ist, wechseln die 5-10cm langen hochstehenden Zapfen ihre Farbe von Purpurrot zu Braun. H 15m, B 5m.

***Abies balsamea* 'Hudsonia'**
Langsam wachsender, runder Zwergstrauch mit flacher Krone und einem dichten Kleid kurzer Nadeln. Er verträgt Kalkböden besser als die übrigen Arten. H und B 60cm-1m.

ABRUS

Eine Gattung von 17 Arten immergrüner bis halbimmergrüner, kletternder Sträucher. Die laubwechselnden, empfindlichen Sträucher finden sich in den Flachlandwäldern der Tropen. Die aus Indien stammende Spezies *A. precatorius* hat verschiedene umgangssprachliche Namen, die auf ihre vielfältige Verwendung hinweisen. Der Name „Indisches Süßholz" spielt auf die Tatsache an, daß die Blätter dieser Art nach Lakritze schmecken. Sie enthalten Glycerin, eine Substanz, die 50-60 Mal süßer ist als Zucker.

Abrus precatorius (Paternostererbse)
Laubwechselnde oder halbimmergrüne Kletterpflanze mit gefiederten Blättern. Rosa bis purpurrote Blüten; Blütenstand traubenförmig; blüht meistens im Sommer. Die 5cm langen Schoten enthalten scharlachrote, schwarz gesprenkelte Samen. H 1-4m, B unbestimmt.

Auswahlliste umgangssprachlicher Namen:

ABSINTH, siehe *Artemisia absinthium*, S. 243

ACACIA

Diese Gattung von über 1.000 immergrünen, halbimmergrünen oder laubwechselnden Bäumen sowie Sträuchern kommt in tropischen und wärmeren gemäßigten Zonen vor; Hauptverbreitungsgebiete sind Afrika und Australien. *A. catechu* findet man in Indien, Birma, Sri Lanka und Ostafrika; *A. farnesiana* stammt aus Südostasien und ist in Australien heimisch geworden. Die australische Akazie ist in wärmeren Regionen als Zierstrauch in Gärten beliebt, eignet sich aber auch zur Kultivierung im Hause.

Acacia catechu
Laubwechselnder Baum mit kurzem Stamm und gefiederten 7,5-15cm langen Blättern. Die Triebe tragen an der Basis gekrümmte Stacheln. Blaßgelbe Blüten kommen im Sommer an den Blattachseln paarweise, zu dritt oder in kurzen Ähren hervor. H bis 25m, B bis 15m.

Acacia farnesiana
Großer Strauch oder kleiner Baum mit dünnen Stacheln; spärliches Blattwerk; die gefiederten 7,5cm langen Blätter teilen sich in 4-8 Blättchenpaare. Die stark duftenden Blüten erscheinen im Sommer an den Blattachseln. H 3-7m, B 3-5m.

ACAJUBAUM, siehe *Anacardium occidentale*, S. 237

ACHILLEA

Die mehr als 85 Arten dieser Gattung stammen aus den nördlichen gemäßigten Zonen; die zumeist winterharten Mehrjährigen bilden häufig Matten. *A. millefolium* (Schafgarbe), ursprünglich aus Europa und Westasien kommend, ist mittlerweile auch in Nordamerika, Australien und Neuseeland verbreitet. Die Blüten der Schafgarbe halten sich im Wasser ziemlich lange; die Pflanze ist gut für Rabatten geeignet. Die *Achillea* ist nach Achill benannt, der nach dem Fall Trojas seine Verletzungen mit ihr behandelt haben soll.

Achillea millefolium (Schafgarbe)
Aromatische winterharte Pflanze mit hartem Stamm und gefiederten, 5-15cm langen Blättern. Dolden von grauweißen bis rosa Blüten erscheinen vom Frühsommer bis Spätherbst. H 5-30cm, B 5-20cm, veränderlich bei Wildpflanzen.

***Achillea millefolium* 'Cerise Queen'**
Diese Sorte trägt Mitte des Sommers dunkelrosa Blüten. Sie neigt weniger zum Wildwuchs als die anderen Arten dieser Gattung. H und B 30-60cm.

***Achillea millefolium* 'Lilac Beauty'**
Diese Sorte bringt Mitte des Sommers intensiv lila bis rosa Blüten hervor und neigt weniger zum Wildwuchs als die anderen Arten dieser Gattung. H und B 60cm.

ACHYRANTHES

Diese Gattung besteht aus sechs winterharten Unkrautarten und kommt in subtropischen sowie tropischen Gebieten vor. *A. bidentata* stammt aus Ost- und Südostasien, ist aber besonders im Süden der USA verbreitet. In China, hauptsächlich in der Provinz Honan, wird diese Pflanze großflächig für den Handel angebaut. Dort sorgt der fruchtbare Boden für äußerst starke Wurzeln, die bis zu 1,2m lang werden können. Einige Arten finden auch als Nahrungs- und Heilpflanzen Verwendung, sind aber weitgehend unbekannt.

Achyranthes bidentata (Spreublume)
Schlanke winterharte Pflanze mit kräftigen Wurzeln und samtigen, elliptisch geformten bis zu 12cm langen Blättern. Relativ unscheinbare Blüten erscheinen zusammen mit winzigen Stacheln im Spätsommer. H 38cm-1m, B 23-45cm.

***Aconitum carmichaelii* 'Arendsii'**
(Eisenhut)
Diese Sorte wächst im allgemeinen höher als die anderen Pflanzen dieser Gattung und benötigt an windigen oder schattigen Standorten eine Stütze.
H 1,5m, B 30cm.

ACINOS

In dieser Gattung findet man zehn Arten winterharter und halbwinterharter Einjähriger oder kurzlebiger Immergrüner. Es besteht eine enge Verwandtschaft zu *Calamintha* (vgl. S. 97) und eine äußerliche Ähnlichkeit mit Thymian. *Acinos* kommt hauptsächlich auf kalkhaltigen Böden in trockenen sonnigen Regionen Europas *(A. arvensis)*, am Mittelmeer und in Zentralasien vor. Einige Arten finden als Zierpflanze Verwendung; als niedrigwachsende Kriechpflanzen eignen sie sich für Steingärten oder für gepflasterte Wege.

Acinos arvensis (Alpensteinquendel)
Überwinternde Einjährige bzw. kurzlebige Immergrüne mit schwachen aufrechten Stämmen und kleinen lanzettförmigen Blättern. Blaßpurpurne Blüten mit weißer Färbung in der Mitte treten im Sommer in Gruppen von 5 und mehr zutage. H 15-20cm, B 20-30cm.

ACONITUM

Diese Gattung umfaßt mehr als 100 Arten von giftigen, harten, knollentragenden Mehrjährigen. Sie ist in nördlichen gemäßigten Zonen heimisch. *A. carmichaelii* kommt in China, *A. napellus* in West- und Mitteleuropa vor. Den Eisenhut benutzte man früher, um giftige Pfeile herzustellen, vor allem aber ist er eine kräftige Pflanze für Rabatten; im Frühjahr mit dekorativem Blattwerk und dem Rittersporn ähnelnden Blüten. Aufgrund der kapuzenförmigen Gestalt der Blüten ist eine Bestäubung nur durch Bienen möglich.

Aconitum carmichaelii
(Eisenhut)
Knollentragende Mehrjährige mit glänzenden grünen, tief eingeschnittenen bis 15cm langen Blättern. Trauben von tiefblauen Blüten aus 3,5cm großen Häubchen erscheinen im Spätsommer und Frühherbst. H 90cm, B 38cm.

Aconitum napellus (Sturmhut, Eisenhut)
Knollentragende Mehrjährige mit aufrechtem Stamm und grünen, gespaltenen Blättern von bis zu 15cm Länge. Ähren mit tiefblauen Blüten aus 3,5cm langen Häubchen erscheinen im Spätsommer.
H 1,2-1,5m, B 38cm.

ACKERDILL, siehe *Anethum graveolens*, S. 238
ACKERFRAUENMANTEL, siehe *Aphanes arvensis*, S. 239
ACKERFUCHSSCHWANZ, siehe *Amaranthus retroflexus*, S. 236
ACKERGAUCHHEIL, siehe *Anagallis arvensis*, S. 237
ACKERKNOBLAUCH, siehe *Allium ampeloprasum* var. *ampeloprasum*, S. 234.
ACKERMINZE, siehe *Mentha arvensis*, S. 311
ACKERRETTICH, siehe *Raphanus raphanistrum*, S. 339

Aconitum napellus **'Carneum'**
(Sturmhut, Eisenhut)
Von Früh- bis Spätsommer erscheinen fleischigrosa Blüten. Diese Sorte benötigt kühle, nährstoffreiche, feuchte Böden, um ihre intensiven Farben hervorzubringen. H 90cm, B 30-45cm.

Acorus calamus **'Variegatus'**
(Kalmus)
Diese Sorte hat Blätter mit crèmefarbenen Streifen. Sie ist eine der besten Zierpflanzen für feuchte Standorte.
H 30cm-1,5m, B unbestimmt.

Acorus gramineus
(Kalmus)
Sehr veränderliche, halbimmergrüne Mehrjährige mit verzweigten Rhizomen und steifen grasähnlichen Blättern. Winzige grünliche Blüten erscheinen im Sommer an einem 5-10cm langen Kolben. H 10-50cm, B 10-23cm.

ACORUS

Die zwei Arten dieser Gattung, einer aus Rhizomen sprießenden mehrjährigen Wasserpflanze, kommen wild in Nord- und Ostasien *(A. gramineus)* sowie in Nordamerika vor. *A. calamus* ist auch in Europa heimisch geworden. Diese Pflanze wird seit über 4.000 Jahren angebaut und gehandelt. Sie kam im 13. Jahrhundert über Sibirien nach Osteuropa und erreichte den Westen im 16. Jahrhundert. Die vielfarbigen Arten finden als Zierpflanzen sowohl in Wassergärten wie auch als Kübelpflanzen Verwendung.

Acorus calamus (Kalmus)
Halbimmergrüne, rhizomenbildende Mehrjährige mit lanzettförmigen Blättern und mandarinenartigem Duft. Ein einzelner Blütenkolben mit gelben bis grünen Blüten erscheint im Sommer.
H 30cm-1,5m, B unbestimmt.

Acorus gramineus **'Ogon'**
(Kalmus)
Diese Sorte hat crèmefarbene Streifen und ist farbenprächtiger als die häufiger vertretene *A. g.* 'Variegatus'.
H 30cm, B 38cm.

Acorus gramineus **'Pusillus'**
(Kalmus)
Die kleinste Sorte ihrer Gattung hat nur 8cm lange Blätter. H 8cm, B 13cm.

ADENOPHORA

Ursprünglich aus Eurasien stammend und eng mit *Campanula* verwandt, besteht diese Gattung aus 40 Arten von Mehrjährigen. *A. stricta* findet man auf den Bergrücken Ostasiens. In Rabatten machen sie einen eleganten Eindruck; die wenigsten dieser Pflanzen mit glockenförmigen, teilweise auch duftenden Blüten sind im Westen bekannt oder gar erhältlich. Der Gattungsname *Adenophora* bedeutet „drüsentragend" und bezieht sich auf die zylindrische Honigdrüse, die sich am unteren Ende des Griffels befindet.

Adenophora stricta (Schellenblume)
Hohe Mehrjährige mit kegelförmiger Wurzel, aufrechtem Stamm und gezähnten Blättern, die mit dünnen weißen Haaren bedeckt sind. Trauben mit herabhängenden glockenförmigen, behaarten blauen Blüten, die sich im Sommer und Herbst öffnen. H 60-90cm, B 30cm.

ADIANTUM

Zu dieser Gattung gehören über 200 Arten von winterharten bis empfindlichen Farnen, die laubwechselnd, halbimmergrün bis immergrün sein können. Die meisten kommen in tropischen Regionen Amerikas vor, einige auch in gemäßigten nördlichen Zonen, darunter in Europa *A. capillus-veneris*. Unter den in Australien wachsenden Arten findet man auch *A. aethiopicum*. Einige werden als Zierpflanzen angebaut. *A. capillus-veneris* ist ein Farnkraut, das bei mildem Klima in Gärten oder als Kübelpflanze gedeiht.

Adiantum capillus-veneris
(Frauenhaarfarn)
Immergrünes oder halbimmergrünes Farnkraut mit bogenbildenden, 45-60cm langen Wedeln aus gelappten fächerförmigen Blättchen. Die Unterseiten der reifen Blättchen tragen rotbraune Sori (Sporangien). H 15-35cm, B 30cm.

ADONIS

Zu dieser Gattung gehören ca. 20 Arten Einjähriger oder krautiger Mehrjähriger, deren Lebensraum in den gemäßigten Zonen Europas und Asiens ist. *A. vernalis* gehört zu den seltenen, geschützten Arten. Einige werden wegen ihrer Blüten als Zierpflanzen geschätzt. Der Gattungsname leitet sich aus der griechischen Mythologie her, wonach Adonis von einem Keiler getötet wurde. Sein Blut berührte die Erde; daraus erwuchs diese Blume. Um Adonis' Rückkehr ins Leben zu feiern, wurde sie jeden Frühling neu gepflanzt.

Adonis vernalis (Adonisröschen)
Gruppenbildende Mehrjährige mit kräftigem Wurzelstock und zahlreichen feingliedrigen Blättern. Einzeln stehende gelbe Blüten erinnern an große Butterblumen und kommen zu Frühjahrsbeginn hervor. H 15-40cm, B 30-45cm.

AEGOPODIUM

Kriechende Mehrjährige, zu deren Gattung fünf bis sieben Arten gehören. Man findet sie in Waldgebieten und auf Geröllböden in Europa sowie in gemäßigten Klimazonen Asiens. *A. podagraria* ist in Nordamerika heimisch geworden; die meisten Arten sind wuchernde Unkräuter. Der Name *Aegopodium* setzt sich aus den griechischen Wörtern für „Ziege" *(aigos)* und „Füßchen" *(podion)* zusammen; der Artname *podagraria* kommt von Gicht (Fußgicht, *podagra*) und bezeichnet die medizinische Verwendung der Pflanze.

Aegopodium podagraria
(Geißfuß, Giersch)
Krautige Mehrjährige mit kriechenden, wuchernden Wurzeln und stark duftenden langstieligen Blättern (8-23cm). Im Sommer erscheinen Dolden mit weißen Blüten. H 30-90cm, B unbestimmt.

***Aegopodium podagraria* 'Variegatum'**
(Geißfuß, Giersch)
Kräftige, wenig wuchernde Sorte mit vielfältigen Weißschattierungen; sie eignet sich gut als Bodendecker unter Bäumen und Sträuchern. Im Sommer erscheinen Dolden mit weißen Blüten. H 23-30cm, B unbestimmt.

ADLERHOLZ, siehe *Aquilaria*, S. 240
ADONISRÖSCHEN, siehe *Adonis*, S. 229

AESCULUS

Diese Gattung von 13 Arten laubwechselnder Bäume und Sträucher kommt in Südosteuropa, Ostasien sowie mit zwei Arten in den amerikanischen Tropen vor. *A. hippocastanum* findet sich in freier Natur vom Balkan bis zum Himalaya. Die Gemeine Roßkastanie wurde im 16. Jahrhundert nach Europa eingeführt und hat ein kräftiges Blattwerk, das sich im Herbst in viele attraktive Brauntöne verfärbt. Die Samenkerne erinnern im Aussehen an die eßbaren Edelkastanien *(Castanea sativa*, siehe S. 102).

Aesculus hippocastanum
(Gemeine Roßkastanie)
Großer Baum mit klebrigen Knospen und palmartigen Blättern; im späten Frühling erscheinen aufrechte Ähren mit weißen Blüten. Kugelförmige, grüne bis braune stachelige Früchte enthalten 1-3 glänzende rotbraune Samen. H 25-40m, B 5-8m.

***Aesculus hippocastanum* 'Baumannii'**
(Gemeine Roßkastanie)
Diese Sorte trägt langlebige Doppelblüten, die keine Früchte bilden.
H 30m, B 15m.

AGASTACHE

Die 30 Arten der kräftigen Mehrjährigen dieser Gattung sind in Mittel- und Ostasien, Nordamerika sowie Mexiko heimisch. *A. foeniculum* findet man in Nord- und Mittelamerika, *A. rugosa* in Ostasien. *A. foeniculum* produziert in der sechswöchigen Blütezeit besonders viel Nektar und zieht damit Bienen an. Als Rabattenpflanze wegen ihrer langen Blütezeit zu empfehlen. *Agastache* leitet sich von den griechischen Wörtern *aganos* (mild, sanft) und *stachys* (Ähre) ab und bezieht sich auf das Aussehen des Blütenstandes.

Agastache foeniculum
Mehrjährige mit gepunkteten, ovalen Blättern, die eine bleiche Unterseite haben und stark nach Anis duften. Hellpurpurne Blüten mit auffälligen Deckblättern an kräftigen Ähren erscheinen im Sommer. H 60-90cm, B 45cm.

***Agastache foeniculum* 'Alabaster'**
Dichtstehende, buschige Pflanze mit weißen Blüten. H 45-60cm, B 30cm.

Agastache rugosa
Kurzlebige, aufrecht stehende Mehrjährige mit fast quadratischen Stielen sowie gepunkteten Blättern, die an der Unterseite weiß und haarig sind und nach Minze duften; Ähren mit kleinen purpurnen Blüten im Spätsommer. H 1-1,2m, B 60cm.

AGATHOSMA

In Südafrika heimisch, umfaßt diese Gattung 135 Arten kleiner, empfindlicher immergrüner Sträucher. *A. crenulata* findet sich auf dem Heideland der südwestlichen Kapprovinz. In Regionen mit zahlreichem Vorkommen erfüllt diese intensiv duftende Pflanze die Luft mit ihrem Aroma. In wärmeren Regionen der Welt ist sie wegen ihres Dekors, Aromas und ihrer Blüten, die sich schon früh öffnen, als Zierpflanze sehr geschätzt; in gemäßigteren Regionen kann sie im Haus oder in Innenhöfen und auf Terrassen gehalten werden.

Agathosma crenulata (Bukkostrauch)
Empfindlicher Strauch mit hellgrünen, eiförmigen Blättern und auffälligen Öldrüsen, die einen starken Duft absondern. Weiße, fünfblättrige Blüten mit purpurfarbenen Staubbeuteln erscheinen im Frühling. H 1-2,5m, B 1-2m.

AFRIKANISCHE KIRSCHE, siehe *Prunus africana*, S. 335
AGAR-AGAR, siehe *Gelidium amansii*, S. 287

AGAVE

Diese Gattung besteht aus ca. 300 Arten mehrjähriger Sukkulenten, die sich in den Trockengebieten vom Süden der USA bis nach Südamerika ausbreiten. *A. americana* ist mittlerweile auch in Teilen Indiens, Afrikas und Südeuropas heimisch. Agaven sind der Größe nach sehr unterschiedlich; bei einigen dauert es 5-20 Jahre, bis sie die für den Blütentrieb benötigte Größe erreichen. Die meisten sind empfindlich; diejenigen mit grünen oder graugrünen Blättern sind in der Regel jedoch widerstandsfähig gegen Frost.

Agave americana (Hundertjährige Aloe)
Hohe Mehrjährige mit festem Wurzelwerk und Rosetten dicker, fester graugrüner, gezähnter Blätter. Im Sommer erscheinen ab einem Alter von ca. 10 Jahren Ähren mit glockenförmigen, weißen bis crèmegelben Blüten. H 1-2m, zur Blütezeit bis zu 8m, B 2-3m.

***Agave americana* 'Variegata'**
(Hundertjährige Aloe)
Diese Sorte hat am Rand gelbe Streifen und bringt viele Ableger hervor. Wie bei der ursprünglichen Art blühen diese Pflanzen nach ca. 10 Jahren.
H und B 2m.

AGLAIA

Gattung von ungefähr 250 Arten immergrüner Bäume und Sträucher; in Asien und auf der Inselwelt des Pazifik heimisch. *A. odorata* kommt in Südostasien und China vor. Die getrockneten Blüten dieser Pflanze verströmen einen langanhaltenden außergewöhnlichen Duft. In tropischen Regionen wird sie als Heckenpflanze angebaut. Man sollte sie alternierend mit *Murraya paniculata* anbauen, die ein sehr ähnliches Laub von tiefegrüner Farbe besitzt. *Aglaia* ist ein griechisches Wort und bedeutet „Pracht".

Aglaia odorata
Ein dekorativer Strauch oder Baum mit sich teilenden Blättern, die bis zu 15cm lang werden. 5-7 Blättchen und Rispen mit kleinen weißen Blüten mit Vanillaroma erscheinen im Frühling.
H 15m, B 10m.

AGRIMONIA

Diese Gattung mit 15 Arten Rhizome entwickelnder Stauden kommt in nördlich gemäßigten Regionen und in Südamerika vor. *A. eupatoria* ist in Europa, Westasien und Nordafrika verbreitet. Odermennig eignet sich zur Kultivierung und sollte in Rabatten oder auf Wiesen mit Wildpflanzen angebaut werden. Der Name stammt vermutlich von griechisch *argemone* (Mohnart) oder von lateinisch *agri moenia* (Pflichten des Ackers) – eine Anspielung auf die große Anzahl von Pflanzen neben den Feldern.

Agrimonia eupatoria
(Kleiner Odermennig)
Mehrjährige mit aufrechten, zumeist haarigen Stielen und flaumigen Blättern mit 3-5 Blättchenpaaren. Trauben schwach riechender, gelber Blüten erscheinen im Sommer, gefolgt von borstigen Früchten.
H 30-60cm, B 20-30cm.

AILANTHUS

Fünf Arten schnellwachsender laubwechselnder Bäume gehören zu dieser Gattung. Man findet sie von Ostasien bis nach Australien. *A. altissima* ist in Nordchina heimisch und wurde 1751 nach Europa eingeführt. Wegen ihrer Widerstandsfähigkeit gegen Luftverschmutzung dient die Pflanze häufig als Straßenbaum. In der französischen Seidenfabrikation findet sie als Ersatz für *A. vilmoriniana* Verwendung. Auf den Molukken bedeutet *ai-lanto*, woher sich der Gattungsname ableitet, „Himmelsbaum".

Ailanthus altissima (Götterbaum)
Ausladender Baum mit escheähnlichen Blättern, die bei jungen Exemplaren bis zu 1m lang werden. Männliche und weibliche Blüten wachsen auf getrennten Bäumen; weibliche bringen im Herbst große Trauben dunkelroter geflügelter Früchte hervor. H 25m, B 15m.

ÄGYPTISCHE LOTOSBLUME, siehe *Nymphaea lotos*, S. 317
AHLBEERE, siehe *Ribes nigrum*, S.341
ÄHRENMINZE, siehe *Mentha spicata*, S. 312

AJUGA

Die meisten der 50 Arten dieser Gattung winterharter Ein- und Mehrjähriger findet man in den gemäßigten Zonen Eurasiens, einige auch in Australien und den tropischen Regionen Afrikas. *A. reptans* wächst in Europa, Nordwestafrika, der Türkei, dem Iran und im Kaukasus. Viele Arten sind immergrün oder halbimmergrün. *A. reptans* eignet sich als Gartenpflanze auf feuchtigkeitsspeichernden Böden an sonnigen oder schattigen Standorten, als Bodendecker, als Rabattenpflanze wie auch für eine Anlage mit Wildblumen.

Ajuga reptans (Günsel)
Immergrüne Mehrjährige mit Rhizomen und basisständigen Rosetten mit verkehrt eirunden Blättern. Ähren mit tiefblauen, manchmal auch rosa oder weißen Blüten erscheinen im Frühjahr oder Anfang des Sommers. H 10-30cm, B unbestimmt.

Ajuga chamaepitys (Schlagkräutlein)
Niedrige Einjährige mit schmalen, tief gekerbten, gezähnten graugrünen Blättern und achselständigen Blüten, die Ende des Frühjahrs bis zum Frühherbst wachsen. Die Pflanze verströmt einen Duft, der an Kiefern erinnert.
H und B 15cm.

***Ajuga reptans* 'Atropurpurea'**
(Günsel)
Diese Sorte hat dunkle purpurfarbene bis braune Blätter und bewirkt einen beeindruckenden Effekt, wenn sie zusammen mit Weißtöne variierenden Kräutern angebaut wird.
H 10-30cm, B unbestimmt.

***Ajuga reptans* 'Burgundy Glow'**
(Günsel)
Unter den besonders farbenprächtigen immergrünen Bodendeckern nimmt diese Pflanze mit ihrem hellen bronze- und rosafarbenen Laub einen der ersten Plätze ein. H 8-15cm, B unbestimmt.

***Ajuga reptans* 'Variegata'** (Günsel)
In das hellgrüne Laub dieser Sorte mischen sich unregelmäßig graue bis grüne und crèmefarbene Töne. Sie ist nicht so kräftig wie andere Pflanzen dieser Art und eignet sich für Steingärten sowie zur Anpflanzung in Töpfen.
H bis 15cm, B unbestimmt.

AKEBIA

In dieser Gattung sind fünf immergrüne oder laubwechselnde, schlingende ausdauernde Kletterer enthalten, die in China, Japan und Korea heimisch sind. Einige werden im Garten wegen ihrer dekorativen überlappenden Blätter und kleinen, oftmals duftenden Blüten als Zierpflanzen gehalten. Einen zusätzlichen Reiz bieten die eßbaren Früchte, die jedoch nur in wärmeren Regionen auftreten, wenn mehrere Pflanzen zusammen angebaut werden. *Akebia* ist die latinisierte Form von „akebi", des japanischen Namens der Pflanze.

Akebia trifoliata
Laubwechselnder schlingender Kletterer; dreiblättriges Laub, anfangs bronzefarben, mit kastanienbraunen dreiblättrigen Blüten im Frühling; blaßviolette Früchte in Dreiergruppen, die bis zu 13cm lang werden und schwarzen Samen in weißem Fruchtfleisch enthalten. H 10m.

***Alcea rosea* 'Chater's Double'**
(Stockrose, Stockmalve)
Diese Züchtung aus dem 19. Jahrhundert gleicht der ursprünglichen Art, hat aber zweifache, der Pfingstrose ähnelnde Blüten, die eine Vielzahl von Farben aufweisen können, darunter Kastanienbraun, Gelb und Weiß. H 2-2,5m, B 45-60cm.

ALBIZIA

Von dieser Gattung gibt es ca. 150 Arten, darunter Bäume, Sträucher und Lianen, die alle in den Tropen wachsen. *A. julibrissin* aus den wärmeren Zonen Asiens ist ein Baum, der heiße, trockene Bedingungen verträgt. Er ist als Zierpflanze beliebt, in städtischer Umgebung jedoch anfällig für Krankheiten und Schädlingsbefall. Wegen der langen Geschichte seiner Kultivierung gibt es viele Sorten, die sich in ihrer Winterhärte unterscheiden; die koreanische *A. j.* 'Rosea' gedeiht in milderen Regionen auch im Freien.

Albizia julibrissin („Djeunngdjing")
Sich ausbreitender, Kuppeln bildender Baum mit glatter, grauer bis brauner Rinde und zweifach gefiederten Blättern, die bis zu 20cm lang werden; Büschel mit rosa Blütenköpfen, die im Sommer sehr kleine Kelche und Kronen mit langen Staubfäden tragen. H 6-10m, B 10m.

ALCEA

In dieser Gattung gibt es 60 Arten von Zweijährigen oder kurzlebigen Mehrjährigen, die vom Mittelmeerraum bis nach Zentralasien verbreitet sind. Einige Arten werden wegen ihrer Blüten angebaut. *A. rosea* kam im 16. Jahrhundert nach Europa (entweder aus China oder dem Nahen Osten, möglicherweise aus der Türkei) und entwickelte sich zu einer beliebten Gartenpflanze wie auch zu einem bekannten Heilkraut. Der Gattungsname *Alcea* ist vom griechischen Wort *alkaria* abgeleitet, dem antiken Pflanzennamen für „Malve".

Alcea rosea (Stockrose, Stockmalve)
Hochwachsende Zweijährige oder kurzlebige, sommerblühende Mehrjährige mit runden, lappenden Blättern und Ähren einzeln oder paarweise stehender, dem *Hibiscus* ähnlicher Blüten, die weiß, rosa, purpur oder auch blaßgelb sein können. H 1,2-2,5m, B 35-60cm.

***Alcea rosea* 'Nigra'**
(Stockrose, Stockmalve)
Eine Sorte der Stockmalve mit einzelnen tief kastanienbraunen Blüten.
H 1,5m, B 45cm.

AKAZIE, siehe *Acacia*, S. 226
AKELEI, siehe *Aquilegia*, S. 35
ALANT, siehe *Inula*, S.296

ALCHEMILLA

In dieser Gattung gibt es 250 Arten winterharte Mehrjährige, die sich in den nördlichen gemäßigten Zonen und in den Tropen in großer Höhe anfinden. *A. alpina* wächst auf den Bergwiesen im nordwestlichen sowie mittleren Europa und in Grönland; sie ist eine kräftige, wegen ihres Laubs geschätzte Pflanze für Steingärten. *A. xanthochlora,* eine Art mit vielen Varianten, findet man in Nordeuropa und bergigen Teilen Mittel- sowie Südeuropas. Sie ähnelt der *A. mollis,* die im allgemeinen wegen ihres Laubs angebaut wird.

Alchemilla alpina (Frauenmantel)
Mehrjährige mit kriechenden Wurzelstöcken und langstieligen, runden bis nierenförmigen gelappten Blättern, die sich handförmig spreizen und deren Unterseite mit silbernen Härchen bedeckt ist. Im Sommer erscheinen büschelweise grüne Blüten. H und B 10-20cm.

❄❄❄

Alchemilla xanthochlora
(Frauenmantel)
Mehrjährige mit holzigem Wurzelstock, dichten behaarten Stielen und feingezähnten nierenförmigen Blättern mit 7–11 Lappen. Dichte Büschel winziger grüner Blüten erscheinen Ende Mai bis Anfang Herbst. H und B 50cm.

❄❄❄

ALISMA

Diese Gattung aus zehn frostharten bis ganz winterharten Mehrjährigen, die Ufernähe bevorzugen, findet sich in nördlichen gemäßigten Regionen und in Australien. *A. plantago-aquatica,* die in flachen Gewässern der gemäßigten Regionen Eurasiens vorkommt, ist wegen ihrer dekorativen Blüten für Wassergärten und Teiche beliebt. Früher galt sie als Heilkraut gegen Tollwut. Der Artname *plantago-aquatica* nimmt auf ihren Lebensraum Bezug und die Ähnlichkeit ihrer Blätter mit *Plantago major* (vgl. S. 179).

Alisma plantago-aquatica (Froschlöffel)
Mehrjährige Wasserpflanze mit kräftigem aufrechten Stamm und langstieligen eirunden Blättern, die 8-20cm lang werden. Im Sommer erscheinen Rispen mit blaßlila Blüten, die sich im Laufe des Tages öffnen. H und B 30-90cm.

❄❄❄

ALKANNA

Diese Gattung besteht aus etwa 25-30 Mehrjährigen und ist von Südeuropa bis in den Iran verbreitet. *A. tinctoria* wächst im östlichen Mittelmeerraum auf Geröllhalden, in Nadelwäldern, auf Sandböden und in Küstennähe. Sie verträgt sehr trockene, sandige oder alkalische Böden. Einige Arten finden als Färbepflanzen Verwendung. Durch Extraktion gewinnt man den roten Farbstoff Alkannin. Der Gattungsname *Alkanna* stammt von dem arabischen Wort *alhinna* (Wurzel) ab.

Alkanna tinctoria (Schminkwurz)
Mehrjährige Staude mit purpurfarbener bis brauner Wurzel und länglichen bis lanzettförmig behaarten Blättern, die bis zu 8cm lang werden. Trichterförmige, blaue Blüten mit 5 Kronblättchen kommen im Spätsommer hervor.
H 10-30cm, B 20-30cm.

❄❄

ALLIARIA

Diese Gattung aus fünf Arten von winterharten Mehr- oder Zweijährigen wächst in ganz Europa und in gemäßigten Teilen Asiens. *A. petiolata,* in Europa, Nordafrika, West- und Zentralasien nachgewiesen, ist die einzige Art, die als Gartenpflanze in Frage kommt. Sie eignet sich für sehr feuchte, schattige Standorte, an denen andere Kräuter kaum gedeihen würden, findet aber auch (in Europa) Verwendung als Futterpflanze für die Raupen eines Schmetterlings.

Alliaria petiolata (Knoblauchskraut)
Nach Knoblauch riechende Zweijährige mit aufrechtem Stamm und hellgrünen, nierenförmigen Blättern. Im Frühling und Sommer folgen zylindrische Schoten auf die kleinen, weißen Blüten.
H 30cm-1,2m, B 30-45cm.

❄❄❄

ALGIERMALVE, siehe *Malva sylvestris,,* S. 308
ALKANNAWURZEL, siehe *Akanna* S.233
ALPENHELMKRAUT, siehe *Scutellaria,* S. 351
ALPENSTEINQUENDEL, siehe *Acinos arvensis,* S. 228
ALRAUNE, siehe *Mandragora,* S. 308

ALLIUM

Der Lauch bildet eine große Gattung von ungefähr 700 Arten aus Zwiebeln oder Rhizomen wachsender, stark riechender Ein- und Mehrjähriger. Sie kommen in der nördlichen Hemisphäre vor, in Äthiopien, im südlichen Afrika und Mexiko. Der Grad ihrer Winterhärte hängt von ihrer Herkunft ab. Lauch wird seit Menschengedenken angebaut und ist gleichermaßen als Gemüse, Gewürz- und Heilpflanze von Bedeutung. Die Arten weisen eine unterschiedliche Intensität des Geruchs auf; einige sind sogar fast geruchslos. Allein von *A. cepa* gibt es Hunderte von Sorten, die sich in Größe, Farbe und Geschmack voneinander unterscheiden. Wichtige Erzeugerländer sind Ägypten, Spanien, Italien, Türkei und die USA. *A. fistulosum* ist die wichtigste Art in Südostasien.

▲ ***Allium cepa*** var. ***proliferum*** (Catawissazwiebel)
Eine dekorative und nützliche Pflanze für den Kräutergarten, die an der Dolde zwischen den Blüten große Brutknospen mit austreibenden Blättern trägt.
H 1m, B 30cm.

◄ ***Allium fistulosum*** (Winterzwiebel)
Zwei- oder Mehrjährige mit zylindrischen Zwiebeln, bleistiftdicken Stämmen und hohlen Blättern. Glockenförmige gelbe bis weiße Blüten mit gegenüberliegenden Blütenscheiden kommen während des Sommers an Dolden hervor. Sie werden durch Brutknospen ersetzt.
H 1m, B 15-25cm.

◄ ***Allium ampeloprasum*** var. ***ampeloprasum*** (Ackerknoblauch, Sommerknoblauch)
Mehrjährige mit zweilappigen sowie achselständigen Zwiebeln; purpurne bis rosafarbene und weiße Blüten in einer dichten Dolde im Sommer. H 45cm-1,8m, B 5cm.

▲ ***Allium cepa* 'Ailsa Craig'** (Zwiebel, Bolle)
Diese Sorte hat strohfarbene Haut, eine runde Zwiebel und einen milden Geschmack. Sie wird aus im Winter gesäten Samen gezogen und war lange Zeit eine beliebte Ausstellungspflanze. H 30-45cm, B bis zu 30cm.

► ***Allium cepa*** (Zwiebel, Bolle)
Kräftige Zweijährige mit einer Zwiebel von bis zu 10cm Durchmesser und mit hohlen Blättern, die bis zu 40cm lang werden. Eine Dolde mit sternförmigen grünen bis weißen Blüten erscheint im Sommer.
H 1,2m, B15cm.

◄ ***Allium fistulosum* 'White Lisbon'** (Winterzwiebel)
Eine mild schmeckende Sorte mit weißer Haut, die winterhart und schnellwüchsig ist . H 20-30cm, B bis zu 15cm.

◄ ***Allium sativum*** (Knoblauch)
Mehrjährige mit einer kugelförmigen Zwiebel aus 5-15 Zehen (Brutzwiebeln), die in einer papierweißen bis malvefarbenen Haut stecken. Die flachen Blätter können bis zu 60cm lang werden. Eine Dolde mit grünweißen bis rosa Blüten erscheint im Sommer.
H 30cm-1m, B 23-30cm.

▲ ***Allium cepa* 'Noordhollandse Bloedrode'** (Zwiebel, Bolle)
Eine mild schmeckende Sorte mit tiefroten Zwiebeln und rosa Fleisch. Sie läßt sich leicht aus Samen ziehen und lange lagern. H 30-45cm, B 15-30cm.

► ***Allium cepa* 'Sweet Sandwich'** (Zwiebel, Bolle)
Die großen runden, braunhäutigen Zwiebeln nehmen nach etwa 2 Monaten Lagerung einen besonders milden und süßen Geschmack an. H 30-45cm, B 15-30cm.

▲ ***Allium schoenoprasum*** (Schnittlauch)
Gruppenbildende Mehrjährige mit schlanken Zwiebeln (ca. 1cm Durchmesser); in Büscheln aus Rhizomen wachsend, mit zylindrischen, hohlen Blättern. Im Sommer blühen Dolden mit blaßpurpurnen bis rosafarbenen, selten weißen glockenförmigen Blüten. H 10-60cm, B 30cm.

▲ ***Allium schoenoprasum* 'Forescate'** (Schnittlauch)
Diese Sorte wächst höher als die anderen Pflanzen ihrer Art und hat rosa Blüten.
H 45cm, B 30-45cm.

◄ *Allium scorodoprasum* (Schlangenlauch)
Starre Mehrjährige mit flachen Blättern und kleinen, nach Knoblauch schmeckenden Zwiebeln. Der Blütenstand zeigt im Sommer zeitgleich purpurfarbene Brutknospen und einige langstielige rosa- bis purpurfarbene Blüten. H 1m, B 5-8cm.

◄ ***Allium tuberosum***
Mehrjährige mit kräftigen Rhizomen und flachen längsrippigen Blättern, die sich an der Basis zusammenschließen und eine zylindrische Zwiebel umfassen. Dolden mit süßlich duftenden weißen, sternförmigen Blüten erscheinen im Spätsommer.
H und B 50cm.

▲ ***Allium ursinum*** (Bärenlauch)
Mattenbildende Mehrjährige mit durchdringendem Knoblauchgeruch, elliptisch geformten Blättern (bis 28cm lang) und Gruppen weißer, sternförmiger Blüten, die im Spätfrühling oder Frühsommer oberhalb des Laubs erscheinen. H 40cm, B 30cm.

ALNUS

Diese Gattung mit 35 Arten winterharter und laubwechselnder Bäume sowie Sträucher kommt hauptsächlich in nördlichen gemäßigten Klimazonen vor. Erlen sind anpassungsfähige, leicht anzubauende Pflanzen, die einen feuchten Boden lieben. *A. glutinosa*, in Europa und Asien verbreitet, ist für Uferbepflanzungen und Moorgärten zu empfehlen. Die Pfähle, auf denen Venedig errichtet wurde, bestehen aus Erlenholz. Seit langem stellt man daraus auch verschiedene Gebrauchsgegenstände her.

Alnus glutinosa (Schwarzerle)
Buschiger Baum mit purpurfarbener bis graubrauner Rinde. Herabhängende Zweige tragen ovale Blätter, die 3-9cm lang werden. Blüten im Vorfrühling; männliche Kätzchen werden 2,5-6cm lang, die weiblichen sind kürzer.
H 25m, B 10m.

***Alnus glutinosa* 'Imperialis'**
(Schwarzerle)
Eine dankbare, langsamwachsende Sorte mit tief eingeschnittenen Blättern.
H 10m, B 4m.

ALOE

Diese Gattung ist in Südafrika, Arabien und auf den Kapverdischen Inseln heimisch; sie besteht aus ca. 325 Arten empfindlicher immergrüner Mehrjähriger. *A. vera* ist in ganz Afrika zu finden. Die Aloepflanzen unterscheiden sich in der Größe; allen gemeinsam sind die auffallende Struktur, vor allem die dicken, spitzen Blätter, die häufig gemustert oder mit weißlichem Schmelz überzogen sind, und die kräftigen Ähren mit farbenfrohen Blüten. Einige größere Arten können in milden Klimaten angebaut werden.

Aloe vera (Echte Aloe)
Gruppenbildende Mehrjährige, Schößlinge bildend, mit dichten Rosetten stacheliger grauer bis grüner Blätter; nur bei jungen Exemplaren manchmal auch rot gesprenkelt; röhrenförmige gelbe Blüten im Sommer. H 60-90cm, B unbestimmt.

ALOYSIA

Es gibt 37 Arten dieser frostharten, laubwechselnden oder immergrünen aromatischen Sträucher in dieser Gattung, die in Nord- und Südamerika heimisch und eng verwandt mit *Lippia* ist. *A. triphylla* ist in Chile und Argentinien auf Äckern und an Wegen zu finden. Seitdem die Pflanze 1794 aus Chile nach Europa kam, wird sie gerne in Wintergärten angebaut. *Aloysia* ist nach der Prinzessin von Parma, Marie Louise, benannt, die 1847 starb. *A. triphylla* ist ein Halbstrauch mit nach Zitrone duftenden Blättern.

Aloysia triphylla (Zitronenstrauch)
Laubwechselnder Strauch mit spitzen, nach Zitrone riechenden Blättern, die bis zu 10cm lang werden. Kleine, blaßlila bis weiße Blüten werden im Sommer an Terminal- oder Achselrispen hervorgebracht. H und B bis zu 3m.

ALPINIA

Diese Gattung aus ca. 200 Arten nach Ingwer riechender, aus Rhizomen wachsender Mehrjähriger stammt aus Asien und Australien. *A. galanga* findet man in den Regenwäldern Südostasiens. Galgant *(A. officinarum)* ist die Art, die hauptsächlich in Medizin und Küche verwendet wird. Die Rhizome von *A. galanga* schmecken weniger scharf. Der tropische Galgant wird leicht mit *Cyperus longus* verwechselt. Dieser hat Wurzeln, die nach Veilchen riechen, und wird in der Parfümherstellung verwendet.

Alpinia galanga
Mehrjährige mit nach Ingwer riechenden Rhizomen und lanzettförmigen Blättern, die bis zu 50cm lang werden. Blaßgrüne Blüten mit weißen Lippen, die Orchideen ähneln; erscheinen das ganze Jahr. Die Früchte sind rote, runde Kapseln mit drei Kammern. H bis 2m, B unbestimmt.

ALSTONIA

Eine Gattung mit 43 Arten immergrüner Bäume und Sträucher mit milchigem Saft, die vorwiegend in Afrika, Mittelamerika und von Südostasien über den Westpazifik bis nach Australien heimisch ist. *A. scholaris* kommt im südostasiatischen Regenwald vor. Einige Arten sind stark gefährdet, weil ihre Rinde zur Behandlung von fiebrigen Erkrankungen verwendet wird. Die Sorte *A. boonei* wird in Ghana als Heil- und Nutzpflanze verwendet. Sie trägt dort die Bezeichnung „Baum des Himmelsgottes".

Alstonia scholaris („Pulai")
Immergrüner Baum mit rauher, grauer Rinde und ledrigen Blättern (15-20cm lang) sowie kleinen röhrenförmigen, grauen bis weißen Blüten. Die Früchte sind länglich und wachsen paarweise. H 12-18m, B 6-10m.

ALTHAEA

Eine Gattung von ca. zwölf Arten Ein- und Mehrjähriger, die der *Malva* (vgl. S. 156) sehr ähnlich sieht. Sie ist von Westeuropa bis nach Mittelasien und Nordafrika verbreitet. Früher rechnete man die Stockrose (ehemals *Althaea rosea*, jetzt *Alcea rosea*, vgl. S. 78) ebenfalls zu dieser Gattung. Einige Arten werden in Rabatten angebaut; *A. officinalis* ist gut für nassen Boden geeignet. Der Name *Althaea* kommt vom griechischen Wort *althos* (ein Heilmittel) und bezieht sich auf die heilenden Eigenschaften dieser Pflanzen.

Althaea officinalis (Eibisch, Samtpappel)
Robuste Mehrjährige mit fleischiger zapfenförmiger Wurzel und flaumigem Stamm; samtweiche runde bis eirunde Blätter mit 3-8cm Durchmesser, blaßrosa Blüten von 2-4cm Durchmesser erscheinen im Sommer in den Blattachseln. H 1-1,2m, B 60-90cm.

AMARANTHUS

Diese Gattung umfaßt 60 spinatähnliche Einjährige. *A. hypochondriacus* findet sich im Süden der USA, in Mexiko, Indien und China. Viele Arten sind eßbar und haben medizinische Bedeutung. Manche zeigen dekoratives Laub sowie farbenprächtige Blüten und werden als Topfpflanzen oder im Sommer als Einjährige angebaut. Bei einigen Arten kommt ein magentafarbenes Pigment vor. *Amaranthus* stammt von griechisch *amaraino* („ich verwelke nicht") und meint die Langlebigkeit der Blüten.

Amaranthus hypochondriacus
(Fuchsschwanz)
Hohe, buschige Einjährige mit ovalen, purpurnen bis grünen Blättern, die bis zu 15cm lang werden. Im Sommer erscheinen dunkelrote Blüten, gefolgt von rotbraunen bis schwarzen Sämlingen. H 1,2-1,5m, B 45-60cm.

AMMI

Die eng mit *Daucus* (vgl. S. 116) verwandte Gattung besteht aus 10 Arten Ein- und Zweijähriger, die von Südwestasien bis nach Südeuropa und auf den benachbarten Atlantikinseln verbreitet ist. *A. majus,* ein weißblühendes Doldengewächs, findet man nahezu überall, denn als begehrte Schnittpflanze wird sie weltweit gehandelt. Als Zierpflanze steht sie gut inmitten anderer hoher, farblich kräftigerer Einjähriger. *A. visnaga* ist im östlichen Mittelmeerraum, insbesondere in Ägypten heimisch.

Ammi majus (Knorpelmöhre)
Hochwachsende Einjährige mit feingeripptem, von weißlichem Schmelz überzogenem Laub; trägt im Sommer Dolden mit 9-40 Strahlen unscheinbarer weißer Blüten, gefolgt von kleinen, gefurchten, blaßbraunen Früchten (Samenkapseln). H 45-75cm, B 45cm.

AMBERBAUM, siehe *Liquidambar*, S. 305
AMBLABAUM, siehe *Phyllantus emblemica*, S. 360
AMERIKANISCHE BLUEBERRY, siehe *Vaccinium corymbosum*, S. 217
AMERIKANISCHE KERMESBEERE, siehe *Phytolacca americana*, S. 327
AMERIKANISCHE POLEI, siehe *Hedeoma pulegioides*, S. 291
AMERIKANISCHER FAULBAUM, siehe *Rhamnus purshiana*, S. 340
AMERIKANISCHE ZITTERPAPPEL, siehe *Populus tremoloides,* S. 334
AMERIKANISCHER GINSENG, siehe *Panax quinquefolius*, S.322
AMPFER, siehe *Rumex* S. 344

Ammi visnaga (Zahnstocherkraut)
Hohe kräftige Ein- oder Zweijährige mit lappenden gerippten, aromatischen Blättern. Kleine gelbe bis weiße Blüten erscheinen im Sommer an langstieligen Dolden mit 30-150 Strahlen, die sich verdicken und auch nach der Blüte aufrecht stehen bleiben. Die kleinen Samenkapseln sind länglich bis eirund. H 45-75cm, B 45cm.

ANAGALLIS

Eine Gattung mit 20 Arten, bestehend aus Ein-, Zwei- und Mehrjährigen, die auf der ganzen Welt verbreitet ist. *A. arvensis* stammt aus Europa und ist auf Kulturboden ein bekanntes Unkraut. Der Gattungsname *Anagallis* bedeutet „Die Unscheinbare" (griechisch *anagallomai* = „ich prahle nicht"). Die Pflanze wurde zur Behandlung von Depressionen eingesetzt. Einige Trivialnamen haben mit dem Wetter zu tun; die Blüten öffnen und schließen sich bei wechselndem Licht und sich ändernder Temperatur.

Anagallis arvensis (Ackergauchheil)
Kriechende Ein- oder Zweijährige mit viereckigem Stamm, eirunden bis lanzettförmigen Blättern und im Sommer sternförmigen lachsroten Blüten, die in der Mitte meist purpurfarben sind.
H 2,5-5cm, B 15-30cm.

ANACARDIUM

Fünfzehn Arten empfindlicher Bäume bilden die Gattung, die in den tropischen Regionen Zentral- und Südamerikas sowie der Westindischen Inseln heimisch ist. *A. occidentale* kommt in trockenen Gegenden vor, insbesondere an den Küsten des nordöstlichen Brasiliens und der Karibik; sie kam im 16. Jahrhundert als Feldfrucht von Brasilien nach Indien und auf die malayischen Inseln, erreichte Europa jedoch nicht vor 1699. Nach dem portugiesischen *caju* heißen die Früchte bei uns Kaschu- oder Cashew-Nüsse.

Anacardium occidentale
(Acajubaum, Kaschubaum)
Immergrüner Baum oder Strauch mit eirunden Blättern, die bis zu 22cm lang werden. Ganzjährig süßliche blaßgrüne Blüten mit roten Streifen an Terminalrispen; die Frucht hat an ihrer Wurzel nierenförmige Nüsse. H 12m, B 10m.

Anagallis arvensis var. ***caerulea***
Diese Varietät unterscheidet sich von anderen Pflanzen ihrer Art durch ihre enzianblauen Blüten. Es handelt sich um eine preisgekrönte Pflanze für Steingärten und Kübel.
H 2,5-5cm, B 15-30cm.

ANACYCLUS

Diese Gattung aus neun Arten von Ein- und Mehrjährigen ist im Mittelmeerraum heimisch. Einge Arten werden wegen ihres feingliedrigen Laubs und der kreisrunden Blüten angebaut. *A. pyrethrum*, ursprünglich aus Spänien, Algerien und Marokko stammend, wird nur selten als Zierpflanze angepflanzt. Die am Boden kriechende, im Atlas-Gebirge heimische *A. p.* var. *depressus* ist sehr beliebt bei Gartenfreunden mit Steingärten. Ihre roten Knospen öffnen sich zu strahlend weißen runden Blüten mit roten Unterseiten.

Anacyclus pyrethrum
(Römischer Bertram)
Niedrige Mehrjährige mit feingliedrigem Blattwerk; einzelnstehende kreisförmige Blüten an 30cm langen Stielen. Von derMitte gehen strahlenörmig weiße Blätter mit einem roten Streifen auf der Unterseite aus. H 30cm, B 25-30cm.

ANETHUM

In dieser Gattung gibt es eine Art, die in den wärmeren Regionen Eurasiens weitverbreitet ist. *A. graveolens* wächst im Mittelmeerraum und in Westasien. Dill sieht dem Fenchel ähnlich, ist aber kürzer und hat einen hochstehenden Stamm, leicht graue bis grüne Blätter und ein eher mattes als glänzendes Aussehen. Seine Blätter riechen stark nach Petersilie und Kümmel. Früher klassifizierte man den indischen Dill, *A. sowa*, als eine eigenständige Art, heute gilt er jedoch als Unterart von *A. graveolens*.

Anethum graveolens (Ackerdill)
Ein- oder Zweijährige mit in der Regel nur einem aufrechten hohlen Stamm und fein gefiedertem wie mit weißem Schmelz überzogenem Laub. Dolden mit gelben Blüten kommen im Sommer, gefolgt von flachen, eiförmigen Samen.
H 60-90cm, B 15-30cm.

ANDORN, siehe *Marrubium*, S. 308

***Anethum graveolens* 'Mammoth'** (Dill)
Diese Sorte hat karges Laub und setzt rasch Samen mit großen Köpfen an. Sie ist in der Küche besonders gut zum Einlegen geeignet.
H 60-90cm, B 15-30cm.

Angelica polymorpha var. ***sinensis*** (Engelwurz)
Mehrjährige mit einem kurzen Rhizom, aufrechten Stämmen und gefiederten Blättern. Im Spätsommer erscheinen grünliche Blüten an Dolden, gefolgt von ellipsenförmig eingekerbten Samen.
H 75cm-1,5m, B 38-90cm.

ANGELICA

Diese Gattung von ca. 50 Zwei- und Mehrjährigen ist in den gemäßigten Zonen der nördlichen Hemisphäre heimisch. *A. archangelica* wächst in Nord- und Osteuropa, in Griechenland sowie in Mittelasien, *A. polymorpha* in Ostasien. *Herba angelica* (Engelskraut) hatte den Ruf, gegen das Böse zu schützen und alle Beschwerden zu heilen. Seine Verbindung mit dem Tag von Mariä Verkündigung und dem Fest des Erzengels Michael deutet auf heidnische Bräuche hin, die von den Christen übernommen wurden.

Angelica archangelica (Engelwurz)
Kräftige, aromatische Zwei- oder kurzlebige Mehrjährige mit dickem Hohlstamm und langstielig feingliedrigen Blättern. Dolden mit kleinen, grünen bis weißen Blüten erscheinen im Sommer, gefolgt von eirunden, gekerbten Samen.
H 1-2,5m, B 45cm-1,1m.

ANTENNARIA

Ungefähr 45 Arten kleiner immergrüner oder halbimmergrüner, wolliger Mehrjähriger machen diese Gattung aus, die mit Ausnahme von Afrika in den meisten gemäßigten und warmen Regionen vertreten ist. *A. dioica* findet man in Europa, Nordamerika und Nordasien; ihre vielen Sorten sind beliebte Pflanzen für Steingärten. Die Blüten eignen sich für Trockenblumengestecke. Der Gattungsname *Antennaria* bezieht sich auf die keulenförmigen Kelchfortsätze, die wie Insektenfühler oder Antennen aussehen.

Antennaria dioica (Katzenpfötchen)
Mattenbildende, aromatische Mehrjährige mit kleinen grauen bis grünen, löffelförmigen Blättern und aufrecht stehenden Trauben aus weißen bis blaßrosafarbenen Blüten Ende des Frühjahrs und zu Beginn des Sommers.
H 5-20cm, B 25-45cm.

ANGELIKABAUM, siehe *Aralia chinensis*, S. 240
ANGOSTURABAUM, siehe *Galipea officinalis*, S. 285
ANIS, siehe *Pimpinella anisum*, S. 328
ANNATOSTRAUCH, siehe *Bixa orellana* S. 249

***Antennaria dioica* 'Rosea'**
(Katzenpfötchen)
Diese Sorte besitzt gegenüber anderen Pflanzen ihrer Art Blüten von intensiv rosa Farbe. H 10-15cm, B 25cm.

APHANES

Diese mit *Alchemilla* (vgl. S. 79) eng verwandte Gattung besteht aus 20 Arten einjähriger Pflanzen und hat ihr Verbreitungsgebiet in Europa, dem Mittelmeerraum, in Äthiopien, Mittelasien, Australien und Nordamerika. *A. arvensis* findet man in Europa, Nordafrika und Nordamerika. Diese Pflanze eignet sich für Randbepflanzungen von Wegen und Rabatten. In verschiedenen Sprachen scheinen manche ihrer Trivialnamen auf den häufigen medizinischen Gebrauch der Pflanze hinzudeuten.

Aphanes arvensis (Ackerfrauenmantel)
Sich strahlenförmig ausbreitende, fast kriechende Einjährige mit haarigen, fächerförmigen blaßgrünen Blättern (bis zu 1cm lang) und Büscheln von kleinen grünen Blüten von Frühjahr bis Herbst. H 2,5cm, B 20cm.

ANTHOXANTHUM

Eine Gattung von 18 Arten mehrjähriger Gräser, heimisch in Europa und gemäßigten Teilen Asiens sowie Afrikas. Der Duft von *A. odoratum* nimmt zu, wenn man sie nach dem Schnitt trocknet. Die Blüten dieses Grases, das in Europa und gemäßigten Regionen Asiens früh zu blühen beginnt, unterscheiden sich von den meisten anderen Gräsern dadurch, daß sie zwei (anstatt drei) Staubfäden und gelbe anstatt purpurne Staubbeutel aufweisen. Der Name leitet sich von den griechischen Worten *xanthos* (gelblich) und *anthos* (Blüte) ab.

Anthoxanthum odoratum (Ruchgras)
Büscheliges, mehrjähriges Gras mit aromatischen kurzen Blättern und dichten kompakten, eher stumpfen Blütenähren, die bis zu 3cm lang werden und vom Frühling bis Sommer erscheinen.
H 18-50cm, B 12-30cm.

APIUM

Mehr-, Ein- und Zweijährige sind in dieser Gattung von 20 Arten enthalten, die man als Wildpflanzen in Europa, Nordamerika, gemäßigten Zonen Asiens und der Antarktis finden kann. *A. graveolens* ist über Europa, Südwestasien und Nordafrika verbreitet. Der Gattungsname *Apium* stammt von dem lateinischen Wort *apex* (Spitze, Kopf), da Sieger früher Eppichkränze auf dem Kopf trugen; der Artname *graveolens* (stark duftend) deutet darauf hin, daß alle Teile der Pflanze einen starken Geruch haben.

Apium graveolens (Sellerie, Eppich)
Zweijährige mit fleischiger Knollenwurzel, festen gerillten Stämmen und fiederteiligen Blättern. Den Dolden mit kleinen, grünweißen Blüten folgen graubraune gefurchte Samen.
H 30cm-1m, B 15-30cm.

ANTHRISCUS

Winterharte Ein-, Zwei- und Mehrjährige bestimmen diese Gattung aus zwölf Arten, die in Europa, Asien und Nordafrika heimisch ist. Im Aussehen erinnern diese aufrecht wachsenden Pflanzen an Petersilie. *A. cerefolium*, aus Europa und Westasien stammend, ist eine gute Kübelpflanze für kalte und schattige Standorte; sie verträgt sich gut mit anderen schattenliebenden Küchenkräutern, z.B. Apfelminze (*Mentha suaveolens* 'Variegata', vgl. S. 159) und Zitronenmelisse *(Melissa officinalis* 'Aurea', vgl. S. 157).

Anthriscus cerefolium (Gartenkerbel)
Aromatische Zweijährige, vielfach als Einjährige angebaut, mit hohlen gefurchten Stämmen und hellgrünen fiederteiligen Blättern. In den Achseln erscheinen im Frühsommer Dolden mit kleinen weißen Blüten, gefolgt von schmalen Früchten. H 30-60cm, B 23-30cm.

APOCYNUM

Neun winterharte giftige Mehrjährige mit milchigem Saft sind in dieser Gattung vertreten. Ihr Verbreitungsgebiet ist Nordamerika, Osteuropa und Asien. *A. cannabinum* findet man im Nordosten der USA und in Kanada meist in der Nähe von Wasser auf Sand- oder Kiesboden. Einige Arten werden wegen ihrer auffallend gespaltenen Früchte angebaut. Die Früchte von *A. cannabinum* sind 10-20 cm lang und enthalten viele Samen. Sie werden häufig als Futterpflanzen für Seidenraupen verwendet.

Apocynum cannabinum (Hundsgift)
Mehrjährige mit Rhizomen und eirunden, spitz zulaufenden Blättern, die bis zu 15cm lang werden. Kleine grüne bis weiße, glockenförmige Blüten an endständigen Trauben im Sommer werden von gespaltenen Früchten gefolgt.
H und B 60cm-1,2m.

APFELMINZE, siehe *Mentha suaveolens*, S. 312
APRIKOSE, siehe *Prunus armeniaca*, S. 336

AQUILARIA

Diese Gattung von 15 Arten tropischer Sträucher und Bäume ist in Indien sowie Malaysia heimisch. Von *A. malaccensis*, die man in Urwäldern auf unterer und mittlerer Höhenlage findet, nimmt man an, daß sie die Aloe aus dem Alten Testament darstellt. Danach stammen alle Bäume auf der Erde von einem Schößling dieser Pflanze ab, den Adam bei der Vertreibung aus dem Garten Eden mitgenommen haben soll. Das Kernholz der *Aquilaria* enthält ein dunkles Harz, das nach Sandelholz riecht.

Aquilaria malaccensis (Adlerholz)
Immergrüner Baum mit einem weichen blassen Hauptstamm und dünnen ledrigen Blättern. Dolden mit unscheinbaren, glockenförmigen grünen bis blaßgelben Blüten werden von Kapseln abgelöst, die rote, behaarte Samen enthalten.
H bis zu 40m, B 3-12m.

ARALIA

Laubwechselnde oder immergrüne Bäume, Sträucher, Lianen und Mehrjährige mit Rhizomen kennzeichen diese Gattung aus ungefähr 40 Arten, die über Süd- und Ostasien sowie Nordamerika verbreitet sind. Einige Sträucher werden wegen ihrer großen hübschen, mehrteiligen Blätter angebaut. *A. racemosa*, die man in Nordamerika findet, ist wie die weniger ornamentale Art *A. nudicaulis* an Waldbedingungen gewöhnt. *Aralia* ist die latinisierte Form von „Aralie", der frankokanadischen Bezeichnung für diese Pflanzen.

Aralia nudicaulis (Aralie)
Mehrjährige mit Rhizomen, die pro Jahr ein fiederteiliges Blatt hervorbringt. Winzige grüne bis weiße Blüten stehen im späten Frühling bis zum Frühsommer an Dolden, gefolgt von purpurfarbenen bis schwazen Beeren.
H 15-40cm, B 15-30cm.

Aralia racemosa (Aralie)
Mehrjährige mit Rhizomen, aromatischem Wurzelwerk und bis zu 75cm langen mehrteiligen Blättern. Winzigen grünen bis weißen, doldenständigen Blüten folgen purpurfarbene bis braune Früchte.
H 1-2,2m, B 60cm-2m.

ARCTIUM

In vielen gemäßigten Zonen Eurasiens verbreitet, umfaßt diese Gattung ungefähr zehn Arten von aufrechtstehenden Zweijährigen. *A. lappa*, in Europa und Westasien verbreitet, ist eine beeindruckende Pflanze, die sich zum Beispiel für einen Garten mit Wildpflanzen eignet. Der Gattungsname leitet sich vom griechischen Wort *arktos* (Bär, wegen der rauhhaarigen Früchte) ab. Der spezifische Artname *lappa*, vom keltischen *llap* (festhalten) abgeleitet, nimmt Bezug auf die Kletten, die an vorbeikommenden Tieren haften bleiben.

Arctium lappa (Große Klette)
Robuste Zweijährige mit kräftigen zapfenförmigen Wurzeln und langstieligen, eirunden Blättern, die bis zu 50cm lang werden können. Purpurfarbenen, distelähnlichen Blüten folgen mit krummen Stacheln besetzte Früchte, die rehbraune Samen enthalten. H 1,5m, B 1m.

ARCTOSTAPHYLOS

Ca. 50 Arten winterharter Sträucher und kleiner Bäume machen diese Gattung aus, die im Westen Nordamerikas verbreitet ist. *A. uva-ursi* wächst in Nordeuropa, Nordasien, Japan sowie Nordamerika. Einige Arten sind als Zierpflanzen für Steingärten empfehlenswert. *A. uva-ursi* ist ein schnellwüchsiger Strauch; an Abhängen gepflanzt, hilft er Erosion zu vermeiden. Der Gattungsname stammt vom griechischen *arktos* (Bär) und *staphyle* (Traube), denn die Früchte sind ein Hauptbestandteil der Bärennahrung.

Arctostaphylos uva-ursi (Bärentraube)
Mattenbildender immergrüner Strauch mit verwurzelten Zweigen und eirunden dunkelgrünen Blättern. Auf Trauben mit weißen, rosa angehauchten Blüten im Vorfrühling folgen glänzendrote Früchte.
H 10-15cm, B 30cm-1,2m.

ARECA

Zwischen 50 und 60 Arten hoher, immergrüner Palmen gehören zu dieser Gattung, deren Hauptverbreitungsgebiet sich in Indien, Malaysia, Australien und auf den Salomoninseln befindet. Die Samen von *A. catechu* (Betelnußpalme), die in feuchten Küstenregionen Südostasiens vorkommt, werden seit alters her von der Bevölkerung Indiens, Pakistans und Südostasiens als anregendes Mittel gekaut. Diese Bäume werden daher überall in der Region angebaut. Die Samen stehen neuerdings im Verdacht, Mundkrebs hervorzurufen.

Areca catechu (Betelnußpalme)
Schlanke Palmen mit grauem bis grünem Stamm und Blättern, die bis zu 2m lang werden. Ab einem Alter von sechs Jahren erscheinen blaßgelbe Blüten, denen gelbe oder orange- bis scharlachfarbene Früchte folgen, die einen eichelgroßen Samen enthalten. H 20m, B 4m.

ARISAEMA

Diese Gattung hat ungefähr 150 Arten knolliger oder rhizomwüchsiger Mehrjähriger. Die meisten Arten sind in Asien verbreitet, auch im Himalaya und in trockenen sowie tropischen Regionen; man findet sie ebenfalls in Nordamerika und Ostafrika. Das Verbreitungsgebiet von *A. consanguineum* erstreckt sich vom östlichen Himalaya über den Norden Thailands sowie Zentralchina und Taiwan. Diese Pflanze mit hübschem Laub und ungewöhnlich geformten Blüten sowie Früchten ist ideal für schattige Rabatten.

Arisaema consanguineum (Feuerkolben)
Mehrjährige mit runder Knolle, geflecktem Stiel und einem einzigen mehrteiligen Blatt. Der grüne Blütenstand besteht aus einer haubenförmigen Blütenscheide und einem Blütenkolben, dem ein herabhängendes Büschel scharlachfarbener Früchte folgt. H 1m, B 30cm.

Arisaema triphyllum (Feuerkolben)
Mehrjährige mit kugelförmigen Knollen, fleckigen Stielen und 1 bis 2 dreiblättrigen Blättern. Eine haubenförmige gestreifte, grüne bis purpurfarbene Blütenscheide mit Kolben erscheint im Frühjahr, gefolgt von roten Beeren.
H 30cm-1m, B 23-60cm.

ARISTOLOCHIA

Diese Gattung besteht aus ca. 300 Arten giftiger Kletterer, Sträucher, Kriecher und krautiger Mehrjähriger, die hauptsächlich in tropischen Regionen Amerikas vorkommen. *A. clematitis* findet man in Mittel- und Südeuropa. Viele kletternde Arten werden wegen ihres hübschen Laubes und der eindrucksvollen Blüten angebaut. *Aristolochia* setzt sich aus den griechischen Worten *aristos* (der Beste) und *lokhia* (die Geburt) zusammen und bezieht sich auf den medizinischen Gebrauch der Pflanzen.

Aristolochia clematitis (Osterluzei)
Mehrjährige mit kriechenden Rhizomen, aufrechten Stämmen und herzförmigen Blättern. Trauben von gelben bis grünen Blüten erscheinen im Sommer und werden von birnenartigen Kapseln abgelöst. Alle Teile verströmen einen unangenehmen Geruch. H und B 20-85cm.

ARMORACIA

Diese Gattung hat drei Arten hochwachsender, winterharter Mehrjähriger mit zapfenförmigen Wurzeln, die in Europa und Sibirien verbreitet sind. *A. rusticana* ist in Westasien heimisch, mittlerweile aber in vielen Teilen der Welt eingebürgert. Die Kultivierung reicht nicht lange zurück; man vermutet, daß sie noch keine 2.000 Jahre angebaut wird. Ursprünglich eine Heilpflanze, wurde ihr Wert als Gewürz erst Ende des 16. Jahrhunderts erkannt. *Armoracia* ist der lateinische Name für den verwandten wilden Rettich.

Armoracia rusticana (Meerrettich)
Aufrechte, kräftige Mehrjährige mit dicker verzweigter, zapfenförmiger Wurzel. Die Blätter sind hellgrün, eirund bis länglich, und werden ca. 50cm lang. Kleine weiße Blütentrauben wachsen im Frühsommer.
H 30cm-1,2m, B 60-90cm.

***Armoracia rusticana* 'Variegata'**
(Meerrettich)
Die Blätter dieser Sorte haben eine unregelmäßige weiße Tönung, die sich manchmal über das ganze Blatt erstrecken kann.
H 30cm-1,2m, B 60-90cm.

ARNICA

Die Gattung besteht aus etwa 30 Arten rhizomwüchsiger Mehrjähriger, die sich in der Regel in subalpinen Regionen der nördlichen Hemisphäre finden lassen. *A. montana*, eine europäische Art, macht sich besonders gut im Steingarten oder Torfbeet. Als Alpenpflanze benötigt sie kühle Temperaturen; ihr mißfällt winterliche Nässe. Man kommt ihren Gewohnheiten entgegen, wenn man sie im Hochbeet pflanzt. *Arnica* ist der griechische Name; möglicherweise leitet er sich von *arnakis* (Lämmerhaut) ab.

Arnica montana (Arnika)
Aromatische Mehrjährige mit Rhizomen und einer Rosette aus eirunden, behaarten Blättern mit 5-17cm Länge. Goldfarbene bis gelbe kreisrunde Blüten mit 5cm Durchmesser erscheinen im Sommer.
H 10-60cm, B 15cm.

ARNIKA, siehe *Arnica*, S. 242

ARTEMISIA

Eine Gattung aus ca. 300 Arten winterharter und fast winterharter Ein-, Zwei- und Mehrjähriger, die in der Natur in nördlichen gemäßigten Zonen, dem Westen Südamerikas und im südlichen Afrika vorkommen. Viele Arten des Beifuß werden wegen ihres feingliedrigen, häufig silbrigen Laubes und angenehmen Geruchs als Zierpflanzen angebaut. Ihre Kultivierung ist einfach, sie vertragen auch trockene Böden. Einige eignen sich für Rabatten und unterstützen die Farbwirkung in weißen Gärten. Mit *A. abrotanum, A. absinthium* 'Lambrook Silver' und *A. arborescens* lassen sich Hecken bilden. *A. annua* ist eine hochwachsende und formwahrende Pflanze mit hübschem duftenden Laub und kann zum Schließen der Lücken am Ende einer Rabatte eingesetzt werden, wirkt aber auch als interessanter Kontrast mit kleineren, farbenprächtigeren Pflanzen. *A. caucasica* breitet sich als niedrigwachsende Pflanze gern in Steingärten und an Wänden aus. Die Blätter vieler Beifuß-Arten lassen sich für interessante Blumengestecke verwenden. *A. vulgaris* werden Insekten vertreibende Eigenschaften zugeschrieben.

▲ ***Artemisia absinthium*** (Wermut, Absinth)
Strauch mit grauem bis grünem, sehr fein gegliedertem Laub, das beidseitig seidig behaart ist; im Sommer Rispen mit unscheinbaren gelben, kugelförmigen Blüten. H 1m, B 60-90cm.

▲ ***Artemisia absinthium* 'Lambrook Silver'** (Wermut, Absinth)
Diese Sorte hat üppiges silbriges bis graues Laub und im Sommer lange Rispen mit winzigen Blüten.
H 45-80cm, B 50cm.

▲ ***Artemisia abrotanum*** (Eberraute)
Fast immergrüner Strauch mit grauen bis grünen fiederteiligen Blättern, die einen durchdringenden Geruch verströmen; kleine gelbe Blüten an dichtstehenden Rispen im Spätsommer. In kalten Sommern setzt die Blüte aus. H 1m, B 30-60cm.

▲ ***Artemisia caucasica*** (Beifuß)
Büscheliger, mattenbildender, immergrüner oder halbimmergrüner kleiner Strauch mit seidigen, feingliedrig farnartigen silbernen bis grünen Blättern; Rispen mit kleinen, kugelrunden, gelben Blüten im Sommer. H und B 15-30cm.

▲ ***Artemisia annua*** (Beifuß)
Schnellwüchsige, riesige Einjährige mit aufrechten, häufig rötlichen Stämmen und hellgrünen fiederteiligen, gesägten Blättern; im Sommer winzige gelbe Blüten an losen Rispen.
H 1,5-3m, B 1-1,5m.

▲ ***Artemisia arborescens*** (Beifuß)
Aufrechter, immergrüner oder halbimmergrüner rundwüchsiger Strauch mit zartgliedrig silbrigem bis grauem Laub; im Sommer und Frühherbst Rispen mit kleinen gelben Blüten. H und B 1,1m.

▲ ***Artemisia capillaris*** (Beifuß)
Fein verästelter Strauch mit purpurfarbenen Stämmen und feingliedrigen, aromatischen seidigen Blättern; Rispen mit winzigen, purpurnen bis braunen Blüten ab Spätsommer.
H und B 30cm-1m.

► ***Artemisia* 'Powis Castle'** (Beifuß)
Diese nichtblühende Zwergform mit silbernem Laub ist möglicherweise eine Hybride zwischen *A. absinthium* und *A. arborescens* aus den Gärten von Powis Castle, Wales. Sie ist kompakter als *A. absinthium* 'Lambrook Silver'.
H 60-90cm, B 1,2m.

► ***Artemisia dracunculus*** (Estragon, Dragon)
Mehrjährige mit aufrechten, sich verästelnden Stämmen und länglichen weichen Blättern (3-6cm), die nach Minze oder Anis schmecken. In kühlen Sommern öffnen sich die kleinen, grünen Blüten nicht oder produzieren keinen lebensfähigen Samen. H 45cm-1m, B 30-38cm.

► ***Artemisia dracunculus*** ssp. ***dracunculoides*** (Estragon, Dragon)
Diese Unterart ist härter und kräftiger als die eigentliche Art. Sie setzt leichter Samen an, hat aber einen durchdringenden, weniger angenehmen Geschmack, der sich bei ausgereiften Pflanzen allerdings verbessert. H 1,5m, B 60cm.

◄ ***Artemisia lactiflora*** (Beifuß)
Kräftige aufrechte Mehrjährige mit grob gezähnten grünen Blättern. Große Federn mit kleinen, schmutzig weißen Blüten im Spätsommer und Herbst.
H 1,2-1,5m, B 50cm.

► ***Artemisia lactiflora*, Gruppe Guizhou** (Beifuß)
Diese Sorte hat kastanienbraune Stämme, die einen hübschen Kontrast mit den crèmefarbenen Blüten bilden. H 1,2-1,5cm, B 50cm.

◄ ***Artemisia ludoviciana*** (Beifuß)
Buschige Mehrjährige mit Rhizomen und grünen bis silbriggrünen langen Blättern, die bis zu 11cm lang werden und am unteren Ende des Stamms gezähnt oder geteilt sind; kleine crèmegelbe Blüten an Rispen im Sommer und Herbst.
H 60cm, B unbestimmt.

◄ ***Artemisia ludoviciana* 'Silver Queen'** (Beifuß)
Diese Sorte hat gezackte silbrige Blätter und große Federn mit gelben bis grauen Blüten. H 75 cm, B unbestimmt.

◄ ***Artemisia vulgaris*** (Beifuß)
Aromatische Mehrjährige mit roten bis purpurfarbenen Stämmen und gefiederten dunkelgrünen Blättern, an der Unterseite weiß, die bis zu 8cm lang werden. Im Spätsommer Rispen mit kleinen roten bis braunen Blüten.
H 60cm-1,7m,
B 30cm-1m.

▲ ***Artemisia pontica*** (Beifuß)
Strauch mit Rhizomen, aufrechten Stämmen mit kleinen Zweigen und feingliedrigen flaumigen, silbrigen bis grünen Blättern von bis zu 4cm Länge; im Sommer engstehende Rispen mit kleinen gelben Blüten.
H 45cm-1,2m, B 30-60cm.

▲ ***Artemisia vulgaris* 'Variegata'** (Beifuß)
Diese Sorte hat weiß getupftes Laub.
H 60cm-1,7m, B 30cm-1m.

ASARUM

Das Hauptverbreitungsgebiet dieser Gattung mit mehr als 70 Arten ist Japan, sie wird aber auch in anderen nördlichen gemäßigten Regionen angetroffen. Es handelt sich um laubwechselnde oder immergrüne Mehrjährige mit Rhizomen. *A. canadense* ist im Osten Nordamerikas heimisch. Wildwachsende Arten des Haselwurz sind häufig kriechende Waldpflanzen und riechen nach Ingwer. Ihr Laub hat Ähnlichkeit mit dem von Alpenveilchen; einige Arten sind als Bodendecker beliebt und werden gern für Steingärten verwendet.

Asarum canadense (Haselwurz)
Immergrüne, liegende Mehrjährige mit schlanken Rhizomen, die stark nach Ingwer riechen, und dunkelgrünen behaarten, herzförmigen Blättern, im Durchmesser 5-20cm; im Frühling urnenförmige, purpurfarbene bis braune Blüten in Bodennähe. H 8cm, B 60cm.

ASCLEPIAS

Diese Gattung aus ca. 120 Arten ein- oder mehrjähriger Knollenpflanzen und Sträucher kommt in Nordamerika und Afrika vor. *A. tuberosa* wächst an trockenen grasbedeckten Standorten im Osten und Süden der USA; viele Arten werden wegen ihrer farbenprächtigen Blüten und der aufgesprungenen Schoten mit Büscheln seidiger Samen in Rabatten gepflanzt. Sie sind verschieden winterhart; einige sind Immergrün. *Asclepias* ist nach Äskulap (Asklepios), dem griechischen Gott der Heilkunst, benannt.

Asclepias tuberosa (Seidenpflanze)
Mehrjährige mit großen Knollenwurzeln, aufrechten behaarten Stämmen und länglichen, bis zu 10cm langen Blättern. Im Sommer orangene bis rote Blüten, gefolgt von schlanken, 15cm langen Schoten.
H 30-60cm, B 23-45cm.

ASPALATHUS

Diese Gattung aus 255 Arten von Hülsenfrüchten, zumeist stachlige Sträucher, findet man nur im südlichen Afrika. Im 19. Jahrhundert begann man, sie wegen ihrer Blüten in Gewächshäusern zu ziehen. *A. linearis*, in den trockenen Drakensbergen der Kapprovinz heimisch, ist die Grundlage für Rooibos-Tee, ein Getränk der Hottentotten, und wurde erstmalig 1772 vom schwedischen Botaniker Carl Thunberg beschrieben. Sie ist eine der wenigen Arten, die erst im 20. Jahrhundert als Feldfrucht kultiviert wurden.

Aspalathus linearis
Verschiedenfarbiger, aufrechter bis hängender Strauch mit rotgetönten Zweigen und langen hellgrünen Blättern, die sich rotbraun färben, wenn sie abgefallen sind; im Sommer kleine erbsengroße Blüten an Trauben. H und B bis zu 2m.

ASCHANTIPFEFFER, siehe *Piper guineense*, S. 329
ASIATISCHER BREITWEGERICH, siehe *Plantago asiatica*, S. 331
ASIATISCHER GINSENG, siehe *Panax ginseng*, S. 321

ASPARAGUS

In dieser Gattung gibt es ungefähr 100 Arten, die in gemäßigten und subtropischen Regionen Eurasiens wachsen. *A. officinalis* wächst wild an den Sandküsten und Klippen Europas; das Verbreitungsgebiet von *A. racemosus* erstreckt sich von Australien über Westafrika bis nach Südasien. Zu der Gattung gehören winterharte und empfindliche Knollengewächse, darunter sind Mehrjährige, Sträucher sowie Kletterer; alle weisen gefiedertes Laub auf. Der Gattungsname *Asparagus* („Spargel") stammt aus dem Griechischen.

Asparagus officinalis (Spargel)
Mehrjährige mit kriechenden Rhizomen und aufrechten Stämmen, die im Frühling als kräftige Schößlinge sprießen; dichtes weiches Laub aus blattförmigen Stielen. Grünen bis weißen, glockenförmigen Blüten im Sommer folgen rote Beeren. H 1-1,5m, B 45-90cm.

Asparagus racemosus (Spargel)
Windende Mehrjährige mit Rhizomen; die Blätter verdicken sich im unteren Teil stachelartig; Laub aus spitzen blattförmigen Stielen von 1-3,5cm Länge. Duftende weiße Blüten mit 5mm Durchmesser im Sommer werden von von roten Beeren gefolgt. H 7m.

ASTRAGALUS

Diese umfangreiche Gattung mit über 2.000 Arten Ein- und Mehrjähriger verteilt sich über die nördlichen gemäßigten Zonen. *A. membranaceus* wächst auf den sandigen Böden Ostasiens. Manche Arten werden als Feldfrüchte oder Futterpflanzen kultiviert, aus anderen gewinnt man gallertartige Substanzen. Einige Pflanzen speichern Mineralien und wachsen gerne bei Lagerstätten von Erzen. Der Genuß mancher Arten führt zu Vergiftungen. Ca. 100 Varietäten werden wegen ihrer farbenprächtigen Blütenähren angebaut.

Astragalus membranaceus (Tragant)
Mehrjährige mit geriffelten behaarten Stämmen und Blattwerk aus je 12-18 Blättchenpaaren. Im Sommer erscheinen Trauben mit gelben erbsengroßen Blüten, auf die hängende Samenhülsen von bis zu 15cm Länge folgen.
H und B 25-40cm.

ATRACTYLODES

Sieben Arten Mehrjähriger mit Rhizomen sind in dieser Gattung enthalten, die hauptsächlich in Ostasien vorkommt. *A. macrocephala* findet sich wildwachsend sowohl auf Weide- wie auf Ödland und ist die wichtigste Art, die in der traditionellen chinesischen Medizin Verwendung findet. Die Nachfrage ist mittlerweile so stark, daß die Pflanze in großem Stil angebaut wird. Chinesische botanische Gärten erforschen die Grundlagen der Kultivierung anderer Arten, die man für den gleichen Zweck einsetzen will.

Atractylodes macrocephala
(Mastixdistel)
Aufrechte Mehrjährige mit dicken Rhizomen und gerippten spitzen, gezähnten Blättern. Purpurfarbene distelähnliche Blüten mit 3,5cm Durchmesser im Sommer, gefolgt von borstigen Samen.
H 30-60cm, B 45cm.

ATRIPLEX

Ungefähr 100 Arten immergrüner und halbimmergrüner Sträucher sowie Ein- und Mehrjähriger bilden diese Gattung, die weltweit sowohl in gemäßigten wie auch in warmen Regionen vorkommt. *A. hortensis* findet man weitverbreitet im östlichen Europa und in Asien. Die Melde ist üblicherweise ungewöhnlich unempfindlich gegenüber salzhaltigen Böden. In früheren Zeiten schrieb man ihr eine heilende Wirkung bei Gelbsucht zu. Zu dieser Gattung gehören auch verschiedene Unkräuter.

Atriplex hortensis (Gartenmelde)
Schnellwüchsige Einjährige mit aufrechten, häufig rot gefärbten Stielen und dreieckigen bis herzförmigen Blättern. Winzige gelbe bis grüne Blüten erscheinen im Sommer an stachelförmigen Rispen. H 60cm-1,2m, B 15-30cm.

***Atriplex hortensis* 'Rubra'**
(Gartenmelde)
Diese Sorte unterscheidet sich von anderen Pflanzen ihrer Art durch Blätter und Stiele in der Farbe von Rote Beete und läßt sich aus Samen ziehen.
H 60cm-1,2m, B 15-30cm.

AUFRECHTER AUGENTROST, siehe
Euphrasia officinalis, S. 281

ATROPA

Vier Arten hoher Mehrjähriger bilden diese Gattung, deren Verbreitungsgebiet von Westeuropa über Nordafrika bis zum Himalaya reicht. Der Gattungsname *Atropa* leitet sich vom griechischen Namen *atropos (die Unabwendbare)* ab, einer der drei Schicksalsgöttinen, die den Lebensfaden durchschneidet, und bezieht sich auf die Giftigkeit dieser Pflanzen. In alten Erzählungen wird von Macbeth berichtet, der versuchte, mit dem Gift dieser Pflanze die dänischen Invasoren zu unterwerfen.

Atropa belladonna (Tollkirsche)
Hohe Mehrjährige mit aufrechten verzweigten Stielen und eirunden Blättern von bis zu 20cm Länge; purpurfarbene bis braune glockenförmige Blüten im Sommer, gefolgt von glänzenden schwarzen Beeren mit bleibendem Kelch.
H 1-1,5m, B 60-90cm.

❄❄❄

AVENA

Eine Gattung aus ungefähr 15 Arten einjähriger Gräser, die wildwachsend in Eurasien und Nordafrika vorkommen. Die wichtigsten Arten sind *A. fatua* (Flughafer, Windhafer), eigentlich eine südeuropäische Art, die sich während der Eisenzeit bis nach Nordeuropa ausgebreitet hat, und *A. sativa* (Saathafer), die aus wildem Hafer kultiviert worden ist. *A. sativa* wird besonders in nördlichen gemäßigten Zonen angebaut, denn sie benötigt mehr Wasser und Feuchtigkeit als Weizen und verträgt keine trockenen Sommer.

Avena sativa (Hafer, Saathafer)
Aufrechtes einjähriges Gras mit flachen Blättern, biegsamen Stielen und Rispen mit großen hängenden Ähren im Sommer. Die Samen sind spindelförmig und blaßgolden.
H 30cm-1m, B 15-23cm.

❄❄❄

AZADIRACHTA

Es gibt in dieser Gattung zwei Arten gummiabsondernder Bäume, die im tropischen Eurasien und in Afrika vorkommen. *A. indica*, vermutlich in Birma heimisch, ist ein schnellwüchsiger und langlebiger Baum, der in den Tropen als Zierpflanze sehr beliebt ist und trotz seines unangenehmen Geruchs als Brennstoff und als Bauholz verwendet wird. Er ist eng verwandt mit *Melia azederach* (vgl. S. 157) und wird häufig mit ihm verwechselt. Der letztere hat jedoch ein mehr nördliches Verbreitungsgebiet.

Azadirachta indica (Nimbaum)
Immergrüner Baum mit fiederteiligen Blättern von bis zu 30cm Länge. Er trägt von Frühjahr bis Frühwinter Rispen kleiner gelber bis weißer, duftender Blüten und gelbe bis rotbraune beerenartige Früchte.
H 12-15m, B 12m.

BALLOTA

Diese Gattung hat 35 Arten von winterharten bis nahezu winterharten Mehrjährigen und Halbsträuchern. Ihre Heimat ist Europa, der Mittelmeerraum und Westasien. Die meisten Arten sehen aus wie Unkräuter, werden aber wegen ihres samtigen Laubs angebaut. *B. nigra*, einzeln stehend eher unscheinbar, bietet in der Gruppe mit anderen Pflanzen ein hervorragendes Erscheinungsbild und zieht Bienen an. *Ballota* bezieht seinen Namen offenbar vom griechischen Wort *ballein* (abweisen), da das Vieh diese Pflanzen meidet.

Ballota nigra (Schwarznessel)
Harte hochschießende Mehrjährige mit durchdringendem Geruch; kleingezähnte, runde bis eirunde und behaarte Blätter sowie Wirtel mit purpurfarbenen, selten auch weißen doppellippigen, röhrenförmigen Blüten im Sommer.
H 40cm-1m, B 24-60cm.

❄❄❄

***Ballota nigra* 'Archer's Variety'**
(Schwarznessel)
Diese Sorte hat ein hübsches unregelmäßig weißes Laubwerk.
H 40cm-1m, B 24-60cm.

❄❄❄

AUSTRALISCHER PFEFFERBAUM, siehe *Tasmannia lanceolata,* S. 275

BACHMINZE, siehe *Mentha aquatica,* S. 311
BACH-NELKENWURZ, siehe *Geum rivale,* S. 288
BALDRIAN, siehe *Valeriana,* S. 367
BALLONBLUME, siehe *Platycodon grandiflorus,* S. 331
BALSAMBIRNE, siehe *Momordica charantia,* S. 313

BAPTISIA

Eine Gattung von 17 Arten winterharter Mehrjähriger aus dem östlichen Nordamerika. Einige Arten werden wegen ihrer gelben, weißen oder blauen Lupinen ähnelnden Blüten kultiviert. Charles Millspaugh („Medicinal Plants", 1892) schreibt über *B. tinctoria*: „Die jungen Schößlinge dieser Pflanze haben Ähnlichkeit mit Spargel und werden in den Neuenglandstaaten an dessen Stelle für Suppen verwendet". Der Name kommt von dem griechischen Wort *baptein* (färben), weil einige Arten Farbstoffe hervorbringen.

Baptisia tinctoria (Färberhülse)
Aufrechte, stark verzweigte Mehrjährige mit kleinen, dem Klee ähnelnden Blättern und bogenförmigen Trauben (bis zu 10 cm lang) gelber, erbsengroßer Blüten im Sommer, gefolgt von braunen Samenhülsen von 1cm Länge.
H 1,2m, B 60cm.

BELAMCANDA

Zwei Arten zum Teil frostharter Mehrjähriger bilden diese Gattung aus Ostasien. *B. chinensis* ist eine ungewöhnliche Rabattenpflanze, die im Aussehen der Iris oder der Lilie gleicht. Ihr Name „Leopardenblume" spielt auf glänzend schwarze Samen und gefleckte Blüten an, die nur einen Tag leben. Obwohl sie winterhart ist, neigt die Pflanze zu später Blüte und eignet sich für Regionen mit heißen Sommern. Die Früchte mit drei Kammern bieten ein prächtiges Bild, wenn sie im Herbst aufplatzen.

Belamcanda chinensis
(Leopardenblume)
Mehrjährige mit kurzem Rhizom, verzweigten Stielen und Fächern schwertförmiger Blätter. Orangefarbene bis rote dunkelgefleckte Blüten im Sommer, gefolgt von kugelförmigen schwarzen Samen. H 60cm-1,2m, B 15-25cm.

***Bellis perennis* 'Alba Plena'**
(Gänseblümchen, Tausendschön)
Eine Sorte des Gänseblümchens mit doppelten weißen Blüten. Die Züchtung geht auf das 16. Jahrhundert zurück.
H 10cm, B 7-12cm.

BELLIS

Diese Gattung besteht aus sieben Arten winterharter Ein- und Mehrjähriger, die in Europa und im Mittelmeerraum heimisch sind. *B. perennis* ist eine variable Art mit einer langen Tradition als Heilpflanze. Sie kommt auf Grasland überall in Europa und Westasien vor. Viele Sorten eignen sich für Steingärten und Kübel, im Beet können sie auch als Zweijährige gezogen werden. Wegen ihrer einfachen Aufzucht und langen Blütezeit sind sie sehr beliebt. Der Gattungsname *Bellis* stammt vom lateinischen *bellus* (schön).

Bellis perennis
(Gänseblümchen, Tausendschön)
Mehrjährige mit einer Rosette eirunder Blätter; Blüten,bis zu 2,5cm, mit hellgelben Scheiben und weißen, oft rosa angehauchten strahlenförmigen Blümchen, die von Frühjahr bis Herbst erscheinen. H 2,5-15cm, B 7-12cm.

***Bellis perennis* 'Pomponette'**
(Gänseblümchen, Tausendschön)
Eine gute Pflanze für Frühjahrsbeete oder Steingärten mit doppelten rosa-, kirschfarbenen oder weißen Blüten von bis zu 3,5cm Durchmesser.
H und B 10-15cm.

***Bellis perennis* 'Prolifera'**
(Gänseblümchen, Tausendschön)
Diese ungewöhnliche Sorte hat doppelte weiße, häufig rosa angehauchte Blüten, wobei vom großen Kopf weitere Blüten ausgehen.
H 10cm, B 7-12cm.

BÄRENKLAU, siehe *Heracleum*, S. 292
BÄRENLAUCH, siehe *Allium ursinum* S. 234
BÄRENTRAUBE, siehe *Arctostaphylos*, S. 241
BÄRLAPP, siehe *Lycopodium*, S. 307
BASILIKUM, siehe *Ocimum basilicum*, S.318
BAUMWOLLBAUM, siehe *Ceiba pentandra*, S. 257
BAUMWOLLE, siehe *Gossypium*, S. 290
BAYRUMBAUM, siehe *Pimenta acris*, S. 328
BEERENTRAUBE, siehe *Schisandra*, S. 350
BEIFUSS, siehe *Artemisia vulgaris*, S. 243
BEINWELL, siehe *Symphytum officinale*, S. 357
BEISSGURKE, siehe *Momordica*, S. 312

BENINCASA

Diese Gattung besteht aus nur einer Art empfindlicher kletternder oder kriechender Einjähriger; sie hat Ähnlichkeit mit Mitgliedern der Gurkenfamilie. Ursprünglich in Asien und dem tropischen Afrika beheimatet, ist sie in vielen anderen warmen Regionen eingebürgert worden. Sie wächst im Durchschnitt um 2,5cm pro Stunde. Männliche und weibliche Blüten wachsen getrennt auf der gleichen Pflanze. Die Blüten sind glokkenförmig; langstielige männliche werden 5-17cm lang, weibliche zwischen 2,5 und 4cm.

Benincasa hispida (Wachskürbis)
Eine kletternde Einjährige mit behaarten Stämmen, gespaltenen Ranken und gelappten Blättern; aus weiblichen Blüten werden dunkelgrüne Früchte mit weißem Fleisch von 25-40cm Länge. Die Haut ist wachsüberzogen und gibt der Frucht einen weißlichen Schmelz. H 6m.

BERBERIS

Ungefähr 450 Arten immergrüner, halbimmergrüner und laubwechselnder Sträucher bilden diese Gattung, die in Eurasien, Amerika und Nordafrika verbreitet ist. *B. vulgaris* wächst an Büschen und Hecken in fast ganz Europa. Viele Arten werden wegen duftender Blüten, hübschem Laub und effektvoller Früchte angebaut; bei den laubwechselnden Arten ist auch die Herbstfärbung eindrucksvoll. Das dichte Wachstum der Berberitzen prädestiniert sie für die Bepflanzung von Böschungen und das Anlegen von Hecken.

Berberis vulgaris (Sauerdorn)
Laubwechselnder Strauch mit gelben Wurzeln, gerillten gelben bis grauen Stämmen, dreizackigen Stacheln und eirunden gezähnten Blättern. Im Frühjahr erscheinen an hängenden Trauben gelbe Blüten, gefolgt von schlanken eiförmigen Früchten. H 2m, B 1,2m.

***Betula pendula* 'Laciniata'**
(Sandbirke, Weißbirke)
Ein eleganter schlanker Baum mit feingliedrigen Blättern; diese Variante wurde wildwachsend 1767 in Schweden entdeckt. H 6-9m, B 4-5m.

BETULA

Diese Gattung von ungefähr 60 Arten winterharter laubwechselnder, oft schnellwüchsiger Bäume und Sträucher ist überall in der nördlichen Hemisphäre zu finden. *B. pendula* kommt von Sibirien über Westasien bis Nordafrika am Rande von Waldgebieten und Mooren vor. Die Birke gehört zu den beliebtesten Bäumen in nördlichen Regionen. Sie wächst schnell und verträgt die meisten Bodenarten. Auch hat sie ein hübsches Aussehen; das Laub der meisten Arten verfärbt sich im Herbst sehr effektvoll.

Betula pendula (Sandbirke, Weißbirke)
Laubwechselnder Baum mit hängenden Zweigen und silbriger bis weißer Rinde; im Frühling erscheinen weibliche und männliche Kätzchen; die männlichen hängen herab, die weiblichen sind kürzer und aufrechtstehend. Ihnen folgen geflügelte Nüßlein. H 10-25m, B 4-10m.

***Betula pendula* 'Tristis'**
(Sandbirke, Weißbirke)
Diese dankbare Sorte zeichnet sich durch einen schmalen symmetrischen Kopf mit hängenden Zweigen aus.
H 7m, B 7-8m.

***Betula pendula* 'Youngii'**
(Sandbirke, Weißbirke)
Diese kleinwüchsige Sorte der Birke hat einen pilzförmigen Kopf und stark herabhängende Zweige.
H 7m, B 7-10m.

BERBERITZE, siehe *Berberis*, S. 248
BERGAMOTTE, siehe *Citrus bergamia*, S. 263
BERGARNIKA, siehe *Arnica montana*, S. 242
BERGFLOCKENBLUME, siehe *Centaurea montana*, S. 257
BESENGINSTER, siehe *Cytisus scoparius*, S. 271
BESENHEIDE, siehe *Calluna* S. 252
BETELNUSSPALME, siehe *Areca catechu*, S. 241
BETTLERKRAUT, siehe *Clematis vitalba*, S. 263

BIDENS

Eine Gattung von ca. 200 weltweit verbreiteten Arten mit Ein-, Mehrjährigen und Sträuchern. *B. tripartita* wächst in gemäßigten Regionen Eurasiens. Die bekanntesten Arten sind *B. ferulifolia*, die wegen ihrer goldenen Herbstblüten kultiviert wird, und *B. atrosanguineus* (jetzt *Cosmos atrosanguineus*) mit bogenformenden Stielen und dunkelbraunen, nach Schokolade riechenden Blüten. *Bidens* ist eine Zusammensetzung von lateinisch *bis (*zweimal) sowie *dens (*Zahn) und beschreibt die stacheligen Früchte.

Bidens tripartita (Zweizahn)
In Ufernähe wachsende Einjährige mit viereckigen purpurfarbenen Stielen und gezähnten spitzen oder gefiederten Blättern; im Sommer trägt sie gelbe bis braune knopfförmige Blüten inmitten eines Hochblattes.
H 15-60cm, B 10-30cm.

BIXA

Diese Gattung empfindlicher immergrüner, strauchiger Bäume ist in tropischen Teilen Amerikas und der Karibik heimisch. *B. orellana* wächst auf nährstoffreichem Boden entlang tropischer Wälder. In den Tropen wegen ihrer Samen hauptsächlich als Wirtschaftsgut kultiviert, wird die Pflanze auch als Schattenspender und für Hecken angebaut. Ihre hellroten stacheligen Samenkapseln von 5cm Länge sind dekorativ; ihre Blüten produzieren viel Nektar. Der Name *Bixa* stammt von der südamerikanischen Bezeichnung „biche".

Bixa orellana
(Annatostrauch, Orleansstrauch)
Kleiner Baum mit spitzen großen, eirunden Blättern von bis zu 20cm Länge; Rispen mit rosafarbenen oder weißen Blüten erscheinen im Spätsommer, gefolgt von roten stachligen Kapseln, die roten Samen enthalten. H 7m, B 3-4m.

BLETILLA

Eine Gattung von neun Orchideenarten , die in Ostasien vorkommt. Nur *B. striata* wird weltweit kultiviert. Im Westen als Zierpflanze geschätzt, dient sie im Fernen Osten hauptsächlich als Heilpflanze. Sie ist in China und Japan heimisch und wird an schattigen Standorten mit mildem Klima als Rabatten- oder Topfpflanze angebaut. Einige empfindlichere bunte Sorten müssen unter Abdeckungen kultiviert werden und können als Zwergformen gelten. Die *Bletilla* ist nach dem spanischen Botaniker Don Louis Blet benannt.

Bletilla striata (Blet-Orchidee)
Eine laubwechselnde Orchidee mit abgeflachten unterirdischen Pseudozwiebeln und gefalteten Blättern von bis zu 50cm Länge; lockere Ähren mit magentafarbenen, seltener weißen Blüten (Durchmesser 3cm) erscheinen Ende des Frühjahrs.
H 30-60cm, B 20-30cm.

BORAGO

Diese Gattung besteht aus drei Arten winterharter Ein- oder Mehrjähriger, die im Mittelmeerraum und in Westasien beheimatet sind. Zwei Arten, *B. officinalis* und *B. pygmaea*, sind wegen der blauen Blüten beliebt. Obwohl sie oft angeboten wird, kann *B. pygmaea* den medizinischen und kulinarischen Nutzen der *B. officinalis* nicht ersetzen. Ihr Name kommt von dem lateinischen *borra* (steifes Haar) und spielt auf das borstige Laub an. Plinius nannte sie wegen der euphorische Effekte hervorrufenden Wirkung *Euphrosinum.*

Borago officinalis (Boretsch)
Behaarte Einjährige mit aufrechten Hohlstämmen und lanzettförmigen Blättern; Blüten aus 5 Blumenblättern mit 1cm Durchmesser kommen im Sommer hervor, gefolgt von kleinen schwarzen bis braunen Samen. Einige Pflanzen tragen buntes Laub. H 30cm-1m, B 15-30cm.

***Borago officinalis* 'Alba'**
(Boretsch)
Auch diese Sorte hat borstige, nach Gurken riechende Blätter; sie trägt jedoch Blüten von reinem Weiß.
H 30cm-1m, B 15-30cm.

BIBERNELLE, siehe *Pimpinella,* 328
BICKBEERE, siehe *Vaccinium myrtillus*, S. 367
BILSENKRAUT, siehe *Hyoscyamus*, S. 295
BIRKE, siehe *Betula*, S. 248
BITTERDISTEL, siehe *Cnicus benedictus*, S. 264
BITTERHOLZ, siehe *Picrasma*, S.327
BITTERKLEE, siehe *Menyanthes,* S. 312
BITTERSÜSSER NACHTSCHATTEN, siehe *Solanum dulcamara*, S. 354
BLASENTANG, siehe *Fucus*, S. 284
BLAUGUMMIBAUM, siehe *Eucalyptus globulus*, S. 280
BLEISTIFTHOLZ, siehe. *Junipoerus virginiana*, S. 299

BOSWELLIA

Eine Gattung von 25 Arten immergrüner Büsche oder kleiner Bäume; in tropischen Regionen Asiens und Afrikas heimisch. *B. sacra* wächst in trokkenen bergigen Zonen Arabiens und am Horn von Afrika. Ihr öliges gummiartiges Harz sondern die Bäume von Natur aus ab. Weitere Nutzpflanzen sind *B. papyrifera*, die in Nordostafrika wachsende *B. sacra*, *B. frereana* und *B. serrata*. Einer Legende zufolge schenkte Gott Adam Gold, dieses Harz und Myrrhe, um ihn über den Verlust des Garten Eden hinwegzutrösten.

Boswellia sacra (Weihrauchbaum)
Harziger immergrüner Baum mit papierdünner, sich schälender Rinde und Ähren fiederteiliger Blätter; im Frühjahr kommen kleine fünfblättrige Blüten hervor, gefolgt von drei- bis fünfeckigen roten bis braunen Kapseln.
H 2-5m, B 1-3m.

BRASSICA

Eine Gattung aus ca. 30 Arten winterharter, meist ein- oder zweijähriger Kräuter, die überall in Eurasien wachsen. Die Römer vermischten den gemahlenen Samen mit Traubensaft; das Wort „Mostrich" kommt vom lateinischen *mustum* (Most). Die Eigenschaften von *B. juncea* sind ähnlich wie die der anderen Arten, allerdings wird sie eher kulinarisch als medizinisch verwendet. Sie kann maschinell geernet werden, was den kommerziellen Ertrag erhöht. Dennoch hat sie nur ca. 70 Prozent der Schärfe von *B. nigra.*

Brassica juncea
(Sareptasenf, Indischer Senf)
Einjährige mit graugrünen unregelmäßig lappigen Blättern von 15 -30cm Länge. Trauben mit blaßgelben Blüten erscheinen im Sommer, gefolgt von schnabelförmigen Schoten mit dunkelrotem bis braunem Samen. H 1-1,2m, B 30cm.

Brassica nigra (Schwarzer Senf)
Einjährige mit vielfach verzweigtem Stamm und lappigen, ungefähr lyraförmigen Blättern; sie hat im Sommer goldgelbe Blüten, gefolgt von kleinen aufrechten, viereckigen Schoten. Die Samen sind dunkelbraun.
H 90cm-3m und mehr, B 90cm-1,2m.

BRUCEA

Sieben Arten empfindlicher immergrüner oder laubwechselnder Sträucher bilden diese Gattung, die in Südostasien vorkommt. Die Beeren einiger Arten nutzt man zur Behandlung von Dysenterie (Ruhr). Der Bekanntheitsgrad spiegelt sich bereits im spezifischen Epitheton der *B. antidysenterica*. Diese Art wie auch *B. sumatrana* beschreibt das „Illustrated Dictionary of Gardening" mit den Worten: „Immergrüne Ziersträucher für das Treibhaus ..., bedeckt mit rötlichem Flaum". Heute werden sie nur noch selten kultiviert.

Brucea javanica
Hoher laubwechselnder Strauch mit flaumbedeckten Ästen und fiederteiligen Blättern mit 4-6 Blättchenpaaren; kleine purpurfarbene Blüten mit 4 Blättern treten im Sommer an Achselrispen hervor; die schwarzen Beeren enthalten nur ein Samenkorn. H 3m, B 2-3m.

BRUNFELSIA

Ungefähr 40 Arten immergrüner Sträucher und kleiner Bäume gehören zu dieser tropischen amerikanischen Gattung. *B. uniflora* wächst in den oberen Lagen des Regenwaldes von Brasilien und Venezuela. Einige Arten werden in wärmeren Regionen oder unter Glas als Zierpflanzen kultiviert. Ihre Attraktivität liegt in großen fünflappigen Blüten, die bei einigen Arten mit zunehmendem Alter auch die Farbe wechseln, was zu poetischen Namen geführt hat. Die Gattung ist benannt nach Otto Brunfels (1489-1534).

Brunfelsia uniflora
Strauch mit spitzen Blättern von bis zu 8cm Länge und blauen bis violetten Blüten mit gelber Kehle, die in der Regel einzeln, selten paarweise stehen und einen Durchmesser von 2 bis 3cm haben. H und B 50cm.

BRYONIA

Diese Gattung von ungefähr zehn Arten kletternder mehrjähriger Knollengewächse hat ihr Verbreitungsgebiet in Eurasien, Nordafrika und auf den Kanarischen Inseln. Der Name *Bryonia* geht auf das griechische Wort *bryein* (wachsen) zurück und bezeichnet das jährliche Wachstum aus der Knolle. *B. dioica* ist ein schnellwüchsiger Kletterer. *Dioica* besagt, daß männliche und weibliche Blüten auf verschiedenen Pflanzen wachsen. Die Pflanze empfiehlt sich für den Wildpflanzengarten; die roten Beeren sind giftig.

Bryonia dioica (Zaunrübe)
Kletternde laubwechselnde Mehrjährige mit stacheligem Stamm und handtellergroßen Blättern; die fünfblättrigen Blüten sind blaßgrün; männliche Exemplare sind lang-, weibliche kurzstielig und erscheinen in kleinen Gruppen an Dolden, gefolgt von roten Beeren. H 4m.

BOCKSDORN, siehe *Lycium*, S. 306
BOCKSHORNKLEE, siehe *Trigonella*, S. 364
BODENLORBEER, siehe *Epigaea repens*, S. 278
BOHNENKRAUT, siehe *Satureja*, S.349
BOLDO, siehe *Peumus boldus*, S. 326
BOLLE, siehe *Allium cepa*, S. 234
BORETSCH, siehe *Borago officinalis*, S. 249
BRAUNWURZ, siehe *Scrophularia*, S. 350
BRAUT IN HAAREN, siehe *Nigella damascena*, S.317
BRENNESSEL, siehe *Urtica*, S. 366
BROMBEERE, siehe *Rubus fruticosus*, S. 344
BROTWURZEL, siehe *Dioscorea opposita*, S. 274

BUPLEURUM

In dieser Gattung gibt es ca. 100 Arten winter- oder frostharter Ein- und Mehrjähriger. Einige Sträucher sind auch immergrün. Das Verbreitungsgebiet dieser Pflanzen ist Europa, Nordamerika und gemäßigte Zonen Asiens. *B. falcatum* kann man wildwachsend in Süd-, Mittel- sowie Osteuropa und Asien finden. Einige Arten werden wegen ihres interessanten Laubs oder ihrer bemerkenswerten Blüten auch als Zierpflanzen kultiviert. Die Gattung trägt die volkssprachliche Bezeichnung „Hasenohr".

Bupleurum falcatum (Hasenohr)
Schlanke Mehrjährige mit holzigem Wurzelstock und Hohlstielen, verkehrt eirunden unteren und schmalen oberen Blättern; sie trägt von der Sommermitte bis in den Herbst doldenständige kleine, gelbe Blüten.
H 30cm-1m, B 30-60cm.

BUXUS

Diese Gattung enthält ca. 30 Arten winterharter oder empfindlicher immergrüner Sträucher und kleiner Bäume, deren Verbreitungsgebiet Westeuropa, Nord- und Mittelamerika sowie die Karibik ist. *B. sempervirens*, langlebig und langsam wachsend, ist in Europa und Nordamerika verbreitet. Die Pflanze wird seit der klassischen Antike für den Formschnitt verwendet. Bereits Plinius (23-79 n.Chr.) beschreibt eine Terrasse, „die mit verschiedenen aus Buchsbaum geformten Tiergestalten verziert" war.

Buxus sempervirens (Buchsbaum)
Immergrüner Strauch oder kleiner Baum mit grauer bis brauner Rinde und glänzenden eirunden bis länglichen Blättern; Im Frühjahr erscheinen blaßgrüne Blüten ohne Kronblätter. Kapselfrüchte mit 3 Hörnern enthalten schwarzen Samen.
H 2-10m, B 1,2-2m und mehr.

***Buxus sempervirens* 'Kingsville Dwarf'** (Buchsbaum)
Mit einem Wachstum von nur 1cm pro Jahr dauert es bei dieser Sorte lange, bis sie ihre volle Größe erreicht. Sie wird häufig wie ein Bonsaibaum behandelt.
H und B 1m.

***Buxus sempervirens* 'Elegantissima'** (Buchsbaum)
Diese dicht und langsam wachsende Art hat kleine Blätter mit unregelmäßigen weißen Rändern. Auf jeder Pflanze wachsen die männlichen und weiblichen Blüten getrennt.
H 2m, B 1-1,5m.

***Buxus sempervirens* 'Latifolia Maculata'** (Buchsbaum)
Diese Art bildet einen dichten, hügelförmigen Strauch mit langen Blättern, die eine unregelmäßige stumpfgelbe Marmorierung aufweisen. Neue Triebe werden an einem sonnigen Standort hellgelb.
H und B 1-2m.

***Buxus sempervirens* 'Suffruticosa'** (Buchsbaum)
Eine Zwergsorte mit mittelgroßem, glänzend hellgrünem Laub; diese Pflanze wird seit langem für klassische Hecken und Formschnitt kultiviert.
H und B 75cm.

BUCHE, siehe *Fagus*, S. 282
BUCHSBAUM, siehe *Buxus*, S.251
BUCHWEIZEN, siehe *Fagopyrum*, S. 282
BUKKOSTRAUCH, siehe *Agathosma crenulata*, S. 230
BUTTERNUSSBAUM, siehe *Juglans cinera*, S.298
CALABAR, siehe *Physostigma venenosum*, S. 327

CALAMINTHA

In dieser Gattung sind sieben Arten enthalten, die in Europa und Mittelasien verbreitet sind. *C. nepeta*, eine eurasische Art, findet man aber auch in Nordafrika. Sie wächst auf Grasland, häufig in der Nähe von Flüssen. Verschiedene Arten sind als aromatische Mehrjährige für trockene sonnige Standorte in Rabatten oder als Topfpflanzen geeignet. Neben den unten beschriebenen Arten sind auch die rosafarbene *C. grandiflora* und ihre bunte Sorte *C. grandiflora* 'Variegata' häufig in Kräutergärten zu finden.

Calamintha nepeta (Steinquendel)
Buschige Mehrjährige mit langem kriechendem Rhizom, aufrechten verzweigten Stämmen und pfefferminzartig riechenden kleinen, eirunden Blättern; an lockeren Trauben erscheinen im Sommer blaß lilafarbene bis weiße Blüten von 6mm Länge. H 20-75cm, B 60-90cm.

Calamintha nepeta* ssp. *nepeta
(Steinquendel)
Diese Variante hat größere Pflanzenteile als die anderen Vertreter ihrer Art, das Aroma ist aber das gleiche.
H 45-60cm, B 60-90cm.

Calamintha sylvatica
(Steinquendel)
Eine winterharte Mehrjährige mit Rhizomen und behaarten minzartig riechenden, leicht gezähnten Blättern; sie trägt von Sommer bis Frühherbst blaßliliafarbene Blüten mit dunkleren Sprenkeln.
H und B 60cm.

CALENDULA

Ungefähr 20 Arten winterharter Einjähriger, Mehrjähriger und immergrüner Halbsträucher bilden diese Gattung, die im Mittelmeerraum heimisch ist. Einzig *C. officinalis* und ihre Sorten werden im allgemeinen als Zierpflanzen, für die Küche oder als Heilkraut kultiviert. Der Name *Calendula* stammt aus dem Lateinischen. *Calendae* ist danach der erste Tag des Monats; *Calendula* heißt „kleiner Kalender". Die Ringelblume zeigt durch Öffnen und Schließen des Blütenstands die Tage an.

Calendula officinalis (Gartenringelblume)
Buschige aromatische, langlebige Einjährige mit verzweigten Stielen und spitzen Blättern. Die Blüten mit einem Durchmesser von bis zu 7cm haben im Sommer und Herbst gelbe bis orangefarbene strahlenförmige Blätter.
H und B 50-70cm.

***Calendula officinalis* 'Prolifera'**
(Gartenringelblume)
Diese Sorte wird seit Jahrhunderten wegen ihrer originellen Blüten kultiviert, wobei aus dem unteren Hauptblütenkopf mehrere kleinere Blüten herauswachsen.
H und B 40-50cm.

CALLUNA

Diese Gattung besteht aus einer einzigen Art eines immergrünen Sträuchleins, das in den meisten Regionen Europas zu finden und eng mit *Erica* verwandt ist. Es gibt über 300 Sorten von *C. vulgaris*, die wegen ihres Dekors kultiviert werden. Blühendes Heidekraut läßt sich gut trocknen und behält viele Jahre seine Farbe. Der Name *Calluna* ist dem griechischen *kalynein* (fegen) nachempfunden; die Pflanze wurde nämlich zum Besenbinden verwendet. Man nutzte sie aber auch als Brennstoff und für Strohdächer.

Calluna vulgaris
(Besenheide, Heidekraut)
Dichtwachsender, immergrüner kleiner Strauch mit gekrümmten wurzelnden Zweigen und kleinen stiellosen Blättern; lockere Trauben mit kleinen, rosa- bis purpurfarbenen, glockenförmigen Blüten im Spätsommer. H 15-75cm, B 7-45cm.

***Calluna vulgaris* 'Alba Plena'**
(Besenheide, Heidekraut)
Eine Sorte mit doppelten weißen Blüten; ansonsten gleicht sie den anderen Pflanzen ihrer Art.
H und B 30-45cm.

***Calluna vulgaris* 'Darkness'**
(Besenheide, Heidekraut)
Diese Sorte hat tiefrote bis purpurfarbene Blüten und ein dunkelgrünes Laubwerk.
H und B 30-45cm.

***Calluna vulgaris* 'Multicolor'**
(Besenheide, Heidekraut)
Eine rosafarbene Zwergsorte, wegen ihres farbenprächtigen Laubes kultiviert, das das ganze Jahr hindurch eine gelbe, rote, orange- oder bronzefarbene Tönung aufweist.
H 20cm, B 23cm.

***Calluna vulgaris* 'Silver Queen'**
(Besenheide, Heidekraut)
Diese Sorte hat silbriges bis graues Laub und breitet sich gerne aus.
H 25-40cm, B bis zu 60cm.

CAMELLIA

Zu dieser asiatischen Gattung gehören etwa 100 bis 150 Arten immergrüner Sträucher und Bäume. Die wirtschaftlich am stärksten genutzte Pflanze ist *C. sinensis*. Sie wird in großem Stil kultiviert; es gibt von ihr über 350 Sorten. Sie wurde im 17. Jahrhundert nach Europa eingeführt. Viele Arten werden als Zierpflanzen angebaut; dekorativ sind das glänzende Laub und die hübschen Blüten. *Camellia* ist nach George Joseph Kamel (1661-1706) benannt, der eine Geschichte der philippinischen Pflanzenwelt verfaßt hat.

Camellia sinensis (Teestrauch)
Ein kleiner immergrüner Strauch mit vielen Sorten und ledrigen elliptischen Blättern; er hat weiße Blüten mit ca. 2,5cm Durchmesser und einem Büschel gelber Staubfäden in den Blattachseln, später Kapseln mit großen öligen Samen.
H 1-6m, B 60cm-4m.

CANANGA

Diese Gattung hat zwei Arten empfindlicher immergrüner Bäume, die im tropischen Asien und Australien heimisch sind. *C. odorata* wächst im bewaldeten Flachland von Indien bis Nordaustralien. Die Pflanze wird in den Tropen wegen ihrer intensiv duftenden blassen Blüten als Zierpflanze angebaut. Diese öffnen sich bei Dunkelheit, um Motten anzuziehen. Die Verwendung von Ylang-Ylang in einer Pomade aus Kokosnußöl auf den Molukken wurde von Guibourt 1866 in seiner „Natural History of Simple Drugs" beschrieben.

Cananga odorata (Ylang-Ylangpflanze)
Immergrüner Baum mit offener Krone, herabhängenden Zweigen und eirunden bis länglichen Blättern; intensiv duftende Blüten mit 6 schmalen, gelben bis grünen Blütenblättern erscheinen das Jahr über, danach grüne Früchte.
H 27m und mehr, B 10m.

CANELLA

Diese Gattung immergrüner strauchiger Bäume kommt in der Karibik und auf den Florida vorgelagerten Inseln vor. Der Gattungsname ist die Verkleinerungsform des lateinischen Wortes *canna* („Rohrflöte") und bezieht sich auf die Stacheln der Rinde (nicht zu verwechseln mit *Cinnamomum,* vgl. S. 108), die in der pharmazeutischen und Nahrungsmittelindustrie Verwendung findet. Früher war sie eine beliebte Treibhauspflanze, heute wird sie außerhalb der Tropen kaum noch kultiviert. Der Baum ist stark aromatisch.

Canella winterana
(Zimtrindenbaum)
Immergrüner Strauch oder Baum mit aromatischer Rinde und nach Lorbeer riechenden Blättern; er trägt im Sommer duftende violette bis purpurne Blüten, danach rote bis schwarze Beeren.
H 10 -15m, B 7-10m.

CANNABIS

Diese Gattung besteht aus einer einzigen Art. Die hohe rauhe Einjährige, in Mittelasien heimisch, wächst auf den meisten Böden, besonders auf stickstoffreicher Erde in der Nähe menschlicher Ansiedlungen. Die Skythen, die vor 3.000 Jahren an den Nordufern des Schwarzen Meeres siedelten, erzeugten berauschende Dämpfe, indem sie *Cannabis* auf heiße Steine warfen. Es ist das griechische Wort für „Hanf". In alten Pflanzenführern wurde diese Gattung zur Bepflanzung für Rabattenränder empfohlen.

Cannabis sativa (Hanf)
Streng riechende Einjährige mit langer zapfenförmiger Wurzel, aufrechtem verzweigtem Stamm und handförmigen Blättern; männliche und weibliche Rispen mit kleinen grünen Blüten bilden sich im Sommer an separaten Pflanzen.
H 90cm-5m, B 30cm-1,5m.

CAPPARIS

Diese große Gattung mit ungefähr 250 Arten immergrüner Sträucher und kleiner Bäume ist in tropischen und subtropischen Regionen heimisch. *C. spinosa* kommt in der freien Natur häufig vor und wird in der Mittelmeerregion gerne als Zierpflanze angebaut. Das „Illustrated Dictionary of Gardening" beschreibt die Pflanze als „hervorragend für Treibhäuser geeigneten Strauch". Heute sieht man sie allerdings nur noch selten. Der griechische Name *kapparis* stammt von dem persischen Wort *kabar* (Kaper).

Capparis spinosa (Echter Kapernstrauch)
Kriechender Strauch mit rankenden Stämmen und ovalen Blättern von 6cm Länge mit zwei Stacheln auf der Unterseite; einzelne weiße bis rosafarbene Blüten mit 4 Kronblättern und rosafarbenen Staubfäden, die sich vom Frühsommer bis Herbst öffnen. H 1m, B 1,5m.

CAPSELLA

Eine Gattung mit 5 winterharten ein- oder zweijährigen Kräutern, die in gemäßigten und wärmeren Regionen fast weltweit vorkommen. Die unverwechselbaren herzförmigen Schotenfrüchte der *C. bursa-pastoris* gaben der Pflanze ihren Namen. Dieses einjährige Unkraut blüht an den verschiedensten Standorten und wurde in vielen Ländern eingebürgert. Mrs Grieve zufolge („A Modern Herbal", 1931) sind die Samen dieser Pflanze ein geeignetes Futter für viele Singvögel in Käfigen.

Capsella bursa-pastoris (Hirtentäschel)
Ein- oder Zweijährige mit unteren rosettenförmig angeordneten, ganzen oder fiederteiligen Blättern und einem verzweigten Stamm mit kleineren Blättern; das ganze Jahr hindurch trägt sie kleine weiße Blüten, danach herzförmige Schotenfrüchte. H 3-40cm, B 3-15cm.

Capsicum

Dieser Gattung aus dem tropischen Amerika gehören ungefähr 10 wildwachsende und vier bis fünf kultivierte Arten an. Sie umfaßt strauchige Ein-, Zwei- und Mehrjährige, von denen unzählige Sorten in wärmeren Regionen im Freien, in gemäßigten Zonen unter Abdeckung angebaut werden. Unter den weltweit gebräuchlichen Gewürzen rangiert diese Gattung nach dem Schwarzen Pfeffer *(Piper nigrum)* an zweiter Stelle. Capsicum wurde zum ersten Mal von Dr. Chauca 1493 beschrieben, einem Arzt, der an Christoph Kolumbus' Reisen teilnahm; später brachten die Portugiesen es nach Indien und Afrika. Die fruchttragenden Spezies sind auch gute Zierpflanzen. *Capsicum* stammt wahrscheinlich von dem griechischen Wort *kaptein* (gierig essen).

► ***Capsicum annuum*** **var.** ***annuum*** **'Anaheim'** (Spanischer Pfeffer, Paprika)
Eine früh blühende milde Paprika mit sich verjüngenden, spitzen dunkelgrünen Früchten, 15-20cm lang und bis zu 5cm breit, die in der Reife scharlachrot werden; gut zum Füllen geeignet. Die fleischigen Früchte trocknen schlecht. H 60cm, B 38cm.

◄ ***Capsicum annuum*** **var.** ***annuum*** **'Chili Serrano'** (Spanischer Pfeffer, Paprika)
Diese fruchtbare mexikanische Sorte trägt 4-8cm lange scharfe rote Früchte, die auch grün gegessen werden können. H 60cm, B 38cm.

► ***Capsicum annuum*** **var.** ***annuum*** **'Hungarian Wax'** (Spanischer Pfeffer, Paprika)
Eine Sorte mit großen gelben, scharfen fleischigen Früchten, die sich im reifen Zustand rot verfärben. H 45cm, B 30cm.

▼ ***Capsicum annuum*** **var.** ***annuum*** **'Jalapeño'** (Spanischer Pfeffer, Paprika)
Eine Sorte mit scharfen grünen Früchten, 6-10cm lang, die im reifen Zustand rot werden; eine Pflanze trägt über 100 grüne Früchte. H 60cm, B 45cm.

▲ ***Capsicum annuum*** **var.** ***annuum*** **'Super Cayenne'** (Spanischer Pfeffer, Paprika)
Diese Hybride ist kräftig und bringt einen hohen Ertrag. Sie hat scharfe Früchte von 9cm Länge, die im reifen und unreifen Zustand gegessen werden können. H 60-75cm, B 45cm.

▲ ***Capsicum baccatum*** (Spanischer Pfeffer, Paprika)
Sich ausbreitende, strauchige Mehrjährige mit weißen bis gelben Blüten von ca. 1cm Durchmesser mit beiger oder grüner Zeichnung an der Wurzel; kleine rote aufrechtstehende Früchte enthalten gelben Samen. H 3m, B 1,5-2m.

► ***Capsicum chinense*** **'Habañero'** (Spanischer Pfeffer, Paprika)
Eine Sorte mit orangefarbenen bis gelben Früchten, die einen rauchigen Geschmack haben; die vermutlich schärfste aller Paprika. H 1-1,2m, B 60cm.

◄ ***Capsicum frutescens*** (Cayennepfeffer, Chili)
Buschige Mehrjährige mit elliptischen Blättern von bis zu 10cm Länge; ihre Blüten sind blaßgrün bis gelb, danach kommen grüne, sehr scharf schmeckende Früchte, die sich rot, orange oder gelb verfärben. H 45 cm-1,5 m, B 60 cm.

▲ ***Capsicum frutescens*** **'Tabasco'** (Cayennepfeffer, Chili)
Eine Sorte mit kleinen, aufrechten, feurigen grünen Früchten, die in der Reife rot werden; findet für Tabasco-Würze Verwendung. H 1m, B 60cm.

▲ ***Capsicum annuum*** var. ***annuum*** 'Purple Tiger' (Spanischer Pfeffer, Paprika)
Eine dekorative, kompakte Sorte mit buntem Laub, das weiß und purpurfarben changiert, und mit kleinen, sehr scharfen, tränenförmigen Früchten, die sich in der Reife von Rot nach Pupur verfärben. H 70 cm, B 50 cm.

CARDAMINE

Diese Gattung besteht aus etwa 130 Ein- und Mehrjährigen, die weltweit in gemäßigten Klimazonen vorkommen. Von ihnen werden ungefähr ein Dutzend Arten als Zierpflanzen auf feuchtem Untergrund angebaut. *C. pratensis* wächst in Nordasien, Nordamerika und Europa. Der Name *Cardamine* leitet sich vom griechischen Wort *kardamon* (Kresse) her. Viele Arten der *Cardamine* haben nämlich ein der Wasserkresse ähnliches Aussehen und schmecken vergleichbar.

Cardamine pratensis (Wiesenschaumkraut)
Schlanke gruppenbildende Mehrjährige mit einer Rosette aus langstieligen fiederteiligen Blättern; lila bis weiße Blüten mit 4 Blütenblättern erscheinen im Spätfrühling, danach aufrecht stehende Schoten. H 15-60cm, B bis zu 30cm.

***Cardamine pratensis* 'Flore Pleno'**
Diese beliebte Sorte mit doppelten Blüten ist seit der Mitte des 17. Jahrhunderts bekannt. H 45cm, B 30cm.

CARICA

Zu dieser südamerikanischen Gattung gehören 22 Bäume und Sträucher mit dicken unverzweigten Hauptstämmen. Die bekannteste Art ist *C. papaya*, die im Regenwald vorkommt und wegen ihrer Früchte sowie als Zierpflanze angebaut wird. Sie wurde schon vor Kolumbus kultiviert und gelangte 1690 nach Europa sowie im 18. Jahrhundert nach Asien. Man benötigt männliche und weibliche Bäume zur Befruchtung; es gibt heute aber Sorten mit beiden Blütenarten auf einer Pflanze, darunter *C. p.* 'Solo'.

Carica papaya (Melonenbaum)
Immergrüner Baum mit 7lappigen Blättern von bis zu 70cm Durchmesser. Die Früchte sind birnenförmig, haben eine ledrige gelbe bis grüne Haut, aprikotfarbenes Fruchtfleisch und in der Mitte einen Hohlraum mit schwarzem Samen. H 6m, B 3m, in Containern weniger.

CARLINA

Diese Gattung von 28 Arten ein-, zwei- und mehrjähriger Disteln kommt in Europa, der Mittelmeerregion und Westasien vor. *C. acaulis* wächst auf Grasflächen in den bergigen Regionen Mittel-, Süd- und Osteuropas. Die Früchte dieser Pflanze sind gefiedert, um die Verbreitung durch den Wind zu unterstützen. Einige Arten werden wegen ihrer Blüten angebaut, die sich gut trocknen lassen. *Carlina* hat ihren Namen nach Karl dem Großen, der glaubte, diese Pflanzen würden Seuchen abwehren.

Carlina acaulis (Eberwurz, Silberdistel)
Langsam wachsende winterharte Zwei- oder Mehrjährige mit zapfenförmiger Wurzel und einer Rosette mit dornigen Blättern; im Sommer bilden sich stiellose scheibenförmige, von silbrigen Tragblättern umgebene Blüten. H 5-10cm, B 30-60cm.

CARTHAMUS

Eine den Disteln ähnliche Gattung von 14 in Asien und dem Mittelmeerraum heimischen Ein- und einigen Mehrjährigen. *C. tinctorius* wurde 1551 von Ägypten nach Europa eingeführt. Heute wird die Pflanze hauptsächlich wegen ihrer Samen in Australien, Südostasien, Indien, Afrika und der Mittelmeerregion kultiviert. Der Name *Carthamus* stammt von dem arabischen Wort *korthom* (färben) ab. Die Pflanze erzeugt ein Pigment (Carthamin), das sich in Wasser gelb und in Alkohol rot verfärbt.

Carthamus tinctorius
(Saflor, Färberdistel)
Hohe Einjährige mit aufrechtem Stamm und stachlig-gezähnten Blättern; im Sommer bilden sich tiefgelbe Blümchen, umgeben von blättrigen, stachligen Deckblättern, danach längliche, weiße Samen. H 1m, B 30-38cm.

CARUM

Dreißig Arten bilden diese Gattung aus Zwei- und Mehrjährigen, die in Europa, Nordafrika und gemäßigten Teilen Asiens vorkommt. Das wichtigste Kraut in dieser Gattung ist *C. carvi* (Kümmel), das auf sumpfigem Grasland und umgepflügter Erde wächst. Im Nahen Osten ist es seit über 5.000 Jahren im Gebrauch, erreichte Europa aber nicht vor dem 13. Jahrhundert. *Carum* ist nach einer kleinasiatischen Region der Antike benannt, die den heutigen westtürkischen Provinzen Aydin und Mugla entspricht.

Carum carvi (Kümmel)
Aufrechte Zweijährige mit spindelförmigen Zapfenwurzeln, hohlen Stielen und feingliedrigen farnähnlichen Blättern. Auf Dolden mit kleinen weißen bis rosafarbenen Blüten aus strahlenförmigen Blättern folgen aromatische, ellipsoide Früchte. H 25cm-1m, B 15-30cm.

CASTANEA

In dieser Gattung sind ca. 12 Arten laubwechselnder Bäume und Sträucher enthalten, die in wärmeren Regionen der nördlichen Hemisphäre vorkommen. *C. sativa* wurde schon von den alten Römern angebaut. Sie blüht spät und setzt nach kühlen Sommern mit der Herausbildung großer, reifer Nüsse aus. Der Baum stammt wahrscheinlich vom Balkan, ist aber fast überall eingebürgert. Ihre stachligen Früchte enthalten ein bis drei braune Nüsse. Die Gattung ist nach der griechischen *Castania* benannt, die für ihre Früchte berühmt war.

***Castanea sativa* 'Albomarginata'**
(Eßkastanie)
Die Blätter dieser Sorte besitzen crèmefarbene bis weiße Ränder.
H 30m, B 15m.

Castanea sativa (Eßkastanie)
Laubwechselnder Baum mit gerillter Rinde und gezähnten Blättern, die bis zu 24cm lang werden; im späten Frühjahr bilden sich kleine gelbe bis grüne, nach Moschus riechende Blüten, danach kommen stachlige Früchte, die 1-3 braune Nüsse enthalten. H 30m, B 15m.

CATAWISSAZWIEBEL, siehe *Allium cepa* var. *proliferum* S. 234

CASTANOSPERMUM

Eine Gattung immergrüner Bäume, die im Nordwesten Australiens und in Neukaledonien heimisch ist, wo man sie in Wäldern und an Wasserläufen findet. *C. australe* ist ein anmutiger Baum mit traubenständigen gelben Blüten, die im Sommer gebildet werden und sich orange verfärben. In den Tropen wird er als Zierpflanze und Schattenspender kultiviert. Der Name setzt sich aus griechisch *kastanon* (Kastanienbaum) sowie *sperma* (Samen) zusammen und bezieht sich auf die den Kastanien ähnelnden Früchte.

Castanospermum australe
Ein kräftiger Baum mit runder Krone und ledrigen gefiederten Blättern, die ca. 18cm lang werden, und gelben Blüten; danach erscheinen längliche, häufig gekrümmte rote bis braune Samenkapseln von 25-30cm Länge, die giftigen Samen enthalten. H 20m, B 8m.

CATHARANTHUS

In dieser Gattung sind acht Arten madagassischer Ein- und Mehrjähriger enthalten. *C. roseus* hat sich zu einem überall in den Tropen vorkommenden Unkraut entwickelt; sie wird aber auch in gemäßigtem Klima wegen der immergrünen Blüten als Zimmerpflanze gehalten oder in Sommerbeeten angebaut. Varietäten mit weißen Blüten (*C. r.* var. *alba*) oder weißen Blüten mit rosafarbenen Augen (*C. r.* var. *ocellatus*) sieht man häufig. Die Pflanze enthält über 75 giftige Alkaloide, die bei Leukämie eingesetzt werden.

Catharanthus roseus
Eine kleine aufrechte Staude mit weichen, glänzenden ovalen Blättern von bis zu 5cm Länge und flachen Blütenblättern; die Blüten haben einen Durchmesser von 4cm und eine dunklere, rosafarbene Mitte.
H 60cm, B 30cm.

***Catharanthus roseus,* Serie Pacifica**
Diese Sorte mit großen Blüten hat ein kompaktes buschiges Aussehen und läßt sich in wärmeren Gegenden für den Anbau in Sommerbeeten oder Kübeln empfehlen. Zum Farbenspektrum gehören weiße bis rote Blüten mit roten Augen oder dunkler Mitte. H und B 30cm.

CAULOPHYLLUM

Zu dieser Gattung gehören zwei Arten mehrjähriger Rhizomenpflanzen, eine stammt aus Ostasien, die andere, *C. thalictroides*, wächst in fruchtbaren feuchten Waldgebieten im Osten Nordamerikas. Der Name setzt sich aus den griechischen Worten *kaulos* (Stengel) sowie *phyllon* (Blatt) zusammen und bedeutet, daß sich der Stamm in einem einzelnen zusammengesetzten Blatt fortsetzt, das sich in drei breitlappige Blättchen unterteilt. Im Frühjahr bilden sich bei *C. thalictroides* am unteren Ende des obersten Blättchens Blüten.

Caulophyllum thalictroides
Mehrjährige Rhizompflanze mit farblosem Wurzelstock und einem zusammengesetzten Blatt; gelbe bis grüne sternförmige Blüten mit 1cm Durchmesser bilden sich, bevor das Laub sein Wachstum beendet hat; dann folgen tiefblaue Beeren. H 30-75cm, B unbestimmt.

CEANOTHUS

Zu dieser nordamerikanischen Gattung gehören 50 bis 60 Arten immergrüner laubwechselnder Sträucher oder kleiner Bäume, deren Verbreitungsgebiet an der Westküste liegt. Die Arten mit blauen Blüten gehören zu den beliebtesten Sträuchern in wärmeren Regionen. Weniger dekorativ, aber wegen seiner medizinischen Eigenschaften von Bedeutung ist der im Osten Nordamerikas heimische *C. americanus*. Während des Unabhängigkeitskrieges diente diese Pflanze als Ersatz für Tee. Sie ist Elternpflanze vieler Hybriden.

Ceanothus americanus
(Säckelblume)
Kleiner, laubabwerfender Strauch mit dunkelroten Wurzeln und eiförmigen Blättern. Im Sommer bilden sich dichte langstielige Rispen mit kleinen weißlichen Blüten, darauf folgen dreieckige Schoten mit Samen. H 1m, B 45cm.

CEDRONELLA

Diese Gattung besteht aus einer einzigen Art, einer auf den Kanarischen Inseln endemisch vorkommenden Mehrjährigen. *C. canariensis* ist eine dekorative duftende Pflanze, die man häufig in Kräutergärten sehen kann; ein therapeutischer Nutzen ist unbekannt. Sie sollte in Innenhöfen abgedeckt in einem großen Topf oder in freier Natur bei kühlerem Klima an einem sonnigen Standort angebaut werden. *Cedronella* ist die Verkleinerungsform von griechisch *kedros* (Zeder) und verweist auf das Aroma der Blätter.

Cedronella canariensis
Strauchige halbimmergrüne Mehrjährige mit viereckigem Stamm, aromatischen dreiblättrigen Blättern von bis zu 10cm Länge und Ähren mit rosa- bis lilafarbenen, röhrenförmigen zweilippigen Blüten, die im Sommer gebildet werden. H 1,5m, B 1m.

CAYENNEPFEFFER, siehe *Capsicum frutescens*, S. 254

CEDRUS

Trotz der vielen Bäume, die alle Zeder heißen, sind nur vier Nadelbaumarten echte Zedern. Im westlichen Asien und nordwestlichen Afrika heimisch, haben sie große ausladende Zweige, die dazu neigen, flache Platten auszubilden. *C. libani* ssp. *atlantica* ist im Atlas-Gebirge Marokkos und Algeriens heimisch. Das duftende langlebige Holz ist für Tischler- und Furnierarbeiten sehr gefragt. Von König Salomo wird gesagt, daß er fast alle Zedern des Libanon habe fällen lassen, um seinen Tempel zu errichten.

Cedrus libani ssp. ***atlantica***
(Libanonzeder)
Großer Baum mit nach oben strebenden Zweigen; die Nadeln stehen in Büscheln von 30-40 und variieren von Graugrün zu Blaugrau. Die weiblichen Zapfen zerfallen nach 2-3 Wintern.
H 15-25m, B 5-10m.

Cedrus libani ssp. ***atlantica*, Gruppe Glauca** (Libanonzeder)
Die männlichen Zapfen werden bis 5cm lang und sind auf den unteren Ästen zu finden; weibliche Zapfen wachsen auf den oberen Zweigen und sind im ausgereiften Zustand walzenförmig und 8cm lang. H 15-25m, B 5-10m.

CEIBA

Diese Gattung mit vier Arten großer laubwechselnder Bäume ist im tropischen Amerika und Afrika heimisch. *C. pentandra* ist fast überall in den Tropen eingebürgert und wird für medizinische Zwecke sowie wegen der Kapokfasern angebaut. Er ist der größte Baum Afrikas. Dort und in der Karibik wird er als Wohnsitz von Geistern verehrt. Alle Teile des Baumes werden verwendet. Die gelben, rosafarbenen oder weißen 5blättrigen Blüten bilden sich vor den Blättern heraus und werden von Fledermäusen bestäubt.

Ceiba pentandra
(Kapokbaum, Wollbaum)
Laubwechselnder oder halbimmergrüner Baum mit stachligem Stamm, Stützstreben und ausladenden Zweigen mit handförmigen Blättern; stachlige Früchte enthalten Samen in seidiger, crèmefarbener Faser. H und B 40m (und mehr).

CENTAUREA

In dieser Gattung gibt es über 450 Arten Ein- und Zweijähriger, Sträucher sowie Halbsträucher. Ihr Verbreitungsgebiet ist die Mittelmeerregion, Eurasien, Nordamerika und Australien. *C. cyanus* wächst in Europa und Westasien auf Kornfeldern und Ödland. Mehrere Arten werden wegen der leuchtenden Farben ihrer distelähnlichen Blüten angebaut. Die Gattung *Centaurea* ist nach dem Kentaurn der griechischen Sage benannt, der danach die heilenden Eigenschaften der Flockenblume entdeckt haben soll.

Centaurea cyanus (Kornblume)
Eine hohe schlanke Einjährige, manchmal auch überwinternd, mit grauen bis grünen, spitz zulaufenden Blättern; im Sommer bilden sich intensiv blaue, selten weiße, rosa- oder purpurfarbene Blüten.
H 20cm-1m, B 15-30cm.

***Centaurea cyanus*, Serie Florence**
(Kornblume)
Diese kompakte Sorte hat Blüten in Farbabstufungen von Blau, Rosa, Karminrot und Weiß.
H 38-45cm, B 15-30cm.

CENTAURIUM

Eine Gattung von ca. 40 Arten Ein- und Zweijähriger, selten auch Mehrjähriger, die in gemäßigten Zonen verbreitet ist. *C. erythraea* ist auf Dünen und trockenen Grasflächen Europas sowie Südwestasiens heimisch und wurde in Nordamerika eingebürgert. Mit vielen Mitgliedern der Gentianaceae-Familie teilt sie den äußerst bitteren Geschmack, was Nicholas Culpeper in „The English Physitian Enlarged, or the Herbal" von 1653 zu der Bemerkung veranlaßt hat, sie sei „sehr bekömmlich, aber nicht im Mund".

Centaurium erythraea
(Tausendgüldenkraut)
Variable kleine Zweijährige mit einer Rosette und elliptischen geäderten Blättern von bis zu 5cm Länge; 5blättrige rosafarbene Blüten bilden sich im Sommer an dichtstehenden langstieligen Ähren.
H 15-24cm, B 7-15cm.

CENTELLA

Diese Gattung enthält etwa 20 Arten niedrigwachsender mehrjähriger Pflanzen, die im südlichen Afrika und in den meisten tropischen Regionen vorkommen. Am bekanntesten ist *C. asiatica*, ein besonders wichtiges Heilkraut, das dem verwandten europäischen Wassernabel *(Hydrocotyle vulgaris)* recht ähnlich sieht. Diese äußerst variable Art wächst überall in den Tropen und gedeiht nicht nur an feuchten Standorten wie Reisfeldern, sondern auch in felsigen Gegenden und an Wänden.

Centella asiatica
Eine kriechende Staude mit knotigen Wurzeln und Büscheln nierenförmiger, am Rand auszackender Blätter mit bis zu 5cm Durchmesser; kleine rosafarbene Blüten werden im Sommer neben dem Laub gebildet.
H 15-20cm, B unbestimmt.

CEPHAELIS

Zwischen den ca. 180 Arten dieser Gattung und den Gattungen *Psychotria* und *Palicourea* besteht eine enge Verwandtschaft. Es sind empfindliche, in der Regel immergrüne Sträucher und kleine Bäume, die an tropischen Standorten wachsen. Von vielen Arten ist bekannt, daß sie Alkaloide enthalten, aber nur *C. ipecacuanha*, ein Strauch aus dem brasilianischen Regenwald, wird in Singapur und Malaysia in großem Maßstab angebaut. Die endständigen Ähren mit trompetenförmigen Blüten bilden sich in der Regenzeit.

Cephaelis ipecacuanha
(Brechwurzel)
Schlanker immergrüner Strauch mit kriechenden Wurzeln und glänzenden, zugespitzten ovalen Blättern; auf weiße, 1cm langen Blüten folgen blaue bis purpurfarbene Beeren mit zwei Samen.
H und B 30-50cm.

CETRARIA

Eine Gattung aus 40 Arten Flechten, die besonders in arktischen Regionen vorkommen. *C. islandica* findet man in bergigen Gegenden Europas, Australasiens und in arktischen Zonen. Als Futterpflanze für Rentiere hat sie ökologische Bedeutung. Flechten werden als Heilmittel, Farbstoffe und Parfüme benutzt. Sie werden nicht kultiviert und kommen wegen der Umweltverschmutzung in freier Natur immer seltener vor. In der Naturmedizin werden zunehmend Heilmittel aus Flechten eingesetzt.

Cetraria islandica
(Isländisch Moos)
Flechten mit ledrigen gebogenen, grauen, grünen bis dunkelbraunen Ästen, die sich üppig verzweigen und an den Rändern kleine, stachlige Fortsätze aufweisen.
H 2-6cm, B unbestimmt.

***Chaenomeles speciosa* 'Nivalis'**
(Zierquitte)
Diese Sorte hat große weiße Blüten und bildet vor einer roten Ziegelwand einen hervorragenden Kontrast.
H 2-6m, B 1,2-3m.

CHAENOMELES

Eine Gattung von drei Arten winterharter laubwechselnder, selten stachliger Sträucher und kleiner Bäume, die in Ostasien heimisch sind. Sie werden sowohl im Freien wie auch an Wänden angebaut. *C. speciosa* ist eine chinesische Art aus bewaldeten Gebieten und weist viele Sorten auf. Die einzeln stehenden und auch doppelten Blüten changieren von Weiß über Rosa bis Hochrot. Diese Pflanze gehört zu den lieblichsten früh blühenden Arten des Frühlings und ist besonders einfach anzubauen. Ihre Früchte sind eßbar.

Chaenomeles speciosa (Zierquitte)
Laubwechselnder Strauch mit dichten stachligen Ästchen und ovalen Blättern; scharlachrote 5blättrige Blüten mit bis zu 5cm Durchmesser bilden sich ab Winterende, danach wachsen aromatische, getupfte Früchte.
H 2-6m, B 1,2-3m.

***Chaenomeles speciosa* 'Moerloosii'**
(Zierquitte)
Bei dieser Sorte ähneln die dichten Büschel rosafarben angehauchter weißer Blüten denen der Apfelbäume.
H 2-6m, B 1,2-3m.

CHAMAEMELUM

Diese kleine Gattung, die aus nur vier Arten Einjähriger und immergrüner Mehrjähriger besteht, ist in Europa und der Mittelmeerregion heimisch und eng verwandt mit *Anthemis, Chamomilla* und *Matricaria.* Der Gattungsname leitet sich von griechisch *chamaimelon* ab und bedeutet „Apfel am Boden"; die Blätter geben nämlich einen Apfelgeruch ab. *C. nobile* ist eine liegende Pflanze mit einem angenehmen Duft, der sich am besten durch Bepflanzung an Wegrändern, in Behältern oder auf Rasenflächen entfaltet.

Chamaemelum nobile
(Römische Kamille)
Mattenbildende immergrüne Mehrjährige mit feingliedrigen Blättern; im Sommer bilden sich langstielige einzelne Blüten mit gelbem Mittelpunkt und strahlenförmig abgehenden crèmefarbenen bis weißen Blättchen. H 15cm, B 45cm.

***Chamaemelum nobile* 'Flore Pleno'**
(Römische Kamille)
Eine bezaubernde Sorte mit ziemlich zottigen, crèmefarbenen bis weißen doppelten Blüten.
H 15cm, B 45cm.

***Chamaemelum nobile* 'Treneague'**
(Römische Kamille)
Eine nichtblühende Sorte, die einen moosigen Teppich bildet.
H 2,5cm, B 45cm.

CEYLONZIMTBAUM, siehe *Cinnamomum zeylanicum,* S. 262

CHELIDONIUM

Diese Gattung besteht aus harten Mehrjährigen, die im Aussehen dem Himalaya-Mohn (*Meconopsis*-Arten) ähnlich sind. In gemäßigten und subarktischen Regionen Eurasiens heimisch, wächst *C. majus* an Abhängen, Hecken und Mauern, in der Regel auf Ödland in der Nähe von Ansiedlungen. In Nordamerika ist diese Pflanze eingebürgert. Die vierblättrigen Blüten werden von Anfang bis Mitte Sommer gebildet, gefolgt von 3-5cm langen Schoten, die schwarzen Samen mit einem weißen Kamm enthalten.

Chelidonium majus (Schöllkraut)
Mehrjährige mit kurzem Wurzelstock und brüchigen Stengeln, die bei Beschädigung einen orangefarbenen Saft absondern; die gefiederten Blätter haben längliche Blättchen. Auf die gelben Blüten folgen längliche Schoten.
H 30-90cm, B 20-45cm.

***Chelidonium majus* 'Flore Pleno'**
(Schöllkraut)
Diese Sorte hat zweifache gelbe Blüten.
H 30-90cm, B 20-45cm.

***Chelidonium majus* 'Laciniatum Flore Pleno'** (Schöllkraut)
Diese Sorte ist kleiner als ihre Verwandten und hat tief geteilte Blätter sowie kleine ausgefranste Blüten. Sie wurde in Heidelberg um 1590 zum ersten Mal beschrieben.
H 25-38cm, B 15-38cm.

CHELONE

Diese Gattung nordamerikanischer Mehrjähriger besteht aus sechs Arten. *C. glabra* mit ihren löwenmaulartigen Blüten findet sich vor allem auf feuchten Waldböden im Osten Nordamerikas und ist eine von vielen Arten, die man an sumpfigen Standorten in Rabatten anbauen kann. Der Gattungsname *Chelone* ist das griechische Wort für „Schildkröte“; die röhrenförmigen Blüten dieser Pflanzengattung gleichen, wenn man sie von vorne betrachtet, dem Kopf dieser Tiere.

Chelone glabra
Eine sommerblühende aufrechte Mehrjährige mit spitzen Blättern und endständigen Ähren mit weißen, selten rosa angehauchten Blüten, bei denen die obere Lippe eine Kapuze über der mit Grannen versehenen unteren bildet.
H 60cm, B 35cm.

CHENOPODIUM

Eine weltweit verbreitete Gattung mit ca. 150 Arten Ein- und Mehrjähriger sowie Halbsträucher. *C. ambrosioides* ist ein scharf schmeckendes Unkraut aus den amerikanischen Tropen, das in der mexikanischen Küche Verwendung findet, sonst aber kaum bekannt ist. Einige Arten weisen eine lange Geschichte als Kulturpflanze auf. Samen von *C. album* (Weißer Gänsefuß) wurden im Bauch des Tollundmannes gefunden. Diese Art und *C. bonus-henricus* (Guter Heinrich) werden als Gemüse und Topfpflanzen angebaut.

Chenopodium ambrosioides
(Gänsefuß)
Eine stark riechende aufrechte Ein- oder kurzlebige Mehrjährige; im Sommer werden kleine grüne Blüten an Rispen gebildet; danach erscheinen grüne bis braune Früchte, die einen schwarzen Samen enthalten. H 1,2m, B 75cm.

CHICOREE, siehe *Cichorium intybus*, S. 261

CHIMAPHILA

Sechs Arten strauchiger immergrüner Mehrjähriger bilden diese Gattung, die über Nordamerika, Europa und Ostasien verteilt ist. *C. umbellata* wächst auf sauren Wald- und Sandböden im Osten Nordamerikas, in Nord- und Mitteleuropa sowie Japan. Einige Arten werden wegen ihres hübschen bodendeckenden Laubes und der wächsernen Blüten angebaut. Der Gattungsname *Chimaphila* setzt sich aus den griechischen Worten *cheima* (Winter) und *philos* (Freund) zusammen; die Pflanzen bleiben im Winter grün.

Chimaphila umbellata (Winterlieb)
Strauchige Mehrjährige mit kriechenden Wurzeln, schlanken Stielen und Büscheln glänzender, gezähnter Blätter; im Sommer bilden sich Ähren mit 3-10 weißen bis rosafarbenen Blüten von 1cm Durchmesser.
H 10-24cm, B unbestimmt.

***Cichorium intybus* 'Red Devil'**
(Zichorie, Wegwarte)
Eine von verschiedenen Radicchiosorten, die lockere tiefrote, dem Kohl ähnliche Köpfe hervorbringt; sie sind hübsch crèmefarben geädert, reifen im Herbst und widerstehen dem ersten Frost.
H 15-20 cm, B 7-10 cm.

CHIONANTHUS

Eine Gattung von ca. 120 Arten meist empfindlicher, laubwechselnder Bäume und Sträucher in tropischen und subtropischen Regionen Ostasiens, Australiens und dem Osten Nordamerikas; einige kommen auch in Afrika und auf Madagaskar vor. Von den beiden winterharten Arten ist die nordamerikanische *C. virginicus* die bekanntere. Wegen ihrer weißen Blüten ist sie im Frühsommer eine beliebte Zierpflanze. Der Name *Chionanthus* stammt aus dem Griechischen; *chion* bedeutet „Schnee" und *anthos* „Blüte".

Chionanthus virginicus
(Schneeflockenstrauch)
Ein Strauch oder kleiner Baum mit grünen eirunden Blättern von 5-10cm Länge; lockere Rispen mit duftenden weißen Blüten werden an zweijährigem Holz gebildet, danach folgen blaue bis purpurfarbene Beeren. H 8m, B 5m.

CICHORIUM

Eine Gattung aus acht Arten Mehr- und Einjähriger, die in Europa, Äthiopien und gemäßigten Zonen Asiens vorkommen. *C. intybus*, in Europa, Westasien und Nordafrika verbreitet, ist verwandt mit *C. endivia*. *Endivia* wie auch *intybus* leiten sich vom arabischen Wort *hendibeh* ab. *Cichorium* ist ein ägyptisches Wort, das in viele europäische Sprachen übernommen wurde. Zur Verwirrung trägt bei, daß die gekräuselte Endivie in einigen Ländern als *Chicorée* bekannt ist; der Belgische Chicorée heißt wiederum Endivie.

Cichorium intybus
(Zichorie, Wegwarte)
Eine hohe Mehrjährige mit zapfenförmiger Wurzel und gezähnten spiralförmigen Blättern; Ähren himmelblauer, weißer oder rosa Blüten werden im Sommer an den oberen Blattachseln gebildet.
H 30cm-1,5m, B 15-45cm.

CIMICIFUGA

Diese Gattung aus 15 Arten winterharter Mehrjähriger kommt in nördlichen gemäßigten Zonen vor. *C. foetida* wächst in Sibirien und Ostasien; *C. racemosa* ist eine nordamerikanische Art, die sich in Waldgebieten mit nährstoffreichem Boden finden läßt; einige Arten werden wegen ihrer hohen Blüten und der fein geschnittenen Blätter angebaut. Der Gattungsname *Cimicifuga* setzt sich aus den lateinischen Worten *cimicis* (Wanze) und *fuga* (Flucht) zusammen und meint die Verwendung zur Abwehr von Insekten.

Cimicifuga foetida (Silberkerze)
Eine hohe Mehrjährige mit holzigem Wurzelstock und anmutigen Ähren mit sternförmigen grünen bis weißen Blüten in der Mitte des Sommers; die Blätter teilen sich in Blättchen mit gezähnten Rändern und einem dreilappigen endständigen Blättchen. H 1,2-2m, B 60cm.

Cimicifuga racemosa (Silberkerze)
Eine hohe Mehrjährige mit holzigem Wurzelstock und breiten Blättern, die sich in dreilappige gezähnte Blättchen unterteilen; Mitte des Sommers bilden sich schlanke, nach Tannenwedeln aussehende Ähren mit weißen Blüten.
H 1,5m, B 60cm.

CHILENISCHER SEIFENBAUM, siehe *Quillaja saponaria*, S.339
CHINESISCHE PÄONIE, siehe *Paeonia lactiflora*, S.321
CHINESISCHER ROSENEIBISCH, siehe *Hibiscus rosa-sinensis* S. 293
CHINESISCHER WEGERICH, siehe *Plantago asiatica*, S.331
CHINARINDENBAUM, siehe *Cinchona*, S. 261
CHINAWURZEL, siehe *Smilax china*, S. 354
CHRISTUSPALME, siehe *Ricinus communis*, S. 342
CHRYSANTHEME, siehe *Dendranthema*, S. 272
CHUFA, siehe *Cyperus esculentus*, S. 115

CINCHONA

Diese Gattung von ca. 40 Arten empfindlicher immergrüner Bäume und Sträucher wächst an den warmen feuchten Abhängen der Anden, meistens in Höhen von 1.500 bis 2.500m. *C. pubenscens* ist in Ecuador heimisch. Die Arten sind nicht leicht auseinanderzuhalten. Die Kultivierung dieser Gattung ist seit dem 17. Jahrhundert von Bedeutung. Sie wird in vielen tropischen Regionen angebaut. Aus 8.000 bis 10.000 Tonnen Rinde werden jährlich 400 bis 500 Tonnen Alkaloide (hauptsächlich Chinin) gewonnen.

Cinchona pubescens (Chinarindenbaum)
Ein schnellwüchsiger, immergrüner Baum mit eirunden Blättern, manchmal auf der Unterseite rot angehaucht; Rispen mit lilienähnlichen kleinen, röhrenförmigen Blüten folgen zweilappige Kapseln von 2cm Länge.
H 25m, B unbestimmt.

Cinnamomum zeylanicum
(Ceylonzimtbaum)
Immergrüner Baum mit brauner papierdünner Rinde und ledrigen Blättern von bis zu 18cm Länge; kleine gelbe bis weiße Blüten werden im Sommer an Ähren gebildet, gefolgt von eirunden purpurfarbenen Beeren. H 10-18m, B 6-10m.

CINNAMOMUM

Ca. 250 Arten immergrüner Bäume und Sträucher gehören zu dieser Gattung, die in Asien sowie Australien vorkommt. *C. camphora* wächst in Japan und im tropischen Asien, *C. cassia* ist in China heimisch. *C. zeylanicum*, aus Sri Lanka und Südindien stammend, ist ein wichtiges Gewürz. Die Portugiesen eroberten Ceylon 1536, um das Monopol auf Zimt zu erlangen. 1770 begannen die Holländer mit seiner Kultivierung; die Holländische Ostindische Kompanie dominierte den Weltzimthandel bis 1833.

Cinnamomum camphora
(Kampferbaum)
Ein immergrüner Baum mit spitzen glänzenden Blättern, die im unreifen Zustand noch rot sind und nach Kampfer riechen; im Frühjahr und Sommer bilden sich blasse gelbe bis grüne Blüten, danach schwarze Früchte. H 12-30m, B 12m.

Cinnamomum cassia (Zimtkassie)
Immergrüner Baum mit dicken ledrigen Blättern, die bis zu 20cm lang werden; im Sommer werden gelbe Blüten an Rispen von 8-18cm Länge gebildet, danach folgen Beeren mit einem Samenkorn.
H 12-20 m, B 6-12 m.

CISTUS

In Südeuropa und Nordafrika heimisch, besteht diese Gattung aus etwa 20 Arten immergrüner und halbimmergrüner Sträucher. Zistrosen sind dekorative Pflanzen mit kurzlebigen prachtvollen Blüten, die in trockenen warmen Gärten angebaut werden. Die jungen Stiele und Blätter von *C. ladanifer* sondern ein Harz ab, das sich bei kalter Witterung dunkel färbt, wodurch die Pflanze ein glanzloses Aussehen bekommt. Der Name *Cistus* leitet sich vom griechischen Wort *kiste* (Schachtel) ab.

Cistus ladanifer (Zistrose)
Ein immergrüner Strauch mit aufrechtem Wuchs und klebrigen länglichen Blättern; einzeln stehende weiße Blüten aus 5 Blütenblättern, ca. 7cm im Durchmesser, mit einem kastanienbraunen Fleck auf jedem Blütenblatt, werden im Sommer gebildet.
H und B 2-2,5m.

CITRUS

Ca. 16 Arten kleiner immergrüner Bäume und Mehrjähriger bilden diese Gattung, die in Südostasien und im pazifischen Raum heimisch ist. *C. aurantiifolia* ist in den Tropen zu finden. Die meisten Zitrusarten werden schon so lange kultiviert, daß ihr Ursprung in Vergessenheit geraten ist. Die Arten sind eng miteinander verwandt; es gibt unzählige Hybriden und Sorten. Die erste von den Portugiesen aus der Karibik nach Europa eingeführte Art war *C. aurantium* (Pomeranze), danach folgte *C. limon.*

Citrus aurantiifolia (Saure Limette)
Ein kleiner Baum mit stachligen Zweigen und eiförmigen Blättern. Gruppen mit 2-7 weißen Blüten werden im Frühjahr und Sommer an lockeren Trauben gebildet, dann folgen eiförmige grüne Früchte von bis zu 6cm Durchmesser mit saurem Fruchtfleisch. H 3-5m, B 2-3m.

Citrus aurantium (Pomeranze)
Ein Baum mit gerundeter Krone und schlankem stumpfstacheligem Geäst mit eirunden Blättern; große weiße, stark duftende Blüten werden im Frühjahr und Sommer gebildet, danach orangefarbene Früchte mit aromatischer Schale und säuerlichem Fruchtfleisch. H 10m, B 7m.

Citrus limon **'Variegata'**
(Zitrone, Limone)
Eine dekorative Sorte für die Aufzucht in Töpfen mit am Rand unregelmäßig gelben Blättern und Früchten, die im unreifen Zustand gelb und grün gestreift sind. H 2-7m, B 1-3m.

Citrus reticulata (Santaro-Orange)
Ein Strauch oder kleiner Baum mit länglichen Blättern; im Frühjahr und Sommer erscheinen weiße Blüten mit weniger als 2,5cm Durchmesser. Die Früchte werden gelb, rot oder orangefarben und haben ein süß schmeckendes Fruchtfleisch. H 2-8m, B 1,2-6m.

CLAVICEPS

Diese weltweit verbreitete Gattung enthält 35 Arten von Pilzen, die als Parasiten auf Gräsern und Binsen leben. Endemische Vergiftungen durch *C. purpurea* sind seit langem bekannt. Roggenmehl, das mit dem Pilz kontaminiert ist, bewirkt Halluzinationen, Zuckungen und ein brennendes Gefühl in den Gliedmaßen, gefolgt von Brand, wenn die Blutzufuhr gestoppt wird. Dieses Syndrom wird heute „Ergotismus" genannt; früher glaubte man, es sei eine göttliche Strafe für Sünden und sprach vom „heiligen Feuer".

Claviceps purpurea (Mutterkornpilz)
Ein giftiger Pilz mit rosa- bis purpurfarbenen schlauchförmigen Fruchtkörpern im Frühjahr und verhärtetem Körper im Sommer; er ist violett bis schwarz, hat eine spindelförmige Struktur und wird bis zu 1cm lang. Er sitzt im Blütenstand der Gräser (besonders bei Roggen).

CNICUS

Diese Gattung besteht aus einer distelähnlichen Einjährigen, die in der Mittelmeerregion heimisch ist. Seit sie sich im Mittelalter als Heilpflanze durch Kultivierung ausgebreitet hat, ist sie in fast allen Teilen Europas eingebürgert worden und wird heute, hauptsächlich in den Ländern Mitteleuropas, für den Bedarf der pharmazeutischen Industrie angebaut. Der Gattungsname *Cnicus* leitet sich von dem griechischen Begriff *knizein* (verletzen) ab und spielt auf die besondere Stachligkeit der Pflanze an.

Cnicus benedictus
(Kardobenediktenkraut, Bitterdistel)
Eine stachlige Einjährige mit zylindrischem Wurzelstock und verzweigten Stämmen; die Blätter sind braungrün und gelappt oder gezähnt. Einzelne Blüten aus gelben Blümchen und borstigen Deckblättern. H 65cm, B 30cm.

CODONOPSIS

Dreißig Arten mehrjähriger Kletterer gehören zu dieser Gattung, die vom Himalaya bis nach Japan zu finden ist. *C. tangshen*, auf chinesischen Hochlandwiesen wachsend, wird als Heilpflanze kultiviert. Die meisten Arten werden an Böschungen angebaut oder an Stützen bzw. größeren Pflanzen gezogen, damit man die verschlungenen Muster innerhalb der Blüten bewundern kann. Der Name setzt sich aus den griechischen Worten *kodon* (Glocke) und *opsis* (Ähnlichkeit) zusammen und bezieht sich auf die Form der Blüten.

Codonopsis tangshen (Glockenwinde)
Ein windender Kletterer mit spindelförmiger Wurzel und kleinen gezähnten Blättern mit flaumiger Oberfläche; im Sommer bilden sich einzeln stehende glockenförmige, gelbe bis olivgrüne Blüten, die innen purpurfarben geädert oder gefleckt sind. H 2m.

COFFEA

Ca. vierzig Arten meist immergrüner Sträucher gehören zu dieser Gattung, die in den asiatischen und afrikanischen Tropen heimisch ist. Unter den kultivierten Pflanzen ist *C. arabica* die am meisten verbreitete. In kühleren Klimaten wächst sie, wie auch die Sorte *C. a.* 'Nana', in Kübeln. Das Kaffeetrinken wurde erstmals von dem Deutschen Leonhart Rauwolf im Jahre 1573 beschrieben. Seit Europa im 17. Jahrhundert auf den Geschmack gekommen war, ist Kaffee eine der weltweit wichtigsten Feldpflanzen.

Coffea arabica
(Kaffeestrauch, Bergkaffee)
Immergrüner Strauch mit glänzenden Blättern von bis zu 10cm Länge und dichten achselständigen Ähren duftender weißer Blüten im Spätsommer; reife Früchte sind rot und enthalten zwei Samen (Bohnen). H 7m, B 1,2m.

COLCHICUM

In dieser Gattung, die in Europa, Nordafrika, Westasien und China verbreitet ist, gibt es 45 Arten Mehrjähriger. *C. autumnale* wächst in Europa und der Ukraine. Trotz ihrer Giftigkeit sind Zeitlose beliebte Gartenpflanzen. Im Spätsommer und Frühherbst zeigen sie eine verschwenderische Blütenpracht und können in Rabatten, Steingärten, unter Bäumen und auf feuchtem Grasland angebaut werden. *Colchicum* ist nach dem antiken Colchis benannt, einer Schwarzmeerregion, in der diese Pflanzen reichlich vorkommen.

Colchicum autumnale (Herbstzeitlose)
Eine Mehrjährige mit eiförmigem Kormus von bis zu 6cm Länge und 3-5 länglichen Blättern; bis zu 6 blaßpurpurne, kelchförmige Blüten werden ab dem Spätsommer gebildet, danach bilden sich Samenkapseln. H 30cm.

COIX

Diese tropische Gattung besteht aus sechs Arten ein- und mehrjähriger Gräser. *C. lachryma-jobi* wächst an morastigen Orten Südostasiens und wird seit der Antike als Zierpflanze angebaut. Sie empfiehlt sich für kühlere Sommerbeete und zur Aufzucht in Töpfen. Weibliche Blüten sind in einer harten, tränenförmigen Schale eingeschlossen; zu Beginn noch grün, färben sie sich bis zum Herbst grau bis malvefarben. Männliche Blüten bilden am Ende der Blütenspitze Gruppen. Theophrast taufte eine Rohrpflanze *Coix*.

Coix lachryma-jobi (Hiobsträne)
Ein robustes, aufrechtes einjähriges Gras mit geraden Blättern von bis zu 60cm Länge und gebogenem Blütenstand im Sommer; männliche Blüten werden am Ende der Ähren gebildet, weibliche sind in einem harten, bohnenähnlichen Gehäuse eingeschlossen. H 1,5m, B 10-15cm.

Colchicum autumnale var. ***album***
(Herbstzeitlose)
Eine Variante mit weißen Blüten, die vor dem Hintergrund dunklerer Sträucher besonders dekorativ wirkt. H 30cm.

***Colchicum autumnale* 'Pleniflorum'**
(Herbstzeitlose)
Diese Sorte hat doppelte Blüten aus 15-30 schmalen Blättern. Obwohl sie langlebig ist, sind die Blüten sehr wetterempfindlich. H 30cm.

COLA

Eine Gattung aus den afrikanischen Tropen mit ca. 125 Arten immergrüner Bäume. *Cola* wird in Afrika seit Jahrhunderten gekaut. Es wurde aus den westlichen tropischen Gebieten von Kamelkarawanen in die trockenen Regionen exportiert. Kolanüsse sind ein wichtiger Bestandteil des sozialen Lebens in Afrika, Südamerika und Asien; häufig werden sie vor der Mahlzeit verzehrt, um die Verdauung anzuregen. Der Name „Cola" stammt vermutlich von *kolo,* einer westafrikanischen Bezeichnung der Pflanze.

Cola nitida (Kolanuß)
Ein immergrüner Baum mit glänzenden Blättern von bis zu 20cm Länge. Kleine crèmefarbene Blüten, innen meistens mit purpurroten Markierungen, werden von großen mehrteiligen Früchten abgelöst, die bis zu 10 Samen (Nüsse) enthalten. H 20m, B 10-17m.

COLLINSONIA

Diese kleine Gattung besteht aus fünf Arten von Mehrjährigen aus dem Osten Nordamerikas. Darunter ist auch das wichtige Kraut *C. canadensis*, das, wie viele Kräuter aus der Familie der Minze, ein stark aromatisches Laub hat. Ein englischer Trivialname bedeutet „Steinwurzel" und bezieht sich womöglich auf die ungewöhnlich harten Wurzeln oder auf den Gebrauch des Krautes bei Nierensteinen. Die Gattung ist nach Peter Collinson benannt, einem englischen Naturforscher aus dem 18. Jahrhundert.

Collinsonia canadensis
Eine nach Zitrone riechende Mehrjährige mit dicken harten Rhizomen, aufrechten gerillten Stämmen und eirunden Blättern von 1cm Länge; im Sommer trägt sie blaßgelbe röhrenförmige Blüten. H 60cm-1,2m, B 45-90cm.

COMPTONIA

Diese Gattung besteht aus laubwechselnden Sträuchern, die im Osten Nordamerikas heimisch sind und als Buschwerk auf trockenen sauren Böden, besonders in Küstennähe, wachsen. Die Gattung ist mit *Myrica* verwandt. *C. peregrina* ist eine für saure Böden charakteristische Pflanze, die jedoch nur selten kultiviert wird. Ihr Duft ist besonders morgens und abends wahrnehmbar. *Comptonia* wurde nach dem Bischof von London, Henry Compton (1632-1713), benannt. Er war ein Fachmann für Bäume und Sträucher.

Comptonia peregrina
Ein Strauch mit geraden gezähnten Blätten, die in rostfarbene Härchen gehüllt sind; im Sommer trägt er männliche Blüten, die wie Kätzchen aussehen; weibliche sind schmaler und kugelförmig. Später folgen schmale braune Nüsse.
H 1-1,5cm, B 60cm-1,2m.

CONIUM

Zwei hochgiftige Arten von Zweijährigen bilden diese Gattung, die in nördlichen gemäßigten Zonen vorkommt. *C. maculatum* ist in Europa und Asien eine häufige Wegrandpflanze; auch in Teilen Australiens ist sie eingebürgert. Die Doldengewächse mit weißen Blüten und petersilieartigem Laub sind schwer zu unterscheiden; manche vermehren sich durch Selbstaussaat, daher sollten sie nicht in der Nähe von Küchenkräutern angebaut werden. *Conium* kommt von griechisch *koneion* (Schierling).

Conium maculatum (Fleckenschierling)
Eine hohe stinkende Zweijährige mit feingliedrigen eirunden Blättern von bis zu 30cm Länge; die Stämme sind purpurgefleckt. Im Sommer bilden sich Dolden mit kleinen weißen Blüten, darauf folgen kleine rundliche Früchte.
H 1,5-3m, B 1-1,2m.

CONVALLARIA

In dieser Gattung gibt es drei Arten von Stauden mit Rhizomen; sie kommen in gemäßigten Zonen vor. Der Name leitet sich von lateinisch *convallis* (umschlossenes Tal) ab und bezeichnet den natürlichen Lebensraum; *majalis* gibt die Blütezeit an, den Monat „Mai". *C. majalis* kommt in vielen Teilen Europas häufiger in Gärten vor als in der freien Natur. Neben den beschriebenen Sorten gibt es noch rosafarbene Maiglöckchen (*C. m.* 'Rosea') und solche mit doppelten Blüten (*C. m.* 'Prolificans'), die allerdings selten sind.

Convallaria majalis (Maiglöckchen)
Eine kriechende Mehrjährige mit Paaren eirunder bis elliptischer Blätter; Trauben aus 5-13 weißen duftenden, glockenförmigen Blüten mit wächserner Textur werden im späten Frühjahr gebildet, darauf folgen kugelförmige rote Beeren.
H 23-30cm, B unbestimmt.

***Convallaria majalis* 'Albostriata'**
(Maiglöckchen)
Eine hübsche Sorte mit goldfarben gestreiften Blättern. Die Pflanze neigt dazu, sich zurückzuentwickeln, wenn sie in tiefem Schatten angebaut wird.
H 23-30cm, B unbestimmt.

***Convallaria majalis* 'Hardwick Hall'**
(Maiglöckchen)
Diese Sorte unterscheidet sich von den anderen Pflanzen ihrer Art durch breitere Blätter mit goldenen Rändern, seltener auch durch ein goldenes Band auf der Blattunterseite; sie wächst kräftig. H 45 cm, B unbestimmt.

Conyza

Etwa fünfzig Ein- und Mehrjährige machen diese nordamerikanische Gattung aus, die auch in Europa, Asien, Australien und auf mehreren Pazifikinseln eingebürgert ist. *C. canadensis* ist ein häufig vorkommendes Unkraut, das aus dem Süden Kanadas stammt und sich über die USA bis ins tropische Amerika verteilt. Sie wurde erstmals 1653 im Botanischen Garten von Blois (Nordfrankreich) beschrieben und breitete sich innerhalb von 30 Jahren aus. Da sie keinen Zierwert besitzt, wurde sie wohl als Heilpflanze eingeführt.

Conyza canadensis
Eine schmale Einjährige mit engsitzenden, manchmal gezähnten Blättern; im Spätsommer und Frühherbst erscheinen Rispen kleiner distelartiger Blüten mit grünweißen bis blaß malvefarbenen glänzenden Blümchen und gelben Scheiben. H 1,2m, B 60cm.

Coriandrum

Zwei Arten schmaler aufrechter Einjähriger gehören zu dieser Gattung, die in Südwestasien und Nordafrika heimisch ist. *C. sativum* wächst als Unkraut auf Kultur- und Ödland. Als eines der ältesten bekannten Kräuter wurde es schon vor 3.000 Jahren angebaut. Es findet in antiken Schriften ebenso Erwähnung wie in nahezu allen Kräuterbüchern des Mittelalters. Der Name *coriandrum* kommt von dem griechischen Wort *koris* (Wanze), da Wanzen einen ähnlichen Geruch haben sollen, wie Korianderblätter.

Coriandrum sativum
(Koriander)
Eine aufrechte Einjährige mit stechend riechenden gelappten bis fiederteiligen Blättern; im Sommer trägt sie weiße bis malvenfarbige Blüten, danach folgen blaßbraune Früchte.
H 15-70cm, B 10-30cm.

Cornus

Hauptsächlich in den gemäßigten Zonen der nördlichen Hemisphäre vorkommend, besteht diese Gattung aus ca. 45 Arten von Bäumen, Sträuchern, Halbsträuchern und Mehrjährigen. *C. officinalis* ist eine in Ostasien heimische Pflanze. Die meisten Hartriegel sind Zierpflanzen und leicht zu kultivieren; besonders im Herbst bieten ihre Blüten, Früchte und häufig auch die Rinde ein interessantes Farbenspiel. *Cornus* kommt vom lateinischen Wort cornu (Horn), denn das Holz einiger Arten kann so hart wie Horn sein.

Cornus officinalis
(Hartriegel)
Ein laubwechselnder großer Strauch oder kleiner Baum mit sich schälender Rinde und eirunden Blättern, die im Herbst bunt werden; an kahlen Zweigen bilden sich im Spätwinter kleine gelbe Blüten und danach rote Früchte. H und B 10m.

Corydalis

Ungefähr 300 Arten Ein- und Mehrjähriger, meist Knollenpflanzen, bilden diese Gattung, die sich über die gemäßigten Zonen der nördlichen Hemisphäre und die tropischen Gebirge verteilt. *C. solida* kommt in den Wäldern Europas und Westasiens vor. Obwohl *Corydalis* mit dem Mohn verwandt ist, sind die Arten dieser Gattung im Aussehen sehr verschieden. Ihre Blätter wirken farnartig und die röhrenförmigen Blüten sind gespornt. *C. solida* und *C. cava* kennt man auch unter dem Namen *C. bulbosa*.

Corydalis solida (Lerchensporn)
Eine knollige Staude mit aufrechtem Stamm und farnigen Blättern; im Frühjahr bilden sich endständige Trauben mit blaßpurpurnen Blüten, zusammen mit einem langen geraden Sporn. Die reifen Früchte platzen und verstreuen den dunklen Samen. H 10-20cm, B 10-15cm.

***Corydalis solida* 'George Baker'**
(Lerchensporn)
Diese Sorte hat tief rosarote Blüten.
H 10-20cm, B 10-15cm.

Crataegus

Diese Gattung aus etwa 280 Arten laubwechselnder, häufig dorniger Sträucher und Bäume ist in den nördlichen gemäßigten Zonen heimisch. *C. pinnatifida* wächst in Nordchina. *C. laevigata*, meistens in Nordeuropa vorkommend, und *C. monogyna* sehen fast gleich aus; die letztere unterscheidet sich nur durch stärker gelappte Blätter und Früchte, die öfter zwei als einen steinigen Samen bilden. *C. monogyna* findet man von Europa bis Afghanistan. Hybriden zwischen *C. laevigata* und *C. monogyna* sind *C.* × *media*.

Crataegus laevigata (Weißdorn)
Ein laubwechselnder Strauch oder kleiner Baum, mit dichtem dornigem Geäst und ausgeprägt lappigen Blättern; im Frühjahr bilden sich duftende weiße Blüten, auf die dunkelrote eiförmige Früchte folgen.
H 5-6m, B 5-5,5m.

***Crataegus laevigata* 'Paul's Scarlet'**
(Weißdorn)
Diese Sorte hat doppelte kirschrote Blüten. Sie bildete sich 1858 in einem Garten in Hertfordshire (England) aus *C. laevigata* 'Rosea Flore Pleno' heraus, deren Blüten ein bleicheres Rosa aufweisen. H und B 6m.

***Crataegus laevigata* 'Rosea'**
(Weißdorn)
Diese Sorte hat rosa Blüten. Abgesehen von diesem Merkmal gleicht sie den weiteren Sorten ihrer Art.
H und B 6m.

Crataegus pinnatifida
(Weißdorn)
Ein winterharter, laubwechselnder kleiner Baum mit Dornen und mehrlappigen Blättern; im Frühjahr werden weiße Blüten mit rosafarbenen Staubbeuteln gebildet, danach rote Früchte von mehr als 1cm Durchmesser. H und B bis zu 6m.

***Crataegus laevigata* 'Plena'**
(Weißdorn)
Diese Sorte hat doppelte weiße Blüten. Auch wenn man sie nur schwer von ihren Verwandten unterscheiden kann, sind die Blüten, von nahem betrachtet, weitaus attraktiver. Sie wird in vielen Gärten angebaut. H und B 6m.

CRITHMUM

Diese Gattung besteht aus einer einzigen Art, die in den Felsen und Klippen des Schwarzen Meeres, des Mittelmeers, des Ärmelkanals und der europäischen Atlantikküste vorkommt. *Crithmum* leitet sich vom griechischen *krithe* (Gerste) ab und bezieht sich auf die ovale Form der Samen. Trotz ihres volkssprachlichen Namens „Seefenchel" weist diese Pflanze aber nicht die geringste Ähnlichkeit mit dem echten Fenchel auf (vgl. dazu auch *Foeniculum vulgare*, Seite 128).

Crithmum maritimum
(Meerfenchel, Seefenchel)
Fleischige, sich ausbreitende Mehrjährige mit verzweigten, gefurchten Stämmen und graugrünen Blättern mit abgerundeten geraden bis spitzen Segmenten; im Sommer erscheinen kleine gelbe bis grüne Blüten an Dolden. H und B 15-30cm.

CROCUS

Eine Gattung aus etwa 80 Arten harter kormusbildender Mehrjähriger, die von der Mittelmeerregion bis zum westlichen China zu finden sind. Nahezu jede Art eignet sich wegen ihrer Blütenpracht im Herbst, Winter und Frühling als Zierpflanze im Garten oder auch als Solitärpflanze im Alpinhaus. *C. sativus* ist eine sterile Triploide, die in der freien Natur unbekannt ist. Der Name „Crocus" kommt vom griechischen Wort *kroke* (Faden) und spielt auf die Stigmen an.

Crocus sativus (Safran)
Eine Mehrjährige mit geraden Blättern, jedes mit einer weißen Mittelrippe, die mit den lila bis purpurnen Blüten im Herbst gebildet werden. Die Blüten haben purpurne Staubfäden, gelbe Staubbeutel und einen roten Griffel, danach Kapseln mit 3 Kammern. H und B 10cm.

CROTON

Etwa 750 Sträucher, Bäume und Mehrjährige gehören zu dieser Gattung, die in den tropischen sowie subtropischen Regionen vorkommt. Die Art *C. tiglium* wächst vor allem in den Mischwäldern des indischen Subkontinentes und in Malaysia. Es handelt sich bei ihr um eine äußerst unangenehm riechende und im übrigen hochgiftige Pflanze. *Croton* kommt vom dem griechischen Wort *kroton* (Hundszecke) und bezieht sich auf das Aussehen des eiförmigen hellbraunen Samens.

Croton tiglium (Krotonölbaum)
Ein immergrüner Baum mit spitzen grünen bis bronzefarbenen Blättern; Trauben mit kleinen gelben bis grünen Blüten werden im Frühjahr gebildet, die männlichen am oberen, die weiblichen am unteren Teil der Pflanze; darauf folgen Früchte mit großen Samen. H 5-20m, B 12m.

CRYPTOTAENIA

Eine Gattung mit vier Arten Ein- und Mehrjähriger, die in nördlichen gemäßigten Zonen und bergigen tropischen Regionen Afrikas heimisch ist. *C. canadensis* wächst von Manitoba bis Texas in den waldigen Bergschluchten Nordamerikas, in Asien in Teilen Vietnams, Chinas und Japans. Beliebt wegen ihres sellerieähnlichen Geruchs und Geschmacks, wird sie in Japan und von den Auslandsjapanern geschätzt und inzwischen weltweit sowohl als Gemüse wie auch als Topfpflanze gezogen.

Cryptotaenia canadensis
Eine aufrechte sukkulente Mehrjährige mit kriechender Wurzel, hohlen Stielen und dreiblättrigen Blättern mit gezähnten Blättchen; im Sommer bilden sich Dolden mit winzigen weißen Blüten.
H 1m, B 30-90cm.

CUCUMIS

Eine Gattung aus etwa 30 Arten kletternder oder kriechender Ein- und Mehrjähriger, die im tropischen Asien und Afrika heimisch sind. Die indische *C. sativus* wird seit Jahrhunderten angebaut und war auch den alten Griechen und Römern nicht unbekannt. Es gibt weltweit unzählige Gurkensorten, von selbstbefruchtenden weiblichen bis zu winterharten gefurchten und kleineren Gürkchen. Die meisten werden als Gemüse im unreifen Zustand geerntet. Die reifen Früchte enthalten Samen mit eßbaren Ölen.

Cucumis sativus (Gurke)
Eine rankende Einjährige mit dreieckigen bis ovalen Blättern; im Frühjahr erscheinen trichterförmige Blüten, die männlichen in den Blattachseln, die weiblichen in der Regel größer und einzeln stehend; danach eiförmige bis längliche Früchte mit weißen Samen. H 2m.

CUCURBITA

Diese im tropischen und subtropischen Amerika heimische Gattung umfaßt 27 Arten liegender oder kletternder Ein- und Mehrjähriger. *C. maxima* wurde zuerst in Peru angebaut und im Jahre 1532 von den Spaniern nach Europa gebracht. Eine weitere Kürbisart, *C. moschata*, stammt ursprünglich vermutlich aus Mexiko, wird aber in Süd- und Nordamerika seit mindestens 5.000 Jahren angebaut. *C. pepo*, ebenfalls mexikanischer Abstammung, wird seit 8.000 Jahren im Süden Nordamerikas gezogen.

Cucurbita maxima (Riesenkürbis)
Eine variable, liegende Einjährige mit fünfeckigen Stämmen und gezähnten Blättern; im Sommer bilden sich gelbe Blüten, auf die fleischige Früchte folgen, die im reifen Zustand grün, gelb oder rot sind und weißen Samen enthalten.
H 1m, B 2m.

CUMINUM

In der freien Natur am Mittelmeer, im Sudan und in Mittelasien vorkommend, enthält diese Gattung zwei Arten Einjähriger. Der Kümmel war schon bei den alten Griechen ein bevorzugtes Gewürz. Er symbolisierte Habsucht und war angeblich die Speise der Miesepeter. Der Name *Cuminum* ist das griechische Wort (mit hebräischem Ursprung) für eine Pflanze, die wie *Carum carvi* aussieht (vgl. S. 101). Gleich im Aussehen, haben die beiden Pflanzen doch einen unterschiedlichen Geruch und Geschmack.

Cuminum cyminum (Kreuzkümmel)
Eine schlanke, halbwinterharte Einjährige mit dunkelgrünen Blättern, die in gerade oder gewundene Segmente geteilt sind; auf Dolden mit kleinen weißen oder rosafarbenen Blüten folgen borstige, ovale Samen. H 15-30cm, B 8-10cm.

CURCUMA

Zu dieser Gattung gehören vierzig Arten von Mehrjährigen, die im tropischen Asien und Australien wachsen. *C. aromatica* kommt in indischen Teakholzwäldern vor, *C. longa* in jahreszeitlich trockenen Wäldern. Viele habe große Rhizome oder Knollen, die als Gewürze, Speisestärke und Farbstoffe genutzt werden. Aus *C. longa* gewinnt man Seiden- und Wollfarbstoffe in Gelb und Orange, den traditionellen Farben der buddhistischen Mönche. Der Name leitet sich von dem arabischen Wort *kurkum* (Safran) ab.

Curcuma aromatica (Safranwurz)
Eine Mehrjährige mit langem Rhizom und spitzen Blättern; gelbe bis weiße, rosa angehauchte Blüten wachsen an grünen Tragblättern und rosafarbenen Hochblättern mit dichtem Blütenstand. Sie wachsen im Frühjahr an einem separaten Siel. H 1m, B unbestimmt.

Curcuma longa (Gelbwurzel, Kurkuma)
Eine Mehrjährige mit einem langen Rhizom und spitz zulaufenden länglichen bis elliptisch geformten Blättern von bis zu 50cm Länge; im Sommer bilden sich gelbe Blüten mit blaßgrünen unteren Tragblättern und rosafarbenen Hochblättern in einem dichten Blütenstand. H 1m, B unbestimmt.

CYMBOPOGON

Diese Gattung von 56 Arten mehrjähriger, manchmal auch einjähriger aromatischer Gräser kommt in den Tropen und in wärmeren gemäßigten Zonen Eurasiens vor. *C. citratus* wächst auf Savannen in Südindien und auf Ceylon. Wie *C. citratus* werden auch andere Arten wegen ihres Öls, das für die Parfümindustrie wichtig ist, angebaut, darunter *C. nardus* und *C. flexuosus*. Der Name leitet sich von den griechischen Worten *kymbe* (Boot) sowie *pogon* (Bart) ab und bezieht sich auf das Aussehen der kleinen Blütenähren.

Cymbopogon citratus (Malabargras)
Eine gruppenbildende Mehrjährige mit robusten Stämmen und nach Zitrone riechenden geraden Blättern von bis zu 90cm Länge; im Sommer werden lockere Rispen mit grannenlosen Ähren gebildet, allerdings selten in Kulturen.
H 1,5m, B 1m.

CYNARA

Diese Gattung schließt zehn Arten frostharter Mehrjähriger ein, die im Mittelmeerraum und in Nordafrika heimisch sind. *C. cardunculus* Gruppe *Scolymus* ist eine Pflanze mit architektonischer Wirkung, zum Beispiel am Ende einer großen Rabatte oder als Blickfang in einem Kräutergarten. Wildformen sind nicht bekannt; sie entwickelte sich vermutlich in einem frühen Stadium aus *C. cardunculus*. *Cynara* stammt von griechisch *kyon* (Hund) und bezieht sich auf die Ähnlichkeit der Stacheln mit den Zähnen eines Hundes.

Cynara cardunculus*, Gruppe *Scolymus
(Kardone, Gemüseartischocke)
Eine große Staude mit flaumigen grauen bis grünen, feingegliederten ledrigen Blättern von bis zu 80cm Länge und 40 cm Durchmesser; im Sommer bilden sich große distelähnliche Blüten mit purpurnen Blümchen. H 2m, B 1,2m.

CYNOGLOSSUM

Eine Gattung aus etwa 55 Arten winterharter Zweijähriger und einigen Ein- und Mehrjährigen mit einem großen Verbreitungsgebiet in den gemäßigten Zonen. *C. officinale* wächst hauptsächlich in Küstennähe, auf trockenen Grasflächen in Mitteleuropa, Süd- und Mittelrußland sowie auch in Zentralasien. Der Gattungsname dieser Pflanze kommt von den griechischen Worten *kynos* (Hund) sowie *glossa* (Zunge) und bezieht sich auf Form und Textur der Blätter.

Cynoglossum officinale
(Hundszunge)
Eine aufrechte Zweijährige mit elliptischen bis länglichen, behaarten grauen bis grünen Blättern; kastanienbraune Blüten werden im Sommer gebildet, danach Früchte, die mit krummen Stacheln bedeckt sind. H 80cm-1m, B 30-60cm.

CYPERUS

Etwa 600 Arten weltweit vorkommender grasähnlicher Ein- und Mehrjähriger mit Rhizomen gehören zu dieser Gattung. Darunter sind auch Pflanzen wie *C. involucratus*, eine beliebte Hauspflanze, *C. papyrus*, die wichtige Papyrusstaude der alten Ägypter, und *C. esculentus* var. *sativus* (Chufa, Erdmandel). *C. rotundus* ist eine weitverbreitete Pflanze, die auf feuchten Böden hervorragend gedeiht und weltweit zu den aggressivsten Unkräutern überhaupt gehört. *Cyperus* ist das griechische Wort für Riedgras.

Cyperus rotundus (Nußgras)
Eine Mehrjährige mit schlankem, geschupptem Rhizom und geradlinigen Blättern von bis zu 60cm Länge; im Sommer bildet sich ein Blütenstand mit kleinen roten bis braunen hülsenförmigen Blüten, darauf folgen dreieckige Nüsse. H 10-60cm, B unbestimmt.

CYPRIPEDIUM

Eine Gattung mit 35 Arten mehrjähriger Orchideen, die in Mittel- und Nordamerika, Europa sowie Asien vorkommen. *C. parviflorum* var. *pubescens* wächst in Nordamerika. Diese edlen Pflanzen für Steingärten und Waldstücke wachsen langsam und sind empfindlich. Die Seltenheit der wildwachsenden Frauenschuh-Orchideen ist auf extensives Sammeln zurückzuführen. *Cypripedium* kommt von den griechischen Worten *Kypris* (Aphrodite) sowie *pedilon* (Sandale) und bezieht sich auf die Form der Blütenlippe.

Cypripedium parviflorum var. ***pubescens*** (Marienfrauenschuh)
eine Mehrjährige mit Rhizomen und 3-4 ovalen bis länglichen Blättern; im Frühsommer werden einzeln stehende Blüten mit verschlungenen Blättern und einer gelben Lippe gebildet.
H 30-60cm, B 23-40cm.

CYTISUS

Mehr als 30 Arten immergrüner und laubwechselnder Sträucher oder kleiner Bäume gehören zu dieser Gattung, die in Nordafrika, Westasien und Europa vorkommt. *C. scoparius*, auf Heide-, Ödland und in Wäldern heimisch, ist sowohl im Anbau wie in der freien Natur bekannt. Die meisten Sorten sind Hybriden und eignen sich nicht für eine medizinische Verwendung. Der Gattungsname kommt vom griechischen Wort *kytisos,* worunter man in der Antike verschiedene holzige Gemüsepflanzen zusammenfaßte.

Cytisus scoparius (Besenginster)
Ein aufrechter kleiner Strauch mit fünfeckigen Ästchen und kleinen zumeist dreiblättrigen Blättern von ca. 2cm Länge; intensiv gelbe erbsengroße Blüten werden im Sommer gebildet, danach schwarze Schoten von 2,5-4cm Länge. H und B 60cm-2m.

Cytisus scoparius var. ***prostratus***
(Besenginster)
Diese Sorte wächst niedrig und trägt bogenbildende überlappende Stämme und graues bis grünes Laub.
H 20cm, B 1,2-2m.

DAPHNE

Ca. 50 Arten Sträucher gehören zu dieser Gattung, die in Europa, Nordafrika und Asien verbreitet ist. Es sind Sträucher für Rabatten und Kübel, allerdings sind Arten wie die chinesische *D. genkwa* nicht leicht zu kultivieren. *Daphne* ist das griechische Wort für Lorbeer; möglicherweise ist die Gattung wegen der lorbeerähnlichen Blätter einiger Arten so benannt worden. In der griechischen Mythologie soll sich Daphne vor den Nachstellungen Apollos geschützt haben, indem sie sich in einen Lorbeerbaum verwandelte.

Daphne genkwa (Seidelbast)
Ein aufrechter laubwechselnder Strauch mit wenig Zweigen und hellgrünen, länglichen bis ovalen Blättern von 3-6 cm Länge; Ähren mit leicht duftenden lilafarbenen Blüten werden in den Achseln vor dem Erscheinen neuer Blätter gebildet. H 1m, B 30-38cm.

DATURA

In dieser Gattung gibt es nur noch acht Arten tropischer Einjähriger oder kurzlebiger Mehrjähriger, seitdem die strauchigen Arten zu den *Brugmansia* gezählt werden. *D. stramonium* ist in Amerika heimisch. Alle Stechäpfel sind giftig; sie werden aber wegen ihrer großen, vielfach auch duftenden trompetenförmigen Blüten als Zierpflanzen angebaut. Der Name leitet sich von dem Hindiwort *dhât* ab. Sie wurden von den „Thuggi", räuberischen indischen Banden und Mördern, als Gift verwendet.

Datura stramonium
(Gemeiner Stechapfel)
Eine buschige Einjährige mit unangenehmem Geruch, elliptischen bis eirunden Blättern und weißen trichterförmigen Blüten, die sich im Sommer bilden, gefolgt von stachligen, eiförmigen Kapseln mit schwarzem Samen. H 2m, B 1,2m.

DAUCUS

Diese Gattung aus 22 Arten behaarter Ein- und Zweijähriger ist auf der ganzen Welt in gemäßigten Zonen zu finden. Nur *D. carota* wird als Gemüse, Heil- und Futterpflanze allgemein kultiviert. Sie wächst in Meeresnähe in Europa und den gemäßigten Zonen Asiens sowie Nordafrikas wild und ist weithin auch in Nordamerika eingebürgert. Man kann sie unter den weißblütigen Doldengewächsen, die ansonsten schwer zu unterscheiden sind und viele giftige Arten enthalten, ziemlich leicht identifizieren.

Daucus carota (Möhre, Karotte)
Eine winterharte Zweijährige mit gerifeltem Stamm und farnartigen Blättern; winzige weiße, purpurn angehauchte mittige Blüten und behaarte Laubblätter werden im Sommer an Dolden von bis zu 7cm Durchmesser gebildet.
H 30cm-1m, B 15-60cm.

DACHWURZ, siehe *Sempervivum*, S. 351
DALMATINISCHE INSEKTENBLUME, siehe *Tanacetum cineraiifolium*, S. 359
DATTELPFLAUME, siehe *Diospyros*, S. 274

Daucus carota ssp. ***sativus***
(Möhre, Karotte)
Die Kulturform der Möhre hat große sukkulente, intensiv orangefarbene rübenförmige Wurzeln. Als Gemüse wird sie als winterharte Einjährige angebaut, für medizinische Zwecke als Zweijährige. H und B 30-38cm.

DELPHINIUM

Eine Gattung aus über 250 Arten Zwei- und Mehrjähriger, die in nördlichen gemäßigten Zonen und im Hochland Zentralafrikas vorkommt. *D. staphisagria* stammt aus der Mittelmeerregion. Der Rittersporn ist eng mit Eisenhut (*Aconitum*-Arten, vgl. S. 72) verwandt. Beide Gattungen sind giftig, werden aber wegen ihrer üppigen blauen Blüten angebaut. Der Gattungsname *Delphinium* leitet sich vom griechischen Wort *delphinion* (Delphinpflanze) ab. Die Form der Blüten erinnert bei einigen Arten an Delphine.

Delphinium staphisagria (Rittersporn)
Eine behaarte Zweijährige mit kräftigen Stämmen und glänzenden flaumigen, handtellerförmigen Blättern; im späten Frühling und frühen Sommer bilden sich dichte Trauben kleiner, schwärzlich purpurner bis blauer, kurzgespornter Blüten. H 1,5m, B 45-75cm.

DENDRANTHEMA

Ehedem unter *Chrysanthemum* klassifiziert, umfaßt diese Gattung 20 Arten aromatischer, zumeist frostharter Mehrjähriger, die in Europa sowie Mittel- und Ostasien vorkommen. Die Gattung enthält auch die Gärtner-Chrysantheme *D.* × *grandiflorum*, eine umfassende Gruppe von Hybriden, die in China bereits 500 v.Chr. aus *D. indicum* und anderen Arten gezüchtet wurden. Sie tragen Ähren mit großen einzelnen oder doppelten Blüten von bis zu 30cm Durchmesser und haben weiße, gelbe, bronze- oder rosafarbene Blütenkörbchen.

Dendranthema* × *grandiflorum
(Gärtner-Chrysantheme)
Eine Mehrjährige mit aufrechten oder sich ausbreitenden Stämmen und duftenden, gelappten bis geschlitzten Blättern von bis zu 12cm Länge; die Blüten bilden sich vom Ende des Sommers an. H 30cm-2,2m, B bis zu 1m.

DENDROBIUM

Zu dieser Gattung gehören mehr als 1.000 Orchideenarten, die von Ostasien bis Australien verbreitet sind. Die meisten sind epiphytische oder lithophytische (selten terrestrische) Mehrjährige. *D. nobile* findet man im Nordosten Indiens, in China, Laos und Thailand. Sie wird wegen ihrer lieblichen Blüten weltweit kultiviert. Angeblich duften sie morgens nach Gras, mittags nach Honig und abends wie Primeln. *Dendrobium* setzt sich aus dem griechischen Worten *dendron* (Baum) und *bios* (Leben) zusammen.

Dendrobium nobile
Eine immergrüne Mehrjährige mit aufrechten Pseudozwiebeln und gegenüberliegend angeordneten Blättern; malvenfarbige duftende Blüten mit kastanienbrauner gelb- bis weißumrundeter Kehle werden im Winter und zu Beginn des Frühjahrs gebildet. H 30-60cm, B 1m.

DIANTHUS

Eine Gattung mit ca. 300 Arten winterharter und halbwinterharter immergrüner sowie halbimmergrüner Ein-, Zwei- und Mehrjähriger, die von Eurasien bis Südafrika verbreitet ist. *D. caryophyllus* ist in Südeuropa und Nordafrika, *D. chinensis* in Ostasien heimisch. Nelken werden wegen ihrer duftenden Blüten seit der Antike kultiviert. Sorten von *D. chinensis* eignen sich für Beete mit trockenem alkalischem Boden. Im alten Griechenland wurden Girlanden aus Nelken für feierliche Anlässe gewunden.

Dianthus caryophyllus (Gartennelke)
Eine immergrüne Mehrjährige mit holzigem Unterholz, viereckigen Stielen und länglichen grauen bis grünen Blättern; Kleine tief rosa- bis purpurfarbene Blüten bilden sich im Sommer an einem lockeren, gegabelten Blütenstand. H 20-50cm, B 10-25cm.

Dianthus chinensis
(Kaisernelke, Heddewigsnelke)
Eine buschige, langsam wachsende Ein-, Zwei- oder kurzlebige Mehrjährige mit hellgrünen zugespitzten Blättern; im Sommer und Frühherbst bilden sich rote, rosa, weiße oder getupfte Blüten mit blauen Staubfäden. H und B 15-30cm.

***Dianthus chinensis* 'Strawberry Parfait'**
(Kaisernelke, Heddewigsnelke)
Eine sehr dichtwachsende Pflanze, insbesondere zusammen mit graublättrigen Nachbarn; weiße rosafarben angehauchte Blüten mit rotem Mittelteil bilden sich verschwenderisch im Sommer und im Herbst. H und B 20cm.

Dictamnus albus var. ***purpureus***
(Diptam, Brennender Busch)
Diese Sorte hat rosafarbene Blüten mit dunkleren rosa Streifen und wird relativ häufig angebaut.
H 40-80cm, B 24-45cm.

DICTAMNUS

Sechs Arten von Mehrjährigen wurden früher zu dieser Gattung gezählt, die heute als monotypisch definiert ist. *D. albus* kommt von Ostasien bis Südwesteuropa in trockenem Buschwerk sowie in Kiefernwäldern vor und ist eine dekorative, langlebige Pflanze. Sie enthält reichlich ätherische Öle, die man sogar anzünden kann, ohne die Pflanze zu beschädigen. *Dictamnus* ist nach dem ähnlich duftenden *Origanum dictamnus* benannt (vgl. S. 168-169), das seinen Namen vermutlich nach dem kretischen Berg Dikte hat.

Dictamnus albus
(Diptam, Brennender Busch)
Eine Mehrjährige mit gefiederten Blättern aus 3-6 Paaren; große Trauben mit weißen oder rosafarbenen Blüten und Staubfäden erscheinen im Sommer, gefolgt von Kapseln, die schwarze Samen enthalten. H 40-80cm, B 24-45cm.

DIGITALIS

Diese Gattung mit über 20 Arten Zwei- und Mehrjähriger ist in Europa, Nordafrika, West- und Mittelasien verbreitet. *D. lanata* wächst in Osteuropa. Obwohl Fingerhut äußerst giftig ist, sind die Pflanzen wegen ihrer eleganten, spitz zulaufenden Blütenähren sehr beliebt. *D. purpurea* und *D. lanata* werden beide für die pharmazeutische Industrie angebaut; die letztere liefert das Digoxin. *Digitalis* ist vom lateinische Wort *digitus* (Finger) abgeleitet, denn die Blüten lassen sich wie ein Fingerhut über die Fingerspitze stülpen.

Digitalis lanata (Fingerhut)
Zweijährige oder kurzlebige Mehrjährige mit in der Regel einem Stamm und stiellosen, schmalen Blättern von bis zu 12 cm Länge; im Sommer bildet sich eine Ähre mit crème- bis rehbraunfarbenen, geäderten Blüten, darauf folgen Kapseln mit vielen Samen. H 1m, B 24cm.

DILL, siehe *Anethum graveolens*, S. 238

DIOSCOREA

Etwa 600 Arten bilden diese große Gattung tropischer und subtropischer Kletterer. Zu den besonders winterharten Arten gehört die kommerziell angebaute *D. opposita*, die im nördlichen China und in Japan gedeiht. Einige Arten werden als Zierpflanzen, die meisten jedoch in wärmeren Regionen als Feldfrüchte angebaut. Einige eßbare Arten entwickeln große Knollen, die von *D. alata* werden bis zu 50kg schwer. Der volkssprachliche Name „Yam" stammt aus einem westafrikanischen Dialekt und hat die Bedeutung „essen".

Dioscorea opposita (Yamswurzel)
Ein Mehrjähriger Kletterer mit vertikalen Knollen von bis zu 1m Länge und herzförmigen Blättern; kleine weiße, nach Zimt riechende Blüten werden in den Achseln an Ähren gebildet (männliche und weibliche Blüten separat), danach folgen dreieckige Kapseln. H 3m.

DIOSPYROS

Fast 500 Arten immergrüner und laubwechselnder Bäume und Sträucher gehören zu dieser meist tropischen Gattung, die in Südeuropa, Nord- und Südamerika, Afrika, Asien sowie Australien vorkommt. Die Bäume sind der Ursprung des wertvollen Ebenholzes; einige werden auch wegen ihrer Früchte angebaut. *D. kaki* benötigt zur Befruchtung männliche und weibliche Bäume. Zwittrige und zwergwüchsige Sorten müssen unter Abdeckungen angebaut werden. *D. lotus* und *D. virginiana* sind ebenfalls sehr dekorativ.

Diospyros kaki (Kakipflaume)
Ein laubwechselnder Baum mit großen eirunden Blättern, die im Herbst orangefarben bis rot werden; gelbe Blüten im Frühjahr; männliche in Gruppen von 2-5, weibliche einzeln stehend; gelbe oder orangefarbene bis rote Früchte werden bis zu 7,5cm groß. H 10-15m, B 10m.

DODONAEA

Ca. 50 Arten immergrüner Bäume und Sträucher bilden diese tropische und subtropische Gattung. *D. viscosa*, die in den Regenwäldern in Südafrika, Australien und Mexiko vorkommt, sowie *D. v.* 'Purpurea' sind beliebte Sträucher, vor allem als Hecken an windigen Standorten oder wegen des hübschen Laubs als Kübelpflanzen. *Dodonaea* ist nach Rembert Dodoens (1517-85), einem flämischen Arzt und Professor für Medizin an der Universität von Leiden, benannt, dem Autor eines 1554 verfaßten Kräuterbuches.

Dodonaea viscosa
Ein dicht und ausladend wachsender Strauch oder kleiner Baum mit klebrigen, elliptisch geformten Blättern von bis zu 13cm Länge; im Sommer bilden sich grüne bis gelbe Blüten, danach folgt runder schwarzer Samen in dreiflügligen Hüllen. H 3m, B 1,5m.

***Dodonaea viscosa* 'Purpurea'**
Diese Sorte hat bronze- bis purpurfarbenes Laub und purpurfarbene bis rote Samenkapseln.
H 2m, B 1,5m.

DRIMIA

Diese Gattung besteht aus etwa 100 Arten knolliger Mehrjähriger, die in der Mittelmeerregion und in Portugal vorkommen. *D. maritima* wächst auf Küstensand und trockenem felsigen Boden. Die Pflanzen werden meist für den kommerziellen Gebrauch angebaut, sind aber wegen ihrer im Frühherbst zur Geltung kommenden Blütenähren, die wie Steppenkerzen aussehen, auch hochgeschätzte Zierpflanzen. Obwohl sie an trockenen Orten leicht zu kultivieren sind, kann die Blüte in nördlichen Regionen ausbleiben.

Drimia maritima (Meerzwiebel)
Eine kräftige Mehrjährige mit einer kugelförmigen Zwiebel von bis zu 15cm Durchmesser und fleischigen, graugrünen Blättern mit bis zu 1m Länge; kleine, sternförmige weiße Blüten an dichten Ähren werden nach dem Welken des Laubs gebildet. H 1,5m, B 30-45cm.

DIPTAMDOSTEN, siehe *Origanum dictamnus*, S. 319
DISTEL, siehe *Eryngium*, S. 279
DOLDEN-WINTERLIEB, siehe *Chimaphilia umbellata*, S. 260
DONNERBESEN, siehe *Viscum*, S. 370
DORNJUJUBE, siehe *Ziziphus jujuba*, S. 373
DOST, siehe *Origanum*, S. 319
DOTTERWEIDE, siehe *Salix alba* var. *vitellina*, S. 345
DRAGON, siehe *Artemisia dranunculus*, S. 243
DREIBLATT, siehe *Trillium*, S.365
DREIBLÄTTRIGER FIEBERKLEE, siehe *Menyanthes trifoliata*, S. 312
DREIBLATTSPIERE, siehe *Gillenia*, S. 288

DRIMYS

Diese Gattung enthält ca. 40 Arten immergrüner Bäume und Sträucher. Das weitläufige Verbreitungsgebiet reicht von Mexiko bis nach Südamerika und von der malaysischen Halbinsel bis Neuguinea, Australien und Neuseeland. *D. winteri* ist in Chile und Argentinien heimisch und die einzige Art, die kultiviert wird. Die Zwergform *D. w.* var. *andina* blüht nur, solange sie kleiner als 30cm ist, und eignet sich besonders für kleinere Gärten. Die verwandte *Tasmannia lanceolata* wurde früher als *D. lanceolata* klassifiziert.

Drimys winteri (Winterrinde)
Ein hoher kegelförmiger, häufig strauchiger Baum mit elliptisch geformten glänzenden, zugespitzten Blättern von bis zu 15cm Länge und lockeren Gruppen sternförmiger elfenbeinweißer Blüten im späten Frühling und zu Beginn des Sommers. H 15m, B 8m.

DROSERA

Etwa 100 Arten immergrüner fleischfressender Stauden gehören zu dieser Gattung, die weltweit verbreitet ist. *D. rotundifolia* wächst in Feuchtgebieten der gemäßigten Zonen Eurasiens und Nordamerikas. Viele Sammler fleischfressender Pflanzen bauen Sonnentau an, bekanntere Arten sind auch als Topfpflanzen erhältlich. Der Name leitet sich vom griechischen Wort *droseros* (betaut) ab und bezieht sich auf die klebrigen Verdauungsenzyme, die an den Blatthaaren hängen und mit denen Insekten gefangen werden.

Drosera rotundifolia
(Sonnentau)
Eine kleine Mehrjährige mit einer Rosette aus roten bis grünen, klebrigen gerundeten Blättern; im Sommer bilden sich Stiele mit fünfblättrigen weißen Blüten; danach folgen Kapseln mit geflügeltem Samen. H 10-15cm, B 8cm.

DRYOBALANOPS

Sieben Arten aus dem südostasiatischen Regenwald gehören zu dieser Gattung. *D. aromatica* wächst in Indonesien und hat in der fernöstlichen Medizin eine lange Geschichte. Schon Marco Polo erwähnte, daß sie seit dem sechsten Jahrhundert bis in den Nahen Osten exportiert wurde. Man verwendete sie zum Einbalsamieren. Organische Bestandteile, die älter als 2.000 Jahre sind, hat man konserviert aufgefunden. Der Name setzt sich aus griechisch *dryos* (Baum), *balanos* (Eichel) und *opsis* (Aussehen) zusammen.

Dryobalanops aromatica („Kapur")
Ein hoher immergrüner Baum mit abblätternder Rinde und runden ledrigen Blättern; alle drei bis vier Jahre bilden sich im Sommer kleine weiße Blüten. Die daraus entstehenden Früchte sind Nüsse mit drei Kammern.
H 40-50m, seltener bis 60m, B 15m.

DRYOPTERIS

Eine weit verbreitete Gattung mit ca. 150 Arten laubwechselnder oder halbimmergrüner Farne mit Rhizomen. *D. filix-mas* kommt in Eurasien und Nord- sowie Südamerika vor. Viele Arten werden wegen ihres Laubs, dessen Kronen sich für Vasen eignen, angebaut. Einige brauchen besondere Pflege, aber viele Arten, darunter auch *D. filix-mas*, lassen sich gut als Gartenpflanzen ziehen, sind sehr winterhart und halten längere Trockenphasen aus. Von *D. filix-mas* gibt es viele unterschiedliche Varianten.

Dryopteris filix-mas
(Wurmfarn)
Ein laubwechselder oder halbimmergrüner Farn mit dicken Rhizomen und aus spitz zulaufenden Blättchen bestehenden Wedeln; die Sporen werden im Sommer an den Unterseiten der oberen Blättchen freigesetzt. H und B 40-90cm.

***Dryopteris filix-mas* 'Crispa Cristata'**
(Wurmfarn)
Diese Sorte unterscheidet sich von den anderen ihrer Art durch kleineren Wuchs und gekräuselte büschelweise Blättchen. H und B 30-38cm.

***Dryopteris filix-mas* 'Linearis'**
(Wurmfarn)
Mit schlankeren, eleganteren Wedeln als bei den anderen Sorten dieser Art.
H und B 40-90cm.

ECBALLIUM

Von dieser Gattung gibt es nur eine Art. Die kriechende Mehrjährige kommt in halbtrockenen und öden Regionen des Mittelmeerraumes und Westasiens vor. *E. elaterium* wird häufig als Neuerung für Rabatten oder Kübel empfohlen. Der Reiz des Neuen besteht in den explosiven Früchten, die grau bis grün, 5cm lang, borstig und eiförmig sind. Sie sind giftig; ihr beißender Inhalt wird mit ziemlicher Kraft bis zu mehr als 2m weit hinausgeschleudert und kann zu schweren Augenverletzungen führen.

Ecballium elaterium
(Spritzgurke, Eselsgurke)
Eine buschige Mehrjährige mit festen behaarten Stämmen und grauen bis grünen, ovalen bis dreieckigen Blättern; blaßgelbe Blüten mit 5 Blättern bilden sich im Sommer, männliche an Trauben, weibliche einzeln stehend. H 30cm, B 60cm.

ECHINACEA

Neun Arten winterharter Mehrjähriger bilden diese Gattung, die im Osten der USA heimisch ist. *E. purpurea* gehört neben *E. pallida* und *E. angustifolia* zu den Arten, die von einheimischen Nordamerikanern zur Behandlung von Wunden verwendet wurden. Die Pflanzen dieser Gattung entfalten ihre Farbenpracht vom Sommers bis zum Frühherbst. Der Gattungsname *Echinacea* geht auf das griechische Wort *echinos* (Igel) zurück und bezieht sich auf die stachligen Schuppen der mittleren Blütenteile.

Echinacea purpurea (Igelkopf)
Eine hohe Mehrjährige mit Rhizomen und ovalen bis länglichen Blättern. Im Sommer und Frühherbst bilden sich purpurfarbene, nach Honig duftende kreisrunde Blüten mit kegelförmigen orangefarbenen bis braunen Zentren.
H 1,2m, B 45cm.

DUBOISIA

Zu dieser in Australasien und Neuguinea vorkommenden Gattung gehören drei Arten von Bäumen und Sträuchern. *D. myoporoides* wächst auf sandigen Böden in lichten Wäldern, Ausläufern des Regenwaldes und auf Küstendünen in Neu-Süd-Wales (Australien) sowie auf Neukaledonien und in Neuguinea. Alle Teile der Pflanze sind giftig. *Duboisia* wurde nach Charles Du Bois (1656-1740) benannt, dem Schatzmeister der britischen Ostindischen Kompanie, der ein großes Herbarium anlegte.

Duboisia myoporoides
(Pituripflanze)
Ein kleiner Baum oder Strauch mit löffelförmigen Blättern; vom Spätwinter an bis Frühling erscheinen kleine weiße bis blaßlavendelfarbige Blüten; danach folgen saftige schwarze Beeren, die 6-12 Samenkörner enthalten. H 12m, B 2-5m.

***Echinacea purpurea* 'Robert Bloom'**
Eine farbenfrohe Sorte mit braunem Mittelteil und magenta- bis rosafarbenen strahlenförmigen Blütenblättchen, die in Brassingham, Norfolk (England), gezüchtet wurde. H 1,2m, B 50cm.

DUFTRAUTE, siehe *Agathosma*, S. 239
DUFTVEILCHEN, siehe *Viola odorata*, S. 370

EBERRAUTE, siehe *Artemisia abrotanum*, S. 243

***Echinacea purpurea* 'White Swan'**
(Igelkopf)
Diese Sorte ist kleinwüchsig und hat weiße Blütenblättchen. Sie läßt sich gut aus Samen ziehen und ist der *E. S.* 'White Lustre' vergleichbar, einer amerikanischen Sorte mit herabhängenden Blütenblättern. H 45-60cm, B 30cm.

ELEUTHEROCOCCUS

Ca. dreißig Arten laubwechselnder, häufig stachliger Sträucher und Bäume gehören zu dieser Gattung, die in Süd- und Ostasien vorkommt. *E. senticosus* aus Nordostasien ist winterhart, wird aber in westlichen Kräutergärten nur selten angetroffen. Die Pflanze gehört nicht zur traditionellen russischen Medizin, wurde aber von den russischen Forschern Brekhman und Dardymow seit 1960 als Teil einer Studie über adaptogenische Kräuter untersucht. Seitdem ist sie bekannt geworden und wird als Ginseng verkauft.

Eleutherococcus senticosus
Ein laubwechselnder Strauch mit kräftigen Wurzeln und dunkelgrünen, gezähnten Blättern; im Sommer bilden sich Dolden mit kleinen Blüten; männliche sind lila- bis purpurfarben, weibliche grün, danach folgen blaue bis schwarze Beeren. H bis 7m, B unbestimmt.

ECLIPTA

In dieser Gattung gibt es vier Arten Ein- und Mehrjähriger, die in wärmeren Regionen Amerikas heimisch sind und in Eurasien weithin eingebürgert. Ursprünglich aus feuchten Gegenden des gemäßigten und tropischen Amerikas stammend, hat sich *E. prostrata* in vielen Teilen Asiens als Unkraut ausgebreitet und wurde ein wichtiger Bestandteil der ayurvedischen und chinesischen Medizin. Die ayurvedische Bezeichnung „Bhringaraja" bedeutet „Herrscher des Haares" und meint den Gebrauch als Haarwuchsmittel.

Eclipta prostrata
Ein einjähriges Unkraut mit länglichen, gesägten Blättern von bis zu 25cm Länge; im Sommer bilden sich kleine weiße, kreisrunde Blüten, auf die winzige Früchte folgen, jede mit einem Büschel kleiner Zähne.
H 10-60cm, B 20cm-1m.

ELYMUS

Ungefähr 100 Arten machen diese Gattung aus winterharten mehrjährigen Gräsern aus, die in den nördlichen gemäßigten Zonen vorkommt. *E. repens* ist in Europa, Nordafrika, Sibirien und Nordamerika ein hartnäckiges Unkraut. Störend für den Gärtner, aber bedeutend in der Medizin, taucht diese Pflanze in Kräuter- und Arzneibüchern seit den Zeiten des Dioskorides (erstes nachchristliches Jahrhundert) auf. Der Name *Elymus* kommt von griechisch *elymos* (eine Getreidesorte).

Elymus repens (Quecke)
Eine winterharte Mehrjährige mit langen Rhizomen mit bis zu 3mm Durchmesser; ihre faden grünen Blätter sind handförmig geteilt. Sie trägt im Sommer steife, aufrechte Blütenähren mit Ährchen in Zickzack-Anordnung an langen Stielen. H 30cm-1m, B unbestimmt.

ELETTARIA

Zu dieser in Indien, auf Ceylon, Sumatra und Malaysia vorkomenden Gattung gehören vier Arten von Mehrjährigen mit Rhizomen. *E. cardamomum*, aus den indischen Regenwäldern stammend, ist über Karawanenstraßen schon seit dem Altertum nach Europa gelangt, wo es für Parfüme Verwendung fand. Man kann die Pflanze in gemäßigten Zonen unter Abdeckungen ziehen, sie wird hier aber weder blühen, noch Früchte bilden. *Elettaria* kommt von *elettari*, dem südwestindischen Eigennamen der Pflanze.

Elettaria cardamomum
(Malabarkardamome)
Eine Mehrjährige mit Rhizomen und Stämmen mit länglichen Blättern; weiße Blüten mit rosa- bis lilafarbenen Streifen sitzen an lockeren Ähren. Die Früchte sind grün bis braun und enthalten aromatische Samen. H 3m, B unbestimmt.

EPHEDRA

Diese Gattung aus etwa 40 Arten von Sträuchern und Kletterern ist in Südeuropa, Nordafrika, Asien und im subtropischen Amerika verbreitet. *E. distachya* wächst in Süd- und Osteuropa. Sie hat grüne Zweige und gekreuzte Schuppenblätter. Botaniker interessieren sich für diese Gattung als entwicklungsgeschichtliches Bindeglied zwischen blühenden Pflanzen und Nadelhölzern. Einige Arten eignen sich als Bodendecker an trockenen Standorten. Männliche und weibliche Pflanzen müssen zusammen angebaut werden.

Ephedra distachya
(Meerträubel)
Ein Zwergstrauch mit aufrechten bis gespreizten Stämmen und kleinen Blättern; der männliche Blütenstand ist zapfenförmig, weibliche stehen einzeln und bilden sich im Frühsommer; danach folgen fleischige rote Früchte. H und B 1m.

EDELKASTANIE, siehe *Castanea sativa*, S.256
EFEU-GUNDERMANN, siehe *Glechoma hederacea*,S. 289
EICHENMOOS, siehe *Evernia prunastri*, S. 281
EISENHUT, siehe *Aconitum*, S. 228
EISENKRAUT, s. *Verbena officinalis*, S. 368
ELFENBLUME, siehe *Epimedium saittatum*, S.278
ENGELSÜSS, siehe *Polypodium vulgare*, S.333
ENGELWURZ, siehe *Angelica archangelica*, S. 238
ENZIAN, siehe *Gentiana*, S. 287

EPIGAEA

Eine Gattung aus drei Arten kriechender immergrüner Halbsträucher, die von Nordamerika bis Japan heimisch ist. *E. repens*, aus Nordamerika stammend, ist eine Pflanze für kalkfreie Böden in Steingärten, Hochbeeten oder Kübeln und kann mit Zwergrhododendron und Nadelbäumen kombiniert werden. Sie steht in einigen Staaten der USA unter Naturschutz. *Epigaea* setzt sich aus den griechischen Worten *epi* (auf) und *„gaia“* (Erde) zusammen, *repens* ist das lateinische Wort für „kriechen“.

Epigaea repens (Bodenlorbeer)
Ein kriechender immergrüner Strauch mit ledrigen, glänzenden Blättern von bis zu 8cm Länge; im Frühjahr werden Ähren mit weißen oder rosafarbenen, würzig duftenden Blüten gebildet, danach folgen kugelförmige Kapseln mit unzähligen Samen. H 10cm, B 30-50cm.

Equisetum hyemale
(Schachtelhalm)
Eine immergrüne Mehrjährigre mit aufrechten graugrünen, unverzweigten Halmen; die geschwollenen Knoten haben kleine stumpfe Zähne. Die sporentragenden „Zapfen“ reifen im Sommer.
H 70cm-1m, B unbestimmt.

EPIMEDIUM

Ungefähr 25 Arten halb- oder immergrüner Mehrjähriger gehören zu dieser Gattung, die in der Mittelmeerregion und in Asien vorkommt. *E. sagittatum* wächst in den feuchten Waldungen Chinas und ist in Japan eingebürgert. Zahlreiche Arten und Hybriden werden in beschatteten Rabatten, zusammen mit Sträuchern, hauptsächlich als Bodendecker, angebaut. Der Name stammt von Dioskorides' Bezeichnung für diese Pflanzen (frei übersetzt: „gleicht einer Pflanze, die in Medien wächst“).

Epimedium sagittatum
(Elfenblume, Sockenblume)
Eine Mehrjährige mit Rhizomen und dreiblättrigen ledrigen Blättern aus länglichen bis ovalen Blättchen, bis zu 5cm lang, mit stachelig gezähnten Rändern; kleine weiße Blüten werden im Frühjahr gebildet. H 25-50cm, B 30-45cm.

ERIOBOTRYA

Diese Gattung enthält ca. 27 Arten immergrüner Sträucher und Bäume, die im Himalaya, in Ostasien und auf Malaysia heimisch sind. *E. japonica* kommt in den Waldgebieten Chinas und Japans vor. Einige Arten werden wegen ihres hübschen Laubs und der eßbaren Früchte angebaut. *E. japonica* wird in wärmeren Regionen auf Höfen oder in kühleren in Kübeln gezogen. *Eriobotrya* setzt sich aus den griechischen Worten *erion* (Wolle) und *botrys* (Traube) zusammen, was auf die Blütentrauben anspielt.

Eriobotrya japonica
(Japanische Mispel, Loquate)
Baum mit geriffelten ovalen, zugespitzten Blättern von bis zu 25cm Länge; im Winter trägt er aufrechte Trauben mit duftenden weißen Blüten, danach folgen kugelförmige, eßbare gelbe Früchte von 4cm Länge. H und B 8m.

EQUISETUM

Eine Gattung mit 29 Arten winterharter sporentragender Mehrjähriger, die außer in Australien weltweit an kühlen feuchten Standorten vorkommt. *E. arvense* und *E. hyemale* wachsen in Europa, Nordamerika und Asien. Schachtelhalme haben sich seit Urzeiten kaum verändert; sie bildeten in prähistorischen Zeiten einen großen Teil der Vegetation. Einige Arten sind hartnäckige Unkräuter. Sobald sie ihre zapfenförmigen Köpfe gebildet haben, sterben die fruchtbaren Stämme ab und werden durch sterile ersetzt.

Equisetum arvense
(Ackerschachtelhalm)
Eine Mehrjährige mit einem knolligen Rhizom; aufrechte, häufig verzweigte sterile Halme haben schwarz gezähnte Hüllblätter und Büschel verzweigter grüner Blätter. Im Frühjahr entwickeln sich Sporen. H 20-80cm, B unbestimmt.

ERUCA

Diese Gattung enthält fünf Arten Ein- und Mehrjähriger, die im Mittelmeerraum vorkommen. *E. vesicaria* ssp. *sativa*, im Mittelmeerraum und dem östlichen Asien heimisch, ist in Teilen Nordamerikas eingebürgert. Zu Zeiten der alten Römer war sie unter dem Namen Senfkohl eine beliebte Salatpflanze. *E. vesicaria* ssp. *sativa* wird bereits seit so langer Zeit kultiviert, daß die Kulturformen mittlerweile als Unterarten klassifiziert werden. Sie sind größer als die Wildformen und haben blassere Blüten.

Eruca vesicaria ssp. ***sativa*** (Rauke)
Eine aufrechte senfähnliche Einjährige mit asymmetrisch geformten gezähnten Blättern; crèmefarbene vierblättrige Blüten, purpurn geädert, werden vom Spätwinter bis zum Herbst gebildet; danach folgen schlanke, aufrechte Schoten.
H 60cm-1m, B 15-20cm.

EPPICH, siehe *Apium*, S. 240
ERDMANDEL, siehe *Cyperus esculentus*, S. 115
ERDRAUCH, siehe *Fumaria*, S. 285
ERLE, siehe *Alnus*, S. 235

ERYNGIUM

Eine große Gattung mit über 230 Arten Zwei- und Mehrjähriger, die in den gemäßigten und subtropischen Regionen besonders Südamerikas vorkommt. *E. foetidum* wächst auf trockenem Grasland in der Karibik, in Mittelamerika und Florida, *E. maritinum* auf Küstensand und Strandkies in Europa, Nordafrika sowie Südwestasien. Viele Arten werden wegen ihres hübschen Laubs und der langlebigen Blüten geschätzt. Das metallische Aussehen einiger Arten kontrastiert sehr gut mit dem lindgrünen oder bronzefarbenen Laub.

Eryngium foetidum (Edeldistel)
Schlanke, immergrüne verzweigte Mehrjährige mit faserigen Wurzeln und länglichen Blättern, 5-25cm lang, mit stachlig gezähnten Rändern; im Sommer bilden sich unzählige grüne bis weiße Blüten mit blättrigen Deckblättern.
H und B 60cm.

Eryngium maritimum
(Stranddistel)
Eine stachlige Mehrjährige mit großen fleischigen Wurzeln und ledrigen blauen bis grünen abgerundeten Blättern; Dolden mit blauen Blüten, umgeben von stachligen Deckblättern, werden im Sommer gebildet. H und B 30-45cm.

❄❄❄

ERYTHROXYLUM

Eine Gattung aus etwa 250 Arten tropischer Bäume und Sträucher, die hauptsächlich in Amerika und auf Madagaskar vorkommt. *E. coca* ist in großen Höhen in den Ostanden heimisch. Bis zum Verbot des Kokains im Jahre 1902 hat man aus der Pflanze Extrakte für Cola-Getränke gewonnen, später wurden diese durch kokainfreie ersetzt. Der Name der Gattung leitet sich vom griechischen *erythros* (rot) und *xylon,* (Holz) ab. Er wird häufig, wenn auch fälschlicherweise *Erythroxylon* geschrieben.

Erythroxylum coca (Kokastrauch)
Ein immergrüner Strauch mit roter bis brauner Rinde und spiralförmig angeordneten braunen bis grünen Blättern; Trauben mit kleinen weißen Blüten werden in den Achseln gebildet, danach orangefarbene bis rote Beeren. H und B bis zu 2m als Kulturform, 4-5m als Wildform.

ESCHSCHOLZIA

Eine Gattung aus 8-10 winterharten Ein- und Mehrjährigen, die im Westen Nordamerikas heimisch ist. *E. californica,* wild in Küstengebieten im Südwesten Nordamerikas wachsend, ist die Wappenblume Kaliforniens. *Eschscholzia* ist eine beliebte und leicht anzubauende Einjährige für trockene sonnige Standorte. Viele Sorten kann man mit einzelnen, doppelten oder semidoppelten Blüten in den Farben Orange, Gelb, Rosa und Rot erhalten. Die mohnähnlichen Blüten schließen sich bei feuchter Witterung.

Eschscholzia californica
(Schlafmützchen)
Eine winterharte Einjährige oder kurzlebige Mehrjährige mit feingliedrigen blauen bis grünen Blättern; gelbe bis orangefarbene Blüten werden im Sommer durch gerippte Kapseln von 7-10cm Länge abgelöst. H 20-60cm, B 15-30cm.

❄❄❄

***Eschscholzia californica,* Serie Ballerina** (Schlafmützchen)
Diese Sorte hat aufrechte oder verzweigte Stämme, feingliedrige blaue bis grüne Blätter und doppelte Blüten mit rüschenähnlichen Blütenblättern in vielen Farben.
H und B 24cm.

❄❄❄

ESELSGURKE, siehe *Ecballium elaterium*, S. 276
ESSIGROSE, siehe *Rosa gallica* var. *officinalis*, S.342
ESSKASTANIE, siehe *Castanea sativa*, S. 256
ESTRAGON, siehe *Artemisa dracunculus*, S. 243

EUCALYPTUS

Mehr als 500 Arten immergrüner aromatischer Bäume gehören zu dieser in Australien heimischen Gattung. *E. citriodora* wächst auf trockenen Hochebenen in Queensland, *E. dives* auf Waldböden und *E. globulus* in feuchten Tälern von Neu Süd-Wales und Victorias. *Eucalyptus* gehört zu den höchsten Bäumen mit der schnellsten Wachstumsgeschwindigkeit (nachgewiesen sind bis zu 99m). Viele werden als Lieferanten von Bauholz, andere wegen ihres hübschen Laubs und der gemusterten Rinde angebaut.

Eucalyptus camaldulensis
(Fieberbaum)
Ein ausladender Baum mit weicher weißer, brauner oder roter Rinde; bei ausgereiften Bäumen verlängern sich die Blätter und spitzen sich zu. Im Sommer bilden sich Dolden mit kleinen crèmefarbenen Blüten. H 20-45m, B 20m.

Eucalyptus dives
(Fieberbaum)
Ein kurzstämmiger Baum mit stiellosen, herzförmigen, blauen bis grünen unreifen Blättern; das ausgewachsene Laub ist dick und glänzend. Im Sommer erscheinen in den Blattachseln kleine weiße Blüten. H 25m, B 15-20m.

Eucalyptus globulus (Blaugummibaum)
Ein ausladender Baum mit weicher, crèmig weißer, sich schälender Rinde und eirundem, silbrigem bis blauem unreifen Laub; die glänzenden ausgewachsenen Blätter sind sichelförmig und werden bis zu 25cm lang.
H 30-45m, B 12m.

Eucalyptus citriodora
(Fieberbaum)
Ein schlanker Baum mit weißer, rosa oder roter pulveriger Rinde und harten, länglichen unreifen Blättern; das ausgewachsene weiche Laub ist schmaler und länger. Alle Teile des Baumes duften nach Zitrone. H 25-50m, B bis 25m.

EUONYMUS

Eine große und weit verbreitete Gattung von 177 Arten laubwechselnder oder immergrüner Bäume und Sträucher, die in Nordamerika, Eurasien und Australien vorkommt. Der Spindelstrauch ist eine beliebte Zierpflanze. Einige laubwechselnde Arten wie *E. atropurpureus*, in der Mitte und im Osten Nordamerikas beheimatet, und *E. europaeus*, in den Wäldern und im Buschwerk Europas und Westasiens zu Hause, sind im Herbst prächtig anzuschauen; sie wechseln die Farbe zu Rosa bis Rot und haben vielfarbige Früchte.

Euonymus atropurpureus
(Pfaffenhütchen)
Ein laubwechselnder strauchartiger Baum mit ovalen, bis zu 12cm langen Blättern, die sich im Herbst gelb verfärben; auf kleine purpurne Blüten folgen im Sommer purpurne Kapseln mit rotem Samen. H 2-8m, B 1,2-3m

Euonymus europaeus (Spindelstrauch)
Ein laubwechselnder Strauch mit grauer Rinde und Blättern, die sich im Herbst rot verfärben; kleine Blüten wachsen in achselständigen Gruppen und werden von rosafarbenen Schoten mit orangefarbenem Samen gefolgt.
H 2-8m, B 1,2-3m.

***Euonymus europaeus* 'Red Cascade'**
(Spindelstrauch)
Dieser Strauch hat ein farbenfroheres Herbstlaub als die anderen Sorten seiner Art und einen größeren Ertrag an rosafarbenen Früchten.
H 2-8 m, B 1,2-3 m.

EUPATORIUM

Diese Gattung mit 38 Arten winterharter und halbwinterharter Sträucher und Stauden ist in Eurasien und im Osten der USA heimisch. *E. fortunei* wächst an den Flußufern Koreas, Chinas und Japans. *E. perfoliatum* und *E. purpureum* kommen im Osten der USA vor. Wasserdost hat langstielige Blütenköpfchen, einige Arten sind an feuchten Standorten als Zierpflanzen geeignet. *E. cannabinum* ist eine beeindruckende Pflanze, nur von der doppelblütigen *E. c.* 'Flore Pleno' übertroffen, die noch anmutigere Blüten hat.

Eupatorium cannabinum (Wasserdost)
Eine aromatische Mehrjährige mit aufrechten flaumigen Stielen. Die Blätter sind gegenüberliegend und in 3-5 Segmente unterteilt. Mitte des Sommers bilden sich Corymben malven- bis rosafarbener Blüten. H 30cm-1,2m, B 30-60cm.

Eupatorium perfoliatum (Wasserdost)
Eine hohe winterharte Mehrjährige mit aufrechten Stielen und länglichen, durchwachsenen Blättern von bis zu 20cm Länge; Corymben weißer, häufig purpurn angehauchter Blüten öffnen sich im Spätsommer.
H bis zu 1,5m, B 30cm-1m.

Eupatorium purpureum (Wasserdost)
Eine hohe Mehrjährige mit aufrechten Stielen und Büscheln feingezähnter eiförmiger Blätter, die nach Vanille duften; im Spätsommer und Herbst bilden sich dichte Corymben rosafarbener Blüten.
H 1,2-3m, B 60cm-1m.

EUPHORBIA

Eine große, weit verbreitete Gattung aus über 2.000 Arten ein-, zwei- und mehrjähriger Sträucher oder Bäume, von denen viele Sukkulenten sind. *E. hirta* ist in tropischen und subtropischen Regionen heimisch. Alle Arten enthalten weißen Latex; fast alle sind giftig. Darunter finden sich auch solche bekannten wie der Weihnachtsstern *(E. pulcherrima)* und die Spring-Wolfsmilch *(E. lathyrus)*, die man häufig in Kräutergärten sieht, die aber zu giftig für kulinarische oder medizinische Anwendungen sind.

Euphorbia hirta (Wolfsmilch)
Ein einjähriges Unkraut mit behaarten Stämmen und eirunden Blättern von bis zu 4cm Länge; auf unscheinbare Blüten an dichtbewachsenen kugelförmigen Ähren folgen dreizellige rote bis grüne Samenkapseln.
H 20-40cm, B 20-30cm.

EUPHRASIA

Diese weitverbreitete Gattung enthält etwa 450 halbparasitäre Arten. Wegen der Wachstumsgewohnheiten ist der Augentrost nur schwer zu kultivieren. *E. officinalis* kann man in Europa auf Grasflächen finden und parasitär auf *Trifolium pratense* (vgl. S. 214), *Plantago*-Arten (vgl. S. 178) und Gräsern. Zu der Gattung wird gewöhnlich eine Gruppe ähnlicher Arten gerechnet, denen eigene Artennamen verliehen werden, wie *E. rostkoviana* und *E. montana*. *Euphrasia* kommt aus dem Griechischen und bedeutet „Frohsinn".

Euphrasia officinalis (Augentrost)
Eine Einjährige mit aufrechten Stielen und abgerundeten gezähnten Blättern, die zumeist weniger als 1cm lang sind; im Sommer trägt sie kleine weiße Blüten, häufig purpurn geädert, mit gelb markierter Kehle und dreilappiger Unterlippe. H und B 5-30cm.

EURYALE

Eine Gattung mit einer einzigen Art; eine große tropische Wasserpflanze, die in tiefen stillen oder langsam fließenden Gewässern Nordindiens, Chinas, Japans und Taiwans vorkommt. *E. ferox* wird häufig als einjährige Zierpflanze in Teichen mit Tropenpflanzen angebaut. Sie hat ein kräftiges Rhizom und entwickelt schwarze erbsengroße Samen, die in stachligen beerengleichen Früchten von 7cm Durchmesser enthalten sind. *Euryale* ist nach einer der drei Gorgonen aus der griechischen Mythologie benannt.

Euryale ferox (Indische Seerose)
Eine Wasserstaude mit runden schildförmigen Blättern von bis zu 1,5m Durchmesser, die an der Oberseite stachlig und gekräuselt, unten purpurfarben bis rot ist; purpurne Blüten werden im Sommer auf (oder unterhalb) der Oberfläche gebildet.
B 3m und mehr.

EVERNIA

Diese weitverbreitete Gattung umfaßt ca. 10 Arten Flechten. Gewöhnlich kommen sie nur in Gegenden mit sauberer Luft vor. E. *prunastri* wächst extrem langsam. Es handelt sich um eine dekorative Flechte, die häufig natürlich in Gärten vorkommt, aber schwer zu kultivieren ist. Sie wurde aus Griechenland und Zypern nach Ägypten eingeführt und zur Einbalsamierung der Toten verwendet. Viel später herrschte dann eine große Nachfrage nach ihr, weil sie für das Einpudern von Perücken gute Dienste leistete.

Evernia prunastri
Eine Flechte mit weichen, herabhängenden, geweihartig geformten Zweigen, die auf der Oberseite grau bis grün und auf der Unterseite wollig sind; rosafarbene bis braune, sporenbildende Scheiben erscheinen nur sehr selten.
H und B 6cm.

EUROPÄISCHE LÄRCHE, siehe *Larix decidua*, S. 301
EUROPÄISCHES WANZENKRAUT, siehe *Cimicifuga foetida*, S.261
FÄCHERBAUM, siehe *Gingko biloba* S. 288

FAGOPYRUM

Diese Gattung schließt sechs Arten in gemäßigten Zonen Eurasiens heimischer Einjähriger ein. *F. esculentum*, eine schnellwüchsige Pflanze auch auf sauren Böden, liefert in Regionen mit Ackerbau Getreide. Die Früchte reifen nur sehr langsam; der Ernteertrag fällt vergleichsweise gering aus. Bei Gärtnern, die biologischen Anbau betreiben, ist sie als grüner Dünger beliebt. Sie zieht Schwebfliegen an, deren Larven große Mengen Blattläuse verzehren. Die Nüßchen unterscheiden sich je nach Sorte in der Farbe.

Fagopyrum esculentum (Buchweizen)
Eine schlanke Einjährige mit aufrechtem, häufig rotgetöntem Stamm und breiten dreieckigen Blättern von bis zu 7cm Durchmesser; auf Ähren mit duftenden rosa bis weißen Blüten folgen braune Nüßchen, die etwa 6mm lang werden. H 20-60cm, B 10-23cm.

***Fagus sylvatica*, Gruppe Heterophylla** (Rotbuche)
Diese Gruppe umfaßt aus Samen gezogene Buchen, deren Blätter verschiedenartig geformt und gelappt sind. Herausragende Sämlinge tragen Sortennamen wie *F. s.* (Gruppe Heterophylla) 'Asplenifolia'.
H 25-40m, B 15m.

***Fagus sylvatica*, Gruppe Purpurea** (Rotbuche)
Diese Gruppe umfaßt aus Samen gezogene Buchen, deren Blätter purpurfarben sind. Herausragende Sämlinge tragen Sortennamen wie *F. s.* (Gruppe Purpurea) 'Riversii'.
H 25-40m, B 15m.

FAGUS

Es gibt etwa 10 Arten laubwechselnder Bäume in dieser Gattung, die in nördlichen gemäßigten Zonen weit verbreitet ist. *F. sylvatica* ist die anpassungsfähigste Art der Buchen. Von ihr gibt es sehr viele Sorten, die sich in Wuchs, Blattform und Farbe des Laubs sehr deutlich voneinander unterscheiden. Sie ist ein großer Baum, der auf Kalkböden ausgezeichnet gedeiht, aber auch saure Böden toleriert. Als Hecke gezogen, bleiben die Blätter im Winter an der Pflanze, verfärben sich aber von Grün zu Braun.

Fagus sylvatica (Rotbuche)
Ein großer Baum mit weicher grauer Rinde und eirunden gezähnten Blättern; im Frühjahr bilden sich unscheinbare Blüten, danach folgen holzige, mit Stacheln umgebene Früchte mit 4 Kammern, die in der Regel 2 glänzende braune Nüsse enthalten. H 25-40m, B 15m.

***Fagus sylvatica* 'Dawyck'** (Rotbuche)
Diese konische Form wurde etwa um 1850 von Sir John Naesmyth auf seinem Anwesen in Dawyck (Peeblesshire, Schottland) als Sämling entdeckt. Das aufwärts strebende Wachstum empfiehlt diesen Baum für Anpflanzungen in der Stadt. H 30m, B 7m.

FERULA

Diese Gattung besteht aus 172 Arten kräftiger Mehrjähriger, die von der Mittelmeerregion bis nach Mittelasien vorkommen. *F. assa-foetida* ist an der Küste und in felsigen Regionen des Iran heimisch. Trotz ihrer Ähnlichkeiten mit den Fenchelarten (*Foeniculum* vgl. S. 128) haben viele einen unangenehmen Geruch. *F. assa-foetida* und *F. gummosa* waren lange Zeit wegen ihres gummiartigen Harzes von Bedeutung. Auf erstere wurde in Alexandria während des 2. Jahrhunderts n.Chr. eine Steuer erhoben.

Ferula assa-foetida
(Stinkasant, Teufelsdreck)
Eine große Mehrjährige mit dickem Wurzelstock und gefiederten Blättern, die einen strengen Knoblauchgeruch haben; kleinen gelben Blüten folgen Samen, in der Regel im 5. Jahr, danach stirbt die Pflanze ab. H 2m, B 1,5m.

FICUS

Eine Gattung mit ca. 800 Arten tropischer und subtropischer Bäume, Sträucher, Lianen, Epiphyten und Semiepiphyten. *F. carica* kommt heute im Mittelmeerraum vor; ursprünglich stammt sie aus Südwestasien. Die Blüten sind vollständig in einem runden bis birnenförmigen fleischigen Behälter versteckt, der eine kleine Öffnung hat, um bestäubende Wespen einzulassen. Die meisten Sorten sind jedoch selbstbefruchtend. Die Feige war den Römern heilig. Sie bot der Wölfin Rast, die Romulus und Remus säugte.

Ficus carica (Echter Feigenbaum)
Ein laubwechselnder kleiner Baum oder sich ausbreitender Strauch mit handförmigen gelappten Blättern von bis zu 20 cm Länge und birnenförmigen Früchten, die 5-8 cm lang und ausgereift grün bis braun-purpurn werden. H 10m, B 5m.

FALSCHER SAFRAN, siehe *Carthamus tinctorius*, S. 255
FÄRBERALKANNA, siehe *Alkanna tinctoria*, S. 233
FARNESISCHE AKAZIE, siehe *Acacia farnesiana*, S. 227
FAULBAUM, siehe *Rhamnus frangula*, S.340
FEIGENBAUM, s. *Ficus*, S. 283
FELDMOHN, siehe *Papaver rhoeas*, S. 322
FELDTHYMIAN, siehe *Thymus serpyllum*, S. 363
FENCHELHOLZBAUM, siehe *Sassafras albidum*, S. 349
FEUERKOLBEN, siehe *Arisaema*, S. 241

***Ficus carica* 'Brown Turkey'**
(Echter Feigenbaum)
Eine frühblühende winterharte, ertragreiche Sorte mit großen, birnenförmigen braunen Früchten; in kälteren Regionen gedeiht sie im Schutz einer Mauer oder in Töpfen, die im Winter abgedeckt werden können. H 2,5-3m, B 4-5m.

***Filipendula ulmaria* 'Flore Pleno'**
(Mädesüß)
Diese Sorte trägt eine lange Zeit doppelte Blüten und eignet sich als Gartenpflanze oder Schnittblume.
H 60cm-1,2m, B 45cm.

***Filipendula ulmaria* 'Variegata'**
(Mädesüß)
Die Blätter dieser Sorte sind unregelmäßig mit intensivem Gelb überzogen, das bei Beginn der Blütezeit zu Crèmefarbe ausbleicht.
H 60cm, B 30cm.

FILIPENDULA

Eine Gattung mit zehn Arten winterharter, im Frühling und Sommer blühender Mehrjähriger, die in Europa, Nordamerika und den gemäßigten Zonen Asiens auf sumpfigen Böden vorkommt. Mehrere Arten gelten als beliebte Zierpflanzen für Wassergärten. Die Art *F. ulmaria* hat einen aromatischen Wurzelstock; das Laub sondert einen Geruch nach Wintergrün ab. Der volkssprachliche Name „Mädesüß" bezieht sich auf die Tatsache, daß mit diesem Kraut früher Met und Bier gewürzt wurden.

Filipendula ulmaria (Mädesüß)
Eine winterharte krautige Mehrjährige mit unregelmäßig gefiederten Blättern; große Köpfe mit crèmefarbenen bis weißen, nach Mandeln riechenden Blüten werden von der Mitte des Sommers bis zum Frühherbst gebildet.
H 60cm-1,2 m, B 45cm.

***Filipendula ulmaria* 'Aurea'**
(Mädesüß)
Diese Varietät bringt neues Laub hervor, das sich im Sommer blaßgolden bis grün färbt. Sie ist nicht so kräftig wie andere Pflanzen ihrer Art und wird bei voller Sonne versengt.
H 30-45cm, B 30cm.

FOENICULUM

Die einzige Art dieser Gattung sind winterharte Zwei- oder Mehrjährige, die in den Mittelmeergebieten Europas und in Asien vorkommen und auf Ödland an trockenen, sonnigen Standorten wachsen, bevorzugt in Küstennähe. Die Gattung ist fast weltweit heimisch geworden, sogar in Australien. Fenchel wird seit dem Altertum als Gemüse und Kraut kultiviert. Unter Karl dem Großen verbreitete er sich bis Nordeuropa. Alle seine Teile sind aromatisch und schmecken nach Anis; als Zierpflanze ist er eine Augenweide.

Foeniculum vulgare (Fenchel)
Eine hohe hübsche Zwei- oder Mehrjährige mit aufrechten hohlen Stielen und glänzendem gefiederten Laub, unterteilt in fadenförmige Blättchen; im Sommer bilden sich Dolden mit winzigen schmutziggelben Blüten, danach folgen graue bis braune Samen. H 2m, B 45cm.

Foeniculum vulgare* var. *dulce (Fenchel)
Die zwiebelartig verdickten grundständigen Blattscheiden dieser Pflanze werden als Gemüse verspeist. Sie ist kleiner als die anderen Sorten ihrer Art es sind.
H 60cm, B 45cm.

***Foeniculum vulgare* 'Purpureum'**
(Fenchel)
Diese Pflanze hat tiefbraunes Laub und ist etwas winterhärter als die anderen Sorten ihrer Art es sind.
H 1,2-1,5m, B 45cm.

FIEBERBAUM, siehe *Eucalyptus*, S. 280
FIEBERWURZ, siehe *Centaurium erythraea*, S. 257
FINGERHUT, siehe *Digitalis*, S. 273
FLACHS, siehe *Linum usitatissimum*, S.304
FLASCHENBOVIST, siehe *Lycoperdon perlatum*, S.306
FLECKENSCHIERLING, siehe *Conium maculatum*, S. 266
FLIEDER, siehe *Sambucus nigra*, S.347
FLOHKRAUT, siehe *Plantago psyllium*, S. 331
FLÜGELFRUCHTBAUM, siehe *Pterocarpus*, S. 337
FLUGHAFER, siehe *Avena fatua*, S. 91
FÖHRE, siehe *Pinus sylvestris*, S. 329

FORSYTHIA

Sieben Arten laubwechselnder Sträucher bilden diese Gattung, die hauptsächlich in Ostasien vorkommt; in Südosteuropa existiert nur eine Art. Die Kultivierung der Forsythie begann im 19. Jahrhundert. Sie wurde wegen ihrer im Frühling einsetzenden Blüte schnell beliebt. *F. suspensa* kennt man als Gartenstrauch und als chinesisches Heilkraut. Es ist ein Elternteil der *F.* × *intermedia*, einem der am weitesten verbreiteten Sträucher überhaupt. Forsythien sind nach William Forsyth (1737-1804) benannt.

Forsythia suspensa
(Forsythie, Goldglöckchen)
Ein laubwechselnder bogenförmiger Strauch mit einfachen, manchmal dreilappigen oder dreiblättrigen gezähnten Blättern; auf intensiv gelbe Blüten im Frühjahr folgen holzige Früchte.
H und B 2,5-3,5m.

Forsythia suspensa* f. *atrocaulis
(Forsythie, Goldglöckchen)
Diese beeindruckende Pflanze hat tief kastanienbraune junge Ruten und größere blaßgelbe Blüten. *F. s.* 'Nymans' ist eine Abart dieser Form mit größeren offeneren Blüten.
H und B 3,5m.

***Fragaria vesca* 'Fructu Albo'**
(Walderdbeere)
Diese Sorte hat ungewöhnliche crèmefarbene bis weiße alpine Erdbeeren, die aber wie die Früchte der roten Sorten schmecken. Angeblich werden sie von Vögeln eher verschmäht.
H 25cm, B 20cm.

***Fragaria vesca* 'Multiplex'**
(Walderdbeere)
Eine Sorte, die als Zierpflanze geeignet ist, mit doppelten Blüten und kleinen roten Früchten.
H 25cm, B 20cm.

FRAGARIA

Diese Gattung enthält etwa sechs Arten niedrig wachsender Mehrjähriger, die in den nördlichen gemäßigten Zonen weit verbreitet sind. Alpine Erdbeeren sind Sorten von *F. vesca*, die in Wäldern und auf Grasland in Europa, Westasien und Nordamerika wachsen. Sie sind klein und haben aromatische Früchte an buschigen Pflanzen; dazu gehören *F. v.* 'Alexandria' und *F. v.* 'Baron Solemacher'. *F.* × *ananassa*, die Kulturform, ist eine Kreuzung aus den amerikanischen Arten *F. chiloensis* und *F. virginiana*.

Fragaria vesca (Walderdbeere)
Eine Mehrjährige, die an den Knoten Wurzel bildet – mit dreiteiligen Blättern aus eirunden gezähnten Blättchen; die fünfblättrigen weißen Blüten haben gelbe Mittelteile. Tiefrote eiförmige Früche tragen in der Haut eingebettete Samen.
H 25cm, B 20cm.

FRAXINUS

Ungefähr 65 Arten in der Regel winterharter laubwechselnder Bäume bilden diese Gattung, die in gemäßigten Zonen der nördlichen Hemisphäre vorkommt. *F. ornus* findet man in Wäldern Südeuropas und Westasiens. Die meisten Eschen wachsen schnell und halten verschiedene Standorte aus. Sie haben gefiederte Blätter und unscheinbare Blüten, ausgenommen die sogenannten „blühenden Eschen". Unter diesen finden sich einige Zierpflanzen wie *F. ornus*, die Rispen mit prächtigen weißen Blüten tragen.

Fraxinus ornus
(Mannaesche, Blumenesche)
Ein kleiner, winterharter laubwechselnder Baum mit runder Krone und weicher Rinde; er hat fiederteilige, schmutzig grüne Blätter und im späten Frühling Rispen mit duftenden cremèfarbenen bis weißen Blüten. H 5-10m, B 3-5m.

FRAUENFLACHS, siehe *Linaria*, S. 304
FRAUENHAARFARN, siehe *Adianthum capillus-veneris*, S. 229
FRAUENMANTEL, siehe *Alchemilla* S. 232
FRAUENSCHUH, siehe *Cypripedium*, S. 271

FRITILLARIA

Eine Gattung aus ca. 100 Arten winter- oder frostharter mehrjähriger Zwiebelpflanzen, die in gemäßigten nördlichen Zonen vorkommen. *F. verticillata* ist in Wäldern und auf Wiesen Mittelasiens und Westsibiriens heimisch. Die meisten Arten blühen im Frühjahr. Ihre Größe reicht von kleinen Alpinpflanzen bis zur Kaiserkrone *(F. imperialis)*, die bis 1m hoch wird. *Fritillaria* leitet sich vom lateinischen Wort *fritillus* (Würfelbecher) ab und bezieht sich auf die viereckigen, gefleckten Blütenblätter.

Fritillaria verticillata (Schachbrettblume, Kaiserkrone)
Eine winterharte Mehrjährige mit runden Zwiebeln und in Büscheln stehenden Blättern mit rankenähnlichen Spitzen; im Frühjahr bilden sich glockenförmige crèmefarbene Blüten, die grün bis braun gemustert sind. H 20-60cm, B 8-10cm.

FUCUS

Diese Gattung besteht aus sechs Arten von Meeresalgen und ist weithin in flachen Gewässern und an den Küsten der nördlichen Hemisphäre zu finden, wo sie häufig ein klar abgegrenztes Gebiet bewohnt. *F. vesiculosus* findet man entlang der Küsten des Atlantiks, des Ärmelkanals, der Nord- und der Ostsee; sie hat auffällige Luftblasen, die in Zweier- oder Dreiergruppen entlang des Vegetationskörpers angeordnet sind. Das griechische Wort *phycos* bedeutet „Tang".

Fucus vesiculosus (Blasentang)
Ein ledriger olivfarbener bis brauner Seetang mit verzweigtem riemenartigem Vegetationskörper, der an der Spitze gegabelt ist und eine verdickte Mittelrippe sowie weiche Ränder hat. H 15cm-1m, B 7,5-50cm.

FUMARIA

Eine Gattung aus 55 Einjährigen, in der Regel kletternd oder kriechend, die in Europa, Mittelasien und auf dem ostafrikanischen Hochland vorkommen. *F. officinalis* ist von Europa bis zum Iran verbreitet und in Nordamerika eingebürgert. Erdrauch ist mit Mohn verwandt und enthält Alkaloide (allerdings nicht in besonders großem Umfang). *Fumaria* stammt von dem lateinischen Wort *fumus* (Rauch), da die oftmals graugrünen Blätter einiger Arten dieser Gattung wie „angeräuchert" erscheinen.

Fumaria officinalis (Erdrauch)
Eine variable selbstbefruchtende Einjährige mit kletternden Stämmen und kleinen grauen bis grünen Blättern; von Sommermitte bis Spätherbst bilden sich fleischige rosarötliche bis purpurne Blüten, die an den Spitzen dunkel kastanienbraun werden. H und B 15-30cm.

GALEGA

Ungefähr sechs Arten Mehrjähriger bilden diese Gattung, die in Mittel- und Südeuropa, Westasien *(G. officinalis)* und dem tropischen Ostafrika vorkommt. Einige Arten werden wegen ihrer dekorativ gefiederten Blätter und Ähren mit erbsengroßen Blüten angebaut. Der volkssprachliche Name Geißraute bezieht sich auf den fauligen Geruch der Blätter. Der Gattungsname *Galega* leitet sich von griechisch *gala* (Milch) und *agein* (handeln) ab: die Pflanzen sollten die Milcherzeugung des Viehs erhöhen.

Galega officinalis (Geißraute)
Eine buschige Mehrjährige mit fiederteiligen Blättern; im Sommer trägt sie lavendelfarbene bis weiße Blüten in großen achselständigen Trauben, gefolgt von bis zu 5cm langen Schoten.
H 1-1,5m, B 60cm-1m.

***Galega officinalis* 'Alba'** (Geißraute)
Eine beliebte Sorte mit rein weißen Blüten.
H 1-1,5m, B 60cm-1m.

FROSCHLÖFFEL, siehe *Alisma plantago-aquatica*, S. 233
FRÜHLINGSADONISRÖSCHEN, siehe *Adonis vernalis*, S. 229
FUCHSSCHWANZ, siehe *Amaranthus hypochondriacus*, S. 237
GACHEL, siehe *Achillea millefolium*, S.227
GAGELSTRAUCH, siehe *Myrica gale*, S. 315
GALANGAWURZEL, siehe *Kaempferia galanga*, S. 299

GALIUM

Diese weitverbreitete Gattung schließt ca. 400 Arten Ein- und Mehrjähriger ein. *G. aparine* ist ein in Europa sowie Nord- und Westasien bekanntes Unkraut. Das laubwechselnde *G. odoratum*, das auch in Sibirien und Nordafrika vorkommt, ist eine bekannte Gartenpflanze. An schattigen Standorten gilt sie als guter Bodendecker. *G. verum* ist auf den Grasflächen Westasiens bis Nordamerikas verbreitet. *Galium* leitet sich vom griechischen Wort *gala* (Milch) ab. Einige Arten werden zur Milchgerinnung in der Käseproduktion benutzt.

Galium aparine
(Klebkraut, Klettenlabkraut)
Eine an gekrümmten Hafthaaren kletternde Einjährige; während des Frühjahrs und Sommers trägt sie kleine grüne bis weiße Blüten, danach folgen borstige, kugelförmige grüne bis purpurne Früchte. H 1,2m, B bis zu 3m.

Galium verum (Labkraut)
Eine Mehrjährige mit schlankem kriechenden Wurzelstock, vierkantigen Stielen und 8-12 quirlig angeordneten kleinen, schmalen Blättern; im Sommer werden kleine, intensiv gelbe, nach Honig riechende Blüten an Rispen gebildet.
H 15cm-1m, B unbestimmt.

Galium odoratum (Waldmeister)
Eine Mehrjährige mit weitreichenden Rhizomen und vierkantigen Stengeln sowie quirlig angeordneten länglichen Blättern, die bis zu 4cm lang werden können; im frühen Sommer trägt sie duftend weiße sternförmige Blüten in Trugdolden. H 50 cm, B unbestimmt.

GANODERMA

Eine Gattung mit 50 Arten fäulnisliebender Ständerpilze, die besonders in den Tropen weitverbreitet sind. Sie erhalten ihre Nährstoffe aus dem Holz von Bäumen und verursachen eine schnelle Verrottung. Holzverwesende Pilze sind ein wichtiger Bestandteil des Ökosystems des Waldes. *G. lucidum* kommt, am Unterstamm von Eichen und anderen laubwechselnden Bäumen wachsend, in wärmeren und gemäßigten Regionen vor. Für gewöhnlich ist er ungenießbar, wird aber in China für den Handel kultiviert.

Ganoderma lucidum
Ein einjähriger Ständerpilz mit großem fächerförmigen Fruchtkörper; an der glänzenden Oberseite hat er gelbe bis dunkelrote Zonen; an der Unterseite werden im Sommer rostfarbene Sporen freigegeben. H und B 15-30cm.

GARDENIA

Etwa 200 Arten immergrüner Sträucher und Bäume sind in dieser Gattung enthalten, die in tropischen und wärmeren Regionen Afrikas und Eurasiens vorkommt. *G. augusta* ist in südchinesischen Wäldern heimisch und wird wegen des hübschen Laubs und der duftenden Blüten angebaut. Im Fernen Osten gilt die Pflanze als „Kraut der Glückseligkeit“, weil sie die Leberfunktionen verbessert. *Gardenia* wurde nach Dr. Alexander Garden (1730-91) benannt, einem schottischen Arzt, der mit Linné im Briefverkehr stand.

Gardenia augusta
Ein immergrüner Strauch mit glänzenden elliptisch geformten Blättern und sehr stark duftenden, wächsernen weißen Blüten von 7cm Durchmesser, die im Sommer gebildet werden; danach folgen längliche Früchte. In Kulturen selten über 1,5m H, B 1,2m.

GÄNSEBLÜMCHEN, siehe *Bellis perennis*, S. 248
GÄNSEFUSS, siehe *Chenopodium*, S. 259
GARTENKERBEL, siehe *Anthriscus cerefolium* S. 239
GARTENKÜRBIS, siehe *Cucurbita pepo*, S. 114
GARTENPORTULAK, siehe *Portulaka oleracea*, S. 334
GARTENRINGELBLUME, siehe *Calendula officinalis*, S. 252
GARTENRITTERSPORN, siehe *Consolida ajacis*, S. 272
GARTENSAUERAMPFER, siehe *Rumex acetosa*, S. 344
GAUCHHEIL, siehe *Anagallis*, S. 237

***Gardenia augusta* 'Fortuniana'**
Diese bekannte Sorte besitzt größere doppelte Blüten als die Art. Sie blüht hauptsächlich im Sommer und unterscheidet sich darin von *G. a. vetchiana*, die winterblühend ist.
H und B 60 cm-1,2 m in Behältern.

GELSEMIUM

Es gibt drei Arten immergrüner rankender Sträucher in dieser Gattung, die in Amerika und Südostasien verbreitet sind. *G. sempervirens* wächst in den Wäldern im Süden der USA sowie in Guatemala und wird als Zierpflanze in wärmeren Regionen im Freien oder unter Abdekkungen angebaut; als Solitär kann sie an einer Wand oder am Spalier gezogen werden. Sie ist die Wappenblume von South Carolina. *Gelsemium* kommt vom italienischen *gelsomino* (echte Jasminwurzel) und bezieht sich auf die jasminähnlichen Blüten.

Gelsemium sempervirens
(Jasminwurzel)
Ein immergrüner Kletterer mit rankenden Stielen und glänzenden länglichen Blättern; trichterförmige gelbe Blüten bilden sich im Sommer, gefolgt von Kapseln mit Doppelkammern, die den abgeflachten Samen enthalten. H 3-6m.

GENISTA

Diese Gattung enthält etwa 85 Arten von Sträuchern und unterscheidet sich von *Cytisus* nur in einigen anatomischen Details. Ginster sind in ganz Europa, in Nordafrika und in Westasien verbreitet und vielfach dornig. *G. tinctoria* wächst auf Grasflächen in Europa und Westasien und war früher eine Färbepflanze, aus deren Blüten man gelben Farbstoff gewann. Vermischt mit Färberwaid (*Isatis tinctoria*, vgl. S. 144) gewinnt man verschiedene Grüntöne, mit denen wollene Gewänder gefärbt werden können.

Genista tinctoria (Färberginster)
Ein variabler, laubwechselnder dornenloser Strauch mit tiefgrünen, stiellosen länglichen Blättern von bis zu 2,5cm Länge. Gelbe erbsengroße Blüten, etwa 1 cm lang, werden am Ende der Zweige an blättrigen Ähren gebildet.
H und B 1m.

GAULTHERIA

Diese Gattung schließt 150 Arten von Zwergsträuchern ein und ist eng mit *Vaccinium* verwandt (vgl. S. 217). Sie wächst vor allem in den Anden, ist aber auch in Nordamerika, Ostasien und Australien zu finden. *G. procumbens* wächst in trockenen Waldstücken im Osten Nordamerikas. Viele Arten werden wegen ihres Erscheinungsbildes, den wächsernen Blüten und den farbenfrohen Früchten angebaut. *Gaultheria* wurde nach Jean François Gaulthier (1708-56) benannt, einem in Kanada tätigen Botaniker.

Gaultheria procumbens (Scheinbeere)
Kriechender, kleiner Strauch mit glänzenden, elliptischen Blättern von bis zu 5 cm Länge und einzelnen, hängenden, rosafarben bis weißen Blüten im Sommer; kugelförmige, rote, aromatische Früchte halten sich den Winter über.
H 7-15 cm, B 1 m oder mehr.

GENTIANA

Eine weitverbreitete Gattung aus etwa 400 Arten Mehr-, Ein- und Zweijähriger. *G. lutea* ist auf europäischen Hochlandweiden und -wäldern heimisch, *G. macrophylla* und *G. scabra* wachsen im Norden und Osten Asiens. Enzian wird wegen seiner farbigen, bei einigen Arten blauen, sonst purpurfarbenen, gelben oder weißen trichterförmigen Blüten angebaut. *Gentiana* wurde nach dem illyrischen König Gentius (ca. 500 v.Chr.) benannt, dem die Entdeckung der medizinischen Wirkung von *G. lutea* zugeschrieben wird.

Gentiana lutea (Gelber Enzian)
Eine kräftige Mehrjährige mit starken hohlen Stielen und breiten eirunden Blättern von bis zu 30cm Länge. Ähren mit 3-10 kurzen, trichterförmigen gelben Blüten bilden sich achselständig im Sommer. H 1-2m, B 60cm.

GEISSBLATT, siehe *Lonicera*, S. 306
GEISSFUSS, siehe. *Aegopodium*, S. 229
GEISSKLEE, siehe *Cytisus*, S. 271
GEISSRAUTE, siehe *Galega*, S. 285
GELBDOLDE, siehe *Smyrnium*, S. 354
GELBES SCHINKENKRAUT, siehe *Oenothera biennis*, S. 318
GELBHOLZ, siehe *Zanthoxylum*, S. 372
GELBWURZEL, siehe *Curcuma longa*, S. 270
GEMEINE BRAUNELLE, siehe *Prunella vulgaris*, S. 335

Gentiana macrophylla (Enzian)
Eine aufrechte Mehrjährige mit kräftigem Wurzelstock und blaßgrünen spitzen Blättern, die 20-40cm lang werden; violette bis blaue Blüten werden während des Sommers an dichten Ähren in den oberen Achseln gebildet.
H 40-70cm, B 60cm.

Gentiana scabra (Enzian)
Eine Mehrjährige mit blättrigen Stielen und paarigen, eirunden bis länglichen, dreiädrigen Blättern von bis zu 3,5cm Länge; ab Anfang des Sommers trägt sie tiefblaue, häufig gefleckte Blüten an endständigen Ähren (oder achselständig in Paaren). H 30cm, B 20cm.

GERANIUM

Eine Gattung aus etwa 300 Arten Mehrjähriger, auch einige Einjährige und Halbsträucher, die in gemäßigten Regionen weit verbreitet ist. *G. maculatum* wächst im Nordosten der USA, *G. robertianum* ist in Europa, im Osten der USA, in Nordafrika und in Westasien verbreitet. Der Storchschnabel ist eine beliebte Gartenpflanzen mit dekorativen Blättern und geäderten Blüten, die lange Zeit bleiben. Die verwandten Pelargonien werden fälschlich als „Geranien" bezeichnet (vgl. *Pelargonium,* S. 172-73).

Geranium maculatum (Storchschnabel)
Eine gruppenbildende Mehrjährige mit kompaktem Wurzelstock und tief gefiederten handförmigen Blättern von bis zu 20cm Durchmesser; im Sommer folgen auf rosafarbene tellerförmige Blüten ca. 2,5cm lange schnabelförmige Früchte.
H 75cm, B 45cm.

Geranium maculatum f. ***albiflorum***
(Storchschnabel)
Diese Sorte hat weiße Blüten mit 2,5-4cm Durchmesser, die vom späten Frühling an bis zum Spätsommer gebildet werden. H 75cm, B 45cm.

Geranium robertianum
(Ruprechtskraut)
Eine stinkende Ein- oder Zweijährige mit behaarten, häufig rot gefärbten Stielen und handförmigen, tief eingeschnittenen Blättern; vom Frühsommer bis zum Herbst wachsen rosafarbene Blüten.
H und B 50cm.

***Geranium robertianum* 'Celtic White'**
(Ruprechtskraut)
Dies ist eine im Vergleich mit *G. m.* 'Album' kleinwüchsigere, kompaktere weißblühende Sorte. Sie hat schmalere, rein weiße Blüten und ein dunkelgrünes Laub mit sehr kleinen roten bis braunen Punkten. H 25cm, B 50cm.

GEMEINE FLACHSSEIDE, siehe *Cuscuta epiphytum*, S. 270
GEMEINE HUNDSZUNGE, siehe *Cynoglossum officinale*, S. 271
GEMEINE KIEFER, siehe *Pinus sylvestris*, S. 329
GEMEINE KUHSCHELLE, siehe *Pulsatilla vulgaris*, S. 338
GEMEINER LÖWENZAHN, siehe *Taraxacum officinale*, S. 360
GEMEINE ROSSKASTANIE, siehe *Aesculus hippocastanum*, S. 230
GEMEINER WASSERDOST, siehe *Eupatorium cannabinum*, S. 281
GEMEINES KATZENPFÖTCHEN, siehe *Antennaria dioica*, S. 239

GEUM

In dieser Gattung gibt es 65 Arten von Mehrjährigen, die in gemäßigten und kühleren Regionen vorkommen. Nelkenwurz läßt sich in Rabatten im Vordergrund oder in Steingärten anbauen und hat langlebige Blüten, deren Farbschattierungen von Gelb bis Rot reichen. *G. urbanum* (griechisch *geuein*, „schmecken") wächst in Europa, Westasien und in Regionen am Mittelmeer; sie war einst unter dem Namen *Herba benedicta* bekannt. Die aromatischen Wurzeln galten als Schutz gegen Gifte.

Geum urbanum (Nelkenwurz)
Eine schlanke Mehrjährige mit nach Nelken duftendem Rhizom, aufrechten Stengeln und gefiederten Blättern; kleine gelbe Blüten werden im Sommer gebildet, danach purpurn gefärbte Früchte, die von hakigen Borsten umhüllt sind.
H und B 20-60cm.

GILLENIA

Zu dieser im Osten Nordamerikas vorkommenden Gattung gehören zwei verwandte Arten mit Rhizomen. *G. trifoliata* wächst auf feuchten nährstoffreichen Waldgebieten als Kraut und wird weithin als Gartenpflanze angebaut. *G. stipulata* hat dieselben Eigenschaften und ein gleiches Erscheinungsbild und wächst südlicher. Beide werden hauptsächlich durch die Zahl der Blättchen auseinandergehalten: *G. trifoliata* besitzt drei, während *G. stipulata* fünf hat; die zwei zusätzlichen sind in Wirklichkeit Nebenblätter.

Gillenia trifoliata (Dreiblattspiere)
Eine Mehrjährige mit roten bis grünen stachligen Stengeln und im späten Frühjahr und Sommer mit Blütenzweigen, an denen schmalblättrige weiße oder rosa angehauchte Blüten von 1cm Durchmesser stehen.
H 1-1,2m, B 60cm.

***Ginkgo biloba* 'Pendula'** (Gingko)
Diese Sorte hat hängende Zweige und bildet auf einem Rasen ein interessantes ungewöhnliches Mittelstück, insbesondere, wenn sich die Blätter im Herbst gelb verfärben.
H 3m, B 5m.

GINKGO

Diese Gattung bildet eine Art laubwechselnder Bäume, die wildwachsend in den Provinzen Zhejiang und Guizhou in Mittelchina vorkommt und keine nahen Verwandten hat. *G. biloba* kommt in der Natur nur noch selten vor, wird aber in China und Japan seit langem als heiliger Baum angebaut. Männliche und weibliche Blüten werden an separaten Pflanzen gebildet; eine Befruchtung erfolgt nur in warmen Sommern. Der Name Ginkgo setzt sich aus den japanischen Worten „Gin" (Silber) und „Kyo" (Aprikose) zusammen.

Ginkgo biloba (Ginkgo)
Ein laubwechselnder Baum, in jungen Jahren kegelförmig, mit fächerförmigen Blättern von bis zu 12cm Durchmesser, die sich im Herbst gelb verfärben; den weiblichen Blüten folgen manchmal stinkende pflaumenähnliche Früchte von 2,5cm Länge. H 40m, B 20m.

GLECHOMA

Etwa sechs Arten eurasischer Mehrjähriger bilden diese Gattung. *G. hederacea* wächst auf Grasland in Buschwerk und Hecken und ist ein verbreitetes Kraut mit verschiedenfarbigen Sorten, die sich großer Beliebtheit erfreuen. *G. h.* 'Variegata' wird als Kriechpflanze zusammen mit Beetpflanzen (häufig als 'Nepeta') verkauft, u.a. für Kübelpflanzungen und Fensterbänke. Sie eignet sich neben Hecken und Sträuchern als Bodendecker. Der Name *Glechoma* stammt vom griechischen *glechon* (minzeähnliche Pflanze).

Glechoma hederacea (Gundermann)
Eine kriechende Mehrjährige mit aromatischen, nierenförmigen Blättern, häufig purpurn angehaucht, die wellige Ränder haben; röhrenförmige zweilippige blaue bis malvenfarbige Blüten werden im Frühling und Frühsommer gebildet.
H 15cm, B 60cm.

GEMEINE SONNENBLUME, siehe *Helianthus annuus*, S. 292
GEMEINES SCHILFROHR, siehe *Phragmites communis*, S.326
GERSTE, siehe *Hordeum*, S. 293
GEWÜRZNELKE, siehe *Syzygium aromaticum*, S.358
GINGER, siehe *Zingiber officinale*, S. 373
GINSENG, siehe *Panax ginseng*, S. 321
GINSTER, siehe *Genista*, S.287
GLASKRAUT, siehe *Parietaria*, S. 322

Glechoma hederacea **'Variegata'** (Gundermann)
Diese Sorte hat unregelmäßige weiße Farbtönungen. Sie wird in der Regel als Kriechpflanze angebaut; aber im Boden gepflanzt, wurzelt sie an den Knoten und bildet einen großen Busch.
H 15cm, B 60cm.

GLYCYRRHIZA

Eine Gattung von 20 Arten klebriger, im Sommer blühender Mehrjähriger, die in Europa, Asien, Australien und Amerika verbreitet ist. *G. uralensis* ist in Mittelasien, China und Japan zu finden, *G. glabra* auf Buschwerk im südwestlichen Asien und im Mittelmeerraum. Das Süßholz war im alten Ägypten, Assyrien und China ein unentbehrliches Kraut, erreichte Europa aber erst im 15. Jahrhundert. Der Name der Gattung kommt von den griechischen Worten *glycys* (süß) und *rhiza* (Wurzel).

Glycyrrhiza glabra (Süßholz, Lakritze)
Eine variable Mehrjährige mit ausläufertreibenden Wurzeln, flaumigen Stielen und gefiederten Blättern, die sich aus 9-17, meist klebrigen Blättchen zusammensetzen; blaßblaue bis violette Blüten erscheinen in lockeren Ähren, danach folgen längliche Schoten. H 1,5m, B 1m.

Glycyrrhiza uralensis (Süßholz)
Eine aufrechte Mehrjährige mit vielfach verzweigten Rhizomen und gefiederten Blättern von bis zu 25cm Länge; auf kleine violette Blüten in dichten, kompakten Ähren folgen gebogene längliche Schoten.
H 40cm-1m, B 30-60cm.

GLORIOSA

In dieser Gattung gab es mehrere Arten knolliger Mehrjähriger, aber jüngste Klassifizierungen haben sie zu Varietäten einer einzigen Art herabgesetzt, die im tropischen Afrika und Asien weitverbreitet ist. *G. superba* ist im Buschwerk der Savannen und in Teakholzwäldern heimisch. Bereits 1690 begann man mit ihrer Kultivierung als exotische Zierpflanze. Die Blüten können gelb, orangefarben, dunkelrot oder zweifarbig sein und haben schmale, zurückgebogene, am Rand gewellte Blätter von bis zu 10cm Länge.

Gloriosa superba (Ruhmeskrone)
Ein Kletterer mit spröden Knollen und spärlich verzweigten Stengeln sowie mit eirunden bis länglichen Blättern von bis zu 18cm Länge, die in ausgezogenen Ranken enden; variabel farbige Blüten werden im Sommer in den Blattachseln gebildet. H 2,5m, B 30-45cm.

GNAPHALIUM

Etwa 150 Arten von Ein- und Mehrjährigen gehören zu dieser weitverbreiteten Gattung, die eng mit *Anaphalis* verwandt ist. *G. uliginosum* wächst auf feuchten Böden in Europa, Westasien und Nordamerika. Die meisten haben wenige Eigenschaften, wegen der man sie als Gartenpflanzen empfehlen würde, aber einige Arten aus Neuseeland werden von Liebhabern von Alpinpflanzen gesucht. Der Name *Gnaphalium* stammt vom griechischen *gnaphalon* (Filz, Wolle) und bezieht sich auf das wollige Laub der meisten Arten.

Gnaphalium uliginosum (Ruhrkraut)
Eine wollige Einjährige mit sich ausbreitenden Stengeln und silbrigen bis grauen stiellosen Blättern von bis zu 5 cm Länge; kleine gelbe bis braune Blüten werden im Sommer in dichten endständigen Ähren gebildet.
H 4-20cm, B 20cm.

GLOCKENWINDE, siehe *Codonopsis*, S. 264
GLORIOSALILIE, siehe *Gloriosa*, S. 289
GNADENKRAUT, siehe *Gratiola*, S. 290
GOLDFADEN, siehe *Coptis teeta*, S. 266
GOLDRAUTE, siehe *Solidago*, S.355
GÖTTERBAUM, siehe *Ailanthus*, S. 231
GOTTVERGESS, siehe *Ballota*, S. 247
GRANATAPFEL, siehe *Punica granatum*, S. 338
GREISKRAUT, siehe *Senecio*, S.351
GRIECHISCHER SALBEI, siehe *Salvia fruticosa*, S. 346
GRIECHISCH HEU, siehe *Trigonella foenum-graecum*, S. 364
GROSSE KAPUZINERKRESSE, siehe

GOSSYPIUM

In dieser Gattung gibt es 39 Arten von Ein- und Mehrjährigen, Halbsträuchern, Sträuchern sowie kleinen Bäumen, die über wärmere und tropische Regionen verbreitet sind. *Gossypium* ist eng mit *Hibiscus* verwandt, wiewohl weniger ornamental als dieser. Die Samen sind mit langen Haaren bedeckt, die sich zu Garn spinnen lassen (die kurzen sind für Filz geeignet). Obwohl mehrjährig, werden Baumwollpflanzen als Einjährige angebaut, um den Befall durch Schädlinge und Krankheiten zu minimieren.

Gossypium herbaceum (Baumwolle)
Eine kurzlebige strauchige Mehrjährige mit gelappten Blättern, 15cm im Durchmesser, die mit schwarzen Öldrüsen überzogen ist. Auf gelbe Blüten im Sommer folgt eine brüchige Kapsel, die mit (von Baumwolle bedeckten) Samen gefüllt ist. H 1,5m, B 1m.

GRATIOLA

Etwa 25 Arten von Mehrjährigen gehören zu dieser Gattung, die in allen gemäßigten Zonen vorkommt. Die wenigsten werden als Gartenpflanzen gezogen, obwohl *G. officinalis*, die auf feuchtem Grasland in Europa wächst, dekorative Blüten hat. Es handelt sich um eine stark giftige Pflanze; sie darf nicht für kulinarische Zwecke genutzt werden. Der Name *Gratiola* stammt von dem lateinischen Wort *gratia* (Gnade) und ist der alte Name für eine Pflanze, die wegen ihrer medizinischen Eigenschaften geschätzt wurde.

Gratiola officinalis (Gnadenkraut)
Eine Mehrjährige mit weißen geschuppten Rhizomen, hohlen Stielen und länglichen Blättern; im Sommer wachsen kleine einzelne, gelbe bis weiße röhrenförmige Blüten, die purpurn bis rot geädert sind, gefolgt von Samenkapseln mit 4 Kammern. H 30-60cm, B 20-38cm.

GUAJACUM

Sechs Arten immergrüner Sträucher und Bäume bilden diese Gattung, die in der Karibik und in wärmeren Teilen Amerikas vorkommt. *G. officinale* ist an trockenen Küstenstreifen des südlichen Mittelamerikas und der Karibik heimisch. Während der Blüte ist diese Art ein eindrucksvoller Baum, der aber durch jahrhundertelangen Raubbau selten geworden ist. *Guajacum* leitet sich vom spanischen *guayaco* ab, ist aber der ursprüngliche Name der Taino-Indianer für diese Pflanze; er bedeutet: „Wald des Lebens".

Guajacum officinale (Pockholz)
Ein kleiner Baum mit fiederteiligen Blättern von ca. 9cm Länge; fast das ganze Jahr über erscheinen verschwenderische Büschel tiefblauer Blüten von bis zu 2,5cm Durchmesser, denen orangefarbene bis gelbe Kapseln folgen.
H 5-9m, B 7-8m.

HAMAMELIS

Fünf Arten laubwechselnder Sträucher und kleiner Bäume sind in dieser Gattung enthalten, die in Nordamerika, Europa und Ostasien verbreitet ist. *H. virginiana* wächst in feuchten Waldstücken im Südosten der USA. *Hamamelis*-Arten gehören zu den winterhärtesten und unempfindlichsten Sträuchern; sie blühen zwischen Herbst und Frühjahr. Der volkssprachliche Name bezieht sich auf die okkulten Kräfte, die der Pflanze zugeschrieben wurden; ihre Zweige benutzte man als Wünschelruten, um Gold aufzuspüren.

Hamamelis virginiana
(Zaubernuß)
Ein Strauch oder kleiner Baum mit eirunden Blättern, die sich im Herbst gelb verfärben; im Herbst erscheinen Trauben duftender Blüten mit gekräuselten gelben Blättern; wenn die Blätter abfallen, folgen aufplatzende Früchte. H 5m, B 3m.

HEDEOMA

Es gibt in dieser nordamerikanischen Gattung 38 Arten Ein- und Mehrjähriger. Sie haben keine besonderen Vorzüge als Gartenpflanzen, man sieht sie aber häufig in Kräutergärten. *H. pulegioides* wächst in lichten Wäldern im Osten der USA, westlich der beiden Dakota-Bundesstaaten. Wegen ihres hübschen Aussehens und aromatischen Laubs eignen sie sich zur Anpflanzung in Kübeln in der Nähe von Sitzgruppen. Der Name *Hedeoma* kommt von den griechischen Worten *hedys* (süß) und *osme* (Duft).

Hedeoma pulegioides (Polei)
Eine buschige Einjährige mit kleinen ovalen Blättern, die ein starkes minzeähnliches Aroma haben; im Sommer trägt sie kleine blaßlila Blüten an den Achseln.
H 10-40cm, B 7-24cm.

HEDERA

Diese Gattung aus elf Arten immergrüner holziger Kletterer und Kriechpflanzen wächst in Europa, Asien und Nordafrika. *H. helix* ist die häufigste Art, die in Wäldern und Hecken in Europa sowie Westasien vorkommt. Efeu war dem Bacchus, dem Gott des Weines, heilig. Um die Stirn gewunden, sollte er Vergiftungen verhindern. Efeukränze versinnbildlichten Treue und gehörten im antiken Griechenland zu den Hochzeitsbräuchen. Von der frühchristlichen Kirche wurde das als heidnischer Brauch verboten.

Hedera helix (Gemeiner Efeu)
Eine kletternde oder teppichbildende Immergrüne mit Nebenwurzeln und dunkelgrünen Blättern; im Herbst bilden sich an reifen Pflanzen gelbe bis grüne nektarreiche Blüten, auf die kugelige schwarze Beeren folgen.
H 10-30m, B 5m.

GROSSE KLETTE, siehe *Arctium lappa*, S. 241
GROSSE SAMMETBLUME, siehe *Tagetes erecta*, S. 358
GROSSER WIESENKNOPF, siehe *Sanguisorba officinalis*, S.348
GROSSES SCHÖLLKRAUT, siehe *Chelidonium majus*, S. 259
GRÜNE MINZE, siehe *Mentha spicata*, S. 312
GUMMIAKAZIE, siehe *Acacia senegal*, S. 227
GURKENKRAUT, siehe *Borago officinalis*, S. 249
GUTER HEINRICH, siehe *Chenopodium bonus-henricus*, S.106

***Hedera helix* 'Erecta'** (Gemeiner Efeu)
Diese aufrechte buschige, nicht kletternde Sorte ist der *H. h.* 'Congesta' ähnlich.
H 1m, B 1,2m.

HELIANTHUS

Eine Gattung aus 67 Arten hoher Ein- und Mehrjähriger, die in Nord- und Südamerika heimisch sind. *H. annus* wurde von den Eingeboren schon vor 3.000 Jahren angebaut; 1524 gelangte sie nach Spanien. Die Kultivierung als Ölfrucht begann im 18. Jahrhundert in Deutschland sowie Rußland und breitete sich von dort nach Westen und in den Mittelmeerraum aus. Die Sonnenblumenkerne, etwa 1.000 pro Blüte, wachsen in konzentrischen, hyperbolischen Spiralen und sind gewöhnlich schwarzweiß gestreift.

Helianthus annuus
(Einjährige Sonnenblume)
Eine große sommerblühende Einjährige mit aufrechten Stielen und großen herabhängenden Blütenköpfen von bis zu 30cm Durchmesser; mit braunen Scheiben- und gelben Strahlenblüten.
H bis zu 3m oder mehr, B 30-45cm.

***Helianthus annuus* 'Italian White'**
(Einjährige Sonnenblume)
Diese Sorte hat auf sich verzweigenden Pflanzen kleine crèmefarbene Blüten mit schwarzer Mitte.
H 1,2m, B 60cm.

***Helianthus annuus* 'Teddy Bear'**
(Einjährige Sonnenblume)
Eine Zwergsorte mit doppelten Blüten, kleinwüchsiger als *H. a.* 'Flore Pleno'.
H 60cm, B 30-45cm.

***Hedera helix* 'Glacier'**
(Gemeiner Efeu)
Eine Pflanze, die kleine, silbern bis grau marmorierte, weiß geränderte Blätter hat; nicht so winterhart wie die anderen Sorten ihrer Art; ideal als Topfpflanze.
H 3m, B 2m.

***Hedera helix* 'Goldheart'**
(Gemeiner Efeu)
Eine hervorragend kletternde Sorte mit dunkelgrünen Blättern und intensiv gelben Mittelteilen.
H 6m, B 3m.

HELICHRYSUM

Diese große Gattung aus etwa 500 Arten Ein- und Mehrjähriger, Sträucher sowie Halbsträucher ist in Eurasien, Südafrika und Astralasien verbreitet. *H. italicum* wächst in Südeuropa. Viele Arten haben aromatisches graues Laub und papierdünne „ewige" Blüten. Für Rabatten mit sonnigem Standort bestens geeignet, werden sie wegen ihres Duftes und Aussehens auch in Kräutergärten angebaut. *Helichrysum* setzt sich aus den griechischen Worten *helios* (Sonne) und *chrysos* (Gold) zusammen.

Helichrysum italicum (Strohblume)
Ein dichter immergrüner Halbstrauch mit silbrigen bis grauen Blättern und im Sommer Trauben gelber knopfgroßer Blüten; die ganze Pflanze riecht stark nach Curry, besondere nach dem Regen.
H 60cm, B 1m.

HAARBLUME, siehe *Trichosanthes*, S. 364
HAARGERSTE, siehe *Elymus*, S. 277
HABICHTSKRAUT, siehe *Hieracium*, S. 293
HAFER, siehe *Avena*, S.246
HAHNENFUSS siehe *Ranunculus*, S. 339
HANF, siehe *Cannabis sativa*, S. 253
HARFENSTRAUCH, siehe *Plectranthus*, S.331
HARTRIEGEL, siehe *Cornus*, S.267
HARZKLEE, siehe *Psoralea*, S. 336
HASELWURZ, siehe *Asarum*, S. 244
HASENOHR, siehe *Bupleurum*, S. 251
HEDDEWIGSNELKE, siehe *Dianthus chinensis*, S. 273

HEPATICA

Zehn Arten kleiner Mehrjähriger gehören zu dieser Gattung, die in nördlichen gemäßigten Regionen verbreitet ist. *H. nobilis* wächst auf nährstoffreichem europäischen Waldland. Mit anemonenähnlichen Blüten zu Beginn des Frühjahrs sind diese Pflanzen für Steingärten und Kübel zu empfehlen. Der Name *Hepatica* leitet sich von dem griechischen Wort *hepar* (Leber) ab und bezieht sich auf die Form und Farbe der Blätter, die der Doktrin der „Signatura rerum“ zufolge ihre Wirksamkeit bei Leberbeschwerden anzeigen.

Hepatica nobilis (Leberblümchen)
Eine variable halbimmergrüne Staude mit dickem Rhizom, dreilappigen Blättern von seidig behaarter, häufig purpurfarbener Unterseite; blaupurpurne bis rosa oder weiße Blüten von bis zu 2,5cm Durchmesser.
H 8cm, B 10-12cm.

***Hepatica nobilis* 'Rubra Plena'**
(Leberblümchen)
Diese Sorte hat feine, doppelte rosafarbene Blüten, die zusammen mit den neuen Blättern gebildet werden. Sie ist weniger kräftig als andere Pflanzen ihrer Art es sind und benötigt sorgsame Pflege.
H 8cm, B 10-12cm.

HEUCHERA

In dieser in Nordamerika und Mexiko verbreiteten Gattung gibt es etwa 50 Arten Mehrjähriger. *H. americana*, im mittleren Osten der USA heimisch, wurde 1656 aus Nordamerika nach Europa eingeführt. Mehrere Arten genügen den Anforderungen an Zierpflanzen. Sie haben hübsche breite Blätter und liebliche Blüten, die in großer Zahl gebildet werden. *Heuchera* ist nach dem Medizinprofessor Johann Heinrich von Heucher (1677-1747) benannt, dem Leibarzt von König August II. von Sachsen.

Heuchera americana (Purpurglöckchen)
Eine Mehrjährige mit runden bis herzförmigen, gezähnten Blättern, die im Frühjahr braun marmoriert sind. Kleine, purpurne bis gelbe Blüten werden vom späten Frühling bis zum Sommer an hohen Rispen gebildet.
H 30cm-1m, B 30-45cm.

HIBISCUS

Etwa 220 Arten von Ein- und Mehrjährigen, Halbsträuchern, Sträuchern sowie Bäumen gehören zu dieser Gattung, die in wärmeren und tropischen Regionen verbreitet ist. *H. sabdariffa* wächst im tropischen Afrika und in Eurasien. *H. rosa-sinensis*, ursprünglich aus China stammend, ist zum Symbol für exotische Standorte, wie zum Beispiel Hawaii, geworden. Die herausragenden Griffel und Staubfäden der Blüte machen sie unverwechselbar. Die Hindus verehren sie und haben sie dem Elefantengott Ganesh geweiht.

Hibiscus rosa-sinensis
(Chinesischer Roseneibisch)
Ein dichter immergrüner Strauch mit breiten ovalen Blättern, die etwa 8cm lang werden, und unzähligen kurzlebigen, karmesinroten Blüten von 7-10cm Durchmesser. H und B 1,5-3m.

HERACLEUM

Diese Gattung von 70 Arten Ein-, Zwei- und Mehrjähriger ist in nördlichen gemäßigten Regionen und im tropischen Hochland verbreitet. *H. sphondylium* wächst in Europa, Asien und im Nordwesten Afrikas. In Osteuropa wird das Laub zur Herstellung von Bier (Parst oder Bartsch) fermentiert. Für die Schnapsdestillation verwendet man nur die Blattstiele oder gibt noch Heidelbeeren hinzu. Die Gattung *Heracleum* ist nach Heracles (Herkules) benannt, der als erster ihre Heilkraft entdeckt haben soll.

Heracleum sphondylium
(Bärenklau, Herkuleskraut)
Eine variable kräftige Zweijährige mit hohlen Stielen und rauhen, gefiederten Blättern; sie trägt im Sommer weiße oder rosa Blüten an Dolden von bis zu 20cm Durchmesser, danach folgen blaßbraune Früchte. H 2m, B 1,2m.

***Hibiscus rosa-sinensis* 'Cooperi'**
(Chinesischer Roseneibisch)
Diese Sorte stammt aus viktorianischer Zeit. Sie hat schmalere Blätter als andere Pflanzen ihrer Art, die in Rosa und Weiß changieren.
H und B 1,5-3m.

HEDERICH, siehe *Raphanus raphanistrum*, S. 339
HEIDEKRAUT, siehe *Calluna*, S. 252
HEIDELBEERE, siehe *Vaccinium*, S. 367
HEIDEWACHOLDER, siehe *Juniperus communis*, S. 299
HEILIGENKRAUT, siehe *Santolina*, S. 348
HEILZIEST, siehe *Stachys officinalis*, S. 355
HELENENKRAUT, siehe *Inula helenium*, S. 143
HENNASTRAUCH, siehe *Lawsonnia inermis*, S. 302
HERBSTZEITLOSE, siehe *Colchicum autumnale*, S. 265
HERZGESPANN, siehe. *Leonorus*, S. 302
HEXENKRAUT, siehe *Viscum*, S. 370

Hibiscus sabdariffa (Eibisch)
Eine Mehrjährige mit holzigem Unterteil und stacheligen Stielen, handförmig gelappten Blättern von bis zu 15cm Länge und blaßgelben, manchmal auch rosafarbenen Blüten; der Kelch verfärbt sich mit dem Heranreifen der Kapseln tiefrot.
H 2,5m, B 2m.

HIERACIUM

Diese komplexe Gattung besteht aus 250-260 Arten, die überall in Europa, Nord- und Westasien, Nordwestafrika und Nordamerika verbreitet sind. *H. pilosella* ist auf trockenen Grasflächen Europas heimisch. In vielen Fällen sind die Arten von *Hieracium* Gruppen von Mikroarten und können variablen lebensfähigen Samen ohne Befruchtung bilden. Die meisten Arten des Habichtskrauts sind Unkräuter, einige werden allerdings in Steingärten angebaut. *Hieracium* stammt vom griechischen Wort *hierax* (Habicht).

Hieracium pilosella (Habichtskraut)
Eine rosettenbildende behaarte Mehrjährige; sie hat elliptisch geformte Blätter, etwa 7cm lang, mit weißen, filzigen Unterseiten. Einzeln stehende, zitronengelbe Blüten von 3cm Durchmesser werden vom Frühjahrsende an bis zum Herbst gebildet. H 5-30cm, B unbestimmt.

HIEROCHLOË

Eine Gattung aus 15 Arten mehrjähriger Gräser, die hauptsächlich in gemäßigten Zonen vorkommt. *H. odorata* wächst auf feuchten Grasflächen in kälteren Regionen. Die Gattung ist mit *Anthoxanthum* (vgl. S. 85) verwandt, mit der sie auch als Trockenblume den Duft nach frisch gemähten Heu gemeinsam hat. *Hierochloë* (heiliges Gras) wurde in New Mexiko als Weihrauch verbrannt; in Mitteleuropa verwendete man sie an kirchlichen Feiertagen als Parfüm für Kleidungsstücke, die auf den Kirchenstufen abgelegt wurden.

Hierochloë odorata (Vanillegras)
Eine büschelbildende, kräftige, laubwechselnde Mehrjährige mit spitzen, flachen, geraden Blättern, die nur 0,5cm breit werden; ihre pyramidenförmigen Rispen mit eirunden braunen Ährchen bilden sich im Frühjahr.
H 25-50cm, B 40-60cm.

HORDEUM

Etwa 20 Arten ein- und mehrjähriger Gräser gehören zu dieser Gattung, die in nördlichen gemäßigten Zonen und in Südamerika vorkommt. *H. vulgare* wächst wild, ist aber ein aus der Kultivierung hervorgegangenes Gras. Plinius bezeichnete Gerste als „das älteste unter den menschlichen Nahrungsmitteln". Sie dient als Rohstoff für Brot und Biererzeugnisse. Als besonders winterhartes Getreide wächst sie auch in Teilen von Lappland, Sibirien, Alaska und sogar in Tibet, wo sie das Hauptnahrungsmitel ist.

Hordeum vulgare (Saatgerste)
Ein einjähriges Gras mit blaßgrünen Blattspreiten und 6 Reihen mit Blüten in zylindrischen Ähren, die bis zu 10cm hoch werden; die Saatkörner sind in schuppenartige Deckblätter gehüllt.
H 50-90cm, B 30cm.

HOUTTUYNIA

Diese Gattung besteht aus einer einzigen Art. Die Mehrjährige wächst an Ufern und ist in Ostasien heimisch. *H. cordata* wird weithin als Zierpflanze für feuchte Böden und flache Gewässer angebaut. Unter guten Bedingungen breitet sie sich schnell aus und ist ein hervorragender Bodendecker. Sie verströmt einen ungewöhnlichen Geruch nach Koriander und Orangen, der besonders an den Rhizomen stark ist. *Houttuynia* ist nach Maarten Houttuyn (1720-94), einem holländischen Arzt und Naturforscher, benannt.

Houttuynia cordata
Eine aromatische Mehrjährige mit Rhizomen und aufrechten, verzweigten Stielen sowie purpurnen bis grünen Blättern; unscheinbare Blüten, von 4-8 weißen Tragblättern eingefaßt, werden im Sommer in konisch geformten Köpfen gebildet. H 15-60cm, B unbestimmt.

***Houttuynia cordata* 'Chameleon'**
Eine farbenreichere Sorte als *H. c.* 'Variegata'; die Blätter sind unregelmäßig gelb und tiefrosa gefärbt.
H 15-60cm, B unbestimmt.

***Houttuynia cordata* 'Flore Pleno'**
Diese Sorte hat ungleich mehr weiße Tragblätter an den Blütenköpfen als die anderen Pflanzen ihrer Art.
H 15-60cm, B unbestimmt.

HIMBEERE, siehe *Rubus idaeus*, S. 110
HIOBSTRÄNE, siehe *Coix lachryma-jobi*, S. 264
HIRSCHDORN, siehe *Rhamnus cathartica*, S. 340
HIRTENTÄSCHEL, siehe *Capsella*, S. 254
HOLUNDER, siehe *Sambucus*, S. 347
HOPFEN, siehe *Humulus lupulus*, S. 294
HORTENSIE, siehe *Hydrangaea*, S. 294
HUFLATTICH, siehe *Tussilago*, S. 365
HUNDERTJÄHRIGE ALOE, siehe *Agave americana*, S. 231
HUNDSGIFT, siehe *Apocynum*, S. 240
HUNDSKAMILLE, siehe *Anthemis*, S. 239
HUNDSROSE, siehe *Rosa canina*, S. 342
HUNDSZUNGE, siehe *Cynoglossum*, S. 271

HUMULUS

Zwei Arten kletternder Mehrjähriger bilden diese Gattung, die in nördlichen gemäßigten Regionen vorkommt. *H. lupulus* wächst in Europa, Westasien und Nordamerika. Männliche und weibliche Blüten sind an separaten Pflanzen. Vom 9. Jahrhundert an breitete sich die Verwendung von Hopfen beim Bierbrauen aus. Als Konservierungsmittel ersetzte er bittere Kräuter wie *Glechoma hederacea*. In Britannien galt diese Pflanze unter Heinrich VI. (1422-61) und Heinrich VII. (1509-47) als „ungesundes Unkraut" und war verboten.

Humulus lupulus (Gemeiner Hopfen)
Ein rankender krautiger Kletterer mit borstigen Stämmen und 3-5 gelappten, grob gezähnten Blättern von bis zu 15cm Länge; kleine runde, männliche Blüten sitzen in verzweigten Trauben, weibliche werden in Hopfendolden mit blaß grünlicher Blütenhülle gebildet. H 3-6m.

***Humulus lupulus* 'Aureus'**
(Gemeiner Hopfen)
Diese Sorte hat gelbes bis grünes Laub und gehört zu den beeindruckendsten Kletterern mit goldenen Blättern; sie verträgt auch volle Sonne.
H 3-6m.

HYDNOCARPUS

Diese Gattung mit etwa 35 Arten mittelgroßer bis großer immergrüner Bäume kommt auf dem indischen Subkontinent und auf Malaysia vor. Sie gehört zu den *Flacourtiaceae*, einer tropischen Familie, die ca. 1.250 Arten enthält. *H. kurzii*, im südostasiatischen Regenwald heimisch, ist eine der wenigen Arten von wirtschaftlicher Bedeutung. In Bengalen wurde dieses Kraut bei der Behandlung von Lepra angewendet. Der Name kommt von den griechischen Worten *hydnon* (geschwollen) und *karpos* (Frucht).

Hydnocarpus kurzii
Ein großer Baum mit einem bis zu 1,2m dicken Stamm und länglichen, ledrigen, ca. 22cm langen Blättern; männliche und weibliche Blüten werden im Sommer separat gebildet; danach runde Beeren, die 12-18 Samen in öligem Fruchtfleisch enthalten. H 20-30m, B 15m.

HYDRANGEA

In dieser Gattung gibt es etwa 100 Arten laubwechselnder, immergrüner Sträucher, kleiner Bäume und wurzelnder Kletterer, die in China, Japan, im Himalaya, in Indonesien und Amerika vorkommen. *H. arborescens* ist im Osten der USA heimisch. Die meisten Sorten haben einen großen Anteil steriler Blüten, häufig sind diese mit größeren Kelchblättern ausgestattet. *Hydrangea* setzt sich aus griechisch *hydor* (Wasser) sowie *aggeion* (Gefäß) zusammen und bezieht sich auf die becherförmigen Früchte.

Hydrangea arborescens (Hortensie)
Ein offener, laubwechselnder Strauch mit gezähnten Blättern von bis zu 18cm Länge; im Sommer trägt er schmutzigweiße fruchtbare Blüten und crèmigweiße sterile Blüten an Trugdolden von 5-15cm Durchmesser.
H 1-3m, B 1,2-2m.

***Hydrangea arborescens* 'Annabelle'**
(Hortensie)
Diese Sorte hat noch größere Blütenköpfe als *H. a.* 'Grandiflora' (mit bis zu 30cm Durchmesser).
H 1-3m, B 1,2-2m.

HYDRASTIS

Zwei Arten Mehrjähriger mit Rhizomen bilden diese Gattung, die im nordöstlichen Nordamerika *(H. canadensis)* und Japan vorkommt. Die Orangenwurzel hat den gleichen Lebensraum wie der amerikanische Ginseng (*Panax quinquefolius*, vgl. S. 170). Dessen Sammler verbesserten ihre Einkünfte beträchtlich, indem sie die Orangenwurzel gleich mitsammelten. 1909 erreichte ihr Preis nämlich ca. 1,50 Dollar pro Pfund (gewöhnliche Kräuter: lediglich 2,5-5 Cents). *H. canadensis* ist schwierig zu kultivieren.

Hydrastis canadensis (Orangenwurzel)
Eine Mehrjährige mit dickem gelben Rhizom und handförmigen, tief gezähnten Blättern; im späten Frühjahr mit unscheinbaren Blüten und grünen bis weißen Staubblättern; danach rote, nicht eßbare Früchte.
H 20-38cm, B 15-30cm und mehr.

HYOSCYAMUS

In dieser Gattung gibt es 15 Arten Ein-, Zwei- und Mehrjähriger, die über Europa, Nordafrika, Mittel- und Südwestasien verteilt sind. *H. niger* wächst auf sandigem Grund, meist in der Nähe des Meeres. Einige Arten kann man in Kräutergärten finden. Sie eignen sich für trockene Böschungen oder Wände, werden aber selten kultiviert. Der Name setzt sich aus den griechischen Worten *hys* (Schwein) und *kyamos* (Bohne) zusammen – vielleicht, weil Schweine das Bilsenkraut fressen können, ohne vergiftet zu werden.

Hyoscyamus niger (Bilsenkraut)
Eine stinkende Ein- oder Zweijährige mit blaßgrünen ovalen, behaarten klebrigen Blättern von bis zu 30cm Länge; purpurn geäderte, crèmefarbene Blüten werden vom Frühjahr bis Herbst gebildet, danach folgen 1cm lange Kapseln.
H 60-90cm, B bis zu 1,2m.

HYPERICUM

Eine Gattung aus etwa 370 Arten laubwechselnder, halb immergrüner oder immergrüner Halbsträucher und Sträucher, die zumeist in gemäßigten Zonen vorkommen. *H. perforatum* ist in Wäldern und Hecken Europas und gemäßigter Klimate Asiens heimisch. Diese variantenreiche Gruppe liefert Gartenpflanzen für fast alle Standorte. *Hypericum* setzt sich aus griechisch *hyper* (über) und *eikon* (Bild) zusammen. Am Johannistag (24. Juni) wurden früher die Blüten über Bildern mit religiösen Motiven angebracht.

Hypericum perforatum
(Echtes Johanniskraut)
Eine aufrechte Mehrjährige mit Rhizom, am Unterteil holzig, mit stumpfen geraden bis eirunden Blättern; gelbe fünfblättrige, mit Drüsen punktierte Blüten von 2cm Durchmesser bilden sich im Sommer. H 30-60cm, B 15-45cm.

HYSSOPUS

Fünf Arten aromatischer Mehrjähriger sind in dieser Gattung enthalten, die vom Mittelmeerraum bis nach Mittelasien vorkommt. *H. officinalis*, in Mittel- und Südeuropa, Westasien und Nordafrika heimisch, zieht Bienen und Schmetterlinge an. Die Pflanze kann in Flechtgärten als niedrige Hecke angebaut werden. *H. o.* ssp. *aristatus* ist ein farbenreicher spätblühender Halbstrauch. *Hyssopus* wurde von Hippokrates so bezeichnet; der Name leitet sich von hebräisch *ezob* (heiliges Kraut) ab.

Hyssopus officinalis (Ysop)
Eine halbimmergrüne Mehrjährige mit holzigem Unterteil und geraden Blättern von bis zu 2,5cm Länge; im Spätsommer erscheinen dichte Ähren röhrenförmiger, zweilippiger purpurblauer, selten weißer oder rosafarbener Blüten.
H 45-60cm, B 60-90cm.

Hyssopus officinalis* f. *albus (Ysop)
Diese Sorte hat rein weiße Blüten. Sie findet als edle Solitärpflanze oder ungestutzte Hecke in weißen Gärten und Rabatten Verwendung.
H 45-60cm, B 60-90cm.

Hyssopus officinalis ssp. ***aristatus***
(Ysop)
Eine kompakte Sorte mit kleineren Blütenähren als sonst bei dieser Art; sie werden im späten Sommer gebildet.
H und B 30cm.

ILEX

Eine Gattung von ca. 400 Arten immergrüner und laubwechselnder Bäume und Sträucher, die weltweit vorkommt, besonders in tropischen und gemäßigten Zonen Asiens und Amerikas; es werden viele Arten kultiviert. Die Art mit der weitesten Verbreitung ist *I. aquifolium,* mit vielen Varianten, die in West- und Südeuropa, Nordafrika und Westasien wächst. *I. paraguensis* ist in den Wäldern und im Buschwerk Paraguays, Brasiliens und Argentiniens heimisch. *I. verticillata* kommt in nordamerikanischen Sümpfen vor.

Ilex aquifolium (Stechpalme)
Ein immergrüner Baum oder Strauch mit ledrigen Blättern und stachligen Rändern. Im Sommer werden auf älterem Holz schmutzigweiße, kleine duftende Blüten gebildet, männliche und weibliche auf separaten Pflanzen. Die weiblichen tragen giftige rote Beeren. H 3-20m, B 6m.

Hyssopus officinalis f. ***roseus*** (Ysop)
Eine attraktive rosafarbene Form des Ysop, die sich gut mit graublättrigen Kräutern, zum Beispiel Artemisia, kombinieren läßt.
H 45-60cm, B 60-90cm.

Ilex aquifolium **'Ferox Argentea'**
(Stechpalme)
Diese männliche Sorte hat purpurfarbene Zweige und kleine Blätter mit crèmefarbenen bis weißen Ränder und Stacheln auf der Oberfläche. Sie wächst langsamer als die anderen Pflanzen ihrer Art. H 6m, B 4m.

IGELKOPF, siehe *Echinacea*, S. 276
IMMERGRÜN, siehe *Catharanthus roseus*, S.256
IMMERGRÜNE BÄRENTRAUBE, siehe *Arctostaphylos uva-ursi*, S.241
INDIANERNESSEL, siehe *Monarda*, S. 312
INDISCHE JALAPENWURZEL, siehe *Ipomoea turpethum*, S.297
INDISCHE LOTOSBLUME, siehe *Nelumbo nucifera*, S. 316
INDISCHE SEEROSE, siehe *Euryale ferox*, S. 282
INDISCHER SENF, siehe *Brassica juncea*, S. 250
INGWER, siehe *Zingiber officinale*, S. 373

***Ilex aquifolium* 'Madame Briot'** (Stechpalme)
Eine weibliche Sorte mit purpurnen bis grünen Zweigen, scharlachroten Beeren und großen Blättern; diese haben kräftige Stachel und unregelmäßige hellgelbe Ränder.
H 10m, B 5m.

Ilex paraguensis (Mate-Teestrauch)
Ein immergrüner Baum mit elliptischen bis eirunden Blättern, bis zu 12cm lang, mit gebogenen Rändern; in den Achseln jüngerer Zweige erscheinen kleine grüne bis weiße Blüten; darauf folgen Büschel kleiner tiefroter Beeren.
H 15m, B 10m.

Ilex verticillata (Stechpalme)
Ein großer laubwechselnder, Schößlinge treibender Strauch mit elliptischen, gezähnten Blättern von bis zu 7cm Länge; im Frühsommer werden unscheinbare weiße Blüten gebildet. Weibliche Pflanzen tragen tiefrote giftige Beeren.
H 2-5m, B 1,2-3m.

IMPATIENS

Es gibt in dieser Gattung etwa 500 Arten frostharter bis empfindlicher Ein- und Mehrjähriger sowie Halbsträucher, die weitverbreitet sind, besonders in tropischen und subtropischen Regionen Asiens und Afrikas. *I. pallida* wächst im Osten Nordamerikas, hat ein mit Schmelz überzogenes Laub und blassere, weniger gepunktete Blüten als *I. capensis*. Die meisten Springkraut-Arten haben sukkulente Stiele, orchideengleiche Blüten und Kapseln mit 5 Klappen, die explosionsartig aufspringen und den Samen wegschleudern.

Impatiens pallida (Springkraut, Balsamine)
Eine hohe unbehaarte Einjährige mit sukkulenten Stielen und grauen bis grünen, grob gezähnten Blättern; gelbe hängende Blüten, manchmal rot bis braun gepunktet, bilden sich im Sommer.
H 60cm-1,5m, B 30-60cm.

IRISCH MOOS, siehe *Chondrus crispus*, S.260
ISLÄNDISCH MOOS, siehe *Cetraria islandica*, S. 258

INULA

Eine Gattung aus ca. 90 Arten, zumeist Mehrjährige und Halbsträucher, die in warmen und gemäßigten Regionen Eurasiens vorkommt. *I. helenium* ist in Südeuropa und Westasien heimisch. Diese riesige sommerblühende Art ist im Kräutergarten ein Blickfang. Andere Arten werden wegen ihrer kreisrunden Blüten in Steingärten und Rabatten angebaut. *Inula* ist der lateinische Name, den Horaz der Pflanze gab. Man glaubte, sie sei eine Variante von *Helenium*, so benannt nach der „schönen Helena".

Inula helenium (Echter Alant)
Eine robuste Mehrjährige mit dicken Rhizomen, kräftigen aufrechten Stielen und zugespitzten gezähnten, bis zu 70cm langen Blättern; runde, gelbe Blüten (bis zu 7 cm Durchmesser) erscheinen von der Sommer- bis zur Herbstmitte.
H 3 m, B 1,5 m.

IRIS

Diese Gattung besteht aus ca. 300 Arten Mehrjähriger, die zumeist in nördlichen gemäßigten Regionen vorkommen. *I. germanica* var. *florentina* ist am östlichen Mittelmeer, *I. versicolor* im Nordosten Nordamerikas heimisch. Die meisten Arten werden kultiviert und umfassen Pflanzen für Stein- sowie Wassergärten. Ihre Blüten sind die Grundlage des königlichen französischen Wappens. Die drei inneren Blütenblätter symbolisieren Glaube, Weisheit und Tapferkeit. *Iris* ist nach der griechischen Göttin des Regenbogens benannt.

Iris germanica* var. *florentina (Florentiner Schwertlilie)
Eine Mehrjährige mit einem bis zu 5cm dicken Rhizom und schwertförmigen Blättern, die bis zu 45 cm lang werden; im Frühsommer trägt sie weiße und violett gefärbte Blüten an verzweigten Stielen. H 60cm-1,2m, B unbestimmt.

Iris versicolor (Schwertlilie)
Eine Mehrjährige aus Feuchtgebieten mit verzweigtem kriechenden Rhizom und schwertförmigen Blättern von bis zu 1m Länge; im Sommer erscheinen purpurne, gelb geäderte Blüten in Gruppen von 4-6 Exemplaren.
H 50cm-1,1m, B unbestimmt.

***Iris versicolor* 'Kermesina'**
(Schwertlilie)
Diese Sorte hat pflaumenfarbene Blüten, wie auch die anderen Sorten ihrer Art mit langen schwertförmigen Blättern.
H 50cm-1,1m, B unbestimmt.

JASMINUM

Eine Gattung mit etwa 350 Arten laubwechselnder oder immergrüner Sträucher, Kletterer und Ranken, hauptsächlich im tropischen Afrika und Eurasien vorkommend. *J. grandiflorum* und *J. officinale* sind im Himalaya heimisch. *J. sambac* ist in Asien verbreitet und stammt vermutlich aus Indien. Verschiedene Arten des Jasmin werden schon lange für Parfüm, in der Medizin und als Gewürz verwendet. Wegen ihres Duftes sind sie auch beliebte Zierpflanzen. *Jasminum* ist die latinisierte Form des persischen Wortes *yasmin.*

Jasminum grandiflorum (Jasmin)
Eine immergrüne Ranke mit gefiederten Blättern aus 7 oder 9 Blättchen; Büschel von bis zu 50 duftenden weißen, häufig rosafarben angehauchten Blüten werden im Sommer und im Herbst gebildet.
H 5m.

Jasminum officinale (Jasmin)
Ein kräftiger laubwechselnder, sich windender Kletterer mit grünen Stielen und gefiederten Blättern, die 3-9 Blättchen haben; im Sommer bilden sich duftende weiße Blüten, auf die schwarze Beeren folgen.
H 10m.

***Jasminum officinale* 'Aureum'**
(Jasmin)
Diese Sorte besitzt duftende, weiße Blüten, unterscheidet sich aber von der Art durch gelb bunte Blätter. Als Kletterer vor dunklem Hintergrund sehr zu empfehlen.
H 10 m.

ISATIS

Etwa 30 Arten ein-, zwei- und mehrjähriger Pflanzen gehören zu dieser Gattung, die in Europa (vorwiegend im östlichen Mittelmeergebiet) und in Mittelasien verbreitet ist. *I. tinctoria* (Färberwaid) wächst an Wegrändern auf Kalkböden in Mittel- und Südeuropa sowie in Westasien und wird weitverbreitet als Heilkraut und Lieferant für einen indigoartigen Farbstoff angebaut. Im europäischen Mittelalter war diese Pflanze eine wichtige Feldfrucht; das gilt besonders für den Süden Frankreichs.

Isatis tinctoria (Waid, Färberwaid)
Eine Zwei- oder Mehrjährige mit kräftiger Zapfenwurzel, dicht verzweigten Stielen und länglichen Blättern, die 4-10cm lang werden; viele vierblättrige Blüten erscheinen im Sommer, danach hängende, geigenförmige schwarze Samen.
H 50cm-1,2m, B 60cm.

Jasminum officinale* f. *affine (Jasmin)
Eine Form mit größeren Blüten als bei den anderen Sorten dieser Art, mit rosa angehauchten Knospen; sie kann leicht mit dem empfindlichen *J. grandiflorum* verwechselt werden.
H 10m.

ISOP, siehe *Hyssopus officinalis*, S.295
JAKOBSKRAUT, siehe *Senecio jacobaea*, S. 352
JAKOBSLEITER, siehe *Polemonium*, S. 332
JAMAIKA-HARTRIEGEL, siehe *Piscidia piscipula*, S. 330
JAPANISCHE APRIKOSE, siehe *Prunus mume*, S.336
JAPANISCHE FLACHSSEIDE, siehe *Cuscuta japonica*, S. 270
JAPANISCHE MANDELKIRSCHE, siehe *Prunus japonica* S. 336
JAPANISCHE MISPEL, siehe *Eriobotrya japonica*, S. 278
JAPANISCHE ZIERQUITTE, siehe *Chaenomeles speciosa*, S. 258

Jasminum sambac (Jasmin)
Eine immergrüne Ranke mit einfachen runden Blättern von bis zu 8cm Länge; sie trägt das ganze Jahr über dichte Büschel aus 3 und mehr röhrenförmigen weißen Blüten mit 4-9 gerundeten Lappen, die sich rosa- bis purpurfarben verfärben, meist an endständigen Seitentrieben. H 10m.

***Jasminum sambac* 'Grand Duke of Tuscany'** (Jasmin)
Diese seltene, langsam wachsende Sorte hat dreipaarige Blätter und einzeln stehende, außergewöhnlich große Doppelblüten.
H 2m.

***Juglans regia* 'Laciniata'**
(Walnußbaum)
Diese Sorte hat leicht hängende Zweige und tief gefiederte Blättchen.
H 35m, B 20m.

JUGLANS

Diese Gattung umfaßt 21 Arten laubwechselnder Bäume, die sich vom Mittelmeerraum bis nach Ostasien und von Nordamerika bis zu den Anden verbreiten. *J. regia* wächst wild von Südeuropa bis in den Süden Chinas. Einige Walnußarten werden wegen ihrer der Esche ähnelnden, häufig sehr großen Blätter angebaut, die sich im Herbst zu einem schönen Gelb verfärben. Der Gattungsname *Juglans* setzt sich aus dem Namen des römischen Gottes Jupiter und dem lateinischen Wort *glans* (Eichel) zusammen.

Juglans regia (Walnußbaum)
Ein laubwechselnder Baum mit silbriger bis grauer Rinde und geteilten Blättern; dunkelgelbe männliche Kätzchen und Ähren weiblicher Blüten bilden sich im späten Frühling und Frühsommer, gefolgt von dunkelgrünen Früchten, die holzige Nüsse enthalten. H 35m, B 20m.

JUNIPERUS

Ca. fünfzig Arten Nadelhölzer und Sträucher gehören zu dieser Gattung, die in der nördlichen Hemisphäre verbreitet ist. *J. communis* wächst sowohl auf sauren wie auch auf kalkigen Böden, ist weit verbreitet und außerordentlich variabel. Viele Varianten der Pflanze werden vegetativ von männlichen Pflanzen vermehrt und tragen keine Beeren. Wacholder sind beliebte Zierpflanzen mit einer großen Vielfalt in Form und Farbe. Häufig weisen sie schuppige ausgewachsene und gepunktete unreife Nadeln auf.

Juniperus communis (Wacholder)
Ein aufrechter, sich ausbreitender oder liegender Strauch mit roter bis brauner, papierdünner Rinde und unreifen Nadeln sowie unscheinbaren Blüten; die zuerst grünen Früchte färben sich in der Reife schwarz mit grauem Flaum.
H und B 2-4m, manchmal bis 12m.

JUSTICIA

Diese große Gattung besteht aus etwa 420 Arten immergrüner Mehrjähriger, Halbsträucher und Sträucher, die in tropischen sowie subtropischen Regionen vorkommen. *J. adhatoda*, in Indien weit verbreitet, wird manchmal mit der verwandten *J. adhatodoides* verwechselt, auch unter dem Namen „Schlangenbusch" bekannt. Die Gattung enthält auch einige Zierpflanzen, darunter die berühmte kleine *J. brandegeana*. *Justicia* ist nach einem schottischen Gärtner und Botaniker des 18. Jahrhunderts benannt.

Justicia adhatoda
Ein aufrechter immergrüner, spärlich verzweigter Strauch mit eirunden bis länglichen, geäderten Blättern von bis zu 15cm Länge; im Sommer bilden sich dichte endständige Ähren mit röhrenförmigen weißen Blüten, die rosa bis purpurn geädert sind. H 2-3m, B 1-2m.

JAPANISCHER SCHLANGENBART, siehe *Ophiopogon japonicus*, S. 319
JASMINWURZEL, siehe *Gelsemium*, S. 287
JELÄNGERJELIEBER, siehe *Lonicera caprifolium*, S. 306
JOHANNISBEERE, siehe *Ribes*, S. 341
JOHANNISKRAUT, siehe *Hypericum*, S. 295
JOJOBA, siehe *Simmondsia*, S. 353
JUCKFASEL, siehe *Mucuna pruriens*, S. 314
JUDENKIRSCHE, siehe *Physalis alkekengi*, S. 326
JUJUBE, siehe *Ziziphus jujuba*, S. 373
JUNGFER IM GRÜNEN, siehe *Nigella damascena*, S. 317

KAEMPFERIA

Eine Gattung mit etwa 70 Arten aromatischer Mehrjähriger mit Rhizomen, die im tropischen Afrika und Südostasien vorkommt. *K. galanga* wächst von Indien bis China. Einige wenige Arten werden in den Tropen als Bodendecker, ansonsten unter Abdeckungen angebaut. Sie benötigen viel Feuchtigkeit und entwickeln sich in Töpfen zusammen mit wärmeliebenden Orchideen oder in Beeten auf Stellagen im Gewächshaus. *Kaempferia* ist nach dem deutschen Arzt Engelbert Kaempfer (1651-1716) benannt.

Kaempferia galanga (Gewürzlilie)
Eine niedrige Mehrjährige mit 2-3 fast runden breiten Blättern von 8-15cm Durchmesser und kurzlebigen dreiblättrigen, weißen Blüten von bis zu 2,5cm Durchmesser, die auf der Lippe purpurn markiert sind. H 30cm, B 30-60cm.

KALMIA

Eine Gattung aus sechs oder sieben Arten immergrüner Sträucher und kleiner Bäume mit giftigem Laub, die in Nordamerika und auf Kuba vorkommen. *K. latifolia* wächst in trockenen felsigen Regionen im Osten Nordamerikas. Die meisten Arten werden wegen ihrer zahlreichen erlesenen, tellerförmigen rosa- bis purpurfarbenen oder weißen Blüten angebaut. *K. latifolia* ist die prachtvollste unter diesen Pflanzen, ob sie nun im Garten oder wild blüht. Es ist die Wappenblume des Bundesstaates Connecticut (USA).

Kalmia latifolia (Berglorbeer)
Ein Strauch oder kleiner Baum mit flaumigen Trieben und glänzenden, ledrigen länglichen Blättern von bis zu 5cm Länge; im späten Frühjahr und im Frühsommer bilden sich rosafarbene bis weiße Blüten.
H 3-10m, B 3m.

***Kalmia latifolia* 'Clementine Churchill'** (Berglorbeer)
Eine edle Sorte mit Dolden tiefrosafarbener Knospen; ihre zweifarbigen Blüten sind innen dunkelrosa und außen malven- bis rosafarben.
H 3-10m, B 3m.

LACTUCA

Diese Gattung enthält etwa 100 Arten Ein- und Mehrjähriger und wächst weltweit, insbesondere in den nördlichen gemäßigten Zonen. *L. serriola* ist ein weitverbreitetes Unkraut, das ursprünglich aus Europa stammt. Es ähnelt mehr der Gänsedistel (*Sonchus*-Arten) als dem Lattich *(L. sativa)* und ist weder als Zierpflanze noch für den Verzehr zu empfehlen. *Lactuca* leitet sich vom lateinischen Wort *lac* (Milch) ab und bezieht sich auf den Milchsaft der Pflanze; im 18. Jahrhundert Ursprung des „Lattichopium".

Lactuca serriola (Wilder Lattich, Stachelsalat, Kompaßpflanze)
Eine stinkende, unbehaarte stachlige Zweijährige mit graugrünen Blättern, die bis zu 30cm lang werden; im Sommer bilden sich an Rispen gelbe Blüten, die an Miniatur-Löwenzahn erinnern.
H 1-1,5m, B 30cm-1m.

LAMIUM

Diese Gattung umfaßt ungefähr 40 als Taubnessel bekannte Arten Ein- und Mehrjähriger. Sie haben eine äußerliche Ähnlichkeit mit Brennesseln (*Urtica*-Arten, vgl. S. 217), rufen jedoch kein Brennen hervor, und sind in Eurasien *(L. album)* sowie Nordafrika verbreitet. Nur wenige Arten sind für Anpflanzungen in Gärten geeignet. Dazu gehören v.a. Sorten wie *L. album*, die ansonsten weitverbreitete Unkräuter sind. *Lamium* leitet sich von griechisch *lamos* (Schlund) ab und bezieht sich auf den Blütenbau.

Lamium album (Taubnessel)
Eine behaarte Mehrjährige mit kriechenden Rhizomen, vierkantigen Stielen und eirunden, grob gezähnten Blättern von 3-7cm Länge. Büschel röhrenförmiger weißer, zweilippiger Blüten bilden sich im Frühjahr.
H 15-60cm, B 60-90cm.

***Lamium album* 'Friday'** (Taubnessel)
Diese Sorte hat Blätter mit goldfarbener Mitte und zwei Grüntönen, die 3-7cm lang werden; die Farben sind im Frühjahr besonders intensiv, beginnen mit der Blüte aber zu verblassen.
H und B 45-60cm.

KAFFEESTRAUCH, siehe *Coffea arabica*, S. 264
KAISERKRONE, siehe *Fritillaria*, S. 284
KAKAO, siehe *Theobroma cacao*, S.361
KAKIPFLAUME, *Diospyros kaki*, S.274
KAROTTE, siehe *Daucus carota*, S. 272
KAMILLE, siehe *Chamaemelum nobile*, S. 259
KAPERNSTRAUCH, siehe *Capparis*, S. 253
KATZENMINZE, siehe *Nepeta cataria* S. 317
KEUSCHLAMM, siehe *Vitex agnus-castus*, S. 370
KIEFER, siehe *Pinus*, S. 329
KNOBLAUCH, siehe *Allium sativum*, S. 234
KORIANDER, siehe *Coriandrum*, S. 267

LARIX

Neun Arten großer Nadelbäume bilden diese Gattung, die in kälteren Zonen der nördlichen Hemisphäre häufig zu finden ist. *L. decidua* ist in den Bergen Mitteleuropas, Nordrußlands und Sibiriens heimisch. Lärchen haben Ähnlichkeit mit Zedern (*Cedrus*-Arten, vgl. S. 103), freilich reifen ihre Zapfen innerhalb eines Jahres und sie wechselt ihre Nadeln. Diese Lärchen finden häufig als Bauholz Verwendung, sind aber auch als Zierpflanzen beliebt. *L. decidua* bietet mit ihren Herbstfarben ein angenehmes Erscheinungsbild.

Larix decidua (Lärche)
Ein laubwechselnder Nadelbaum mit gräulicher bis roter Rinde, herabhängenden Zweigen und Rosetten weicher hellgrüner Nadeln; die weiblichen Zapfen stehen aufrecht, sind rosa und in der Reife braun. H 50m, B 15m.

***Laurus nobilis* 'Angustifolia'** (Lorbeerbaum)
Eine ungewöhnliche Sorte mit schmalen, an den Rändern welligen blaßgrünen Blättern von 3-7cm Länge; sie ist winterhärter als andere Sorten ihrer Art. H 3-15m, B 10m.

***Larix decidua* 'Pendula'** (Lärche)
Obwohl ihr Wachstum nicht vorhersehbar ist, sind junge Exemplare dieser „trauernden" Lärche als Solitäre zu empfehlen. Diese Sorte wurde um das Jahr 1836 gezüchtet.
H 50m, B 15m.

LAURUS

Es gibt nur zwei Arten immergrüner Sträucher oder kleiner Bäume in dieser Gattung; sie ist in Südeuropa, auf den Kanaren und den Azoren heimisch. *L. nobilis* kommt im Mittelmeerraum vor. Obwohl beide Arten als Zierpflanzen angebaut werden, wird *L. nobilis* als beliebtes Küchengewürz häufiger in Kräutergärten kultiviert als der empfindlichere *L. azorica*. *Laurus* leitet sich von dem lateinischen Wort *laus* (Lob) ab und bezieht sich auf die Lorbeerkränze der siegreichen römischen Feldherren.

Laurus nobilis (Lorbeerbaum)
Eine dichte immergrüner Mehrjährige oder ein kleiner Baum mit ledrigen, zugespitzten Blättern. Im Frühjahr bilden sich Büschel mit kleinen crèmefarbenen bis gelben Blüten und deutlichen Staubblättern, gefolgt von dunkelpurpurnen Beeren. H 3-15m, B 10m.

***Laurus nobilis* 'Aurea'** (Lorbeerbaum)
Diese Sorte hat gelb angehauchte Blätter, die im Winter und Frühling am schönsten wirken. Sie ist etwas winterhärter als andere Sorten ihrer Art.
H 3-15m, B 10m.

LABRADORTEE, siehe *Ledum groenlandicum*, S. 302
LAKRITZE, siehe *Glycyrrhiza glabra*, S. 289
LAMPIONBLUME, siehe *Physalis*, S. 326
LÄRCHE, siehe *Larix*, S.301
LATSCHE, siehe *Pinus mugo* var. *pumilio* S.329
LATTICH, siehe *Lactuca*, S. 300
LAUBHOLZMISPEL, siehe *Viscum album*, S. 370
LAUCHKRAUT, siehe *Alliaria*, 233
LAVENDEL, siehe *Lavandula*, S. 301

Lavandula

Eine Gattung aus 21 immergrünen Mehrjährigen und Sträuchern, die vom Mittelmeerraum bis nach Indien zu finden sind. Lavendel gehört zu den beliebtesten Pflanzen für Kräutergärten und zeichnet sich durch schöne Farben sowie einen köstlichen Duft aus. Winterharte Arten bilden dekorative Hecken, während empfindlichere unter Abdeckung angebaut werden müssen. Die Lavendelarten unterscheiden sich im Wachstum, Laub und in der Farbe der Blüten, die vom sanften Blau bis zu Purpur und Weiß reicht. Wegen ihrer langen Beliebtheit als Kulturpflanzen sind die im Garten zu findenden Arten zumeist Hybriden.

◄ ***Lavandula* × *allardii***
Eine Hybride aus *L. latifolia* und *L. dentata;* für gewöhnlich hat sie breite graue bis grüne Blätter mit gebogenen Rändern und violette bis purpurne Blüten mit sehr großen Köpfen, die im Sommer und im Herbst erscheinen.
H 1,2-1,5m, B 1,2m.

► ***Lavandula angustifolia* 'Folgate'** (Echter Lavendel)
Eine breite kompakte Sorte mit im Sommer ziemlich intensiv duftenden lilafarbenen Blüten an ca. 30cm langen Stielen.
H 50cm, B 75cm.

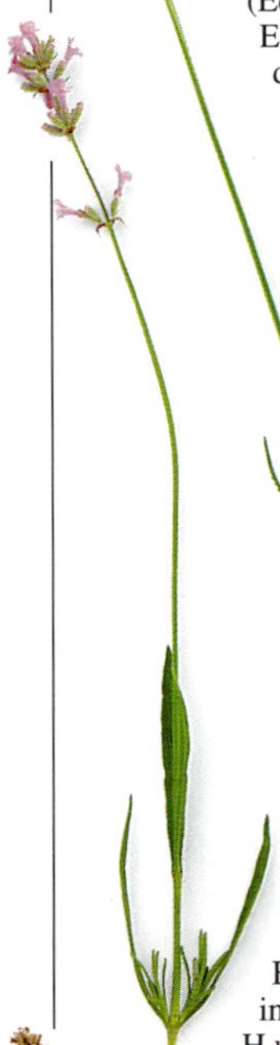

► ***Lavandula angustifolia*** (Echter Lavendel)
Ein kleiner sommerblühender Strauch mit flaumigen Blättern von bis zu 6cm Länge, die erst weiß sind und später grün werden. Kleine purpurne Blüten wachsen an bis zu 35cm langen Stielen.
H und B 60-90cm.

***Lavandula angustifolia* 'Imperial Gem'** ►
Eine beliebte Sorte für Hecken. Sie hat schmale graue bis grüne Blätter und im Sommer zahlreiche tiefblaue, intensiv duftende Blüten.
H und B 60cm.

▲ ***Lavandula angustifolia* 'Hidcote'**
Eine für Heckenpflanzungen sehr beliebte Sorte mit kompaktem aufrechten Wachstum, länglichen grauen Blättern und im Frühsommer intensiv duftenden, tief lilafarbenen Blüten an dichten Ähren; mit 30-35 cm langen Stielen.
H 30-60cm, B 30cm.

◄ ***Lavandula angustifolia* 'Hidcote Pink'**
Diese Sorte hat ein ähnliches Wachstum wie *L. a.* 'Hidcote', aber gerade Blätter und blaßlila- bis rosafarbene Blüten, die nicht so intensiv duften.
H und B 30-60cm.

***Lavandula angustifolia* 'Royal Purple'** ►
Eine für Hecken geeignete Sorte mit schmalen grauen bis grünen Blättern und langen Ähren tiefpurpurner Blüten, die nach dem Trocknen ihre Farbe beibehalten.
H und B 80cm.

◄ ***Lavandula angustifolia* 'Miss Katherine'**
Eine neue Züchtung des Norfolk-Lavendel und vermutlich der beste rosafarbene, der auf dem Markt ist; die Blüten haben ein tieferes, langlebigeres Rosa als 'Hidcote Pink' oder 'Rosea' und einen angenehmen Duft.
H und B 75cm.

◄ ***Lavandula angustifolia* 'Rosea'**
Der ursprüngliche rosafarbene Lavendel mit eher grünen, als graugrünen Blättern.
H 23-45cm, B 30-45cm.

▲ ***Lavandula angustifolia* 'Nana Alba'**
Eine aufrechte, kompakte Zwergsorte aus den 30er Jahren unseres Jahrhunderts; sie hat gerade silbrige bis graue Blätter von 2,5cm Länge und eignet sich besonders für Töpfe, Steingärten, weiße Rabatten und Eckbepflanzungen.
H 15-30cm, B 15-45cm.

◄ ***Lavandula angustifolia* 'Munstead'**
Eine kompakte frühblühende Sorte mit kleinen Blättern und stark duftenden lavendelblauen Blüten in lockeren Ähren an bis zu 30cm langen Stengeln.
H 30-45cm, B 75cm.

◄ ***Lavandula lanata***
Ein kleiner Strauch mit geraden bis länglichen, spitzen weißfilzigen Blättern und ab der Sommermitte schlanken langstieligen Ähren lilafarbener Blüten.
H 60cm, B 50cm.

◄ ***Lavandula dentata***
Ein Strauch mit gezähnten geraden bis spitzen, grauen bis grünen Blättern mit wolliger Unterseite; von der Mitte bis zum Ende des Sommers erscheinen tief purpurfarbene Blüten in dichten Ähren.
H und B 60-90cm.

◄ ***Lavandula dentata*** **var. *candicans***
Diese Sorte ist, abgesehen von ihrem grauen bis weißen Laub, identisch mit den weiteren Pflanzen ihrer Art. H und B 60-90cm.

◄ ***Lavandula multifida***
Eine charakteristische Pflanze mit behaarten Stielen und grauen bis grünen, gefiederten Blättern. Die Blütenköpfe unterteilen sich in mehrere Ähren spiralförmig angeordneter Blüten (violett bis blau). H 30-60cm, B 60-75cm.

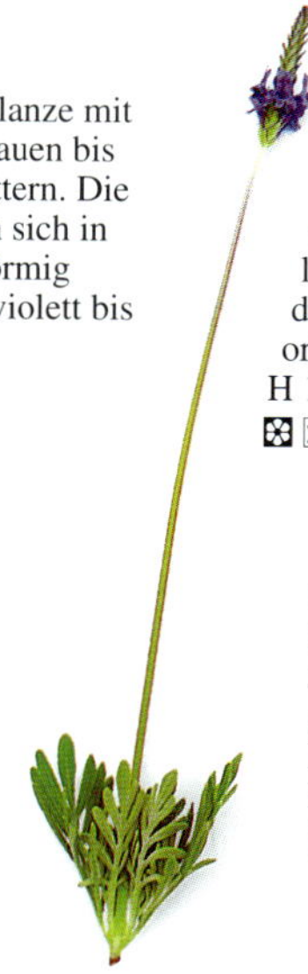

◄ ***Lavandula pinnata***
Diese zierliche Pflanze hat verzweigte haarige Stiele und gefiederte weiche, graue bis grüne, bis zu 8cm lange Blätter. Lilafarbene bis blaue Blüten bilden sich an geschützten Standorten das ganze Jahr über.
H 1m, B 60cm.

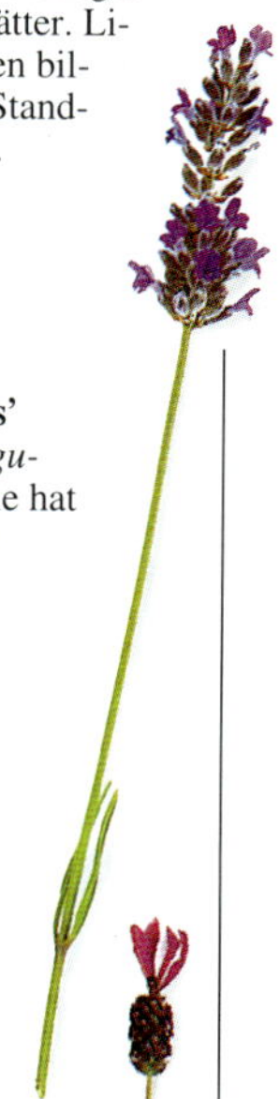

► ***Lavandula* 'Sawyers'**
Eine Hybride aus *L. angustifolia* und *L. lanata;* sie hat graue Blätter und große lavendelblaue Blüten.
H 45-68cm, B 1,1m.

Lavandula* × *intermedia ►
Eine robuste, variable Hybride aus *L. angustifolia* und *L. latifolia* mit rundem Wuchs und graugrünen Blättern; lange Ähren mit duftenden lilafarbenen bis weißen Blüten erscheinen von der Mitte bis Ende des Sommers. H und B variabel.

◄ ***Lavandula* × *intermedia*, Holländische Gruppe**
Diese Gruppe wurde um 1920 eingeführt. Sie hat einen runden Wuchs, große graue Blätter und blaue bis malvenfarbene Blüten.
H 40-90cm, B 40cm.

▲ ***Lavandula* × *intermedia* 'Grappenhall'**
Eine robuste Sorte mit ziemlich breiten grauen bis grünen Blättern und starken Stielen; sie hat in der Sommermitte lavendelfarbene bis blaue Blüten; häufig mit kleineren Ähren an Seitentrieben.
H 1-1,2m, B 1,5m.

◄ ***Lavandula stoechas***
(Schopflavendel)
Ein buschiger Strauch mit schmalen hellgrünen Blättern und purpurnen Blüten an bis zu 3cm langen Ähren (an der Spitze mit purpurnen bis weißen Hochblättern); an geschützten Standorten kann sie auch in kälteren Regionen gezogen werden. H und B 30-90cm.

► ***Lavandula stoechas*** **ssp. *pedunculata***
Diese Unterart hat lange magentafarbene bis purpurne Hochblätter und lange Blütenstiele von etwa 20-30cm Länge. H und B 75cm.

◄ ***Lavandula viridis***
Dieser ungewöhnliche Lavendel hat ziemlich breite Blätter in frischem Grün und unscheinbare weiße Blüten mit grünen Deckblättern. Die Pflanze verströmt ein scharfes Zitronenaroma.
H und B 45-60cm.

► ***Lavandula* × *intermedia* 'Grosso'**
Eine der besten im Handel erhältlichen Lavendelsorten, die um 1972 in Vaucluse (Frankreich) entdeckt wurde; sie hat ein sich ausbreitendes Wachstum, graugrünes Laub und große Ähren tiefdunkler, lilafarbener Blüten. H 1,2m, B 1m.

▼ ***Lavandula* × *intermedia* 'Twickel Purple'**
Eine große buschige Sorte, deren Blätter im Winter gerne Purpurtöne annehmen; sie bildet intensiv duftende lavendelblaue Blüten an bis zu 11cm langen Ähren.
H 50-60cm, B 60-90cm.

▲ ***Lavandula* × *intermedia* 'Provence'**
Eine französische Sorte mit buschigem Wachstum, langen grauen bis grünen Blättern und dunkelvioletten Blüten (an 45cm langen Stielen).
H und B 45-90cm.

▲ ***Lavandula stoechas*** **f. *leucantha***
Eine Form mit weißen Blüten und Hochblättern, die ansonsten die Eigenschaften der anderen Pflanzen ihrer Art aufweist.
H und B 30-90cm.

◄ ***Lavandula* × *intermedia* 'Seal'**
Eine sehr kräftige Sorte mit grünem Laub, starken Stielen und blaß malvenfarbenen Blüten; sie wurde um das Jahr 1930 in England gezüchtet.
H 1,5m, B 1,2m.

LAWSONIA

Eine einzige Art immergrüner Sträucher bildet diese Gattung, die in Nordafrika, Südwestasien sowie Australien vorkommt und in Nordamerika eingebürgert ist. Sie wächst auf Ebenen, kleinen Hügeln sowie an Flußufern und wird traditionell als Windschutz in Weingärten angebaut. Es ist das Henna der Bibel. Die Pflanze symbolisiert in ihrer religiösen Bedeutung das Feuer und die Erde. Das Wort „Henna" stammt aus dem Arabischen; Lawsonia ist nach einem englischen Arzt und Botaniker benannt.

Lawsonia inermis (Hennastrauch)
Ein variabler dorniger Strauch mit länglichen Blättern von bis zu 5cm; er trägt im Sommer an Rispen von bis zu 40cm Länge kleine weiße bis rosafarbene, intensiv duftende Blüten; danach folgen kapselartige Früchte.
H 6m, B 5m.

LEDUM

Es gibt vier Arten niedrig wachsender immergrüner Sträucher in dieser Gattung; sie kommen in nördlichen gemäßigten Zonen auf moorigem Boden vor. *L. groenlandicum* wächst wild vom nördlichen Nordamerika bis nach Grönland. Alle Arten des Porst werden kultiviert und eignen sich zur Bepflanzung von Teichrändern oder Torfgärten. Das getrocknete Laub des *L. groenladicum* ist ein passabler Ersatz für Tee und wurde während des amerikanischen Unabhängigkeitskrieges an dessen Stelle getrunken.

Ledum groenlandicum (Porst)
Ein aufrechter, immergrüner Strauch mit wolligen Ästen und aromatischen Blättern, die 2-6cm lang werden und eine rote bis braune Unterseite haben; kleine, duftende weiße Blüten werden in runden Büscheln im Frühjahr und Frühsommer gebildet. H und B 1m.

Leonurus sibiricus (Herzgespann)
Eine aufrechte Zweijährige mit verzweigten, im Querschnitt viereckigen Stielen und tief geäderten Blättern von bis zu 10cm Länge; im Spätsommer trägt sie kleine zweilippige, rosa bis schmutzigweiße Blüten, die von schwarzen Nüßlein gefolgt werden. H 1m, B 60cm.

LEONURUS

Vier Arten aufrechter Zwei- und Mehrjähriger bilden diese Gattung, die in den gemäßigten Zonen Eurasiens verbreitet ist. *L. cardiaca*, in Europa sowie Süd- und Mittelrußland heimisch, und der ähnliche *L. sibiricus*, in Sibirien, China, Korea und Taiwan vorkommend, sind im Frühjahr sehr dekorativ, wenn das gefiederte, tief geäderte Laub am besten entwickelt ist. Sie werden vielfach in Kräutergärten angebaut und eignen sich als Hintergrund für Kräuter mit unscheinbarem Laub.

Leonurus cardiaca (Herzgespann)
Eine duftende Mehrjährige mit purpurnen Stielen und handförmig geteilten gelappten Blättern von bis zu 7cm Länge; malvenfarbene bis weiße Blüten mit purpurn getupften Lippen werden in achselständigen Büscheln von Sommer- bis Herbstmitte gebildet. H 1,2m, B 60cm.

LEVISTICUM

Eine Gattung mit einer einzigen mehrjährigen Art, die im östlichen Mittelmeerraum und besonders im italienischen Ligurien heimisch ist. *L. officinale* ist besonders am Anfang des Frühjahrs von Nutzen, wenn es neue Triebe ausbildet und im Garten keine weiteren frischen Kräuter wachsen. In einigen mittelalterlichen Aufzeichnungen wird dem Liebstöckel eine aphrodisische Wirkung zugeschrieben. Der Name *Levisticum* leitet sich wahrscheinlich von dem alten griechischen Pflanzennamen *libistikon* ab.

Levisticum officinale
(Liebstöckel, Maggikraut)
Eine nach Sellerie riechende Mehrjährige mit kräftigen fleischigen Wurzeln, hohlen Stielen und weichen, gefiederten Blättern von bis zu 70cm Länge; im Sommer erscheinen gelbe bis grüne Blüten, danach folgen kleine Samen. H 2m, B 1m.

LEBENSBAUM, siehe *Thuja*, S. 362
LEBERBLÜMCHEN, siehe *Hepatica*, S. 292
LEDERSTRAUCH, siehe *Ptelea*, S. 337
LEOPARDENBLUME, siehe *Belamcanda*, S. 247
LERCHENSPORN, siehe *Corydalis*, S. 267

LIATRIS

In dieser Gattung gibt es etwa 35 Arten; die Mehrjährigen kommen nur im östlichen Nordamerika vor. Alle wachsen aus beblätterten Sprossen oder abgeflachten Wurzelstöcken. *L. spicata* (im Gartenbau auch als *L. callilepis* bekannt) wächst wild auf feuchten Standorten, in hügeligen Waldungen oder zwischen Kiefern und auf Grasflächen. Die Pflanze wurde 1732 nach Europa eingeführt; inzwischen gibt es von ihr einige Sorten. Alle sind sie hervorragende spätblühende Pflanzen für morastige Böden an Flußläufen und Teichen.

Liatris spicata (Prachtscharte)
Eine steife aufrechte Mehrjährige mit geraden, bis zu 40cm langen Blättern; im Spätsommer bilden sich dichte Ähren mit rosa- bis purpurfarbenen, distelähnlichen Blüten.
H 1m, B 60cm.

***Liatris spicata* 'Alba'** (Prachtscharte)
Mit Ausnahme der weißen Blüten hat diese Sorte alle Eigenschaften der weiteren Pflanzen ihrer Art.
H 1m, B 60cm.

LIGUSTRUM

Eine Gattung mit etwa 50 laubwechselnden oder immergrünen Bäumen und Sträuchern, die in Europa, Nordafrika, Ost- und Südostasien sowie Australien weit verbreitet sind. *L. lucidum* wächst in China und Korea auf Hügeln und an Wegrändern; die Blüten haben einen strengen, häufig widerwärtigen Geruch. Der Gattungsname *Ligustrum* bedeutet entweder „aus Ligurien stammend" oder leitet sich vom lateinischen *ligare* (binden, flechten) ab; die biegsamen Zweige wurden für Flechtwerk verwendet.

Ligustrum lucidum
Ein kleiner immergrüner Baum oder Strauch mit glänzenden dunkelgrünen, eirunden Blättern, die 7,5-15cm lang werden. Vom Spätsommer an trägt er kleine, crémig weiße, duftende Blüten, danach blaue bis schwarze Beeren.
H 15m, B 3m.

***Ligustrum lucidum* 'Excelsum Superbum'** (Liguster, Rainweide)
Eine herausragende bunte Sorte, die intensiv grüne Blätter mit blaßgrünen Markierungen und gelben Rändern aufweist.
H 15m, B 3m.

LIGUSTICUM

Zu dieser Gattung gehören 25 Arten Mehrjähriger, die in nördlichen gemäßigten Zonen vorkommen und mit *Levisticum officinale* (vgl. S. 150) verwandt sind. *L. scoticum* wächst in Europa, Grönland sowie Nordamerika und ist eine sellerieartige Pflanze, die häufig als Topfpflanze gezogen wird. *L. sinense* wird in China für den Kräuterhandel kultiviert, besonders *L. sinense* 'Chuanxiong'. Der Name *Ligusticum* leitet sich vom griechischen *ligustikas* ab und beschreibt eine Pflanze aus der italienischen Provinz Ligurien.

Ligusticum scoticum
(Mutterwurz)
Eine Mehrjährige mit roten bis grünen Stielen und glänzenden Blättern, die in drei gezähnte Blättchen geteilt sind; grüne bis weiße Blüten erscheinen im Sommer, danach folgen kleine längliche bis runde Samen. H 5-90cm, B 10-60cm.

LILIUM

Diese Gattung mit etwa 100 Arten mehrjähriger Zwiebelpflanzen kommt in gemäßigten Zonen der nördlichen Hemisphäre vor; *L. candidum* ist im östlichen Mittelmeerraum heimisch. Viele Lilien sind Zierpflanzen. Das Wachstum von *L. candidum* ist schwer vorauszusagen; sie blüht nur, wenn die Bedingungen genau ihren Bedürfnissen entsprechen. Sie ist ein Symbol der Reinheit und wird mit der Jungfrau Maria in Verbindung gebracht. In vorchristlicher Zeit war sie Juno gewidmet, der Gemahlin Jupiters.

Lilium candidum (Madonnenlilie)
Eine Mehrjährige mit blaßgelben schuppigen Zwiebeln und tief kastanienbraunen Stielen mit länglichen Blättern von bis zu 7cm Länge; im Sommer trägt sie 5 bis 20 rein weiße, duftende Blüten, die innen am unteren Ende gelb sind.
H 1-1,5m, B 30-45cm.

LIBANONZEDER, siehe *Cedrus libani*, S.257
LIEBSTÖCKEL, siehe *Levisticum*, S. 303
LIGUSTER, siehe *Ligustrum*, S. 304
LILIE, siehe *Lilium*, S. 304
LIMETTE, siehe *Citrus aurantiifolia*, S. 262

LINARIA

In dieser Gattung gibt es etwa 100 Arten Ein- und Mehrjähriger, die in Europa und anderen gemäßigten Zonen vorkommen. *L. vulgaris* wächst auf Grasland sowie an Hecken und ist eine leicht anzubauende, spätblühende Pflanze. Gelegentlich kommt auch eine Großform vor, die fünf Dornen hat. Bei dieser sind die Blüten regelmäßig gebildet, im Gegensatz zu der sonst eher unregelmäßigen Form. *Linaria* leitet sich von lateinisch *linum* (Flachs, Lein) ab und bezieht sich auf die flachsartigen Blätter der Pflanze.

Linaria vulgaris (Gemeines Leinkraut)
Eine schlanke aufrechte Mehrjährige mit geraden Blättern; von Sommer bis Herbst trägt sie gelbe, dem Löwenmaul ähnelnde Blüten mit einem 1cm langen Dorn, die am Maul orangefarben sind. H 15-90cm, B 10-45cm.

LINDERA

Diese Gattung aus ca. 80 Arten laubwechselnder oder immergrüner Bäume und Sträucher ist mit dem Lorbeerbaum verwandt (*Laurus nobilis*, vgl. S. 147). Viele Arten sind in Südostasien verbreitet, zwei kommen in Nordamerika vor. *L. benzoin* wächst in feuchten Regionen im Südosten der USA. Einige Arten werden als Zierpflanzen angebaut; die laubwechselnden sind im Herbst farbenprächtig. Die männlichen und weiblichen Blüten wachsen an getrennten Pflanzen; für die Befruchtung ist die Pflanzung beider notwendig.

Lindera benzoin (Fieberstrauch)
Ein aromatischer, laubwechselnder Strauch mit eirunden Blättern, die sich im Herbst gelb verfärben; dichte Büschel kleiner grüner bis gelber Blüten erscheinen im Frühjahr, danach folgen an weiblichen Pflanzen tiefrote Beeren. H und B 5m.

LINUM

Diese große Gattung mit etwa 200 Arten Ein-, Zwei- und Mehrjähriger sowie Sträuchern ist in nördlichen gemäßigten Zonen verbreitet. Einige Arten werden wegen ihrer im Sommer vielfarbigen Blüten als Zierpflanzen angebaut. *L. usitatissimum*, nur als Kulturpflanze bekannt, ist eine der ältesten bekannten Feldfrüchte und wird schon seit ca. 5000 v.Chr. als Flachslieferant angebaut. Im 9. Jahrhundert n.Chr. ordnete Kaiser Karl der Große die Einnahme von Flachssamen zur Erhaltung der Gesundheit an.

Linum usitatissimum (Lein, Flachs)
Eine aufrechte Einjährige mit schmalen grauen bis grünen, bis zu 2,5cm langen Blättern; auf himmelblauen Blüten im Sommer folgen Kapselfrüchte mit glänzenden eirunden, abgeflachten Samen. H 80cm-1,2m, B 30-60cm.

LINDE siehe *Tilia*, S. 363

LIPPIA

Etwa 200 Arten empfindlicher bis halbwinterharter Sträucher und kleiner Bäume gehören zu dieser Gattung, die im tropischen Afrika und Amerika vorkommt. *L. graveolens* wächst in trockenen Regionen in Texas und Mittelamerika. *Lippia* ist eng mit *Aloysia* verwandt. *A. triphylla* (Zitronenstrauch) wurde früher als *Lippia citriodora* klassifiziert. Mehr als ein Dutzend wildwachsender Arten werden gesammelt oder wegen ihres aromatischen Laubes in wärmeren Teilen der Welt kultiviert; in gemäßigten Zonen sind sie selten.

Lippia graveolens
Ein aromatischer Strauch mit elliptischen bis länglichen, flaumigen gekräuselten Blättern, die bis zu 6cm lang werden können; kleine gelbe bis weiße Blüten, häufig mit einem gelben Auge versehen, werden vom Frühling bis Winter gebildet. H 2m, B 30cm-1,5m.

LIQUIDAMBAR

Eine Gattung aus vier Arten laubwechselnder Bäume, die in Nordamerika, Eurasien und China vorkommen. *L. orientalis* wächst an feuchten Standorten in Asien, *L. styraciflua* im Osten der USA und in Guatemala. Sie haben ahornähnliche Blätter mit einer auffälligen Herbsttönung. Kultivierte Arten werden nur halb so hoch wie wild wachsende. *Liquidambar* setzt sich aus dem lateinischen *liquidus* (flüssig) und dem arabischen *ambar* (bernsteinfarben) zusammen und beschreibt das von den Bäumen produzierte duftende Harz.

Liquidambar orientalis (Amberbaum)
Ein buschiger laubwechselnder Baum mit zumeist fünflappigen Blättern, die grob gezähnte Ränder haben; auf unscheinbare Blüten im Frühling folgen stachlige glockenförmige Früchte. H bis 30m, B 5-20m.

Liquidambar styraciflua (Amberbaum)
Ein großer laubwechselnder Baum mit glänzenden Blättern, die sich im Herbst gelb und karmesinrot verfärben; die unauffälligen Blüten erscheinen im Frühjahr, wenn sich die neuen Blätter öffnen, danach folgen kugelige stachlige Früchte. H 30m, B 20m (in Kultivierung).

***Liquidambar styraciflua* 'Aurea'**
(Amberbaum)
Eine amerikanische Sorte mit gelb gestreiften Blättern; sie gedeiht am besten in Regionen mit warmen Sommern und ist *L. s.* 'Variegata' ähnlich. Die maximale H und B sind nicht bekannt, da noch keine Pflanze ausgewachsen ist.

***Liquidambar styraciflua* 'Worplesdon'**
(Amberbaum)
Diese Sorte hat lange schmale Blätter, die sich im Herbst gelb und orange verfärben. Wie bei *L. s.* 'Aurea' kann über H und B dieser kürzlich eingeführten Sorte keine Aussage gemacht werden, da noch kein Exemplar ausgewachsen ist.

LITHOSPERMUM

Eine Gattung aus 59 Arten Mehrjähriger mit Rhizomen, die in gemäßigten Regionen mit Ausnahme Australasiens vorkommt. *L. erythrorhizon* wächst auf sonnigen Hügeln im östlichen China, Korea und Japan. Bis vor kurzem zählte man einige strauchige Arten, die heute als *Lithodora* klassifiziert werden und häufig in Steingärten zu sehen sind, zu dieser Gattung. Die Mehrjährigen haben keine Vorzüge als Zierpflanzen. *Lithospermum* bildet sich aus den griechischen Worten *lithos,* (Stein) und *spermum* (Samen).

Lithospermum erythrorhizon
(Steinsame)
Eine aufrechte rauhhaarige Mehrjährige mit dicken Wurzeln, die sich getrocknet purpurn verfärben; sie hat längliche Blätter und im Sommer weiße Blüten an Ähren, danach graue bis weiße Nüßlein. H 40-70cm, B 30cm.

LOBELIA

Diese große Gattung umfaßt ungefähr 360 Arten ein- und mehrjähriger, immergrüner oder laubwechselnder Sträucher sowie kleine Bäume und ist in den gemäßigten und tropischen Regionen Amerikas zu Hause. *L. chinensis* ist in Ostasien heimisch, *L. inflata* im Osten und der Mitte Nordamerikas. Diese Gattung stellt eine große Zahl farbenfroher langblühender Pflanzen für fast alle Standorte, auch feuchte Böden und Kübel. *Lobelia* ist nach dem flandrischen Botaniker Matthias de l'Obel (1538-1616) benannt.

Lobelia chinensis
(Lobelie, Spaltglöckchen)
Eine kriechende Mehrjährige, die an den Knoten wurzelt, mit aufstrebenden Zweigen und länglichen Blättern von bis zu 25cm Länge; im Sommer trägt sie einzeln oder paarweise stehende weiße bis purpurne Blüten. H 20cm, B unbestimmt.

Lobelia inflata
(Lobelie, Spaltglöckchen)
Eine sich ausbreitende Einjährige mit eirunden, gezähnten Blättern, die 5-8cm lang werden. Hellblaue, oft rosa angehauchte Blüten erscheinen im Sommer, danach aufgeblasene Kapseln mit 2 Kammern. H 20-60cm, B 10-30cm.

LONICERA

Eine Gattung mit 180 Arten laubwechselnder, gelegentlich auch immergrüner Sträucher und Kletterer, die in der nördlichen Hemisphäre bis nach Mexiko und auf den Philippinen verbreitet ist. *L. japonica* ist in Ostasien heimisch und in Australien sowie Teilen der USA eingebürgert. Viele Arten werden als Zierpflanzen angebaut; zu den beliebtesten gehört *L. japonica*, besonders die langblühende duftige Sorte *L. j.* 'Halliana'. In den USA ist sie der Kultivierung entsprungen und zu einem ernstzunehmenden Unkraut geworden.

Lonicera japonica
(Heckenkirsche, Geißblatt)
Ein rankender immergrüner oder halbimmergrüner Kletterer mit behaarten Stielen und runden Blättern von bis zu 10cm Länge; weiße Blüten erscheinen im Sommer und Herbst, gefolgt von schwarzen giftigen Beeren. H bis 10m.

***Lonicera japonica* 'Aureoreticulata'**
(Heckenkirsche, Geißblatt)
Dies ist eine Sorte der purpurfarbenen *L. j.* var. *repens.* Sie hat gelbe Adern und eignet sich besonders, um unansehnliche Winkel zu verdecken. Man kann sie auch mit kletternden Sträuchern anbauen, die karges Laub haben. H bis zu10m.

LOBELIE, siehe *Lobelia*, S. 305
LOQUAT, siehe *Eriobotrya japonica*, S. 278
LORBEER, siehe *Laurus*, S. 301
LORBEERKIRSCHE, siehe *Prunus laurocerasus*, S. 336
LORBEERROSE, siehe *Kalmia*, S. 299
LORBEERSEIDELBAST, siehe *Daphne laureola*, S. 272
LORBEERWEIDE, siehe *Salix pentandra*, S. 345
LOTOS, siehe *Nymphaea lotus*, S. 317
LÖWENSCHWANZ, siehe *Leonorus cardiaca*, S. 302
LÖWENZAHN, siehe *Taraxacum officinale*, S. 360

LUFFA

Zu dieser tropischen Gattung gehören sechs unangenehm riechende, kletternde Einjährige, die mit den Gurkengewächsen und Melonen verwandt sind. *L. cylindrica* kommt im tropischen Afrika und in Asien vor. Ihre Früchte enthalten ein Netzwerk aus Fasern, das auch nach dem Verrotten des Fruchtfleisches äußerst haltbar ist – der klassische Luffa-Massageschwamm, der sogar bei ständiger Feuchtigkeit nicht fault. *L. cylindrica* kann in warmen Gegenden im Freien, in kälteren Klimaten überdacht angepflanzt werden.

Luffa cylindrica (Schwammgurke)
Eine einjährige rankende Kletterpflanze mit großen borstigen Blättern; die Blüten sind gelb und stark geädert; männliche haben kürzere Stiele. Die grünen Früchte sind zylindrisch, bis zu 50cm lang und werden in der Reife gelb. H 15m.

LYCIUM

Die Gattung umfaßt ca. 100 laubwechselnde und immergrüne Arten von oft stachligen Sträucher, die in gemäßigten und subtropischen Klimazonen vorkommen; *L. barbarum* ist im chinesischen Flachland heimisch. Obwohl der Strauch giftig ist, wird er besonders an der Küste oder auf Sandboden gern als schnellwachsende Hecke gepflanzt und trägt im Herbst hübsche Früchte. Als Kulturpflanze wird er oft als *L. europaeum* bezeichnet. Der Name kommt von griechisch *lykion* (aus Lykien stammend).

Lycium barbarum (Bocksdorn)
Ein laubwechselnder, Bögen formender Strauch, der selten stachlig ist; mit ovalen Blättern und kleinen trichterförmigen violetten Blüten im Sommer, denen orangefarbene bis tiefrote eiförmige Beeren folgen.
H 4m, B 3m.

LYCOPERDON

Eine weltweit verbreitete Gattung von etwa fünfzig Arten der Humuspilze. *L. perlatum* kommt häufig in den Wäldern der gemäßigten Klimazonen vor. Wird der reife birnenförmige Fruchtkörper des Giftpilzes beschädigt, entweichen seine Sporen in die Luft und können die Lunge reizen. Viele *Lycoperdon*-Arten sind eßbar, solange sie jung sind. Wenn sich die Sporen entwikkeln, ändern sich jedoch Konsistenz und Farbe (von weiß zu braun) und der Pilz wird ungenießbar.

Lycoperdon perlatum
Ein birnen- bis keulenförmiger Pilz mit warziger Außenhaut, die erst weiß, dann gelbbraun ist; im Herbst bilden sich an der Oberseite des Pilzes Löcher, aus denen gelbbraune Sporen entweichen.
H 2,5-9cm, B 2,5-6cm.

LYCOPODIUM

Diese weitverbreitete Gattung besteht aus ca. 450 immergrünen winterharten Arten, die entweder im Boden wurzeln oder als Überpflanze wachsen. *L. clavatum* ist in gemäßigtem Klima weit verbreitet. Es sind einfache Pflanzen mit schuppen- oder nadelartigen Blättern. Die Reproduktion erfolgt durch Sporen. Bärlappsporen werden für Tonexperimente verwendet; sie sind so fein, daß sie Schallwellen graphisch darstellen können. Da sie brennbar sind, nutzt man sie auch für Theatereffekte und Feuerwerkskörper.

Lycopodium clavatum (Bärlapp)
Eine kriechende winterharte Pflanze mit aufrechten, gegabelten Zweigen und nach oben weisenden länglichen, spitz zulaufenden Blättern; im Sommer entstehen gelbe Sporen an aufrecht wachsenden keulenförmigen Zweigen.
H 12cm, B 1m.

LYCOPUS

Eine Gattung von vier Arten Mehrjähriger, die in nördlichen gemäßigten Klimaten im feuchten Flachland vorkommen. *L. virginicus* ist im Südosten der Vereinigten Staaten heimisch. Sie ist der *Mentha* (vgl. S. 158-159) ähnlich, mit Ausläufern an den Wurzelstöcken und unregelmäßigen Stämmen, riecht aber nur leicht nach Minze. Als Zierpflanze wird sie nicht angebaut, wenngleich *L. virginicus* und *L. europaeus* mitunter auf sehr nassen Böden gedeihen. Ihr Name kommt von griechisch *lykos* (Wolf) und *pous* (Fuß).

Lycopus virginicus (Wolfstrapp)
Eine Mehrjährige mit haarigem Stamm und spitz gezähnten Blättern, die 6-9cm lang werden und tiefrote filzige Unterseiten haben; im Spätsommer erscheinen kleine weiße, mitunter rot gesprenkelte Blüten; darauf folgen dreifach gekerbte Nüßchen. H 20-80cm, B 50-60cm.

LYTHRUM

Diese weltweit verbreitete Gattung besteht aus 38 Arten, die als Ein- oder Mehrjährige oder als kleine Sträucher wachsen. *L. salicaria*, in Europa, Asien und Nordafrika heimisch, ist eine anpassungsfähige langlebige Art, von der es verschiedene leuchtend bunte Züchtungen für schwere feuchte Böden gibt. In vielen Regionen hat sich die Pflanze zu einem hartnäckigen Unkraut entwickelt. *Lythrum* kommt von griechisch *lythron* (Besudelung mit Blut) und bezieht sich auf die rote Blütenfarbe.

Lythrum salicaria (Blutweiderich)
Eine hohe aufrecht wachsende Mehrjährige mit viergeteiltem Stamm und weidenartigen, bis zu 7cm langen Blättern; von der Mitte des Sommers an bis Mitte Herbst trägt sie Büschel leuchtend rosaroter Blütenähren.
H 60cm-1,5m, B 45cm-1,2m.

LUNGENFLECHTE, siehe *Lobaria pulmonaria*, S. 186
LUNGENKRAUT, siehe *Pulmonaria*, S. 337
LUZERNE, siehe *Medicago sativa*, S. 309
MACHANDEL, siehe *Juniperus communis*, S. 299
MÄDESÜSS, siehe *Filipendula ulmaria*, S. 283
MADAGASKARVEILCHEN, siehe *Catharanthus roseus*, S. 256
MÄDCHENHAARBAUM, siehe *Ginkgo*, S. 288
MADONNENLILIE, siehe *Lilium candidum*, S. 304
MAGGIKRAUT, siehe *Levisticum officinale*, S. 303

MAGNOLIA

Eine Gattung, zu der ca. 125 laubwechselnde und immergrüne Bäume oder Sträucher gehören, die vom östlichen Nordamerika bis nach Venezuela und vom Himalaya bis nach Ost- sowie Südostasien verbreitet sind. *M. liliiflora* wächst in ganz China, *M. officinalis* in West- und Zentralchina, *M. virginiana* in den östlichen USA. Magnolienbäume und -sträucher gehören zu den seltenen exotischen Pflanzen, die auch für gemäßigte Klimate winterhart genug sind. Ihre einzeln stehenden Blüten erinnern an Wasserlilien.

Magnolia liliiflora (Magnolie)
Ein ausladender laubwechselnder Strauch mit elliptischen bis ovalen, max. 20cm langen Blättern; im Frühling erscheinen mit den jungen Blättern duftende weißrötliche Blüten.
H 3m, B 4m.

Magnolia officinalis (Magnolie)
Ein laubwechselnder Baum mit sich schälender grauer Rinde; er hat ovale, bis zu 40cm lange flaumige Blätter mit blassen Unterseiten sowie im späten Frühling und im Frühsommer crèmeweiße, stark duftende Blüten.
H 20-22cm, B 10-15m.

Magnolia virginiana (Magnolie)
Ein halbimmergrüner Strauch oder kleiner Baum mit glänzenden elliptischen bis ovalen Blättern, die bis zu 13cm lang werden und blauweiße Unterseiten haben. Im Sommer trägt er duftende crèmeweiße, kugelförmige Blüten.
H 9m, B 6m.

***Magnolia liliiflora* 'Nigra'**
(Magnolie)
Diese Züchtung wird sehr häufig angebaut; sie ist kompakt und trägt über einen langen Zeitraum viele große tiefdunkelrote Blüten.

MAHONIA

Etwa 70 immergrüne Sträucher oder kleine Bäume gehören zu dieser Gattung, die in Nord- und Mittelamerika sowie in Ostasien wild vorkommt; *M. aquifolium* ist im Nordwesten der USA heimisch. Es besteht eine nahe Verwandtschaft zur *Berberis* (vgl. S. 93). Unterschiede liegen vor allem in ihren gefiederten Blättern und in den stachellosen Stämmen. Einige haben ein hübsches Laubwerk und duftende gelbe Blüten. Auch spät im Jahr ist die Pflanze mit ihren flaumigen Beeren noch lange schön anzusehen.

Mahonia aquifolium (Mahonie)
Ein Strauch mit unterirdischen Ausläufern und geäderten, glänzenden dunkelgrünen Blättern, die im Winter purpurrot werden; im Frühling trägt er duftende gelbe Blüten in großen Büscheln, später dann blauschwarze Beeren.
H 1-1,5m, B 1,5-2m.

***Mahonia aquifolium* 'Apollo'**
(Mahonie)
Eine langsam wachsende, dichte und sich gut ausbreitende Züchtung mit roten Stielen und ins Bräunliche gehenden Blättern, die im Winter bronzefarben werden. Sie trägt große Büschel leuchtend gelber Blüten. H 60cm, B 1,5-2m.

MAGSAMEN, siehe *Papaver somniferum*, S. 322
MAIAPFEL, siehe *Podophyllum*, S. 332
MAIBLUME, siehe *Convallaria majalis*, S. 266
MAIS, siehe *Zea mays*, S. 372
MAJORAN, siehe *Origanum vulgare*, S. 320
MALABARGRAS, siehe *Cymbopogon citratus*, S. 270
MALABARKARDAMOME, siehe *Elettaria cardamomum*, S. 277
MALAQUETAPFEFFER, siehe *Aframomum*, S. 230
MALVE, siehe *Malva*, S. 308

MALVA

Eine Gattung von ca. 30 ein- und mehrjährigen Arten, auch Unterholzgewächsen, die in Europa, Asien sowie Afrika vorkommen und in gemäßigten und tropischen Zonen weit verbreitet sind. *M. sylvestris* ist in Europa, Nordafrika und Südwestasien heimisch. Einige Arten sind attraktive Rabattenpflanzen, die auch auf ärmeren Böden gut wachsen. Der Name dieser Gattung hat seinen Ursprung im altenglischen Wort *malwe* für „zart, weich"; der Pflanzensaft einiger Arten wird für Hautpflegemittel verwendet.

Malva sylvestris (Algiermalve)
Eine robuste Mehrjährige mit gelappten Blättern, die am Blattansatz normalerweise einen dunklen Punkt haben; vom Frühsommer bis zum Herbst erscheinen blaßrosa bis rosarote Blüten mit dunkleren Adern.
H 45-90cm, B 60-90cm.

***Malva sylvestris* 'Cottenham Blue'**
(Algiermalve)
Eine hübsche Malve mit blauen Blüten.
H 45-90cm, B 60-90cm.

Malva sylvestris ssp. ***mauritiana* 'Bibor Felho'** (Algiermalve)
Eine verbesserte Varietät der hohen stockrosengleichen Subspezies, mit größeren, glänzenden purpurroten, oft halbgefüllten Blüten (rotschwarz geädert). H 1-2m, B 60-90cm.

MANDRAGORA

Zu dieser Gattung gehören sechs kurzstämmige, Rosetten bildende mehrjährige Arten, die vom Mittelmeer bis zum Himalaya vorkommen. *M. officinarum* wächst an den steinigen Hängen der Mittelmeerregion; mitunter findet man sie auch als Kuriosität in Kräutergärten. Der alte griechische Name *Mandragora* ist vielleicht aus dem assyrischen *nam tar ira* („Männlichkeitsarznei aus Namtar") abgeleitet, denn der Pflanze wurde eine fruchtbarkeitsfördernde, Sterilität heilende Wirkung nachgesagt.

Mandragora officinarum
(Alraunenwurzel)
Eine stammlose Mehrjährige mit fleischiger Pfahlwurzel und breiten Blättern; sie trägt im Frühling kleine weiße bis blauweiße glockenförmige, niedrig wachsende Blüten. Danach folgen aromatische gelbe Früchte. H 5cm, B 30cm.

MARRUBIUM

Diese Gattung umfaßt 30 ein- und mehrjährige Arten, die in Europa und in den Mittelmeerregionen vorkommen. *M. vulgare* ist in den Trockenzonen Eurasiens und Nordafrikas heimisch. Besonders attraktiv ist ihr weißhaariges samtiges oder wolliges Blattwerk. *Marrubium* könnte von der alten italienischen Stadt „Maria urbs" herrühren, vielleicht auch aus dem lateinischen Wort *marrubius* (bitter) abgeleitet. Man vermutet, daß *Marrubium* zu den bitteren Kräutern gehörte, die traditionell an Festtagen gegessen wurden.

Marrubium vulgare (Andorn)
Ein aromatisches mehrjähriges Waldgewächs mit haarigem Stamm und ovalen, graugrünen, haarigen Blättern, die bis zu 5cm lang werden können und einen gezahnten Rand aufweisen. Im Sommer erscheinen flaumige kleine, weißliche Blüten. H und B 20-60cm.

MATRICARIA

Eine Gattung mit etwa fünf einjährigen Arten, die aber gelegentlich auch als Zweijährige überwintern können. *M. recutita* erscheint in der älteren Literatur auch unter anderen Namen; sie ist in Europa und im westlichen Asien bis nach Indien heimisch. Man kann sie leicht aus Samen ziehen; im Sommer ist sie mit ihren fiedrigen Blättern und kreisförmigen Blüten hübsch anzusehen. Für Rasenanlagen mit Kamillepflanzungen ist sie nicht geeignet.

Matricaria recutita (Mutterkraut)
Eine süßlich duftende einjährige oder zweijährige Pflanze mit verzweigtem Stamm und fein geteilten Blättern. Vom Frühsommer bis zum Herbst trägt sie runde Blüten.
H 15-60cm, B 10-38cm.

MANDEL, siehe *Prunus dulcis*, S. 336
MANNAESCHE, siehe *Fraxinus ornus*, S. 284
MANNSTREU, siehe *Eryngium*, S.279
MARIENBLATT, siehe *Tanacetum balsamita*, S.359
MARIENDISTEL, siehe *Silybum marianum*, S. 353
MARIENFRAUENSCHUH, siehe *Cypripedium parviflorum*, S.271
MARILLE, siehe *Prunus armeniaca*, S. 336
MASTIXDISTEL, siehe *Atractyolodes*, S. 246
MASTIXSTRAUCH, siehe *Pistacia lentiscus*, S. 331
MATÉ, siehe *Ilex paraguensis*, S. 296

MEDICAGO

Eine Gattung mit etwa 55 ein- und mehrjährigen Arten, die auch als kleine Sträucher vorkommen. Sie ist in Europa, in der Mittelmeerregion, in Äthiopien, Südafrika und Asien weit verbreitet. Von der Züchtung *M. sativa* nimmt man an, daß sie ursprünglich in Zentralasien beheimatet war. Von dort wurde sie vor 2.000 Jahren nach China eingeführt, kam 500 v.Chr. nach Griechenland und schließlich im 8. Jahrhundert nach Afrika und Spanien, wo die Pflanze unter ihrem arabischen Namen „Alfalfa" bekannt wurde.

Medicago sativa (Luzerne)
Eine buschige, mehrjährige dreiblättrige Pflanze mit ovalen, gezähnten Blättchen; im Sommer trägt sie Trauben mit kleinen erbsengroßen, dunkelroten bis lilafarbenen Blüten, danach Schoten mit vielen glänzenden Samenkörnern.
H 30-90cm, B 15-60cm.

MELALEUCA

Diese große Gattung mit etwa 150 Arten halbwinterharter, empfindlicher immergrüner Bäume und Sträucher findet man vor allem in Australien. *M. leucadendron* ist in den Feuchtgebieten Nordaustraliens, im südlichen Neuguinea sowie auf den Molukken heimisch und verwandt mit *Callistemon*. Viele Arten werden wegen ihrer stachligen, oft leuchtenden großen Blüten angebaut; sie sind oft nur schwer auseinanderzuhalten. In mildem Klima können sie im Freien wachsen; in kühleren Regionen brauchen sie Schutz.

Melaleuca leucadendron (Kajeputbaum)
Ein großer Baum mit blasser, sich schälender Rinde und schlanken, hängenden Ästen mit schmalen, spitzen Blättern; im Sommer und Herbst erscheinen schlanke crèmeweiße Blütenstacheln mit einer Länge von 6-15cm.
H 15-40m, B variabel.

MELIA

Fünf Arten laubwechselnder und halbimmergrüner Bäume sowie Sträucher gehören zu dieser Gattung, die in Eurasien, im tropischen Afrika und in Australien vorkommt. *M. azederach* ist in den Wäldern Nordindiens und Chinas heimisch; in warmen Regionen wird sie als Schattenspender und Straßenbaum geschätzt. Es handelt sich um eine schnellwachsende Art, die dürrebeständig ist und dekoratives Blattwerk sowie duftende Blüten hat. Die goldfarbenen Früchte werden, obwohl sie giftig sind, als Perlen verwendet.

Melia azederach (Zedrachbaum)
Ein laubwechselnder Baum mit eleganten, doppelt gefiederten, bis zu 80cm langen Blättern. Im Sommer trägt er duftende lila Blüten an lockeren Rispen, gefolgt von eiförmigen gelben Früchten mit einem Durchmesser von ca. 5cm.
H 12-15m, B 12m.

MELILOTUS

Etwa 20 Ein- und Zweijährige sowie kurzlebigere Mehrjährige gehören zu dieser Gattung, die in Europa, Asien, Nordafrika und Äthiopien heimisch ist. *M. officinalis* findet man auf Feldern und Ödland; der Anbau zur Nutzung als Heu, Silofutter oder Dünger ist weit verbreitet. Auch auf der Wildblumenwiese und am Feldrain ist die Pflanze gern gesehen. Der Gattungsname kommt von griechisch *meli* (Honig) sowie *lotos* (Klee) und bedeutet: „nach Honig riechend und dem Klee ähnlich".

Melilotus officinalis (Steinklee)
Eine aufrecht oder in die Breite wachsende, dreiblättrige zweijährige Pflanze mit geripptem Stamm; im Sommer hat sie gelbe, nach Honig duftende schlanke Blütentrauben; darauf folgen braune glatte Schoten. H 60cm-1,5m, B 20-90cm.

MELISSA

Eine Gattung von drei mehrjährigen Arten, die überall von Europa bis nach Zentralasien vorkommt. *M. officinalis*, heimisch in Südeuropa, im westlichen Asien und in Nordafrika, wird schon seit über 2.000 Jahren angebaut. Ursprünglich wurde sie von Imkern verwendet; Melissa ist das griechische Wort für Honigbiene. Arabische Ärzte haben bereits im 10. und 11. Jahrhundert ihren medizinischen Wert erkannt. *M. officinalis* wird heute unter anderem wegen ihres Duftes kultiviert.

Melissa officinalis (Zitronenmelisse)
Eine nach Zitrone duftende mehrjährige Pflanze mit viergeteiltem Stamm und ovalen gezähnten, 3-7cm langen Blättern; im Sommer trägt sie unscheinbare blaßgelbe Blütenbüschel an den Blattachseln.
H 30-80cm, B 30-45cm.

***Melissa officinalis* 'All Gold'**
(Zitronenmelisse)
Diese Züchtung hat leuchtend gelbe Blätter und ist für feuchte, schattige Gärten gut geeignet, am besten an einem hellen Standort, der mittags im Schatten liegt, da die Pflanze in praller Sonne leicht verbrennt. H 30-60cm, B 30-45cm.

***Melissa officinalis* 'Aurea'**
(Zitronenmelisse)
Diese Sorte hat Blätter in interessanten Farben, die aber im Sommer schnell verbleichen. Durch ein Zurückschneiden nach der Blüte erreicht man erneutes Wachstum.
H 30-60cm, B 30-45cm.

MAUERANDORN, siehe *Marrubium vulgare*, S. 308
MAUERKRAUT, siehe *Parietaria judaica*, S. 322
MÄUSEDORN, siehe *Ruscus*, S. 345
MAULBEERBAUM, siehe *Morus*, S. 313
MAUSOHR, siehe *Hieracium pilosella*, S. 293
MEDIZINALRHABARBER, siehe *Rheum palmatum*, S. 341
MEERFENCHEL, siehe *Crithmum*, S. 268
MEERRETTICH, siehe *Armoracia*, S. 242
MEERTRÄUBEL, siehe *Ephedra dystachya*, S. 278
MEERZWIEBEL, siehe *Drimia maritima*, S. 275

MENTHA

Diese Gattung umfaßt 25 Arten meist variabler aromatischer Mehr- und einiger Einjähriger, die in den gemäßigten Zonen Eurasiens und Afrikas vorkommen. Die meisten blühen vom Sommer bis zum Frühherbst. Minze in verschiedenen Variationen sollte einen festen Platz in jedem Garten haben. Die leuchtend grüne *M. spicata* war schon bei den Römern ein unentbehrliches Gewürz. Ihre farblichen Reize kommen in Rabatten zur Geltung, wenn man sie zwischen kräftigen oder dicht stehenden Nachbarn pflanzt. *M. aquatica* gedeiht gut am Wasser, während die kleinen, stark duftenden *M. pulegium, M. diemenica* und *M. requienii* zwischen Platten oder am Wegrand wachsen.

◄ ***Mentha aquatica*** (Bachminze)
Eine variable Mehrjährige mit Rhizomen über der Erde, rotem bis tiefrotem Stamm und ovalen gezähnten, bis zu 6cm langen haarigen Blättern, die ein Pfefferminzaroma verströmen; sie hat lila Terminalblüten und kleinere Köpfe an den Seitenzweigen.
H 15-90cm, B unbestimmt.
❄❄❄

► ***Mentha arvensis*** (Ackerminze)
Eine variable, haarige ein- oder mehrjährige Art mit weißen Rhizomen unter der Oberfläche und ovalen bis länglichen, gezähnten Blättern, die leicht beißend riechen. Sie trägt lila- bis rosafarbene Blüten und hat keine Terminalblüten.
H 10-60cm, B unbestimmt.
❄❄❄

▲ ***Mentha longifolia*** (Roßminze)
Eine kriechende, nach Pfefferminz duftende Mehrjährige mit Rhizomen unter der Erde; sie hat gezähnte, fast spitze graue bis grüne Blätter ohne Stiel und lila, malvenfarbene oder weiße Blüten an sich verjüngenden Ähren.
H 40cm-1,2m, B unbestimmt.
❄❄❄

► ***Mentha × gracilis*** (Minze)
Eine variable, süßlich duftende Mehrjährige mit aufrechtem, oft rötlich getöntem Stamm und ovalen bis länglichen, fast glatten Blättern, die 3-7cm lang werden können; sie trägt lila Blüten in deutlichen Wirteln und ist eine Hybride zwischen *M. arvensis* und *M. spicata*.
H 30-90cm, B unbestimmt.
❄❄❄

◄ ***Mentha × gracilis* 'Variegata'** (Minze)
Sie ist der *M. × gracilis* sehr ähnlich, jedoch mit verschieden gelben, fruchtig duftenden Blättern.
H 30-90cm, B unbestimmt.
❄❄❄

► ***Mentha × piperita*** (Pfefferminze)
Eine kriechende, oft dunkelrot getönte Mehrjährige mit glatten, länglichen gezähnten Blättern, die bis zu 8cm lang werden können; sie trägt lila bis rosa Blüten in länglichen Ähren und ist eine Hybride zwischen *M. aquatica* und *M. spicata*.
H 30-90cm, B unbestimmt.
❄❄❄

► ***Mentha × piperita* 'Citrata'** (Minze)
Eine Züchtung mit ovalen bronzeroten Blättern und lavendelähnlichem Duft.
H 30-90cm, B unbestimmt.
❄❄❄

◄ ***Mentha pulegium*** (Poleiminze)
Eine scharf riechende, kriechende Mehrjährige mit ellipsenförmigen bis ovalen Blättern, die ganz oder teilweise gezähnt sind und bis zu 3cm lang werden können; sie trägt lila Blüten in deutlich getrennten Wirteln.
H 10-40cm, B unbestimmt.
❄❄❄

▲ ***Mentha pulegium* 'Cunningham Mint'** (Poleiminze)
Eine niedrigwachsende Sorte mit ovalen hellgrünen Blättern.
H 10-15cm, B unbestimmt.
❄❄❄

► ***Mentha spicata* 'Crispa'** (Ährenminze)
Eine dekorative Züchtung, bei der sich die Blätter an den Rändern kräuseln.
H 30cm-1m, B unbestimmt.
❄❄❄

◄ ***Mentha suaveolens*** (Apfelminze)
Eine kriechende, flaumbedeckte Mehrjährige mit länglich-ovalen bis runden runzligen, bis 5cm langen Blättern und rosa bis weißen Blüten in dichten Terminalähren; sie wird häufig fälschlich als *M. rotundifolia* bezeichnet.
H 40cm-1m, B unbestimmt.
❄❄❄

▲ ***Mentha requienii*** (Minze)
Eine kleine teppichbildende Mehrjährige mit dünnen, am Boden liegenden, wurzelnden Stämmen und scharf riechenden ovalen Blättern, die bis 7mm lang werden; im Sommer erscheinen winzige lila Blüten. H 2-10cm, B unbestimmt.
❄❄

► ***Mentha suaveolens* 'Variegata'** (Apfelminze)
Eine der attraktivsten Minzen mit unregelmäßigen crèmefarbenen bis ganz weißen Blättern und Stielen; sie verbrennt in praller Sonne leicht und hat einen fruchtig-süßen Duft.
H 40cm-1m, B unbestimmt.
❄❄❄

◄ ***Mentha × smithiana*** (Minze)
Eine rötliche kriechende Mehrjährige mit süßlich duftenden ovalen Blättern; sie trägt rosarote, hauptsächlich sterile Blüten in Wirteln.
H 50cm, B unbestimmt.
❄❄❄

▲ ***Mentha spicata*** (Ährenminze)
Eine kriechende, süßlich duftende Mehrjährige mit hellgrünen, länglichen bis fast ovalen runzligen Blättern von 5-9cm Länge sowie lila, rosa oder weißen Blüten an zylindrischen Terminalähren.
H 30cm-1m, B unbestimmt.
❄❄❄

► ***Mentha × villosa* var. *alopecuroides*** (Minze)
Die Varietät einer veränderlichen sterilen Hybride zwischen *M. spicata* und *M. suaveolens*; die breiten Blätter sind weich behaart. Sie hat einen ährenförmigen Blütenstand mit rosa Blüten.
H 30cm-1m, B unbestimmt.
❄❄❄

MENYANTHES

Zu dieser Gattung, die in den nördlichen gemäßigten Regionen weit verbreitet ist, gehört nur eine einzige kriechende, laubwechselnde Mehrjährige als Wasser- oder Sumpfpflanze. *M. trifoliata* hat charakteristische Blätter, die an die der Saubohne erinnern, und fein gefranste Blüten. Sie ist eine dekorative Pflanze für Sumpfgärten und Teichränder. Der Name *Menyanthes* kommt von griechisch *menyanthos* – eine Bezeichnung, die der Naturforscher Theophrast für eine Wasserpflanze benutzte.

Menyanthes trifoliata (Dreiblättriger Fieberklee)
Eine aufrecht wachsende winterharte Pflanze mit dickem Rhizom und langstieligen dreizähligen Blättern; vom Spätfrühling bis zur Sommermitte trägt sie weiße, außen leicht rosa Blüten an einem langen Schaft. H 30cm, B 1m.

MITCHELLA

Zwei Arten kriechender, immergrüner Sträucher bilden diese Gattung, die in Nordamerika und Japan beheimatet ist. *M. repens* wächst im Osten sowie mittleren Teil der USA und ist eine hübsche Pflanze, die sich für Steingärten und als Bodendecker eignet; sie blüht im Spätfrühling und Frühsommer. In viktorianischer Zeit wurde sie zwischen Farne gesetzt. *Mitchella* wurde nach John Mitchell (1711-68), einem amerikanischen Botaniker und Arzt, benannt, der ein früher Brieffreund des Carl von Linné war.

Mitchella repens (Rebhuhnbeere)
Eine mattenbildende, immergrüne kriechende Pflanze mit wurzelnden Stengeln und kleinen, glänzend ovalen Blättern; den duftenden, röhrenförmigen weißen Blüten, die zuweilen rosafarben schattiert sind, folgen scharlachrote eßbare Beeren. H 5-30cm, B unbestimmt.

MOMORDICA

Dieser Gattung gehören 45 Arten kletternder Ein- und Mehrjähriger an, die im tropischen Afrika sowie Asien beheimatet sind und auch in Amerika wachsen. *M. charantia*, die aus den Savannen und dem Buschland im tropischen Afrika und Asien kommt, wurde 1870 in Frankreich als Gartenpflanze beschrieben. In kühleren Regionen kann sie unter einer Überdachung gezogen werden, denn ihre Blätter und die farbenprächtigen Früchte wirken auch vor einer Mauer oder an einem Rankgerüst sehr dekorativ.

Momordica charantia (Balsambirne)
Eine einjährige Kletterpflanze mit handförmig gelappten Blättern. Im Sommer bilden sich einzelnstehende gelbe Blüten, denen eiförmige warzige, orangefarbene Früchte folgen, die sich in der Reife in drei Segmente aufteilen und Samen mit roten Hüllen freigeben. H 5m.

MONARDA

Diese nordamerikanische Gattung umfaßt 12 Arten Ein- und Mehrjähriger sowie Sträucher. *M. didyma*, die in nährstoffreichen feuchten Waldgebieten wächst, und *M. fistulosa*, die auf trockenen Hügeln und in felsigen Wäldern beheimatet ist, sind gute Beetpflanzen. Es gibt viele Hybriden; ein Beispiel ist *M.* 'Cambridge Scarlet'. Die hellgefärbten Blüten locken Schmetterlinge und in Nordamerika Kolibris an. *Monarda* ist auch als Bergamotte bekannt, da ihr Duft dem der *Citrus bergamia* (vgl. S. 262) gleicht.

Monarda didyma (Indianernessel)
Eine aromatische Mehrjährige mit aufgerichteten viereckigen Stengeln und ovalen, gezahnten Blättern; hellrote Blüten mit rotgrünen Deckblättern werden im Sommer und Herbst in einem endständigen Wirtel gebildet.
H 40cm-1,20m, B 30-60cm.

Monarda fistulosa (Indianernessel)
Eine stechend riechende, behaarte Mehrjährige mit länglichen, graugrünen, zugespitzten Blättern; lila- bis rosafarbene Blüten, mit rosa angehauchten Deckblättern, werden vom Sommer bis Herbst in einem endständigen Wirtel gebildet.
H 1,2m, B 45cm.

Monarda punctata (Indianernessel)
Eine aromatische Mehrjährige mit länglichen, gezahnten Blättern von ca. 5cm Länge; im Sommer und Herbst bilden sich in dichtstehenden Wirteln gelbe, purpurn gefleckte Blüten.
H 30-90cm, B 30-45cm

MEHLBLUME, siehe *Chamaelirium luteum*, S. 258
MELDE, siehe *Atriplex*, S. 246
MELISSE, siehe *Melissa*, S. 310
MELONENBAUM, siehe *Carica papaya*, S. 255
MEXIKANISCHE RINGELBLUME, siehe *Tagetes*, S. 358
MEXIKANISCHES TEEKRAUT, siehe *Chenopodium ambrosioides*, S. 259
MINZE, siehe *Mentha*, S. 311
MISTEL, siehe *Viscum*, S. 370
MÖHRE, siehe *Daucus*, S. 272
MOORBIRKE, siehe *Betula pubescens*, S. 248
MOORFARN, siehe *Dryopteris*, S. 276

MORINDA

Diese Gattung umfaßt ca. 50-80 Arten laubwechselnder kleiner Bäume, Sträucher und verholzender Kletterer, die meist im tropischen Afrika, Asien und Australien vorkommen. *M. citrifolia* wächst in tropischen Küstengebieten von Indien, Südostasien, Australien und Polynesien. Die meisten Arten haben weiße, wohlriechende Blüten; die Wurzeln liefern einen gelben Farbstoff, der früher für Batikarbeiten genutzt wurde. Im 19. Jahrhundert für Treibhauskulturen empfohlen, sieht man diese Pflanzen heute nur noch selten.

Morinda citrifolia
Ein kleiner Baum mit ovalen, glänzenden Blättern von 15-20cm Länge. Jedes Jahr erscheinen Büschel von duftenden, weißen, röhrenförmigen Blüten, gefolgt von unregelmäßig eiförmigen, stinkenden crèmigen Früchten, die bis zu 7,5cm lang werden können. H 3m, B 2-2,5m.

MORINGA

Eine Gattung von 14 Arten laubwechselnder, fleischiger Bäume, die in Afrika, auf Madagaskar, in Indien und Arabien vorkommen. *M. oleifera* ist ein schnellwachsender dekorativer Baum, der im Aussehen der *Robinia* ähnelt, das ganze Jahr über blüht sowie Früchte trägt und in den Wäldern Indiens und Arabiens beheimatet ist. Es ist die am häufigsten angepflanzte Art, deren medizinische Nutzung bis zu den alten Griechen zurückreicht. Die eßbaren Wurzeln ähneln dem Meerrettich; das Laub schmeckt nach Senf.

Moringa oleifera (Pferderettichbaum)
Ein laubwechselnder Baum mit wasserspeicherndem hellgrauen bis kupferfarbenen Stamm und großen gefiederten Blättern; auf duftende gelbweiße Blüten mit 5 Blättern folgen große hängende, bohnenähnliche Kapseln.
H 8-15m, B 6-10m.

***Morus alba* 'Pendula'**
(Weißer Maulbeerbaum)
Diese Kulturform ist ein kleiner Baum mit herabhängenden Ästen und dichtstehenden Zweigen; besonders attraktiv wirkt er, wenn er voller Früchte ist und im Herbst, wenn die Blätter gelb werden.
H 3m, B 5m.

MORUS

Diese Gattung mit sieben Arten laubwechselnder Bäume wächst in Nord- und Südamerika, Afrika sowie Asien, hauptsächlich in subtropischen Regionen. Sowohl *M. alba*, aus China stammend, wie auch *M. nigra* werden seit Jahrhunderten kultiviert und haben ein attraktives, oft knorriges Aussehen, eßbare Früchte und medizinische Eigenschaften. *Morus* ist das lateinische Wort für Maulbeerbaum. Es leitet sich von *demoror* (verzögern) ab und bezieht sich auf die Eigenart, Knospen erst nach dem letzten Frost zu bilden.

Morus alba (Weißer Maulbeerbaum)
Ein laubwechselnder Baum mit stumpfer grüner, orange schattierter Borke und gezähnten Blättern; weibliche Blüten bilden sich in aufrechten Kätzchen, denen weiße oder purpurfarbene Früchte folgen; männliche Blüten bilden sich separat an derselben Pflanze. H 20m, B 10m.

MURRAYA

Eine Gattung mit vier Arten immergrüner Bäume und Sträucher, die im tropischen Asien, auf den Pazifischen Inseln und in tropischen sowie subtropischen Regionen Australiens vorkommen. *M. koenigii* ist in Indien, Pakistan, auf Ceylon und den Andamanen beheimatet. Die einzige Art, die im Westen kultiviert wird, ist *M. paniculata*, die wegen ihres Laubes, der duftenden Blüten und der eßbaren Beeren im Gewächshaus gezogen wird. *M. koenigii* ist in Südindien und auf Ceylon für seine eßbaren Blätter bekannt.

Murraya koenigii (Orangenraute)
Ein keiner immergrüner Strauch mit großen gefiederten Blättern, die ein starkes Curryaroma entwickeln. Im Sommer bilden sich Trauben kleiner duftender, weißer Blüten, aus denen sich eßbare, pfeffrige schwarze Beeren entwickeln.
H 6m, B 3-5m.

MOSCHUSMALVE, siehe *Malva moschata*, S. 308
MUSKATELLERSALBEI, siehe *Salvia sclarea*, S. 347
MUSKATNUSSBAUM, siehe *Myristica fragrans*, S. 315
MUTTERKORNPILZ, siehe *Claviceps purpurea*, S. 263
MUTTERKRAUT, siehe *Matricaria*, S. 309
MUTTERWURZ, siehe *Ligusticum*, S. 303

MYRICA

Diese weitverbreitete Gattung umfaßt ca. 35 Arten laubwechselnder oder immergrüner Sträucher und kleiner Bäume. *M. cerifera* wächst in den Küstengebieten der USA von New Jersey bis Texas; *M. gale* wächst in Nordamerika und Europa sowie Asien. Einige Arten haben aromatisches Laub und können auch in ungünstigen Lagen gedeihen. *M. cerifera* ist besonders anpassungsfähig, da sie nährstoffarme, sandige Böden oder sumpfige Regionen toleriert. *M. pennsylvanica* sieht ähnlich aus, ist aber noch widerstandsfähiger.

Myrica cerifera (Gagel)
Ein immergrüner Strauch oder kleiner Baum mit länglichen Blättern, die bis zu 9cm lang werden; die männlichen Blüten entwickeln sich in geschuppten Kätzchen, die weiblichen in einer eiförmigen Traube. Die Früchte sind kugelförmig, grau und wachsartig. H 3-12m, B 3m.

Myrica gale (Gagelstrauch)
Ein laubwechselnder, Schößlinge treibender Strauch mit rotbraunen Zweigen und schmalen Blättern; im Frühling treiben noch vor den Blättern männliche und weibliche Kätzchen aus, worauf gelbbraune Früchte folgen. H 30cm-1,5m, B 22cm-1m.

MYRISTICA

Diese Gattung mit ungefähr 100 großen immergrünen Bäumen findet man in Asien und Australien. *M. fragrans*, heimisch im tropischen Regenwald der Molukken und der Banda-Inseln, wird in Indonesien und auf Ceylon erfolgreich kultiviert. Wenn die goldgelben Früchte reif sind, öffnen sie sich, und ein einzelner Samen (Muskatnuß) mit einer holzigen braunen Schale kommt zum Vorschein, die von einer hellroten Hülle umschlossen ist. Kleinere Früchte erhält man von *M. argentea, M. malabarica* und *M. fatua.*

Myristica fragrans (Muskatnußbaum)
Ein buschiger immergrüner Baum mit bis zu 12cm langen Blättern, die in der Jugend in silbrigen aromatischen Hüllen stecken; den blaßgelben Blüten, die in Büscheln aus den Blattachseln wachsen, folgen fleischige gelbe, runde bis birnenförmige Früchte. H 10-15m, B 8m.

MYROXYLON

Drei verwandte Arten immergrüner Bäume bilden diese Gattung im tropischen Südamerika. *M. balsamum* ist von Mexiko bis Peru beheimatet. Aus ihm gewinnt man einen Balsam mit Zimt-Vanille-Aroma, der für Medizin, Parfümerie und Aromatisierung von Lebensmitteln Verwendung findet; *M. balsamum* wird daher häufig angebaut; er dient auch als Windschutz oder Schattenspender und toleriert feuchte oder trockene alkalische Standorte. *Myroxylon* kommt von griechisch *myron* (Balsam) und *xylon* (Holz).

Myroxylon balsamum (Balsambaum)
Ein ausladender immergrüner Baum mit duftender Rinde und ledrigen, glänzenden Blättern; auf die fedrigen Trauben weißer Blüten folgen ledrige, geflügelte Früchte von 11cm Länge mit 2 Samen. H 12-15m, B 5-10m.

MYRRHIS

Diese Gattung bildet eine einzige Art, eine aromatische Mehrjährige, die in Europa beheimatet ist, aber an vielen Orten eingebürgert wurde. *M. odorata* wächst wild in kühlen Regionen mit hoher Luftfeuchtigkeit, auf Weideland und zwischen Hecken. Mit ihren weichen, nach Anis duftenden Blättern und den schwarzen Samen eignet sie sich für nährstoffreiche feuchte Böden. Ihre farnartige Gestalt paßt gut zu schattentolerierenden Kräutern wie *Chelidonium majus* (vgl. S. 106) und *Rheum palmatum* (vgl. S. 189).

Myrrhis odorata
(Süßdolde, Myrrhenkerbel)
Eine behaarte Mehrjährige mit farnartigen Blättern, die bis zu 50cm lang werden; im Spätfrühling erscheinen Dolden mit weißen Blüten, aus denen sich gefurchte Früchte von ca 2,5cm Länge entwickeln. H 1-2m, B 60cm-1,2m.

MYRRHE, siehe *Commiphora*, S. 265
MYRRHENKERBEL, siehe *Myrrhis odorata*, S. 315
MYRTE, siehe *Myrtus communis*, S. 316
MYRTENHEIDE, siehe *Melaleuca*, S. 309

MYRTUS

Zu dieser Gattung gehören zwei Arten aromatischer immergrüner Sträucher, die in der Mittelmeerregion und in Nordafrika beheimatet sind. *M. communis*, die am Mittelmeer und in Südwesteuropa wächst, bildet in milden Klimaten dichte Hecken. Die kleinwüchsige *M. c.* ssp. *tarentina* ist eine ideale Zimmerpflanze. In Griechenland war die Myrte der Aphrodite geweiht; im Nahen Osten ist sie Bestandteil von Hochzeitssträußen. Ihr Name ist auf das griechische Wort *myron* (wohlriechender Saft, Öl, Balsam) zurückzuführen.

Myrtus communis (Brautmyrte)
Ein aufrechter Strauch mit glänzenden Blättern, die ein wacholderähnliches Aroma verbreiten; duftende weiße Blüten von 3cm Durchmesser mit goldgelben Staubgefäßen erscheinen im Frühling sowie Sommer und entwickeln sich zu blauschwarzen Beeren. H und B 3m.

***Myrtus communis* 'Variegata'**
(Brautmyrte)
Eine Pflanze mit attraktivem Laub, deren Blätter zwischen graugrün und crèmeweiß variieren; sie ist temperaturempfindlicher als die anderen Pflanzen dieser Art es sind. H 3-5m, B 3m.

***Myrtus communis* 'Flore Pleno'**
(Brautmyrte)
Diese Kulturform ähnelt den weiteren Sorten ihrer Art in Form und Laub, hat aber ausdauerndere, gefüllte weiße Blüten. H 3-5 m, B 3 m.

Myrtus communis* ssp. *tarentina
(Brautmyrte)
Eine kompakte, unbeschränkt blühende Varietät mit schmalen Blättern, kleineren rosafarben angehauchten Blüten im Spätsommer sowie Herbst (mit weißen Früchten).
H 1-2 m, B 1 m.

NARDOSTACHYS

Diese Gattung, die eng mit *Valeriana* (vgl. S. 217) verwandt ist, wird von einer einzigen Art gebildet, einer asiatischen Mehrjährigen. Man findet sie an Felskanten und offenen, mit Gestrüpp bewachsenen Berghängen des Himalaya und von Uttar Pradesh bis nach Südwestchina. Heute wird diese Pflanze nur noch selten angebaut, wurde aber in viktorianischer Zeit für Steingärten empfohlen. *Nardostachys* setzt sich aus den griechischen Worten *nardos* (aromatische Pflanze) und *stachys* (Ähre) zusammen.

Nardostachys grandiflora (Nardenähre)
Eine kleine Mehrjährige mit langen wohlriechenden Wurzeln und aromatischen Stengeln; die Blätter sind meist grundständig und elliptisch länglich. Im Sommer erscheinen kleine purpur- bis rosafarbene Blüten.
H 25-30cm, B 20-30cm.

NASTURTIUM

Eine Gattung mit sechs Arten Mehrjähriger, die in Europa und Zentralasien heimisch sind. Der kommerzielle Anbau der Kresse begann im 19. Jahrhundert und wird heute in fast ganz Europa betrieben. In einigen Ländern wurde sie zu einem hartnäckigen Unkraut. *Nasturtium* leitet sich aus dem lateinischen *nasus tortus* (gewundene Nase) ab und bezieht sich auf den stechenden Geruch. Die Pflanze, gemeinhin als *Nasturtium* bekannt, ist in Wirklichkeit *Tropaeolum majus* (vgl. S. 215).

Nasturtium officinale (Brunnenkresse)
Eine an Ufern siedelnde Mehrjährige mit schwimmenden Stengeln (die Wurzeln schlagen) und scharf schmeckenden Blättern; im Sommer bilden sich winzige weiße Blüten, aus denen sich schmale Schoten von ca. 1cm Länge entwickeln.
H 10-60cm, B unbestimmt.

NELUMBO

Diese Gattung besteht aus zwei Arten mehrjähriger Wasserpflanzen und wächst im Osten Nordamerikas sowie in warmen Regionen Asiens und Australiens. *N. nucifera* wird wegen ihrer großen runden Blätter und kelchförmigen Blüten weltweit in Tropenhäusern gezogen. Bei den Hindus ist sie Brahma geweiht und wird als Edelstein im Lotus verehrt („Om mani padme hum"). In der buddhistischen Mythologie erschien Buddha auf einer Lotosblume; deshalb wird er auf einem Lotosthron sitzend dargestellt.

Nelumbo nucifera (Indische Lotosblume)
Eine mehrjährige Wasserpflanze mit dicken Rhizomen und graugrünen Blättern, die bis zu 80cm Durchmesser entwickeln können; aus den großen rosa bis weißen Blüten bilden sich Fruchtböden, in denen harte Nüsse stecken. H 2,5m, B 1,2m in freier Natur; in Gewächshäusern kleiner.

***Nelumbo nucifera* 'Alba Grandiflora'**
(Indische Lotosblume)
Diese Kulturform hat die gleichen charakteristischen runden Blätter wie die weiteren Sorten ihrer Art, aber größere, rein weiße Blüten.
H 1-1,5m, B 60-90cm.

***Nelumbo nucifera* 'Rosea Plena'**
(Indische Lotosblume)
Eine beliebte Kulturform mit gefüllten rosafarbenen Blüten für Zierteiche.
H 1-1,5m, B 60-90cm.

NACHTKERZE, siehe *Oenothera*, S. 318
NACHTSCHATTEN, siehe *Solanum*, S. 354
NARDENÄHRE, siehe *Nardostachys*, S. 316
NELKE, siehe *Dianthus*, S. 273
NELKENPFEFFER, siehe *Pimenta dioica*, S. 328
NELKENWURZ, siehe *Geum*, S. 288
NELKENZIMTBAUM, siehe *Sassafras albidum*, S. 349
NESSEL, siehe *Urtica*, S. 366
NEUSEELÄNDER FLACHS, siehe *Phormium tenax*, S. 66
NIMBAUM, siehe *Azadirachta indica*, S. 247
NORDAMERIKANISCHE STECHPALME, siehe *Ilex verticillata*, S. 296
NUSSBAUM, siehe *Juglans*, S. 298

NEPETA

In dieser Gattung gibt es ungefähr 250 Arten Mehrjähriger, die in Eurasien, Nordafrika und auf den Bergen des tropischen Afrikas beheimatet sind. Die Katzenminze, *N. cataria*, ist ein Heilkraut, das als Gartenpflanze nur von geringer Bedeutung ist. Sie hat eine stimulierende Wirkung auf Katzen, die die Pflanze fressen und sich mit sichtlichem Vergnügen darin wälzen. Die Hybride *N. × faassenii* ist eine weit verbreitete Zierpflanze, jedoch mit weniger Wirkung auf Katzen und ohne medizinische Eigenschaften.

Nepeta cataria (Katzenminze)
Eine stechend riechende behaarte Mehrjährige mit aufrechten, verzweigten Stengeln und graugrünen, ovalen, gezahnten Blättern; vom Sommer bis zur Herbstmitte bilden sich weiße, purpurn gefleckte röhrenförmige Blüten in Wirteln. H 30cm, B 23-60cm.

NIGELLA

Zu dieser eurasischen Gattung gehören 14 Einjährige; *N. sativa* ist in der Mittelmeerregion beheimatet. Einige Arten werden als Zierpflanzen und für Trockengestecke gezüchtet. Die am häufigsten angebaute Art ist *N. damascena* („Braut in Haaren", „Jungfer im Grünen"), die sich von *N. sativa* in Aussehen und Eigenschaften unterscheidet. Im Alten Testament wurde *N. sativa* als „Wicke" bezeichnet. *Nigella* ist die Verkleinerungsform des lateinischen Wortes *niger* (schwarz) und bezieht sich auf die schwarzen Samen.

Nigella sativa (Schwarzkümmel)
Eine aufrechte, verzweigte einjährige Pflanze mit gefiederten Blättern von bis zu 5cm Länge; aus den kleinen weißen, blau getönten Sommerblüten von ca. 3,5cm Durchmesser wachsen aufgeblähte Früchte mit hornähnlichen Griffeln. H 30cm, B 23cm.

***Nymphaea odorata* 'Sulphurea Grandiflora'** (Seerose)
Diese Kulturform hat braungefleckte Blätter und einfach gefüllte, stark duftende, gelbe Blüten von bis zu 15cm Durchmesser.
B bis zu 1m.

NYMPHAEA

Eine verbreitete Gattung mit 50 Arten mehrjähriger Wasserpflanzen mit schwimmenden Blättern. *N. lotus* wächst in warmen Gebieten Asiens und Afrikas. *N. odorata* ist in Nordamerika beheimatet. Verschiedene Arten werden als Zierpflanzen gezogen, wobei es sich um tropische und winterharte Pflanzen in verschiedenen Farben und Größen handelt, darunter auch die europäische *N. alba* und die amerikanische *N. tuberosa*, die der *N. odorata* im Aussehen gleichen. *Nymphaea* kommt von griechisch *nymphe*

Nymphaea odorata (Seerose)
Eine mehrjährige Wasserpflanze mit dicken Rhizomen und runden schwimmenden Blättern, die an der Basis gespalten sind und oft eine purpurgrüne Unterseite haben. Im Sommer bilden sich weiße bis rosafarbene Blüten mit sich verjüngenden Blütenblättern. B bis zu 1m.

Nymphaea lotus
(Ägyptische Lotosblume)
Eine mehrjährige Wasserpflanze mit knolligem Wurzelstock und schwimmenden Blättern; die Blüten auf der Oberfläche öffnen sich nachts sowie morgens. Unter Wasser reifen kugelförmige Früchte mit vielen Samen. B 1-1,5 m

NUSSGRAS, siehe *Cyperus rotundus*, S. 271

OCIMUM

Zu dieser Gattung, die in den meisten warmen und tropischen Regionen, besonders in Afrika, beheimatet ist, gehören ca. 150 Arten aromatischer Ein- und Mehrjähriger, Sträucher sowie Kleinsträucher. Am häufigsten wird *O. basilicum* angebaut. Es ist eine stark differenzierte Art; viele der im Handel angebotenen Varietäten können auch von Botanikern nicht bestimmt werden. Einige sind auch außerhalb ihres Herkunftslandes schwer zu bekommen. Von denen, die man kaufen kann, eignen sich *O. b.* 'Dark Opal' und *O. b.* 'Purple Ruffles' als Zierpflanzen. Wie auch andere Arten braucht *O. basilicum* reichlich Wärme sowie Licht und kann in kühleren Regionen kaum im Freien gezogen werden. Der Gattungsname *Ocimum* kommt von dem griechischen Wort *ozein* (riechen, duften).

◄ ***Ocimum* 'African Blue'** (Basilienkraut)
Eine dekorative große Hybride mit kampferartigem purpurgrünen Laub und purpurnen Blüten.
H und B 1-1,2m.

► ***Ocimum basilicum* 'Anise'** (Basilikum)
Ursprünglich aus Persien kommend, hat diese Kulturform dekoratives, purpurn angehauchtes Laub, hellrosa Blütenähren und ein süßliches Aroma (Anis). Es ist ähnlich, wenn nicht sogar identisch mit *O. b.* 'Licorice'.
H 45 cm, B 30 cm.

▲ ***Ocimum basilicum* 'Mini Purpurascens Wellsweep'** (Basilikum)
Diese gedrungene Kulturform ist wegen ihres dichten, purpurn angehauchten Laubes ideal zur Bepflanzung eines Kübels. Eventuell ist es eine Kulturform von *O. b.* var. *minimum*. H 15-21cm, B 24-30cm.

▼ ***Ocimum basilicum* 'Cinnamon'** (Basilikum)
Diese mexikanische Kulturform ähnelt *O. b.* 'Anise', hat aber ein zimtähnliches Aroma. H 45-75cm, B 30-45cm.

▲ ***Ocimum basilicum* 'Dark Opal'** (Basilikum)
Eine aromatische Kulturform, die in den 50er Jahren gezüchtet wurde; sie hat purpurschwarze Blätter von 5-7cm Länge und kirsch- bis rosafarbene Blüten. *O. b.* var. *purpurascens* hat purpurfarbene Blätter. H 60cm, B 30cm.

▲ ***Ocimum basilicum* 'Genovese'** (Basilikum)
Diese Art ist für Gerichte mit Knoblaucharoma geeignet; die langsam wachsende Pflanze hat dunkelgrüne Blätter von 5cm Länge und eine gleichförmige Gestalt.
H 45-60cm, B 30-40cm.

▲ ***Ocimum basilicum*** (Basilikum)
Eine aufrechte, stark verzweigte, aromatische einjährige Pflanze mit ovalen, hellgrünen Blättern von bis zu 5cm Länge; vom Sommer bis zur Herbstmitte bilden sich Wirtel kleiner, weißer röhrenförmiger Blüten in gipfelständigen Trauben. H 20-60cm, B 15-45cm.

▲ ***Ocimum basilicum* 'Purple Ruffles'**
(Basilikum)
Eine außergewöhnliche Kulturform mit glänzenden, purpurschwarzen Blättern in interessanter Form; sie eignet sich als buschige, dekorative Topfpflanze mit genügend Laub, auch für den kulinarischen Gebrauch. H und B 45-60cm.

▲ ***Ocimum basilicum* var. *citriodorum***
(Basilikum)
Ein Basilienkraut aus Nordwestindien mit buschigem Aussehen und schmalen ovalen Blättern mit Zitronenduft; die weißen Blüten entwickeln sich zu Samen, die nach Zitrone duften. Diese Pflanze eignet sich gut für Kräuteressig und zu Fischgerichten.
H 45-60cm, B 25-35cm.

◄ ***Ocimum basilicum* var. *crispum***
(Basilikum)
Eine robuste Pflanze mit stark gekräuseltem Laub; der süßliche Geschmack macht diese Art ideal für die Nutzung in der Küche.
H 20-60cm, B 15-45cm.

► ***Ocimum basilicum* var. *minimum***
(Basilikum)
Diese kleinwüchsige Varietät hat kleine, stechend riechende Blätter; die winzigen weißen Blüten bilden sich in den Wirteln oder als endständige Blütenähren. Sie eignet sich zur Bepflanzung von Töpfen oder Beetkanten. H und B 15-30cm.

► ***Ocimum gratissimum***
(Basilienkraut)
Eine hohe strauchartige ein- oder mehrjährige Pflanze mit stechendem Nelkenduft und länglich ovalen, gezahnten Blättern, die bis zu 15cm lang werden; die blaßgrünen Blüten stehen in Ähren von 12-15cm Länge.
H 2m, B 1,2m.

▲ ***Ocimum sanctum*** (Basilienkraut)
Eine stark verzweigte flaumige, buschige mehrjährige Pflanze mit elliptisch länglichen bis ovalen Blättern von bis zu 3cm Länge, die ein würziges stechendes Aroma haben; violette oder weiße Blüten bilden sich im Sommer an schlanken Trauben.
H 45-60cm, B 23cm-1m.

OENOTHERA

Zu dieser nordamerikanischen Gattung gehören 80 Arten Ein-, Zwei- oder Mehrjähriger, von denen viele auch in anderen Regionen eingebürgert wurden. Sie sind zwar mit den Weidenröschen *(Epilobium)* verwandt. *O. biennis* ist eine hochwachsende Pflanze mit duftenden Blüten, die auch auf sehr nährstoffarmen Böden gut gedeiht. *Oenothera dürfte* von griechisch *oinos* (Wein) und *thera* (Jagd) abgeleitet sein; den Namen gab Theophrast einer Pflanze, deren Wurzeln ein Verlangen nach Wein erwecken sollten.

Oenothera biennis
(Schinkenkraut, Rapontikawurzel)
Eine aufrecht wachsende zweijährige Pflanze mit einer Rosette länglicher Blätter (bis zu 20cm Länge); im Sommer entwickeln sich aus den nachts duftenden, gelben Blüten beflaumte Schoten mit winzigen Samen. H 30cm, B 22-30cm.

OLEA

Diese Gattung mit 20 Arten immergrüner Bäume und Sträucher trifft man in den tropischen und warmen Regionen Afrikas und Eurasiens. *O. europaea* benötigt besondere Wachstumsbedingungen und kann im Freiland nur im Mittelmeerraum oder unter ähnlichen klimatischen Verhältnissen gedeihen. Die Tradition des Olivenzweigs als Friedenssymbol begann in der biblischen Geschichte, als die Taube mit einem Olivenzweig zu Noahs Arche zurückkehrte, nachdem das Wasser der Sintflut zurückgewichen war.

Olea europaea (Ölbaum, Olivenbaum)
Ein zerklüfteter immergrüner Baum mit grauer zerfurchter Rinde, grauen Zweigen und dunklen graugrünen, ledrigen länglichen Blättern; im Sommer bilden sich zahllose schmutzigweiße, duftende Blüten, aus denen schwarze Früchte entstehen. H 9-12m, B 7-9m.

OPHIOPOGON

Ungefähr 40 Arten immergrüner büschelbildender Mehrjähriger bilden diese Gattung, die in Süd- und Ostasien sowie in Japan beheimatet ist. *O. japonicus* wächst in Japan an offenen sonnigen Stellen. Verschiedene Arten werden wegen ihres grasartigen Aussehens, der violetten bis weißen Blüten und der meist blauen oder schwarzen Früchte gezogen. *O. japonicus* eignet sich besonders gut als Bodendecker und zur Beeteinfassung. In Australien und auf Hawaii wird sie oft zur Landschaftsgestaltung genutzt.

Ophiopogon japonicus (Schlangenbart)
Eine immergrüne Mehrjährige mit großen unterirdischen Ausläufern, knolligen Wurzeln und glänzenden geraden Blättern von bis zu 40cm Länge; aus den lilafarbenen bis weißen Blütenähren, die im Frühling erscheinen, bilden sich blaue Beeren. H 30cm, B unbestimmt.

ODERMENNIG, siehe *Agrimonia*, S. 231
ÖLBAUM, siehe *Olea*, S. 319
OLEANDER, siehe *Nerium oleander*, S. 60
OLIVENBAUM, siehe *Olea europaea*, S. 319
ÖLRAUKE, siehe *Eruca vesicaria*, S. 279
ORANGENRAUTE, siehe *Murraya koenigii*, S. 314

ORIGANUM

In dieser Gattung, die in Eurasien vertreten ist und von der verschiedene Arten auch in Nordafrika wachsen, gibt es 36 Arten Mehrjährige und Kleinsträucher. Ca. 20 werden wegen ihres attraktiven aromatischen Laubs und wegen der purpurn-rosafarbenen bis weißen Blüten, die bei einigen Arten von auffälligen Deckblättern umhüllt sind, als Zierpflanzen gezüchtet. Es gibt buschige Mehrjährige, die sich als Einfassung eignen; andere bilden kriechende Kleinsträucher und eignen sich damit als Bepflanzung für einen erhöhten Standort oder für Kübel. Allen ist gemeinsam, daß sie keine winterliche Feuchtigkeit und nur wenig Luftbewegung vertragen. *O. dictamnus* ist besonders empfindlich und wird normalerweise in Gewächshäusern unter Gebirgsbedingungen gezogen. *Origanum vulgare* wächst wild von Europa bis Zentralasien und wurde im östlichen Teil der USA eingebürgert. Bei der Zucht bildet es leicht Hybriden, besonders mit *O. majorana*. Daraus entsteht *O.* × *applii*, das im Aussehen beiden Arten ähnlich ist. Diese Hybride wird oft fälschlich als *O. heracleoticum* bezeichnet. Da unzählige Majoranhybride existieren, ist eine genaue Identifizierung nur schwer durchführbar.

▲ ***Origanum dictamnus*** (Diptamdosten)
Ein kriechend wachsender Kleinstrauch mit gebogenen Stengeln und wolligen grauweißen Blättern; winzige rosafarbene Blüten, die von großen purpurnen Deckblättern umhüllt sind, bilden sich im Sommer an hängenden hopfenähnlichen Köpfen, die bis 5cm lang werden.
H 12-15cm, B 40cm.

▲ ***Origanum majorana*** (Majoran)
Ein mehrjähriger Strauch mit drahtigen, ziemlich aufrecht stehenden rotbraunen Stengeln und flaumigen, graugrünen, ovalen Blättern von bis zu 3cm Länge; vom Spätsommer an trägt er unscheinbare weiße bis rosafarbene Blüten.
H 60cm, B 45cm.

▲ ***Origanum vulgare* 'Aureum Crispum'** (Dost)
Eine dekorative Kulturform mit rundlichen gelbgrünen Blättern von bis zu 1cm Länge, die im Frühling am hübschesten sind; in voller Sonne verbrennt diese Sorte leicht; sie ist empfindlicher und weniger vital als *O. v.* 'Aureum'.
H und B 30cm.

▲ ***Origanum vulgare* 'Aureum'** (Dost)
Diese weit verbreitete Kulturform hat kleine helle, gelbgrüne Blätter und lavendelähnliche Blüten; im Frühling bildet sie farbenfrohe Teppiche, die verblassen, sobald die Blütezeit beginnt. In voller Sonne verdorren die Blätter.
H und B 75cm.

► ***Origanum vulgare* Album'** (Dost)
Eine buschige Kulturform mit kleinen weißen Blüten und hellen grünen Blättern.
H und B 25cm.

► ***Origanum vulgare*** (Dost)
Eine variable buschige Mehrjährige mit aufrechten purpurbraunen Stengeln, die an der Basis Wurzeln schlagen, und breiten, oft rötlich gefärbten Blättern. Purpur-rosafarbene Blüten erscheinen im Sommer in verzweigten Büscheln.
H und B 45cm.

► ***Origanum onites*** (Dost)
Eine Mehrjährige mit aufrechten, behaarten Stengeln und ovalen, gezähnten flaumigen Blättern von bis zu 2,5cm Länge. Büschel von weißen, manchmal purpurn angehauchten Blüten erscheinen im Sommer und im Frühherbst.
H und B 60cm.

◄ ***O. vulgare* 'Acorn Bank'**(Dost)
Dieser goldfarbene Majoran erhielt seinen Namen 1995. Er hat sehr spitze Blätter von 2,5cm Länge, deren Ränder sich nach innen rollen. Die Blüten sind weiß mit rosafarbenen Staubgefäßen.
H und B 50cm.

▲ ***Origanum vulgare* 'Gold Tip'** (Dost)
Eine Pflanze mit hübschem Laub; im Frühling trägt jedes Blatt gelbe Flecken. H und B 75cm.

◄ ***Origanum vulgare* 'Polyphant'** (Dost)
Eine gefleckte, weißblühende Kulturform, die als Mutation von *O. v.* 'Aureum Crispum' erst in den achtziger Jahren gefunden wurde; sie eignet sich sehr gut für Kübel- und Randbepflanzungen, verbrennt aber leicht in praller Sonne.
H und B 30cm.

▲ ***Origanum vulgare* 'Compactum'** (Dost)
Diese dichte, kleinwüchsige Kulturform ist ideal für Töpfe, Randbepflanzungen und Steingärten; sie bildet Kissen aus kleinen dunkelgrünen, runden Blättern und trägt rosaviolette Blüten.
H 15cm, B 30cm.

▲ ***Origanum vulgare* 'White Anniversary'** (Dost)
Diese ungewöhnliche Kulturform hat hellgrüne Blätter mit weißem Rand und winzige Blüten; sie ist klein und wenig widerstandsfähig. Durch ihre helle frische Färbung eignet sie sich gut für Sommerbeete.
H 15-25cm, B 15-20cm.

ORYZA

In dieser Gattung aus dem tropischen Asien gibt es ca. 20 Arten ein- und mehrjähriger Gräser. Heute wird Reis auch in Teilen Europas und der USA angebaut. Wildreis kommt von der Art *Zizania aquatica*, einem Gras aus dem Nordosten Kanadas und der USA. Töpfe mit Reispflanzen, die man problemlos aus unbehandeltem langkörnigem, braunem Reis ziehen kann, eignen sich als Schmuck für tropische Teiche. *Oryza* ist von arabisch *uruz* und *eruz* abgeleitet und hat auch einen altindischen Ursprung.

Oryza sativa (Reis)
Ein einjähriges Rhizome bildendes Gras, das viel Feuchtigkeit benötigt; es hat feste, aufrechte Halme und schmale Blätter, die bis zu 1,5m lang werden. Aus den Ährenrispen, von denen jede eine Blüte hervorbringt, entwickeln sich blaßbraune Samen. H 50cm-1,7m, B 20cm-1m.

Oryza sativa ssp. ***japonica* 'Arborio'** (Reis)
Diese Kulturform mit kurzen Körnern hat an jeder Pflanze 5-10 Stengel und Blätter, die bis zu 50cm lang werden. Die rotbraunen Körner sind 7mm lang und wachsen in 17cm hohen Rispen.
H 1,1m, B 60-75 cm

ORANGENWURZEL, siehe *Hydrastis*, S. 294
OREGON MYRTLE, siehe *Umbellularia californica*, S. 366
ORLEANSSTRAUCH, siehe *Bixa orellana*, S. 249
OSTERLUZEI, siehe *Aristolochia clematitis*, S. 242

PAEONIA

In dieser Gattung gibt es 33 Arten Mehrjähriger und kleiner laubwechselnder Sträucher, die in Eurasien und dem Westen Nordamerikas beheimatet sind. *P. lactiflora* und *P. suffruticosa* stammen aus Ostasien; *P. officinalis* aus Europa. Pfingstrosen gehören zu den schönsten Pflanzen und haben eine lange Geschichte. *P. lactiflora* wird seit 900 v.Chr. gezüchtet; *P. suffruticosa* war mehr als 1.000 Jahre die Lieblingsblume der chinesischen Kaiser. Die *Paeonia* ist nach *Paion*, dem griechischen Gott der Heilkunst, benannt.

Paeonia lactiflora (Chinesische Päonie)
Eine Mehrjährige mit fleischigen Wurzeln, rotgeäderten Stengeln und dunkelgrünen, eingeschnittenen Blättern; duftende, einzeln stehende weiße Blüten von 7-10cm Durchmesser bilden sich im Spätfrühling und Frühsommer.
H und B 60 cm.

***Paeonia lactiflora* 'Duchesse de Nemours'** (Chinesische Päonie)
Eine kräftige Kulturform, die bereits 1856 entwickelt wurde, mit mittelgroßen, duftenden, gefüllten Blüten, die weiße äußere und crèmefarbene innere Blütenblätter hat; sie blüht im späten Frühling und frühen Sommer. H und B 70cm.

Paeonia officinalis (Garten-Pfingstrose)
Eine Mehrjährige mit knotigen Wurzeln und tief eingeschnittenen Blättern sowie einzeln stehenden Blüten, die karmesinrot, manchmal auch rosafarben bis weiß sind; mit 8 Blättern und bis zu 13cm Durchmesser. Sie blüht im Spätfrühling und Frühsommer. H und B 60cm.

Paeonia suffruticosa (Strauchpäonie)
Eine buschige Mehrjährige mit sich verzweigenden Stengeln und hellgrünen eingeschnittenen Blättern; im Frühling und Frühsommer trägt sie nicht oder einfach gefüllte weiße bis rosafarbene Blüten von bis zu 15cm Durchmesser.
H und B 2,2m.

PANAX

Die Anzahl der Arten (drei oder sechs) in dieser Gattung ist nicht eindeutig geklärt und hängt davon ab, ob *P. pseudo-ginseng* als eine eigenständige Art mit Varietäten angesehen wird oder ob man vier eigenständige Arten annimmt. Das Verbreitungsgebiet ist Süd- und Ostasien sowie Nordamerika. *P. ginseng* ist in den Bergwäldern Nordostchinas beheimatet. *P. pseudo-ginseng* ist in der freien Natur nahezu ausgestorben; *P. zingiberensis* (der als Ersatz für *P. notoginseng* diente) wird heute als gefährdet eingestuft.

Panax ginseng (Ginseng)
Eine mehrjährige Pflanze mit möhrenähnlichem Wurzelstock und aufrechten Stengeln, die 2 bis 5 eingeschnittene Blätter tragen; im Frühling und Sommer erscheinen Dolden mit grüngelben Blüten aus 5 Blättern, aus denen sich rote Beeren bilden. H 70-90cm, B 75cm.

Panax quinquefolius
(Amerikanischer Ginseng)
Eine Mehrjährige mit aromatischen Wurzeln und Blättern, die in 3-7 gezahnte Abschnitte von bis zu 16cm Länge geteilt sind; im Frühling erscheinen grünweiße Blüten, aus denen sich rote Beeren entwickeln. H 30-50cm, B 45-60cm.

PANDANUS

Diese Gattung umfaßt ca. 600 Arten immergrüner Bäume, Sträucher und Kletterpflanzen, die im tropischen Afrika, Eurasien und Australien beheimatet sind. *P. odoratissimus* wächst von Westindien bis zu den Zentralmolukken. Verschiedene Arten werden wegen ihrer architektonisch eindrucksvollen Erscheinung gezogen, und zwar entweder als Park- oder als Zierpflanzen im Gewächshaus. Bei diesen Arten sind die riemenähnlichen Blätter spiralförmig angeordnet, ansonsten ähneln sie den Ananaspflanzen.

Pandanus odoratissimus
(Schraubenbaum)
Ein kleiner Baum mit kräftigem Stamm und schwertförmigen Blättern, die bis zu 2m lang werden. Im Sommer trägt er gelbe Blüten (männliche und weibliche getrennt), aus denen sich rote holzige Früchte entwickeln. H 6-10m, B 3m.

PÄONIE, siehe *Paeonia*, S. 321
PALMA CHRISTI, siehe *Rhicinus communis*, S. 342
PAPAYA, siehe *Carica papaya*, S. 255
PAPPEL, siehe *Populus*, S. 334
PAPRIKA, siehe *Capsicum*, S. 254
PARADIESKÖRNERPFLANZE, siehe *Aframomum melegueta*, S. 230
PASSIONSBLUME, siehe *Passiflora*, S. 323
PATERNOSTERBAUM, siehe *Melia*, S. 310
PATERNOSTERERBSE, siehe *Abrus*, S. 224
PATSCHULIPFLANZE, siehe *Pogostemon*, S. 332
PELARGONIE, siehe *Pelargonium*, S. 323

PAPAVER

Zu dieser Gattung, die in Eurasien, Südafrika und Australien vorkommt, gehören 50 Arten Ein- und Mehrjähriger. *P. rhoeas* ist in Europa und in gemäßigten Regionen Asiens ein Saatunkraut. Alle Mohnpflanzen enthalten bitteren Milchsaft und haben auffallende kurzlebige Blüten mit vier Blättern, aus denen sich die Samenkapseln entwickeln. Sie eignen sich als farbenprächtige einjährige Beetpflanzen. In Europa ist der Mohnanbau wegen des hohen Opiumgehaltes verschiedener Arten stark zurückgegangen.

Papaver rhoeas (Klatschmohn)
Eine einjährige Pflanze mit aufrechten Stengeln und langstieligen, normalerweise roten Blüten von 5-10cm Durchmesser, einem dunklen Fleck an der Basis und purpurfarbenen Staubfäden; die Samen sind dunkelbraun.
H 20-90cm, B 10-45cm.

***Papaver rhoeas* 'Shirley Single Mixed'** (Klatschmohn)
Diese Kulturform, die eine neuere Spielart der viktorianischen Zuchtform darstellt, zeigt die feinsten Farbschattierungen von Rosa, Lachsfarben, Karmesinrot und Weiß.
H 60cm, B 30cm.

Papaver somniferum (Schlafmohn)
Eine einjährige Pflanze mit graugrünen, welligen Blättern von bis zu 25cm Länge; im Sommer zeigen sich lilafarbene oder weiße Blüten mit einem Durchmesser von 8-18cm, aus denen sich Kapseln mit unzähligen grauen Samen bilden.
H 30cm-1,5m, B 23-90cm.

***Papaver somniferum* 'Danebrog'** (Schlafmohn)
Eine Kulturform des 19. Jahrhunderts mit leuchtendroten, oft ausgefransten Blütenblättern, die große weiße Flecken an der Basis haben.
H 75cm, B 30cm.

***Papaver somniferum* 'Peony-flowered Mixed'** (Schlafmohn)
Diese verbreitete Kulturform hat gefüllte Blüten von 10cm Durchmesser in den Farbschattierungen Lila, Rosa, Purpur und Weiß, aus denen sich große Samenkapseln entwickeln.
H 65-90cm, B 30-45cm.

PARIETARIA

In dieser Gattung, die zumindest in den gemäßigten Regionen weitverbreitet ist, gibt es ungefähr 20 Arten ein- und mehrjähriger Pflanzen. *P. judaica* wächst von West- und Südeuropa bis nach Nordafrika und gibt alten Dächern, Mauern und Böschungen ein pittoreskes Aussehen. Die Art beginnt früh im Jahr zu wachsen und trägt schon frisches grünes Laub, wenn andere laubwechselnde Pflanzen noch kahl sind. Der Gattungsname *Parietaria* kommt von dem lateinischen Wort *paries* oder *parietis* (Wand).

Parietaria judaica (Glaskraut)
Eine weich behaarte mehrjährige Pflanze mit rotgrünen verzweigten Stengeln und ovalen bis länglichen Blättern von bis zu 7cm Länge; im Sommer zeigen sich unscheinbare grüne Blüten an gabelförmigen Büscheln. H und B 40cm.

PASSIFLORA

Diese Gattung umfaßt 500 Arten, die im tropischen Amerika, Asien und Australien vorkommen. Sie besteht vorwiegend aus rankenden Kletterpflanzen sowie kletternden Sträuchern, einigen Mehrjährigen, kleinen Bäumen und Büschen. Viele der Kletterpflanzen werden wegen ihrer Blüten und eßbaren Früchte als Zier- bzw. Nutzpflanzen gezogen. Wo es das Klima erlaubt, können sie auch im Freiland wachsen. Die *P. incarnata* wird in Kräutergärten gepflanzt. Sie ist eine der widerstandsfähigsten Passionsblumen.

Passiflora incarnata (Passionsblume)
Eine mehrjährige Kletterpflanze mit tief eingeschnittenen Blättern von ca 15cm Länge und duftenden lavendelfarbenen bis weißen Blüten von 6cm Durchmesser; sie blühen im Sommer und bilden eiförmige gelbe Früchte, die ca. 5cm lang sind. H 8 m.

PAULLINIA

Diese Gattung mit ungefähr 200 Arten immergrüner holzähnlicher Lianen und kletternder Sträucher wächst im tropischen Amerika. *P. cupana*, die im Regenwald von Brasilien, Uruguay und Venezuela beheimatet ist, wurde erstmals 1669 von einem jesuitischen Missionar beschrieben. Schon die Eingeborenen verwendeten sie als Aphrodisiakum sowie zum Schutz vor Malaria und Durchfall. Kommerzielle Anpflanzungen gibt es seit den 70er Jahren dieses Jahrhunderts.

Paullinia cupana
Diese Liane hat gefiederte Blätter mit gezahntem Rand. Unauffällige gelbe Blüten bilden sich an ungefähr 10cm langen Ähren. Wenn sie reif sind, platzen die roten Kapseln auf und legen 1-3 glänzende, purpurbraune Samen frei.
H 10m.

PELARGONIUM

Diese Gattung besteht aus ca. 250 Arten Ein- und Mehrjähriger sowie Kleinsträuchern, die vorwiegend in Südafrika vorkommen. Einige wachsen auch im tropischen Afrika, dem Nahen Osten und in Australien. Pelargonien sind fälschlicherweise als Geranien bekannt, da sie mit Mitgliedern der verwandten Gattung *Geranium* (vgl. S. 133) verwechselt werden. Duftende Pelargonien werden in Europa seit dem 17. Jahrhundert gezüchtet; es gibt unzählige Hybriden und Kulturformen. In den letzten Jahren erfreuen sie sich wegen ihrer aromatischen Blätter und der feinen Färbung wachsender Beliebtheit. In Aussehen und Nutzbarkeit unterscheiden sie sich von den bekannteren prächtigen efeublättrigen Pelargonien, die normalerweise in Sommerbeeten gepflanzt werden. Die eigentliche Art *P. capitatum* wurde durch die Hybride *P.* 'Attar of Roses' ersetzt, die einen stärkeren Duft und eine aufrechtere Gestalt hat. Der Name *pelargonium* kommt vom griechischen *pelargos* (Storch) und bezieht sich auf die Form der Frucht, die einem Storchenschnabel ähnelt.

▲ ***Pelargonium citronellum***
(Pelargonie)
Eine buschige Art mit nach Zitrone duftenden Blättern, die ca. 8cm breit werden; im Sommer erscheinen Büschel von 5-8 purpurrosa Blüten mit dunkleren Markierungen. H 1,2-2m, B 1m.

▲ ***Pelargonium* 'Clorinda'** (Pelargonie)
Eine Hybride vom Anfang des 20. Jahrhunderts mit einem Duft nach Zedern und Rosen; sie hat hellgrüne rundgelappte Blätter, ca. 6cm lang, und helle rosafarbene Blüten mit 4cm Durchmesser. H und B 1,2m.

▲ ***Pelargonium odoratissimum***
(Zitronenpelargonie)
Eine niedrigwachsende Mehrjährige mit kriechenden Blütenstengeln und runden Blättern mit welligem Rand, die deutlich nach Apfel riechen; kleine rotgeäderte Blüten zeigen sich im Frühling und Sommer. H 30cm, B 60cm.

▲ ***Pelargonium crispum*** (Pelargonie)
Ein streng aufrecht stehender Kleinstrauch mit zahllosen rauhen und faltigen, nierenförmigen Blättern von 1cm Länge, die stark nach Zitrone riechen; im Frühling und Sommer erscheinen rosafarbene Blüten mit 2cm Durchmesser. H 60-70cm, B 30-45cm.

◄ ***Pelargonium crispum* 'Major'**
(Pelargonie)
Diese Pflanze hat große Blätter, die bis zu 2,5cm lang werden. Die kleinere Version, *P. c.* 'Minor' hat ein steifes kompaktes Aussehen. H 60-70cm, B 30-45cm.

► ***Pelargonium crispum* 'Peach Cream'**
(Pelargonie)
Eine ungewöhnlich fruchtig riechende Kulturform mit unregelmäßiger crèmeweißer Färbung.
H 60-70cm, B 30-45cm.

◄ ***Pelargonium crispum* 'Variegatum'** (Pelargonie)
Eine Kulturform mit gekräuselten, an den Rändern crèmefarbenen Blättern und einem Duft nach Zitrone; sie kann als Hochstamm gezogen werden, wobei sie 1m hoch wird. H 60-70cm, B 30-45cm.

► ***Pelargonium* 'Fair Ellen'**
(Pelargonie)
Eine Hybride mit gespaltenen Blättern, die an der Hauptachse eine dunkle Markierung haben; blasse malven- und rosafarbene Blüten mit Flecken in dunklerem Rosa erscheinen im Sommer. H 30-60cm, B 60-90cm.

▲ ***Pelargonium* 'Fragrans Variegatum'** (Pelargonie)
Die attraktiven seidigen Blätter haben unregelmäßige crèmefarbige Ränder, die später blaßgrün werden; sie verfügen über das gleiche Muskataroma wie 'Fragrans'. H und B 30-40cm.

▲ ***Pelargonium* 'Fragrans'**
(Pelargonie)
Ein aufrechter Kleinstrauch mit graugrünen seidigen, rundlichen Blättern, die ein würziges pinienartiges Aroma haben; weiße Blüten von ca 1cm Durchmesser mit 2 roten Strichen erscheinen im Frühling und Sommer. H und B 45cm.

◄ ***Pelargonium* 'Prince of Orange'**
(Pelargonie)
Aus *P. crispum* herausgezüchtet, hat diese Pflanze eine kompakte Gestalt, fächerförmige Blätter und blasse malven-und rosafarbene Blüten mit purpurnen Adern. H und B 60cm.

► ***Pelargonium radens***
(Rosenpelargonie)
Ein hoher buschiger Strauch mit scharfem Zitronenaroma und rauhen, stark eingeschnittenen Blättern; im Sommer zeigen sich blasse purpurn- und rosafarbene Blüten. H und B 1-1,5m.

◄ ***Pelargonium* 'Radula'**
(Pelargonie)
Eine Pflanze mit tief eingeschnittenen Blättern; der Duft ist kampferähnlich mit einer Spur von Rose und Zitrone. Im Sommer zeigen sich rosa- und purpurfarbene Blüten.
H 1-1,5m, B 60cm-1,5m.

► ***Pelargonium* 'Radula Rosea'**
(Pelargonie)
Diese Kulturform eignet sich mit ihren tiefrosa Blüten gut als farbenfrohe Topfpflanze.
H 1-1,5m, B 60cm-1, m.

▲ ***Pelargonium* 'Graveolens'**
(Pelargonie)
Ein aufrechter Kleinstrauch mit graugrünen dreieckigen gezahnten Blättern mit Rosenduft; blaßrosa Blüten mit zwei purpurfarbenen Flecken erscheinen im Frühling und Sommer.
H 1-1,5m, B 60cm-1,5m

◄ ***Pelargonium* 'Galway Star'**
(Pelargonie)
Eine Sorte mit crèmefarbenen Blättern, die eingeschnitten sind und nach Zitrone duften; die Blüten sind rosa mit kirschroten und purpurfarbenen Punkten. H 45-60cm, B 30-45cm.

◄ ***Pelargonium* 'Rober's Lemon Rose'**
(Pelargonie)
Eine kräftige Variante von *P.* 'Graveolens' mit weichen graugrünen, unregelmäßig gefingerten Blättern und kleinen rosa Blüten. H 1,5m, B 1,2m.

▲ ***Pelargonium* 'Lady Plymouth'**
(Pelargonie)
Diese Hybride hat dreieckige Blätter mit crèmefarbigen Rändern und duftet nach Minze, Rose und Zitrone. 'Grey Lady Plymouth' hat ein graugrünes Blattwerk.
H 1-1,5m, B 60 cm-1,5m.

▲ ***Pelargonium capitatum*** (Pelargonie)
Eine niedrige, in die Breite wachsende immergrüne Mehrjährige mit samtigen, faltigen, nach Rosen duftenden Blättern von bis zu 8cm Länge; im Sommer entwickeln sich Trauben von malven- und rosafarbenen Blüten von 2cm Durchmesser. H 30-90cm, B 45cm-1m.

► ***Pelargonium* 'Royal Oak'**
(Pelargonie)
Eine buschige Hybride mit leicht klebrigen Blättern, die in der Form an Eichenblätter erinnern. Die großen rosapurpurfarbenen Blüten haben dunklere Flecken.
H 60cm-1,5m, B 60cm -1,2m.

▲ ***Pelargonium* 'Old Spice'**
(Pelargonie)
Eine aus *P.* 'Fragrans' gezüchtete Kulturform mit kompaktem Aussehen und gefalteten Blättern. H und B 45-60cm.

◄ ***Pelargonium* 'Sweet Mimosa'**
(Pelargonie)
Eine süßlich duftende Hybride mit hellgrünen, rundgelappten Blättern von ca. 9cm Durchmesser und muschelrosa Blüten. H und B 1-1,2m.

► ***Pelargonium tomentosum***
(Pelargonie)
Eine große halbliegende Mehrjährige mit weichen, samtigen Blättern von 10-12cm Durchmesser, die stark nach Pfefferminze riechen. Kleine weiße Blüten erscheinen im Frühling und Sommer. H 30-50cm, B 1-1,2m.

PEGANUM

Eine Gattung aus fünf oder sechs Arten verzweigter Mehrjähriger, die in trockenen Regionen der Tropen und Subtropen, insbesondere vom Mittelmeerraum bis Mittel- und Ostasien verbreitet ist. Die aromatische *P. harmala* (Südeuropa, Nordafrika und Asien) ist eine Wüstenpflanze, die sich für die Kultivierung eignet. In Asien wird sie häufig als Halluzinogen verwendet. Forschungsergebnisse lassen vermuten, daß sie die Grundlage des altpersischen und -indischen Rauschgetränks Soma oder Huoma war.

Peganum harmala (Steppenraute)
Eine Mehrjährige mit unregelmäßig fiederspaltigen Blättern; grüne bis weiße geäderte Blüten von bis zu 2,5cm Durchmesser werden im Frühjahr und Sommer gebildet, danach folgen Kapseln, die zahlreichen dunkelbraunen Samen enthalten. H 50-90cm, B 45-60cm.

PERILLA

Sechs Arten aromatischer Einjähriger bilden diese Gattung, die von Indien bis Japan vorkommt. *P. frutescens* wächst vom Himalaya bis nach Japan und ist in Teilen Nordamerikas eingebürgert. Die Pflanze wird in Ostasien häufig als Küchenkraut angebaut und erfreut sich als Zierpflanze für Sommerbeete zunehmender Beliebtheit. Sie sieht *Coleus* (*Solenostemon*-Arten) sehr ähnlich. Pflanzen mit gekräuselten Blättern wurden früher als eigene Art angesehen *(P. cripsa),* werden heute aber als kultivierte Sorte klassifiziert.

Perilla frutescens (Schwarznessel)
Eine buschige Einjährige mit eirunden Blättern, die deutlich geädert sind und stark riechen; im Sommer trägt sie unscheinbare weiße Blüten an Ähren, auf die blaßbraune Nüßlein folgen.
H 60cm-1,2m, B 30-60cm.

***Perilla frutescens* 'Crispa'**
(Schwarznessel)
Diese Sorte hat tief gesägte, sich kräuselnde, dunkle bronze- bis purpurfarbene Blätter und rote oder rosafarbene Blüten. Von den aus Samen gezogenen Pflanzen gibt es verschiedenste Varietäten.
H 60cm-1,2m, B 30-60cm.

PETIVERIA

Die einzige Art dieser Gattung ist eine Mehrjährige, die in den tropischen und wärmeren Regionen Amerikas, Afrikas sowie Asiens vorkommt. Sie ist mit der Kermesbeere (*Phytolacca*, vgl. S. 176) verwandt. *P. alliacea* kann man in einigen botanischen Gärten antreffen; die Pflanze wird aber ansonsten kaum kultiviert. Nur im südlichen Florida, in den USA, in Mittelamerika und in der Karibik gilt sie als eine wichtige Heilpflanze und findet dort in mehreren religiösen Riten Verwendung.

Petiveria alliacea
Eine Mehrjährige mit rübenförmiger Wurzel, schlanken Stielen und spitzen, nach Knoblauch riechenden Blättern von bis zu 16cm Länge; sie trägt das ganze Jahr über kleine, weiße bis grünweiße sternförmige Blüten, auf die stachlige Früchte folgen. H 1-1,5m, B 1m.

PETROSELINUM

Zu dieser europäischen Gattung gehören drei Arten Zweijähriger. *P. crispum* wächst wild im Südosten Europas und in Westasien. Petersilie gehört zu den in Europa am häufigsten kultivierten Kräutern. Es erfreute sich schon bei den alten Römern großer Beliebtheit. Gekräuselte Petersilie, schon wegen ihres Aussehens sehr beliebt, eignet sich für die Bepflanzung von Ecken oder Kübeln. *P. c.* var. *tuberosum* wird seit dem 16. Jahrhundert wegen seiner eßbaren Wurzeln angebaut, die Erträge sind aber nicht sehr ergiebig.

Petroselinum crispum (Petersilie)
Eine Zweijährige mit weißer rübenförmiger Wurzel und dreieckigen gefiederten Blättern, deren Ränder gekräuselt sind; kleine gelbe bis grüne Blüten werden an flache Kuppeln bildenden Dolden getragen; danach folgen geriffelte eiförmige Früchte. H 30-80cm, B 30cm.

***Petroselinum crispum* 'Italian'**
(Petersilie)
Diese Sorte hat flaches dunkelgrünes, glattes Laub mit herzhaftem Geschmack. Die Pflanzen sind winterhärter, größer und weniger wetterempfindlich als gekräuselte Sorten.
H und B 38-60cm.

PERLTANG, siehe *Chondrus*, S. 260
PERUBALSAM, siehe *Myroxylon pereirae*, S. 315
PETERSILIE, siehe *Petroselinum crispum*, S. 325
PFAFFENHÜTCHEN, siehe *Euonymus atropurpureus*, S. 281
PFEFFER, siehe *Piper nigrum* S. 330
PFEFFERMINZ, siehe *Mentha × piperita*, S. 311
PFEIFENBLUME, siehe *Aristolochia*, S. 241
PFERDEEPPICH, siehe *Smyrnium olusatrum*, S. 354
PFERDERETTICHBAUM, siehe *Moringa oleifera*, S. 313
PFIRSICH, siehe *Prunus persica*, S. 336

***Petroselinum crispum* 'Moss Curled'**
(Petersilie)
Eine große kräftige Sorte mit dicht gekräuseltem Laub; sie gehört zu den vielen Sorten gekräuselter Petersilie, die sich für Garnierungen und zum Würzen gleichermaßen eignen.
H und B30 cm.

Petroselinum crispum* var. *tuberosum
(Wurzelpetersilie)
Eine spezifische Sorte mit großen fleischigen Wurzeln, nicht kräuselndem Laub sowie einem Geschmack nach Petersilie und Sellerie; sie ist den flachen und gekräuselten Sorten im Geschmack unterlegen. H 30-60cm, B 30cm.

PEUMUS

Diese Gattung besteht aus einer einzigen Art immergrüner Sträucher oder kleiner Bäume, die nur in Chile vorkommen. Sie gehört zu den *Monimiaceae*, einer Familie mit einer großen Zahl Gattungen mit nur einer Art, von denen die meisten aromatische Öle abgeben. *P. boldus* ist eine Nutzpflanze; neben eßbaren Früchten werden aus ihr Hartholz, Tannin, Farbstoffe und Heilmittel gewonnen. Die Pflanze ist nur in milden Regionen an geschützten Standorten winterhart. Das Laub hat ein Aroma nach Zitrone und Kampfer.

Peumus boldus
Ein strauchiger Baum mit weicher brauner Rinde und eirunden ledrigen, aromatischen Blättern; im Sommer trägt er blaßgrüne duftende Blüten in Trauben, männliche und weibliche an separaten Pflanzen; die weiblichen haben später blaßgelbe Früchte. H 7m, B 5m.

PHELLODENDRON

Zehn Arten laubwechselnder Bäume gehören zu dieser Gattung, deren Hauptverbreitungsgebiet im östlichen Asien liegt. *P. amurense* wächst im Norden Chinas und in der Mandschurei. Das Aussehen ist den *Ailanthus*-Arten (vgl. S. 76) ähnlich, der Wuchs weit ausladend. *P. amurense* wird wegen seiner korkartigen blaßgrauen Rinde als Zierpflanze angebaut; die Blätter verfärben sich im Herbst gelb. Der Name *Phellodendron* setzt sich aus den griechischen Worten *phellos* (Kork) und *dendron* (Baum) zusammen.

Phellodendron amurense (Korkbaum)
Ein aromatischer laubwechselnder Baum mit glänzenden dunkelgrünen Blättern von bis zu 35cm Länge; kleine blaßgrüne Blüten werden im Frühsommer gebildet, gefolgt von schwarzen Früchten mit einem Terpentin-Aroma.
H 12-15m, B 15-18m.

PFLAUME, siehe *Prunus domestica*, S. 336

PHRAGMITES

In dieser weitverbreiteten Gattung gibt es ca. fünf Arten ausdauernder Rohrgräser, die in gemäßigten und tropischen Zonen verbreitet sind. *P. australis* wächst ungewöhnlich schnell und paßt sich gut an. In Feuchtgebieten bildet diese Pflanze weltweit große Kolonien; die Blütenköpfe finden in Arrangements mit Trockenblumen Verwendung. Der Name *Phragmites* leitet sich vom griechischen Wort *phragma* (Zaun) ab. Er ist die verkürzte Beschreibung dieser Pflanzen als *kalamos phragmata* (Hecken aus Schilf).

Phragmites australis (Schilf, Rohr)
Ein großes Rohrgras mit Rhizom, robusten Halmen und sich verjüngenden Blättern von bis zu 60cm Länge; purpurfarbene bis braune Blütenköpfe (bis zu 45cm lang) werden im Spätsommer und Herbst gebildet; sie bleiben bis zum Winter erhalten. H 3,5m, B unbestimmt.

***Phragmites australis* 'Variegatus'**
(Schilf, Rohr)
Dieses hochwachsende gelbgestreifte Rohrgras ist kleiner als andere Sorten dieser Art es sind, aber von kräftigem Wuchs. Es sollte in nassem Boden gezogen werden.
H 1,5m, B 1m.

PHYLLOSTACHYS

Diese Gattung mit 60 Arten mittelgroßer bis großer Bambusgewächse kommt in Indien, China und Birma vor. *P. nigra* wächst in Feuchtgebieten Ost- und Zentralchinas. Die Gattung enthält einige der beliebtesten Zierbambusarten. Man baut sie wegen des anmutigen Laubs und der häufig bunten oder gemusterten Rohre in Gärten und großen Kübeln an. Sie haben im Vergleich zu anderem Bambus eine geringe Neigung, sich unkrautartig auszubreiten und können daher als Mittelpunkt großer Rabatten gepflanzt werden.

Phyllostachys nigra
Ein immergrüner haufenbildender Bambus mit Rhizom und gebogenen schlanken Stielen, die sich im 2. oder 3. Jahr von Grün bis Braun zu Schwarz verfärben, sowie schmalen, länglichen Blättern von bis zu 13cm Länge.
H 3-10m, B unbestimmt.

***Phyllostachys nigra* 'Boryana'**
Diese japanische Sorte hat in der Jugend grünes Rohr, das sich gelb mit purpurnen Streifen verfärbt, wenn es ausgereift ist. Die üppigen Blätter werden bis zu 9 cm lang.
H 2,5-8 m, B unbestimmt.

Phyllostachys nigra* var. *henonis
Diese Varietät kommt unter den wildwachsenden am häufigsten vor. Sie hat grüne Stämme, die im Alter gelbgrün werden, und sehr schlankes, glänzendes Laub.
H 10m, B 2-3m.

PHYTOLACCA

Eine Gattung aus 35 Arten Mehrjähriger, immergrüner Sträucher und Bäume, die in wärmeren und gemäßigten Regionen verbreitet ist. *P. acinosa* wächst von Kaschmir bis in den Südwesten Chinas. *P. americana*, in Nord- und Mittelamerika anzutreffen, ist eine Art, die wegen des eindrucksvollen Wachstums und der dekorativen, aber giftigen Beeren angebaut wird. Aus der *Phytolacca* läßt sich ein Farbstoff gewinnen. Ihr Name setzt sich aus griechisch *phyton* (Pflanze) und italienisch *lacca* (Lack) zusammen.

Phytolacca acinosa (Kermesbeere)
Eine robuste Mehrjährige mit sukkulenten Stämmen und länglichen, spitzen Blätter von bis zu 25cm Länge; kleine, grüne bis weiße Blüten werden im Sommer gebildet, danach folgen starke Ähren von 10-20cm Länge mit dunkelpurpurnen Beeren. H und B 90cm-1,5m.

Phytolacca americana
(Amerikanische Kermesbeere)
Eine stinkende Mehrjährige mit sukkulenten Stämmen und spitzen Blättern von bis zu 30cm Länge; Trauben mit kleinen, rosa bis weißen Blüten erscheinen im Sommer, gefolgt von fleischigen, purpurfarbenen Beeren. H 1,2-3m, B 1,2-2,5m.

PHYSALIS

Eine Gattung aus etwa 80 Arten aufrechter oder kriechender Ein- und Mehrjähriger, gelegentlich mit Rhizomen. *P. alkekengi* wächst wild von Südostasien bis Japan. Alle Arten bringen Samen in einer runden Beere hervor, die von einem blasig aufgetriebenen Kelch umhüllt ist. *P. alkekengi* zeichnet sich durch dünne orangefarbene bis rote Kelche aus, die die Früchte umschließen, und kann einjährig als Zierpflanze angebaut werden. Sie ist leicht mit der Nachtschattenart *Solanum capicastrum* zu verwechseln.

Physalis alkekengi (Lampionblume)
Eine Mehrjährige mit Rhizom und breiten eirunden, zugespitzten Blättern von bis zu 9cm Länge; im Sommer bilden sich fünflappige weiße Blüten, gefolgt von eßbaren orangefarbenen bis roten Beeren, die von einem dünnen Kelch umhüllt werden. H 60cm, B unbestimmt.

PIMPINELLA

Diese Gattung aus ca. 150 Arten Ein-, Zwei- und Mehrjähriger ist in Eurasien und Nordafrika verbreitet. *P. anisum* braucht heiße Sommer, um den Samen auszureifen. Weder *P. major* noch *P. saxifraga* lassen sich als Gartenpflanzen empfehlen, hingegen gibt es von *P. major* die Sorte 'Rosea', die mit ihren rosafarbenen Blüten ausgesprochen hübsch ist. *Pimpinella* könnte von lateinisch *bipinnula* stammen oder von „Pimpernel" (Pfeffer, lateinisch *piper*) und sich auf den Geschmack beziehen.

Pimpinella anisum (Anis)
Eine aromatische flaumige Einjährige mit nierenförmigen bis eirunden, gezähnten oder gefiederten Blättern; im Sommer erscheinen kleine schmutzigweiße Blüten an Dolden, gefolgt von ca. 5mm langen, geriffelten Samen.
H 50cm, B 24-45cm.

PIMENTBAUM, siehe *Pimenta dioica*, S. 328
PISTAKISTRAUCH, siehe *Pistacia lentiscus*, S. 331

Pimpinella saxifraga (Bibernelle)
Eine Mehrjährige mit stinkenden rübenförmigen Wurzeln, leicht geriffelten Stielen, gefiederten Unterblättern und doppelt gefiederten Stielblättern; im Sommer erscheinen an Dolden kleine weiße, selten rosafarbene Blüten. H bis zu 90cm, B 30-75cm.

❄❄❄

PINELLIA

Sechs Arten kleiner, knolliger Mehrjähriger gehören zu dieser Gattung, die in Ostasien vorkommt. *P. ternata*, in China, Japan und Korea wachsend, hat einen ungewöhnlichen Blütenkopf mit grüner Blütenscheide und aufrechten purpurnen bis grünen Kolben; sie ist ein Blickfang für Steingärten und schattige Ecken. Die Pflanze gedeiht neben Bäumen und Sträuchern und kann durch Knöllchenbildung auswuchern. *Pinellia* ist nach Giovanni Pinelli (1535-1601) benannt, dem Besitzer eines botanischen Gartens in Neapel.

Pinellia ternata
Eine schlanke Mehrjährige mit einer Knolle von bis zu 2cm Durchmesser, knöllchentragenden Stengeln und in der Reife dreiblättrigen Blättern; ein langstieliger Blütenstand wird im Sommer gebildet, danach eine Traube mit grünen Beeren. H 60cm, B 30cm.

❄❄❄

Pinus sylvestris (Gemeine Kiefer, Föhre)
Ein aufrechter Baum mit hohem nackten Hauptstamm und (bei älteren Exemplaren) runder Krone, rotbrauner bis purpurgrauer Rinde, 3-10 cm langen paarigen Nadeln und graubraunen Zapfen von bis zu 5cm Länge.
H 15-25m, B 8-10m.

❄❄❄

PINUS

Diese Gattung enthält etwa 95 Arten immergrüner nadelblättriger Bäume und Sträucher, die in nördlichen gemäßigten Regionen, in Mittel- sowie Südamerika, auf Sumatra und Java vorkommen. *P. mugo* ist in den mitteleuropäischen Alpen heimisch. Es gibt Zwergsorten, die auch in kleineren Gärten Platz finden. Die meisten Kiefern vertragen keinen Schatten und keine verschmutzte Luft; einige gedeihen aber auch auf sehr armen Böden und in Küstennähe, wo sie hervorragend Windschutz bieten.

Pinus mugo* var. *pumilio
(Bergkiefer, Krummholzkiefer)
Ein mehrstämmiges, häufig niederliegendes strauchiges Nadelholz mit dicken, aufwärts gerichteten Ästen, harzigen Augen, paarigen Nadeln und fast kugeligen braunen Zapfen von bis zu 6cm Länge. H 2- 3m, B 1-2m.

❄❄❄

***Pinus sylvestris* 'Aurea'**
(Gemeine Kiefer, Föhre)
Eine langsam wachsende kleine Sorte, die sich im Winter gelb verfärbt; sie ist eine ausgezeichnete Solitärpflanze.
H 10m, B 4m.

❄❄❄

PIPER

Diese pantropische Gattung enthält über 1.000 Arten immergrüner scharf riechender Kletterer, Sträucher und kleiner Bäume. *P. betle* wächst in Indien, auf Ceylon und Malaysia, *P. cubeba* in Südostasien, *P. longum* und *P. nigrum* im südlichen und östlichen Indien. Pfeffer, schon seit alters bekannt, war lange Zeit das bedeutendste Wirtschaftsgut, das vom Fernen Osten ins Abendland kam; es gab den Europäern an der Schwelle zur Neuzeit auch Anlaß, nach neuen überseeischen Schiffahrtsrouten zu suchen.

Piper betle (Betelpfeffer)
Eine strauchige Kletterpflanze mit holzigen Stämmen und glänzenden spitzen Blättern von bis zu 15cm Länge; sie hat gelbe bis grüne Blüten – männliche an 15cm langen Ähren, etwas kürzere weibliche an separaten Pflanzen, gefolgt von fleischigen Früchten. H 5m, B 10m.

Piper cubeba (Kubebenpfeffer)
Ein kletternder Strauch mit sich verjüngenden eirunden bis elliptischen Blättern. Unscheinbare Blüten werden an bis zu 10cm langen Ähren gebildet; die weiblichen tragen runde, 6mm große grüne, im ausgereiften Zustand orangefarbene bis braune Früchte. H 6m.

Piper longum (Pfeffer)
Ein kleiner kletternder Halbstrauch mit männlichen Blüten an lockeren, ca. 5cm langen Ähren und weiblichen an Ähren, die sich zu bis 3,5cm verlängern, wenn sich die verschmolzene Masse kleiner, rotbrauner Früchte entwickelt.
H 3m, B 5-6m.

Piper nigrum
(Schwarzer oder weißer Pfeffer)
Ein Kletterer mit verholzten Stielen und eirunden Blättern; kleine weiße Blüten wachsen an herabhängenden Ähren, männliche und weibliche an separaten Pflanzen. Danach folgen rote Beeren von 6mm Durchmesser. H 4 m.

PISTACIA

Eine Gattung aus etwa neun Baum- und Sträucherarten, die im Mittelmeerraum, Asien, Mittelamerika und dem Süden der USA vorkommt. *P. lentiscus* und *P. terebinthus* sind im Mittelmeerraum heimisch. *P. lentiscus* wird seit dem Altertum wegen seines Harzes geschätzt, das als Mastix bekannt ist. Man stellte daraus Zahnfüllungen her und verwendete es gegen Mundgeruch. Mastix gehörte zu den 17 Zutaten des Kyphi, eines ägyptischen Weihrauchs. *Pistacia* stammt vom griechichen Wort *pistakos* (echt, treu).

Pistacia lentiscus (Mastixstrauch)
Ein großer immergrüner Strauch oder kleiner Baum mit ledrigen, beißend riechenden Fiederblättern; im Frühjahr bilden sich Trauben mit roten bis grünen Blüten; die weiblichen Pflanzen entwickeln fleischige rote Früchte, die sich später schwarz verfärben. H 5m, B 3m.

Pistacia terebinthus
(Terpentinpistazie)
Ein rundlicher, laubwechselnder Baum oder Strauch mit dunkelgrünem Laub, das anfangs noch rot ist; im Frühjahr bilden sich kleine Blüten in dichten Rispen; an weiblichen Pflanzen folgen purpurbraune Früchte. H 6-9m, B 3-6m.

PLANTAGO

Diese große weltweit verbreitete Gattung umfaßt ca. 250 Arten Ein-, Zwei- und Mehrjähriger. *P. asiatica* ist in China heimisch, *P. psyllium* im Mittelmeerraum. *P. major* (Breitwegerich), in Europa und gemäßigten Zonen Asiens anzutreffen, ist auf Rasenflächen und an Wegen ein hartnäckiges Unkraut, jedoch gibt es einige Sorten, die in Rabatten als Zierpflanzen angebaut werden. Im Englischen wird die Gattung „Fußabdruck des weißen Mannes" genannt – eine Anspielung auf ihre weltweite Verbreitung während der Kolonialzeit.

Plantago asiatica (Wegerich)
Eine krautige Mehrjährige mit einer Rosette aus langstieligen geäderten Blättern von bis zu 15cm Länge; sie trägt winzige grüne Blüten an Ähren von bis zu 50cm Länge, danach Kapseln mit 4-9 dunkelbraunen Samen.
H 20-60cm, B 15-30cm.

***Plantago asiatica* 'Variegata'** (Wegerich)
Diese Sorte hat unregelmäßige weiße Schattierungen auf den Blättern und verströmt einen größeren Charme als die weiteren Sorten ihrer Art.
H 20-60cm, B 15-30cm.

Plantago major (Breitwegerich)
Eine kleine Mehrjährige mit einer Rosette aus langstieligen eirunden bis elliptischen Blättern von bis zu 15cm Länge; im Sommer bilden sich an langen Ähren unscheinbare gelbe bis grüne Blüten, die bis zu 15cm lang werden. H und B 40cm.

***Plantago major* 'Rubrifolia'** (Breitwegerich)
Diese beliebte Sorte hat auffällige Blätter mit dunkelroter Farbe, was einen guten Kontrast zum feingliedrigen grauen Laub beispielsweise von Artemisia bildet.
H und B 30-38cm.

Plantago psyllium (Flohkraut)
Eine einjährige mit schmalen grauen bis grünen drüsigen Blättern, die meist in Büscheln von 3-6 Stück stehen; runde Blütenähren werden im Sommer in den Achseln gebildet, danach folgen kleine glänzende Samen.
H 60m, B 30cm.

PLATYCODON

Diese Gattung besteht aus einer einzigen Mehrjährigen, die in Ostasien vorkommt und mit *Campanula* verwandt ist. *P. grandiflorus* ist eine leicht anzubauende Rabattenpflanze, von der es Sorten mit doppelten Blüten in Rosa und Weiß gibt. Auch Zwergsorten für Steingärten und Kübel sind erhältlich. Sonst meist als Zierpflanze angebaut, wird sie in China als Heilkraut kultiviert. *Platycodon* leitet sich aus den griechischen Worten *platys* (breit) sowie *kodon* (Glocke) ab und bezieht sich auf die Form der Blüten.

Platycodon grandiflorus (Ballonblume)
Eine aufrechte, Büschel bildende Mehrjährige mit dicken Wurzeln und blauen bis grünen, eirunden gezähnten Blättern; große aufgeblasene Knospen öffnen sich im Sommer zu glockenförmigen, in der Regel blauen Blüten.
H 40-90cm, B 30-45cm.

Platycodon grandiflorus* var. *apoyama (Ballonblume)
Eine japanische Varietät mit etwas größeren Blüten von tiefem Blau; diese Zwergpflanzen eignen sich besonders für Kübel mit Alpinpflanzen oder kleinere Steingärten.
H 10-13cm, B 20-30cm.

PLECTRANTHUS

Diese Gattung mit ca. 300 Arten immergrüner Mehrjähriger und Halbsträucher kommt in wärmeren und tropischen Zonen Afrikas, Asiens sowie Australiens vor. *P. amboinicus* stammt vermutlich aus Vietnam und Indien; *P. barbatus* wächst in Indien, Westasien und Ostafrika. Mehrere Arten sind leicht anzubauen und werden in kälteren gemäßigten Regionen als Topfpflanzen vermehrt. Der dekorativen *P. amboinicus* ist eine größere Verbreitung zu gönnen. *P. barbatus* war im 19. Jahrhundert als Zierpflanze beliebt.

Plectranthus amboinicus (Harfenstrauch)
Eine immergrüne Mehrjährige mit dikken sukkulenten Stielen und gekräuselten hellgrünen, fleischigen Blättern; im Sommer bilden sich an Ähren von bis zu 40 cm Länge kleine lilafarbene Blüten. H 30cm-1m, B 23-60cm.

Plectranthus barbatus (Harfenstrauch)
Eine aromatische semisukkulente Mehrjährige mit aufrechten Stielen und flaumigen eirunden Blättern, die an den Rändern gewellt und an den Unterseiten mit roten Drüsen übersät sind; Wirtel mit lavendelblauen traubenständigen Blüten werden in der Regenzeit gebildet. H und B 60cm.

PODOPHYLLUM

Eine Gattung aus etwa zehn Arten Mehrjähriger, die in Nordamerika und im Himalaya vorkommen. *P. peltatum* wächst im Osten Nordamerikas. Die Blätter dieser typischen Waldpflanze haben die Form von Regenschirmen, ihre Blüten ähneln denen der Anemonen; die Früchte sehen aus wie Pflaumen. Sie schmecken nach Zitrone und sind der einzige eßbare Teil, alles andere ist hochgiftig. *Podophyllum* ist den griechischen Worten *pous* (Fuß) sowie *phyllon* (Blatt) entlehnt und beschreibt die Form der Blätter.

Podophyllum peltatum
(Maiapfel, Fußblatt)
Eine Mehrjährige mit einem rotbraunen Rhizom von bis zu 2m Länge und aufrechten Stielen mit herabhängenden, tief gespaltenen Blättern; im Frühjahr werden weiße Blüten gebildet, auf die gelbe Früchte folgen. H 30-45cm, B 30cm.

POGOSTEMON

Eine Gattung aus ca. 70 Arten Mehrjähriger und Halbsträucher, die in Indien und Malaysia verbreitet sind. *P. cablin* und mehrere andere Arten werden in Indien und im Fernen Osten kultiviert. Aus ihnen wird Patschuli gewonnen, ein schweres unverwechselbares Parfüm. In den 60er Jahren des 19. Jahrhunderts kam es in Europa in Mode; seit 1960 erfreut sich das Parfüm wieder wachsender Beliebtheit. Der Gattungsname *Pogostemon* setzt sich aus den griechischen Worten *pogon* (Bart) und *stemon* (Staubfaden) zusammen.

Pogostemon cablin (Patschulipflanze)
Eine aromatische, behaarte Mehrjährige mit eirunden bis dreieckigen Blättern von bis zu 12cm Länge; weiße, violett überzogene Blüten mit violetten Staubfäden werden an Ähren von bis zu 14 cm Länge gebildet.
H und B 1m.

POLEMONIUM

Eine Gattung mit 25 Arten Büschel bildender Mehrjähriger mit Rhizomen und sich ausbreitenden Einjährigen. Ihr Laub hat häufig einen unangenehmen Geruch. Das Hauptverbreitungsgebiet sind die gemäßigten Zonen der nördlichen Hemisphäre, insbesondere Nordamerika, aber auch der Süden Südamerikas und Asien. Die meisten haben blaue oder weiße Blüten. *P. caeruleum* wächst problemlos in Rabatten und auf Wiesen mit Wildblumen. Das weniger kräftige *P. reptans* ist eine beliebte Mehrjährige für Rabatten.

Polemonium caeruleum
(Jakobsleiter, Sperrkraut)
Eine aufrechte, Büschel bildende Mehrjährige mit fiederteiligen Blättern von bis zu 12cm Länge; endständige Trauben mit blauen, selten weißen Blüten bilden sich im späten Frühjahr und Sommer. H 30-90cm, B 30-45cm.

***Polemonium caeruleum* 'Album'**
(Jakobsleiter, Sperrkraut)
Diese Sorte mit weißen Blüten wird fast so häufig angepflanzt wie alle anderen Sorten ihrer Art zusammen. Sie ist eine hübsche frühblühende Mehrjährige.
H 30-90cm, B 30-45cm.

Polemonium reptans
(Jakobsleiter, Sperrkraut)
Eine sich ausbreitende bis aufrechte Mehrjährige mit kriechendem Rhizom und gefiederten Blättern, die aus elliptischen bis länglichen Blättchen bestehen; vom Frühjahr bis Frühsommer bilden sich blaue Blüten. H 15-30cm, B 38cm.

POCKHOLZ, siehe *Guajacum*, S. 290
POLEI, siehe *Hedeoma pulegioides*, S. 291
POLEIMINZE, siehe *Mentha pulegium*, S. 311
POMERANZE, siehe *Citrus aurantium*, S. 263
PORREE, siehe *Allium porrum*, S. 38
PORST, siehe *Ledum*, S. 302

POLYGONATUM

Eine Gattung von ca. 30 Arten Mehrjähriger mit unterirdischem Sproß, die in Europa, Asien und dem Norden der USA vorkommen. *P. odoratum* ist eine von mehreren ziemlich gleichen Arten, die wegen ihrer gebogenen Stiele und herabhängenden röhrenförmigen Blüten angepflanzt werden. Salomonssiegel sind elegante Schnittblumen, besonders in Kombination mit Päonien. *Polygonatum* setzt sich aus griechisch *polys* (viel) und *gony* (Knie) zusammen und bezieht sich auf die Knoten der Rhizome.

Polygonatum odoratum
(Salomonssiegel)
Eine Mehrjährige mit Rhizom und kantigen, gebogenen Stielen sowie stiellosen eirunden, zugespitzten Blättern von bis zu 10cm Länge; im Frühsommer bilden sich duftende weiße, grün gesäumte Blüten. H 85cm, B 45cm.

❄❄❄

***Polygonatum odoratum* 'Variegatum'**
(Salomonssiegel)
Diese dekorative Sorte hat weiß gestreifte Blätter. Die Blüten erscheinen in den Achseln an der Unterseite der Blätter, danach folgen kugelige blauschwarze Beeren von ca. 6mm Durchmesser. H 60cm, B 30cm.

❄❄❄

***Polygonum bistorta* 'Superbum'**
(Wiesenknöterich)
Diese Sorte ist die am häufigsten angepflanzte. Sie ist größer als die anderen ihrer Art und trägt eindrucksvollere Blüten. H 60-75cm, B 60cm.

❄❄❄

POLYGONUM

Diese weitverbreitete Gattung von Ein- und Mehrjährigen sowie laubwechselnden strauchigen Kletterern hat ca. 150 Arten, die hauptsächlich in gemäßigten Regionen vorkommen. Darunter sind viele Unkräuter, die sich im Garten ausbreiten können. Der Wiesenknöterich, *P. bistorta*, der in Europa und Asien wächst, wird selten angepflanzt, jedoch gibt es Sorten, die als Bodendecker, vorwiegend für feuchte Standorte, beliebt sind. *P. multiflorum* ähnelt dem weniger kräftigen und winterharten, üppig wuchernden *P. baldshuanicum*.

Polygonum bistorta (Wiesenknöterich)
Eine aufrechte Mehrjährige mit einem kräftigen verdrehten Rhizom und breiten eirunden Blättern von bis zu 15cm Länge; unzählige kleine, blaßrosa Blüten werden im Sommer an dichten Ähren gebildet, auf die harte Nüßlein folgen. H 25-50cm, B 45cm.

❄❄❄

POLYPODIUM

Eine Gattung mit etwa 75 Arten, die hauptsächlich in nördlichen gemäßigten Regionen vorkommen. Es handelt sich dabei um laubwechselnde immergrüne oder halbimmergrüne terrestrische Farne mit kriechenden Rhizomen. *P. vulgare* wächst in Nordamerika, Europa und Ostasien. Es gibt zahlreiche Sorten, die wegen ihrer Wedel als Zierpflanzen angebaut werden. Tüpfelfarne sind an feuchten schattigen Standorten gute Bodendecker. Ihr Name leitet sich von griechisch *polys* (viel) und *podion* (Füßchen) ab.

Polypodium vulgare (Engelsüß)
Ein immergrüner kriechender Farn mit ca. 1cm dicken Rhizomen, die im unreifen Zustand dicht rotbraun geschuppt sind; die gefiederten Wedel bestehen aus 20-40 länglichen Segmenten.
H 10-40cm, B unbestimmt.

❄❄❄

***Polypodium vulgare* 'Cornubiense'**
(Engelsüß)
Diese Sorte hat feingliedrige hellgrüne Wedel, die drei- bis vierfach gefiedert sein können; einfach gefiederte sollten entfernt werden. Die Sporen werden im Sommer freigesetzt.
H 10-40cm, B unbestimmt.

POPULUS

Es gibt in dieser Gattung 35 Arten schnell wachsender laubwechselnder Bäume, die in nördlichen gemäßigten Regionen vorkommen. Pappeln tolerieren feuchte Böden, Standorte an der Küste und Luftverschmutzung. Sie bilden hervorragende Abschirmungen und Windbrecher. Bei einigen duften die jungen Blätter; viele Sorten finden als Zierpflanzen Verwendung. *Populus* leitet sich womöglich von lateinisch *arbor populi* (Baum des Volkes) ab, denn Pappeln wurden seit alters in den Städten entlang der Straßen gepflanzt.

Populus alba (Silberpappel)
Ein robuster, Schößlinge treibender Baum mit breiten eiförmigen Blättern von bis zu 9cm Länge, die unten dicht weißfilzig behaart sind; männliche und weibliche Blüten werden an separaten Pflanzen gebildet; den weiblichen folgen Kapseln mit wolligen Samen. H 25m, B 5-8m.

***Populus alba* 'Richardii'**
(Silberpappel)
Diese Sorte ist kleinwüchsiger und nicht so kräftig wie die weiteren Pflanzen ihrer Art. Sie hat goldgelbe Blätter mit weißen Unterseiten.
H 15m, B 12m.

Populus* × *candicans (Pappel)
Ein konisch zulaufender Baum mit glänzenden Knospen und herzförmig geschnittenen Blättern von bis zu 15cm Länge, dessen junge Blätter nach Balsam riechen; weibliche Bäume bilden Kätzchen, die befruchtet bis zu 16cm lang werden. H 25m, B 10m.

***Populus* × *candicans* 'Aurora'**
(Pappel)
Eine charakteristische Sorte mit unregelmäßig bunten Blättern, die zunächst crèmeweiß und häufig rosafarben überzogen sind; sie färben sich mit zunehmendem Alter grün
H 15m, B 6m.

PORTULACA

Eine Gattung aus 40 Arten fleischiger kriechender Ein- und Zweijähriger, die in wärmeren gemäßigten Regionen vorkommt. *P. oleracea* wird in vielen Teilen der Welt als Gemüsepflanze angebaut. Sie war bereits den alten Ägyptern bekannt und wird seit Jahrtausenden in Indien sowie China angebaut. In Europa ist Frankreich der Haupterzeuger dieser Pflanze. Kultivierter Portulak wird oft auch als Varietät klassifiziert (*P. o.* var. *sativa*). *Portulaca* ist ein lateinisches Wort, das schon von Plinius verwendet wurde.

Portulaca oleracea (Portulak)
Eine Einjährige mit dicken weichen, kriechenden Stielen und fleischigen, löffelförmigen Blättern von bis zu 3cm Länge; kleine gelbe Blüten mit 4-6 Blättern werden im Sommer gebildet.
H 20-45cm, B 45-60cm.

Portulaca oleracea* var. *aurea
(Portulak)
Diese unübliche Sorte hat goldfarbene Blätter, die mit anderen Salatpflanzen einen hübschen Kontrast bilden.
H 20-45cm, B 23cm.

PORTULAK, siehe *Portulaca*, S. 334
PORTULAKRÖSCHEN, siehe *Portulaca grandiflora*, S. 334
PRACHTSCHARTE, siehe *Liatris*, S. 302
PREISSELBEERE, siehe *Vaccinium vitis-idaea*, S. 367
PRIMEL, siehe *Primula*, S. 334
PRUNKWINDE, siehe *Ipomoea*, S. 297

POTENTILLA

In dieser Gattung gibt es ca. 500 Arten, die sich über die nördliche Hemisphäre verteilen. *P. erecta* kommt hauptsächlich in Nordeuropa, Westasien und Sibirien vor. Die meisten sind Mehrjährige oder Sträucher, es gibt aber auch Ein- und Zweijährige. Überwiegend wachsen sie auf Heiden und in Wäldern. Einige sind als Gartenpflanzen zu verwenden, jedoch sind die wichtigsten Heilpflanzen zugleich Unkräuter. *Potentilla* ist vom lateinischen *potens* (kräftig) abgeleitet und spielt auf die Heilkräfte dieser Pflanzen an.

Potentilla erecta (Blutwurz)
Eine Mehrjährige mit dickem holzigen, innen roten Wurzelstock und dünnen verästelnden Stengeln; sie hat dreizählig gefingerte Basalblätter und fünfzählige Blätter. Im Frühsommer erscheinen kleine gelbe Blüten.
H 50cm, B 20-30cm.

Primula vulgaris ssp. ***sibthorpii***
(Kissenprimel)
Diese rosa blühende Varietät ist im Südosten Europas heimisch.
H 15cm, B 24cm.

PRIMULA

Diese Gattung enthält etwa 400 Arten Mehrjähriger, die zumeist in gemäßigten und bergigen Regionen der nördlichen Hemisphäre vorkommen. *P. veris* wächst in Europa und Westasien, *P. vulgaris* in Europa, Nordasien und im Kaukasus. Letztere gedeiht in Rabatten ebensogut wie auf Rasen. Die Pflanzen sollten in ausreichendem Abstand voneinander gepflanzt werden. Viele Primelarten finden als Zierpflanzen an unterschiedlichen Standorten Verwendungen, auch in Steingärten und an Uferböschungen.

Primula veris (Schlüsselblume)
Eine kleine Büschel bildende Mehrjährige mit einem kurzen kräftigen Rhizom, langen dünnen Wurzeln und eirunden bis länglichen Blättern von 5-20cm Länge; kleine tiefgelbe, orangerot gefleckte Blüten bilden sich im Frühjahr an einem langen Schaft. H und B 15-20cm.

Primula vulgaris (Kissenprimel)
Eine kleine Büschel bildende Mehrjährige mit einem kurzen dicken Rhizom und länglichen Blättern; im Spätwinter und Frühjahr bilden sich einzelnstehende blaßgelbe Blüten von 3-4cm Durchmesser mit dunklerer Mitte und grob gezähnten Blütenblättern. H 15cm, B 24cm.

***Primula vulgaris* 'Alba Plena'**
(Kissenprimel)
Eine edle Sorte mit doppelten weißen Blüten, die sich als Solitärpflanze für Töpfe eignet; eine ausgeprägte Wirkung erzielt man auch in Verbindung mit der ungewöhnlichen, malvenfarbigen *P. v.* 'Lilacina Plena'. H 15cm, B 24cm.

PROSTANTHERA

Eine Gattung aus etwa 70 Arten immergrüner klebriger Sträucher, die in Australien verbreitet sind. *P. rotundifolia* ist im Süden und Südosten Australiens heimisch. Die meisten haben ein starkes minzeähnliches Aroma. Einige werden wegen ihres duftenden Laubs und der üppigen Blüte als Zierpflanzen angebaut – in wärmeren Regionen im Freien, in kälteren unter Glas. *Prostanthera* leitet sich von den griechischen Worten *prostema* (Anhängsel) und *anthera* (Staubbeutel) ab, da die Staubbeutel sporenähnliche Fortsätze tragen.

Prostanthera rotundifolia
Ein großer buschiger Strauch mit runden bis eirunden Blättern, die ca. 1cm lang werden; im Sommer trägt er zahlreiche lila- bis malvenfarbene, gelegentlich rosafarbene glockenförmige Blüten von ca. 1cm Durchmesser.
H 2-4 m, B 1,2-2,5m.

PRUNELLA

Eine Gattung mit sieben Arten Mehrjähriger, die in nördlichen gemäßigten Regionen und in Nordwestafrika vorkommen. Von *P. vulgaris* gibt es weiß- und lilablühende Varietäten. Im Gegensatz zu anmutigeren Arten ist sie freilich selten zu sehen. Meist wird sie zur Anpflanzung auf Wiesen mit Wildblumen genutzt oder für Steingärten und als Bodendecker. *Prunella* ist eine Latinisierung von „Brunella", abgeleitet vom deutschen Wort „Bräune", einer Krankheit, gegen die für gewöhnlich *P. vulgaris* verwendet wurde.

Prunella vulgaris (Braunelle)
Eine kriechende aromatische Mehrjährige mit vierkantigen Stielen und länglichen bis eirunden gezähnten Blättern von 4-5cm Länge; purpurne zweilippige Blüten werden in dichten Ähren vom Sommer bis in den Herbst gebildet.
H 50cm, B unbestimmt.

Prunus

Es gibt etwa 430 Arten laubwechselnder, gelegentlich immergrüner Bäume und Sträucher in dieser Gattung, die hauptsächlich in nördlichen gemäßigten Regionen und in Südamerika vorkommt. Dazu gehören auch viele wirtschaftlich bedeutende Obst- und Nußbäume, aber auch zahlreiche wegen ihrer Blüten angebaute Zierpflanzen. Sowohl *P. armeniaca* wie auch *P. persica* stammen wahrscheinlich aus China. *P. armeniaca* kam zur Zeit der Römer nach Italien, während *P. persica* – in China seit mehr als 2.500 Jahren kultiviert – griechischen Aufzeichnungen zufolge in Europa bereits im vierten Jahrhundert v.Chr. bekannt war. Pflaumen sind dunkelhäutige, große eiförmige Früchte der *P. domestica* ssp. *domestica*. *P. dulcis* ist der weltweit am häufigsten angebaute Nußbaum. P. *laurocerasus* ist eine Schatten vertragende Art, die als Hecke, Windschutz und Begrenzung gepflanzt wird. Unter den vielen Sorten gibt es auch kleine, sich ausbreitende Varietäten, die sich als Bodendecker eignen. *P. mume* ist die klassische winterblühende Japanische Aprikose, die in Japan auch als Bonsaibaum gezüchtet wird.

◄ ***Prunus domestica* 'Prune d'Agen'**
(Pflaume, Zwetschge)
Diese Sorte trägt große, sehr süße Früchte, die als Trockenpflaumen verwendet werden. H 10-12m, B 4-5m (kleiner bei Veredelung).

► ***Prunus dulcis*** (Mandelbaum)
Ein Strauch oder buschiger, laubwechselnder Baum mit länglichen gezähnten Blättern von bis zu 10cm Länge; rosa oder weiße, einzelne oder paarweise Blüten mit ca. 5cm Durchmesser treten hervor, bevor sich neue Blätter bilden: Danach folgen blaßgrüne Früchte mit 2 Samen. H und B 8m.

◄ ***Prunus armeniaca***
(Aprikose, Marille)
Ein laubwechselnder Baum mit fast runden Blättern; weiße Blüten von ca. 4cm Durchmesser werden im Frühjahr gebildet, gefolgt von kugeligen weißen bis orangeroten Früchten. H 10 m, B 5-7 m.

► ***Prunus armeniaca* 'Hemskerk'**
(Aprikose, Marille)
Diese Sorte wurde 1820 eingeführt. Die gelben rötlich angehauchten Früchte haben einen exzellenten Geschmack und werden früh reif. H 10m, B 6-10m (durch Schnitt H 3m, B 5m).

◄ ***Prunus domestica***
(Pflaume, Zwetschge)
Ein variabler laubwechselnder Baum oder Strauch mit eirunden Blättern und grünen bis weißen Blüten, gefolgt von in der Regel blauschwarzen, eiförmigen Früchten; vermutlich ist diese Sorte aus einer Kreuzung zwischen *P. spinosa* und *P. cerasifera* entstanden. H 10-12m, B 8-10m.

▲ ***Prunus laurocerasus***
(Kirschlorbeer, Lorbeerkirsche)
Ein immergrüner buschiger Strauch mit länglichen glänzenden, zugespitzten giftigen Blättern von bis zu 25cm Länge mit einem Mandelgeruch; stark duftende weiße Blüten erscheinen im Frühjahr, gefolgt von purpurnen bis schwarzen Früchten.
H 6m, B 10m.

◄ ***Prunus laurocerasus* 'Castlewellan'** (Kirschlorbeer, Lorbeerkirsche)
Ein langsam wachsender immergrüner Strauch mit bunt gemasertem graugrünen und weißen Laub.
H und B 1,5-2m.
❄❄❄

▲ ***Prunus laurocerasus* 'Schipkaensis'** (Kirschlorbeer, Lorbeerkirsche)
Diese Varietät wurde 1888 in Bulgarien entdeckt. Mit ihrem niedrigen, sich ausbreitenden Wachstum ist sie winterhart und hat schmale Blätter sowie zahlreiche aufrechte Blütenähren. H 2m, B 3m.
❄❄❄

◄ ***Prunus mume* 'Beni-chidori'**
(Japanische Aprikose)
Diese Sorte ist ein Strauch mit stark duftenden einzelnen, tiefrosafarbenen Blüten, die etwas später als bei anderen Sorten dieser Art gebildet werden.
H 6-7m, B 5-6m.
❄❄❄

▲ ***Prunus persica***
(Pfirsichbaum)
Ein buschiger laubwechselnder Baum mit länglichen Blättern; blaßrosa bis weiße, einzeln oder paarig stehende Blüten werden im Frühjahr gebildet, danach gelbe oder weiße Früchte. H und B 8m.
❄❄❄

► ***Prunus serotina***
(„Black Cherry")
Ein laubwechselnder Baum mit glänzenden, schmal eiförmigen Blättern, die sich im Herbst gelb verfärben; im Sommer trägt er duftende weiße Blüten, auf die kleine schwarze Früchte folgen.
H 18-30m, B 10-25m.
❄❄❄

PTELEA

In dieser nordamerikanischen Gattung gibt es etwa ein Dutzend Sträucher und kleine Bäume. Die Blätter der meisten riechen nach Moschus. *P. trifoliata* wächst auf feuchtem nährstoffreichen Waldboden im Osten sowie in der Mitte der USA und war das heilige Kraut der Menomini-Indianer. Als Zierpflanze wird sie wegen ihres Laubs und der dekorativen Fruchttrauben angebaut. *P. trifoliata* 'Aurea' eignet sich gut für kleinere Gärten. *Ptelea* ist der griechische Name der Ulme, da ihre Früchte denen der echten Ulme gleichen.

Ptelea trifoliata (Lederstrauch)
Ein niedriger, sich ausbreitender laubwechselnder Baum oder großer Strauch mit dreiblättrigen Blättern; blaßgrüne bis weiße, sternenförmige duftende Blüten erscheinen im Frühsommer in verästelten Büscheln, gefolgt von runden blaßgrünen, geflügelten Früchten. H und B 7m.
❄❄❄

***Ptelea trifoliata* 'Aurea'** (Lederstrauch)
Diese Sorte hat hellgelbe Blätter und bildet einen angenehmen Kontrast zu Sträuchern mit bronzefarbenen Blättern, wie zum Beispiel *Sambucus nigra* 'Guincho Purple'. H und B 7m.

❄❄❄

PTEROCARPUS

Zwanzig Arten Hülsenfrüchte tragender Bäume und holziger Kletterer gehören zu dieser tropischen Gattung. *P. marsupium* ist in den Wäldern Süd- und Mittelindiens sowie Ceylons heimisch. Im 19. Jahrhundert wurde die Pflanze in Europa unter Abdeckungen kultiviert, ist aber heute außerhalb der Tropen kaum noch zu finden. Auf die Blüten folgen charakteristische Schoten mit nierenförmigen Samen. *Pterocarpus* kommt von griechisch *pteron* (Flügel) und *karpos* (Frucht) und bezieht sich auf die Form der Früchte.

Pterocarpus marsupium
(Flügelfruchtbaum)
Ein großer laubwechselnder Baum mit grauer Rinde, rotem Harz und ledrigen Blättern; Trauben blaßgelber Blüten werden im späten Frühjahr gebildet, gefolgt von Schoten, die in einen breiten Flügel eingeschlossen sind. H 18m, B 10m.

PUERARIA

Etwa 20 Arten von Kletterern gibt es in dieser Gattung, die in Südostasien und Japan heimisch ist. *P. lobata* lebt in Dikkichten und auf kargem Waldboden. Um 1870 in den Süden der USA eingeschleppt, entwickelte sich die Pflanze zu einem hartnäckigen Unkraut. In wärmeren Regionen kann sie in einer Jahreszeit bis zu 18m hoch werden. Ihre dekorativen Blüten sind meistens unter dem üppigen Laub verborgen. *Pueraria* sind nach Marc Puerari (1766-1845) benannt, einem dänischen Botaniker schweizerischer Herkunft.

Pueraria lobata (Kopoubohne)
Ein kräftiger, rankender Kletterer mit behaarten Stämmen und geteilten Blättern; duftende purpurne Blüten bilden sich im Sommer an bis zu 30cm langen Trauben, gefolgt von flachen behaarten Früchten, die in der Reife aufplatzen.
H 5-20m.

***Pulmonaria officinalis* 'Sissinghurst White'** (Lungenkraut)
Diese kräftige Sorte hat weiße Blüten. Sie ist eine für Eckenbepflanzungen äußerst geeignete frühblühende Varietät.
H und B 30cm.

PULMONARIA

Diese Gattung mit 14 Arten niedrig wachsender winterharter Mehrjähriger mit unterirdischem Sproß ist in den Wäldern Europas, Asiens und des westlichen Nordamerikas verbreitet. Der Gattungsname *Pulmonaria* leitet sich von dem lateinischen Wort *pulmo* (Lunge) ab. Die Pflanzen waren ein Volksheilmittel, mit dem Erkrankungen der Atemwege behandelt wurden. *P. officinalis* (Lungenkraut) ist nicht zu verwechseln mit *Lobaria pulmonaria* (Lungenflechte).

Pulmonaria officinalis (Lungenkraut)
Eine Mehrjährige mit behaarten Stielen und weißfleckigen eirunden Blättern von bis zu 7,5cm Länge, die mit Stoppelhaaren bedeckt sind; die trichterförmigen Blüten erscheinen im Frühjahr; zuerst sind sie rosa, später färben sie sich blau. H 10-30cm, B bis zu30 cm.

***Pulmonaria officinalis* 'Cambridge Blue'** (Lungenkraut)
Eine Sorte, die eine Fülle eierschalenfarbener bis blauer Blüten hervorbringt, die sich aus rosafarbenen Knospen öffnen; sie ist besonders dekorativ neben dunkelblättrigen Immergrünen.
H und B 30cm.

PULSATILLA

Diese Gattung umfaßt 30 Arten Büschel bildender Mehrjähriger, die in gemäßigten Zonen Eurasiens und im nördlichen Afrika vorkommen. *P. vulgaris* ist durch den Verlust ihres Lebensraum und durch übermäßiges Sammeln selten geworden. Der im 16. Jahrhundert lebende Kräuterkundler John Gerard beschrieb diese Pflanzen folgendermaßen: „Sie blühen meistens um Ostern, daher habe ich sie *Pasque-Floure* getauft". Die Blüten sondern einen grünen Farbstoff ab, mit dem früher die Ostereier gefärbt wurden.

Pulsatilla vulgaris
(Kuhschelle, Küchenschelle)
Eine kleine behaarte Mehrjährige mit geteilten fiedrigen Blättern von bis zu 22cm Länge; im Frühjahr trägt sie blaue bis violette glockenförmige Blüten, gefolgt von seidigen, fiedrigen Samenköpfen an verlängerten Stielen. H und B 15-23cm.

Pulsatilla vulgaris* var. *alba
(Kuhschelle, Küchenschelle)
Diese Varietät unterscheidet sich von den weiteren Pflanzen ihrer Art durch ihre weißen Blüten. Zusammen mit purpur-, lilafarbenen und roten Varietäten bildet sie einen guten Kontrast.
H und B 15-23cm.

Pulsatilla vulgaris* var. *rubra
(Kuhschelle, Küchenschelle)
Eine Varietät mit rubinroten Blüten, die nur noch von der kräftigeren *P. vulgaris* 'Eva Constance' übertroffen wird. H und B 15-23cm.

PULVERHOLZ, siehe *Rhamnus frangula*, S. 340
PURGIERKRAUT, siehe *Gratiola officinalis*, S. 290
PURGIERKREUZDORN, siehe *Rhamnus cathartica*, S. 340
PURGIERLEIN, siehe *Linum catharticum*, S. 304
PURGIERWINDE, siehe *Ipomoea purga*, S. 297
PURPURBLUME, siehe *Chamaelirium luteum*, S. 258
PURPURGLÖCKCHEN, siehe *Heuchera*, S. 293
PURPURWEIDE, siehe *Salix purpurea*, S. 345

PUNICA

Zu dieser Gattung gehören zwei Arten von Sträuchern oder kleinen Bäumen, die vom östlichen Mittelmeerraum bis zum Himalaya verbreitet sind. Die in den Subtropen immergrüne, in gemäßigten Regionen laubwechselnde *P. granatum* trägt im Sommer trichterförmige wächserne Blüten, auf die gelbe bis braune, rötlich angehauchte Granatäpfel folgen. Es gibt viele Sorten, darunter einige mit doppelten weißen oder weiß gestreiften Blüten. *Punica* stammt aus dem Lateinischen und heißt „Phönizierin" oder „Punierin".

Punica granatum
(Granatapfelbaum, Granatbaum)
Ein dichter Strauch oder kleiner Baum mit stachelbesetzten Zweigen und glänzenden eirunden bis länglichen Blättern; auf orangerote Blüten folgen Früchte, die zahlreiche Samen in rosafarbenem Fruchtfleisch enthalten. H und B 2-6m.

Punica granatum* var. *nana
(Granatapfelbaum, Granatbaum)
Diese Zwergsorte ist mindestens seit dem 18. Jahrhundert bekannt. Sie gilt als winterhärter als andere Pflanzen dieser Art und hat schmalere Blätter, kleinere Blüten sowie Früchte von der Größe einer Muskatnuß. H und B 1m.

PYCNANTHEMUM

Siebzehn Arten Mehrjähriger gehören zu dieser nordamerikanischen Gattung mit einem nach Minze riechenden Aroma. *P. virginianum*, in der Küche ein Ersatz für Minze, kann man häufiger in Kräutergärten finden; sie ist in Europa sonst aber kaum bekannt. Verschiedene nordamerikanische Indianerstämme haben *Pycnathemum*-Arten als Heilkräuter verwendet. Der Gattungsname setzt sich aus den griechischen Worten *pyknos* (dicht) und *anthus* (blütig) zusammen und bezieht sich auf die Vielzahl der Blütenköpfe.

Pycnanthemum virginianum
Eine verästelte Mehrjährige mit Wirteln zugespitzter gerader, länglicher Blätter; im Sommer bilden sich weiße bis lilafarbene Blüten mit flachkuppeligen Köpfen in dichtstehenden Gruppen. H 70-90cm, B 20-60cm.

QUERCUS

Diese Gattung besteht aus etwa 600 Arten immergrüner und laubwechselnder Bäume sowie einiger Sträucher, die in der nördlichen Hemisphäre verbreitet sind und auch in einigen Bergregionen des Südens vorkommen. Verschiedene Arten haben eine besondere Bedeutung als Bauholz- sowie Gerbstofflieferanten und sind mit der Geschichte des Schiffbaus eng verbunden. Sie sind langlebig und werden in Parkanlagen und an offenen Plätzen gepflanzt. Die schmale *Q. robur* f. *fastigiata* eignet sich für beengten Raum.

Quercus robur (Stieleiche)
Ein großer laubwechselnder Baum mit breiter Krone, rauhen Ästen und rissiger Borke; männliche Blüten bilden sich im Frühjahr in hängenden Kätzchen, weibliche an Ähren, gefolgt von 4cm langen Eicheln. H und B 25cm.

***Quercus robur* 'Atropurpurea'**
(Stieleiche)
Diese langsam wachsende Sorte hat rötlichpurpurne junge Blätter, die graupurpurfarben ausreifen.
H und B 10m.

PUSTEBLUME, siehe *Taraxacum officinale*, S. 360
QUEBRACHOBAUM, siehe *Aspidosperma quebracho-blanco*, S. 245
QUECKE, siehe *Elymus repens*, S. 277
QUENDEL siehe *Thymus serpyllum*, S.363; *Thymus pulegioides*, S. 363

***Quercus robur* 'Concordia'** (Stieleiche)
Eine ungewöhnliche Sorte, klein und langsam wachsend, mit gerundeter Krone und jungem goldfarbenen Laub, das im Sommer gelb bis grün wird; im Jahre 1843 aus Gent eingeführt, ist sie für kleinere Gärten zu empfehlen.
H und B 10m.

Quercus robur* f. *fastigiata (Stieleiche)
Eine besonders schmalwüchsige Form, die auf begrenztem Raum eine hohe eindrucksvolle Solitärpflanze abgibt.
H 25m, B 5-6m.

QUILLAJA

Vier Arten immergrüner Bäume gehören zu dieser Gattung, die in gemäßigten Regionen Südamerikas vorkommt. *Q. saponaria* wächst in Chile und Peru. Man baut sie wegen ihres dekorativ glänzenden Laubs, ihrer großen Blüten und der seifigen Rinde an. In nördlichen Regionen gedeiht sie im Freien an geschützten Standorten; kommerziell wird sie in Kalifornien und Indien kultiviert. *Quillaja* spielt auf die seifenartigen Eigenschaften der Gattung an, *quillai* ist ein chilenischer Ausdruck für „waschen".

Quillaja saponaria (Seifenbaum)
Ein großer Baum mit dicker dunkler, aschgrauer Rinde und ledrigen eiförmigen Blättern; im Frühjahr bilden sich weiße bis grüngelbe, in der Mitte purpurne Blüten, danach folgen sternenförmige Früchte, die 10-18 längliche Samen enthalten. H 15-18m, B 6-7m.

RANUNCULUS

Die etwa 400 Arten von Ein-, Zwei- und Mehrjährigen in dieser Gattung sind auf die nördlichen gemäßigten und bergigen tropischen Regionen verteilt. *R. ficaria* wächst in Europa, Westasien und Nordafrika. Obwohl die wildwachsende Art von *R. ficaria* für gärtnerische Zwecke zu sehr wuchert, gibt es Sorten mit hübschem Laub und zahlreichen glänzenden Blüten. *Ranunculus* ist die Verkleinerungsform des lateinischen Wortes *rana* (Frosch); viele Arten sind Wasserpflanzen oder gedeihen an feuchten Standorten.

Ranunculus ficaria
(Scharbockskraut, Feigwurz)
Eine kleine mattenbildende, knollige Mehrjährige mit herzförmigen Blättern von bis zu 4cm Länge, häufig mit Achselzwiebeln am Blattende; im Frühjahr erscheinen gelbe, einzeln stehende Blüten. H 5-15cm, B 30cm.

Ranunculus ficaria* var. *albus
(Scharbockskraut, Feigwurz)
Diese Sorte unterscheidet sich von den anderen Pflanzen ihrer Art nur durch die weißen Blüten. Sie läßt sich gut mit Pflanzen mit buntem Laub kombinieren.
H 5-15cm, B 30cm.

***Ranunculus ficaria* 'Brazen Hussy'**
(Scharbockskraut, Feigwurz)
Eine ungewöhnliche Sorte mit bronzefarbenem Laub und gelben Blüten mit bronzenen Unterseiten; sehr eindrucksvoll wirkt sie zusammen mit Sträuchern, die goldfarbenes Blattwerk haben.
H 5-15cm, B 30cm.

Ranunculus ficaria* var. *flore pleno
(Scharbockskraut, Feigwurz)
Ein doppelblütiges Scharbockskraut, das etwas später blüht und langlebiger ist als die anderen Sorten ihrer Art es sind.
H 5-15cm, B 30cm.

RAINFARN, siehe *Tanacetum*, S. 359
RAMA, siehe *Hibiscus sabdariffa*, S. 293
RAPONTIKAWURZEL, siehe *Oenothera biennis*, S. 318
RATANHIA, siehe *Krameria triandra*, S. 300
RAUKE, siehe *Sisymbrium*, S. 354
RAUTE, siehe *Ruta*, S. 345
REBE, siehe *Vitis*, S. 371
REBHUHNBEERE, siehe *Mitchella*, S. 312
REGENWALDLIANE, siehe *Chondrodendron tomentosum*, S. 260
REIS, siehe *Oryza*, S. 320
RESEDAPFEFFER, siehe *Piper nigrum*, S. 330
RETTICH, siehe *Raphanus*, S. 339
RHABARBER, siehe *Rheum*, S. 340

RAPHANUS

Zu dieser Gattung von Ein- und Mehrjährigen gehören acht Arten, die sich von West- über Mitteleuropa bis nach Mittelasien verteilen. *R. sativus* ist als Wildpflanze nicht bekannt. Es handelt sich wahrscheinlich um eine Hybride des Ackerrettichs, *R. raphanistrum*. Der Rettich wurde schon vor 4.500 Jahren in Ägypten und seit mindestens 2.000 Jahren in China kultiviert. Schwarze Rettiche sind vermutlich spanischen Ursprungs und seit dem Mittelalter bekannt. Vier Arten wurden von John Gerard 1597 beschrieben.

Raphanus sativus (Rettich)
Eine borstige Ein- oder Zweijährige mit einer geschwollen, weißfleischigen Pfahlwurzel, die außen unterschiedlich gefärbt ist; die Blätter sind gezähnt; im Sommer erscheinen weiße oder lilafarbene Blüten, gefolgt von Früchten, die 6 -12 Samen enthalten. H 20-90cm.

RAUVOLFIA

Über 100 Arten immergrüner oder laubwechselnder Sträucher und kleiner Bäume bilden diese Gattung. Sie ist in den meisten tropischen und subtropischen Regionen verbreitet. *R. serpentina*, aus Birma stammend, gelangte 1690 nach Europa und wurde im 19. Jahrhundert als Topfpflanze für abgedeckte Standorte empfohlen. Einige Arten sind heute noch in Botanischen Gärten zu sehen, jedoch ist keine als Zierpflanze im Handel erhältlich. *Rauvolfia* ist nach dem Deutschen Leonhart Rauwolf benannt.

Rauvolfia serpentina
Ein niedriger immergrüner Strauch mit länglichen zugespitzten Blättern, die 5-13cm lang werden; kleine weiße bis blaßrosa Blüten bilden sich im Frühjahr, danach folgen glänzende karmesinrote, zweilappige erbsengroße Beeren. H und B 1m.

REHMANNIA

Diese ostasiatische Gattung besteht aus zehn Arten Mehrjähriger. Obwohl die Pflanzen Ähnlichkeit mit dem Fingerhut haben, gedeihen sie nur in wärmeren Regionen im Freien. *R. glutinosa*, in China heimisch, wurde als Zierpflanze durch *R. elata* ersetzt. Wegen ihrer langen Kultivierung als Heilpflanze sind in China von *R. glutinosa* viele Sorten erhältlich, die in Größe, Wachstum und Geschmack der Wurzeln sehr unterschiedlich sein können. *Rehmannia* ist nach dem deutschen Arzt Joseph Rehmann (1779-1831) benannt.

Rehmannia glutinosa
Eine flaumige Mehrjährige mit knolligen, orangefarbenen Wurzeln und einer Rosette eirunder Blätter, von denen jedes bis zu 10cm lang werden kann; im Frühjahr folgen auf purpurbraune bis hellgelbe Blüten eiförmige Samenkapseln. H 15-30cm, B 20cm.

RHAMNUS

Die 140 Arten laubwechselnder oder immergrüner, häufig dorniger Bäume und Sträucher dieser Gattung kommen hauptsächlich in nördlichen gemäßigten Zonen vor. *R. cathartica* wächst in gemäßigten Teilen Europas, Nordwestafrikas und Asiens. *R. frangula* liebt feuchte Böden sowie Torf und ist ein dekorativer Strauch mit im Herbst hübschen Farbtönen, der gelegentlich auch als Hecke gezogen wird. *R. purshiana*, als Wildpflanze selten geworden, hat im Winter besonders bemerkenswerte silbergraue Stämme.

Rhamnus cathartica (Kreuzdorn)
Ein laubwechselnder Strauch oder kleiner Baum mit graubrauner Rinde und ovalen bis elliptischen Blättern; kleine Trauben blaßgrüner, vierblättriger Blüten bilden sich im späten Frühjahr; darauf folgen kugelige schwarze Beeren von 7mm Durchmesser. H 4-6m, B 2,5-5m.

Rhamnus frangula
(Faulbaum, Pulverholz)
Ein laubwechselnder Strauch oder kleiner Baum mit eirunden Blättern und gelber oder brauner Herbstfärbung; kleine grüne Blüten erscheinen im späten Frühjahr, gefolgt von roten Beeren, die in der Reife schwarz werden. H 5m, B 3-5m.

RHEUM

Fünfzig Arten kräftiger Mehrjähriger bilden diese Gattung, die ihr Verbreitungsgebiet in Eurasien hat. Rhabarber verschiedener Art werden in China seit über 2.000 Jahren als Heilpflanzen kultiviert und wurden, wie überliefert ist, von den Griechen eigens eingeführt. Die Kiakhta Kommission („Rhabarberbehörde") kontrollierte das chinesische und russische Handelsmonopol entlang der Grenze zwischen Sibirien und der Mongolei und verhinderte den internationalen Handel bis zu ihrer Abschaffung im Jahre 1782.

Rheum palmatum (Medizinalrhabarber)
Eine kräftige Mehrjährige mit einem dicken Rhizom, fast runden Blattstielen und handtellerförmig gelappten Blättern von bis zu 90cm Länge; im Sommer folgen auf tiefrote Blüten an ährenähnlichen Rispen dreifach geflügelte Früchte. H 2m, B 60-75cm.

***Rheum palmatum* 'Atrosanguineum'**
(Medizinalrhabarber)
Diese Sorte hat rote bis purpurfarbene junge Blätter, später grüne mit purpurnen Unterseiten, und kirschrote Blüten, auf die rosafarbene Beeren folgen.
H 2m, B 60-75cm.

RHUS

Eine Gattung mit etwa 200 Arten meist winterharter laubwechselnder oder immergrüner Bäume, Sträucher und Kletterer, die in gemäßigten und subtropischen Klimazonen weit verbreitet sind. *R. glabra*, im Nordosten der USA und in Südkanada heimisch, hat eine lebhafte Herbstfärbung und bei weiblichen Pflanzen aufrecht stehende Trauben mit scharlachroten Früchten; sie eignet sich besonders für eine Pflanzung in großen Kulturen. Der Trivialname „Sumach" stammt von dem arabischen Wort *summaq*.

Rhus glabra (Scharlachsumach)
Ein laubwechselnder Strauch oder kleiner Baum mit wachsüberzogenen Ästen und gefiederten Blättern, die sich im Herbst rot färben; im Winter bilden sich grüne Blüten, männliche und weibliche an separaten Pflanzen; die weiblichen tragen rote Früchte. H 3-5m, B 1,5-2,2m.

***Rhus glabra* 'Laciniata'**
(Scharlachsumach)
Diese Sorte ist halbwinterhart. Die Blätter aus eingeschnittenen Blättchen geben der Pflanze ein farnähnliches Aussehen. Viele Pflanzen dieses Names gehören zu der Hybride *R.* × *pulvinata*, Gruppe Autumn Lace. H 3-5m, B 1,5-2,2m.

RIBES

Eine Gattung mit etwa 150 Arten kleiner bis mittelgroßer, meistens laubwechselnder Sträucher, die in nördlichen gemäßigten Regionen weit verbreitet sind. In Europa ist *R. nigrum* die am häufigsten angebaute und wirtschaftlich bedeutendste Art dieser Gattung. In den USA ist sie weniger verbreitet, weil sie Wirt eines Schädlings *(Cronartium ribicola)* ist, der ganze Kiefernwälder befallen kann. Bevor man mit der kommerziellen Züchtung begann, unterschieden sich die kultivierten Pflanzen kaum von wild wachsenden.

Ribes nigrum
(Schwarze Johannisbeere, Ahlbeere)
Ein aromatischer Strauch mit gelben bis braunen Jungtrieben und fünflappigen Blättern; unscheinbare grüne bis weiße Blüten bilden sich an hängenden Trauben, denen zahlreiche Samen tragende schwarzen Beeren folgen. H und B 2m.

RICINUS

Diese Gattung mit einer einzigen Art immergrüner Sträucher wächst wild im Nahen Osten sowie in Nordostafrika und ist in vielen tropischen Regionen eingebürgert. In den Tropen erreicht diese Pflanze die Größe von Bäumen, kann aber auch als halbwinterharte Einjährige in gemäßigten Zonen angebaut werden. Die großen, üppig wachsenden Blätter sind in Beeten mit subtropischen Pflanzen ein Blickfang. Der Name kommt von griechisch *rikonos* (Pflanzenname), vielleicht auch von hebräisch *rikar* (rundlich).

Ricinus communis
(Wunderbaum, Palma Christi)
Ein aufrechter Strauch mit dunkelroten Stämmen und langstieligen gezähnten Blättern von bis zu 60cm Länge; im Sommer folgen auf grüne einhäusige, weibliche Blüten rote Kapseln mit 3 graubraunen Samen. H 2-12m, B 1-10m.

***Ricinus communis* 'Carmencita'**
Eine frühblühende Sorte für Beete, die bronzefarbene Blätter, tiefrote Blütenknospen und stachlige rote Kapseln hervorbringt.
H 1,5-2m, B 1m.

***Ricinus communis* 'Impala'**
(Wunderbaum, Palma Christi)
Diese Sorte ist kleiner als die zuvor erwähnte und hat kastanienbraunes bis karmesinrotes junges Laub, crèmefarbene bis gelbe Blütenknospen und kastanienbraune Kapseln.
H 1-1,2m, B 60-90cm.

RIESENKÜRBIS, siehe *Cucurbita maxima*, S. 269
RINGELBLUME, siehe *Calendula*, S. 252; *Taraxacum officinale*, S. 360
RITTERSPORN, siehe *Delphinium*, S. 272
RIZINUS, siehe *Ricinus communis*, S. 43
ROHR, siehe *Phragmites*, S. 326
ROHRKOLBEN, siehe *Typha*, S. 366
RÖMISCHE KAMILLE, siehe *Chamaemelum nobile*, S. 259
RÖMISCHER BERTRAM, siehe *Anacyclus pyrethrum*, S. 237
ROOIBOS, siehe *Aspalathus linearis*, S. 244
ROSE siehe *Rosa*, S. 342
ROSEE DU SOLEIL, siehe *Drosera rotundifolia*, S. 275

ROSA

Eine Gattung, die aus etwa 100 Arten laubwechselnder oder fast immergrüner Sträucher besteht und in nördlichen gemäßigten Regionen weithin verbreitet ist. Die Kultivierung der Rose reicht Tausende von Jahren zurück. *R. gallica* var. *officinalis* stammt von der südeuropäischen *R. rubra* ab und bekam ihren Namen im 13. Jahrhundert, als sie sich nach Gallien ausbreitete. Im 14. Jahrhundert brachten die zurückkehrenden Kreuzritter die persische *R. damascena* mit. Auch *R. rugosa* und *R. laevigata* sind orientalischen Ursprungs.

Rosa canina (Hundsrose)
Ein laubwechselnder Strauch mit überhängenden Zweigen, krummen Stacheln und geteilten Blättern; duftende weiße oder rosafarbene, fünfblättrige Blüten in Gruppen erscheinen von Früh- bis Mittsommer, gefolgt von eiförmigen scharlachroten Hagebutten. H und B 3m.

Rosa rugosa (Kartoffelrose)
Ein laubwechselnder Strauch mit dichten stachligen Stengeln und dunkelgrünen geteilten Blättern; im Sommer werden duftende purpur- bis rosafarbene oder weiße Blüten gebildet, auf die rote, kugelige Hagebutten mit einer Krone aus Kelchblättern folgen. H und B 1-2m.

Rosa eglanteria
(Weinrose, Schottische Zaunrose)
Ein dichter laubwechselnder Strauch mit gebogenen Dornen; geteilte Blätter weisen an den Unterseiten rostfarbene klebrige Härchen auf. Er trägt im Sommer rosafarbene Blüten, auf die rote Hagebutten folgen. H und B 2,5m.

***Rosa rugosa* 'Alba'** (Kartoffelrose)
Diese Sorte hat ein kräftiges Wachstum und üppiges gekräuseltes und glänzendes Laub. Duftende, einzeln stehende weiße Blüten von 9cm Durchmesser werden im Sommer aus rosa angehauchten Knospen gebildet, gefolgt von großen tomatenähnlichen Hagebutten. H und B 1-2m.

Rosa gallica* var. *officinalis (Essigrose)
Ein buschiger laubwechselnder Strauch mit borstigen Stengeln und ledrigen geteilten Blättern; im Sommer folgen auf die duftenden Blüten mit 4-8cm Durchmesser ziegelrote Hagebutten. H 80 cm, B 1m.

Rosa laevigata
Ein kräftiger, fast immergrüner, kletternder Strauch mit glänzenden, geteilten Blättern. Im Frühjahr bilden sich weiße, einzeln stehende duftende Blüten mit ausdauernden stoppeligen Kelchblättern; danach folgen birnenförmige orangerote Hagebutten. H und B 10m.

ROSENMALVE, siehe *Alcea*, S. 232
ROSENPELARGONIE, siehe *Pelargonium radens*, S. 324
ROSMARIN, siehe *Rosmarinus*, S. 343

ROSMARINUS

Diese Gattung besteht aus immergrünen Sträuchern und ist in den trockenen Regionen des Mittelmeers, in der Regel in Küstennähe, heimisch. Die Meinungen über die Zahl der Arten in dieser Gattung gehen auseinander. Einige Experten halten *R. officinalis* für die einzige, und alle weiteren für Varietäten. Rosmarin ist eine weltweit beliebte Garten- und Kübelpflanze. Niedrig wachsende Varietäten sind hervorragende Solitäre für Töpfe, abschüssige Böschungen oder Mauerkronen. Die blaßblauen Blüten gleichen aus der Ferne betrachtet Tautropfen. Der Name stammt von dem lateinischen *ros marinus* (Meertau).

▲ ***Rosmarinus officinalis*** (Rosmarin)
Ein variabler aromatischer, immergrüner Strauch mit aufrechten Ästen und harten, stumpf endenden nadelähnlichen Blättern von 2,5cm Länge; blasse bis dunkelblaue, selten rosafarbene oder weiße röhrenförmige, zweilippige Blüten bilden sich im Frühjahr. H 2m, B 1,5-2m.

◄ ***Rosmarinus officinalis*** var. ***albiflorus***
Der weißblühende Rosmarin ist eine gute Wahl für weiße Gärten und für Blumenarrangements. H 2m, B 1,5-2m.

► ***Rosmarinus officinalis* 'Arp'**
Eine außergewöhnlich winterharte Sorte; sie hat ein offenes Wachstum und harzige, graue bis grüne, nach Zitrone duftende Blätter. Sie verträgt Frost bis -23° C. H 1,5m, B 1m.

◄ ***Rosmarinus officinalis* 'Aureus'**
Diese ungewöhnliche Sorte hat unregelmäßig gelbe Abstufungen und bietet als Kübelpflanze das ganze Jahr über einen interessanten Anblick. H 2m, B 1,5-2m.

► ***Rosmarinus officinalis* 'Benenden Blue'**
Eine kleinwüchsige Sorte mit dicht herabhängendem, kräftigem, sehr schmalem, dunkelgrün glänzendem Laub und blauen Blüten; für Kübelpflanzungen sehr zu empfehlen. H und B 1m.

► ***Rosmarinus officinalis* 'McConnell's Blue'**
Eine sich ausbreitende, liegende Sorte mit breiten Blättern und rein blauen Blüten. H 30-40cm, B 1m.

▲ ***Rosmarinus officinalis* 'Miss Jessopp's Upright'**
Eine für den konventionellen Kräutergarten oder bei beengtem Raum unverzichtbare winterharte Sorte. Sie hat einen kräftigen aufrechten Wuchs und blaßblaue Blüten. H 2m, B 1,5-2m.

◄ ***Rosmarinus officinalis* 'Fota Blue'**
Eine eher empfindliche variable Sorte mit fast kriechendem Wachstum, sehr dunklen blauen Blüten und unbestimmter Blütezeit.
H 30-45cm, B 60-90cm.

◄ ***Rosmarinus officinalis* 'Majorca Pink'**
Diese eher empfindliche Sorte hat ein säulenförmiges gewölbtes Wachstums, kleine hellgrüne Blätter und malven- bis rosafarbene Blüten.
H 1,2m, B 30-60cm.

◄ *Rosmarinus officinalis* **'Pinkie'**
Diese amerikanische Sorte ist an ihren rosafarbenen Blüten und den kürzeren graugrünen Blättern zu erkennen. H 1, 2m, B 1m.

► *Rosmarinus officinalis* **'Primley Blue'**
Eine ziemlich winterharte Sorte mit aufrechtem Wuchs und rein blauen Blüten. H 1m, B 60cm.

◄ *Rosmarinus officinalis* **'Roseus'**
Diese Sorte unterscheidet sich von anderen ihrer Art nur durch rosa Blüten und intensives Grün des Laubs. H 2m, B 1,5-2m.

▲ *Rosmarinus officinalis* **Gruppe Prostratus**
Dieses kriechende, eher empfindliche Rosmarin eignet sich für Kübel, hängende Körbe, Böschungen, Mauern, Steingärten und als Bonsaipflanze. H 15-30cm, B 60-90cm.

◄ *Rosmarinus officinalis* **'Severn Sea'**
Eine besonders geeignete Sorte für Kübel oder Mauern, mit sich ausbreitendem, gewölbtem Wachstum, schmalen Blättern und violetten bis blauen Blüten. H und B 1m.

◄ *Rosmarinus officinalis* **'Sissinghurst Blue'**
Eine ungewöhnliche, relativ winterharte Sorte mit unbestimmter Blütezeit und aufrechtem Wuchs. H 1-1,2m, B 1m.

► *Rosmarinus officinalis* **'Sudbury Blue'**
Eine der winterhärteren Sorten mit dichtem blaugrünem Laub, aufrechtem Wuchs und blauen Blüten. H 1,5-2m, B 1,2-1,5m.

► *Rosmarinus officinalis* **'Tuscan Blue'**
Diese schnellwachsende Sorte hat einen hohen aufrechten Wuchs, rotbraune Stengel, hellgrüne, leicht glänzende Blätter und dunkelblaue Blüten. H und B 1-2m.

RUBIA

Eine Gattung mit etwa 60 Arten Mehrjähriger und Halbsträucher, die in Eurasien und Afrika vorkommen. *R. cordifolia* ist in Asien heimisch und in Europa sowie Afrika verbreitet. *R. tinctorum*, in Südosteuropa und West- sowie Mittelasien wachsend, erzeugt den Farbstoff, der als „türkisches Rot" bekannt ist und mit dem der türkische Fes gefärbt war. Ursprünglich wurde die Pflanze aus der Türkei zur Kultivierung in die Textilindustriezentren Nordeuropas exportiert. *Rubia* leitet sich vom lateinischen Wort *ruber* (rot) ab.

Rubia cordifolia (Krapp, Röte)
Ein mehrjähriger Kletterer mit langen roten Wurzeln, grünlichweißen stachligen Stämmen und schlanken herzförmigen Blättern von bis zu 8cm Länge; kleine Blüten erscheinen von Sommer bis Herbst, gefolgt von runden schwarzen Früchten mit rotem Saft. H 6m.

Rubia tinctorum (Krapp, Röte)
Ein struppiger mehrjähriger Kletterer mit einem roten verzweigten Rhizom und schmalen stiellosen Blättern; im Sommer bilden sich kleine blaßgelbe bis grüne Blüten in lockeren Ähren, gefolgt von kleinen fleischigen, rotbraunen bis schwarzen Beeren. H 25cm-1m.

ROSSKASTANIE, siehe *Aesculus hippocastanicum*, S. 230
ROSSMINZE, siehe *Mentha longifolia*, S. 311
ROSSPAPPEL, siehe *Malva sylvestris*, S. 308
ROTBUCHE, siehe*Fagus sylvatica*, S. 282
ROTDORN, siehe *Crataegus laevigata*, S. 268

RUBUS

Diese weitverbreitete Gattung mit etwa 250 Arten laubwechselnder halbimmergrüner und immergrüner, kriechender oder kletternder Sträucher mit verholzten Stielen ist hauptsächlich in der nördlichen Hemisphäre verbreitet. *R. coreanus* ist in Korea, Japan und China heimisch. *R. fruticosus* ist in Europa zu finden und *R. idaeus* in Eurasien und Nordamerika. Himbeeren wurden seit Mitte des 16. Jahrhunderts kultiviert; Brombeeren sammelte man bis zum 19. Jahrhundert von der Wildpflanze.

Rubus coreanus
Ein laubwechselnder, Schößlinge treibender Strauch mit dunklen, wachsüberzogenen gewölbten Stämmen mit kräftigen Stacheln und geteilten Blättern; kleine rosa bis weiße Blüten erscheinen im Sommer, gefolgt von roten bis schwarzen Früchten. H 4m, B unbestimmt.

Rubus fruticosus (Echte Brombeere)
Ein variabler halbimmergrüner Strauch mit stachligen zweijährigen Sprossen und dreiblättrigen oder handförmigen Blättern; von der Sommermitte an werden Büschel weißer bis rosafarbener Blüten gebildet, gefolgt von saftigen schwarzen, 1-2cm langen Früchten. H und B 4m.

Rubus idaeus (Himbeere)
Ein Schößlinge treibender laubwechselnder Strauch mit stachligen oder fast biegsamen Sprossen und fiederteiligen Blättern; kleine weiße Blüten bilden sich in herabhängenden Trauben, auf die aromatische saftige, in der Regel rote Früchte folgen. H 1-1,7m, B 1-2m.

***Rubus idaeus* 'Aureus'** (Himbeere)
Diese Sorte wird wegen ihres Laubs angebaut. Sie ist kleinwüchsiger als andere Pflanzen ihrer Art und hat tief goldfarbene Blätter, die sich im Halbschatten gut als Bodendecker eignen. H 1-1,2m, B 60-90cm.

RUMEX

Etwa 200 Arten Ein-, Zwei- und Mehrjähriger bilden diese Gattung, die sich über die nördlichen gemäßigten Zonen verteilt. *R. crispus* wächst in Europa und Afrika; *R. scutatus*, in Europa, Westasien und Nordafrika verbreitet, ist eine der wenigen Arten, die als Zierpflanzen in Frage kommen, jedoch schwierig zu entfernen sind und leicht zu einem Unkraut werden. Plinius zufolge sind die Soldaten Caesars durch *herba britannica* (als *R. aquatica* identifiziert) von Skorbut geheilt worden.

Rumex crispus (Ampfer)
Eine variable aufrechte Mehrjährige mit kräftigem Wurzelstock und länglichen Blättern von bis zu 30cm Länge; im Sommer trägt sie unscheinbare grüne Blüten, danach kleine holzige Früchte. H 30cm-1,5m, B 45-90cm.

Rumex acetosa (Gartensauerampfer)
Eine Mehrjährige mit blaßgrünen Stengeln und dicken langstieligen Blättern von bis zu 15cm Länge; ab dem Frühsommer zeigt sie unscheinbare rotbraune Blüten an schlanken lockeren Ähren, denen kleine harte Früchte folgen. H 50cm-1,2m, B 25-45cm.

Rumex scutatus (Römischer Ampfer)
Eine niedrig wachsende, mattenbildende Mehrjährige mit holzigen unteren Ästen und langstieligen, speerförmigen Blättern; im Sommer werden unscheinbare rote bis grüne Blüten gebildet, die sich bei Reife der Früchte blaßbraun verfärben. H 15-50cm, B 1,2m.

***Rumex scutatus* 'Silver Shield'** (Römischer Ampfer)
Diese Sorte hat silbriggrüne Blätter. Sie eignet sich bei entsprechend üppigem Wuchs als Bodendecker an Wegen und als Begrenzung von Rabatten. H 15-30cm, B 1,2m.

RÖTE, siehe *Rubia*, S. 343
ROTE ZEDER, siehe *Juniperus virginiana*, S. 299
ROTKLEE, siehe *Trifolium pratense*, S. 364
ROTKOHL, siehe *Brassica oleracea*, S. 38
ROTULME, siehe *Ulmus rubra*, S. 366
RUCHGRAS, siehe *Anthoxanthum odoratum*, S. 239
RUHMESKRONE, siehe *Gloriosa*, S. 289
RUHRKRAUT, siehe *Gnaphalium*, S. 289
RUHRWURZ, siehe *Potentilla erecta*, S. 334
RUNDBLÄTTRIGER SONNENTAU, siehe *Drosera rotundifolia*, S. 275
RUPRECHTSKRAUT, siehe *Geranium robertianum*, S. 288
RÜSTER, siehe *Ulmus*, S.366

RUSCUS

Sechs Arten immergrüner gruppenbildender Halbsträucher gehören zu dieser Gattung, die auf den Azoren, in Nordafrika und von Westeuropa bis zum Kaspischen Meer verbreitet ist. Sie haben ungewöhnliche abgeflachte, wie Blätter aussehende Zweige, während die echten Blätter zu Schilden geschrumpft scheinen. *R. aculeatus* ist in der Nähe von Bäumen ein guter Bodendecker und durch ihre übergroßen Früchte eine dekorative Zierpflanze. Zu Büscheln verschnürt, diente die Pflanze früher als Besen.

Ruscus aculeatus (Mäusedorn)
Ein kleiner aufrechter Halbstrauch mit steifen eiförmigen, blättergleichen Zweigen von bis zu 2,5cm Länge, die an der Spitze stachlig sind; unscheinbare grüne Blüten werden im späten Winter und Frühjahr gebildet, gefolgt von kugeligen roten Früchten. H 75cm-1,2m, B 1m.

RUTA

In dieser Gattung sind sechs Arten stark riechender immergrüner oder halbimmergrüner Halbsträucher enthalten, die sich von Osteuropa bis Südwestasien verbreiten. *R. graveolens* ist in trockenen Regionen des Mittelmeerraums auf steinigen Böden heimisch, stellt eine nützliche Pflanze für schmale sonnige Rabatten dar und trägt das ganze Jahr über dekoratives Laub. *Ruta* könnte angesichts der langen Geschichte dieser Pflanzen als Heilmittel vom griechischen Wort *rhutos* (beschützt) abgeleitet sein.

Ruta graveolens (Raute)
Ein kleiner immergrüner oder halbimmergrüner Halbstrauch mit tief geteilten Blättern; im Sommer trägt er senfgelbe Blüten von bis zu 1cm Durchmesser mit 4 gefransten Blütenblättern, auf die vierlappige Kapseln folgen.
H 60cm, B 45cm.

***Ruta graveolens* 'Jackman's Blue'** (Raute)
Diese Sorte hat blaugraue Blätter.
H 60cm, B 45cm.

***Ruta graveolens* 'Variegata'** (Raute)
Eine bunte Sorte mit unregelmäßig crèmeweiß gezeichneten und gelegentlich gänzlich weißen Blättern; sie zeichnet sich vor anderen bunten Sorten durch Echtheit bei der Aufzucht aus Samen aus. H 60 cm, B 45 cm.

SALIX

In dieser Gattung gibt es etwa 300 Arten laubwechselnder Bäume und Sträucher, die in gemäßigten und kälteren Regionen der nördlichen Hemisphäre vorkommen. *S. alba* wächst gewöhnlich an Flußläufen in Europa und Mittelasien. *S. alba* 'Britzensis' und *S. a.* var. *vitellina* sind wegen ihrer farbigen Stämme als winterliche Zierde häufig in Gärten zu sehen. Aus ihr und der Trauerweide (*S. babylonica*) gibt es eine Hybride mit Goldfarben. In Teilen Englands wird Reisig von Weiden an Ostern zu Kreuzen geflochten.

Salix alba (Silberweide)
Ein großer Baum mit tief aufgesprungener graubrauner Rinde, aufstrebenden Ästen und länglichen, spitz zulaufenden Blättern von bis zu 10cm Länge; Blüten erscheinen im Frühjahr als Kätzchen mit den neuen Blättern. H 25m, B 10m.

Salix alba* var. *vitellina (Dotterweide)
Eine dekorative Sorte mit gelben bis grünen jungen Zweigen, die als Zierpflanze durch Formschnitt kultiviert wurde. H 25 m, B 10 m.

***Salix alba* var. *vitellina* 'Britzensis'** (Dotterweide)
Diese Sorte hat intensiv orangerote junge Zweige. Sie sollte jährlich zurückgeschnitten werden, damit sie farbenprächtige neue Triebe bilden kann.
H 25m, B 10m.

SAATGERSTE, siehe *Hordeum vulgare*, S. 294
SAATHAFER, siehe *Avena sativa*, S. 246
SÄCKELBLUME, siehe *Ceanothus americanus*, S. 256
SADEBAUM, siehe *Juniperus sabina*, S. 299
SAFLOR, siehe *Carthamus tinctorius*, S. 255
SAFRAN, siehe *Crocus sativus*, S. 269

SALVIA

Eine Gattung aus ca. 900 Arten, meist aromatische ein-, zwei- oder mehrjährige in der Regel immergrüne Sträucher und Halbsträucher, die mit Ausnahme von *S. officinalis* überwiegend empfindlich oder halbwinterhart sind. Sie sind weltweit verbreitet, insbesondere in wärmeren gemäßigten Regionen. Die Blüten sondern reichlich Nektar ab und können als Bienen anlockende Pflanzen von Bedeutung sein. Salbeiarten haben interessante Aromen, Strukturen und Farben. *S. viridis* und *S. sclarea* sind hervorragende Schnitt- und Trockenblumen. Ca. 80 Arten und viele Varietäten sind als Zierpflanzen erhältlich, darunter befinden sich auch einige Heil- und Küchenkräuter. *Salvia* leitet sich von lateinisch *salvus* (gesund) ab und bezieht sich auf die Heilwirkung der Pflanzen.

► ***Salvia clevelandii***
Ein immergrüner Strauch mit flaumigen Stielen und länglichen, aromatischen, gekräuselten Blättern von bis zu 2,5cm Länge; im Sommer trägt er Ähren mit blauen bis violetten oder weißen Blüten. H 45-60cm, B 30-45cm.

▲ ***Salvia dorisiana***
Eine strauchige immergrüne Mehrjährige mit samtigen eirunden Blättern, die süßlich duften und bis zu 18cm lang werden; im Winter zeigt sie Magenta- bis rosafarbene Blüten an Ähren von bis zu 15cm Länge. H und B 1-1,5m.

▲ ***Salvia fruticosa*** (Griechischer Salbei)
Ein immergrüner Strauch mit nach Lavendel riechenden, eirunden bis länglichen graugrünen Blättern, die weiße flaumige Unterseiten haben; malven- bis rosafarbene Blüten, selten weiß, wachsen im Frühjahr an Rispen von bis zu 20 cm Länge. H und B 1m.

▲ ***Salvia elegans* 'Scarlet Pineapple'**
Ein immergrüner, mehrjähriger flaumiger Halbstrauch mit intensiv grünen, eirunden zugespitzten Blättern von bis zu 9cm Länge, die nach Ananas riechen; im Winter bilden sich Ähren mit schlanken roten bis rosafarbenen Blüten. H und B 1m.

▲ ***Salvia coccinea***
Eine Einjährige mit vielfach verästelten flaumigen Stielen und eirunden Blättern von bis zu 5cm Länge mit gewellten bis gezackten Rändern; Büschel mit roten, gelegentlich weißen Blüten, die fast 2cm lang werden, erscheinen im Sommer an Ähren. H 1m, B 45cm.

◄ ***Salvia lavandulifolia***
Eine sich ausbreitende immergrüne Mehrjährige mit behaarten Stielen und länglichen, grauen bis flaumig weißen, gekräuselten Blättern von bis zu 2,5cm Länge, die ein Balsam-Lavendel-Aroma verströmen; im Sommer bilden sich Ähren mit blauen bis violetten Blüten. H 30-50cm, B 60cm.

▲ ***Salvia officinalis*** (Gartensalbei)
Eine strauchige immergrüne Mehrjährige mit vielfach verzweigten Stielen und gekräuselten, samtigen blaßgrüngrauen Blättern, die ca. 5cm lang werden; im Sommer erscheinen Ähren mit violetten bis rosafarbenen oder weißen Blüten von 1cm Länge. H 60-80cm, B 1m.

▲ ***Salvia officinalis* 'Albiflora'**
Diese Sorte hat weiße Blüten und ist eine sehr elegante Pflanze für weiße und silberne Gärten. H 60-80cm, B 1m.

◄ *Salvia officinalis* **'Berggarten'**
Diese charakteristische deutsche Sorte hat einen dichten kompakten Wuchs, fast runde blaß graugrüne Blätter und purpurne bis blaue Blüten.
H 45cm, B 1m.

▲ *Salvia officinalis* **'Icterina'**
Eine beliebte Sorte mit gelb gemusterten Blättern, die besonders zwischen grünen Kräutern zur Geltung kommt.
H 60-80 cm, B 1 m.

► *Salvia officinalis* **'Kew Gold'**
Diese edle Sorte hat gelbe Blätter und einen kompakten Zwergwuchs.
H 30cm, B 45cm.

► *Salvia officinalis*, **Gruppe Purpurascens**
Dieser immergrüne Strauch hat purpurgraues Laub.
H 60-80cm, B 1m.

▲ *Salvia pomifera*
Ein immergrüner Strauch, der häufig von Gallwespen hervorgerufene Gallen und faltige samtene Blätter trägt. Im Frühling und Sommer entwickeln sich Büschel blauvioletter Blütenähren.
H und B 1m.

◄ *Salvia sclarea*
(Muskatellersalbei)
Eine Zweijährige mit gekräuselten, stark riechenden Blättern. Im Frühjahr und Sommer trägt sie zweifarbige crèmefarbene und violette Blüten.
H 1m, B 60cm.

▲ *Salvia viridis*
Eine Ein- oder Zweijährige mit aufrechten Stielen und flaumigen Blättern; im Sommer erscheinen unscheinbare Blüten mit purpurfarbenen Deckblättern. H 45cm, B 20cm.

▲ *Salvia sclarea* var. ***turkestanica***
Eine sehr farbenfrohe Sorte mit lilafarbenen Stengeln, lilafarbenen bis weißen Deckblättern und blaßblauen oder weißen Blüten. H 1m, B 60cm

◄ *Salvia viridis* **'Claryssa'**
Diese Sorte hat einen kompakten Wuchs und farbenfrohe Deckblätter in purpurblau, rosa und grüngeädertem Weiß.
H 45cm, B 20cm.

SAMBUCUS

Diese Gattung mit etwa 20 Arten kleiner laubwechselnder Bäume, Sträucher und Mehrjähriger kommt in den meisten gemäßigten und subtropischen Regionen vor. *S. nigra* wächst in Europa, Westasien und Nordafrika. Die ursprüngliche Art ist in Gärten von dekorativen Kulturformen abgelöst worden, die ein farbenprächtiges Laub besitzen und verschiedene Standorte tolerieren. *Sambucus* ist dem griechischen *symbyke* (Harfe) entlehnt; dieses Instrument wurde aus den neuen Trieben älterer Büsche hergestellt.

Sambucus nigra
(Schwarzer Holunder, Flieder)
Ein großer laubwechselnder Strauch mit korkiger, graubrauner Rinde und gefiederten Blättern; kleine duftende, crèmefarbene Blüten erscheinen im Frühsommer, danach folgen schwarze Beeren.
H 4,5-10m, B 3,5-4,5m.

Sambucus nigra **'Aurea'**
Ein unverwüstlicher goldblättriger Strauch, der tiefem Frost und praller Sonne widersteht; das junge Laub ist gelbgrün und wird mit zunehmendem Alter lindgrün. H und B 6m.

Sambucus nigra **'Guincho Purple'**
Diese Sorte hat dunkles purpurnes bis bronzefarbenes Laub und Blüten mit rosa Staubblättern.
H und B 6m.

Sambucus nigra f. *laciniata*
Die vielfach gegliederten Blätter dieser Sorte ergeben mit ausgeprägt großblättrigen Kräutern einen guten Kontrast.
H und B 6 m.

Sambucus nigra **'Marginata'**
Die Blättchen dieser Sorte haben unregelmäßige crèmefarbene bis weiße Ränder.
H und B 6m.

SALBEI, siehe *Salvia*, S.346
SALOMONSSIEGEL, siehe *Polygonatum*, S. 333
SAMMETBLUME, siehe *Tagetes*, S. 358
SAMTPAPPEL, siehe *Althaea officinalis*, S. 236

SANGUINARIA

Eine einzige Art von Mehrjährigen ist in dieser Gattung enthalten, die zur Familie der Mohngewächse *(Papaveraceae)* gehört. Sie ist in den Wäldern im Osten Nordamerikas verbreitet. *S. canadensis* ist eine edle Pflanze für Rabatten mit Waldmilieu, Hochbeete und schattige Zonen in Steingärten. Sie kann ihre Wirkung am besten im Frühjahr entfalten, wenn die prächtigen weißen oder rosa Blüten sich öffnen und die neuen Blätter erscheinen. Der Name *Sanguinaria* leitet sich vom lateinischen Wort *sanguis* (Blut) ab.

Sanguinaria canadensis (Blutwurz)
Eine Mehrjährige mit Rhizom und nierenförmigen grauen bis grünen Blättern. Im Frühjahr öffnen sich einzeln stehende weiße bis rosa Blüten, auf die längliche Samenkapseln folgen.
H 15-60cm, B 30-45cm.

***Sanguinaria canadensis* 'Plena'**
(Blutwurz)
Diese Sorte hat langlebigere, doppelte weiße Blüten.
H 15-60cm, B 30-45cm.

SANGUISORBA

In dieser Gattung gibt es etwa 20 Mehrjährige mit unterirdischem Sproß, die in nördlichen gemäßigten Regionen vorkommen. *S. officinalis* wächst auf feuchtem Grasland von Europa bis Ostasien und ist als Rabattenpflanze wegen ihres eleganten Laubs und der kleinen, dem Schachtelhalm ähnlichen Blüten beliebt. Der Name *Sanguisorba* setzt sich aus den lateinischen Worten *sanguis* (Blut) sowie *sorbere* (schlürfen) zusammen und bezieht sich auf die blutstillende Wirkung des Gerbsäure enthaltenden Wurzelstocks.

Sanguisorba officinalis
(Großer Wiesenknopf)
Eine aufrechte Mehrjährige mit einem kräftigen holzigen Wurzelstock und fiederteiligen gezähnten Blättern; kleine kastanienbraune Blüten bilden sich im Sommer in dichten länglichen Köpfchen.
H 30cm-1,1m, B 23-60cm.

SANTALUM

Neun Arten immergrüner Bäume und Sträucher gehören zu dieser Gattung, die in Südostasien, Australien und auf den pazifischen Inseln wächst. *S. album* stammt vermutlich von den Küsten Indonesiens. Sandelbäume sind halbparasitisch; sie erzeugen Nährstoffe durch Photosynthese, beziehen aber Wasser und Mineralien über Saugwurzeln von einer Wirtspflanze. Einige Arten sind für ihr duftendes Holz bekannt. *S. album* benötigt 20-40 Jahre, um das Hartholz zu entwickeln, aus dem Öl extrahiert werden kann.

Santalum album
(Sandelbaum, „Santal")
Ein kleiner anmutiger Baum mit duftendem Holz und eirunden bis länglichen Blättern von bis zu 8cm Länge; auf Rispen mit matt gelben bis kastanienbraunen Blüten folgen fleischige dunkelrote bis schwarze Früchte. H 5-10m, B 3m.

SANTOLINA

Diese Gattung enthält etwa 15 Arten kleiner, aromatischer immergrüner Sträucher, die im Mittelmeerraum verbreitet sind. *S. chamaecyparissus* wächst in Spanien und wurde schon im Altertum angebaut. In nördlichen Regionen pflanzte man sie im 16. Jahrhundert als Heckenpflanze in Flechtgärten. Ihr silbergraues Laub kontrastiert mit dunkleren Heckenpflanzen wie Zwergbuchsbaum (*Buxus sempervirens* 'Suffruticosa', vgl. S. 96). *Santolina* geht auf das lateinische *sanctus* (heilig, ehrwürdig) zurück.

Santolina chamaecyparissus
(Heiligenkraut)
Ein stark aromatischer Strauch mit weißflaumigen, fein geteilten, geraden Blättern; im Sommer bilden sich einzeln stehende kugelige Köpfe mit langstieligen gelben, röhrenförmigen Blüten.
H 20-50cm, B 60cm.

***Santolina chamaecyparissus* 'Lemon Queen'** (Heiligenkraut)
Anders als ihr Name vermuten läßt, hat diese Zwergsorte crèmefarbene Blüten und graugrüne Blätter, die ein leicht süßliches Aroma verströmen.
H 25-40cm, B 30-50cm.

Santolina chamaecyparissus* var. *nana
(Heiligenkraut)
Das kleinste unter den Heiligenkräutern, das sich besonders für Kübel und für Miniaturhecken eignet.
H und B 15cm.

SANDBIRKE, siehe*Betula pendula*, S. 248SANDBROMBEERE, siehe *Rubus parvifolius*, S. 344
SANDELHOLZ, siehe *Santalum*, S. 348
SANDKIEFER, siehe *Pinus sylvestris*, S. 329
SANDWEGERICH, siehe *Plantago arenaria*, S. 331
SANTARO-ORANGE, siehe *Citrus reticulata*, S. 262
SAREPTASENF, siehe *Brassica juncea*, S. 250

Santolina chamaecyparissus
'Pretty Carol' (Heiligenkraut)
Diese Sorte hat einen sehr gefälligen kompakten Wuchs, silbriges Laub und Blüten von intensivem Gelb.
H 25-50 cm, B 60 cm.

❄❄❄

SAPONARIA

Eine Gattung mit ca. 30 Arten Ein- und Mehrjähriger, die in den gemäßigten Regionen Eurasiens vorkommen. *S. officinalis*, in Nordamerika eingebürgert, ist eine langlebige spätblühende Mehrjährige, die sich für Rabatten eignet. Die Assyrer (8. Jahrhundert v.Chr.) benutzten sie als Seife. Wildwachsend findet man *Saponaria* häufig in der Nähe alter Webereien. Dort wurde sie früher angebaut, da man mit ihr die Kleidungsstücke wusch. *Saponaria* stammt von lateinisch *sapo* (Seife) und bezieht sich auf den hohen Gehalt an Saponin.

Saponaria officinalis (Seifenkraut)
Eine Mehrjährige mit Rhizom und breit eirunden bis elliptischen, zugespitzten Blättern von bis zu 10cm Länge; vom Sommer bis zur Herbstmitte bilden sich duftende, blaß rosafarbene Blüten in Büscheln. H 30-90cm, B 60cm.

❄❄❄

***Saponaria officinalis* 'Dazzler'**
(Seifenkraut)
Die Blätter dieser wegen ihres Laubs interessanten Sorte sind crèmefarben angehaucht; die Blüten unterscheiden sich nicht von denen der anderen Pflanzen ihrer Art.
H 60cm, B 30cm.

❄❄❄

***Saponaria officinalis* 'Rubra Plena'**
(Seifenkraut)
Diese Sorte hat doppelte tiefrosafarbene Blüten. Eine Sorte mit blaßrosafarbenen Blüten ist als Namen *S. o.* 'Rosea Plena' erhältlich.
H 30-90cm, B 60cm.

❄❄❄

SASSAFRAS

Eine Gattung mit drei Arten aromatischer laubwechselnder Bäume, die im Osten Nordamerikas und in Ostasien vorkommt. *S. albidum* wächst im Dickicht sowie auf Waldboden und wird wegen seines duftenden, charakteristisch geformten Laubs angebaut, das sich im Herbst eindrucksvoll färbt. Der Legende nach soll der Duft von Sassafras Christoph Kolumbus bei der Entdeckung der Neuen Welt an Land geleitet haben. Wahrscheinlich war Sassafras das erste nach Europa eingeführte Heilkraut.

Sassafras albidum
(Sassafras, Fieberbaum)
Ein Schößlinge treibender Baum mit rissiger Borke, gewundenen Ästen und verschieden geformten Blättern. Kleine gelbgrüne Blütentrauben bilden sich im Frühjahr, danach folgen dunkelblaue eiförmige Früchte. H 20m, B 12m.

❄❄❄

SATUREJA

Diese Gattung mit 30 Arten Einjähriger, halbimmergrüner Mehrjähriger und Halbsträucher kommt in gemäßigten und warmen Zonen Eurasiens sowie Nordamerikas vor. *S. hortensis*, *S. montana* und *S. thymbra* sind mediterranen Ursprungs; *S. spicigera* ist in Südwestasien heimisch. Bohnenkraut wird für medizinische und kulinarische Zwecke angebaut. *S. montana* läßt sich als Zwerghecke kultivieren. Sie ist winterhärter als *S. hortensis* und duftet stark. *Satureja* ist aus lateinisch *saturare* (sättigen) abgeleitet.

Satureja hortensis
(Bohnenkraut, Pfefferkraut)
Eine Einjährige mit einem verästelten Stiel und geraden, kurzstieligen Blättern von bis zu 3cm Länge; im Sommer zeigt sie Büschel von lila- bis purpurfarbenen oder weißen Blüten.
H 10-40cm, B 20-75cm.

❄❄❄

Satureja montana (Winterbohnenkraut)
Eine strauchige immergrüne Mehrjährige mit holzigem Wurzelstock und geraden stiellosen, in der Regel zugespitzten Blättern; im Sommer bilden sich Büschel mit weißen bis blaßrosa- oder purpurfarbenen Blüten.
H 10-40cm, B 7-20cm.

Satureja spicigera (Kölle)
Ein kriechender kleiner Strauch mit vierkantigen Stielen und geraden bis zugespitzten Blättern; im Spätsommer trägt er weiße Blüten von ca. 6mm Länge. H 6cm, B 30cm.

Satureja thymbra (Kölle)
Ein kleiner Strauch mit drahtigen aufrechten Stielen und behaarten länglichen Blättern mit Thymian-Minze-Aroma; im Frühjahr und Sommer bilden sich rosa Blüten; später färben sich die Kelche schwarz.
H 40cm, B 30-40cm.

SAUSSUREA

Diese Gattung mit etwa 300 Arten Mehrjähriger wächst in Gebirgsregionen Europas, Asiens und Nordamerikas. Die meisten dieser Disteln ähnelnden Pflanzen haben keinen Wert als Zierpflanzen. *S. lappa*, im östlichen Himalaya heimisch, wird in China und Teilen Indiens für den Kräuterhandel kultiviert. Der Export der Wurzeln ist wegen zu intensiven Sammelns in Indien inzwischen verboten worden. *Saussurea* ist nach dem Schweizer Mineralogen und Bergsteiger N.Th. de Saussure (1767-1845) benannt.

Saussurea lappa (Alpenscharte)
Eine Mehrjährige mit einer dicken, sich verjüngenden Wurzel, unregelmäßig gezähnten oberen und leierförmigen unteren Blättern; im Sommer bilden sich tief purpurne, sehr feste Blütenköpfe in dichten Trauben.
H 3m, B 1m.

SCHISANDRA

Eine Gattung von etwa 25 Arten laubwechselnder und immergrüner Kletterer, die in Ostasien und dem Osten Nordamerikas vorkommt. *S. chinensis* wächst im Nordosten Chinas sowie in Japan und wurde Mitte des 19. Jahrhunderts in Europa eingeführt. Bei diesem stattlichen Kletterer mit seinen duftenden Blüten und markanten farbigen Beeren wachsen männliche und weibliche Blüten an verschiedenen Pflanzen. *Schisandra* setzt sich aus griechisch *schizein* (spalten) und *andreios* (männlich) zusammen.

Schisandra chinensis (Beerentraube)
Ein laubwechselnder kletternder Strauch mit elliptischen bis verkehrt eirunden spitzen Blättern; einzeln stehende, crèmefarbene bis weiße, duftende Blüten erscheinen im späten Frühjahr, danach bei weiblichen Pflanzen Büschel glänzender scharlachroter Früchte. H 8m.

SCOPOLIA

Diese Gattung aus fünf Arten Mehrjähriger wächst vom Mittelmeerraum bis zum Himalaya, in Japan und in Sibirien. *S. carniolica* findet man in Mittel- und Südosteuropa. Eigentlich ein Heilkraut, wird sie gelegentlich auch als Zierpflanze angebaut. Sie ist giftig; ihr Standort sollte daher mit Bedacht gewählt werden. Die Geschichte der medizinischen Anwendung der beiden in Europa heimischen Arten ist sehr ähnlich. *Scopolia* ist nach dem italienischen Botaniker Giovanni Antonio Scopoli (1723-88) benannt.

Scopolia carniolica (Tollkraut)
Eine gruppenbildende Mehrjährige mit fleischigen Rhizomen und elliptischen bis eirunden oberen Blättern von bis zu 20cm Länge. Hängende, purpurne bis braune glockenförmige Blüten, die innen grünlichgelb sind, bilden sich im Frühjahr und Frühsommer. H und B 60cm.

SAUERAMPFER, siehe *Rumex acetosa*, S. 344
SAUERDORN, siehe *Berberis vulgaris*, S. 248
SAUERZITRONE, siehe *Citrus limon*, S. 263
SAURE LIMETTE, siehe *Citrus aurantifolia*, S. 262
SCHACHBRETTBLUME, siehe *Fritillaria verticillata*, S. 284
SCHACHTELHALM, siehe *Equisetum arvense*, S. 278
SCHAFGARBE, siehe *Achillea millefolium*, S. 227
SCHARBOCKSKRAUT, siehe *Ranunculus ficaria*, S. 339

SCROPHULARIA

Diese Gattung enthält etwa 200 Arten Ein- und Mehrjähriger sowie Halbsträucher, die in den nördlichen gemäßigten Regionen vorkommen. *S. ningpoensis* ist in China heimisch, *S. nodosa* in Europa; in Frankreich kennt man *S. nodosa* als „Herbe du siège". Die hungernden Soldaten zur Zeit des Kardinals Richelieu sollen sich während der Belagerung von La Rochelle (1627-28) von den Knollen dieser Pflanze ernährt haben. Sie war auch ein früheres Heilmittel gegen die Skrofulose, der Hauttuberkulose bei Kindern.

Scrophularia ningpoensis (Braunwurz)
Eine Mehrjährige mit vierkantigen Stielen und eiförmigen Blättern von bis zu 15cm Länge; im Frühjahr werden braunrote röhrenförmige Blütenrispen an dünnen Stielen gebildet, gefolgt von eiförmigen Kapseln.
H 60 cm-1,2m, B 30-45cm.

Scrophularia nodosa (Braunwurz)
Eine streng riechende Mehrjährige mit knolligen Rhizomen und eiförmigen, spitzen gezähnten Blättern; im Sommer bilden sich grünbraune Blüten in Rispen, auf die eiförmige Kapseln folgen.
H 40cm-1,2m, B 15-40cm.

SCUTELLARIA

Eine weitverbreitete Gattung mit ca. 300 Arten Ein- und Mehrjähriger. *S. baicalensis* wächst in Ostasien und ist eine interessante Rabattenpflanze. *S. lateriflora*, in Nordamerika vorkommend, findet man häufig in Kräutergärten, allerdings sind viele Pflanzen, die unter diesem Namen verkauft werden, in Wirklichkeit *S. altissima*. Pflanzen, die man für medizinische Anwendung kauft, sollten eindeutig identifiziert sein. *Scutellaria* leitet sich von lateinisch *scutella* (Schüsselchen) ab und bezieht sich auf den Fruchtkelch.

Scutellaria baicalensis
(Alpenhelmkraut)
Eine Mehrjährige mit häufig purpurn angehauchten Stielen und stiellosen schlanken, eiförmigen Blättern; sie trägt im Sommer dichte behaarte, röhrenförmige blaue bis purpurne Blütentrauben.
H bis zu 40cm, B 30-40cm.

Scutellaria lateriflora
(Alpenhelmkraut)
Eine Mehrjährige mit schlanken Rhizomen und eiförmigen bis länglichen, gezähnten Blättern; blaue, rosa oder weiße Blüten zeigen sich im Sommer an einseitigen, meist achselständigen Trauben.
H 15-75cm, B bis zu 45cm.

SCHARLACHSUMACH, siehe *Rhus glabra* S. 341
SCHAUMKRAUT, siehe*Cardamine*, S. 254
SCHEINBEERE, siehe *Gaultheria*, S. 286
SCHELLENBLUME, siehe *Adenophora*, S. 229
SCHIERLING, siehe *Conium*, S. 265
SCHILDBLUME, siehe *Chelone*, S. 259
SCHIRMAKAZIE, siehe *Albizia*, S. 232
SCHLAFMOHN, siehe *Papaver somniferum*, S. 322
SCHLAGKRÄUTLEIN, siehe *Ajuga chamaepitys*, S. 232
SCHNECKENKLEE, siehe *Medicago*, S. 309
SCHNEEBALL, siehe *Viburnum*, S. 369

SELENICEREUS

Diese Gattung enthält ca. 20 Arten epiphytischer oder lithophytischer Kakteen, die im tropischen Amerika und in der Karibik vorkommen. *S. grandiflorus* wächst in Mittelamerika und in karibischen Wäldern. Diese Pflanze ist eine der Arten, welche wegen ihrer exquisiten Blüten angepflanzt werden, die sich abends öffnen und morgens schließen. Sie entwickelte sich zu einer beliebten Treibhauspflanze. Der Name *Selenicereus* leitet sich von griechisch *selene* (Mond) und *cereus* (ein Gattungsname) ab.

Selenicereus grandiflorus (Königin der Nacht)
Ein mehrjähriger kletternder Kaktus mit Büscheln weißer Stacheln; er hat duftende weiße Blüten (bis zu 30cm im Durchmesser) mit gelbbraunen äußeren Hüll- und zahlreichen Staubblättern, auf die kugelige rote Früchte folgen. H 3-5m.

SENECIO

Diese weitverbreitete Gattung besteht aus ca. 3.000 Arten Ein-, Zwei- und Mehrjähriger, immergrüner Sträucher, Bäume sowie Kletterer. Viele enthalten giftige Alkaloide; einige sind Unkräuter, die auf Weideland zu finden sind und beim Vieh ernsthafte Vergiftungen hervorrufen. *S. aureus*, im Osten Nordamerikas heimisch, wird für die pharmazeutische Industrie in Weißrußland, Rußland und in der Ukraine angebaut. *Senecio* leitet sich von lateinisch *senex* (Greis) ab; die Härchen der Samen werden mit Greisenhaar verglichen.

Senecio aureus (Kreuzkraut, Greiskraut)
Eine Mehrjährige mit herzförmigen gezähnten Basal- und schmalen gefiederten Stielblättern; im Frühjahr und Frühsommer bilden sich gelbe kreisrunde Blüten an verzweigten endständigen Trauben. H 15-75cm, B 15-60cm.

SEMPERVIVUM

Diese Gattung aus etwa 40 immergrünen Arten kleiner fleischiger, Rosetten bildender Mehrjähriger ist in Europa, Nordafrika und Westasien verbreitet. Diese auch „Hauslauch" genannte Pflanze wurde schon von den Römern in Kübeln gezogen. Eine große Zahl farbenfroher Sorten der Hauswurz sind heute erhältlich. *Sempervivum* setzt sich aus lateinisch *semper* (immer) und *vivus* (lebend) zusammen und bezieht sich auf die Fähigkeit dieser Pflanzen, lange Trockenzeiten zu ertragen.

Sempervivum tectorum (Hauswurz)
Eine sukkulente Mehrjährige mit Rosetten von bis zu 10cm Durchmesser und dicken fleischigen, an der Spitze stachligen Blättern; im Sommer bilden sich Trauben matt rosafarbener sternförmiger Blüten. Die Rosetten sterben nach der Blüte ab. H und B (zur Blütezeit) 30cm.

***Sempervivum tectorum* 'Royal Ruby'** (Hauswurz)
Eine von mehreren Sorten mit ausgeprägter tiefer Rotfärbung – bei dieser Pflanze zur Mitte der Rosette hin.
H und B (zur Blütezeit) 30cm.

SENNA

Diese Gattung aus ca. 250 Arten Mehrjähriger, Sträucher und Bäume ist hauptsächlich in den Tropen und Subtropen verbreitet. *S. alexandrina* ist in Arabien, Dschibuti und Somalia heimisch, *S. marilandica* im Mittelwesten der USA. Einige Arten werden in kälteren Regionen unter Abdeckungen als Zierpflanzen angebaut. *S. marilandica* ist ein winterhärtere Art, braucht aber in kälteren Klimaten im Freien einen geschützten Standort. Im 9. und 10. Jahrhundert brachten arabische Ärzte *Senna* als Abführmittel nach Europa.

Senna alexandrina (Gewürzrinde)
Eine strauchige Mehrjährige mit dünnen behaarten, geteilten Blättern; im Frühjahr und Sommer bilden sich kleine lohfarbene Blütentrauben in den Achseln, auf die gerade Schoten von bis zu 7cm Länge folgen.
H 1m, B 50-60cm.

Senna marilandica
Eine Mehrjährige mit blättrigem aufrechten bis kriechenden Stamm und matt gelbgrünen Blättern von bis zu 28 cm Länge; im Sommer hat sie gelbe Blütentrauben, gefolgt von behaarten Schoten, die bis zu 11cm lang werden.
H 60cm-2m, B 15cm-1,2m.

SCHNEEBLUME, siehe *Chionanthus virginicus*, S. 260
SCHNITTLAUCH, siehe *Allium schoenoprasum*, S. 234
SCHWARZE JOHANNISBEERE, siehe *Ribes nigrum*, S. 341
SCHWARZKÜMMEL, siehe *Nigella sativa*, S. 317
SEEROSE, siehe *Nymphaea*, S. 317
SEETRAUBE, siehe *Coccoloba uvifera*, S. 337
SEIDE, siehe *Cuscuta*, S. 270
SEIFENBAUM, siehe *Quillaja saponaria*, S. 339
SEIFENKRAUT, siehe *Saponaria officinalis*, S. 349

SERENOA

Nur eine Art, die immergrüne Palme *S. repens*, gehört zu dieser Gattung. Sie kommt hauptsächlich im Südosten Nordamerikas vor und bildet an mehreren Orten entlang der Atlantikküste von Georgia und Florida ein zusammenhängendes Dikkicht. Ihre zahlreichen süßen, olivenförmigen Früchte wachsen im frühen Winter. Wegen der fächerförmigen Blätter ist sie eine beliebte Zierpflanze. *Serenoa* ist nach Sereno Watson (1826-92) benannt, einem amerikanischen Botaniker, der viele neue Pflanzenarten beschrieben hat.

Serenoa repens
Eine gruppenbildende Pflanze mit Rhizom und länglichen blaugrünen bis gelbgrünen Blättern von 45cm-1m Breite; im Sommer bilden sich duftende, crèmefarbene Blüten, darauf folgen eiförmige, blaue bis schwarze Früchte, die ca. 2,5cm lang werden. H 2-4m, B unbestimmt.

SIMMONDSIA

Eine Gattung mit nur einer Art eines im Südwesten der USA und Nordmexikos heimischen immergrünen Strauches. Er wird in Arizona und im Nahen Osten für die pharmazeutische Industrie angebaut, an anderen Orten als Erosionsschutz und zur Rückgewinnung von Wüstenland. Die männlichen und weiblichen Pflanzen können erst nach drei Jahren auseinandergehalten werden. *Simmondsia* ist nach dem englischen Arzt F. W. Simmonds (gest. 1805) benannt; *Jojoba* ist der mexikanische Eigenname dieser Pflanze.

Simmondsia chinensis (Jojobastrauch)
Ein Strauch mit dicken ledrigen, länglichen bis eirunden, bis zu 4cm langen Blättern und kleinen Blüten ohne Kronblätter im Frühling; männliche sind gelb und wachsen in Trauben, weibliche blaßgrün, einzeln stehend und von eiförmigen Kapseln gefolgt. H 2m, B 1-2m.

SESAMUM

Diese Gattung aus 15 Arten Ein- und Mehrjähriger kommt im tropischen Asien und südlichen Afrika vor. *S. indicum* ist in wärmeren Regionen eine häufig angebaute Feldfrucht. Die wichtigsten Erzeugerländer sind Indien, China, Birma, der Sudan und Nigeria. Man kann *Sesamum* leicht aus Samen, der für die Verwendung in der Küche gekauft wird, ziehen. Die Pflanzen, die schwarzen Samen hervorbringen, wurden früher als *S. orientale* klassifiziert, werden heute aber als eine Sorte von *S. indicum* angesehen.

Sesamum indicum (Sesam)
Eine intensiv riechende Ein- oder kurzlebige Mehrjährige, in klebrige Haare gehüllt, mit großen, geteilten unteren Blättern; im Sommer hat sie schmutzigweiße glockenförmige Blüten, danach Kapseln mit crèmefarbenen bis weißen Samen. H 1m, B 45-90cm.

SINAPIS

Eine Gattung mit zehn Arten von Einjährigen, die in Europa und im Mittelmeerraum heimisch sind. *S. alba* ist eine weithin für die Senfherstellung oder als Viehfutter und Dünger kultivierte Pflanze. Senf war bereits bei den alten Römern beliebt; sein Gebrauch breitete sich unter ihrem Einfluß bis nach Gallien aus. Der Name *Sinapis* kommt von griechisch *napy* (Senf). Senfsamen wurden traditionell in Verkaufsschälchen mit „Senf und Kresse“ ausgesät, sind heute aber durch *Brassica rapus* ersetzt worden.

Sinapis alba (Weißer Senf)
Eine Einjährige mit rauhhaarigen Blättern von bis zu 15cm Länge, die tief und unregelmäßig geteilt sind; im Sommer bilden sich gelbe, nach Vanille riechende Blüten, gefolgt von schnabelförmigen Schoten mit ungefähr drei Samen. H 60cm-1,2m, B 30cm.

SILYBUM

Eine Gattung mit zwei Arten kräftiger Ein- oder Zweijähriger, die in Europa, dem Mittelmeerraum und den Bergen Ostafrikas vorkommt. *S. marianum* ist ein Heilkraut, wird aber auch wegen der großen bunten Blätter als Zierpflanze angebaut. Einer Legende zufolge ist die Marmorierung der Blätter durch die herabrinnende Milch der Jungfrau Maria entstanden; daher der Artname *marianum*. *Silybum* kommt vom griechischen *silybon* (Quaste), einer Bezeichnung, die Dioskorides für distelähnliche Pflanzen verwendete.

Silybum marianum (Mariendistel)
Eine kräftige Ein- oder Zweijährige mit großen langen, gelappten oder gefiederten Blättern mit stacheligen Rändern und marmorierten Adern; purpurnen Blüten im Sommer folgen schwarze Samen – jeder mit einem Büschel weißer Haare. H 1,2m, B 60cm.

SISYMBRIUM

Eine Gattung aus 80 Arten Ein- und Mehrjähriger, die in Europa, Nordamerika, den Anden und Südafrika vorkommt. *S. officinale* wächst auch in Nordafrika und Westasien. Dioskorides, dem *S. officinale* unter dem Namen *erysimon* bekannt war, verschrieb die Pflanze mit Honig als Mittel gegen Vergiftungen. Daraufhin wurde sie *herba erysimi* genannt, woraus sich ihr früherer Artname *Erysimum officinale* erklärt. Sie ist auch als „Pflanze des Sängers“ bekannt, weil sie bei Verlust der Stimme helfen sollte.

Sisymbrium officinale (Wegrauke)
Eine steife aufrechte, borstige Einjährige, manchmal auch überwinternd, mit einer Rosette gefiederter Blätter; kleine blaßgelbe Blüten erscheinen den Sommer über, gefolgt von Schoten, die einen orangebraunen Samen enthalten. H 30-90cm, B 15-60cm.

SELLERIE, siehe *Apium*, S. 240
SEREGRAS, siehe *Cymbopogon citratus*, S. 270
SESAM, siehe *Sesamum indicum*, S. 352
SIBIRISCHER GINSENG, siehe *Eleutherococcus senticosus*, S. 277
SILBERDISTEL, siehe *Carlina acaulis*, S. 255
SILBERBUCHSBAUM, siehe *Buxus sempervirens* 'Elegantissima', S. 251
SILBERKERZE, siehe *Cimicifuga*, S. 261
SILBERPAPPEL, siehe *Populus alba*, S. 334
SILBERWEIDE, siehe *Salix alba*, S. 345

SMILAX

Diese Gattung enthält ungefähr 200 Arten laubwechselnder und immergrüner, kletternder oder kriechender Stechwinden, die in den tropischen Regionen und gemäßigten Teilen Asiens sowie Australiens vorkommen. *S. china* ist im Hochland Japans, Chinas und Koreas heimisch. Mehrere Arten wurden von den Spaniern im 16. Jahrhundert von Mexiko nach Europa gebracht, wo sie als Heilmittel gegen Syphilis eingesetzt wurden. *S. ornata* wird wegen ihrer hübsch gezeichneten Blätter als Zierpflanze angebaut.

Smilax china (Chinawurzel)
Ein kletternder laubwechselnder Strauch mit fleischiger Wurzel, dornigen Stämmen und eiförmigen Blättern; im Frühsommer erscheinen gelbgrüne Blüten; auf weibliche folgen rote Beeren. Männliche und weibliche Blüten wachsen an getrennten Pflanzen. H 5m, B unbestimmt.

SMYRNIUM

Eine Gattung mit sieben Arten Zwei- und Mehrjähriger, die in Westeuropa und im Mittelmeerraum zu finden ist. *S. olusatrum*, eine sellerieähnliche Pflanze, wächst in Küstennähe und wurde schon von Theophrast beschrieben. Von Plinius stammt die Beschreibung ihrer Kultivierung als Topfpflanze; ihr Artname leitet sich von den lateinischen Worten *olus* (Topfpflanze) und *atrum* (schwarz, wegen der schwarzen Samen) ab. *Smyrnium* kommt von griechisch *smyrna* (Myrrhe) und weist auf das Aroma der Pflanzen hin.

Smyrnium olusatrum (Pferdeeppich)
Eine kräftige Mehrjährige mit festen gerillten Stielen und großen glänzenden, zusammengesetzten Blättern; im Frühjahr und Sommer trägt sie Dolden mit kleinen gelben bis grünen Blüten, auf die aromatische schwarze Samen folgen.
H 50cm-1,5m, B 30-90cm.

***Solanum dulcamara* 'Variegatum'**
(Bittersüß)
Diese Varietät hat crèmeweiß marmoriertes Laub. Sie ist weniger kräftig und etwas empfindlicher als die Pflanzen ihrer Art. Besonders im Herbst, wenn die grünen Beeren sich rot verfärben, ist sie sehr dekorativ. H 4m.

SOLANUM

Diese weitverbreitete Gattung aus ca. 1.500 Arten Mehrjähriger, Sträucher, Bäume und Kletterer ist eine der größten. *S. dulcamara* wächst an feuchten Standorten in Eurasien und ist in Nordamerika eingebürgert. Die meisten Nachtschatten enthalten giftige Alkaloide. Getrocknete Früchte von *S. dulcamara* wurden in Tut-ench-Amuns drittem Sarg gefunden. *S. dulcamara* 'Variegatum' ist eine Kletterpflanze, die sich schon lange großer Beliebtheit erfreut, weil sie unter verschiedensten Bedingungen gedeiht.

Solanum dulcamara (Bittersüß)
Eine strauchige, häufig kletternde oder niederliegende Mehrjährige mit grünen Stämmen und eirunden Blättern; im Sommer bilden sich blaßviolette, blaue oder weiße Blütentrauben, gefolgt von eiförmigen, roten Beeren.
H 4m, B unbestimmt.

SOLIDAGO

Es gibt etwa 10 Arten Mehrjähriger in dieser Gattung, die in der nördlichen Hemisphäre vorkommt. Ihr Hauptverbreitungsgebiet ist Nordamerika. Sie hat in der Naturmedizin der Indianer eine lange Tradition. *S. virgaurea* ist in trockenen Regionen Europas heimisch. Fast alle Arten sowie zahlreiche Hybride und Sorten werden wegen ihrer späten Blütezeit, die von der Sommermitte bis zum Herbst reicht, als Rabattenpflanzen genutzt. *Solidago* kommt von lateinisch *solidus* (gesund) und verweist auf die Heilkräfte.

Solidago virgaurea (Goldrute)
Eine variable Mehrjährige mit einem knotigen Rhizom, aufrechten Stielen und länglichen, fein gezähnten spitzen Blättern; im Spätsommer bilden sich gelbe Blüten, danach folgen braune Früchte mit einem Büschel kurzer weißer Haare.
H 80cm, B 45-60cm.

SOCKENBLUME, siehe *Epimedium sagittatum*, S. 278
SOMMEREICHE, siehe *Quercus robur*, S. 338
SONNENBLUME siehe *Helianthus*, S.292
SONNENTAU, siehe *Drosera*, S. 275
SPARGEL, siehe *Asparagus officinalis*, S. 245
SPERRKRAUT, siehe *Polemonium*, S. 332
SPINDELSTRAUCH, siehe *Euonymus*, S. 280
SPITZKLETTE, siehe *Xanthium*, S. 372
SPREUBLUME, siehe *Achyranthes bidentata*, S. 227
SPRINGKRAUT, siehe *Impatiens*, S. 296
SPRITZGURKE, siehe *Ecaballium elaterium*, S. 276

SOPHORA

Eine weitverbreitete Gattung mit etwa 50 Arten laubwechselnder oder immergrüner Bäume, Sträucher und Halbsträucher. Sie haben hübsche gefiederte Blätter und erbsengroße Blüten. *S. japonica*, in China und Korea heimisch, wird insbesondere in Japan häufig als Park- und Straßenbaum gepflanzt. Die roten Samen der nordamerikanischen *S. secundiflora* spielten bei Riten der Volksstämme im Südwesten der USA und in Mexiko eine wichtige Rolle. *Sophora* kommt von dem arabischen Pflanzennamen *sophero*.

Sophora japonica (Schnurbaum)
Ein laubwechselnder Baum mit großen geteilten, dunkelgrünen glänzenden Blättern, die an der Unterseite flaumig oder mit Schmelz überzogen sind; im Spätsommer zeigt er crèmweiße duftende Blüten in langen Rispen, gefolgt von 5-8 cm langen Schoten. H 25m, B 20m.

***Sophora japonica* 'Pendula'**
(Schnurbaum)
Diese kleine Sorte mit herabhängenden Zweigen eignet sich als Mittelpunkt von Rasenflächen.
H und B 3m.

SPHAGNUM

Diese Gattung besteht aus ca. 100 Arten von Sumpfmoosen, die von tropischen bis in arktische und sub-antarktische Regionen zu finden sind. *S. cymbilifolium* wächst in feuchtem Morast in Nordwesteuropa. Das wasserspeichernde schwammähnliche Gewebe ist in verschiedenen Lebensräumen ein wichtiger Faktor, um den Wasserhaushalt zu regulieren. Die zersetzten Sumpfmoose sind die wichtigsten Bestandteile des Torfs, der als Bodenverbesserer und Grundlage für Dünger verwendet wird.

Sphagnum cymbilifolium (Sumpfmoos)
Ein dichtes klumpenbildendes Moos mit blaßgelbem bis grünem Laub, häufig mit Schattierungen von intensivem Grün oder Lachsrosa; im Sommer werden dunkelbraune Fruchtkapseln gebildet.
H und B 30cm.

STACHYS

Diese Gattung mit etwa 300 Arten Ein- und Mehrjähriger kommt in allen Teilen der Welt außer in Australien und Neuseeland vor. *S. officinalis* wächst in Europa. Ihre weiß- und rosablühenden Sorten werden als Rabattenpflanzen angebaut oder haben sich auf Wiesen mit wildwachsenden Blumen eingebürgert. *S. palustris* ist eine interessante Pflanze für Torfgärten oder eine Uferbepflanzung. Der Gattungsname *Stachys* ist ein griechisches Wort und bedeutet „Ähre"); er bezieht sich auf den Stand der Blüten am Stiel.

Stachys officinalis (Ziest)
Eine mattenbildende Mehrjährige mit vierseitigen behaarten Stielen und länglichen, tief geäderten, regelmäßig gezähnten Blättern; im Sommer bilden sich Ähren mit magenta-, rosafarbenen oder weißen Blüten. H 15-60cm, B 30-45cm.

***Stachys officinalis* 'Rosea Superba'**
(Ziest)
Diese kräftige Sorte mit großen, rein rosafarbenen Blüten ist eine hervorragende im Sommer blühende Rabattenpflanze.
H 15-60 cm, B 30-45 cm.

Stachys palustris (Ziest)
Eine Mehrjährige mit Rhizom, knolligen Wurzeln und länglichen behaarten Blättern; im Sommer trägt sie blaßlila Blüten mit dunkleren Rändern in Wirteln an Ähren.
H 1m, B 30-45cm.

STELLARIA

Es gibt ungefähr 120 Arten von Ein- und Mehrjährigen in dieser weitverbreiteten Gattung. Viele haben zerbrechliche Stengel. *S. media* steht wegen ihrer Winterhärte das ganze Jahr über zur Verfügung und ist eine üppige Quelle für Nahrung und Medizin. In der Geschichte war *S. media* in vielen Ländern ein Futterlieferant für Vögel und häusliches Geflügel; daher beziehen sich viele Trivialnamen auf diese Verwendung. Der Name *Stellaria* stammt von lateinisch *stella* (Stern) und bezieht sich auf die Form der Blüten.

Stellaria media (Vogelmiere)
Ein sich ausbreitendes einjähriges Unkraut, häufig auch überwinternd, mit einer schlanken Pfahlwurzel, verzweigten, brüchigen Stengeln und eirunden Blättern; sie trägt das ganze Jahr über weiße sternförmige Blüten mit tief eingekerbten Blättern. H und B 5-40 cm.

STACHELSALAT, siehe *Lactuca serriola*, S. 300
STACHELBEERE, siehe *Ribes*, S. 341
STÄUBLING, siehe *Lycoperdon perlatum*, S. 306
STECKENKRAUT, siehe *Ferula*, S. 282
STERNANIS, siehe *Illicium*, S. 296
STERNMIERE, siehe *Stellaria*, S. 356
STINKASANT, siehe *Ferula assa-foetida*, S. 282
STOCKMALVE, siehe *Alcea rosea*, S. 232
STORCHSCHNABEL, siehe *Geranium*, S. 288
STROHBLUME, siehe *Helichrysum*, S. 292
STRYCHNINBAUM, siehe *Strychnos nux-vomica*, S. 357

STROPHANTHUS

Diese Gattung mit 38 Arten immergrüner oder laubwechselnder Sträucher und kleiner Bäume, die häufig Kletterer sind, ist im tropischen Afrika und Eurasien verbreitet. *S. gratus* ist in Laubwäldern im tropischen Westafrika heimisch. Mehrere Arten wurden im 19. Jahrhundert in Treibhäusern kultiviert, weil man die langen bandartigen Blütenblätter schätzte. *Strophanthus* stammt von griechisch *strophe* (Drehung) sowie *anthos* (Blüte) ab und bezieht sich auf die gewundenen Blütenblätter.

Strophanthus gratus
Ein kräftiger immergrüner Kletterer mit ledrigen länglichen bis elliptischen Blättern; purpurfarbene Knospen wachsen zu nachts duftenden glockenförmigen Blüten. In 12 Monaten entwickeln sich gegabelte Früchte von bis zu 40cm Länge, die braunen Samen enthalten. H 9m.

Symphytum* × *uplandicum (Beinwell)
Eine Hybride zwischen *S. officinale* und *S. asperum*, die im Aussehen der letzteren gleicht; sie ist sehr kräftig, hat ein dickes Rhizom und rosa Blüten, die sich mit zunehmendem Alter blau verfärben. H2 m, B1 m.

***Symphytum* × *uplandicum* 'Variegatum'** (Beinwell)
Diese Sorte hat eine unregelmäßige elfenbeinfarbene Marmorierung und ist nicht so kräftig wie *S. × uplandicum.* Bei voller Sonne kann sie leicht verdorren.
H 1m, B 60cm.

STRYCHNOS

Ungefähr 200 Arten mit in der Regel immergrünen Bäumen, Sträuchern und Kletterern gehören zu dieser Gattung, die in den Tropen wächst. *S. nux-vomica* stammt aus den bewaldeten Regionen Indiens und Birmas. Die Pflanzen enthalten wichtige Alkaloide, haben aber kaum einen gärtnerischen Wert. Viele Arten werden von den amerikanischen Volksstämmen für Kurare verwendet, wie bereits Alexander von Humboldt und Aimé Bonpland auf ihren Expeditionen durch Mittel- und Südamerika beobachten konnten.

Strychnos nux-vomica (Strychninbaum)
Ein immergrüner Baum mit ledrigen eiförmigen Blättern; zahllose weiße, grün gehauchte Blüten bilden sich in endständigen Ähren im Frühjahr, gefolgt von kugeligen saftigen Früchten, die 4 scheibenförmige Samen enthalten.
H 20m, B 15m.

SYMPLOCARPUS

Diese Gattung mit einer einzigen Art laubwechselnder Mehrjähriger ist im Nordosten Amerikas und Asiens verbreitet. *S. foetidus* ist eine interessante Pflanze für die Uferbepflanzung an Wasserläufen und Teichen. Ihr eigenartiger Blütenstand erscheint früh im Jahr auf Bodenniveau und entwickelt eine Wärme, die den sie umgebenden Schnee schmelzen läßt und Bestäuber anlockt. *Symplocarpus* setzt sich aus den griechischen Worten *symplokos* (zusammengeflochten) und *karpos* (Frucht) zusammen.

Symplocarpus foetidus (Stinkkohl)
Eine große Mehrjährige mit kräftigem aufrechtem Rhizom und ei- bis herzförmigen Blättern von bis zu 50cm Länge; ihre Blüten bestehen aus einer fleischigen, nach innen gebogenen kastanienbraunen Scheide und einem runden, schwarzbraunen Kolben. H und B 75cm.

SYMPHYTUM

Eine Gattung aus 35 Arten behaarter Mehrjähriger, die von Europa über den Mittelmeerraum bis zum Kaukasus zu finden ist. *S. officinale* und *S.* × *uplandicum* können an feuchten Standorten als mehrjährige Futterpflanzen kultiviert werden. *S. officinale* war den alten Römern als *conferva* (vereinigt) bekannt. *Symphytum* leitet sich vom griechischen *symphyein* (zusammenwachsen) und *phyton* (Pflanze) ab und bezieht sich auf die Anwendung dieser Pflanzen zum Heilen von Brüchen und Wunden.

Symphytum officinale (Beinwell)
Eine kräftige, borstig behaarte Mehrjährige mit dicken, Schleim absondernden Wurzeln und großen, sich verjüngenden eirunden bis länglichen Blättern; im Sommer bilden sich purpurne bis weiße, trichterförmige Büten.
H 60cm-1,2m, B 30-60cm.

SYZYGIUM

Es gibt über 100 Arten immergrüner Bäume und Sträucher in dieser Gattung, die in Afrika, Asien und Australien verbreitet ist. *S. aromaticum* ist auf den Molukken (Gewürzinseln) heimisch. Die getrockneten Blütenknospen dieser Pflanzen sind als „Nelken" bekannt. Im alten China war es üblich, sie zur Verbesserung des Atems im Mund zu haben, wenn man den Kaiser ansprach. Der Name *Syzygium* leitet sich von griechisch *syzygia* (Verbindung) ab und bezieht sich auf das doppelte Laub einer bestimmten Art.

Syzygium aromaticum
(Gewürznelkenbaum)
Ein kleiner immergrüner Baum mit aufstrebenden Ästen und ledrigen eirunden bis länglichen Blättern, die in der Jugend lachsfarben sind; im Sommer trägt er duftende rosa Blüten, auf die purpurne Beeren folgen. H 20m, B 6-10m.

STUDENTENBLUME, *Tagetes*, S. 358
STURMHUT, siehe *Aconitum*, S. 228
SUMACH, siehe *Rhus*, S. 341
SUMPFHELMKRAUT, siehe *Scutellaria galericulata*, S. 351
SUMPFKIEFER, siehe *Pinus sylvestris*, S. 329
SUMPFKLEE, siehe *Menyanthes trifoliata*, S. 312
SUMPFMOOS, siehe *Sphagnum*, S.355
SUMPFZIEST, siehe *Stachys palustris*, S. 355
SÜSSDOLDE, siehe *Myrrhis*, S. 315
SÜSSHOLZ, siehe *Glycyrrhiza*, S. 289
SÜSSKIRSCHE, siehe *Prunus avium*, S. 335
SYRISCHE RAUTE, siehe *Peganum harmala*, S. 323

TABEBUIA

Ungefähr 100 Arten laubwechselnder und immergrüner, häufig im Frühjahr blühender Bäume und Sträucher bilden diese Gattung, die in Mittel- und Südamerika vorkommt. *T. impetiginosa* ist von Nordmexiko bis Argentinien heimisch. Manche Arten bilden ein besonders langlebiges Hartholz. Man weiß, daß sie in tropischen Klimaten seit vielen hundert Jahren gedeihen. Einige werden dort auch als Zierpflanzen angebaut und entwickeln eine erstaunliche Blütenpracht, bevor die neuen Blätter hervortreten.

Tabebuia impetiginosa
Ein großer Baum mit weicher grauer Borke und dunkelbraunem Holz; seine Blätter sind in bis zu 20cm lange Blättchen unterteilt. Im Frühjahr erscheinen magentafarbene Blüten, denen zylindrische Kapseln von bis zu 55cm Länge folgen. H 30m, B 15m.

TAGETES

Eine Gattung mit ca. 50 Arten Ein- und Mehrjähriger, die hauptsächlich in tropischen und wärmeren Regionen Amerikas zu finden ist. Die Arten *T. patula* und die *T. erecta* haben in Mexiko und Indien bei religiösen Zeremonien eine Bedeutung. Die Verbindung der *T. patula* mit den Feiertagen Allerheiligen und Allerseelen hat in Mexiko vorchristliche Ursprünge. *Tagetes* ist nach dem etruskischen Halbgott *Tages* benannt, der die Menschen lehrte, Wasser zu finden, was eine notwendige Voraussetzung für die Landwirtschaft war.

Tagetes lucida
(Sammetblume, Studentenblume)
Eine Mehrjährige, gewöhnlich als Einjährige gezogen, mit verholztem Stamm und glänzenden aromatischen, scharf gezähnten Blättern. Im Spätsommer werden gelbe Blüten in nach oben flachen Trauben gebildet. H 30-80cm, B 45cm.

***Tagetes patula* 'Honeycomb'**
(Sammetblume, Studentenblume)
Diese Sorte bildet zahlreiche doppelt gefüllte Blüten von 5cm Durchmesser aus gekräuselten, tief orangefarbenen Kronblättern mit gelbem Rand.
H 25cm, B 20cm.

Tagetes minuta
(Sammetblume, Studentenblume)
Eine hochwachsende Einjährige mit verästelten Stengeln und stark aromatischen Blättern, die in bis zu15cm lange Segmente unterteilt sind; im Herbst bilden sich dichte blaßgelbe Blütentrauben.
H 30-90cm, B 10-75cm.

Tagetes patula
(Sammetblume, Studentenblume)
Eine buschige Einjährige mit geteilten, scharf gezähnten Blättern von bis zu 8cm Länge; vom Frühsommer an bis zum ersten Frost trägt sie gelbe bis orangefarbene oder braunrote Blüten mit 2,5-5cm Durchmesser. H und B 30cm.

TAMARINDUS

Diese Gattung enthält nur eine Art eines immergrünen Baumes, der ursprünglich wohl in Afrika heimisch war, aber mittlerweile überall in den Tropen vorkommt. *T. indica* wird in Indien seit Jahrhunderten kultiviert und ist von den Spaniern im 17. Jahrhundert in die Karibik und nach Mexiko eingeführt worden. In den Tropen wird der Baum gerne als schattenspendende Zierpflanze angebaut. Der Name *Tamarindus* stammt von arabisch *tamar hindi* (indische Dattel) und bezieht sich auf ihr dattelähnliches Fruchtfleisch.

Tamarindus indica (Tamarinde)
Ein stattlicher Baum mit sich ausbreitendem Astwerk, rauher grauschwarzer Borke und hellgrünen gefiederten Blättern; im Sommer folgen auf die blaßgelben rotgeäderten Blüten braune Schoten, die nierenförmigen Samen in braunem Fruchtfleisch enthalten. H und B 25m.

TAMARINDE, siehe *Tamarindus*, S. 359
TANNE, siehe *Abies*, S. 224
TARANT, siehe *Swertia chirata*, S. 357
TARO, siehe *Colocasia esculenta*, S. 66
TAUBNESSEL, siehe *Lamium*, S. 300
TAUSENDGÜLDENKRAUT, siehe*Centaurium*, S. 257
TAUSENDSCHÖN, siehe *Bellis perennis*, S. 248
TEEBEERENSTRAUCH, siehe *Gaulthiera procumbens*, S. 286
TEESTRAUCH, siehe *Camellia sinensis*, S. 252
TERPENTINPISTAZIE, siehe *Pistacia terebinthus*, S. 331

TANACETUM

In dieser Gattung gibt es etwa 70 Arten Ein- und Mehrjähriger, die in nördlichen gemäßigten Zonen verbreitet sind. Sie enthält auch Mitglieder der Familie der Margeriten, die früher zu *Balsamita, Chrysanthemum, Matricaria* und *Pyrethrum* gerechnet wurden. Viele sind aromatisch und enthalten ätzende ätherische Öle sowie weitere, Insekten abweisende Stoffe, die, im Übermaß verwendet, unliebsame Nebenwirkungen haben können. Einige Mehrjährige verholzen oder werden strauchartig. *Tanacetum*-Arten neigen zu übermäßiger Ausbreitung und bedürfen im Garten einer sorgfältigen Kontrolle. *Tanacetum* leitet sich von griechisch *athanasia* (Unsterblichkeit) ab und bezieht sich auf einige besonders langblühende Arten.

▲ ***Tanacetum balsamita*** var. ***tomentosum*** (Marienblatt)
Diese Varietät unterscheidet sich von anderen Pflanzen ihrer Art durch ihr nach Kampfer riechendes Laub. H und B 1m.

► ***Tanacetum balsamita***
(Marienblatt)
Eine Mehrjährige mit Rhizom und länglichen silbergrünen, nach Minze duftenden Blättern von bis zu 20cm Länge. Im Spätsommer zeigt sie Büschel kreisrunder Blüten an langen Stengeln. H 80cm, B 60cm.

◄ ***Tanacetum parthenium* 'Aureum'**
(Rainfarn)
Eine Sorte mit goldenen Blättern, die einen guten Kontrast zu Kräutern mit bronzefarbenem Laub bildet. H und B 20-45cm.

▲ ***Tanacetum parthenium*** (Rainfarn)
Eine streng riechende Mehrjährige mit gelbgrünen gefiederten, lappigen Blättern von bis zu 8cm Länge; im Sommer erscheinen Büschel mit kreisrunden Blüten von ca. 1cm Durchmesser.
H 60cm, B 45cm.

▲ ***Tanacetum cinerariifolium***
(Dalmatinische Insektenblume)
Eine Mehrjährige mit schlanken Stengeln und länglichen bis eiförmigen, gespaltenen Blättern; einzelne Blüten mit weißen Strahlen- und gelben Scheibenblüten erscheinen von Frühsommer bis Frühherbst. H 30-75cm, B 30cm.

▲ ***Tanacetum parthenium* 'Golden Ball'** (Rainfarn)
Die Blüten dieser Sorte unterscheiden sich von anderen dieser Art durch die runde Form und goldgelbe Farbe.
H und B 23cm.

▲ ***Tanacetum parthenium* 'Golden Moss'** (Rainfarn)
Eine Zwergsorte mit moosartigem goldenem Laub; sie wird häufig für Eckenbepflanzungen und Bodendeckung genutzt. Die Blüten sollten entfernt werden, um das Laub zur Geltung kommen zu lassen.
H und B 15cm.

◄ *Tanacetum parthenium* **'Plenum'** (Rainfarn)
Diese Sorte hat gefüllte weiße Blüten an hohen Stielen und ist eine empfehlenswerte Schnittblume. Aus Samen gezogen, entwickelt sie viele gefüllte Blüten.
H 60cm, B 45cm.

▲ *Tanacetum parthenium* **'Tom Thumb White Stars'** (Rainfarn)
Eine hervorragende Sorte für Kübel- oder Eckenbepflanzung mit einer Überfülle an gefüllten weißen Blüten.
H und B 23cm.

▲ *Tanacetum parthenium* **'White Bonnet'** (Rainfarn)
Eine beliebte Sorte für Blumengestecke mit gefüllten weißen, grüngefleckten Blüten.
H 60cm, B 45cm.

▲ *Tanacetum parthenium* **'Snowball'** (Rainfarn)
Eine Sorte mit gefüllten weißen Blüten, ähnlich wie *T. S.* 'Rowallane', aber kleiner im Wuchs; sie hat elfenbeinfarbene Blüten. H 30cm, B 20cm.

▲ *Tanacetum vulgare* (Rainfarn)
Eine stark aromatische Mehrjährige mit Rhizom und dunkelgrünen, fiederteiligen Blättern von bis zu 12cm Länge; im Spätsommer und Herbst trägt sie Büschel mit gelben knopfähnlichen Blüten.
H 60cm-1,2m, B unbestimmt.

▲ *Tanacetum vulgare* var. *crispum* (Rainfarn)
Diese Varietät hat markantes Laub, das im Frühjahr besonders attraktiv ist. Sie ist für den Garten besser geeignet als andere Sorten dieser Art, weil sie einen kompakteren Wuchs hat und weniger beißend riecht. H 60cm, B unbestimmt.

▲ *Tanacetum vulgare* **'Isla Gold'** (Rainfarn)
Diese kürzlich eingeführte Sorte mit goldenem Laub, das sogar pralle Sonne aushält, ist die dekorativste von allen.
H 60cm-1,2m, B unbestimmt.

▲ *Tanacetum vulgare* **'Silver Lace'** (Rainfarn)
Eine ungewöhnliche Sorte mit unregelmäßiger bleicher Zeichnung auf den Blättern; die Marmorierung ist sehr empfindlich und verschwindet mit beginnender Blüte.
H 60cm-1,2m, B unbestimmt.

TARAXACUM

Eine Gattung mit ca. 60 Arten Mehrjähriger, die in nördlichen gemäßigten Zonen und milden Regionen Südamerikas vorkommt. *T. officinale* wird auch, besonders in Frankreich, als Gemüse angebaut. Wie Chicorée schmeckt der Löwenzahn sehr bitter, daher sollte er vor dem Genuß blanchiert oder eine Stunde in Wasser eingelegt werden. Der Name *Taraxacum* stammt aus dem mittelalterlichen Latein und geht auf die arabische Bezeichnung *tarakhshaqún* zurück, was „wilder Chicorée" oder „bitteres Kraut" bedeutet.

Taraxacum officinale
(Löwenzahn, Kuhblume)
Eine Mehrjährige mit kräftiger Pfahlwurzel und einer Basalrosette aus gezähnten bis gelappten Blättern; vom Frühjahr bis Herbst erscheinen gelbe Blüten, gefolgt von Früchten, die von feinen weißen Haaren umgeben sind. H 30cm, B 45cm.

❄❄❄

TETRADIUM

Diese Gattung aus ca. zehn Arten immergrüner oder laubwechselnder Bäume und Sträucher kommt im Himalaya sowie in Süd- und Ostasien vor. Sie ist mit *Euodia* und *Ravensara* verwandt und sieht *Phellodendron* ähnlich. *T. ruticarpum* wächst in feuchten Wäldern und Dickichten Chinas. Mehrere Arten werden wegen ihrer dekorativen Blätter und der büschelweise auftretenden Früchte angebaut. *Tetradium* leitet sich vom griechischen *tetradeion* (zu vieren) ab, weil die Blüten aus vier Teilen bestehen.

Tetradium ruticarpum
Ein laubwechselnder Strauch oder kleiner Baum mit bis zu 40cm langen Blättern, die in eiförmige Blättchen unterteilt sind; im Sommer bilden sich Büschel schmutzigweißer Blüten, gefolgt von warzigen rostroten Früchten, die glänzende schwarze Samen enthalten. H 9m, B 5m.

❄

TAXUS

In dieser Gattung sind zehn Arten immergrüner Nadelbäume und -sträucher enthalten, die in nördlichen gemäßigten Zonen verbreitet sind. In der Regel werden männliche und weibliche Blüten an verschiedenen Pflanzen gebildet. *T. brevifolia* wächst entlang der nordamerikanischen Pazifikküste und landeinwärts vom Südosten Britisch-Kolumbiens bis zum nördlichen Idaho. Die Eibe *(T. baccata)* ist sehr langlebig. Einige Bäume werden auf mindestens 1.500 Jahre geschätzt. Alle Teile dieser Arten sind hochgiftig.

Taxus brevifolia (Eibe)
Ein kleiner Baum mit schlanken Zweigen, schuppiger roter bis purpurner Borke und ledrigen Nadeln. Kleine crèmefarbene Blüten erscheinen im Frühjahr; auf weibliche folgen giftige grünbraune Samen, die von einer fleischigen roten Hülle umgeben sind. H 15m, B 10m.

❄❄❄

TEUCRIUM

Diese weitverbreitete Gattung aus etwa 240 Arten Mehrjähriger und kleiner immergrüner oder halblaubwechselnder Sträucher hat ihr Verbreitungsgebiet am Mittelmeer. *T. chamaedrys* wächst in Europa sowie im Südwesten Asiens und ist eine nützliche immergrüne Pflanze für steile Böschungen, Mauern und Hecken. Sie wird häufig mit *T. divaricatum* und *T.* × *lucidrys* verwechselt. Diese beiden werden oftmals als Zwerghecken in Flechtgärten angepflanzt, wozu sich das kleinere, sich ausbreitende *T. chamaedrys* nicht eignet.

Teucrium chamaedrys (Edelgamander)
Eine strauchige Mehrjährige mit kriechendem Wurzelstock, aufrechten Stämmen und eiförmigen Blättern, die an kleine Eichenblätter erinnern; kleine purpur- bis rosafarbene, zweilippige röhrenförmige Blüten erscheinen im Sommer und Herbst. H und B 10-24cm.

❄❄❄

TERMINALIA

Eine Gattung aus ca. 200 Arten immergrüner oder laubwechselnder tropischer Bäume und Sträucher, die in tropischen Regionen verbreitet sind. *T. chebula* wächst auf Ceylon, in Indien, Birma sowie Nepal und wird in den Tropen als Schattenspender oder Zierpflanze angebaut. Zur dieser Gattung gehören Pflanzen, die Bauholz, Gummi, Farb- und Gerbstoffe liefern. Die Bäume tragen ihre Blätter am Ende der Zweige in mehreren Schichten, daher der Gattungsname *Terminalia* nach dem lateinischen *terminus* (Ende).

Terminalia chebula
(Almend, „Chieu liêu")
Ein immergrüner Baum mit ledrigen eiförmigen Blättern mit flaumiger Unterseite; kleine crèmefarbene Blüten erscheinen im Sommer, gefolgt von eiförmigen bis länglichen gelbbraunen Früchten. H 15-25m, B 20m.

THEOBROMA

Eine Gattung mit 20 Arten immergrüner tropischer Bäume. *T. cacao* ist in Wäldern im Flachland Mittel- und Südamerikas heimisch. Ihre Blüten wachsen direkt am Stamm oder an den Ästen. Obwohl bereits Christoph Kolumbus (1451-1506) die ersten Kakaofrüchte aus Südamerika nach Spanien brachte, fand man vor dem 17. Jahrhundert keinen Geschmack an ihnen. In Afrika begann die Kultivierung des Kakaos im 19. Jahrhundert; heute werden dort mehr als die Hälfte aller Kakaobohnen erzeugt.

Theobroma cacao (Kakaobaum)
Ein kleiner immergrüner Baum mit dünnen glänzenden Blättern von bis zu 40cm Länge, die in der Jugend rosafarben sind; auf kleine blaßgelbe Blüten folgen Schoten mit einer Vielzahl an Samen in klebrigem Fruchtfleisch.
H 8m, B 5-6m.

TEUFELSABBISS, siehe *Chamaelirium luteum*, S. 258
TEUFELSDRECK, siehe *Ferula assafoetida*, S. 282
TEUFELSZWIRN, siehe *Lycium*, S. 306
THYMIAN, siehe *Thymus*, S. 362

THUJA

Diese Gattung mit fünf Arten immergrüner Nadelbäume kommt in Nordostasien und Nordamerika vor. *T. occidentalis* war für viele nordamerikanische Indianerstämme von Bedeutung, weil es sie mit Rohstoffen für Bögen, Kanus, Körbe, Tauwerk und Dächer versorgte. Von *T. occidentalis* und *T. orientalis* gibt es zahlreiche Sorten, die sich in Größe, Wuchs und Farbe unterscheiden. *Thuja* kommt von dem griechischen Wort *thyia* für einen nordafrikanischen Baum mit wohlriechendem zum Räuchern benutzten Holz.

Thuja occidentalis (Lebensbaum)
Ein schmaler Nadelbaum mit orangebrauner Rinde sowie kleinen schuppenartigen Nadeln, die im Winter bronzefarben werden und nach Äpfeln riechen; seine gelbgrünen Zapfen von 1cm Länge verfärben sich in der Reife braun und hängen herab. H 20m, B 7m.

***Thuja occidentalis* 'Rheingold'**
(Lebensbaum)
Vermutlich die beliebteste und charaktervollste aller Sorten von *T. occidentalis*, die vor allem wegen ihrer Nadeln von altgoldener Farbe geschätzt wird, welche im Winter einen Bronzeton annehmen.
H 3-4m, B 2-4m.

Thuja orientalis (Lebensbaum)
Ein pyramidenförmiger Strauch oder kleiner Baum mit rotbrauner faseriger Rinde und vertikalen Zweigen mit kleinen schuppenartigen Nadeln, die sich im Winter bronzefarben oder braun färben; die aufrechten kolbenförmigen Zapfen haben eine Länge von 2cm. H 12m, B 5m.

***Thuja occidentalis* 'Holmstrup'**
(Lebensbaum)
Diese Sorte hat einen dichten konischen Wuchs und Nadeln mit reichen Grüntönen.
H 3-4m, B 1m.

***Thuja orientalis* 'Aurea Nana'**
(Lebensbaum)
Eine hübsche Zwergsorte mit gelbgrünem Laub, das sich im Winter bronzefarben verfärbt.
H und B 60cm.

Thymus

Zu dieser eurasischen Gattung gehören etwa 350 Arten kleiner immergrüner Mehrjähriger und Halbsträucher, meist mit verholzenden Trieben. Sie haben lippenförmige Blüten, wobei fünf Blätter zu einer zweilippigen Röhre, einer bärtigen Kehle und drei großen gezähnten Oberlippen verschmolzen sind. Die Systematik dieser Gattung ist komplex; es gibt zahlreiche Synonyme und ungültige Namen. Viele Arten sind brauchbare Gartenpflanzen und haben einen hübschen Wuchs, duftendes Laub und farbenfrohe Blüten. Sie eignen sich zur Pflanzung in Steingärten, Kübeln und an Mauern. Obwohl sie klein sind, erzeugen die vielen Blüten ausgiebige Mengen Nektar, weshalb sie Bienen anziehen. *Thymian* ist der griechische Name, der bereits von Theophrast verwendet wurde.

▲ ***Thymus herba-barona*** (Thymian)
Ein drahtiger Teppiche bildender Halbstrauch mit kleinen dunkelgrünen Blättern, die nach Kümmel, Muskat oder Zitrone riechen; lockere Büschel rosa- bis malvenfarbener Blüten bilden sich Mitte des Sommers.
H 5-10cm, B 60cm.
❄❄❄

▲ ***Thymus caespititius* 'Aureus'**
(Thymian)
Eine langsam wachsende Sorte mit bleichen, goldgrünen Blättern und rosafarbenen Blüten. H 15cm, B 45cm.
❄❄❄

◄ ***Thymus capitatus***
(Thymian)
Ein kleiner Strauch mit grauen Stengeln und fleischigen Blättern; im Sommer bilden sich rosafarbene Blüten mit rötlichen Deckblättern. H und B 25cm.
❄❄❄

▲ ***Thymus cilicicus*** (Thymian)
Ein kompakter buschiger Strauch mit tief grünen, geraden Blättern; dichte Büschel malven- bis lilafarbener Blüten bilden sich Mitte des Sommers. H 10-15cm, B 45cm.
❄❄❄

◄ ***Thymus × citriodorus***
(Thymian)
Eine variable Hybride zwischen *T. pulegioides* und *T. vulgaris* mit nach Zitrone duftenden eiförmigen bis länglichen Blättern; im Sommer zeigt sie blaß lilafarbene Blüten. H 25-30cm, B 60cm.
❄❄❄

▲ ***Thymus × citriodorus* 'Archer's Gold'**
(Thymian)
Eine kompakte Sorte mit intensiv gelbem, nach Zitrone duftenden Laub und blaß purpurfarbenen Blüten.
H 15-25cm, B 45cm.
❄❄❄

► ***Thymus × citriodorus* 'Bertram Anderson'** (Thymian)
Diese kleinwüchsige Sorte hat rot angehauchte junge Triebe und goldfarbenes Laub. H 15-23cm, B 30-60cm.
❄❄❄

◄ ***Thymus × citriodorus* 'Aureus'**
(Thymian)
Ein kleiner aufrechter oder sich ausbreitender Strauch mit goldfarbenen Blättern, die im Winter und Anfang Frühjahr dekorativ wirken; er neigt zur Rückentwicklung. H 10-15 cm, B 60 cm.
❄❄❄

► ***Thymus × citriodorus* 'Silver Queen'** (Thymian)
Eine Sorte mit silbergrün bis crèmefarben marmorierten Blättern. Sie unterscheidet sich von *T. vulgaris* 'Silver Posie' durch geringere Winterhärte und größere Neigung zur Rückentwicklung. Ihre Marmorierung ist variabel; sie hat Zitronenaroma und im Winter rosafarbene Spitzen. H 23cm, B 30-40cm.
❄❄❄

▲ ***Thymus praecox*** (Thymian)
Eine variable mattenbildende Kriechpflanze mit kleinen länglichen bis verkehrt eiförmigen, behaarten, gefransten Blättern; im Sommer trägt sie malven- bis purpurfarbene, selten schmutzigweiße Blüten mit purpurnen Deckblättern endständig an Trauben. H 5cm, B 45cm.
❄❄❄

▲ ***Thymus pseudolanuginosus*** (Thymian)
Ein liegender kleiner Strauch mit vierkantigen behaarten Stengeln und kleinen elliptischen Blättern; Mitte des Sommers erscheinen in den Blattachseln wenige blaßrosafarbene Blüten.
H 2,5-7cm, B 1m.
❄❄❄

▲ ***Thymus serpyllum* 'Pink Chintz'**
(Quendel, Feldthymian)
Eine kräftige Sorte mit graugrünen, behaarten Blättern und lachsrosafarbenen Blüten.
H 1-7cm, B 60cm.
❄❄❄

▲ ***Thymus serpyllum* 'Rainbow Falls'**
(Quendel, Feldthymian)
Diese farbenfrohe Sorte trägt kleine golden marmorierte, rot angehauchte Blätter und malvenfarbene Blüten. Sie hat lange Stengel und einen eher lockeren Wuchs. H 1-7cm, B 1m.
❄❄❄

► ***Thymus pulegioides***
(Quendel)
Ein kriechender, aromatischer Zwergstrauch mit eiförmigen bis elliptischen, flachen Blättern; im Sommer bilden sich rosa- bis purpurfarbene Blüten mit blättrigen Deckblättern.
H 20-25cm, B 40-45cm.
❄❄❄

► ***Thymus serpyllum* 'Russetings'**
(Quendel, Feldthymian)
Das Laub dieser Sorte ist charakteristisch. Sie ist unverzichtbar bei der Anpflanzung mehrerer Sorten. H 1-7cm, B 1m.
❄❄❄

▲ ***Thymus serpyllum* var. *coccineus***
(Quendel, Feldthymian)
Ein Thymian mit lebhaften Farben, karmesin- bis magentafarbenen Blüten und dunkelgrünen Blättern, die im Herbst einen Bronzeton annehmen.
H 1-7cm, B 1m.
❄❄❄

◄ ***Thymus serpyllum* 'Annie Hall'**
(Quendel, Feldthymian)
Eine beliebte Sorte mit hellgrünen Blättern und blaß rosafarbenen Blüten. H 1-7cm, B 1m.
❄❄❄

◄ ***Thymus vulgaris***
(Gartenthymian)
Ein variabler Strauch mit graugrünen Blättern und im Sommer weißen bis purpurfarbenen Blüten.
H 30-45cm, B 60cm.
❄❄❄

► ***Thymus serpyllum* 'Vey'**
(Quendel, Feldthymian)
Eine kompakte Sorte mit aufrechten lachs- bis rosafarbenen Blütenköpfen und dunkleren Knospen; sie ist gut geeignet zur Anpflanzung in Containern. H 1-7cm, B 45cm.
❄❄❄

▲ ***Thymus serpyllum***
(Feldthymian, Quendel)
Eine variable, flache Mehrjährige mit schlanken, kriechenden Stengeln und kleinen eiförmigen bis länglichen, behaarten Blättern; im Sommer bilden sich Büschel mit rosa- bis purpurfarbenen Blüten. H 1-7cm, B 1m.
❄❄❄

▲ ***Thymus serpyllum* 'Elfin'**
(Quendel, Feldthymian)
Ein winziger, selten blühender Thymian mit glänzenden runden Blättern und hügelbildendem Wuchs; einige wenige Büschel mit magenta- bis rosafarbenen Blüten können im Sommer zum Vorschein kommen. H 5cm, B 10-20cm.
❄❄❄

▲ ***Thymus vulgaris* 'Erectus'**
(Gartenthymian)
Diese weißblühende Sorte ähnelt im Wuchs einem Miniaturnadelbaum mit streng aufrechtem Wuchs und schmalen graugrünen, nach Kampfer riechenden Blättern.
H 15-23cm, B 10-15cm.
❄❄❄

▲ ***Thymus vulgaris* 'Silver Posie'**
(Gartenthymian)
Unter den silberfarbenen Thymianpflanzen ist diese die beste, mit weiß marmorierten Blättern und blaß malven- bis rosafarbenen Blüten. Sie überwintert gut und ist für Eckbepflanzungen sowie für Farbeffekte geeignet. H 25cm, B 45cm.
❄❄❄

TILIA

Eine Gattung mit etwa 45 Arten laubwechselnder Bäume, die in nördlichen gemäßigten Zonen vorkommt. *T. cordata* wächst in mittel- und osteuropäischen Wäldern. Die meisten Arten werden kultiviert und bilden schnell Hybride. Lindenblütenhonig und Lindenblütentee sind an einigen Orten wichtige Wirtschaftsgüter. *T. cordata* treibt seltener Schößlinge und wird weniger von Blattläusen befallen, so daß ihr im Garten gegenüber *T. × europaea* oder *T. platyphyllos* (Sommerlinde) der Vorzug gegeben werden sollte.

Tilia cordata (Winterlinde)
Ein mittelgroßer bis großer, sich ausbreitender Baum mit dunkelgrünen, glänzenden herzförmigen Blättern; Mitte des Sommers trägt er gelbe bis weiße Blüten, danach runde grüne Früchte mit einem Durchmesser von 6mm.
H 20-40m, B 10-30m.

***Trifolium pratense* 'Susan Smith'**
(Wiesenklee, Rotklee)
Diese Sorte wird von Sammlern vielfarbiger Pflanzen gepriesen; ihre Blätter sind von gelben Adern durchzogen. Sie kann als fast liegende Pflanze im Freien oder als Kriechpflanze in Kübeln gezogen werden. H 20-50cm, B 50cm.

TRICHOSANTHES

Diese Gattung aus 15 Arten ein- oder mehrjähriger, halbharter bis tropischer Kletterer ist von Indonesien über Malaysia bis zu den Pazifikinseln verbreitet. *T. kirilowii* wächst in der Mongolei, in China sowie Vietnam und ist wohl die härteste Art dieser Gattung. Sie wird in Südchina als Heilkraut kultiviert, wobei männliche Pflanzen wegen ihrer Wurzeln bevorzugt werden. Im Westen bekommt man sie nur selten zu sehen. *Trichosanthes* leitet sich von griechisch *thrix* (Haar) und *anthos* (Blüte) ab.

Trichosanthes kirilowii (Haarblume)
Eine knollige, rankend kletternde Mehrjährige mit tief geteilten Blättern; im Sommer erscheinen gefranste weiße Blüten, auf die orangerote Früchte mit blaßbraunen Samen folgen. Männliche und weibliche Blüten bilden sich an separaten Pflanzen. H 6-9m.

TRIGONELLA

Diese Gattung aus 80 Arten Einjähriger ist vom Mittelmeerraum bis nach Südafrika und Australien verbreitet. *T. foenum-graecum* wird in Süd- und Mitteleuropa als Futter- und in vielen Mittelmeerländern, dem Nahen Osten, in Rußland, auf dem Balkan, in Westasien sowie China als Gewürzpflanze angebaut. Der Name *Trigonella* leitet sich von *trigonum* (Dreieck) ab und bezieht sich auf die Form der Blüten. *Foenum-graecum* bedeutet „griechisches Heu" weil es schon im alten Griechenland eine Futterpflanze war.

Trigonella foenum-graecum
(Bockshornklee, Griechisch Heu)
Eine aufrechte Einjährige mit dreieckigen Blättern; den im Frühjahr und Sommer einzeln oder paarweise stehenden gelbweißen Blüten, die am unteren Ende violett getönt sind, folgen Schoten mit gelbbraunen Samen. H 60cm, B 30-45cm.

TRIFOLIUM

Diese große Gattung mit ungefähr 230 Arten Ein-, Zwei- und Mehrjähriger kommt in gemäßigten und subtropischen Regionen vor und ist auch in Nordamerika sowie Australien eingebürgert. *T. pratense* wächst in Europa und ist seit dem Mittelalter eine wichtige Futterpflanze. Die landwirtschaftlich bedeutsame Sorte *T. p.* 'Brown Red' wird seit dem 17. Jahrhundert angebaut. *Trifolium* setzt sich aus den lateinischen Worten *tres* (drei) sowie *folium* (Blatt) zusammen und bezieht sich auf die dreilappigen Blätter.

Trifolium pratense
(Wiesenklee, Rotklee)
Eine aufrechte bis liegende Mehrjährige mit langstieligen Blättern, unterteilt in 3 eiförmige Blättchen; purpur- bis rosa- oder crèmefarbene röhrenförmige Blüten erscheinen als kugelige Köpfe ab dem späten Frühjahr. H 20-60cm, B 60cm.

TRILLIUM

In dieser Gattung gibt es etwa 30 Arten Mehrjähriger mit unterirdischem Sproß. Ihr Hauptverbreitungsgebiet ist Nordamerika und Nordostasien. Wegen ihres dekorativen eckigen Laubs und der Blüten, die gut mit im Frühjahr blühenden Waldkräutern wie *Sanguinaria canadensis* (vgl. S. 198) und *Primula vulgaris* (S. 183) kontrastieren, wird *T. erectum* als Zierpflanze in Gärten mit Wildblumen angebaut, auch in schattigen Rabatten. *Trillium* kommt von lateinisch *trilix* (dreifädig); alle Teile dieser Pflanzen sind dreiteilig.

Trillium erectum (Dreiblatt, Waldlilie)
Eine variable Mehrjährige mit kurzem dickem Wurzelstock, aufrechtem Stengel und 3 breiten eiförmigen Blättern von bis zu 20cm Länge; die stinkende Blüte besteht im späten Frühjahr aus 3 blaßgrünen Kelch- und 3 kastanienbraunen bis weißen Blütenblättern. H 30-50cm, B 30cm.

TOLLKIRSCHE, siehe *Atropa bella-donna*, S. 246
TOLLKRAUT, siehe *Scopolia*, S. 350
TOLUBALSAM, siehe *Myroxylon balsamum*, S. 315
TONKABOHNE, siehe *Dipteryx odorata*, S. 274
TRAGANT, siehe *Astragalus*, S. 245
TRÄNENGRAS, siehe *Coix*, S. 264
TRICHTERWINDE, siehe *Ipomoea*, S. 297

Trillium erectum* f. *albiflorum
(Dreiblatt, Waldlilie)
Diese weißblühende Varietät hebt sich in einer schattigen Lage gut hervor und wird auch aus der Ferne bemerkt.
H 30-50cm, B 30cm.

***Tropaeolum majus* 'Alaska'**
(Kapuzinerkresse)
Die Blätter dieser Sorte sind crèmeweiß marmoriert; die Farbe der Blüten reicht von Gelb bis Rot und Mahagoni. Sie hat einen buschigen Wuchs und ist für hängende Körbe oder die Vorderseite von Rabatten geeignet. H und B 30cm.

TROPAEOLUM

Diese Gattung aus ca. 90 Arten meist kletternder Ein- und krautiger Mehrjähriger ist in Südamerika heimisch. Kapuzinerkresse gehört zu den leicht zu ziehenden winterharten Einjährigen. Kletternde Sorten bedecken schon nach wenigen Wochen große Flächen an Zäunen oder Böschungen. Die kompakteren Sorten sind ideal für Kübel und Sommerbeete. *Tropaeolum* leitet sich von griechisch *tropaion* (Siegeszeichen) ab und bezieht sich auf die wie Schilde aussehenden Blätter und die darüber sitzenden helmähnlichen Blüten.

Tropaeolum majus (Kapuzinerkresse)
Eine schnell wachsende, rankende Einjährige mit fast kreisrunden schildförmigen Blättern; ab Frühsommer trägt sie leicht duftende gelbe bis orangefarbene Blüten mit langen, manchmal rot gefleckten Sporen, auf die kugelige Früchte folgen.
H 3m, B 1,5-2m.

***Tropaeolum majus* 'Empress of India'**
(Kapuzinerkresse)
Diese Sorte ist seit dem 19. Jahrhundert bekannt. Sie hat dunkle violette bis grüne Blätter und duftende hochrote Blüten.
H 45cm, B 30cm.

***Tropaeolum majus* 'Hermine Grashoff'**
(Kapuzinerkresse)
Diese Pflanze gehört zu den ältesten Sorten mit doppelten Blüten und wird bereits in Gartenhandbüchern aus dem 19. Jahrhundert erwähnt. Sie hat orange- bis scharlachfarbene Blüten. Da sie steril ist, muß sie vegetativ vermehrt werden. H 20cm, B 45-60cm.

***Tropaeolum majus* 'Peach Melba'**
(Kapuzinerkresse)
Eine kompakte, üppig blühende Sorte mit crèmegelben, einzeln stehenden Blüten, die in der Kehle scharlachrote Flecken aufweisen. Eine exzellente Kübel- und Salatpflanze.
H 23-30cm, B 30cm.

TUSSILAGO

Eine Gattung von 15 Arten Mehrjähriger mit unterirdischem Sproß, die in nördlichen gemäßigten Regionen wächst. *T. farfara* gedeiht in Europa, Westasien und Nordafrika. Da die Pflanze für den Anbau im Garten zu wuchernd ist, sollte sie nur auf Wildkräuterwiesen angebaut werden. Im 19. Jahrhundert war auch eine vielfarbige Sorte bekannt; sie ist im Verlauf der Kultivierung verloren gegangen. *Tussilago* leitet sich von lateinisch *tussis* (Husten) ab und meint die Verwendung von *T. farfara als* Hustenmittel.

Tussilago farfara (Huflattich)
Eine robuste kriechende Mehrjährige mit großen herzförmigen bis runden, gezähnten Blättern, die den Boden wie ein feines Netz bedecken; Anfang Frühjahr erscheinen vor den neuen Blättern an schuppigen Stielen dem Löwenzahn ähnliche Blüten. H 30cm, B unbestimmt.

TYPHA

Eine weitverbreitete Gattung mit etwa 12 Arten kräftige Rhizome bildender, mehrjähriger Wasserpflanzen. *T. latifolia* wird in Teichen und Seen wegen ihres eindrucksvollen Laubs und der dekorativen braunen Köpfe als Zierpflanze angebaut. Diese Köpfe finden häufig auch für Trockenblumenarrangements Verwendung. Obwohl sie oft fälschlich als Binse bezeichnet wird, handelt es sich bei ihr nicht um die in der Bibel erwähnte Pflanze. *Typha* ist der griechische Name dieser Pflanze, den auch schon Theophrast kannte.

Typha latifolia (Rohrkolben)
Eine riesige Mehrjährige mit langem verzweigten Rhizom und geraden Blättern, die bis zu 2m lang werden; kleine beigefarbene Blüten werden an langstieligen kolbenförmigen Ähren gebildet. Die dunkelbraunen Köpfe setzen im Frühjahr den Samen frei. H 2,5m, B unbestimmt.

***Typha latifolia* 'Variegata'**
(Rohrkolben)
Diese vielfarbige Sorte ist schmalwüchsiger als andere ihrer Art es sind, und eignet sich besser für Gartenteiche. H 1,2m, B 60cm.

TÜPFELFARN, siehe *Polypodium*, S. 333
TÜPFEL-JOHANNISKRAUT, siehe *Hypericum perforatum*, S. 295
TÜRKISCHE KIEFER, siehe *Pinus halapensis* ssp. *brutia*, S. 60
TÜRKISCHER WEIZEN, siehe *Zea*, S. 372
UFERWOLFSTRAPP, siehe *Lycopus europaeus*, S. 307
ULME, siehe *Ulmus*, S. 366
VANILLE, siehe *Vanilla*, S. 367
VANILLEGRAS, siehe *Hierochloë odorata*, S. 293

ULMUS

Etwa 45 Arten laubwechselnder Bäume und Sträucher gehören zu dieser Gattung, die in nördlichen gemäßigten Regionen bis nach Mexiko und Innerasien vordringt. *U. rubra* wächst vom Süden Kanadas bis nach Mittelamerika. Es handelt sich um eine unverwechselbare Art, die flaumige Knospen und große samtene, in der Jugend rot getönte Blätter aufweist. In den USA pflanzt man sie als Straßenbaum, ansonsten wird sie äußerst selten kultiviert. Die Bestände sind allerdings durch Raubbau und Baumkrankheiten dezimiert.

Ulmus rubra (Rotulme)
Ein mittelgroßer bis großer Baum mit breiter Krone und eirunden behaarten, tief geäderten Blättern, die bis zu 20cm lang werden; im frühen Sommer folgen auf unscheinbare Blüten rotbraune geflügelte Früchte, die einen einzigen Samen enthalten. H 20m, B 18m.

❄❄ / ❄❄❄

UMBELLULARIA

Zwei Arten bilden diese nordwestamerikanische Gattung immergrüner Bäume. *U. californica* ist ein lorbeerähnlicher strauchiger Baum, der in kälteren Regionen einen geschützten Standort benötigt. Er kommt für gewöhnlich in den Schluchten von Canyons und auf Hochebenen unterhalb 1.500m vor. Die Blätter verströmen ein stechendes Aroma, das Kopfschmerzen verursachen kann. Der Gattungsname *Umbellularia* stammt vom lateinischen *umbella* (Schirm) und bezieht sich auf die Form des Blütenstands.

Umbellularia californica
(Berglorbeer, „Oregon myrtle")
Ein immergrüner großer Strauch mit glänzenden Blättern, die ein sehr scharfes Aroma absondern; im Frühjahr trägt er kleine blaßgrüne Blüten, gefolgt von birnenähnlichen, purpurnen bis braunen Früchten. H 25m, B 15m.

❄❄❄

URTICA

Eine Gattung von ca. 50 Arten Ein- und Mehrjähriger, die in gemäßigten Zonen vorkommt. *U. dioica* wächst in Eurasien; sie ist ein die menschliche Siedlungsgeschichte begleitendes Unkraut, das auf kultiviertem stickstoffreichen Boden gedeiht. Nach Culpeper bedürfen Brennnesseln „keiner Beschreibung, noch in der dunkelsten Nacht wird man sie durch die Berührung zu finden wissen" („The English Physitian Enlarged, or the Herball", 1653). *Urtica* ist der lateinische Name, den auch Horaz und Plinius verwendeten.

Urtica dioica (Große Brennessel)
Eine Mehrjährige mit kriechenden gelben Wurzeln und eiförmigen, tief gezähnten Blättern, die mit borstigen Haaren besetzt sind; im Sommer erscheinen grüne Blüten an hängenden Trauben; männliche und weibliche an separaten Pflanzen. H 1,5m, B unbestimmt.

❄❄❄

VACCINIUM

Diese große Gattung enthält etwa 450 Arten immergrüner und laubwechselnder, häufig ausläufertreibender Sträucher, die in der nördlichen Hemisphäre sowie im südlichen Afrika weit verbreitet sind. *V. myrtillus* wird nur selten kultiviert. In vielen Regionen Europas werden jedoch wildwachsende Heidelbeeren gesammelt. Die amerikanische Blueberry *(V. corymbosum)* und *V. ashei* baut man in den Vereinigten Staaten, in Australien und in Neuseeland in großem Maßstab für kommerzielle Zwecke an.

Vaccinium myrtillus (Heidelbeere)
Ein laubwechselnder Strauch mit kriechenden Rhizomen, aufrechten grünen Stengeln und eiförmigen, breiten grünen Blättern; kleine glockenförmige, rosagrüne Blüten bilden sich im Frühjahr, gefolgt von süßen Früchten, die in der Reife blauschwarz sind. H und B 60cm.

❄❄❄

VALERIANA

Eine Gattung mit 150-200 Arten Einjähriger, die außer in Australien weltweit vorkommen. *V. officinalis* wächst von Europa bis Japan und ist im Garten als hohe schlanke Pflanze besonders für den Rabattenhintergrund und für Waldstücke geeignet. Der Duft der Wurzeln, besonders der getrockneten, übt eine unwiderstehliche Anziehungskraft auf Katzen aus. *V. officinalis* sollte nicht mit *Centranthus ruber*, aus einer anderen Gattung der Baldriangewächse, verwechselt werden. Diese Pflanze hat keinen medizinischen Wert.

Valeriana officinalis
(Gemeiner Baldrian)
Eine variable Mehrjährige mit kurzem Rhizom und unregelmäßig fiederteiligen Blättern; dichte Büschel röhrenförmiger rosafarbener oder weißer Blüten erscheinen im Sommer, danach kleine Samen mit weißen Haaren. H 1,5m, B 1,2m.

❄❄❄

VANILLA

Es gibt etwa 100 Arten kletternder immergrüner Mehrjähriger in dieser Gattung von Orchideen, die in den Tropen und Subtropen verbreitet ist. *V. planifolia*, in den Dickichten Südamerikas, der Karibik und Floridas heimisch, ist das einzige Mitglied aus der großen Familie der *Orchidaceae*, das zur kommerziellen Nutzung, und nicht als Zierpflanze kultiviert wird. Orchideenzüchter ziehen häufig eine Vanille-Rebe an einer Gewächshausmauer. *V. planifolia* 'Variegata' ist für diesen Zweck besonders dekorativ.

Vanilla planifolia (Echte Vanille)
Eine kräftige kletternde Orchidee mit grünen zickzackartig wachsenden Stielen und fleischigen länglichen Blättern; im Frühjahr zeigt sie blaßgelbe bis grüne Blüten mit einer gelben behaarten Lippe, gefolgt von hängenden Kapseln, die winzige Samen enthalten. H 6m.

***Vanilla planifolia* 'Variegata'**
(Echte Vanille)
Eine ungewöhnliche vielfarbige Orchidee mit unregelmäßig gelb gestreiften Blättern; es lohnt sich, sie im Orchideenhaus zu pflanzen, denn sie unterscheidet sich in Wuchs sowie Farbe von den meisten Zierorchideen. H 6m.

VERBASCUM

Eine große Gattung mit etwa 300 Arten Ein-, Zwei- und Mehrjähriger sowie von Halbsträuchern, die in Europa, Nordafrika und Asien vorkommen. *V. thapsus* wächst in ganz Europa und von Ost- bis Westchina. Diese prächtige Pflanze mit wollig behaartem Laub und Ähren gelber Blüten paßt sich vielen Böden an, auch trockenen sowie steinigen, und eignet sich für Rabatten, steile Böschungen oder die Seiten einer mit Kies bestreuten Auffahrt. *Verbascum* ist der von Plinius verwendete lateinische Name der Pflanze.

Verbascum thapsus (Königskerze)
Eine hohe Zweijährige mit weichen, graugrünen, wolligen eirunden Blättern von bis zu 45cm Länge, die im ersten Jahr eine Basalrosette bilden; im Sommer trägt sie gelbe fünfblättrige Blüten an einer dichten endständigen Ähre.
H 2m, B 1m.

VERBENA

Diese Gattung mit etwa 250 Arten Ein- und Mehrjähriger sowie von Halbsträuchern kommt hauptsächlich in tropischen und gemäßigten Regionen Amerikas vor und ist in Europa durch zwei Arten vertreten. *V. officinalis*, die in Europa, Westasien und Nordafrika verbreitet ist, kann sich mit ihren ornamentaleren südamerikanischen Verwandten nicht vergleichen, wird aber häufig als Heilpflanze angebaut. *Verbena* wurde von den Germanen verehrt, und die keltischen Druiden verwendeten sie bei ihren Kulthandlungen.

Verbena officinalis (Eisenkraut)
Eine Mehrjährige mit verholztem Stamm, vierkantigen verästelten Stengeln und eiförmigen, häufig gefiederten Blättern von bis zu 6cm Länge; kleine, blaß lilafarbene Blüten werden im Sommer an schlanken endständigen Ähren gebildet.
H 80cm, B 60cm.

VERONICA

Diese Gattung enthält etwa 250 Arten frost- und winterharter, meist blau blühender Ein- und Mehrjähriger sowie immergrüner oder halbimmergrüner Halbsträucher, die in Europa, Nordamerika und den gemäßigten Zonen Asiens verbreitet sind. Unter den kultivierten Sorten gibt es elegante Rabatten- oder Wasserpflanzen, Sträucher und mattenbildende Pflanzen für den Steingarten. Wie häufig bei blaublühenden Arten, gibt es auch beim Ehrenpreis Varietäten mit weißen, rosa- oder purpurfarbenen Blüten.

Veronica officinalis (Ehrenpreis)
Eine kriechende mattenbildende, behaarte Staude mit eiförmigen bis elliptischen gezähnten Blättern von bis zu 5cm Länge; sie trägt im späten Frühling und im Sommer Trauben lilafarbener, dünn geäderter Blüten. H 10-50cm, B unbestimmt.

VERONICASTRUM

Eine einzige Art Mehrjähriger gehört zu dieser Gattung, die im Osten Nordamerikas vorkommt. *V. virginicum* ist eine hohe anmutige Pflanze, die für den Rabattenhintergrund und für Gärten mit Wildpflanzen geeignet ist. Sie variiert in der Farbe ihrer Blüten. Bei einigen nordamerikanischen Indianerstämmen spielte sie bei Ritualen eine gewisse Rolle. Der erste Siedler, der sie sich zunutze machte, war ein gewisser Dr. Culver. Deshalb trägt sie im Englischen auch die volkssprachliche Bezeichnung „Culver's root".

Veronicastrum virginicum (Ehrenpreis)
Eine aufrechte Mehrjährige mit waagerechten schwarzen Rhizomen und Büscheln aus zugespitzten, fein gezähnten, länglichen Blättern; kleine röhrenförmige, weiße oder rosafarbene Blüten werden im Sommer in endständigen dichten Ähren gebildet. H 2m, B 1m.

Veronicastrum virginicum* var. *roseum
(Ehrenpreis)
Diese Varietät hat blaßrosafarbene Blüten und wirkt vor einem Hintergrund von Kräutern mit bronzefarbenem Laub besonders dekorativ.
H 2m, B 1m.

VEILCHEN, siehe *Viola*, S. 370
VIRGINISCHER WACHOLDER, siehe *Juniperus virginiana*, S. 299
VOGELKIRSCHE, siehe *Prunus avium*, S. 335
VOGELMIERE, siehe *Stellaria media*, S. 356

VETIVERIA

Zehn Arten mehrjähriger Gräser bilden diese Gattung, die im tropischen Asien wächst. *V. zizanioides* ist ein nützliches, hohes rauhes Gras. Auf Haiti, Réunion und Java werden daraus ätherische Öle gewonnen; in anderen Regionen wird es zur Vermeidung der Bodenerosion angebaut, denn seine aromatischen Wurzeln wachsen bis zu 3m in die Tiefe. In Indien werden aus dem Gras Schirme geflochten, die in Türen und Fenstern hängen und mit Wasser besprengt werden, um die Räume kühl sowie insektenfrei zu halten.

Vetiveria zizanioides
Ein robustes riesiges Gras mit faserigen porösen Wurzeln und steifen geraden Blättern von 1-2m Länge; im Sommer bilden sich braune bis purpurfarbene kleine Blüten an langstieligen Ähren von bis zu 1,5m Höhe.
H 2-3m, B unbestimmt.

***Viburnum opulus* 'Roseum'**
(Gemeiner Schneeball)
Ein beliebter Gartenstrauch, der wegen seiner auffallenden rahmweißen, ballähnlichen sterilen Blütenköpfe beliebt ist; diese Sorte ist nur im Sommer interessant, weil sie keine Früchte trägt.
H und B 4m.

VIBURNUM

Eine Gattung mit ca. 150 Arten immergrüner oder laubwechselnder Sträucher und kleiner Bäume, die in gemäßigten sowie wärmeren Regionen vorkommen, vor allem in Asien und Nordamerika. *V. opulus* wächst in Europa und Nordwestasien. Dieser Gartenstrauch bringt herrliche Blüten und frühreife Früchte in leuchtenden Farben hervor. *V. prunifolium* hat die größten Früchte und zeigt eine imposante Herbstfärbung. Wenn man sie auf den Hauptstamm beschränkt, kann sie als kleiner Gartenbaum kultiviert werden.

Viburnum opulus
(Gemeiner Schneeball)
Ein laubwechselder Strauch mit drei- oder fünflappigen gezähnten Blättern. Büschel kleiner Blüten, umgeben von weißen sterilen Blümchen, bilden sich im Sommer, gefolgt von Trauben glänzender scharlachroter Früchte. H und B 4m.

***Viburnum opulus* 'Aureum'**
(Gemeiner Schneeball)
Diese Sorte hat einen kompakten Wuchs und leuchtend goldene Blätter, die allerdings bei praller Sonne leicht verdorren.
H und B 4m.

***Viburnum opulus* 'Xanthocarpum'**
(Gemeiner Schneeball)
Die Früchte dieser Sorte unterscheiden sich von denen der gleichermaßen beliebten *V. o.* 'Fructuluteo' durch ihr durchscheinendes Goldgelb, das keine Spur von Rosa aufweist.
H und B 4m.

VINCA

Eine Gattung mit sechs Arten niedrigwachsender immergrüner Halbsträucher und krautiger Mehrjähriger, die in Europa, Nordafrika und Westasien vorkommen. *V. major* und ihre vielen Sorten sind hervorragende Bodendecker. Sie haben glänzende, häufig marmorierte Blätter sowie große farbenprächtige Blüten und gedeihen auch im Schatten, blühen aber besser an einem sonnigen Standort. Der Gattungsname *Vinca* leitet sich von lateinisch *pervinca* (Immergrün) ab, das auf *vincio* (binden) zurückgeht.

Vinca major (Immergrün, Singrün)
Ein sich krümmender oder kriechender immergrüner Halbstrauch mit an den Enden wurzelnden Stielen und breiten, eiförmigen glänzenden Blättern; im Frühjahr trägt er blaue Blüten in den Achseln kleiner, aufrechter Stengel.
H 45cm, B unbestimmt.

***Vinca major* 'Reticulata'**
(Immergrün, Singrün)
Eine edle Sorte, die am besten an einer Mauer oder Böschung gepflanzt werden sollte, um die ungewöhnliche golddurchwirkte Maserung des Laubs zur Geltung zu bringen.
H 45cm, B unbestimmt.

***Vinca major* 'Variegata'**
(Immergrün, Singrün)
Dies ist vermutlich die am häufigsten angebaute Sorte. Ihre crèmefarben marmoriertes Laub wirkt an schattigen Standorten wie ein heller Farbtupfer.
H 45cm, B unbestimmt.

***Vinca major* 'Maculata'**
(Immergrün, Singrün)
Eine ungewöhnliche, vielfarbige Sorte mit golden übergossenen Blattmitten und großen hellblauen Blüten.
H 45cm, B unbestimmt.

VIOLA

Diese große Gattung mit etwa 500 Arten meist Ein- und Mehrjähriger ist in gemäßigten Zonen verbreitet. Die europäische *V. odorata* wurde bereits 400 v.Chr. kommerziell angebaut und auf dem Markt von Athen verkauft. In der Regierungszeit von Königin Viktoria (1837-1901) erlangte die Pflanze eine große Beliebtheit und wurde als Schnittblume sowie für die Parfümherstellung großflächig angebaut. Die meisten der intensiv duftenden Sorten gingen während der beiden Weltkriege verloren oder wurden knapp.

Viola odorata (Duftveilchen)
Eine Mehrjährige mit langen Ausläufern und breiten ei- bis herzförmigen Blättern; vom späten Winter bis zum späten Frühjahr bilden sich süß duftende weiße oder dunkelpurpurfarbene, gelegentlich auch gelbe Blüten; darauf folgen kugelige Samenkapseln. H 15cm, B 30cm.

***Viola odorata* 'Alba'** (Duftveilchen)
Dies ist die am häufigsten angebaute Sorte. Sie hat rein weiße Blüten, die in guten Jahren in großer Zahl hervorgebracht werden.
H 15cm, B 30cm.

Viola tricolor (Stiefmütterchen)
Eine Ein-, Zwei- oder kurzlebige Mehrjährige mit eiförmigen bis länglichen gezähnten bis gelappten Blättern; im Sommer trägt sie Blüten in zahlreichen Farbkombinationen von Purpur, Lila, Weiß und Gelb. H und B 38cm.

WACHOLDER, siehe *Juniperus*, S. 299
WACHSKÜRBIS, siehe *Benincasa*, S. 248
WAID, siehe *Isatis*, S. 297
WALD-EHRENPREIS siehe *Veronica officinalis*, S. 218
WALDERDBEERE, siehe *Fragaria vesca*, S. 284
WALDFINGERKRAUT, siehe *Potentilla erecta*, S. 334
WALDGEISSBLATT, siehe *Lonicera perixlymenum*, S. 306
WALDKIEFER, siehe *Pinus sylvestris*, S. 329
WALDLILIE, siehe *Trillium*, S. 365
WALDMEISTER, siehe *Galium odoratum*, S. 286
WALDREBE, siehe *Clematis*, S. 263

VISCUM

Diese in den gemäßigten Zonen verbreitete Gattung umfaßt ca. 70 Arten parasitärer immergrüner Sträucher. *V. album* wächst von Westeuropa bis zum Kaukasus. Wenn eine geeignete Wirtspflanze vorhanden ist, kann man Misteln leicht im Garten anbauen. Für die kommerzielle Nutzung werden sie in Obstgärten gezogen. Sie sind im Winter, wenn die Bäume ruhen, aber auch im Sommer ertragreich. *Viscum* ist der lateinische Name dieser Pflanzen; er bedeutet sowohl „Mistel" wie zugleich auch „Vogelleim".

Viscum album (Mistel)
Ein immergrüner Strauch, der an Apfelbäumen, Linden, Pappeln, Ahorn, Weißdorn und Ebereschen als Parasit wächst. Er hat regelmäßig gegabelte Zweige und ledrige gelbgrüne Blätter. Auf unscheinbare gelbe Blüten im Frühjahr folgen giftige, klebrige weiße Früchte. H und B 1m.

VITIS

Diese Gattung mit etwa 65 Arten laubwechselnder Kletterer und Sträucher ist in der nördlichen Hemisphäre verbreitet. *V. vinifera* hat ihren Ursprung vermutlich in Nordwestasien. Es gibt hunderte von Sorten, die an die jeweiligen klimatischen Verhältnisse angepaßt sind. Sie werden für verschiedene Zwecke angepflanzt. Man gewinnt aus ihnen Tafeltrauben, Korinthen, Rosinen, Sultaninen sowie rote und weiße Weine. Einige werden in Gewächshäusern gezogen und sind ein interessantes Objekt für den Wintergarten.

Vitis vinifera (Weinstock, Rebstock)
Ein laubwechselnder rankender Kletterer mit fasriger Rinde und handförmig gelappten Blättern; im Sommer bilden sich blaßgrüne Blüten, gefolgt von Trauben eiförmiger bis runder grüner, purpurner oder schwarzer Früchte. H 35m, in Kulturen auf 1-3m beschnitten.

VITEX

Eine Gattung aus etwa 250 Arten häufig immergrüner Bäume und Sträucher, die hauptsächlich in den Tropen und Subtropen vertreten ist – mit wenigen Arten auch in Europa. *V. agnus-castus* wächst in Südeuropa, *V. negundo* findet man in Indien, Taiwan und China. Beide sind Ziersträucher, die in kälteren Regionen an geschützten Standorten gepflanzt werden sollten. Sie haben anmutige zusammengesetzte Blätter und malvenfarbene Blüten. *V. negundo* ist eine variable Art mit mindestens sieben anerkannten Varietäten.

Vitex agnus-castus (Mönchspfeffer)
Ein laubwechselnder Strauch oder kleiner Baum mit handförmigen Blättern aus elliptischen spitzen Blättchen; im Sommer bilden sich an den Ähren kleine röhrenförmige, lilafarbene duftende Blüten, gefolgt von kleinen, fleischigen rotschwarzen Früchten. H und B 5m.

***Vitis vinifera* 'Ciotat'**
(Weinstock, Rebstock)
Diese Ziersorte hat dekorative Blätter mit gefransten Lappen und kleine blauschwarze Früchte. H 6m.

***Vitis vinifera* 'Pinot Noir'**
(Weinstock, Rebstock)
Eine schwarze Sorte, die für rote Burgunderweine angebaut wird. Sie benötigt eine lange kalte Reifezeit und gedeiht nicht in Regionen mit heißen Sommern. H 6m, B 2m an einer Mauer, H und B 3-5m im Freien, H 60cm, B 1,2m als Kordon.

Vitex negundo
Ein laubwechselnder buschiger Strauch mit vierkantigen Stämmen und handförmigen Blättern, die sich in 3-5 längliche, manchmal gezähnte Blättchen teilen; im Spätsommer trägt er kleine nach Lavendel duftende Blüten an lockeren Rispen, danach fleischige Früchte. H und B 5m.

Vitex negundo* var. *heterophylla
Diese Varietät hat Blättchen mit tief gezähnten Rändern, die sich bei einigen Pflanzen fast in Segmente aufteilen. *V. n.* var. *cannabinifolia* unterscheidet sich von ihr durch das südlichere Verbreitungsgebiet und die der *Cannabis sativa* (vgl. S. 99) ähnlichen Blätter. H und B 5m.

***Vitis vinifera* 'Purpurea'**
(Weinstock, Rebstock)
Eine Sorte mit einem sehr schönen Laub, das in der Jugend die Farbe Roter Beete hat und später zu Bronze nachdunkelt; sie bringt kleine grüne bis purpurfarbene Früchte hervor. H 6m.

WALNUSSBAUM, siehe *Juglans regia*, S. 298
WASSERHANF, siehe *Eupatorium cannabinum*, S. 281
WASSERMINZE, siehe *Mentha aquatica*, S. 311
WASSERNABEL, siehe *Centella asiatica*, S. 258

WASABIA

Es gibt nur zwei Arten Mehrjähriger in dieser Gattung, die in Japan heimisch ist und dort an Gebirgsflüssen wächst. *W. japonica* ist das japanische Äquivalent zu unserem Meerrettich (*Armoracia rusticana*, vgl. S. 87) und gehört auch zu der selben Familie. In Japan wird sie als Gewürzpflanze angebaut und als Beilage zu rohem Fisch (*sashimi*) verwendet; im Westen kennt man sie nur als Pulver. Der Gattungsname *Wasabia* leitet sich von der japanischen Bezeichnung für diese Pflanzen ab.

Wasabia japonica
Eine Mehrjährige mit kräftigen kriechenden Rhizomen, aufrechten Stielen und langstieligen nierenförmigen Blättern. Im Sommer bilden sich Trauben mit kleinen, weißen Blüten, auf die gedrehte Schoten mit einigen größeren Samen folgen.
H 20-40cm, B 30cm.

WITHANIA

Zehn überwiegend immergrüne Straucharten gehören zu dieser hauptsächlich in Asien und Afrika verbreiteten Gattung, von denen zwei auch in Europa vorkommen. Wie viele Nachtschattengewächse *(Solanaceae)* enthalten sie zahlreiche Alkaloide und sind in allen Teilen giftig. *W. somnifera* ist ein Strauch, der oberhalb von 1.700m an steinigen Orten vorkommt. Man findet ihn in Afrika, im Mittelmeerraum und östlich von Indien. Im Westen ist er in Kräutergärten zu sehen, wird aber nicht systematisch kultiviert.

Withania somnifera
Ein aufrechter immergrüner Strauch mit eiförmigen Blättern; er hat das ganze Jahr über unscheinbare grüne bis gelbe Blüten, auf die kleine rote Beeren mit gelben Samen folgen, die von einem papierdünnen Kelch umschlossen sind.
H 60cm-2m, B 30cm-1m.

XANTHIUM

Diese weitverbreitete Gattung besteht aus zwei Arten großer verzweigter Einjähriger. *X. strumarium* kommt in Europa sowie Asien vor und ist in vielen Regionen der Welt, sogar in Australien, ein hartnäckiges Unkraut. Ihr Aussehen erinnert an das der Klette (*Arctium lappa*, vgl. S. 86). Auch diese Pflanze hat Kletten, die sich an Kleidungsstücken und im Fell der Tiere festsetzen. Der Artname *strumarium* leitet sich vom lateinischen *struma* (Drüsengeschwulst) ab und bezieht sich auf die geschwollenen Früchte.

Xanthium strumarium (Spitzklette)
Eine kräftige Einjährige mit dreieckigen flachen, dreilappigen grob gezähnten Blättern; männliche und weibliche blaßgrüne Blüten bilden sich in den Blattachseln separat in Büscheln; auf die weiblichen folgen längliche stachlige Früchte.
H 20cm-1m, B 10-60cm.

ZANTHOXYLUM

Diese Gattung mit etwa 250 Arten laubwechselnder und immergrüner Bäume oder Sträucher kommt in warmen gemäßigten und subtropischen Regionen vor. *Z. americanum* ist im Nordosten Amerikas heimisch, *Z. piperitum* in China und Japan. Einige Arten werden für die Gewinnung von Bauholz und für medizinischen oder kulinarischen Gebrauch kultiviert. *Zanthoxylum* setzt sich aus den griechischen Worten *xanthos* (gelb) sowie *xylon* (Holz) zusammen und bezieht sich auf das gelbe Holz mancher Arten.

Zanthoxylum americanum (Zahnwehholz)
Ein laubwechselnder Strauch oder kleiner Baum mit stachligen Ästen und fiederteiligen Blättern; kleine gelbgrüne Blüten werden im Frühjahr vor dem Erscheinen der neuen Blätter gebildet, danach folgen Büschel kleiner schwarzer Früchte.
H 4-8m, B 6m.

Zanthoxylum piperitum
Ein laubwechselnder strauchiger Baum mit scharf riechender Borke und nach Zitrone duftenden fiederteiligen Blättern; vom Frühjahr an folgen auf die kleinen blaßgrünen Blüten purpurrote Früchte mit jeweils einem schwarzen Samen.
H 3-7m, B 1,5-5m.

WEGERAUKE, siehe *Sisymbrim officinale*, S. 354
WEIHNACHTSSTERN, siehe *Euphorbia pulcherrima*, S. 126
WEIHRAUCH, siehe *Boswellia sacra*, S. 250
WEINREBE, siehe *Vitis vinifera*, S. 371
WEINROSE, siehe *Rosa eglanteria*, S. 342
WERMUT, siehe *Artemisia absinthium*, S. 243
WIESENKNOPF, siehe *Sanguisorba*, S. 347
WINTERBOHNENKRAUT, siehe *Satureja montana*, S. 349
WINTERLIEB, siehe *Chimaphilia*, S. 260
WOLLBLUME, siehe *Verbascum*, S. 368
YAMSWURZEL, siehe *Dioscorea*, S. 273
YLANG-YLANG, siehe *Cananga odorata*, S. 253

ZEA

Eine Gattung aus vier Arten meist einjähriger Gräser, die in Mittelamerika heimisch ist. *Z. mays* wird in Amerika seit mehr als 3.500 Jahren kultiviert. Weil der Mais verschiedene klimatische Bedingungen toleriert, gehört er zu den weltweit wichtigsten Feldfrüchten. Mit *Z. mays* kann man exotische Arrangements bilden. Varietäten mit vielfarbigen Blättern und Kolben werden spätestens seit dem 19. Jahrhundert in Kübeln und Rabatten angebaut. Die heutigen Pflanzen können nur mit Hilfe des Menschen Samen verbreiten.

Zea mays (Mais)
Eine einstämmige Einjährige mit länglichen Blättern von 30cm-1,5m Länge; im Frühjahr bilden sich männliche und weibliche Blüten an der gleichen Pflanze. Die Frucht ist ein Kolben mit dichten Reihen eckiger Samen. H 2-3m, B 45cm-1m.

***Zea mays* 'Gracillima Variegata'** (Mais)
Eine ins Auge fallende aufrechte Einjährige mit Kolben voller gelber Samen und crèmeweiß gestreiftem Laub. Sie ist eine besonders in Kübeln sehr dekorativ wirkende Pflanze.
H 90cm, B 30-45cm.

***Zea mays* 'Gigantea Quadricolor'** (Mais)
Diese kräftige Sorte bildet mit ihren weiß, blaßgelb und rosafarben gestreiften Blättern in Sommerbeeten einen exklusiven Mittelpunkt.
H 1,5-2m, B 60cm.

ZINGIBER

Eine Gattung mit etwa 100 Arten Mehrjähriger, die im tropischen Asien heimisch ist. Alle haben rohrähnliche Stämme und aromatische Rhizome. Ingwer verschiedener Arten wird für kommerzielle Zwecke in wärmeren Regionen angebaut; der aus Jamaika hat das beste Aroma. Frisch geerntete Rhizome kann man in Kübeln als exotische Pflanzen mit dekorativem Laub ziehen, und wiederum neue Rhizome lassen sich ernten, wenn die Rohre im Winter abgestorben sind. *Zingiber* kommt aus dem Sanskrit und heißt „hornförmig".

Zingiber officinale (Ingwer)
Eine laubwechselnde Mehrjährige mit dicken Rhizomen, aufrechten Stämmen und zugespitzten Blättern; im Sommer zeigt sie gelbe bis grüne Blüten mit einer purpurfarbenen, gelb markierten Lippe, auf die fleischige Kapseln mit 3 Kammern folgen. H 1,5m, B unbestimmt.

ZIZIPHUS

Eine verbreitete Gattung mit ca. 85 Arten laubwechselnder oder immergrüner Bäume, Sträucher sowie Halbsträucher, die in tropischen und subtropischen Regionen vorkommt. *Z. jujuba* ist im mittleren Asien heimisch. Im 19. Jahrhundert waren viele Arten Gewächshauspflanzen; heute kann man sie außerhalb botanischer Gärten nur noch selten antreffen. *Ziziphus* leitet sich von dem arabischen Pflanzennamen *zizouf* ab. *Z. lotus* findet in alten Texten Erwähnung; in der griechischen Sage wird über die „Lotosesser" berichtet.

Ziziphus jujuba (Jujube)
Ein laubwechselnder Baum oder großer Strauch mit stachligen Ästen und eiförmigen bis elliptischen Blättern; im Frühjahr und Sommer bilden sich kleine gelbe Blüten, auf die dunkelrote bis schwarze fleischige Früchte mit einem oder zwei Samen folgen. H 9m, B 7m.

ZAHNSTOCHERKRAUT, siehe *Ammi visnaga*, S. 236
ZAUBERNUSS, siehe *Hamamelis*, S. 291
ZAUNRÜBE, siehe *Bryonia*, S. 251
ZEDER, siehe *Cedrus*, S. 257
ZEITLOSE, siehe *Colchicum*, S. 265
ZIMT, siehe *Cinnamomum*, S. 261
ZIMTRINDENBAUM, siehe *Canella winterana*, S. 253
ZISTROSE, siehe *Cistus*, S. 262
ZITRONE, siehe *Citrus limon*, S. 263
ZITRONELLGRAS, siehe *Cymbopogon nardus*, S. 270
ZITRONENMELISSE, siehe *Melissa officinalis*, S. 310
ZWEIZAHN, siehe *Bidens*, S. 249

DIE ENZYKLOPÄDIE DER KRÄUTER

Umfassende Informationen zum Gebrauch der aufgeführten Arten,
der historische Hintergrund jeder Gattung sowie präzise
Anleitungen zu Anbau und Ernte

A

ABELMOSCHUS Bisameibisch
(Malvaceae)

A. moschatus wird in den Tropen angebaut. Alle Teile sind nutzbar, besonders die Samen, die im Orient als Gewürz verwendet werden.

A. moschatus, syn. *Hibiscus abelmoschus* (Abelmoschus) S. 70

VERWENDBAR Blätter, Rinde, Wurzeln, Blüten, Hülsen, Samen, Öl.
EIGENSCHAFTEN Ein aromatisches anregendes Kraut, krampflösend, besonders im Verdauungstrakt. Es hat insektizide Wirkung; gilt als Aphrodisiakum.
GEBRAUCH
KÜCHE Die Blätter und jungen Sprossen werden als Gemüse gegessen. Die unreifen Schoten („Moschusschoten") sind ein Gemüse.
AROMA Das Öl wird für Speisewürzen, Parfüms und Kosmetika als Moschusersatz verwendet; es hat nicht die manchmal fäkale Note von tierischem Moschus. Heute wird es kaum noch benutzt, da es Lichtempfindlichkeit zur Folge hat.
MEDIZIN Innerlich als verdauungsförderndes Mittel und gegen Mundgeruch (Samen). Äußerlich bei Krämpfen, schlechter Durchblutung und Gliederschmerzen sowie in der Aromatherapie bei Angstzuständen und Depressionen (Öl).
WIRTSCHAFT Die Rinde gibt Fasern, der Wurzelschleim liefert Papierleim. Mit den Blüten wird Tabak aromatisiert. Die Samen sind ein Kaffeezusatz.
VARIANTE *A. m.* **'Mischief'**, S. 70.

ANBAU UND ERNTE
ANBAU Frostharte Zierpflanze; nährstoffreicher, gut entwässerter sonniger Boden. Vermehrung durch Samen im Frühling bei 24-27° C, durch halbreife Stecklinge im Sommer. Um buschigen Wuchs zu erreichen, wird die Spitze junger Pflanzen abgeschnitten. Mehrjährige werden im Frühling auf 15cm zurückgeschnitten. Unter Abdekkungen können sie von Fliegen befallen werden.
ERNTE Blätter und Hülsen werden jung und zart gepflückt; Blüten werden frisch verbraucht, wenn sie sich öffnen. Rinde und Wurzeln nach Bedarf ernten und verarbeiten, um Fasern sowie Schleim zu extrahieren. Früchte abschneiden, wenn sie zu reifen beginnen, und trocknen, bis die Samen herausfallen. Samen getrennt lagern, um Moschusgeruch zu vermeiden, und zu Öl destillieren. Für äußere Anwendung in Pflanzenöl einweichen.

ABIES Edeltanne, Weißtanne
(Pinaceae)

Edeltannenarten sind wegen ihres Nutzholzes und Harzes wirtschaftlich wichtig. *A. alba* war früher der Christbaum, wurde aber von der Gemeinen Fichte *(Picea abies)* abgelöst. Auch ihr medizinischer Nutzen ist zurückgegangen: Der Straßburgbalsam, der 1788 in der „London Pharmacopoeia" verzeichnet war, wurde aus Edeltannen gewonnen, die von Kiefernarten verdrängt wurden (*Pinus*, vgl. S. 329).

A. alba, syn. *A. pectinata* (Weißtanne) S. 70

VERWENDBAR Nadeln, Harz.
EIGENSCHAFTEN Ein aromatisches antiseptisches Kraut mit harntreibender und schleimlösender Wirkung, das das Gewebe reizt, wodurch eine bessere Durchblutung zustandekommt.
GEBRAUCH
MEDIZIN Innerlich und äußerlich als Bestandteil von Husten- und Erkältungsmitteln. Äußerlich in Badeextrakten, Einreibeölen und Linimenta bei Rheumatismus und Neuralgie.
WIRTSCHAFT Terpentinöl ist ein Lösungsmittel in der Farbenindustrie. Der Rückstand (Terpentinharzöl) wird bei der Herstellung von Lack, Firnis sowie Karbonfarbe (für Pigmente und Tinte) verwendet.

A. balsamea (Balsamtanne) S. 70

VERWENDBAR Nadeln, Rinde, Ölharze, Öl.
EIGENSCHAFTEN Ein aromatisches adstringierendes, antiseptisches Kraut mit starkem Balsamduft. Es regt den Blutkreislauf an und wirkt harntreibend.
GEBRAUCH

MEDIZIN
Innerlich in Arzneimixturen zur Behandlung von Husten und Durchfall (wirkt bei übermäßiger Anwendung als Abführmittel). Äußerlich in Badeextrakten bei rheumatischen Schmerzen und als Mundspülung. Harzöl und Öl, bekannt als Kanadabalsam, werden in der nordamerikanischen Heilkunde bei Brustinfektionen, Geschlechtskrankheiten, Wunden und Verbrennungen angewandt. Öl wird in Salben und Crèmes verwendet, besonders gegen Hämorrhoiden.
WIRTSCHAFT Harzöl wird als Linsenkleber und Dichtmittel für die Montage von Objektträgern verwendet. Öl wird zur Versiegelung von Präparaten in der Zahntechnik, als Fixativ und Duftstoff in Seifen, Kosmetika sowie Parfüms und als Geschmacksverstärker in Nahrungsmitteln gebraucht.
VARIANTE
A. b. **'Hudsonia'**, S. 70.

ANBAU UND ERNTE
ANBAU Winterharte Zierpflanze; tiefer feuchter, entwässerter, leicht saurer, sonniger oder schattiger Boden. Junge Bäume und *A. b.* 'Hudsonia' vertragen alkalische Bedingungen. Zur Vermehrung im Frühling Samen aussäen. Man läßt einen Leittrieb und schneidet die Nebentriebe im Frühling am Hauptstamm ab. Edeltannen können von Fichtengallenläusen befallen werden und neigen zu Wipfeldürre sowie Rost durch Pilzinfektionen; sie sind empfindlich gegen Luftverschmutzung. Obwohl winterhart, können sie durch späte Frühlingsfröste geschädigt werden. Anpflanzung in leichtem Schatten minimiert Schäden.
ERNTE Nadeln und junge Triebe im Frühling sammeln; Rinde im ganzen Jahr entnehmen. Harz wird im Frühling 60 bis 80 Jahre alten Bäumen abgezapft und zu Öl destilliert. Harzöl im Sommer aus Blasen auf dem Stamm sammeln; es wird frisch verwendet, getrocknet oder zu Öl destilliert.

ABRUS Paternostererbse
(Leguminosae)

Die Samen von *A. precatorius* werden in Indien zum Wiegen von Edel- und Halbedelsteinen verwendet (ein Samenkorn ist 1,75g bzw. 1 Karat): der Kohonoor-Diamant wurde zuerst auf diese Weise gewogen. In Teilen Südamerikas und der Karibik wurden aus Samen Halsketten gefertigt, die die Kinder als Schutz gegen Krankheiten trugen. Sie sind auch als Perlen für Schmuck und Rosenkränze beliebt.

A. precatorius (Paternostererbse) S. 70

VERWENDBAR Blätter, Samen.
EIGENSCHAFTEN Nach Lakritze schmekkendes Kraut mit beruhigender (Blätter), Erbrechen verursachender, reizender und abtreibender (Samen) Wirkung.
GEBRAUCH
MEDIZIN Innerlich bei Halsschmerzen und Reizhusten (Blätter). Äußerlich bei Ischias, Haarverlust, Lepra, Neurastenie und Paralyse (Samen). Die Samen sind hochgiftig; eine Korn verursacht Magenkrämpfe, Erbrechen, Mißbildungen, Unfruchtbarkeit, Koma oder sogar den Tod. Die Wurzeln enthalten Glycyrrhizin und sind als Lakritzeersatz verwendet worden; sie enthalten toxische, Erbrechen verursachende Verbindungen, die diese Nutzung nicht ratsam machen. Nur zur Anwendung durch qualifizierte Heilpraktiker.
WARNHINWEIS Dieses Kraut unterliegt in einigen Ländern gesetzlichen Beschränkungen.

ANBAU UND ERNTE
ANBAU Empfindliche Zierpflanze; nährstoffreicher, entwässerter sandiger Lehm in Sonne oder Halbschatten, mindestens 16° C. Im Sommer benötigt die Pflanze eine Temperatur von 21° C zur Blüte. Toleriert salzige Bedingungen; Vermehrung mit Samen oder Grünstecklingen im Spätwinter ab 24° C. Die Samen vor dem Säen 24 Stunden einweichen, um das Keimen zu beschleunigen. Wuchernden Wuchs im Frühling auf zwei oder drei Knospen zurückschneiden.
ERNTE Blätter während der Vegetationszeit pflücken und für Infusionen trocknen. Reife Samen im Herbst sammeln und für Pasten mahlen.
WARNHINWEIS Die Samen sind extrem giftig.

ACACIA Akazie
(Leguminosae/Mimosaceae)

Akazien werden für Nutzholz und als Zierpflanzen kultiviert. Viele enthalten wertvolle Verbindungen, die in der Medizin, für Gewürze, Parfüms und Farbstoffe, in der Gerberei, für Klebstoffe sowie Insektizide verwendet werden. Gekocht liefern die Blätter und das Holz der *A. catechu* eine dunkelbraune, klebrige Substanz (Katechu), die beim Abkühlen kristallisiert. Spätestens seit dem 16. Jahrhundert ist Katechu ein wichtiger Artikel. Es wurde zuerst aus Indien nach China, Arabien und Persien exportiert und erreichte im 17. Jahrhundert Europa. *A. farnesiana* wird für die Parfümindustrie angebaut, meist in Südfrankreich. Eine „cassie absolute" genannte Substanz wird aus den Blüten extrahiert;

man betrachtet ihren Duft als dem der Veilchen überlegen. *A. senegal* ist die Hauptquelle für Gummiarabikum, obwohl auch ca. 25 andere Arten genutzt werden; das Harz mit der feinsten Qualität ist als „Kordofan gum" bekannt. Der Sudan erzeugt 85% der Weltproduktion, wobei das Harz von Wildpflanzen gesammelt wird. Die australischen Aborigines nutzen verschiedene Wüstenarten (z.B. *A. ancistrocarpa* und *A. trachycarpa*) zur Behandlung von Kopfschmerzen. Aufgüsse oder Absud von Rinde und Wurzeln einiger Arten (z.B. *A. bivenosa* ssp. *wayi*, *A. holosericea*, *A. monticola*, *A. tetragonophylla*) helfen bei Husten, Erkältungen und Laryngitis.

A. catechu S. 71

VERWENDBAR Blätter, junge Triebe, Rinde.
EIGENSCHAFTEN Antiseptisches, adstringierendes Kraut, das Blutungen und Absonderungen stillt.
GEBRAUCH
MEDIZIN Innerlich bei Ruhr, chronischem Durchfall und chronischem Katarrh. Äußerlich bei Nasenbluten, Hämorrhoiden, Hautausschlägen, Dekubitus, Mundgeschwüren, Halsschmerzen und Zahninfektionen. Ergänzt sich gut mit *Acorus calamus* (vgl. S. 228), *Mentha × piperita* (vgl. S. 311), *Agrimonia eupatoria* (vgl. S. 311), *Quercus robur* (vgl. S. 338) und *Filipendula ulmaria* (vgl. S. 283) bei Darmleiden sowie mit *Commiphora* spp. (vgl. S. 265) und *Hamamelis virginiana* (vgl. S. 291) als Gurgelmittel bei Mund- und Zahninfektionen. In Indien ist Katechu ein Bestandteil von Paan, das mit Betelnüssen oder -blättern hergestellt wird. WARNHINWEIS *A. catechu* als Katechu unterliegt in einigen Ländern gesetzlichen Beschränkungen.
WIRTSCHAFT Örtlich bisweilen von Bedeutung für Nutz- und Brennholz. Die Rinde wird in der Gerberei und als Ausgangsstoff für Khaki-Färbeflüssigkeit verwendet.

A. farnesiana (Farnesische Akazie) S. 71

VERWENDBAR Rinde, Blüten, Schoten, Samen.
EIGENSCHAFTEN Ein aromatisches, stimulierendes Kraut, das Spannungen lindert und (in den Blüten) insektentötende Verbindungen enthält.
GEBRAUCH
KÜCHE Aus reifen Samen wird Speiseöl gepreßt.
AROMA Die Blüten werden in Parfüms verwendet und Dufttöpfen zugesetzt.
MEDIZIN Innerlich bei Durchfall und Hautbeschwerden (Rinde). Äußerlich in Bädern bei trockener Haut (Blüten).
WIRTSCHAFT Die Blüten werden in Speisewürzen (destilliertes Öl) und Insektiziden verwendet. Rinde und Schoten ergeben einen schwarzen Farbstoff.

A. senegal (Gummiakazie)

Ein empfindlicherer, dickichtbildender Strauch oder kleiner Baum von 3-9m Höhe und 3-5m Ausbreitung; er hat eine abgeflachte Krone, graue Zweige und graugrüne, doppelt gefiederte Blätter mit drei gekrümmten Stacheln am Ansatzpunkt. Es bilden sich blaßgelbe, duftende Blüten in 5-10cm langen blattachselständigen Ähren. Er wächst in heißen, trockenen Regionen Nordafrikas und des Nahen Ostens.

VERWENDBAR Harz.
EIGENSCHAFTEN Ein schmerzlinderndes Kraut, das über entzündeten Geweben eine Schutzschicht bildet, die Reizung verringert und die Heilung fördert.
GEBRAUCH
MEDIZIN Innerlich als Pastillen bei Halsschmerzen, Husten und Katarrh sowie in Mixturen bei Durchfall und Ruhr. Äußerlich bei Verbrennungen, wunden Stellen und Lepra.
WIRTSCHAFT In der Nahrungsmittelindustrie als Stabilisator, Geschmacksfixativ, Emulgator und Zusatz (E 414) zur Verzögerung der Zuckerkristallisierung.

ANBAU UND ERNTE

ANBAU Empfindliche Kultur- (*A catechu*, *A farnesiana*) und Wildpflanzen (*A. senegal*); gut entwässerter neutraler bis saurer Boden in praller Sonne; mindestens 7° C für *A. catechu* und *A. farnesiana*, 15-18° C für *A. senegal*. Vermehrung durch Samen, die man im Frühling bei 21° C aussät; die Samen haben eine harte Schale und sollten vor dem Säen eingeschnitten sowie 24 Stunden in Wasser eingeweicht werden; durch halbreife Stecklinge von Seitentrieben im Spätsommer bei 16-18° C. Um Topfpflanzen buschig zu halten, werden Seitentriebe abgekniffen. Nach der Blüte sollte man sie stark beschneiden. Bei Anbau unter Abdeckungen ist sie anfällig gegen Blattspinnmilben und die Wurzelschildläuse. Die Raupen der Wicklermotte können Blätter und junge Triebe schädigen; Bohrfliegen können Stiele und Stämme befallen. Akazien bilden lange Pfahlwurzeln, die empfindlich gegen Beschädigungen sind. Sie sollten nur vorsichtig umgepflanzt werden; die Bäume brauchen bis zu einem Jahr zur Erholung. In Teilen Australiens werden Arten der Gattung *Acacia* als Unkräuter gesetzlich überwacht.
ERNTE Rinde und Blätter (*A. catechu*) werden nach Bedarf für Aufgüsse und Puder geschnitten. Blüten (*A. farnesiana*) pflückt man, wenn sie sich öffnen, und trocknet sie für Aufgüsse sowie Bäder oder destilliert sie zu Öl. Samen und Schoten werden reif gesammelt und zu Öl gepreßt. Harz (*A. senegal*) löst man im Winter, nach der Regenzeit, vom Stamm und den Ästen, wo es aus der Rinde heraussickert. Kranke Bäume sind die beste Quelle; manchmal werden Einschnitte vorgenommen, um den Ertrag zu erhöhen. Harz wird zu Puder verarbeitet oder in Wasser gelöst.

ACANTHOPANAX

A. senticosus. Siehe *Eleutherococcus senticosus*

ACHILLEA Garbe
(Compositae/Asteraceae)

Die Schafgarbe wird in einen Zusammenhang mit Wahrsagerei gebracht und ist vielerorts Gegenstand von Sprichwörtern und Gedichten. Das chinesische „I Ching" (Buch der Wandlungen) ist ein Orakelbuch zum Weissagen mit Schafgarbestengeln. Aus der Schafgarbe sind über 40 verschiedene Bestandteile isoliert worden, auch ein ätherisches Öl, das entzündungshemmendes Azulen enthält. Der Azulengehalt ist bei jeder Pflanze verschieden.

A. millefolium (Gemeine Schafgarbe, Gachel) S. 71

VERWENDBAR Die ganze Pflanze.
EIGENSCHAFTEN Ein aromatisches bitteres, adstringierendes Kraut, das Entzündungen hemmt, die Transpiration verstärkt, Verdauungsstörungen lindert und harntreibend wirkt. Es hat auch blutdrucksenkende, krampflösende und blutungsstillende Eigenschaften.

GEBRAUCH
MEDIZIN Innerlich bei fiebrigen Erkrankungen (Erkältungen, Influenza und Masern), Katarrh, Durchfall, Ruhr, Rheumatismus, Arthritis, Regel- und klimakterischen Beschwerden, Hypertonie und gegen Thrombose nach Schlag- oder Herzanfall. Äußerlich bei Wunden, Nasenbluten, Geschwüren, entzündeten Augen und Hämorrhoiden. Sie ergänzt sich mit *Sambucus nigra* (vgl. S. 347) und *Mentha × piperita* (vgl. S. 311) bei Fieber, mit *Tilia* spp. (vgl. S. 363) bei Hypertonie und mit *Chamaemelum nobile* (vgl. S. 259) bei Verdauungsstörungen. Man verwendet sie auch (oft mit *Salvia officinalis*, vgl. S. 346) als Nerventonikum. Eine längere Anwendung von Schafgarbe kann zu Allergien und zur Sonnenempfindlichkeit der Haut führen.
VARIANTEN
***A. m.* 'Cerise Queen'**, S. 71.
***A. m.* 'Lilac Beauty'**, syn. *A. m.* 'Lavender Beauty', S. 71.

ANBAU UND ERNTE

ANBAU Winterharte Kultur- (*A. millefolium*) und Zierpflanzen (*A. m.* 'Cerise Queen', *A. m.* 'Lilac Beauty'); entwässerter Boden in praller Sonne. Vermehrung durch Teilung oder Samen im Frühling. Unter heißen trockenen Bedingungen anfällig gegen Mehltau. Von den Blüten werden nützliche Insekten und Schlupfwespen angelockt, die Gartenschädlinge dezimieren. Außerhalb von Kübeln wuchert sie. Mit Samen lassen sich die Merkmale der Arten nicht reproduzieren.
ERNTE Die Pflanzen werden im Sommer in der Blüte geschnitten, und für Aufgüsse, Extrakte, Lotionen und Tinkturen getrocknet.

ACHYRANTHES Spreublume
(Amaranthaceae)

Dieses wichtige chinesische Kraut wurde schon um das Jahr 200 n.Chr. in medizinischen Schriften beschrieben. Der chinesische Name für *A. bidentata*, „Huai niu xi", bedeutet „Ochsenknie vom Huai-Fluß" und bezieht sich auf die vergrößerten Knoten am Stengel. Die Samen von *A. bidentata* dienen bei der Brotherstellung als ein Ersatz für Getreidekörner; sie sind zu diesem Zweck in Indien bei Hungersnöten verwendet worden. Die Blätter von *A. aspera* bereitet man auf Java als Gemüse zu; zur Gewinnung von Pflanzensalz werden sie verbrannt.

A. bidentata (Zweizähniger Amarant) S.72

VERWENDBAR Wurzeln, Blätter, Stengel.
EIGENSCHAFTEN Ein herbes Kraut, das Kreislauf- und Verdauungssystem, Leber sowie Nieren anregt, den Blutdruck senkt und Schmerzen lindert. Es wirkt vor allem auf die untere Körperhälfte. Forschungsergebnisse deuten darauf hin, daß es den Gebärmutterhals öffnet und deshalb die Einnahme während der Schwangerschaft nicht ratsam ist.
GEBRAUCH
MEDIZIN Innerlich bei Blut im Urin, Schmerzen am unteren Rücken und in den Gelenken, Hypertonie, Schmerzen während der Regel und nach der Entbindung, bei Nasen- und Zahnfleischbluten.

Anbau und Ernte

Anbau Eine frostharte Kulturpflanze; nährstoffreicher sandiger, leicht saurer Boden, teilweise im Schatten. Vermehrung durch Samen, die im Spätfrühling ausgesät werden.
Ernte Blätter und Stengel werden im Sommer gepflückt und zu Saft gepreßt oder in Tinkturen verwendet. Die Wurzeln von ein bis zwei Jahre alten Pflanzen sammelt man im Herbst oder Winter und trocknet sie in der Sonne für Absud, Extrakte, Puder und Pillen. Während des Trokkenprozesses sollte man sie einmal mit Reiswein pfannenrühren. In Südchina werden frische Wurzeln verwendet.

ACINOS Alpensteinquendel
(Labiatae/Lamiaceae)

Steinquendel wird zwar in vielen Kräuterbüchern als aromatisches Kraut beschrieben, das als Thymianersatz verwendet werden kann, doch ist es in Wirklichkeit ohne Geschmack oder nur schwach aromatisch. Es wird heute von den meisten Kräuterkennern als veraltet angesehen und in der Küche wenig verwendet.

A. arvensis, syn. *A. thymoides*, *Calamintha acinos*, *Clinopodium acinos*, *Satureja acinos* (Alpensteinquendel) S. 72

Verwendbar Die ganze Pflanze, Öl.
Eigenschaften Ein stimulierendes, harntreibendes Kraut, das dem Verdauungssystem zuträglich ist und das Gewebe reizt, wodurch die lokale Blutversorgung verbessert wird.
Gebrauch
Medizin Innerlich bei Kurzatmigkeit, Melancholie und zur Verdauungsförderung. Äußerlich: früher wurde Öl zur Behandlung von Quetschungen, Zahnschmerzen, Ischias und Neuralgie destilliert.

Anbau und Ernte

Anbau Eine winterharte Zierpflanze für leichten trockenen, bevorzugt sandigen alkalischen Boden in der Sonne. Die Vermehrung erfolgt durch Samen, die im Sommer in sandigen Kompost gesät werden. Später erfolgt in geeigneten Nischen Selbstaussaat.
Ernte Die Pflanzen werden im Sommer geschnitten, wenn sie blühen, und frisch in Aufgüssen oder als Salatkraut verwendet.

ACONITUM Eisenhut, Sturmhut
(Ranunculaceae)

Die Arten der Gattung *Aconitum* enthalten das Alkaloid Akonitin, das eine der giftigsten bekannten Pflanzenverbindungen ist. *A. ferox* wird als die tödlichste angesehen, gefolgt von *A. napellus*. Trotzdem werden in verschiedenen Teilen der Welt einige Arten medizinisch genutzt, da sie, richtig dosiert, günstige Wirkungen haben. *A. carmichaelii* wurde schon um 200 n.Chr. in der chinesischen medizinischen Literatur erwähnt. Es hat dort zwei Namen: „Wu tou" bezeichnet die frische, „Fu zi" die mit Salz und Zucker gekochte Wurzel. Gekocht ist die Einnahme ungefährlicher. Neuere Forschungen haben gezeigt, daß es bei Stauungsherzinsuffizienz wirksam ist.

A. carmichaelii, syn. *A. fischeri* (Blauer Eisenhut) S. 72

Verwendbar Wurzeln.
Eigenschaften Ein beruhigendes, schmerzstillendes Kraut, das Herz und Nieren anregt sowie harntreibende und antirheumatische Eigenschaften hat.
Gebrauch
Medizin Innerlich als Stärkungsmittel nach Schock und Trauma, bei Yang-Energieschwäche und bei chronischer Osteoarthritis. Die Dosierung ist kritisch; zuviel verursacht Taubheit der Lippen, Zunge und Extremitäten, Übelkeit, Atembeschwerden, Verringerung der Pulsfrequenz und des Blutdrucks, Koma sowie Tod. Es darf Schwangeren und Patienten mit ernstem Schwächezustand nicht verabreicht werden. Äußerlich bei Rheumatismus und Arthritis, Kopfschmerzen und als örtliches Betäubungsmittel. Nur von qualifizierten Heilpraktikern anzuwenden. WARNHINWEIS Dieses Kraut unterliegt in einigen Ländern gesetzlichen Beschränkungen.
Variante
A. c. **'Arendsii'**, S. 72.

A. napellus S. 72

Verwendbar Wurzeln.
Eigenschaften Beruhigendes, schmerzstillendes Kraut, das auf Herz sowie Zentralnervensystem wirkt und Fieber senkt.
Gebrauch
Medizin Innerlich bei Gesichtsneuralgie und zur Schmerzlinderung bei Arthritis sowie Gicht. Äußerlich bei Ischias und Arthritis. In der Homöopathie bei Schock (nach Operationen und Entbindungen), Windpocken, Masern, Mumps, Krupp, Zahnschmerzen sowie bei Beschwerden, die durch Verkühlen verursacht oder verschlimmert werden. Nur von qualifizierten Heilpraktikern anzuwenden. WARNHINWEIS Dieses Kraut unterliegt in einigen Ländern gesetzlichen Beschränkungen.
Variante
A. n. **'Carneum'**, S. 73.

Anbau und Ernte

Anbau Winterharte Zierpflanze; tiefer feuchtigkeitshaltender Boden im Schatten. Die Pflanzen gedeihen auch an sonnigen Orten, wenn der Boden während der ganzen Vegetationszeit ausreichend feucht ist. Vermehrung durch Teilung während der Ruhezeit; durch Samen im Frühling unter Abdeckungen. Abgestorbene Blütenköpfe entfernen, um eine zweite Blütenernte zu fördern.
Ernte Man hebt die Pflanzen im Herbst aus, die jungen dicken Wurzeln entfernt man vor dem Wiederpflanzen. Die Wurzeln werden zum Gebrauch u.a. in Absud und Tinkturen verarbeitet.
Warnhinweis Alle Pflanzen der Gattung *Aconitum* sind äußerst toxisch und können schwere Vergiftungen hervorrufen.

ACORUS Kalmus
(Acoraceae)

Kalmus wird sowohl in der Medizin als auch als Streukraut verwendet. Kalamuskandis, hergestellt aus kandierten zarten Scheiben des Wurzelstocks von *A. calamus*, war im 18. Jahrhundert als Pastille zur Behandlung von Husten und Verdauungsstörungen sowie zum Schutz vor Infektionen weit verbreitet. Es gibt verschieden ausgeprägte, wildwachsende Populationen von *A. calamus*, die sich in der genetischen Anpassung und in wichtigen chemischen Details voneinander unterscheiden. Alle enthalten im Wurzelstock 1-4% ätherisches Öl (Kalmusöl). Zu ihren Inhaltsstoffen kann auch Asaron gehören, eine beruhigende antibiotische Verbindung, die möglicherweise toxisch und karzinogen ist. Das Öl aus Populationen in Nordamerika und Sibirien ist asaronfrei. *A. gramineus* wurde als Heilkraut schon in China während der Song-Dynastie (um das 11.-12. Jahrhundert) erwähnt.

A. calamus (Echter Kalmus) S. 73

Verwendbar Rhizome, Öl.
Eigenschaften Ein aromatisches bitteres, stimulierendes Kraut, das Krämpfe löst und Verdauungsstörungen lindert.
Gebrauch
Medizin Innerlich bei Verdauungsbeschwerden, Bronchitis und Nebenhöhlenentzündung. Äußerlich bei Hautausschlägen, rheumatischen Schmerzen und Neuralgie. In der ayurvedischen Medizin wird es als Stärkungsmittel für Gehirn und Nervensystem betrachtet, besonders nach einem Schlaganfall; es wird auch bei Bronchialbeschwerden und Durchblutungsstörungen verabreicht. Kombiniert mit *Elettaria cardamomum* (vgl. S. 277) hilft es bei der Verdauung von Milchprodukten. Es wird verwendet bei verstopfter Nase, Polypen, Schock und Koma. Ein Übermaß verursacht Erbrechen. WARNHINWEIS Dieses Kraut, besonders in der Form von Kalmusöl, unterliegt in einigen Ländern gesetzlichen Beschränkungen.
Variante
A. c. **'Variegatus'**, S. 73.

A. gramineus (Felsenkalmus) S. 73

Verwendbar Rhizome („shi chang pu").
Eigenschaften Ein aromatisches antibakterielles, stärkendes Kraut, das das Verdauungssystem anregt, die Bronchialwege freimacht, Verdauungsstörungen lindert und eine beruhigende Wirkungen hat.
Gebrauch
Medizin Ein Kraut in der chinesischen Medizin u.a. bei Appetitlosigkeit, Gastritis und Depressionen. Es gilt als wärmendes Kraut und wird keinen Patienten gegeben, die zu starkem Schwitzen neigen.
Varianten
A. g. **'Ogon'**, syn. *A. c.* 'Oborozuki', S. 73.
A. g. **'Pusillus'**, S. 73.

Anbau und Ernte

Anbau Eine Zierpflanze; winterhart (*A. calamus* und Sorten), frosthart (*A. gramineus* und Sorten). Flaches Wasser (bis 25cm) oder feuchter Boden in sonniger Lage. *A. g.* 'Pusillus' kann als Unterwasserpflanze angebaut werden. Vermehrung durch Teilung der Rhizome im Herbst oder im zeitigen Frühling.
Ernte Die Pflanzen werden jederzeit, außer in der Blütezeit, ausgehoben. Die erforderliche Menge Rhizom wird abgeschnitten und der Rest wieder gepflanzt. Das Rhizom kann für Absud getrocknet, zu Öl destilliert *(A. calamus)* oder frisch für Tinkturen, Extrakte, Pasten und Puder verwendet werden.

ADENOPHORA Schellenblume
(Campanulaceae)

Schellenblumen sind im Orient gut bekannt, wo sie als Zierpflanzen, Gemüse (wegen ihrer Rhizome) und Heilkräuter angebaut werden. Die duftende *A. liliifolia* kultiviert man in Japan als Wurzelgemüse; sowohl *A. stricta* als auch *A. trachilioidis* werden in der traditionellen chinesischen Heilkunde bei Lungenbeschwerden verwendet.

A. stricta S. 74

VERWENDBAR Wurzeln („nan sha shen").
EIGENSCHAFTEN Ein stimulierendes Kraut, das hauptsächlich auf Atmungssystem und Herz wirkt.
GEBRAUCH
MEDIZIN Innerlich bei Reizhusten, chronischer Bronchitis und Tuberkulose.

> **ANBAU UND ERNTE**
> ANBAU Eine winterharte Zierpflanze; nährstoffreicher, gut entwässerter feuchter Boden in der Sonne. Die Vermehrung erfolgt durch Samen, die im Herbst ausgesät werden, oder durch Wurzelstecklinge im zeitigen Frühling. *Adenophora* kann wuchern; sie ist empfindlich gegen Störungen.
> ERNTE Die Wurzeln werden im Herbst gesammelt und für den Gebrauch als Absud getrocknet.

ADHATODA
A. vasica. Siehe *Justicia adhatoda.*

ADIANTUM Frauenhaarfarn
(Adiantiaceae)

Die medizinische Anwendung von Frauenhaarfarn ist seit alter Zeit dokumentiert. Dioskorides erwähnt „*adianton*" für Asthma, Culpeper schätzte ihn als „gute Medizin bei Husten, Asthma, Pleuritis usw., und deshalb, weil er auch bei Gelbsucht und anderen Verunreinigungen der Nieren ein milde wirkendes Diuretikum ist"; und Gerard behauptete, daß er die Haare stärke. *A.* war einst als Hustensaft weit verbreitet, der aus Wurzelstöcken sowie Wedeln hergestellt wurde. Das winterhärtere *A. pedatum* aus Amerika und Japan wird ähnlich verwendet. Das australische *A. aethiopicum* wird von den Aborigines zur Linderung von Bronchienbeschwerden genutzt. *Capillus-veneris* (Venushaar) mag auf die römische Liebesgöttin zurückgehen, die den Wellen mit wunderbar trockenem Haar entstiegen ist.

A. capillus-veneris (Frauenhaarfarn) S. 74

VERWENDBAR Die ganze Pflanze.
EIGENSCHAFTEN Ein bittersüßes beruhigendes Kraut, das Husten mildert und eine harntreibende sowie schleimlösende Wirkung hat.
GEBRAUCH
MEDIZIN Innerlich bei Bronchitis, Reizhusten, Katarrh und Rachenentzündung. Äußerlich in Haarwässern zur Behandlung von Schuppen und von kahlen Stellen, durch Kopfflechte verursacht. In der ayurvedischen Medizin ein kühlendes befeuchtendes Mittel gegen Husten.

> **ANBAU UND ERNTE**
> ANBAU Eine empfindliche Zierpflanze; feuchter entwässerter Boden, angereichert mit Lauberde und Knochenmehl, in geschützter schattiger Lage, mindestens 7° C. Vermehrung im zeitigen Frühling durch Teilung der Rhizome oder durch Sporen. Die Sporen brauchen etwa sechs Wochen zum Keimen. Eine Pflanze, die vorübergehend austrocknet, verliert nahezu alle ihre Wedel, bringt aber gewöhnlich aus dem Unterteil wieder Sprößlinge hervor.
> ERNTE Die Pflanzen werden den ganzen Sommer über geschnitten und frisch in Aufgüssen, Puder und (in der ayurvedischen Medizin) als Milchabsud verwendet.

ADONIS Adonisröschen
(Ranunculaceae)

A. vernalis enthält Glykoside, die sowohl herzstärkende als auch herzberuhigende Eigenschaften haben. Es ist Bestandteil verschiedener deutscher Arzneimittelspezialitäten gegen Herzbeschwerden und niedrigen Blutdruck; es ist auch in der Bechterew-Mixtur enthalten, einem russischen Präparat gegen Herzbeschwerden mit nervöser Ursache.

A. vernalis (Frühlingsadonisröschen) S. 74

VERWENDBAR Die ganze Pflanze.
EIGENSCHAFTEN Stärkendes harntreibendes Kraut, das das Herz anregt.
GEBRAUCH
MEDIZIN Innerlich bei Herzinsuffizienz, unregelmäßigem oder schnellem Pulsschlag, Mitralstenose und durch Herzinsuffizienz verursachtem Ödem. Bestandteil vieler Arzneimittel gegen Herzbeschwerden; ähnliche Wirkung wie *Digitalis lanata* (vgl. S. 273). Nur von qualifizierten Heilpraktikern zu verabreichen.
WARNHINWEIS Dieses Kraut unterliegt in einigen Ländern gesetzlichen Beschränkungen.

> **ANBAU UND ERNTE**
> ANBAU Winterharte Zierpflanze; leichter, gut entwässerter Boden, angereichert mit Lauberde, in der Sonne oder im Halbschatten. Der Wurzelhals sollte beim Pflanzen 2,5cm unter der Oberfläche liegen. Vermehrung durch Teilung im Frühherbst; durch Samen unter Abdeckungen im Sommer, sobald er reif ist. Die Keimung ist langsam und unregelmäßig; neuer Wuchs kann durch Schnecken geschädigt werden. Die Pflanzen sterben im Sommer ab und sollten markiert werden, um unbeabsichtigte Beschädigung zu vermeiden.
> ERNTE Die Pflanzen werden geschnitten, wenn sie in voller Blüte stehen, und getrocknet für Extrakte und Tinkturen. Getrocknetes Kraut ist nicht gut haltbar; die Vorräte werden jährlich erneuert.

AEGOPODIUM Geißfuß, Giersch
(Umbelliferae/Apiaceae)

Giersch wurde im Mittelalter in Klostergärten für medizinische Zwecke kultiviert. Aus diesem Grund und weil er dem heiligen Gerhard geweiht ist, der zur Heilung von Gicht angerufen wurde, wird er in alten englischen Kräuterbüchern oft als „Bishopweed" oder „Herb Gerard" bezeichnet.

A. podagraria (Giersch) S. 74

VERWENDBAR Blätter, Wurzeln.
EIGENSCHAFTEN Ein mild wirkendes beruhigendes Kraut mit harntreibenden und entzündungshemmenden Eigenschaften.
GEBRAUCH
KÜCHE Die Blätter haben einen spezifischen Geschmack; junge Blätter werden in Salaten und Suppen sowie als Gemüse verwendet.
MEDIZIN Innerlich bei Gicht und Ischias. Äußerlich bei Hämorrhoiden, Gicht, Insektenstichen und Verbrennungen. In der Homöopathie bei Arthritis und Rheumatismus.
VARIANTE ***A. p.* 'Variegatum'**, S. 74.

> **ANBAU UND ERNTE**
> ANBAU Winterharte Wild- *(A. podagraria)* oder frostharte Zierpflanze (*A. p.* 'Variegata'); gut entwässerter, sonniger oder schattiger Boden. Vermehrung durch Teilung der Rhizome im Frühling oder Herbst. Die Arten sind für den Garten zu stark wuchernd, können aber in Kübeln für medizinische und kulinarische Zwecke angebaut werden. *A. p.* 'Variegatum' ist nicht wuchernd.
> ERNTE Wurzeln und Blätter werden im Sommer geerntet und frisch verbraucht oder zur Verwendung für Aufgüsse, als homöopathische Mittel, Extrakte, medizinische Öle und für warme Umschläge getrocknet.

AEOLLANTHUS
(Labiatae)

Zu dieser Gattung gehören 35 Arten Ein- und Mehrjähriger sowie kleiner Sträucher, die in tropischen und warmen Regionen Afrikas zu Hause sind. Die meisten haben dicke aromatische Blätter und eine explosive Art, ihren Blütenstaub auszustreuen. Einige Arten tragen nach Rosen duftende Blüten und nach Zitronen duftende Blätter. Dazu gehören *A. gamwelliae, A. heliotropioides, A. lamborayi, A. myrianthus* und *A. pubescens.* Ihr Öl verwendet man in Seifen und Parfüms; es wird hauptsächlich in Ostafrika und Assam produziert.

A. gamwelliae, syn. *A. graveolens*

Ein empfindlicher Halbstrauch mit verzweigten flaumigen Stengeln und eiförmig länglichen, gepunkteten Blättern. Die Blätter haben gewellte Ränder und sind auf der Unterseite mit Flaum bedeckt. Die starkduftenden malvenfarbigen Blüten mit wolligen Kelchen stehen in vielästigen Blütenständen. Die Pflanze wächst auf Felsen in 1.400m Höhe in Ostafrika.

VERWENDBAR Ganze Pflanze, Blätter, Blüten, Öl.
EIGENSCHAFTEN Ein aromatisches Kraut, reich an ätherischen Ölen, darunter Geraniol (wie in *Pelargonium* 'Graveolens', vgl. S. 323).
GEBRAUCH
KÜCHE Die Blätter werden Suppen und Salaten zugegeben.
WIRTSCHAFT Das Öl der Blätter und Blüten wird in Seifen sowie Parfüms verwendet, oft als Ersatz für Palmarosaöl (*Cymbopogon martinii*, vgl. S. 270).

ANBAU UND ERNTE
ANBAU Empfindliche Kulturpflanze; gut entwässerter bis trockener sandiger Boden in der Sonne, mindestens 15-18° C. Vermehrung durch Samen, die im Frühling in sandigem Kompost ausgesät werden.
ERNTE Die ganze Pflanze, oder Blätter und Blüten getrennt, werden zu Öl destilliert.

AESCULUS Roßkastanie
(Hippocastanaceae)

Der Gattungsname „Roßkastanie" hat nichts mit den hufeisenförmigen Blattnarben zu tun, die auf den Zweigen sichtbar sind, sondern ist darauf zurückzuführen, daß die Früchte als Futter und Hustenmittel für Pferde oder Rinder Verwendung fanden. Die Roßkastanie hat auch medizinische und kosmetische Eigenschaften. Zur Eßkastanie siehe *Castanea* auf S. 256.

A. hippocastanum (Gemeine Roßkastanie) S. 75

VERWENDBAR Rinde, Samen.
EIGENSCHAFTEN Ein bitteres adstringierendes, fiebersenkendes Kraut, das die Kapillarpermeabilität sowie lokale Ödeme reduziert; es ist harntreibend und entzündungshemmend. Sein Hauptbestandteil ist Aescin, eine Mischung von Saponinen, das eine entzündungshemmende Wirkung hat.
GEBRAUCH
MEDIZIN Innerlich bei Arterienverkalkung, Schlaganfall, Herzanfall, Kreislaufschwäche, Krampfadern, Venenentzündung, Frostbeulen, Hämorrhoiden und Schwellungen nach schwerem Trauma; injiziert bei geschwollenen Gelenken und Knochenbrüchen.
WIRTSCHAFT Verwendung in Kosmetika und Haarpräparaten; die Früchte werden zu Futter zermahlen.
VARIANTE
A. h. **'Baumannii'**, syn. *A. h.* 'Flore Pleno', S. 75.

ANBAU UND ERNTE
ANBAU Winterharte Zierpflanze; fruchtbarer entwässerter Boden in der Sonne oder im Halbschatten. Vermehrung durch Samen, die im Herbst ausgesät werden, außer bei der unfruchtbaren Sorte *A. h.* 'Baumannii', die nur durch Pfropfung auf vorhandene Pflanzen der Art vermehrt werden kann. Keimung und Wachstum sind schnell.
ERNTE Rinde und reife Samen werden im Herbst gesammelt und in Extrakten oder Absud verwendet. Die Samen werden vor Gebrauch gehackt und geröstet. Da ihr Wirkstoff im Naturzustand nur schlecht absorbiert wird, wird *Aesculus* industriell aufbereitet.
WARNHINWEIS Der Verzehr ist schädlich.

AFRAMOMUM Malaguetapfeffer
(Zingiberaceae)

Diese Gattung aus 50 Arten mehrjähriger Rhizompflanzen kommt im tropischen Afrika vor. *Aframomum* ist ein Gewürz, das mit Ingwer und Kardamom verwandt ist. Es war schon im alten Rom bekannt und wurde im Mittelalter zum Würzen von Wein sowie als Pfefferersatz verwendet, was später als gesundheitsschädlich verboten wurde. Verschiedene Arten wie *A. angustifolium* haben angenehm schmeckende Früchte und aromatische Samen. Die wichtigste Art ist *A. melegueta* (die im Mittelalter weit verbreitet war), mit der die Portugiesen Handel trieben und die heute als Mehrjährige sowie für die Gewürzindustrie kultiviert wird.

A. melegueta (Paradieskörnerpflanze, Malaguetapfeffer)

Eine nichtwinterharte Mehrjährige mit schilfrohrartigen Stengeln und schmalen Blättern. Die einzeln stehenden malvenfarbigen, orchideenartigen Blüten mit einem gelben Fleck im Hals stehen auf kurzen Stielen; birnenförmige scharlachrote Früchte enthalten 60-100 braune Samen im Fruchtfleisch. Sie kommt wild im tropischen Westafrika vor.

VERWENDBAR Wurzeln, Samen.
EIGENSCHAFTEN Ein scharfes Anregungsmittel, das der Verdauung zuträglich ist und Krämpfe löst.
GEBRAUCH
KÜCHE Die Samen werden als würzige Zutat und Geschmacksverbesserer verwendet.
MEDIZIN Innerlich in Westafrika bei übermäßiger Milchbildung, Menstruationsbeschwerden, Nachgeburtsblutung, Unfruchtbarkeit (Wurzeldekokt) und als Aphrodisiakum (Samen); in Nigeria in Kombination mit *Rauvolfia serpentina* (vgl. S. 339) bei Geisteskrankheiten und mit *Momordica charantia* (vgl. S. 312) bei Cholera (Samen).

ANBAU UND ERNTE
ANBAU Nichtwinterharte Kulturpflanze; gut entwässerter Boden im Halbschatten, mindestens 15-18° C. Vermehrung durch Teilung der Rhizome bei Beginn des neuen Wuchses.
ERNTE Die Früchte werden gesammelt, wenn sie zu reifen beginnen; die Samen trennt man vom Fruchtfleisch und trocknet sie. Die Wurzeln werden das ganze Jahr über gesammelt.

AGASTACHE
(Labiatae/Lamiaceae)

A. foeniculum wurde in den 70er Jahren des 19. Jahrhunderts von Imkern in Nordamerika angepflanzt, um einen Honig mit leichten Anissamengeschmack zu gewinnen. Die Indianer machten daraus Tee oder verwendeten die Pflanze als Süßstoff. *A. rugosa* war als Arzneipflanze auch im alten China bekannt.

A. foeniculum, syn. *A. anethiodora* S. 75

VERWENDBAR Blätter, Blüten.
EIGENSCHAFTEN Ein aromatisches, angenehm schmeckendes Kraut, das Schweißbildung fördert und bronchiale Gefäßstauungen lindert.
GEBRAUCH
KÜCHE Die Blätter mit Anissamengeschmack können Salaten zugegeben werden.
MEDIZIN Innerlich in der Heilkunde verschiedener Indianerstämme Nordamerikas bei Husten.
VARIANTE
A. f. **'Alabaster'**, S. 75.

A. rugosa, syn. *Lophanthus rugosus*, *Cedronella japonica* S. 75

VERWENDBAR Blätter, Stengel (die Luftteile sind als *Huo xiang* bekannt).
EIGENSCHAFTEN Ein aromatisches antibakterielles Kraut, das das Verdauungssystem anregt, Krämpfe löst und durch Förderung der Schweißbildung zur Fiebersenkung beiträgt.
GEBRAUCH
KÜCHE Frische oder getrocknete Blätter verleihen Fleischgerichten oder Salaten einen minzeartigen Geschmack und ergeben einen angenehmen Tee.
MEDIZIN Innerlich, in der chinesischen Heilkunde, zur Anregung des Appetits und zur Linderung von Dyspepsie, Übelkeit und Erbrechen; auch bei Erkältung, wenn sie von Schüttelfrost begleitet ist. Ungeeignet bei fiebrigen Erkältungen; austauschbar mit *Pogostemon cablin* (vgl. S. 332).

ANBAU UND ERNTE
ANBAU Winterharte Zierpflanze; gut entwässerter Boden in der Sonne. *A. foeniculum* verträgt nährstoffärmere Böden und trockenere Bedingungen als *A. rugosa*. Vermehrung im Frühling durch Samen unter Abdeckungen oder durch Teilung; durch Weichholzstecklinge im Sommer.
ERNTE Blätter *(A. rugosa, A. foeniculum)* werden im Frühling und Sommer, die Blüten im Sommer gesammelt. Man verwendet sie frisch oder getrocknet als Würze und für Tees. Blätter und Stengel *(A. rugosa)* für medizinischen Gebrauch werden vor der Blüte geschnitten und getrocknet.

AGATHOSMA Duftraute
(Rutaceae)

„Bukko" ist ein afrikanisches Wort für Puder und wird als Sammelbegriff für einige unterschiedliche Arten der Gattung *Agathosma* verwendet, die für Puder und andere medizinische und industrielle Zwecke gesammelt werden. *A. betulina* (syn. *Barosma betulina*) ist zwar etwas kleiner als *A. crenulata*, hat aber ein ähnliches Aussehen und wird genau wie *A. crenulata* genutzt. Forschungen haben gezeigt, daß Bukkosträucher eine Substanz enthalten, die ultraviolettes Licht abweist und in Hautpräparaten angewendet werden kann.

A. crenulata, syn. *A. serratifolia*, *Diosma crenulata* (Bukkostrauch) S. 75

VERWENDBAR Blätter.
EIGENSCHAFTEN Ein stark aromatisches Kraut, das das Harnsystem anregt und die Schweißbildung verstärkt. Der Wirkstoff ist Diosphenol mit kräftiger desinfizierender und harntreibender Wirkung.
GEBRAUCH
KÜCHE Wird in Afrika zusammen mit *Artemisia afra* als Würze für Weinbrand und Wein verwendet.
MEDIZIN Innerlich bei Infektionen des Harnsystems, bei Verdauungsstörungen, Gicht, Rheuma, Husten und Erkältungen, oft mit *Althaea officinalis* (vgl. S. 236). Äußerlich in der afrikanischen Heilkunde als Pulver gegen Insekten und in Mixturen bei Quetschungen und Verstauchungen.
WIRTSCHAFT Die Blätter nimmt man zur Verstärkung des Johannisbeeraromas von *Cassis*.

ANBAU UND ERNTE
ANBAU Empfindliche Zierpflanze; gut entwässerter saurer Boden in praller Sonne, mindestens 5° C. Vermehrung in Sand durch halbreife Stecklinge im Spätsommer. Im Frühling kräftig zurückschneiden, um einen buschigen Wuchs zu fördern.
ERNTE Die Blätter werden gesammelt, wenn die Pflanze blüht oder Früchte trägt, und für die Verwendung in Aufgüssen, Extrakten, Tabletten und Tinkturen getrocknet.

AGAVE
(Agavaceae)

Agave wird in denTropen für verschiedene Zwecke verwendet. *A. americana* setzt man bei der Urbarmachung von trockenem Land ein. Sowohl *A. americana* als auch *A. sisalana* (Sisal) sind wichtige Faserpflanzen und Lieferanten von Cortison, das bei der Herstellung von Steroidarzneien verwendet wird. Die Nutzung der *Agave* wurde von der deutschen Gesellschaft zur Kolonialisierung Afrikas entwikkelt. Sie führte Forschungen durch, nachdem 1893 die ersten Pflanzen aus Mittelamerika nach Tanganjika eingeführt worden waren.

A. americana (Hundertjährige Aloe) S.76

VERWENDBAR Die ganze Pflanze.
EIGENSCHAFTEN Ein entzündungshemmendes, harntreibendes Kraut mit hormonalen und insektiziden Bestandteilen. Es wirkt auf das Verdauungssystem und senkt Fieber durch verstärkte Schweißbildung.
GEBRAUCH
KÜCHE Der süße Pflanzenkern wird als Gemüse gekocht. Aus dem Saft stellt man in Mexiko die alkoholischen Getränke „Pulque" und „Vino mescal" her.
MEDIZIN Innerlich bei Verdauungsstörungen, Blähungen, Verstopfungen, Gelbsucht und Ruhr. Äußerlich bei Verbrennungen und Verletzungen. Frischer Saft kann Hautreizung und Dermatitis verursachen. Das Konzentrat aus abgefallenen Blättern liefert Vorstufen für Steroidarzneimittel.
WIRTSCHAFT Wurzeln nutzt man in der Seifenherstellung; Fasern verarbeitet man zu Seilen und Matten.
VARIANTE *A. a.* **'Variegata'**, S. 76.

ANBAU UND ERNTE
ANBAU Empfindliche Zierpflanze; entwässerter Boden in praller Sonne, mindestens 5° C. Vermehrung durch Samen im Frühling bei 21° C; durch Ableger, die man im Frühling oder Sommer von der Pflanze entfernt und einige Tage trocknen läßt. Anfällig gegen Befall durch Schildläuse und Wurzelschildläuse; bei kühlen Wintertemperaturen kann Fäulnis auftreten, wenn zuviel Wasser gegeben wird. Aus Samen lassen sich die Merkmale der Art nicht reproduzieren.
ERNTE Die Teile erntet man nach Bedarf. Blätter und Wurzeln können auch frisch verwendet werden, getrocknet sind sie jedoch besser haltbar.
WARNHINWEIS Hautallergen.

AGLAIA
(Meliaceae)

Über diese große Gattung tropischer Bäume und Sträucher ist wenig bekannt. *A. edulis* trägt große, saftige Früchte, die auf den Fidschiinseln gegessen werden. *A. argentea* wird in Indonesien bei fieberhaften Erkrankungen und in Präparaten zur Leprabehandlung verwendet; *A. odorata* wird auch medizinisch genutzt, ist aber vor allem eine Parfümpflanze.

A. odorata S. 76

VERWENDBAR Blätter, Blüten.
EIGENSCHAFTEN Ein aromatisches, stärkendes Kraut mit fiebersenkender Wirkung. Getrocknete Blüten behalten ihren Duft praktisch unbegrenzt.
GEBRAUCH
AROMA Wird verwendet zur Aromatisierung von Tee (China), für Räucherstäbchen und Riechtöpfe.
MEDIZIN Innerlich bei Fieber und Krämpfen sowie bei klimakterischen Beschwerden.

ANBAU UND ERNTE
ANBAU Empfindliche Zierpflanze; nährstoffreicher, gut entwässerter Boden mit reichlich Feuchtigkeit und Wärme in der Sonne oder im Halbschatten, mindestens 15-18° C. Vermehrung im Sommer durch halbreife Stecklinge.
ERNTE Die Blätter werden während der Vegetationszeit gepflückt und frisch oder getrocknet als Absud (manchmal mit Wurzel) verwendet. Die Blüten sammelt man, wenn sie sich öffnen, und trocknet sie für Aufgüsse und parfümierte Artikel. Die getrockneten Teile für medizinische Zwecke werden jährlich erneuert.

AGRIMONIA Odermennig
(Rosaceae)

Odermennig war einst ein wichtiges Wundkraut. Es ist Bestandteil von „Eau d'arquebusade", einem französischen Kräuterwasser, das heute bei verschiedenen Beschwerden verwendet wird, ursprünglich aber auf Wunden gegeben wurde, die von Arkebusen herrührten, einer langläufigen Handfeuerwaffe des 15. Jahrhunderts. Die verwandte *A. pilosa* wird wegen ihres hohen Vitamin-K-Gehalts zur Gerinnungsbeschleunigung und Blutstillung verwendet. Sie wird oft mit *Bletilla striata* (vgl. S. 348) und *Sanguisorba officinalis* (vgl. S. 348) in Tabletten zur Behandlung von inneren Blutungen eingesetzt. Diese Kombination hat sich auch bei der Linderung der Symptome der Silikose, einer ernsten Lungenerkrankung, als zuträglich erwiesen.

A. eupatoria (Kleiner Odermennig) S. 76

VERWENDBAR Ganze Pflanze.
EIGENSCHAFTEN Ein adstringierendes, stärkendes, harntreibendes Kraut; es stillt Blutungen, verbessert Leber- und Gallenfunktionen und ist entzündungshemmend.
GEBRAUCH
MEDIZIN Innerlich bei Kolitis, Ruhr, Nahrungsmittelallergie, Durchfall, Gallensteinen, Zirrhose, Blinddarmreizung, Harninkontinenz, Zystitis und Rheuma. Nicht für Patienten mit streßbedingter Verstopfung. Äußerlich bei Halsschmerzen, Bindehautentzündung, Hämorrhoiden, Verletzungen und chronischen Hautbeschwerden.

ANBAU UND ERNTE
ANBAU Winterharte Kulturpflanze; entwässerter Boden in der Sonne; trocken-alkalische Bedingungen. Vermehrung durch Samen im Frühling.
ERNTE Die Pflanzen werden in der Blüte geschnitten, wobei Ähren vermieden werden, die schon stachlige Samenschalen entwickeln; u.a. für Aufgüsse, Pillen und Tinkturen trocknen.

AGROPYRON Quecke
A. repens. Siehe *Elymus repens*.

AILANTHUS Götterbaum
(Simaroubaceae)

A. altissima enthält Quassin, das dem in der verwandten *Quassia amara* vorkommenden ähnlich ist. Forschungen haben gezeigt, daß es gegen Malaria und gegen Tumore wirksam ist.

A. altissima, syn. *A. glandulosa* (Götterbaum) S. 76

VERWENDBAR Rinde (*Chun pi*).
EIGENSCHAFTEN Ein ekelerregend bitteres, adstringierendes Kraut, das Fieber senkt, Krämpfe löst und den Pulsschlag verlangsamt; verursacht Erbrechen.
GEBRAUCH
MEDIZIN Innerlich bei Malaria, Asthma, Herzklopfen, Durchfall, Ruhr, Hämorrhoiden, Menorrhagie und Bandwürmern.

ANBAU UND ERNTE
ANBAU Winterharte Zierpflanze; entwässerter Boden in der Sonne oder im Halbschatten. Vermehrung durch Samen im Herbst (können sehr langsam keimen); durch Wurzelschößlinge oder Wurzelstecklinge im Winter. Im Frühling werden Pflanzen, die als Sträucher wachsen sollen, stark zurückgeschnitten, um die Entwicklung großer Blätter zu fördern; unempfindlich gegen Umweltverschmutzung.
ERNTE Die Rinde wird im Frühling entfernt und für Absud und Tinkturen getrocknet.

AJUGA Günsel
(Labiatae/Lamiaceae)

A. reptans war Bestandteil der im „London Dispensatory" (1694) aufgeführten „Traumatick Decoction" und wurde nach Verletzungen eingenommen. Es war ein Lieblingskraut von Culpeper, der schrieb: „Wenn Sie sich wegen seiner Tugenden in es verlieben (was Sie tun werden, wenn Sie klug sind), dann haben Sie bei sich immer einen Sirup zum Einnehmen sowie eine Salbe und Pflaster zur äußerlichen Anwendung". Er betrachtete es als Wundkraut und als Mittel gegen Kater. Andere Arten werden medizinisch genutzt; die australische *A. australis* nimmt man als Wundkraut, aber auch zur Behandlung von Verbrühungen; in Afrika wird *A. remota* zur Behandlung von hohem Blutdruck verwendet; sie enthält Verbindungen, die in der Krebstherapie und in der Schädlingsbekämpfung Verwendung finden; die mediterrane *A. iva* wirkt gegen Malaria.

A. chamaepitys (Schlagkräutlein) S. 77

VERWENDBAR Blätter.
EIGENSCHAFTEN Ein anregendes harntreibendes Kraut, das auf die Harnorgane und den Uterus wirkt.
GEBRAUCH
MEDIZIN Innerlich bei Gicht, Rheumatismus und Menstruationsproblemen.

A. reptans (Günsel) S. 77

VERWENDBAR Die ganze Pflanze.
EIGENSCHAFTEN Ein mildes schmerzstillendes, adstringierendes Kraut mit abführender Wirkung.
GEBRAUCH
MEDIZIN Äußerlich bei Quetschungen, Wunden und Tumoren.
VARIANTEN
A. r. 'Atropurpurea', syn. *A. r.* 'Purpurea', S. 77.
A. r. 'Burgundy Glow', S. 77.
A. r. 'Variegata', S. 77.

> **ANBAU UND ERNTE**
> ANBAU Winterharte Zier- (*A. reptans* und Sorten) und Kulturpflanze *(A. chamaepitys)*. *A. chamaepitys* gedeiht auf nährstoffarmem trockenen Boden in praller Sonne; *A. reptans* braucht feuchten Boden in der Sonne oder im Halbschatten. Vermehrung durch Samen im Herbst oder Frühling (*A. chamaepitys* und *A. reptans*); durch Teilung zu beliebiger Zeit bei feuchten schattigen Bedingungen *(A. reptans)*. Die Keimung kann sporadisch erfolgen; aus Samen lassen sich bei Sorten die Merkmale von *A. reptans* nicht reproduzieren.
> ERNTE Blätter *(A. chamaepitys)* sammelt man im Sommer und trocknet sie für Aufgüsse sowie Extrakte. Die Pflanzen werden im Sommer geschnitten und frisch in Salben oder Ölen verwendet.

AKEBIA
(Lardizabalaceae)

Die verwandten Arten *A. trifoliata* und *A. quinata* unterscheiden sich darin, daß sie drei bzw. fünf Blättchen haben und daß die purpurnen Früchte der *A. quinata* dunkler sind. In der chinesischen Heilkunde sind sie austauschbar.

A. trifoliata (Fingerwinde) S. 78

VERWENDBAR Stengel („Mu tong").
EIGENSCHAFTEN Ein scharfes bitteres Kraut, das bakterielle und Pilzinfektionen bekämpft, Kreislauf und Harnorgane sowie die weiblichen Organe anregt. Wegen seines hohen Gehalts an Kaliumsalzen ist es ein kräftiges, harntreibendes Mittel.
GEBRAUCH
MEDIZIN Innerlich bei Infektionen der Harnorgane, rheumatischer Arthritis, Ausbleiben der Menstruation und unzureichender Milchbildung. Ein traditionelles chinesisches Mittel zur Förderung der Milchbildung ist ein Schmorgericht aus „Mu tong" und Schweinsknöcheln.

> **ANBAU UND ERNTE**
> ANBAU Frostharte Zierpflanze; entwässerter Boden in der Sonne. Vermehrung im Frühling oder Herbst durch Samen; im Sommer durch halbreife Stecklinge; im Winter durch Ableger.
> ERNTE Die Stengel werden im Herbst geschnitten und für Absude sowie Puder getrocknet.

ALBIZIA Schirmakazie
(Leguminosae/Mimosaceae)

A. julibrissin wurde in der chinesischen Medizin schon zur Zeit der Tang-Dynastie (um 700 n.Chr.) erwähnt. Die Rinde der verwandten *A. odoratissima*, die duftende weiße Blüten trägt, wird in Indien und auf Ceylon äußerlich bei Lepra sowie Geschwüren angewendet.

A. julibrissin (Schirmakazie) S. 78

VERWENDBAR Rinde, Blüten („He huan").
EIGENSCHAFTEN Ein bitteres adstringierendes, beruhigendes, harntreibendes und schmerzlinderndes Kraut mit anregender Wirkung auf Kreislauf, Uterus und Appetit (Rinde); die Blüten sind beruhigend und sorgen für Stuhlgang.
GEBRAUCH
MEDIZIN Innerlich bei Schlaflosigkeit und Reizbarkeit (Rinde, Blüten), Furunkeln und Karbunkeln (Rinde), Atemlosigkeit und Gedächtnisschwäche (Blüten). Äußerlich bei Verletzungen, Schwellungen und Lungenabszeß (Rinde).

> **ANBAU UND ERNTE**
> ANBAU Frostharte Zierpflanze; entwässerter feuchtigkeithaltender Boden in praller Sonne. Verträgt nährstoffarme, alkalische und salzige Böden, Trockenheit und windige Lagen. Vermehrung im Herbst durch Samen, die vorher 12 Stunden eingeweicht werden; im Sommer durch halbreife Stecklinge; im Frühling durch Wurzelstecklinge. Größe und Form kann man im Frühling durch Zurückschneiden auf 5 bis 6 Augen kontrollieren. Die Pflanzen werden gelegentlich von Schildläusen, Spannerraupen und Fadenwürmern befallen. In den USA kann der Hauptstamm durch Gefäßwelkekrankheit absterben, wonach die Wurzeln neue Schößlinge treiben. Junge Exemplare sind attraktive Grünpflanzen und lassen sich als Einjährige behandeln. Reifere Exemplare sind in nährstoffarmen Böden härter und in Gebieten mit langen heißen Sommern blütenreicher.
> ERNTE Die Rinde wird im Frühling oder Spätsommer entnommen, die Blüten, wenn sie sich öffnen; beide werden für Absude getrocknet.

ALCEA Rosenmalve
(Malvaceae)

Die Stockmalve ist verwandt mit dem Eibisch (*Althaea officinalis*, vgl. S. 236) und zählte einst zu dessen Gattung. Beide haben ähnliche Eigenschaften, aber *Alcea rosea* ist von ihrer effektiveren Verwandten verdrängt worden.

A. rosea, syn. *Althaea rosea* (Stockmalve, Stockrose) S. 78

VERWENDBAR Blüten.
EIGENSCHAFTEN Ein beruhigendes Kraut, das Entzündungen sowie Schmerzen lindert und harntreibende Wirkungen hat.
GEBRAUCH
MEDIZIN Innerlich bei Gastritis, Husten und Blasenentzündung. Äußerlich als Gurgelmittel bei Halsschmerzen. In Hustensäften oft kombiniert mit *Inula helenium* (vgl. S. 296), *Tussilago farfara* (vgl. S. 365) oder Unterarten des Thymians (vgl. S. 362).
VARIANTEN
A. r. 'Chater's Double', S. 78.
A. r. 'Nigra', S. 78.

> **ANBAU UND ERNTE**
> ANBAU Winterharte Zierpflanze; entwässerter Boden in der Sonne. Vermehrung durch Samen im Frühling oder Spätsommer in natürlicher Lage. Rost kann das Laubwerk zum Welken und die Pflanze zum Absterben bringen. Die Blätter können durch Käfer und Raupen geschädigt werden.
> ERNTE Die Blüten werden nach dem Öffnen gepflückt und für Aufgüsse oder Sirup getrocknet.

ALCHEMILLA Frauenmantel
(Rosaceae)

Der Name „Frauenmantel" ist darauf zurückzuführen, daß dieses Kraut als Mittel gegen Frauenleiden gilt. *A. xanthoclora* hatte als Heilkraut eine größere Bedeutung als *A. alpina*; es scheint jedoch, daß *A. alpina* wirksamer ist. *A. mollis* wird verbreitet in Kräutergärten angebaut, hat aber keine medizinische Verwendung. *Alchemilla* bedeutet „das kleine Wunder", weil die Art, wie die Blätter Wasser halten, für ein Wunder gehalten wurde.

A. alpina (Frauenmantel) S. 79

VERWENDBAR Blätter.
EIGENSCHAFTEN Ein adstringierendes, entzündungshemmendes Kraut, das Blutungen und Ausfluß stillt.
GEBRAUCH
MEDIZIN Innerlich bei Menstruations-, klimakterischen und Nachgeburtsbeschwerden sowie Durchfall. Äußerlich als Mundwasser nach dem Ziehen von Zähnen, Spülung bei Scheidenausfluß oder wunden Stellen und Verletzungen. Wird in der Veterinärmedizin bei Durchfall verwendet.

A. xanthoclora, syn. *A. vulgaris* (Frauenmantel) S. 79

VERWENDBAR Die ganze Pflanze.
EIGENSCHAFTEN Ein bitteres adstringierendes Kraut, das Blutungen stillt und Ausfluß bekämpft.
GEBRAUCH
MEDIZIN Innerlich bei übermäßiger oder unregelmäßiger Menstruation, bei klimakterischen Beschwerden und bei Durchfall. Äußerlich bei Scheidenausfluß und Jucken der Schamlippen.

> **ANBAU UND ERNTE**
> ANBAU Winterharte Zierpflanze; feuchter, entwässerter Boden in der Sonne oder im Halbschatten. *A. xanthoclora* verträgt Kalk schlecht. Vermehrung im zeitigen Frühling durch Samen; im Herbst oder Winter durch Teilung. *Alchemilla* kreuzt und verbreiten sich wild durch Samen.
> ERNTE Die ganzen Pflanzen *(A. xanthoclora)* werden geschnitten, wenn sich die Blüten öffnen. Die Blätter *(A. alpina)* schneidet man vor der Blüte, wenn das Laub trocken ist. Alle Teile werden für Aufgüsse und Extrakte getrocknet.

ALETRIS
(Liliaceae/Melanthiaceae)

Diese Gattung aus Nordostamerika und Ostasien besteht aus zehn Arten Mehrjähriger mit Rhizomen und faserigen Wurzeln. *A. farinosa* ist eine Pflanze für das Torfbeet, wird aber selten angebaut. Ihren Gebrauch lernten die Siedler von Indianerstämmen, die daraus einen Tee zur Behandlung der Ruhr bereiteten. Sie war als Tonikum in der „U.S. Pharmacopoeia" (1831-1926) aufgeführt.

A. farinosa

Eine kleine Mehrjährige, hart bis –5° C, Höhe 30-90cm, Ausbreitung 15cm, mit länglichen gerippten, bis zu 20cm langen blaß gelbgrünen Blättern, die in einer Rosette angeordnet sind. Sie trägt im Sommer röhrenförmige weiße Blütenähren mit mehliger Oberfläche. Verbreitet vom Südosten der USA bis Mexiko auf sauren oder sandigen Böden.

VERWENDBAR Rhizome.
EIGENSCHAFTEN Ein bittersüßes stärkendes Kraut, das Krämpfe besonders in den Verdauungsorganen und Organen des weiblichen Beckens löst.
GEBRAUCH
MEDIZIN Innerlich bei Windkolik, Magenneurose, Appetitlosigkeit, Gebärmuttervorfall und Menstruationsbeschwerden. Die Rhizome verwendet man immer getrocknet; frisch können sie Durchfall, Koliken und Schwindelgefühle verursachen.

ANBAU UND ERNTE
ANBAU Wildwachsend und frosthart; nutzbare Teile werden gesammelt. Entwässerter torfiger oder sandiger Boden in der Sonne. Vermehrung durch Samen, die im Frühling ausgesät werden.
ERNTE Die Wurzelstöcke werden im Spätsommer nach der Blüte gesammelt und zum Gebrauch in Elixieren, Extrakten oder Pudern getrocknet.

ALISMA Froschlöffel
(Alismataceae)

A. plantago-aquatica wird in der chinesischen Heilkunde schon in Texten aus der Zeit um 200 n.Chr. erwähnt. Die Pflanze, die in China verwendet wurde, ist wahrscheinlich das kleinere weißblühende *A. p.* var. *orientale*.

A. plantago-aquatica (Froschlöffel) S. 79

VERWENDBAR Wurzeln („Ze xie").
EIGENSCHAFTEN Ein Kraut, das den Blutdruck, den Cholesterinspiegel und den Blutzuckerspiegel senkt.
GEBRAUCH
MEDIZIN Innerlich bei Nieren- und Kreislauferkrankungen und akutem Durchfall. In der chinesischen Heilkunde bei Nierenschwäche, die sich mit Taubheit, Ohrenklingen und Schwindel zeigt. Sie soll die weiblichen Geschlechtsorgane anregen.

ANBAU UND ERNTE
ANBAU Winterharte Zierpflanze; seichtes Wasser bis zu 25cm Tiefe in offener sonniger Lage. Vermehrung durch Samen, die im Spätsommer ausgesät werden; im Frühling durch Teilung.
ERNTE Die Wurzeln werden vor der Blüte geerntet und für Absud getrocknet.

ALKANNA Alkannawurzel
(Boraginaceae)

Verschiedene Arten der *Alkanna* haben Farbstoffe, die Produkten mit Fett, Öl, Wachs oder Alkohol eine rote, rosa oder fleischfarbene Tönung verleihen. Arten der *Alkanna* sind Farbstoffpflanzen, doch sind auch medizinische Anwendungen bekannt. Wie andere der Familie *Boraginaceae* enthalten einige Arten der *Alkanna* ein leberschädigendes Alkaloid, weshalb eine Einnahme nicht ratsam ist.

A. tinctoria (Färberalkanna) S. 79

VERWENDBAR Wurzeln.
EIGENSCHAFTEN Ein adstringierendes antibakterielles Kraut, das Heilung fördert und Juckreiz mindert.
GEBRAUCH
MEDIZIN Äußerlich bei varikösen und indolenten Geschwüren, auch bei Wundliegen sowie juckenden Ausschlägen. WARNHINWEIS Dieses Kraut unterliegt in einigen Ländern gesetzlichen Beschränkungen.
WIRTSCHAFT Verwendet als roter Farbstoff für Holz, Lebensmittel, pharmazeutische Produkte und Kosmetika.

ANBAU UND ERNTE
ANBAU Frostharte Kulturpflanze; entwässerter bis trockener Boden in der Sonne oder im Halbschatten. *A. tinctoria* gedeiht auf alkalischen und sandigen Böden. Vermehrung im Frühling durch Samen; im Herbst durch Teilung.
ERNTE Man sammelt Wurzeln im Herbst, trocknet sie für Puder oder weicht sie in Öl bzw. Fett.

ALLIARIA Lauchkraut
(Cruciferae)

A. petiolata wurde von John Evelyn in „Acetaria, a Discourse on Sallets" (1699) unter den Namen „Jack-by-the-hedge", „Alliaria", und „sauce alone" beschrieben; die Pflanze habe viele wertvolle medizinische Eigenschaften und würde „besonders von Leuten auf dem Lande als Salat gegessen, wo sie wild unter Bänken und Hecken wächst". Ihr scharfer Geschmack ist auf ätherische Öle und ein Glukosid (Sinigrin) zurückzuführen, das den Glukosiden ähnelt, die in anderen Mitgliedern der Kohlfamilie (*Cruciferae*) wie *Brassica juncea* (vgl. S. 250), *B. nigra* (vgl. S. 250) und *Sinapis alba* (vgl. S. 353) zu finden sind.

A. petiolata, syn. *A. officinalis*, *Sisymbrium alliaria* (Knoblauchskraut) S. 79

VERWENDBAR Blätter, Stengel.
EIGENSCHAFTEN Ein scharfes anregendes Kraut, das Infektionen beseitigt, die Heilung fördert und schleimlösende sowie entzündungshemmende Wirkungen hat.
GEBRAUCH
KÜCHE Junge Blätter geben Salaten und Soßen einen milden Knoblauchgeschmack.
MEDIZIN Innerlich bei Bronchitis, Asthma und Ekzemen. Äußerlich bei kleineren Verletzungen und schlecht heilenden Hautproblemen, bei Neuralgie, Rheumatismus und Gicht.

ANBAU UND ERNTE
ANBAU Winterharte Wildwachsende; genutzte Teile werden gesammelt. Feuchter Boden in der Sonne oder im Schatten. Vermehrung durch Samen, die im Frühling dort ausgesät werden, wo die Pflanzen blühen sollen. *A. petiolata* verbreitet sich leicht durch Samen.
ERNTE Blätter und Stengel werden vor der Blüte geschnitten und als Saft und frisch oder getrocknet als Aufguß oder Umschlag verwendet.

ALLIUM Lauch
(Liliaceae)

Lauche sind eine ausgeprägte Gruppe, die manchmal als eigene Familie (*Alliaceae*) klassifiziert werden. Der Knoblauch (*A. sativum)* ist eines der ältesten vom Menschen genutzten Kräuter; die Babylonier verwendeten ihn (um 3000 v.Chr.), er wurde im Grabmal Tut-ench-Amuns (um 1357-13 v.Chr.) gefunden und auch von den alten Griechen und Römern in großen Mengen verbraucht. Der durchdringende Geruch von Knoblauch hat immer zu widersprüchlichen Empfindungen geführt. So sagt eine arabische Legende, daß, als Satan nach dem Sündenfall den Garten Eden verließ, aus seinem linken Fußabdruck der Knoblauch und aus seinem rechten die Zwiebel aufgeschossen seien. Es gibt in Verbindung mit Knoblauch viel Abergläubisches: er halte Vampire ab, lasse „Maulwürfe augenblicklich aus der Erde springen" (Milliam Coles, „The Art of Simpling", 1656) und verhindere (gekaut), daß man bei einem Wettlauf überholt wird. *A. sativum* wurde schon um 500 n.Chr. in der traditionellen chinesischen Heilkunde erwähnt. In der ayurvedischen Heilkunde ist er als Rashona („das den einen Geschmack nicht hat") bekannt, weil ihm nämlich die Säure fehle, während er die fünf anderen Geschmäkke (scharfe Wurzel, bitteres Blatt, adstringierender Stengel, salziges Stengelende und süße Samen) besitze. Der charakteristische Geruch des Lauchs wird durch Schwefelverbindungen verursacht; diese haben günstige Wirkungen auf den Kreislauf, das Verdauungssystem und die Atmungsorgane. Knoblauch ist die schärfste Lauchart und hat den höchsten therapeutischen Wert. *A. cepa* wird oft in drei Hauptgruppen geteilt: die Gruppe *Cepa* (Küchenzwiebel) hat eine einzelne große Zwiebel, die Gruppe *Proliferum* (Catawissazwiebel) einen Blütenstand aus kleinen Nebenzwiebeln und die Gruppe *Aggregatum* Büschel kleiner Zwiebeln; letztere wurde früher als eigene Art (*A. ascalonicum)* geführt. *A. fistulosum* ist in der chinesischen Küche gebräuchlich. Sie gilt als die verbreitetste Zwiebel in Südostasien. Die medizinische Anwendung wurde schon um 100 n.Chr. in einem Kräuterbuch beschrieben. *A. tuberosum* wird in der chinesischen Heilkunde weniger verwendet.
A. chinense ist *A. schoenoprasum* ähnlich, hat aber drei- bis fünfeckige Stengel von einem helleren Grün; es wird zum Sauereinlegen verwendet. Die bekannteste Varietät von *A.*

ampeloprasum , *A. a.* var. *kurrat* aus dem Nahen Osten, ist kleiner, hat schmalere Blätter und eine ausgeprägtere Zwiebel; sie wird wie Schnittlauch verwendet. Die „Perlzwiebeln" werden von einer anderen Varietät aus Mitteleuropa und Italien hervorgebracht.

A. ampeloprasum var. *ampeloprasum* (Ackerknoblauch, Sommerknoblauch) S. 80

Verwendbar Zwiebeln.
Eigenschaften Ähnlich Knoblauch und Zwiebel.
Gebrauch
Küche Im Geschmack zwischen Zwiebel und Knoblauch, aber milder.

A. cepa (Zwiebel, Bolle) S. 80

Verwendbar Zwiebel, frischer Saft.
Eigenschaften Ein Kraut, das gegen Infektionen schützt, Krämpfe löst und Blutdruck, Gerinnungsneigung sowie Blutzuckerspiegel senkt. Es ist schleimlösend und harntreibend.
Gebrauch
Küche Zwiebeln sind gekocht und roh als Gemüse oder Würze für viele Fleisch- und Gemüsegerichte sowie für Chutney unentbehrlich. Sie werden sauer eingelegt oder roh mit Brot und Käse gegessen. *A. c.* 'Sweet Sandwich' ist ideal zum Rohessen, während *A. c.* 'Noordhollandse Bloedrode' in Salaten sehr reizvoll ist. Die Miniaturzwiebeln von *A. c.* var. *proliferum* werden wie Winterzwiebeln verwendet.
Medizin Innerlich bei Infektionen der Bronchien und des Magens (flüssige Extrakte der Zwiebeln). Äußerlich bei Akne und Furunkeln.
Varianten
A. c. **'Ailsa Craig'**, S. 80.
A. c. **'Noordhollandse Bloedrode'**, S. 80.
A. c. **'Sweet Sandwich'**, S. 80.
A. c. var. ***proliferum***, S. 80.

A. fistulosum (Winterzwiebel) S. 80

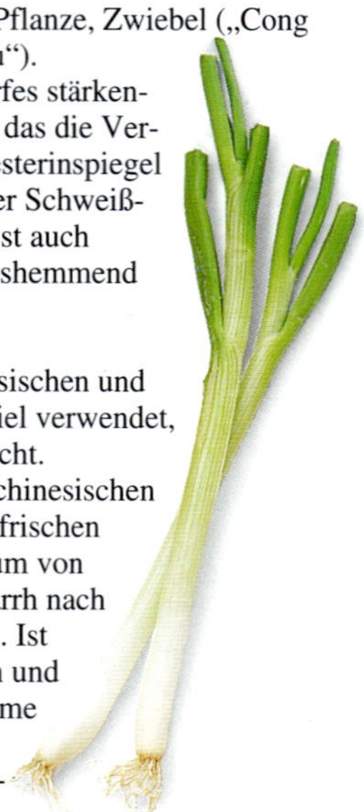

Verwendbar Die ganze Pflanze, Zwiebel („Cong bai"), Wurzeln („Cong xu").
Eigenschaften Ein scharfes stärkendes, antibiotisches Kraut, das die Verdauung anregt, den Cholesterinspiegel und durch Verstärkung der Schweißbildung Fieber senkt. Es ist auch harntreibend, entzündungshemmend sowie schleimlösend.
Gebrauch
Küche Wird in der chinesischen und den westlichen Küchen viel verwendet, sowohl roh als auch gekocht.
Medizin Innerlich in der chinesischen Heilkunde als Absud der frischen Pflanze im Anfangsstadium von Erkältungen und bei Katarrh nach Infektionen der Luftwege. Ist nützlich bei Beschwerden und Verletzungen durch extreme Kälte (z.B. Frostbeulen) sowie bei niedriger Yang-Energie.
Variante
A. f. **'White Lisbon'**, S. 80.

A. sativum, syn. *A. controversum* (Knoblauch) S. 80

Verwendbar Zwiebeln („Da suan").
Eigenschaften Ein scharfes wärmendes Kraut, das gegen bakterielle Infektionen wirkt, Blutdruck, Cholesterin-, Blutzuckerspiegel sowie durch Verstärkung der Schweißbildung Fieber senkt und eine schleimlösende Wirkung hat. In der ayurvedischen Medizin wird es als Verjüngungs-, Entgiftungs- und den Geschlechtstrieb anregendes Mittel angesehen.
Gebrauch
Küche Knoblauch steigert den Geschmack der meisten Fleischarten, eßbarer Meerestiere und vieler Gemüse. Er ist in vielen Teilen der Welt eine wichtige Zutat, besonders in Südeuropa, im Nahen und im Fernen Osten, in der Karibik, in Mexiko sowie Südamerika. Roher Knoblauch kommt vor allem in Saucen wie Aïoli (Spanien und Südfrankreich) sowie Skordalia (Griechenland) vor und dient als Würze zu Butter, Öl, Essig oder Salz.
Medizin Innerlich zur Prophylaxe bei Infektionen und zur Behandlung von Erkältungen, Grippe, Bronchitis, Keuchhusten, Magendarmkatarrh und Ruhr. Äußerlich bei Hautproblemen, besonders Akne, und bei Pilzinfektionen. Darüber hinaus kann Knoblauch nach neueren Forschungen den Glukosemetabolismus von Zuckerkranken herabsetzen, die Entwicklung von Arteriosklerose verlangsamen und bei Myokardinfarktpatienten das Risiko weiterer Herzanfälle verringern. Er wird roh (zerdrückt oder als Saft), als Sirup, Tinktur oder in Kapseln genommen.

A. schoenoprasum, syn. *A. sibiricum* (Schnittlauch) S. 80

Verwendbar Blätter, Zwiebeln, Blüten.
Eigenschaften Ähnliche wie andere Lauche, aber milder und selten medizinisch verwendet.
Gebrauch
Küche Schnittlauch paßt zu Kartoffeln und Eiern. Blätter sowie Zwiebeln nimmt man zum Garnieren und Würzen von Suppen, Salaten, Weichkäse, Omelette sowie Saucen wie Remoulade oder Ravigote. Die Blüten haben einen milden Zwiebelgeschmack.
Variante
A. s. **'Forescate'**, S. 80.

A. scorodoprasum S. 81

Verwendbar Blätter, Zwiebeln.
Eigenschaften Ein scharfes Kraut, dem Knoblauch ähnlich.
Gebrauch
Küche Wird verwendet zum Würzen von Salaten, Suppen und Kurzgebratenem.

A. tricoccum

Eine Mehrjährige, winterhart bis -15° C; Höhe 15-45cm, Ausbreitung 10-30cm, mit schlanken, zwiebelartigen Knollen und langstieligen weißen Blütendolden. Die elliptischen Blätter erscheinen im Frühling und verwelken, bevor die Blüten erscheinen. Ihre Heimat ist der Osten Nordamerikas.

Verwendbar Blätter, Zwiebeln.
Eigenschaften Ein scharfes Kraut mit ähnlichen Eigenschaften wie *A. sativum.*
Gebrauch
Küche Die Zwiebeln werden im Feuer gebacken oder getrocknet, um die Schärfe zu verringern. Man nimmt sie heute hauptsächlich als Würze in Salaten und pikanten Gerichten.
Medizin Innerlich als Frühlingstonikum in der Heilkunde der Indianer und zur Behandlung von Erkältungen, Halsschmerzen sowie Wurmerkrankungen bei Kindern. Äußerlich bei Ohrenschmerzen.

A. tuberosum S. 81

Verwendbar Blätter, Wurzeln, Blütenknospen, Samen („Jiu zi").
Eigenschaften Ein Erbrechen verhinderndes Kraut, das die Nierenfunktion verbessert. Es hat einen milden Zwiebel-Knoblauch-Geschmack.
Gebrauch
Küche Gehackte Blätter und Blütenknospen gibt man zu Salaten, Weichkäsen und Kurzgebratenem. Gebleichte Blätter werden in der chinesischen Küche mit Reis und Schweinefleisch verwendet.
Medizin Innerlich bei Blaseninkontinenz, Nierenschwäche und bei verkühltem Bauch mit Erbrechen (Samen). Äußerlich mit *Gardenia augusta* (vgl. S. 286) als Umschlag bei Knieverletzungen.

A. ursinum (Bärenlauch) S. 81

Verwendbar Die ganze blühende Pflanze, Blätter.
Eigenschaften Ein scharfes Kraut, das dem Knoblauch in Geschmack und Wirkung ähnlich ist.
Gebrauch
Küche Die Blätter tut man je nach persönlichem Geschmack in Salate, auf Sandwiches und in pikante Speisen.
Medizin Innerlich bei hohem Blutdruck und Arterienverhärtung (frisches Kraut, Blätter).

Anbau und Ernte

Anbau Wildwachsende Zier- (*A. cepa* var. *proliferum, A. schoenoprasum* und Sorten) und Kulturpflanze (*A. ampeloprasum* var. *ampeloprasum, A. cepa* und Sorten, *A. fistulosum* und Sorten, *A. sativum*); genutzte Teile werden gesammelt *(A. scorodoprasum, A. tricoccum, A. ursinum)*. Winterhart (außer *A. ampeloprasum* var. *ampeloprasum:* frosthart). Nährstoffreicher entwässerter Boden in praller Sonne. *A. schoenoprasum* verträgt feuchtere Bedingungen, schwereren Boden und einen weniger offenen Standort als die meisten anderen Lauche. *A. scorodoprasum* gedeiht in nährstoffarmen trockenen Böden. *A. tricoccum* und *A. ursinum* bevorzugen feuchte Böden im Schatten. Vermehrung durch Samen im Frühling oder kleine Nebenzwiebeln im Herbst bzw. Frühling (*A. ampeloprasum* var. *ampeloprasum*); durch Samen im Herbst oder Frühling oder Setzlinge (kleine Zwiebeln) im Frühling *(A. cepa)*. Das Säen und Pflanzen von Sorten der *A. cepa* ist je nach Klima sehr unterschiedlich; durch Samen, die nacheinander im Frühling für den Sommer und im Sommer für den Herbst und Frühling ausgesät werden *(A. fistulosum)*; durch Zwiebeln oder einzelne Brutzwiebeln im Herbst oder Winter *(A. sativum)*; durch Samen im Frühling oder Teilung im Herbst oder Frühling *(A. schoenoprasum, A. tuberosum)*; durch kleine Neben- oder Brutzwiebeln im Herbst oder zeitigen Frühling (*A. scorodoprasum*); durch Samen im Frühling oder Zwiebeln während ►

► der Ruhezeit *(A. tricoccum, A. ursinum). A. schoenoprasum* schneidet man nach der Blüte zurück. Auf leichten Böden ist regional die Zwiebelfliege verbreitet; Falscher Mehltau kommt in feuchter Witterung vor; Fäule kann wachsende und gelagerte Zwiebeln befallen. Es wird oft empfohlen, Zwiebeln, Knoblauch sowie Lauch zwischen anderen Nutzpflanzen anzubauen, um Schädlinge und Krankheiten abzuwehren, allerding werden Hülsenfrüchte ungünstig beeinflußt.
ERNTE *A. ampeloprasum* var. *ampeloprasum, A. cepa* und *A. sativum* erntet man im Spätsommer oder Frühherbst. *A. cepa* und *A. sativum* läßt man in der Sonne trocknen, bevor sie bei 3-5° C gelagert werden. *A. fistulosum* wird frisch verbraucht, wenn die Stengel bleistiftdick sind. *A. tricoccum, A. tuberosum* und *A. ursinum* werden nach Bedarf gesammelt. *A. tuberosum* wird in China gebleicht, wobei man Tontöpfe oder Stroh-„Zelte" verwendet, um zarte Blätter zu bekommen.

ALNUS Erle
(Betulaceae)

Aus verschiedenen Erlenarten gewinnt man Nutzholz, Färbemittel und medizinische Bestandteile. Dazu gehören *A. serrulata* aus dem Osten Nordamerikas, *A. rubra*, eine Art aus dem Westen Nordamerikas, und *A. rugosa*. Für die Eingeborenen waren sie sämtlich wichtige Quellen für adstringierende Mittel.

A. glutinosa, syn. *A. rotundifolia* (Schwarzerle) S. 81

VERWENDBAR Rinde, Blätter.
EIGENSCHAFTEN Ein adstringierendes, stärkendes Kraut, das die Heilung von beschädigtem Gewebe fördert.
GEBRAUCH
MEDIZIN Innerlich und äußerlich bei Rheumatismus (Rinde). Äußerlich bei Rachen-, Mund- und Zahninfektionen sowie bei Krätze; als Packung bei entzündlichen Zuständen wie Rheumatismus (Blätter).
WIRTSCHAFT Verschiedene Teile, besonders die Rinde, werden als Färbemittel genutzt; sie liefern rote und (mit Kupfer) schwarze Farbstoffe.
VARIANTE
A. g. **'Imperialis'**, S. 81.

ANBAU UND ERNTE
ANBAU Winterharte Zierpflanze; nährstoffreiche feuchte Böden mit Sonne oder Halbschatten. Vermehrung durch Samen im Herbst oder Frühling; durch Schößlinge im Herbst; durch Steckhölzer im frühen Winter. Bäume können gekappt werden, um Schäden durch die Ernte der Rinde gering zu halten. Samen können die Merkmale von *A. g.* 'Imperialis' nicht reproduzieren.
ERNTE Die Rinde junger Zweige sowie zwei bis drei Jahre alter Äste wird für Absud und Puder getrocknet. Die Blätter pflückt man im Sommer und verbraucht sie frisch.

ALOE
(Liliaceae/Aloeaceae)

A. vera ist auf ägyptischen Wandmalereien gefunden worden; es wurde zur Behandlung von Katarrh genutzt, auch zum Einbalsamieren der Verstorbenen verwendet; der Leichnam Jesu wurde in Leinen gehüllt, das mit Myrrhe und Aloe getränkt war, „wie die Juden pflegen zu begraben" (Johannes 19, 39-40). In Griechenland ist sie schon im 4. Jahrhundert v.Chr. belegt. In der chinesischen Heilkunde wird *A. vera* erst relativ spät verwendet; die erste Erwähnung stammt aus dem 11. Jahrhundert. Nach Europa wurde sie im 10. Jahrhundert eingeführt. Mehrere Aloearten haben ähnliche Bestandteile wie *A. vera* und werden in gleicher Weise genutzt. Dazu gehören *A. ferox* und *A. perryi*. Aus den Blättern mancher Arten wird ein Abführmittel hergestellt. WARNHINWEIS Dieses Kraut unterliegt in einigen Ländern gesetzlichen Beschränkungen.

A. vera, syn. *A. barbadensis* (Echte Aloe) S. 81

VERWENDAR Blätter (gelegentlich), Saft („Lu hui").
EIGENSCHAFTEN Ein stark bitteres abführendes Kraut, das Pilzinfektionen bekämpft, entzündungshemmend wirkt und Heilung fördert. Es zerstört auch Darmparasiten und regt den Uterus an.
GEBRAUCH
MEDIZIN Innerlich bei chronischer Verstopfung (besonders nach Eisenmedikation), Appetitlosigkeit, Verdauungsproblemen und in Klistieren. Wird Schwangeren sowie Patienten mit Hämorrhoiden oder nervösem Darm nicht verabreicht. Die Blätter sind stark abführend und müssen sorgfältig dosiert werden. Äußerlich bei Verbrennungen, Verbrühungen, Sonnenbrand, Wunden und Ekzemen. In Abführmitteln im allgemeinen mit *Foeniculum vulgare* (vgl. S. 283) oder *Tamarindus indica* (vgl. S. 359) kombiniert, um Bauchschmerzen vorzubeugen.
WIRTSCHAFT Verwendung in Kosmetika und pharmazeutischen Präparaten.

ANBAU UND ERNTE
ANBAU Empfindliche Zierpflanze; entwässerter sonniger Boden, mindestens 5° C; Vermehrung durch Ableger. Topfpflanzen können von Schildläusen befallen werden. *A. vera* hat selten Samen.
ERNTE Blätter zwei- oder dreijähriger Pflanzen werden nach Bedarf geschnitten; Saft wird frisch verbraucht oder zu einem braunen kristallinen Stoff für die Zubereitung von Crème, Absud, Pillen und Tinkturen evaporiert.

ALOYSIA
(Verbenaceae)

Die getrockneten Blätter von *A. triphylla* (Zitronenstrauch) behalten ihren Duft lange und eignen sich als Bestandteil von Dufttöpfen. Zitronenstrauchöl war einst in der Parfümherstellung verbreitet, aber teuer. Seine Nutzung ging zurück, als festgestellt wurde, daß es die Haut sonnenempfindlich machen kann; es wurde weitgehend von Arten der Gattung *Cymbopogon* (vgl. S. 270) verdrängt.

A. triphylla, syn. *Lippia citriodora* (Zitronenstrauch) S. 82

VERWENDBAR Blätter, Öl.
EIGENSCHAFTEN Ein adstringierendes aromatisches Kraut, reich an ätherischen Ölen, das eine beruhigende Wirkung hat, Krämpfe löst und Fieber senkt. Das ätherische Öl ist insektizid und bakterizid.
GEBRAUCH
KÜCHE Frische Blätter ergeben Tees und Würze für Fleischfüllungen und Salate.
AROMA Getrocknete Blätter gibt man in Dufttöpfe.
MEDIZIN Innerlich bei fieberhaften Erkältungen und Verdauungsstörungen. In der Aromatherapie bei nervösen Störungen und Verdauungsproblemen sowie bei Akne, Furunkeln und Zysten.

ANBAU UND ERNTE
ANBAU Frostharte Zierpflanze; leichter entwässerter Boden in der Sonne. Vermehrung durch Achselstecklinge im Frühling bei 18° C; durch Grünstecklinge im Sommer. Im Frühling Hauptstengel auf 30cm und Seitentriebe auf zwei bis drei Augen zurückschneiden oder im Frühsommer das tote Holz entfernen. Bei Pflanzen, die in kalten Gebieten im Freien angebaut werden, kann neuer Wuchs erst im Frühsommer auftreten.
ERNTE Blätter werden im Sommer gepflückt und frisch für die Ölextraktion oder als Würze sowie getrocknet für Aufgüsse und Dufttöpfe verwendet.

ALPINIA
(Zingiberaceae)

A. officinarum hat als Arzneipflanze eine große Bedeutung; sie war schon frühzeitig sowohl in der ayurvedischen als auch in der chinesischen (um 500 n.Chr.) Heilkunde bekannt, in Europa seit dem Mittelalter. Neben *A. officinarum* und *A. galanga* werden mehrere andere Arten für Gewürze und Arzneimittel verwendet. „Yi zhi" (aus der südchinesischen *A. oxyphylla*), ist ein wärmendes Verdauungsmittel und Nierentonikum, das in der traditionellen chinesischen Heilkunde bei Durchfall, Inkontinenz und verkühltem Bauch eingesetzt wird.

A. galanga S. 82

VERWENDBAR Wurzelstöcke, Öl.
EIGENSCHAFTEN Ein bitteres scharfes Kraut, das das Verdauungssystem anregt.
GEBRAUCH
KÜCHE Der rohe Wurzelstock ist wegen seines ingwerartigen Geschmacks eine häufig verwendete Zutat in indonesischen und malaiischen Gerichten. Öl und Extrakte werden als Würze verwendet, besonders in Likören, alkoholfreien und bitteren alkoholischen Getränken.

A. officinarum (Galgant)

Eine empfindliche Mehrjährige von 75cm-1,2m Höhe mit einem rotbraunen, schuppigen Rhizom von bis zu 2cm Dicke. Die dicken Blätter sind bis zu 40cm lang. Sie trägt weiße, rot gestreifte, Orchideen ähnliche Blütenrispen. Heimisch im Grasland und in den Dickichten Chinas und Vietnams.

VERWENDBAR Rhizome, Öl.
EIGENSCHAFTEN Ein bitteres, aromatisches, anregendes Kraut, das hauptsächlich auf das Verdauungssystem wirkt. Es lindert Schmerzen, senkt das Fieber und kontrolliert bakterielle sowie Pilzinfektionen.
GEBRAUCH
KÜCHE Das rohe Rhizom, Öl und Extrakte werden als Gewürze wie *A. galanga* verwendet.
MEDIZIN Innerlich bei Verdauungsproblemen, chronischer Gastritis, Bildung von Magengeschwüren, Schmerzen im Oberbauch und rheumatischen Beschwerden. Äußerlich bei Hautentzündungen, Hautkrebs und Erkrankungen des Zahnfleischs.

ANBAU UND ERNTE
ANBAU Empfindliche Kulturpflanze; humusreicher Boden im Halbschatten mit hoher Luftfeuchtigkeit, mindestens 15° C. Vermehrung durch Teilung der Rhizome zu Beginn des Wachstums. Die Pflanze kann von Spinnmilben befallen werden.
ERNTE Vier bis sechs Jahre alte Rhizome werden am Ende der Wachstumsperiode gesammelt und für Absude, Flüssigextrakte und Tinkturen verwendet oder zu Öl destilliert.

ALSTONIA
(Apocynaceae)

Als „Alstonia-Rinde" bezeichnet man die im Handel erhältliche Rinde von *A. scholaris* und der australischen *A. constricta*. Beide enthalten das Alkaloid Indol. Die verwandte afrikanische *A. boonei* enthält Alkaloide, die gegen Vergiftungen mit *Strophanthus* wirksam sind. Aus dem weichen Holz der *A. scholaris* wurden früher (bevor Papier in großem Umfang erhältlich war) Schreibtafeln hergestellt.

A. scholaris („Pulai") S. 82

VERWENDBAR Rinde.
EIGENSCHAFTEN Ein bitteres, adstringierendes Kraut, das fiebersenkend, krampflösend und den Milchfluß anregend wirkt und auch bei Würmern hilft. Es regt die Gebärmutterfunktionen an und ist daher bei Schwangerschaft nicht zu empfehlen.
GEBRAUCH
MEDIZIN Innerlich bei Malaria, chronischem Durchfall, Ruhr und Darmparasiten.
WIRTSCHAFT Ein leichtes weiches Holz, das vor allem für die Herstellung von Särgen und Masken verwendet wird.

ANBAU UND ERNTE
ANBAU Empfindliche Wildpflanze; nasser Boden in der Sonne oder im Halbschatten bei mindestens 15° C. Vermehrung im zeitigen Frühjahr durch verholzte Stecklinge in nassem Sand bei 21° C.
ERNTE Die Rinde wird geschält und für Flüssigextrakte, Tinkturen, Absude und Puder getrocknet.

ALTHAEA Eibisch
(Malvaceae)

Die heilenden Eigenschaften der *A. officinalis* wurden schon im 9. Jahrhundert v.Chr. beschrieben. Die Wirkstoffe sitzen in den Wurzeln. Zu Pulver zerriebene Wurzeln verarbeitete man früher zu weichen Pastillen und nahm sie bei Halsentzündungen oder Husten. Sie sind Vorläufer der beliebten „Marshmallows", die diese Kräuterauszüge allerdings nicht mehr enthalten. *Malva sylvestris* (vgl. S. 308) und *M. neglecta* haben die gleichen Eigenschaften, sind aber weniger wirksam.

A. officinalis (Eibisch, Samtpappel) S. 82

VERWENDBAR Blätter, Wurzeln.
EIGENSCHAFTEN Ein süßes schleimiges Kraut, das das Gewebe schützt, eine schleimlösende Wirkung hat und bakterielle Infektionen bekämpft.
GEBRAUCH
MEDIZIN Innerlich bei Entzündungen und Geschwüren des Verdauungssystems, Brüchen, Bronchitis, Katarrh, Asthma, Keuchhusten und Blasenentzündung (Wurzeln); bei Infektionen des Harntrakts, Katarrh, Bronchitis, Reizhusten und Blasenkatarrh (Blätter). Äußerlich bei Furunkeln, Abszessen, Augen- und Hautentzündungen, Insektenstichen, Splittern, kleineren Verletzungen, Zahnfleisch- sowie Brustdrüsenentzündungen und Brand. Wird bei Verdauungsbeschwerden mit *Symphytum officinale* (vgl. S. 357), bei Erkrankungen der Atemwege mit *Glycyrrhiza glabra* (vgl. S. 289), *Marrubium vulgare* (vgl. S. 308) oder *Lobelia inflata* (vgl. S. 305) eingenommen; äußerlich mit *Ulmus rubra*. Geschälte Wurzeln zum Kauen sind ein Hausmittel für zahnende Babys.

A. rosea. Siehe *Alcea rosea*.

ANBAU UND ERNTE
ANBAU Winterharte Zierpflanze; feuchter bis nasser Boden in voller Sonne. Vermehrung durch Aussaat der reifen Samen im späten Sommer, durch Teilung im Herbst. Das Keimen erfolgt unregelmäßig.
ERNTE Die Blätter werden im Sommer gesammelt und für Aufgüsse, Salben sowie Extrakte getrocknet. Die Wurzeln erntet man im Herbst, vorzugsweise von zweijährigen Pflanzen, und trocknet sie für Flüssigextrakte, Salben oder Sirup.

AMARANTHUS Fuchsschwanz
(Amaranthaceae)

Viele Arten des *Amaranthus* werden als Gemüse- und Topfpflanzen angebaut. Einige aus dem tropischen Amerika sind von lokaler Bedeutung als Getreidelieferanten. *A. hypochondriacus* ist als Kraut bekannt, hat aber auch eßbare Blätter und Samen mit hohem Proteingehalt (15%). Unter den Arten mit gleichen medizinischen Eigenschaften finden sich: *A. retroflexus* (Ackerfuchsschwanz) aus dem tropischen Amerika, der in den USA eingebürgert ist, *A. polygamus*, eine indische Art, deren Samen aphrodisische Wirkungen nachgesagt werden und der chinesische *A. spinosus*, der als Adstringens sowie als Fiebermittel dient.

A. hypochondriacus, syn. *A. hybridus* ssp. *hypochondriacus* S. 82

VERWENDBAR Gesamte Pflanze, Blätter, Samen.
EIGENSCHAFTEN Ein adstringierendes kühlendes Kraut, das Blutungen stillt.
GEBRAUCH
KÜCHE Die Blätter sind ein Gemüse, die Samen ein Getreide.
MEDIZIN Innerlich bei Durchfall und starker Menstruation. Äußerlich bei Geschwüren im Mund, in der Kehle, bei vaginalen Absonderungen etc.
WIRTSCHAFT Die roten Pigmente dienen als Farbstoffe in Lebensmitteln und Arzneipräparaten.

ANBAU UND ERNTE
ANBAU Halbharte Zierpflanze; nährstoffreicher entwässerter Boden in praller Sonne. Wässern und hohe Luftfeuchtigkeit verstärken die Farbe des Laubs. Vermehrung durch Aussaat im Frühjahr bei 15° C. Abgedeckte Pflanzen können von Blattläusen befallen werden.
ERNTE Die Pflanzen werden zu Blütebeginn abgeschnitten und für Aufgüsse oder Extrakte getrocknet. Blätter kann man nach Bedarf abnehmen und frisch essen; Samen werden reif geerntet.

AMMI Knorpelmöhre
(Umbelliferae/Apiaceae)

Diese medizinischen Kräuter sind im Nahen Osten seit langer Zeit bekannt. *A. visnaga* findet bereits um 1550 v.Chr. Erwähnung. Die Samen enthalten ein fettiges Öl, in dem sich der Wirkstoff Khellin befindet. Forschungen führten in den 50er Jahren zu gesetzlich geschützten Markenartikeln, die zur Kontrolle von Asthmaanfällen eingenommen werden. *A. majus* wird in Indien weithin zur Behandlung von Vitiligo (Scheckhaut) angebaut. Der darin enthaltene Wirkstoff Psoralen fördert die Pigmentbildung der Haut. In verschiedenen Kulturen spielte die Pflanze als Verhütungsmittel lange eine Rolle. Ein Absud aus gemahlenen Samen wurde nach dem Geschlechtsverkehr eingenommen. Es scheint, daß er die Einnistung des befruchteten Eis in der Gebärmutter verhindern kann. In Marokko ist *A. majus* als „Cure-dents du Prophète" bekannt. Sie wird bei Zahnschmerzen zum Gurgeln verwendet.

A. copticum. Siehe *Trachyspermum ammi*.

A. majus S. 82

VERWENDBAR Samen.
EIGENSCHAFTEN Ein stärkendes harntreibendes Kraut, das auf die Pigmentbildung der Haut wirkt.
GEBRAUCH
MEDIZIN Äußerlich gegen Vitiligo und Schuppenflechte. Überdosierung bewirkt Übelkeit, Durchfall und Kopfschmerzen. WARNHINWEIS Dieses Kraut unterliegt in einigen Ländern gesetzlichen Bestimmungen.

A. visnaga, syn. *Daucus visnaga* (Zahnstocherkraut) S. 83

VERWENDBAR Samen.
EIGENSCHAFTEN Ein aromatisches Kraut, das die

Bronchien, Harnwege und Adern erweitert, ohne dabei den Blutdruck zu beeinflussen.
GEBRAUCH
MEDIZIN Innerlich bei Asthma, Angina, Koronarsklerose und Nierensteinen. WARNHINWEIS Dieses Kraut unterliegt in einigen Ländern gesetzlichen Bestimmungen.

ANBAU UND ERNTE
ANBAU Winterharte Zier- *(A. majus)* oder halbharte Kulturpflanze *(A. visnaga);* wasserdurchlässiger Boden in voller Sonne. Vermehrung durch Aussaat im Frühjahr oder Herbst.
ERNTE Die reifen Samen werden gesammelt und für Puder, Tinkturen und Flüssigextrakte getrocknet. Fraktionen des fettigen Öls extrahiert man zur Herstellung von Arzneimitteln.

AMOMUM
(Zingiberaceae)

Einige Arten dieser Gattung sind als Kardamome bekannt und werden in der Küche sowie für medizinische Zwecke, hauptsächlich bei Beschwerden des Magendarmtraktes, verwendet. Ihre Samen sind aromatisch, aber weitaus weniger wohlschmeckend als das echte Kardamom (*Elettaria cardamomum*, vgl. S. 277). *A. xanthioides* fand in der chinesischen Medizin erstmals während der Ming-Dynastie (1368-1654) Erwähnung. Es enthält ein kampferartiges ätherisches Öl (mit Borneol) und wird für Aufgüsse oder Absude verwendet.

A. xanthioides

Eine empfindliche Mehrjährige mit Rhizom und rohrähnlichen Stämmen von bis zu 3m Höhe sowie zwei Reihen länglicher Blätter von bis zu 35cm. Orchideengleiche dichte Blütenähren bilden sich an blättrigen Stengeln in Bodennähe.

VERWENDBAR Samen („Sha ren").
EIGENSCHAFTEN Ein aromatisches, wärmendes Kraut, das den Appetit anregt, Verstopfungen behebt und bei Übelkeit und Erbrechen hilft.
GEBRAUCH
KÜCHE Wird als Ersatz für echtes Kardamom verwendet, um Lebensmittel und Liköre zu würzen.
MEDIZIN Innerlich bei Verdauungsbeschwerden, Darmreizungen und während der Schwangerschaft.

ANBAU UND ERNTE
ANBAU Empfindliche Kulturpflanze; nährstoffreicher feuchter Boden im Halbschatten, hohe Luftfeuchtigkeit, mindestens 18° C. Vermehrung durch Teilung bei Beginn des neuen Wachstums. Abgedeckte Pflanzen können von Spinnmilben befallen werden.
ERNTE Die Samen von reifen Früchten werden für Absude und zum Würzen verwendet.

ANACARDIUM
(Anacardiaceae)

Die Früchte von *A. occidentale* haben ein säuerliches Fruchtfleisch. Die Schalen enthalten beizendes Öl, das man vor dem Entfernen der Nüsse extrahiert. Manche Arten haben Rinde, mit einem dem Gummiarabikum ähnlichen Harz, das für Lackierungen verwendet wird.

A. occidentale (Acaju-, Kaschubaum) S. 83

VERWENDBAR Blätter, Rinde, Früchte, Samen, Öl.
EIGENSCHAFTEN Fiebersenkend (Blätter), harntreibend (Früchte). Die Nüsse sind nährstoffreich, das Öl der Nußschale tötet Krankheitserreger ab, z.B. Staphylococcus-Bakterien.

GEBRAUCH
KÜCHE Der Fruchtsaft wird Getränken und Marmeladen beigefügt. Die Nüsse ißt man geröstet; sie sind Teil verschiedener süßer oder pikanter Gerichte. Roh bilden sie die Grundsubstanz von Kaschumilch, die bei bestimmten Diäten tierische Milch ersetzt.
MEDIZIN Innerlich bei Durchfall (Rinden- und Blätterextrakte, Fruchtsaft), Verminderung des Blutzukkers (Rindenextrakte), Grippe (Fruchtsaft) und in Westafrika gegen Malaria (Aufgüsse aus Blättern und Rinden). Äußerlich gegen Lepra, Kopfflechte, Warzen, Hühneraugen (frische Extrakte aus Nußschalen) und in Westafrika gegen Zahnschmerzen sowie entzündetes Zahnfleisch (Aufgüsse aus Blättern und Rinden). Bei den Amazonasvölkern gelten Extrakte aus der Rinde als empfängnisverhütend. WARNHINWEIS Das Öl ist hautreizend, Öldämpfe sind beim Einatmen reizerregend.
WIRTSCHAFT Das Öl der Schale wird für Bremsbeläge, synthetische Gummis sowie in der Holz- und Papierverarbeitung gegen Schädlingsbefall genutzt.

ANBAU UND ERNTE
ANBAU Empfindliche Kulturpflanze; gut entwässerter sandiger Boden in voller Sonne bei reichlicher Bewässerung in der Wachstumszeit, mindestens 18° C. Vermehrung durch Steckhölzer zum Ende der Wachstumszeit.
ERNTE Die Blätter können jederzeit gepflückt und anschließend getrocknet werden. Die Rinde wird nach Bedarf entfernt und frisch oder getrocknet verwendet. Die Früchte erntet man reif und verarbeitet sie zu Fruchtmark oder Saft. Öl wird aus den Nußschalen extrahiert, die Samen (Nüsse) werden entfernt und frisch oder geröstet verzehrt.

ANACYCLUS Steinblume
(Compositae/Asteraceae)

A. pyrethrum wird seit dem Mittelalter von arabischen, asiatischen und europäischen Ärzten verwendet. Culpeper empfahl „das Kraut oder die getrockneten Wurzeln zu kauen, um den Geist von trägen Stimmungen zu befreien. Nicht nur lindert es Schmerzen im Kopf und an den Zähnen, es verhindert auch das Heraustropfen des Gehirns durch die Lungen und Augen, dabei verhindert es Husten, Schwindsucht, Schlagfluß und Fallsucht" („The English Physitian Enlarged", 1653). *A. pyrethrum* sollte nicht mit dem Insektizid Pyrethrum verwechselt werden, das aus *Tanacetum cinerariifolium* (vgl. S. 359) gewonnen wird.

A. pyrethrum (Römischer Bertram) S. 83

VERWENDBAR Wurzeln.
EIGENSCHAFTEN Ein beißend herbes Kraut, das die Speicheldrüsen anregt und das Gewebe reizt, wobei sich die Blutzirkulation erhöht.
GEBRAUCH
MEDIZIN Äußerlich bei Zahnschmerzen, Gesichtsneuralgie und chronischem Katarrh.

ANBAU UND ERNTE
ANBAU Winterharte Zierpflanze; wasserdurchlässiger Boden in voller Sonne. Vermehrung im Frühjahr oder Herbst durch Aussaat; im Frühjahr durch Grünstecklinge.
ERNTE Die Wurzeln werden im Herbst gesammelt und für Absude, Brei, Tinkturen sowie für Puder getrocknet.

ANAGALLIS Gauchheil
(Primulaceae)

Obwohl früher als ein Heilkraut geschätzt, dessen Gebrauch bereits auf Plinius und Dioskorides zurückgeht, wird die Anwendung von *A. arvensis* nicht mehr empfohlen. Es enthält reizerregende Saponine, die, wie jüngste Forschungen ergeben haben, gegen Viren wirken und Cucurbitacine (wie auch in *Bryonia*, vgl. S. 251), die allerdings hochgradig giftig sind.

A. arvensis (Ackergauchheil) S. 83

VERWENDBAR Gesamte Pflanze.
EIGENSCHAFTEN Ein beißendes Kraut, das fiebersenkend, harntreibend und schleimlösend wirkt.
GEBRAUCH
MEDIZIN Innerlich gegen Depressionen, Tbc, Leberbeschwerden, Epilepsie, Wassersucht und Rheumatismus. Von den meisten Kräuterkennern als nicht hinreichend sicher eingeschätzt, aber von Interesse für die medizinische Forschung. Äußerlich als Gesichtswasser zur Verbesserung des Teints, besonders gegen Sommersprossen verwendet.
VARIANTE
A. a. var. ***caerulea***, S. 83.

ANBAU UND ERNTE
ANBAU Winterharte Wild- *(A. arvensis)* oder Zierpflanze (*A. arvensis* var. *caerulea*); gut entwässerter, eher trockener und sandiger Boden in voller Sonne. Vermehrung durch Aussaat im Frühjahr bei 16-18° C. Unter Abdeckungen können die Pflanzen von Blattläusen befallen werden.
ERNTE Die gesamte Pflanze wird im Sommer geerntet und frisch, häufig als ausgepreßter Saft oder getrocknet für Aufgüsse, Flüssigextrakte, Tinkturen und Puder verwendet.
WARNHINWEIS Der Genuß ist schädlich.

ANEMARRHENA
(Liliaceae/Asphodelaceae)

In dieser Gattung gibt es nur eine Art, die in Japan und in Nordchina vorkommt. *A. asphodeloides* ist ein nachts blühendes Mitglied der Familie der Lilien und den Asphodelien ähnlich. Diese dekorative Pflanze ist im Abendland wenig bekannt, obwohl sie als Zierpflanze dienen könnte. Auch wenn sie kein großes Verbreitungsgebiet hat und selten vorkommt, wird sie als Heilkraut wildwachsend in großem Maßstab gesammelt. Die chinesische Heilkunde kennt *Anemarrhena* seit 200 v.Chr. Die Pflanzen enthalten Saponinsteroide, die bei Fieber wirken. In China werden intensive Forschungen zur Kultivierung dieser Pflanze unternommen.

A. asphodeloides

Eine Mehrjährige mit Rhizomen, bis -5° C hart, 45cm-1m hoch, mit länglichen Blättern von bis zu 20cm Länge und 5cm Breite. Kleine gelbe bis weiße, sechsblättrige, duftende Blüten, die sich abends öffnen, bilden sich vom Spätsommer bis zum Herbst an 1m großen Ähren. Ihnen folgen kugelförmige Kapseln, die dreieckige schwarze Samen enthalten.

VERWENDBAR Rhizome („Zhi mu").
EIGENSCHAFTEN Ein bitteres kräftigendes Kraut, das schleimlösende und harntreibende Wirkungen hat, Fieber sowie den Blutzuckerspiegel senkt und Infektionen durch Bakterien und Pilze beseitigt.
GEBRAUCH
MEDIZIN Innerlich gegen hohes Fieber bei Infektionskrankheiten, Tuberkulose, chronische Bronchitis und bei Harnwegserkrankungen. Nicht für Patienten mit Durchfall. Überdosierung kann ein plötzliches Absinken des Blutdrucks hervorrufen. Äußerlich als Munddusche bei Mundgeschwüren. Die therapeutische Wirkung verändert sich geringfügig durch Kochen mit Wein oder Salz.

ANBAU UND ERNTE
ANBAU Frostharte Wildwachsende; feuchter Boden im Halbschatten. Vermehrung durch Teilung im Frühjahr.
ERNTE Die Rhizome werden im Herbst gesammelt und für Absude getrocknet.

ANEMONE
A. hepatica. Siehe *Hepatica nobilis.*
A. pulsatilla. Siehe *Pulsatilla vulgaris.*

ANETHUM Dill
(Umbelliferae/Apiaceae)

Dill ist im Nahen Osten schon seit biblischen Zeiten ein wichtiges Heilkraut. Der Talmud berichtet, daß auf dieses Kraut der Zehnte abgeführt werden mußte. Schon Plinius beschreibt verschiedene Anwendungen, ebenso europäische Autoren seit dem 10. Jahrhundert. Culpeper zufolge („The English Physitian Enlarged", 1653) „beruhigt er bei Schluckauf, wenn er in Wein gekocht wird … und wird in Arzneien verwendet, die den Wind austreiben und bei den dadurch hervorgerufenen Schmerzen helfen". Auch in Indien gehört Dill seit langem in die Heilkunst wie in die Küche.

A. graveolens, syn. *Peucedanum graveolens* (Dill) S. 83

VERWENDBAR Blätter, Samen, Öl.
EIGENSCHAFTEN Ein scharfes kühlendes, aromatisches Kraut, das das Verdauungssystem beruhigt und reguliert, Infektionen beseitigt sowie harntreibend wirkt.

GEBRAUCH
KÜCHE Samen und Blätter werden in vielen nationalen Küchen verwendet, in der skandinavischen bereitet man Eier, Fisch und Kartoffeln damit zu. Dillzweige verwendet man zum Einlegen und in Essig. Die Samen (*A. g.* ssp. *sowa*) werden in Currypulvermischungen, die Blätter bei Reisgerichten und Suppen verwendet.
MEDIZIN Innerlich bei Verdauungsstörungen wie Magenverstimmungen, Koliken, Blähungen (besonders in Mitteln gegen Bauchschmerzen bei Kleinstkindern) und bei offenen Brüchen.
WIRTSCHAFT Das Öl ist in Medikamenten, Seifen, Reinigern und Gewürzen enthalten.
VARIANTEN
***A. g.* 'Bouquet'**
Gilt als die beste amerikanische Sorte für die Gewinnung von Samen. Diese Pflanze hat dichte fruchtbare Samenköpfe. Höhe 60-90cm, Ausbreitung 15-30cm.
***A. g.* 'Fernleaf'**
Eine amerikanische Zwergsorte, H 45cm, B15-30cm, mit edlem dunkelblauen bis grünen Laub. Sie bildet zuverlässig Samen und ist als Topfpflanze bestens geeignet.
***A. g.* 'Mammoth'**, S. 84.
A. g.* ssp. *sowa
Etwas höher als andere Pflanzen ihrer Art wachsend, H 1,2m, B 45cm. Die Pflanze hat einen weißen Stamm und sehr feingliedrig geteilte Blätter. Sie enthält weniger Carvon und hat einen etwas unterschiedlichen Geschmack.

ANBAU UND ERNTE
ANBAU Frostharte Zierpflanze (*A. graveolens* ssp. *sowa:* Kulturpflanze); gut entwässerter neutraler bis leicht saurer Boden in der Sonne. Vermehrung durch Aussaat im Frühjahr oder Sommer (zu 20 cm Abstand ausdünnen). Die Aussaat sollte vom zeitigen Frühjahr bis Spätsommer alle 3-4 Wochen erfolgen. Dill trägt frühzeitig Samen, wenn kein ausreichender Abstand oder karger trockener Boden vorhanden ist. Er sollte nicht neben Fenchel gepflanzt werden, da beide dazu neigen, Hybriden mit unbestimmtem Aussehen und eigentümlichem Geschmack zu bilden. Angeblich hat Dill eine schädliche Wirkung auf Möhren, bekommt aber dem Kohl gut. Die Blüten ziehen Insekten an, die sich von Blattläusen ernähren.
ERNTE Blätter schneidet man vom Frühjahr bis Sommer und verwendet sie frisch oder getrocknet. Samen werden im Sommer geerntet und für Aufgüsse oder Dillwasserkonzentrate getrocknet, für Pulver zermahlen oder für Öle destilliert.

ANGELICA Engelwurz
(Umbelliferae/Apiaceae)

Alle Pflanzen der Gattung enthalten Furocumarine, die die Lichtempfindlichkeit der Haut erhöhen und zu Dermatitis führen können. *A. archangelica* erfreute sich im 15. Jahrhundert in Europa großer Beliebtheit und wurde als das wichtigste aller Heilkräuter eingestuft. *A. polymorpha* var. *sinensis* (meist nur als *A. sinensis* bezeichnet) ist nach Ginseng das wohl wichtigste chinesische Tonikum und wird seit 200 n.Chr. verwendet. Es ist Teil vieler Rezepturen aus Hongkong, San Francisco und Singapur, wie auch aus China selbst. Für die gleichen Zwecke finden auch mehrere andere *Angelica*-Arten Verwendung, darunter die amerikanische *A. atropurpurea*, die europäische wildwachsende *A. sylvestris*, die chinesischen *A. keiskei, A. anomala* und *A. pubescens* sowie die indische *A. glauca*. Die kräftigenden Eigenschaften sind bei *A. glauca* und *A. polymorpha* var. *sinensis* wahrscheinlich am besten. In der ayurvedischen Medizin „Choraka" genannt, werden viele Arten als Kräftigungsmittel für Frauen verwendet und mit *Asparagus racemosus* (vgl. S. 245) kombiniert.

A. archangelica (Engelwurz) S. 84

VERWENDBAR Blätter, Stiele, Wurzeln, Samen.
EIGENSCHAFTEN Ein aromatisches, entzündungshemmendes Kraut, mit krampflösenden, schweißtreibenden, fiebersenkenden und schleimlösenden Eigenschaften. Es wirkt auf das Bronchial-, Verdauungs- und Harnsystem sowie die weiblichen Geschlechtsorgane.

GEBRAUCH
KÜCHE Das Laub verzehrt man auf Grönland und in Skandinavien als Gemüse. Junge Stiele werden kandiert und für Kuchen oder Nachspeisen verwendet; sie passen auch zu eingekochtem Rhabarber und Orangenmarmelade. Wurzeln und Samen werden als Gewürze in Likören verwendet.
MEDIZIN Innerlich bei Verdauungsbeschwerden, Magengeschwüren, Appetitlosigkeit, Migräne (hier sollte es mit *Chamaemelum nobile*, vgl. S. 259, kombiniert werden), Bronchitis, Katarrh und Grippe (häufig mit *Achillea millefolium*, vgl. S. 227, oder *Tussilago farfara*, vgl. S. 365, kombiniert), chronischer Erschöpfung, bei Menstruationsproblemen und in der Geburtshilfe. Nicht bei Diabetikern und während der Schwangerschaft. Äußerlich bei rheumatischen Beschwerden, Neuralgien und Brustfellentzündung.

A. polymorpha var. *sinensis*, syn. *A. sinensis* S. 84

VERWENDBAR Wurzeln („Dang gui").
EIGENSCHAFTEN Ein bittersüßes aromatisches Kraut, hauptsächlich ein Stärkungsmittel für den weiblichen Genitalbereich und die Leber. Es ist abführend, beruhigend, schmerzlindernd und antibakteriell.
GEBRAUCH
MEDIZIN Innerlich bei Menstruations-, Nachgeburts- und klimakterischen Beschwerden sowie bei Anämie (nicht während der Schwangerschaft!). An Akupunkturpunkten bei schmerzhaften Verletzungen, Neuralgien, Angina und Arthritis injizieren. Hühnersuppe mit den Wurzeln der *Angelica* ist in China ein beliebtes Hausmittel nach der Entbindung.

ANBAU UND ERNTE
ANBAU Winterharte Zier- *(A. archangelica)* oder frostharte Kulturpflanze (*A. polymorpha* var. *sinensis*); nährstoffreicher feuchter Boden in der Sonne oder im Halbschatten. Vermehrung durch Aussaat im Herbst oder Frühjahr. Die Samen sind nur ein Jahr haltbar, aber die meisten Pflanzen neigen zur Selbstaussaat. Das Entfernen der Blütenköpfe vor der Samenentwicklung verlängert das Leben kurzlebigerer Arten. Die Blüten ziehen viele nützliche Insekten an.
ERNTE Die Wurzeln sammelt man im Herbst, die Blätter werden vor der Blütezeit gepflückt und die Samen nach Erreichen der Reife geerntet; man trocknet alle Teile für Absude. Die Stiele der *A. archangelica* werden im frühen Sommer geschnitten.
WARNHINWEIS Hautreizend.

ANIBA
(Lauraceae)

40 Arten immergrüner Bäume und Sträucher bilden diese Gattung, die im tropischen Amerika und karibischen Regenwald sowie (mit einer Art) in Indien vorkommt. Verschiedene Arten verwendet man zur Gewinnung ätherischer Öle, für Bauholz und für Arzneimittel. Einige Arten werden als Heilkräuter verwendet. Die Pflanze mit der größten wirtschaftlichen Bedeutung ist *A. roseaodora*, die seit 1875 ausgebeutet wird, als ein Franzose exklusives Duftöl destillierte, das seitdem als „Bois de rose" oder Rosenholzöl bekannt ist. Die Bestände in Französisch-Guyana, wo die Pflanze zum ersten Mal wildwachsend geerntet wurde, sind mittlerweile erschöpft. Zur Zeit sammelt man sie im brasilianischen Regenwald. Es sind Plantagen angelegt worden, aber eine natürliche Regeneration findet kaum statt. 1986 proklamierte die FAO, die Welternährungsorganisation der UNO, die Dringlichkeit der Erforschung der Lebensart und aller Voraussetzungen zur Kultivierung dieser Pflanze.

A. roseaodora

Ein empfindlicher, aromatischer immergrüner Baum, bis zu 25m hoch und 15m breit. Er hat einen schlanken Wuchs und ledrige ovale bis elliptische Blätter von bis zu 14cm Länge mit einer behaarten gelbbraunen Unterseite. Unscheinbare Blüten bilden sich zu verschiedenen Zeiten des Jahres an behaarten blaßroten Rispen von bis zu 18cm Länge. Er wächst im Regenwald von Guyana und Brasilien.
VERWENDBAR Holz, Öl.
EIGENSCHAFTEN Reich an Linalol, einem ätherischen Öl mit lilienartigem Duft.
GEBRAUCH
AROMA Pharmazeutische Produkte, Reinigungsmittel und Parfüme werden mit dem Öl parfümiert.
WIRTSCHAFT Das Holz ist ein wichtiges Hartholz. Mit dem Öl werden Konfekt, gefrorene Nachspeisen, Kaugummis und Backwaren gewürzt.

ANBAU UND ERNTE
ANBAU Empfindliche Wildpflanze; feuchter, gut entwässerter Boden im Schatten, hohe Luftfeuchtigkeit, mindestens 15-18° C. Vermehrung durch Aussaat der reifen Samen, die Licht zum Keimen brauchen. Die Samen sind schwierig zu ernten.
ERNTE Bäume werden nach 10-15 Jahren gefällt und für die Destillation von Ölen zerkleinert.

ANTENNARIA Katzenpfötchen
(Compositae/Asteraceae)

A. dioica ist die einzige Art, die als Heilkraut genutzt wird. Hingegen werden mehrere Arten der eng verwandten Gattung *Gnaphalium* (vgl. S. 289) in der Heilkunde verwendet. *A. dioica* wurde früher auch als *G. dioica* klassifiziert.

A. dioica (Gemeines Katzenpfötchen) S. 84

VERWENDBAR Gesamte Pflanze, Blüten.
EIGENSCHAFTEN Ein adstringierendes aromatisches Kraut, das harntreibende Wirkungen hat und die Leber sowie auch die Gallenblase stimuliert.
GEBRAUCH
MEDIZIN Innerliche Anwendung bei Leber- und Gallenblasenbeschwerden, bei Hepatitis sowie Durchfall. Äußerlich verwendet zum Gurgeln bei Mandelentzündungen und als Spülung bei Scheidenkatarrh.
VARIANTE
A. d. **'Rosea'**, S. 85.

ANBAU UND ERNTE
ANBAU Winterharte Zierpflanze; gut entwässerter Boden, Sonne. Vermehrung durch Aussaat unter Abdeckungen oder durch Teilung im Frühjahr.
ERNTE Die gesamte Pflanze oder die Blütenköpfe werden vor dem vollständigen Öffnen der Blüten geschnitten und für Aufgüsse getrocknet.

ANTHEMIS Hundskamille

A. nobilis. Siehe *Chamaemelum nobile*.
***A. n.* 'Flore Pleno'**. Siehe *Chamaemelum nobile* 'Flore Pleno'.
***A. n.* 'Treneague'**. Siehe *Chamaemelum nobile* 'Treneague'.

ANTHOXANTHUM Ruchgras
(Graminaeae/Poaceae)

Bei einigen Arten dieser Gattung bewirken die in ihnen enthaltenen Kumaringlykoside den Duft nach frischem Heu. Wenn das gemähte Gras feucht oder fermentiert wird, brechen sie zu Dicumarol auf, einem giftigen Bestandteil des Rattengifts, medizinisch aber ein Gerinnungshemmer von großer Bedeutung.

A. odoratum (Ruchgras) S. 85

VERWENDBAR Blüten.
EIGENSCHAFTEN Ein aromatisches Kraut, das den Kreislauf anregt, Schmerzen und Krämpfe lindert.
GEBRAUCH
AROMA Getrocknete Blüten werden in Blumenarrangements verwendet oder Dufttöpfen zugesetzt.
MEDIZIN Innerlich und als Nasentinktur bei Heuschnupfen. Äußerlich bei schmerzenden Gelenken, Frostbeulen, nervöser Erschöpfung und bei Schlaflosigkeit.

ANBAU UND ERNTE
ANBAU Winterharte Wildpflanze; gut entwässerter Boden in sonniger Lage. Vermehrung durch Aussaat im Frühjahr; durch Teilung im Herbst oder Frühjahr.
ERNTE Blüten werden beim Öffnen geschnitten und als Dekoration oder für Tinkturen getrocknet.

ANTHRISCUS Kerbel
(Umbelliferae/Apiaceae)

A. cerefolium ist ein unentbehrliches Küchenkraut, das schon die alten Römer kannten. Es war auch ein Stärkungsmittel, das im Frühjahr eingenommen wurde, heute aber kaum noch bekannt ist. Der Kräuterkennerin Juliette de Baïracli Levy zufolge wirkt es bei „schlechtem Gedächtnis und geistiger Depression" („Herbal Handbook for Everyone", London, 1972).

A. cerefolium (Gartenkerbel) S. 85

VERWENDBAR Blätter.
EIGENSCHAFTEN Ein bitteres, aromatisches, nach Anis schmeckendes Kraut, das zur Reinigung bei Fehlfunktionen der Leber und Nieren wirkt und schleimlösend ist.
GEBRAUCH
KÜCHE Die Blätter werden Kartoffel-, Ei- oder Fischgerichten, besonders in der französischen Küche, beigegeben. Sie sind ein wichtiger Bestandteil der Ravigotesaucen. Der empfindliche Anisgeschmack verliert sich beim Trocknen oder längeren Kochen. Kerbel wird daher meist vor dem Auftragen der Speise hinzugefügt. In rohen Salaten oder zur Verzierung der Speisen werden die Zweige verwendet.
MEDIZIN Innerlich bei Flüssigkeitsretention, Rheuma, Ekzem und Gelbsucht. Äußerlich bei Bindehautentzündung, entzündeten Lidern und Hämorrhoiden.

ANBAU UND ERNTE
ANBAU Winterharte Zierpflanze; nährstoffreiche, leichte feuchtigkeitshaltende Böden im Halbschatten. Vermehrung durch Aussaat im Abstand von 3 bis 4 Wochen vom zeitigen Frühjahr bis Frühherbst, auf 20cm Abstand ausdünnen. Für Ernten im Winter sollte Kerbel in kälteren Regionen bei mindestens 7-10° C unter Abdeckungen gezogen werden. Er beginnt frühzeitig Samen zu tragen, wenn er bei hohen Temperaturen und an trockenen sonnigen Standorten gezogen wird. Dem Kerbel wird nachgesagt, Rettichen ein schärferes Aroma zu verleihen, wenn er daneben angepflanzt wird. Neben Lattich und Kopfsalat soll er vor Ameisen, Blattläusen und Schnecken schützen.
ERNTE Die Blätter werden vor der Blüte geschnitten und gewöhnlich frisch verzehrt. Sollte eine Lagerung vonnöten sein, ist es besser, ihn einzufrieren als zu trocknen.

APHANES Ackerfrauenmantel
(Rosaceae)

Früher war *A. arvensis* ein Kraut für Salate und wurde für den Verzehr im Winter eingelegt. Als Heilkraut weiterhin von Bedeutung, wird es heute nur noch selten gegessen.

A. arvensis (Ackerfrauenmantel) S. 85

VERWENDBAR Blätter.
EIGENSCHAFTEN Ein adstringierendes Kraut, das harntreibend wirkt und gereiztes oder entzündetes Gewebe beruhigt.
GEBRAUCH
MEDIZIN Innerlich bei Nieren- oder Gallensteinen und chronischen Nieren- und Leberstörungen; häufig kombiniert mit *Agathosma* spp. (vgl. S. 230) oder *Cytisus scoparius* (vgl. S. 271) bei Nieren- und Gallenbeschwerden, mit *Althaea officinalis* (vgl. S. 236), um den lindernden Effekt bei Nierensteinen nachhaltig zu verstärken.

Anbau und Ernte
Anbau Winterharte Kulturpflanze; gut entwässerter Boden in Sonne oder Halbschatten. *A. arvensis* verträgt steinige oder kieselige und sowohl saure als auch alkalische Böden. Vermehrung durch Aussaat bei trockenem Wetter.
Ernte Blätter werden im Frühsommer gesammelt, frisch verwendet oder für Aufgüsse und Tinkturen getrocknet; kann eingefroren werden.

APIUM Eppich
(Umbelliferae)

A. graveolens wird als Speise und Gewürz seit frühesten Zeiten verwendet. Man fand ihn auch im Grab von Tut-ench-Amun. Die Kulturform des Sellerie (*A. g.* var. *dulce*) mit ihren blassen, sukkulenten Stielen und dem milden Geschmack wurde im 17. Jahrhundert in Italien entwickelt und im restlichen Europa sowie in Nordamerika im 19. Jahrhundert bekannt und beliebt.

A. graveolens (Eppich, Sellerie) S. 85

Verwendbar Ganze Pflanze, Wurzeln, Samen, Öl.
Eigenschaften Aromatisches, kräftigendes blutdrucksenkendes Kraut, das Verdauungsstörungen behebt, den Uterus stimuliert und harntreibende, entzündungshemmende Wirkungen hat. Ihm werden beruhigende und aphrodisische Wirkungen nachgesagt.

Gebrauch
Küche Wilder Sellerie wird wegen seiner Bitterstoffe (in großer Menge auch Toxizität) in der Küche kaum verwendet. Man kann die Samen in kleinen Mengen zum Würzen von Suppen und Eintöpfen oder gemischt mit dehydriertem Salz benutzen.
Medizin Innerlich bei Osteoarthritis, rheumatischer Arthritis, Gicht und Entzündungen der Harnwege. Äußerlich bei Pilzinfektionen und Tumoren (Öl). Wird häufig mit *Menyanthes trifoliata* (vgl. S. 312) und *Guaiacum officinale* (vgl. S. 290) bei rheumatischen Beschwerden kombiniert, zur Erhöhung der Wirkung auch mit *Taraxacum officinale* (vgl. S. 360). Innerlich auch bei Asthma, Bronchitis, Schluckauf und Blähungen sowie als kräftigendes Nerventonikum. Nicht für Schwangere geeignet.

Anbau und Ernte
Anbau Winterharte Kulturpflanze; nährstoffreiche feuchte, auch salzige Böden in geschützter Lage bei Sonne oder Halbschatten. Vermehrung durch Aussaat im Frühjahr bei 13-16° C. *A. graveolens* wird selten von Schädlingen und Krankheiten befallen, kann aber von Schnecken, Larven der Selleriefliege, Blattflecken und dem Mosaikvirus geschädigt werden. *A. graveolens* gedeiht in warmem Klima und kann bei Frost Schaden nehmen. Samen, die für die Kultivierung gekauft werden, sind oft mit Fungiziden behandelt und sollten nicht medizinisch verwendet werden.
Ernte Die ganze Pflanze wird reif geerntet und entsaftet. Wurzeln gräbt man im Herbst aus und verwendet sie frisch oder getrocknet für Tinkturen. Samen werden im Herbst reif gesammelt und für Aufgüsse, Flüssigextrakte und Puder getrocknet oder für Öle destilliert.

APOCYNUM Hundsgift
(Apocynaceae)

Sowohl *A. cannabinum* wie auch *A. androsaemifolium* werden medizinisch verwendet. Die Ureinwohner Nordamerikas kannten ihre Eigenschaften schon lange bevor sie im „Dispensatory of the United States" als „Ersatz für Digitalis in der Behandlung chronischer Herzkrankheiten" aufgenommen wurden.

A. cannabinum S. 85

Verwendbar Rhizome, Wurzeln.
Eigenschaften Ein anregendes Kraut, das auf Herz, Atmung, Harnsystem und den Uterus wirkt. Es hat harntreibende schleimlösende Wirkung, verstärkt Schweißbildung und verursacht Erbrechen.
Gebrauch
Medizin Innerlich bei Herzfehlern, Wechselfiebern und Tumoren. Von den Cherokee bei Nierenversagen verwendet. Äußerlich bei Warzen infolge von Geschlechtskrankheiten und Alopezie. Innerliche Anwendung nur durch Heilpraktiker verordnen lassen. WARNHINWEIS Dieses Kraut unterliegt in einigen Ländern gesetzlichen Bestimmungen.

Anbau und Ernte
Anbau Winterharte Zierpflanze; wasserdurchlässiger feuchter Boden, Sonne. Vermehrung durch Aussaat im Herbst; durch Teilung im Herbst oder Frühjahr. Samen benötigen Stratifikation an warmen Plätzen und Frost für erfolgreiche Keimung.
Ernte Wurzelstöcke werden im Herbst nach der Aussaat ausgehoben und für Absude, Flüssigextrakte, Puder und Tinkturen getrocknet.
Warnhinweis Bei Verzehr giftig.

AQUILARIA Adlerholz
(Thymelaeaceae)

A. malaccensis wird in Asien wegen ihres dekorativen Holzes und des Duftes nach Sandelholz geschätzt. In der traditionellen chinesischen und ayurvedischen Medizin hat sie eine lange Tradition. Gleichermaßen wirksame Pflanzen sind die chinesische *A. sinensis*, die auch als Ersatz für *A. malaccensis* und die kambodschanische *A. crassna* kultiviert wird.

A. malaccensis, syn. *A. agallocha* S. 86

Verwendbar Rinde, Harz.
Eigenschaften Adstringierendes, kräftigendes Kraut, das krampflösend wirkt, besonders auf das Verdauungssystem und die Atmung; fiebersenkend.
Gebrauch
Küche In Malaysia für Gewürz-Curries verwendet.
Medizin Innerlich bei Verdauungs-, Atemwegsbeschwerden, Fieber und Rheuma (Rinde, Holz).
Wirtschaft In der Parfümherstellung und für Räucherstäbchen (Harz). Das Holz wird als Einfassung von Edelsteinen geschnitzt.

Anbau und Ernte
Anbau Empfindliche Kulturpflanze; gut entwässerter humusreicher Boden im Halbschatten bei hoher Luftfeuchtigkeit und mindestens 15-18° C. Vermehrung durch Aussaat der reifen Samen bei 19-25 ° C. Samen sind kurzlebig und benötigen 15-30 Tage zum Keimen. Setzlinge werden an ► einem schattigen Standort ausgepflanzt, wenn sie 60-80cm hoch sind.
Ernte Kernholz und Rinde werden mindestens 50 Jahre alten Bäumen entnommen, für Absude getrocknet oder für die Harzgewinnung destilliert.

ARALIA Aralie
(Araliaceae)

Die Verwendung der *Aralia* als Heilkraut erlernten nordamerikanische Siedler von den Indianern. Die Ojibwa bereiteten aus *A. racemosa* und *Asarum canadense* (vgl. S. 244) Umschläge für gebrochene Gliedmaßen. Das erstere wurde auch für Teeaufgüsse verwendet, um Geburten zu erleichtern und Menstruationsbeschwerden zu lindern. Manche Stämme nahmen *A. nudicaulis* bei Husten ein. *A. spinosa* und *A. hispida* sind Kräftigungsmittel und erhöhen die Schweißbildung. In der chinesischen Medizin wird *A. chinensis* (Angelikabaum) als schmerzlinderndes Kraut bei rheumatisch bedingter Arthritis benutzt.

A. nudicaulis S. 86

Verwendbar Wurzeln.
Eigenschaften Ein kräftigendes, harntreibendes reinigendes Kraut, das Fieber senkt.
Gebrauch
Küche Ergibt einen wohlschmeckenden Tee.
Medizin Innerlich bei Husten und in blutreinigenden Toniken. Äußerlich bei Furunkeln, Arthritis und Schwellungen. In der Homöopathie gegen Blasenentzündungen.

A. racemosa S. 86

Verwendbar Rhizome, Wurzeln.
Eigenschaften Ein kräftigendes alteratives Kraut; fiebersenkend, harntreibend und schleimlösend.
Gebrauch
Medizin Innerlich bei Beschwerden der Bronchien, Rheuma, Gicht, Hautkrankheiten und Blutvergiftung, äußerlich gegen Entzündungen. Ein Verjüngungsmittel in der ayurverdischen Medizin.

Anbau und Ernte
Anbau Winterharte Wild- *(A. nudicaulis)* oder Zierpflanze *(A. racemosa)*; nährstoffreicher feuchter Boden im Halbschatten. Vermehrung durch Aussaat oder Teilung im Frühjahr.
Ernte Wurzelstöcke werden im Herbst ausgegraben und für Flüssigextrakte, Absude, Aufgüsse, Puder und Breiumschläge getrocknet.

ARCTIUM Klette
(Compositae)

A. lappa weist einige Varianten auf, von denen manche mitunter als eigene Arten klassifiziert wurden. Die europäische Medizin verwendet die Pflanzen für vielerlei Zwecke. Die Große Klette wird in Japan wegen der Wurzeln als Kulturpflanze angebaut. Die bekannteste Sorte ist *A. l.* 'Gobo'; diese Pflanze ist kleiner als die Art und hat empfindlichere Wurzeln; diese finden in der Küche Verwendung.

A. lappa (Große Klette) S. 86

VERWENDBAR Stamm, Wurzeln, Samen.
EIGENSCHAFTEN Ein alteratives Kraut mit bitter schmeckendem Laub und süßen, schleimigen Wurzeln, die Entzündungen hemmen und bakterielle Infektionen beseitigen. Es ist nachgewiesen, daß Samenextrakte den Blutzuckerspiegel senken können.

GEBRAUCH
KÜCHE Stiele junger Blätter schaben und wie Sellerie zubereiten. Wurzeln roh in Salaten, gekocht wie Möhren oder an Kurzgebratenem.
MEDIZIN Innerlich bei Hautkrankheiten und Entzündungen, bedingt durch chronische Vergiftungen (besonders Ekzeme, Schuppenflechte, Rheuma, Gicht, Furunkel, wunde Stellen). Häufig in Verbindung mit *Rumex crispus* (vgl. S. 344) oder *Trifolium pratense* (vgl. S. 364). In der chinesischen Medizin werden die Samen für gleiche Zwecke verwendet, darüber hinaus zur Behandlung von Erkältung, Lungenentzündung und Halserkrankungen.

ANBAU UND ERNTE
ANBAU Winterharte Wildwachsende; feuchter neutraler bis alkalischer Boden mit Sonne oder Halbschatten. Aussaat im Frühjahr. *A. lappa* ist guter Selbstaussäer.
ERNTE Junge Blattstiele werden im Frühjahr geschnitten. Die Wurzeln werden im Herbst ausgegraben und für Absude, Flüssigextrakte, Tabletten und Tinkturen getrocknet. Samen werden reif für die Verwendung als Absude gesammelt.

ARCTOSTAPHYLOS Bärentraube (Ericaceae)

A. uva-ursi enthält Hydrochinone, insbesondere Arbutin, das stark antibakteriell wirkt. Es wirkt hauptsächlich gegen Klebsiella- und Escherichia coli-Bakterien, die Harnweginfektionen verursachen.

A. uva-ursi (Immergrüne Bärentraube) S. 86

VERWENDBAR Blätter.
EIGENSCHAFTEN Ein adstringierendes, antibakterielles Kraut, das ein wirksames Antiseptikum der Harnwege ist und möglicherweise harntreibend wirkt.

GEBRAUCH
MEDIZIN Innerlich bei Infektionen der Harnwege (besonders Blasenentzündung) und Scheidenkatarrh. Häufig in Verbindung mit *Althaea officinalis* (vgl. S. 236), *Elymus repens* (vgl. S. 277), *Zea mays* (S. 372) und *Agathosma* spp. (S. 230). Jüngst als Mittel gegen Blasenentzündungen bei Querschnittsgelähmten erkannt – bei dieser wiederkehrenden Krankheit sind konventionelle Antibiotika häufig unwirksam. Enthält reizerregende Bestandteile und wird schwangeren Frauen, Kindern oder Patienten mit Nierenbeschwerden nicht verabreicht.

ANBAU UND ERNTE
ANBAU Winterharte Zierpflanze; feuchter Torf- oder Sandboden in Sonne oder Halbschatten. *A. uva-ursi* benötigt saure Umgebung (pH 5). Bei Kübelpflanzen Kompost für Erikagewächse ► beigeben. Vermehrung durch Aussaat in eine Torf/Sandmischung im Herbst oder durch lange Ableger im frühen Frühjahr; durch halbreife Rißlinge im Sommer.
ERNTE Die Blätter werden während des Frühjahrs und Sommers gepflückt und für Aufgüsse, Flüssigextrakte, Teebeutel und Tabletten getrocknet.

ARECA Betelpalme (Palmae/Arecaceae)

In Südostasien ist die Betelnuß sehr verbreitet. Der harte Samen wird aufgeschlitzt, mit Limonenstücken und Gewürzen vermengt, in ein Blatt Betelpfeffer (*Piper betle*, vgl. S. 329) gehüllt und anschließend gekaut. Betelsamen enthalten Tannine und Alkaloide, die den Speichelfluß anregen, Herzschlag und Schweißbildung erhöhen, Hungergefühle unterdrücken und gegen Würmer schützen. Sie enthalten ein Pigment, das den Speichel rot und die Zähne schwarz färbt.

A. catechu (Betelnußpalme) S. 86

VERWENDBAR Fruchtschale, Samen.
EIGENSCHAFTEN Ein adstringierendes anregendes Kraut, das Hungergefühle, Unwohlsein im Unterleib und Abgeschlagenheit beseitigt. Es tötet in den Eingeweiden Parasiten und andere Krankheitserreger ab und wirkt harntreibend sowie abführend.

GEBRAUCH
MEDIZIN In der Veterinärmedizin in der Hauptsache gegen Bandwürmer. In der tradtionellen chinesischen Medizin innerlich, um Parasiten der Eingeweide zu bekämpfen sowie bei Ruhr und Malaria (Samen); als Abführmittel bei Verstopfung mit Blähungen und Völlegefühl sowie als Diuretikum bei Ödemen (Rinde). Überdosierung verursacht starke Speichelbildung, Übelkeit und Benommenheit.
WARNHINWEIS Diese Pflanze unterliegt in einigen Ländern gesetzlichen Bestimmungen.

ANBAU UND ERNTE
ANBAU Empfindliche Kulturpflanze; feuchter, gut entwässerter Boden mit Sonne und hoher Luftfeuchtigkeit, mindestens 16° C. Vermehrung durch Aussaat im Frühjahr bei 24-27° C.
ERNTE Die Früchte werden ausgereift eingesammelt und für Absude sowie Flüssigextrakte oder Puder getrocknet.

ARISAEMA Feuerkolben (Araceae)

So wie auch andere Mitglieder aus der Familie der *Araceae* enthalten Feuerkolben Kristalle aus Kalziumoxalsäure, die von der rohen Pflanze zu Reizungen von Mundraum, Rachen und Augen führen. In der traditionellen chinesischen Medizin werden vom Kormus drei verschiedene Zubereitungen hergestellt: „Tian nan xing“ (in der Sonne getrocknet), „Shi nan xing“ (mit rohem Ingwer gekocht) und „Dan nan xing“ (mit Ochsengalle). In China bezeichnet der Ausdruck „Nan xing“ den Kormus verschiedener Arten, darunter den von *A. amurense* und *A. heterophyllum*, die die gleichen Eigenschaften wie *A. consanguineum* aufweisen. Das Kraut wurde relativ spät in der chinesischen Medizin eingeführt. Während der Qing-Dynastie fand es erstmals Erwähnung. *A. triphyllum* wurde von den nordamerikanischen Ureinwohnern verzehrt, die die im rohen Zustand wirksamen Gifte durch Rösten der Knollen oder vorheriges Wässern entfernten. *A. triphyllum* variiert stark in Größe und Aussehen, daher sehen einige Botaniker die Hauptvarianten als eigene Arten oder Unterarten an, z.B. *A. atrorubens* und *A. stewardsonii*.

A. consanguineum S. 87

VERWENDBAR Kormus („Nan xing“).
EIGENSCHAFTEN Ein beißendes, reizerregendes Kraut, das schleimlösend und krampflindernd wirkt. Jüngste Forschungsergebnisse lassen eine krebsbekämpfende Wirkung vermuten.
GEBRAUCH
MEDIZIN Innerlich bei Husten mit reichlicher Schleimbildung, Tumoren, Halskrebs, Epilepsie, Tetanus sowie Beschwerden wie Krämpfen und spasmische Zuckungen.

A. triphyllum S. 87

VERWENDBAR Kormus.
EIGENSCHAFTEN Beißendes antiseptisches Kraut, das schleimlösend und schweißtreibend wirkt.
GEBRAUCH
MEDIZIN Innerlich bei den nordamerikanischen Ureinwohnern traditionell gegen Asthma, Keuchhusten und Bronchitis. Äußerlich gegen Rheumatismus, Furunkel und Schlangenbisse. Die Ureinwohner verwendeten getrocknete ältere Wurzeln, bei denen der beißende Geschmack geringer ist. Die Pawnee- und Hopi-Indinaer tranken getrocknete und pulverisierte Wurzeln mit Wasser als Verhütungsmittel, was bei Erhöhung der Dosis und Wassertemperatur zu dauerhafter Unfruchtbarkeit führte.

ANBAU UND ERNTE
ANBAU Winterharte Zierpflanze; feuchte, gut entwässerte, humusreiche Böden im Halbschatten. Vermehrung durch Sprossen, die während der Ruhezeit entfernt werden. Kormus verrottet bei starker Nässe oder Kälte. Neue Blätter können durch Frühjahrsfröste beschädigt werden.
ERNTE Der Kormus wird im Herbst oder Winter entfernt, wenn die Pflanzen ruhen, und für Absude getrocknet.
WARNHINWEIS Der Verzehr aller Pflanzenteile ist schädlich. Reizt Haut, Augen und Schleimhäute.

ARISTOLOCHIA Pfeifenblume (Aristolochiaceae)

Trivialnamen wie „Schlangenwurzel“ und „Geburtskraut“ weisen auf die Verwendung mehrerer *Aristolochia*-Arten in der Volksmedizin bei Nachgeburtsproblemen und Schlangenbissen hin. Dies könnte auf die mittelalterliche Doktrin von der „Signatura rerum“ zurückzuführen sein, derzufolge die Farbe (oder Form) einer Pflanze auf ihren Verwendungszweck hindeutet. In den Blüten der

Aristolochia-Arten sah man einen gekrümmten Fötus oder Schlangen. *A. clematis* hat eine lange Geschichte in der Geburtshilfe, sie wird bereits in altägyptischen Schriften erwähnt. In ihren Eigenschaften und Gebrauch ist sie *Asarum canadense* (vgl. S. 244) ähnlich. *A. debilis* wird in chinesischen medizinischen Schriften um 600 n.Chr. erwähnt. Die nordamerikanischen Indianer nahmen *A. serpentaria* gegen Schlangenbisse. In der europäischen Heilkunde fand sie seit dem 17. Jahrhundert auch als Mittel gegen Bisse von tollwütigen Hunden Verwendung. Jüngste medizinische Forschungen führten zu verstärkter Sammeltätigkeit und einer daraus resultierenden Verknappung der Pflanze in der freien Natur. *A. reticulata* hat die gleichen Eigenschaften. Verschiedene Arten von *Aristolochia* werden medizinisch genutzt, darunter *A. indica*, das in der ayurvedischen Medizin bei Abtreibungen verwendet wird, *A. bracteata* in Indien und im tropischen Afrika sowie die nordamerikanische *A. longa* und die südeuropäische *A. rotunda*.

A. clematitis (Osterluzei) S. 87

VERWENDBAR Wurzeln.
EIGENSCHAFTEN Ein aromatisches Kraut, das auf die Gebärmutter wirkt, Entzündungen hemmt, Infektionen bekämpft und den Heilungsprozeß fördert.
GEBRAUCH
MEDIZIN Innerlich bei gynäkologischen und Geburtsproblemen. Das Kraut ist giftig und darf während der Schwangerschaft nicht eingenommen werden; nur durch qualifizierte Heilpraktiker anzuwenden. Äußerlich bei Infektionen und Krankheiten der Haut sowie bei Wunden (besonders Schlangenbissen und Insektenstichen). WARNHINWEIS Dieses Kraut unterliegt in einigen Ländern besonderen gesetzlichen Bestimmungen.

A. debilis

Eine kriechendeMehrjährige, winterhart bis -5° C mit verästelten, dunkelroten Stämmen. Sie trägt schmale eiförmige bis dreieckige Blätter von 4-7cm Länge und 5cm Breite. Im Sommer bilden sich einzeln stehende schlanke, gelbgrüne Blüten in den Achseln, gefolgt von kugeligen Kapseln. Sie kommt auf flachem Wiesenland in China und Japan vor.

VERWENDBAR Wurzeln („Qing mu xiang"), Früchte („Ma dou ling").
EIGENSCHAFTEN Ein Kraut mit schmerzstillender entzündungshemmender Wirkung (Wurzeln). Es senkt den Blutdruck, wirkt bei Husten, löst Bronchialkrämpfe und ist ein Schleimlöser (Früchte).
GEBRAUCH
MEDIZIN Innerlich bei Arthritis, Bluthochdruck, Schlangenbissen, Insektenstichen und Magenverstimmung mit Völlegefühl (Wurzeln); bei Asthma, Husten mit Auswurf, Bronchitis, Bluthochdruck und Hämorrhoiden (Früchte). Es darf nur durch qualifizierte Heilpraktiker verordnet werden. WARNHINWEIS Dieses Kraut unterliegt in einigen Ländern gesetzlichen Bestimmungen.

A. serpentaria

Eine bis -5° C winterharte Mehrjährige mit aufrechten, im Zickzack verlaufenden Stämmen und dünnen herzförmigen Blättern. Einzeln oder büschelweise stehende Blüten erscheinen am unteren Ende der Pflanze im Frühsommer, gefolgt von hartschaligen Kapseln. Sie kommt auf trockenem Waldland im Osten und Süden der USA vor.

VERWENDBAR Wurzeln.
EIGENSCHAFTEN Ein aromatisches kräftigendes Kraut, das die Schweißbildung hervorruft sowie entzündungshemmend und harntreibend wirkt.
GEBRAUCH
MEDIZIN Innerlich bei Rheumatismus, Gicht, fiebriger Arthritis, Lungenentzündung, Fleckfieber und Malaria. Äußerlich bei Pleuritis, Herpes und langsam heilenden Wunden. Es ist in einigen Arzneimitteln für Blutkreislauf, Haut und Nieren enthalten; nur von qualifizierten Heilpraktikern verschreiben lassen. WARNHINWEIS Dieses Kraut unterliegt in einigen Ländern gesetzlichen Bestimmungen.

ANBAU UND ERNTE

ANBAU Winterharte Zier- *(A. clematis)* oder frostharte Kultur- *(A. debilis)* bzw. Wildpflanze *(A. serpentaria)*; entwässerter Boden in Sonne bis Halbschatten, in kälteren Regionen im Gewächshaus. Vermehrung durch Aussaat im Frühjahr bei 13-16° C; durch halbreife Stecklinge im Sommer; durch Teilung im zeitigen Frühjahr oder Herbst; durch Ableger im Herbst. Das Wachstum des Vorjahres ausdünnen, im Spätwinter zurückschneiden. Blattläuse, Weiße Fliegen und Rote Spinnmilben können das Laub der Pflanzen schädigen.
ERNTE Die Wurzeln werden im Herbst geerntet, die Früchte nach Erreichen der Reife gesammelt und für Flüssigextrakte, Absude, Puder sowie Tinkturen getrocknet.
WARNHINWEIS Die Pflanze ist giftig.

ARMORACIA Meerrettich
(Cruciferae/Brassicaceae)

John Gerard berichtet in „The Herball, or Generall Historie of Plantes" (1597), daß sich „der gestampfte und mit etwas Essig verrührte Meerrettich bei den Deutschen für Saucen zu Fischgerichten und bei Speisen, die wir mit Senf essen", allgemeiner Beliebheit erfreue. Heute ist Meerrettichsauce auf der ganzen Welt beliebt.

A. rusticana, syn. *A. lapathifolia*, *Ochlearia armoracia* (Meerrettich) S. 87

VERWENDBAR Blätter, Wurzeln.
EIGENSCHAFTEN Ein sehr scharf schmeckendes anregendes Kraut, das bei bakteriellen Infektionen hilft und schweißtreibend Fieber senkt; es ist harntreibend, reizt das Gewebe und bewirkt eine erhöhte Blutzufuhr.
GEBRAUCH
KÜCHE Junge frische Blätter haben einen milden Geschmack und eignen sich für Salate und belegte Brote. Die frischen Wurzeln werden alleine oder mit Äpfeln geraspelt und als Gewürz für Fischgerichte oder mit Essig und Sahne u.a. für Rostbraten und kaltes Brathuhn verwendet. Meerrettichsaucen sollten vorsichtig erhitzt, jedoch nicht längere Zeit gekocht werden, da dies die für den scharfen Geschmack verantwortlichen ätherischen Öle zerstören würde.
MEDIZIN Innerlich bei Schwächezustand, Arthritis, Gicht, Ischias, Erkrankungen der Atem- und Harnwege sowie fiebrigen Erkältungen. Übermäßige Einnahme verursacht Übelkeit und kann zu allergischen Reaktionen führen. Nicht für Patienten mit Magengeschwüren oder Schilddrüsenfehlfunktionen. Äußerlich bei infizierten Wunden, Arthritis, Rippenfell- und Herzbeutelentzündung.
VARIANTE
***A. r.* 'Variegata'**, S. 87.

ANBAU UND ERNTE

ANBAU Winterharte Kultur- *(A. rusticana)* oder Zierpflanze (*A. rusticana* 'Variegata'); entwässerter nährstoffreicher Boden in Sonne oder Halbschatten. Vermehrung durch Teilung im Herbst oder zeitigen Frühjahr; durch Aussaat im Frühjahr. Alte Pflanzen sind anfällig für Mosaikviren und Blattflecken. Meerrettich läßt sich nur schwer entfernen, weil schon aus zurückgelassenen Wurzelstücken neue Pflanzen wachsen. Er gilt als Schutz vor Kartoffelkäfern.
ERNTE Die Blätter werden im Frühjahr gepflückt und frisch verwendet. Wurzeln im Herbst ausgraben und frisch für Heilzwecke in Breiumschlägen, Sirup oder in Essig und Honig quellen lassen; lange lagerungsfähig in feuchtem Sand.

ARNICA Arnika
(Compositae/Asteraceae)

A. montana ist in Deutschland und Österreich ein Hausmittel bei Quetschungen, Verstauchungen und Herzbeschwerden. Goethe soll im Alter Arnikatee gegen Angina getrunken haben. Neue Forschungen haben therapeutische Wirkungen bestätigt, aber auch eine Toxizität nachgewiesen. In Deutschland ist die Pflanze bei Herzleiden im Gebrauch, in Großbritannien ist nur äußerliche Anwendung gestattet. Das Sammeln wildwachsender *A. montana* kann in einigen Ländern Beschränkungen unterliegen.

A. montana (Bergarnika) S. 87

VERWENDBAR Blüten.
EIGENSCHAFTEN Ein aromatisches, bitteres adstringierendes Kraut, das das Herz sowie Immunsystem anregt, Schmerzen lindert, Entzündungen hemmt und von Pilzen oder Bakterien verursachte Infektionen heilt.
GEBRAUCH
MEDIZIN Innerlich für kurzzeitige Behandlung von Herzleiden; nur durch qualifizierte Heilpraktiker zu verschreiben. Äußerlich in Einreibemitteln (häufig in Verbindung mit *Hamamelis virginiana*, vgl. S. 291) bei Verrenkungen, Verstauchungen, Quetschungen, Frostbeulen etc. Äußerliche Anwendung kann zu Kontaktdermatitis, innerliche zum Kollaps führen. Die Nebenwirkungen sind in homöopathischen Dosen nicht zu befürchten, die zur Heilung nach Unfällen verabreicht werden. WARNHINWEIS Dieses Kraut unterliegt in einigen Ländern gesetzlichen Einschränkungen.

ANBAU UND ERNTE
ANBAU Winterharte Kulturpflanze; wasserdurchlässiger saurer Boden in sonniger Lage. Vermehrung durch Samen im Herbst (Stratifizierung in milderen Regionen); durch Teilung im Frühjahr.
ERNTE Die Blüten werden in voller Blüte gepflückt und für Crèmes, Aufgüsse, Einreibemittel und Tinkturen getrocknet.

ARTEMISIA Beifuß
(Compositae/Asteraceae)

Viele Beifußarten werden medizinisch verwendet. *A. abrotanum* (Eberraute) baut man seit der Antike an, um Insekten zu vertreiben. Sie war Bestandteil von Blumensträußchen, die man bei sich trug, um lästige Gerüche oder Ansteckungen zu vermeiden. In Gerichtsräumen plazierte man bis zum 19. Jahrhundert Bündel von Eber- und Gartenraute, um die Anwesenden vor dem Flecktyphus der Häftlinge zu schützen. Eine andere Verwendung galt der Kahlköpfigkeit: „Die Asche der Eberraute wird mit altem Salatöl vermischt und hilft denjenigen, denen das Haar ausgefallen ist und die kahl sind, daß das Haar wieder wächst, entweder auf dem Kopf oder am Bart" (Culpeper, „The English Physitian Enlarged", 1653). *A. absinthium* (Wermut) ist schon seit biblischen Zeiten ein Hausmittel.

Ätherische Öle des Wermut sind Bestandteile des Absinth, einem Verdauungslikör. Im 19. Jahrhundert war der Gebrauch von Absinth in Europa und den USA ein ernstes soziales Problem. Nachdem 1908 bewiesen wurde, daß ein Wirkstoff, das Thujon, süchtig macht und übermäßiger Gebrauch Halluzinationen verursacht sowie das zentrale Nervensystem schädigt, wurde die Verwendung von Wermutöl in vielen Ländern gesetzlich verboten. Die heute gebräuchlichen Nachfolger des Absinth – Anisette und Vermouth – sind frei von Thujon, jedoch gibt es heute noch illegale Schnapsbrennereien in Südfrankreich, Italien und Spanien, die Absinth herstellen. *Absinthium* bedeutet „unerfreulich" und bezieht sich auf den stark bitteren Geschmack. Der Name Wermut deutet darauf hin, daß das Kraut die geistigen Fähigkeiten verbessern sollte. *A. dracunculus* (Estragon) galt als Drachenkraut, als Mittel gegen giftige Bisse und Stiche, daher der Name der Art. *A. d.* ssp. *dracunculoides,* eine russische Unterart, ist im Aussehen gleich, aber winterhärter und mit einem ätzenderen, weniger erfreulichen Geschmack.

A. vulgaris (Beifuß) stand bei den Angelsachsen und den keltischen Druiden hoch im Kurs. Es war eines der neun Kräuter, die Unheil und Gifte abwehren sollten. Beifuß galt als „die Mutter der Kräuter" und wurde mit Hexenkünsten sowie mit Fruchtbarkeitsritualen in Verbindung gebracht. Auf der Isle of Man im Ärmelkanal trägt man Beifuß bei sich am 5. Juli, dem Nationalfeiertag, der im alten Kalender der Mittsommertag war. In griechischen und römischen Schriften aus dem 1. Jahrhundert n.Chr. wird das Kraut häufig beschrieben, in chinesischen Texten reicht seine Erwähnung bis auf die Zeit um 500 n.Chr. zurück. Es wird behauptet, daß die alten Römer das Kraut an ihren Straßen gepflanzt hätten, damit die vorbeimarschierenden Soldaten es in ihre Sandalen stecken konnten. Der Glaube an die Wirksamkeit dieser Pflanze bei müden Füßen hielt sich durch die Jahrtausende: „Wenn ein Fußreisender am Morgen Beifuß in seine Schuhe steckt, kann er bis zum Mittag vierzig Meilen laufen, ohne müde zu werden" (William Coles, „The Art of Simpling", 1656). Andere Beifußarten mit medizinischem Nutzen sind unter anderem die in Südafrika bei Verdauungs- und Menstruationsbeschwerden sowie fieberhaften Erkrankungen verwendete *A. afra,* ferner *A. anomala*, die in China äußerlich bei Verbrennungen oder entzündeter Haut angewendet wird, und *A. cina* (Berg-Zitwer), die in der Homöopathie gegen Würmer bei Kindern zum Einsatz kommt. Sie hat einen hohen Anteil an Santonin, das gegen Rundwürmer hilft. *A. pallens* ist eine indische Art, die u.a. in der Parfümherstellung und für das Würzen von Lebensmitteln eingesetzt wird. Die Indianer verwendeten *A. tilesii*, deren Eigenschaften denen des Kodein gleichen. WARNHINWEIS *Artemisia*-Arten und aus ihnen gewonnene Extrakte sind in einigen Ländern gesetzlichen Einschränkungen unterworfen.

A. abrotanum (Eberraute) S. 88

VERWENDBAR Blätter.
EIGENSCHAFTEN Ein stark aromatisches bitteres Kraut, das die Verdauung und die Leberfunktionen verbessert, den Menstruationsfluß fördert sowie die Gebärmutter anregt, Fieber senkt, Krämpfe löst und Würmer in den Därmen bekämpft.

GEBRAUCH
MEDIZIN Innerlich bei verspäteter oder schmerzhafter Menstruation (häufig in Verbindung mit *Chamaelirium luteum*, vgl. S. 258), Appetitlosigkeit, Verdauungsstörungen, Fadenwürmern bei Kindern und Haarausfall; nicht für schwangere Frauen. Äußerlich bei Frostbeulen, zum Ziehen von Splittern, bei Ischiasschmerzen, Schwellungen und Haarausfall.
WIRTSCHAFT Die Blätter sind Bestandteile von Kugeln und Pudern gegen Motten oder Fliegen.

A. absinthium (Wermut, Absinth) S. 88

VERWENDBAR Gesamte Pflanze, Blätter.
EIGENSCHAFTEN Ein aromatisches, harntreibendes bitteres Kraut, das entzündungshemmend wirkt und ein Kräftigungsmittel für die Leber, das Verdauungssystem und die Nerven darstellt. Es regt die Gebärmutter an und vertreibt Würmer aus den Därmen.
GEBRAUCH
MEDIZIN Innerlich zur Verdauung, bei Appetitlosigkeit, Gallenbeschwerden und Rundwürmern. Nur in kleinen Dosierungen für den kurzzeitigen Gebrauch verwenden. Nicht für Kinder und schwangere Frauen. Äußerlich bei Quetschungen und Bissen.
VARIANTE
***A. a.* 'Lambrook Silver'**, S. 88.

A. annua S. 88

VERWENDBAR Gesamte Pflanze („Qing hao").
EIGENSCHAFTEN Ein aromatisches antibakterielles Kraut, das Malariaparasiten bekämpft, Fieber senkt und Blutungen stillt.
GEBRAUCH
MEDIZIN Innerlich bei fiebrigen Erkrankungen, besonders Malaria und Hitzeschlag. Äußerlich bei Nasenbluten, blutenden Hautausschlägen und wunden Stellen. Jüngste Forschungsergebnisse aus Thailand zeigen, daß *A. annua* ein wirksames Mittel gegen resistente Erreger von Malaria ist.

A. arborescens S. 88

VERWENDBAR Blätter.
EIGENSCHAFTEN Ein aromatisches Kraut.
GEBRAUCH
AROMA Die Blätter werden frisch oder getrocknet in Kräuterduftmischungen verwendet.

A. capillaris S. 88

VERWENDBAR Blätter, Jungtriebe („Yin chen hao").
EIGENSCHAFTEN Ein bitteres, aromatisches harntreibendes Kraut, das als Stärkungsmittel für Leber und Gallenblase eingesetzt wird und fiebersenkend ist.
GEBRAUCH
MEDIZIN Innerlich bei Gelbsucht, Hepatitis, Gallenblasenbeschwerden und fiebrigen Krankheiten.

A. caucasica, syn. *A. assoana*, *A. lanata*, *A. pedemontana* S. 88

VERWENDBAR Blätter.
EIGENSCHAFTEN Ein aromatisches Kraut.
GEBRAUCH
AROMA Die Blätter werden frisch oder getrocknet in Kräuterduftmischungen verwendet.

A. dracunculus (Estragon, Dragon) S. 88

VERWENDBAR Blätter, Öl.
EIGENSCHAFTEN Ein bitteres, wärmendes aromatisches Kraut, das das Verdauungssystem und die Gebärmutter anregt, harntreibend sowie fiebersenkend ist und Würmer bekämpft.

GEBRAUCH
KÜCHE Die Blätter werden in der Küche für Huhn- und Eiergerichte sowie in Saucen, Salatdressings und Senfmischungen verwendet.
MEDIZIN Innerlich bei Verdauungsstörungen und gegen Würmer bei Kindern; nicht für schwangere Frauen. Äußerlich bei Rheuma und Zahnschmerzen. In der Aromatherapie gegen Verdauungs- und Menstruationsbeschwerden.
WIRTSCHAFT Das Öl wird für Würzmischungen, in Parfümen und Putzmitteln verwendet.
VARIANTE
A. d.* ssp. *dracunculoides, S. 89.

A. lactiflora S. 89

VERWENDBAR Blätter, blühende Stiele.
EIGENSCHAFTEN Ein bitteres, aromatisches kräftigendes Kraut.
GEBRAUCH
AROMA Blätter und blühende Stiele sind Bestandteil von Kräuterduftmischungen.
MEDIZIN In China ist *A. lactiflora* ein traditionelles Mittel bei Beschwerden der Leber und bei der Menstruation.

VARIANTE
A. l., **Gruppe Guizhou**, S. 89.

A. ludoviciana S. 89

VERWENDBAR Blätter, blühende Stiele.
EIGENSCHAFTEN Ein aromatisches Kraut.
GEBRAUCH
AROMA Blätter und Stiele werden für Duftmischungen verwendet.
VARIANTE
A. l. **'Silver Queen'**, S. 89.

A. pontica S. 89

VERWENDBAR Blätter.
EIGENSCHAFTEN Wie *A. absinthium*, nur milder.
GEBRAUCH
WIRTSCHAFT *A. pontica* wird hauptsächlich als Gewürz in Wein (besonders in Deutschland) und in Wermut verwendet.

A. 'Powis Castle' S. 88

VERWENDBARE Blätter
EIGENSCHAFTEN Ein aromatisches Kraut.
GEBRAUCH
AROMA Blätter werden frisch oder getrocknet in Duftmischungen verwendet.

A. vulgaris (Gemeiner Beifuß) S. 89

VERWENDBAR Blätter („Ai ye").
EIGENSCHAFTEN Ein bitteres, aromatisches kräftigendes Kraut, das als Verdauungsanreger, als Nerventonikum und harntreibend sowie die Schweißbildung erhöhend wirkt. Es regt die Gebärmutter an und vertreibt Würmer.
GEBRAUCH
KÜCHE Eines der wenigen eßbaren Beifußgewächse, die in überlieferten Rezepten (besonders in Großbritannien, Deutschland und Spanien) vorkommen. Es paßt zu Aal und Karpfen sowie zu Füllungen bei Gänse-, Enten-, Schweine- oder Wildfleisch.
MEDIZIN Innerlich bei Depressionen mit Appetitlosigkeit, Ruhr, Wurmbefall und Menstruationsbeschwerden (im Westen hauptsächlich, um die Menstruation zu fördern, im Fernen Osten, um Blutungen der Gebärmutter zu stoppen und Fehlgeburten zu vermeiden). In der chinesischen Heilkunde wird das ausgepreßte getrocknete Blatt bei Erkältungen kurz auf der Haut erhitzt, um die Akupunkturpunkte zu erwärmen. Die ayurvedische Heilkunde nutzt es hauptsächlich bei Krankheiten der weiblichen Fortpflanzungsorgane, nervösen Beschwerden und als Spülung bei Pilzkrankheiten. Innerlich von schwangeren oder stillenden Frauen nicht zu verwenden.
VARIANTE
A. v. **'Variegata'**, S. 89.

ANBAU UND ERNTE
ANBAU Winterharte Zier- (*A. abrotanum, A. a.* 'Lambrock Silver', *A. caucasica, A. lactiflora, A. l., Guizho* Gruppe, *A. ludoviciana, A. l.* 'Silver Queen', *A. pontica, A. vulgaris* 'Variegata') oder Kulturpflanze *(A. vulgaris)*; halbharte Zier- *(A. arborescens)* oder Kulturpflanze *(A. dracunculus)*; frostharte Zier- *(A. absinthium, A. annua, A.* 'Powis Castle', *A. capillaris)* oder Wildpflanze (*A. dracunculus* ssp. *dracunculoides*). Gut entwässerter neutraler bis leicht alkalischer Boden, Sonne. *A. absinthium, A. a.* 'Lambrock Silver' und *A. ludoviciana* vertragen Dürre. *A. lactiflora* bevorzugt feuchten, neutralen bis sauren Boden und verträgt Halbschatten. Die Härte ist unterschiedlich: *A. dracunculus* sollte in kalten Wintern geschützt werden. Vermehrung durch Aussaat im Frühjahr (Einjährige und *A. d.* ssp. *dracunculoides*), durch halbreife Stecklinge im Sommer (strauchige Arten) oder durch Teilung im Herbst und Frühjahr (Mehrjährige). Strauchige Arten im Frühjahr fast auf Bodenhöhe zurückschneiden oder totes Holz entfernen und in Form schneiden. Das Laub kann von Rost befallen werden.
ERNTE Die ganze Pflanze *(A. absinthium, A. annua)* schneidet man, wenn sie in Blüte steht. Blätter pflückt man vor der Blüte. Alle Teile werden für Absude, Aufgüsse, Puder, Tabletten und Tinkturen getrocknet oder zu Öl extrahiert. *A. vulgaris* wird gepreßt. Stiele *(A. lactiflora, A. ludoviciana)* schneidet man als Dekoration in der Blüte. Junge Triebe werden im Frühjahr geschnitten und frisch oder getrocknet für Absude verwendet.

ASARUM Haselwurz
(Aristolochiaceae)

Verschiede *Asarum*-Arten finden medizinische Verwendung. Neben *A. canadense* sind das vor allem das nordwestamerikanische *A. caudatum, A. europaeum* aus Nord- und Osteuropa sowie das chinesische *A. sieboldii*. Alle haben gleiche Eigenschaften und werden als anregendes wärmendes Heilmittel bei Apathie und in kalten Klimaten verwendet. Keines dieser Kräuter kann einen Ersatz für Ingwer (*Zingiber officinalis*, vgl. S. 373) darstellen.

A. canadense S. 89

VERWENDBAR Rhizome.
EIGENSCHAFTEN Ein bitteres scharfes, aromatisches antibiotisches Kraut, das das Verdauungs- und Atmungssystem, die Gebärmutter, die Schweißbildung sowie den Harndrang anregt.
GEBRAUCH
MEDIZIN Innerlich bei Husten, Asthma, Schüttelfrost und Rheuma. Die Pomoindianer benutzten es als Verhütungsmittel. In der westlichen Heilkunde wird es zur Regulierung der Menstruation und bei schwerer Geburt verwendet (jedoch nicht in früher Schwangerschaft). Der Stamm der Ojibwa nahm es bei Brüchen mit *Aralia racemosa* (vgl. S. 240).

ANBAU UND ERNTE
ANBAU Winterharte Zierpflanze; gut entwässerte feuchte Böden (mit Blätterkompost versetzt) an einem schattigen, geschützten Standort. Vermehrung durch Teilung im Frühjahr.
ERNTE Teile der Rhizome werden im Herbst entfernt und für Puder oder Absude getrocknet.

ASCLEPIAS Seidenpflanze
(Asclepiadaceae)

A. tuberosa gilt bei vielen als der beste pflanzliche Schleimlöser. Ursprünglich spielte sie eine Rolle bei der Behandlung von Rippenfellentzündungen. Bevor sie im 18. Jahrhundert in europäische Arzneibücher aufgenommen wurde, haben die Indianer sie schon seit mehr als 1.000 Jahren verwendet.

A. tuberosa S. 89

VERWENDBAR Wurzeln.
EIGENSCHAFTEN Ein bitteres, nußartiges kräftigendes Kraut, das die Schweißbildung erhöht, Krämpfe löst und als Schleimlöser wirkt.

GEBRAUCH
MEDIZIN Innerlich bei Brustfellentzündung, Bronchitis, Lungenentzündung, Asthma, trockenem Husten, Magenverstimmung, Fieber, Rheuma, fiebrigen Erkältungen sowie Beschwerden der Gebärmutter. Übermäßiger Gebrauch führt zu Durchfall und Erbrechen. Nicht für schwangere Frauen. Äußerlich bei Quetschungen, Wunden, Geschwüren und Rheumatismus.

ANBAU UND ERNTE
ANBAU Winterharte Zierpflanze; trockener sandiger, neutraler bis saurer Boden, Sonne. Vermehrung durch Aussaat im Frühjahr bei 15° C; durch bewurzelte Stecklinge im Herbst oder Frühjahr. Kann vom Gurkenmosaikvirus befallen werden. *A. tuberosa* ist empfindlich gegen Störungen.
ERNTE Wurzeln werden im Herbst gesammelt und für Sirup oder getrocknet für Kompressen, Puder, Absude, Salben sowie Tinkturen genutzt.

ASPALATHUS
(Leguminosae)

Der Tee aus den getrockneten und fermentierten Blättern von *A. linearis* schmeckt wie der orientalische Tee (*Camellia sinensis*, vgl. S. 252), wirkt aber wegen seines geringeren Tanningehalts weniger adstringierend. Er ist koffeinfrei, hat aber mehr Fluor als der orientalische Tee und kann daher besser vor Zahnfäule schützen. Japanische Forschungen wollen belegt haben, daß *A. linearis* eine lebensverlängernde Substanz enthält.

A. linearis, syn. *A. contaminatus*, *Psoralea linearis* S. 89

VERWENDBARE TEILE Blätter, Stämme.
EIGENSCHAFTEN Ein aromatisches wohlschmekkendes, adstringierendes Kraut, das der Verdauung zuträglich ist und Krämpfe löst. Es hilft bei einigen allergischen Symptomen und Hautkrankheiten.
GEBRAUCH
KÜCHE Hauptsächlich aufgegossen als Erfrischungsgetränk, als Grundlage für Suppen, Saucen und Fruchtsäfte sowie zum Backen. Extrakte werden in einigen Ländern für Liköre und Schnäpse verwendet.
MEDIZIN Innerlich bei Allergien, besonders Ekzem, Heuschnupfen und Asthma bei Kindern. Äußerlich bei Erkrankungen und Reizungen der Haut.

ANBAU UND ERNTE
ANBAU Frostharte Kulturpflanze; saurer Sand in praller Sonne. Vermehrung durch Aussaat im Frühjahr. Für buschigen Wuchs auszupfen; Pflanzen zurückschneiden, um Wuchs aus altem Holz zu unterbinden.
ERNTE Pflanzen werden 35cm über dem Boden geschnitten, fermentiert sowie getrocknet und für Aufgüsse, Flüssigextrakte und Lotionen genutzt.

ASPARAGUS Spargel
(Liliaceae/Asparagaceae)

Verschiedene Arten des *Asparagus* werden in der Medizin verwendet. Die meisten enthalten Asparagin, eine harntreibende Verbindung, die dem Urin einen charakteristischen Geruch verleihen kann. *A. cochinchinensis* ist in chinesischen Schriften erstmals um 200 n.Chr. erwähnt worden. *A. officinalis* wird seit mehr als 2.000 Jahren als Gemüse und Heilkraut angebaut; es zeigt bemerkenswerte harntreibende sowie abführende Wirkungen. So wie bei anderen bekannten Heilpflanzen, gab man ihm den Artnamen *officinalis,* um seinen Status zu bestimmen, nämlich als ein Heilkraut, das seit langem bekannt ist. Der Art *A. racemosus* wird eine verjüngende Wirkung auf die weiblichen Fortpflanzungsorgane nachgesagt.

A. cochinchinensis, syn. *A. lucidus, Melanthium cochinchinensis*

Eine Mehrjährige mit stark verzweigten Stengeln, winterhart bis -15° C mit länglichen Blattsprossen von 1-2cm Länge, die auf dem Stamm paarweise oder einzeln vorkommen. Büschel blaßgelber bis grüner Blüten erscheinen im Sommer, gefolgt von blaßgrünen bis weißen Beeren mit 7mm Durchmesser. Sie wächst in Küstennähe – in Japan, China und Korea.

VERWENDBAR Knollen („Tian men dong").
EIGENSCHAFTEN Ein antibakterielles, reinigendes Kraut, das von bronchialem Blutandrang befreit, Entzündungen lindert und harntreibend sowie speichelbildend wirkt.
GEBRAUCH
MEDIZIN Innerlich bei Fieber, Schwäche, wundem Hals, Schnupfen, Diphterie, Tuberkulose und Bronchitis.

A. officinalis (Gemüsespargel, Echter Spargel) S. 90

VERWENDBAR Junge Triebe, Rhizome.
EIGENSCHAFTEN Ein aufbauendes, reinigendes Kraut, das auf die Eingeweide, Leber und Nieren wirkt. Es enthält Asparaginsäure, die Fadenwürmer abtötet.
GEBRAUCH
KÜCHE Die jungen Triebe werden gedämpft und warm oder kalt als Gemüse serviert sowie für Suppen püriert oder kleingeschnitten.
MEDIZIN Innerlich bei Blasen- sowie Nierenbeckenentzündung, Nierenkrankheiten, Rheumatismus, Gicht und Ödemen bei Herzbeschwerden. Die Asparaginsäure wird zur Behandlung von Bilharziose verwendet.

A. racemosus S. 90

VERWENDBAR Rhizome.
EIGENSCHAFTEN Ein beruhigendes, kräftigendes Kraut, das hauptsächlich auf Kreislauf, Verdauung, Atmung und weibliche Fortpflanzungsorgane einwirkt.
GEBRAUCH
MEDIZIN Innerlich bei Unfruchtbarkeit, Libidoschwäche, drohender Fehlgeburt, Beschwerden während des Klimakteriums, Übersäuerung, Magengeschwür, Ruhr und Infektion der Bronchien. Äußerlich bei steifen Gelenken. In der ayurvedischen Heilkunde das wichtigste Kraut bei der Behandlung von Frauenleiden, so wie es *Withania somnifera* (vgl. S. 371) für Männer ist. Die australischen Aborigines wenden es innerlich bei Verdauungsstörungen und äußerlich zur Behandlung von Wunden an.

ANBAU UND ERNTE
ANBAU Winterharte Kulturpflanze (*A. racemosus*: halbhart); nährstoffreicher wasserdurchlässiger Boden; sonnige Lage. Vermehrung durch Samen im Frühjahr, auf 30cm ausdünnen, später auf 1m. *A. officinalis* wird oft als ruhende, ein Jahr alte männliche „Krone" erworben und nach 10 Jahren erneuert. *A. racemosus* läßt sich in kälteren Regionen als Einjährige anbauen, wenn sie im Winter abgedeckt wird. Junge Triebe und Laub können von Spargelhähnchen befallen werden.
ERNTE Die jungen Triebe *(A. officinalis)* werden im späten Frühjahr geschnitten, wenn sie etwa 25 cm hoch sind, und für medizinische Zwecke frisch oder als Saft verzehrt. Rhizome und Knollen sammelt man während der Ruhezeit und kocht sie vor dem Trocknen für Absude oder Puder ab; die jungen Triebe von *A. racemosus* werden bei Ruhr frisch verzehrt, für Absude, Puder und medizinische Öle getrocknet.
WARNHINWEIS Die Beeren sind giftig.

ASPIDIUM
A. filix-mas. Siehe *Dryopteris filix-mas.*

ASPIDOSPERMA
Quebrachobaum (Apocynaceae)

Ca. 80 Arten immergrüner Bäume gehören zu dieser südamerikanischen Gattung. Sie haben feingemasertes Holz und milchige Säfte, die Alkaloide enthalten. Unter den in *A. quebracho-blanco* enthaltenen befindet sich das aphrodisische Quebrachin oder Yohimbin, das auch in der nicht verwandten *Pausinystalia yohimbe* (vgl. S. 323) ist. Südamerikanische Ureinwohner nutzen die Rinde des Quebrachobaumes als Fiebermittel. Das spanische Wort *quebracho* bedeutet „Bruch der Axt" und bezieht sich auf die Härte des Holzes. Mit dem Wort *blanco* (weiß) unterscheidet man den Baum vom roten Quebrachobaum *(Schinopsis quebracho-colorado)*, aus dem ein mildes verdauungsanregendes Mittel gewonnen wird.

A. quebracho-blanco (Quebrachobaum)

Ein empfindlicher immergrüner Baum mit dicker korkartiger Rinde, hängenden jungen Zweigen und ledrigen elliptischen bis länglichen, an den Spitzen mit Stacheln besetzten Blättern. Er trägt duftende gelbe, trichterförmige Blüten an kurzen verzweigten Trauben, auf die holzige Kapseln mit einer großen Zahl geflügelter Samen folgen. Er wächst hauptsächlich in Argentinien auf trockenen Waldböden.
VERWENDBAR Rinde.
EIGENSCHAFTEN Ein kräftigendes Kraut, das Kreislauf, Atmung, Harnwege sowie Geschlechtsorgane anregt, Fieber senkt und Krämpfe löst.
GEBRAUCH
MEDIZIN Innerlich bei Asthma, Bronchitis, Lungenerweiterung und fiebrigen Krankheiten. Überdosierung führt zu Übelkeit und Erbrechen. WARNHINWEIS Dieses Kraut unterliegt in einigen Ländern gesetzlichen Einschränkungen.

ANBAU UND ERNTE
ANBAU Empfindliche Wildpflanze; entwässerter bis sandiger Boden in der Sonne, mindestens 15-18° C; vermehrt sich durch ausgereifte Samen.
ERNTE Rinde wird nach Bedarf genommen und für Alkaloide oder Flüssigextrakte getrocknet.

ASTER
(Compositae/Asteraceae)

Etwa 250 Arten Mehrjähriger mit Rhizomen und faserigen Wurzeln sowie einige Ein- oder Zweijährige gehören zu dieser Gattung, die in Nordamerika, Afrika und Eurasien vorkommt. Viele sind Zierpflanzen. *A. tataricus* wird in China für medizinische Zwecke angebaut, ist aber im Westen kaum bekannt. In alten chinesischen Schriften wird die Pflanze erstmals um das Jahr 200 n.Chr. erwähnt. Eine nordamerikanische Art trägt die volkssprachliche Bezeichnung „Michaelisgänseblümchen", weil sie zum St. Michaelstag (29. September) blüht.

A. tataricus

Eine hohe Mehrjährige, bis -15° C winterhart, 1,5-2m hoch, 1-1,2m breit, mit einem in Bodennähe verdickten Stamm und langstieligen elliptischen, behaarten, an den Rändern gezähnten Blättern von bis zu 40cm Länge. Purpurfarbene bis blaue, den Gänseblümchen ähnliche Blüten von 5cm Durchmesser öffnen sich im Sommer und Herbst. Sie wächst auf Wiesen und an Flußläufen im östlichen Asien.

VERWENDBAR Wurzeln („Zi wan").
EIGENSCHAFTEN Ein anregendes schleimlösendes Kraut für die Atemwege, auch bei Infektionen.
GEBRAUCH
MEDIZIN Innerlich bei chronischer Bronchitis und Tuberkulose. Es wird häufig roh mit Honig verzehrt, um den schleimlösenden Effekt zu verstärken.

ANBAU UND ERNTE
ANBAU Winterharte Kulturpflanze; feuchter Boden in Sonne oder Halbschatten. Vermehrung im Frühjahr durch Grünstecklinge; im Frühjahr oder Herbst durch Teilung; Gefahr von Mehltaubefall.
ERNTE Die Wurzeln werden im Herbst gesammelt und roh oder getrocknet für Absude genutzt.

ASTRAGALUS Tragant
(Leguminosae)

Astragalus wird für medizinische Zwecke, zum Verzehr und als Futterpflanze angebaut. Das Gummiharz Tragant gewinnt man aus ca. 20 Arten, meist aber von *A. gummifer*, der schon den Griechen bekannt war. *A. complanatus* wird in der chinesischen Heilkunde seit dem 1. Jahrhundert n.Chr. als Stärkungsmittel für Leber und Nieren benutzt. Die Wurzeln von *A. membranaceus* ergeben in China ein Tonikum, das gleichwertig mit Ginseng ist.

A. gummifer (Tragant)

Ein niedriger immergrüner oder halbimmergrüner, schirmförmiger Strauch, bis -5° C hart mit stachlig gestielten, gefiederten Blättern und achselständigen

Trauben flaumiger weißer, erbsengroßer Blüten. Er wächst in Hochlandwäldern und auf Grasland im Nahen Osten, vor allem in Kurdistan.

VERWENDBAR Gummi.
EIGENSCHAFTEN Ein schleimiges Kraut, das das Immunsystem kräftigt und Tumore unterdrückt.
GEBRAUCH
WIRTSCHAFT Als Stabilisator und Quellmittel (E 413) in der Lebensmittelproduktion und pharmazeutischen Industrie sowie in Massenprodukten wie Zahnpasta, Streichkäse oder Backwaren.

A. membranaceus S. 90

VERWENDBAR Wurzeln („Huang qi").
EIGENSCHAFTEN Ein süß schmeckendes, kräftigendes Kraut, das das Immunsystem, die Milz, Lunge, Leber, den Kreislauf sowie die Harnwege anregt, auch den Blutdruck und Blutzuckerspiegel senkt.
GEBRAUCH
MEDIZIN Ein wichtiger Bestandteil in vielen traditionellen chinesischen Rezepturen; mit *Angelica polymorpha* var. *sinensis* (vgl. S. 238) bei schlechter Durchblutung und Apathie, mit *Atractylodes macrocephala* (siehe unten) und *Ledebouriella seseloides* bei Allergien und häufiger Erkältung. Auch bei Diabetes, Nierenproblemen, Organvorfällen und langsam heilenden Hautausschlägen geeignet.

ANBAU UND ERNTE
ANBAU Winterharte Kulturpflanze; entwässerter Boden, Sonne. Bevorzugt alkalische Böden. Vermehrung durch Samen im Frühjahr oder Herbst.
ERNTE Gummi erhält man nach zwei Jahren von *A. gummifer* durch Einschnitte am unteren Stamm; für Puder wird es getrocknet. Wurzeln von *A. membranaceus* sammelt man im Herbst und trocknet sie für Absude, Puder und Tinkturen.

ATRACTYLODES
(Compositae)

Jede der sieben Arten wird in der chinesischen Heilkunde verwendet. Die wichtigste ist *A. macrocephala*, die erstmals 659 n.Chr. beschrieben wurde. Neben seinen kräftigenden Eigenschaften soll dieses Kraut auch den unruhigen Fötus beruhigen können. *A. chinensis* ist vor allem ein verdauungsstärkendes Mittel und hilft bei grünem Star oder Nachtblindheit.

A. macrocephala S. 90

VERWENDBAR Rhizome („Bai zhu").
EIGENSCHAFTEN Ein bittersüßes kräftigendes Kraut, das hauptsächlich auf das Verdauungssystem wirkt. Es ist harntreibend, senkt den Blutzuckerspiegel und beseitigt bakterielle Infektionen.
GEBRAUCH
MEDIZIN Innerlich bei gestörter Verdauung, oft mit *Wolfiporia cocos* (vgl. S. 372), *Codonopsis tangshen* (vgl. S. 264) und *Glycyrrhiza uralensis* (vgl. S. 289) sowie mit *Scutellaria baicalensis* (vgl. S. 351) als Blutmittel während der Schwangerschaft.

ANBAU UND ERNTE
ANBAU Winterharte Kulturpflanze; jeder gut entwässerte Boden in sonniger oder halbschattiger Lage. Vermehrung durch Aussaat im Frühjahr.
ERNTE Die Rhizome werden im Herbst gesammelt und für die Nutzung als Tonikum gebacken.

ATRIPLEX Melde
(Chenopodiaceae)

Die meisten Arten enthalten Saponine, die, im Übermaß genossen, giftig sind. Die australische *A. nummularia* verträgt Trockenheit sowie salzige Böden und wurde von frühen Siedlern als Seifenersatz verwendet, als Gemüse verzehrt und bei Skorbut oder Blutkrankheiten verabreicht. *A. halimus*, eine nordafrikanische Art, verbrennt man, um ein säurebindendes Pulver zu gewinnen. Einige kann man als Kräuter in Töpfen ziehen und Gerichten zur Geschmacksverbesserung oder Erhöhung des Nährwertes beigeben, sie sollten aber nicht als Gemüse verzehrt werden. Eine Ausnahme ist die europäische *A. patula*, die wegen ihrer spinatähnlichen Blätter, welche einen hohen Gehalt an Vitamin C aufweisen, zu empfehlen ist.

A. hortensis (Gartenmelde) S. 90

VERWENDBAR Blätter.
EIGENSCHAFTEN Ein leicht reizerregendes Kraut, das den Metabolismus anregt.
GEBRAUCH
KÜCHE Es kann roh oder gekocht gegessen werden, allein und zusammen mit anderen Gemüsen wie Spinat.
MEDIZIN Innerlich, um Trägheit zu vertreiben.
VARIANTE
***A. h.* 'Rubra'**, S. 90.

ANBAU UND ERNTE
ANBAU Winterharte Wild- *(A. hortensis)* oder Zierpflanze (*A. h.* 'Rubra'); gut entwässerter Boden, Sonne. Gedeiht gut in Küstennähe; Vermehrung durch Aussaat im Herbst. *A. hortensis* und *A. h.* 'Rubra' sind gute Selbstaussäer.
ERNTE Die Blätter werden nach Bedarf gepflückt und frisch verzehrt.

ATROPA Tollkirsche
(Solanaceae)

A. bella-donna ist in der modernen Medizin von außerordentlicher Bedeutung und wird für die pharmazeutische Industrie vor allem in Osteuropa angebaut. Wie auch andere *Atropa*-Arten enthält die Pflanze Alkaloide, die medizinisch von hohem Wert sind. Die Kriminalgeschichte ist voll der Berichte über Giftmischer, die diese Pflanzen verwendeten. Die Gattung gab einem der Alkaloide seinen Namen, dem Atropin, das die Pupillen erweitert. Vor der Zeit der modernen Anästhesie wurde *A. bella-donna* auf die Haut aufgetragen, um einen Patienten bewußtlos zu machen.

A. bella-donna (Tollkirsche) S. 91

VERWENDBAR Gesamte Pflanze, Wurzeln.
EIGENSCHAFTEN Ein narkotisches Kraut, das Krämpfe löst und Absonderungen im Mund, in den Bronchien sowie im Magen vermindert.

GEBRAUCH
MEDIZIN Innerlich bei Asthma, Nieren- und Gallensteinen, Parkinsonscher Krankheit, Myokardinfarkt, niedrigem Blutdruck, Übersäuerung, Magengeschwüren und Reisekrankheit. Überdosierung verursacht trockenen Mund, Verlust der Stimme, erweiterte Pupillen, Lichtempfindlichkeit, Verwirrung, Aussetzen der Atmung und Tod. Äußerlich in Einreibemitteln und Pflastern bei Rheuma und Muskelschmerzen sowie in Augentropfen. Es darf nur durch qualifizierte Heilpraktiker verschrieben werden. In der Homöopathie bei Sonnenstich, Menstruationsbeschwerden und bei Entzündungen, die durch Rötung oder starke Schmerzen gekennzeichnet sind. WARNHINWEIS Dieses Kraut und seine Alkaloide unterliegen in einigen Ländern gesetzlichen Einschränkungen.

ANBAU UND ERNTE
ANBAU Winterharte Kulturpflanze; entwässerter, feuchtigkeitshaltender alkalischer Boden in der Sonne oder im Halbschatten. Vermehrung durch Aussaat oder Teilung im Frühjahr. Der Anteil an Alkaloiden ist an sonnigen Standorten oder in warmen, trockenen Sommern höher.
ERNTE Die ganzen Pflanzen werden zur Blütezeit geschnitten und für die Weiterverarbeitung zu Trocken- oder Flüssigextrakten, Tinkturen, Einreibemitteln, Pflastern etc. mit Glyzerin getrocknet. Wurzeln von 2-3jährigen Pflanzen werden im Herbst gesammelt und in gleicher Weise verarbeitet.
WARNHINWEIS Giftig bei Verzehr; reizt die Haut und ist wahrscheinlich allergen.

AVENA Hafer
(Gramineae/Poaceae)

A. sativa findet als Speise und als Kraut Verwendung. Sie wird als Futterpflanze, aber auch für Haferkekse und für -Flocken angebaut. Bei Kennern medizinischer Kräuter gilt die Pflanze als Stärkungsmittel. Neben den wichtigen Proteinen, Stärke und Mineralien enthält Hafer ein Alkaloid, Glykoside und darüber hinaus feste Öle, die viel Vitamin E enthalten.

A. sativa (Hafer, Saathafer) S. 91

VERWENDBAR Samen.
EIGENSCHAFTEN Ein nahrhaftes Kraut, das kräftigend auf Herz, Nerven sowie Thymusdrüse wirkt und äußerlich emollient ist. Regelmäßiger Verzehr von Haferkeimen senkt den Cholesterinspiegel im Blut.
GEBRAUCH
KÜCHE Gekochter Hafer ist beliebt als Frühstück, gemahlener ein wichtiger Bestandteil im Müsli und in gerösteteten Getreideriegeln.
MEDIZIN Innerlich bei Depressionen, nervöser Erschöpfung, Gürtelrose, Herpes, Problemen während des Klimakteriums und Schwäche nach Krankheiten. Äußerlich in Zubereitungen bei Ekzemen und trockener Haut. Häufig in Verbindung mit *Cypripedium parviflorum* var. *pubescens* (vgl. S. 271) oder *Scutellaria lateriflora* (vgl. S. 351) bei Depressionen.

ANBAU UND ERNTE
ANBAU Winterharte Kulturpflanze; gut entwässerter fruchtbarer Boden, Sonne. Vermehrung durch Aussaat im Frühjahr.
ERNTE Pflanzen schneidet man im Sommer vor der Reife. Das gedroschene Korn wird sodann enthülst, und zwar für Speisen, Flüssigextrakte sowie Tinkturen.

AZADIRACHTA
(Meliaceae)

A. indica hat die gleichen Eigenschaften wie ihre nahe Verwandte *Melia azedarach* (vgl. S. 310). In der ayurvedischen Heilkunde ist sie das wichtigste Entgiftungs- sowie ein starkes Fiebermittel, mit dem lange Zeit das Wechselfieber behandelt wurde. Jüngste Forschungen zeigen, daß es wirksame Inhaltsstoffe gegen Malaria enthält. Die Samen ergeben Margosaöl, das nicht austrocknet, antiseptische Eigenschaften hat und als Insektizid wirkt. *A. indica* schätzt man in Teilen Afrikas als Mittel gegen Insekten so hoch, daß sie häufig als schützende Hecke um offene Felder gezogen wird, wenn dort nämlich Pflanzen angebaut werden, die anfällig gegen Krankheitserreger sind.

A. indica, syn. *Melia azadirachta*, *M. indica* (Nimbaum) S. 91

VERWENDBAR Blätter, Rinde, Samen, Öl, Harz.
EIGENSCHAFTEN Ein bitter schmeckendes kräftigendes Kraut, das blutreinigend, entgiftend, entzündungshemmend, fiebersenkend sowie heilungsfördernd ist und alle Körperfunktionen verbessert. Es zerstört viele parasitäre Organismen und wirkt insektizid.
GEBRAUCH
MEDIZIN Innerlich bei Malaria, Tuberkulose, Rheumatismus, Arthritis, Gelbsucht, Würmern und Hautkrankheiten. Es darf nicht von alten schwachen oder sehr jungen Leuten eingenommen werden. Äußerlich bei Kopfflechte, Ekzem, Läusen, Pilzinfektionen und schmerzenden Gelenken oder Muskeln.
WIRTSCHAFT Die Blätter werden in Büchereien und Herbarien als Schutz vor Insektenbefall verwendet. Das Öl nutzt man in Haarwässern und Insektiziden (besonders, um Feldfrüchte vor Heuschrecken zu schützen). Das Harz ist Bestandteil von Seifen, Zahnpaste und Hautlotionen.

ANBAU UND ERNTE
ANBAU Empfindliche Kulturpflanze; gut entwässerter Boden, Sonne; mindestens 15-18° C. Sie verträgt karge Böden und längere Dürre; Vermehrung durch Aussaat reifer Samen.
ERNTE Blätter, Rinde sowie Harz werden nach Bedarf gesammelt und frisch oder getrocknet in Absuden, Aufgüssen, medizinischen Ölen, Pudern bzw. Pasten verwendet. Die Samen erntet man in der Reife für die Extraktion von Öl.

B

BALLOTA Gottvergeß
(Labiatae/Lamiaceae)

B. nigra ist beispielhaft für Kräuter, die überall in Kräutergärten vorkommen, in der medizinischen Kräuterkunde aber kaum noch genutzt werden. *B. nigra* zieht man dem wohlschmeckenderen *Marrubium vulgare* (vgl. S. 308) vor. Mit dem Öl aus *B. nigra* Öl wird das aus *Marrubium vulgare* verschnitten.

B. nigra (Schwarznessel) S. 91

VERWENDBAR Gesamte Pflanze.
EIGENSCHAFTEN Ein schleimlösendes Mittel mit unangenehmem Geschmack, das die Uterusfunktion anregt und Krämpfe des Verdauungssystems und der Bronchien beruhigt; hilfreich bei Übelkeit und Erbrechen.
GEBRAUCH
MEDIZIN Innerlich bei schlechtem Stuhlgang, Verdauungsstörungen, Übelkeit bei Schwangerschaft, Menstruationsbeschwerden und Bronchialleiden.
VARIANTE
***B. n.* 'Archer's Variety'**.

ANBAU UND ERNTE
ANBAU Winterharte Wild- *(B. nigra)* oder Zierpflanze (*B. n.* 'Archer's Variety'); wasserdurchlässiger Boden, Sonne oder Halbschatten. Vermehrung durch Samen im Frühjahr, durch Teilung in der Ruhezeit. 'Archer's Variety' entwickelt sich nicht aus Samen, sonst ist *B. nigra* selbstaussäend.
ERNTE Die ganze Pflanze zu Beginn der Blüte schneiden und zur Verwendung als Aufguß, Flüssigextrakt oder Tinktur trocknen; frisch auch für Sirup. Getrocknete Pflanzen jährlich erneuern.

BALSAMITA
B. major. Siehe *Tanacetum balsamita.*

BAPTISIA Färberhülse
(Leguminosae/Papilionaceae)

B. tinctoria war den Indianern schon lange bestens bekannt, bevor die weißen Einwanderer nach Amerika kamen. Die Mohikaner machten aus den Wurzeln einen Sud zum antiseptischen Auswaschen von Wunden. Auch andere Arten wie *B. leucantha, B. leucophaea* und *B. australis* wurden in der Heilkunde genutzt.

B. tinctoria S. 92

VERWENDBAR Wurzeln.
EIGENSCHAFTEN Ein beißend bitteres antiseptisches Kraut, welches das Immunsystem anregt und besonders wirksam gegen bakterielle Infektionen ist. Es ist fiebersenkend und hat eine abführende sowie Brechreiz hervorrufende Wirkung.
GEBRAUCH
MEDIZIN Innerlich bei Mandelentzündung, Rachenkatarrh und Infektion der oberen Atemwege; übermäßiger Gebrauch führt zu Übelkeit und Erbrechen. Äußerlich bei Furunkeln, Geschwüren, Zahnfleischerkrankungen, wunden Brustwarzen und Scheidenkatarrh. In der ayurvedischen Medizin eine lindernde, die Körpersäfte verbessernde Arznei. Bei Halsentzündung in Kombination mit *Echinacea purpurea* (vgl. S. 276), *Capsicum frutescens* (vgl. S. 254) und *Commiphora myrrha* (vgl. S. 265); bei Furunkeln und geschwollenen Lymphknoten mit *Phytolacca americana* (vgl. S. 327), *Viola odorata* (vgl. S. 370) und *Arctium lappa* (vgl. S. 240), bei Geschwüren mit *Cephaelis ipecacuanha* (vgl. S. 258); in der Homöopathie bei Grippe und Halsschmerzen.

ANBAU UND ERNTE
ANBAU Winterharte Kulturpflanze; tiefer, nährstoffreicher Boden, Sonne. Vermehrung durch Samen im Frühling, durch Teilung in der Ruhezeit.
ERNTE Große Wurzeln sammelt man im Herbst und trocknet sie zur Verwendung für Abkochungen, Flüssigextrakte oder Tinkturen. Sie sind bis zu zwei Jahre haltbar.

BAROSMA Bukkostrauch
B. crenulata. Siehe *Agathosma crenulata.*

BELAMCANDA
Leopardenblume (Iridaceae)

Diese Pflanze ist in der chinesischen Heilkunde weitverbreitet. *B. chinensis* findet erstmals Erwähnung im „Shen Nong" Kräuterkanon (25-220 n.Chr.). In Südchina schätzt man sie zur Behandlung der Reisfeld-Dermatitis, einer Pilzinfektion der Haut, die bei den Bauern auf den Reisfeldern verbreitet ist.

B. chinensis, syn. *Ixia chinensis*, *Pardanthus chinensis* S. 92

VERWENDBAR Rhizome („She gan").
EIGENSCHAFTEN Ein bitteres linderndes Kraut, das vor allem auf Lunge und Leber wirkt, Fieber senkt und Entzündungen lindert. Es ist gegen verschiedene Bakterien, Pilze und Viren wirksam.
GEBRAUCH
MEDIZIN Innerlich bei Halsentzündung und Husten mit starker Schleimbildung; nicht für Schwangere.

ANBAU UND ERNTE
ANBAU Frostharte Zierpflanze; wasserdurchlässiger, sandiger humusreicher Boden, Sonne. In kühleren Regionen oder in kalten Wintern schützen. Vermehrung unter Abdeckungen durch Samen im Frühling; sie benötigt ca. 15 Tage zum Keimen.
ERNTE Die Rhizome werden im Sommer oder im Herbst herausgenommen und für Abkochungen getrocknet.

BELLIS Maßliebchen
(Compositae/Asteraceae)

Man untersucht gegenwärtig, ob *B. perennis* in der AIDS-Therapie brauchbar ist. Die Blüten enthalten Bestandteile, die denen in *Castanospermum australe* ähnlich sind (vgl. S. 256).

Das Gänseblümchen hat eine lange Geschichte. Gerard („The Herball, or Generall Historie of Plantes", 1597) sagt: „Gänseblümchen lindern Schmerzen, besonders Gelenkleiden und Gicht, man trägt sie mit frischer, ungesalzener Butter auf die schmerzende Stelle auf".

B. perennis (Gänseblümchen, Tausendschön) S. 92

VERWENDBAR Blätter, Blüten.
EIGENSCHAFTEN Ein adstringierendes Kraut, schleim- und krampflösend.
GEBRAUCH
KÜCHE Junge Blätter und Blüten haben einen angenehm säuerlichen Geschmack und können Salaten beigegeben werden.
MEDIZIN Innerlich bei Husten und Katarrh. Äußerlich bei Brüchen, Krampfadern, Verletzungen und entzündeten oder tränenden Augen. Als homöopathisches Medikament bei schweren Quetschungen.
VARIANTEN
B. p. **'Alba Plena'**, S. 92.
B. p. **'Pomponette'**, S. 92.
B. p. **'Prolifera'**, S. 92.

ANBAU UND ERNTE
ANBAU Winterharte Kulturpflanze (Varietäten: Zierpflanzen); wasserdurchlässiger Boden; Sonne oder Halbschatten. Vermehrung durch Aussaat unter Abdeckungen oder durch Teilung im Frühling (im Frühsommer oder Herbst für die Blüte im nächsten Jahr). Regelmäßiges Entfernen der welken Blüten führt zur Verlängerung der Blütezeit. Züchtungen mit doppelten Blüten sind normalerweise steril und können nicht aus Samen gezogen werden.
ERNTE Blüten sowie Blätter werden im Frühling oder Sommer gepflückt, man verbraucht sie frisch für Abkochungen, Salben und Packungen (Blätter) oder für Aufgüsse und Salben (Blüten).

BENINCASA Wachskürbis (Cucurbitaceae)

Der Anbau von Wachskürbis ist weit verbreitet; die eßbaren Früchte sind gut lagerfähig, sein Wachs dient zur Kerzenherstellung. Der medizinische Gebrauch wurde erstmals in der „Tang Materia Medica" (659 n.Chr.) beschrieben. In China werden die Früchte bei Schlankheitsdiäten gegessen. Forschungen haben ergeben, daß sie Anti-Krebs-Terpene enthalten.

B. hispida (Wachskürbis) S. 93

VERWENDBAR Fruchtrinde, Samen.
EIGENSCHAFTEN Ein linderndes wohlschmeckendes Kraut mit harntreibender Wirkung (Fruchtrinde), entzündungshemmend, schleimlösend und fiebersenkend.
GEBRAUCH
KÜCHE Das unreife Fruchtfleisch ißt man als Gemüse, besonders in Currygerichten oder eingelegt; die reifen Früchte werden kandiert, die Samenkörner geröstet.
MEDIZIN In der chinesischen Medizin innerlich angewandt bei Erkrankungen der Harnwege und Sommerfieber (Rinde), Husten mit Schleimbildung, inneren Abzessen sowie Vaginalausfluß (Samen). In der ayurvedischen Heilkunde innerlich bei Epilepsie, Lungenentzündung, Asthma, Schluckauf, Husten, Harnverhaltung, inneren Blutungen (Frucht), Diabetes (Rinde), Bandwurm (Samen) und als Mittel bei Vergiftung durch Quecksilber, Schlangenbiß oder toxischen Pflanzen (frischer Saft).
WIRTSCHAFT Zur Herstellung von Kerzen wird das Wachs aus der Rinde geschabt.

ANBAU UND ERNTE
ANBAU Empfindliche Kulturpflanze; wasserdurchlässiger, humusreicher Boden, Sonne; reichlich wässern, Mindesttemperatur 16° C. Vermehrung durch Aussaat im Frühjahr.
ERNTE Die Früchte nach Bedarf pflücken. Samenkörner und Rinde der reifen Früchte trocknet man für Abkochungen.

BERBERIS Berberitze, Sauerdorn (Berberidaceae)

Die medizinischen Anwendungen von *Berberis* stellen ein gutes Beispiel für die Doktrin der Signaturlehre dar, derzufolge die Farbe (oder Struktur) der Pflanze als göttliches Zeichen für deren heilende Eigenschaften gesehen wurde. Viele Pflanzen mit gelber Färbung nahm man so als Arznei bei Leberleiden. Verschiedene *Berberis*-Arten, darunter die *B. aristata* und *B. asiatica*, beide aus dem Himalaya, werden weltweit medizinisch genutzt. In der ayurvedischen Medizin heißen diese Arten „Daruharidra" (Wald-Gelbwurzel), weil sie ähnliche Eigenschaften wie *Curcuma longa* (vgl. S. 270) haben. Sie enthalten ein wichtiges antibakterielles Alkaloid, das Berberin, das in Japan und Südostasien zur Behandlung von tropischem Durchfall und als Mittel für Augenleiden eingesetzt wird. Das Medikament wird aus den Wurzeln und Rhizomen verschiedener *Berberis*-Arten und der eng verwandten *Mahonia* (vgl. S. 308) gewonnen. Indien produziert aus 600-700 Tonnen Wurzeln jährlich bis zu sieben Tonnen dieses Stoffes.

B. vulgaris (Sauerdorn) S. 93

VERWENDBAR Blätter, Stamm- und Wurzelrinde, Wurzeln sowie Früchte.
EIGENSCHAFTEN Dieses kräftige Kraut fördert Leber-, Milz- sowie Uterusfunktionen, senkt Fieber oder hohen Blutdruck, stillt Blutungen und ist entzündungshemmend; auch ist seine Wirksamkeit bei Krebs nachgewiesen.
GEBRAUCH
KÜCHE Die sauren Früchte mit hohem Vitamin C-Gehalt hat man zu Gelee für Hammelfleisch verarbeitet, eingelegt oder kandiert (zur Dekoration).
MEDIZIN Innerlich bei Ruhr, Leishmaniasen, Malaria, Hepatitis, Lebertumor, Gallensteinen, Bluthochdruck und in der Chemotherapie. Oft mit *Chionanthus virginicus* (vgl. S. 260) und/oder *Veronicastrum virginicum* (vgl. S. 368) bei Gallenblasenbeschwerden. In der ayurvedischen Medizin geschätzt als Lebertonikum und Entgiftungsmittel, und mit *Curcuma longa* (vgl. S. 270) bei Leberbeschwerden und Diabetes. Nicht für Schwangere geeignet.

ANBAU UND ERNTE
ANBAU Winterharte Kulturpflanze; neutraler bis kalkhaltiger Boden, Sonne oder Halbschatten. Vermehrung durch Aussaat im Herbst, durch junge oder halbreife Ableger im Sommer. Rückschnitt von altem Holz und wuchernden Trieben im Spätwinter. Kann vom Hallimasch befallen werden. *Berberis* darf als Wirt des Getreiderostpilzes nicht in allen Ländern angebaut werden.
ERNTE Früchte werden im Herbst geerntet und frisch verarbeitet, Stamm und Wurzeln sammelt man im Herbst; Rinde wird frisch geschält. Rinde und Wurzeln trocknet man zur Verarbeitung u.a. für Flüssigextrakte und Pulver.
WARNHINWEIS Alle Pflanzenteile mit Ausnahme der reifen Beeren sind giftig.

BETONICA

B. officinale. Siehe *Stachys officinalis.*

BETULA Birke (Betulaceae)

Die Sandbirke wird als medizinisch wirksame Pflanze in Rußland und Sibirien besonders zur Behandlung von Arthritis hochgeschätzt. In diesen Regionen, in denen die Sandbirke der meistverbreitete Baum ist, werden große Mengen Birkenteeröl produziert. Verschiedene Birkenarten nutzt man in der Heilkunde: bei Hauterkrankungen oder Wunden die eurasische *B. pubescens* (Moorbirke) in gleicher Weise wie *B. pendula* (Sandbirke, Weißbirke) und die nordamerikanische *B. alleghaniensis* (Gelbbirke) wie *B. nigra* (Schwarzbirke). Aus *B. lenta* (Zuckerbirke) läßt sich das süße Birkenöl gewinnen, das große Mengen Methylsalicylat enthält, welches in der Parfümherstellung und für Zahnpflegeprodukte Verwendung findet. Auch für das Holz gibt es viele Nutzungsmöglichkeiten, so zum Beispiel als Holzkohle, Papier, Baumwollspulen, Spielwaren und in der Fischräucherei. Die Rinde verleiht gefärbtem Leder einen angenehmen Geruch („Peau d'Espagne"); die Zweige bindet man zu Besen. Früher machte man daraus Ruten und Peitschen, mit denen Übeltäter bestraft wurden.

B. pendula, syn. *B. alba*, *B. verrucosa* (Sandbirke, Weißbirke) S. 93

VERWENDBAR Blätter, Rinde, Öl (mitunter auch Knospen, Pflanzensaft).
EIGENSCHAFTEN Ein bitteres, adstringierendes, wohltuendes Kraut mit harntreibender, mild abführender Wirkung; entzündungshemmend, schmerzlindernd und die Schweißbildung fördernd.

GEBRAUCH
MEDIZIN Innerlich bei Rheuma, Arthritis, Gicht, Arteriosklerose, Wasserverhaltung, Blasenentzündung, Nierensteinen, Hautausschlag und Fieber. Einige Kräuterkundige meinen, daß zur Entgiftung die Einnahme von *B. pendula* und *Urtica dioica* (vgl. S. 366) in dreitägigem Wechsel ratsam sei. Äußerlich, meist in Form von Birkenteeröl, gegen Schuppenflechte und Ekzeme.

B. pendula 'Laciniata'

WIRTSCHAFT Aus dem Pflanzensaft werden Wein, Bier, Spirituosen und Essig hergestellt.
VARIANTEN
***B. p.* 'Laciniata'**, syn. *B. p.* 'Dalecarlica', S. 93.
***B. p.* 'Tristis'**, S. 93.
***B. p.* 'Youngii'**, S. 93.

ANBAU UND ERNTE
ANBAU Winterharte Zierpflanze; wasserdurchlässiger Boden, Sonne oder Schatten. *B. pendula* liebt sandigen Boden unter einem pH-Wert von 6,5; sie verträgt keine schwach alkalischen Böden, ist jedoch extrem winterhart und hält auch Trokkenheit besser aus als *B. pubescens*. Vermehrung im Frühling oder Sommer durch reife Samen in einer Mischung aus Sand und Torf. Die Samenkörner lassen sich nicht gut lagern, ihr Keimverhalten ist unregelmäßig. Birken können von Blattläusen, Raupen, Blattwespenlarven, Kornwürmern und Rost befallen werden, wie auch von verschiedenen Pilzen, darunter Holzschwämme (besonders Birken-Polyporen), Hexenbesen sowie Hallimasch.
ERNTE Blattknospen und junge Blätter sammelt man im Frühling für Aufgüsse, Breiumschläge und Tinkturen. Aus der abgeschälten Rinde des geschlagenen Holzes wird das Öl destilliert. Im zeitigen Frühjahr zapft man dem ausgewachsenen Baum in einem bestimmten kurzen Zeitraum den Pflanzensaft ab, pro Baum können das durchaus bis zu 82 Liter sein.

BIDENS Zweizahn
(Compositae/Asteraceae)

Früher war *B. tripartita* als *Hepatorium* bekannt; es diente bei „Leberverstopfung" oder anderen Beschwerden als Heilmittel und sollte verbrannt Insekten vertreiben. *B. bipinnata* wurde in der nordamerikanischen Heilkunde bei Menstruationsbeschwerden sowie bei Hals- und Lungenentzündungen gegeben.

B. tripartita (Zweizahn) S. 94

VERWENDBAR Gesamte Pflanze.
EIGENSCHAFTEN Ein bitteres adstringierendes, harntreibendes und blutstillendes Kraut.
GEBRAUCH
MEDIZIN Innerlich bei Blut im Urin, Gebärmutterblutung, Dickdarmgeschwüren und sonstigen Geschwüren der Verdauungsorgane. In Rußland äußerlich bei Haarausfall. Oft in Kombination mit *Symphytum officinale* (vgl. S. 357), *Agrimonia eupatoria* (vgl. S. 231), *Acorus calamus* (vgl. S. 228) oder *Zingiber officinale* (vgl. S. 373).

ANBAU UND ERNTE
ANBAU Winterharte Kulturpflanze; nasser Boden, Sonne. Vermehrung mit Samen im Frühling.
ERNTE Die Pflanzen werden zu Beginn der Blüte geschnitten und für Aufgüsse, Flüssigextrakte sowie Tinkturen getrocknet.

BIOTA
B. orientalis. Siehe *Thuja orientalis.*

BIXA Orleansstrauch
(Bixaceae)

Am Amazonas hat *B. orellana* eine lange Geschichte als rote oder orangefarbene Körperfarbe, die auch der Insektenabwehr diente. Heute ist sie als Lebensmittelfarbe von Bedeutung, da sie geschmacksneutral ist. Die Farbe wirkt angeblich auch als Gegengift bei Blausäurevergiftung durch den Genuß von Maniok *(Manihot esculenta)*, aus dem das Gift noch nicht entfernt werden konnte. Von den medizinischen Eigenschaften weiß man nur wenig. In Brasilien ist die Pflanze als „Urucú" bekannt.

B. orellana (Annatostrauch, Orleansstrauch) S. 94

VERWENDBAR Blätter, Früchte, Samen.
EIGENSCHAFTEN Ein adstringierendes abführendes Kraut, das bei Wurmbefall helfen soll; fiebersenkend, verdauungsfördernd und schleimlösend.
GEBRAUCH
KÜCHE Die Samen kocht man in Butter oder gibt sie an Reis, Suppen, Fleisch und Schokolade.
MEDIZIN Innerlich bei Mundkrebs (Samenbrei, Mexiko); Wurmbefall bei Kindern, Koliken und Fieber (Blätter, Karibik); Fieber bei Kindern und nach Geburten (Blätteraufguß, Indochina). Äußerlich bei Brandwunden zur Verhinderung von Blasen- und Narbenbildung (Samen, Philippinen).
WIRTSCHAFT Fruchtfleisch enthält den Farbstoff E 160b zum Färben von Margarine, Käse, Suppen und Räucherfisch sowie der Köder beim Fischen.

ANBAU UND ERNTE
ANBAU Empfindliche Kulturpflanze; wasserdurchlässiger feuchter Boden, mindestens 16° C. Vermehrung mit frischen Samen in Sand im Herbst bei 18° bis 20° C; durch Ableger von ausgereiftem Holz bei 30° C. Aus Samen gezogene Pflanzen brauchen lange bis zur Blüte, Pflanzen aus Ablegern blühen jung. Als Hecke kräftig zurückschneiden; Solitäre nach Wunsch trimmen.
ERNTE Die Blätter sammelt man nach Bedarf und trocknet sie für Aufgüsse. Die Samen werden gesammelt, wenn die Frucht aufplatzt, und in heißem Wasser eingeweicht; die so entstandenen Ablagerungen dienen gepreßt zum Färben oder für medizinische Zwecke.

BLETIA Blet-Orchidee
B. hyacinthina. Siehe *Bletilla striata.*

BLETILLA
(Orchidaceae)

Die Sorte *B. striata* ist in der traditionellen chinesischen Heilkunde ein wichtiges Kraut; es wurde um das Jahr 500 n.Chr. zum ersten Mal beschrieben.

B. striata, syn. *Bletia hyacinthina* S. 94

VERWENDBAR Pseudobulben.
EIGENSCHAFTEN Ein bitteres, süßsaures Kraut, blutstillend mit antibakterieller, abschwellender und allgemein heilender Wirkung.
GEBRAUCH
MEDIZIN Innerlich bei Blutungen der Lunge und des Magens (z.B. bei Tbc, Magengeschwüren), Gebärmutterblutung und Nasenbluten. Äußerlich oft zusammen mit Sesamöl bei Verbrennungen, blutenden Verletzungen, Abszessen und Wunden.

ANBAU UND ERNTE
ANBAU Halbwinterharte Zierpflanze; wasserdurchlässiger humusreicher Boden mit Torf oder Torfersatz und Blattkompost; Schatten. Vermehrung durch das Setzen von Pseudobulben im zeitigen Frühjahr oder durch Teilung bei wuchernden Pflanzen. Gefährdung der jungen Blätter durch Nacktschneckenfraß. Bei abgedecktem Anbau oft Befall durch Blattläuse und rote Spinnmilben.
ERNTE Die Pseudobulben werden in der Ruhezeit ausgegraben, in Scheiben geschnitten und für Abkochungen oder als Pulver getrocknet.

BOMBAX Baumwollbaum
B. pentandra. Siehe *Ceiba pentandra.*

BORAGO Boretsch
(Boraginaceae)

Boretsch hat den Ruf, die Lebensgeister zu wecken; so heißt es schon bei John Gerard in „The Herball, or Generall Historie of Plantes" (1597): „Heute tun die Menschen die Blüten in den Salat, um sich fröhlich zu stimmen und die Laune zu verbessern. Vieles kann man aus der Pflanze machen, was das Herz erleichtert, die Sorgen vertreibt und den Geist erhebt. Die Blätter des Boretsch, im Wein zu sich genommen, machen Männer und Frauen froh und glücklich, vertreiben Trauer, Langeweile und Melancholie, das haben bereits Dioskorides und Plinius bestätigt. Sirup aus Boretschblüten ist gut für das Herz, läßt die Melancholie vergehen und beruhigt die Verrückten".

B. officinalis (Boretsch, Gurkenkraut) S. 94

VERWENDBAR Blätter, Blüten, Samen, Öl.
EIGENSCHAFTEN Ein salzhaltiges harntreibendes Kraut, das geschädigtes oder gereiztes Gewebe beruhigt; schweißtreibend, mit milder sedativer und antidepressiver Wirkung. In den Samen ist viel Gamma-Linolsäure enthalten. Das Öl reguliert das Hormonsystem und senkt den Blutdruck. Die Pflanze (aber nicht das Öl) enthält geringe Mengen des Pyrrolizidin-Alkaloids (wie auch in *Symphytum officinale*, vgl. S. 357), das Leberschäden und Leberkrebs verursachen kann.

GEBRAUCH

KÜCHE Die Blätter geben Getränken einen gurkenähnlichen Geschmack. Kleingeschnitten verwendet man sie für Salate und Kräuterkäsezubereitungen. In Italien kocht man sie als Gemüse.

Frische Blüten werden für Salate oder zur Garnierung benutzt; wenn sie mit Essig oder Zitronensaft in Berührung kommen, werden sie jedoch rosa. Man kann aus ihnen Sirup kochen oder sie kandieren.

MEDIZIN Innerlich bei Fieber, Entzündungen der Bronchien (auch bei Brustfellentzündung und Tbc), bei Mund- und Halsentzündungen, trockener Haut, Zirrhose sowie chronischer Nierenentzündung. Bei Hautleiden und prämenstruellem Syndrom als Alternative zum Nachtkerzenöl. Äußerlich für Augenbäder, zum Gurgeln, für Mundspülungen und Breiumschläge. WARNHINWEIS In einigen Ländern besteht ein Einfuhrverbot für alle Pflanzenteile mit Ausnahme des Öls der Samen.

VARIANTE ***B. o.* 'Alba'**, S. 94.

ANBAU UND ERNTE

ANBAU Winterharte Zierpflanze; wasserdurchlässiger feuchter Boden in voller Sonne; wächst auch auf nährstoffarmen trockenen Böden, bleibt dort aber kleiner. Vermehrung durch Aussaat im Frühling, danach auf 45cm ausdünnen. Mehltaubefall ist bei Trockenheit oder gegen Ende der Wachstumsperiode möglich.

ERNTE Die Blätter werden im Frühling oder Sommer gesammelt und frisch verarbeitet oder für Aufgüsse und Flüssigextrakte getrocknet. Die Blüten werden beim Aufblühen abgenommen und ohne Kelche frisch zu Sirup verarbeitet oder kandiert. Boretsch entwickelt eine feste Pfahlwurzel und läßt sich nicht gut verpflanzen. Erdbeeren sollen die Nachbarschaft zu Boretsch lieben. Seine Blüten ziehen Bienen an. Da die Wirkstoffe sich schnell verflüchtigen, müssen die Blüten und Blätter sofort verarbeitet, Vorräte getrockneter Kräuter jährlich erneuert werden. Die Samen erntet man in der Reife zur Ölextraktion.

WARNHINWEIS Hautreizungen und allergische Reaktionen sind möglich.

BOSWELLIA Weihrauchbaum
(Burseraceae)

Seit frühesten Zeiten wird Weihrauch für kosmetische und medizinische Zwecke genutzt, besonders in Gegengiften und Allheilmitteln. Schon in der Antike assoziierte man mit Weihrauch Langlebigkeit und Erinnerungkraft; er wurde verbrannt, um böse Geister zu vertreiben. Im Nahen Osten war er eines der wertvollsten Handelsgüter und wurde medizinisch sowie rituell verwendet. Im Tempel der Königin Hatschepsut in Luxor zeigen Reliefs Weihrauchbäume in Töpfen; aus der Pflanze wurden verjüngende Gesichtsmasken bereitet.

B. sacra, syn. *B. carteri* (Weihrauch) S. 95

VERWENDBAR Schleimharz („Ru xiang").

EIGENSCHAFTEN Ein scharfes wärmendes Kraut, kreislaufanregend und nervenberuhigend, antiseptisch, schleimlösend sowie abschwellend.

GEBRAUCH

AROMA In Dufttöpfen und zur Parfümherstellung.

MEDIZIN Innerlich bei Infektionen der Bronchien und der Harnwege. Nicht für Schwangere (obwohl im Oman traditionell zum Ausräuchern während und nach Geburten). Äußerlich zum Inhalieren bei Katarrh und für Spülungen bei Vaginalinfektionen.

In der chinesischen Heilkunde innerlich bei Menstruationsbeschwerden und äußerlich bei Verletzungen, Hautausschlag und für Spülungen bei Entzündungen des Mund- und Rachenraums sowie des Zahnfleisches. In der ayurvedischen Medizin als Verjüngungsmittel und in der Aromatherapie als Mittel gegen Angstzustände.

WIRTSCHAFT Bestandteil in Antifalten-Crèmes.

ANBAU UND ERNTE

ANBAU Empfindliche Wildpflanze; wasserdurchlässiger bis trockener Boden in praller Sonne, mindestens 10-15° C. Vermehrung durch junge Ableger im Sommer. Im zeitigen Frühjahr eventuell ein wenig beschneiden.

ERNTE Das Harz kann das ganze Jahr über gesammelt werden. Die Qualität ist abhängig von der Lage und der Jahreszeit, am besten ist sie in trockenen Regionen und warmen Monaten. Das Harz wird frisch oder getrocknet destilliert, zu Absud und auch zu Pulver verarbeitet.

BRASSICA Kohl
(Cruciferae/Brassicaceae)

Schon früh wurde Senf als scharfes Gewürz, als Gemüse und für medizinische Zwecke genutzt. Als Gewürz ist es in der westlichen Welt seit mindestens 400 v.Chr. bekannt; seine medizinische Anwendung wurde in China erstmals im Jahr 659 n.Chr. bezeugt. Die Schärfe entwickelt sich, wenn den Senfkörnern kaltes Wasser zugegeben wird: ein Enzym (Myrosin) reagiert mit einem Glucosid (Sinigrin), es entsteht die Schwefelverbindung Allylisothiocyanat. Die Reaktion dauert 10-15 Minuten. Fügt man heißes Wasser, Essig oder Salz hinzu, wird die Reaktion gestoppt und ein milder bitterer Senf entsteht. Im Handel gibt es drei verschiedene Arten: den amerikanischen aus weißem Senf (*Sinapis alba*, vgl. S. 353), den englischen aus einer Mischung von weißem und schwarzem (*S. alba* und *B. nigra*) oder indischem Senf *(B. juncea)* und den französischen aus schwarzem *(B. nigra)* oder (heute üblicher) aus indischem Senf *(B. juncea)*.

B. alba. Siehe *Sinapis alba.*

B. hirta. Siehe *Sinapis alba.*

B. juncea, syn. *Sinapis juncea* (Indischer Senf, Sareptasenf) S. 95

VERWENDBAR Blätter, Samen.

EIGENSCHAFTEN Ein wärmendes anregendes Kraut mit antibiotischer Wirkung.

GEBRAUCH

KÜCHE Junge Blätter kocht man als Gemüse. Samen werden gemahlen und gemischt. Allein als russischer oder Sareptasenf, der besonders scharf ist; ungemahlen in Currygerichten und eingelegten Gemüsen. Körner kann man in Fett erhitzen, der Senf ist dann weniger scharf und hat ein nussiges Aroma.

B. nigra, syn. *Sinapis nigra* (Schwarzer Senf) S. 95

VERWENDBAR Blätter und Blüten, Samen, Öl.

EIGENSCHAFTEN Ein beißendes wärmendes Kraut, das die Blutzirkulation und das Verdauungssystem anregt; es reizt Haut und Schleimhäute. In hohen Dosen ein wirksames Brechmittel.

GEBRAUCH

KÜCHE Die jungen Blätter und Blüten geben Salaten die Schärfe. Samenkörner werden zur Senfherstellung gemahlen, im Ganzen nimmt man sie für Currygerichte und eingelegtes Gemüse.

MEDIZIN Äußerlich als Breiumschlag, Senfpflaster und Badezusatz bei Rheuma, Muskelschmerzen, Frostbeulen sowie bei Infektionen der Atemwege. Ein Senffußbad ist ein traditionelles Heilmittel bei Erkältung und Kopfschmerzen. Kontakt mit Senf bewirkt Hautrötung, d.h. eine Anregung der Blutzirkulation, und damit einen Abtransport der Giftstoffe. Bei empfindlicher Haut kann ein längerer Kontakt zu Blasenbildungen führen.

ANBAU UND ERNTE

ANBAU Winterharte Kulturpflanze; nährstoffreicher wasserdurchlässiger Boden in voller Sonne. Vermehrung durch Aussaat im Frühjahr.

ERNTE Blätter und Blüten sammelt man jung und verbraucht sie frisch. Die Schoten werden geerntet, wenn sie ihre Farbe verändern, und zum Nachreifen getrocknet; dadurch verhindert man die Selbstaussaat. Ätherisches Öl für den medizinischen Gebrauch wird aus den Körnern destilliert.

BRUCEA
(Simaroubaceae)

B. javanica wird in der chinesischen Medizin erstmals ca. 720 n.Chr. erwähnt. In der Heilkunde wird es zum Abtöten von Maden und innerlich bei Hämorrhoiden angewendet.

B. javanica S. 95

VERWENDBAR Samen („Ya dan zi").

EIGENSCHAFTEN Ein bitteres Kraut, fiebersenkend und wirksam gegen viele Krankheitserreger.

GEBRAUCH

MEDIZIN Innerlich gegen Malaria, Amöbenruhr und vaginale Soormykose. Äußerlich gegen Warzen und Hühneraugen. Die Körner werden normalerweise ganz eingenommen; Dauer und Dosis richten sich nach der Art der Beschwerden.

ANBAU UND ERNTE

ANBAU Empfindliche Kulturpflanze; wasserdurchlässiger Boden, Sonne oder Halbschatten, mindestens 15-18° C. Vermehrung durch Aussaat im Frühling oder durch reife Ableger im Sand.

ERNTE Die Samen werden im reifen Zustand geerntet und die harten äußeren Schalen entfernt.

BRUNFELSIA
(Solanaceae)

Brunfelsia enthält verschiedene Alkaloide und ein Furocumarin, das entzündungshemmend wirken soll. Von den eingeborenen Völkern

Südamerikas werden sie für medizinische Zwecke und als Halluzinogene eingesetzt. *B. chiricaspi* und *B. grandiflora* verursachen ein kühles, kribbelndes Gefühl.

B. uniflora, syn. *B. hopeana* S. 95

Verwendbar Wurzeln.
Eigenschaften Ein süßes, leicht aromatisches Kraut mit heilender, harntreibender und antirheumatischer Wirkung.
Gebrauch
Medizin Innerlich bei Syphilis, Rheuma und Arthritis.

Anbau und Ernte

Anbau Empfindliche Wildpflanze; nährstoffreicher wasserdurchlässiger Boden, Halbschatten. Hohe Luftfeuchtigkeit, mindestens 13° C. Vermehrung durch halbreife Ableger im Sommer bei 21° C. Um besseres Wachstum zu erreichen, die jungen Triebe während der Wachstumszeit zurückschneiden. Schmierläuse und Weiße Fliegen können Pflanzen unter Abdeckungen befallen.
Ernte Die Wurzeln werden gesammelt und für Absud und Flüssigextrakte getrocknet.

BRYONIA Zaunrübe
(Cucurbitaceae)

B. dioica ist eng mit *B. alba* verwandt; sie hat lediglich schwarze, statt rote Beeren. Man verwendet sie auf ähnliche Weise, obwohl homöopathische Heilmittel nur *B. alba* enthalten. Die Knolle der *B. alba* war früher als „Englische Alraune" bekannt; sie hing in Kräuterläden und war so hergerichtet, daß sie der echten Alraune (*Mandragora officinarum*, vgl. S. 308) mit ihrer menschenähnlichen Form glich. Sie kann sehr groß werden: „Der Leibarzt der Königin zeigte mir eine Wurzel, die wohl ein halbes hundert Pfund schwer und so groß wie ein einjähriges Kind war" (Culpeper, „The English Physitian Enlarged", 1653).

B. dioica, syn. *B. cretica* ssp. *dioica* (Rote Zaunrübe) S. 95

Verwendbar Wurzeln.
Eigenschaften Ein bitteres abführendes Kraut, gewebereizend, d.h.: es verursacht eine verstärkte Blutzufuhr an gereiztem Gewebe. Bekannt ist es für seine antirheumatische und abschwellende Wirkung (bei Geschwulsten). Bei hoher Dosierung ist dieses Kraut stark giftig.
Gebrauch
Medizin Früher innerlich in geringer Dosierung angewandt bei Bronchialbeschwerden, Asthma, Darmgeschwüren, Bluthochdruck und Arthritis. Äußerlich als durchblutungsförderndes Mittel bei Schmerzen der Muskeln und Gelenke sowie bei Brustfellentzündung.

Anbau und Ernte

Anbau Winterharte Kulturpflanze; entwässerter leicht alkalischer Boden; Sonne. Vermehrung mit Samen im Herbst, Teilung in der Ruhezeit.
Ernte Wurzeln sammelt man im Herbst, schneidet sie in Scheiben und trocknet sie für Extrakte.
Warnhinweis Die Berührung der frischen Wurzel verursacht starke Hautreizungen.

BUPLEURUM Hasenohr
(Umbelliferae/Apiaceae)

B. falcatum wurde um 200 n.Chr. erstmals in chinesischen Texten erwähnt.

B. falcatum, syn. *B. scorzoneraefolium*, *B. chinense* (Hasenohr) S. 96

Verwendbar Wurzeln.
Eigenschaften Ein bitteres Kraut, Tonikum für Leber und Kreislauf, fiebersenkend; wirkt gegen Viren.
Gebrauch
Medizin Innerlich bei Malaria, Gebärmutter- und Rektalvorfall, Herpes simplex, Hämorrhoiden, verlangsamter Leberfunktion, verbunden mit emotionaler Instabilität, Menstruationsbeschwerden und Völlegefühl. Häufig unbehandelt mit Wein gemischt bei fieberhaften Erkrankungen, mit Essig zur Kreislaufanregung und mit Schildkrötenblut bei Malaria.

Anbau und Ernte

Anbau Winterharte Zierpflanze; wasserdurchlässiger Boden; volle Sonne. Vermehrung durch Samen im Frühjahr, durch Teilung in der Ruhezeit.
Ernte Die Wurzeln werden im Herbst herausgenommen und für Abkochungen verwendet.

BURSERA Weißgummibaum
(Burseraceae)

Diese tropische amerikanische Gattung umfaßt etwa 50 Arten laubwechselnder Bäume und Sträucher. Die Maya nutzten das in manchen Arten enthaltene ätherische Öl als Weihrauch. Einige enthalten Rosenholzöl, das in der Parfümherstellung für Wald- oder Blumenduftnoten verwendet wird. Häufig genutzte Arten sind *B. glabrifolia* (76 % Öl), *B. delpechiana* sowie *B. penicillata, B. simarda, B. simarouba* und *B. spinosa*. Nach dem Zweiten Weltkrieg wurde das Öl vor allem aus *B. glabrifolia* gewonnen, da die Aufzucht von *Aniba roseaodora* (vgl. S. 239) der Anlage von Gummiplantagen für die Armee weichen mußte. Jüngste Forschungen zeigen interessante medizinische Eigenschaften: *B. delpechiana* hat eine mikrobentötende Wirkung und *B. klugii* sowie *B. morelensis* helfen gegen Tumore.

B. glabrifolia, syn. *B. aloexylon* (Weißgummibaum)

Ein empfindlicher laubwechselnder Baum mit gefiederten Blättern an den Zweigenden und weißen Blütenbüscheln zu Beginn der Regenzeit, gefolgt von eiförmigen, erbsengroßen roten Beeren.

Verwendbar Holz, Früchte, Öl.
Eigenschaften Ein bitteres aromatisches, antiseptisches Kraut, mit entzündungshemmender und krampflösender Wirkung.
Gebrauch
Medizin Innerlich bei nervöser Anspannung. Äußerlich bei Akne, Wunden und Dermatitis.
Wirtschaft Das Öl wird zur Parfümherstellung und in der Lebensmittelindustrie benutzt; es hat einen leicht bitteren limonenartigen Geschmack.

Anbau und Ernte

Anbau Empfindliche Wildpflanze; wasserdurchlässiger bis steiniger Boden, Sonne oder Halbschatten; hohe Luftfeuchtigkeit, mindestens 12° C. Vermehrung durch Achselstecklinge im Spätsommer bei 15° C; in den Tropen durch Ableger aus reifem Holz in ein Pflanzloch.
Ernte Das Holz wird von mindestens 20 Jahre alten Bäumen von Dezember bis Juni geschlagen, zerkleinert und zur Ölgewinnung destilliert. Die Ernte der reifen Früchte zur Öldestillation erfolgt im Spätsommer.

BUXUS Buchsbaum
(Buxaceae)

Angeblich ist *B. sempervirens* als Malariaheilmittel vergleichbar dem Chinin (*Chinchona*-Arten, vgl. S. 261). Man benutzt es heutzutage wegen seiner Toxizität nur noch selten als Heilkraut. Das Holz ist sehr hart und schwer, man hat es als Material für Druckstöcke, für mathematische sowie nautische und für Musikinstrumente verwendet.

B. sempervirens (Buchsbaum) S. 96

Verwendbar Blätter, Rinde, Holz.
Eigenschaften Ein streng riechendes, narkotisierendes Kraut, fiebersenkend und angeblich mit antirheumatischer Wirkung. Es zerstört Parasiten im menschlichen Körper.
Gebrauch
Medizin Innerlich bei wiederkehrendem Fieber (z.B. Malaria). Die Dosierung ist problematisch; bei Überdosierung folgen Erbrechen und Krämpfe bis zum Tod. In der Homöopathie gegen Rheuma.
Wirtschaft Oft in Haarwuchsmitteln enthalten; Holz für Schnittplatten.
Varianten
B. s. 'Elegantissima', S. 96.
B. s. 'Kingsville Dwarf', S. 96.
B. s. 'Latifolia Maculata', syn. *B. s.* 'Japonica Aurea', S. 96.
B. s. 'Suffruticosa', S. 96.

Anbau und Ernte

Anbau Winterharte Zierpflanze; wasserdurchlässiger neutraler bis alkalischer Boden, Sonne oder Schatten. *B. sempervirens* ist bis zu -23° C winterhart, zieht aber mildere Wintertemperaturen vor. Bei Hecken im Abstand von 20cm pflanzen. Vermehrung durch junge oder halbreife Ableger in einer Mischung aus Torf oder Torfersatz und Sand. Für gutes Wachstum im späten Frühjahr kräftig zurückschneiden. Hecken- und Figurenschnitt im Sommer. *B. s.* 'Elegantissima' fällt bei zu häufigem oder zu starkem Rückschnitt in ihre ursprüngliche Form zurück. Die Blätter sind anfällig gegen Blattflecken oder Rost; junge Blätter können von Blattsaugern befallen werden.
Ernte Die Blätter werden im zeitigen Frühjahr vor der Blüte gesammelt und für Aufgüsse getrocknet. Die Rinde schält man vom geschlagenen Holz und trocknet sie für Absude.
Warnhinweis Die ganze Pflanze ist giftig; Hautreizungen und allergische Reaktionen möglich.

C

CALAMINTHA Steinquendel
(Labiatae)

Im Mittelalter waren Steinquendel wichtige Kräuter, heute betrachten Kräuterkundler sie eher als Zier- denn als Heilpflanzen. Nach Culpeper („The English Physitian Enlarged", 1653) „verhindert Steinquendel die Empfängnis bei Frauen" und „übt große Gewalt auf die weiblichen Körperteile aus"; im „Irish Herbal" (1775) wird er empfohlen, weil er „das tote Kind aus der Gebärmutter ausstößt". Aktiver Bestandteil ist Pulegon, wie es auch in *Mentha pulegium* (vgl. S. 311) vorkommt, das eine Schwangerschaft unterbrechen kann.

C. acinos. Siehe *Acinos arvensis.*

C. nepeta, syn. *C. nepetoides, Satureja nepeta* S. 97

VERWENDBAR Gesamte Pflanze.
EIGENSCHAFTEN Ein aromatisches, als Nerventonikum wirksames Kraut; regt die Gebärmutterfunktion an und ist verdauungsfördernd.
GEBRAUCH
MEDIZIN Innerlich bei Verdauungsproblemen, nervöser Anspannung, Depression, Schlaflosigkeit und Menstruationsbeschwerden. Nicht für Schwangere.
VARIANTE
C. ***nepeta*** ssp. ***nepeta,*** S. 97.

C. sylvatica, syn. *C. ascendens, C. officinalis* S. 97

VERWENDBARE Gesamte Pflanze, Blätter.
EIGENSCHAFTEN Wie *C. nepeta*, aber schwächer.
GEBRAUCH
KÜCHE Zum Würzen von abgehangenem Fleisch.
MEDIZIN Wie *C. nepeta.*

ANBAU UND ERNTE
ANBAU Zier- (*C. nepeta* und Unterarten) oder Wildpflanze *(C. sylvatica)*; wasserdurchlässiger bis trockener, leicht alkalischer Boden; Sonne. Vermehrung durch Samen unter Abdeckungen im Frühjahr oder Herbst, durch Weichholzableger im Frühsommer, durch Teilung im Frühjahr.
ERNTE Blühende Pflanzen und Blätter schneidet man im Sommer und verwendet sie für Aufgüsse.

CALENDULA Ringelblume
(Compositae)

In der indischen und arabischen Kultur wie auch im alten Griechenland und zur Zeit der Römer war *C. officinalis* ein Heilkraut sowie Farbstoff für Gewebe, Lebensmittel oder Kosmetika. Der Name „Studentenblume" wird für *Tagetes*-Arten (vgl. S. 358) gebraucht, deren Anwendungsgebiete jedoch andere sind.

C. officinalis (Gartenringelblume) S. 97

VERWENDBAR Blütenblätter.
EIGENSCHAFTEN Ein bittersüßes salziges Kraut, das die Leber, die Gallenblase sowie die Gebärmutterfunktion anregt, das Verdauungssystem beruhigt und herzstärkend wie auch entzündungshemmend wirkt. Besonders bei Hautproblemen ist es entzündungshemmend, blutstillend und heilend.
GEBRAUCH
KÜCHE Die Blütenblätter gelten als Safranersatz in Reis und Suppen sowie als Aufguß zum Färben von Käse, Butter, Milchspeisen oder Kuchen; auch frisch in Salaten.
MEDIZIN Innerlich angewandt bei Magen- und Zwölffingerdarmgeschwür (mit *Geranium maculatum*, vgl. Seite 288), Dickdarm-, Divertikelentzündung, Hepatitis, Drüsenschwellung, Menstruationsbeschwerden und Nierenbeckenentzündung. Nicht während der Schwangerschaft anwenden. Äußerlich bei Ekzemen, Bindehautentzündung, Soormykose, Herpes, Zahnfleischentzündung, Fußpilz, Krampfadern (mit *Hamamelis virginiana*, vgl. S. 260) und bei Hautproblemen; allgemein als Antiseptikum. *C. officinalis* wird oft zusammen mit *Hydrastis canadensis* (vgl. S. 294) und *Commiphora myrrha* (vgl. S. 265) angewendet. In der Homöopathie innerlich und äußerlich bei Hautverletzungen.
VARIANTE
C. o. **'Prolifera'**, S. 97.

ANBAU UND ERNTE
ANBAU Winterharte Zierpflanze; wasserdurchlässiger, auch nährstoffarmer Boden, volle Sonne. Vermehrung durch Aussaat im Frühjahr oder Herbst. *C. officinalis* sät sich selbst aus. Zur Verlängerung der Blüte und um starke Selbstaussaat zu verhindern, verwelkte Blüten entfernen. Die Blätter können von Raupen, Falschem Mehltau, Rost oder Gurkenmosaikvirus befallen werden.
ERNTE Die Blüten werden bei trockenem Wetter geschnitten und die Blütenblätter abgenommen. Diese werden frisch oder getrocknet für Aufgüsse, Flüssigextrakte, Tinkturen oder für die Küche verarbeitet oder auch für den äußerlichen Gebrauch in Öl mazeriert.

CALLUNA Besenheide
(Ericaceae)

In Nordeuropa und im europäischen Hochland bietet sich Heidekraut schon wegen seines häufigen Vorkommens als Heilpflanze an. In diesen Regionen gibt es auch viel Heidehonig; angeblich hat er medizinische Eigenschaften. Er ist von herbem Geschmack und hat eine klare Bernsteinfarbe sowie feste Konsistenz, die das Schleudern erschwert.

C. vulgaris (Heidekraut) S. 98

VERWENDBAR Gesamte Pflanze.
EIGENSCHAFTEN Ein adstringierendes harntreibendes, beruhigendes schweißtreibendes Kraut; mit antiseptischer Wirkung besonders auf die Harnwege.
GEBRAUCH
MEDIZIN Innerlich bei Husten und Erkältung, Durchfall, Infektionen der Nieren sowie der Harnwege, Arthritis, Rheuma oder nervöser Erschöpfung. In der Homöopathie bei Arthritis, Rheuma und Schlaflosigkeit.
VARIANTEN
C. v. **'Alba Plena'**, S. 98.
C. v. **'Darkness'**, S. 98.
C. v. **'Multicolor'**, S. 98.
C. v. **'Silver Queen'**, S. 98.

ANBAU UND ERNTE
ANBAU Winterharte Zierpflanze (*C. vulgaris:* Wildpflanze); kalkfreier Boden in sonniger Lage. Verträgt auch feuchte Winter; Vermehrung durch Ableger von Seitentrieben im Sommer, durch Absenker im Frühjahr. Zum Erhalt der Form nach der Blüte zurückschneiden. Die Pflanze kann von Erikawelke oder Hallimasch befallen werden.
ERNTE Blühende Triebe im Sommer schneiden und für Aufgüsse trocknen.

CAMELLIA Kamelie
(Theaceae)

Aus *C. sinensis* werden viele verschiedene Produkte hergestellt: Grüner Tee aus gedämpften und danach getrockneten Blättern, schwarzer Tee aus fermentierten getrockneten Blättern sowie Teeöl; ein ätherisches Öl aus schwarzem Tee. In China wird Tee seit über 3.000 Jahren getrunken. Schwarzer und grüner Tee haben Polyphenole, die gegen Herzkrankheiten, Infarkt und Krebs schützen. *C. sinensis* enthält 10-24% Tannin, das möglicherweise Speiseröhrenkrebs erzeugen kann. Dieses Risiko entfällt, wenn man den Tee mit Milch trinkt, weil so das Tannin neutralisiert wird.

C. sinensis, syn. *Thea sinensis* S. 99

VERWENDBAR Blätter (nur die Spitzen der Triebe); Öl.
EIGENSCHAFTEN Ein aromatisches bitteres, adstringierendes Kraut, anregend, mit harntreibender und antibakterieller Wirkung.
GEBRAUCH
KÜCHE Gelegentlich zum Würzen von Speisen, besonders zum Einlegen von Trockenobst und Schinken.
MEDIZIN Innerlich bei Durchfall, Ruhr, Hepatitis und Lebensmittelvergiftung. Im Übermaß genossen, kommt es zu Verstopfung, Magenverstimmung, Schwindelgefühl, Herzklopfen, Gereiztheit und Schlaflosigkeit. Äußerlich bei Augenreizungen, kleineren Verletzungen und Insektenstichen.
WIRTSCHAFT Das Öl gibt Parfüms einen ledrigen Duft; in der Lebensmittelindustrie als Aromastoff.

ANBAU UND ERNTE
ANBAU Frostharte Kulturpflanze; nährstoffreicher feuchter Boden, Sonne oder Halbschatten. Vermehrung durch frischen Samen oder Aussaat im Frühjahr bei 15-18° C; durch halbreife Ableger im Sommer ab 18° C. Getrocknete Samen müssen zerkleinert werden. Sträucher schneidet man auf einen Meter Höhe zurück.
ERNTE Blätter pflückt man von über drei Jahre alten Sträuchern und trocknet sie für Aufgüsse.

CANANGA
(Annonaceae)

Ylang-Ylang *(C. odorata)* wird für die Parfümindustrie auf Réunion, Indonesien, Madagaskar, den Philippinen und den Komoren angebaut. Ein Baum trägt ca. 120kg Blüten, die 350g ätherisches Öl ergeben. Ylang-Ylang-Parfüm wird auch aus dem eng verwandten *Artabotrys hexapetalus* hergestellt.

C. odorata, syn. *Canangium odoratum* (Ylang-Ylangpflanze) S. 99

VERWENDBAR Blüten.
EIGENSCHAFTEN Ein antiseptisches beruhigendes Kraut, entspannungsfördernd, blutdruck- und fiebersenkend. Angeblich ein Aphrodisiakum.
GEBRAUCH
MEDIZIN Innerlich bei Malaria und Fieber. Äußerlich bei Hautreizungen, Bindehautentzündungen, Furunkeln, Gicht und als Badezusatz bei Impotenz oder Frigidität. In der Aromatherapie ist Ylang-Ylang wichtig bei der Behandlung von Herzrasen, Kurzatmigkeit, Bluthochdruck, Magen-Darm-Infektionen und bei psychosexuellen Beschwerden.
WIRTSCHAFT Das destillierte Öl (Cananga-Öl) wird zur Herstellung von Parfüm und Kosmetika verwendet, zusammen mit Kokosnuß-Öl als Madagaskar-Haaröl; in der Lebensmittelindustrie vor allem als Pfirsich- und Aprikosenaroma.

ANBAU UND ERNTE
ANBAU Empfindliche Kulturpflanze; wasserdurchlässiger feuchter Boden, Sonne und hohe Luftfeuchtigkeit. Mindestens 15-18° C. Vermehrung durch reifen Samen. Entfernung der Endknospe bei 2m Baumhöhe (nach ca. 3 Jahren).
ERNTE Die Blüten werden nachts geerntet und für Aufgüsse oder zur Öldestillation getrocknet.

CANANGIUM
C. odoratum. Siehe *Cananga odorata*.

CANELLA Zimtrindenbaum
(Canellaceae)

In der Karibik ist Zimt ein häufig gebrauchtes Gewürz. Als *Cinnamomum*-Art (vgl. S. 261) kam er Anfang des 17. Jahrhunderts nach Europa. In Jamaika wird er von Tauben gefressen, daher hat deren Fleisch ein würziges Aroma. In warmem Wasser strömen getrocknete Blüten einen moschusartigen Duft aus. *C. winterana* ist in dem Elixier für einen afrokaribischen Initiationsritus eine von 21 Pflanzen.

C. winterana, syn. *C. alba* (Zimtrindenbaum) S. 99

VERWENDBAR Blätter, Rinde, Öl.
EIGENSCHAFTEN Ein bitteres, aromatisches Kraut, das gegen Mikroben hilft; verdauungsfördernd.
GEBRAUCH
AROMA Das Öl wird gelegentlich für Parfüms mit orientalischer Duftnote verwendet.
MEDIZIN Innerlich ein aromatischer Zusatz in Rezepturen gegen Verdauungsbeschwerden. Äußerlich bei Rheuma (Kuba). Zusammen mit Aloe (*Aloe vera*, vgl. S. 235) bei Verstopfung und Menstruationsbeschwerden (Karibik).
WIRTSCHAFT Rinde und Blätter werden in jahreszeitlich unterschiedlichen Mixturen verwendet und auch Tabakmischungen beigegeben (Karibik). Die Rinde dient zum Töten von Fischen (Puerto Rico).

ANBAU UND ERNTE
ANBAU Winterharte Kulturpflanze; wasserdurchlässiger sandiger Boden; Sonne. Vermehrung durch reife Achselstecklinge im Frühjahr.
ERNTE Die Blätter erntet man nach Bedarf und verwendet sie frisch oder getrocknet. Die Rinde wird in langen Stangen getrocknet und für die Öldestillation oder als Gewürz, für Absude, Tinkturen sowie als Pulver (mit *Aloe*) verwendet.

CANNABIS Hanf
(Cannabidaceae)

In Asien und im Nahen Osten baut man *Cannabis* seit über 4.000 Jahren als Faserpflanze wie auch als Rauschmittel an. Medizinische Anwendungen finden sich in indischen Texten um 1.000 v.Chr. sowie im chinesischen Kräuterbuch „Rh-ya“ aus dem 5. Jahrhundert v.Chr. In den meisten westlichen Ländern sind Besitz und Genuß von *Cannabis* illegal oder streng kontrolliert; in Asien sowie im Nahen Osten ist er sozial akzeptiert und legal, dort werden die getrocknete Pflanze und das Harz geraucht oder auch gegessen. Die Namen für *Cannabis*-Produkte beziehen sich auf die Zubereitungsweise: Haschisch – Harz der weiblichen Pflanze, gewöhnlich in der Wasserpfeife geraucht; Bhang – getrocknete Pflanze, in Wasser, Früchten oder Süßigkeiten genossen; Charas – Harz, geraucht oder mit Gewürzen gegessen; Ganja – getrocknete Spitzen der weiblichen Pflanze. Europäische Kräuterbücher des 16. Jahrhunderts beschreiben *Cannabis*: John Gerard nannte sie „Indischer Träumer“. *Cannabis* war früher in den Arzneimittelbüchern vieler Länder aufgeführt. Obgleich neue Forschungen den therapeutischen Wert der Pflanze bestätigen, verbieten die Gesetze westlicher Länder ihre Anwendung. In der chinesischen Heilkunde wird sie noch immer häufig gebraucht.

C. sativa (Hanf, Marihuana) S. 99

In dieser variantenreichen Gattung gibt es zwei anerkannte Arten: *C. s.* ssp. *sativa* (Hanf), als Faserpflanze angebaut, und *C. s.* ssp. *indica* (Marihuana), die reicher an ätherischen Ölen und anderen chemischen Bestandteilen ist.
VERWENDBAR Ganze Pflanze (*C. s.* ssp. *sativa*); blühende Spitzen, Samen (*C. s.* ssp. indica).
EIGENSCHAFTEN *C. s.* ssp. *indica* hat schmerzstillende, Brechreiz dämpfende, entzündungshemmende und beruhigende Eigenschaften; auch als Abführmittel zur Senkung des Blutdrucks wirksam.
GEBRAUCH
MEDIZIN Innerlich *C. s.* ssp. *indica* bei Brechreiz während der Chemotherapie, zur Reduzierung des Augeninnendrucks bei grünem Star und zur Gewichtszunahme bei AIDS. Äußerlich bei Hühneraugen, Wunden und Krampfadern. In der chinesischen Heilkunde helfen die Samen gegen Verstopfung bei Schwächezuständen oder Flüssigkeitsmangel. WARNHINWEIS Diese Pflanze unterliegt in vielen Ländern gesetzlichen Einschränkungen.
WIRTSCHAFT Aus den Fasern der *C. s.* ssp. *sativa* werden Seile hergestellt.

ANBAU UND ERNTE
In den meisten Ländern unterliegen Anbau, Ernte und Verarbeitung von *Cannabis*-Pflanzen gesetzlichen Einschränkungen. Für anerkannte Arten zur (Hanf-) Faserproduktion, die keine oder wenig narkotisierende Bestandteile haben, gibt es in den Produktionsländern Sondergenehmigungen. Als Unkraut in einigen Staaten, besonders in Teilen Australiens, unter gesetzlicher Kontrolle.

CAPPARIS Kapernstrauch
(Capparaceae)

Von wirtschaftlicher Bedeutung ist lediglich *C. spinosa*, obwohl auch andere Arten genutzt werden (besonders *C. brevispina*, *C. decidua* und *C. zeylanica*). In Südeuropa werden eingelegte Kapern seit über 2.000 Jahren als Gewürz benutzt. Es gibt sie als Wildpflanze und als Züchtung; die Zuchtpflanzen haben meist keine Dornen (*C. spinosa* var. *inermis*). Als Ersatz werden auch die unreifen Samen der Kapuzinerkresse (*Tropaeolum majus*, vgl. S. 365) verwendet; eingelegt haben sie durch die Kapernsäure einen ähnlichen Geschmack.

C. spinosa (Echter Kapernstrauch) S. 99

VERWENDBAR Wurzelrinde, Blütenknospen.
EIGENSCHAFTEN Ein adstringierendes, harntreibendes, schleimlösendes Kraut, das als anregendes Tonikum geschätzt wird.
GEBRAUCH
KÜCHE Eingelegte oder gesalzene Kapernknospen werden für Kapernsoße zu Lammgerichten, für Tartar, Kräutertunke und Remoulade, für Fischgerichte sowie für Vorspeisen verwendet.
MEDIZIN Innerlich bei Magen-Darm-Infektionen, Durchfall, Gicht und bei rheumatischen Beschwerden (Wurzelrinde); bei Husten (Blütenknospen). Äußerlich bei Augeninfektionen (Blütenknospen).

ANBAU UND ERNTE
ANBAU Frostharte Zierpflanze; wasserdurchlässiger sandiger Boden; Sonne. Vermehrung durch reife Ableger im Sommer bei 19-24° C.
ERNTE Die Blütenknospen erntet man am frühen Morgen. Sie müssen welken, bevor man sie in gesalzenen weißen Essig legt oder einsalzt. In den Anbauländern werden auch Früchte und Blätter eingelegt. Die Wurzeln sammelt man im Herbst, die Rinde wird geschält und getrocknet.

CAPSELLA Hirtentäschel
(Cruciferae)

Seit Tausenden von Jahren wird Hirtentäschel als Lebensmittel genutzt. Im Magen des Tollundmannes (ca. 200 v.Chr.) fand man Samenkörner ebenso wie am Ausgrabungsort von Çatal Hüyük; die Siedlung geht auf die Zeit um 6000 v.Chr. zurück.

C. bursa-pastoris, syn. *Thlaspi bursa-pastoris* (Gemeines Hirtentäschelkraut, Echtes Hirtentäschelkraut) S. 99

VERWENDBAR Gesamte Pflanze („Ji cai"), Blätter.
EIGENSCHAFTEN Ein adstringierendes, harntreibendes Kraut, das blutgerinnungsfördernd und auf die Harnwege antiseptisch wirkt.
GEBRAUCH
KÜCHE Die Blätter sind reich an Vitamin A, B und C und können Salaten beigegeben werden.
MEDIZIN Innerlich und äußerlich blutstillend, besonders bei übermäßig starker Menstruationsblutung, bei Blut im Urin, Hämorrhoiden, Nasenbluten und Wunden. Innerlich auch bei Blasenentzündung und äußerlich bei Krampfadern.

ANBAU UND ERNTE
ANBAU Winterharte Kulturpflanze; entwässerter Boden; Sonne oder Halbschatten. Wächst auch unter schlechten Bedingungen. Vermehrung durch Aussaat im Frühjahr, auch Selbstaussaat.
ERNTE Sie wird vom Frühjahr bis Herbst geschnitten und frisch oder getrocknet, für Aufgüsse, Abkochungen oder Extrakte verwendet.

CAPSICUM Paprika
(Solanaceae)

Angebaut wird meist *Capsicum annuum* var. *annuum;* man kann fünf Hauptgruppen unterscheiden: *Cerasiforme* (Kirsch), *Conioides* (Zapfen), *Fasciculatum* (roter Zapfen), *Grossum* (süßer Paprika) und *Longum* (Cayenne, Chili). Alle enthalten Vitamin C. Die Schärfe kommt von dem Alkaloid Capsaicin. Sorten, die dieses auf ein einziges Gen zurückzuführende Alkaloid nicht enthalten, tragen süße Früchte. Capsaicin ist der zum Würzen und für therapeutische Zwecke wesentliche Bestandteil. *C. annuum* var. *annuum* hat süße, scharfschmeckende Sorten, die als Cayenne bzw. als Paprika genutzt werden. WARNHINWEIS Das Capsicum-Harzöl unterliegt in manchen Ländern gesetzlichen Beschränkungen.

C. annuum var. *annuum* (süßer Paprika, Cayennepfeffer)

Eine empfindliche Ein- oder kurzlebige Mehrjährige. Verzweigter Stamm mit einfachen, ovalen bis lanzettförmigen Blättern. Glockenförmige, weiße bis grüne Blüten im Frühjahr und Sommer, gefolgt von langen Früchten in verschiedenen Farben.

VERWENDBAR Früchte.
EIGENSCHAFTEN Sorten mit scharfen Früchten haben eine kräftigende antiseptische Wirkung; sie regen den Kreislauf und das Verdauungssystem an und sind schweißtreibend, ferner gewebereizend und dadurch durchblutungsfördernd; auch vermindern sie die Schmerzempfindlichkeit.

GEBRAUCH
KÜCHE Scharfe wie auch süße Sorten werden reif oder unreif, frisch oder getrocknet als Gemüse (roh oder gekocht) oder eingelegt in vielen Teilen der Welt, besonders in Süd- und Mittelamerika, in Mexiko, Indien und Südostasien gegessen. Die reifen Früchte werden zur Herstellung von Cayennepfeffer, Chilipulver oder Paprika getrocknet. Übermäßiger Genuß der scharfen Früchte kann zu schmerzhaften Entzündungen führen, ebenso sollte der zufällige Kontakt mit den Augen und mit offenen Wunden vermieden werden.
MEDIZIN Innerlich bei Fieber in der kalten Phase, bei Schwäche in der Rekonvaleszenz oder im Alter, bei Krampfadern, Asthma und Verdauungsstörungen. Äußerlich bei Verstauchungen, geschlossenen Frostbeulen, Nervenschmerzen, Hexenschuß und Brustfellentzündung. Zusammen mit *Commiphora myrrha* (vgl. S. 265) zum Gurgeln bei Kehlkopfentzündung. In den Tropen werden die scharfen Früchte gern zur Magen-Darm-Entgiftung und zur Lebensmittelkonservierung benutzt.
VARIANTEN
C. a. var. ***annuum* 'Anaheim'**, S. 100.
C. a. var. ***annuum* 'Chili Serrano'**, S. 100.
C. a. var. ***annuum* 'Hungarian Wax'**, S. 100.
C. a. var. ***annuum* 'Jalapeño'**, S. 100.
C. a. var. ***annuum* 'Purple Tiger'**, S. 100
C. a. var. ***annuum* 'Super Cayenne'**, S. 100.
C. a. var. ***glabriusculum***, syn. *C. a.* var. *minimum*
Empfindliche Variante mit kleinen Früchten, Höhe 2m, Breite 1-1,2m, mit ovalen bis lanzettförmigen, bis zu 3cm langen Blättern und weißen Blüten. Sehr scharfe, rote, erbsengroße Früchte, genannt „chiltepins"; Vorfahre der meisten Chilipaprikasorten.

C. baccatum, syn. *C. microcarpum* S. 100

VERWENDBAR Früchte.
EIGENSCHAFTEN Wie die Sorten von *C. annuum* var. *annuum* mit scharfen Früchten.
GEBRAUCH
KÜCHE Wie die Sorten von *C. annuum* var. *annuum* mit scharfen Früchten.
MEDIZIN Wie die Sorten von *C. annuum* var. *annuum* mit scharfen Früchten.
VARIANTE
C. b. var. ***pendulum***, syn. *C. pendulum* (in den Anden: „Aji").
Strauchige Mehrjährige, winterhart bis 0° C, Höhe 45cm-2m, Breite 1,2m. Mit ovalen bis elliptischen Blättern und einzelnen oder paarigen Blüten; Durchmesser 1cm, mit goldener Zeichnung und gelben Staubbeuteln. Die Früchte sind rot, mittelscharf bis sehr scharf und bis zu 13cm lang.

C. chinense, syn. *C. sinense*

Ein empfindlicher Strauch, Höhe und Breite 1,5m, mit Büscheln von zwei oder mehr weißen oder grünlichen Blüten. Die Früchte hängen herab und sind rotbraun bis crèmefarben. Heimisch in der Karibik, im südlichen Mittelamerika und im nördlichen Südamerika, nicht in China.

VERWENDBAR Früchte.
EIGENSCHAFTEN Wie die Sorten von *C. annuum* var. *annuum* mit scharfen Früchten.
GEBRAUCH
KÜCHE Wie die Sorten von *C. annuum* var. *annuum* mit scharfen Früchten.
MEDIZIN Wie die Sorten von *C. annuum* var. *annuum* mit scharfen Früchten.
VARIANTE
***C. c.* 'Habañero'**, S. 100.

C. frutescens, syn. *C. minimum* (Cayennepfeffer, Chilies) S. 100

VERWENDBAR Früchte.
EIGENSCHAFTEN Wie die Sorten von *C. annuum* var. *annuum* mit scharfen Früchten.
GEBRAUCH
KÜCHE Wie die Sorten von *C. annuum* var. *annuum* mit scharfen Früchten.
MEDIZIN Wie die Sorten von *C. annuum* var. *annuum* mit scharfen Früchten.
VARIANTE
***C. f.* 'Tabasco'**, S. 100.

C. pubescens

Ausladende, strauchartige, mehrjährige Pflanze, winterhart bis -5° C, Höhe 3m, Breite 2m. Mit gestreiftem Stamm, tiefroten Knoten und faltigen, haarigen, ovalen Blättern. Einzelne, violette, in der Mitte weiße Blüten, gefolgt von herabhängenden oder aufrechten, gelben, roten oder braunen Früchten. Es ist die kälteunempfindlichste Art und kann in kühlem feuchten Klima bis zu 15 Jahre Früchte tragen.

VERWENDBAR Früchte.
EIGENSCHAFTEN Wie die Sorten von *C. annuum* var. *annuum* mit scharfen Früchten.
GEBRAUCH Wie die Sorten von *C. annuum* var. *annuum* mit scharfen Früchten.

ANBAU UND ERNTE
ANBAU Empfindliche Kulturpflanze (*C. baccatum; C. pubescens:* frosthart). Nährstoffreicher, entwässerter Boden; Sonne, mindestens 18-21° C. *C. baccatum* var. *pendulum* und *C. pubescens* halten tiefere Temperaturen aus. Vermehrung durch Aussaat im zeitigen Frühjahr. *C. pubescens* auch als Spalierpflanze, kann auch zurückgeschnitten werden. Paprikakäfer können junge Blätter und Triebe schädigen.
ERNTE Unreife Früchte werden nach Bedarf geerntet, roh, eingelegt oder gekocht genossen. Die reifen Früchte werden im Sommer geerntet und frisch oder eingelegt genutzt, oder als Gewürz für Absude, Salben, Pulver, Tinkturen; als Tabletten oder zur Herstellung von Ölharz getrocknet.

CARBENIA
C. benedicta. Siehe *Cnicus benedictus.*

CARDAMINE Schaumkraut
(Cruciferae/Brassicaceae)

Wie viele Gattungen aus der Familie der Kreuzblütler (*Cruciferae*) enthält Cardamine Senfölglycoside. Sie ergeben den scharfen Geschmack und verleihen dem Öl medizinische Eigenschaften, die denen des echten Senfs entsprechen – *Sinapis alba* (vgl. S. 353), *Brassica nigra* (vgl. S. 250), *B. juncea* (vgl. S. 250).

C. pratensis (Wiesenkresse, Wiesenschaumkraut) S. 101

VERWENDBAR Blätter.
EIGENSCHAFTEN Ein kräftigendes, reinigendes Kraut mit hohem Vitamin C-Gehalt, das krampf- und hustenlösend wirkt.
GEBRAUCH
KÜCHE Junge Blätter können Salaten beigegeben werden.
MEDIZIN Innerlich bei chronischen Hautproblemen, Asthma und bei Hysterie.
VARIANTE
C. p. **'Flore Pleno'**, S. 101.

ANBAU UND ERNTE
ANBAU Winterharte Zierpflanze; feuchter Boden in Sonne oder Halbschatten. Vermehrung durch Aussaat im Frühjahr, durch Blattspitzenstecklinge im Sommer, durch Teilung im Frühjahr oder Herbst. *C. p.* 'Flore Pleno' vegetativ vermehrt.
ERNTE Blätter im Frühjahr und Sommer pflükken, für Aufgüsse frisch nutzen oder einfrieren.

CARDUUS

C. benedictus. Siehe *Cnicus benedictus.*
C. marianus. Siehe *Silybum marianum.*

CARICA Melonenbaum
(Caricaceae)

Die unreifen Früchte, die Blätter und der Pflanzensaft sowie die Samen von *C. papaya* enthalten Papain, ein Proteine aufspaltendes Enzym. Die Früchte der amerikanischen Papau-Pflanze *(Asimina triloba)* haben ein eßbares Fruchtfleisch; die Samen verströmen einen unangenehmen Geruch und haben eine brechreizerregende Wirkung.

C. papaya (Papaya, Melonenbaum) S. 101

VERWENDBAR Blätter, Früchte, Samen, Pflanzensaft.
EIGENSCHAFTEN Ein enzymreiches Kraut, das die Proteinverdauung fördert, Narbenbildung vermindert und Darmparasiten abführt.
GEBRAUCH
KÜCHE Die reifen Früchte ißt man roh als Dessert und Salat.
MEDIZIN Innerlich bei Verdauungsstörungen, äußerlich bei tiefen oder schlechtheilenden Wunden (Papain). In den Ursprungsländern gegen Fadenwürmer und Spulwürmer (Blätter, Samen).
WIRTSCHAFT Papain wird zur Herstellung von Kaugummi, beim Bierbrauen, gegen Termiten und zum Schutz gegen das Einlaufen von Wolle und Seide beim Waschen benutzt.

ANBAU UND ERNTE
ANBAU Empfindliche Kulturpflanze. Nährstoffreicher, feuchter Boden; Sonne, hohe Luftfeuchtigkeit, mindestens 13-15° C. Vermehrung im ► Frühjahr durch Aussaat bei 24-30° C.
ERNTE Blätter werden nach Bedarf geerntet. Die den reifen Früchten entnommenen Samen sind frisch zu verbrauchen. Papain wird hauptsächlich aus den unreifen Früchten und aus dem Pflanzensaft extrahiert; dieser wird durch Einschnitte in die Rinde gewonnen und für die medizinische und industrielle Verwendung zu Pulver getrocknet.

CARLINA Eberwurz
(Compositae/Asteraceae)

Im Mittelalter war Eberwurz ein wichtiges Kraut als Gegengift. Heute wird es kaum noch genutzt, da es die medizinisch wirksameren Disteln gibt, z.B. *Cnicus benedictus* (vgl. S. 264) und *Silybum marianum* (vgl. S. 353). In ländlichen Gegenden werden die Blütenböden als Ersatz für Artischockenherzen gegessen.

C. acaulis (Silberdistel) S. 101

VERWENDBAR Wurzeln.
EIGENSCHAFTEN Ein kräftigendes, reinigendes Kraut, gut für die Leber und die Gallenblase, für Harnwege, Geschlechtsorgane und die Haut.
GEBRAUCH
MEDIZIN Innerlich bei Harnverhaltung, Leber-, Gallenblasen- und Prostataproblemen, bei Bronchitis und bei Hautkrankheiten wie Akne und Ekzem.

ANBAU UND ERNTE
ANBAU Winterharte Zierpflanze; entwässerter, neutraler bis alkalischer Boden in voller Sonne. Vermehrung durch Aussaat unter Abdeckungen.
ERNTE Die Wurzeln im Herbst ausheben und für Absude, Flüssigextrakte, Tinkturen trocknen.

CARTHAMUS Saflor
(Compositae/Asteraceae)

C. tinctorius war schon in frühester Zeit als Färbemittel für Stoffe, Lebensmittel und Federn sehr gefragt. Die Kleider buddhistischer Mönche und Nonnen werden in Asien traditionell mit wilder Saffrandistel gefärbt. Man hat die Pflanze in ägyptischen Gräbern aus der Zeit um 3500 v.Chr. gefunden. Heute erfolgt ihr Anbau vor allem wegen des Ölgehalts der Samen.

C. tinctorius (Färbersaflor, Färberdistel, wilde Safrandistel, falscher Safran) S. 101

VERWENDBAR Blüten („Hong hua"), Samen, Öl.
EIGENSCHAFTEN Ein bitteres, aromatisches Kraut, wirkt anregend auf Herz und Kreislauf und die Uterusfunktion; fiebersenkend und schmerzstillend, senkt die Blutfettwerte.
GEBRAUCH
KÜCHE Das Öl wird zum Kochen und für cholesterinreduzierte Diät benutzt.
MEDIZIN Innerlich bei Menstruations- und Klimakteriumbeschwerden, Gelbsucht und Masern. Nicht an Schwangere verabreichen. Äußerlich bei blauen Flecken, Verstauchung, Entzündungen, Wunden, schmerzenden bzw. gelähmten Gelenken (Blüten).

ANBAU UND ERNTE
ANBAU Winterharte Kulturpflanze. Gut entwässerter Boden in voller Sonne; Vermehrung durch Aussaat im Frühjahr.
ERNTE Die Blütenköpfe werden im Sommer geerntet und frisch oder getrocknet für Aufgüsse verwendet. Alternativ entfernt man die Blütenblätter und läßt die Fruchtknoten zur Samenreifung stehen, um aus den Samen Öl zu gewinnen.

CARUM Kümmel
(Umbelliferae/Apiaceae)

Früher gehörten zur Gattung *Carum* verschiedene Kräuter, wie *Petroselinum crispum* (vgl. S. 325), damals *C. petroselinum* genannt, und *Trachyspermum ammi* (vgl. S. 363), ehemals *Carum copticum* (vgl. unten). Der typische Kümmelduft (*C. carvi*) kommt vom Carvon, das 40-63 Prozent des ätherischen Öls in den Samen ausmacht.

C. carvi (Kümmel) S. 101

VERWENDBAR Blätter, Wurzeln, Samen, Öl.
EIGENSCHAFTEN Ein scharf aromatisches, anregendes Kraut, das Darm- und Gebärmutterkrämpfe lindert und hustenlösend wirkt.
GEBRAUCH
KÜCHE Die Blätter haben einen milden Petersilien-Dill-Geschmack; gut in Suppen und Salaten. Wurzeln können als Gemüse gekocht werden. Die Samen sind besonders in der jüdischen und in der nord- und osteuropäischen Küche beliebt; dort als Gewürz für Kuchen und Brot (aus Roggen), Gulasch, Kohl, Käse, geschmorte Äpfel, Schnaps und Kümmel.
MEDIZIN Innerlich bei Verdauungsstörungen, Blähungen, Koliken (besonders bei Kindern), Leistenbruch, Magengeschwür, Durchfall, Menstruationskrämpfen und Bronchitis. Äußerlich zum Gurgeln bei Kehlkopfentzündung. Wird Abführmitteln und anderen verdauungsfördernden Heilmitteln zur Linderung von Bauchschmerzen beigefügt. Das Kauen der Samen hilft schnell bei Magenverstimmung.
WIRTSCHAFT Das Öl wird als Würze und zur Parfümherstellung genutzt.

C. copticum. Siehe *Trachyspermum ammi.*

ANBAU UND ERNTE
ANBAU Winterharte Kulturpflanze; gut entwässerter Boden in praller Sonne. Vermehrung durch Aussaat im Frühjahr oder Frühherbst. Bei kaltem Klima ist es möglich, daß die Frühjahrssaat nicht reif wird. Läßt sich nicht gut verpflanzen; Selbstaussaat unter guten Bedingungen. Die Blüten ziehen schädlingsbekämpfende Schlupfwespen an.
ERNTE Blätter und Wurzeln werden frisch als Gemüse verarbeitet. Den Samen erntet man reif und trocknet ihn für Aufgüsse, Tabletten und Tinkturen. Das Öl dient als Speisewürze und wird für pharmazeutische Produkte genutzt.

CASSIA

C. angustifolia. Siehe *Senna alexandrina.*
C. marilandica. Siehe *Senna marilandica.*

CASTANEA Kastanie
(Fagaceae)

Culpeper schrieb 1653, daß Kastanien „die Fleischeslust steigern" und ein „wunderbares Heilmittel bei Husten und Blutspucken" seien. Die Sorten unterscheiden sich im Geschmack, in der Lagerfähigkeit und in der Schälbarkeit. *C. sativa* 'Marron de Lyon' und *C. s.* 'Paragon' tragen Früchte mit nur einem Kern; sie werden bevorzugt gehandelt.

C. sativa (Edelkastanie, Eßkastanie) S. 102

VERWENDBAR Blätter, Samen.
EIGENSCHAFTEN Ein adstringierendes Kraut, hustenstillend und mit antirheumatischer Wirkung.

GEBRAUCH
KÜCHE Kastanien werden in Saucen, Suppen, Füllungen, als Dessert und – geröstet oder gekocht – als Snack oder Gemüse gegessen. Sie sind auch als Püree („Purée de marrons") oder kandiert („Marrons glacés") bekannt.
MEDIZIN Innerlich bei Krampfhusten, Keuchhusten, Verschleimung, Durchfall und Rheuma (Blätter). Äußerlich zum Gurgeln bei Rachenkatarrh (Blätter).
VARIANTE
C. s. **'Albomarginata'**, S. 102.

ANBAU UND ERNTE
ANBAU Zierpflanze; gut entwässerter Boden, Sonne. Vermehrung durch Aussaat im Herbst. Sorten lassen sich schlecht aus Samen ziehen; sie werden auf *C. sativa* gepfropft.
ERNTE Die Blätter erntet man im Sommer und trocknet sie für Aufgüsse und Flüssigextrakte. Im Herbst gesammelte Samen abgekocht verarbeiten.

CASTANOSPERMUM
(Leguminosae)

Die Samen von *C. australe* enthalten viel Saponin. Die australischen Ureinwohner weichen sie 8-10 Tage ein, um den Giftgehalt zu verringern, dann werden sie getrocknet und gemahlen; daraus wird schließlich ein frugales Mahl zubereitet. *C. australe* ist seit 1981 als Kraut klassifiziert, als man das Castanospermin, ein Alkaloid, das sich wie Zucker verhält, entdeckt hatte. Zur Zeit testet man seine Wirksamkeit gegen das HIV-Virus.

C. australe („Black bean") S. 102

VERWENDBAR Samen.
EIGENSCHAFTEN Das Kraut enthält Reizstoffe, wirkt abführend.
GEBRAUCH
MEDIZIN Eventuell in der HIV-Therapie einsetzbar.

ANBAU UND ERNTE
ANBAU Empfindliche Zierpflanze; nährstoffreicher, feuchter, gut entwässerter Boden. Sonne, mindestens 10-15° C. Aussaat im Frühjahr.
ERNTE Die Samen werden reif geerntet und dienen der pharmazeutischen Forschung.
WARNHINWEIS Bei Verzehr giftig.

CATHARANTHUS
(Apocynaceae)

In den fünfziger Jahren begann man, die Alkaloide aus *C. roseus* medizinisch zu nutzen, nachdem eine pharmazeutische Firma in den USA die Pflanze auf therapeutische Eigenschaften hin untersucht hatte. Man fand heraus, daß sich damit die Anzahl der weißen Blutkörperchen verringern läßt. Das war eine Revolution in der Krebstherapie. Die isolierten Alkaloide sind sehr giftig und in ihrer Wirkung von denen der Pflanze sehr verschieden.

C. roseus (Immergrün) S. 102

VERWENDBAR Blätter.
EIGENSCHAFTEN Ein adstringierendes Kraut, das die Blutzuckerwerte senkt, schweißtreibend wirkt und die Gebärmutterfunktionen anregt.
GEBRAUCH
MEDIZIN Innerlich bei Diabetes (Karibik); Diabetes, Bluthochdruck, chronischer Verstopfung und Verdauungsstörungen (Vietnam); Asthma (Bahamas); menstruationsregulierend (Afrika). Isolierte Alkaloide zur Behandlung akuter Leukämie (besonders bei Kindern), bei Hodgkin'scher Krankheit und anderen Krebserkrankungen; mit Nebenwirkungen (Übelkeit, Haarausfall, Knochenmarksschwäche).
VARIANTE
C. roseus, Serie Pacifica, S. 102.

ANBAU UND ERNTE
ANBAU Empfindliche Zierpflanze; feuchter, gut entwässerter Boden; Sonne, mindestens 18° C für Sämlinge und 13° C für blühende Pflanzen. Vermehrung durch Aussaat im Frühjahr. Im Frühjahr zur Erhaltung der Form zurückschneiden; niedrige Temperaturen und zuviel Nässe können zu Pilzerkrankungen führen.
ERNTE Die Blätter werden vor oder während der Blüte gepflückt und für Aufgüsse, Flüssigextrakte und Tinkturen getrocknet und auch zur Extraktion der Alkaloide gebraucht.
WARNHINWEIS Bei Verzehr giftig.

CAULOPHYLLUM
(Berberidaceae)

C. thalictroides ist eines der wichtigsten Kräuter für Frauen. Unter den amerikanischen Ureinwohnern gibt es viele Völker, die die Pflanze zur Geburtserleichterung gebraucht haben; daher hatte sie verschiedene volkstümliche Namen. Ihre Popularität führte zur Aufnahme in die „Pharmacopoeia" (1882-1905) der USA.

C. thalictroides S. 103

VERWENDBAR Rhizome, Wurzeln.
EIGENSCHAFTEN Beißendes, bitteres, wärmendes Kraut, den Uterus anregend, das entzündungshemmend, gegen Darmwürmer und harntreibend wirkt.
GEBRAUCH
MEDIZIN Bei Nierenbeckenentzündung, unregelmäßiger Menstruation, bei der Geburt zum Plazentaausstoß. In den letzten 4 Wochen der Schwangerschaft, während der Wehen zur Erleichterung der Muskelkontraktionen und Weitung des Gebärmutterhalses. Bei Rheuma, Arthritis und Gicht. Nicht für Patienten mit Bluthochdruck und Herzkrankheiten; Einsatz nur durch qualifizierte Heilpraktiker.

ANBAU UND ERNTE
ANBAU Winterharte Wildpflanze; nährstoffreicher, feuchter Boden; Schatten. Vermehrung durch Aussaat des reifen Samens und durch Rhizomteilung im Herbst.
ERNTE Rhizome und Wurzeln im Herbst ernten; für Absude, Extrakte, Pulver, Tinkturen trocknen.

CEANOTHUS Säckelblume
(Rhamnaceae)

Die Cherokee in Nordamerika haben *C. americanus* zur äußerlichen Behandlung von Hautkrebs und Geschlechtskrankheiten eingesetzt. Man weiß wenig über die Bestandteile von *Ceanothus,* obwohl in *C. integerrimus* und *C. sanguineus* Alkaloide gefunden wurden.

C. americanus S. 103

VERWENDBAR Wurzeln.
EIGENSCHAFTEN Ein bitteres, adstringierendes, reinigendes Kraut; schleimlösend, krampflösend und auf das Lymphsystem anregend wirkend.
GEBRAUCH
MEDIZIN Innerlich bei Erkältung, Bronchitis, Mandelentzündung, Krampfhusten, Diphterie, Nebenhöhlenentzündung, Milzvergrößerung, abnormale Gebärmutterblutungen, Nasenbluten, Hämorrhoiden und bei Depression.

ANBAU UND ERNTE
ANBAU Winterharte Kulturpflanze; gut entwässerter Boden; Sonne. Nicht unter alkalischen Bedingungen, wohl aber in trockenem nährstoffarmen Boden. Vermehrung durch Aussaat im Herbst, durch halbreife Stecklinge im Sommer; im Frühjahr 8-10cm des vorjährigen Wuchses zurückschneiden. Schildläuse können den Stamm befallen. Pflanze nicht im Wachstum stören.
ERNTE Die Wurzeln werden im Spätherbst oder im zeitigen Frühjahr, wenn die Rotfärbung am stärksten ist, freigelegt und geerntet, dann für Absude und Flüssigextrakte getrocknet.

CEDRONELLA Zitronenblume
(Labiatae)

C. canariensis wird wegen seines Kampfergeruchs im englischen Sprachraum auch „Balsam von Gilead" genannt. Es hat keine Ähnlichkeit mit dem Balsam von Gilead, der aus verschiedenen *Populus*-Arten (vgl. S. 334) gewonnen wird. Das gleiche gilt für den originalen Balsam *(Balsamodendron opobalsamum)*, der heute nicht mehr genutzt wird.

C. canariensis, syn. *C. triphylla* S. 103

VERWENDBAR Blätter.
EIGENSCHAFTEN Ein aromatisches Kraut ohne bekannten therapeutischen Nutzen.

GEBRAUCH
KÜCHE Die Blätter nimmt man für Teeaufgüsse.
AROMA Die Blätter werden für Duftmischungen mit Moschus-Holz-Aroma getrocknet.

C. japonica. Siehe *Agastache foeniculum.*

ANBAU UND ERNTE
ANBAU Halbwinterharte Zierpflanze; gut entwässerter Boden; Sonne. Vermehrung durch Aussaat unter Abdeckungen im Frühjahr, durch Teilung im Frühjahr, durch Steckhölzer im Frühherbst. Im Frühjahr zurückschneiden.
ERNTE Blätter werden vor der Blüte gesammelt, für Aufgüsse und als Duftspender getrocknet.

CEDRUS Zeder
(Pinaceae)

Cedrus-Arten haben einen hohen Gehalt an medizinisch wirksamen ätherischen Ölen. Im alten Ägypten nahm man Zedernöl zur Einbalsamierung. In den tibetischen Tempeln verbrennt man es als Weihrauch. Türkische Teppichgeschäfte sind oft aus Zedernholz gebaut oder damit ausgelegt, um Motten abzuwehren. Zedern sind eng mit Lärchen (*Larix*-Arten, S. 301) verwandt; sie gehören zu den dekorativsten Nadelbäumen.

C. libani ssp. ***atlantica*** S. 103

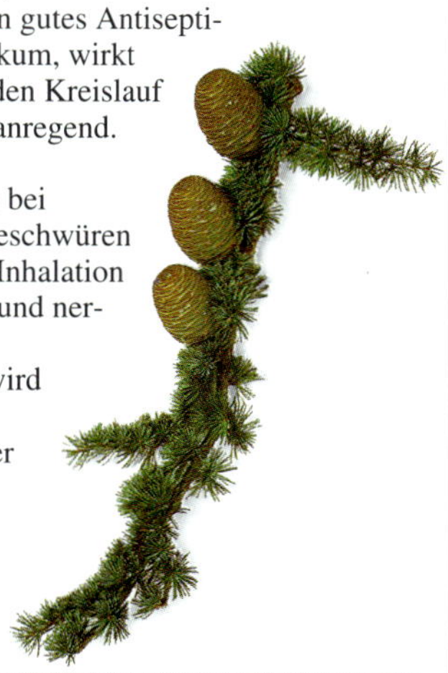

VERWENDBAR Holz, Öl.
EIGENSCHAFTEN Ein gutes Antiseptikum und Antimyotikum, wirkt nervenberuhigend, den Kreislauf und die Atemwege anregend.
GEBRAUCH
MEDIZIN Äußerlich bei Hautkrankheiten, Geschwüren und Schuppen. Zur Inhalation bei Bronchitis, Tbc und nervöser Anspannung.
WIRTSCHAFT Holz wird zur Herstellung insektenabwehrender Artikel benutzt.
VARIANTE
C. l. ssp. ***atlantica***, **Gruppe Glauca**, S. 103.

ANBAU UND ERNTE
ANBAU Winterharte Zierpflanze; gut entwässerter Boden; Sonne. *C. l.* ssp. *atlantica* wächst auch auf kalkhaltigem Boden. Vermehrung durch Aussaat im Frühjahr. *C. l.* ssp. *atlantica*, Gruppe Glauca wird in der Regel veredelt, läßt sich aber gut aus Samen ziehen. Um einen einzelnen Haupttrieb zu erhalten, Nebentriebe im Herbst schneiden. Ältere untere Zweige im zeitigen Frühjahr direkt am Stamm schneiden.
ERNTE Die Äste werden für die Öldestillation zerkleinert oder für Absude getrocknet.

CEIBA Kapokbaum
(Bombacaceae)

Das interessanteste Produkt dieses Baumes ist die Kapokfaser, ein wolliges Material, das sich um den Samen herum bildet. Kapok ist achtmal leichter als Baumwolle und schallisolierend. Ein einziger Baum trägt vom 5. bis 60. Lebensjahr 300-400 Samenhülsen im Jahr, das sind bis zu 20 kg Kapok. Wo *C. pentandra* vorkommt, wird er auch medizinisch genutzt; man weiß aber wenig über seine chemische Zusammensetzung. Sein dunkles, rotbraunes Gummi ähnelt dem von Tragant (vgl. S. 245).

C. pentandra, syn. *Bombax pentandra* (Wollbaum, Kapokbaum) S. 104

VERWENDBAR Blätter, Rinde, Samen, Gummi.
EIGENSCHAFTEN Ein adstringierendes, harntreibendes Kraut, fiebersenkend, krampflösend und blutstillend.
GEBRAUCH
MEDIZIN Innerlich bei abnormalen Gebärmutterblutungen, Ruhr; Durchfall bei Kindern (Gummi), verschleimten Bronchien (Rinde, Blätter). Äußerlich als Badezusatz, bei Fieber, Kopfschmerzen (Rinde, Blätter), als Umschlag bei Wundrose, Verstauchung (Blätter) und bei Wunden (Rinde).

WIRTSCHAFT Kapok wird zur Schallisolierung und für Rettungsringe benutzt. Die Samen werden zur Herstellung von Viehfutter verwendet.

ANBAU UND ERNTE
ANBAU Empfindliche Kulturpflanze; nährstoffreicher, tiefer, feuchter, aber gut entwässerter Boden. Sonne, mindestens 15° C. Schäden durch Wind sind möglich. Vermehrung durch Aussaat des reifen Samens; durch halbreife Stecklinge im Sommer. In den Tropen wird *Ceiba* durch abgeschnittene Äste oder große Ableger (1-1,2m lang) vermehrt, die im Abstand von 3m in die Erde gesetzt werden. Sie können auch näher zusammengesetzt werden, um als Pflöcke für den Anbau von *Piper* spp. (vgl. S. 329) zu dienen. Im Topf gezogene Pflanzen im Frühjahr in Form schneiden.
ERNTE Die Blätter werden während der Wachstumsperiode gepflückt, frisch oder getrocknet für Aufgüsse oder Umschläge verwendet. Das Holz wird in der Trockenzeit („wenn sich die Geister zurückziehen") geschlagen und die Rinde für Absude geschält. Gummi gewinnt man durch Einschnitte in die jungen Bäume, wenn der Pflanzensaft am Ende der Trockenzeit steigt. Die Früchte werden im reifen Zustand geerntet; man trocknet sie vor dem Entfernen der Samen und Fasern, danach wird die Faser zu Kapok verarbeitet.

CENTAUREA Flockenblume
(Compositae/Asteraceae)

Die Kornblume *(C. cyanus)* ist das bekannteste Kraut dieser Gattung, obwohl *C. scabiosa, C. nigra* und *C. montana* (Bergflockenblume) ähnliche Eigenschaften haben. Bis in die zwanziger Jahre waren Kornblumen ein weit verbreitetes Unkraut in den Kornfeldern; durch die moderne Landwirtschaft sind sie heute viel seltener geworden.

C. cyanus (Kornblume) S. 104

VERWENDBAR Blüten.
EIGENSCHAFTEN Ein adstringierendes, entzündungshemmendes Kraut.
GEBRAUCH
KÜCHE Die Blütenblätter können Salaten beigegeben werden.
AROMA Die Blütenblätter lassen sich für Dufttöpfe trocknen.
MEDIZIN Äußerlich bei Hornhautgeschwüren, Bindehautentzündung, kleineren Wunden und Mundgeschwüren.
WIRTSCHAFT Haarshampoos und Haarspülungen.
VARIANTE
C. c., Florence Serien, S. 104.

ANBAU UND ERNTE
ANBAU Winterharte Zierpflanze; entwässerter Boden, Sonne. Vermehrung durch Aussaat im Herbst oder Frühjahr. Blüten können von Brand und die Blätter von Rost befallen werden.
ERNTE Die Blüten nach dem Öffnen schneiden. Die ganzen Blüten oder nur die -blätter trocknen.

CENTAURIUM
(Gentianaceae)

C. erythraea enthält bittere Glycoside, die die Leber und die Gallenblase anregen, die Gallenflüssigkeit vermehren und den Appetit anregen. Bitterstoffe sind auch in *C. chilensis* enthalten, eine ähnliche Pflanze, die an der Westküste Nordamerikas vorkommt. Magenbitter wirken am besten, wenn sie 30 Minuten vor dem Essen genommen werden.

C. erythraea, syn. *Erythraea centaurium* (Tausendgüldenkraut, Fieberwurz) S. 104

VERWENDBAR Gesamte Pflanze.
EIGENSCHAFTEN Ein sehr bitteres, trockenes Kraut, das als Tonikum auf den Verdauungsapparat wirkt; es ist fiebersenkend.
GEBRAUCH
MEDIZIN Innerlich bei Verdauungsstörung, Leber- und Gallenblasenbeschwerden, Hepatitis, Gelbsucht, Magersucht, nach Viruserkrankungen, Appetitlosigkeit in der Rekonvaleszenz und bei fieberhaften Erkrankungen. Mit *Chamaemelum nobile* (vgl. S. 259), *Filipendula ulmaria* (S. 283) und *Althaea officinalis* (S. 236) bei Verdauungsstörung, mit *Berberis vulgaris* (S. 248) und *Rumex crispus* (S. 344) bei Gelbsucht; nicht für Schwangere.

ANBAU UND ERNTE
ANBAU Winterharte Kulturpflanze; sandiger, neutraler bis alkalischer Boden; Sonne. Vermehrung durch Aussaat im Frühjahr.
ERNTE Blühend im Sommer schneiden.

CENTELLA
(Umbelliferae/Apiaceae)

In der ayurvedischen Medizin gehört *C. asiatica* zu den wichtigsten Kräutern. In Indien nennt man es Brahmi („es bringt das Wissen von Brahma"). In Afrika und Indien ist es ein traditionelles Lepraheilmittel; über Madagaskar hielt es Einzug in das französische Arzneimittelverzeichnis. Jüngste Forschungen haben ergeben, daß *C. asiatica* die Narbenbildung reduziert, ferner die Blutzirkulation in den unteren Gliedmaßen verbessert und die Heilung beschleunigt.

C. asiatica, syn. *Hydrocotyle asiatica* S. 104

VERWENDBAR Gesamte Pflanze, Blätter.
EIGENSCHAFTEN Ein verjüngendes, harntreibendes Kraut, das entgiftet, entzündungshemmend und fiebersenkend ist, das Immunsystem stärkt und ausgleichend auf das Nervensystem wirkt.

GEBRAUCH
KÜCHE In Südostasien ißt man die Blätter in Salaten und Currygerichten.
MEDIZIN Innerlich bei Wunden, chronischen Hautkrankheiten, Malaria, Geschlechtskrankheiten, Geschwüren und Krampfadern, nervösen Störungen und bei Senilität. Übermäßige Einnahme führt zu Kopfschmerzen und vorübergehender Bewußtlosigkeit. Äußerlich bei Wunden, Hämorrhoiden und Gelenkrheuma. WARNHINWEIS Diese Pflanze unterliegt in einigen Ländern besonderen gesetzlichen Bestimmungen.
WIRTSCHAFT Extrakte sind in kosmetischen Masken und Crèmes zur Collagenvermehrung und zur Hautstraffung enthalten.

ANBAU UND ERNTE
ANBAU Frostharte Kulturpflanze; feuchter bis nasser Boden, Sonne oder Halbschatten. Vermehrung durch Aussaat im Frühjahr.
ERNTE Die Pflanze oder ihre Blätter können jederzeit geerntet und frisch oder getrocknet für Aufgüsse, Aufkochungen in Milch, als Pulver, für medizinische Öle und für „Ghi" (geschmolzene indische Büffelbutter) verwendet werden.
WARNHINWEIS Hautreizend.

CEPHAELIS Brechwurzel
(Rubiaceae)

C. ipecacuanha wurde während der Kolonialzeit von einem Mönch nach Portugal gebracht. Ein Pariser Arzt bestätigte seine Wirksamkeit bei Ruhr und verkaufte 1688 seine patentierte Medizin an den Hof Louis XIV. für 1.000 Louis d'or. Es enthält ein sehr wirksames Brechmittel, das zudem schleimlösend auf die Lungen wirkt. Heute wird es auch in Fernost angebaut und ist Bestandteil der meisten handelsüblichen Hustenmittel.

C. ipecacuanha S. 104

VERWENDBAR Wurzeln.
EIGENSCHAFTEN Ein starkes Reizmittel, das Magen und Bronchien anregt, fiebersenkend wirkt und die Zystenbildung bei Amöbenruhr verhindert.
GEBRAUCH
MEDIZIN Innerlich bei Husten, Bronchitis, Krampfhusten und Amöbenruhr. Bei Kindern auch als brechreizerregender Sirup bei Vergiftungen – eine Methode, die bei Kleinkindern dem Magenauspumpen vorzuziehen ist; eine übermäßige Einnahme bewirkt heftiges Erbrechen und Durchfall. Auch in der homöopathischen Medizin angewendet. Einsatz nur durch den Arzt oder Heilpraktiker.

ANBAU UND ERNTE
ANBAU Empfindliche Kulturpflanze; gut entwässerter, humussreicher, nasser Boden. Hohe Luftfeuchtigkeit, mindestens 15-18° C. Vermehrung durch Grünstecklinge im späten Frühjahr in sandigem Kompost bei 21-24° C; durch Wurzelstecklinge während der Ernte. Der Anbau außerhalb der natürlichen Lebensbedingungen ist schwierig.
ERNTE Wurzeln werden während der Blüte geerntet und für pharmakologische Zwecke getrocknet. Bei Pflanzen im Anbau entfernt man die Wurzeln nur teilweise.

CETRARIA
(Parmeliaceae)

Jüngste Forschungen haben gezeigt, daß Säuren aus Flechten gegen bestimmte Organismen wie zum Beispiel *Salmonella*-Arten, *Trichomonas vaginalis* und *Mycobacterium tubercolosis* wirksam sind.

C. islandica (Isländisches Moos) S. 105

VERWENDBAR Gesamte Pflanze.
EIGENSCHAFTEN Ein bittersüßes, linderndes antibiotisch wirksames Kraut; schleimlösend, beruhigt gereiztes Gewebe und stillt Erbrechen.
GEBRAUCH
MEDIZIN Innerlich bei Magendarmkatarrh, Lebensmittelvergiftung, Tbc und Bronchitis. Äußerlich bei Vaginalausfluß, Furunkeln und Eiterflechte. Extrakte werden den Antiseptika und Halspastillen gegen trockenen Husten und Halsentzündung beigegeben.

ANBAU UND ERNTE
ANBAU Winterharte Wildpflanze; wächst an Baumrinde, Steinen und auf saurem Substrat; benötigt reine Luft. Es gibt offenbar noch keine Forschungen zur Züchtung von Flechten aus Sporen.
ERNTE Die ganze Pflanze kann zu jeder Jahreszeit geerntet und für Absude, Flüssigextrakte, Pulver und Tinkturen getrocknet werden.

CHAENOMELES Zier-, Schein-Feuer-, Scharlachquitte (Rosaceae)

Der medizinische Gebrauch von *C. speciosa* wird erstmals in China um 470 n.Chr. beschrieben. Als beliebte Bonsai-Pflanze kam sie aus China und Japan in den Westen.

C. speciosa, syn. *C. lagenaria* (Japanische Quitte, Japanische Zierquitte) S. 105

VERWENDBAR Früchte („Mu gua").
EIGENSCHAFTEN Ein entzündungshemmendes und krampflösendes Kraut, das vor allem zur Kreislauf- und Verdauungsanregung eingesetzt wird.
GEBRAUCH
KÜCHE Die Früchte ißt man als Ersatz für Quitten als Gelee und Kompott.
MEDIZIN Innerlich bei Rheuma, Arthritis, Krämpfen, bei schmerzenden, geschwollenen, geschwächten unteren Gliedmaßen und bei Magenkrämpfen, hervorgerufen durch Verdauungsstörungen sowie bei Durchfall und Erbrechen.
VARIANTEN
***C. s.* 'Moerloosii'**, S. 105.
***C. s.* 'Nivalis'**, S. 105.

ANBAU UND ERNTE
ANBAU Winterharte Zierpflanze; gut entwässerter Boden, Sonne; entweder freiwachsend oder an einer Mauer gezogen. Vermehrung durch Aussaat im Herbst in einem Frühbeet, durch Grünstecklinge von astreichen Seitentrieben im Sommer, durch Absenker von langen Trieben im Frühherbst. Freiwachsende Pflanzen brauchen nur einen geringen Rückschnitt zur Ausdünnung und nach der Blüte. An Mauern wachsende Pflanzen werden nach der Blüte zurückgeschnitten, das heißt die vorjährigen Triebe werden bis auf zwei oder drei Knospen abgeschnitten und alle in falsche Richtungen wachsenden Triebe entfernt. Pflanzen können von Feuerbrand befallen sein und in alkalischen Böden unter Chlorose leiden. Bei einert Aussaat behalten die Pflanzen ihre charakteristischen Eigenschaften nicht in vollem Umfang.
ERNTE Die Früchte werden im Herbst reif geerntet, frisch gegessen oder für Absude getrocknet.

CHAMAELIRIUM Funkelstern
(Liliaceae/Melanthiaceae)

Die Gattung ist eng mit *Helonias* verwandt und besteht nur aus einer Art. *Chamaelirium* setzt sich aus den griechischen Worten *chamai* (langsam wachsend) und *leirion* (Lilie) zusammen, (*luteum* bedeutet „gelb"). *C. luteum*, von den nordamerikanischen Indianern zur Verhinderung drohender Fehlgeburten gebraucht, wurde von den Siedlern im 18. und 19. Jahrhundert zum Heilmittel bei Depressionen und bei „weiblicher Unpäßlichkeit" verwendet. Sie wurde in das „U.S. National Formulary" (1916-47) aufgenommen. Kräuterkundler betrachten sie als außerordentlich wertvoll bei gynäkologischen Beschwerden.

C. luteum, syn. *Helonias dioica* (Teufelsabbiß, Mehlblume, Purpurblume)

Sommerblühende mehrjährige Knollenpflanze, winterhart bis -15° C, Höhe 30-90cm, Breite 15-38 cm, mit einer Basalrosette ovaler bis löffelförmiger (bis zu 20cm langer) Blätter. Aufrechter Blütenstamm mit kleineren, länglichen Blättern und einer dichten, zylindrischen Blütentraube mit kleinen, weißen, sternförmigen Blüten, die zunehmend gelb werden. Männliche und weibliche Blüten wachsen an verschiedenen Pflanzen; die weiblichen Pflanzen sind blattreicher. Sie wächst in den feuchten Wäldern und Sümpfen im östlichen Nordamerika.

VERWENDBAR Rhizome, Wurzeln.
EIGENSCHAFTEN Ein adstringierendes, bitteres, harntreibendes Kraut, das als Tonikum für die Eierstöcke und die Gebärmutter Verwendung findet.
GEBRAUCH
MEDIZIN Innerlich bei Menstruations- und Wechseljahrebeschwerden, Unfruchtbarkeit, Beckenentzündung, Endometriose, Fibrose, Gefahr einer Fehlgeburt und morgendlicher Übelkeit. Übermaß führt zu Erbrechen; häufig mit *Trillium erectum* (S. 364) angewendet. Auch als Tonikum bei Verdauungsstörungen, Erkrankungen des Urogenitaltrakts und bei Darmparasiten. Einsatz nur durch Heilpraktiker.

ANBAU UND ERNTE
ANBAU Winterharte Wildpflanze; feuchter, gut entwässerter, humusreicher Boden; Halbschatten. Vermehrung durch Aussaat im Herbst, durch Teilung im Frühjahr.
ERNTE Bewurzelte Rhizome werden im Herbst herausgenommen und für Absude, Flüssigextrakte und Tinkturen getrocknet.

CHAMAEMELUM
(Compositae/Asteraceae)

Mit „Kamille" bezeichnet man Pflanzen, die verschiedenen Gattungen angehören. Jedoch sind nur zwei Arten als Kräuter wichtig: *C. nobile* (Römische Kamille) und *Matricaria recutita* (Echte Kamille, vgl. S. 309); beide werden für den gleichen Zweck genutzt. Kamillentee gehört zu den beliebtesten Kräutertees.

C. nobile, syn. *Anthemis nobilis* (Römische Kamille) S. 105

VERWENDBAR Blüten, Öl.
EIGENSCHAFTEN Ein bitteres, aromatisches Kraut, mit beruhigender Wirkung.
GEBRAUCH
KÜCHE Als Kräutertee.
MEDIZIN Innerlich bei Verdauungsproblemen (incl. Koliken, Divertikulitis, morgendlicher Übelkeit und streßbedingter Verdauungsstörung), Menstruationsbeschwerden, Schlaflosigkeit, bei fieberhaften Erkrankungen, Hyperaktivität und kindlichen Trotzanfällen (Blüten). Das Öl regt die Gebärmutterfunktion an und darf während der Schwangerschaft nicht verabreicht werden. Es wird zum Inhalieren bei Asthma und Bronchialstau und in der Aromatherapie benutzt; äußerlich bei Hautreizungen und bei Wunden angewendet; in der Homöopathie bei Beschwerden, die durch nervöse Anspannung hervorgerufen werden. WARNHINWEIS Das ätherische Öl unterliegt in einigen Ländern besonderen gesetzlichen Bestimmungen.
WIRTSCHAFT Das Öl wird Haarkosmetika zur Aufhellung und Pflege beigegeben.
VARIANTEN
C. n. **'Flore Pleno'**, S. 105.
C. n. **'Treneague'**, S. 105.

ANBAU UND ERNTE
ANBAU Winterharte Zierpflanze; leichter, entwässerter Boden in voller Sonne. Aussaat im Frühjahr oder Herbst, Teilung im Frühjahr. Die Varianten sind steril und können nur durch Teilung vermehrt werden. Die Pflanzen nehmen in sehr kalten oder feuchten Wintern Schaden, erholen sich aber meist. Häufige Berührung mit Römischer Kamille kann Dermatitis verursachen. *C. nobile* ist auch der „Pflanzendoktor" genannt worden, weil kümmernde Gartenpflanzen sich angeblich wieder erholen, wenn man sie daneben pflanzt. Schnittblumen werden wieder schön und halten sich länger, wenn man dem Blumenwasser Kamillentee zusetzt. Der Tee soll auch Sämlinge gegen Auflaufkrankheiten schützen. ►

► ERNTE Die Blüten werden im Sommer abgenommen, um daraus Öl zu destillieren; oder für Aufgüsse, Flüssigextrakte, Hautcrèmes getrocknet. Getrocknete Blüten halten sich nur ein Jahr.

CHAMOMILLA
C. recutita. Siehe *Matricaria recutita.*

CHELIDONIUM Schöllkraut
(Papaveraceae)

C. majus enthält einen hellorangefarbenen Saft, der austritt, wenn man die Pflanze quetscht oder abschneidet. Dieser Saft, ein traditionelles Heilmittel gegen Warzen und Hühneraugen, wird auf die Haut getupft. Entsprechend der Doktrin der „Signatura Rerum" wurde der Saft auch als Arznei bei Leberleiden genutzt, weil er der Gallenflüssigkeit ähnelt.

C. majus (Großes Schöllkraut) S. 106

VERWENDBAR Gesamte Pflanze, Pflanzensaft.
EIGENSCHAFTEN Ein reinigendes, entzündungshemmendes Kraut, das die Produktion der Gallenflüssigkeit anregt, Kreislauf und die Gebärmutterfunktion stimuliert und krampflösend, harntreibend und abführend wirkt.
GEBRAUCH
MEDIZIN Innerlich bei Gallenblasen- und Gallenblasengangentzündung, Gelbsucht, Hepatitis, Gicht, Arthritis, Rheuma, nachlassendem Fieber, Krampfhusten und Bronchitis, bei Hautausschlag, Geschwüren und Krebs (besonders der Haut und des Magens). Überdosierung führt zu Schläfrigkeit, Hautreizungen, Reizhusten und Atembeschwerden; nicht während der Schwangerschaft anzuwenden. Äußerlich bei Augenentzündung, grauem Star, blauen Flecken und Verstauchung, Warzen, Kopfgrind, Schuppenflechte sowie bei bösartigen Geschwulsten. WARNHINWEIS Diese Pflanze unterliegt in einigen Ländern gesetzlichen Einschränkungen.
VARIANTEN
C. m. **'Laciniatum Flore Pleno'**, S. 106.
C. m. **'Flore Pleno'**, S. 106.

ANBAU UND ERNTE
ANBAU Winterharte Zierpflanze; feuchter Boden in Sonne oder Schatten. Aussaat im Frühjahr, Wurzelteilung im Frühjahr. *C. majus* und seine Varianten sind gut selbstaussäend. Bei Berührung hinterläßt der orangefarbene Saft gelbe Flecken.
ERNTE Die blühende Pflanze wird im Sommer geschnitten und frisch für Aufgüsse, Tinkturen oder Saft verwendet. Saft wird frisch verbraucht, die Eigenschaften gehen beim Trocknen verloren.

CHELONE Schildblume
(Scrophulariaceae)

Von den Kräuterkundlern wird die Anwendung von *C. glabra* stark befürwortet, weil man nur die oberen Pflanzenteile anstelle der Wurzeln benötigt. Der ökologische Schaden ist geringer, wenn die Pflanzen an den natürlichen Wuchsplätzen gesammelt werden.

C. glabra S. 106

VERWENDBAR Gesamte Pflanze.
EIGENSCHAFTEN Ein sehr bitteres Kraut mit einem teeähnlichen Geruch, das vor allem als Leber- und Verdauungstonikum wirkt; auch bei Stimmungsschwankungen und von abführender Wirkung.
GEBRAUCH
MEDIZIN Innerlich bei Gallensteinen in Verbindung mit Gelbsucht, chronischer Lebererkrankung, bei Koliken, Verstopfung, Magersucht und bei Verdauungsproblemen (besonders bei älteren Menschen und in der Rekonvaleszenz). Gut in Kombination mit *Juglans cinerea* bei Verstopfung und mit *Gentiana lutea* (vgl. S. 294) bei Gelbsucht.

ANBAU UND ERNTE
ANBAU Winterharte Zierpflanze; feuchter Boden, Halbschatten. Vermehrung durch Kopfstecklinge im Sommer, durch Aussaat unter Abdekkungen im Frühjahr, durch Teilung im Frühherbst.
ERNTE Die blühenden Pflanzen werden geschnitten und für Aufgüsse, Flüssigextrakte, Pulver oder Tinkturen getrocknet.

CHENOPODIUM Gänsefuß
(Chenopodiaceae)

Das Öl aus Chenopodium enthält ein Wurmmittel mit breitgefächerter Wirkung, das in der Tiermedizin häufig angewandt wird. Es wird aus *C. ambrosioides* und *C. ambrosioides* var. *anthelminticum* hergestellt, die einen höheren Anteil von Wirkstoffen enthalten.

C. ambrosioides (Wohlriechender Gänsefuß, Teekraut) S. 106

VERWENDBAR Gesamte Pflanze, Blätter, Öl.
EIGENSCHAFTEN Ein bitteres, adstringierendes, aromatisches Kraut, das Darmparasiten abtötet und schweißtreibend, krampf- und schleimlösend wirkt. Es findet auch gegen Pilze und als Insektizid Verwendung.
GEBRAUCH
KÜCHE In Mexiko und Guatemala zum Würzen von Mais-, Bohnen- und Fischgerichten.
MEDIZIN Innerlich gegen Spulwurm, Hakenwurm und kleinere Bandwürmer, bei Amöbenruhr, Asthma und Katarrh. Nicht an Schwangere verabreichen. Überdosierung führt zu Schwindelgefühl, Erbrechen, Krämpfen und zum Tod. Äußerlich bei Fußpilz und Insektenstichen. WARNHINWEIS Diese Pflanze unterliegt in einigen Ländern besonderen gesetzlichen Bestimmungen.
WIRTSCHAFT Zum Ausräuchern gegen Moskitos; wird auch dem Dünger beigegeben, um das Schlüpfen der Insekten aus den Larven zu verhindern.

ANBAU UND ERNTE
ANBAU Frostharte Kulturpflanze; nährstoffreicher, gut entwässerter Boden, Sonne; Aussaat im Frühjahr. Abknipsen der Spitzen fördert die Buschigkeit. In warmem Klima selbstaussäend. ►

► ERNTE Die Pflanzen schneidet man im Herbst zur Ölgewinnung bzw. trocknet sie für Extrakte und Pulver. Blätter frisch verwenden.
WARNHINWEIS Hautreizend.

CHIMAPHILA Winterlieb
(Ericaceae)

Bei der amerikanischen Urbevölkerung war *C. umbellata* als Heilkraut geschätzt; es wurde gegen viele Krankheiten, auch gegen Rheuma eingesetzt. Besonders durch deutsche Siedler in Pennsylvania wurde es als Tonikum und als harntreibendes Mittel bei Nierenbeschwerden und Rheuma bekannt. In die „U.S. Pharmacopoeia" (1820-1916) wurde es als adstringierendes Kraut aufgenommen. Es enthält Quinon-Glycoside, wie man sie auch in *Arctostaphylos uva-ursi* (vgl. S. 241) findet; es ist jedoch weniger adstringierend und harntreibender, für eine Langzeitanwendung somit brauchbarer.

C. umbellata (Dolden-Winterlieb) S. 107

VERWENDBAR Gesamte Pflanze, Blätter.
EIGENSCHAFTEN Ein bitteres, adstringierendes, linderndes Kraut mit Wirkung auf Nieren und Milz.
GEBRAUCH
KÜCHE Bestandteil amerikanischen Kräuterbieres.
MEDIZIN Innerlich bei Harnweginfektionen, Prostataentzündung, Harnleiterentzündung, Nierensteinen, Arthritis und Rheuma.

ANBAU UND ERNTE
ANBAU Winterharte Wildpflanze; gut entwässerter, saurer, sandiger Boden; Schatten. Vermehrung durch Aussaat im Herbst und durch Teilung im Frühjahr.
ERNTE Die ganze Pflanze während der Blüte ernten, Blätter während der Vegetationszeit; beide für Aufgüsse und Flüssigextrakte trocknen.

CHIONANTHUS
Schneeflockenstrauch (Oleaceae)

C. virginicus gehört zu den verläßlichsten Heilmitteln bei Leber- und Gallenblasenbeschwerden.

C. virginicus (Schneeflockenstrauch, Schneeblume) S. 107

VERWENDBAR Wurzelrinde.
EIGENSCHAFTEN Bitteres, wohltuendes, Leber und Gallenblase anregendes, harntreibendes wie auch abführendes Kraut.
GEBRAUCH
MEDIZIN Innerlich bei Gelbsucht, Zirrhose, Hepatitis, Bauchspeicheldrüsenentzündung, Gallensteinen, Milzvergrößerung, durch Gallenleiden verursachte Kopfschmerzen, Migräne.

ANBAU UND ERNTE
ANBAU Winterharte Zierpflanze; nährstoffreicher, gut entwässerter, feuchter Boden; Sonne. ► Vermehrung durch Aussaat im Herbst (Vorkeimung erforderlich), durch Grünstecklinge im Frühjahr, durch Okulieren im Sommer. Langsam wachsend in Gegenden mit kühlen Sommern.
ERNTE Die Rinde wird bei Bedarf von den Wurzeln geschält und für Aufgüsse, Flüssigextrakte und Tinkturen getrocknet.

CHONDRODENDRON
(Menispermaceae)

Es handelt sich um eine Gattung von zehn Lianenarten, die in Mittel- und Südamerika heimisch sind. Einige Arten liefern den Hauptbestandteil von Kurare, einem Pfeilgift der südamerikanischen Indios. Der Name setzt sich aus den griechischen Worten *chondros* (Knorpel) sowie *dendron* (Baum) zusammen und bezieht sich auf die biegsamen, zweigähnlichen Stämme. *C. tomentosum* enthält verschiedene Alkaloide, insbesondere *d*-Tubocurarin, ein Knochenmuskelrelaxans, das als Injektion sofort wirkt (oral eingenommen jedoch gar nicht). Der Nachschub ist auf die Wildpflanzen angewiesen, da eine synthetische Herstellung bisher noch nicht gelungen ist. Die Stämme und Wurzeln werden von den Eingeborenen gegen verschiedene Gebrechen, wie z.B. Wassersucht und Wahnsinn genommen. Das eng verwandte *Cissampelos pareira* ist ebenfalls ein Bestandteil von Kurare, das Muskelrelaxans namens „Cissampelin".

C. tomentosum

Eine große, bis zu 30m in die Höhe wachsende Liane mit einem haarigen, am Boden bis zu 10cm dikken Stamm und ovalen bis gerundeten, bis zu 20cm langen Blättern mit behaarten Stengeln und Unterseiten. Rispen mit kleinen, grünweißen Blüten; männliche und weibliche an separaten Pflanzen.

VERWENDBAR Stämme, Wurzeln.
EIGENSCHAFTEN Ein süßlich-bitteres, harntreibendes, abführendes Kraut, das, oral eingenommen, fiebersenkend und den Uterus anregend wirkt.
GEBRAUCH
MEDIZIN Vor allem intravenös als *d*-Tubocurarin zur Muskelentspannung in der Chirurgie. WARNHINWEIS Diese Pflanze unterliegt (besonders als Kurare) in verschiedenen Ländern besonderen gesetzlichen Bestimmungen.

ANBAU UND ERNTE
ANBAU Empfindliche Wildpflanze; nährstoffreicher, feuchter Boden im Schatten bei hoher Luftfeuchtigkeit, mindestens 15-18° C. Über die Voraussetzungen zur Vermehrung ist nichts bekannt.
ERNTE Die Wurzeln und Stämme werden je nach Vorkommen gesammelt und von der pharmazeutischen Industrie zu Flüssigextrakten verarbeitet.

CHONDRUS Perltang
(Gigartinaceae)

Eine Gattung von Seealgen, die etwa 15 Arten umfaßt. Einige Arten werden wildwachsend gesammelt, um in verschiedenen Industriezweigen verarbeitet zu werden. *C. crispus* ist eine eßbare Seealge, die zu beiden Seiten des Atlantiks vorkommt. In *C. crispus* finden sich gallertartige Polysaccharide, das sogenannte Carrageen. Sie werden in unterschiedlichen Qualitäten produziert; solche mit einem hohen Molekulargewicht finden in der Lebensmittelindustrie Verwendung, weil sie über den Darm wieder ausgeschieden werden und deshalb nicht giftig sind. Man nimmt jedoch an, daß Carrageen krebserregend ist und möglicherweise Dickdarmgeschwüre verursacht.

C. crispus (Irisch Moos, Irländisch Moos, Karrageenmoos)

Eine tiefrote bis grüne, knorpelige Alge: Höhe und Breite 7-15cm, mit scheibenförmiger Verankerung. Der Wuchs ist am unteren Ende schmal, erweitert sich zu verzweigten breiteren oder schmaleren Wedeln, die am Rand oft gekräuselt sind.

VERWENDBAR Gesamte Pflanze.
EIGENSCHAFTEN Ein schleimhaltiges, süß-salziges Kraut, das lindernd und beruhigend auf das Gewebe wirkt sowie mild abführend und schleimlösend ist.
GEBRAUCH
MEDIZIN Innerlich bei trockenem Husten, Halsentzündung, Blasenentzündung, Bronchitis, Gastritis und bei Verdauungsstörungen mit Übelkeit und Sodbrennen. Bei Bronchitis oft mit *Cinnamomum cassia* (vgl. S. 261) und *Glycyrrhiza glabra* (vgl. S. 236), bei Verdauungsstörungen mit *Althaea officinalis* (vgl. S. 236) und *Ballota nigra* (vgl. S. 247). Äußerlich als Lotion oder Crème bei rissiger Haut.
WIRTSCHAFT In der Lebensmittelindustrie von Bedeutung als Stabilisator (E 407) in Milchprodukten, Süßspeisen, Saucen; in der pharmazeutischen Industrie z.B. in Lebertran und Zahnpasta. Es wird auch in Gels zur Luftverbesserung verwendet sowie in der Leder- und Textilverarbeitung, ferner in der Brau- und Farbenindustrie.

ANBAU UND ERNTE
ANBAU Wildpflanze; wächst an Felsen und Steinen in Teichen und flachem Salzwasser. Die Pflanzen werden vorsichtig geerntet, um ihr Nachwachsen zu ermöglichen.
ERNTE Die Pflanzen werden im Herbst geerntet und zur Extraktion der Polysaccharide getrocknet.

CHRYSANTHEMUM
C. parthenium. Siehe *Tanacetum parthenium*.
C. × morifolium. Siehe *Dendranthema × grandiflorum*.

CICHORIUM Wegwarte
(Compositae/Asteraceae)

Schon im alten Rom kannte man Chicorée, auf dem europäischen Kontinent ist es bis heute ein beliebtes Gemüse. Die Blätter und Wurzeln werden für unterschiedliche Zwecke gebraucht. Es gibt drei Hauptgruppen von Blätterchicorée: bittere Sorten mit lockeren Blättern, die vor allem in Italien als grünes Wintergemüse angebaut werden, schmalblättrige mit einem kompakten, länglichen Kopf, der sogenannte Witloof- bzw. belgische Chicorée, der für Salate und andere Gerichte blanchiert wird;

schließlich die breitblättrigen, roten Chicorée- oder Radicchioarten, die roh oder gekocht gegessen werden. Aus den Wurzeln werden Kaffee- (besonders in Frankreich) und Arzneipräparate hergestellt. Beim Rösten entwickeln die jungen Wurzeln ein bitteres Karamellaroma (über zwei Jahre alte sind noch bitterer).

C. intybus (Chicorée) S. 107

VERWENDBAR Blätter, Wurzeln.
EIGENSCHAFTEN Ein bitteres, harntreibendes, abführendes Kraut, entzündungshemmend, mit beruhigender Wirkung auf die Leber und die Gallenblase.
GEBRAUCH
KÜCHE Chicorée mit lockeren Blättern wird gekocht, um Bitterstoffe zu entfernen und dann mit weißer oder Käsesoße gegessen. Köpfe von Witloof-Chicorée und Radicchio werden im Salat oder als Gemüse gekocht gegessen. Die gerösteten Wurzeln dienen als Kaffeezusatz.
MEDIZIN Innerlich bei Leberbeschwerden, Rheuma, Gicht, Hämorrhoiden. In der ayurvedischen Medizin gilt es als Kraut zur Verbesserung der Körpersäfte.
VARIANTE
C. i. **'Red Devil'**, S. 107.

ANBAU UND ERNTE
ANBAU Winterharte Zier- *(C. intybus)* oder frostharte Kulturpflanze (*C. i.* 'Red Devil'); nährstoffreicher, gut entwässerter, neutraler bis alkalischer Boden; Sonne. Vermehrung durch Aussaat im Frühjahr, auf 25cm ausdünnen. Selbstaussaat ist möglich, kann auf trockenem alkalischen Boden zu Unkraut werden.
ERNTE Im Frühjahr des 2. Jahres Ernte der Wurzeln; in Scheiben geschnitten werden sie bei 180° C als Kaffeezusatz geröstet. In getrockneter Form stehen sie für Absude und Flüssigextrakte zur Verfügung. Helle Chicoréeknollen erhält man von Wurzeln, die man im Herbst des ersten Jahres erntet. Nach Entfernen der Blätter entwickeln sie sich in Kästen bei Dunkelheit (10° C) in 4 Wochen.

CIMICIFUGA Wanzenkraut
(Ranunculaceae)

Eine Reihe verschiedener Arten werden für die gleichen Zwecke benutzt. Hierzu gehören *C. americana* und *C. dahurica*, eine asiatische Art, die in der traditionellen chinesischen Heilkunde austauschbar mit *C. foetida („*Sheng ma"*)* verwendet wird. Die Arznei Sheng ma wird erstmals in einer chinesischen Abhandlung zwischen 25-200 n.Chr. erwähnt.

C. foetida (Stinkendes Wanzenkraut, Europäisches Wanzenkraut) S. 107

VERWENDBAR Rhizome („Sheng ma").
EIGENSCHAFTEN Wirksam gegen Infektionen, fiebersenkend und schmerzstillend.
GEBRAUCH
MEDIZIN Innerlich bei Husten, Erkältung, Kopfschmerzen, Zahnfleischentzündung und bei fieberhaften Infektionskrankheiten, wie zum Beispiel Masern.

C. racemosa S. 107

VERWENDBAR Rhizome.
EIGENSCHAFTEN Ein bitteres, wohltuendes Kraut, schmerzlindernd, hustenstillend und fiebersenkend; es wirkt anregend auf die Gebärmutter.

GEBRAUCH
MEDIZIN Innerlich bei Bronchieninfektionen, Menstruations- und Klimakteriumbeschwerden, Wehen- und nachgeburtlichen Schmerzen, Arthritis, Rheuma (mit *Menyanthes trifoliata*, vgl. S. 312 und mit *Petroselinum crispum*, vgl. S. 325) sowie Ohrensausen (mit *Zanthoxylum americanum*, vgl. S. 372). Übermaß führt zu Übelkeit und Erbrechen. Nicht in der Schwangerschaft und Stillzeit; in der Homöopathie bei Beschwerden gegen Ende der Schwangerschaft, Wehen- und Kopfschmerzen sowie Depressionen. WARNHINWEIS Die Pflanze unterliegt in einigen Ländern gesetzlichen Einschränkungen.

ANBAU UND ERNTE
ANBAU Winterharte Kultur- *(C. foetida)* oder Zierpflanze *(C. racemosa)*; feuchter, humusreicher Boden, Halbschatten. Aussaat des reifen Samens im Herbst unter Abdeckungen; Teilung jederzeit.
ERNTE Die Rhizome im Herbst ernten und frisch für Tinkturen gebrauchen oder auch getrocknet für Absude, Flüssigextrakte und Tinkturen.

CINCHONA Chinarindenbaum
(Rubiaceae)

C. pubescens ist eine von mehreren Chinchonaarten, zu denen auch *C. calisaya* und *C. ledgeriana* (beide sind sogenannte gelbe Chinchonaarten) sowie *C. officinalis* gehören, aus denen das Alkaloid Chinin, ein starkes Malariamittel, gewonnen wird. Es ist belegt, daß Jesuitenmönche in der Gegend von Lima um 1630 mit der Wirkung der Pflanze vertraut waren. In der medizinischen Literatur wird es erstmals 1643 von Herman van der Heyden erwähnt („Discours et advis sur les flus de ventre douloureux"). Zu Anfang des 19. Jahrhunderts hatten sich die natürlichen Vorkommen der Chinchonapopulationen derart verringert, daß Holländer und Engländer, in Konkurrenz zueinander, versuchten, sie auf Plantagen zu züchten. Den Holländern gelang es schließlich, *C. ledgeriana* in Java zu kultivieren; hier entstand das weltgrößte Zentrum der Chininproduktion. In den vergangenen Jahren wurde Chinin synthetisch hergestellt, heute jedoch gewinnen Chinchona und andere Pflanzen, wie z.B. *Artemisia annua* (vgl. S. 243) wieder an Bedeutung, weil verschiedene Malariaerreger inzwischen gegen synthetisch hergestellte Medikamente resistent geworden sind. Ein anderes Alkaloid, das Chinidin, ist als Herzberuhigungsmittel bekannt geworden. Berühmt wurde Chinin auch als erste Substanz, die Samuel Hahnemann (1755-1843), der Begründer der Homöopathie, im Selbstversuch testete.

C. pubescens S. 108

VERWENDBAR Stamm und Wurzelrinde.
EIGENSCHAFTEN Bitteres, adstringierendes Kraut, fiebersenkend, krampflösend. Chinin ist ein Anti-Malariamittel, Chindin verringert die Herzfrequenz.
GEBRAUCH
KÜCHE Chinin ist ein Bitterstoff (z.B. in Tonic Water).
MEDIZIN Innerlich bei Malaria, Nervenschmerzen, Muskelkrämpfen, Herzflimmern; auch Bestandteil der gängigen Erkältungs- und Grippemedikamente. Überdosierung führt zur Chininvergiftung: Kopfschmerzen, Hautausschlag, Taubheit, Erblinden. Nicht für Schwangere (Ausnahme: an Malaria erkrankte Frauen). Als Gurgellösung bei Halsentzündung. In der Homöopathie (als *China officinalis*) u.a. bei nervöser Erschöpfung. WARNHINWEIS Diese Pflanze, insbesondere in der Form von Chinin, unterliegt in manchen Ländern besonderen gesetzlichen Einschränkungen.

ANBAU UND ERNTE
ANBAU Empfindliche Kulturpflanze; gut entwässerter, feuchter Boden. Hohe Luftfeuchtigkeit, Sonne oder Halbschatten; mindestens 15-18° C. Vermehrung durch knotige Grünstecklinge im späten Frühjahr, durch halbreife Stecklinge im Sommer bei 15-18° C. Bei kommerziell angelegten Plantagen werden die Pflanzen nach ca. 6 Jahren gekappt: Solitäre stark zurückschneiden, um das Nachwachsen starker Triebe anzuregen.
ERNTE Die Rinde wird von Mai bis September abgeschält und für Flüssigextrakte, Tabletten, Tinkturen und Pulver getrocknet. Sie kann *in situ* oder von gekappten Zweigen geschält werden.

CINNAMOMUM Zimtbaum
(Lauraceae)

Cinnamomum-Arten liefern zwei verschiedene Rohstoffe: Kampfer und Zimt oder Kassia. Kampfer, oft auch Kampferöl genannt, ist ein aromatisches Terpenketon (als Mottenkugeln wohlbekannt). Es wird auch in der Medizin und bei der Herstellung von Zelluloid gebraucht. Ähnliche Stoffe werden aus *Blumea balsamifera* und *Dryobalanops aromatica* („Kapur", vgl. S. 275) gewonnen. Zimt und Kassia werden gewöhnlich als gerollte Rindenschale hergestellt, daraus werden das Zimtpulver und ätherische Öle gewonnen. Sie sind von Bedeutung als Gewürz und finden sich, bedingt durch ihre wärmenden, anregenden Eigenschaften, auch in vielen Arzneimitteln. *C. cassia* gehört zu den ältesten Gewürzen – in China zuerst um 2700 v.Chr. und in Ägypten um 1600 v.Chr. erwähnt. Das Öl aus *C. camphora* enthält Safrol (wie auch in *Sassafras albidum*, vgl. S. 349), das zum Würzen extrahiert werden kann. In vielen Ländern ist es heute jedoch verboten, weil es möglicherweise krebserregend ist. Als Gewürz weltweit verbreitet ist *C. zeylanicum* (Ceylon-Zimtbaum); es spielte in der Kolonialzeit eine wichtige Rolle. Kommerziell weniger bedeutende Arten sind: *C. burmanii*, ein guter Zimtersatz, den man auch in Weihrauch verwendet; *C. iners*, der in Südostasien in Currygerichten enthalten ist; *C. loureirii*, eine süße Variante, die man zum Backen und für Sirup verwendet; *C. mas-*

soia aus Neuguinea, mit einem nelkenartigen Aroma, zum Würzen und für Parfüms; *C. oliveri*, eine australische Art mit einem scharfen, nelken-sassafrasähnlichen Aroma; *C. tamala* mit aromatischen Blättern, in der indischen Küche benutzt. Außerdem gibt es eine parfümierte Baumrinde, die zum Verlängern von Zimt verwendet wird.

C. camphora, syn. *Laurus camphora* (Kampferbaum) S. 108

VERWENDBAR Holz und Blätter („Zhang nao"), aus denen ein kristalliner Kampferextrakt hergestellt wird.

EIGENSCHAFTEN Ein bitteres, stark aromatisches Kraut, kreislauf- und nervenanregend, entzündungshemmend und krampflösend. Wirkt auch verdauungsfördernd und tötet Parasiten ab.

GEBRAUCH

MEDIZIN Äußerlich zum Einreiben bei Gelenk- und Muskelschmerzen, als Salbe bei Frostbeulen, aufgesprungenen Lippen und nicht entzündeten Wunden; zum Inhalieren bei Nasen- und Bronchienverstopfung. In der traditionellen chinesischen Medizin bei Hauterkrankungen, Wunden, zum Wiederbeleben bei Bewußtlosigkeit. In der Aromatherapie bei Verdauungsproblemen und Depressionen. In der ayurvedischen Medizin innerlich bei Bronchitis, Asthma, Sinusitis, Augenbeschwerden, Epilepsie, Menstruationsbeschwerden, Gicht, Rheuma und Schlaflosigkeit. Überdosierung führt zu Erbrechen, Herzklopfen, Krämpfen, Tod. Da es über die Haut aufgenommen wird, ist eine schleichende Vergiftung möglich. WARNHINWEIS Diese Pflanze, besonders als Kampferöl, unterliegt in einigen Ländern besonderen gesetzlichen Einschränkungen.

C. cassia, syn. *C.aromaticum* (Cassiarinde, Chinesischer Zimt) S. 108

VERWENDBAR Innere Rinde („Rou gui"), blättrige Zweige („Gou zhi"), Früchte, Öl.

EIGENSCHAFTEN Die innere Rinde ist ein scharfes, süßes Kraut, kreislaufanregend, verdauungsfördernd, krampflösend und wirkt gegen Erbrechen und Infektionen. Die Zweige wirken schweißtreibend und meist auch fiebersenkend.

GEBRAUCH

KÜCHE In Asien in Currygerichten, in den USA zum Backen und in China für Fleischgerichte (mit Anis, Sternanis, Fenchelsamen, Nelken eines der chinesischen „fünf Gewürze").

MEDIZIN Innerlich in der westlichen Medizin in Arzneien gegen Durchfall, Verdauungsbeschwerden mit Blähungen und Koliken sowie gegen Erkältungen. In der chinesischen Medizin bei Durchfall, Appetitlosigkeit, Antriebsschwäche, Nierenschwäche (das Yang-Defizit zeigt sich durch Ödeme und geringen Urinfluß), Rheuma, Kältegefühl („Rou gui") und bei Erkältung, Grippe, Fieber, arthritischen und rheumatischen Beschwerden, Angina, Herzklopfen und Verdauungsstörungen, verbunden mit Erkältung und Schüttelfrost („Gou zhi").

WIRTSCHAFT Die Früchte ähneln Gewürznelken; in der Lebensmittelindustrie sind sie ein häufig gebrauchter Aromastoff. Das Kassiaöl enthält 80-90% Zimtaldehyde, die hauptsächlich für Lebensmittel, Medikamente und für Kosmetika verwendet werden.

C. zeylanicum, syn. *C. verum* (Ceylon-Zimtbaum) S. 108

VERWENDBAR Innenrinde, Blätter, Öl.

EIGENSCHAFTEN Ein scharfes, süßes, wärmendes Kraut, das den peripheren Kreislauf anregt, krampflösend, fieber- und blutdrucksenkend wirkt, auch blutstillend und entzündungshemmend sowie verdauungsfördernd ist.

GEBRAUCH

MEDIZIN Innerlich bei Durchfall, Übelkeit, Erbrechen, Magendarmkatarrh, Erkältung, Grippe, Bluthochdruck, Arthritis, Rheuma und Pilzbefall der Haut. Besonders für Patienten mit niedriger Körpertemperatur; nicht an Schwangere verabreichen.

WIRTSCHAFT Rinde und das Rindenöl, werden als Aromastoff für Gebäck, für Cola-ähnliche Getränke, Eis, Likör sowie für Produkte der Mundhygiene und Kosmetika benutzt. Das Öl aus den Blättern ist zarter; es enthält 70-80% Eugenol. Man verwendet es für Parfüms mit Nelkenduft.

ANBAU UND ERNTE

ANBAU Empfindliche Kulturpflanze (*C. camphora*: Zierpflanze); feuchter, gut entwässerter Boden, Sonne oder Halbschatten, mindestens 15° C bei *C. cassia* und *C. zeylanicum*, 10° C bei *C. camphora*. Aussaat des reifen Samens unter Abdeckungen, halbreife Stecklinge im Sommer. Die Bäume können gekappt werden.

ERNTE Die Blätter von *C. camphora* werden nach Bedarf geerntet; das Holz von über 50 Jahre alten Bäumen wird geschlagen und zur Kampferextraktion gekocht, sodann zur Ölgewinnung entweder dampfdestilliert oder für Aufgüsse, Einreibemittel, Pulver und andere medizinische Präparate verwendet. Die Rinde von *C. cassia* wird ohne Fermentierung in Rollen getrocknet, um für Aufgüsse, Pulver, Tinkturen Verwendung zu finden. Aus Zweigen und Blättern wird Öl destilliert. Die unreifen Früchte von *C. cassia* erntet und trocknet man im Sommer. Die Triebe der gekappten Pflanzen von *C. zeylanicum* werden alle 2 Jahre während der Regenzeit geschnitten und die Blätter zur Destillation verwendet. Die Rinde muß 24 Stunden fermentieren; die äußere Rinde wird abgeschabt, die innere geschält, getrocknet und für Pulver sowie Tinkturen weiterverarbeitet.

CISTUS Zistrose
(Cistaceae)

Ladamum ist ein Balsam aus verschiedenen *Cistus*-Arten wie *C. albiflorus, C. creticus, C. ladanifer* und *C. maculatus*. Als bester pflanzlicher Ersatzstoff für Ambra, das aus dem Sperma der Wale gewonnen wird, ist es für die Parfümherstellung von großer Bedeutung. Die traditionelle Weise, es zu ernten, bestand im Peitschen der Büsche mit Lederriemen, die Absonderung blieb so am Leder kleben. Auf Kreta wurde es aus dem Fell der Schafe und Ziegen mit einer Harke, dem „Ladanisterion", herausgekämmt.

C. ladanifer S. 108

VERWENDBAR Blätter, Ölharz, Öl.

EIGENSCHAFTEN Ein aromatisches, schleimlösendes, anregendes, blutstillendes, antibiotisches Kraut.

GEBRAUCH

MEDIZIN Innerlich angewendet bei Katarrh und Durchfall.

WIRTSCHAFT Als Fixiermittel für Lavendel-, Farn- und andere Parfüms. In der Lebensmittelindustrie Aromastoff für Gebäck, Softdrinks, Eis, Süßwaren.

ANBAU UND ERNTE

ANBAU Winterharte Zierpflanze; gut entwässerter, leichter bis armer Boden; Sonne. Aussaat im Herbst oder Frühjahr, Grünstecklinge im Sommer. Jungpflanzen sollten im Frühjahr oder nach der Blüte beschnitten werden, um welke, beschädigte oder wuchernde Teile zu entfernen. Alte Pflanzen sollten nicht zu sehr zurückgeschnitten werden. Die Gattung verträgt keine Störungen.

ERNTE Die Blätter werden im späten Frühjahr oder im Frühsommer für Aufgüsse und zur Gewinnung des Ölharzes und des Öls gesammelt.

CITRUS
(Rutaceae)

Die medizinische Anwendung der *Citrus*-Arten ist sehr vielseitig. Man verwendet verschiedene Teile des Baums und auch der Frucht in unterschiedlichen Reifegraden. Gewöhnlich werden die Blätter, die Früchte, der Saft und die Rinde verarbeitet (wie auch bei der indonesischen *C. hystrix*). In China werden aus den Früchten Heilmittel hergestellt, eines der wichtigsten aus der Schale von *C. reticulata*, das an Wirksamkeit zunimmt, je älter es ist. Citrusgewächse waren in Europa bis zum 12. Jahrhundert unbekannt; in China jedoch wurden *C. aurantium* und *C. bergamia* schon im ersten Jahrhundert n.Chr. erwähnt. Die verwandte *Poncirus trifoliata* (Bitterorange) wird wie *C. aurantium* verwendet. *Citrus*-Arten enthalten Vitamin C, Aromastoffe, Säuren, ätherische Öle und Kumarine, darunter Bergapten, das die Sonnenbräunung der Haut verstärkt. Bergapten wird mitunter Bräunungscrèmes zugesetzt; es kann allergische Reaktionen und Dermatitis verursachen. Neu ist die Verwendung von *Citrus*-Arten als Antioxidationsmittel und für Schälkuren in Spezialkosmetika.

C. aurantiifolia (Limone, Limette) S. 108

VERWENDBAR Blätter, Früchte, Schale, Öl.

EIGENSCHAFTEN Aromatisches, linderndes, adstringierendes Kraut.

GEBRAUCH

KÜCHE Früchte verarbeitet man zu Marmeladen und Getränken.

AROMA Aus dem Öl wird Citral zur Parfümherstellung gewonnen.

MEDIZIN Innerlich bei Beschwerden, wie durch Gallenleiden verursachte Kopfschmerzen (Blätteraufguß). Der Saft wird in Asien Heilmitteln zugesetzt, besonders bei Durchfall.

C. aurantium (Pomeranze) S. 109

VERWENDBAR Blätter, Stamm, Blüten, reife Früchte ohne Kerne und Schale („Zhi ke"), ganze unreife Früchte („Zhi shi"), Schale, Öl.
EIGENSCHAFTEN Ein bitteres, aromatisches, schleimlösendes Kraut, harntreibend, blutdrucksenkend und verdauungsfördernd. Außerdem ist es entzündungshemmend und wirkt gegen Infektionen, hervorgerufen durch Bakterien und Pilze.
GEBRAUCH
KÜCHE Aus den Früchten wird Marmelade gekocht; Blütenwasser für Nachspeisen.
MEDIZIN Innerlich bei Verdauungsstörungen mit Blähungen und Durchfall, hartnäckigem Husten, Koliken bei Säuglingen und bei Schockzuständen, Depressionen sowie Hautproblemen.
WIRTSCHAFT Neroliöl und Petitgrain sind in der Parfümherstellung von Bedeutung.

C. bergamia, syn. *C. aurantium* var. *bergamia* (Bergamotte)

Im Aussehen ähnlich wie *C. aurantium*, jedoch mit breiteren Blättern und aromatischerer Rinde. Höhe 10m, Breite 7m.
VERWENDBAR Blüten, Schale der reifen Früchte.
EIGENSCHAFTEN Ein bitteres, aromatisches Kraut, spannungs- und krampflösend sowie verdauungsfördernd. Neroliöl ist anregend und soll aphrodisisch wirken. Das Bergamotteöl ist eher beruhigend und heilend.
GEBRAUCH
KÜCHE Orangenblütenwasser wird für Nachspeisen (besonders Flammeri) und Gebäck verwendet.
MEDIZIN Innerlich bei Koliken von Säuglingen (Orangenblütenwasser); äußerlich für Spülungen und Bäder bei Vaginalinfektionen (Bergamotteöl); in der Aromatherapie bei streßbedingten Beschwerden und Hautproblemen (Neroliöl und Bergamotte).
WIRTSCHAFT Mit Bergamotteöl wird Earl Grey Tee aromatisiert. Neroliöl verwendet man zur Parfümherstellung.

C. limon (Zitrone, Sauerzitrone, Limone)

Kleiner Baum, Höhe 2-7m, Breite 1-3m. Hellgrüne, bis zu 10cm lange Blätter; rotknospende Blüten mit weißen Blütenblättern im Frühjahr und Sommer. Eiförmige, gelbe Früchte bis zu 15cm Durchmesser mit sehr saurem Fruchtfleisch.
VERWENDBAR Früchte, Saft, Schale, Öl.
EIGENSCHAFTEN Ein bitteres, aromatisches, heilendes Kraut mit entzündungshemmender und harntreibender Wirkung; regt den peripheren Kreislauf an.
GEBRAUCH
KÜCHE Der Saft wird Marmelade zugefügt. Außerdem oft in Limonade und anderen Softdrinks, in Salatsoßen, auch zum Einmachen und in Marinaden. Die Früchte werden eingelegt oder zu Marmelade verarbeitet. Die Schale benutzt man zum Kochen.
AROMA Die Schale wird für Dufttöpfe verwendet.
MEDIZIN Innerlich bei Krampfadern, Hämorrhoiden, Nierensteinen, leichten fieberhaften Erkrankungen und Bronchialstau. Äußerlich bei Ekzem, giftigen Insektenstichen und bei Halsschmerzen.
WIRTSCHAFT Öl als Aromastoff für Süßwaren und als Duftstoff für Seifen, Reinigungsmittel und Parfüms.
VARIANTE
C. l. **'Variegata'**, S. 109.

C. reticulata (Santaro-Orange) S. 109

VERWENDBAR Früchte, reife Schale („Chen pi"), unreife Schale („Qing pi"), Samen („Ju he").
EIGENSCHAFTEN Ein bitteres, würziges, wärmendes Kraut, regt die Verdauung, die Lungenfunktion und die Milz an („Chen pi"); wirkt auf die Leber, Gallenblase und die weiblichen Brüste („Qing pi"); auch bei Antriebsschwäche, regt Leber und Nieren an und ist schmerzstillend („Ju he").
GEBRAUCH
KÜCHE Die Früchte werden frisch gegessen.
MEDIZIN Bei Verdauungsstörungen, Erbrechen, Erkältung („Chen pi"), bei Leber- und Gallenblasenbeschwerden, Bronchialstau, Brustdrüsenentzündung, Brustkrebs, bei Schmerzen der Leber, der Brüste, des Brustkorbs („Qing pi"), bei Hexenschuß, Hodenentzündung, Brustdrüsenentzündung („Ju he").
VARIANTE
C. r. **'Clementine'**
Empfindliche nordamerikanische Sorte; aufrechte, buschige Pflanze mit süßen, orangeroten Früchten.

ANBAU UND ERNTE
ANBAU Empfindliche Kulturpflanze (*C. limon* und Sorten, *C. reticulata* 'Clementine' auch als Zierpflanzen); nährstoffreicher, gut entwässerter Boden; Sonne. Während der Wachstumsperiode sehr feucht halten. Mindestens 5° C für *C. limon*, 7° C für *C. reticulata, C. aurantium* und *C. bergamia*, 13° C für *C. aurantiifolia*. Vermehrung durch Aussaat reifen Samens bei 16° C, durch halbreife Stecklinge im Sommer. Geschützt wachsende Pflanzen können von Schildläusen, Schmierläusen und Wicklern befallen werden. Citrus-Arten lassen sich schlecht verpflanzen. Sorten, aus Samen gezogen, behalten ihre Eigenschaften nicht.
ERNTE Blätter *(C. aurantiifolia)* für Aufgüsse pflücken. Öl wird aus dem Laub, aus unreifen *(C. aurantium)* und reifen Früchten *(C. bergamia)* destilliert. Früchte von *C. aurantium* zum Verzehr reif ernten; Früchte von *C. aurantium* und *C. reticulata* wurden in der chinesischen Heilkunde reif sowie unreif geerntet und weiterverarbeitet, Früchte von *C. limon* sowie *C. aurantiifolia* reif und frisch verbraucht. Die Schale verwendet man frisch oder getrocknet bzw. destilliert sie für Öle.

CLAVICEPS Kleiner Schlauchpilz (Clavicipitaceae)

C. purpurea wurde seit dem 16. Jahrhundert zur Förderung der Wehenkontraktionen benutzt. Im Rohzustand wird es heute kaum noch eingesetzt, man verwendet seine Alkaloide, zu denen Ergometrin (das den Uterus anregt) und Ergotamin (zur Gefäßerweiterung) gehören. Es gibt auch einen Mutterkornpilz, der auf Mais wächst *(Ustilago zeae)*. Die Zusammensetzung von Mutterkorn ist der Droge LSD ähnlich. Deshalb hält man den Handel mit Mutterkornpilzen unter Kontrolle.

C. purpurea (Mutterkornpilz) S. 109

VERWENDBAR Verholzter Pilz.
EIGENSCHAFTEN Unangenehm riechendes Kraut, es regt den Uterus an, verengt die Blutgefäße und wirkt auf das Nervensystem; unterbindet auch die Adrenalinausschüttung.
GEBRAUCH
MEDIZIN Innerlich in der Geburtshilfe (nur zum Ausstoß der Plazenta), bei nachgeburtlichen Blutungen (Ergometrin), bei Migräne (Ergotamin)Darf nur von qualifizierten Heilpraktikern eingesetzt werden.
WARNHINWEIS Diese Pflanze, auch als Ergometrin und Ergotamin, unterliegt in einigen Ländern besonderen gesetzlichen Einschränkungen.

ANBAU UND ERNTE
ANBAU Winterharte Kulturpflanze; ernährt sich saprophytisch. Vermehrung durch im Labor gezüchtete Sporen, die auf das Getreide (meist Roggen) gesprüht werden.
ERNTE Verholzte Pilze werden mechanisch geerntet und zu Extrakten sowie Alkaloiden verarbeitet.

CLEMATIS Waldrebe (Ranunculaceae)

Zu dieser Gattung, die in den meisten gemäßigten Klimazonen vorkommt, gehören etwa 230 empfindliche und harte, laubwechselnde und immergrüne, kletternde oder holzige mehrjährige Arten. Viele Arten sind wegen ihrer schönen Blüten und ihrer oft dekorativen Blätter beliebte Zierpflanzen. *Clematis*-Pflanzen sind scharf beißend und enthalten Glycoside; sie brennen im Mund und können Blasen verursachen. Einige werden medizinisch genutzt, dazu gehören die europäischen *C. recta* und *C. vitalba*, die in der Homöopathie gegen Rheuma und Hautausschlag Anwendung finden. In Frankreich nennt man *C. vitalba* auch „Herbe aux gueux" (Bettlerkraut), weil sich die Bettler damit früher die Haut bestrichen, um Wunden vorzutäuschen. Vor 1000 Jahren wurde *C. chinensis* zum ersten Mal in einem chinesischen Text beschrieben. Eine australische Art, *C. glycinoides*, ist ein traditionelles Heilmittel der Aborigines bei Erkältung und Kopfschmerzen. Das Einatmen der beißend riechenden Blätter führt zu tränenden Augen und zu verstärkter Nasensekretion.

C. chinensis

Eine laubwechselnde Kletter- oder Kriechpflanze, hart bis -15° C. Höhe, Breite bis zu 8m. Sie hat einen gerippten Stamm, fiederteilige Blätter mit 5 ovalen bis herzförmigen Blättchen (bis zu 8cm lang). Rispen mit weißen Blüten (bis zu 2cm Durchmesser), im Herbst. Wächst in Zentral- und Westchina im Dickicht und als Hecke in lichten Wäldern.

VERWENDBAR Wurzeln („Wei ling xian").
EIGENSCHAFTEN Ein beißendes, wärmendes Kraut, schmerzlindernd, beruhigend, harntreibend, fiebersenkend und krampflösend.
GEBRAUCH
MEDIZIN Innerlich bei Rheuma und Arthritis, oft mit Wein genommen. Mit Reisessig aufgekocht ein traditionelles Mittel gegen verschluckte Fischgräten.

ANBAU UND ERNTE
ANBAU Winterharte Zierpflanze; gut entwässerter, neutraler bis alkalischer Boden; Sonne. Vermehrung durch Aussaat im Herbst, durch halbreife Stecklinge im Frühsommer. Im Frühjahr nach der Blüte Triebe und abgestorbene Teile abschneiden. Kann von Echtem Mehltau befallen werden.
ERNTE Die Wurzeln im Herbst ernten und für Absude trocknen.
WARNHINWEIS Verzehr ist gesundheitsschädlich.

CLINOPODIUM Wirbeldost

C. acinos. Siehe *Acinos arvensis.*

CNICUS Benediktenkraut

(Compositae)

Das Benediktenkraut, ursprünglich in Klostergärten angebaut, wurde einst für ein Allheilmittel gehalten und im 16. Jahrhundert gegen die Pest sehr empfohlen.

C. benedictus, syn. *Carbenia benedicta*, *Carduus benedictus* (Bitterdistel) S. 109

VERWENDBAR Gesamte Pflanze.
EIGENSCHAFTEN Sehr bitteres, antiseptisch und antibiotisch wirkendes Kraut, hauptsächlich als Magentonikum verwendet. Es hat schleimlösende, blutstillende, den Heilungsprozeß fördernde sowie fiebersenkende Eigenschaften und stimuliert die Milchbildung.
GEBRAUCH
MEDIZIN Innerlich bei Anorexie, mit Depression verbundener Appetitlosigkeit, Verdauungsstörungen, Blähungen, Durchfall, Katarrh und unzureichendem Milchfluß. Übermäßiger Gebrauch führt zu Erbrechen. Äußerlich für Wunden und Geschwüre; ist bei Anorexie gut kombinierbar mit *Chelone glabra* (vgl. S. 259) und *Cola* spp. (vgl. unten), bei Durchfall mit *Filipendula ulmaria* (vgl. S. 283), *Agrimonia eupatoria* (vgl. S. 231) und *Potentilla erecta* (vgl. S. 334).
WARNHINWEIS Diese Pflanze unterliegt in einigen Ländern gesetzlichen Einschränkungen.

> **ANBAU UND ERNTE**
> ANBAU Winterharte Kulturpflanze; gut entwässerter Boden, Sonne. Aussaat im Frühjahr.
> ERNTE Die blühenden Pflanzen werden abgeschnitten, getrocknet und zu Infusionen, Flüssigextrakten und Tabletten weiterverarbeitet.

COCHLEARIA

C. armoracia. Siehe *Armoracia rusticana.*

CODONOPSIS Glockenwinde

(Campanulaceae)

C. tangshen wird in der traditionellen chinesischen Medizin als Ersatz für *Panax ginseng* (vgl. S. 321) geschätzt. Einige andere Arten können ebenfalls verwendet werden, z.B. *C. pilosula* und *C. tubulosa*. Die „Suppe der vier Edelmänner", ein bekanntes chinesisches Stärkungsmittel, erstmals um 1200 beschrieben, enthält *C. tangshen*, *Wolfiporia cocos* (vgl. S. 372), *Glycyrrhiza uralensis* (vgl. S. 289) und *Atractylodes macrocephala* (vgl. S. 246).

C. tangshen („Dang shen") S. 109

VERWENDBAR Wurzeln („Tiao dang shen").
EIGENSCHAFTEN Süß schmeckende Pflanze mit wärmenden, beruhigenden Eigenschaften, findet als Stärkungmittel Verwendung. Wirkt hauptsächlich auf Milz, Lungen und Magen, erhöht die Absonderung von Körperflüssigkeit und Blutzuckerwerte, senkt den Blutdruck, stimuliert das Immunsystem.
GEBRAUCH
KÜCHE Kann mit Hirse zusammen geröstet werden.
MEDIZIN Innerlich bei Kraftlosigkeit, geringem Appetit und schlechter Verdauung, Blutarmut, flacher Atmung sowie bei Schwäche nach Erkrankungen. Wird oft mit Reis so lange gekocht, bis es leimähnlich ist; wird als kräftigende Mahlzeit verabreicht.

> **ANBAU UND ERNTE**
> ANBAU Winterharte Zierpflanze; leichter, gut entwässerter Boden; Halbschatten. Aussaat unter Abdeckungen im Frühjahr oder Herbst; Stecklinge von grundständigen Trieben im Frühjahr.
> ERNTE Wurzeln von mindestens dreijährigen Pflanzen werden im Herbst geerntet und frisch verwendet bzw. aufgefädelt und in Abständen kräftig gerieben, bis sie vollständig trocken sind.

COFFEA Kaffee

(Rubiaceae)

C. arabica ist die am häufigsten angebaute Art und besonders in den amerikanischen Tropen zu finden. Sie ist weltweit als stimulierendes Getränk und Lebensmittel-Geschmacksstoff beliebt. Frischer Kaffee enthält bis zu 0,32 Prozent Koffein. Außerdem ist darin Chlorogensäure enthalten, ein Stimulans und Diuretikum, welches nach der Entkoffeinierung erhalten bleibt und als Allergen bekannt ist. Koffein findet in vielen Markenschmerzmitteln Verwendung, um die Wirkung von Aspirin und Paracetamol zu verstärken, sowie in homöopathischen Mitteln gegen Hyperaktivität und Spannungskopfschmerz.

C. arabica (Kaffeestrauch) S. 110

VERWENDBAR Samen.
EIGENSCHAFTEN Bitter schmeckende, aromatische und stimulierende Pflanze mit harntreibender Wirkung, hilft gegen Erbrechen.
GEBRAUCH
MEDIZIN Innerlich bei Übelkeit und Erbrechen sowie bei einem Kollaps durch Betäubungsmittel. Äußerlich bei Verbrennungen und Verbrühungen (pulverisierte Samen).
WIRTSCHAFT Kaffeeextrakt findet in Backwaren, Desserts, Konditoreiwaren, Likören und colaähnlichen Getränken Verwendung, in Verbindung mit Schokolade als Mokka-Aroma.

> **ANBAU UND ERNTE**
> ANBAU Empfindliche Zierpflanze; gut entwässerte, Feuchtigkeit haltende Böden, Halbschatten, nicht kälter als 10° C. Vermehrung durch Aussaat nach der Reife bei 30° C; durch Kopfstecklinge bei 30° C. Kübelpflanzen im Frühjahr zurückschneiden. Bei Gewächshauspflanzen besteht Gefahr durch Schild- und Schmierläuse.
> ERNTE Reife Früchte werden geerntet, Samen getrocknet, vergoren oder geröstet und für Aufgüsse bzw. Essenzen verwendet. Aus ungerösteten Bohnen stellt man Tinkturen her.

COIX Tränengras

(Gramineae/Poaceae)

C. lachryma-jobi wurde in der chinesischen Heilkunst erstmals um 200 n.Chr. beschrieben. Es kommt häufig in chinesischen Patentheilmitteln vor. Die perlgrauen Früchte werden in Kuba als Halsband gegen Karies getragen.

C. lachryma-jobi (Hiobsträne) S. 110

VERWENDBAR Früchte („Yi yi ren").
EIGENSCHAFTEN Eine süß schmeckende, kühlende Pflanze; sie wirkt entzündungshemmend und hilft gegen Schmerzen sowie Krämpfe. Sie ist fiebersenkend, wirkt gegen Bakterien- sowie Pilzinfektionen, kräftigt die Milz und beruhigt. Mit hohen Dosierungen senkt man die Blutzuckerwerte.
GEBRAUCH
MEDIZIN Innerlich bei Arthritis (besonders rheumatischer Arthritis), Problemen des Harntrakts, Lungenabszessen und bei Durchfall, verbunden mit Milzschwäche; ein Likör aus den vergorenen Samen wird bei rheumatischen Schmerzen eingenommen. Nicht an Schwangere verabreichen.

> **ANBAU UND ERNTE**
> ANBAU Halbwinterharte Zierpflanze; feuchter Boden in sonniger Lage. Vermehrung durch Aussaat der Samen im Frühjahr bei 13-16° C; kann von Mehltau befallen werden.
> ERNTE Die reifen Früchte werden im Herbst geerntet, die Hülsen entfernt. Dann werden sie frisch, geröstet oder vergoren weiterverwendet.

COLA

(Sterculiaceae)

„Cola", ursprünglich ein Stimulans, das bei Erschöpfung, Hunger und Durst gekaut wurde, ist heute die Bezeichnung für Erfrischungsgetränke mit Kolageschmack. Kolanüsse enthalten 1,25-2,4% Koffein (3,5 Prozent in *C. nitida*), Theobromin und „Kolarot" (ein Farbstoff, der Mund und Zähne färbt). Verschiedene Arten tragen diese Nüsse, darunter *C. acuminata, C. anomala, C. nitida* und *C. verticillata*. Nach 12-15 Jahren bringen die Bäume Früchte hervor. Bis zu einem Alter von 70-100 Jahren ist mit einem jährlichen Ertrag von schätzungsweise 10-16 kg zu rechnen. Sie werden oft als Schattenspender für Kakao angepflanzt.

C. nitida, syn. *C. vera* (Kolabaum, Kolanuß) S. 110

VERWENDBAR Samen.
EIGENSCHAFTEN Ein bittersüß schmeckendes Kraut mit adstringierenden, antidepressiven Eigenschaften und stimulierender Wirkung, besonders auf das Herz.
GEBRAUCH
MEDIZIN Innerlich als Tonikum bei Erschöpfung, Kraftlosigkeit und schlechtem Appetit; auch bei Durchfall (nicht für Patienten mit Bluthochdruck).
WIRTSCHAFT Die Extrakte werden Erfrischungsgetränken beigegeben.

ANBAU UND ERNTE

ANBAU Empfindliche Kulturpflanze; nährstoffreicher, gut entwässerter Boden; Sonne (nicht kälter als 13-15° C). Vermehrung durch Aussaat der reifen Samen bei 20-24° C; durch Steckhölzer in Sand bei 21-24°C.
ERNTE Die Samen werden den reifen Früchten entnommen und frisch oder getrocknet für Extrakte, Pulver, Tabletten oder Tinkturen verwendet.

COLCHICUM Zeitlose
(Liliaceae/Colchicaceae)

Die alten Griechen nahmen geringe Mengen *Colchicum* gegen Gicht, Asthma, Wassersucht und bei Nierenbeschwerden. Therapeutisch wirksame Dosierungen wurden 1763 durch Anton von Stoerck festgesetzt. Seitdem ist es das Standardmittel für die Behandlung von Gicht. Es enthält Colchizin, ein wichtiges Alkaloid, das auf die Zellteilung Einfluß nimmt.

C. autumnale (Herbstzeitlose) S. 110

VERWENDBAR Stengelknollen, Samen.
EIGENSCHAFTEN Bitter- und scharfschmeckendes Kraut, schmerzstillend und entzündungshemmend.
GEBRAUCH
MEDIZIN Für die Behandlung von akuter Gicht, dem Behyetsyndrom, des Mittelmeerfiebers und von Sklerodermie. Überdosierung verursacht Magenschmerzen, Durchfall und Nierenschädigungen; es kann zu abnormen Fötalentwicklungen führen; nicht bei Schwangerschaft oder Nierenerkrankung. Längerer Gebrauch kann Haarausfall, Blutveränderungen, Muskelschmerzen, Schwäche sowie Kribbeln in Händen und Füßen hervorrufen. In der Homöopathie bei Gelenkschmerzen, Durchfall und Übelkeit.
WARNHINWEIS Das Kraut und seine Alkaloide unterliegen in einigen Ländern Einschränkungen.
VARIANTEN
C. a. var. ***album***, S. 110.
C. a. **'Plenifolium'**, S. 110.

ANBAU UND ERNTE

ANBAU Winterharte Zierpflanze; feuchter, gut entwässerter Boden, Sonne oder Halbschatten. Aussaat im Herbst; Ableger im Sommer. Bis zur Keimung der Samen vergehen eventuell 18 Monate. Schnecken können den Stengelknollen beschädigen.
ERNTE Der Stengelknollen wird im Sommer geerntet, die Samen im Frühsommer. Beide verwendet man für Extrakte und Tinkturen.
WARNHINWEIS Alle Pflanzenteile sind hochgiftig.

COLEUS

C. amboinicus. Siehe *Plectranthus amboinicus*.
C. barbatus. Siehe *Plectranthus barbatus*.
C. forskohlii. Siehe *Plectranthus barbatus*.

COLLINSONIA
(Labiatae/Lamiaceae)

C. canadensis ist eine ungewöhnliche Pflanze, deren Wurzel gut vertragen wird, wohingegen schon geringe Mengen der Blätter Erbrechen hervorrufen können. Sie wird immer in Verbindung mit anderen Kräutern verwendet und ist Teil vieler Heilmittel auf Kräuterbasis gegen Nierenbeschwerden. Der genaue Charakter ihrer Bestandteile ist nicht bekannt.

C. canadensis S. 110

VERWENDBAR Rhizome, Wurzeln.
EIGENSCHAFTEN Bitteres, adstringierendes und unangenehm schmeckendes Kraut mit harntreibender sowie entzündungshemmender Wirkung, welche die Kapillargefäße und das Verdauungssystem stärkt.
GEBRAUCH
MEDIZIN Innerlich bei Nieren- und Urinsteinen, Blasenkatarrh, Durchfall, Magendarmentzündung und Hämorrhoiden. Gut mit *Aphanes arvensis* (vgl. S. 239), *Eupatorium purpureum* (vgl. S. 281) und *Hydrangea arborescens* (vgl. S. 294) zu kombinieren.

ANBAU UND ERNTE

ANBAU Sammeln von Wildpflanzen; winterhart; feuchte Böden in halbschattiger Lage. Vermehrung durch Aussaat im Frühjahr und Herbst.
ERNTE Rhizome sowie Wurzeln werden im Herbst geerntet, getrocknet und für Absud, Flüssigextrakte oder Tinkturen verwendet.

COMMIPHORA
(Burseraceae)

Dieser Gattung gehören etwa 180 Arten von kleinen, laubwechselnden, meist dornigen Bäumen und Sträuchern an, die in Ost- und Westafrika, in Arabien, Indien, Südamerika und der Karibik vorkommen. Sie sondern ein Öl-Gummi-Harz ab, das als Myrrhe bekannt ist; Bestandteil von Weihrauch, Parfüms, Medikamenten und rituellen Ölen. Die Zusammensetzung weist je nach Art nur geringe Unterschiede auf. Seit biblischen Zeiten ist es die Standardmedizin im Nahen Osten bei Wundinfektionen, Bronchial- und Verdauungsbeschwerden und wird besonders mit der Frauenheilkunde und mit Reinigungsritualen in Verbindung gebracht. Myrrhe, als Symbol des Leidens, war eines der drei Geschenke, die dem Jesuskind von den drei Weisen gemacht wurden; damit wurde der Leib Christi nach der Kreuzigung einbalsamiert. Chinesische Schriften erwähnen sie erstmals um das Jahr 600 n.Chr. Sie hat eine lange Geschichte als Verjüngungsmittel in der ayurvedischen Medizin. Myrrhe gewinnt man aus verschiedenen Arten, z.B. aus *C. gileadensis*, *C.foliacea, C. habessinica* und *C. mukul*. Der Ausdruck „Bdellium" kann sich auf diese drei Bäume gemeinsam oder auf das Harz beziehen. In *C. mukul* wurden kürzlich einzigartige Saponine (als Gugulipide bekannt) entdeckt, die bei Arthritis eine entzündungshemmende Wirkung haben und den Cholesteringehalt im Blut senken.

C. myrrha, syn. *C. molmol* (Myrrhe)

Empfindlicher, laubwechselnder, dorniger Strauch, bis 5m hoch – mit Blättern, die aus obovalen Blättchen bestehen. Nach der Regenzeit erscheinen, oft vor den neuen Blättern, gelbrote Blüten aus 4 Blütenblättern mit bleibendem Kelch. Daraus entstehen spitze, ellipsenförmige, bis zu 7mm lange Früchte.

VERWENDBAR Öl-Gummi-Harz („Mo yao").
EIGENSCHAFTEN Scharfes, adstringierendes, aromatisches Kraut mit stark stimulierender, antiseptischer und schleimlösender Wirkung. Es lindert Krämpfe, Entzündungen und Verdauungsbeschwerden.
GEBRAUCH
MEDIZIN Innerlich bei Verdauungsstörungen, Bronchial- und Ohreninfektionen, Drüsenfieber, Mandel-, Rachen- oder Zahnfleischentzündung sowie bei Menstruations- oder Kreislaufproblemen. Äußerlich bei Geschwüren in der Mundhöhle, Wunden und Furunkeln. In Verbindung mit *Hamamelis virginiana* (vgl. S. 291) bei Quetschungen; mit *Cephaelis ipecacuanha* (S. 258) bei Geschwüren in der Mundhöhle und bei Gaumenerkrankungen; mit *Echinacea* spp. (S. 276) und *Baptisia tinctoria* (S. 247) bei verschiedenen Halsinfektionen.

ANBAU UND ERNTE

ANBAU Wird als Wildpflanze gesammelt; empfindlich, gut entwässerte Böden; Sonne, nicht kälter als 10-15° C. Aussaat im Frühjahr; Steckhölzer zum Ende der Wachstumsperiode.
ERNTE Das Harz wird aus abgeschnittenen Zweigen gewonnen, getrocknet, zu Öl destilliert, für Tabletten zerrieben oder für Tinkturen gelöst.

COMPTONIA
(Myricaceae)

C. peregrina wurde von den Indianern Nordamerikas als Umschlag bei Zahnschmerzen und als Waschung bei Hautausschlag verwendet. Seit dem 19. Jahrhundert verbreitet als Hausmittel gegen Durchfall.

C. peregrina S. 111

VERWENDBAR Blätter.
EIGENSCHAFTEN Aromatisches, adstringierendes Kraut, das Blutungen und Ausscheidungen stillt.
GEBRAUCH
MEDIZIN Innerlich bei Durchfall, Ruhr, Scheidenausfluß und blutigem Erbrechen. Äußerlich bei leichten Blutungen, Ausschlag und Insektenstichen.

ANBAU UND ERNTE

ANBAU Winterharte Zierpflanze; gut entwässerter bis trockener, saurer Boden (in Sonne oder Halbschatten). Aussaat reifer Samen, Überwinterung im unbeheizten verglasten Treibbeet; abtrennen bewurzelter Schößlinge im Frühjahr; Absenker im Frühjahr; schwierig zu verpflanzen.
ERNTE Die Blätter werden im Frühsommer abgeschnitten und für Aufgüsse getrocknet.

CONIUM Schierling
(Umbelliferae/Apiaceae)

Der Schierling ist eine der giftigsten Pflanzen der nördlichen gemäßigten Zonen. Sie enthält Alkaloide, hauptsächlich Koniin, welches die Atemwege lähmt, so daß das Opfer erstickt, bevor sein Herz zu schlagen aufhört. Ihre Anwendung in der Medizin geht bis in das erste Jahrhundert n.Chr. zurück, als sie von Dioskorides äußerlich zur Behandlung von Herpes und Wundbrand eingesetzt wurde. Tod durch Vergiften war im alten Athen ein Exekutionsverfahren; das berühmteste Opfer: der Philosoph Sokrates. Nach jüdischem Gesetz wurde

Schierling auch Verbrechern verabreicht, die gekreuzigt oder zu Tode gesteinigt wurden, um den Schmerz zu dämpfen. 1886 wurde Koniin als erstes Alkaloid synthetisch hergestellt.

C. maculatum (Schierling) S. 111

VERWENDBAR Blätter, Früchte (junges Laub und unreife Früchte haben den höchsten Alkaloidgehalt).
EIGENSCHAFTEN Rauschmittel von beruhigender und schmerzlindernder Wirkung.
GEBRAUCH
MEDIZIN Überdosierung bewirkt Pupillenerweiterung, Atemprobleme, Lähmung (besonders der Hinterbeine von Tieren), Stupor und Tod. Wird äußerlich gewöhnlich in Form von Salben und Ölen bei Brustdrüsenentzündung, bösartigen Geschwüren (u.a. Brustkrebs), Analfissur und Hämorrhoiden verwendet. In der Homöopathie bei Schwindelgefühl, Angst und Depression sowie bei prämenstruellem Syndrom. Nur durch ausgebildete Heilpraktiker zu verwenden. WARNHINWEIS Diese Pflanze unterliegt in einigen Ländern gesetzlichen Einschränkungen.

ANBAU UND ERNTE
ANBAU Wird als Wildpflanze gesammelt; winterhart; feuchte, nährstoffreiche Böden in sonniger oder halbschattiger Lage. Vermehrung durch Aussaat der Samen im Frühjahr.
ERNTE Die Blätter werden im Frühsommer gesammelt (die Früchte etwas später) und der industriellen Weiterverarbeitung für Salben und Öle zugeführt.
WARNHINWEIS Alle Teile sind bei Verzehr hochgiftig. Ruft Hautreizungen hervor.

CONVALLARIA
Maiglöckchen
(Liliaceae/Convallariaceae)

Im Treibhaus gezogene Maiglöckchen waren in der Viktorianischen Zeit eine beliebte Winterdekoration und wurden in großen Mengen von Deutschland exportiert (als „Berliner Kronen"). Die Verwendung von *C. majalis* als Heilkraut geht zumindest bis in das zweite nachchristliche Jahrhundert zurück, wo es in einem Kräuterbuch von Apuleius beschrieben wird. Durch die Forschung wurden einige Bestandteile und Wirkungen entdeckt, die seine Bedeutung verstärkt haben. *C. majalis* hat einen ähnlichen Effekt wie die *Digitalis*-Arten (vgl. S. 273), ist aber weniger kumulativ und deshalb für ältere Patienten sicherer.

C. majalis (Maiglöckchen, Maiblume) S.111

VERWENDBAR Gesamte Pflanze, Blätter, Blüten, Öl.
EIGENSCHAFTEN Bitterschmeckendes, harntreibendes Kraut, kräftigend für Herz und Herz-Kreislauf.
GEBRAUCH
MEDIZIN Innerlich bei kongestiver Herzinsuffizienz, Arteriosklerose mit Angina und bei niedrigem Blutdruck. Nur von ausgebildeten Heilpraktikern zu verwenden. WARNHINWEIS Die Pflanze unterliegt in einigen Ländern gesetzlichen Einschränkungen.

VARIANTEN
C. m. **'Albostriata'**, S. 111.
C. m. **'Hardwick Hall'**, S. 111.

ANBAU UND ERNTE
ANBAU Winterharte Zierpflanze (*C. majalis*: frosthart); nährstoffreiche, feuchte Böden in halbschattiger Lage. Vermehrung durch Aussaat der Samen im Frühjahr und durch Teilung nach der Blüte oder im Herbst. Rhizome können von Raupen befallen werden. Die Blätter neigen bei feuchter Witterung zu Botrytis. Aus Samen gezogene Sorten behalten ihre Eigenschaften nicht.
ERNTE Blätter bzw. Blätter und Blüten werden im Frühjahr gepflückt und frisch oder getrocknet zu Flüssigextrakten sowie Tinkturen verarbeitet. Der Glykosidgehalt im getrockneten Blatt ist gering. Die Blüten werden im Frühjahr zur Extraktion des ätherischen Öls gesammelt.
WARNHINWEIS Alle Pflanzenteile, besonders Früchte und Samen, sind bei Verzehr giftig.

CONYZA
(Compositae)

C. canadensis war eine in Nordamerika heimische Pflanze, bevor sie in die „U.S. Pharmacopoeia" (1836-1916) eingetragen wurde. Verschiedene Stämme, z.B. die Houma, Ojibwa, Meskwaki, Catawba und Cree verwendeten sie zur Abwehr von Insekten (daher der englische Trivialname „Kanadisches Flohkraut") und zur Heilung von Durchfall, Blutungen und Menstruationsstörungen.

C. canadensis, syn. *Erigeron canadensis* S. 112

VERWENDBAR Gesamte Pflanze, Öl.
EIGENSCHAFTEN Leicht aromatisches, bitterschmeckendes, stärkendes Kraut; harntreibend, blutstillend.
GEBRAUCH
MEDIZIN Innerlich bei Durchfall, Blutungen, starker Menstruation, Hämorrhoiden, renalen Störungen und Bronchialbeschwerden; äußerlich bei Ekzemen.

ANBAU UND ERNTE
ANBAU Winterharte Kulturpflanze; leichter, sandiger Boden in der Sonne. Verträgt fast jede Witterung und paßt sich in der Größe an; Vermehrung durch Aussaat der Samen im Frühjahr.
ERNTE Pflanzen zur Blüte schneiden und frisch für Öle und Extrakte einsetzen. Sie können auch eingefroren oder zu Sirup verarbeitet werden.

COPAIFERA Kopaivabaum
(Leguminosae)

Diese Gattung besteht aus 35-40 Arten immergrüner Bäume, die im tropischen Amerika und Afrika heimisch sind. Kopaivabalsam, eines der ergiebigsten natürlichen Bestandteile von Parfümen, ist ein Ölharz. Es wird von verschiedenen Arten gewonnen, z.B. aus *C. guyanensis, C. martii, C.multijuga, C. officinalis, C. reticulata* sowie aus *C. lansdorffii*. Je nach Quelle weist der Balsam beachtliche Unterschiede in Farbe, Viskosität und Geruch auf. Der Balsam enthält 30-90 % ätherische Öle sowie ungewöhnlich kondensierte Tannine. Er wird gezapft, indem man Löcher in den Stamm bohrt; jeder Baum liefert bis zu 55 Liter. Die Bezeichnung *Copaifera* ist von „Copai" abgeleitet, dem Namen der eingeborenen amerikanischen Tupi für Baum und Harz.

C. lansdorffii, syn. *C. nitida, C. sellowii*

Empfindlicher, immergrüner Baum, bis zu 18m hoch; Spannweite unterschiedlich, mit aromatischer Rinde und gefiederten Blättern, die bis zu 13cm lang werden und 3-5 Paare eiförmiger Blättchen haben. Aus sehr kleinen, gelben Blüten bilden sich aufspringende, gelbbraune bis dunkelrote Früchte mit schwarzen Samen; vorwiegend im brasilianischen Regenwald heimisch.

VERWENDBAR Ölharz.
EIGENSCHAFTEN Aromatisches, antiseptisch und stimulierend wirkendes Kraut mit bitterem, brennendem Geschmack. Es wirkt verdauungsfördernd, harntreibend, schleimlösend und antibakteriell.
GEBRAUCH
MEDIZIN Innerlich bei Blasenentzündung, Bronchitis, Scheidenausfluß und Gonorrhoe. Äußerlich bei Frostbeulen, Geschwüren und Schuppenflechten. Häufig in Kombination mit *Agathosma* spp. (vgl. S. 230), *Piper cubeba* (vgl. S. 329) und *Santalum album* (vgl. S. 348). Überdosierung wirkt abführend, kann zu Hautausschlag und Nierenschäden führen.
WIRTSCHAFT Wichtiges Fixiermittel für Parfüms (besonders für solche mit Veilchen- oder Holzduft bzw. einer würzigen Note) sowie Hauptquelle für Kopal – ein Harz, das in Lacken und Farben verwendet wird. Man kann es auch direkt vom Baum als Ersatz für Dieselöl benutzen.

ANBAU UND ERNTE
ANBAU Empfindliche Kulturpflanze; gut entwässerter, sandiger Boden im Schatten, hohe Luftfeuchtigkeit, mindestens 13-15°C. Vermehrung durch Grünstecklinge im Frühjahr.
ERNTE Harz wird in gewissen Abständen vom Baum gezapft (Loch wird danach verschlossen) und für Infusionen benutzt bzw. zu Öl destilliert.

COPTIS Goldfaden
(Ranunculaceae)

Zehn Arten niedrigwachsender, feuchtigkeitsliebender mehrjähriger Pflanzen, die über die nördlichen gemäßigten Regionen verteilt sind, gehören zu dieser Gattung. Wegen ihrer anemonenartigen Blüten werden einige Arten in Steingärten oder Torfbeeten gezogen. Goldfaden enthält Alkaloide, hauptsächlich Berberin (das auch in *Berberis vulgaris*, vgl. S. 248, und *Hydrastis canadensis*, vgl. S. 294, zu finden ist). *C. chinensis* wurde erstmals in chinesischen Schriften um das Jahr 200 n.Chr. erwähnt. Man verwendet es ähnlich wie *C. japonica* und *C. teeta*, mit welchem es manchmal verschnitten wird. Zu den anderen nützlichen Arten gehören das nordamerikanische *C. groenlandica* und *C. trifolia*. Die letztere war ein Standardmedikament gegen Mundgeschwüre bei vielen nordamerikanischen Indianern und wurde in der „U.S. Pharmacopoeia" (1820-82) sowie im „U.S. National Formulary" (1916-36) als Mittel zur Behandlung von Mund- und Augenentzündungen eingetragen.

C. chinensis (Chinesischer Goldfaden)

Mehrjährige Pflanze, winterhart bis -15° C, Höhe 25cm, Breite 15cm; mit langstieligen, dreiteiligen gezähnten Blättern; 3-4 kleine, gelbweiße Blüten, die aus 5-8 bis zu 1cm langen Kelchblättern bestehen, haben nektarabsondernde Blütenblätter, die halb so groß wie die Kelchblätter sind. Heimisch in Sümpfen und feuchten Nadelwäldern Chinas.

VERWENDBAR Wurzeln („Huang lian").
EIGENSCHAFTEN Kraut mit scharfem, sehr bitterem Geschmack, wirkt kühlend und dämmt bakterielle und Virusinfektionen ein, löst Krämpfe, senkt Fieber und regt den Kreislauf an. Wird lokal als Analgetikum und Anästhetikum verwendet.
GEBRAUCH
MEDIZIN Innerlich bei Hitzezuständen, wie Ruhr, Enteritis, hohem Fieber, Entzündungen an Mund, Zunge, auch bei Bindehaut- und Mittelohrentzündung sowie Zuckungen. Äußerlich bei entzündeten Schleimhäuten im Mund- und Augenbereich. Wirkt im chinesischen San huang zhe she ye („Injektion aus drei gelben Kräutern"); intramuskulär bei Infektionen der oberen Atemwege verabreicht.
WIRTSCHAFT Die leuchtendgelben Pigmente in den Wurzeln wurden als Farbstoff genutzt.

ANBAU UND ERNTE
ANBAU Winterharte Kulturpflanze; feuchte, saure Böden in schattiger Lage. Vermehrung durch Aussaat der Samen im Frühjahr (durch Teilung im Herbst oder Frühjahr).
ERNTE Wurzeln werden im Herbst geerntet und frisch oder getrocknet zu Absuden verarbeitet.

CORDYCEPS
(Ascomycetes)

Eine Gattung mit 100 Arten von parasitären Pilzen, die weltweit zu finden sind. *C. sinensis* lebt als Parasit auf Raupen des seltenen Himalayanachtfalters. Sie wurde seit Tausenden von Jahren von den Yung in Westchina geerntet, was durch das jährliche Abbrennen der Bergwiesen unterstützt wurde. Der Pilz wird jetzt billiger in Kalifornien auf Weizen produziert, aber in China immer noch angeboten. *C. sinensis* wurde erstmals in chinesischen medizinischen Schriften um das Jahr 200 n.Chr. beschrieben. Eine spätere Darstellung (um 1600) verglich diesen bizarren, medizinischen Raupenpilz mit Ginseng als Tonikum. Traditionell besteht „Dong chong xia cao" sowohl aus der parasitären Larve und dem Stroma (sporenbildender Körper) des Pilzes, der am Kopf der Raupe hervorsteht. Laut „Materia Medica Sinica" sind „große, fette Larven mit gelbem Inneren und kurze Stromata Merkmale für eine gute Qualität". Dennoch verfügt der Pilz (und nicht die Raupe) über medizinische Eigenschaften. Das erklärt, weshalb moderne Herstellungsverfahren ebenso effektiv sind. In China wird „Dong chong xia cao" gewöhnlich mit Hühnchen zu einer kräftigenden Brühe gekocht, und zwar im zeitigen Frühjahr und Frühwinter, um so den Körper bei der Umstellung auf die jahreszeitlichen Veränderungen zu unterstützen. Es ist ein beliebtes Aphrodisiakum für Männer und wird mit Gin sowie Sojasauce in einem Entenkopf zubereitet.

C. sinensis

Ein Pilz, der parasitär auf den Larven von *Hepialus armoricanus* lebt. Die Larve ist 3-6cm lang und mißt bis zu 7mm im Durchmesser. Die Sporen dringen durch die Nasenlöcher in den Wirt ein, verzehren das gesamte Körperinnere und bilden so ein Sklerotium, das unter dem Schnee überwintert. Das Tauwetter im Frühling löst die Bildung von Stromata aus, die aus den Kadavern auftauchen und den umliegenden Boden infizieren. Die Stromata sind keulenförmig, innen hohl und braun bis schwarzbraun mit weißem Innengewebe, etwa 4-8 cm lang und haben einen Durchmesser von 3mm. Nur in den Ausläufern des östlichen Himalayagebirges im Grasland über 3.300m zu finden.

VERWENDBAR Ganzer Pilz („Dong chong xia cao").
EIGENSCHAFTEN Ein süßes, kräftigendes Tonikum für Lunge und Nieren, Beruhigungsmittel und Muskelrelaxans; hilft bei Husten und hat eine antibakterielle sowie krebshemmende Wirkung.
GEBRAUCH
MEDIZIN Innerlich bei Husten, Tuberkulose, Zuständen in Zusammenhang mit renaler Schwäche (Impotenz, Rückenschmerzen, Nachtschweiß), Menopauseproblemen, Rekonvaleszenz und bei Krebs im Nasenrachenraum.

ANBAU UND ERNTE
ANBAU Vollständig winterharte Kulturpflanze; Wildform lebt parasitär auf der Falterlarve. Sie kann auf Weizen gezüchtet werden; vermehrt sich durch Sporen auf geeignetem Wirt.
ERNTE Pilz wird, sobald der Schnee schmilzt, in der Natur bzw. von der Getreidegrundlage gesammelt und getrocknet, dann zu Kapseln, Komprimaten, Pulvern oder Tinkturen weiterverarbeitet.

CORIANDRUM Koriander
(Umbelliferae/Apiaceae)

Koriander wurde um das Jahr 600 n.Chr. in der chinesischen Küche und Medizin eingeführt und ist seitdem als „Hu" (ausländisch) bekannt. In der „Materia Medica Sinica" (G.A. Stuart, 1911) wird er für bestimmte Arten nichtpathogener Lebensmittelvergiftungen – ausgelöst durch verdorbene Bestandteile – empfohlen. Das frische Laub und die reifen Samen haben unterschiedliche Aromen und unterscheiden sich in der Anwendung.

C. sativum (Koriander) S. 112

VERWENDBAR Blätter, Samen, Öl.
EIGENSCHAFTEN Sowohl Blätter als auch Samen sind reich an ätherischen Ölen, die hauptsächlich auf das Verdauungssystem wirken, den Appetit anregen und Reizungen lindern. Das Öl ist antimykotisch und bakterizid.
GEBRAUCH
KÜCHE Die Blätter werden verbreitet zum Würzen von Speisen benutzt, besonders im Nahen Osten und in Südostasien. Die Samen werden auch als Bestandteil von Curries und Pickle-Gewürzen, in Speisen à la Grecque und in Backwaren verwendet.
AROMA Öl wird für Parfümherstellung geschätzt.
MEDIZIN Innerlich bei Verdauungsproblemen; äußerlich bei Hämorrhoiden und Gelenkschmerzen (Samen). Die Samen mildern den Bauchschmerz bei Abführmitteln auf der Grundlage von *Rheum officinale* und *Cassia angustifolia* (S. 255).
WIRTSCHAFT Öl verstärkt das Aroma u.a. von Gin.

ANBAU UND ERNTE
ANBAU Winterharte Zierpflanze; gut entwässerter Boden in sonniger Lage. *C. sativum* bevorzugt ein kühles, feuchtes Frühjahr, dem ein heißer, trockener Sommer folgt. Pflanzen für die Gewinnung von Blättern lieben Halbschatten. Vermehrung durch Aussaat der Samen im Frühjahr. Wenn es bei der Aussaat zu trocken ist, schießt Koriander leicht hoch. Empfohlen wird ein gemeinsamer Anbau mit Anis, um dessen Keimung zu fördern und Blattläuse sowie die Karottenfliege fernzuhalten. Angeblich verringert Koriander die Samenausbeute bei Fenchel , wenn er daneben wächst.
ERNTE Blätter jung pflücken und frisch verwenden. Die reifen Samen werden geerntet und ganz oder gemahlen in der Küche verwendet. Für medizinische Anwendungen werden pulverisierte Samen, Flüssigextrakte oder destilliertes Öl benötigt.

CORIDOTHYMUS
C. capitatus. Siehe *Thymus capitatus.*

CORNUS Hartriegel
(Cornaceae)

C. officinalis wurde in der chinesischen Medizin erstmals um das Jahr 200 n.Chr. erwähnt. Andere Arten mit therapeutischen Eigenschaften sind *C. florida* (Blumenhartriegel), ein Stärkungsmittel bei nervöser Erschöpfung und Spannungskopfschmerz, und *C. sericea*, traditionell bei Durchfall und Erbrechen.

C. officinalis S. 112

VERWENDBAR Früchte („Shan zhu yu").
EIGENSCHAFTEN Ein sauer schmeckendes Kraut, adstringierend, harntreibend, hauptsächlich als Tonikum für Leber und Nieren verwendet. Es stillt Blutungen, senkt den Blutdruck, dämmt bakteriologische bzw. Pilzinfektionen ein.
GEBRAUCH
MEDIZIN Innerlich bei Zuständen in Verbindung mit Nieren- oder Leberschwäche (z.B. Harnwegsstörungen, Impotenz usw.), Nachtschweiß.

ANBAU UND ERNTE
ANBAU Winterharte Zierpflanze; gut entwässerter Boden in sonniger oder halbschattiger Lage. Vermehrung durch Aussaat im Frühjahr oder Herbst; durch Grünstecklinge im Sommer.
ERNTE Die reifen Früchte werden gepflückt und für die Verwendung als Absud getrocknet.
WARNHINWEIS Hautallergen.

CORYDALIS Lerchensporn
(Papaveraceae)

C. solida ähnelt sehr der *C. cava*. Die wesentlichen Unterschiede bestehen darin, daß die erstere hohle statt feste Knollen hat und in weiter westlich gelegeneren Regionen vorkommt. Es ist wahrscheinlich, daß beide Arten seit alters für medizinische Zwecke in der Natur gesammelt wurden. *C. solida* wird mindestens seit dem 8. Jahrhundert als Schmerzmittel in der chinesischen Heilkunst verwendet. Seine reifen Fruchtkapseln springen auf und geben zahlreiche schwarze Samenkörner frei.

C. solida S. 112

VERWENDBAR Knollen („Yan hu suo").
EIGENSCHAFTEN Schmerzstillendes Kraut, das den Kreislauf anregt, Krämpfe, Übelkeit lindert, bakterizide Eigenschaften hat. Die Forschung vermutet Wirkung auf Schilddrüse und Nebennierenrinde.
GEBRAUCH
MEDIZIN Innerlich als Beruhigungsmittel bei Schlaflosigkeit sowie als Stimulans und Schmerzmittel, besonders bei schmerzhafter Menstruation, traumatischen Verletzungen und Lumbago. Nicht an Schwangere verabreichen.
VARIANTE
C. s. **'George Baker'**, S. 112.

ANBAU UND ERNTE
ANBAU Winterharte Zierpflanze; gut entwässerter, humusreicher, feuchter Boden in halbschattiger Lage. Der Standort der Pflanzen muß deutlich markiert werden, da diese im Sommer völlig absterben. Vermehrung durch Aussaat der Samen im zeitigen Frühjahr bzw. im Herbst; durch Teilung der Knollen während der Ruhezeit. Alle Teile der Corydalis sind sehr zerbrechlich und deshalb sorgfältig zu behandeln.
ERNTE Knollen werden in der Ruhezeit geerntet und für die Verwendung als Absude getrocknet.

COUMAROUNA

C. odorata. Siehe *Dipteryx odorata*.

CRATAEGUS Weißdorn
(Rosaceae)

Es gibt viele unterschiedliche Arten des *Crataegus,* was in der Vergangenheit dazu führte, daß mehr als 1.000 verschiedene Arten benannt wurden, von denen einige gewiß Hybride sind. Die neuere Forschung hat diese Anzahl beträchtlich eingeschränkt, allerdings stellen die zahlreichen Formen und Hybriden immer noch ein Identifikationsproblem dar. Viele Traditionen verbinden sich mit Weißdorn, besonders der Brauch des „Maibaum-Holens" und die Wahl der Mai-Königin, was aus vorchristlichen Zeiten stammt. Zu heidnischen Zeiten wurden Mai-König und -Königin zum Ende der Wachstumsperiode getötet; daher rührt wohl die modernere ambivalente Auffassung, daß Weißdorn sowohl Symbol der Hoffnung als auch ein Omen des Todes ist. Seit dem Mittelalter wird er in Europa als Herzmittel verwendet, und seit einiger Zeit auch von Vertretern der traditionellen chinesischen Heilkunde für diesen Zweck sowie als verdauungsförderndes Mittel benutzt. *C. laevigata*, *C. monogyna* und deren Hybriden sind für medizinische Zwecke miteinander austauschbar verwendbar. *C. pinnatifida* wurde erstmals als Heilkraut im „Supplement to the Extension of the Materia Medica" von Zhu Zhen Heng (etwa 1347) erwähnt. Die Früchte einer anderen chinesischen Art, *C. cuneata*, haben einen sauren, aber durchaus angenehmen Geschmack und werden hauptsächlich zur Bekämpfung von Durchfall eingesetzt.

C. laevigata, syn. *C. oxyacantha* (Weißdorn) S. 112

VERWENDBAR Früchte.
EIGENSCHAFTEN Ein süßsauer schmeckendes Kraut mit wärmenden Eigenschaften, das den peripheren Kreislauf verbessert und Herzschlag, Blutdruck und Koronardurchblutung steuert.

GEBRAUCH
MEDIZIN Innerlich bei Kreislaufbeschwerden und allen Herzerkrankungen, häufig kombiniert mit *Selenicereus grandiflorus* (vgl. S. 351), *Tilia* spp. (vgl. S. 363), *Viscum album* (vgl. S. 370) oder *Scutellaria lateriflora* (vgl. S. 351). Im Gegensatz zu anderen Heilpflanzen, die das Herz beeinflussen, ist Weißdorn relativ ungiftig, obwohl eine Anwendung in ernsten Fällen nur auf ausgebildete Heilpraktiker beschränkt sein sollte.
VARIANTEN
C. l. **'Paul's Scarlet'**, S. 113.
C. l. **'Plena'**, S. 113.
C. l. **'Rosea'**, S. 113.

C. pinnatifida S. 113

VERWENDBAR Früchte („Shan zha").
EIGENSCHAFTEN Stimulans für Verdauung, Kreislauf und Gebärmutter mit hypotensiven und antibakteriellen Eigenschaften.
GEBRAUCH
MEDIZIN Bei „Nahrungsmittelstillstand" (Reizkolon oder Gallenblasenschwäche), Bluthochdruck mit Koronarerkrankungen, Ausbleiben der Menstruation, Schmerzen nach der Entbindung. Früchte roh bei Kreislauf-, gebacken bei Verdauungsstörungen.

ANBAU UND ERNTE
ANBAU Winterharte Zierpflanze (*C. pinnatifida*: Kulturpflanze); fast alle Böden, auch alkalische, in sonniger oder halbschattiger Lage sind geeignet. *C. laevigata* blüht an einem offenen, sonnigen Standort besser und bringt reichere Erträge. Zur Vermehrung werden die reifen Samen gesammelt, 18 Monate lang gelagert und dann im zeitigen Frühjahr ausgesät. Sorten, die aus Samen gezogen werden, behalten ihre Eigenschaften nicht. Sie werden im Frühjahr durch Veredeln bzw. Okulieren auf eine Pfropfunterlage von *C. monogyna* fortgepflanzt. Zwischen Spätsommer und zeitigem Frühjahr zurückschneiden; Sträucher, deren Herbstlaub als Merkmal gilt, erst im Winter. Die Blätter können von Raupen, Blattfleckenkrankheit, Mehltau oder Rost befallen werden. Hallimasch-Pilze bewirken ein schnelles Eingehen.
ERNTE Die reifen Früchte werden gesammelt und roh oder gekocht verwendet, oder für eine Weiterverarbeitung als Absud, für Flüssigextrakte und Tinkturen getrocknet. Alternativ kann der Saft extrahiert und gefriergetrocknet werden.

CRITHMUM Meerfenchel
(Umbelliferae/Apiaceae)

Seit langer Zeit wird *C. maritimum* auf Küstenfelsen gesammelt und zum Einlegen sowie für Salate verwendet. John Evelyn vermerkte in der „Acetaria" (1699), daß es auf Grund „seiner hervorragenden Eigenschaften und Wirkungen auf Milz und Stuhlgang, zur Appetitanregung usw. den meisten unserer schärferen Kräuter vorzuziehen ist." Diese Küstenpflanze enthält Vitamin C. Sie hat einen salzigen Geschmack, der von Tom Stobart in „Herbs, Spices and Flavourings" (1970) als „eine Mischung aus Sellerie und Kerosin" beschrieben wird. *C. maritimum* (Meerfenchel, Seefenchel) wird in England manchmal mit *Salicornia*-Arten verwechselt, da beide dort mit „Fenchel" bezeichnet werden.

C. maritimum (Meerfenchel, Seefenchel) S. 113

VERWENDBAR Gesamte Pflanze, Blätter.
EIGENSCHAFTEN Stark aromatisch, salzig schmeckendes Kraut mit harntreibender Wirkung, reinigt von Giften und verbessert die Verdauung. Fördert Gewichtsreduzierung.

GEBRAUCH
KÜCHE Die Blätter werden als Salat oder sauer eingelegt verzehrt.
MEDIZIN Innerlich bei Fettleibigkeit, Nierenbeschwerden und Trägheit.

ANBAU UND ERNTE
ANBAU Wird als Wildpflanze gesammelt. Winterhart; gut entwässerter bis trockener Boden, Sonne. Benötigt einen warmen, geschützten Standort und Schutz in kalten Wintern. Aussaat der Samen bei Reife; Teilung im Frühjahr. Samen verlieren ihre Keimfähigkeit sehr schnell.
ERNTE Im späten Frühjahr die ganze Pflanze ernten und frisch zu Infusionen verarbeiten; Blätter für Verzehr als Gemüse frisch pflücken.

CROCUS Krokus
(Iridaceae)

Safran, aus arabisch *za'fân* (gelb), ist das teuerste Gewürz auf der Welt, denn man benötigt etwa 150.000 Blüten und 400 Arbeitsstunden, um 1 Kilo getrockneten Safran herzustellen. Die Chinesen schätzen Safran als Heilpflanze; er kam während der Yüan-Dynastie (1271-1368) aus Persien und Indien nach China. Bereits seit über 4.000 Jahren wird Safran als Aroma- und Farbstoff gerühmt, besonders allerdings seit den frühen Kreuzzügen im 11. Jahrhundert, als er in Europa und im Nahen Osten verstärkt kultiviert wurde. Zu den Zentren des Safrananbaus gehörten Valencia in Spanien, Nürnberg in Deutschland und Saffron Walden in Großbritannien. Heute wird er hauptsächlich in Kaschmir und Spanien angebaut. Der hohe Preis von Safran war früher Anlaß für einen umstrittenen Handel mit Fälschungen, wie z.B. mit gefärbten Fasern von Rindfleisch oder Granatäpfeln. Die Strafen waren schwer: Im 15. Jahrhundert wurde ein Händler in Nürnberg mit seinem gefälschten Produkt bei lebendigem Leibe verbrannt. Echter Safran besteht aus orangefarbenen, fadenähnlichen Fasern. Der rote Farbstoff löst sich im warmen Wasser leicht auf und verdünnt sich zu Gelb. Safranpulver ist billiger, enthält aber meist gefälschte Anteile. Neben seiner Rolle als Gewürz- und Heilpflanze hatte Safran früher auch Bedeutung als Farbstoff für Haar, Nägel und edle Textilien. *C. nudiflorus*, der aus den Pyrenäen stammt, wurde einst als Safranersatz angebaut. Die Johanniterorden brachte ihn nach Europa, wo er heute noch auf Ländereien wächst, die sich im Besitz dieses Ordens befinden.

C. sativus (Safran) S. 113

VERWENDBAR Blütenstempel („Fan hong hua").
EIGENSCHAFTEN Ein beißendes, halbbitter schmeckendes Kraut, das die Verdauung fördert, schweißtreibend wirkt, Kreislauf und Menstruation anregt sowie hohen Blutdruck senkt.
GEBRAUCH
KÜCHE Wird als Aroma- und Farbstoff für Kuchen, fernöstliches Zuckerwerk und Saucen verwendet; auch in Reisgerichten wie Paella (Spanien) und Risotto Milanese (Italien); für Fischsuppen wie Zarzuela (Spanien) und Bouillabaisse (Frankreich).

MEDIZIN In der chinesischen traditionellen Medizin innerlich bei „stagnierender Leberenergie", auch wie zum Beispiel bei Depressionen und Menstruationsstörungen.
WIRTSCHAFT Aroma- und Farbstoff in Likören.

ANBAU UND ERNTE
ANBAU Winterharte Kulturpflanze; gut entwässerter Boden in warmer und vollsonniger Lage. Vermehrung durch Brutknollen, die im späten Frühjahr von den Mutterknollen entfernt werden. *C. sativus* gedeiht auch in Gegenden mit schlechten Sommern, blüht hier aber nicht.
ERNTE Die offenen Blüten werden gepflückt und die Stempel zum Trocknen entnommen. Safran ist zur Lagerung nicht besonders geeignet und sollte ein Jahr nach der Ernte verbraucht sein.

CROTON
(Euphorbiaceae)

Viele Arten enthalten Harze, die man für Lacke verwendet, und haben heilwirkende Eigenschaften. Neben *C. tiglium* verarbeitet man das karibische *C. eleuteria* (Kaskarillabaum) in Mitteln gegen Magenverstimmung und als Tabakaroma.

C. tiglium (Krotonölbaum) S.114

VERWENDBAR Samen („Ba dou"), Öl.
EIGENSCHAFTEN Beißend, unangenehm riechend, außerordentlich reizend und abführend. Krotonöl ist das stärkste aller Abführmittel.

GEBRAUCH
MEDIZIN Innerlich, in kleinsten Mengen bei Verstopfung, Verdauungsstörungen, Gallenkolik, Darmverschluß, Lebensmittelvergiftung, Malaria und Mastitis. Äußerlich bei Warzen, Dermitis, Abszeß und Furunkel (Samen, denen das Öl entzogen wird, um die Toxizität zu verringern). Krotonöl ist krebserregend; eine Überdosierung führt zu Schock (schon 1 ml kann lebensgefährlich sein), Hautkontakt ist zu vermeiden. Zu den Nebenwirkungen gehören Blasenbildung auf Haut und Schleimhäuten, Ödeme, niedriger Blutdruck und Bauchschmerzen.
WARNHINWEIS Diese Pflanze unterliegt in einigen Ländern gesetzlichen Einschränkungen.

ANBAU UND ERNTE
ANBAU Empfindliche Kulturpflanze, Feuchter Boden in halbschattiger Lage, nicht kälter als 15-18° C. Vermehrung durch Aussaat der Samen im Frühjahr. Im zeitigen Frühjahr zurückschneiden, um den Wuchs zu steuern.
ERNTE Die reifen Samen werden gesammelt und ganz oder gemahlen für die Ölgewinnung oder für Pillen weiterverarbeitet.

CRYPTOTAENIA
(Umbelliferae/Apiaceae)

Das nach Sellerie schmeckende Laub von *C. canadensis* ist eine gebräuchliche Zutat in der traditionellen japanischen Kochkunst.

C. canadensis S. 114

VERWENDBAR Blätter.
EIGENSCHAFTEN Aromatisches Kraut mit sellerieähnlichem Geschmack.
GEBRAUCH
KÜCHE Die jungen Blätter werden als grünes Gemüse gekocht, häufig kalt mit Sojasauce serviert. Die Blattstengel werden Suppen, Salaten und Vorspeisen beigegeben.

ANBAU UND ERNTE
ANBAU Winterharte Kulturpflanze; nährstoffreicher, feuchter Boden in schattiger Lage. Vermehrung durch sukzessive Aussaat der Samen vom zeitigen Frühjahr bis zum Spätsommer; durch Teilung im Frühjahr oder Herbst.
ERNTE Die jungen Blätter werden bei Bedarf gepflückt und frisch verwendet.

CUCUMIS Gurke
(Cucurbitaceae)

Culpeper schrieb in „The English Physitian Enlarged" (1653) über die Gurke, daß „es kein besseres Mittel gegen Blasengeschwüre" gibt, und „wenn man das Gesicht mit ihrem Saft wäscht, reinigt dies die Haut". Die bitter schmeckende Gurke *C. colocynthis* ist ein wichtiges homöopatisches Mittel bei Kolik.

C. sativus (Gurke) S.114

VERWENDBAR Früchte, Samen.
EIGENSCHAFTEN Kühlend und harntreibend wirkendes Kraut, das die Haut reinigt und zart erhält. Die Kerne entfernen Darmparasiten.
GEBRAUCH
KÜCHE Die Früchte werden frisch, gekocht oder eingelegt verzehrt, sommerlichen Getränken zugefügt bzw. mit Joghurt als Raita serviert.
MEDIZIN Innerlich bei unreiner Haut, Hitzeausschlag bzw. Überhitzung durch heißes Wetter (Frucht); bei Bandwurm (gemahlene Kerne). Äußerlich bei Sonnenbrand, Brandwunden, Augen- und Bindehautentzündung.
WIRTSCHAFT In Gesichtspflegemitteln (Früchte).

ANBAU UND ERNTE
ANBAU Empfindliche Kulturpflanze; nährstoffreicher, gut entwässerter Boden; Sonne oder Halbschatten, mindestens 10° C. Vermehrung durch Aussaat der Samen im Frühjahr bei 18° C. Sobald die Pflanzen drei Blätter haben, sind die Spitzen auszuknipsen. Das wird wiederholt, wenn die Seitentriebe über drei bis fünf Blätter verfügen. Anfällig für verschiedene Krankheiten, z.B. Mosaikvirus, *Botrytis*, Anthraknose, Verticillium-Welke, Echten Mehltau, Wurzelfäule und Sclerotinia. Gurken können an Stangen oder Spalieren gezogen werden bzw. auf dem Boden, je nach Sorte.
ERNTE Früchte werden unreif geerntet und frisch in Scheiben, als Brei oder Saft verwendet. Kerne reifer Früchte werden gesammelt und getrocknet.

CUCURBITA Kürbis
(Cucurbitaceae)

Kürbis, Eierkürbis sowie Winter- und Sommersquash gehören zu unterschiedlichen Arten mit austauschbaren Trivialnamen und gleichen medizinischen Eigenschaften. Kürbiskerne sind reich an Ölen, Vitaminen und Mineralien, besonders an Zink, das bei der Behandlung von Prostatavergrößerung hilfreich ist. Gegen Darmparasiten sind sie zwar weniger wirksam als *Dryopteris filix-mas* (vgl. S. 276), aber sicherer für Schwangere, Debile und Kinder. In der chinesischen Heilkunst werden Kürbiskerne seit dem 17. Jahrhundert angewendet.

C. maxima (Riesenkürbis) S. 114

VERWENDBAR Kerne („Nan gua zi").
EIGENSCHAFTEN Süß schmeckendes, wärmendes Kraut mit nußartigem Aroma und harntreibender Wirkung, das u.a. Darmparasiten entfernt.
GEBRAUCH
KÜCHE Enthülste Kerne werden roh oder geröstet als Zwischenmahlzeit verzehrt bzw. zu Brot gegeben.
MEDIZIN Innerlich, bei Prostatitis, oft kombiniert mit *Serenoa repens* (vgl. S. 352) und *Echinacea purpurea* (vgl. S. 276); mit *Senna alexandrina* (vgl. S. 352) bei Band- und Rundwürmern; auch gegen Reisekrankheit und frühe Stadien von Bilharziose.

ANBAU UND ERNTE
ANBAU Halbwinterharte Kulturpflanze; nährstoffreicher, gut entwässerter Boden; Sonne. Aussaat im Frühjahr bei 16-18° C. Spitzen zur Förderung von Seitentrieben ausknipsen. Kann vom Mosaikvirus, von Botrytis und Echtem Mehltau befallen werden. Ein Wachsen an Stangen bzw. Stützen schützt die Früchte vor Schnecken.
ERNTE Die Samen werden im Herbst den reifen Früchten entnommen und vor dem Mahlen getrocknet (für medizinische Zwecke nicht enthülst).

CUMINUM Kreuzkümmel
(Umbelliferae/Apiaceae)

Kreuzkümmel war einst im alten Europa ein gebräuchliches Gewürz. Wie schon seit biblischen Zeiten, wird es heute hauptsächlich in Asien und im Nahen Osten verwendet. Sein scharfer, aromatischer, eher bitterer Geschmack ist Hauptbestandteil in Curries und vielen gewürzten Speisen. Verschiedene Arten Kreuzkümmel sind in Indien bekannt. Kümmel (*Carum carvi*, vgl. S. 255) wird bei indischen Rezepten manchmal damit verwechselt.

C. cyminum (Kreuzkümmel) S. 114

VERWENDBAR Samen.
EIGENSCHAFTEN Aromatisches, adstringierendes Kraut, das dem Verdauungssystem zuträglich ist und stimulierend auf die Geschlechtsorgane wirkt. Das Öl hat antibakterielle, larvizidale Eigenschaften.
GEBRAUCH
KÜCHE Die Samen werden in Gewürzmischungen, wie z.B. in Garam Masala (Indien) und Couscous (Naher Osten) verwendet; geröstet verleihen sie östlichen Lammgerichten und Vorspeisen aus Gurke und Joghurt das charakteristische Aroma.
MEDIZIN Innerlich bei leichten Verdauungsstörungen und dadurch hervorgerufener Migräne. In der ayurvedischen Heilkunst sehr gebräuchlich, um damit die Aufnahme anderer Kräuter zu fördern.

> **ANBAU UND ERNTE**
> ANBAU Halbwinterharte Kulturpflanze; gut entwässerter Boden (in der Sonne). Vermehrung durch Samen im Frühjahr. In kalten Klimazonen werden die Samen eventuell nicht reifen.
> ERNTE Reife Samen werden gesammelt und ganz gelagert. Man verwendet sie ganz oder gemahlen für kulinarische Zwecke bzw. in destillierter Form als Öl für kommerzielle Aromastoffe.

CURCUMA Safranwurz
(Zingiberaceae)

C. longa (Gelbwurzel, Kurkuma) ist einer der gebräuchlichsten Lebensmittelgeschmacks- und -farbstoffe der asiatischen Küche. Es sind viele medizinische Anwendungsgebiete für diese Pflanze überliefert, besonders in China, Indien und Indonesien. Die neuere Forschung hat auch bemerkenswerte entzündungshemmende und leberschützende Wirkungen aufgezeigt. *C. longa* und *C. aromatica*, beide in Indien beheimatet, wurden im 7. Jahrhundert in der chinesischen Heilkunst beschrieben. Der Ausdruck „Yu jin" wird auf *C. aromatica* allgemein sowie auf eine Mischung aus Knollen von *C. aromatica, C. longa* und *C. zedoaria* (Zitwerwurzel) bezogen. Neben *C. aromatica* und *C. longa* wird in China noch *C. zedoaria* medizinisch genutzt, bei der Behandlung von Gebärmutterhalskrebs.

C. aromatica S.114

VERWENDBAR Rhizome („Yu jin").
EIGENSCHAFTEN Eine scharfes, bitter schmeckendes und kühlendes Kraut, das die Verdauung fördert sowie Gallenblase und Kreislaufsystem anregt, Blutungen stillt und Blutgerinsel auflöst.
GEBRAUCH
MEDIZIN Innerlich bei Gelbsucht, inneren Blutungen, Nasenbluten, Schock, schmerzhafter Menstruation, Brustschmerz sowie Angina.

C. longa, syn. *C. domestica* (Gelbwurzel, Kurkuma) S. 115

VERWENDBAR
Rhizome („Jiang huang").
EIGENSCHAFTEN
Eine scharf, bitter schmeckendes und adstringierendes Kraut mit charakteristischem Geruch und tiefgelber Farbe. Es regt Verdauungs-, Kreislauf- und Atmungssystem sowie die Gebärmutter an, normalisiert den Energiefluß und wirkt entzündungshemmend und antibakteriell.
GEBRAUCH
KÜCHE Wichtiger Bestandteil in Curry-Pulver.
MEDIZIN Innerlich bei Verdauungs- und Hautproblemen, Kreislaufstörungen, Gebärmuttertumor, Gelbsucht, Lebererkrankungen und Menstruationsproblemen. Bei Leberbeschwerden oder Diabetes häufig kombiniert mit *Berberis vulgaris* (vgl. S. 248) oder *Mahonia aquifolium* (vgl. S. 308). Äußerlich bei Verletzungen, Wunden und Flechte.
WIRTSCHAFT Findet Verwendung für Piccalilli und als natürlicher Lebensmittelfarbstoff; aufgrund seines starken Geschmacks kann es nicht als Ersatz für Safran oder Annatto dienen. Ausgangsmaterial für orange bzw. gelbe Farbstoffe für Seide und Wolle, besonders zum Färben der Roben buddhistischer Mönche.

> **ANBAU UND ERNTE**
> ANBAU Empfindliche Kulturpflanze; gut entwässerter Boden in Sonne, bei reichlich Luftfeuchtigkeit, nicht kälter als 15-18° C. Vermehrung durch Aussaat der Samen im Herbst; durch Teilung während der Ruhezeit.
> ERNTE In der Ruhezeit werden die Rhizome geerntet, gedämpft oder gekocht; dann getrocknet und gemahlen zu Absuden, Pillen, Umschlägen und Pulvern weiterverarbeitet.

CUSCUTA Seide, Kleeseide
(Convolvulaceae)

Etwa 100 einjährige, parasitäre Schlingpflanzen gehören zu dieser Gattung, die weithin in gemäßigten und warmen Regionen auftritt. Diese ungewöhnlichen Pflanzen haben weder Wurzeln noch grüne Bestandteile, ihre Blätter sind zu Schuppen reduziert. Sie ernähren sich von der Wirtspflanze, in die sie mit Saugrüsseln eindringen. Einige werden medizinisch verwendet, z.B. *C. epithymum* (Gemeine Flachsseide), die bei europäischen Kräuterheilern einst bei „melancholischen Erkrankungen" und bei Störungen an Milz, Nieren und Leber beliebt war. Beschreibungen von *C. japonica* erschienen im ersten Jahrhundert in der chinesischen medizinischen Literatur.

C. japonica, syn. *C. systyla* (Japanische Flachsseide)

Einjährige Kletterpflanze, winterhart bis -15° C, 1m hoch, mit verzweigten gelben, rotgestreiften oder gesprenkelten Stengeln. Gelbe, glockenähnliche Blüten an kurzen Blütentrauben im Spätsommer.

VERWENDBAR Samen („Tu si zi").
EIGENSCHAFTEN Ein süß schmeckendes, beißendes Kraut, das hauptsächlich als Nieren- und Leberstimulans wirkt.
GEBRAUCH
MEDIZIN Innerlich bei Durchfall, Impotenz, Miktionshäufigkeit, Scheidenausfluß und Sehschwäche verbunden mit Leber- oder Nierenschwäche.

> **ANBAU UND ERNTE**
> ANBAU Wildpflanzen werden gesammelt; winterhart. Wächst nur auf passenden Wirtspflanzen. Vermehrung durch Aussaat der Samen im Herbst, die auf die Stengel der Wirtspflanze aufgebracht werden.
> ERNTE Die reifen Samen werden im Herbst gesammelt und für die Weiterverwendung als Absud getrocknet.

CYMBOPOGON
(Gramineae/Poaceae)

Diese aromatischen Gräser enthalten viel Zitral sowie Geraniol und duften folglich nach Zitrone bzw. Rose. Folgende Arten sind von Bedeutung: *C. martinii* aus Indien, der Ausgangsstoff für das türkische Geranienöl, mit dem Rosenöl verschnitten wird, und häufig für Rosenparfüms, Seifen sowie Insektenvertilgungsmittel verwendet; *C. martinii* var. *sofia*, das einen unfertigen Duft hat; *C. flexuosus* (Malabargras), aus dem Zitronengrasöl gewonnen wird, welches als Lebensmittelaroma Verwendung findet; schließlich *C. nardus* (Zitronellgras), das man in Sri Lanka und Java wegen des Zitronellenöls anbaut. Hinsichtlich seines Duftes und anderer Eigenschaften ähnelt es *Melissa officinalis* (vgl. S. 310).

C. citratus S. 115

VERWENDBAR Blätter, Stengel, Öl.
EIGENSCHAFTEN Bitter schmeckendes, aromatisches und kühlendes Kraut, das die Schweißbildung erhöht und Krämpfe löst. Wirksam auch bei Pilz- und Bakterieninfektionen.
GEBRAUCH
KÜCHE Die Blätter werden als Tee aufgegossen.
AROMA Das Öl wird in Parfüms verwendet.
MEDIZIN Innerlich bei Verdauungsstörungen der Kinder und bei leichten fiebrigen Erkrankungen; äußerlich bei Flechte, Läusen, Dermatophytose und Krätze.

> **ANBAU UND ERNTE**
> ANBAU Empfindliche Kulturpflanze; gut entwässerter Boden in sonniger Lage, nicht kälter als 7° C. Vermehrung durch Teilung im Frühjahr.
> ERNTE Stiele werden am Boden abgeschnitten und frisch zur Ölextraktion, getrocknet zu Pulver, frisch oder getrocknet für Aufgüsse weiterverarbeitet. Blattspreiten können entfernt und die unteren 7-10cm als frisches Kraut verwendet werden.

CYNARA
(Compositae/Asteraceae)

Kugelrunde Artischocken (*C. cardunculus*, Scolymus-Gruppe) und die eng verwandten Kardone (*C. cardunculus*) wurden beide von den Griechen und Römern als Gemüse angebaut. Nach Entdeckung des Cynarin hat die Artischocke in den letzten Jahren als Heilpflanze an Bedeutung gewonnen. Diese Verbindung, die sich in den Blättern befindet, verbessert Leber- und Gallenblasenfunktion und senkt die Cholesterinwerte im Blut.

C. cardunculus, Gruppe Scolymus (Artischocke) S. 115

VERWENDBAR Blätter, Wurzeln, Blütenköpfe.
EIGENSCHAFTEN Bitter und leicht salzig schmeckendes Kraut, welches das Lebergewebe entgiftet, die Gallenblase stimuliert sowie Blutfett-, Cholesterin- und Blutzuckerwerte senkt.
GEBRAUCH
KÜCHE Die ungeöffneten Blütenköpfe werden gekocht und heiß mit Sauce Hollandaise oder geschmolzener Butter verzehrt (bzw. kalt mit Sauce Vinaigrette). Die Herzen werden gebacken oder gebraten.
MEDIZIN Innerlich bei chronischen Leber- oder Gallenblasenerkrankungen, Gelbsucht, Hepatitis, Arteriosklerose und Diabetes.

ANBAU UND ERNTE
ANBAU Frostharte Zierpflanze; tiefer, nährstoffreicher, gut entwässerter Boden; Sonne. Vermehrung durch Aussaat im Frühjahr, durch Ausläufer im Frühjahr oder Herbst. Die Blütenköpfe können von der Blütenfäule befallen werden.
ERNTE Die Blätter werden kurz vor der Blüte abgeschnitten und frisch oder getrocknet zu Flüssigextrakten, Sirup oder Tabletten weiterverarbeitet. Bevor sich die Deckblätter öffnen, werden die Blütenköpfe geerntet und als Gemüse verbraucht.

CYNOGLOSSUM Hundszunge
(Boraginaceae)

C. officinale enthält Pyrrolizidinalalkaloide, ähnlich den in *Symphytum officinale* (vgl. S. 357) enthaltenen. Die neuere Forschung hat gezeigt, daß diese Substanzen krebserregend sein könnten; deshalb muß die Sicherheit von *C. officinale* in Frage gestellt werden. *C. officinale* enthält auch Allantoin, eine sehr wirksame Heilsubstanz. Die Blätter wurden früher als Kompressen bei Insektenstichen oder kleineren Verletzungen benutzt.

C. officinale (Gemeine Hundszunge) S. 115

VERWENDBAR Gesamte Pflanze.
EIGENSCHAFTEN Schmerzstillendes Kraut, welches das entzündete Gewebe beruhigt und die Heilung beschleunigt.
GEBRAUCH
MEDIZIN Früher innerlich bei Husten und Durchfall. Heute meist äußerlich bei kleinen Verletzungen, Insektenstichen und Beingeschwüren sowie als Zäpfchen bei Hämorrhoiden. Nicht für Kinder oder während der Stillzeit. WARNHINWEIS Die Pflanze unterliegt in einigen Ländern Einschränkungen.

ANBAU UND ERNTE
ANBAU Wildpflanzen werden gesammelt; winterhart; gut entwässerter Boden in der Sonne oder im Halbschatten. Sie vermehrt sich durch Aussaat der Samen im Frühjahr oder Herbst.
ERNTE Blühende Pflanzen und die Blätter im Frühsommer sammeln und zur Verwendung als Aufgüsse trocknen. Wurzeln werden im Herbst geerntet und für Absude getrocknet.
WARNHINWEIS Hautreizend und allergen.

CYPERUS Zypergras
(Cyperaceae)

Die ätherischen Öle und adstringierenden Substanzen, die in einigen Zypergräsern vorkommen, werden bei der Parfümherstellung und als Mittel gegen Verdauungsstörungen eingesetzt. Aus *C. longus* wurde früher ein aromatisches Tonikum hergestellt; heute dient es jedoch nur noch für die Parfümherstellung. Die Knollen von *C. articulatus* verfügen über ein Lavendelaroma und sind hilfreich bei der Behandlung von Übelkeit und Dyspepsie. *C. rotundus* ist in der traditionellen chinesischen Heilkunst von Bedeutung und findet auch in der ayurvedischen Medizin Anwendung.

C. rotundus (Nußgras) S.115

VERWENDBAR Rhizom, Wurzel, Knolle.
EIGENSCHAFTEN Scharfes, halbbitter schmeckendes Kraut, das Krämpfe und Schmerzen lindert, das Verdauungssystem und die Gebärmutter beeinflußt.
GEBRAUCH
MEDIZIN Innerlich bei Verdauungsstörungen mit blockierter Lebertätigkeit und bei Menstruationsbeschwerden. Bei unregelmäßiger Menstruation mit *Angelica polymorpha* var. *sinensis* (S. 238), mit *Atractylodes macrocephala* (S. 246) bei Übelkeit.

ANBAU UND ERNTE
ANBAU Die empfindlichen Wildpflanzen werden gesammelt. Sie benötigen feuchte Böden in sonniger Lage, nicht kälter als 13° C. Sie vermehren sich durch Aussaat der Samen im Frühjahr; durch Teilung im Herbst.
ERNTE Die Wurzelstöcke werden im Sommer oder Winter aus dem Boden genommen und zur Verwendung als Absude getrocknet.

CYPRIPEDIUM Frauenschuh
(Orchidaceae)

Von *C. parviflorum* gibt es zwei Varianten: *C. p.* var. *pubescens* und *C. p.* var. *parviflorum.* Beide sind ähnlich zu verwenden und kommen in der Natur selten vor. Behauptungen, daß sie für medizinische Zwecke angebaut werden, sind weitestgehend unzutreffend, die vorhandenen Bestände werden zum größten Teil in der Natur gesammelt. Von den nordamerikanischen Indianern wurden die Pflanzen als Beruhigungsmittel genutzt. Sie waren in der „U.S. Pharmacopoeia" von 1863 bis 1916 eingetragen. Naturmedizinern wird empfohlen, *Scutellaria lateriflora* (vgl. S. 351) und *Lavandula angustifolia* (vgl. S. 301) als geeigneten Ersatz zu verwenden.

C. parviflorum var. *pubescens,* syn. *C. pubescens* S. 115

VERWENDBAR Rhizome.
EIGENSCHAFTEN Scharfes, halbbitter schmeckendes Kraut mit einem unangenehmen Geruch, ähnlich dem von *Valeriana officinalis* (vgl. S. 367). Es lindert Krämpfe und verfügt über eine beruhigende und stärkende Wirkung auf das Nervensystem.
GEBRAUCH
MEDIZIN Innerlich bei Angst, nervösen Spannungen, Schlaflosigkeit, Depression und Spannungskopfschmerz; bei Angstgefühlen häufig kombiniert mit *Scutellaria lateriflora* (vgl. S. 351) und mit *Avena sativa* (vgl. S. 246).

ANBAU UND ERNTE
ANBAU Die winterharten Wildpflanzen werden gesammelt. Sie wachsen auf humushaltigen Böden in offener, schattiger Lage. Vermehrung durch Teilung im Frühjahr; fachmännisch durch Aussaat der Samen im sterilen Labor.
ERNTE Die Rhizome werden im Herbst geerntet und zur Weiterverarbeitung für Aufgüsse, Flüssigextrakte, Pulver und Tinkturen getrocknet.
WARNHINWEIS Der Umgang mit *C. parviflorum* var. *pubescens* kann allergische Reaktionen hervorrufen.

CYTISUS Geißklee
(Leguminosae/Papilionaceae)

C. scoparius enthält Alkaloide, besonders Spartein, das in gleicher Weise auf Herz und Nerven wirkt wie Kurare (vgl. *Chondrodendron*-Arten, S. 260, und *Strychnos*-Arten, S. 357). Seine medizinischen Anwendungen sind in allen älteren europäischen Kräuterbüchern unter *Planta genista* aufgeführt. Davon abgeleitet ist der Name des britischen Königshauses Plantagenet.

C. scoparius, syn. *Sarothamnus scoparius* (Besenginster) S. 116

VERWENDBAR Gesamte Pflanze.
EIGENSCHAFTEN Bitteres, narkotisches Kraut, das die Atmung einschränkt und Herztätigkeit steuert.
GEBRAUCH
MEDIZIN Innerlich vorwiegend bei Herzbeschwerden, bei Herzversagen mit *Convallaria majalis* (S. 266). Überdosis führt zum Atemstillstand. Nicht für Schwangere und Patienten mit hohem Blutdruck; darf nur von ausgebildeten Heilpraktikern verabreicht werden. WARNHINWEIS Pflanze unterliegt in einigen Ländern gesetzlichen Einschränkungen.
VARIANTE
C. s. var. ***prostratus***, S. 116.

ANBAU UND ERNTE
ANBAU Winterharte Zierpflanze; gut entwässerter Boden; Sonne. Vermehrung durch Aussaat unter Glas im Frühjahr oder Herbst; durch halbreife Stecklinge im Sommer (keimt unregelmäßig). Nach der Blüte die Triebe auf ein Drittel zurückschneiden. *Cytisus* läßt sich im allgemeinen nur schwer verpflanzen.
ERNTE Die Spitzen der Triebe werden zu Beginn der Blütezeit abgeschnitten und zur Weiterverarbeitung für Absude, Aufgüsse, Flüssigextrakte und Tinkturen getrocknet. Vorräte müssen jährlich erneuert werden.
WARNHINWEIS Bei Verzehr giftig.

D

DAPHNE Seidelbast
(Thymelaeaceae)

Verschiedene *Daphne*-Arten verfügen über therapeutische Eigenschaften. *D. mezereum* (Seidelbast, Kellerhals) hat man einst bei Rheuma und schmerzlosen Geschwüren verschrieben, allerdings wird die Pflanze heute nicht mehr für sicher gehalten. Sie enthält ähnlich giftige Verbindungen wie *D. laureola* (Lorbeerseidelbast) und *D. gnidium.* Die Forschung beschäftigt sich gegenwärtig mit deren antileukämischer Wirkung.

D. genkwa S. 116

Verwendbar Blütenknospen („Yuan hua").
Eigenschaften Bitter schmeckendes, ätzendes Kraut, das Husten lindert und keimtötende, harntreibende, schleimlösende und abführende Wirkung hat.
Gebrauch
Medizin Innerlich bei Bronchitis, Verstopfung, Ödem und Hauterkrankungen; in chinesischen Krankenhäusern als Abtreibungsmittel verwendet.

Anbau und Ernte
Anbau Winterharte Zierpflanze; entwässerte, neutrale bis alkalische Böden in Sonne oder Halbschatten. Aussaat reifer Samen unter Abdeckungen; halbreife Stecklinge im Sommer; schwache, ungünstig plazierte Triebe im Frühjahr entfernen.
Ernte Blütenknospen im Frühjahr pflücken, dann trocknen und für Absude weiterverarbeiten.
Warnhinweis Bei Verzehr giftig.

DATURA Stechapfel
(Solanaceae)

Da sie Tropaalkaloide, ähnlich denen in *Atropa bella-donna* (vgl. S. 246) und *Hyoscyamus niger* (vgl. S. 296) enthalten, sind Stechäpfel außerordentlich giftig. Aus verschiedenen Arten, z.B. aus *D. metel* und *D. meteloides*, werden Alkaloide gewonnen. Sie verfügen über eine lange Geschichte, was ihre medizinische bzw. rituelle Anwendung betrifft.

D. stramonium (Gemeiner Stechapfel) S. 116

Verwendbar Blätter, Blütenspitzen, Samen.
Eigenschaften Bitter schmeckendes, betäubendes Kraut, das Krämpfe löst, Schmerzen lindert und heilend wirkt.
Gebrauch
Medizin Innerlich bei Asthma und Parkinsonscher Krankheit. Übermäßiger Gebrauch verursacht einen trockenen Mund, Schwindelgefühl, Halluzinationen und Koma. Äußerlich bei Fisteln, Abszessen und schwerer Neuralgie. WARNHINWEIS In einigen Ländern unterliegen diese Pflanzen und ihre Alkaloide gesetzlichen Einschränkungen.

Anbau und Ernte
Anbau Halbwinterharte Kulturpflanze; nährstoffreicher, leichter Boden; Sonne. Vermehrung durch Aussaat der Samen im Frühjahr bei 16° C.
Ernte Blätter und Blütenspitzen werden im Sommer gesammelt (die Samen im Herbst) und für die kommerzielle Alkaloidgewinnung bzw. in antiasthmatisch wirkenden Rauchermixturen, Flüssigextrakten, Pulvern und Tinkturen weiterverwendet.
Warnhinweis Bei Verzehr giftig.

DAUCUS Mohrrübe, Möhre
(Umbelliferae/Apiaceae)

Seit antiken Zeiten ist *D. carota* in Europa, Nordafrika und vielen Teilen Asiens eine wichtige Gemüsepflanze. Die bekannte orangefarbene Karotte wird vornehmlich in Europa verspeist; die asiatischen Arten reichen von orange bis gelb, weiß, dunkelrot und lila. Die als Viehfutter verwendeten sind meist größer und gelb bis weiß in der Farbe. Sie stellen ein vielseitiges Gemüse dar, leicht verdaulich sowie nahrhaft und enthalten große Mengen Zucker und Karotin (Quelle für Vitamin A). Der regelmäßige Genuß von Karotten verbessert die Sehkraft, besonders in der Dunkelheit.

D. carota (Wilde Möhre) S. 116

Verwendbar Gesamte Pflanze, Samen, Öl.
Eigenschaften Aromatisch schmeckendes Kraut, das harntreibend wirkt, den Verdauungstrakt beruhigt und die Gebärmutter anregt.
Gebrauch
Aroma Das Öl hat einen irisähnlichen Duft und wird in der Parfümherstellung verwendet.
Medizin Innerlich bei Urinsteinen, Zystitis, Gicht (gesamte Pflanze); Ödem, Blähungen und Menstruationsproblemen (Samen).
Wirtschaft Das Öl findet Verwendung für Antifaltencrèmes.

D. c. ssp. *sativus* (Mohrrübe) S. 117

Verwendbar Wurzeln.
Eigenschaften Quelle für Beta-Karotin, das die Sehkraft und Hautbeschaffenheit verbessert und krebsverhütend wirkt.
Gebrauch
Wirtschaft Als Karotinlieferant für Lebensmittelzusätze weiterverarbeitet.

D. visnaga. Siehe *Ammi visnaga.*

Anbau und Ernte
Anbau Winterharte Kulturpflanze; gut entwässerter, nährstoffreicher, alkalischer Boden in Sonne oder Halbschatten. Vermehrung durch Aussaat im Frühjahr, Sommer oder Herbst. Die Karottenfliege kann Wurzeln befallen. Viren können Verdrehen der Blattstiele und Bleichsucht bewirken.
Ernte Die Pflanzen *(D. carota)* werden im Sommer geerntet und für Aufgüsse und Flüssigextrakte getrocknet. Die reifen Samen werden gesammelt und, getrocknet zu Aufgüssen oder zu Öl destilliert, weiterverwendet. Die Wurzeln von *D.c.* ssp. *sativus* werden jung oder reif geerntet.

DELPHINIUM Rittersporn
(Ranunculaceae)

D. staphisagria und der engverwandte *Consolida ajacis* (Gartenrittersporn) enthalten Diterpenalkaloide, die außerordentlich giftig sind. Sie werden heute von Kräuterkennern kaum noch eingesetzt. In der Antike war *D. staphisagria* ein parasitenabtötendes Mittel.

D. staphisagria S. 117

Verwendbar Samen.
Eigenschaften Bitter schmeckendes Kraut mit insekten- und parasitenabtötenden Eigenschaften.
Gebrauch
Medizin Äußerlich bei Kopfläusen.

Anbau und Ernte
Anbau Wildpflanzen werden gesammelt; frosthart; gut entwässerter, neutraler bis alkalischer Boden; Sonne. Aussaat der Samen im Frühjahr.
Ernte Die Samen werden reif gesammelt und in Lotionen oder Salben verwendet.
Warnhinweis Bei Verzehr schädlich.

DENDRANTHEMA Chrysantheme
(Compositae/Asteraceae)

Im 18. Jahrhundert führte man Chrysanthemen aus China im Abendland ein. Sie wurden hier sehr schnell als Zierpflanzen beliebt. Im Osten werden sie aufgrund ihrer medizinischen Eigenschaften schon mindestens seit dem ersten Jahrhundert n.Chr. geschätzt. Die für die orientalische Küche typischen eßbaren Chrysanthemenblätter (als Chop Suey-Bestandteil bekannt) stammen von *Chrysanthemum coronarium* (Girlandenchrysantheme), einer attraktiven, leicht zu ziehenden Einjährigen mit würzigem Laub und gelben Blüten.

D. × *grandiflorum*, syn. *Chrysanthemum* × *morifolium* (Gärtnerchrysanthemen) S. 117

Verwendbar Blüten („Ju hua").
Eigenschaften Bitteres, aromatisches Kraut mit fiebersenkenden Eigenschaften. Es lindert Entzündungen, erweitert die Koronararterie und verhindert das Wachstum von Krankheitserregern.
Gebrauch
Medizin Innerlich bei Bluthochdruck, Erkrankungen der Koronararterie, fiebrigen Erkältungen, bei Störungen, die in Verbindung mit der Leber stehen.

Anbau und Ernte
Anbau Frostharte Zierpflanze; nährstoffreicher, gut entwässerter Boden in sonniger, geschützter Lage. Halbharte Sorten benötigen in kalten Gegenden im Herbst und Winter Schutz. Vermehrung durch Stecklinge im Frühjahr oder Frühsommer; durch Aussaat bei 21-24° C im Spätwinter, durch basale Grünstecklinge, durch Teilung im Frühjahr, nach der Blüte oder im Herbst. Bei einer Höhe von 15-20cm sind sie auszuknipsen, um den seitlichen Austrieb zu unterstützen. Im Freiland Gefahr von Botrytis, Mehltau, Bleichsucht, Viruserkrankungen, Minierfliegenlarven, Ohrwürmern, Blattläusen, Schnecken und Fadenwürmer, im Treibhaus anfällig für Weiße Fliegen, Spinn- ►

► milben, Thripse.
ERNTE Blüten im Spätherbst sammeln und für Aufgüsse sowie Tinkturen trocknen. Vorher dämpfen, um die Bitterkeit zu reduzieren.
WARNHINWEIS Hautallergen.

DENDROBIUM Knotenstendel
(Orchidaceae)

D. nobile kann in China auf eine lange Geschichte zurückblicken. Es ist typisch für taoistische, lebensverlängernde Mittel und gilt als Aphrodisiakum. Als Markenarznei ist es unter dem koreanischen Namen „Suk Gok" bekannt.

D. nobile S. 117

VERWENDBAR Stengel („Shi hu").
EIGENSCHAFTEN Leicht analgetisch wirkendes Kraut, das Fieber senkt sowie Lunge und Magen stärkt. Es erhöht die Speichelsekretion.
GEBRAUCH
MEDIZIN Innerlich bei Fieber mit Erbrechen und Bauchschmerzen, trockenem Husten und bei Beschwerden, die mit Symptomen wie trockenem Mund und Durst einhergehen. In Kombination mit *Glycyrrhiza uralensis* (S. 289) als Stärkungsmittel.

ANBAU UND ERNTE
ANBAU Empfindliche Zierpflanze; heller Standort auf Baumzweigen oder Orchideenkompost mit viel Wasser und Feuchtigkeit in der Wachstumsperiode und einer kühlen, trockenen Ruhezeit im Winter bei höchstens 5° C. Vermehrung durch Teilung im Frühjahr; durch Aussaat oder Mikrovermehrung unter sterilen Laborbedingungen. Blütenknospen und Jungpflanzen können von Blattläusen befallen werden.
ERNTE Die Stengel werden vor der Blüte geschnitten und für die Verwendung als Absud und Tinkturen getrocknet.

DIANTHUS Nelke
(Caryophyllaceae)

D. chinensis wurde erstmals während der Han-Dynastie (23-206 n.Chr.) in chinesischen Schriften erwähnt. Die ersten Samenkörner schickte man im Jahr 1705 unter der Bezeichnung *Caryophyllus sinensis* aus China nach Paris. Obwohl der medizinische Gebrauch von *D. caryophyllus* heute überholt ist, wird sie in China noch verbreitet angewendet. *D. chinensis* und die eng verwandte *D. superbus* (rosa gefranst) sind Bestandteile der chinesischen Arznei „Qu mai". Die erstere ist aber gebräuchlicher.

D. caryophyllus (Gartennelke) S. 117

VERWENDBAR Blüten, Öl.
EIGENSCHAFTEN Aromatisches, stimulierendes, fiebersenkendes Kraut.
GEBRAUCH
KÜCHE Die frische Blüten können Salaten beigegeben werden.
AROMA Die Blütenköpfe werden für Dufttöpfe getrocknet.
MEDIZIN Wurde innerlich als herzstärkendes Mittel bei Fieber verwendet, heute allerdings veraltet.
WIRTSCHAFT Die Blüten werden hauptsächlich als Geschmacksstoff für Liköre, Sirup, Konserven und Essigsorten verwendet. Für die Parfümherstellung wird Öl extrahiert.

D. chinensis (Kaisernelke) S. 118

VERWENDBAR Gesamte Pflanze („Qu mai").
EIGENSCHAFTEN Ein bitter schmeckendes, stärkendes Kraut, das den Verdauungsapparat, das Harnsystem sowie den Darm stimuliert. Es senkt den Blutdruck und dämmt bakterielle Infektionen ein.
GEBRAUCH
MEDIZIN Innerlich bei akuten Infektionen der Harnwege (besonders Zystitis), Urinsteinen, Verstopfung und Ausbleiben der Menstruation. Äußerlich in der chinesischen Heilkunst bei Hautentzündungen und Schwellungen.
VARIANTE
D. c. **'Strawberry Parfait'**, S. 118.

ANBAU UND ERNTE
ANBAU Winterharte Zierpflanze; gut entwässerter, neutraler bis alkalischer Boden, Sonne. Vermehrung durch Aussaat unter Abdeckungen im Frühjahr. Auch (bei *D. caryophyllus*) durch Grünstecklinge im späten Frühjahr; durch Absenker im Spätsommer. Kann besonders bei Aufzucht im Treibhaus von vielen Krankheiten befallen werden, z.B. Botrytis, *Fusarium*- und *Verticillium*-Welke, Mehltau und Blatt- bzw. Stengelfäule.
ERNTE Blüten von *D. caryophyllus* werden nach drei Stunden Morgensonne gepflückt und frisch zur Ölextraktion bzw. für kulinarische Zwecke genutzt oder für Dufttöpfe getrocknet. Die Pflanzen von *D. chinensis* werden geschnitten, kurz bevor sich die Blütenknospen öffnen, und für Absude, Pillen, Pulver und Umschläge getrocknet.

DICTAMNUS Diptam
(Rutaceae)

D. albus wurde erstmals um 600 n.Chr. in chinesischen medizinischen Schriften beschrieben und bleibt ein wichtiges Heilkraut für die Bekämpfung pathogener Hitzeempfindungen.

D. albus, syn. *D. dasycarpus*, *D. fraxinella* S. 118

VERWENDBAR Wurzelrinde („Bai xian pi").
EIGENSCHAFTEN Ein bitter und streng schmeckendes Kraut, fiebersenkend, bakterizid und fungizid.
GEBRAUCH
MEDIZIN Innerlich und äußerlich bei Hauterkrankungen (besonders Krätze und Ekzem), Röteln, Gelenkschmerzen und Gelbsucht. Kombiniert mit *Sophora flavescens* (vgl. S. 355) als Waschlotion.
VARIANTE
D. a. var. ***purpureus***, S. 118.

ANBAU UND ERNTE
ANBAU Winterharte Zierpflanze; gut entwässerter, neutraler bis alkalischer Boden; Sonne. Aussaat der Samen bei Reife im späten Sommer unter Abdeckungen. Läßt sich nur schwer verpflanzen.
ERNTE Von den im Herbst geernteten Wurzeln wird die Rinde abgeschält, für Absude getrocknet.
WARNHINWEIS Wirkt in der Sonne hautreizend.

DIGITALIS Fingerhut
(Scrophulariaceae)

Fingerhut enthält herzwirksame Glykoside, die, je nach Witterung und Lage, von Art zu Art verschieden sind. *D. lanata* gilt als Hauptquelle für Digitoxin, Digoxin und Gitoxin, wohingegen in *D. purpurea* die Glykoside Digitoxin, Gitoxin und Gitaloxin vorhanden sind. (*D. grandiflora* und *D. lutea* werden seltener verwendet.) Digoxin wird am schnellsten ausgeschieden und ist am wenigsten kumulativ. Im pharmazeutischen Sinn bezieht sich „Digitalis" auf das pulverisierte Blatt von *D. purpurea*. Die Blätter von *D. purpurea* sind leicht mit denen von Beinwell (*Symphytum officinale*, vgl. S. 357) zu verwechseln und verursachten Vergiftungen, als sie irrtümlich Kräuterzubereitungen beigefügt wurden. Digitalin ist eine Standardmixtur aus in *D. purpurea* enthaltenen Glykosiden, welche früher als Lösung für Injektionen diente. Heute werden isolierte Glykoside der ganzen Pflanze vorgezogen, um die Dosis zu überwachen.

D. lanata (Wolliger Fingerhut) S. 118

VERWENDBAR Blätter.
EIGENSCHAFTEN Ein bitteres, harntreibendes Kraut.
GEBRAUCH
MEDIZIN Innerlich bei Herzversagen und unregelmäßigem Herzschlag. Überdosis führt zu Übelkeit, Erbrechen, langsamen Puls, Sehkraftstörungen, Appetitlosigkeit und Ohnmacht. WARNHINWEIS Diese Pflanze und *D. purpurea*, besonders in Form von Glykosiden, unterliegen in einigen Ländern gesetzlichen Einschränkungen.

ANBAU UND ERNTE
ANBAU Winterharte Zierpflanze; gut entwässerter, neutraler bis saurer Boden, Halbschatten. Vermehrung durch Aussaat der Samen im Herbst unter Abdeckungen. Unter feuchten Bedingungen können Kronen- und Wurzelfäule entstehen.
ERNTE Blätter werden vor der Blüte gepflückt und für kommerzielle Alkaloidgewinnung getrocknet.
WARNHINWEIS Alle *Digitalis*-Arten sind giftig und dürfen nicht gegessen werden.

DIOSCOREA Yamswurzel
(Dioscoreaceae)

Viele Arten enthalten steroidale Saponine, die von der pharmazeutischen Industrie in Steroidpräparaten verwendet werden. Bevor das Hormon im Jahr 1970 synthetisch hergestellt wurde, war *D. macrostachya* die einzige Quelle für Diosgenin (für empfängnisverhütende Pillen). In *D. opposita* ist Allantoin enthalten, ein Zellwuchsstoff, den man auch in *Symphytum officinale* (vgl. S. 357) findet. *D. opposita*, *D. hypoglauca* und *D. nipponica* wendet man in der chinesischen Heilkunst bei rheumatischen, Harnwegs- oder Verdauungsbeschwerden an. Die nordamerikanische *D. quaternata* ist ähnlich wie *D. villosa* verwendbar. Die ayurvedische Heilkunde nutzt die Yamswurzel bei Sexual- oder Hormonproblemen und Hysterie.

D. opposita, syn. *D. batatas* (Brotwurzel) S. 119

Verwendbar Knollen („Shan yao").
Eigenschaften Süß schmeckendes, beruhigendes Kraut, das Magen und Milz stimuliert und kräftigend auf Lungen und Nieren wirkt.
Gebrauch
Medizin Innerlich bei schlechtem Appetit, chronischem Durchfall, Asthma, trockenem Husten, häufiger und unkontrollierbarer Miktion, Diabetes und bei emotioneller Instabilität verbunden mit *Qi*-Mangel. Äußerlich bei Furunkel und Abszeß.

D. villosa

Mehrjährige Kletterpflanze, winterhart bis -15° C, ca. 5m hoch, mit schlanken Rhizomen und spitz zulaufenden, herzförmigen, bis zu 10cm langen Blättern. Im Sommer erscheinen herabhängende, in der Blattachsel sitzende Blütenähren mit sehr kleinen, grüngelben Blüten, wobei männliche und weibliche getrennt sind. Kommt in feuchten Wäldern und an Straßenrändern in Nordamerika vor.

Verwendbar Wurzeln, Rhizome.
Eigenschaften Scharfes, entzündungshemmendes Kraut, das Krämpfe löst, den Gallenfluß anregt und die Blutgefäße erweitert.
Gebrauch
Medizin Innerlich bei Arthritis, Kolitis, Reizkolon, Divertikulitis, Gastritis (vor allem bei Alkoholikern), Gallenblasenleiden, Crohn-Krankheit, morgendlichem Unwohlsein, schmerzhafter Menstruation, ovarialen und Geburtsschmerzen, Bronchitis, Katarrh, Asthma, Keuchhusten und Spasmus. Homöopathisch bei Kolik (bei Kleinstkindern).

Anbau und Ernte

Anbau Halb- *(D. opposita)* oder winterharte *(D. villosa)* Kulturpflanze; nährstoffreicher, entwässerter Boden in sonniger oder halbschattiger Lage. Aussaat im Frühjahr; Teilung oder Knollenteilung im Herbst bzw. zeitigen Frühjahr. Knollen können bei kühlfeuchter Witterung in der Ruhezeit faulen.
Ernte Knollen, Wurzeln und Rhizome werden im Herbst geerntet. *D. opposita* wird entsprechend der gestellten Diagnose roh, in Mehl oder Erde gebacken verwendet. *D. villosa* verabreicht man getrocknet für Flüssigextrakte oder frisch für homöopathische Aufbereitungen.

DIOSMA Götterduft

D. crenulata. Siehe *Agathosma crenulata.*

DIOSPYROS Dattelpflaume

(Ebenaceae)

D. kaki wird in China erstmals um 720 n. Chr. erwähnt. Es ist ein namhaftes Heilmittel gegen Schluckauf und wird zusammen mit Gewürznelke (*Syzygium aromaticum*, vgl. S. 358) und frischem Ingwer (*Zingiber officinale*, S. 373) eingenommen. *D. kaki* baut man heute im südlichen Europa für kommerzielle Zwecke an. Das nordamerikanische *D. virginiana* wurde als Adstringens verwendet und war in der „U.S. Pharmacopoeia" (1820-82) eingetragen.

D. kaki (Kakipflaume) S. 119

Verwendbar Kelche („Shi di"), Früchte (einschließlich Saft und Pulver, bzw. Saccharum).
Eigenschaften Adstringierendes, schleimlösendes Kraut, das Blutungen stillt und den Blutdruck senkt.
Gebrauch
Küche Die reifen Früchte werden frisch verzehrt oder zu Desserts bzw. Marmeladen verarbeitet.
Medizin Innerlich bei Schluckauf, inneren Blutungen (Kelch), Bronchialbeschwerden (getrocknete reife Früchte), trockenem Husten (Saccharum), hohem Blutdruck (Saft von unreifen Früchten), Verstopfung, Hämorrhoiden (rohe reife Früchte), Durchfall (gekochte reife Früchte).

Anbau und Ernte

Anbau Frostharte Kulturpflanze; nährstoffreicher, gut entwässerter Boden; Sonne. Vermehrung durch Aussaat im Herbst; durch Grünstecklinge im Sommer; durch bewurzelte Ausläufer; durch Veredeln. Eng oder ungünstig stehende Triebe abschneiden und den Haupttrieb in der Ruhezeit um 1/3 einkürzen. Freilandpflanzen können durch Thripse, Schmier- und Schildläuse, Fruchtfliegen sowie (durch Pilze hervorgerufene) Blattfleckenkrankheiten befallen werden, Treibhauspflanzen durch Spinnmilben oder Weiße Fliegen. Für eine erfolgreiche Befruchtung ist bei *D. kaki* ein männlicher Baum auf 8-10 weibliche erforderlich.
Ernte Die Kelche werden gewöhnlich während der Blüte gesammelt und für Absude getrocknet. Früchte werden unreif für Sirup bzw. reif geerntet und frisch, getrocknet oder als Saccharum gepulvert weiterverwendet.

DIPTERYX Tonkabohne

(Leguminosae)

Diese tropische amerikanische Gattung besteht aus zehn Arten immergrüner Bäume. Die Samen von *D. odorata* und anderen Arten, z.B. *D. oppositifolia*, enthalten Cumarin (1-3%) und Cumarin-Glykoside, die den süßen Geruch von trocknendem Heu verströmen. In der Viktorianischen Zeit wurde *D. odorata* als Duftstoff für Schnupftabak angebaut, aber die Bedeutung dieser Arten für die Parfümherstellung ist gesunken, seit im Jahre 1868 synthetisches Cumarin entwickelt wurde. Aufgrund der kürzlich festgestellten Tatsache, daß Cumarin Herz und Leber schädigen bzw. Krebs hervorrufen kann, ist seine medizinische Verwendung fast vollständig eingestellt worden. Meist werden die Samen von Wildpflanzen in Venezuela gesammelt oder stammen von Bäumen in Trinidad, die dort auf Plantagen bzw. als Windschutz für Kakaobäume angebaut werden. Der Gattungsname *Dipteryx* ist vom Griechischen *dis* „doppelt" und *pteron* „Flügel" abgeleitet und bezieht sich auf die flügelartigen oberen Lappen des Kelches.

D. odorata, syn. *Coumarouna odorata* (Tonkabohnenbaum)

Empfindlicher, kompakter Regenwaldbaum, 25-40m hoch, 15-20m Spannweite, mit einem Stamm von bis zu 1m Durchmesser und glatter, hellgrauer Rinde. Die lederartigen, klebrigen, gefiederten Blätter haben 3-6 ellipsenförmige Blättchen, die bis zu 15cm lang werden. Nach prächtigen Rispen rotvioletter, starkduftender erbsenähnlicher Blüten bilden sich fleischige, hellgelblichbraune, ovale Früchte, die bis zu 10cm lang werden und jeweils einen einzigen, mahagonifarbenen Samenkern von 3-5cm Länge enthalten. Kommt oft an Flußufern vor, hauptsächlich in Venezuela, auch in Kolumbien und Guayana.

Verwendbar Samen.
Eigenschaften Aromatisches Kraut, das Parfüme fixiert.
Gebrauch
Medizin Früher bei Keuchhusten eingesetzt.
Wirtschaft Wird heute als Geschmacksstoff für Konfekt, Kakao, Likör und für medizinische Präparate wie Lebertran (in einigen Ländern, einschließlich den USA verboten) verwendet; als Duftfixiermittel in Dufttöpfen und parfümierten Artikeln; als Aromastoff in Tabak und Schnupftabak.

Anbau und Ernte

Anbau Wildpflanzen werden gesammelt; empfindlich; gut entwässerte, saure Kies- oder Sandböden mit ausreichend Regen und Luftfeuchtigkeit, nicht kälter als 15-18° C. Vermehrung durch *in-situ*-Aussaat frischer Samen, die nach etwa 6 Wochen keimen. Die Sämlinge lassen sich schlecht verpflanzen. Bei jungen Bäumen die Haupttriebe entfernen, sobald sie 2m hoch sind.
Ernte Herabgefallene, reife Früchte werden gesammelt und getrocknet, die Samen entfernt und 2-3 Tage in Rum eingelegt. Durch diesen Vorgang kristallisiert das Cumarin an der Oberfläche, was als „Zuckerguß" bezeichnet wird.

DODONAEA

(Sapindaceae)

In vielen Ländern, z.B. in Peru, Burma, Indien, Taiwan und Südafrika, sowie von den Aborigines in Australien, wird *D. viscosa* zu medizinischen Zwecken eingesetzt. In den Blättern ist 18 Prozent Tannin enthalten, was sich mit der in der *Potentilla erecta* (vgl. S. 334) vorhandenen Menge vergleichen läßt. Bei Zahnschmerzen hilft es, wenn man die Blätter kaut, den Saft aber nicht schluckt.

D. viscosa S. 119

Verwendbar Blätter.
Eigenschaften Stark adstringierend wirkendes Kraut, das Fieber senkt und Schmerzen lindert.
Gebrauch
Medizin Innerlich bei Fieber. Äußerlich bei Zahnschmerzen, Halsentzündung, Verletzungen und Insektenstichen.
Variante
D. v. **'Purpurea'**, S. 119.

Anbau und Ernte

Anbau Empfindliche Zierpflanze; gut entwässerter Boden; Sonne, nicht kälter als 3-5° C. Vermehrung durch Aussaat der Samen im Frühjahr; durch halbreife Stecklinge im Spätsommer. Im Frühjahr und, wenn nötig, nochmals im Sommer zurückschneiden, damit die Form erhalten bleibt.
Ernte Die Blätter werden im Sommer gepflückt und frisch für Gurgelmittel und Umschläge bzw. getrocknet für Aufgüsse verwendet.

DOREMA
(Umbelliferae)

Zu dieser Gattung zählt man 16 Arten kurzlebiger, großblättriger Stauden und Halbsträucher, die in Mittel- und Südwestasien vorkommen. Sie sind alle monokarp. In Gartenbüchern der Viktorianischen Zeit ist *D. ammoniacum* als „leicht zu kultivieren" und „durch Aussaat leicht zu vermehren" eingetragen. Das imposante Doldengewächs würde jedem Kräutergarten eine interessante Note geben, scheint aber nicht mehr kultiviert zu werden. *D. ammoniacum* ist nach dem Tempel des Ammon benannt, weil man das Gummiharz erstmals aus Pflanzen in dieser Region Libyens gewonnen hatte. Seine Verwendung wird von Hippokrates im 5. Jahrhundert v.Chr. erwähnt. Das Gummiharz wird auf natürliche Weise durch Löcher, die durch Käfer verursacht werden, aus den Stämmen abgesondert.

D. ammoniacum

Eine riesige Mehrjährige, winterhart bis -5° C, 2-3m hoch, Spannweite 1-1,5m, mit verzweigten, haarigen Stengeln, deren Unterteil verholzt ist und die einen Durchmesser von 3-6cm erreichen. Sie hat große, geteilte Blätter und trägt im Frühjahr und Sommer Dolden aus kleinen, weißen Blüten, denen ellipsenförmige Samen von etwa 7mm folgen.

VERWENDBAR Gummiharz.
EIGENSCHAFTEN Starkriechendes, scharfes, stimulierendes, schleimlösendes Kraut, das Krämpfe löst.
GEBRAUCH
MEDIZIN Innerlich bei chronischer Bronchitis (bei älteren Patienten), Asthma und Katarrh. Äußerlich bei geschwollenen Gelenken und schmerzlosen Tumoren.
WIRTSCHAFT Wurde früher für die Parfümherstellung und als Porzellanzement verwendet.

ANBAU UND ERNTE
ANBAU Frostharte Kulturpflanze; gut entwässerte bis trockene Böden; Sonne. Vermehrung durch Aussaat der Samen im Herbst oder Frühjahr.
ERNTE In der Blüte- bzw. Reifezeit wird Gummiharz durch Einschnitte in Stengel und Blattstiele gesammelt. Es wird zu „Tränen" oder Blöcken verfestigt und dann zu Pulver zerrieben.

DRIMIA
(Liliaceae/Hyacinthaceae)

In verschiedenen Mittelmeerländern, darunter Ägypten und der Türkei, wird *D. maritima* für die Pharmaindustrie angebaut. Die Zwiebeln werden nach sechs Jahren geerntet, wobei die Ausbeute bei 25.000 Zwiebeln pro Hektar liegt. *D. maritima* enthält Scillaren, welches auf das Herz wirkt. Sie wird im Handel als „weiße" oder „rote Meerzwiebel" bezeichnet, abhängig von der Zwiebelfarbe, die je nach Verbreitungsgebiet variiert. Trotz ähnlicher Bestandteile enthalten nur rote Zwiebeln das Rattengift Scillirosid, das die Eigenschaft hat, nur Nagetiere zu vergiften (andere Tiere erbrechen). Auch aus *D. indica* kann man Scillaren gewinnen. Meerzwiebeln werden oft als „Meerzwiebelessig" verabreicht, der schon von Dioskorides beschrieben wurde.

D. maritima, syn. *Urginea maritima* (Meerzwiebel) S. 119

VERWENDBAR Zwiebeln.
EIGENSCHAFTEN Bitteres, scharfes, giftiges Kraut mit harntreibender und schleimlösender Wirkung, das das Herz stimuliert und die Kopfhaut stärkt.
GEBRAUCH
MEDIZIN Innerlich bei Bronchitis, Bronchialasthma, Keuchhusten und Ödemen. Hohe Dosen führen zum Erbrechen. Nur durch ausgebildete Heilpraktiker zu verwenden. Äußerlich bei Schuppen und Seborrhoe.
WIRTSCHAFT Extrakte sind in Hustenmixturen und Haarpflegemitteln; früher in Rattengift verwendet.

ANBAU UND ERNTE
ANBAU Halbwinter- bis frostharte Zierpflanze; durchlässige, sandige oder steinige Böden; Sonne, mindestens -7° C. Die Zwiebel teilweise über der Erdoberfläche stehend. Aussaat im Herbst, Ausläufer im Spätsommer, wenn die Zwiebeln ruhen.
ERNTE Zwiebeln im Spätherbst ernten, schräg in Stücke schneiden, für Aufgüsse, Flüssigextrakte, Meerzwiebelessig und Tinkturen trocknen.

DRIMYS Beißrinde
(Winteraceae)

D. winteri wurde als Heilpflanze erstmals durch Captain John Winter während der Weltumseglung von Sir Francis Drake (1577-80) beschrieben. Er führte sie 1578 von Südamerika nach Europa ein. Sie war offenbar „sehr wirksam bei Skorbut", der durch Vitamin C-Mangel hervorgerufen wurde und auf langen Seereisen häufig auftrat. Die Rinde wird nicht mehr verwendet, aber ihr werden ähnliche Wirkungen auf die Verdauung zugeschrieben, wie sie auch *Canella winterana* (vgl. S. 253) und *Cinnamomum zeylanicum* (S. 261) innewohnen. Freilich ist sie meist schwieriger zu bekommen. In kommerziellen Angeboten von Winterrinde kann auch Rinde von *D. granadensis* und *Cinnamodendron corticosum* enthalten sein. Die eng verwandte *Tasmannia lanceolata*, ein australasischer Strauch mit aromatischen Beeren, ist die einzige außerdem noch kultivierte Art. Sie wird als Hecke in milden gemäßigten Regionen angebaut.

D. winteri (Winterrinde) S. 120

VERWENDBAR Rinde.
EIGENSCHAFTEN Ein beißendes, bitteres, kräftigendes Kraut, das die Verdauung fördert.
GEBRAUCH
MEDIZIN Innerlich zur Verdauung und bei Koliken.

ANBAU UND ERNTE
ANBAU Frostharte Zierpflanze; feuchter, nährstoffreicher, gut entwässerter Boden in der Sonne oder im Halbschatten. In kalten Regionen benötigen die Pflanzen Schutz durch eine Mauer oder einen ähnlich geschützten Standort. Aussaat der Samen im Herbst; halbreife Stecklinge im Sommer.
ERNTE Die Rinde wird im Herbst und Winter von den Ästen entfernt und getrocknet für Pulver oder Aufgüsse verwendet.

DROSERA Sonnentau
(Droseraceae)

D. rotundifolia wird seit langer Zeit in der Medizin verwendet. William Turner schrieb 1568, daß „unsere Engländer heute viel Vertrauen dazu haben, und es sich bei Schwindsucht und Ohnmacht sowie Herzschwäche bewährt hat" („A New Herbal", 1551-68). Ein Sonnentaulikör mit dem Namen „Rosa Solis" war im 17. Jahrhundert in England, Frankreich und Deutschland wegen seiner angeblich stärkenden und aphrodisischen Wirkung beliebt.

D. rotundifolia (Rundblättriger Sonnentau, Rosée du Soleil) S. 120

VERWENDBAR Gesamte Pflanze.
EIGENSCHAFTEN Scharf schmeckendes Kraut mit wärmenden und beruhigenden Kräften, harntreibender und schleimlösender Wirkung, krampf- und hustenlösend. Es enthält Pigmente, die gegen eine große Anzahl von Krankheitserregern aktiv werden.
GEBRAUCH
MEDIZIN Innerlich bei Asthma, Keuchhusten, Bronchitis, Influenza, Gastritis und Magengeschwüren. In Kombination mit *Grindelia camporum* (vgl. S. 290), *Euphorbia hirta* (vgl. S. 281) und *Polygala senega* (vgl. S. 332) bei Asthma. In der Homöopathie bei Keuchhusten, trockenem Husten, Halsentzündung und Laryngitis; färbt den Urin dunkel.

ANBAU UND ERNTE
ANBAU Winterharte Zierpflanze; nasser Torf in sonniger Lage. Vermehrung durch Aussaat der Samen im Frühjahr; durch Teilung im Frühjahr; durch Blattstecklinge mit Unterteil im Sommer.
ERNTE Die Pflanzen werden zu Beginn der Blütezeit geerntet, getrocknet und für Aufgüsse, Flüssigextrakte und Tinkturen verwendet.

DRYOBALANOPS
(Dipterocarpaceae)

Kampfer ist eine aromatische, kristalline Substanz, die sich in Hohlräumen der Baumstämme von *D. aromatica* und *Cinnamomum camphora* (vgl. S. 261) bildet. Junge Bäume produzieren eine klare, gelbe Flüssigkeit, die als „Kampferöl" bekannt ist und bei älteren Exemplaren manchmal kristallisiert.

D. aromatica („Kapur") S. 120

VERWENDBAR Kristallisierte Absonderungen, Öl.
EIGENSCHAFTEN Bitter und beißend schmeckendes, stimulierendes Kraut, das Schmerzen lindert, Fieber senkt, Krämpfe löst und Entzündungen hemmt. Es hat auch eine antibakterielle Wirkung.
GEBRAUCH
MEDIZIN Innerlich bei Ohnmacht, Schwindsucht mit hohem Fieber, Cholera und Lungenentzündung. Äußerlich bei Rheuma, Flechte, Abszeß, Furunkeln, Gesichtsherpes, Mundhöhlengeschwüren, Halsentzündungen, Brustinfektionen und Bindehautentzündung. In der Aromatherapie innerlich und äußerlich als Antiseptikum, Beruhigungsmittel, Tonikum für Herz und Nebennierenrinde, vorrangig bei Hautproblemen, Rheumatismus, Infektionskrankheiten, Depression und in der Rekonvaleszenz verwendet.
WIRTSCHAFT Quelle von *d*-Borneol, ein ätherisches Öl, das für Parfüms mit kampferähnlichem Duft verwendet wird. Das Holz ist sehr termitenresistent.

ANBAU UND ERNTE
ANBAU Empfindliche Kulturpflanze; gut entwässerter, feuchter Boden, Sonne oder Halbschatten, hohe Luftfeuchtigkeit, nicht kälter als 15-18° C. Vermehrung durch Samen bei Reife.
ERNTE Kampferkristalle werden aus Spalten der Baumstämme gesammelt; Kampferöl gewinnt man durch Anzapfen junger Bäume oder durch Destillation des Holzes. Sowohl Kristalle als auch das Öl finden für Kapseln, Aufgüsse, Lotionen, Pillen, Pulver und Massageöle Verwendung.

DRYOPTERIS Wurmfarn
(Dryopteridaceae)

Einige Arten enthalten Phlorogluzinderivate („Filicin"), die Darmparasiten lähmen. Außer *D. filix-mas* werden auch *D. cristata* (Moorfarn), *D. oreades* und *D. crassirhizoma* verwendet. Aus diesen Farnen hergestellte Arzneimittel werden in Verbindung mit wirksamen Abführmitteln verabreicht. *D. crassirhizoma* ist in der chinesischen Heilkunst seit mindestens der späten Han-Dynastie (25-220 n.Chr.) schriftlich belegt. Als „Guan zhong" bezeichnet, hilft es bei Entzündungen, stillt Blutungen und senkt das Fieber.

D. filix-mas, syn. *Aspidium filix-mas*
(Gemeiner Wurmfarn) S. 120

VERWENDBAR Rhizome.
EIGENSCHAFTEN Bitter und unangenehm schmeckendes Kraut, das Darmwürmer austreibt und antibakteriell und antiviral wirkt. Es ist blutstillend, fiebersenkend und schmerzlindernd.
GEBRAUCH
MEDIZIN Innerlich bei allen Arten von Darmparasiten, Leberegeln, inneren Blutungen, Gebärmutterblutung, Mumps und fiebrigen Erkrankungen (z.B. Grippe, Masern, Lungenentzündung und Meningitis). Die Dosierung bei Darmwürmern ist sorgfältig vorzunehmen; Intoxikationen lassen sich durch Kombinieren mit einem salinischen Abführmittel, wie z.B. Magnesiumsulfat, verhindern – keinesfalls mit Rizinusöl, da dieses die Absorption erhöht. Überdosis führt zu Erbrechen, Übelkeit, Delirium, Atemproblemen und Herzstillstand. Äußerlich bei Abszessen, Furunkeln, Karbunkeln und Entzündungen. Nur von qualifizierten Heilpraktikern anzuwenden. WARNHINWEIS Pflanze unterliegt in einigen Ländern gesetzlichen Einschränkungen.
VARIANTEN
D. f.-m. **'Crispa Cristata'**, S. 120.
D. f.-m. **'Linearis'**, S. 121.

ANBAU UND ERNTE
ANBAU Winterharte Zierpflanze; humushaltiger Boden; Schatten. Vermehrung durch Sporen im zeitigen Frühjahr; durch Teilung im Herbst oder Frühjahr. Sorten lassen sich nicht durch Sporen vermehren. Laub kann von Rost befallen werden.
ERNTE Die Rhizome werden im Herbst geerntet, wobei die Unterteile der Wedel erhalten bleiben und nur die Wurzeln entfernt werden. Getrocknet finden sie in Flüssigextrakten oder Pulvern Verwendung. Die Bestände werden jährlich erneuert.

DUBOISIA Pituripflanze
(Solanaceae)

D. myoporoides und die damit verwandte *D. leichardtii* sind für die pharmazeutische Industrie die wichtigste Ressource für Tropanalkaloide. Dazu gehören Atropin, Hyoszin, Hyosziamin und Skopolamin. Die Substanzen kommen auch in anderen Arten der Nachtschattengewächse vor, z.B. in *Atropa belladonna* (vgl. S. 246), *Hyoscyamus niger* (vgl. S. 295) und *Scopolia carniolica* (vgl. S. 350). In Australien werden Hybriden aus *D. myoporoides* und *D. leichardtii* gezüchtet, die einen Gesamtalkaloidgehalt von über 3% erreichen.

D. myoporoides S. 121

VERWENDBAR Blätter.
EIGENSCHAFTEN Bitteres, hypnotisch wirkendes Kraut, das die Pupillen erweitert, die Hautatmung stimuliert und beruhigt.
GEBRAUCH
MEDIZIN In der Homöopathie bei Augenbeschwerden. Nur von ausgebildeten Heilpraktikern zu verabreichen. WARNHINWEIS Diese Pflanze unterliegt in einigen Ländern Einschränkungen.
WIRTSCHAFT Quelle für pharmazeutische Alkaloide.

ANBAU UND ERNTE
ANBAU Empfindliche Kulturpflanze; sandiger Boden; Sonne, hohe Luftfeuchtigkeit, mindestens 15-18° C; Aussaat reifer Samen. Um das Wachstum zu steuern, ist die Pflanze zurückzuschneiden.
ERNTE Blätter werden in der Blütezeit gesammelt und für die Weiterverarbeitung getrocknet.
WARNHINWEIS Bei Verzehr giftig.

DULACIA
(Olacaceae)

Zu dieser südamerikanischen Gattung gehören 13 Arten tropischer Bäume und Sträucher. Obwohl sie schon seit sehr langer Zeit in der Amazonasregion verwendet wird, weiß man nur wenig über *D. inopiflora*. Es wird berichtet, daß zu seinen wirksamen Bestandteilen ein Alkaloid sowie Sterole zu zählen sind.

D. inopiflora, syn. *Liriosma ovata*

Empfindlicher Baum, 10-15m hoch, Breite 3-5m, mit einem grauen, rissigen Stamm und länglichen, ledernen, dunkelbraunen Blättern. Auf winzige weiße Blüten folgen orangegelbe Früchte; kommt in den Regenwäldern der Amazonasregion vor.
VERWENDBAR Wurzeln, Rinde, Holz, Balsam.
EIGENSCHAFTEN Würzig schmeckendes Kraut mit wärmenden und adstringierenden Eigenschaften, das aphrodisierend und stimulierend wirkt und wahrscheinlich vorrangig die Nierentätigkeit beeinflußt.
GEBRAUCH
MEDIZIN Innerlich bei Impotenz und Durchfall.

ANBAU UND ERNTE
ANBAU Wildpflanzen werden gesammelt; empfindlich; feuchte Böden in schattiger Lage, nicht kälter als 15-18° C. Wird offenbar nicht angebaut.
ERNTE Wurzeln, Rinde, Holz und Balsam werden gesammelt und in Flüssigextrakten verwendet.

E

ECBALLIUM
(Cucurbitaceae)

E. elaterium wird schon seit dem Altertum medizinisch angewendet. Theophrast erwähnte die Wurzel als Heilmittel für Schafsräude. Der Fruchtextrakt wurde als Brechmittel empfohlen. Die Pflanze enthält Cucurbitazine.

E. elaterium, syn. *Momordica elateria*
(Spritzgurke, Eselsgurke) S. 121

VERWENDBAR Früchte.
EIGENSCHAFTEN Abführendes Kraut, das die Ausscheidung von Wasser aus dem Darm bewirkt.
GEBRAUCH
MEDIZIN Innerlich bei Ödemen mit Nierenbeschwerden, Rheuma, Paralyse, Gürtelrose; Überdosierung kann Magendarmreizungen hervorrufen und lebensbedrohlich werden. Äußerlich bei Nebenhöhlenentzündung und Gelenkschmerzen. Nur von qualifizierten Heilpraktikern zu verabreichen. WARNHINWEIS In einigen Ländern Einschränkungen.

ANBAU UND ERNTE
ANBAU Halbwinterharte Kulturpflanze; gut entwässerte bis karge Böden in sonniger Lage; Vermehrung durch Aussaat der Samen im Frühjahr bei 16° C.
ERNTE Die Früchte werden unreif gepflückt und in Behältern aufbewahrt, bis ihr Inhalt ausgestoßen wird. Der Saft wird dann (zu Flocken getrocknet) als Droge verwendet („Elaterium").
WARNHINWEIS Bei Verzehr giftig; häufiger Umgang mit den Samen oder anderen Pflanzenteilen kann zu Vergiftungen führen. Reife Früchte stoßen ihren Inhalt eruptiv aus und können so Verletzungen, insbesondere der Augen hervorrufen.

ECHINACEA Igelkopf
(Compositae/Asteraceae)

E. purpurea ist eine von mehreren Arten, zu denen auch *E. angustifolia* und *E. pallida* zu rechnen sind, die von Eingeborenen in Nordamerika für die Wundbehandlung verwendet wurden. Insbesondere Präriestämme betrachteten *E. angustifolia* als Allheilmittel; sie war auch in dem „U.S. National Formulary" (1916-50) verzeichnet. Diese drei Arten haben ähnliche Bestandteile und sind austauschbar anzuwenden. *E. purpurea* findet am häufigsten Verwendung, da ihr Anbau am einfachsten ist. In der westlichen Medizin wird sie heute für das wirksamste Entgiftungsmittel für Kreislauf-, Lymph- und Atmungssystem gehalten und auch von ayurvedischen Kräuterheilern angenommen. Seit das deutsche Heilkräuterunternehmen Madaus im Jahr 1939 Samen einführte, erforscht man diese Art.

E. purpurea S. 121

VERWENDBAR Wurzeln, Rhizome.
EIGENSCHAFTEN Bitteres, leicht aromatisch schmek-

kendes, umstimmendes Kraut, das das Immunsystem anregt, antiviral, bakterizid wirkt.
GEBRAUCH
MEDIZIN Innerlich bei Hautkrankheiten, Pilzinfektionen, Blutvergiftung, Gewebsnekrose, Furunkeln, Abszeß, langsam heilenden Wunden, Infektionen der oberen Atemwege und venerischen Erkrankungen. Übermäßiger Gebrauch führt zu Reizungen im Rachenraum. Äußerlich bei Akne, Herpes, Schuppenflechte und infektiösen Verletzungen. Mit *Hypericum perforatum* (vgl. S. 295) bei Herpes, mit *Arctium lappa* (S. 240) bei Furunkeln, mit *Baptisia tinctoria* (S. 247), *Commiphora myrrha* (S. 265) bei Halsentzündung.
VARIANTEN
***E. p.* 'Robert Bloom'**, S. 121.
***E. p.* 'White Swan'**, S. 122.

ANBAU UND ERNTE
ANBAU Winterharte Zierpflanze; nährstoffreicher, gut entwässerter Boden; Sonne. Vermehrung durch Aussaat im Frühjahr, durch Wurzelstecklinge im Spätwinter; Teilung in der Ruhezeit.
ERNTE Wurzeln und Rhizome werden im Herbst geerntet, getrocknet und für Absude, Aufgüsse, Flüssigextrakte, Pulver, Tabletten und Tinkturen verwendet.

ECLIPTA
(Compositae)

In der Ayurvedischen Medizin wird *E. prostrata* als das beste Heilmittel für die Haare gehalten und auch als Verjüngungsmittel und Lebertonikum eingesetzt. Die chinesische Heilkunde beschreibt es als umfassendes Stärkungsmittel bei Leber- und Nieren-*Yin*. Es wird oft zusammen mit *Centella asiatica* (vgl. S. 257) angewendet. Aus der Pflanze gewinnt man Thiophenderivate, die in Präparaten gegen Fadenwürmer Verwendung finden.

E. prostrata, syn. *E. alba* S. 122

VERWENDBAR Gesamte Pflanze („Han lian cao").
EIGENSCHAFTEN Ein kühlendes Kraut, das den Kreislauf, die Nerven und das Verdauungssystem stärkt.
GEBRAUCH
MEDIZIN Innerlich bei Nieren- und Leberschwäche (geäußert durch Ohrensausen, vorzeitiges Ergrauen, schlechtes Gebiß und schlechte Sehkraft, nervöse Störungen), bei Zirrhose, Hepatitis, Beschwerden in Verbindung mit Blutungen (besonders nach Geburten und ungewöhnlichen Gebärmutterblutungen), Anämie und Diphterie. In der chinesischen Heilkunde auch bei Ekzemen, Dermatophytose, Dermatitis und Fehlernährung der Kinder. Die ayurvedische Medizin nutzt es in Form von Öl inner- und äußerlich bei Haarausfall. Mit *Senna obtusifolia* äußerlich als Öl bei Flechte angewendet (Indien, Burma).
WIRTSCHAFT Quelle für schwarzen Farbstoff, der als Haarfärbemittel und für Tätowierungen dient.

ANBAU UND ERNTE
ANBAU Empfindliche Kulturpflanze; feuchter bis nasser Boden, Schatten, mindestens 10-15° C. Aussaat der Samen im Frühjahr.
ERNTE Die gesamte Pflanze wird in der Blüte geschnitten, getrocknet und dann für Absude, Aufgüsse, medizinische Öle, Pulver oder Tinkturen verwendet.

ELETTARIA
(Zingiberaceae)

Es gibt einige Varietäten der Kardamome und viele *Elettaria*-Arten, die ähnliche Früchte liefern, aber in Geschmack und Aussehen unterschiedlich sind. Echte Kardamomsamen haben ein eukalyptusähnliches Aroma, das nach dem Mahlen schnell verlorengeht, wohingegen Substitute häufig einen starken Kampfergeruch verströmen. In China fand *E. cardamomum* erstmals um das Jahr 720 n.Chr. als Heilpflanze Erwähnung. Die großen weißen Früchte („Bai dou kou") werden als günstig für die Lunge erachtet, die kleinen grünen („Sha ren") als Nierentonikum angesehen. Die ayurvedische Heilkunst kennt Kardamome als „Ela".

E. cardamomum (Malabakardamome) S. 122

VERWENDBAR Samen, Öl.
EIGENSCHAFTEN Scharfes, aromatisch schmeckendes, wärmendes Kraut mit stimulierender und stärkender Wirkung, besonders auf Lunge und Nieren. Es löst Krämpfe, wirkt schleimlösend und verbessert die Verdauung. Angeblich entgiftet es Koffein und neutralisiert schleimproduzierende Lebensmittel.
GEBRAUCH
KÜCHE Die Samen werden als Aromastoff für Backwaren (besonders in Nordeuropa), Kaffee (Naher Osten), Curries, Eingelegtes, Milchdesserts, Obstkompotte und Glühwein verwendet.
AROMA Ätherisches Öl dient zur Parfümherstellung.
MEDIZIN Innerlich bei Verdauungsbeschwerden, Erbrechen und Übelkeit, Enurese und Lungenerkrankung mit Auswurf. In der ayurvedischen Medizin bei Bronchial- und Verdauungsbeschwerden.
WARNHINWEIS Pflanze unterliegt als Tinktur in einigen Ländern gesetzlichen Einschränkungen.

ANBAU UND ERNTE
ANBAU Empfindliche Kulturpflanze; nährstoffreicher, feuchter, gut entwässerter Boden; Halbschatten, mindestens 18° C. Vermehrung durch Aussaat der Samen im Herbst; durch Teilung im Frühjahr bzw. Sommer. Treibhauspflanzen können von Spinnmilben befallen werden.
ERNTE Die Früchte werden in der trockenen Jahreszeit gesammelt und als Ganzes getrocknet; die Samen werden zur Ölextraktion entfernt bzw. für Flüssigextrakte, Pulver und Tinkturen verwendet.

ELEUTHEROCOCCUS
(Araliaceae)

Die wirksamen Bestandteile von *E. senticosus* haben einen ähnlichen Effekt wie die der *Panax*-Arten (vgl. S. 321), sind aber stärker. Einige verwandte Arten sind in Verbindung mit *E. senticosus* in der chinesischen Heilkunde als „Wu jia pi" bekannt. Bereits seit 2.000 Jahren werden sie bei Rheuma, Vitalitätsverlust sowie schwacher Leber- und Nierentätigkeit angewendet und für weniger wärmend gehalten als *Panax ginseng* (vgl. S. 321).

E. senticosus, syn. *Acanthopanax senticosus* (Sibirischer Ginseng) S. 122

VERWENDBAR Wurzel, Wurzelrinde.
EIGENSCHAFTEN Ein scharfes, halbbitteres, wärmendes Kraut, das das Immun- und Kreislaufsystem anregt, den Blutdruck regelt, den Blutzukkerspiegel senkt, Entzündungen lindert; ist stärkend für alle Organe.
GEBRAUCH
MEDIZIN Innerlich bei Rekonvaleszenz, Menopausebeschwerden, Altersdebilität, physischem und geistigem Streß sowie bei Schlaflosigkeit, hervorgerufen durch anhaltende Angstzustände. Wird für die Hintergrundbehandlung bei Krebs und bei Personen, die giftigen Chemikalien und Strahlungen ausgesetzt sind, angewendet, um die Widerstandskraft gegen Infektionen zu verbessern (für Kinder nicht geeignet); nie länger als drei Wochen einnehmen; kontraindiziert bei Koffein.

ANBAU UND ERNTE
ANBAU Winterharte Kulturpflanze; gut entwässerter, nährstoffreicher, feuchter Boden; Sonne oder Halbschatten. Vermehrung durch Aussaat der Samen im Frühjahr oder Herbst (erfordert Stratifizierung); durch Wurzelschnittlinge im Spätsommer; durch Steckhölzer (15-30cm lang) im Herbst.
ERNTE Wurzeln werden im Herbst geerntet, im Ganzen getrocknet oder entrindet. Sowohl Wurzeln wie Wurzelrinde werden für Absude, Pulver, Tees und Tinkturen verwendet.

ELYMUS Haargerste
(Gramineae/Poaceae)

Die Quecke *(E. repens)* ist als Heilkraut gut geeignet und in vielen Präparaten für die Prostatitis-Behandlung enthalten. Sie stellt ein ungefährliches Mittel dar, das gut vertragen wird und keine Nebenwirkungen hat.

E. repens, syn. *Agropyron repens* (Quecke) S. 122

VERWENDBAR Rhizome.
EIGENSCHAFTEN Beruhigend wirkendes Kraut, das Nieren- und Darmausscheidung verbessert, die Blutcholesterinwerte senkt und Infektionen beseitigt.
GEBRAUCH
MEDIZIN Innerlich bei Nieren- und Gallenblasenbeschwerden (insbesondere bei Prostatavergrößerung und Zystitis), Gicht und Rheumatismus; gut zu kombinieren mit *Agathosma* spp. (vgl. S. 230) bei Zystitis und mit *Hydrangea arborescens* (vgl. S. 294) bei Prostatitis.

ANBAU UND ERNTE
ANBAU Winterharte Kulturpflanze; fast alle Böden; Sonne oder Schatten; auf leichten Sandböden lassen sich hohe Erträge von Rhizomen erzielen. Vermehrung durch Teilung im Herbst oder Frühjahr; *E. repens* breitet sich besonders stark aus und ist schwer ausrottbar; sollte in Behältern angebaut werden. Samenentwicklung ist zu verhindern.
ERNTE Rhizome im Frühjahr ausgraben und frisch für homöopathische Präparate oder getrocknet für Absud, Flüssigextrakte und Tinkturen verwenden.

EOPEPON

E. vitifolius. Siehe *Trichosanthes kirilowii.*

EPHEDRA Meerträubel

(Ephedraceae)

Ephedra-Arten enthalten Alkaloide, besonders Ephedrin, die in vielen Markenmedikamenten gegen Katarrh und Asthma Verwendung finden. Zu den genutzten Arten gehören *E. equisetina, E. intermedia*, die indische *E. gerardiana* sowie *E. sinica*, die für gewöhnlich über einen höheren Alkaloidgehalt verfügt. Der chinesische Name „Ma huang" bezieht sich heute auf jede dieser Arten. Neuere Forschungsergebnisse haben antivirale Wirkungen gezeigt, besonders gegen Influenza. Die amerikanische *E. trifurca* ist eher ein diuretisches als ein Asthmamittel. Ein dem Ephedrin ähnliches Stimulans, Norpseudoephedrin bzw. Cathin, das in der geriatrischen Medizin Anwendung findet, ist in *Catha edulis* (Südwestarabien und Äthiopien) enthalten.

E. distachya S. 122

VERWENDBAR Stengel.
EIGENSCHAFTEN Ein scharfes, bitteres, wärmendes Kraut, das die Bronchialgefäße erweitert, Herz und Nervensystem anregt; harn- und schweißtreibend.
GEBRAUCH
MEDIZIN Innerlich bei Asthma, Heuschnupfen und Allergien. Das chinesische „Ma huang" wird bei Nierenschwäche angewendet sowie mit *Prunus dulcis* (vgl. S. 335) bei Asthma, mit *Cinnamomum cassia* (S. 261) bei Erkältungen und mit *Mentha arvensis* (S. 311) bei Allergie. Die ayurvedische Medizin verwendet sie bei Arthritis und Ödemen; häufig kombiniert mit *Thymus vulgaris* (S. 362), *Primula veris* (S. 334), *Marrubium vulgare* (S. 308) bzw. mit *Hyssopus officinalis* (S. 295) bei Asthma und schweren Bronchialbeschwerden sowie mit *Urtica dioica* (S. 366) oder *Chamaemelum nobile* (S. 259) bei allergischen Reaktionen. Nur von Qualifizierten zu verabreichen. Nicht für Patienten geeignet, die Monoaminoxydase (MAO)-Blocker einnehmen bzw. unter Bluthochdruck, Glaukom oder Schilddrüsenüberfunktion leiden. WARNHINWEIS *Ephedra*-Arten unterliegen Einschränkungen.

ANBAU UND ERNTE
ANBAU Winterharte Kulturpflanze; gut entwässerter bis trockener Boden in sonniger Lage. Vermehrung durch Aussaat der Samen im Herbst; durch Teilung im Herbst oder Frühjahr.
ERNTE Die Stengel werden zu beliebiger Zeit gesammelt, getrocknet und für Pulver, Absude, Tinkturen oder Flüssigextrakte verwendet.

EPIGAEA Bodenlorbeer

(Ericaceae)

Die Eingeborenen Nordamerikas stellten aus *E. repens* einen Blättertee zur Behandlung von Nierenbeschwerden und zur Blutreinigung her; die Shaker setzten sie bei Nierensteinen ein. Heute wird sie von Kräuterheilern meist verwendet wie *Agathosma*- (vgl. S. 230) und *Arctostaphylos uva-ursi*-Arten. (S. 241).

E. repens S. 123

VERWENDBAR Gesamte Pflanze.
EIGENSCHAFTEN Ein adstringierendes, harntreibend wirkendes Kraut.
GEBRAUCH
MEDIZIN Innerlich bei Zystitis, Nierensteinen sowie bei Infektionen der Nieren- und Harnwege.

ANBAU UND ERNTE
ANBAU Winterharte Zierpflanze; feuchte, saure, stark humushaltige Böden im Schatten. Aussaat im Herbst; Grünstecklinge im Sommer; Teilung der Pflanzenbüschel im Herbst.
ERNTE Die Pflanzen werden im Sommer geschnitten, getrocknet und für Aufgüsse, Flüssigextrakte oder Tinkturen verwendet.

EPIMEDIUM Sockenblume

(Berberidaceae)

E. sagittatum wurde als Heilpflanze erstmals im „Shen Nong Canon of Herbs" (verfaßt während der Han-Dynastie) beschrieben.

E. sagittatum S. 123

VERWENDBAR Gesamte Pflanze („Yin yang huo").
EIGENSCHAFTEN Scharfes, süß schmeckendes Kraut, das hauptsächlich als Aphrodisiakum bzw. als Tonikum für Leber und Nieren wirkt. Es erweitert die Blutgefäße, senkt den Blutdruck, hilft bei Husten.
GEBRAUCH
MEDIZIN Innerlich bei Asthma, Bronchitis, kalten oder tauben Extremitäten, Arthritis, Lumbago, Impotenz, vorzeitigem Samenerguß, hohem Blutdruck und Geistesabwesenheit. Überdosis bewirkt Erbrechen, Schwindel, Durst und Nasenbluten.
WIRTSCHAFT Bestandteil im chinesischen „Frühlingswein".

ANBAU UND ERNTE
ANBAU Winterharte Zierpflanze; feuchter, gut entwässerter, nährstoffreicher Boden; Halbschatten. Vermehrung durch Aussaat der Samen im Spätsommer; durch Teilung im Frühjahr oder Herbst (vor dem Neuaustrieb im Frühjahr zurückschneiden). Frische Triebe sind frostempfindlich.
ERNTE Die ganze Pflanze wird in der Wachstumszeit geschnitten und für Absude getrocknet.

EQUISETUM Schachtelhalm

(Equisetaceae)

Schachtelhalme haben eine ungewöhnliche Chemie; sie enthalten Alkaloide und verschiedene Mineralien. Sie sind reich an Kieselerde, welche ihnen polierende Eigenschaften verleiht, die seit dem Mittelalter bis ins 18. Jahrhundert hinein für das Scheuern von Töpfen, besonders solchen aus Zinn, genutzt wurden. *E. hyemale* wurde einst aus den Niederlanden, wo es reichlich vorkommt, zu diesem Zweck exportiert. Einige Schachtelhalme sammeln in ihrem Gewebe Gold an (allerdings nicht genug, um eine Extraktion zu rechtfertigen).

E. arvense (Ackerschachtelhalm) S. 123

VERWENDBAR Stengel.
EIGENSCHAFTEN Adstringierendes und heilendes Kraut, das hauptsächlich auf das Urogenitalsystem wirkt sowie innere und äußere Blutungen stillt.
GEBRAUCH
MEDIZIN Innerlich bei Prostatitis, Inkontinenz, Zystitis und Harnröhrenentzündung; häufig bei Prostataproblemen mit *Hydrangea arborescens* (vgl. S. 294) kombiniert. Innerlich und äußerlich bei Blutungen; ist ein Reizmittel; sollte am besten mit demulzierenden (schleimhautschützenden) Kräutern kombiniert werden; Gebrauch nur über kurze Zeit.

E. hyemale S. 123

VERWENDBAR Stengel („Mu zei").

EIGENSCHAFTEN Bittersüßes, adstringierendes Kraut mit harntreibender, entzündungshemmender Wirkung.
GEBRAUCH
MEDIZIN Innerlich in der chinesischen Medizin bei Katarakt sowie entzündeten oder tränenden Augen in Zusammenhang mit fiebriger Erkältung; häufig für die Behandlung von Augenproblemen, in Verbindung mit dem Lebermeridian mit *Dendranthema × grandiflorum* (S. 272). In der ayurvedischen Medizin innerlich auch bei Nieren-, Gallenblasen- und Harnproblemen, auch venerischen Erkrankungen.

ANBAU UND ERNTE
ANBAU Winterharte Kultur- *(E. arvense)* oder Zierpflanze *(E. hyemale)*; feuchter Boden mit Sonne oder Halbschatten. Vermehrung durch Teilung im Frühjahr. Schachtelhalme breiten sich rasch aus und sind schwer auszumerzen.
ERNTE Die Stengel werden zu beliebiger Zeit während des Wachstums geschnitten; dann getrocknet und für Absude, Aufgüsse, Flüssigextrakte sowie Pulver verwendet.

ERIGERON

E. canadensis. Siehe *Conyza canadensis.*

ERIOBOTRYA Wollmispel

(Rosaceae)

E. japonica ist das beliebteste Hustenmittel des Fernen Ostens und findet in vielen Arzneimitteln Verwendung, z.B. in Mispelblattgelee.

E. japonica (Loquat, Japanische Mispel) S. 123

VERWENDBAR Blätter („Pi pa ye"), Früchte.
EIGENSCHAFTEN Bitter schmeckendes, schleimlösendes Kraut, das Husten und Erbrechen stillt; wirkt gegen bakterielle und Virusinfektionen (Blätter).
GEBRAUCH
KÜCHE Die Früchte werden roh verzehrt oder zu Marmelade bzw. Gelee verarbeitet.
MEDIZIN Innerlich bei Bronchitis, Husten in Zusammenhang mit fiebriger Erkältung, Übelkeit, Erbrechen, Schluckauf und bei persistierendem Rülpsen.

ANBAU UND ERNTE
ANBAU Frostharte Zierpflanze; gute, entwässerte Böden; Sonne. Aussaat im Herbst oder ►

► Frühjahr; Grünstecklinge im Sommer. Triebe im Frühjahr zurückschneiden.
Ernte Die Blätter werden nach Bedarf gepflückt und nach dem Entfernen der Haare (um Rachenraumreizungen zu vermeiden) frisch oder getrocknet für Absude verwendet bzw. zu Gelee verarbeitet. Die reifen Früchte erntet man gewöhnlich im späten Frühjahr.

Eriodictyon
(Hydrophyllaceae)

Diese Gattung besteht aus acht Arten von wolligen, klebrigen, immergrünen Sträuchern, die im Südwesten von Nordamerika und in Mexiko vorkommen. Der Name ist vom griechischen *erion* (Wolle) abgeleitet sowie von *dictyon* (Netz) und bezieht sich auf die weiße Behaarung sowie das Netz von Adern auf der Unterseite der Blätter. *E. californicum* spielt eine wichtige Rolle in der traditionellen Heilkunst von Mendocino County in Kalifornien. Reich an Flavonoiden und an Harz, wurde sie als heiliges Kraut verehrt („Yerba santa") und war in jeder Hausapotheke vorhanden. Von den Indianern in Nordamerika lernten die spanische Missionare ihre Anwendung; sie war in der „U.S. Pharmacopoeia" (1894-1905 und 1916-47) aufgeführt und wurde dann in das „U.S. National Formulary" als Expektorans aufgenommen.

E. californicum

Empfindlicher Strauch, 2,5m hoch, Spannweite 2m; lanzettliche Blätter mit harzigen Oberflächen und weißen, wolligen Unterseiten. Trauben aus fünflappigen, trichterförmigen, lila oder weißen Blüten im Sommer, gefolgt von Kapseln mit 4 Kammern.

Verwendbar Blätter.
Eigenschaften Ein aromatisches, angenehm schmeckendes, kräftigendes Kraut, das Krämpfe löst, Phlegma vertreibt und fiebersenkend wirkt.
Gebrauch
Medizin Innerlich bei Asthma, Bronchitis, Laryngitis, Nebenhöhlenentzündung und Heuschnupfen. Es ist Bestandteil vieler Markenmedikamente gegen Husten und wird bitteren Arzneimitteln zur Geschmacksverbesserung hinzugefügt.

Anbau und Ernte
Anbau Wildpflanzen werden gesammelt; empfindlich; sandige Böden in trockener, sonniger Lage, nicht kälter als 5-7° C. Vermehrung durch Aussaat der Samen im Frühjahr oder Herbst. Falls erforderlich, ist es im Frühjahr oder Sommer zurückzuschneiden, wobei ausschließlich junge oder einjährige Triebe beschnitten werden sollten.
Ernte Blätter werden im Sommer gepflückt und für Aufgüsse oder Flüssigextrakte getrocknet.

Eruca Rauke
(Cruciferae/Brassicaceae)

Die Rauke wurde früher medizinisch verwendet, ist heute aber nur noch als Salatkraut bekannt. Dioskorides schrieb in „De Materia Medica libri quinque" (1. Jahrhundert n.Chr.), daß „diese, roh und in großen Mengen verzehrt, die Fleischeslust weckt, und ihre Samen eine ähnliche Wirkung haben, harntreibend sind, die Verdauung verbessern, und dem Bauch guttun. Sie verwenden die Samen auch für Saucen."

E. vesicaria ssp. *sativa* (Ölrauke) S. 123

Verwendbar Blätter.
Eigenschaften Ein scharfes, bitteres, kräftigendes Kraut mit pfefferartigem Geschmack.
Gebrauch
Küche Hauptsächlich als Salatkraut, besonders in Mesclun, einem traditionellen gemischten Salat aus winzigen Blättern, der aus der Gegend um Nizza in Frankreich stammt; kann auch Pfannengerichten und Pastasaucen beigefügt werden. Blüten, Samen und Öl sind ebenfalls eßbar.

Anbau und Ernte
Anbau Frostharte Kulturpflanze; fast alle Böden in sonniger Lage. Pflanzen auf kühlen, feuchten und nährstoffreichen Böden haben zartere und nicht so scharfe Blätter wie die auf heißen, trockenen Böden. Vermehrung erfolgt durch aufeinanderfolgende Aussaat vom Spätwinter bis Frühsommer. Erdflöhe können Blätter befallen.
Ernte Die Blätter werden vor dem Erscheinen des Blütenstengels gepflückt, weil sie dann nicht so scharf schmecken.

Eryngium Edeldistel, Mannstreu (Umbelliferae/Apiaceae)

Einige Arten werden in verschiedenen Teilen der Welt medizinisch genutzt: Das nordamerikanische *E. aquaticum* und *E. yuccifolium*. Beide werden hauptsächlich bei Störungen an Nieren und der Geschlechtsorgane verwendet; *E. planum* aus Osteuropa wird bei Keuchhusten eingesetzt; ferner das europäische *E. campestre*, das *E. maritimum* ersetzen kann und bei Harntraktinfektionen, Hautbeschwerden und Keuchhusten gegeben wird. Im 17. und 18. Jahrhundert wurden die Wurzeln von *E. maritimum* in großem Umfang in England gesammelt und waren unter dem Namen „Mannstreu", kandiert in Pastillenform, als Stärkungsmittel und Quasiaphrodisiakum bekannt. Alte Aufzeichnungen aus Ostengland weisen daraufhin, daß es berühmt war für „Austern und die Mannstreuwurzel".

E. foetidum, syn. *E. antihystericum* S. 124

Verwendbar Blätter, Wurzeln.
Eigenschaften Scharfes, aromatisch schmeckendes Kraut, das Fieber senkt, Krämpfe löst und der Verdauung hilft.
Gebrauch
Küche Von Bedeutung in der lateinamerikanischen Küche, wird auch in Südostasien für Suppen, Curries sowie Reis- und Fischgerichte verwendet. Im Geschmack ähnlich *Coriandrum sativum* (S. 267).
Medizin In der karibischen Heilkunst innerlich als Allheilmittel und speziell bei Epilepsie, hohem Blutdruck sowie bei Fieber, Anfällen und Erkältungen bei Kindern verwendet.

E. maritimum (Stranddistel) S. 124

Verwendbar Wurzeln.
Eigenschaften Süß schmeckendes, klebriges Kraut mit harntreibender, entzündungshemmender und schleimlösender Wirkung.
Gebrauch
Küche Früher als Gewürz für Gelees und in Toffees verwendet.
Medizin Innerlich bei Harnwegsinfektionen, besonders bei Zystitis, Harnröhrenentzündung, übermäßiger Urinproduktion (wie bei Diabetes), Prostatabeschwerden und Nierenkoliken.

Anbau und Ernte
Anbau Empfindliche Kultur- *(E. foetidum)* oder winterharte Zierpflanze *(E. maritimum)*; feuchte, schwere Böden in Sonne oder Schatten *(E. foetidum)*, mindestens 15-18° C; durchlässige, sandige oder steinige Böden in sonniger Lage *(E. maritimum)*. Vermehrung durch Aussaat im Frühjahr; durch Wurzelschnittlinge im Spätwinter. *E. maritimum* sollte am besten im Herbst ausgesät oder vor der Aussaat im Frühjahr vier Wochen stratifiziert werden.
Ernte Blätter *(E. foetidum)* werden vor der Blüte gepflückt; die Wurzeln zweijähriger Pflanzen werden im Herbst geerntet und frisch zum Würzen bzw. frisch oder getrocknet für Aufgüsse und Absude verwendet. Die Wurzeln von *E. maritimum* erntet man im Herbst und verarbeitet sie frisch zu Konserven bzw. getrocknet zu Pulvern, Absuden und Gewürzmitteln weiter.

Erysimum
E. officinale. Siehe *Sisymbrium officinale*.

Erythraea
E. centaurium. Siehe *Centaurium erythraea*.

Erythroxylum
(Erythroxylaceae)

E. coca und einige andere Arten, zu denen auch *E. cataractacum* und *E. novogranatense* gehören, enthalten Tropaalkaloide. Das wichtigste davon ist Kokain, das erstmals im Jahre 1860 extrahiert wurde, aber heute weitestgehend durch synthetische Derivate ersetzt wird. *E. coca* hat eine lange Geschichte als medizinische Pflanze, die eine wesentliche Rolle in den Mythen mehrerer südamerikanischer Eingeborenenstämme spielt. Über die Verwendung als Stimulans von getrockneten und gepulverten Blättern mit der Asche anderer Pflanzen, wird erstmals im Jahr 500 berichtet.

E. coca (Kokastrauch)
S. 124

Verwendbar Blätter.
Eigenschaften Bitter schmeckendes, örtlich betäubendes Kraut, das das Zentralnervensystem anregt.
Gebrauch
Medizin Äußerlich in Präparaten gegen Ekzem, Nesselfieber, Hämorrhoiden, Trigeminusneuralgie und als örtliches Betäubungsmittel in der Chirurgie

(Kokain). Frische bzw. getrocknete und gepulverte Blätter werden in einigen Ursprungsländern bei Erschöpfung und Hunger im Mund behalten (nicht gekaut bzw. geschluckt). Übermäßiger oder ständiger Gebrauch von Kokain (nicht von Koka) führt zu Tremor, Konvulsion, Gedächtnisverlust, Wahnvorstellungen, Hyperaktivität und Abmagerung. WARNHINWEIS Diese Pflanze, besonders in Form von Kokain und Kokablättern, unterliegt in fast allen Ländern gesetzlichen Einschränkungen.

Anbau und Ernte
Anbau, Ernte und Weiterverarbeitung von Kokapflanzen unterliegen in vielen Ländern gesetzlichen Einschränkungen. Als Unkraut unterliegen sie in einigen Ländern, insbesondere in Teilen Australiens, der gesetzlichen Kontrolle.

Eschscholzia Goldmohn
(Papaveraceae)

Der wässrige Saft von *E. californica* wirkt leicht betäubend und wurde durch die Indianer in Nordamerika zur Linderung von Zahnschmerzen angewendet. Sie hat eine ähnliche Wirkung wie *Papaver somniferum* (vgl. S. 322), ist allerdings viel milder; auch schwächt sie nicht das Zentralnervensystem.

E. californica (Schlafmützchen) S. 124

Verwendbar Gesamte Pflanze.
Eigenschaften Bitteres Kraut mit beruhigenden Eigenschaften, harn- und schweißtreibend, krampf- und schmerzlindernd.
Gebrauch
Medizin Innerlich bei nervlicher Anspannung, Angstzuständen, Schlaflosigkeit und Inkontinenz (insbesondere bei Kindern).
Variante
***E. californica*, Serie Ballerina**, S. 124.

Anbau und Ernte
Anbau Winterharte Zierpflanze; gut entwässerte bis karge Böden in voller Sonne; Vermehrung durch Aussaat im Spätsommer oder im Frühjahr bis Frühsommer.
Ernte Ganze Pflanze wird in der Blüte geschnitten und für Aufgüsse und Tinkturen getrocknet.

Eucalyptus Fieberbaum
(Myrtaceae)

Über 40 verschiedene Sorten haben die Botaniker inzwischen erfaßt. Eukalypten sind reich an ätherischen Ölen. Zu den gebräuchlichsten gehören: Zineol (Eukalyptol) mit seinem typischen Eukalypusduft; Zitronellal (Zitronenduft); Piperiton (Pfefferminzduft) und Pinen mit einem terpentinähnlichem Geruch. Eukalypten sondern auch ein Ölharz ab, das Tannine enthält und unter der Bezeichnung „Kino" bekannt ist. Über die Nutzung der Eukalypten durch australische Aborigines ist nur wenig bekannt, aber Rinde, Kino und Blätter wurden von ihnen in Heilmitteln verwendet. Absud aus Rinden nahm man für Wundbäder und bei der Behandlung von Ruhr; Rindenholzkohle wurde für antiseptisch gehalten; wässrige Lösungen von Kino (z.B. von *E. gummifera*) wurden bei Ruhr und Blasenentzündungen verabreicht. Im Norden bevorzugte man *Melaleuca*-Arten (vgl. S. 309), da die Eukalypten dort einen niedrigeren Ölgehalt haben. Zusätzlich werden die Arten *E. polybractea, E. radiata* var. *australiana* und *E. smithii* zur Gewinnung von Eukalyptusöl destilliert; aus anderen wie aus *E. gummifera, E. haemastoma* und *E. racemosa* wird Kino gewonnen; das in *E. macrorhyncha* enthaltene Rutin wird zur Kräftigung der Kapillargefäße verwendet; *E. macarthurii* enthält viel Geranylazetat und wird für die Parfümherstellung genutzt. Werden die Blätter einiger Arten wie *E. mannifera* und *E. viminalis* von Insekten beschädigt, sondern sie eine süße Substanz ab. Dieses „Manna" hat eine leicht abführende Wirkung, wie auch das Exudat von *Fraxinus ornus* (vgl. S. 284). 1860 begann ein gewisser Joseph Bosisto, ein Emigrant aus Yorkshire, in Victoria (Australien) mit der kommerziellen Herstellung von Eukalyptusöl. Wie alle ätherischen Öle ist es giftig und erfordert Sorgfalt beim Umgang, bei der Lagerung und bei der Verwendung. WARNHINWEIS Diese Pflanze unterliegt als Eukalyptusöl in einigen Ländern gesetzlichen Einschränkungen.

E. camaldulensis S. 125

Verwendbar Blätter, Öl, Harz („Kino").
Eigenschaften Ein aromatisches, adstringierendes und stärkendes Kraut, das an den Zähnen kleben bleibt und den Speichel rot färbt.
Gebrauch
Medizin Innerlich bei Durchfall; äußerlich bei Halsentzündung, Erkältungen, Fieber, Verletzungen.

E. citriodora („Spotted gum") S. 125

Verwendbar Blätter, Öl, Harz (Kino).
Eigenschaften Aromatisches, adstringierendes Kraut, das bei Bakterien- und Pilzinfektionen wirkt.
Gebrauch
Aroma Die getrockneten Blätter finden in Dufttöpfen und Duftsäckchen Verwendung.
Medizin Äußerlich bei Dermatophytose, Schuppen, Herpes, Candidamykose, bei durch *Staphylococcus aureus* hervorgerufenen Infektionen (wie Furunkel, Impetigo und Blutvergiftung) sowie als Inhalationsmittel bei Fieber, Asthma und Laryngitis.
Wirtschaft Ergiebigste bekannte Quelle für Zitronellal, das für Parfüm, Waschmittel und Insektenvertilgungsmittel verwendet wird.

E. dives S. 125

Verwendbar Blätter, Öl; das vorherrschende Öl ist je nach Chemotyp unterschiedlich; mehrere sind bekannt, bei denen das ätherische Öl hauptsächlich aus Piperiton, Zineol oder Thymol besteht.
Eigenschaften Aromatisches, aseptisches Kraut mit entzündungshemmender und aseptischer Wirkung. Am häufigsten werden Pflanzen genutzt, die Piperiton enthalten.
Gebrauch
Medizin Äußerlich bei Bronchitis, Mund- und Rachenrauminfektionen, Grippe, Erkältungen, Neuralgie, Ischias, Arthritis und Distorsion; wird in Menthol und Thymol für Mundpflegemittel verwendet.

E. globulus (Blaugummibaum, Fieberbaum) S. 125

Verwendbar Blätter, Öl.
Eigenschaften Aromatisches, stimulierendes und dekongestives Kraut, das schleimlösend wirkt, Krämpfe lindert und Fieber senkt. Es hilft gegen viele Bakterien, besonders gegen Staphylokokken.
Gebrauch
Medizin Äußerlich als Inhalationsmittel und Dampfbad bei Katarrh, Bronchitis, Nebenhöhlenentzündung, Erkältung und Influenza; als Einreibemittel bei Quetschungen, Distorsion und Muskelschmerzen; als Salbe für Wunden und Abszesse. Überdosierung verursacht Kopfschmerz, Konvulsion und Delirium; sie kann lebensbedrohlich sein.

Anbau und Ernte
Anbau Empfindliche bis halbwinterharte Kultur- oder Zierpflanze *(E. citriodora, E. globulus)*; Winterhärte je nach Art und Herkunft unterschiedlich: *E. camaldulensis* und *E. dives* nicht kälter als -7° C; *E. citriodora* nicht kälter als 5-7° C; *E. globulus,* Minimum -15° C, friert bei starkem Frost häufig bis zum Boden ab, überlebt aber für gewöhnlich. Nährstoffreiche, entwässerte, neutrale bis saure Böden in sonniger Lage bei einer Durchschnittstemperatur von 16° C. Aussaat der Samen unter Abdeckungen im Frühjahr oder Herbst.
Ernte Blätter werden bei Bedarf geschnitten und für Absude und Aufgüsse getrocknet bzw. zur Ölgewinnung destilliert. Das Kino wird von Rindeneinschnitten gesammelt, getrocknet und für Pastillen, Pulver und Tinkturen verwendet.
Warnhinweis Reizt die Haut.

Eugenia
E. caryophyllata. Siehe *Syzygium aromaticum*.

Euonymus Spindelstrauch
(Celastraceae)

Durch Eingeborene in Nordamerika wurden viele Arten, am häufigsten *E. atropurpureus*, bei den unterschiedlichsten Schmerzen (von Gebärmutterbeschwerden bis zu Augenentzündungen) angewendet. Im 19. Jahrhundert nahmen die Siedler es als Diuretikum, und nach Berichten über seine Digitalisähnliche Wirkung wurde es als Herzmedizin sehr beliebt. In der ayurvedischen Medizin hat *E. atropurpureus* als harntreibendes und schmerzstillendes Mittel Eingang gefunden.

E. atropurpureus S. 125

Verwendbar Rinde von Stengeln und Wurzeln.
Eigenschaften Ein bitteres Kraut, das die Gallenblase und das Kreislaufsystem stimuliert, auch harntreibend und als mildes Herztonikum wirkt.

GEBRAUCH
MEDIZIN Innerlich bei Verstopfung und Hautausschlag in Zusammenhang mit Leber- und Gallenblasenfunktionsstörungen. Häufig bei Leber- und Gallenblasenstörungen mit *Berberis vulgaris* (vgl. S. 248), *Chionanthus virginicus* (vgl. S. 260), *Pulsatilla vulgaris* (vgl. S. 338) und *Taraxacum officinale* (vgl. S. 360) kombiniert.

E. europaeus (Pfaffenhütchen) S. 125

VERWENDBAR Rinde, Wurzelrinde.
EIGENSCHAFTEN Bitter schmeckendes, adstringierendes Kraut, das harntreibend und als Brechmittel wirkt sowie den Gallenfluß anregt.
GEBRAUCH
MEDIZIN Innerlich bei Leber- und Gallenblasenbeschwerden; äußerlich bei Frostbeulen, Abszeß, Akne und Wunden.
VARIANTE
E. e. **'Red Cascade'**, S. 125.

ANBAU UND ERNTE
ANBAU Winterharte Zierpflanze (*E. europaeus, E. e.* 'Red Cascade'); entwässerter Boden in sonniger oder halbschattiger Lage. Vermehrung durch Samen oder halbreife Stecklinge im Spätsommer. Das Saatgut muß stratifiziert werden und ist 2 Jahre keimfähig. Zur Erhaltung der Form im Winter Triebe ausdünnen. *E. europaeus* dient als Wirt für die Schwarze Bohnenblattlaus.
ERNTE Die Rinde wird im Herbst gesammelt und für Absude, Tabletten und Tinkturen getrocknet.
WARNHINWEIS Alle Pflanzenteile, besonders Früchte und Samen, sind gesundheitsschädlich.

EUPATORIUM Wasserdost
(Compositae/Asteraceae)

Im 19. Jahrhundert war *E. perfoliatum* in Nordamerika das Standardhausmittel bei Husten und Erkältung. Vor kurzem wurde entdeckt, daß in *E. cannabinum* ein Bestandteil enthalten ist, der möglicherweise gegen Tumor wirkt. Die Chinesen verwenden *E. lindleyanum* (wie auch *E. fortunei*) bei Bronchitis und Ruhr sowie *E. chinense* bei Erkältung, Diphtherie und rheumatischer Arthritis.

E. cannabinum (Gemeiner Wasserdost, Wasserhanf) S. 126

VERWENDBAR Gesamte Pflanze.
EIGENSCHAFTEN Halbbitteres, leicht aromatisches Kraut mit harntreibender, stärkender Wirkung, stimuliert das Immunsystem und dämmt Tumorwachstum ein. Enthält Pyrrolizidinalkaloide und kann die Leber schädigen bzw. zu Leberkrebs führen.
GEBRAUCH
MEDIZIN Innerlich bei Arthritis, Rheuma, fiebriger Erkältung. Eine Überdosis kann abführende und brechreizauslösende Wirkung haben; wird mit anderen Kräutern als Tonikum bei Kraftlosigkeit in Zusammenhang mit Gallenkolik oder Verstopfung kombiniert. Äußerlich bei Geschwüren, Entzündungen, in homöopathischen Tinkturen bei Grippe.

E. fortunei, syn. *E. japonicum* var. *fortunei*, *E. stoechadasum*

Mehrjährige Pflanze, winterhart bis -15° C, 1-1,5m hoch, 30cm-1m breit, mit geteilten, gegenüberstehend angeordneten Blättern und gezähnten Blatträndern. Trägt im Spätsommer traubenartige Dolden mit weißen Blüten. Ist in Südostasien zu Hause.

VERWENDBAR Gesamte Pflanze („Pei lan").
EIGENSCHAFTEN Eine kräftigende Kraut, das hauptsächlich Magen und Milz beeinflußt; gilt in der chinesischen Medizin als kühlend und trocknend.
GEBRAUCH
MEDIZIN Innerlich bei Verdauungsstörung, Übelkeit und Erbrechen, Durchfall, Hitzschlag und fiebrigen Sommererkältungen. Ein übermäßiger Gebrauch kann den Magen reizen.

E. perfoliatum S. 126

VERWENDBAR Gesamte Pflanze.
EIGENSCHAFTEN Bitter schmeckendes, adstringierendes Kraut, das Fieber senkt und bronchiale Kongestion und Verstopfung lindert sowie das Immunsystem stimuliert.
GEBRAUCH
MEDIZIN Innerlich bei Influenza, Erkältung, akuter Bronchitis, Katarrh und Hauterkrankungen; kombiniert mit *Achillea millefolium* (vgl. S. 227), *Sambucus nigra* (vgl. S. 347), *Asclepias tuberosa* (vgl. S. 244), *Zingiber officinale* (vgl. S. 373) und/oder *Capsicum annuum* (vgl. S. 254) bei Grippe.

E. purpureum S. 126

VERWENDBAR Rhizome, Wurzeln.
EIGENSCHAFTEN Ein leicht bitteres, stärkendes und reinigendes Kraut, das besonders auf Harn- und Geschlechtsorgane sowie die Gebärmutter wirkt.
GEBRAUCH
MEDIZIN Innerlich bei Nieren- und Harnstörungen, einschließlich Steinen, Blasenkatarrh und Harnröhrenentzündung; bei Prostataproblemen (kombiniert mit *Lamium album*, vgl. S. 300); sowie bei schmerzhafter Menstruation oder bei Anamnese mit Fehlgeburten bzw. schwierigen Geburten.

ANBAU UND ERNTE
ANBAU Winterharte Zier- oder Kulturpflanze (*E. fortunei, E. perfoliatum*); feuchte Böden in sonniger oder halbschattiger Lage. Vermehrung durch Teilung in der Ruhezeit; durch Aussaat im Frühjahr. Die Stengel sind nach der Blüte im Herbst fast bis zum Erdboden zurückzuschneiden. Als Unkräuter unterliegen einige *Eupatorium*-Arten in Teilen von Australien gesetzlichen Kontrollen.
ERNTE Die Pflanzen werden in der Knospe geschnitten und für Aufgüsse, Flüssigextrakte und Tinkturen getrocknet. Rhizome und Wurzeln erntet man im Herbst, trocknet sie dann und verwendet sie für Absude und Tinkturen.

EUPHORBIA Wolfsmilch
(Euphorbiaceae)

Die meisten Wolfsmilcharten enthalten karzinogene, stark reizende Diterpenester und sind starke Abführmittel. Die chinesische Arten *E. kansui* („Gan sui") und *E. pekinensis* werden dafür verwendet; sie haben eine harntreibende und bakterizide Wirkung. Ein weiteres drastisches Abführmittel ist die nordafrikanische *E. resinifera*, die heute als zu gefährlich für medizinische Zwecke gilt. *E. lathyrus* ist viel zu giftig für eine Anwendung und enthält ein abführendes Öl, das dem Krotonöl ähnelt (vgl. *Croton tiglium*, S. 269). *E. hirta* ist esterfrei und hat weltweites Ansehen als sichere, wirksame Heilpflanze erlangt. In der chinesischen Heilkunde gilt diese Gattung als unverträglich mit Süßholz (*Glycyrrhiza uralensis*, S. 289).

E. hirta, syn. *E. pilulifera* S. 126

VERWENDBAR Gesamte Pflanze, Saft.
EIGENSCHAFTEN Scharfes, bitter schmeckendes, antiseptisches Kraut, das Phlegma vertreibt und Krämpfe löst.
GEBRAUCH
MEDIZIN Innerlich bei Asthma, Bronchitis, Emphysem, nervösem Husten, Katarrh, Heuschnupfen und Amöbenruhr. Äußerlich bei Verbrennungen und Warzen (Saft); kombiniert mit *Grindelia camporum* (vgl. S. 290) bei Bronchitis und Asthma.

ANBAU UND ERNTE
ANBAU Empfindliche Kulturpflanze; trockene, sandige Böden; Sonne, nicht kälter als 10-15° C; Vermehrung durch Samen im Frühjahr. Als Unkraut unterliegen einige Arten besonders in Teilen Australiens der gesetzlichen Kontrolle.
ERNTE In der Blütezeit schneiden und frisch für die Saftgewinnung bzw. getrocknet für Aufgüsse, Flüssigextrakte sowie Tinkturen verwenden.
WARNHINWEIS Alle Wolfsmilchgewächse sind giftig. Ihr Saft führt zu Haut- und Augenreizungen.

EUPHRASIA Augentrost
(Scrophulariaceae)

E. officinalis fand im 14. Jahrhundert erstmalig als Heilpflanze für „alle Übel am Auge" Erwähnung. Durch die Doktrin der „Signatura rerum" schenkte man ihr noch stärker Glauben. Sie beschreibt, daß „die purpurfarbenen und gelben Flecke und Streifen auf den Blüten von Augentrost den Augenkrankheiten sehr ähnlich sehen, wie z.B. blutunterlaufen usw., und dieses Kennzeichen zeigt, daß die Pflanze für eine Heilung derselben wirksam ist".

E. officinalis (Aufrechter Augentrost) S. 126

VERWENDBAR Gesamte Pflanze.
EIGENSCHAFTEN Bitteres, adstringierendes Kraut.
GEBRAUCH
MEDIZIN Innerlich bei Nebenhöhlenentzündung, allergischer Rhinitis, Heuschnupfen, Infektionen der Atemwege; äußerlich bei Augenverletzungen, Bindehautentzündung, Herpes und nässendem Ekzem.

ANBAU UND ERNTE
ANBAU Winterharte Kulturpflanze; wächst auf Grasland in der Nähe von Wirtspflanzen. Vermehrung durch Samen, die um die Wirtspflanze verstreut werden. Sie wächst auf fast allen Bodenarten und bei allen Witterungsverhältnissen.
ERNTE Pflanzen in der Blütezeit schneiden und für Aufgüsse, Flüssigextrakte, Tinkturen und homöopathische Zubereitungen trocknen.

EURYALE Indische Seerose
(Nymphaeaceae)

E. ferox wird in der traditionellen chinesischen Medizin erstmals um 1600 erwähnt. Sie findet auch in der ayurvedischen Medizin Verwendung und ist dort als „Makhanna" bekannt. In China baut man sie seit etwa 3.000 Jahren wegen ihrer eßbaren, mehligen Samen an.

E. ferox S. 126

VERWENDBAR Samen („Qian shi").
EIGENSCHAFTEN Ein süßsaures, adstringierendes Kraut, das Milz und Nieren kräftigt.
GEBRAUCH
KÜCHE In China werden die Samen geröstet verzehrt.
MEDIZIN Innerlich bei chronischem Durchfall, Scheidenausfluß, Nierenschwäche mit häufigem Harnlassen, Impotenz, unwillkürlichem bzw. vorzeitigem Samenerguß sowie Pollution.

ANBAU UND ERNTE
ANBAU Empfindliche Zierpflanze; nährstoffreicher Schlammboden in stillem Gewässer, mindestens 60 cm tief; nicht kälter als 5° C, in vollsonniger Lage. Vermehrung durch Aussaat der Samen im Frühjahr. Bei Anbau unter Abdeckungen werden kaum Samen gebildet.
ERNTE Die Samen werden im Herbst gesammelt, getrocknet und für Absude verwendet.

EUTREMA
E. wasabi. Siehe *Wasabia japonica*.

EVERNIA
(Lecanorales)

Ca. 9.100 Tonnen an *E. prunastri* werden jährlich gesammelt, in der Hauptsache von Korkeichen und Obstbäumen. Die Hauptproduzenten sind Frankreich, die Balkanländer und Marokko. Die in der Pflanze vorkommenden ätherischen Öle werden mit Benzol extrahiert und zu einer klebrigen Masse eingedampft. *E. prunastri* wird häufig mit der verwandten *Pseudoevernia purpuracea* verwechselt, die aromatischer ist, als Parfümfixativ aber wertloser.

E. prunastri (Eichenmoos) S. 126

VERWENDBAR Gesamte Pflanze, Öl.
EIGENSCHAFTEN Aromatisches, antibiotisch wirkendes Kraut, das Flechtensäuren enthält, welche den Tuberkulosebazillus hemmen.
GEBRAUCH
WIRTSCHAFT Als Fixativ in Parfümen mit einer moosigen Duftnote, wie z.B. *Chypre, Ambre, Fougère*.

ANBAU UND ERNTE
ANBAU Wildpflanzen werden gesammelt; winterhart. Wächst hauptsächlich auf Stämmen von Laubbäumen, manchmal auf Fichten (*Picea*-Arten), auch auf Zäunen, Mauern, Felsen und dem Erdboden. Ökologie und Fortpflanzungsbiologie von Flechten sind kompliziert; Forschungen zu ihrer Vermehrung sind nicht bekannt. Bei Schwefelwerten über 0,021 % pro m^3 kommt es zur Schädigung der Pflanzen.

F

FAGOPYRUM Buchweizen
(Polygonaceae)

F. esculentum haben die Kreuzritter von Asien nach Europa eingeführt, daher rühren auch Bezeichnungen wie „Sarazenenkorn". In Teilen von Europa und Mittelasien wird es als Getreide, als Futterpflanze sowie als Dickicht für Wildvögel angebaut. Es enthält große Mengen Rutin, ein Flavonglykosid, das auch in *Ruta graveolens* (vgl. S. 345) und *Citrus*-Arten (vgl. S. 262) zu finden ist, und eine günstige Wirkung auf die Blutgefäße hat.

F. esculentum (Buchweizen) S. 127

VERWENDBAR Blätter, Blüten, Samen.
EIGENSCHAFTEN Bitter, aber angenehm schmeckendes Kraut, das Blutungen stillt, Blutgefäße erweitert, die kapillare Durchlässigkeit verringert und den Blutdruck senkt.
GEBRAUCH
KÜCHE Zur Herstellung von „Kascha" (Polen, Rußland) und „Polenta" (Norditalien) wird das Getreide vor dem Kochen geröstet, für Buchweizenpfannkuchen vorher zu Mehl gemahlen.
MEDIZIN Innerlich bei varikösen Venen, Frostbeulen, spontanen Quetschungen, Erfrierungen, Strahlungsschäden, Netzhautblutung und Bluthochdruck; mit Vitamin C und/oder *Equisetum arvense* (vgl. S. 278) für eine Kräftigung der Kapillargefäße. Kann zu lichtempfindlicher Dermatitis führen.

ANBAU UND ERNTE
ANBAU Winterharte Kulturpflanze; gut entwässerter, sandiger Boden; Sonne. Aussaat im Frühjahr.
ERNTE Blätter und Blüten werden zu Beginn der Blütezeit gesammelt und für Aufgüsse und Tabletten getrocknet. Die Samen werden reif geerntet, getrocknet und ganz oder gemahlen verwendet. Produkte sind dunkel zu lagern, da sie ihre Eigenschaften durch Lichteinfall sehr schnell verlieren.

FAGUS Buche
(Fagaceae)

Bucheckern sind dreikantige Nußfrüchte, die einst ein wichtiges Schweinefutter waren. Sie wurden bei Hungersnöten gegessen und auch als Kaffeeersatz geröstet. Bucheckern enthalten allerdings verschiedene Gifte, die von einem Genuß, gleich in welcher Menge, abraten lassen. Buchenholz ist die Hauptquelle für das Kreosot, welches für medizinische Zwecke eingesetzt und aus Holzteer destilliert wird. Es sollte nicht mit dem aus Kohlenteer gewonnenen Kreosot verwechselt werden, das man für die Holzkonservierung verwendet. Der wirksame Bestandteil in Buchenkreosot ist Guajakol, das auch aus *Guaiacum officinale* (vgl. S. 290) extrahiert wird.

F. sylvatica (Rotbuche) S. 127

VERWENDBAR Kreosot, Öl (aus den Samen).
EIGENSCHAFTEN Ein antiseptisches, stimulierendes und schleimlösend wirkendes Kraut mit brennendem Geschmack und durchdringendem Geruch.
GEBRAUCH
KÜCHE Das Öl dient für Salate und zum Kochen.
MEDIZIN Innerlich bei Bronchitis, Atemwegsinfektionen; äußerlich bei Hautkrankheiten (Kreosot).
VARIANTEN
***F. s.* 'Dawyck'**, S. 127.
***F. s.* Gruppe Heterophylla**, S. 127.
***F. s.* Gruppe Purpurea**, S. 127.

ANBAU UND ERNTE
ANBAU Winterharte Zierpflanze; entwässerter, feuchter bis trockener, saurer bis alkalischer Boden; Sonne oder Halbschatten. Für Hecken in Abständen von 45-60cm auspflanzen. Aussaat im Herbst (nur Arten), durch Okulieren im Spätsommer. Einzeln stehende Bäume brauchen nicht beschnitten werden. Bei Hecken sollte das obere Viertel nach dem Pflanzen entfernt werden, dann nochmals im ersten Sommer; danach stets im Sommer in Form schneiden. Bäume können von Pilzen, Rost und Käfern befallen werden, das Laub durch späte Fröste Schaden nehmen.
ERNTE Das Holz wird geschnitten und zu Teer und Kreosot destilliert, woraus dann Guajakol extrahiert wird. Die reifen Samen werden gesammelt, geschält und zur Ölgewinnung ausgepreßt; dabei verbleibt ein giftiger Rückstand.

FERULA Steckenkraut
(Umbelliferae/Apiaceae)

F. assa-foetida und *F. gummosa* sind wegen ihrer Gummiharze von Bedeutung, die schon seit frühester Zeit verwendet werden. *F. assa-foetida* ist mit seinem schwefelartigen Geruch wahrscheinlich das übelriechendste aller Kräuter. In vernünftigen Mengen verleiht es jedoch vielen Gerichten einen überraschend angenehmen Geschmack. Auch als Heilpflanze ist es sehr wirksam und wird besonders gern in der ayurvedischen Heilkunst verwendet. Es muß luftdicht verschlossen aufbewahrt werden, damit die Umgebung nicht verunreinigt wird. Ein ähnliches Gummiharz wird von verwandten Arten gesammelt, z.B. von *F. rubicaulis*. Die angenehm duftende *F. sumbul* wird (wie auch *F. gummosa*) für Weihrauch und die Behandlung von Hysterie verwendet.

F. assa-foetida (Stinkasant, Teufelsdreck) S. 127

VERWENDBAR Gummiharz („E wei").
EIGENSCHAFTEN Beißendes Kraut, das hauptsächlich auf das Verdauungssystem wirkt sowie den Magendarm-Trakt reinigt und kräftigt. Es ist schmerz- und krampfstillend, begünstigt schleimlösenden Husten und wirkt blutdrucksenkend sowie gerinnungshemmend.
GEBRAUCH
KÜCHE Kleinste Mengen geben Aroma in Gerichten aus Hülsenfrüchten, Gemüse, Saucen und Pickles.
MEDIZIN Innerlich bei Blähungen, Darmwürmern, Kolik, Verstopfung, Ruhr, Keuchhusten, Bronchitis.

F. gummosa, syn. *F. galbaniflua*

Bis -15° C winterharte Mehrjährige, etwa 1m hoch und breit, mit festen Stengeln und geteilten, graugrünen, behaarten, bis zu 30cm langen Blättern, die wie Sellerie riechen; im Frühling erscheinen schlaffe Rispen mit flachen Dolden aus winzigen gelben Blüten, aus denen dünne Samen werden; kommt in Mitteliran, der Türkei und in Südrußland vor.

VERWENDBAR Gummiharz.
EIGENSCHAFTEN Bitteres, stimulierendes und antiseptisches Kraut, das schleim- und krampflösend, entzündungshemmend, verdauungsfördernd wirkt.
GEBRAUCH
KÜCHE Verleiht Gewürzen Sellerie-Geschmack.
AROMA Bestandteil in Weihrauch.
MEDIZIN Innerlich bei Bronchitis, Asthma und leichten Verdauungsbeschwerden; äußerlich bei Geschwüren, Furunkeln, Verletzungen, Abszeß und Hauterkrankungen.

ANBAU UND ERNTE
ANBAU Frost- *(F. assa-foetida)* oder winterharte *(F. gummosa)* Kulturpflanze; nährstoffreicher, gut entwässerter Boden; Sonne. Vermehrung durch Aussaat der reifen Samen im Spätsommer.
ERNTE *F. assa-foetida* wird zu Beginn der Blüte geschnitten, das Gummiharz von den Wurzeloberteilen abgeschabt. Scheiben werden entfernt und abgekratzt, bis die Wurzel erschöpft ist. Stengel und Wurzeln von *F. gummosa* werden zur Gummiharzgewinnung während der Wachstumsperiode eingeritzt und das Harz zu Klumpen geformt, die zu Pasten, Pillen, Pulvern oder Tinkturen weiterverarbeitet werden.

FICUS Feigenbaum
(Moraceae)

F. carica wird seit frühester Zeit kultiviert. Bei den alten Griechen war sie eine Hauptanbaufrucht. 29 Sorten wurden später von Plinius (23-79 n.Chr.) beschrieben. Die Früchte sind als Nahrung und Arznei von Bedeutung, da sie laxative Substanzen, Flavone, Zucker, Vitamin A und C, Säuren und Enzyme enthalten.

F. carica (Echter Feigenbaum) S. 127

VERWENDBAR Früchte, Blätter, Saft.
EIGENSCHAFTEN Süßes, abführendes Kraut, das gereizte Gewebe beruhigt.
GEBRAUCH
KÜCHE Die Früchte werden roh oder geschmort verzehrt, zu Marmelade verarbeitet oder als Kaffeearoma verwendet.
MEDIZIN Innerlich bei Verstopfung, Halsentzündung, Husten, Bronchialinfektionen und bei Entzündung der Luftröhre; äußerlich bei Hämorrhoiden, Augenentzündungen (Blätter), Hühneraugen und Warzen (Saft).
VARIANTEN
F. c. **'Brown Turkey'**, S. 128.
F. c. **'White Ischia'**
Eine Zwergsorte, etwa 5m hoch und breit; zahlreiche kleine, grünweiße, dünnhäutige Früchte, ideal für Topfanbau. Sie ist je nach Standort winterhart bis -5° C.

ANBAU UND ERNTE
ANBAU Frostharte Zierpflanze; nährstoffreicher, gut entwässerter, neutraler bis alkalischer Boden; Sonne. Vermehrung durch halbreife Ableger oder Steckhölzer im Spätsommer; durch Absenker im Sommer; durch bewurzelte Ausläufer. Triebe im Frühjahr kürzen und ausdünnen, um einen offenen, kompakten Busch zu erhalten. In kühlen Klimazonen ist ein stärkerer Schnitt erforderlich, um gut ausgereifte Triebe zu erzeugen. Triebe können von der Rotpustelkrankheit und von *Botrytis* befallen werden. Pflanzen unter Abdeckungen sind anfällig für Schild- und Schmierläuse sowie Spinnmilben. In strengen Wintern müssen sie ggf. gegen Frost geschützt werden.
ERNTE Früchte werden reif gepflückt und frisch oder getrocknet verwendet. Für Heilzwecke werden sie eingelegt bzw. zu Elixieren verarbeitet.
WARNHINWEIS In der Sonne hautreizend; der Saft ist stark augenreizend.

FILIPENDULA Mädesüß
(Rosaceae)

Mädesüß war eines der drei heiligen Kräuter der Druiden, die anderen sind Bachminze (*Mentha aquatica*, vgl. S. 311) und Eisenkraut (*Verbena officinalis*, vgl. S. 368). Im Mittelalter war es als Streukraut von Bedeutung: „sein Geruch macht das Herz lustig und froh und beglückt die Sinne" (Gerard, „The Herball, or Generall Historie of Plantes", 1597). Früher wurde die Pflanze der Gattung *Spiraea* zugeordnet. 1838 gewann man erstmals Salizylsäure aus *F. ulmaria*. Diese Substanz stellte man später als „Aspirin" synthetisch her, wobei diese Bezeichnung vom alten Pflanzennamen *Spiraea ulmaria* abgeleitet wurde.

F. ulmaria (Echte Mädesüß) S. 128

VERWENDBAR Gesamte Pflanze, Blüten.
EIGENSCHAFTEN Aromatisches, adstringierendes und säurebindendes Kraut, das Schmerzen, besonders in den Gelenken und im Verdauungstrakt, lindert und heilt. Es wirkt gegen Organismen, die Diphtherie, Ruhr und Lungenentzündung hervorrufen.
GEBRAUCH
MEDIZIN Innerlich bei Magenübersäuerung, Sodbrennen, Gastritis und peptischem Ulkus, wofür Mädesüß eines der wirksamsten Pflanzenheilmittel ist. Auch bei Durchfall bei Kindern, Ruhr, rheumatischen und Gelenkschmerzen, Grippe und Blasenkatarrh. Kombiniert mit *Althaea officinalis* (vgl. S. 236) und *Melissa officinalis* (vgl. S. 310) bei Magenbeschwerden; darf nicht an Patienten mit Überempfindlichkeit gegenüber Salizylaten (Aspirin) verabreicht werden.
VARIANTEN
F. u. **'Aurea'**, S. 128.
F. u. **'Flore Pleno'**, S. 128.
F. u. **'Variegata'**, S. 128.

ANBAU UND ERNTE
ANBAU Winterharte Zierpflanze; nährstoffreiche, feuchtigkeitshaltende bis nasse Böden, Sonne oder Halbschatten. Aussaat im zeitigen Frühjahr; Teilung im Herbst oder Frühjahr. Die Pflanze mag keine sauren Böden; kann unter trockenen Witterungsbedingungen von Mehltau befallen werden.
ERNTE Pflanzen werden zu Beginn der Blüte geschnitten und für Tabletten, Aufgüsse, ► Extrakte und Tinkturen getrocknet. Blüten extra sammeln und zu Aufgüssen verarbeiten.

FOENICULUM Fenchel
(Umbelliferae/Apiaceae)

Der Geschmack von Fenchelöl hängt vom Verhältnis seiner beiden Hauptbestandteile ab: Fenchon, einem bitter schmeckenden Element, und Anethol, das über ein süßes Anisaroma verfügt. Sie unterscheiden sich nach Abstammung und Verbreitungsgebiet; süßer bzw. Gewürzfenchel herrscht in der Mittelmeerregion vor, und bitterer bzw. Wilder Fenchel ist gewöhnlich in Mitteleuropa und Rußland zu finden. Die Samen wurden im Mittelalter als Aromastoff und während der Fastenzeit gegen das Hungergefühl verzehrt.

F. vulgare (Echter Fenchel) S. 128

VERWENDBAR Blätter, Stengel, Wurzeln, Samen, Öl.
EIGENSCHAFTEN Süßes, aromatisches, harntreibendes Kraut, das bei Verdauungsstörungen hilft, den Milchfluß verstärkt, Entzündungen lindert und Krämpfe löst.
GEBRAUCH
KÜCHE Fenchelblätter und Samen werden sehr gern in Fischgerichten verwendet. Die Blattenden, besonders bei den Sorten *Dulce* und *Carosella*, haben einen delikaten Anisgeschmack und werden roh in Salaten (z.B. „Cartucci" in Italien) oder als Gemüse gekocht verspeist. Fenchel verleiht auch „Finocchiona", einer italienischen Salami, und dem französischen Likör „Fenouillette" das Aroma. Zerdrückte Samen dienen als Kräutertee.
AROMA Das Öl wird für Parfüms verwendet.
MEDIZIN Innerlich bei Verdauungsstörungen, Blähungen, Koliken und unzureichendem Milchfluß (Samen), Harnstörungen (Wurzel). Äußerlich als Mund- und Gurgelwasser bei Zahnfleisch- und Halsentzündungen. Mit *Chamaemelum nobile* (vgl. S. 259), *Filipendula ulmaria* (s. oben), *Mentha × piperita* (S. 311) und *Geranium maculatum* (S. 288) bei Verdauungsstörungen. Das Öl wird mit den Ölen von *Thymus vulgaris* (S. 362) und *Eucalyptus globulus* (S. 280) kombiniert, sowie verdünnt mit Pflanzenöl zum Einreiben. Das Öl darf Schwangeren nicht verabreicht werden.
WIRTSCHAFT Das Öl wird als Lebensmittelaroma, für Zahnkrem, Seifen und Luftverbesserer verwendet.
VARIANTEN
F. v. var. ***dulce***, S. 128.
F. v. **'Purpureum'**, S. 128.

ANBAU UND ERNTE
ANBAU Winterharte Zierpflanze (*F. vulgare* var. *dulce*: halbwinterharte Kulturpflanze), gut ►

► entwässerter Boden; volle Sonne. *F. vulgare* ist nicht zuverlässig hart in Regionen mit kalten, feuchten Wintern. *F. vulgare* var. *dulce* braucht reiche, leichte Böden, einen warmen Standort und ausreichend Feuchtigkeit, damit es kompakte „Zwiebeln" bildet, die angehäufelt werden müssen, sobald sie sich entwickeln. Aussaat im Herbst oder Frühjahr; Teilung im Frühjahr. *F. vulgare* var. *dulce* wird als halbharte einjährige Pflanze angebaut. *F. v.* 'Purpureum' kann echt aus Samen gezogen werden. Fenchel samt auf den meisten Böden leicht selbst aus. Die Blüten ziehen nützliche Insekten an, z.B. Schwebfliegen, Tachinafliegen und Schlupfwespen, die sich von Schädlingen ernähren. Sollte nicht in Nachbarschaft von Bohnen, Kohlrabi oder Tomaten gepflanzt werden, da ihm nachgesagt wird, ihr Wachstum negativ zu beeinflussen. Das gilt auch für Koriander (*Coriandrum sativum*, vgl. S. 267). Auch Fenchel und Dill (*Anethum graveolens*, S. 238) sollten nicht nebeneinander stehen, da durch Kreuzung Sämlinge mit unbestimmtem Geschmack entstehen.
ERNTE Die Blätter können jederzeit in der Wachstumsperiode gepflückt werden, die Blattenden sind im Frühjahr am zartesten. Stengel für Küchenzwecke werden nach Bedarf geschnitten. Die Wurzeln im Herbst ernten und für Absude trocknen. Unreife Samen werden im Sommer gesammelt und frisch verzehrt. Reife Samen erntet man kurz vor dem Ausfallen durch das Abschneiden der Samenköpfe, die dann (in einer Papiertüte nach oben gedreht) getrocknet werden.

FORSYTHIA Goldglöckchen
(Oleaceae)

F. suspensa hat als Heilpflanze eine außerordentlich lange Geschichte und wird in einigen der frühesten chinesischen Schriften erwähnt, die mindestens bis ins Jahr 2000 v.Chr. zurückgehen.

F. suspensa S. 129

VERWENDBAR Früchte („Lian qiao").
EIGENSCHAFTEN Ein bitteres, adstringierendes Kraut, das Nervensystem, Herz und Gallenblase stimuliert und harntreibend wirkt. Es senkt auch Fieber und beseitigt bakterielle Infektionen. Sein Vitamin P-Gehalt stärkt die Kapillargefäße.
GEBRAUCH
MEDIZIN Innerlich bei akuten Infektionskrankheiten (wie z.B. Mumps und Erysipel), Mandelentzündung, Infektionen des Harntrakts, Abszeß, allergischen Ausschlägen, Netzhautblutungen; oft mit *Lonicera japonica* (S. 306) kombiniert.
VARIANTE
F. s.* f. *atrocaulis, S. 129.

ANBAU UND ERNTE
ANBAU Winterharte Zierpflanze; fast alle Böden in sonniger oder halbschattiger Lage. Vermehrung durch Grünstecklinge im Sommer; durch Steckhölzer im Herbst oder Winter. Altes Holz nach der Blüte entfernen und zur Erhaltung der Form die Triebe kräftig zurückschneiden. Als Spalier gepflanzte Exemplare von *F. suspensa* und ihrer Sorten schneidet man nach der Blüte auf ein bis zwei Augen des alten Holzes zurück.
ERNTE Die Früchte werden reif gesammelt und für Absude verwendet.

FRAGARIA Erdbeere
(Rosaceae)

Einige Arten von Erdbeeren sind eine beliebte Grundlage für Hausmittel. Wurzeln und Blätter enthalten Tannine. Culpeper betrachtete Erdbeeren als kühlendes Mittel bei „Quaddeln oder Ausschlag durch heiße oder scharfe Körpersäfte im Gesicht und auf den Händen … und es beseitigt jegliche Röte im Gesicht, oder Flecken, oder andere Verunstaltungen der Haut und macht sie so rein und glatt" („The English Physitian Enlarged", 1653).

F. vesca (Walderdbeere) S. 129

VERWENDBAR Blätter, Wurzeln, Früchte.
EIGENSCHAFTEN Kühlendes, adstringierendes und stärkendes Kraut mit einem milden harntreibenden und abführenden Effekt, das der Verdauung zuträglich ist und die Haut verbessert.
GEBRAUCH
KÜCHE Blätter sind in Kräuterteemischungen enthalten. Früchte werden frisch verzehrt, Getränken beigefügt und zu Desserts, Saft, Sirup oder Wein verarbeitet.
MEDIZIN Innerlich bei Durchfall, Verdauungsstörungen und Gicht (Blätter, Wurzeln); äußerlich bei Sonnenbrand und Hautfehlern (Fruchtsaft).
VARIANTEN
***F. v.* 'Fructu Albo'**, S. 129.
***F. v.* 'Multiplex'**, syn. *F. v.* 'Flore Pleno', S. 129.

ANBAU UND ERNTE
ANBAU Winterharte Zierpflanze; stark humushaltige Böden (Sonne oder Halbschatten). Vermehrung durch Aussaat der Samen im Herbst bei 18-24° C. Die Pflanzen sind nach einigen Jahren verbraucht und müssen ersetzt werden.
ERNTE Blätter werden im Frühsommer gesammelt und für Aufgüsse getrocknet; die Wurzeln im Herbst ernten und für Absude trocknen. Die Früchte werden im Sommer frisch gepflückt.

FRANGULA
F. alnus. Siehe *Rhamnus frangula*.

FRAXINUS Esche
(Oleaceae)

F. excelsior (Gemeine Esche) ist eine abführende, entzündungshemmende Pflanze, die früher gegen Rheuma und bei Arthritis genommen wurde. Der volkssprachliche Name von *F. ornus*, Manna-Esche, bezieht sich auf den zuckrigen Saft, der aus der Rinde fließt, wenn man den Baum anzapft, und der zu „Manna" granuliert. Seit dem 15. Jahrhundert gewinnt man Manna in Italien von *F. ornus*, die hauptsächlich auf Plantagen in Sizilien angebaut wird. Das Wort „Manna" wird seit biblischen Zeiten für die süßen Absonderungen verschiedener Pflanzen benutzt. Im Jahr 1927 wurde der Name für das Produkt der Manna-Esche allerdings durch ein italienisches Gesetz geschützt und in seinen Bestandteilen definiert.

F. ornus (Manna-Esche) S. 129

VERWENDBAR Saft.
EIGENSCHAFTEN Süßes, abführendes Kraut, das gereiztes Gewebe beruhigt.
GEBRAUCH
MEDIZIN Innerlich, in Wasser gelöst, als sanftes Abführmittel für Kinder und Schwangere. Auch in anderen Abführmitteln enthalten.
WIRTSCHAFT Als Süßstoff in zuckerfreien Präparaten verwendet.

ANBAU UND ERNTE
ANBAU Winterharte Zierpflanze; gut entwässerter, neutraler bis alkalischer Boden in offener Lage. Vermehrung durch Aussaat im Herbst.
ERNTE Manna wird von Bäumen gewonnen, die 8 Jahre oder älter sind und Stämme mit einem Durchmesser von mindestens 7,5cm haben. Man bringt bei warmem und trockenem Sommerwetter mehrere schräge Einschnitte wechselseitig am Stamm an und schabt die Absonderung von der Oberfläche ab, wenn sie festgeworden ist.
WARNHINWEIS Berühren kann Haut- oder andere Allergien hervorrufen.

FRITILLARIA
Schachbrettblume (Liliaceae)

Verschiedene Arten werden medizinisch genutzt. Zu den als Wildpflanzen gesammelten bzw. für medizinische Zwecke kultivierten Arten, in China unter dem Namen „Bei mu" bekannt, gehören *F. pallidiflora* und *F. cirrhosa*.

F. verticillata S.130

VERWENDBAR Zwiebeln („Zhe bei mu").
EIGENSCHAFTEN Süßes, beißendes Kraut, das Husten eindämmt, schleimlösend wirkt, Bronchialkrämpfe löst sowie Fieber und den Blutdruck senkt.
GEBRAUCH
MEDIZIN Innerlich bei Husten, Bronchitis, Lungenentzündung, fiebriger Erkrankung, Abszeß, Tumor. Überdosis führt zu Atemnot, Herzversagen. Nur von qualifizierten Heilpraktikern zu verabreichen.

ANBAU UND ERNTE
ANBAU Winterharte Zierpflanze; entwässerter Boden, Sonne oder Halbschatten. Die schuppigen Zwiebeln am besten auf der Seite liegend pflanzen oder mit Sand umgeben, damit sich kein Wasser in den hohlen Kronen ansammelt. Vermehrung durch Tochterzwiebeln in der Ruhezeit oder Aussaat reifer Samen unter Abdeckungen; im kommenden Frühjahr setzt dann die Keimung ein.
ERNTE Im Winter vor dem Neuaustrieb ernten.

FUCUS
(Fucaceae)

F. vesiculosus verbessert die Bodenstruktur und ist ein wichtiger Algen- sowie ein wirksamer Kalidünger, besonders für Kartoffeln. Es heißt, daß er positive Wirkungen auf Haut und Haar habe. *F. serratus* wird ähnlich genutzt; beide werden für Tabletten verwendet.

Durch Destillation von *Fucus* wurde im 19. Jahrhundert das Jod entdeckt.

F. vesiculosus S. 130

VERWENDBAR Gesamte Pflanze.
EIGENSCHAFTEN Eine salzige stärkende Pflanze, die die Schilddrüse stimuliert, die Regulierung des Körpergewichts unterstützt und antibiotische Wirkung hat.

GEBRAUCH
MEDIZIN Innerlich bei Struma und Fettleibigkeit auf Grund einer Schilddrüsenunterfunktion; äußerlich bei Rheumatismus.
WIRTSCHAFT Für Düngemittel, Tierfutter und Mineralzusatzstoffe verwendet; eine Quelle für Alginate für die Nahrungsmittel-, Textil-, Kosmetik- und pharmazeutische Industrie.

ANBAU UND ERNTE
ANBAU Winterharte Wildpflanzen werden gesammelt; kultiviert werden sie nicht. Sie kommen in der Natur an sauberen Küsten vor.
ERNTE Die Pflanzen werden im Sommer gesammelt, wenn ihr Nährstoffgehalt am höchsten ist; zu anderen Zeiten eignen sie sich nicht für eine medizinische Verwendung. Man trocknet sie in dünnen Lagen und wendet sie regelmäßig; wenn sie spröde sind, hackt und mahlt man die schwarzbraunen Streifen. Als Dünger streut man sie frisch oder getrocknet aus und gräbt sie unter, anstatt sie aufgehäuft zu kompostieren. Kleine Mengen gibt man Komposthaufen als Aktivator bei.

FUMARIA Erdrauch
(Papaveraceae)

In vielen alten Rezepten ist *F. officinalis* enthalten, das früher gegen verschiedene Beschwerden verwendet wurde. Ein Sirup aus dem Saft dieser Pflanze, gemischt mit dem Sirup von Damaszenerrosen oder Pfirsichblüten war „eine hervorragende Sache gegen hypochondrische Melancholie, ganz gleich bei welcher Person" (von Mrs Grieve ohne Bezugnahme in „A Modern Herbal" zitiert).

F. officinalis (Erdrauch) S. 130

VERWENDBAR Die blühende Pflanze.
EIGENSCHAFTEN Eine bittere, stärkende Pflanze mit milder harntreibender und abführender Wirkung, die die Leber- und Gallenblasenfunktion verbessert sowie Entzündungen hemmt.

GEBRAUCH
MEDIZIN Innerlich bei Gallenkolik und bei Migräne mit Verdauungsstörungen, äußerlich bei Bindehautentzündungen. Inner- und äußerlich bei Hautproblemen, einschließlich Ekzemen und Dermatitis; übermäßiger Gebrauch führt zu Benommenheit.

ANBAU UND ERNTE
ANBAU Winterharte Kulturpflanze; leichte Böden in sonniger Lage. Vermehrung durch Samen im Frühjahr zu Blütebeginn; sät sich selbst aus.
ERNTE Die Pflanzen werden zu Beginn der Blüte gesammelt und getrocknet für Aufgüsse, Flüssigextrakte, Pillen und Tinkturen verwendet.

G

GALEGA Geißraute
(Leguminosae/Papilionaceae)

G. officinalis war einst von Bedeutung bei der Behandlung von Pest, Fieber und Infektionskrankheiten. Im Altertum galt sie als milchtreibendes Mittel, was durch Forschungen in Frankreich bestätigt wurde; im Jahre 1873 wies man nach, daß Kühe, denen man Geißraute gab, eine 35-50% höhere Milchleistung erbrachten.

G. officinalis (Geißraute) S. 130

VERWENDBAR Gesamte Pflanze.
EIGENSCHAFTEN Ein bitteres, mild harntreibendes Kraut, das den Milchfluß erhöht, den Blutzuckerspiegel senkt und die Verdauung fördert.

GEBRAUCH
MEDIZIN Innerlich bei unzureichender Milchbildung, bei Altersdiabetes, Bauchspeicheldrüsenentzündung und Verdauungsproblemen, besonders bei chronischer Verstopfung durch einen Mangel an Verdauungsenzymen verursacht.
WIRTSCHAFT Wird an Vieh verfüttert, um die Milchleistung zu erhöhen.
VARIANTE
G. o. **'Alba'**, S. 130.

ANBAU UND ERNTE
ANBAU Winterharte Zierpflanze; feuchter, gut entwässerter Boden in der Sonne oder im Halbschatten. Vermehrung durch Aussaat im Frühling und durch Teilung im Herbst oder Frühling.
ERNTE Die Pflanzen werden während der Blüte geschnitten und für die Verwendung in Aufgüssen, Extrakten, Pudern oder Tinkturen getrocknet.

GALIPEA
(Rutaceae)

Zu dieser Gattung gehören acht bis zehn Arten immergrüner Bäume und Sträucher im tropischen Mittel- und Südamerika. *G. officinalis* verwendeten die Indios in Südamerika schon lange als bitteres Stärkungsmittel. Aromatische Bitterstoffe stellte man zuerst in Angostura (heute: Ciudad Bolívar, Venezuela) her; das Rezept (ursprünglich eine Medizin gegen Fieber) wurde 1824 patentiert. Im Wasser kann *G. officinalis* Fische betäuben. Der Fischfang mit solchen Pflanzen beeinträchtigt nicht die Eßbarkeit und verursacht keine Umweltschäden, da ihre Wirkstoffe schnell abgebaut werden. Diese Technik des Fischfangs ist von vielen südamerikanischen Indiostämmen entwickelt worden, wobei verschiedene Arten der *Galipea* verwendet werden.

G. officinalis, syn. *G. cusparia*

Ein empfindlicher Regenwaldstrauch oder kleiner Baum mit glatter, grauer Rinde; die glänzenden dreizähligen Blätter riechen nach Tabak; die weißen röhrenförmigen, fünflappigen Blüten haben einen unangenehmen Geruch und stehen in Rispen. Die sich daraus entwickelnden fünfzelligen Kapseln enthalten runde schwarze Samen. Beheimatet ist diese Art im tropischen Südamerika.

VERWENDBAR Rinde.
EIGENSCHAFTEN Ein bitteres, muffig riechendes stärkendes Kraut, das Leber und Gallenblase anregt, Fieber senkt und Krämpfe löst.
GEBRAUCH
KÜCHE Zum Würzen von alkoholischen und alkoholfreien Getränken.
MEDIZIN Innerlich bei Ruhr, Gallendurchfall, Appetitlosigkeit und fiebrigen Erkrankungen; wirkt in großen Dosen als Abführ- und Brechmittel.

ANBAU UND ERNTE
ANBAU Wildwachsend, genutzte Teile werden gesammelt; empfindlich; humusreicher Boden im Halbschatten, mindestens 15-18° C. Diese Art scheint nicht kultiviert zu werden; es waren keine Informationen über ihre Kultur zu finden.
ERNTE Die Rinde wird bei Bedarf abgelöst und für die Verwendung in konzentrierten Aufgüssen, Extrakten und Pudern getrocknet.

GALIUM Labkraut
(Rubiaceae)

Viele Arten enthalten das Cumarin erzeugende Asperulosid, das den süßen Geruch von frisch gemähtem Gras hervorruft, wenn das Laub trocknet. Asperulosid kann in Prostaglandine (hormonartige Verbindungen, die den Uterus anregen und die Blutgefäße beeinflussen) umgewandelt werden, wodurch diese Gattung von großem Interesse für die pharmazeutische Industrie ist. Die Wurzeln einiger Arten enthalten einen roten Farbstoff, der dem von *Rubia tinctorum* (vgl. S. 343) ähnlich ist.

G. aparine (Klettenlabkraut) S. 131

VERWENDBAR Gesamte Pflanze, Samen.

EIGENSCHAFTEN Ein kühlendes Kraut, das stärkend auf das Lymphsystem wirkt und eine abführende, harntreibende und adstringierende Wirkung hat. Es reinigt das Blut, senkt den Blutdruck und fördert die Heilung.
GEBRAUCH
KÜCHE In China ein Gemüse mit schlankmachender Wirkung; Samen sind geröstet ein Kaffee-Ersatz.
MEDIZIN Innerlich bei Mononukleose, Mandelentzündung, myalgischer Enzephalomyelitis, Hepatitis, gutartigen Brusttumoren, Zysten, Blasenentzündung, Ekzemen und Schuppenflechten; äußerlich bei geschwollenen Lymphknoten, Brustschwellungen, Geschwüren, Verletzungen und Schuppenflechten. Mit *Althaea officinalis* (vgl. S. 236) bei Blasenentzündung; mit *Echinacea purpurea* (vgl. S. 276) oder *Hydrastis canadensis* (vgl. S. 294) bei Halsinfektionen; mit *Trifolium pratense* (vgl. S. 364), *Urtica dioica* (vgl. S. 366) und *Scrophularia nodosa* (vgl. S. 350) bei Schuppenflechte.

G. odoratum, syn. *Asperula odorata* (Waldmeister) S. 131

VERWENDBAR Gesamte Pflanze.
EIGENSCHAFTEN Ein adstringierendes, leicht bitteres Kraut, getrocknet aromatisch, mit stärkenden, harntreibenden und beruhigenden Wirkungen. Es verbessert die Leberfunktion, löst Krämpfe, stärkt die Kapillargefäße und verringert die Blutgerinnung.
GEBRAUCH
KÜCHE Zur Herstellung von „Maitrank", einem aromatischen, stärkenden Getränk des Elsaß, wenn das Kraut in Weißwein eingeweicht wird.
MEDIZIN Innerlich bei Thrombophlebitis, Krampfadern, Gallengangverlegung, Hepatitis, Gelbsucht und Schlaflosigkeit bei Kindern; in der Homöopathie bei Entzündungen des Uterus.

G. verum (Echtes Labkraut) S. 131

VERWENDBAR Ganze Pflanze.
EIGENSCHAFTEN Saures, adstringierendes, leicht bitteres Kraut, das harntreibend, blutreinigend, krampflösend ist.
GEBRAUCH
MEDIZIN Innerlich besonders dienlich bei Nieren- und Blasenbeschwerden.
WIRTSCHAFT Blätter liefern einen gelben Farbstoff zum Färben von Käse und Butter.

ANBAU UND ERNTE
ANBAU Winterharte Kultur- *(G. aparine)* oder Zierpflanze *(G. odoratum, G. verum)*; feuchter, gut entwässerter, neutraler bis alkalischer Boden im Schatten *(G. aparine, G. odoratum)*; trockener, gut entwässerter, neutraler bis alkalischer Boden in der Sonne *(G. verum)*. Vermehrung durch reife Samen, die im Sommer ausgesät werden; durch Teilung im zeitigen Frühjahr oder Herbst.
ERNTE Pflanzen schneiden, wenn sie blühen, dann für Aufgüsse, Extrakte und Tabletten trocknen. *G. aparine* wird entweder frisch verwendet, zu Saft verarbeitet oder in Öl für äußere Anwendungen.

GANODERMA
(Ganodermataceae)

G. lucidum ist eines der wichtigsten taoistischen Kräuter für ein langes Leben. Es wurde von den frühen chinesischen Kaisern hoch geschätzt, so auch vom „Gelben Kaiser", der um 2500 v.Chr. gelebt haben soll. Jüngere wissenschaftliche Forschungen haben gezeigt, daß das Kraut Substanzen enthält, die u.a. bei der Behandlung von Krebs, Virusinfektionen und Allergien von Wert sein können. Aus den Sporen werden neue Arzneimittel entwickelt.

G. lucidum p.131

VERWENDBAR Gesamte Pflanze („Ling zhi").
EIGENSCHAFTEN Stärkendes, beruhigendes Kraut, das Schleim löst, den Blutzucker- und Cholesterinspiegel senkt, Husten bekämpft, Schmerzen lindert und das Immunsystem stärkt. Es verbessert die Funktion von Herz und Leber und besitzt antiallergische, virusfeindliche, antibakterielle Wirkungen.
GEBRAUCH
MEDIZIN Innerlich bei Bronchitis, Asthma, Leberkrankheiten, primärchronischer Polyarthritis, Herzkrankheiten, Herzunruhe, Bluthochdruck, hohem Cholesterinspiegel, Nervenkrankheiten, Schlaflosigkeit und allgemeiner Schwäche.

ANBAU UND ERNTE
ANBAU Winterharte Kulturpflanze; auf lebendem oder totem Holz von Laubbäumen, häufig *Quercus* spp. (S. 187), oft nahe dem Boden. Verbreitung durch Sporen.
ERNTE Reife Pilze werden gesammelt und für Sirup, Puder und Tabletten in der Sonne getrocknet.

GARDENIA
(Rubiaceae)

G. augusta, in der chinesischen Medizin schon während der Han-Dynastie beschrieben, ist Bestandteil verschiedener Patentmedizinen für fieberhafte Erkältungen und Husten.

G. augusta, syn. *G. florida, G. jasminoides* (Chinesische Gelbschote, Gelbblühender Jasmin) S. 131

VERWENDBAR Früchte („Zhi zi").
EIGENSCHAFTEN Kaltes, blutreinigendes, fieber- und blutdrucksenkendes Kraut, das Blutungen stillt, den Galleﬂuß anregt, bakterizid und fungizid.
GEBRAUCH
KÜCHE Dient in China zum Aromatisieren von Tee.
MEDIZIN Innerlich bei fieberhaften Erkrankungen, Hepatitis und Blutungen. Äußerlich bei Hautentzündungen, Verstauchungen und Zahnschmerzen.
VARIANTE
G. a. **'Fortuniana'**, S. 132.

ANBAU UND ERNTE
ANBAU Empfindliche Zierpflanze; entwässerter, faseriger Boden für kalkfliehende Pflanzen, Sonne oder Halbschatten, mindestens 13° C. Die Pflanzen sollten gleichmäßig feucht gehalten werden, und zwar mit weichem Wasser. Plötzliche Temperaturänderungen und kalte Zugluft sind zu vermeiden. Vermehrung durch Stecklinge mit noch grünem Holz im Frühling; durch halbreife Stecklinge im Sommer. Junge Pflanzen sind reicher an Blüten. Nach dem Blühen zurückschneiden, um einen buschigen Wuchs zu erhalten. Pflanzen unter Abdeckung können durch Blattläuse, Weiße Fliegen und Schildläuse Schaden nehmen.
ERNTE Früchte reif ernten, für Absude trocknen.

GASTRODIA
(Orchidaceae)

Eine Gattung von 20 saprophytischen Orchideenarten, die von Ostasien bis Neuseeland vorkommen. Sie sind sehr schwer zu kultivieren, weil sie keine grünen Teile haben und bei der Nährstoffaufnahme vollständig von einem Pilz abhängig sind. Die wörtliche Übersetzung des chinesischen Namens ist „Himmlischer Hanf". Da sie in der Wildnis immer seltener wird, werden in China seit einiger Zeit Methoden für die Kultivierung dieser saprophytischen Orchidee entwickelt.

G. elata

Mehrjähriger, blattloser Saprophyt, winterhart bis -15° C, Höhe 60cm-1m, Ausbreitung 30cm. Das eckige, liegende, knollenartige Rhizom hat einen braunen Stengel, der von schuppenartigen Scheiden umgeben ist. Die kleinen, blaß grünbraunen Blüten erscheinen im Sommer.

VERWENDBAR Rhizome („Tian ma").
EIGENSCHAFTEN Süßes, herbes, beruhigendes Kraut, das den Blutdruck senkt, Schmerzen lindert, den Galleﬂuß anregt und Krämpfe löst.
GEBRAUCH
MEDIZIN Innerlich bei krampfhaften Erkrankungen (wie Epilepsie und Tetanus), primärchronischer Polyarthritis, Schwindel sowie bei Gliedertaubheit in Verbindung mit Leberdisharmonie.

ANBAU UND ERNTE
ANBAU Winterharte Kulturpflanze; feuchter, humusreicher Boden im Schatten; in Gemeinschaft mit einem Partnerpilz. Vermehrung durch reife Samen an einem natürlichen Standort in der Nähe von vorhandenen Kolonien oder auf einem Beet aus *Quercus*-Holz, das mit dem Pilz *Armillaria mellea* geimpft ist; auch durch Teilung von Rhizomen während des Ruhezustands.
ERNTE Die Rhizome werden im Herbst geerntet und für Absude getrocknet.

GAULTHERIA Scheinbeere
(Ericaceae)

G. procumbens wurde in der Medizin der Indianer Nordamerikas bei Schmerzen angewendet, auch zur Unterstützung der Atmung bei der Jagd und beim Tragen schwerer Lasten. Ihre Blätter waren in der „U.S. Pharmacopoeia" verzeichnet (1820-1894); Wintergrünöl (Gaultheriaöl, Oleum Gaultheriae) ist immer noch verzeichnet. Sie war eine wichtige Quelle für Methylsalicylat (Mittel mit ähnlicher Wirkung wie Aspirin), das heute großenteils synthetisch hergestellt wird.

G. procumbens (Teebeerenstrauch, Wintergrünstrauch) S. 132

VERWENDBAR Blätter, Öl.
EIGENSCHAFTEN Adstringierendes, aromatisches, wärmendes Kraut mit entzündungshemmender, harntreibender und schleimlösender Wirkung; es ist auch ein gutes Antiseptikum und Gegenreizmittel.
GEBRAUCH
KÜCHE Die Blätter werden für Tee verwendet.
AROMA Für Parfüme mit einer Holzduftnote.
MEDIZIN Hauptsächlich äußerlich bei Rheumatismus, Arthritis, Ischias, Muskelrheumatismus, Verstauchungen, Neuralgie und Katarrh. Bei Überdosierung ist Wintergrünöl toxisch und verursacht Leber- und Nierenschäden. Bei Patienten, die auf Salicylate (Aspirin) überreagieren, nicht verabreichen.

ANBAU UND ERNTE
ANBAU Winterharte Zierpflanze; saurer Boden im Halbschatten. Vermehrung durch Aussaat auf die Bodenoberfläche im Herbst; im Sommer durch halbreife Stecklinge; durch Teilung im Herbst. ►

▶ ERNTE Blätter von Frühling bis Frühherbst sammeln und für Infusionen und Flüssigextrakte trocknen. Öl wird aus den frischen Blättern extrahiert und in Abreibeölen, Inhalationsapparaten, Einreibemitteln und Salben verwendet.

GELIDIUM
(Rhodophyceae)

Eine Gattung von etwa 20 Arten von Rotalgen, die hauptsächlich in den Gewässern vor Japan, Spanien, Portugal, Westschottland und Irland, Nord-, Süd- und Westafrika, Madagaskar, Kalifornien und Chile vorkommen. Sie werden von Booten aus oder von Tauchern aus tieferem Wasser gesammelt und werden jetzt in den Küstengewässern Japans auch auf Stangen kultiviert. Der erste, der die Eigenschaften von *G. amansii* (Agar-Agar) beobachtete, war der japanische Gastwirt Minoya Tarozaemon (1660). Robert Koch entwickelte die Verwendung von Agar-Agar als Nährboden für Bakterienkulturen und entdeckte so die Erreger der Tuberkulose. Etwa 30 Algenarten, die ungefähr zehn verschiedenen Gattungen angehören, werden weltweit zur Produktion von Agar-Agar benutzt; die wichtigsten sind *G. amansii* (Japan), *G. cartilagineum* (USA), *Gracilaria verrucosa*, syn. *Gr. confervoides* (Australien) und *Pterocladia pinnata* (Neuseeland). Im 20. Jahrhundert ist die Nachfrage nach *Gelidium* in vielen unterschiedlichen Bereichen gestiegen, unter anderem in der Medizin, in der Zahnmedizin, in der Gerichtsmedizin und in der Nahrungsgüterindustrie. Die Bestandteile der Pflanze sind nicht giftig und werden nicht absorbiert. Aus dem schleimigen Extrakt der Pflanze stellt man feste Streifen her, die bei 32° C gelieren, bei 42° C flüssig werden und bei 85° C schmelzen. Durch seinen hohen Schmelzpunkt ist Agar-Agar eine nützliche Zutat zu Nahrungsmitteln, die schon bei niedrigeren Temperaturen schmelzen würden.

G. amansii

Mehrjährige, büschelbildende Meeresalge von 10-30 cm Länge und Ausbreitung, mit fiederförmig verzweigten, steifen, knorpelähnlichen Wedeln. Anzutreffen in und unterhalb der Gezeitenzone vor China, Japan, Korea und den pazifischen Küsten Rußlands.

VERWENDBAR Gesamte Pflanze.
EIGENSCHAFTEN Nahrhaftes, fast geschmackloses, gelatinöses Kraut; ein darmfüllendes Abführmittel.
GEBRAUCH
MEDIZIN Innerlich bei Verstopfungen.
WIRTSCHAFT In der Krankenkost sowie als Stabilisator (E 406) und Geliermittel in Fleischkonserven, Eiskrem, Soßen, Süßspeisen, Molkereiprodukten.

ANBAU UND ERNTE
ANBAU Kulturpflanze; in flachen Küstengewässern auf Stangen. Vermehrung durch Sporen, die sich natürlich verbreiten.
ERNTE Die Pflanzen werden während der Vegetationsperiode gesammelt und in der Sonne getrocknet, bevor sie zu getrockneten Agar-Agar-Streifen und Puder verarbeitet werden.

GELSEMIUM Jasminwurzel
(Loganiaceae)

Die Verwendbarkeit von *G. sempervirens* wurde von einem Farmer aus dem Bundesstaat Mississippi entdeckt, der einen Aufguß aus den Wurzeln dieser Pflanze trank, die er mit einer anderen verwechselt hatte. Er zeigte Symptome einer ernsten Vergiftung, erholte sich aber und konnte feststellen, daß er von dem Gallenfieber, an dem er gelitten hatte, geheilt war. Sie war Mitte des 19. Jahrhunderts in den meisten Arzneibüchern verzeichnet.

G. sempervirens S. 132

VERWENDBAR Wurzeln und Rhizome.
EIGENSCHAFTEN Bitteres, leicht aromatisches, beruhigendes Kraut, das Fieber senkt, die Schweißbildung erhöht, Schmerzen lindert und Krämpfe löst.
GEBRAUCH
MEDIZIN Innerlich bei Neuralgie, Migräne, Ischias, Zahnschmerzen, starken Schmerzen (besonders bei unheilbaren Krankheiten und nach Unfällen) und Meningitis. Überdosierung verursacht Atemdepression, Schwindel, Doppelsehen und Tod; wird herzkranken Patienten, bei niedrigem Blutdruck oder Myasthenia gravis nicht verabreicht. Auch in der Homöopathie verwendet, und zwar bei fieberhaften Erkrankungen (einschließlich Masern und Grippe) und akuten Angstzuständen. Nur vom qualifizierten Heilpraktiker zu verwenden. WARNHINWEIS Dieses Kraut und seine Alkaloide unterliegen in einigen Ländern gesetzlichen Beschränkungen.

ANBAU UND ERNTE
ANBAU Frostharte Zierpflanze; nährstoffreicher, gut entwässerter Boden; Sonne. Vermehrung durch Samen im Frühling (nur Arten); durch halbreife Stecklinge im Sommer. Die Stengel werden im Frühling oder nach der Blüte ausgedünnt.
ERNTE Wurzeln und Rhizome im Herbst ernten und für Absude und Tinkturen trocknen.
WARNHINWEIS Bei Verzehr giftig. Hautallergen. Kontakt kann allgemeine Vergiftung verursachen.

GENISTA Ginster
(Leguminosae/Papilionaceae)

Alle Teile der *G. tinctoria* enthalten Glykoside, die einen gelben Farbstoff liefern, der seit römischen Zeiten zum Färben von Stoffen verwendet wird. Zu weiteren Bestandteilen gehören Alkaloide, von denen einige den Alkaloiden ähneln, die in dem eng verwandten *Cytisus scoparius* (vgl. S. 271) vorkommen. *Genista* ist relativ wenig erforscht, sollte jedoch mit Vorsicht behandelt werden, da bekannt ist, daß die Alkaloide des *Cytisus* Herz und Atmung beeinflussen. Im 14. Jahrhundert wurde aus *G. tinctoria* als und *Cytisus scoparius* die Salbe „Unguentum geneste" hergestellt, mit der gichtkranke Glieder behandelt wurden.

G. tinctoria (Färberginster) S. 132

VERWENDBAR Blühende Pflanze.
EIGENSCHAFTEN Bitteres, harntreibendes, abführendes sowie Erbrechen verursachendes Kraut, das als schwaches Herzmittel und auch als gefäßverengendes Mittel wirkt.
GEBRAUCH
MEDIZIN Früher innerlich bei Gicht, Rheumatismus und Wassersucht; äußerlich bei Knochenbrüchen, Ischias, Abszessen und Tumoren.
WIRTSCHAFT Zum häuslichen Färben von Stoffen aus Naturfasern genutzt.

ANBAU UND ERNTE
ANBAU Winterharte Zierpflanze; leichter, gut entwässerter Boden in der Sonne; verträgt trockene, nährstoffarme oder sandige Böden. Vermehrung durch Samen, die unter Abdeckung im Frühling oder Herbst ausgesät werden; durch halbreife Stecklinge im Sommer. Ausgebildete Pflanzen lassen sich nicht gut verpflanzen. Regelmäßiges Beschneiden ist nicht erforderlich, doch können Schößlinge nach der Blüte ausgelichtet und/oder ausgeknipst werden, um die Form zu verbessern.
ERNTE Die belaubten Zweige werden geschnitten, bevor die Pflanze Samen ansetzt, und für Aufgüsse getrocknet. Das getrocknete Kraut sollte nicht länger als ein Jahr gelagert werden.

GENTIANA Enzian
(Gentianaceae)

Enziane enthalten einige der bittersten uns bekannten Verbindungen und dienen als Maß bei der wissenschaftlichen Bestimmung der Bitterkeit anderer Substanzen. Bitterschmeckende Kräuter sind dem Verdauungssystem zuträglich, da sie die Magensaftsekretion anregen und Verdauungsstörungen vorbeugen. *G. lutea* ist das klassische bittere verdauungsfördernde Mittel, das so stark im Geschmack ist, daß es noch in einer Verdünnung von 1 zu 12.000 geschmeckt werden kann. Viele Arten werden in verschiedenen Teilen der Welt ähnlich verwendet, wobei die Wahl der Art weitgehend davon abhängt, inwieweit sie in der jeweiligen Region zur Verfügung steht.

G. lutea (Gelber Enzian) S. 132

VERWENDBAR Wurzeln, Rhizome.
EIGENSCHAFTEN Stark bitteres (wenn auch zu Beginn süßes), stärkendes Kraut, das Leber, Gallenblase und Verdauungssystem anregt. Es verringert Entzündungen und senkt Fieber.
GEBRAUCH
MEDIZIN Innerlich bei Leberbeschwerden, Verdauungsstörungen, Mageninfektionen und Appetitlosigkeit. Wird Patienten mit Magen- und Zwölffingerdarmgeschwüren nicht verabreicht.
WIRTSCHAFT In Arzneimitteln (Stärkungsmitteln), bitteren Aperitifs und Enzianbranntwein verwendet.

G. macrophylla, syn. *G. burserii* var. *villarsi* S. 133

VERWENDBAR Wurzeln („Qin jiao").
EIGENSCHAFTEN Bitteres, scharfes, beruhigendes Kraut, mit stärkender Wirkung auf Leber, Gallenblase und Magen. Es hebt den Blutzuckerspiegel.
GEBRAUCH
MEDIZIN Innerlich bei Rheumatismus, Arthritis,

allergischen Entzündungen, Hepatitis, Gelbsucht und Verstopfungen infolge von Leberbeschwerden.

G. scabra S. 133

VERWENDBAR Wurzeln („Long dan cao").
EIGENSCHAFTEN Bitteres, kühlendes, entzündungshemmendes Kraut, das den Appetit und die Verdauung anregt, den Blutzuckerspiegel erhöht und die beruhigenden und schmerzlindernden Eigenschaften anderer Kräuter zur Wirkung bringt.
GEBRAUCH
MEDIZIN Innerlich bei Leberstörungen, bei mit Leberdisharmonien zusammenhängenden Augenbeschwerden (Bindehautentzündung), bei akuten Infektionen der Harnwege, bei Bluthochdruck mit Schwindel oder Ohrenklingen, bei Wutanfällen von Kindern. In chinesischen Arzneien für „Leberhitze".

ANBAU UND ERNTE
ANBAU Winterharte Zier- *(G. lutea)* oder Kulturpflanze *(G. macrophylla, G. scabra)*; gut entwässerter, humusreicher, neutraler bis saurer Boden; Sonne oder Halbschatten. *G. lutea* bevorzugt alkalische Böden. Vermehrung durch Aussaat im Herbst; durch Stecklinge von grundständigen Trieben, durch Teilung oder durch Ableger im Frühling. Die Pflanzen können bei feuchten Bedingungen an Wurzelfäule zugrundegehen.
ERNTE Wurzeln und Rhizome im Herbst ernten und für Absud, Tabletten und Tinkturen trocknen.

GERANIUM Storchschnabel
(Geraniaceae)

Die Storchschnabelarten haben einen hohen Gehalt an Tanninen und liefern adstringierende Heilmittel, die in der traditionellen Medizin für die Notbehandlung von Verletzungen und Durchfall von Bedeutung sind. *G. maculatum* wird von alters her von den Indianern Nordamerikas benutzt. *G. dissectum*, eine europäische Art, scheint ähnliche Eigenschaften zu haben. Das chinesische *G. wilfordii* wird bei rheumatischen Schmerzen und Magendarminfektionen mit Durchfall verwendet.

G. maculatum S. 133

VERWENDBAR Gesamte Pflanze, Wurzeln.
EIGENSCHAFTEN Stark adstringierendes, stärkendes Kraut, das antiseptisch wirkt, Blutungen stillt, Ausfluß bekämpft und die Heilung fördert.
GEBRAUCH
MEDIZIN Innerlich bei Durchfall (insbesondere bei Kindern und älteren Personen), Ruhr, Cholera, Magendarmkatarrh, Dickdarmentzündung, Magengeschwüren, Blutungen und übermäßiger Menstruation. Äußerlich bei eitrigen Wunden, Hämorrhoiden, Soor, Scheidenausfluß und Entzündungen des Mundes, des Zahnfleisches und des Rachens. Gut anzuwenden in Kombination mit *Bidens tripartita* (vgl. S. 249) bei Blutungen im Verdauungstrakt; zusammen mit *Trillium erectum* (vgl. S. 364) als Dusche bei Scheidenausfluß; mit *Geum urbanum* (vgl. diese Seite), *Agrimonia eupatoria* (vgl. S. 231) und *Symphytum officinale* (vgl. S. 357) bei Magengeschwüren; mit *Agrimonia eupatoria* (vgl. S. 231), *Althaea officinalis* (vgl. S. 236), *Filipendula ulmaria* (vgl. S. 283) oder *Chamaemelum nobile* (vgl. S. 259) bei Verdauungsstörungen.
VARIANTE
G. m.* f. *albiflorum, S. 133.

G. robertianum (Ruprechtskraut) S. 133

VERWENDBAR Gesamte Pflanze.
EIGENSCHAFTEN Ein bitteres, adstringierendes, mild harntreibendes Kraut, das Blutungen und Schleimabgang unterdrückt und die Heilung fördert.
GEBRAUCH
MEDIZIN Innerlich bei Durchfall, Magendarmkatarrh, Magengeschwüren und Blutungen; äußerlich bei Hautausschlag, Wunden, Zahnfleisch- und Rachenentzündungen sowie Herpes.
VARIANTE
***G. r.* 'Celtic White'**, S. 133.

ANBAU UND ERNTE
ANBAU Winterharte Zierpflanzen; feuchter bis nasser Boden, Sonne oder Halbschatten *(G. maculatum)*; gut entwässerter bis trockener Boden, Sonne oder Schatten *(G. robertianum)*. Vermehrung durch Teilung in der Ruhezeit *(G. maculatum)*; durch Aussaat im Frühherbst oder Frühling. Die Blätter können von Rost befallen werden.
ERNTE Pflanzen schneiden, wenn die Blüte beginnt, Wurzeln *(G. maculatum)* im Herbst ernten; beide für Absude, Aufgüsse, Flüssigextrakte, Puder, Tabletten und Tinkturen trocknen. *G. robertianum* wird häufig frisch verbraucht.

GEUM Nelkenwurz
(Rosaceae)

G. urbanum wird seit der Römerzeit medizinisch verwendet. Die Wurzel enthält Eugenol, das auch in *Syzygium aromaticum* (vgl. S. 358) vorkommt; *G. rivale* (Bach-Nelkenwurz) hat ähnliche, aber schwächere Eigenschaften.

G. urbanum (Nelkenwurz, Echte Nelkenwurz) S. 134

VERWENDBAR Gesamte Pflanze, Wurzeln.
EIGENSCHAFTEN Adstringierendes, antiseptisches Kraut, das Entzündungen hemmt, Blutungen und Ausfluß zum Stillstand bringt, Fieber senkt und eine stärkende Wirkung auf das Verdauungssystem hat.
GEBRAUCH
MEDIZIN Innerlich bei Magendarmkatarrh, Darmkrankheiten, Durchfall, Gebärmutterblutung und Wechselfieber; äußerlich bei Hämorrhoiden, Scheidenausfluß, Mund-, Zahnfleisch- und Rachenentzündungen.

ANBAU UND ERNTE
ANBAU Winterharte Kulturpflanze; nährstoffreicher, feuchter Boden im Schatten. Vermehrung durch Aussaat im Herbst oder Frühling; verbreitet sich leicht wild durch Samen.
ERNTE Pflanzen zu Beginn der Blüte schneiden und für Aufgüsse und Flüssigextrakte trocknen. Wurzeln im Frühling ernten und frisch oder getrocknet für Absud und Extrakte verwenden.

GILLENIA Dreiblattspiere
(Rosaceae)

G. trifoliata war vielen nordamerikanischen Indianerstämmen bekannt und ihre Anwendung wurde von den ersten Kolonisten übernommen. Sie war in der „U.S. Pharmacopoeia" verzeichnet (1820-1882). *G. trifoliata* und *G. stipulata* werden von einigen Botanikern zur Gattung *Spiraea* gezählt.

G. trifoliata, syn. *Porteranthus trifoliatus* (Dreiblattspiere) S. 134

VERWENDBAR Wurzelrinde.
EIGENSCHAFTEN Erbrechen verursachendes Kraut, mit ähnlichen Wirkungen wie *Cephaelis ipecacuanha* (vgl. S. 258); hat schleimlösende und abführende Wirkung. Kleine Dosen sind anregend.
GEBRAUCH
MEDIZIN Innerlich, in kleinen Dosen, bei fieberhaften Erkrankungen, chronischem Durchfall, Verstopfung und bronchialen und asthmatischen Beschwerden zu verabreichen.

ANBAU UND ERNTE
ANBAU Winterharte Zierpflanze; leichter, nährstoffreicher, feuchter Boden; Halbschatten. Vermehrung durch Aussaat im Herbst; auch durch Teilung im Herbst oder Frühling.
ERNTE Wurzeln werden im Frühherbst geerntet, die Wurzelrinde für Absude und Puder getrocknet.

GINKGO Mädchenhaarbaum
(Ginkgoaceae)

Der Ginkgo gilt als lebendes Fossil, denn die heute lebenden Bäume sind fast identisch mit den Ginkgofossilien, die aus der Zeit vor der Entwicklung der Säugetiere stammen. Er wird derselben Gruppe zugeordnet wie die Nadelbäume und Zykadazeen. Samen kamen von China und Japan um 1727 nach Europa. Die Samen werden auch seit langem in der chinesischen Medizin verwendet, doch kümmert sich die westliche Forschung in den letzten Jahren um die Blätter. Zu den Hauptbestandteilen der Pflanze gehören die Ginkgolide, die von keiner anderen Pflanzenart bekannt sind; diese sind Blocker des blutplättchenaktivierenden Faktors, die allergische Reaktionen hemmen. Ginkgo-Flavonoide scheinen bei der Verbesserung des Kreislaufes wirksam zu sein.

G. biloba (Ginkgo, Fächerbaum) S. 134

VERWENDBAR Blätter, Samen („Bai guo").
EIGENSCHAFTEN Bittersüßes, adstringierendes Kraut; erweitert die Luftröhrenäste und Blutgefäße, schränkt allergische Reaktionen ein und regt den Kreislauf an (Blätter); hat pilzbekämpfende und antibakterielle Wirkungen (Samen).
GEBRAUCH
MEDIZIN Innerlich bei Asthma, allergisch-entzündlichen Reaktionen, Gehirninsuffizienz bei älteren Personen, Kreislaufproblemen (Akroasphyxie, Krampfadern) und unregelmäßigem Puls (Blätter); auch bei Asthma, Husten mit dickem Schleim und Blaseninkontinenz (Samen). Kombiniert mit *Tilia* spp. (vgl. S. 363) sowie *Vinca major* (vgl. S. 369) oder *Crataegus laevigata* (vgl. S. 268) bei Kreislaufstörungen und mit *Melilotus officinalis* (vgl. S. 310) bei Venenbeschwerden (Blätter), mit *Ephedra* spp. (vgl. S. 278), *Tussilago farfara* (vgl. S. 365) und Blättern von *Morus alba* (vgl. S. 313) bei Asthma und Hu-

sten (Samen). Überdosierung kann Hautentzündung, Kopfschmerzen, Durchfall und Erbrechen verursachen.
VARIANTE
***G. b.* 'Pendula'**, S. 134.

ANBAU UND ERNTE
ANBAU Winterharte Zierpflanze; nährstoffreicher, gut entwässerter Boden, Sonne. Vermehrung durch Aussaat reifer Samen im Herbst (nur Arten); durch Grünstecklinge im Frühling; durch seitliches Anplatten im Winter. Ginkgos bekommen Wipfeldürre, wenn sie beschnitten werden.
ERNTE Die Blätter werden gepflückt, wenn sie sich im Herbst verfärben, und für destillierte Extrakte, Aufgüsse, Puder und Tinkturen getrocknet. Die Kerne aus reifen Früchten werden für die Verwendung in Absuden gekocht.

GLECHOMA Gundermann
(Labiatae/Lamiaceae)

G. hederacea war bis ins 17. Jahrhundert hinein wichtig für das Bierbrauen, worauf ihr englischer Trivialname „alehoof" („ale" ist eine Biersorte, „hoof" bedeutete Kraut) zurückzuführen ist; sie wurde vom Hopfen (*Humulus lupulus*, vgl. S. 294) abgelöst.

G. hederacea, syn. *Nepeta glechoma*, *N. hederacea* (Efeu-Gundermann, Gundelrebe) S. 134

VERWENDBAR Gesamte Pflanze.
EIGENSCHAFTEN Bitteres, aromatisches, adstringierendes, harntreibendes, schleimlösendes Kraut; es stärkt die Bronchien, das Verdauungssystem und die Harnwege.
GEBRAUCH
MEDIZIN Innerlich bei Katarrh, Ohr- und Nebenhöhlenentzündung, Bronchitis, Gastritis und Blasenentzündung; äußerlich bei Hämorrhoiden, Entzündungen des Mundrachens.
VARIANTE
***G. h.* 'Variegata'**, S. 135.

ANBAU UND ERNTE
ANBAU Winterharte Kultur- *(G. hederacea)* und Zierpflanze (*G. hederacea* 'Variegata'); feuchter, gut entwässerter Boden, Sonne oder Schatten. Aussaat im Frühjahr; Teilung im Herbst oder Frühjahr (überwuchert kleinere Pflanzen).
ERNTE Blühende Pflanzen werden für Aufgüsse und Flüssigextrakte getrocknet.

GLORIOSA Ruhmeskrone, Prachtlilie
(Liliaceae/Colchicaceae)

G. superba enthält Alkaloide, u.a. Colchicin. Sie wird in Indien kommerziell als Ressource für diese in der Medizin und Gentechnik benötigte Verbindung angebaut.

G. superba S. 135

VERWENDBAR Knollen.
EIGENSCHAFTEN Bitteres, anregendes Kraut mit antibakterieller Wirkung.

GEBRAUCH
MEDIZIN Bei Schwangeren verursacht die innerliche Anwendung frischer Knollen Fehlgeburten; äußerlich hauptsächlich bei Läusen, Krätze und Lepra. Eine Überdosis verursacht Taubheit in den Gliedern, Übelkeit, Krämpfe und Bewußtlosigkeit. Anwendung nur durch qualifizierte Heilpraktiker.
WIRTSCHAFT In den Heimatländern für die Herstellung von Pfeilgift und die Ungeziefervernichtung.

ANBAU UND ERNTE
ANBAU Empfindliche Zierpflanze; nährstoffreicher, gut entwässerter Boden in der Sonne, mindestens 8-10° C, bei hoher Luftfeuchtigkeit. Vermehrung durch Aussaat im Frühling bei 21-24° C; durch Ableger im zeitigen Frühjahr. Sie beginnen bei 16-19° C zu wachsen. Zuviel Gießen verursacht eine Verfärbung des Laubes und ein vorzeitiges Abfallen der Blätter.
ERNTE Die Knollen werden im Herbst geerntet und für Pasten und Puder getrocknet.
WARNHINWEIS Alle Teile, besonders die Knollen, sind bei Verzehr äußerst giftig. Wiederholter Umgang mit Knollen verursacht Hautreizungen.

GLYCYRRHIZA Süßholz
(Leguminosae/Papilionaceae)

Mehrere unterschiedliche Süßholzarten und -varianten werden medizinisch genutzt, unter anderem *G. glabra* var. *typica* (spanisches oder italienisches Süßholz), *G. g.* var. *violacea* (persisch oder türkisch) und *G. g.* var. *glandulifera* (russisch). Der Hauptbestandteil von *G. glabra* ist Glycyrrhizin, das 50mal süßer als Rohrzucker ist und kortisonartige Wirkungen hat. *G. lepidota* wurde von den Indianern Nordamerikas und von den ersten Siedlern bei Geburts- und Menstruationsproblemen verwendet. *G. uralensis* ist ein unentbehrliches Kraut in der traditionellen chinesischen Medizin. Es gilt als lebensverlängerndes Mittel.

G. glabra (Süßholz, Lakritze) S. 135

VERWENDBAR Wurzeln, Ausläufer.
EIGENSCHAFTEN Sehr süßes, feuchtes, linderndes Kraut, das entzündungshemmend und schleimlösend wirkt, Husten bekämpft und hormonelle Wirkungen hat. Es entgiftet und schützt die Leber.
GEBRAUCH
MEDIZIN Innerlich bei der Addison-Krankheit, bei Asthma, Bronchitis, Husten, Magengeschwüren, Arthritis, Allergien und nach Steroidtherapie. Wird Patienten mit Bluthochdruck oder Nierenkrankheiten verabreicht, oder Patienten, die mit digoxinhaltigen Medikamenten behandelt werden (nicht bei Schwangerschaft). Äußerlich bei Herpes und Gürtelrose. Nur von qualifizierten Heilpraktikern anzuwenden.
WIRTSCHAFT Die Wurzeln werden gekocht, um Lakritze zu extrahieren, die für Süßigkeiten verwendet wird. Getrocknet werden sie zum Essen verkauft. Das Kraut ist die Grundlage für die meisten Abführarzneien. Die Extrakte dienen als Geschmacksverbesserer in Bier, Softdrinks und pharmazeutischen Produkten.

G. uralensis, syn. *G. viscida* S. 135

VERWENDBAR Wurzeln („Gan cao").
EIGENSCHAFTEN Süßes, stärkendes Kraut, das die Nebennierenrindenhormone anregt, Krämpfe löst, Schmerzen und Entzündungen lindert, schleimlösend wirkt und Husten bekämpft. Es neutralisiert auch Toxine und gleicht den Blutzuckerspiegel aus.
GEBRAUCH
MEDIZIN Innerlich bei der Addison-Krankheit, bei Asthma, Husten, Magengeschwüren; äußerlich bei Akne (mit Blüten der *Lonicera japonica*, S. 306), Furunkeln und Halsschmerzen. Wird fast allen Rezepturen zugegeben, um die Wirkungen der verschiedenen Wirkstoffe in Einklang zu bringen und zu steuern; kombiniert mit *Panax ginseng* (S. 321) als Energiespender. *G. u.* gilt als unverträglich mit *Daphne genkwa* (S. 272), *Euphorbia kansui* (S. 281), *E. pekinensis* und *Sargassum fusiforme* (S. 349); verringert die Wirksamkeit von *Coptis chinensis* (S. 266), *Corydalis solida* (S. 267), *Tetradium ruticarpum* (S. 361); erhöht die Toxizität von Salicylaten, Ephedrin, Adrenalin, oral blutzuckerspiegelsenkenden Mitteln und Kortison. Kontraindiziert bei Schwangerschaft, Bluthochdruck, Nierenkrankheiten und Patienten, die digoxinhaltige Medikamente nehmen müssen. Überdosis verursacht Wasserretention und erhöhten Blutdruck. Hormonelle Wirkungen können Impotenz verursachen. Nur von qualifizierten Heilpraktikern anzuwenden.

ANBAU UND ERNTE
ANBAU Winterharte Kulturpflanze; tiefer, nährstoffreicher, sandiger Boden; Sonne. Leicht alkalische, feuchtigkeitshaltende Bedingungen führen zu den besten Ergebnissen. Vermehrung durch Aussaat im Herbst oder Frühling; durch Teilung im Herbst oder Frühling; durch Stecklinge von Ausläufern im Herbst oder Frühling. Nur langsam aus Samen zu ziehen. Wenn einmal angesiedelt, ist sie schwer wieder auszurotten.
ERNTE Wurzeln wie Ausläufer im Frühherbst, 3-4 Jahre nach dem Anpflanzen ernten und für Absude, Flüssigextrakte, Pastillen und Puder trocknen.

GNAPHALIUM Ruhrkraut
(Compositae/Asteraceae)

Nach Culpeper „ist der mit Wein und Milch eingenommene Saft des Krautes ein sehr wirksames Heilmittel gegen Mumps und Mandelentzündung" („The English Physitian Enlarged", 1653). Das amerikanische *G. obtusifolium* wurde von den Creek-Indianern ähnlich verwendet. Sie kochten die Blätter in Wasser, fügten Schmalzöl hinzu und wickelten mit dieser Flüssigkeit getränkte Tücher um den geschwollenen Hals. Weitere Kräuter dieser Gattung sind *G. polycephalum*, ein indisches Mittel gegen Mundgeschwüre, und *G. multiceps*, ein chinesisches Hustenmittel.

G. uliginosum S. 135

VERWENDBAR Gesamte Pflanze.
EIGENSCHAFTEN Ein adstringierendes, leicht aromatisches Kraut, das harntreibend und entzündungshem-

mend wirkt und die Schweißbildung verstärkt. Es kann antidepressive und den Geschlechtstrieb anregende Wirkungen haben.

GEBRAUCH

MEDIZIN Innerlich und äußerlich bei Laryngitis, Katarrh der oberen Luftwege und Mandelentzündung. Mit *Sambucus nigra* (vgl. S. 347), *Xanthium strumarium* (S. 372) oder *Solidago virgaurea* (S. 354) bei Katarrh und mit *Echinacea purpurea* (S. 276) oder *Galium aparine* (S. 285) auch bei Racheninfektion.

ANBAU UND ERNTE

ANBAU Winterharte Kulturpflanze; feuchter bis nasser, saurer Boden, Sonne oder Halbschatten. Vermehrung durch Aussaat im Frühling.

ERNTE Die Pflanzen werden geschnitten, wenn sie blühen, und für Aufgüsse, Flüssigextrakte und Tinkturen getrocknet.

GOSSYPIUM Baumwolle
(Malvaceae)

G. herbaceum stammt aus Indien und wurde um 500 v.Chr. in Ägypten und China und im Jahr 1774 in Nordamerika eingeführt. *G. arboreum*, eine in Asien und Afrika vorkommende Art und auch die amerikanischen Arten *G. barbadensis* und *G. hirsutum* liefern Baumwolle. Seit den siebziger Jahren wird erforscht, ob aus der Baumwollpflanze ein Verhütungsmittel für Männer gewonnen werden kann. In China hatte man nämlich Baumwollsamenöl zum Kochen verwendet, was bei Männern zu Unfruchtbarkeit führte. Der wirksame Bestandteil scheint Gossypol, eine Fraktion des Öls, zu sein, das bei Frauen auch den Uterus anregt.

G. herbaceum (Baumwolle) S. 136

VERWENDBAR Blätter, Wurzelrinde, Samen.

EIGENSCHAFTEN Adstringierendes, leicht saures, aromatisches Kraut, das Kontraktionen des Uterus verursacht, die Spermaproduktion unterdrückt, Fieber senkt, Entzündungen verringert und gereiztes Gewebe beruhigt. Es wirkt bakterizid und virizid.

GEBRAUCH

MEDIZIN Innerlich bei Menstruationsschmerzen (Wurzelrinde); Ruhr, Wechselfieber, fibroide Veränderungen (Samen) und Magendarmkatarrh (Blätter); äußerlich bei Soor, Verbrühungen, Quetschungen und Wunden (Blätter); auch bei Herpes, Krätze, Wunden, Hodenentzündung (Samen). Nur von qualifizierten Heilpraktikern zu verabreichen.

WIRTSCHAFT Das Samenöl wird zum Kochen und bei der Herstellung von Margarine, Seifen und Tierfutter verwendet. Die Samenhaare des Baumwollstrauches machen weltweit bei der Herstellung von Geweben 56 % aller Naturfasern aus. Weitere industrielle Anwendungen sind Filme sowie Sprengstoffe.

ANBAU UND ERNTE

ANBAU Empfindliche Kulturpflanze; nährstoffreicher, gut entwässerter Boden; Sonne, mindestens 13-18° C. Vermehrung durch Aussaat im Frühling bei 24-30° C. Die Spitzen werden im Frühling abgekniffen, um einen buschigen Wuchs zu erreichen. Kommerzielle Anpflanzungen sind anfällig gegenüber zahlreichen Schädlingen und Krankheiten. ►

► **ERNTE** Blätter in der Vegetationsperiode pflücken und für Umschläge und Lotionen verwenden; Wurzeln im Herbst ernten, schälen; für Absude, Extrakte und Tinkturen trocknen.

GRATIOLA Gnadenkraut
(Scrophulariaceae)

G. officinalis war einst eine bekannte „offizinelle" Heilpflanze. Sie wird heute aber wegen ihrer Toxizität nicht mehr als Heilpflanze gebraucht, denn sie enthält Cucurbitacine, die giftig für lebende Zellen sind, und Glykoside, die eine ähnliche Wirkung wie die in *Digitalis* spp. enthaltenen Glykoside haben (vgl. S. 273). Die Pflanzen werden jedoch weiterhin in Kräutergärten angebaut und von spezialisierten Pflanzschulen als Arzneikraut verkauft.

G. officinalis (Purgierkraut, Gottesgnadenkraut) S. 136

VERWENDBAR Gesamte Pflanze.

EIGENSCHAFTEN Bitteres, herbes, harntreibendes Kraut, das Herz und Uterus anregt und abführende sowie Erbrechen verursachende Wirkungen hat.

GEBRAUCH

MEDIZIN Sie wurde früher innerlich bei Leberbeschwerden, Gelbsucht, Wassersucht, Milzschwellung und Darmwürmern verwendet. Überdosis verursacht Fehlgeburt, Nierenschäden und Darmbluten.

ANBAU UND ERNTE

ANBAU Winterharte Zierpflanze; feuchter, alkalischer Boden in der Sonne. Vermehrung durch Samen, die im Frühling unter Abdeckungen ausgesät werden; durch Teilung im Frühling.

ERNTE Die Pflanzen werden geschnitten, wenn sie blühen, und für Aufgüsse getrocknet.

WARNHINWEIS Bei Verzehr giftig.

GRINDELIA
(Compositae/Asteraceae)

Diese Gattung umfaßt etwa 60 Arten von einjährigen, zweijährigen und mehrjährigen immergrünen Pflanzen und Halbsträuchern, die über den Westen Nord- und Südamerikas verbreitet sind. Mehrere Arten, unter anderem *G. squarrosa* und *G. lanceolata*, wurden von den Indianern Nordamerikas bei Beschwerden der Bronchien und bei (durch Giftsumach verursachtem) Ausschlag verwendet. Dieser Gebrauch wurde im Jahr 1863 von Dr. Canfield aus Monterey (Kalifornien) beobachtet. So wurde *Grindelia* zu einem offiziellen Arzneimittel, das in der „U.S. Pharmacopoeia" (1882-1926) und im „U.S. National Formulary" (1926-1960) verzeichnet war. *Grindelia* enthält bis zu 21 % Harz, was für mehrjährige Pflanzen ungewöhnlich ist.

G. camporum, syn. *G. robusta* var. *rigida*

Einjährige oder kurzlebige Mehrjährige, winterhart bis -5° C, Höhe 50cm-1,20m, Ausbreitung 75cm, mit schmal länglichen, gezähnten, harzreichen Blättern von bis zu 8cm Länge und harzreichen gelben, kreisrunden Blüten von etwa 5cm Durchmesser im Spätsommer.

VERWENDBAR Gesamte Pflanze.

EIGENSCHAFTEN Ein bitteres, scharfes, aromatisches Kraut, das entzündungshemmend und schleimlösend ist, Krämpfe löst und beruhigend wirkt.

GEBRAUCH

MEDIZIN Innerlich bei Bronchitis, Keuchhusten, Asthma und Blasenentzündung; äußerlich bei Hautentzündung, Ekzemen und Hautausschlägen. Kombiniert mit *Lobelia inflata* (vgl. S. 305), *Glycyrrhiza glabra* (S. 289), *Euphorbia hirta* (S. 281), *Inula helenium* (S. 296) oder *Primula veris* (S. 334) bei Bronchienbeschwerden zu verabreichen. Überdosierung kann die Nieren reizen.

ANBAU UND ERNTE

ANBAU Frostharte Kulturpflanze; gut entwässerter Boden; Sonne. Vermehrung durch Aussaat im zeitigen Frühling bei 16-19° C; durch halbreife Stecklinge im Spätsommer.

ERNTE Pflanzen schneiden, wenn sie in voller Blüte stehen; für Aufgüsse, Extrakte, Tinkturen trocknen, für Umschläge frisch verwenden.

GUAIACUM Pockholz, Guajakbaum
(Zygophyllaceae)

Die Spanier begannen 1503 mit dem Export von *G. officinale* nach Europa und monopolisierten den Handel mit dem feinen, zweifarbigen Holz und mit den medizinischen Nebenprodukten. Es wurde von den Eingeborenen im Nordosten Südamerikas zur Behandlung der Syphilis verwendet, die die Kolonisten eingeschleppt hatten. Die Europäer übernahmen diesen Gebrauch für die folgenden 200 Jahre. Das Holz enthält ca. 20 % Harz, das als chemisches Reagens zum Nachweis von Blutflecken verwendet werden kann. *G. sanctum* wird, wie die verwandten *Bulnesia sarmienti* und *B. arborea*, auch als Lieferant von Guajakholz ausgebeutet. Aus *B. sarmienti* und *B. arborea* extrahiert man auch ein ätherisches Öl, das als Fixiermittel und Duftstoff in Seifen, Kosmetika und Parfüms Verwendung findet. Eine andere harzreiche Art aus dieser Familie ist die südwestamerikanische *Larrea divaricata*, die ein kräftiges Antioxidans und Blutreinigungsmittel erbringt.

G. officinale (Guajakbaum) S. 136

VERWENDBAR Holz, Harz.

EIGENSCHAFTEN Ein bitteres, aromatisches Kraut, das den peripheren Kreislauf anregt, die Schweißbildung verstärkt, harntreibende, entzündungshemmende und schleimlösende Wirkungen hat und die Gewebe entgiftet; ein mildes Abführmittel.

GEBRAUCH

MEDIZIN Innerlich bei Infektionen der oberen Luftwege; innerlich und äußerlich bei rheumatischen und arthritischen Beschwerden und Gicht; früher zur Behandlung der Syphilis angewendet. WARNHINWEIS Dieses Kraut unterliegt in einigen Ländern gesetzlichen Beschränkungen.

WIRTSCHAFT Das Holz ist schwerer als Wasser und wird für Schiffsschraubenwellen sowie für Bowling-Kugeln und für Schnitzarbeiten verwendet.

ANBAU UND ERNTE

ANBAU Empfindliche Kulturpflanze; nährstoffreicher, sandiger, faseriger Boden, mindestens 15° C. Vermehrung durch Samen, die mit intaktem, orangegelbem Perikarp im Frühling oder Sommer bei 26° C ausgesät werden; durch Grünstecklinge im Frühling. Sämlinge und junge Bäume lassen sich aus kleinen Töpfen nicht gut umpflanzen und sollten in jeder Phase große Behälter erhalten.
ERNTE Das Holz (vorzugsweise Kernholz) wird nach Bedarf geschnitten und dann zu Spänen und Schnitzeln verarbeitet, diese können erhitzt werden, um aus dem Harz Absude, Flüssigextrakte und Tinkturen zu extrahieren.

GYNOSTEMMA
(Cucurbitaceae)

Diese Gattung kommt in Süd- und Ostasien vor und umfaßt zwei Kletterpflanzen, die sich mit Ranken festhalten. *G. pentaphyllum* wurde in der traditionellen chinesischen Heilkunde schon während der Mingdynastie (1368-1644) als ein Volksheilmittel bei Hepatitis, Bronchitis und Magengeschwüren beschrieben. Mehr über die Eigenschaften dieser Pflanze wurde bekannt, als sie im Rahmen eines japanischen Programms zur Erforschung von Kräutern mit eventuell antikarzinogenen Wirkungen untersucht wurde. Sie wurde auf der Internationalen Konferenz für traditionelle Medizin 1991 in Peking (China) als eines der zehn wichtigsten stärkenden Kräuter eingestuft.

G. pentaphyllum

Japanische einjährige oder kurzlebige, mehrjährige Kletterpflanze, erreicht bis zu 8m, winterhart bis-5° C. Die Blätter sind handförmig geteilt, mit 3-7 Blättchen, wobei das endständige Blättchen bis zu 8cm lang wird. Die Pflanze trägt im Sommer kleine, gelbgrüne, sternförmige Blüten in bis zu 15cm langen Rispen; danach glatte, stark dunkelgrüne, mit weißen Linien gezeichnete Früchte von bis zu 8cm Durchmesser.

VERWENDBAR Gesamte Pflanze.
EIGENSCHAFTEN Stärkendes Kraut, das den Kreislauf verbessert, die Leberfunktion anregt, das Immunsystem und das Nervensystem kräftigt und den Blutzucker- sowie den Cholesterinspiegel senkt. *G. p.* hat auch beruhigende Wirkungen: Es löst Krämpfe und senkt den Blutdruck.
GEBRAUCH
MEDIZIN Innerlich bei Nervenanspannung und Erschöpfung, Magengeschwüren, Asthma, Bronchitis, Diabetes, Kreislauferkrankungen und Krebs.
WIRTSCHAFT Verwendung insbesondere in Verjüngungsmitteln und Kosmetika.

ANBAU UND ERNTE

ANBAU Frostharte Kulturpflanze; feuchter, gut entwässerter Boden im Teilschatten. Vermehrung durch Samen, die im Frühling nach 24stündigem Einweichen ausgesät werden.
ERNTE Die Pflanzen werden im Sommer geschnitten und für die Verwendung in Kapseln, Absuden, Extrakten, Tabletten und Teebeuteln getrocknet.

H

HAMAMELIS Zaubernuß
(Hamamelidaceae)

Einige Indianerstämme Nordamerikas kannten die medizinischen Eigenschaften von *H. virginiana*. Sie bereiteten daraus Spülungen für geschwollene Augen, indem sie Rinde in Wasser aufbrühten. Die Siedler übernahmen diese Anwendung, schließlich wurde die Pflanze in die „U.S. Pharmacopoeia" (1862-1916) und in das „U.S. National Formulary" (1916-1955) aufgenommen. Destillate der Zaubernuß kann man in den USA in Apotheken als Selbsthilfemittel kaufen (oder um Kosmetika herzustellen), allerdings sind bei ernsthafteren Gesundheitsstörungen Tinkturen wirksamer.

H. virginiana (Zaubernuß) S. 136

VERWENDBAR Blätter, Zweige, Rinde.
EIGENSCHAFTEN Ein adstringierendes, leicht aromatisches Kraut, das Blutungen und schleimigen Ausfluß stoppt und Entzündungen hemmt.
GEBRAUCH
MEDIZIN Innerlich bei Durchfall, Dickdarmentzündung, Ruhr, Magen- und Lungenblutungen sowie Vorfällen der Organe. Äußerlich bei Krampfadern, Verstauchungen, Quetschungen, Verbrennungen, Hämorrhoiden, wunden Brustwarzen, Muskelkater, Entzündungen der Augen, der Haut und wundem Hals. Bei Durchfall mit *Agrimonia eupatoria* (vgl. S. 231) und *Quercus robur* (S. 338); bei Hämorrhoiden mit *Ranunculus ficaria* (S. 339) oder *Plantago major* (S. 331); bei Krampfadern häufig mit *Aesculus hippocastanum* (S. 230) und *Calendula officinalis* (S. 252).

ANBAU UND ERNTE

ANBAU Winterharte Zierpflanze; feuchter, humusreicher, neutraler bis saurer Boden in der Sonne oder im Halbschatten. Vermehrung durch Aussaat im Herbst, durch Absenker im Frühherbst und durch Grünstecklinge im Sommer. Keimung erfolgt langsam und unberechenbar. Unansehlichen Wuchs nach der Blüte zurückschneiden.
ERNTE Blätter werden im Sommer für Trocken- und Flüssigextrakte sowie Salben gepflückt; Zweige im Frühjahr geschnitten und für Tinkturen entrindet; Äste im Frühjahr geschnitten und für destillierte Extrakte verwendet.

HARPAGOPHYTUM
Teufelskralle (Pedaliaceae)

Diese südafrikanische Gattung besteht aus neun Arten von Stauden. In Transvaal ist *H. procumbens* eine häufig vorkommende Wildpflanze, deren dornige Früchte im Fell wilder Tiere hängen bleiben. Sie hat große, farbenfrohe Blüten, wird aber selten angebaut. In Madagaskar werden die Früchte als Mausefallen verwendet. Der westlichen Medizin wurde die Pflanze durch G. H. Mehnert, einen südafrikanischen Farmer, bekannt; dieser hatte nämlich beobachtet, daß die Menschen vor Ort einen Absud aus den getrockneten Knollen benutzten, um verschiedene Leiden, insbesondere Verdauungs- und Rheumabeschwerden, zu behandeln. Die Knollen enthalten bittere Verbindungen, die denen in *Gentiana lutea* (vgl. S. 287) ebenbürtig sind, und Harpagid, ein Glykosid, wie es auch in der verwandten *Scrophularia nodosa* vorkommt (vgl. S. 350).

H. procumbens

Empfindliche Mehrjährige mit bis zu 20cm langen und 6cm dicken Knollen und vielen Ästen mit runden bis ovalen, gezähnten bis gefiederten lappigen Blättern von etwa 7cm Länge mit weißen, behaarten Unterseiten. Einzelne, rote bis purpurfarbene, trompetenförmige Blüten werden im Frühjahr gebildet, gefolgt von aufplatzenden Kapseln, bis 7 cm lang, die mit langen, behaarten Dornen bewehrt sind.

VERWENDBAR Knollen.
EIGENSCHAFTEN Bitteres Kraut, adstringierend, beruhigend, schmerzstillend, entzündungshemmend, regt das Verdauungs- und lymphatische System an.
GEBRAUCH
MEDIZIN Innerlich bei Arthritis, rheumatischer Arthritis, Spondylose, Neuralgie und Verdauungsproblemen, einschließlich der Gallenblase und der Bauchspeicheldrüse. Äußerlich bei arthritischen und rheumatischen Gelenken. Nicht für Patienten mit Magen- oder Zwölffingerdarmgeschwüren.

ANBAU UND ERNTE

ANBAU Empfindliche Wildpflanze; sandiger Boden in sonniger Lage, mindestens 5-10° C. Vermehrung durch Aussaat im Frühjahr.
ERNTE Knollen werden während der Ruhezeit geerntet und für Absude, Salben, Puder und Tinkturen getrocknet.

HEDEOMA
(Labiatae/Lamiaceae)

H. pulegioides war bei den nordamerikanischen Ureinwohnern für lange Zeit als Mittel bei fiebrigen Erkältungen, Kopfschmerzen, Krämpfen während der Menstruation und bei Abort im Gebrauch. Siedler verwendeten sie als Hausmittel für die gleichen Anwendungen und als beliebten Verdauungstee. Sie wurde in der „U.S. Pharmacopoeia" (1831-1916) aufgelistet. *H. pulegioides* besitzt einen ähnlichen chemischen Aufbau wie *Mentha pulegium* (vgl. S. 311). *H. floribunda* wird im Norden Mexikos als Tee bei Verdauungsstörungen getrunken und zum Würzen verwendet wie auch die eng verwandte *Poliomintha longiflora*.

H. pulegioides (Amerikanische Polei) S. 136

VERWENDBAR Gesamte Pflanze, Öl.
EIGENSCHAFTEN Ein scharf aromatisches Kraut, das die Gebärmutter anregt, Schweißbildung bewirkt, die Verdauung verbessert und schleimlösend wirkt.

GEBRAUCH
MEDIZIN Innerlich bei Erkältungen, Verdauungsstörungen, Keuchhusten, Blähungen, Übelkeit, Niederkunft und schmerzhafter Menses (Pflanze). Das ätherische Öl ist hochgiftig und kann bei Einnahme tödlich sein. Nur durch Qualifizierte zu verwenden.
WIRTSCHAFT Öl ist Bestandteil von Insekten- und Reinigungsmitteln.

ANBAU UND ERNTE
ANBAU Winterharte Kulturpflanze; nährstoffreicher, sandiger Boden in Sonne oder Halbschatten. Vermehrung durch Aussaat im Frühjahr.
ERNTE Pflanzen in der Blüte schneiden; für Aufgüsse, Extrakte trocknen oder für Öle destillieren.

HEDERA Efeu
(Araliaceae)

Efeu enthält Emetin, ein amöbenvernichtendes Alkaloid, das sich auch in *Cephaelis ipecacuanha* (vgl. S. 258) befindet, und Saponine, die gegen Leberegel, Mollusken, Parasiten der Eingeweide und Infektionen durch Pilze wirken. Von *H. helix* gibt es über 300 Sorten.

H. helix (Gemeiner Efeu) S. 136

VERWENDBAR Blätter.
EIGENSCHAFTEN Ein bitteres, aromatisches, antibakterielles Kraut von ekelerregendem Geschmack.
GEBRAUCH
MEDIZIN Innerlich bei Gicht, rheumatischen Schmerzen, Keuchhusten, Bronchitis. Überdosis zerstört die roten Blutkörperchen und verursacht Reizbarkeit, Durchfall, Erbrechen. Äußerlich bei Hautausschlägen, geschwollenem Gewebe, schmerzhaften Gelenken, Neuralgie, Zahnschmerzen, Verbrennungen, Warzen, Eiterflechten, Krätze. Nur durch qualifizierte Heilpraktiker zu verwenden.
VARIANTEN
H. h. **'Erecta'**, S. 137.
H. h. **'Glacier'**, S. 137.
H. h. **'Goldheart'**, syn. *H. h.* 'Oro di Bogliasco', S. 137.

ANBAU UND ERNTE
ANBAU Winterharte (*H. h.* 'Glacier': frosthart) Kultur- (*H. helix*) oder Zierpflanze (*H. h.* 'Erecta', *H. h.* 'Glacier', *H. h.* 'Goldheart'); auf jedem nicht übermäßig feuchten Boden und Standort; verträgt auch tiefen Schatten. Bunte Sorten sind weniger winterhart und benötigen mehr Licht. Vermehrung durch bewurzelte Ableger; durch Grünstecklinge im Spätsommer. Im Frühjahr und Sommer in Form schneiden, um den neuen Wuchs zu kontrollieren. Schildläuse, Spinnmilben und Blattflecken können die Blätter befallen.
ERNTE Blätter nach Bedarf pflücken und frisch zu Absuden, Flüssigextrakten, Salben, Umschlägen und Tinkturen verarbeiten oder in Essig einweichen.
WARNHINWEIS Alle Teile, besonders junge Blätter und Beeren, sind bei Verzehr schädlich; auch hochgradig hautreizend und allergen.

HELIANTHUS Sonnenblume
(Compositae/Asteraceae)

H. annuus liegt zwischen Kraut und Lebensmittel. In Rußland wurde sie nach ihrer Etablierung als Feldfrucht für medizinische Zwecke genutzt. Eine Therapie gegen Fieber, wobei die Sonnenblumenstiele und -köpfe in Wodka eingeweicht werden, um das Schwitzen anzuregen, wurde von einer Heilkundigen in Sibirien erprobt und in das Repertoire der Volksheilmittel aufgenommen.

H. annuus (Gemeine Sonnenblume, Einjährige Sonnenblume) S. 137

VERWENDBAR Gesamte Pflanze, Samen, Öl.
EIGENSCHAFTEN Nahrhaftes Kraut, das den Cholesterinspiegel senkt und gereiztes Gewebe beruhigt.
GEBRAUCH
KÜCHE Die Samen werden frisch oder geröstet gegessen oder zu Mehl vermahlen und in Backwaren verwendet. Das Öl wird für Salate und zum Kochen verwendet.
MEDIZIN Innerlich für bronchiale Infektionen (Samen), Tuberkulose, Malaria (ganze Pflanze); äußerlich als Grundlage für Massageöle und Einreibemittel bei rheumatischen Beschwerden.
WIRTSCHAFT Öl zur Herstellung von Margarine.
VARIANTEN
H. a. **'Italian White'**, S. 137.
H. a. **'Teddy Bear'**, S. 137.

ANBAU UND ERNTE
ANBAU Winterharte Zierpflanze; gut entwässerter Boden in sonniger Lage. Vermehrung durch Aussaat im Frühjahr. Blütenköpfe können an kalten, feuchten Standorten von Botrytis befallen werden, die Stiele durch vom *Sclerotina*-Pilz verursachten Befall umfallen. Blüten ziehen nützliche Insekten an, z.B. Netzflügler und Schlupfwespen, die sich von Schädlingen ernähren.
ERNTE Die ganzen Pflanzen zu Beginn der Blüte schneiden und frisch für Flüssigextrakte, Tinkturen verarbeiten. Samen im Herbst sammeln und frisch, geröstet oder zu Öl gepreßt verwenden.

HELICHRYSUM Strohblume
(Compositae/Asteraceae)

Einige Arten werden noch in geringem Umfang verwendet: *H. stoechas* ist ein verzichtbares Heilkraut, das früher als Schleimlöser Verwendung fand; *H. orientale* ergibt ätherische Öle, die für bestimmte Duftnoten in Parfümen verantwortlich sind. *H. serpyllifolium* war in Südafrika ein beliebtes Kraut für Tees, bevor Zweifel an seiner Unbedenklichkeit aufkamen. Viele Strohblumen eignen sich getrocknet für Blumenarrangements und Dufttöpfe.

H. italicum, syn. *H. angustifolium* S. 137

VERWENDBAR Blätter.
EIGENSCHAFTEN Ein aromatisches Kraut.
GEBRAUCH
KÜCHE Die frischen Zweiglein werden Reis, Gemüsen und pikanten Gerichten zum Erzielen eines milden Currygeschmacks beigegeben.

ANBAU UND ERNTE
ANBAU Frostharte Zierpflanze; leichter, gut entwässerter Boden in der Sonne. Vermehrung durch Rißlinge oder halbreife Stecklinge im Sommer. Im Frühjahr auf das alte Holz zurückschneiden.
ERNTE Die Zweiglein werden nach Bedarf gepflückt und frisch verwendet.

HELONIAS
H. dioica. Siehe *Chamaelirium luteum*.

HEPATICA Leberblümchen
(Ranunculaceae)

H. nobilis ist in der traditionellen europäischen Medizin seit langem im Gebrauch. Culpeper schrieb, daß das Kraut „die Leber ungemein stärkt und sie unangreifbar macht" („The English Physitian Enlarged", 1653). Die frühen Siedler in Nordamerika benutzten es bei Hepatitis und stellten fest, daß die Indianer die eng verwandte *H. acutiloba* in gleicher Weise nutzten.

H. nobilis, syn. *H. triloba*, *Anemone hepatica* (Echtes Leberblümchen) S. 138

VERWENDBAR Gesamte Pflanze.
EIGENSCHAFTEN Ein adstringierendes, harntreibendes, antibiotisches Kraut, das als Kräftigungsmittel für Leber, Verdauung und das Bronchialsystem verwendet wird. Es beschleunigt die Heilung.
GEBRAUCH
MEDIZIN Innerlich bei Bronchial- und Verdauungsbeschwerden sowie Leber- und Gallenblasenstörungen. Äußerlich bei kleineren Verletzungen und Kopfflechte. Heute nur noch selten im Gebrauch.
VARIANTE
H. n. **'Rubra Plena'**, S. 138.

ANBAU UND ERNTE
ANBAU Winterharte Zierpflanze; tiefer, feuchter, humusreicher, alkalischer Boden; Schatten. Vermehrung durch ausgereifte Samen (nur die Art); durch Teilung im Spätsommer; verträgt keine Störungen.
ERNTE Pflanzen werden vom späten Frühjahr bis Mitte des Sommers geschnitten und für Aufgüsse, Flüssigextrakte und Tinkturen getrocknet.

HERACLEUM
Bärenklau, Herkuleskraut
(Umbelliferae/Apiaceae)

Gerards Kräuterbuch („Herball", 1597) empfahl *H. sphondylium* bei Kopfschmerzen, schlechtem Gedächtnis, Melancholie und Unruhe. Es enthält ätherische Öle und Bergapten, ein Furanokumarin, das zu Überempfindlichkeit gegen Licht führen kann. Die Früchte des nordamerikanischen *H. lanatum* wurden von einigen Ärzten des 19. Jahrhunderts zur Behandlung von Epilepsie eingesetzt. Verschiedene nordamerikanische Indianerstämme nutzten die Wurzeln zur äußerlichen Anwendung, um Schmerzen zu lindern. Die Schwierigkeiten, weißblühende Pflanzen aus der Familie der *Umbelliferae* (von denen viele giftig sind) eindeutig zu identifizieren, stellen bei der Verwendung dieser Pflanzen als Speise oder Medizin ein gewisses Risiko dar.

H. sphondylium (Wiesenbärenklau) S. 138

VERWENDBAR Gesamte Pflanze, Blattstiele, Blätter, Früchte.
EIGENSCHAFTEN Aromatisches, beruhigendes, leicht schleimlösendes Kraut, das eine belebende Wirkung auf die Verdauung hat, den Blutdruck senkt und als Aphrodisiakum gilt.
GEBRAUCH
KÜCHE Blattstiele werden zu Bündeln geschnürt und in der Sonne getrocknet, bis sie gelb sind. Dabei sondern sie eine süße Substanz ab, die in Rußland und Sibirien als Delikatesse gilt.
MEDIZIN Innerlich bei Kehlkopfkatarrh, Bronchitis und Schwächezuständen; heute selten verwendet.

ANBAU UND ERNTE
ANBAU Winterharte Kulturpflanze; jeder Boden in Sonne oder Halbschatten. Vermehrung durch Aussaat im Frühjahr.
ERNTE Pflanzen vor der Blüte schneiden, frisch verwenden oder für Aufgüsse trocknen; Blätter schneidet man vor der Blüte, und die reifen Früchte werden für Aufgüsse, Flüssigextrakte und Tinkturen verwendet.
WARNHINWEIS Bei Sonnenlicht hautreizend.

HEUCHERA Purpurglöckchen
(Saxifragaceae)

H. americana war bei den nordamerikanischen Indianern ein wichtiges Heilkraut. Seine Anwendung wurde von den weißen Siedlern übernommen. Es stand für kurze Zeit in der „U.S. Pharmacopoeia“ (1880-1882).

H. americana S. 138

VERWENDBAR Wurzeln.
EIGENSCHAFTEN Bitteres, adstringierendes Kraut, das Blutungen und Ausfluß hemmt, die Heilung fördert.
GEBRAUCH
MEDIZIN Innerlich bei Magengeschwüren, Durchfall, Ruhr; Überdosis reizt den Magen und verursacht Nieren- und Leberfehlfunktionen. Äußerlich bei wunden Stellen, wundem Hals und Scheidenausfluß.

ANBAU UND ERNTE
ANBAU Winterharte Zierpflanze; feuchter, gut entwässerter Boden, Halbschatten. Aussaat oder Teilung im Herbst und Frühjahr. Triebe können durch blättrige Gallen zerstört werden.
ERNTE Die Wurzeln werden im Herbst geerntet und für Absude und Puder getrocknet.

HIBISCUS Eibisch
(Malvaceae)

H. sabdariffa wächst heute in vielen Teilen Asiens, Afrikas, Mittelamerikas sowie in Kalifornien und Florida. Das Kraut kam im 19. Jahrhundert als „sudanesischer Tee“ nach Europa, war aber von Beginn an wegen seiner blutroten Färbung unbeliebt. Heute wird das Kraut zum Färben und Würzen der meisten Fruchtkräutertees verwendet. *H. sabdariffa* var. *altissima* wird zur Fasergewinnung angebaut. Der verwandte *Malvaviscus arboreus* (Beerenmalve) dient in Mittelamerika als Haarwuchsmittel und zum Schweißtreiben.

H. abelmoschus. Siehe *Abelmoschus moschatus*.

H. rosa-sinensis (Chinesischer Roseneibisch) S. 138

VERWENDBAR Blüten, Saft der Blütenblätter.
EIGENSCHAFTEN Süßes, adstringierendes, kühlendes Kraut, das Blutungen stoppt, gereizte Gewebe beruhigt und Krämpfe löst.
GEBRAUCH
MEDIZIN Innerlich bei übermäßiger und schmerzhafter Menstruation, Blasenentzündung, Geschlechtskrankheiten, fiebrigen Krankheiten, Erkältungen, zur Anregung des Haarwuchses.
WIRTSCHAFT Saft der Blütenblätter dient in China als schwarze Schuhfarbe und Wimperntusche.
VARIANTE
H. r.-s. **'Cooperi'**, S. 138.

H. sabdariffa (Rama) S. 139

VERWENDBAR Blätter, Stiele, Blütenkelche, Samen.
EIGENSCHAFTEN Ein aromatisches, adstringierendes, kühlendes Kraut, das harntreibend, fiebersenkend und reich an Vitamin C ist.
GEBRAUCH
KÜCHE Die Blätter schmecken ähnlich wie Rhabarber. Sie werden roh oder gekocht gegessen. Blütenkelche sind in Marmeladen, Currymischungen und Chutneys enthalten. Die Samen werden geröstet.
MEDIZIN Innerlich als Kräftigungstee für Funktionen der Nieren und der Verdauung.
WIRTSCHAFT Aus den Stielen werden Fasern hergestellt. Die Blütenkelche nimmt man zum Färben und Würzen von Kräutertees.

ANBAU UND ERNTE
ANBAU Empfindliche Zier- (*H. rosa-sinensis, H. r.-s.* 'Cooperi') oder Kulturpflanze *(H. sabdariffa)*; gut entwässerter Boden; Sonne, mindestens 7-10° C. Vermehrung durch Aussaat im Frühjahr (nur Arten); durch Grünstecklinge im Frühjahr oder halbreife Stecklinge im Sommer. Im Frühjahr hart zurückschneiden. Unter Abdeckungen gezogene Pflanzen können von Weißen Fliegen, Blattläusen, Spinnmilben befallen werden.
ERNTE Blätter jung pflücken und frisch verwenden, Blüten schneiden und für Aufgüsse und Puder trocknen. Reife Kelche sammeln, frisch oder getrocknet verwenden. Samen werden geröstet.

HIERACIUM Habichtskraut
(Compositae/Asteraceae)

H. pilosella wurde von Culpeper 1653 als ein „kühlendes, etwas trocknendes und stopfendes“ Kraut beschrieben und in einer Reihe von Anwendungen empfohlen.

H. pilosella, syn. *Pilosella officinarum* (Kleines Habichtskraut, Mausohr) S. 139

VERWENDBAR Gesamte Pflanze.
EIGENSCHAFTEN Bitteres, antibiotisches Kraut, das schleimlösend und harntreibend wirkt, die Heilung fördert, Krämpfe löst, Entzündungen hemmt und die Speichelbildung anregt.
GEBRAUCH
MEDIZIN Innerlich bei Asthma, Bronchitis, Katarrh, Keuchhusten, bronchialen Infektionen mit Blutungen, Grippe, Blasen- und Nierenentzündung, Nierensteinen, Durchfall und Bruzellenkrankheit; äußerlich bei Wunden, Brüchen, klaffenden Wunden und Nasenbluten. Bei Keuchhusten in Verbindung mit *Marrubium vulgare* (vgl. S. 308), *Verbascum thapsus* (S. 368) und *Tussilago farfara* (S. 365); bei Asthma mit *Drosera rotundifolia* (S. 275), *Grindelia camporum* (S.290), *Euphorbia hirta* (S. 281) oder *Polygala senega* (S. 332).

ANBAU UND ERNTE
ANBAU Winterharte Kulturpflanze; gut entwässerter bis trockener, armer Boden in Sonne oder Halbschatten. Vermehrung durch Aussaat oder Teilung im Herbst oder Frühjahr.
ERNTE Die Pflanzen werden im Sommer geschnitten und frisch oder getrocknet für Aufgüsse, Flüssigextrakte, Sirups sowie Tinkturen verwendet. Die einzelnen Zubereitungen sollten stets frisch hergestellt werden.

HIEROCHLOË Mariengras
(Gramineae/Poaceae)

H. odorata enthält Glykoside, die beim Trocknen Kumarin ergeben, eine süßlich riechende, kristalline Substanz, die in der Parfümindustrie von Bedeutung ist. Sie wurde 1868 aus Teer synthetisch hergestellt, aber der Bedarf nach natürlichen Bezugsquellen ist immer noch sehr groß. Es gibt über 100 bekannte Kumarine.

H. odorata, syn. *H. borealis* (Vanillegras, Wohlriechendes Mariengras) S. 139

VERWENDBAR Blätter, Öl.
EIGENSCHAFTEN Aromatisches Kraut mit starkem Vanillegeruch, das in Parfümen als Anreger und in anderen Düften als Fixativ benutzt wird.
GEBRAUCH
AROMA Ätherische Öle in der Parfümindustrie.
WIRTSCHAFT Blätter werden Wodka als Gewürz beigetan und zum Korbflechten verwendet. Öle sind in Konfekt, Softdrinks und Tabak enthalten.

ANBAU UND ERNTE
ANBAU Winterharte Kulturpflanze; entwässerter, feuchtigkeitshaltender Boden; Sonne. Vermehrung durch Rhizomteilung im Frühjahr/Sommer.
ERNTE Blätter im Sommer schneiden, trocknen und als Ganze lagern oder zu Öl destillieren.

HORDEUM Gerste
(Gramineae/Poaceae)

Gerste wurde schon vor etwa 10.000 Jahren im Nahen Osten in die Hauswirtschaft eingeführt. Es gibt viele Kulturformen, die sich von den zwei Haupttypen herleiten (beide aus *H. vulgare*): die zweizeilige *(H. distichum)* und die sechszeilige Gerste *(H. polystichum)*. Früheste medizinische Anwendungen von Gerste sind aus den Ebers Papyri (ca. 1550 v.Chr.) bekannt: als Rezepturen für Abführmittel, Mittel gegen Parasiten der Eingeweide und für Breiumschläge bei Verbrennungen sowie Brüchen. Sowohl die enthülsten und zum anschließenden Keimen gebrachten (Perlgerste) wie auch die an der Pflanze keimenden Samen (Malzgerste) werden verwendet. Gerste besitzt einen geringen Gehalt an Gluten und eignet sich nicht für Brote oder Backwaren aus Sauerteig.

H. vulgare (Saatgerste) S. 139

Verwendbar Samen („Mai ya").
Eigenschaften Ein süßes, wärmendes Kraut, das gereizte Gewebe beruhigt, den Appetit anregt, die Verdauung verbessert und den Milchfluß hemmt.
Gebrauch
Küche Enthülste Gerste in Suppen kochen oder mit Zitronen oder Orangen als Gerstenwasser aufgießen.
Medizin Innerlich bei Verdauungsbeschwerden, besonders bei Kleinstkindern, oder nach dem Verzehr von Frühstückskost und bei Infektionen durch *Candida albicans*. Auch bei übermäßiger Milchbildung, Hepatitis, Unterleibsblutungen (gekeimte Samen); Husten, schwache Verdauung (Malzgerstenextrakt); Appetitlosigkeit und bei Rekonvaleszenz (Gerstenwasser); nicht an stillende Mütter verabreichen.
Wirtschaft Für die Bierbrauerei, Whiskydestillation und für Malzextrakte werden die Samen zum Keimen gebracht und zu Maische verarbeitet.

> **Anbau und Ernte**
> Anbau Winterharte Kulturpflanze; gut entwässerter Boden; Sonne. Vermehrung durch Aussaat im Frühjahr.
> Ernte Samen werden im Herbst geerntet und für Malzextrakte enthülst oder zum Keimen gebracht.

Houttuynia
(Saururaceae)

Von *H. cordata* gibt es zwei Chemotypen mit unterschiedlicher Zusammensetzung: der japanische Typ besitzt einen Geruch nach Orangen, während der chinesische eher den Geruch von Korianderblättern aufweist.

H. cordata S. 139

Verwendbar Gesamte Pflanze, Blätter („Yu xing cao").
Eigenschaften Ein scharfes, kühlendes Kraut, das aromatisch und harntreibend ist, Fieber und Vergiftungen bekämpft und Schwellungen abklingen läßt.
Gebrauch
Küche Blätter ißt man in Vietnam zu Fischeintöpfen und gekochten Enteneiern, in China roh.
Medizin In der traditionellen chinesischen Medizin innerlich bei Infektionen der Atem- und Harnwege. Äußerlich bei Schlangenbissen und Hautproblemen.
Varianten
H. c. **'Chameleon'**, S. 139.
H. c. **'Flore Pleno'**, S. 139.

> **Anbau und Ernte**
> Anbau Winterharte Zierpflanze; nasser Boden oder flaches Gewässer; Halbschatten. Vermehrung durch Teilung im Frühjahr oder Herbst.
> Ernte Ganze Pflanzen in der Wachstumsphase schneiden und frisch für Absude verwenden.

Humulus Hopfen
(Cannabaceae)

Hopfen wurde von mehreren Indianerstämmen bei Schlaflosigkeit und Schmerzen eingenommen. In der europäischen Medizin ist er seit dem 17. Jahrhundert verankert. Culpeper empfahl ihn 1653 bei Hautinfektionen, Gelbsucht, Kopfschmerzen und „Hitze der Leber und des Magens". Hopfenextrakte waren in der „U.S. Pharmacopoeia" (1831-1916) aufgeführt.

H. lupulus (Gemeiner Hopfen) S. 140

Verwendbar Blätter, Triebe, weibliche Blüten (Zapfen), Öl.

Eigenschaften Bitteres, kräftigendes Kraut, das aromatisch und harntreibend ist, schmerzbefreiend und krampflösend. Ein starkes Beruhigungsmittel mit hormonellen und antibakteriellen Wirkungen.
Gebrauch
Küche Die jungen Triebe ißt man roh oder kocht sie wie den Spargel.
Aroma Getrockneter Hopfen ist Bestandteil von Schlaftabletten. In Parfüms Teil von Duftnoten.
Medizin Innerlich bei Schlaflosigkeit, nervösen Spannungen, Angstzuständen, Reizbarkeit, nervösen Beschwerden, Dauererektion und vorzeitigem Samenerguß. Äußerlich bei Entzündungen der Haut, Ekzem, Herpes und Geschwüren an den Beinen. Als Beruhigungsmittel in Verbindung mit *Valeriana officinalis* (vgl. S. 367) und bei nervösen Verdauungsstörungen mit *Chamaemelum nobile* (S. 259) oder *Mentha × piperita* (S. 311).
Wirtschaft Hopfen ist der wichtigste Geschmacksstoff im Bier. Destillierte Öle und Extrakte sind als Gewürze in Lebensmitteln und Softdrinks.
Variante
H. l. **'Aureus'**, S. 140.

> **Anbau und Ernte**
> Anbau Winterharte Kultur- *(H. lupulus)* oder Zierpflanze (*H. l.* 'Aureus'); feuchter, gut entwässerter Boden, Sonne oder Halbschatten. Vermehrung durch Kopfstecklinge im Frühjahr von weiblichen Pflanzen. Das Wachstum der vorigen Phase während der Ruhezeit entfernen.
> Ernte Blüten im Herbst pflücken und frisch oder getrocknet für Aufgüsse, Flüssigextrakte, Tinkturen und zur Destillation von Öl verwenden.
> Warnhinweis Hautreizend und allergen.

Hydnocarpus
(Flacourtiaceae)

H. kurzii wird in chinesischen medizinischen Schriften zum ersten Mal 1347 erwähnt (als „Da feng zi") und hat sich weltweit als Mittel bei ernsthaften Hautkrankheiten, insbesondere Lepra, durchgesetzt. Sein Öl besitzt eine einzigartige chemische Zusammensetzung mit Säuren, die man in anderen Ölen nicht findet.

H. kurzii, syn. *Taraktogenos kurzii* S. 140

Verwendbar Samen („Da feng zi"), Öl.
Eigenschaften Ein beißend-scharfes, beruhigendes Kraut mit unangenehmem Geruch, das fiebersenkend wirkt und bei Darmparasiten wirkt. Ein starkes Antibiotikum; eine Überdosis kann zu Kreislaufschwächen führen.
Gebrauch
Medizin Innerlich bei Lepra, Krätze, Ekzem, Schuppenflechte, Skrofulose, Kopfflechte und Darmparasiten; kann zu Erbrechen, Benommenheit und Atemschwierigkeiten führen. Äußerlich als Kompresse bei Hautkrankheiten; bei Kopfflechte in Verbindung mit Walnußöl und Schweineschmalz; bei Krätze mit Schwefel und Kampfer. Nur durch qualifizierte Heilpraktiker zu verabreichen.

> **Anbau und Ernte**
> Anbau Empfindliche Kulturpflanze; nährstoffreicher, feuchter, gut entwässerter Boden mit mittlerer Feuchtigkeit, mindestens 12-14° C. Vermehrung durch Aussaat reifer Samen bei 18-21° C; durch Veredeln im Frühjahr oder Frühsommer.
> Ernte Reife Samen von den Beeren lösen und im Ganzen für Absude verwenden, für Tabletten, Pasten pulverisieren oder für Öle zerdrücken. Öl als Emulsion oder Injektion anwenden.

Hydrangea Hortensie
(Hydrangeaceae)

H. arborescens ist bei Harnsteinen ein altes Hausmittel der Indianer gewesen. Diese Anwendung wurde von den Siedlern übernommen und fand so ihren Weg in die Kräutermedizin. Die Blätter der *H. a.* ssp. *radiata* haben weiße Unterseiten. Sie wird gelegentlich wegen dieses Laubs angebaut. Ihre Sorten besitzen die größten Blütenköpfe dieser Art, bestehen aber meist aus sterilen Blüten.

H. arborescens S.140

Verwendbar Wurzeln.
Eigenschaften Süßes, scharfes Kraut, das antiseptisch und harntreibend wirkt, gereizte Gewebe beruhigt und die Bildung von Harnsteinen vermindert.
Gebrauch
Medizin Innerlich bei Nieren- und Gallenblasensteinen, Blasen- und Harnröhrenentzündung, Prostatitis, rheumatischer Arthritis, Gicht und Ödemen. Gute Ergebnisse mit *Aphanes arvensis* (vgl. S. 239), *Eupatorium purpureum* (S. 281) und *Arctostaphylos uva-ursi* (S. 241). Eine Überdosis führt zu Benommenheit und bronchialen Stauungen.
Variante
H. a. **'Annabelle'**, S. 140.

> **Anbau und Ernte**
> Anbau Winterharte Kultur- *(H. arborescens)* oder Zierpflanze (*H. arborescens* 'Annabelle'); feuchter, gut entwässerter, humusreicher Boden, Sonne oder Halbschatten. Vermehrung durch Grünstecklinge im Sommer. Im zeitigen Frühjahr müssen die Triebe der Vorjahresblüte zurückgeschnitten werden; tote Blütenköpfe entfernen.
> Ernte Wurzeln im Herbst ernten und für Absude, Flüssigextrakte und Tinkturen trocknen.

Hydrastis Orangenwurzel
(Ranunculaceae)

H. canadensis wurde von den nordamerikanischen Indianern für eine Vielzahl von Anwendungen eingesetzt. Auch die weißen Siedler fanden Verwendung für die Pflanze; schließlich wurde sie in die „U.S. Pharmacopoeia“ (1831-42 und 1863-1936) aufgenommen. Sie enthält Isochinolinalkaloide, darunter Berberin (das man auch in *Berbis vulgaris*, vgl. S. 248 findet), was die Vermutung nahelegt, daß die *Berberis* bei der Behandlung derjenigen Beschwerden, für die man *Hydrastis* einsetzt, die gleiche Wirkung haben dürfte. Denn nach jahrhundertelanger Ausbeutung sind die wildwachsenden Populationen erschöpft. Rhizome der Pflanze werden zunehmend teurer. Einer Erhebung über den Handel mit Tieren und Pflanzen aus dem Jahr 1992 zufolge sind alle im Handel befindlichen *H. canadensis* wildwachsenden Ursprungs und stehen in einigen Ländern kurz davor, als gefährdet eingestuft zu werden.

H. canadensis S. 141

VERWENDBAR Rhizome.
EIGENSCHAFTEN Ein bitteres, stinkendes, blutreinigendes Kraut, das Blutungen und Entzündungen hemmt, die Gallenproduktion und Kontraktionen der Gebärmutter anregt sowie mild abführend wirkt. Es verbessert die Verdauung, ist kongestionsvermindernd und wirksam gegen bakterielle und amöbische Infektionen.
GEBRAUCH
MEDIZIN Innerlich bei Verdauungsstörungen, Magengeschwüren, Katarrh, Nebenhöhlenentzündung, übermäßige und schmerzhafte Menstruation, Blutungen nach der Entbindung und bei Entzündungen im Beckenbereich; nicht für Schwangere und Patienten mit hohem Blutdruck. *H. c.* zerstört nützliche wie schädliche Organismen in den Eingeweiden, darf daher nur für begrenzte Zeit verschrieben werden (höchstens drei Monate). Äußerlich bei Ekzemen, Ohren- und Bindehautentzündungen, Infektionen der Scheide und Erkrankungen des Zahnfleischs. Bei Verdauungsstörungen in Verbindung mit *Filipendula ulmaria* (vgl. S. 283) und *Chamaemelum nobile* (S. 259); bei Blutungen der Gebärmutter mit *Trillium erectum* (S. 364); bei Entzündungen der Augen mit *Hamamelis virginiana* (S. 291) und *Euphrasia officinalis* (S. 281).

ANBAU UND ERNTE
ANBAU Winterharte Kulturpflanze; nährstoffreicher, feuchter, gut entwässerter Boden im Schatten; pH-Wert 6.0-7.0. Vermehrung durch Aussaat im Herbst; durch Teilung in der Ruhezeit. Die Samen keimen langsam.
ERNTE Rhizome werden im Herbst nach dem Absterben des Laubs geerntet und für Absude, Flüssigextrakte, Tabletten oder Tinkturen getrocknet.

HYDROCOTYLE

H. asiatica. Siehe *Centella asiatica.*

HYOSCYAMUS Bilsenkraut
(Solanaceae)

H. niger wurde schon von Dioskorides im ersten Jahrhundert n.Chr. als Schlaf- und Schmerzmittel empfohlen. Es enthält wie auch die verwandte *Atropa belladonna* (vgl. S. 246) Tropanalkaloide (vor allem Hyoszyamin und Hyoszin). Andere Arten, die auch zur Extraktion von Alkaloiden angebaut werden, sind u.a. *H. muticus* und *H. albus. H. muticus* hat Berühmtheit als Hexenkraut erworben, das zu Halluzinationen und Delirien führt und auch von Giftmördern eingesetzt wurde. Hamlets Vater starb durch das Einträufeln des Saftes in sein Ohr. Dr. Crippen ermordete seine Frau mit Hyoszin.

H. niger (Bilsenkraut) S. 141

VERWENDBAR Gesamte Pflanze.
EIGENSCHAFTEN Narkotisierendes, beruhigendes Kraut mit unangenehmem Geschmack; krampflösend, schmerzlindernd und pupillenerweiternd.
GEBRAUCH
MEDIZIN Innerlich bei Asthma, Keuchhusten, Menière-Syndrom, Tremor bei Altersschwäche oder Paralyse und zur Medikation vor Operationen. Überdosis führt zu herabgesetztem Sehvermögen, Zuckungen, Koma, Tod durch Herzversagen oder Atemstillstand. Äußerlich bei Neuralgie, Zahnschmerzen und Rheumatismus; wird Abführmitteln beigegeben, um Bauchweh zu verhindern. Nur durch qualifizierte Heilpraktiker zu verwenden. WARNHINWEIS Dieses Kraut unterliegt in einigen Ländern gesetzlichen Einschränkungen.

ANBAU UND ERNTE
ANBAU Winterharte Kulturpflanze; leichter, gut entwässerter Boden; Sonne. Vermehrung durch Aussaat im Frühjahr oder Herbst. Kartoffelkäfer können Schäden verursachen.
ERNTE Blütenspitzen und Blätter werden im Sommer gesammelt; Verwendung für Trocken- und Flüssigextrakte, medizinische Öle und Tinkturen.
WARNHINWEIS Bei Verzehr giftig; Hautreizungen und Allergien sind möglich.

HYPERICUM Johanniskraut
(Guttiferae)

Die dem *H. perforatrum* seit alters zugeschriebenen magischen Eigenschaften sind teilweise auf die fluoreszierenden roten Pigmente (das Hyperizin) zurückzuführen, die beim Zerquetschen der Pflanze wie Blut heraustreten. Hyperizin ist ein Beruhigungsmittel; es befindet sich in Erprobung zur Behandlung von AIDS.

H. perforatum (Tüpfel-Johanniskraut, Echtes Johanniskraut) S. 141

VERWENDBAR Gesamte Pflanze.
EIGENSCHAFTEN Bittersüßes, kühlendes, adstringierendes Kraut, das die Nerven beruhigt, Entzündungen hemmt und die Heilung fördert; lokal antiseptisch und analgetisch.
GEBRAUCH
MEDIZIN Innerlich bei Bettnässen (besonders bei Kindern), Angstzuständen, nervösen Spannungen, klimakterischen Beschwerden, prämenstruellem Syndrom, Gürtelrose, Ischias und Bindegewebsentzündung; nicht bei Patienten mit chronischer Depression. Äußerlich bei Verbrennungen, Quetschungen, Verletzungen (besonders tiefen und schmerzhaften Wunden, bei denen die Nerven beschädigt sind), Ischias, Neuralgien, Krämpfen, Verstauchungen und Tennisarm; bei Quetschungen gute Ergebnisse mit *Hamamelis virginiana* (vgl. S. 291) oder *Calendula officinalis* (vgl. S. 252).

ANBAU UND ERNTE
ANBAU Winterharte Kulturpflanze; gut entwässerter bis trockener Boden; Sonne oder Halbschatten. Vermehrung durch Aussaat im Herbst oder Frühjahr; durch Teilung im Herbst oder Frühjahr.
ERNTE Die Pflanzen werden zu Beginn der Blütezeit geschnitten und frisch oder getrocknet für Crèmes, Aufgüsse, Flüssigextrakte, medizinische Öle sowie Tinkturen verwendet.
WARNHINWEIS Bei Verzehr schädlich; ein Hautallergen im Sonnenlicht.

HYSSOPUS Ysop
(Labiatae/Lamiaceae)

Ysop wird im Alten Testament an mehreren Stellen als reinigende Pflanze erwähnt. Es enthält ein kampferartiges ätherisches Öl und Verbindungen, die denen von *Marrubium vulgare* (vgl. S. 308) gleichen. Daher erklärt sich auch seine Wirksamkeit bei bronchialen Beschwerden.

H. officinalis (Ysop, Isop, Josefskraut) S. 141

VERWENDBAR Gesamte Pflanze, Blätter, Blüten, Öl.
EIGENSCHAFTEN Bitteres, aromatisches, adstringierendes Kraut, das schleimlösend, entzündungshemmend und fiebersenkend wirkt; kräftigt Verdauung, Harn-, Nerven- und Bronchialsystem.
GEBRAUCH
KÜCHE Die Blätter haben einen bitteren Salbei-Minze-Geschmack und werden zu Hülsen- oder Fleischgerichten beigegeben.
MEDIZIN Innerlich bei Bronchitis, Infektionen und Kongestionen der oberen Atemwege, Erkältungen und fiebrigen Krankheiten bei Kindern, Blähungen und Koliken (blühende Pflanze); Erkältungen (blühende Pflanze, Blüten). Äußerlich bei Schnittverletzungen und Quetschungen (blühende Pflanze); bronchialen Infektionen (medizinisches Öl); nervöser Erschöpfung (Badeöl). Bei ständiger Erkältung in Verbindung mit *Verbascum thapsus* (vgl. S. 368) oder *Glycyrrhiza glabra* (S. 289); bei Ansammlungen in den Bronchien mit *Thymus vulgaris* (S. 362) und *Eucalyptus globulus* (S. 280). Übermäßiger Gebrauch von ätherischem Öl kann zu epileptischen Anfällen und zum Tod führen. WARNHINWEIS Dieses Kraut unterliegt als ätherisches Öl in einigen Ländern besonderen Einschränkungen.
WIRTSCHAFT Wird zum Würzen von Likören, z.B. Chartreuse, verwendet.
VARIANTEN
H. o. f. ***albus***, S. 141.
H. o. ssp. ***aristatus***, S. 142.
H. o. f. ***roseus***, S. 142.

ANBAU UND ERNTE
ANBAU Winterharte Zierpflanze; gut entwässerter bis trockener, neutraler bis alkalischer Boden, Sonne. Vermehrung durch Aussaat im Herbst oder Frühjahr, durch Grünstecklinge im Sommer. Aus Samen gezogene Varianten behalten ihre Merkmale nicht; Hecken und Solitäre im Frühjahr zurückschneiden.
ERNTE Blätter und Blütenspitzen bei Öffnen der Knospen sammeln, für Aufgüsse, Flüssigextrakte, Tinkturen trocknen oder zu Öl destillieren.

I

ILEX Stechpalme
(Aquifoliaceae)

Verschiedene Stechpalmen-Arten werden medizinisch genutzt. Einige enthalten bittere Verbindungen und Anregungsmittel, wie Koffein und Theobromin, die auch in Tee, Kaffee und Kakao enthalten sind. Die Stechpalme ist bei dem ursprünglich heidnischen Brauch des Ausschmückens der Räume zu Weihnachten die wichtigste immergrüne Pflanze. Sie symbolisiert die Fortsetzung des Lebens während der Ruhezeit des Winters.

I. aquifolium (Stechpalme) S. 142

VERWENDBAR Blätter.
EIGENSCHAFTEN Bitteres, adstringierendes, stärkendes Kraut mit harntreibender und fiebersenkender Wirkung.
GEBRAUCH
MEDIZIN Innerlich bei Malaria, Bronchienbeschwerden, Grippe und Rheumatismus.
VARIANTEN
I. a. 'Ferox Argentea', S. 142.
I. a. 'Madame Briot', S. 143.

I. paraguensis, syn. *I. paraguariensis* (Matestrauch) S. 143

VERWENDBAR Blätter.
EIGENSCHAFTEN Angenehm schmeckendes, anregendes Kraut, das eine mild schmerzlindernde und harntreibende Wirkung hat, Krämpfe löst und von Giften befreit; soll den Appetit zügeln.
GEBRAUCH
MEDIZIN Innerlich bei durch Nervenanspannung verursachten Kopfschmerzen, Migräne, Neuralgie, milder Depression und rheumatischen Schmerzen; hauptsächlich als Alternative zu Tee (*Camellia sinensis*, vgl. S. 252) verwendet.

I. verticillata, syn. *Prinos verticillatus* (Nordamerikanische Stechpalme) S. 143

VERWENDBAR Rinde.
EIGENSCHAFTEN Ein bitteres, adstringierendes, antiseptisches Kraut von stärkender und abführender Wirkung.
GEBRAUCH
MEDIZIN Innerlich bei Fieber, Hepatitis und Gelbsucht; äußerlich bei Hautentzündungen, Herpes und gangränösen Geschwüren; kombiniert mit *Ulmus rubra* (vgl. S. 366) bei Hautproblemen.

ANBAU UND ERNTE

ANBAU Winterharte Zierpflanze (*I. paraguensis:* empfindliche Kulturpflanze); feuchter, gut entwässerter Boden; Sonne oder im Schatten. Laubwechselnde oder bunte Stechpalmen brauchen Sonne oder Halbschatten. ►

► *I. paraguensis* benötigt mindestens 7° C. *I. verticillata* verträgt Nässe. Aussaat im Frühling (nur Arten); halbreife Stecklinge im Spätsommer und Herbst; Absenken im Herbst. Im Frühling zurück- oder beschneiden. *I. paraguensis* wird zu einem niedrigen Busch beschnitten, um die Ernte zu erleichtern. Stechpalmen vertragen keine Störungen der Wurzeln.
ERNTE Blätter im Frühsommer pflücken *(I. aquifolium)* und für Aufgüsse und Flüssigextrakte trocknen; belaubte Triebe *(I. paraguensis)* können in bestimmten Abständen das ganze Jahr über wie Tee gepflückt und für Aufgüsse getrocknet werden. Die Rinde der *I. verticillata* wird im Frühling von den Zweigen geschält und für die Verwendung in Absuden und Flüssigextrakten getrocknet.
WARNHINWEIS Die Beeren sind bei Verzehr giftig.

ILLICIUM Sternanis
(Illiciaceae)

Eine Gattung von ca. 40 Arten immergrüner Sträucher und kleiner Bäume mit aromatischer Rinde; weit verbreitet in Südostasien und in der Karibik. Die ledrigen Blätter duften nach Anissamen. Die Blüten werden direkt aus der Rinde hervorgebracht. *I. verum* darf nicht mit *I. anisatum* verwechselt werden, welches das giftige Sikimitoxin enthält und dessen geruchlose Früchte manchmal zum Strecken von Sternanis verwendet werden.

I. verum (Sternanis)

Immergrüner Baum, hart bis -5° C; Höhe 18m, Ausbreitung 7-12m; mit spitz zulaufenden elliptischen Blättern von bis zu 15cm Länge. Die alleinstehenden, gelbweißen, magnolienartigen Blüten (ca. 1cm Durchmesser), innen oft leicht rot bis rosa gefärbt, erscheinen im Sommer. Daraus entstehen achtzackige, hölzerne Früchte mit einem einzelnen Samenkorn in jedem Segment.

VERWENDBAR Früchte („Ba jiao hui xiang"), Öl.
EIGENSCHAFTEN Warmes, anregendes Kraut, das der Verdauung zuträglich ist, Schmerzen lindert, fungizid und bakterizid wirkt.
GEBRAUCH
KÜCHE Würzt Currygerichte, Tee und Pickles; ist ein Bestandteil des „Fünf-Gewürze-Pulvers" in der chinesischen und vietnamesischen Küche.
MEDIZIN Innerlich bei Unterleibsschmerzen, Verdauungsstörungen und Beschwerden, die mit Verkühlung zu tun haben, (z.B. Hexenschuß). Oft in Mitteln gegen Verdauungsstörungen und Hustensäften sowie als Anissamengeschmacksgeber für Arzneimittel; dient im Orient als Verdauungsmittel und gegen Mundgeruch nach den Mahlzeiten.
WIRTSCHAFT Wird zum Würzen von Kaffee und Süßwaren verwendet; das ätherische Öl verwendet man als Würze für alkoholische und alkoholfreie Getränke sowie für Backwaren.

ANBAU UND ERNTE

ANBAU Frostharte Kulturpflanze; feuchter, gut entwässerter, neutraler bis saurer Boden im Halbschatten; Vermehrung durch halbreife Stecklinge im Sommer.
ERNTE Früchte werden zum Kauen unreif geerntet, reif für die Öldestillation oder für Absude.

IMPATIENS Springkraut
(Balsaminaceae)

Springkraut wurde lange Zeit von den Indianern Nordamerikas benutzt, um den Schmerz und den Reizzustand bei Hautausschlag und Ekzemen zu lindern. *I. pallida* ist im Aussehen der verbreiteteren *I. capensis* sehr ähnlich.

I. pallida S. 143

VERWENDBAR Gesamte Pflanze, Saft.
EIGENSCHAFTEN Ein herbes Kraut, das bei innerlicher Einnahme harntreibende, abführende und Erbrechen verursachende Wirkungen zeigt.
GEBRAUCH
MEDIZIN Äußerlich bei von *Rhus* spp. (vgl. S. 341) verursachten Ausschlägen; bei Hühneraugen, Warzen, Kopfflechte (Saft); bei Hämorrhoiden (Salbe).

ANBAU UND ERNTE

ANBAU Wild wachsend, genutzte Teile werden gesammelt; frosthart; feuchter Boden in der Sonne oder im Schatten. Vermehrung durch Samen.
ERNTE Die Pflanzen werden blühend geschnitten und frisch verwendet für Salben und für Saft.

INULA Alant
(Compositae/Asteraceae)

Verschiedene Arten werden sowohl medizinisch wie als Färberpflanzen verwendet. Die strauchige *I. cappa* ist ein in Südchina beliebtes Mittel gegen bronchiale und rheumatische Beschwerden, Migräne und Hautinfektionen. *Inula* ist in der ayurvedischen Medizin als „Pushkaramula" bekannt und genießt hohe Wertschätzung als lungenstärkendes und schmerzstillendes Mittel. *I. helenium* enthält bis zu 44% Inulin, ein schwach süßes Polysaccharid, das wenig Nährwert hat, Zuckerkranken aber oft als Süßstoff empfohlen wird.

I. britannica var. *chinensis, syn. I. japonica*

Robuste Mehrjährige, winterhart bis -15° C, Höhe 20-26cm; Ausbreitung 50cm. Sie hat stengellose, lanzettliche bis längliche Blätter von bis zu 10cm Länge und im Sommer gelbe Blüten; beheimatet in Feuchtgebieten und an Flußufern in Nordostasien.

VERWENDBAR Blüten („Xuan fu hua").
EIGENSCHAFTEN Ein bitteres, scharfes, antibakterielles Kraut, das das Verdauungssystem anregt, Schleim löst und Erbrechen zum Stillstand bringt.
GEBRAUCH
MEDIZIN Innerlich bei mit starker Schleimbildung verbundenen Beschwerden der Bronchien, bei Übelkeit und Erbrechen, Schluckauf und Blähungen; mit Honig als schleimlösendes Mittel und mit *Zingiber officinale* (vgl. S. 373) und *Glycyrrhiza glabra* (S. 289) bei Verdauungsstörungen, die durch übermäßige Schleimbildung gekennzeichnet sind.

I. helenium (Echter Alant) S. 143

VERWENDBAR Wurzeln, Blüten, Öl.
EIGENSCHAFTEN Ein bitteres, scharfes, aromatisches Kraut mit schleimlösender und harntreibender Wirkung; es löst Krämpfe, hemmt Entzündungen und verstärkt die Schweißbildung; wirksam gegen bakterielle und Pilzinfektionen sowie als Blutreinigungsmittel, wobei es Gifte herauszieht und das Immun-

und Verdauungssystem anregt.

GEBRAUCH

KÜCHE Einst sehr beliebt als Würze für Süßspeisen und Fischsoßen. Die Wurzeln können kandiert oder zu Likör verarbeitet werden.

AROMA Das nach Kampfer duftende Öl wird in der Parfümindustrie verwendet.

MEDIZIN Innerlich bei Bronchitis, Heuschnupfen, Reizhusten, Asthma, Tuberkulose, Pleuritis, Katarrh und bei mit Schleimbildung verbundener schlechter Verdauung. Nicht bei Schwangerschaft zu verwenden. Ergänzt sich gut mit *Marrubium vulgare* (S. 308), *Tussilago farfara* (S. 365), *Asclepias tuberosa* (S. 244) und *Achillea millefolium* (S. 227); manchmal empfohlen für die äußerliche Anwendung als Waschung bei Hautentzündungen und Krampfadergeschwüren; kann allergische Reaktionen verursachen.

ANBAU UND ERNTE

ANBAU Kulturpflanze (*I. britannica* var. *chinensis*); Zierpflanze (*I. helenium*); winterhart. Feuchter, gut entwässerter Boden; Sonne. Vermehrung durch Teilung; Aussaat im Frühjahr oder Herbst.
ERNTE Wurzeln im Herbst ernten und zu Öl destillieren; zur Herstellung von Extrakten und Sirup frisch verwenden; für Absude, Flüssigextrakte, Puder und Tinkturen trocknen. Blüten pflücken, wenn sie sich ganz geöffnet haben, und ganz trocknen für Absude (mit Hilfe eines Musselinbeutels, durch den Reizungen erzeugende Fasern zurückgehalten werden), Infusionen und Puder.

IPOMOEA Prunkwinde, Trichterwinde, Purpurwinde
(Convolvulaceae)

Diese große Gattung umfaßt 450 bis 500 Arten von Einjährigen, Mehrjährigen, kleinen Bäumen und Sträuchern, darunter viele Kletterpflanzen. Mehrere verschiedene Arten, wie *I. turpethum* (Indische Jalapenwurzel) und der eng verwandte *Convolvulus arvensis*, enthalten Harze, die eine stark abführende Wirkung haben. *I. arvensis* wird auch bei Fieber und zum Stillen von Blutungen angewendet. *I. digitata* ist in der ayurvedischen Medizin ein Diuretikum, Aphrodisiakum und Verjüngungsmittel.

I. purga, syn. *I. jalapa*, *Convolvulus jalapa*
(Jalape, Purgierwinde)

Immergrüne Kletterpflanze, hart bis 0° C, Höhe bis zu 3m; mit rübenartiger Knolle, purpurroten Stengeln und spitzen ovalen bis herzförmigen Blättern.

VERWENDBAR Knolle, Harz.
EIGENSCHAFTEN Harzreiches, herbes Kraut mit unangenehmem Geschmack und abführender Wirkung.
GEBRAUCH
MEDIZIN Innerlich bei Darmparasiten, Verstopfungen, Koliken. Wird Abführ- und Blähungsmitteln zugegeben, um Bauchschmerzen vorzubeugen.
WARNHINWEIS Als Jalapenharz unterliegt dieses Kraut in einigen Ländern Beschränkungen.

ANBAU UND ERNTE

ANBAU Halbwinterharte Kulturpflanze; gut entwässerter, humusreicher Boden; Sonne. Vermehrung durch Aussaat im Frühling, durch halbreife Stecklinge im Sommer. Im Frühling zurückschneiden oder ausdünnen.
ERNTE Wurzeln im Herbst ernten; für Puder, die Extraktion von Harz und für Tinkturen trocknen.
WARNHINWEIS Die Samen vieler Arten der Gattung *Ipomoea* sind bei Verzehr schädlich.

IRIS Schwertlilie
(Iridaceae)

Der Gebrauch von getrockneten Iriswurzeln ist schon aus dem alten Ägypten, Griechenland und Rom bekannt. Sie sind für die Parfümherstellung nach wie vor von Bedeutung. Iriswurzeln enthalten ätherisches Öl, das zum Teil aus Iron besteht und einen Veilchenduft erzeugt, der sich mit zunehmendem Alter der getrockneten Rhizome verstärkt. Mehrere verschiedene Arten werden dafür angebaut, darunter auch *I. pallida*. Die *I. versicolor* war eine der am häufigsten verwendeten Arzneipflanzen der Indianer Nordamerikas; den Creek bedeutete sie so viel, daß sie diese stets in der Nähe ihrer Dörfer anbauten. Die Blaue Schwertlilie war in der „U.S. Pharmacopoeia" (1820-1895) als Brech- und Abführmittel verzeichnet, hat heute jedoch ein weit größeres medizinisches Anwendungsgebiet gefunden.

I. germanica var. *florentina*
(Florentiner Schwertlilie) S. 143

VERWENDBAR Rhizome.
EIGENSCHAFTEN Beruhigendes, aromatisches Kraut mit harntreibender und schleimlösender Wirkung. Es ist sowohl ein Abführ- als auch Stopfmittel.
GEBRAUCH
MEDIZIN Innerlich bei Husten, Katarrh und Durchfall; äußerlich bei tiefen Wunden.
WIRTSCHAFT Dient als Zusatz zu Zahnpflegemitteln, Mitteln gegen Mundgeruch und bei Pudern; als Fixativ in Parfüms und Dufttöpfen.

I. versicolor (Blaue Schwertlilie) S. 143

VERWENDBAR Rhizome.
EIGENSCHAFTEN Ein herbes, schwach aromatisches, blutreinigendes Kraut, das Leber und Gallenblase anregt, Entzündungen hemmt, die Schweiß- und Speichelbildung erhöht und harntreibende sowie abführende Wirkung hat.
GEBRAUCH
MEDIZIN Innerlich bei Schuppenflechte, Akne, Herpes, bei Migräne, die auf Leber-Funktionsstörungen zurückzuführen ist, bei Arthritis, fibroiden Veränderungen, Drüsenknoten, Blutvergiftung und Beckenentzündungen. Frisches Rhizom verursacht Übelkeit und Durchfall; wird Schwangeren nicht verabreicht. Äußerlich bei Hautkrankheiten, Rheumatismus und Wunden. Bei Hautkrankheiten mit *Rumex crispus* (S. 344), *Trifolium pratense* (S. 364), *Phytolacca americana* (S. 327) oder *Stillingia sylvatica* (S. 356).
VARIANTE
I. v. **'Kermesina'**, S. 144.

ANBAU UND ERNTE

ANBAU Winterharte Zierpflanzen; gut entwässerter, neutraler bis alkalischer Boden; Sonne (*I. germanica* var. *florentina*); nährstoffreicher, feuchter bis nasser, saurer Boden oder seichtes Wasser; Sonne (*I. versicolor*). Vermehrung durch Teilung oder Ableger im Spätsommer, durch Aussaat im Herbst.
ERNTE Rhizome im Spätsommer und Herbst ernten; für Absude, Extrakte und Puder trocknen.
WARNHINWEIS Alle Teile der *Iris*-Arten sind bei Verzehr schädlich, besonders die Rhizome. Hautreizend und allergen.

ISATIS Waid
(Cruciferae/Brassicaceae)

Schon Julius Caesar und auch Plinius haben beschrieben, daß die Britannier ihre Körper mit Waid, der blauen Farbe aus den Blättern von *I. tinctoria* bemalten. Die Vergärung erzeugte einen solchen Gestank, daß Königin Elisabeth I. sie im Umkreis ihrer Paläste verbot. Der Waid war ein beliebtes Färbemittel für Stoffe, bis er im 17. Jahrhunderts von Indigo (aus Arten der Gattung *Indigofera*) abgelöst wurde. Nach Mrs Grieve („A Modern Herbal", 1931) ist *I. tinctoria* „so adstringierend, daß es für die innerliche Anwendung als Arznei nicht geeignet ist und medizinisch nur als Pflaster, das im Milzbereich aufgelegt wird, sowie als Salbe bei Geschwüren, bei Entzündungen und zum Blutstillen Verwendung findet". Es wurde in der traditionellen chinesischen Medizin schon in den 90er Jahren des 16. Jahrhunderts erwähnt. Für die Praxis werden hohe Dosierungen empfohlen, um einen hohen Spiegel an Wirkstoffen zu erhalten. Neuere Forschungen deuten darauf hin, daß *I. t.* ausgesprochen wirksam gegen Viren ist.

I. tinctoria (Färberwaid, Dt. Indigo) S. 144

VERWENDBAR Blätter („Da qing ye"), Wurzeln („Ban lang gen").
EIGENSCHAFTEN Bitteres, kühlendes Kraut, welches das Fieber senkt und Entzündungen hemmt. Es bekämpft ein breites Spektrum pathogener Organismen (auch Viren) und soll ebenso antikarzinogene Wirkungen zeigen.
GEBRAUCH
MEDIZIN Innerlich bei Hirnhautentzündung, Gehirnentzündung, Mumps, Grippe, Rose, Halsschmerzen, Frieselausschlag, Abszessen, Schwellungen (Blätter, Wurzeln); bei Krämpfen und hohem Fieber von Kindern; bei blutigem Husten sowie zur Entgiftung bei Infektionen wie Mumps, Rose, Soor (Pigment).

ANBAU UND ERNTE

ANBAU Winterharte Zierpflanze; nährstoffreicher, gut entwässerter, neutraler bis alkalischer Boden; Sonne. Vermehrung durch Samen, die am natürlichen Standort im Frühling oder unter Abedekkung im Herbst ausgesät werden. Verbreitet sich leicht wild (durch Samen), gedeiht aber nicht länger als zwei Jahre im selben Boden.
ERNTE Blätter im Sommer pflücken und frisch oder getrocknet für Absude verwenden. Die Wurzeln werden im Herbst geerntet und für die Verwendung in Absuden getrocknet.

J

JASMINUM Jasmin
(Oleaceae)

J. officinale wurde in der Mitte des 16. Jahrhunderts nach Europa eingeführt. Man baut es heute im großen Maßstab für die Parfümindustrie an. *J. grandiflorum* und das gelbblütige *J. odoratissimum* werden ebenfalls verwendet. Das ätherische Öl wurde üblicherweise durch „Enfleurage" gewonnen, eine Methode, bei der die flüchtigen Düfte durch geruchlose Öle aufgenommen werden. *J. sambac* 'Grand Duke of Tuscany', eine seltene, gefülltblütige Sorte, wurde in Europa zuerst im Garten des Großherzogs der Toskana angepflanzt. Sie kam um 1691 von Goa nach Pisa. *J. sambac* ist die wichtigste Art, die für die Aromatisierung von Tee verwendet wird. Medizinisch genutzte Jasminarten sind u. a. *J. angustifolium*, das, mit *Acorus calamus* (vgl. S. 228) vermischt, in der ayurvedischen Medizin als Mittel gegen Kopfflechte eingesetzt wird, und *J. lanceolarium*, dessen Stengel in Südchina zur Heilung rheumatischer Schmerzen, bei Verletzungen, Furunkeln und Abszessen dienen.

J. grandiflorum (Großblütiger Jasmin) S. 144

VERWENDBAR Wurzeln, Blüten, Öl.
EIGENSCHAFTEN Bitteres, adstringierendes, kühlendes Kraut, das die Nerven beruhigt, Blutungen stillt und die Gebärmutter anregt. Es wird als Aphrodisiakum für Frauen und als blutreinigendes Mittel betrachtet, das gegen verschiedene Krebsarten sowie bei Virusinfektionen wirksam sein soll.
GEBRAUCH
MEDIZIN Innerlich (hauptsächlich in der ayurvedischen Medizin) bei Infektionskrankheiten mit hohem Fieber, bei durch Blutungen verursachten Beschwerden, bei Sonnenstich, Bindehautentzündung, Dermatitis, Harnröhrenentzündung, Krebs (speziell Lymphogranulomatose sowie Knochen-, Lymphknoten- und Brustkrebs), Aufregung und Kopfschmerzen; oft kombiniert mit *Santalum album* (vgl. S. 348).
WIRTSCHAFT Das Öl wird in der Parfümindustrie verwendet.

J. officinale S. 144

VERWENDBAR Blüten, Öl.
EIGENSCHAFTEN Ein aromatisches, stärkendes, euphorieerzeugendes Kraut, das Krämpfe löst, Milchfluß verstärkt und die Gebärmutter anregt. Es fördert den Geschlechtstrieb und hat antiseptische Wirkungen.
GEBRAUCH
MEDIZIN Hauptsächlich in der Aromatherapie bei Depression, Nervenanspannung, Impotenz, Frigidität, Regelstörungen, Atmungsstörungen nervlichen Ursprungs und bei schwacher Verdauung.
WIRTSCHAFT Das ätherische Öl wird für Parfüms mit einer blumigen Note und zum Würzen von Nahrungsmitteln (insbesondere den Maraschinokirschen) verwendet.

VARIANTEN
J. o. **'Aureum'**, syn. *J. o.* 'Aureovariegatum', S. 144.
J. o. f. ***affine***, syn. *J. o.* 'Grandiflorum', S. 144.

J. sambac (Arabischer Jasmin, Nachtblume, Samba) S. 145

VERWENDBAR Blüten.
EIGENSCHAFTEN Ähnlich den Eigenschaften von *J. grandiflorum* und *J. officinale*.
GEBRAUCH
WIRTSCHAFT In China hauptsächlich zum Aromatisieren von grünem Tee; in Indien eine wichtige Blume für Girlanden und Blumengewinde.
VARIANTEN
J. s. **'Grand Duke of Tuscany'**, syn. *J. s.* 'Trifoliatum', S. 145.

ANBAU UND ERNTE
ANBAU Zierpflanze; empfindlich (*J. grandiflorum, J. sambac, J. s.* 'Grand Duke of Tuscany'); winterhart (*J. officinale, J. o.* 'Aureum', *J. o.* f. *affine*); nährstoffreicher, gut entwässerter Boden in der Sonne. *J. grandiflorum* braucht mindestens 7° C, *J. sambac* mindestens 10° C. Vermehrung durch Aussaat im Frühling; durch halbreife Stecklinge im Sommer. *J. s.* 'Grand Duke of Tuscany' schlägt von Stecklingen nicht rechtzeitig Wurzeln und kann während der Vegetationsperiode durch Absenker vermehrt werden. Nach der Blüte die Triebe ausdünnen oder zurückschneiden.
ERNTE Die Wurzeln werden im Herbst geerntet und für die Verwendung in Absuden getrocknet (*J. grandiflorum*). Die Blüten müssen jeden Morgen kurz nach dem Öffnen gepflückt werden. Frisch dienen sie der Ölextraktion oder als Gewürz; getrocknet für Aufgüsse, medizinisches Öl, Pasten und Puder.

JATEORHIZA
(Menispermaceae)

Diese Gattung mit zwei Arten krautiger, holziger Kletterpflanzen kommt im tropischen Ostafrika vor. Die Portugiesen führten sie im 17. Jahrhundert als Gegenmittel bei Vergiftungen ein. Sie enthält ähnliche Substanzen wie *Berberis vulgaris* (vgl. S. 248).

J. palmata, syn. *J. calumba*, *Menispermum palmatum*

Empfindliche mehrjährige, bis zu 15m erreichende Rhizomkletterpflanze mit fleischigen Wurzeln und behaarten, handförmig gelappten Blättern von bis zu 40cm Länge. Die kleinen grünweißen Blüten stehen in blattachselständigen Büscheln – die männlichen in Rispen von bis zu 40cm Länge, die weiblichen in Trauben von bis zu 10cm Länge. Die kugelförmigen Früchte sind 2,5cm lang; wächst im flachen Regenwald und an bewaldeten Flußufern.

VERWENDBAR Wurzeln.
EIGENSCHAFTEN Ein sehr bitteres, schleimiges Kraut, das vor allem eine stärkende Wirkung auf das Verdauungssystem hat. Es senkt auch den Blutdruck und wirkt gegen Pilze.
GEBRAUCH
MEDIZIN Innerlich bei morgendlichem Erbrechen, bei Dyspepsie mit zuwenig Magensäure, bei Durchfall und Ruhr; ergänzt sich gut mit *Zingiber officinale* (vgl. S. 373) und *Senna alexandrina* (S. 352).

ANBAU UND ERNTE
ANBAU Empfindliche Kulturpflanze; feuchter, humusreicher Boden; Schatten; hohe Luftfeuchtigkeit, mindestens 15-18° C. Vermehrung durch Aussaat im Frühling; durch Teilung im Frühling; durch Schnittlinge halbreifer Triebe im Sommer. Stengel werden im zeitigen Frühling zurückgeschnitten oder auf stützenden Unterlagen gezogen.
ERNTE Wurzeln bei trockener Witterung ernten und für die Verwendung in konzentrierten Aufgüssen, Flüssigextrakten und Tinkturen trocknen.

JUGLANS Nußbaum
(Juglandaceae)

Die nordamerikanische Art *J. cinerea* (Butternußbaum) wurde von den Indianern als Mittel gegen Verdauungsstörungen genutzt. Sie war im vergangenen Jahrhundert eines der meistgebrauchten Abführmittel. In der „U.S. Pharmacopoeia" von 1820-1905 verzeichnet, wird sie heutzutage von Kräuterkennern bei mit Dyspepsie, Funktionsstörungen der Leber und Hautauschlägen verbundener Verstopfung empfohlen. Es handelt sich dabei zwar um ein starkes Abführmittel, ist aber selbst für Schwangere unbedenklich. Bis Anfang dieses Jahrhunderts waren die Walnußblätter und -fruchtkapseln der Hauptlieferant für braune Haarfärbemittel. *J. regia* wird in Frankreich spätestens seit der Römerzeit als Nuß- und Ölbaum angebaut.

J. regia (Walnußbaum) S. 145

VERWENDBAR Blätter, Rinde, Früchte (unreife Schale), Kerne („Hu tao ren"), Öl.
EIGENSCHAFTEN Ein bitteres, adstringierendes Kraut, das schleimlösend und abführend wirkt, gereiztes Gewebe beruhigt und Nierensteine auflöst. Es bekämpft viele krankheitserregende Organismen und hat antikarzinogene Eigenschaften.

GEBRAUCH
KÜCHE Man verwendet die Nüsse im Nahen Osten für Hühnergerichte, in der Provence für „Raito" (Salzkabeljau) und in Italien für „Pesto", eine Nudelsauce. Für eine Reihe von Gerichten wird auch häufig das Öl verwendet. Unreife Früchte werden sauer eingelegt, in Sirup konserviert und zum französischen Likör „Brou de noix" verarbeitet.
MEDIZIN Innerlich bei Verstopfung, chronischem Husten, Asthma und Harnsteinen (Blätter); bei Durchfall und Anämie (Fruchtschale); auch bei Menstruationsstörungen und trockener Haut (Öl). Äußerlich bei Ekzemen, Herpes, ausschlagartigen Hautbeschwerden, Augenentzündungen und Haarausfall; gilt in der traditionellen chinesischen Medizin als Stärkungsmittel bei schwachen Nieren.

WIRTSCHAFT Blätter und Fruchtkapseln liefern einen braunen Farbstoff für Haarfärbemittel. Holz wird zu Möbeln, Furnieren und Gewehrkolben verarbeitet. Öl ist in Kosmetika und Künstlerfarben enthalten.
VARIANTE
***J. r.* 'Laciniata'**, S. 145.

ANBAU UND ERNTE
ANBAU Winterharte Zierpflanze; tiefer, nährstoffreicher, gut entwässerter Boden in der Sonne. Vermehrung durch Aussaat im Herbst unter Abdeckungen (nur Arten); durch Kopulation mit Gegenzungen; durch Okulieren auf *J. nigra*. Die selbstfertilen Sorten, wie *J. r.* 'Broadview' und *J. r.* 'Buccaneer', eignen sich am besten für den Obstanbau, da sie zuverlässigere Erträge und Nüsse von besserer Qualität liefern als die Art. Die schlecht gewachsenen und toten Zweige werden im Winter entfernt. In kalten Lagen können junge Triebe und Blüten Frostschäden erleiden.
ERNTE Blätter in der Vegetationsperiode pflücken und für Aufgüsse und Flüssigextrakte trocknen. Früchte werden unreif oder (im Herbst) reif gesammelt und in Fruchtkapseln, Schalen und Kerne getrennt – grüne Fruchtschalen frisch für Aufgüsse verwenden, Fruchtkapseln zur Gewinnung von Farbstoff einweichen, Kerne zu Öl verpressen.

JUNIPERUS Wacholder
(Cupressaceae)

Die Indianer Nordamerikas behandelten eine Vielzahl von Krankheiten, von Nierenbeschwerden bis zu Schuppen und Syphilis, mit Extrakten aus *J. scopulorum*. *J. virginiana* (Virginischer Wacholder, Bleistiftholz, Rote Zeder) wurde bei Leiden wie Husten und Erkältungen, Kopfschmerzen, Mumps und Ruhr verwendet. Das Öl des Virginischen Wacholder ist angenehm aromatisch, aber äußerst giftig. Auch *J. sabina* (Sadebaum, Sadewacholder) gilt für die innerliche Anwendung als zu giftig, weil es Podophyllotoxin (wie in *Podophyllum peltatum*, vgl. S. 332) enthält, das Zellen zerstört und Todesfälle verursacht hat.

J. communis (Gemeiner Wacholder, Heide-Wacholder, Machandel, Kranewitt) S. 145

VERWENDBAR Früchte ('Beeren'), Öl.
EIGENSCHAFTEN Ein bitteres, aromatisches Kraut, das antiseptisch und harntreibend wirkt, die Verdauung fördert, den Uterus anregt und Entzündungen hemmt.
GEBRAUCH
KÜCHE Wacholderbeeren nimmt man zum Würzen von Sauerkraut, Wild, Pasteten, Schinken und Schweinefleisch.
AROMA Das Öl ergibt würzige Duftnoten.
MEDIZIN Innerlich bei Blasen- und Harnröhrenentzündung, Nierenentzündung, Rheumatismus, Gicht und Arthritis sowie bei schlechter Verdauung mit Blähungen und Koliken. Äußerlich bei rheumatischen Schmerzen und Neuralgie; ergänzt sich gut mit *Aphanes arvensis* (vgl. S. 239) bei Blasenentzündung. Wacholder ist ein Reizmittel, das am besten mit lindernden Kräutern, wie *Althaea officinalis* (S. 236) oder *Zea mays* (S. 372) kombiniert wird; wird Schwangeren und Patienten mit Nierenkrankheiten nicht verabreicht.
WIRTSCHAFT Das Öl gibt dem Gin (aus niederländisch „Genever" und abgeleitet von lateinisch „Juniperus") seinen Geschmack.

ANBAU UND ERNTE
ANBAU Winterharte Zierpflanze; verträgt fast alle Böden in der Sonne oder im Halbschatten; saure und alkalische Bedingungen, trockene und feuchte Böden sowie auch exponierte Lagen. Vermehrung durch Aussaat unter Abdeckungen im Herbst oder Frühling; im Herbst durch Stecklinge mit Keil von Seitentrieben. Kann durch *Diaspis carueli* und Raupen bestimmter Wickler Schaden nehmen.
ERNTE Die Früchte werden gesammelt, indem man die Zweige über einer ausgebreiteten Zeltbahn schüttelt; sie werden frisch für die Öldestillation oder getrocknet für Aufgüsse, Flüssigextrakte, Tabletten und Tinkturen gebraucht.
WARNHINWEIS Wacholder kann Hautreizungen und allergische Reaktionen verursachen.

JUSTICIA
(Acanthaceae)

In Indien ist *J. adhatoda* schon seit alters eine wichtige Arzneipflanze für die Behandlung vielfältiger Erkrankungen der Bronchien. Sie wurde 1699 nach Europa eingeführt. Jüngere Forschungen haben gezeigt, daß sie verschiedene Alkaloide enthält, unter anderem Vasicin (auch unter dem Namen Peganin bekannt), das die Kontraktion der Uterusmuskeln anregt und damit die Wehen auslöst oder verstärkt. Sie ist als Lieferant dieser klinisch nützlichen Substanz von Bedeutung. Ein weiterer Bestandteil in *J. adhatoda* ist ihre Säure. Mrs Grieve („A Modern Herbal", 1931) zufolge hat die Säure dieser Pflanze „eine stark giftige Wirkung auf niedere Formen der Tier- und Pflanzenwelt, ist aber für höhere Tiere ungiftig".

J. adhatoda, syn. *Adhatoda vasica* S. 145

VERWENDBAR Blätter.
EIGENSCHAFTEN Ein bitteres, schleimlösendes Kraut mit einem starken, teeartigen Geruch. Es löst Krämpfe, senkt Fieber und regt den Uterus an.
GEBRAUCH
MEDIZIN Innerlich bei Asthma, chronischer Bronchitis, Tuberkulose und Wechselfieber. Die Blätter werden geraucht, um Asthma zu lindern.

ANBAU UND ERNTE
ANBAU Empfindliche Kulturpflanze; gut entwässerter Boden in der Sonne oder im Halbschatten, mindestens 10-15° C; Vermehrung durch Grünstecklinge im Frühling oder Frühsommer. Als Zierpflanzen angebaute Exemplare werden im zeitigen Frühling stark zurückgeschnitten, um die Größe zu regulieren. Pflanzen unter Abdeckungen können von der Weißen Fliege befallen werden.
ERNTE Die Blätter werden während der Vegetationsperiode gesammelt und für die Verwendung in Kräutermischungen zum Rauchen, in Flüssigextrakten und Tinkturen getrocknet.

K

KAEMPFERIA Gewürzlilie
(Zingiberaceae)

K. galanga ist im tropischen Afrika und Asien ein beliebtes Gewürz. In Neuguinea wird sie daneben als Halluzinogen und in Malaysia als Bestandteil von Pfeilgiften verwendet. Im Mittelalter war sie in der europäischen Küche als Galangawurzel allgemein bekannt. Auch die verwandten Arten *K. rotunda* und *K. pandurata* werden in ihren Herkunftsländern als Gewürze verzehrt, ebenso auch als würzige Gemüse.

K. galanga S. 146

VERWENDBAR Rhizome.
EIGENSCHAFTEN Bitteres, anregendes Kraut mit kampferartigem Aroma. Es ist antibakteriell, verbessert die Verdauung und hat harntreibende Wirkungen.
GEBRAUCH
KÜCHE Zum Würzen von Reis und als Ersatz für *Curkuma* (Tumerikwurzel). Die Rhizome und jungen Triebe werden entweder sauer eingelegt, roh gegessen oder als Gemüse gekocht.
AROMA Das pulverisierte Rhizom wird als Duftspender in Leinensäckchen aufbewahrt.
MEDIZIN Innerlich bei Beschwerden der Bronchien, Dyspepsie und Kopfschmerzen; äußerlich bei Wunden, Schuppen, rheumatischen Beschwerden und als Gurgelmittel bei Halsentzündung. Kombiniert mit *Alpinia galanga* (vgl. S. 235), *Curcuma longa* (S. 270) und *Zingiber* spp. (S. 373) zu „Awas empas" (einem indonesischen Mittel gegen Kopfschmerzen, steife Gelenke und Beschwerden der Harnwege).
WIRTSCHAFT Das pulverisierte Rhizom wird Körperpudern und Kosmetika zugegeben.

ANBAU UND ERNTE
ANBAU Empfindliche Kulturpflanze; nährstoffreicher, feuchter Boden im Schatten, bei hoher Luftfeuchtigkeit und mindestens 18° C. Vermehrung durch Teilung im späten Frühling; muß während der Ruhezeit trocken gehalten werden.
ERNTE Die Rhizome werden während der Ruhezeit geerntet und frisch als Gemüse oder auch getrocknet für Absude, Breiumschläge und Puder verwendet.

KALMIA Lorbeerrose
(Ericaceae)

Die Giftigkeit von *K. latifolia* ist legendär. Jagdvögel und Nutztiere können vergiftet sein, wenn sie vorher die Blätter gefressen haben. Pehr Kalm (1715-1779) zufolge, der der Gattung seinen Namen gab, können Schafe davon sterben, während Hirsche angeblich keinen Schaden nehmen („Travels in North America",

1753). Das Fleisch der betreffenden Tiere ist zwar selbst nicht verseucht, doch verursachen die Eingeweide Vergiftungen. Wenn es an Hunde verfüttert wird, scheinen diese „ziemlich dumm und gewissermaßen berauscht zu werden und sehen oft so krank aus, als ob sie kurz vor dem Tode stünden" (Kalm). Beim Menschen sind u. a. Schwindel, Kopfschmerzen, Erblindung, Speichelabsonderung, Durst, Übelkeit, Erbrechen, Herzklopfen, langsamer Puls und Atembeklemmung als Vergiftungssymtome zu beobachten. *K. latifolia* enthält (wie *Arctostaphylos uva-ursi*, vgl. S. 241) das Harnantiseptikum Arbutin; verglichen mit den narkotischen Wirkungen der Pflanze ist dies aber von geringerer Bedeutung.

K. latifolia (Berglorbeer, Breitblättrige Kalmie) S. 146

VERWENDBAR Blätter.
EIGENSCHAFTEN Ein adstringierendes, leicht bitteres Kraut mit herzberuhigender Wirkung.
GEBRAUCH
MEDIZIN Innerlich bei Syphilis, Entzündungsfieber, Durchfall, Darmbluten, Neuralgie, Lähmungszuständen, Ohrensausen und Angina; äußerlich bei Herpes, Kopfhautleiden und Hautreizungen. Nur von erfahrenen Heilpraktikern anzuwenden; wird heutzutage selten verwendet.
VARIANTEN
***K. l.* 'Clementine Churchill'**, S. 146.
***K. l.* 'Ostbo Red'**
Dichter Strauch, hart bis -15° C, Höhe und Ausbreitung 3m, mit roten Knospen und tiefrosaroten Blüten. Diese Sorte war die erste rotknospige Lorbeerrose, die vom Menschen angebaut wurde. Sie wurde in der 40er Jahren in den USA gezüchtet.

ANBAU UND ERNTE
ANBAU Winterharte Zierpflanze; saurer Boden in der Sonne oder im Halbschatten; Vermehrung durch Samen im Herbst (nur Arten); durch Grünstecklinge im Sommer. Abgestorbene Blütenköpfchen werden entfernt.
ERNTE Die Blüten während der Blütezeit pflücken und frisch für Aufgüsse, Tinkturen und Salben (oder getrocknet für Puder) verwenden.
WARNHINWEIS Alle Teile, auch der Nektar, sind bei Verzehr schädlich.

KRAMERIA
(Krameriaceae)

Die Familie *Krameriaceae* besteht nur aus dieser einen Gattung; diese umfaßt 15-25 Arten halbschmarotzender Bäume, Sträucher und mehrjähriger Pflanzen, die in trockenen Gebieten im Südwesten Nordamerikas und im Süden Südamerikas verbreitet sind. Die gesammelten Ratanhiawurzeln stammen hauptsächlich von *K. triandra*, aber auch von *K. cistoidea* und *K. argentea*. Sie werden von Peru exportiert, wo sie von wildwachsenden Beständen gesammelt werden. *K. triandra* wurde im 19. Jahrhundert kultiviert, wird aber jetzt nicht mehr angepflanzt – wahrscheinlich, weil sich der Anbau als zu schwierig erwiesen hat. Wäßrige Extrakte der Ratanhiawurzel sind rot, wie auch die Extrakte anderer tanninreicher Kräuter, z.B. *Agrimonia eupatoria* (vgl. S. 231) und *Potentilla erecta* (vgl. S. 334). Die Ratanhiawurzelextrakte enthalten 10-20% kondensierte Tannine und auch ein rotes Pigment, das Phlobaphen (Ratanhiarot). Ratanhiawurzelextrakte wurden einst verbreitet eingesetzt, um Farbe, adstringierende Wirkung und die Schwere von Rotwein zu verbessern. Das Geheimnis ihrer Herkunft wurde während der Kolonialzeit von den portugiesischen und spanischen Händlern streng gehütet.

K. triandra (Ratanhia)

Empfindlicher, langsam wachsender Strauch; Höhe 50-90cm, Breite 60-120cm, mit sich weit ausbreitendem Wurzelstock (innen orangerot) und niederliegenden Stengeln. Die stiellosen, eiförmigen behaarten Blätter sind etwa 1cm lang und 2,5cm breit; aus den leuchtend scharlachroten Blüten mit spitzen Blütenblättern entwickeln sich abgerundete, stachlige Früchte von 6mm Durchmesser; wächst verbreitet auf den westlichen Hängen der Anden in Peru in 1.000-2.700m Höhe.

VERWENDBAR Wurzeln.
EIGENSCHAFTEN Ein stark adstringierendes Kraut, das Blutungen stillt, Ausfluß und Durchfall bekämpft und die Heilung fördert.
GEBRAUCH
MEDIZIN Innerlich bei Durchfall, Blutungen und Menorrhagie; äußerlich bei Scheidenausfluß, Hämorrhoiden, Frostbeulen, Wunden, Zahnfleisch- und Rachenentzündung.
WIRTSCHAFT Zusatz zur Erhöhung der Adstringenz von Portwein und in Mundpflegemitteln.

ANBAU UND ERNTE
ANBAU Wildwachsend, genutzte Teile werden gesammelt; empfindlich; gut entwässerter, sandiger oder steiniger Boden in der Sonne; mindestens 5-10° C. Diese Art scheint gegenwärtig nicht angebaut zu werden.
ERNTE Die Wurzeln von wilden Pflanzen werden geerntet, wie sie verfügbar sind, und für die Verwendung in Tinkturen und Extrakten getrocknet.

L

LACTUCA Lattich
(Compositae/Asteraceae)

Die Arten der Gattung *Lactuca* enthalten im Milchsaft mild narkotisierende Verbindungen. Der getrocknete Milchsaft ist als „Lactucarium" bekannt. Der Gehalt an wirksamen Bestandteilen nimmt während der Blüte zu und ist in jungen Pflanzen relativ niedrig. Die Hauptlieferanten von Lactucarium sind neben *L. serriola* heute *L. virosa* (Giftlattich) und *L. canadensis*. Nach jahrhundertelanger Züchtung ist der Gehalt im Gartensalat *(L. sativa)* gesunken. Lactucarium ist im 18. Jahrhundert als Beruhigungsmittel in die medizinische Praxis eingegangen. Es wurde zum Verschnitt von Opium verwendet (vgl. S. 322, *Papaver somniferum*). Man nannte es „Lattichopium", weil es opiumähnliche Wirkungen hat, allerdings nicht süchtig macht.

L. serriola (Stachelsalat, Wilder Lattich, Kompaßpflanze) S. 146

VERWENDBAR Gesamte Pflanze, Blätter, Milchsaft.
EIGENSCHAFTEN Sehr bitteres, beruhigendes Kraut mit unangenehmem Geruch; es lindert Schmerzen, wirkt schleimlösend und mildert Hautreizungen.
GEBRAUCH
MEDIZIN Innerlich bei Schlaflosigkeit, Angstzuständen, Neurosen, Hyperaktivität von Kindern, Reizhusten, Bronchitis, Keuchhusten und rheumatischen Schmerzen; kombiniert mit *Humulus lupulus* (vgl. S. 294), *Passiflora incarnata* (S. 323), *Valeriana officinalis* (S. 367), *Scutellaria lateriflora* (S. 351) und *Cypripedium parviflorum* (S. 271) bei Schlaflosigkeit; Überdosierung verursacht Ruhelosigkeit.

ANBAU UND ERNTE
ANBAU Winterharte Kulturpflanze. Gut entwässerter bis trockener, alkalischer Boden in der Sonne. Vermehrung durch Aussaat im Herbst.
ERNTE Milchsaft wird im Sommer aus Blättern und Stengeln von blühenden Pflanzen extrahiert, als Lactucarium getrocknet und in Extrakten, Aufgüssen, Tabletten und Tinkturen verwendet.

LAMIUM Taubnessel
(Labiatae/Lamiaceae)

L. album wird spätestens seit dem Mittelalter bei gynäkologischen Problemen, insbesondere bei der Entbindung angewendet.

L. album (Weiße Taubnessel) S. 146

VERWENDBAR Gesamte Pflanze, Blüten.
EIGENSCHAFTEN Leicht bitteres, adstringierendes, kongestionsverminderndes Kraut, das Blutungen stillt und Entzündungen hemmt.
GEBRAUCH
KÜCHE Die Blüten ergeben angenehme Kräutertees.
MEDIZIN Innerlich bei Menstruationsproblemen, bei

Blutungen nach der Entbindung, Scheidenausfluß und Prostatitis; äußerlich als Spülung bei Scheidenausfluß. Ergänzt sich gut mit *Achillea millefolium* (vgl. S. 227) bei Ausfluß, *Vinca major* (S. 369) oder *Geranium maculatum* (S. 288) bei abnorm starker Menses und mit *Hydrangea arborescens* (S. 294), *Elymus repens* (S. 277) oder *Zea mays* (S. 372) bei Prostataproblemen.
VARIANTE
***L. a.* 'Friday'**, S. 146.

ANBAU UND ERNTE
ANBAU Winterharte Kultur- *(L. album)* oder Zierpflanze (*L. a.* 'Friday'); feuchter, entwässerter Boden; Sonne, Halbschatten. Vermehrung durch Aussaat im Herbst oder Frühling (nur Arten); durch Teilung im Herbst oder Frühling; durch Stecklinge nichtblühender Triebe im Sommer.
ERNTE Ganze Pflanzen schneiden, wenn sie blühen, oder Blüten einzeln abmachen; Pflanzen wie Blüten für Aufgüsse und Tinkturen trocknen.

LARIX Lärche
(Pinaceae)

Die nordamerikanische Lärche *(L. laricina)* wird medizinisch nicht so intensiv genutzt wie die europäische Lärche *(L. decidua)*. Nur die Rinde wurde einst zur Behandlung von Rheumatismus, Gelbsucht, Hautbeschwerden und für Wundumschläge verwendet. Das von der Rinde ausgeschiedene Harz lutschten die Indianer gegen Verdauungsstörungen.

L. decidua, syn. *L. europaea* (Europäische Lärche, Gemeine Lärche) S. 147

VERWENDBAR Rinde, Harz.
EIGENSCHAFTEN Ein bitteres, adstringierendes Kraut mit terpentinartigem Geruch. Es lindert Kongestionen der Bronchien, ist harntreibend und heilungsfördernd.
GEBRAUCH
MEDIZIN Innerlich bei Bronchitis und Entzündungen der Harnwege (Rinde); bei Bandwurm, Durchfall und Ausbleiben der Menstruation sowie als Gegengift bei Phosphorvergiftungen (Harz). Nicht für Patienten mit Nierenbeschwerden; äußerlich bei infizierten Wunden (Rinde) sowie bei Wunden und Hautproblemen (Harz).
VARIANTE
***L. d.* 'Pendula'**, S. 147.

ANBAU UND ERNTE
ANBAU Winterharte Zierpflanze; feuchter, entwässerter Boden in offener, sonniger Lage. Vermehrung durch Aussaat im Frühling; durch Kopfstecklinge im Sommer. Bei Solitärbäumen entfernt man die unteren Äste, um einen sauberen Stamm zu erhalten. Um einen einzigen Haupttrieb zu erhalten, werden sekundäre Leittriebe entfernt. Lärchen können an Rost und Hallimasch leiden.
ERNTE Die Rinde wird im späten Frühling abgezogen und für die Verwendung in Absuden, Pudern und Tinkturen getrocknet. Das Harz wird im Herbst von den Bäumen gezapft.

LAURUS Lorbeerbaum
(Lauraceae)

Die großen, spröden, getrockneten Blätter des Lorbeerbaums *(L. nobilis)* sind eine wichtige Zutat zu süßen und pikanten Gerichten in fast allen europäischen Küchen. Medizinisch wird *L. nobilis* heute wenig genutzt, doch galt sie lange Zeit als gutes Antiseptikum.

L. camphora. Siehe *Cinnamomum camphora.*

L. nobilis (Lorbeerbaum) S. 147

VERWENDBAR Blätter, Öl.
EIGENSCHAFTEN Ein bitteres, aromatisches, anregendes Kraut, das die Verdauung verbessert und örtlich antiseptisch wirkt.
GEBRAUCH
KÜCHE Die Blätter sind ein wichtiger Bestandteil von „Bouquet garni" (Kräutersträußchen aus Petersilie, Lorbeerblatt und Thymian) und werden im allgemeinen Soßen, Suppen, Eintopfgerichten und Süßspeisen beigegeben.

MEDIZIN Innerlich bei Verdauungsstörungen, mangelhaftem Appetit, Koliken und Blähungen; äußerlich bei Schuppen, Rheumatismus, Verstauchungen, atonischen Geschwüren und bei Krätze.
WIRTSCHAFT Mit den Blättern werden getrocknete Feigen und Lakritze verpackt, um Rüsselkäfer fernzuhalten. Das ätherische Öl verleiht handelsüblichen Gewürzen, Fleischprodukten und Likören einen besonderen Geschmack.
VARIANTEN
***L. n.* 'Angustifolia'**, S. 147.
***L. n.* 'Aurea'**, S. 147.

ANBAU UND ERNTE
ANBAU Frostharte Zierpflanze; gut entwässerter Boden, Sonne oder Halbschatten, geschützt gegen Frost und kalte Winde in Gebieten mit harten Wintern. Vermehrung durch Aussaat im Herbst (nur Arten); durch halbreife Stecklinge oder Abtrennen von Ausläufern im Sommer; durch Absenker im Herbst. Formschnitt im Sommer, bei Hochstamm und Solitär die Ausläufer entfernen, sobald sie erscheinen; anfällig für Schildläuse.
ERNTE Blätter im Sommer sammeln und ganz oder als Zweige für Aufgüsse und Puder sowie für die Öldestillation trocknen. Getrocknete Blätter verlieren nach etwa einem Jahr ihren Geschmack.

LAVANDULA Lavendel
(Labiatae/Lamiaceae)

Die zwei wichtigsten Lavendelarten mit medizinischer Verwendung sind *L. angustifolia* und *L. latifolia*. Beide besitzen viele ätherische Öle, unterscheiden sich aber in den Bestandteilen; *L. angustifolia* liefert ein hervorragendes duftendes Öl, das in der Aromatherapie und in Qualitätsparfümen Verwendung findet, *L. latifolia* das kampferartige Speiköl (Speiklavendelöl, Nardenöl), das hauptsächlich in Reinigungs- und Insektenmitteln und für Umschläge bei Verbrennungen verwendet wird. *L. latifolia* ist als Gartenpflanze eher selten. Hybride Lavendel wie *L.* x *intermedia* (Kreuzung von *L. angustifolia* und *L. latifolia*) werden von der Parfümindustrie bevorzugt, sind für den medizinischen Gebrauch aber nicht zu empfehlen. *L. stoechas* nutzten die Griechen, Römer und Araber bereits im Altertum als Antiseptikum und für Toilettenartikel.

L. x *allardii* S. 148

VERWENDBAR Blüten, Öl.
EIGENSCHAFTEN Ein aromatisches Kraut mit starkem kampferartigen Aroma.
GEBRAUCH
AROMA Die Blüten werden für Dufttöpfe und andere parfümierte Artikel getrocknet.
WIRTSCHAFT Das Öl wird für die südafrikanische Parfümindustrie aus den Blüten destilliert.

L. angustifolia, syn. *L. officinalis*, *L. spica* p.p., *L. vera* p.p. (Echter Lavendel, Kleiner Speik) S. 148

VERWENDBAR Blüten, Öl.
EIGENSCHAFTEN Ein aromatisches, stärkendes Kraut mit einem süßen Duft. Es löst Krämpfe, fördert die Verdauung, regt die periphere Durchblutung sowie den Uterus an und senkt das Fieber. Es hat antidepressive Wirkung und ist antiseptisch.
GEBRAUCH
KÜCHE Die frischen Blüten werden kandiert oder in Marmeladen, Speiseeis und Essig verarbeitet.
MEDIZIN Innerlich bei Verdauungsstörungen, Depression, Angstzuständen, Erschöpfung, Reizbarkeit, Spannungskopfschmerzen, Migräne und Bronchienbeschwerden (auch Tuberkulose); äußerlich bei Verbrennungen, Sonnenbrand, Rheumatismus, Muskelschmerz, Neuralgie, Hautbeschwerden, Lippenherpes, Insektenstichen, Schlangenbissen, Kopfläusen, Mundgeruch, Ausfluß, Analfissur. Ergänzt sich gut mit *Rosmarinus officinalis* (vgl. S. 343) bei Depression und Spannungskopfschmerz, mit *Verbena officinalis* (S. 368) bei Migräne und Nervenanspannung sowie mit *Filipendula ulmaria* (S. 283) und *Cimicifuga racemosa* (S. 261) bei Rheumatismus. Badezusatz für Patienten, die an Schwäche, Nervenanspannung und Schlaflosigkeit leiden.
WIRTSCHAFT Öl ist in Parfüm und Toilettenartikeln.
VARIANTEN
***L. a.* 'Folgate'**, S. 148.
***L. a.* 'Hidcote'**, S. 148.
***L. a.* 'Hidcote Pink'**, S. 148.
***L. a.* 'Imperial Gem'**, S. 148.
***L. a.* 'Miss Katherine'**, S. 148.
***L. a.* 'Munstead'**, S. 148.
***L. a.* 'Nana Alba'**, syn. *L. a.* 'Alba Nana', S. 148.
***L. a.* 'Rosea'**, S. 148.
***L. a.* 'Royal Purple'**, S. 148.

L. dentata S. 149

VERWENDBAR Blüten.
EIGENSCHAFTEN Ein aromatisches Kraut mit rosmarinartigem Duft.
GEBRAUCH
AROMA Anbau hauptsächlich als aromatische Zierpflanze; getrocknete Blüten dienen als Duftspender.

Variante
L. d. var. ***candicans***, syn. *L. d.* 'Silver Form', S. 149.

L. x *intermedia* S. 149

Verwendbar Blüten.
Eigenschaften Ein aromatisches Kraut mit einem leicht kampferartigen Lavendelduft.
Gebrauch
Küche Die frischen Blüten werden kandiert oder Marmeladen und Essig beigegeben.
Aroma Die getrockneten Blüten sind in Kräuterkissen und Dufttöpfen enthalten.
Wirtschaft Das ätherische Öl wird für Parfüms, Toilettenartikel und Reinigungsmittel verwendet.

Varianten
L. x *i.* **Dutch Group**, S. 149.
L. x *i.* **'Grappenhall'**, S. 149.
L. x *i.* **'Grosso'**, S. 149.
L. x *i.* **'Provence'**, S. 149.
L. x *i.* **'Seal'**, S. 149.
L. x *i.* **'Twickel Purple'**, S. 149.

L. lanata S. 148

Verwendbar Blüten.
Eigenschaften Ein aromatisches, nach Balsam und Lavendel duftendes Kraut.
Gebrauch
Aroma Anbau hauptsächlich als aromatische Zierpflanze; getrocknete Blüten dienen als Duftspender.

L. multifida S. 149

Verwendbar Blüten.
Eigenschaften Ein aromatisches Kraut.
Gebrauch
Aroma Wie *L. lanata*.

L. pinnata S. 149

Verwendbar Blüten.
Eigenschaften Ein aromatisches Kraut.
Gebrauch
Aroma Wie *L. lanata*.

L. 'Sawyers' S. 149

Verwendbar Blüten.
Eigenschaften Ein aromatisch balsamisches Kraut.
Gebrauch
Aroma Die Blüten können für Dufttöpfe und andere parfümierte Artikel verwendet werden.

L. stoechas (Schopflavendel) S. 149

Verwendbar Blüten.
Eigenschaften Antiseptisches, aromatisches, nach Balsam duftendes Kraut. Es ist der Verdauung zuträglich, löst Krämpfe, ist heilungsfördernd, wehrt Insekten ab, wirkt beruhigend auf das Nervensystem und regt die periphere Durchblutung an.
Gebrauch
Aroma Getrocknete Blüten sind in Dufttöpfen oder in Leinensäckchen als Duftspender enthalten.
Medizin In Südeuropa zum Lindern von Übelkeit und äußerlich als Insektenmittel, Antiseptikum und Entspannungsmittel.
Varianten
L. s. f. ***leucantha***, S. 149.
L. s. ssp. ***pedunculata***, S. 149.

L. viridis S. 149

Verwendbar Blüten.
Eigenschaften Ein aromatisches, nach Zitrone duftendes Kraut.
Gebrauch
Aroma Die außergewöhnlich aromatische Pflanze wird meist im Garten oder in Töpfen gezogen.

Anbau und Ernte

Anbau Zierpflanze (*L.* x *intermedia:* Kulturpflanze); winterhart (*L.* x *allardii, L. dentata* und Sorten, *L. lanata:* halbhart, *L. multifida, L. pinnata:* empfindlich, *L. stoechas* und Sorten, *L. viridis*, frosthart). Gut entwässerter, neutraler bis alkalischer Boden in offener, sonniger Lage. *L. dentata* und *L. lanata* können in sehr geschützter, gut entwässerter Lage -5° C vertragen; *L. lanata* ist vorsichtig zu wässern. *L. multifida* und *L. pinnata* brauchen frostfreie Bedingungen. Vermehrung durch Aussaat im Herbst (nur Arten, Unterarten und Varietäten); durch halbreife Stecklinge im Sommer. Hecken und Solitäre werden im Frühling beschnitten bzw. zurückgeschnitten, um einen buschigen Wuchs zu fördern. Nach der Blüte werden die abgestorbenen Blüten entfernt und die Pflanzen leicht beschnitten. Sie können durch Frost geschädigt und von Grauschimmel, Schorf, Fleckenkrankheit und Hallimasch befallen werden. Lavendel verholzt mit zunehmendem Alter und wird am besten alle 3 bis 4 Jahre ersetzt.
Ernte Die Blüten von *L. angustifolia* und *L.* x *intermedia* werden gepflückt, sobald sie sich geöffnet haben, und frisch verwendet oder zu Öl destilliert oder auch (nur *L. angustifolia*) zur Verwendung in Aufgüssen, alkoholischen Essenzen und Tinkturen getrocknet. Die Blütenköpfe und Blüten anderer Lavendelarten werden gesammelt, wenn sie sich öffnen, und anschließend getrocknet.

LAWSONIA
(Lythraceae)

Trotz seiner medizinischen Anwendungsmöglichkeiten wird der Hennastrauch immer noch vorrangig zur Farbgewinnung gebraucht. *L. inermis* ist im Nahen Osten von alters her ein orangerotes Färbemittel für Haare, Haut und Nägel. Die Pflanze wurde Ende des 19. Jahrhunderts in Europa eingeführt. Heute gewinnt man aus ihr wichtige Haarpflegemittel.

L. inermis, syn. *L. alba* (Hennastrauch) S. 150

Verwendbar Blätter, Blüten, Öl.
Eigenschaften Adstringierendes Kraut mit einem teeartigen Aroma; es stillt Blutungen und wirkt antibakteriell; gilt in der ayurvedischen Medizin als ein Blutreinigungsmittel und Nerventonikum.
Gebrauch
Aroma Das nach Flieder duftende Öl wird in der Parfümindustrie verwendet.
Medizin Innerlich bei Amöbenruhr; äußerlich bei Hautkrankheiten (einschließlich Lepra), Wunden, Geschwüren und Herpes.

Anbau und Ernte

Anbau Empfindliche Kulturpflanze; gut entwässerter, sandiger Boden, Sonne, mindestens 10° C. Vermehrung durch Aussaat im Frühling; durch Grünstecklinge im Frühling; durch Steckhölzer im Winter. Totes Holz im späten Frühling entfernen und die Pflanze in Form schneiden.
Ernte Junge, belaubte Triebe von 20-25cm Länge in der Vegetationsperiode pflücken und für Puder trocknen. Die Blüten am frühen Morgen sammeln und zu Öl destillieren.

LEDUM Porst
(Ericaceae)

Ledum enthält ähnliche Substanzen wie die verwandte *Arctostaphylos uva-ursi* (vgl. S. 241). Es soll, wie auch *L. palustre* (Sumpfporst), narkotische Wirkungen haben und bei Überdosierung „ein seltsames Delirium" verursachen. Zur Abwehr von Insekten und Ungeziefern plazierte man es früher zwischen Kleidungsstücke und in Getreidelagern.

L. groenlandicum, syn. *L. latifolium* (Labradortee) S. 150

Verwendbar Blätter, Triebe.
Eigenschaften Ein bitteres, adstringierendes Kraut mit kampferartigem Aroma: es hat schleimlösende, harntreibende und insektentötende Wirkungen.
Gebrauch
Medizin Innerlich bei Bronchienstauung und Durchfall. Äußerlich bei Schuppen, Krätze, Hautreizung.
Wirtschaft In Tinkturen gegen Moskitos, Wanzen, Läuse, Flöhe und Käferlarven verwendet.

Anbau und Ernte

Anbau Winterharte Zierpflanze; feuchter bis nasser, saurer Boden in der Sonne oder im Halbschatten. Vermehrung durch Aussaat im Herbst; durch halbreife Stecklinge im Sommer. Abgestorbene Blütenköpfchen werden entfernt.
Ernte Blätter und Triebe im Spätsommer sammeln und für Aufgüsse und Tinkturen trocknen.

LEONURUS Herzgespann
(Labiatae/Lamiaceae)

L. cardiaca wurde im alten Griechenland bei Angstzuständen während der Schwangerschaft verschrieben. Forschungen haben nachgewiesen, daß die Pflanze beruhigend auf das Herz wirkt und das Thromboserisiko verringert. Man nimmt an, daß alle Arten ähnliche Eigenschaften haben. *L. sibiricus* wurde schon 106 n.Chr. von Su Song in der „Materia Medica" erwähnt. Es wird im Gegensatz zu anderen chinesischen Kräutern oft „solo" verschrieben (d. h. nicht gemischt mit anderen Kräutern).

L. cardiaca (Echtes Herzgespann, Löwenschwanz) S. 150

Verwendbar Gesamte Pflanze.
Eigenschaften Bitteres, harntreibendes Kraut, das anregende Wirkungen auf Kreislauf und Uterus hat, den Blutdruck senkt und Krämpfe löst. Es ist ein Beruhigungsmittel sowie Nerventonikum und hat antibakterielle Wirkungen.
Gebrauch
Medizin Innerlich bei Herzbeschwerden (besonders Herzunruhe) sowie bei Menstruations-, Entbindungs- und Klimakteriumbeschwerden. Nicht an Schwangere verabreichen.

L. sibiricus, syn. *L. heterophyllus* S. 150

Verwendbar Gesamte Pflanze („Yi mu cao"), Samen („Chong wei zu").
Eigenschaften Ein bitteres, harntreibendes Kraut, das den Kreislauf und den Uterus anregt, den Blut-

druck senkt, die Menses reguliert, auch entgiftet. Es wirkt auch gegen Pilzinfektionen. Die Samen sind süß und wirken ähnlich, jedoch nicht für harntreibende, entgiftende Mittel zu verwenden.
GEBRAUCH
MEDIZIN Innerlich bei Augenproblemen, die mit dem Lebermeridian zuammenhängen (Samen); bei schmerzhafter und verlängerter Regel, Blutungen nach der Entbindung (ganze Pflanze, Samen); bei Ödem, Nierensteinen, Ekzemen und Abszessen (ganze Pflanze); nicht Schwangeren verabreichen.

ANBAU UND ERNTE
ANBAU Winterharte Kulturpflanze; gut entwässerter, feuchter Boden in der Sonne oder im Halbschatten. Vermehrung durch Aussaat im Frühling; durch Teilung im Frühling oder Herbst.
ERNTE Die Pflanzen werden geschnitten, wenn sie blühen, aber bevor Samen angesetzt werden, und getrocknet für Aufgüsse, Flüssigextrakte und Tinkturen *(L. cardiaca)* oder für Absude, Pillen, Puder und Umschläge *(L. sibiricus)* verwendet. Samen *(L. sibiricus)* werden im Herbst reif gesammelt. Die ganzen Pflanzen werden getrocknet, gedroschen und die Samen dann ausgesiebt.

LEPTANDRA

L. virginica. Siehe *Veronicastrum virginicum.*

LEVISTICUM Liebstöckel
(Umbelliferae/Apiaceae)

L. officinale besitzt einen interessanten Geschmack, der an Sellerie und Hefe erinnert. Und doch wird es kaum in der Küche verwendet. Medizinisch ist es der chinesischen *Angelica polymorpha* var. *sinensis* (vgl. S. 238) ähnlich, für die es früher als Ersatz gedient hat.

L. officinale, syn. *Ligusticum levisticum* (Maggikraut, Liebstöckel) S. 150

VERWENDBAR Blätter, Stengel, Wurzeln, Samen, Öl.
EIGENSCHAFTEN Bittersüßes, beruhigendes, scharf aromatisches Kraut, das der Verdauung zuträglich ist, Krämpfe löst, die Schweißbildung verstärkt, harntreibend, schleimlösend und gegen viele Krankheitserreger wirkt.
GEBRAUCH
KÜCHE Junge Triebe verzehrt man als blanchiertes Gemüse. Stengel werden wie Angelika (Brustwurz) kandiert. Die Samen können Brot und Käsegebäck, die Blätter Suppen, Eintopfgerichten, Salaten und pikanten Gerichten hinzugefügt werden.
AROMA Öl wird in der Parfümindustrie verwendet.
MEDIZIN Innerlich bei Verdauungsstörung, Koliken, Blähungen, schwachem Appetit, Nierensteinen, Blasenentzündung, Menstruationsschmerzen und langer Entbindungszeit; äußerlich bei Halsschmerzen und aphthösen Geschwüren.

ANBAU UND ERNTE
ANBAU Winterharte Zierpflanze; tiefer, nährstoffreicher, feuchter Boden; Sonne oder Halbschatten. Vermehrung durch Aussaat im Herbst; durch Teilung im Frühling. Die Blätter können durch Minierfliegen geschädigt werden.
ERNTE Die Blätter werden vor der Blüte gepflückt und zu Öl destilliert oder für Aufgüsse getrocknet; die Stengel im Frühling schneiden, wenn sie zart und saftig sind. Wurzeln im dritten Jahr ernten und frisch verwenden oder für Absude, Extrakte, Tinkturen sowie für Öldestillation trocknen; Samen reif sammeln, für Absude trocknen.

LIATRIS Prachtscharte
(Compositae/Asteraceae)

Verschiedene Prachtscharten werden in Nordamerika örtlich verwendet: *L. squarrosa* und *L. scariosa* sind wie *L. spicata* harntreibend. Bei Schlangenbissen kann man sie für Umschläge verwenden. Bei juckenden Hautbeschwerden haben sich Waschungen mit Wurzelabsuden von *L. punctata* als hilfreich erwiesen. *L. chapmannii* enthält Liatrin, das antikarzinogene Eigenschaften hat. Es ist auch bekannt, daß *Liatris*-Arten Kumarine enthalten. Ihre Verwendung als Gewürze wurde Anfang der 50er Jahre in den USA verboten, weil sie möglicherweise für Leberschäden verantwortlich sind (und für verminderte Blutgerinnung). Die verwandte *Trilisa odoratissima* ist besonders reich an Kumarinen.

L. spicata S. 151

VERWENDBAR Blätter, Wurzeln.
EIGENSCHAFTEN Ein bitteres, aromatisches Kraut. Es ist stärkend und adstringierend, wirkt antibakteriell sowie harntreibend.
GEBRAUCH
AROMA Die Blätter und Wurzeln werden bei Dufttöpfen hinzugefügt.
MEDIZIN Innerlich bei Nierenkrankheiten und Tripper; äußerlich bei wundem Hals.
WIRTSCHAFT Blätter und Wurzeln werden insektenvertreibenden Kräutermischungen beigegeben.
VARIANTE
***L. s.* 'Alba'**, S. 151.

ANBAU UND ERNTE
ANBAU Winterharte Zierpflanze; feuchter bis nasser Boden in offener, sonniger Lage. Vermehrung durch Aussaat im Frühling oder Frühherbst (Art); durch Teilung im Frühling. Die Triebe können durch Schnecken geschädigt werden.
ERNTE Die Blätter werden während des Sommers, die Wurzeln im Herbst gesammelt sowie frisch in Sirups oder getrocknet in Absuden verwendet.

LIGUSTICUM Mutterwurz
(Umbelliferae/Apiaceae)

Mehrere verschiedene *Ligusticum*-Arten sind medizinisch von Nutzen. Sie enthalten flüchtige und fettige Öle und ein sehr bitteres Alkaloid, das erwiesenermaßen die Durchblutung der Herzkranzgefäße und des Gehirns verstärkt. Die chinesische Rezeptur „Chuanxiong“ besteht aus einer Mischung verschiedener Kräuter. *L. sinense* und *Carthamus tinctorius* (vgl. S. 255) sind zwei ihrer Hauptbestandteile. *L. porteri* war schon für die Indianerstämme in den Rocky Mountains ein wichtiges Kraut. Seine Anwendung wurde von chinesischen, ayurvedischen und westlichen Kräuterkennern übernommen, da es dem *L. sinense* überlegen ist.

L. levisticum. Siehe *Levisticum officinale.*

L. porteri

Hohe Staude, hart bis -15° C; Höhe 45-90cm, Breite 60cm, mit dünnen, dunkelgrünen zusammengesetzten, in Segmente geteilten Blättern und abgeflachten Dolden kleiner, weißer Blüten. Wächst in den südlichen Rocky Mountains auf Hochlandwiesen und in Bergschluchten in 2400-3600m Höhe.

VERWENDBAR Wurzeln, Samen, Öl.
EIGENSCHAFTEN Ein bitteres, kampferartiges, wärmendes Kraut, das den Kreislauf, die Nieren und den Uterus anregt; es verbessert die Verdauung, löst Krämpfe, ist schleimlösend und vermehrt die Schweißbildung.
GEBRAUCH
MEDIZIN Innerlich bei von Hautsymptomen begleitetem Fieber, bei Infektionen der Bronchien, bei Verdauungsbeschwerden, Zahnschmerzen, Menstruationsschmerzen und retinierter Plazenta.

L. scoticum S. 151

VERWENDBAR Blätter, Stengel, Samen.
EIGENSCHAFTEN Ein aromatisches, harntreibendes Kraut, das die Verdauung verbessert sowie den Kreislauf und Uterus anregt.
GEBRAUCH
KÜCHE Die jungen Blätter und Stengel haben einen scharfen, sellerieartigen Geschmack. Sie werden roh oder gekocht gegessen und Suppen sowie Eintopfgerichten beigegeben.
MEDIZIN Wurde früher zur Behandlung von Verdauungsproblemen, Uterusstörungen und Rheumatismus verwendet.
WIRTSCHAFT Gemahlene Samen dienen als Geschmacksverbesserer für Arzneimittel.

L. sinense

Mehrjährige, winterhart bis -15° C, Höhe 1m, Breite 45-60cm, gerippter Stengel, gezähnte Blätter. Trägt im Sommer Dolden weißer Blüten, danach längliche, gerippte Früchte; heimisch im südlichen Becken des Gelben Flusses (China).

VERWENDBAR Wurzeln.
EIGENSCHAFTEN Ein aromatisches, beruhigendes Kraut, das antibakteriell wirkt, den Kreislauf anregt, den Blutdruck senkt, Schmerzen lindert und Kontraktionen des Uterus verursacht.
GEBRAUCH
MEDIZIN Innerlich bei Menstruationsproblemen, Blutungen nach der Entbindung, Erkrankungen der Herzkranzgefäße, Kreislaufschwäche, Kopfschmerzen (besonders durch Gehirnerschütterung) sowie bei Erkältungsschmerz.

ANBAU UND ERNTE
ANBAU Winterharte Kulturpflanze; gut entwässerter bis trockener Boden in der Sonne. *L. sinense* verträgt feuchte Bedingungen. Vermehrung durch Aussaat im Frühling; durch Teilung im Herbst.
ERNTE Blätter und Stengel *(L. scoticum)* für die Verwendung als Gemüse können im Frühling und als Gewürz jederzeit geschnitten werden. Wurzeln im Herbst ernten und frisch oder getrocknet für Ölextraktion *(L. porteri)* sowie für Absude und Tinkturen verwenden. Die reifen Samen sammeln und mahlen *(L. scoticum)* oder zu Öl destillieren *(L. porteri)*. Die Wurzeln werden im Herbst geerntet und für Absude getrocknet *(L. sinense)*.

LIGUSTRUM Liguster
(Oleaceae)

L. lucidum wird in der traditionellen chinesischen Heilkunde erstmals in einem Text erwähnt, der wahrscheinlich schon vor 1000 n.Chr. geschrieben wurde. In den letzten Jahren kommt die Pflanze zum Einsatz, um bei chemotherapierten Krebspatienten den Verlust von Knochenmark zu verhindern. Die chinesische Forschung meldet gute Ergebnisse bei der Behandlung von Atemwegsinfektionen, Bluthochdruck, Parkinson'scher Krankheit.

L. lucidum S. 151

VERWENDBAR Früchte („Nu zhen zi").
EIGENSCHAFTEN Ein bitteres, leicht süßes Kraut mit stärkender Wirkung auf Nieren und Leber. Es hat harntreibende, antibakterielle sowie gegen Tumore und möglicherweise Viren gerichtete Wirkungen.

GEBRAUCH
MEDIZIN Innerlich bei Beschwerden, die auf schwache Nieren- und Leberenergie zurückzuführen sind, auch bei klimakterischen Problemen (z.B. zu früh einsetzende Wechseljahre), verschwommenem Sehen, grauem Star, Ohrensausen, Grauwerden der Haare, rheumatischen Schmerzen, Herzunruhe und Schlaflosigkeit.
VARIANTE
L. l. **'Excelsum Superbum'**, S. 151.

> **ANBAU UND ERNTE**
> ANBAU Frostharte Zierpflanze; gut entwässerter Boden, Sonne oder Schatten; panaschierte Sorten am besten in der Sonne. Vermehrung durch halbreife Stecklinge im Sommer; durch reife Samen im Winter (nur Arten). Die Blätter können durch die Fleckenkrankheit geschädigt werden.
> ERNTE Die Früchte werden reif gesammelt und dann getrocknet, anschließend für gewöhnlich mit Honig vermischt und gedämpft, bevor sie für Absude, Puder und Pillen weitergetrocknet werden.
> WARNHINWEIS Bei Verzehr schädlich.

LILIUM Lilie
(Liliaceae)

Die Zwiebeln verschiedener Lilienarten sind eßbar. In Teilen Chinas und Japans werden sie für diesen Zweck angebaut. Auch bei den Indianern waren sie als Gemüse von Bedeutung. *L. candidum* hat einen Platz in der Geschichte der Medizin. Bei Plinius wird es als Mittel gegen Fußbeschwerden und Hautprobleme aufgeführt. Weil es heutzutage selten geworden ist, verwendet man es nur noch wenig. Mehrere chinesische Arten, darunter *L. concolor*, wirken in der traditionellen Medizin bei Bronchialbeschwerden.

L. candidum (Madonnen-, Weiße Lilie) S. 151

VERWENDBAR Zwiebeln, Blüten.
EIGENSCHAFTEN Ein adstringierendes, schleimiges Kraut, heilt beschädigtes oder gereiztes Gewebe.
GEBRAUCH
MEDIZIN Äußerlich bei Abszessen, entzündeter oder rissiger Haut, Frostbeulen, Geschwüren, Alopezie.

> **ANBAU UND ERNTE**
> ANBAU Winterharte Zierpflanze; gut entwässerter, alkalischer Boden; Sonne. Zwiebel unmittelbar unter der Oberfläche. Vermehrung durch Aussaat im Herbst oder Frühling; durch Zwiebelschuppen im Sommer; durch Tochterzwiebeln im Spätsommer; anfällig für Botrytis. *L. candidum* verträgt keine Störungen.
> ERNTE Die Zwiebeln im Spätsommer ernten, Blüten pflücken, wenn sie sich öffnen, und frisch für Saft, Salben und Tinkturen verwenden oder für späteren Gebrauch einfrieren.

LINARIA Leinkraut, Frauenflachs (Scrophulariaceae)

L. vulgaris war bei Ödemen ein geschätztes harntreibendes Mittel; wird heute kaum verwendet, verdient aber nähere Untersuchung.

L. vulgaris (Gemeines Leinkraut) S. 152

VERWENDBAR Gesamte Pflanze.
EIGENSCHAFTEN Bitteres, adstringierendes Kraut, das Gewebe entgiftet, diuretisch, abführend und auf die Leber wirkt.

GEBRAUCH
MEDIZIN Innerlich bei Hautkrankheiten, Darmerkrankung, Hepatitis, Ödemen, Gallenblasenbeschwerden; nicht für Schwangere. Äußerlich bei Hämorrhoiden, Hautausschlägen, Wunden und bösartigen Geschwüren. Anwendung nur durch qualifizierte Heilpraktiker, da die Dosierung kritisch ist.

> **ANBAU UND ERNTE**
> ANBAU Winterharte Zierpflanze; entwässerter, neutraler bis alkalischer Boden; Sonne oder Halbschatten. Vermehrung durch Aussaat oder Teilung im Herbst oder Frühling; sät leicht selbst aus.
> ERNTE Die Pflanzen werden während der Blüte geschnitten und für Aufgüsse getrocknet.

LINDERA Fieberstrauch
(Lauraceae)

Aus *L. benzoin* gewannen die ersten Siedler in Nordamerika Arzneimittel, Speisewürzen und Getränke. Die pulverisierten Früchte waren in den USA während der Revolutionszeit im 18. Jahrhundert ein guter Ersatz für Nelkenpfeffer *(Pimenta dioica)*, und aus den Blättern braute man einen annehmbaren Tee. *L. glauca* ist eine von mehreren orientalischen Arten, die zur Herstellung von Weihrauch und Räucherstäben verwendet werden. *L. strychnifolia* gilt in der chinesischen Medizin als ein wärmendes Mittel bei Menstruationsschmerzen, verkühltem Unterleib und Urininkontinenz.

L. benzoin S. 152

VERWENDBAR Blätter, Zweige, Rinde, Früchte.
EIGENSCHAFTEN Ein aromatisches, wärmendes, stärkendes Kraut, das die Durchblutung fördert, Darmparasiten austreibt und schweißtreibend wirkt.
GEBRAUCH
KÜCHE Kann zum Würzen von Speisen und Getränken verwendet werden.
MEDIZIN Innerlich früher als Hausmittel bei Erkältung, Ruhr und Darmparasiten.

> **ANBAU UND ERNTE**
> ANBAU Winterharte Zierpflanze; feuchter, saurer Boden (pH-Wert 4,5-6,0) im Halbschatten. Vermehrung durch Aussaat im Herbst; durch Grünstecklinge im Sommer.
> ERNTE Die Blätter werden während der Vegetationsperiode gesammelt, die Zweige im Frühling, die Rinde je nach Bedarf und die Beeren im Herbst; alle Teile werden frisch verwendet oder für Absude und Aufgüsse getrocknet.

LINUM Lein, Flachs
(Linaceae)

L. usitatissimum wird zwar als Art angesehen, ist aber wahrscheinlich eine alte Kulturpflanze, die von *L. bienne* abstammt. Es haben sich zwei deutlich voneinander unterschiedene Formen von *L. usitatissimum* entwickelt: der größere Faser- oder Gespinstlein, mit weniger Zweigen und Blüten, der die Fasern liefert, und der kleinere, blüten- und fruchtreichere Öllein, der heute als Öl- und Futterpflanze angebaut wird. Dessen Samen enthalten 30-40% eines fettigen Öls, das Leinöl. Dieses setzt sich hauptsächlich aus Linolsäure und Linolensäure zusammen. Wie bei vielen Angehörigen der Familien der *Linaceae, Rosaceae* und *Caprifoliaceae* auch, enthalten die Samen Cyanglykoside (Blausäure). In kleinen Mengen regen diese Verbindungen die Atmung an und verbessern die Verdauung, doch führt Überdosierung zu respiratorischer Insuffizienz und zum Tod. Es gibt keine Anzeichen dafür, daß die empfohlenen Dosen von *L. usitatissimum* irgendeine Bedrohung darstellen. Das verwandte *L. catharticum* (Purgierlein) ist ein Abführmittel und Antirheumatikum, wird aber heutzutage kaum gebraucht.

L. usitatissimum (Echter Lein, Flachs) S. 152

VERWENDBAR Gesamte Pflanze, Stengel, Samen, Öl.
EIGENSCHAFTEN Süßes, schleimiges Kraut, das abführend und schleimlösend wirkt, gereiztes Gewebe beruhigt, Husten bekämpft, Schmerzen lindert.

GEBRAUCH
MEDIZIN Innerlich als darmfüllendes Abführmittel bei chronischer Verstopfung und Divertikulitis (gemahlene Samen, gemischt mit Getreideflocken und viel Flüssigkeit); bei Gastritis, Rachenentzündung (eingeweichte Samen); bei chronischen

Beschwerden der Bronchien, Husten und Halsschmerzen; als Diätergänzung bei Ekzemen, Menstruationsproblemen, Verhärtung der Arterien und primärchronischer Polyarthritis (Öl). Äußerlich bei Bronchitis, Rippenfellentzündung, Halsschmerzen, Verbrennungen, Verbrühungen, Furunkeln, Abszessen und Geschwüren. Gemahlene Samen werden als Umschläge bei Brustbeschwerden mit *Sinapis alba* (vgl. S. 353) und als Hustenmittel mit Honig und Zitrone kombiniert.
WIRTSCHAFT Fasern liefern Flachs, aus dem Leinenstoff hergestellt wird. Aus Samen wird Öl gepreßt, das u.a. für Lebensmittel verwendet wird.

ANBAU UND ERNTE
ANBAU Winterharte Kulturpflanze; gut entwässerter bis trockener sandiger Boden; Sonne. Vermehrung durch Aussaat im Frühling dort, wo die Pflanzen zur Blüte kommen sollen. Empfindlich gegen Umpflanzen.
ERNTE Die Pflanzen werden geschnitten, wenn sie reif für die Faserextraktion sind, Samen reif gesammelt, gelagert oder zu Öl gepreßt.

LIPPIA Zitronenstrauch
(Labiatae/Verbenaceae)

Verschiedene *Lippia*-Arten haben aromatisches Laub, das für medizinische Zwecke oder auch als Gewürz und für Tees dienen kann. *L. dulcis* ist ein schleimlösendes Mittel mit einem angenehmen, kampferartigen Geruch. Die Blätter von *L. graveolens* und *L. palmeria* duften nach Origano. Sie werden als getrocknetes Origano aus Mexiko exportiert. *L. alba* hat ein ähnliches Aroma wie *Cymbopogon citratus* (vgl. S. 270). Die karibische *L. micromera* kann als Thymianersatz verwendet werden. Sowohl aus *L. adoensis* (eine afrikanischen Art) wie auch aus der brasilianischen *L. pseudo-thea* wird Tee zubereitet.

L. citriodora. Siehe *Aloysia triphylla.*

L. graveolens S. 152

VERWENDBAR Blätter.
EIGENSCHAFTEN Aromakraut mit Origanoduft.
GEBRAUCH
KÜCHE Ressource für das handelsübliche Origano, das zum Würzen von Meerestieren, Käse und Gerichten aus Tomaten, Auberginen und Zucchini (vor allem in der italienischen Küche) benutzt wird.

ANBAU UND ERNTE
ANBAU Empfindliche Kulturpflanze; leichter, sandiger Boden; Sonne, mindestens 5-10° C. Vermehrung durch Aussaat im Frühling, durch Grünstecklinge im Frühling und Frühsommer; im späten Winter zurückschneiden und das tote Holz entfernen.
ERNTE Blätter werden im Frühling und Sommer gepflückt und für kulinarische Zwecke getrocknet.

LIQUIDAMBAR Amberbaum
(Hamamelidaceae)

Die Indianer Nordamerikas benutzten *L. styraciflua* zum Heilen von Wunden; den Siedlern half sie bei Hautbeschwerden. Sie war als Antiseptikum zum erstenmal 1926 in der „U.S. Pharmacopoeia" verzeichnet. *L. orientalis* erscheint in der chinesischen Medizin um 500 n.Chr. *L. formosana*, ein schmerzlinderndes, antirheumatisches Kraut und Wundkraut, ist ebenso im Gebrauch wie *L. taiwaniana*, deren Früchte als Kreislaufmittel und zur Behandlung von Regelstörungen, Gelenkschmerzen und Allergien verwendet werden. Das aus diesen Arten gewonnene Gummi ist ein süßlicher Balsam, der nach Zimt oder Hyanzinthe duftet.

L. orientalis S. 152

VERWENDBAR Balsam („Su he xiang").
EIGENSCHAFTEN Ein aromatisches, anregendes, antiseptisches und entzündungshemmendes Kraut mit schleimlösenden und heilungsfördernden Wirkungen.
GEBRAUCH
MEDIZIN Innerlich bei Schlaganfällen, Kinderkrämpfen, Koma, Herzkrankheiten und Hautjucken; äußerlich, gemischt mit Olivenöl, bei Krätze. In der Volksmedizin werden in ähnlicher Weise auch Blätter, Früchte und Wurzeln genutzt.

L. styraciflua S. 152

VERWENDBAR Balsam.
EIGENSCHAFTEN Ein aromatisches, anregendes Kraut mit antiseptischen, schleimlösenden und entzündungshemmenden Wirkungen.

GEBRAUCH
AROMA In der Parfümindustrie, besonders für Jasminduftnoten.
MEDIZIN Innerlich bei Halsschmerzen, Husten, Erkältungen, Asthma, Bronchitis, Blasenentzündung und Scheidenausfluß; äußerlich bei wunden Stellen, Hämorrhoiden, Kopfflechte, Krätze und Erfrierungen; eine Zutat zu dem aus dem Benzoe-Storaxbaum (*Styrax benzoin*, vgl. S. 357) gewonnenen Wundbalsam, der Erkältungen und Hautprobleme lindert.
WIRTSCHAFT Für handelsübliche Würzen von Lebensmitteln und Tabak verwendet.
VARIANTEN
L. s. **'Aurea'**, syn. *L. s.* 'Variegata', S. 153.
L. s. **'Worplesdon'**, S. 153.

ANBAU UND ERNTE
ANBAU Winterharte Zierpflanze; tiefer, nährstoffreicher, feuchter, neutraler bis leicht saurer Boden in der Sonne oder im Halbschatten. Vermehrung durch Aussaat im Herbst; durch Grünstecklinge im Sommer. Schlecht plazierte Zweige sollen im Herbst entfernt werden.
ERNTE Der Balsam wird als natürliche Absonderung oder durch Rindeneinschnitte gesammelt und zu Sirups und Tinkturen verarbeitet. Er wird auch aus der Rinde extrahiert, wobei die Bäume zuerst angeschnitten werden, um den Fluß zu erhöhen.

LIRIOSMA
L. ovata. Siehe *Dulacia inopiflora.*

LITHOSPERMUM Steinsame
(Boraginaceae)

Von der chemischen Zusammensetzung dieser Gattung ist nur wenig bekannt, aber die Wirksamkeit mehrerer ihrer Arten zur Empfängnisverhütung und als Reinigungsmittel bei Hautzuständen rechtfertigt gewiß weitere Untersuchungen. *L. erythrorhizon* wird in der chinesischen Medizin seit alters her verwendet. *L. ruderale* (Steinsame) war nur eine von mehreren Arten, die auch die Indianer Nordamerikas im Gebrauch hatten.

L. erythrorhizon, syn. *L. officinale* ssp. *erythrorhizon* (Steinsame, Steinhirse) S. 153

VERWENDBAR Gesamte Pflanze, Wurzeln („Zi cao").
EIGENSCHAFTEN Ein süßes, beruhigendes, heilungsförderndes, fiebersenkendes und entgiftendes Kraut. Es regt Leber, Herz und Kreislauf an und hat empfängnisverhütende und antikarzinogene Wirkungen.
GEBRAUCH
MEDIZIN Innerlich bei Reizzuständen der Haut, bei Masern, Windpocken, Furunkeln, Karbunkeln, Hepatitis und Hautkrebs. Äußerlich bei Ekzemen, Verbrennungen, Abszessen, bei (durch Lacksumach und Giftsumach verursachtem) Hautausschlag, bei Scheidenausfluß und Herpes.
WIRTSCHAFT Bestandteil von Hautpflegecrèmes.

ANBAU UND ERNTE
ANBAU Winterharte Kulturpflanze; gut entwässerter, neutraler bis alkalischer Boden in der Sonne oder im Halbschatten. Vermehrung durch Aussaat im Herbst; durch Teilung im Sommer.
ERNTE Die Pflanzen werden während der Blütezeit geerntet, die Wurzeln im Herbst; alle Teile können für Absude getrocknet werden.

LOBELIA Lobelie
(Campanulaceae)

Eine Reihe von *Lobelia*-Arten enthalten Piperidinalkaloide, vor allem Lobelin, das die Atmung anregt und Erbrechen verursacht. Zu diesen Arten gehören die Zierpflanze *L. cardinalis,* sodann *L. tupa*, die chilenischen Stämmen als Mittel bei Zahnschmerzen gedient hat und als Narkotikum geraucht wurde; ferner *L. siphilitica*, die zusammen mit *Podophyllum peltatum* (vgl. S. 332) der Behandlung von Geschlechtskrankheiten diente. *L. inflata* kannten die Indianer Nordamerikas als Heilpflanze bei Bronchienbeschwerden. Sie wurde von Samuel Thomson (1769-1843), dem Kräuterkenner und Begründer der reinen Pflanzentherapie, bekannt gemacht.

L. chinensis, syn. *L. radicans* S. 153

VERWENDBAR Gesamte Pflanze („Ban bian lian").
EIGENSCHAFTEN Ein herbes, pilzbekämpfendes, harntreibendes Kraut, das Entzündungen hemmt, das Fieber senkt und Gewebe entgiftet. Es wirkt hauptsächlich auf Leber und Nieren.

GEBRAUCH
MEDIZIN Innerlich bei Ruhr, Magendarmkatarrh, Zirrhose, Ödem, Gelbsucht, Schistosomiasis, Magenkrebs, Ekzemen und bei Schlangenbiß mit herabgesetzter Atmung. Überdosierung verursacht Übelkeit, Erbrechen, Schläfrigkeit und Atemversagen. Nur von qualifizierten Heilpraktikern anzuwenden.

L. inflata S. 153

VERWENDBAR Gesamte Pflanze.
EIGENSCHAFTEN Ein herbes, brechreizauslösendes Kraut, das die Atmung anregt, die Schweißbildung erhöht, Entzündungen hemmt, schleimlösend wirkt.
GEBRAUCH
MEDIZIN Innerlich bei Asthma, Bronchitis, Keuchhusten und Rippenfellentzündung. Überdosierung verursacht Übelheit, Erbrechen, Schläfrigkeit und Atemversagen. Nicht für Schwangere oder Patienten mit Herzbeschwerden. Äußerlich bei Rippenfellentzündung, Rheumatismus, dem Peitschenhiebsyndrom, bei Furunkeln und Geschwüren. Nur von qualifizierten Heilpraktikern anzuwenden. WARNHINWEIS Dieses Kraut und die Alkaloide unterliegen in einigen Ländern gesetzlichen Beschränkungen.
WIRTSCHAFT Wichtiger Bestandteil von einigen Antiraucher-Tabakspezialitäten (die die Wirkungen des Nikotins imitieren) sowie von Hustensäften.

ANBAU UND ERNTE
ANBAU Kulturpflanze; empfindlich *(L. chinensis)*; winterhart *(L. inflata)*. Nährstoffreicher, feuchter Boden; Sonne oder Halbschatten. *L. inflata* bevorzugt leicht sauren Boden. Vermehrung durch Aussaat im Herbst oder Frühling.
ERNTE Ganze Pflanzen in der Blüte schneiden (*L. inflata*, wenn untere Früchte reif sind), frisch oder getrocknet für Absude *(L. chinensis)*, Aufgüsse, Flüssigextrakte und Tinkturen verwenden.
WARNHINWEIS Nicht essen; hautreizend, allergen.

LONICERA
Geißblatt, Heckenkirsche
(Caprifoliaceae)

L. caprifolium (Jelängerjelieber) und *L. periclymenum* (Waldgeißblatt) sind noch in vielen Arzneibüchern zu finden, werden aber heute kaum gebraucht. Erstere wirkt abführend und schleimlösend, die zweite schleimlösend, antiseptisch, harntreibend und Erbrechen auslösend. Sie ist in kleinen Dosen eine nützliche Zutat zu Hustensäften. *L. japonica* erfüllt seit der Zeit der „Tang Materia Medica" (659 n.Chr.) ihren Zweck in der chinesischen Medizin.

L. japonica S. 153

VERWENDBAR Stengel („Jin yin teng"), Blütenknospen („Jin yin hua").
EIGENSCHAFTEN Ein süßliches, kühlendes Kraut, das antibakteriell, harntreibend, fiebersenkend, entzündungshemmend, blutdrucksenkend, krampflösend und schweißtreibend wirkt; gilt als blutreinigend.
GEBRAUCH
MEDIZIN Innerlich bei akutem Gelenkrheumatismus, Mumps, Hepatitis (Stengel); Infektionen der oberen Luftwege, (u.a. Lungenentzündung) und Ruhr (Blüten, Stengel); bei hohem Fieber, Bindehautentzündung, Rachenentzündung, Kinderkrankheiten (auch Masern und Windpocken), Furunkeln, Nesselfieber, infizierten Wunden, Magendarmkatarrh, Lebensmittelvergiftung, Harnweginfektionen, Brustkrebs, (Blüten); äußerlich bei ansteckendem Ausschlag, Hautentzündungen (Blüten).
VARIANTE
***L. j.* 'Aureoreticulata'**, S. 153.

ANBAU UND ERNTE
ANBAU Frostharte Kultur- *(L. japonica)* oder Zierpflanze (*L. j.* 'Aureoreticulata'); gut entwässerter Boden in der Sonne oder im Halbschatten. Vermehrung durch Aussaat im Herbst oder Frühling (nur Arten); durch halbreife Stecklinge im Sommer oder Steckhölzer im Spätherbst; durch Teilung im Frühling oder Herbst. Nach der Blüte zurückschneiden oder überflüssige Stengel entfernen. Blätter und Blüten können von Blattläusen befallen werden. *L. japonica* ist in Australien und Teilen der USA ein wucherndes Unkraut.
ERNTE Die Stengel werden im Herbst und Winter geschnitten und für Absude, Pillen, Umschläge, Puder, Tinkturen und Trockenextrakte getrocknet. Die Blüten werden am frühen Morgen gesammelt, bevor sie sich öffnen, und für Absude getrocknet.

LUFFA
Schwammgurke, Schwammkürbis
(Cucurbitaceae)

Die Fasern der ausgereiften Früchte werden in der traditionellen chinesischen Medizin schon seit dem 10. Jahrhundert n.Chr. verwendet. Für innerliche Anwendung kocht man Stücke der Pflanze in Wasser, um einen starken Absud zu erzeugen. Auch werden sie vorsichtig in einem geschlossenen Behälter erhitzt, bis sie zu Holzkohle (die dann äußerlich angewendet wird) reduziert sind.

L. cylindrica, syn. *L. aegyptica* (Schwammgurke) S. 154

VERWENDBAR Früchte, Fasern („Si gua luo"), Samen, Öl.
EIGENSCHAFTEN Adstringierendes, schmerzstillendes Kraut, das Blutungen stillt, die Heilung fördert, die Durchblutung verbessert und den Milchfluß verstärkt. Es wirkt vor allem auf Lunge, Leber, Magen.
GEBRAUCH
KÜCHE Junge Früchte werden wie Eierkürbisse gekocht oder sauer eingelegt. Aus den Samen preßt man Speiseöl.
MEDIZIN Innerlich bei Rheumatismus, Brustschmerzen, Rückenschmerzen, Hodenentzündung, Hämorrhoiden, inneren Blutungen und unzureichender Milchbildung; äußerlich bei Gürtelrose und Furunkeln. Die Gefäßbündelskelette werden als Abreibeschwämme zur Hautpflege (Entfernung von abgestorbener Haut) und zur Anregung der peripheren Durchblutung verwendet.

ANBAU UND ERNTE
ANBAU Empfindliche Kulturpflanze; nährstoffreicher, sandiger Boden; Sonne, mindestens 10° C. Vermehrung durch Aussaat im Frühling. Seitenzweige abkneifen, wenn die erste Frucht angesetzt ist, um die Entwicklung zu fördern. Wuchs nach Bedarf kürzen, um die Ranken an einer Wand oder einem Gitter zu ziehen.
ERNTE Früchte für kulinarische Zwecke abschneiden, wenn sie 15cm lang sind. Ansonsten läßt man sie an den Ranken trocknen, bevor man ihre Haut abzieht und sie verrotten läßt, um die Fasern vom Fruchtfleisch zu befreien. Aus Samen Öl pressen.

LYCIUM Bocksdorn, Teufelszwirn (Solanaceae)

Nach europäischem Volksglauben verursachte Bocksdorn, wenn er in der Nähe des Hauses angepflanzt wurde, Zwietracht zwischen Mann und Frau. In der chinesischen Medizin werden die Wurzelrinde und die Früchte von *L. barbarum* verwendet. Die Wurzelrinde wurde zuerst um 500 n.Chr. erwähnt. Die Früchte sind aus Texten aus der Zeit von 206 v.Chr. bis 23 n.Chr. bekannt, die sich aber auf noch ältere Quellen stützen. Wie meistens bei Mitgliedern der Solanaceae (Nachtschattengewächse), enthält auch *L. barbarum* giftige Alkaloide.

L. barbarum, syn. *L. chinense* (Bocksdorn) S. 154

VERWENDBAR Wurzelrinde („Di gu pi"), Früchte („Gou qi zi").
EIGENSCHAFTEN Die Früchte liefern einen süßen, stärkenden Absud, der den Blutdruck und Cholesterinspiegel im Blut senkt, dabei vor allem auf Leber und Nieren wirkt. Die bittere, kühlende, antibakterielle Wurzelrinde bekämpft Husten und senkt Fieber, Blutdruck und den Blutcholesterinspiegel.
GEBRAUCH
MEDIZIN Innerlich bei Bluthochdruck, Diabetes, Hexenschuß, Schwindel, schlechter Sehkraft, Impotenz und klimakterischen Beschwerden (Früchte); bei chronischem Fieber, inneren Blutungen, Nasenbluten, Tuberkulose, Husten, Asthma, Warzen und Kinderekzemen (Wurzelrinde); äußerlich bei Jucken im Genitalbereich.

ANBAU UND ERNTE
ANBAU Winterharte Zierpflanze. Sandiger, alkalischer, feuchter, gut entwässerter Boden; Sonne. Vermehrung durch Samen im Herbst; durch Grünstecklinge im Sommer; durch Steckhölzer im Winter. Abgestorbenes Holz im Winter entfernen, im Frühling zurückschneiden, um den Wuchs zu regulieren. Pflanzen, die für Handelszwecke angebaut werden, trimmt man zwei- oder dreimal im Jahr, um einen kompakten Strauch zu erhalten, der leichter zu erntende Früchte trägt.
ERNTE Rinde im Winter von den Wurzeln ziehen, für Absude, Pillen und Puder trocknen. Früchte im Herbst sammeln und für Absude trocknen.

LYCOPERDON Stäublinge (Lycoperdaceae)

Stäublinge sind sowohl in der indianischen als auch der traditionellen chinesischen Medizin seit alters bekannt.

L. perlatum, syn. *L. gemmatum* (Flaschenbovist) S. 154

VERWENDBAR Gesamte Pflanze, Sporen („Ma bo").
EIGENSCHAFTEN Ein adstringierendes Kraut, das Blutungen stillt.
GEBRAUCH
KÜCHE Das feste weiße Fleisch junger Boviste wird als Delikatesse gegessen, oft in einem dünnen Eierteig gebraten.
MEDIZIN Äußerlich als Puder bei blutenden Wunden, Hämorrhoiden. In der traditionellen chinesischen Medizin werden die Sporen mit Honig oder Sirup bei Entzündungen der Atemwege eingenommen.

ANBAU UND ERNTE

ANBAU Wildwachsend, genutzte Teile werden gesammelt; winterhart; gut entwässerter, feuchter, sandiger Boden. Verbreitung durch Sporen.
ERNTE Junge Pilze werden im Sommer gesammelt und frisch für Speisen verwendet, im Herbst (mit Sporen) für Pillen und Puder getrocknet.

LYCOPODIUM Bärlapp
(Lycopodiaceae)

Früher verwendete man die ganze Pflanze als harntreibendes und verdauungsförderndes Mittel. Im 17. Jahrhundert begann die Nutzung allein der Sporen. Mrs Grieve („A Modern Herbal", 1931) zufolge „besitzen diese eine stark abstoßende Kraft. Eine mit ihnen gepuderte Hand, wird, in Wasser getaucht, nicht naß." Diese Eigenschaft macht man sich für die Versiegelung von Pillen zunutze. Der Überzug verhindert auch, daß die Pillen zusammenkleben. *L. complanatum* besitzt vergleichbare Eigenschaften wie *L. clavatum* und wird bei Leberbeschwerden oft mit *Taraxacum officinale* (vgl. S. 360) und *Agrimonia eupatoria* (S. 231) kombiniert. Das chinesische *L. cernuum* kocht man für die innerliche Anwendung in Wasser oder Süßwein aus; für die äußerliche Behandlung von Schmerzen und Krämpfen (in den Armen oder Beinen) wird es zerstoßen.

L. clavatum (Keulenbärlapp, Kolbenbärlapp) S. 154

VERWENDBAR Gesamte Pflanze („Shen jin cao"), Sporen.
EIGENSCHAFTEN Ein beruhigendes, antibakterielles Kraut mit harntreibender, fiebersenkender, verdauungsfördernder und die Gebärmutter anregender Wirkung.
GEBRAUCH
MEDIZIN Innerlich bei Störungen der Harnwege und der Nieren, bei Blasenkatarrh und Gastritis sowie, in der chinesischen Medizin, bei primärchronischer Polyarthritis und traumatischen Verletzungen. Äußerlich bei Hautkrankheiten und -reizung. Die Sporen dienen als Grundlage für ein homöopathisches Präparat gegen Reizhusten, rheumatische Schmerzen und Mumps sowie gegen Beschwerden, für die Schmerzen oder Unbehagen auf der rechten Körperseite typisch sind.

ANBAU UND ERNTE

ANBAU Winterharte Kulturpflanze; feuchter, saurer Boden (Sonne oder Schatten). Vermehrung durch Sporen.
ERNTE Pflanzen können das ganze Jahr über geerntet und frisch oder getrocknet verwendet werden. Sporen im Sommer durch ein Sieb schütteln.

LYCOPUS Wolfstrapp
(Labiatae/Lamiaceae)

In der „U.S. Pharmacopoeia" war *L. virginicus* Ende des 19. Jahrhunderts als wirksames Antihämorrhagikum verzeichnet. *L. europaeus* (Uferwolfstrapp) und *L. americanus* gelten in ihren Wirkungen als dem *L. virginicus* sehr ähnlich. *L. lucidus* wird in der chinesischen Medizin seit über 2.000 Jahren bei Menstruationsschmerzen, schmerzhaften Verletzungen und Inkontinenz angewendet.

L. virginicus S. 154

VERWENDBAR Gesamte Pflanze.
EIGENSCHAFTEN Ein bitteres, schwach aromatisches Kraut, das Blutungen stillt, Husten unterdrückt und den Blutzuckerspiegel senkt. Es verlangsamt und stärkt die Kontraktionen des Herzens und hemmt schilddrüsenstimulierende Hormone.
GEBRAUCH
MEDIZIN Innerlich bei Schilddrüsenüberfunktion, nervösem Herzjagen, Husten (besonders für herzkranke Patienten), Tuberkulose, Menorrhagie. Nicht für Schwangere oder Patienten mit Schilddrüsenunterfunktion; nur von Qualifizierten anzuwenden.

ANBAU UND ERNTE

ANBAU Winterharte Kulturpflanze; feuchter bis nasser Boden; Sonne oder Halbschatten. Vermehrung durch Aussaat im Herbst oder Frühling; durch Teilung im Herbst oder Frühling.
ERNTE Pflanzen zu Beginn der Blüte schneiden, für Aufgüsse, Flüssigextrakte, Tinkturen trocknen.

LYTHRUM Weiderich
(Lythraceae)

L. salicaria hat in der europäischen Volksmedizin eine lange Tradition. Es wurde im 19. Jahrhundert während der Choleraepidemien in England in großem Umfang eingesetzt, mit angeblich „elektrisierenden" Wirkungen. Weil es eine stark zusammenziehende Kraft besitzt, wurde es einst zum Gerben von Leder benutzt.

L. salicaria (Blutweiderich) S. 154

VERWENDBAR Gesamte Pflanze.
EIGENSCHAFTEN Ein hochgradig adstringierendes, antibakterielles Kraut mit harntreibender, gereizte Gewebe beruhigender und blutungsstillender Wirkung.
GEBRAUCH
MEDIZIN Innerlich bei Durchfall, Ruhr, Cholera, Typhus, Hepatitis, Blutungen, Menorrhagie und Scheidenausfluß. Äußerlich bei Wunden, Eiterflechte, Ekzemen, Augeninfektionen und Scheidenausfluß. Kombiniert mit *Gnaphalium uliginosum* (vgl. S. 289) als Gurgelmittel bei Halsschmerzen.

ANBAU UND ERNTE

ANBAU Winterharte Zierpflanze; feuchter bis nasser, neutraler bis alkalischer Boden oder flaches Wasser in der Sonne oder im Halbschatten. *L. salicaria* ist außergewöhnlich hart und überlebt Temperaturen bis -20° C. Vermehrung durch Aussaat (nur Arten) oder Teilung im Herbst oder Frühling; durch Basalstecklinge im Frühling. Verbreitet sich in feuchten Lagen leicht durch Samen. Der Import von Pflanzen und Samen ist in Teilen der USA und Kanadas verboten.
ERNTE Die Pflanzen werden während der Blüte geschnitten und frisch verwendet oder für Absude und Aufgüsse getrocknet.

M

MAGNOLIA Magnolie
(Magnoliaceae)

Die nordamerikanischen Indianer waren die ersten, die den medizinischen Nutzen der Magnolien erkannten. Die wirksamen Bestandteile der Magnolienrinde lassen sich leicht in Alkohol lösen. Dieser Tatbestand wurde von den Siedlern genutzt, um bittere, alkoholische Auszüge gegen Malaria herzustellen. Die nicht adstringierende Rinde der *M. acuminata* und *M. tripetala* (Schirmmagnolie) sowie der *M. virginiana* war hauptsächlich als Mittel bei Wechselfieber und Rheumatismus in der „U.S. Pharmacopoeia" (1820-94) aufgelistet. *M. liliiflora* und *M. officinalis* sind in der traditionellen chinesischen Medizin schon seit mehr als 2000 Jahren wichtige Heilpflanzen. *M. officinalis* enthält Magnokurarin, das in seiner Zusammensetzung dem Kurare (einem Muskelrelaxans) ähnlich ist.

M. liliiflora, syn. *M. quinquepeta* S. 155

VERWENDBAR Blüten, Blütenknospen („Xin yi").
EIGENSCHAFTEN Ein scharfes, wärmendes, beruhigendes Kraut, dessen Wirksamkeit darin besteht, die Blutbahnen in der Nasenpartie zusammenzuziehen. Es senkt auch den Blutdruck, ist schmerzlindernd und wirkt bei Infektionen durch Pilze.
GEBRAUCH
MEDIZIN Innerlich bei Nebenhöhlenentzündung, allergischem Katarrh der Nasenschleimhäute, Erkältungen in Verbindung mit Katarrh oder laufender Nase. Überdosis bewirkt Benommensein; nicht zusammen mit *Astragalus membranaceus* (vgl. S. 245) verwenden.
VARIANTE
***M. l.* 'Nigra'**, S. 155.

M. officinalis S. 155

VERWENDBAR Rinde, Blüten („Hou po hua").
EIGENSCHAFTEN Bitteres, wärmendes, entspannendes Kraut, das die Verdauung verbessert, den Blutdruck senkt, antibakteriell und fungizid ist. Blüten wirken als aromatisches, verdauungsförderndes Tonikum.
GEBRAUCH
MEDIZIN Innerlich bei Distention des Unterleibs, Magenschmerzen, Durchfall, Übelkeit zusammen mit Verdauungsstörungen, Asthma, Husten mit starker Schleimbildung (Rinde); bei Druck sowie Völle im Unterleib und Oberkörper, kurzem Atem, der als Anzeichen gestörter Magenenergie gilt (Blüten). Die Rinde wird häufig mit *Zingiber officinale* (vgl. S. 373) und *Paeonia* spp. (S. 321) kombiniert.

M. virginiana, syn. *M. glauca* S. 155

VERWENDBAR Rinde.
EIGENSCHAFTEN Ein bitteres, aromatisches, kräftigendes Kraut, das die Schweißbildung erhöht und Entzündungen hemmt.
GEBRAUCH
MEDIZIN Innerlich bei Infektionen der oberen Atemwege, Malaria, Rheumatismus und Gicht.

ANBAU UND ERNTE

ANBAU Zierpflanze (*M. officinalis*: Kulturpflanze); winterhart; feuchter, neutraler bis saurer, humusreicher Boden, Sonne oder Halbschatten, vor kalten Winden und Spätfrösten zu schützen. *M. virginiana* verträgt auch nasse Böden. Vermehrung durch Aussaat im Herbst (nur Arten); durch halbreife Stecklinge im Sommer; durch Veredlung im Winter. Pflanzen können durch Hallimasch absterben. Blüten und geöffnete Knospen verfärben sich bei Frost braun.
ERNTE Rinde wird im Herbst gesammelt und für Absude, Flüssigextrakte, Puder und Tinkturen getrocknet. Die aromatischen Eigenschaften halten sich nicht lange; Vorräte sollten jährlich erneuert werden. Knospen und Blüten im Frühjahr pflükken *(M. liliiflora)*, während der Blüte im Sommer *(M. officinalis)* frisch oder getrocknet verwenden.

MAHONIA Mahonie
(Berberidaceae)

M. aquifolium ähnelt in ihrer chemischen Zusammensetzung der *Berberis vulgaris* (vgl. S. 248) sehr und wird wie diese verwendet. Der Hauptunterschied besteht in der geringeren Menge an Berberin. Diese Substanz ist im wesentlichen antiseptisch und entzündungshemmend. Daher empfiehlt sich die Verwendung der Pflanze weniger für Infektionskrankheiten, dafür eher als Tonikum für die Leber. Sie wird auch „Yerba de la sangre" (Kraut des Blutes) genannt, ein Hinweis auf ihre Bedeutung als Blutreinigungsmittel.

M. aquifolium S. 155

VERWENDBAR Wurzeln, Wurzelrinde, Früchte.
EIGENSCHAFTEN Bitteres, adstringierendes Kraut, ein Dekongestionsmittel, das den Fluß der Galle anregt und entgiftet.
GEBRAUCH
MEDIZIN Innerlich bei Hautkrankheiten (insbesondere trockenem Ekzem), Beschwerden der Gallenblase, chronischer Hepatitis B, katarrhalischer Gastritis und Durchfall.
KÜCHE Aus dem Fruchtsaft kocht man Marmeladen.
VARIANTE
M. a. **'Apollo'**, S. 155.

ANBAU UND ERNTE

ANBAU Winterharte Zierpflanze. Gut entwässerter, humusreicher Boden in Sonne oder Halbschatten. *M. aquifolium* hat eine bessere Winterfarbe, wenn sie in voller Sonne angepflanzt wird. Vermehrung durch Aussaat im Herbst (nur Arten); durch Blataugenstecklinge oder halbreife Stecklinge im Sommer. Bodendeckerpflanzen und alte, wuchernde Exemplare im Frühjahr stark zurückschneiden. Blattflecken, echter Mehltau und Rost können das Laub befallen.
ERNTE Wurzeln und Rinde werden im Spätherbst oder zeitigen Frühjahr gesammelt und für Absude und Flüssigextrakte getrocknet. Früchte sammelt man reif und verwendet sie frisch.

MAJORANA

M. hortensis. Siehe *Origanum majorana.*
M. onites. Siehe *Origanum onites.*

MALVA Malve
(Malvaceae)

M. sylvestris kennt man seit der Antike als Heil- und Topfpflanze. Im 16. Jahrhundert galt sie als ein Allheilmittel („Omnimorbia"). Die verschiedenen Arten besitzen sehr ähnliche Bestandteile. Daher kann *M. sylvestris* (Algiermalve) medizinisch durch die weniger kräftige *M. moschata* (Moschusmalve) oder die stärkere *M. neglecta* (Wegmalve) ersetzt werden. Alle gelten aber als der eng verwandten *Althaea officinialis* (Eibisch, vgl. S. 236) unterlegen. Die chinesische *M. verticillata* hat andere Wirkungen. Es handelt sich hierbei um ein beruhigendes, harntreibendes Kraut, das innerlich bei Erkrankungen der Harnwege verwendet wird.

M. sylvestris (Algiermalve, Roßpappel) S. 156

VERWENDBAR Blätter, Blüten, Früchte.
EIGENSCHAFTEN Ein schleimiges, leicht adstringierendes Kraut mit schleimlösender, Gewebe beruhigender und Entzündungen hemmender Wirkung.
GEBRAUCH
KÜCHE Junge Blätter und Triebe werden in Salaten roh gegessen oder als Gemüse gekocht. Unreife Samenkapseln sind eine ungewöhnliche Salatbeilage.
MEDIZIN Innerlich bei Bronchitis, Husten, Halsinfektionen, Katarrh, Asthma, Emphysem und Gastritis. Größere Dosierungen wirken abführend. Äußerlich bei nässenden Ekzemen, Furunkeln, Abszessen und Insektenstichen.
VARIANTEN
M. s. **'Cottenham Blue'**, S. 156.
M. s. **'Zebrina'**
Eine attraktive Sorte, Höhe 45-90cm, Ausbreitung 60-90 cm, hart bis -15° C. Sie hat starke, aufrechte Stiele mit rosa bis weiß geäderten Blüten mit tiefrotem Mittelteil.
M. s. ssp. ***mauritiana*** **'Bibor Felho'**, S. 156.

ANBAU UND ERNTE

ANBAU Winterharte Zierpflanze. Gut entwässerter bis armer Boden, Sonne oder Halbschatten. Vermehrung durch Aussaat im Frühjahr oder Herbst; Teilung in der Ruhezeit; Stecklinge von grundständigen Trieben im Frühjahr oder Sommer.
ERNTE Blätter und Blüten im Sommer sammeln und frisch für Kompressen, getrocknet für Aufgüsse, Extrakte verwenden. Noch grüne Früchte (Samenkapseln) sammeln und frisch verwenden.

MANDRAGORA Alraunwurzel
(Solanaceae)

Die Alraune hat ein seltsames Aussehen und seit jeher die Phantasien der Menschen angeregt. Die gegabelten Wurzeln haben eine gewisse Ähnlichkeit mit der menschlichen Gestalt. Sie wurden als Aphrodisiaka und Heilmittel gegen Unfruchtbarkeit angesehen. Ihre berauschenden und Halluzinationen hervorrufenden Eigenschaften setzte man im Altertum und im Mittelalter für Hexenkünste und Beschwörungsrituale ein. Man glaubte, daß derjenige, der eine Alraune ausgrub, von ihren Schreien getötet würde. Daraus erklärt sich der Brauch, das letzte Stück von einem an der Wurzel angeketteten Hund herausziehen zu lassen. Wie die verwandten *Atropa belladonna* (vgl. S. 246) und *Hyoscamus niger* (S. 295) auch, ist *M. officinarum* giftig. Sie enthält starke beruhigende und schmerztötende Stoffe. In entsprechenden Mengen eingenommen, führen sie einen Zustand von Benommenheit herbei. Diese Eigenschaft nutzte man früher bei Operationen. 1877 wurde *M. officinarum* als homöopathisches Mittel offiziell anerkannt. Darüber hinaus wird sie heute für andere Zwecke kaum noch verwendet.

M. officinarum (Alraunwurzel) S. 156

VERWENDBAR Wurzeln.
EIGENSCHAFTEN Ein beruhigendes, abführendes, schmerztötendes Kraut, das zum Erbrechen reizt.
GEBRAUCH
MEDIZIN Früher innerlich als Schmerzmittel, Aphrodisiakum und zur Behandlung von nervösen Beschwerden. Äußerlich bei Geschwüren. Nur durch qualifizierte Heilpraktiker zu verwenden. WARNHINWEIS Dieses Kraut unterliegt in einigen Ländern gesetzlichen Bestimmungen.

ANBAU UND ERNTE

ANBAU Winterharte Zierpflanze; tiefer, gut entwässerter, humusreicher Boden, sonniger oder teils beschatteter, geschützter Standort. Aussaat im Herbst oder Frühjahr; Wurzelstecklinge im Winter. Wurzeln vertragen keine Störung.
ERNTE Wurzeln werden während der Ruhephase gesammelt und zum Entsaften frisch geraspelt, oder für Absude getrocknet.
WARNHINWEIS Bei Verzehr giftig.

MARRUBIUM Andorn
(Labiatae/Lamiaceae)

M. vulgare enthält kräftige, schleimlösende Substanzen. Schon im alten Ägypten war es ein beliebtes Mittel gegen Husten. Heute besteht die häufigste Anwendung insbesondere in Form von Lutschbonbons zur Linderung von Husten und Bronchitis. Aber auch Bier läßt sich aus dem Kraut brauen.

M. vulgare (Gemeiner Andorn, Mauerandorn) S. 156

VERWENDBAR Gesamte Pflanze.
EIGENSCHAFTEN Ein bitteres, aromatisches, antiseptisches, schleimlösendes, entzündungshemmendes, krampflösendes Kraut. Es erhöht die Schweißbildung, fördert den Gallenfluß und wirkt beruhigend auf das Herz.
GEBRAUCH
MEDIZIN Innerlich bei Bronchitis, Asthma, Katarrh, Husten, Erkältungen, Keuchhusten, Beschwerden der Leber und Galle, typhusartigem Fieber, Herzunruhe. Äußerlich bei kleineren Verletzungen und Hautaus-

schlag. Läßt sich bei Keuchhusten gut mit *Zingiber officinale* (vgl. S. 373) und bei Ansammlungen in den Bronchien mit *Cephaelis ipecacuanha* (vgl. S. 258), *Lobelia inflata* (vgl. S. 305) und *Tussilago farfara* (vgl. S. 365) kombinieren.

ANBAU UND ERNTE
ANBAU Winterharte Kulturpflanze; gut entwässerter, neutraler bis alkalischer Boden in der Sonne. Vermehrung durch Aussaat im Frühjahr; durch Grünstecklinge im Sommer. Für eine zweite Ernte frischer Blätter müssen die Pflanzen nach der Blüte zurückgeschnitten werden.
ERNTE Die Pflanzen während der Blüte abschneiden und die geernteten Teile frisch oder getrocknet für Hustenmischungen, Pastillen, Aufgüsse, Flüssigextrakte, Puder oder Sirups verwenden.

MARSDENIA
(Asclepiadaceae)

In dieser Gattung gibt es über 100 Arten empfindlicher, immergrüner oder laubabwerfender, holziger Kletterer und Sträucher, die in den tropischen Gebieten Afrikas, Eurasiens und Amerikas vorkommen. Alle enthalten ein giftiges, weißes Latex. Aus dem Latex einiger Arten wird Gummi hergestellt. Seit den 70er Jahren sind einige *Marsdenia*-Arten genauer erforscht worden. Es hat sich gezeigt, daß sie ungewöhnliche Glykoside enthalten, die zur Krebsbehandlung eingesetzt werden können. *M. tinctoria*, die hauptsächlich als Pflanze zur Gewinnung von Farbstoffen angebaut wird, soll auch Eigenschaften besitzen, die unfruchtbar machen. Von einigen Arten weiß man, daß sie hochgiftig sind. Sie zeigen Wirkungen wie Strychnin.

M. cundurango, syn. *Gonolobus condurango* (Kondurangostrauch)

Empfindlicher, rankender, immergrüner Kletterer, bis zu 9m hoch, mit aromatischen Stielen von bis zu 60cm Durchmesser. Wächserne, schmutzig weiße, glocken- bis trichterförmige Blüten werden im Sommer gebildet, danach fleischige Früchte, die Samen enthalten, von denen jeder ein Büschel Haare besitzt; heimisch in waldreichen Tälern Südamerikas.

VERWENDBAR Rinde.
EIGENSCHAFTEN Bitteres, leicht aromatisches, herbes Kraut, das Appetit und Verdauung anregt. Es gilt als blutreinigend und den Magen beruhigendes Mittel.
GEBRAUCH
MEDIZIN Innerlich bei Appetitlosigkeit und nervöser Verdauungsstörung. Bei Appetitlosigkeit mit *Gentiana lutea* (vgl. S. 287), *Acorus calamus* (S. 228), *Chelone glabra* (S. 259), *Humulus lupulus* (S. 294) und *Chamaemelum nobile* (S. 259).

ANBAU UND ERNTE
ANBAU Wildpflanze. Benötigte Teile werden gesammelt; empfindlich; sandiger, humusreicher Boden, Halbschatten, mindestens 15-18° C. Vermehrung durch Aussaat reifer Samen; durch halbreife Stecklinge mit Keil; durch Absenker während der Wachstumszeit. Haupttriebe nach der Blüte zur Eindämmung des Wachstums und für die Bildung der Nebentriebe zurückschneiden. ►

► **ERNTE** Rinde der getrockneten Stämme abschlagen und weiterverarbeiten, dann einlagern.

MATRICARIA Mutterkraut
(Compositae/Asteraceae)

Die Echte Kamille ist der Römischen Kamille (*Chamaemelum nobile*, vgl. S. 259) in ihrer chemischen Zusammensetzung sehr ähnlich, hat aber ein weniger ausgeprägtes Aroma. Daher mischen einige Kräuterkenner zwei Teile Echte Kamille mit einem Teil Römischer Kamille, während andere nur Römische Kamille verwenden, vorzugsweise die Sorte mit den gefüllten Blüten *C. n.* 'Flore Pleno' (vgl. S. 259). Echte Kamille hat leicht höhere Anteile ätherischer Öle mit schmerzlindernden und entzündungshemmenden Wirkstoffen und läßt sich besonders zur Heilung von Verbrennungen und Verhinderung von Geschwüren und Infektionen einsetzen. In Kräutertees schmeckt sie nicht so bitter wie Römische Kamille.

M. parthenium. Siehe *Tanacetum parthenium*.

M. recutita, syn. *M. chamomilla*, *Chamomilla recutita* (Echte Kamille) S. 156

VERWENDBAR Blüten.
EIGENSCHAFTEN Ein bitteres, aromatisches, beruhigendes Kraut, das Entzündungen hemmt, Krämpfe löst, Schmerzen lindert und die Heilung fördert. Es hilft der Verdauung und regt das Immunsystem an.
GEBRAUCH
MEDIZIN Innerlich bei nervösen Verdauungsstörungen, Schlaflosigkeit, Reisekrankheit und bei Kinderkrankheiten wie Zahnen, Koliken und Krämpfen. Äußerlich bei Wunden, Sonnenbrand, Verbrennungen, Hämorrhoiden, Brustdrüsenentzündung und Geschwüren an den Beinen.
WIRTSCHAFT Wird Kosmetika als Allergien hemmender Stoff und Haarmitteln als Festiger und Aufheller beigegeben.

ANBAU UND ERNTE
ANBAU Winterharte Kulturpflanze; gut entwässerter, feuchter bis trockener, neutraler bis leicht saurer Boden; Sonne. Vermehrung durch Aussaat im Herbst oder Frühjahr.
ERNTE Die Blüten werden eingesammelt, nachdem sie sich zum ersten Mal ganz geöffnet haben, und frisch, eingefroren oder getrocknet für Aufgüsse, Flüssigextrakte und Puder verwendet. Weil die Blüten schnell ihre ätherischen Öle verlieren, sollte man sie lieber frisch verwenden, oder für eine längere Aufbewahrung einfrieren.

MEDICAGO Schneckenklee
(Leguminosae/Papilionaceae)

M. sativa (Luzerne) ist eine wichtige Futterpflanze. Sie hat eine lange Lebensdauer, sehr tief reichende Wurzeln und kann daher jedes Jahr bis zu fünf Mal geerntet und zu Heu oder Silage verarbeitet werden. Felder mit Luzernen liefern einen ausgezeichneten Honig. Im Gegensatz zu Klee (*Trifolium*-Arten, vgl. S. 364) wird sie meistens allein angebaut. Sie enthält viele wichtige Nährstoffe, darunter Proteine, Mineralien (besonders Kalzium), das Provitamin A, die Vitamine der Gruppe B, sowie C, D, E und K. Die maßvolle Verwendung kann nützlich sein. Es ist aber bekannt, daß sie bei Patienten mit Lupus erythematosus disseminatus (Schmetterlingsflechte) Anfälle auslöst. Die in ihr enthaltenen Porphyrine können die Leberfunktionen beeinträchtigen und zu Empfindlichkeit gegen Licht führen; andere Substanzen schädigen bei extremer Überdosierung die roten Blutkörperchen.

M. sativa (Luzerne, Monatsklee) S. 157

VERWENDBAR Gesamte Pflanze, Blätter, Samen.
EIGENSCHAFTEN Ein süßes, adstringierendes, kühlendes Kraut, das Gifte aus dem Gewebe ausschwemmt, Blutungen stoppt, den Appetit anregt, den Cholesterinspiegel senkt und harntreibend wirkt. Es wirkt hauptsächlich auf das Kreislauf- sowie Harnwegsystem und beeinflußt die Hormone.
GEBRAUCH
KÜCHE Die Blätter werden roh verzehrt oder als Gemüse gekocht.
MEDIZIN Innerlich bei Schwäche in der Rekonvaleszenz oder bei Anämie, Blutungen, Beschwerden im Klimakterium, prämenstrueller Spannung, fiebrigen und anderen Zuständen, die eine hormonelle Unausgewogenheit anzeigen. Nicht für Patienten mit Autoimmunkrankheiten wie rheumatischer Arthritis.
WIRTSCHAFT Liefert kommerziell verwendetes Chlorophyll, Karotin und Vitamin K.

ANBAU UND ERNTE
ANBAU Winterharte Kulturpflanze. Leichter, gut entwässerter bis trockener, neutraler bis alkalischer Boden; Sonne. Vermehrung durch Aussaat im Herbst oder Frühjahr.
ERNTE Pflanzen vor der Blüte schneiden und für Aufgüsse trocknen; junge Blätter frisch verwenden. Roh verzehrte Samen müssen vorher keimen.

MELALEUCA Myrtenheide
(Myrtaceae)

Myrtenheide enthält keimtötende ätherische Öle, insbesondere Cineol (wie in *Eucalyptus*, vgl. S. 280). Der Gehalt kann je nach genetischer Zusammensetzung und der Wachstumsbedingungen des Baumes unterschiedlich hoch sein. Allerdings sind Gehalt und Ertrag an Cineol geringer als bei *Eucalyptus*. Mehrere Arten werden medizinisch hauptsächlich von den Aborigines in Nordaustralien genutzt. Das Öl des Kajeputbaums wurde im 17. Jahrhundert aus Malaysia eingeführt. Der Name stammt vom malaysischen Kayu-puti („weißes Holz"). Heute wird es aus *M. leucadendron* und der eng verwandten *M. cajuputi* gewonnen, die beide in Malaysia im großen Maßstab angebaut werden. *M. quinquenervia* und *M. viridiflora* liefern ein ähnliches Öl (Niaouli), wie es die Parfümindustrie verwendet. Es besitzt starke antiseptische Eigenschaften und wird zur Behandlung bei Soor eingesetzt.

M. alternifolia

Ein Strauch oder kleiner Baum, winterhart bis 0° C, Höhe 5-7m, Breite 3-5m, mit papierdünner Rinde in mehreren Schichten und zugespitzten, bis 3,5cm langen Blättern. Im Frühjahr kleine, weiße Blüten an dichten Ähren, danach kleine, holzige Kapseln. Wächst in New South Wales und Queensland.

VERWENDBAR Öl.
EIGENSCHAFTEN Ein aromatisches, antiseptisches Kraut, schleimlösend, schweißtreibend und das Immunsystem anregend. Wirkt bei bakteriellen Infektionen durch Pilze; Öl löst keine Reizungen aus.
GEBRAUCH
MEDIZIN Äußerlich bei Soor, Scheideninfektionen, Akne, Verrucas und anderen Warzen, Insektenstichen, Lippenherpes, Nissen der Kopflaus. Kann bei Verrucas, Warzen und Nissen direkt aufgetragen werden, sollte bei anderer Verwendung aber mit einem Trägeröl (z.B. Mandelöl) vermischt werden.
WIRTSCHAFT Bestandteil von Deodorants, Seifen, Mundduschen und Eau de Toilette.

M. leucadendron (Kajeputbaum) S. 157

VERWENDBAR Öl.
EIGENSCHAFTEN Ein anregendes, antiseptisches Kraut mit starkem, kampferähnlichem Aroma. Es wirkt schleim- und krampflösend, schweißtreibend und gegen Darmparasiten.
GEBRAUCH
MEDIZIN Innerlich bei Bronchitis, Tuberkulose, Erkältung, Nebenhöhlenentzündung, Mageninfektionen, Rundwürmern; nicht für schwangere Frauen. Äußerlich bei Rheuma, Gicht, Neuralgie, Akne, Ansammlungen in der Nase, Nebenhöhlenentzündung, Zahnschmerzen, Frostbeulen und Hautkrankheiten. In der Aromatherapie als Schmerz- und antiseptisches Mittel verwendet. WARNHINWEIS Dieses Kraut unterliegt als Kajeputöl in einigen Ländern gesetzlichen Bestimmungen.
WIRTSCHAFT Bestandteil von Süßwaren, Parfümen, Reinigungsmitteln, Seifen und Insektenmitteln.

ANBAU UND ERNTE
ANBAU Halbwinterharte Zier- *(M. alternifolia)* oder empfindliche Kulturpflanze *(M. leucadendron)*; feuchtigkeitshaltender bis nasser, neutraler bis saurer Boden; Sonne, mindestens 15-18° C. *M. leucadendron* verträgt leichte und salzige Böden. Aussaat im Frühjahr; halbreife Stecklinge im Sommer. Junge Topfpflanze für buschigen Wuchs auszupfen.
ERNTE Öl aus Zweigen und Blättern destillieren, lokal oder in Essenzen und Salben verwenden.

MELANTHIUM

M. cochinchinensis. Siehe *Asparagus cochinchinensis.*

MELIA Paternosterbaum
(Meliaceae)

M. azederach wird in chinesischen Texten erstmals im Jahre 1082 beschrieben. Sie ist eng mit *Azardirachta indica* (vgl. S. 247) verwandt. Diese findet in der ayurvedischen Medizin aufgrund ähnlicher Eigenschaften für die gleichen Zwecke Verwendung.

M. azadirachta. Siehe *Azadirachta indica.*

M. azederach (Zedrachbaum) S. 157

VERWENDBAR Blätter, Rinde, Wurzelrinde, Früchte.
EIGENSCHAFTEN Ein bitteres, reizendes Kraut, das parasitizide und fungizide Wirkung hat.
GEBRAUCH
MEDIZIN Innerlich bei Würmern und Candidiasis. Überdosis verursacht Durchfall, Erbrechen und Symptome einschläfernder Vergiftung. Äußerlich bei Infektionen der Scheide und Hautkrankheiten. In der Regel in Verbindung mit *Glycyrrhiza glabra* (vgl. S. 289), um bei innerlicher Anwendung die Giftigkeit zu reduzieren. Nur durch qualifizierte Heilpraktiker zu verwenden.

M. indica. Siehe *Azadirachta indica.*

ANBAU UND ERNTE
ANBAU Frostharte Zierpflanze; gut entwässerter bis trockener Boden; Sonne. Verträgt in wärmeren Regionen sehr trockene Standorte. Vermehrung durch Aussaat reifer Samen im Herbst.
ERNTE Blätter in der Wachstumsphase sammeln, Rinde und Wurzelrinde zu jeder Zeit, Früchte im Herbst; alle Teile werden frisch oder getrocknet für Absude, Salben und Pillen verwendet.

MELILOTUS Steinklee
(Leguminosae/Papilionaceae)

M. officinalis enthält Kumarine, die, wenn man die Pflanze trocknet, einen Duft nach frisch gemähtem Heu verströmen. Nur angetrocknete oder fermentierte Steinklees bilden Dicumarin, einen starken Gerinnungshemmer, der, im Übermaß verwendet, hochgiftig sein kann. Er ist in Rattengift enthalten. Steinklee entzieht Giftstoffe und vermindert Entzündungen. Seit den Zeiten der alten Griechen bis in das 19. Jahrhundert hinein verwendete man zu diesem Zweck Pflaster mit Steinklee. Einige Arten dienen auch als Gewürzkräuter. Der blaublühende *M. caerulea* wird in der Schweiz eigens angebaut, um den Schabzigerkäse zu würzen.

M. officinalis, syn. *M. arvensis* (Echter Steinklee) S. 157

VERWENDBAR Gesamte Pflanze.
EIGENSCHAFTEN Ein aromatisches, beruhigendes Kraut, das harntreibend, krampflösend und schmerzlindernd, schleimlösend und entzündungshemmend wirkt. Es beugt einer Thrombosebildung vor.
GEBRAUCH
KÜCHE Getrocknete Kräuter würzen Marinaden, Eintöpfe und den Gruyère-Käse.
MEDIZIN Innerlich bei Spannungskopfschmerzen, Neuralgie, Herzklopfen, Schlaflosigkeit; Krampfadern, schmerzhafte Menstruationsstörungen und zur Vorbeugung gegen Thrombose. Nicht bei Patienten mit einer Vorgeschichte an schlechter Blutgerinnung (oder die Warfarin einnehmen müssen). Äußerlich bei Augenentzündungen, rheumatischen Schmerzen, geschwollenen Gelenken, schweren Quetschungen, Verbrühungen und Wundrosen.
WIRTSCHAFT Getrocknete Kräuter werden als Geschmacksstoffe Schnupftabak und Tabak beigefügt.

ANBAU UND ERNTE
ANBAU Winterharte Kulturpflanze; gut entwässerter bis trockener, neutraler bis alkalischer Boden, Sonne. *M. officinalis* verträgt auch Dürre. Vermehrung durch Aussaat im Herbst oder Frühjahr.
ERNTE Wird in der Blütezeit geschnitten und für Kompressen, Aufgüsse und Tinkturen getrocknet.

MELISSA Melisse
(Labiatae/Lamiaceae)

M. officinalis enthält ätherische Öle, die einen Zitronenduft besitzen und gegen Viren wirksam sind. Die käuflichen Öle sind meistens mit Öl von *Citrus limon* (vgl. S. 262) oder *Cymbopogon citratus* (vgl. S. 270) gestreckt. Zitronenmelisse ist ein beliebter Bestandteil von Kräutertees und verleiht diesen einen angenehmen Geschmack und eine beruhigende Wirkung. Paracelsus (1493-1541) nannte es das „Elixier des Lebens" und John Evelyn (1620-1706) beschrieb es als „unübertroffen für das Gehirn, das Gedächtnis stärkend und die Schwermut mit Macht vertreibend".

M. officinalis (Zitronenmelisse, Gartenmelisse) S. 157

VERWENDBAR Gesamte Pflanze, Blätter, Öl.
EIGENSCHAFTEN Aromatisches, beruhigendes, kühlendes Kraut, fiebersenkend, verdauungsfördernd, krampflösend, die peripheren Blutgefäße entspannend und die Schilddrüsenaktivität hemmend. Virizid, antibakteriell und insektenabweisend.
GEBRAUCH
KÜCHE Die frischen Blätter verleihen Salaten, Suppen, Saucen, Kräuteressig, Wild und Fisch einen Zitronengeschmack und sind Bestandteile von Likören wie „Benedictine", „Chartreuse" und Bowlen.
AROMA Getrocknete Blätter werden Dufttöpfen und Kräuterkissen beigegeben.
MEDIZIN Innerlich bei nervösen Störungen, Verdauungsproblemen in Verbindung mit nervöser Spannung, Reizbarkeit mit Verdauungsstörungen bei Kindern, Schilddrüsenüberfunktion, Depressionen, Angstzuständen, Herzklopfen und Spannungskopfschmerz. Äußerlich bei Herpes, Wunden, Gicht, Insektenstichen. Bei nervöser Verdauungsstörung in Verbindung mit *Chamaemelum nobile* (vgl. S. 259), *Filipendula ulmaria* (S. 283) und *Humulus lupulus* (S. 294). In der Aromatherapie wird das Öl als Entspannungs- und Verjüngungsmittel eingesetzt, besonders bei Depression und nervösen Spannungen.
VARIANTEN
M. o. **'All Gold'**, S. 157.
M. o. **'Aurea'**, syn. *M. o.* 'Variegata', S. 157.

ANBAU UND ERNTE
ANBAU Winterharte Zierpflanze; feucher Boden in der Sonne oder im Halbschatten. Vermehrung ►

► durch Aussaat im Herbst oder Frühjahr (nur Arten); durch Teilung oder Triebstecklinge im Herbst oder Frühjahr. Pflanzen nach der Blüte zurückschneiden, um neue Blätter ernten zu können. Ernte Pflanzen werden bei Beginn der Blüte geschnitten und frisch oder getrocknet für Aufgüsse, Flüssigextrakte, Salben und Tinkturen verwendet. Frisches Laub wird zu Öl destilliert.

MENISPERMUM

M. palmatum. Siehe *Jateorhiza palmata.*

MENTHA Minze

(Labiatae/Lamiaceae)

Die Gattung Minze bildet eine komplexe Gruppe, in der die Bildung von Hybriden sowohl in der freien Natur wie auch in der Kultivierung leicht vorkommt; das erschwert die genaue Bestimmung der einzelnen Pflanzen. Sie enthalten hohe Anteile ätherischer Öle verschiedener Zusammensetzung. Das Menthol gibt den Minzen ihren charakteristischen Duft und Geschmack, der kühlend und wärmend zugleich ist. In *Mentha* x *piperita* ist das antiseptische, kongestionsvermindernde, schmerzlindernde Menthol der vorherrschende Bestandteil. Es ist leicht betäubend und ruft ein Gefühl von Kälte und Taubheit hervor, wenn man Pfefferminze riecht oder schmeckt. Mentholhaltige Minzen sind nur in süß schmeckenden Lebensmitteln enthalten, z.B. Schokolade, Eiskrem und Süßigkeiten, weil der betäubende Effekt feinere Geschmacksrichtungen überlagert. Grüne Minze und Pfefferminze gehören weltweit zu den beliebtesten Gewürzen. Die unangenehm riechende und giftige Verbindung Pulegon, berüchtigt, weil sie Fehlgeburten bewirken kann, ist sowohl in den Ölen von *M. pulegium* wie auch von *Hedeoma pulegioides* (vgl. S. 291) enthalten. *M. longifolia* enthält auch das harntreibende Diosphenol, das hauptsächlich in den *Agathosma*-Arten (vgl. S. 230) vorherrscht. Andere Minzen, wie z.B. *M. spicata*, besitzen einen hohen Anteil an Carvon, einer Verbindung, die *Carum carvi* (Kümmel, vgl. S. 255) das charakteristische Aroma verleiht. Die australische *M. diemenica* kann als Ersatz für *M. pulegium* verwendet werden. Auch sie dient der Behandlung von Koliken und Krämpfen, sollte aber wegen des Gehalts an Pulegon nicht im Übermaß oder während der Schwangerschaft eingenommen werden.

M. aquatica, syn. *M. hirsuta* (Bachminze, Wasserminze) S. 158

Verwendbar Gesamte Pflanze, Blätter.
Eigenschaften Ein stark aromatisches, adstringierendes Kraut, das den Gallenfluß anregt, die Verdauung verbessert und Krämpfe löst.
Gebrauch
Medizin Innerlich bei Durchfall, Magendarmkatarrh, Erkältungen und schmerzhafter Menstruation. Überdosierung verursacht Erbrechen.

M. arvensis, syn. *M. austriaca* (Ackerminze) S. 158

Verwendbar Gesamte Pflanze („Bo he"), Blätter, Öl.
Eigenschaften Ein scharf aromatisches, anregendes, antibakteriell wirkendes Kraut, das der Verdauung förderlich ist, Krämpfe löst, Entzündungen hemmt und die Schweißbildung fördert. Es lindert Schmerzen und Juckreiz, hemmt die Milchbildung. Der chinesischen Medizin zufolge beeinflußt es die Energie von Lunge und Leber.
Gebrauch
Küche Verhindert das Gerinnen der Milch, wird auch als Tee verwendet (*M. a.* var. *villosa*).
Medizin Innerlich bei Erkältung, Halsentzündung, Kopfschmerzen, Masern, Verdauungsstörungen. Die nordamerikanischen Ureinwohner benutzten es bei Übelkeit (*M. a.* var. *villosa*); äußerlich bei Hautreizungen. Bei Halsentzündungen zusammen mit *Schizonepeta tenuifolia* und *Dendranthema* x *grandiflorum* (vgl. S. 272) in einem Pulver, das durch eine Röhre die Kehle hinuntergeweht wird; kann während des Stillens die Milchbildung einschränken.
Wirtschaft Öl (besonders von *M. a.* var. *piperascens*) wird als Ersatz oder zum Strecken des Öls der Pfefferminze verwendet.
Varianten
M. a.* var. *piperascens (Japanische Minze) Japanische Varietät, hart bis -15° C, Höhe 10-60cm, Breite unbestimmt; eiförmige, mit Drüsen behaftete Blätter haben einen starken Pfefferminzgeruch.
M. a.* var. *villosa, syn. *M. canadensis.* Nordamerikanische Varietät, hart bis -15°C, Höhe 20-50cm, Breite unbestimmt; unterscheidet sich von *M. arvensis* durch haarigere, lanzettliche Blätter, rosa oder weiße Blüten und angenehmes Aroma.

M. x *gracilis*, syn. *M. cardiaca, M.* x *gentilis* (Edelminze) S. 158

Verwendbar Gesamte Pflanze, Blätter, Öl.
Eigenschaften Ein anregendes Kraut mit würzigem, fruchtigem Aroma. Wohltuend für die Verdauung und krampflösend.
Gebrauch
Küche Kann frisch zum Würzen, z.B. von Melonen, Tomaten und Fruchtsalaten verwendet werden.
Variante
***M.* x *g.* 'Variegata'**, syn. *M.* x *g.* 'Aurea', S. 158.

M. longifolia, syn. *M. sylvestris, M. incana* (Roßminze) S. 158

Verwendbar Gesamte Pflanze, Blätter, Öl.
Eigenschaften Nach Pfefferminze duftendes Kraut.
Gebrauch
Küche Vor allem in der asiatischen Küche; Gewürz in indischen Chutneys. Die Blätter werden kandiert.
Wirtschaft Lieferant von Ölen, die als Ersatz für Pfefferminzöl bei Süßwaren Verwendung finden.

M. x *piperita*, syn. *M. nigricans* (Pfefferminze) S. 158

Verwendbar Gesamte Pflanze, Blätter, Öl.
Eigenschaften Ein stark aromatisches, bitteres, kongestionsverminderndes Kraut, das Krämpfe löst, Schweißbildung fördert, die Verdauung verbessert und antiseptische sowie betäubende Wirkungen hat. Es beeinflußt in der Hauptsache das Verdauungssystem, insbesondere den Darm.
Gebrauch
Küche Blätter (*M.* x *piperita*) werden in Tees, eisgekühlten Getränken und Salaten verwendet.
Aroma Blätter werden Dufttöpfen beigegeben.
Medizin (*M.* x *piperita*) Innerlich bei Übelkeit, morgendlichem Übelsein, Verdauungsstörungen, Magengeschwür, Magendarmkatarrh, nervösem Darm, Koliken, Grippe (besonders in der fiebrigen Phase) und Erkältungen. Äußerlich bei Infektionen der oberen Atemwege, Nebenhöhlenentzündung, Katarrh, Asthma, juckender Haut, Verbrennungen, Kopfflechte, Neuralgie, Rheuma und als Insektenmittel. Übermäßige Verwendung ätherischer Öle führt zur Reizung der Schleimhäute und möglicherweise allergischen Reaktionen. In jeder Darreichungsform für Kinder verboten. Die Verwendung von *M.* x *piperata* 'Citrata' gleicht mehr der von *Lavandula angustifolia* (S. 301) als von Pfefferminze (z.B. bei nervöser Erschöpfung, Unfruchtbarkeit).
Wirtschaft Öl (*M.* x *piperita*, *M.* x *piperita* 'Citrata') ist Bestandteil von Mundhygienemitteln, Erkältungs- und Grippearzneien, Mitteln gegen Magensäure, Toilettenartikeln; in Arzneien, Parfüms, Zigaretten, Süßwaren, Eiskrem und Likören („Crème de menthe") enthalten. *M.* x *piperita* 'Citrata' ist für die Parfümherstellung Lieferant von Lavendelöl.
Variante
***M.* x *p.* 'Citrata'**, S. 158.

M. pulegium (Poleiminze) S. 159

Verwendbar Gesamte Pflanze, Blätter, Öl.
Eigenschaften Ein scharf aromatisches, bitteres, adstringierendes Kraut, das die Verdauung verbessert, Schweißbildung erhöht und die Gebärmutter anregt.
Gebrauch
Aroma Blätter in Dufttöpfen.
Medizin Innerlich bei Verdauungsstörungen, Koliken, fiebrigen Erkältungen und Menstruationsbeschwerden; nicht für Schwangere. Äußerlich bei Hautreizungen.
Wirtschaft Hausmittel gegen Mäuse und Insekten. Öl ist Bestandteil von Seifen und Reinigungsmitteln.
Variante
***M. p.* 'Cunningham Mint'**, syn. *M. p.* 'Dwarf Pennyroyal', S. 159.

M. requienii S. 159

Verwendbar Gesamte Pflanze.
Eigenschaften Ein aromatisches Kraut mit starkem Duft nach Pfefferminze.
Gebrauch
Aroma Aromatische Gartenzierpflanze.
Wirtschaft Als Gewürz in Likören.

M. satureioides

Aufrechte, kriechende Staude, hart bis -15° C, Höhe 30cm, Breite unbestimmt, mit weichen, länglichen, nicht gezähnten Blättern und Büscheln weißer Blüten im Frühjahr. Sie hat ein stechendes Pfefferminzaroma.; wächst im Osten Australiens.

Verwendbar Gesamte Pflanze, Blätter.
Eigenschaften Ein stechend aromatisches, kräftigendes, kongestionsverminderndes Kraut, das die Verdauung verbessert, die Gebärmutter anregt, Krämpfe löst und Schmerzen lindert.
Gebrauch
Medizin Innerlich bei Erkältungen, Katarrh, Verdauungsstörungen, Koliken und Menstruationsbeschwerden. Als Ersatz für *M.* x *piperita* und *M. pulegium* verwendet; nicht für Schwangere.

M.* x *smithiana, syn. *M. rubra* S. 159

VERWENDBAR Blätter.
EIGENSCHAFTEN Ein aromatisches Kraut mit Spearmint-Geschmack.
GEBRAUCH
KÜCHE Wie bei *M. spicata*.

***M. spicata*,** syn. *M. crispa*, *M. viridis* (Ährenminze) S. 159

VERWENDBAR Gesamte Pflanze, Blätter, Öl.
EIGENSCHAFTEN Ein aromatisches, anregendes Kraut, das die Verdauung verbessert und Krämpfe löst. Sein Öl ist weniger beißend als das Öl der Pfefferminze und nicht reizend.
GEBRAUCH
KÜCHE Die Blätter sind ein wichtiger Bestandteil der Minzsauce und des Gelees zu Lamm (England), von „Tzatziki" (Osteuropa) und „Tabbouleh" (Naher Osten); dient auch zur Garnierung und zum Würzen, für Kräutertees und eisgekühlte Getränke.
MEDIZIN Innerlich bei Verdauungsbeschwerden, Koliken, Blähungen, Schluckauf, fiebrigen Erkältungen der Kinder. Bei Erkrankungen der oberen Atemwege von Kindern in Verbindung mit *Ballota nigra* (vgl. S. 247).
WIRTSCHAFT Das Öl wird zur Geschmacksverstärkung in Lebensmitteln (insbesondere Kaugummi) und Mundhygienepräparaten verwendet.
VARIANTEN
***M. s.* 'Crispa'**, S. 159.
***M. s.* 'Moroccan'**
Eine beliebte Sorte, winterhart bis -15° C, Höhe 30cm-1m, Breite unbestimmt; mit ausgezeichnetem Geschmack.

M. suaveolens, syn. *M. insularis*, *M. macrostachya* (Apfelminze) S. 159

VERWENDBAR Blätter.
EIGENSCHAFTEN Ein aromatisches Kraut mit fruchtigem Spearmintgeschmack.
GEBRAUCH
KÜCHE Wie bei *M. spicata* (gilt als im Geschmack überlegen; behaarte Blätter eignen sich aber weniger zum Garnieren). Blätter lassen sich kandieren.
VARIANTE
***M. s.* 'Variegata'**, S. 159.

M.* x *villosa var. ***alopecuroides***, syn. *M. nemorosa* var. *alopecuroides* S. 159

VERWENDBAR Blätter.
EIGENSCHAFTEN Ein aromatisches Kraut mit Spearmintgeschmack.
GEBRAUCH
KÜCHE Wie bei *M. spicata*.

ANBAU UND ERNTE
ANBAU Zierpflanze (*M. arvensis*, *M. a.* var. *piperascens*, *M. a.* var. *villosa*: Kulturpflanze; *M. satureioides*: wird wild wachsend gesammelt); winterhart (*M. requienii*: frosthart); feuchter, nährstoffreicher Boden; Sonne oder Halbschatten. *M. aquatica* gedeiht auf feuchtem Boden; *M. arvensis* verträgt trockene Bedingungen; *M. pulegium* bevorzugt feuchte, sandige, saure Böden; *M. requienii* benötigt feuchte, schattige Standorte. Vermehrung durch Aussaat im Frühjahr (nur *M. pulegium*, *M. requienii*, *M. satureioides*); durch Teilung im Frühjahr oder Herbst; durch Stecklinge während der Wachstumsphase, die in feuchten Kompost oder in Wasser gesteckt werden (nicht ► *M. requienii*). Laub kann durch Mehltau und Rost beschädigt werden, nur *M.* x *villosa* var. *alpecuroides* ist gegen Rost resistent. Die meisten Minzen sind wuchernd und sollten auf sich begrenztem Raum gezogen werden. *M. requienii* sät selbst aus, auch bei abgestorbener Elternpflanze.
ERNTE Die ganzen Pflanzen kann man nur bei Einsetzen der Blütezeit schneiden; hingegen können die Blätter während der gesamten Wachstumsphase geschnitten werden; alle Teile werden frisch verwendet oder für Essenzen, Aufgüsse, Flüssigextrakte und Puder getrocknet oder für Öle destilliert. *M. arvensis* ist als chinesisches Heilmittel vor allem als Absud oder in Form von Pudern zu verwenden.

MENYANTHES
Bitterklee, Fieberklee
(Menyanthaceae)

Die Gattung *Menyanthes* ist mit *Gentiana* (vgl. S. 287) eng verwandt und enthält ebenso bittere Glykoside. Ihr Einsatz als Substitut für *G. lutea* kann aber das Verdauungssystem von Patienten mit Magenentzündungen reizen.

M. trifoliata (Fieberklee, Bitterklee, Sumpfklee) S. 160

VERWENDBAR Blätter.
EIGENSCHAFTEN Ein sehr bitteres Kraut; wirkt harntreibend, abführend, verdauungsanregend und die lymphatische Drainage verbessernd.
GEBRAUCH
MEDIZIN Innerlich bei Appetitlosigkeit, Arthritis, Rheumatismus, Muskelschwäche bei Myalgischer Enzephalomyelitis (ME), chronischen Infektionen, verbunden mit Schwäche und Erschöpfung; bei Gelenk- und Muskelschmerzen mit *Cimicifuga racemosa* (vgl. S. 261) oder *Apium graveolens* (S. 240). Überdosis verursacht Erbrechen. Nicht für Patienten mit Durchfall, Ruhr oder Dickdarmentzündung.

ANBAU UND ERNTE
ANBAU Winterharte Zierpflanze; flaches, saures Wasser oder nasser Boden; Sonne. Vermehrung durch Aussaat im Frühjahr; durch Triebstecklinge oder Teilung der Rhizome im Frühjahr.
ERNTE Die Blätter werden im Sommer geerntet und für Aufgüsse, Flüssigextrakte und Tinkturen getrocknet.

MITCHELLA Rebhuhnbeere
(Rubiaceae)

M. repens wurde erstmals von den nordamerikanischen Indianern verwendet. Sie erleichterten mit ihr den Geburtsvorgang. Diese Anwendung übernahmen die Siedler, und schließlich wurde das Kraut als adstringierend, kräftigend und harntreibend in das „U.S. National Formulary" (1926-47) aufgenommen.

M. repens S. 160

VERWENDBAR Gesamte Pflanze.
EIGENSCHAFTEN Ein bitteres, adstringierendes Kraut, das harntreibend wirkt, die Gebärmutter entspannt, die uterinen Kontraktionen fördert und auch die Nerven beruhigt.
GEBRAUCH
MEDIZIN Innerlich bei Störungen der Menstruation, zur Vorbereitung der Niederkunft, schmerzhaften Wehen, nervöser Erschöpfung und Reizbarkeit. Nicht während der ersten sechs Monate der Schwangerschaft verabreichen, kann aber alleine oder in Verbindung mit *Rubus fruticosus* (vgl. S. 343) während der letzten beiden Monate als Tonikum für den Uterus gegeben werden.

ANBAU UND ERNTE
ANBAU Winterharte Zierpflanze; feuchter, humusreicher, neutraler bis saurer Boden im Schatten. Vermehrung durch Aussaat im Herbst; durch Teilung im Frühjahr. Ein überwucherndes Kraut.
ERNTE Die Pflanzen werden im Sommer geschnitten und für Aufgüsse, Flüssigextrakte und Tinkturen getrocknet.

MOMORDICA Beißgurke
(Cucurbitaceae)

Der Reichtum an bitteren Substanzen, den Cucurbitacinen, kennzeichnet diese Familie. Bei den eßbaren Arten sind sie entweder weggezüchtet worden (wie bei den Gurken) oder müssen durch vorsichtiges Wässern der Früchte entfernt werden. *M. charantia* ist in den Tropen sowohl als wichtiges Lebensmittel wie auch wegen ihrer medizinischen Eigenschaften von Bedeutung. Unter den weiteren Arten mit Verwendung in der Medizin befindet sich die fernöstliche *M. cochinchinensis*, deren giftige Samen äußerlich bei Hautausschlägen und Infektionen, Hämorrhoiden, Brustdrüsenentzündung und vergrößerten Lymphknoten verwendet werden.

M. charantia S. 160

VERWENDBAR Blätter, Früchte.
EIGENSCHAFTEN Abführendes, harntreibendes Kraut, das gereiztes Gewebe beruhigt, Fieber senkt, Parasiten abtötet und Gifte aus dem Körper schwemmt.
GEBRAUCH
KÜCHE Die jungen Früchte werden Currygerichten beigegeben oder roh, gekocht oder gebraten verzehrt; vorher in Salzwasser einweichen, um die Bitterstoffe zu beseitigen.
MEDIZIN Innerlich bei Dickdarmentzündung und Ruhr (frischer Saft), Darmparasiten, Gelbsucht und Fieber (Blätter). Äußerlich bei Hämorrhoiden, rissiger Haut und Verbrennungen (Früchte).

***M. elateria*.** Siehe *Ecballium elaterium*.

ANBAU UND ERNTE
ANBAU Empfindliche Kulturpflanze; nährstoffreicher, gut entwässerter Boden; Sonne, mindestens 15-18° C. Vermehrung durch Aussaat im Frühjahr. Pflanzen blühen für 30-35 Tage, die Früchte werden 15-20 Tage später gebildet; danach Triebe zurückschneiden. Unter Abdeckungen gezogene Pflanzen können von Weißen Fliegen, Spinnmilben und Blattläusen befallen werden. Pflanzen, die im Freien gezogen werden, sollten einzeln durch Papierabdeckungen vor Beschädigungen durch Insekten geschützt werden.
ERNTE Blätter während der Wachstumsphase sammeln und frisch oder getrocknet für Aufgüsse verwenden. Früchte jung sammeln und davon das Fruchtfleisch oder den Saft verzehren.

MONARDA Indianernessel
(Labiatae/Lamiaceae)

Die *Monarda*-Arten wurden von vielen nordamerikanischen Indianerstämmen verwendet. *M. fistulosa* war bei bronchialen Beschwerden weithin in Gebrauch und diente auch als Gewürz für Fleisch. *M. punctata* wurde in der „U.S. Pharmacopoeia“ (1820-82) als Verdauungsmittel und Antirheumatikum aufgeführt. Ihre ätherischen Öle enthalten viel Thymol, eine stark antiseptische und schleimlösende Substanz, die auch in *Thymus vulgaris,* vgl. S. 362, vorkommt. Aus *M. didyma* wird der „Oswego Tea“ zubereitet, der nach jener Gegend in der Nähe des Ontario-Sees benannt ist, wo dieses Kraut im Überfluß wächst. Ferner werden noch folgende Arten verwendet: *M. citriodora* aus dem Südwesten der USA; ihre nach Zitrone duftenden Blätter sind Bestandteil von Tees und würzen die Wildfleischgerichte. *M. menthaefolia* aus dem westlichen Nordamerika besitzt antiseptische und anästhetische Wirkungen. Die Blätter der mexikanischen *M. austromontana* schmecken wie Origano.

M. didyma S. 160

VERWENDBAR Ganze Pflanze, Blätter, Blüten.
EIGENSCHAFTEN Ein aromatisches, anregendes, schleimlösendes Kraut, das Fieber senkt und der Verdauung guttut.
GEBRAUCH
KÜCHE Blätter werden zu Tees aufgegossen und geben grünem Tee und gekühlten Getränken einen bergamotteartigen Geschmack. Die Blüten verwendet man in Salaten.
AROMA Blätter und Blüten geben Dufttöpfen Farbe und Geruch.
MEDIZIN Innerlich bei Verdauungsbeschwerden.

M. fistulosa S. 160

VERWENDBAR Gesamte Pflanze, Blätter.
EIGENSCHAFTEN Ein aromatisches, anregendes Kraut, das die Verdauung verbessert, die Schweißbildung erhöht.
GEBRAUCH
KÜCHE Blätter werden zum Würzen von Fleisch und Bohnen verwendet; junge Blätter als Tee aufgießen.
MEDIZIN Innerlich bei Erkältungen, wundem Hals, Katarrh, Kopfschmerzen, Fieber und Magenverstimmung; äußerlich bei Hautausschlag.

M. punctata S. 160

VERWENDBAR Gesamte Pflanze, Blätter.
EIGENSCHAFTEN Ein bitteres, beißendes, harntreibendes Kraut mit einem Minze-Thymian-Aroma. Es erhöht die Schweißbildung, fördert die Verdauung und färbt bei äußerlicher Anwendung rot.
GEBRAUCH
MEDIZIN Innerlich bei Koliken, Übelkeit und Erbrechen, Durchfall, Schüttelfrost, Erkältungen,Rückenschmerzen; äußerlich bei Neuralgie und Rheuma.

ANBAU UND ERNTE

ANBAU Winterharte Zierpflanze; nährstoffreicher, feuchter Boden. Sonne *(M. didyma)*; leichter, trockener, alkalischer Boden; Sonne (*M. fistulosa* und *M. punctata*). Vermehrung durch Aussaat im Frühjahr; Teilung im Frühjahr; Grünstecklinge im Frühsommer. An trockenen Standorten kann *M. didyma* von Mehltau befallen werden.
ERNTE Die Pflanzen werden während der Blüte geschnitten (die Blätter vor der Blüte), dann frisch oder getrocknet für Aufgüsse verwendet.

MORINDA
(Rubiaceae)

M. officinalis findet in China erstmals während der Han-Dynastie (206 v.Chr.-23 n.Chr.) Erwähnung als Tonikum und wärmendes Kraut, das auf die Energie der Nieren Einfluß nimmt. Die Wurzeln („Ba ji“) werden, um die Toxizität zu vermindern, zusammen mit *Glycyrrhiza uralensis* verwendet. *M. tinctoria* ist hauptsächlich als Quelle für roten Farbstoff bekannt. Sowohl Blätter wie Wurzeln besitzen aber adstringierende Eigenschaften. *M. citrifolia* ist die am häufigsten verwendete Art.

M. citrifolia S. 161

VERWENDBAR Wurzeln („Ba ji“), Blätter, Früchte.
EIGENSCHAFTEN Ein adstringierendes, abführendes Kraut, das Entzündungen hemmt.
GEBRAUCH
KÜCHE Früchte werden in Currygerichten verzehrt.
MEDIZIN Innerlich bei Ruhr, Blutungen (Früchte), Verstopfung (Wurzeln), Tuberkulose (Blätter). Äußerlich bei Gicht (Blättersaft), chronischen Geschwüren (Blätter), wundem Zahnfleisch (Früchte).

ANBAU UND ERNTE

ANBAU Empfindliche Kulturpflanze; gut entwässerter, sandiger Boden; Sonne. Mindestens 15-18° C. Verträgt salzige Bedingungen. Vermehrung durch Aussaat reifer Samen bei 18-21° C; durch halbreife Stecklinge im Sommer bei 18° C.
ERNTE Wurzeln nach Bedarf ernten und für Absude verwenden. Blätter in der Wachstumsphase für die Extraktion von Saft, Absude oder Pasten sammeln. Früchte können reif und unreif Verwendung finden; werden für medizinische Zwecke häufig verkohlt und mit Salz vermischt.

MORINGA
(Moringaceae)

M. oleifera ist die am häufigsten verwendete Art in dieser Gattung. Fast alle Teile des Baumes sind eßbar. Aus den Samen wird ein Öl gewonnen, das für Lebensmittel und pharmazeutische Produkte von Bedeutung ist, denn es wird nicht ranzig. Die jungen Blätter und unreifen Schoten von *M. pterygosperma* ißt man in Indien als Gemüse. Ihre Blüten sind in Curry-Gerichten enthalten. *M. peregrina* ist ein afrikanischer Baum, der eßbare Wurzeln besitzt, die wie Kartoffeln schmecken. Mit seinem Öl behandelt man Krämpfe bei Kindern.

M. oleifera (Pferderettichbaum) S. 161

VERWENDBAR Blätter, Rinde, Wurzeln, Blüten, Früchte, Samen, Öl, Harz.
EIGENSCHAFTEN Ein nahrhaftes, harntreibendes, abführendes, schleimlösendes Kraut, das den Milchfluß erhöht, Bakterien abwehrt und bei äußerlicher Anwendung rot färbt. Es enthält ein wirksames Antibiotikum. Sein Öl ist geschmacks-, geruchs- und farblos und oxydiert extrem schwer. Das Harz hat ähnliche Eigenschaften wie das von Tragant (*Astragalus gummifera*, vgl. S. 245).
GEBRAUCH
KÜCHE Blätter, Blüten und junge Schoten ißt man als Gemüse (die Blätter werden häufig Gerichten mit Schalentieren beigegeben, um gegen mögliche Gifte vorzubeugen). Die Wurzeln ergeben einen annehmbaren Ersatz für Meerrettich. Samen werden wie Nüsse geröstet.
MEDIZIN Innerlich bei ungenügender Milchbildung (junge Blätter), Tuberkulose, Blutvergiftung (Rinde, Harz); Asthma, Gicht, Rheumatismus, vergrößerter Milz und Leber, Gallen- und Nierensteinen, entzündlichen Bedingungen (Wurzelsaft); äußerlich bei Furunkeln, Geschwüren, Drüsenschwellungen, infizierten Wunden, Hautkrankheiten, Zahnfleischinfektionen, Gicht (Rinde, Wurzel, Harz).
WIRTSCHAFT Öl wird in Salatzubereitungen, Gleitmitteln, Künstlerfarben und Salben verwendet. Holz dient der Herstellung von Cellophan und Kunstseide; Rinde wird als Gerbmittel verwendet. Ältere Blätter kompostiert man oder verfüttert sie an Vieh.

ANBAU UND ERNTE

ANBAU Empfindliche Kulturpflanze; gut entwässerter, sandiger Boden; Sonne, mindestens 15-18° C. Vermehrung durch Aussaat reifer Samen; durch Grünstecklinge im Sommer. Zur Ernte oder Wachstumskontrolle stark zurückschneiden.
ERNTE Blätter, Blüten und unreife Früchte je nach Verfügbarkeit sammeln und frisch verwenden. Samen aus reifen Schoten entfernen und zum Verzehr rösten oder für die Gewinnung von Öl, das sich lange lagern läßt, auspressen. Rinde, Wurzeln, Wurzelrinde nach Bedarf auspressen, frisch oder getrocknet für Absud verwenden. Harz aus der Rinde für Aufgüsse und Absude sammeln.

MORUS Maulbeerbaum
(Moraceae)

M. alba und *M. nigra* besitzen ähnliche chemische Bestandteile. Sie gelten als für die medizinische Anwendung miteinander austauschbar. *M. alba* ist chinesischen Ursprungs und wird in der traditionellen Medizin seit mindestens 659 n.Chr. verwendet. In der „Chinese Pharmacopoeia“ (1985) werden nur Blätter, Rinde der Wurzeln, Äste und Früchte aufgeführt, doch sind auch andere Teile, darunter Saft und Holzasche, medizinisch von Nutzen. Jüngste Forschungen haben ergeben, daß Fortschritte bei Elephantiasis erreicht werden, wenn man Extrakte der Blätter injiziert. Bei Tetanus half der mit Zucker vermischte und oral eingenommene Saft. *M. alba* ist auch die Hauptnahrungsquelle der Seidenraupe. Der Beginn der chinesischen Seidenproduktion wird im allgemeinen der Regierungszeit der Kaiserin Si-Ling (ca. 2960 v.Chr.) zugeordnet.

M. alba (Weißer Maulbeerbaum) S. 161

VERWENDBAR Blätter („Sang ye"), Zweige („Sang zhi"), Wurzelrinde („Sang bai pi"), Früchte („Sang shen").
EIGENSCHAFTEN Ein wohlschmeckendes, bitteres oder süßes (je nach verwendetem Teil) Kraut. Es regt die Schweißbildung an, ist antibakteriell und kühlend (Blätter), antirheumatisch (Zweige), schleimlösend, hustenreduzierend, harntreibend (Wurzelrinde) und hat eine kräftigende Wirkung auf die Energie der Nieren (Früchte); Wurzelrinde und Zweige senken den Blutdruck.
GEBRAUCH
KÜCHE Früchte werden frisch verzehrt oder zu Gelee, Marmelade, Sirup und Wein verarbeitet.
MEDIZIN Innerlich bei Erkältungen, Grippe, Infektionen der Augen und Nasenbluten (Blätter); rheumatischen Beschwerden und Bluthochdruck (Zweige); Husten, Asthma, Bronchitis, Ödemen, Bluthochdruck und Diabetes (Wurzelrinde); Harninkontinenz, Ohrensausen, vorzeitigem Ergrauen, Durst, Verstopfung bei älteren Menschen (Früchte).
WIRTSCHAFT Blätter werden an Seidenraupen verfüttert. Holz dient der Herstellung von Sportgeräten.
VARIANTE
M. a. **'Pendula'**, S. 161.

ANBAU UND ERNTE

ANBAU Winterharte Zierpflanze; nährstoffreicher, tiefer, gut entwässerter Boden; Sonne. Vermehrung durch Aussaat im Herbst (nur Arten); durch Grünstecklinge im Sommer oder Steckhölzer im Herbst. Maulbeerbäume haben zerbrechliche Wurzeln und müssen vorsichtig gepflanzt werden. Nur in der Ruhezeit schneiden, da sie bluten, wenn sie geschnitten werden. Im Idealfall nur schlechten Wuchs und totes Holz abschneiden. Junge Triebe können absterben oder von Krebs befallen werden.
ERNTE Für die medizinische Verwendung werden die Blätter nach dem ersten Frost gesammelt, die Zweige im späten Frühjahr oder Frühsommer, die Wurzeln im Winter und die Früchte, wenn sie fast reif sind. Blätter und Wurzelrinde werden traditionell mit Honig zubereitet. Früchte und frische Blätter preßt man manchmal zu Saft aus, in der Regel werden aber alle Teile getrocknet und für Absude und Breiumschläge verwendet. Die Früchte können zur Verbesserung der Lagerfähigkeit blanchiert oder eingemacht werden; für den kulinarischen Verzehr werden sie ausgereift geerntet.

MUCUNA Juckbohne
(Leguminosae/Papilionoideae)

Etwa 100 Arten holziger Lianen, Kletterer und Sträucher gehören zu dieser zu den Hülsenfrüchten zählenden Gattung, die in den Tropen und Subtropen vorkommt. Wenige Arten sind auch Zierpflanzen, darunter die scharlachblütige *M. bennettii*, eine der schönsten Kletterpflanzen überhaupt. *M. puriens* ist eine Sorte mit ziemlich vielen Varianten. Als Kraut ist sie sehr ungewöhnlich. Denn man baut es wegen der borstigen Haare seiner Schoten an, die zur medizinischen Verwendung gelangen. Der Einsatz dieser Art als Mittel gegen Würmer wurde zuerst von Patrick Browne in seiner „Civil and Natural History of Jamaica" (1756) beschrieben. Sanskritschriften belegen, daß man sie auch als Aphrodisiakum benutzte. Die Samen von *M. pruriens* und der Varianten liefern L-dopa. In den 60er Jahren wurde die Behandlung der Parkinsonschen Krankheit dadurch revolutioniert. Sie enthalten aber auch halluzinoge, giftige Verbindungen. Dennoch waren sie in Zeiten großer Hungersnot ein unverzichtbares Lebensmittel, das durch Auskochen und mehrmaliges Wechseln des Wassers eßbar gemacht wurde.

M. pruriens, syn. *Dolichos pruriens, Stizolobium pruriens* (Juckbohne, Juckfasel)

Empfindlicher, immergrüner Kletterer, Höhe bis zu 3m, mit behaarten Blättern, unterteilt in 3 ovale, zugespitzte Blättchen. Büschel purpurner oder weißer Blüten werden im Sommer gebildet, gefolgt von abgeflachten Schoten, bis zu 9cm lang und etwa 2cm breit, mit einem zugespitzten, häufig gebogenen Scheitelpunkt. Die Schoten enthalten 3-6 Samen von etwa 1cm Länge, die von orangefarbenen bis dunkelbraunen, Reize auslösenden Haaren bedeckt sind. Wächst im tropischen Asien, Afrika und Amerika.

VERWENDBAR Wurzeln, Haare der Schoten, Samen.
EIGENSCHAFTEN Ein reizauslösendes, örtlich rotmachendes Kraut, das Darmparasiten zerstört (Haare) und als harntreibendes Mittel (Wurzeln) und Aphrodisiakum (Samen) wirkt.
GEBRAUCH
KÜCHE Samen werden in Milch gekocht, enthülst, gebraten und mit Honig zu Konfekt verarbeitet.
MEDIZIN Innerlich bei nervösen und Nierenbeschwerden sowie bei Lähmung (Wurzeln), Rundwürmern (Haare); äußerlich bei Elephantiasis und Wassersucht (Wurzeln). Die innerliche Verwendung der Haare führt zu ernsthaften Reizungen; Übermaß kann lebensgefährlich sein.

ANBAU UND ERNTE

ANBAU Empfindliche Kulturpflanze; entwässerter, feuchter, humusreicher Boden; Sonne oder Halbschatten, mindestens 18° C. Vermehrung durch Aussaat im Frühjahr; durch Absenker im Spätsommer. Überflüssige Zweige im Winter entfernen und abgeblühte Triebe auf 5-8cm bis zum Stamm zurückschneiden.
ERNTE Die Wurzeln werden nach Bedarf geerntet und für Absude und Puder getrocknet. Die Samen sammelt man, nachdem sie ihre Reife erreicht haben und befreit sie von den Haaren. Diese werden pulverisiert und mit Honig vermischt oder zu Salben verarbeitet. Die Samen werden aus den reifen Schoten enthülst, gekocht und zu einer Paste vermahlen.
WARNHINWEIS Schoten, Haare und Pulver sind hochgradig haut-, augen- und schleimhautreizend.

MURRAYA Orangenraute
(Rutaceae)

Die frischen Blätter der *M. koenigii* sind in Südindien und Sri Lanka ein unverzichtbarer Bestandteil von Curry-Gerichten. Die Pflanze wird in dieser Region eigens zu diesem Zweck angebaut und kann auf Märkten und in jedem Lebensmittelgeschäft erworben werden. *Murraya* ist eng mit *Citrus* (vgl. S. 262) verwandt. Zitrusbäume *(C. limon)* können auf den Wurzelstöcken von *M. koenigii* veredelt werden.

M. koenigii S. 161

VERWENDBAR Blätter, Rinde, Wurzel, Samen, Öl.
EIGENSCHAFTEN Ein wärmendes, stark aromatisches Kraut, appetitanregend und verdauungsfördernd.
GEBRAUCH
KÜCHE Bei regionalen Küchen in Curry-Gerichten zu finden (Blätter).
MEDIZIN Innerlich bei Verdauungsstörungen (Blätter, Wurzeln, Rinde), Verstopfung, Koliken und Durchfall (Blätter).

ANBAU UND ERNTE

ANBAU Empfindliche Kulturpflanze; feuchter, humusreicher, gut entwässerter Boden, Sonne oder Halbschatten, mindestens 15-18° C. Vermehrung durch Aussaat im Frühjahr; durch halbreife Stecklinge im Sommer; überschüssigen Wuchs im Spätwinter entfernen.
ERNTE Blätter das ganze Jahr über pflücken und frisch zu Saft, Aufgüssen und Umschlägen verarbeiten. Rinde und Wurzeln nach Bedarf sammeln und frisch oder getrocknet zu Absuden verwenden. Öl wird aus den reifen Samen extrahiert.

MYRICA Gagel
(Myricaceae)

Die Früchte mehrerer Arten lassen sich kochen, um daraus Kerzenwachs zu gewinnen. Es ist wohlriechend und entwickelt keinen Rauch. *M. gale* und *M. cerifera* enthalten Tannine, Harze, Gummi und gegen Bakterien wirkende Substanzen. *M. gale* diente in einigen nördlich gelegenen Kommunen Großbritanniens einst als Teekraut und Gewürz, zugleich ist sie das Abzeichen des schottischen Clans der Campbells. In Thomsons medizinischem System ist *M. cerifera* ein Schlüsselkraut, das wichtigste adstringierende Mittel überhaupt, das für „jedes Magen- oder Darmleiden, insbesondere nach Fieberanfällen" verwendet wird. Auch *M. californica* wird für Magendarm-Beschwerden und Infektionen verwendet.

M. cerifera S. 162

VERWENDBAR Rinde, Wurzelrinde, Wachs.
EIGENSCHAFTEN Ein bitteres, adstringierendes, aromatisches Kraut, das den Kreislauf anregt, die Schweißbildung erhöht und Infektionen vorbeugt.
GEBRAUCH
KÜCHE Früchte lassen sich wie Wacholderbeeren zu stark gewürztem Fleisch, z.B. Wild, einsetzen.
MEDIZIN Innerlich bei Fieber, Erkältung, Grippe, Katarrh, Durchfall, Dickdarmentzündung, starker Menstruation und Ausfluß der Scheide. Äußerlich bei entzündetem Hals, Geschwüren, Wunden, Hautreizungen, Schuppen und Haarverlust. Ergänzt sich bei fiebrigen Krankheiten gut in Verbindung mit *Sambucus nigra* (vgl. S. 347) und *Mentha* x *piperita* (S. 311); als Kreislauf anregendes Mittel mit *Capsicum annuum* var. *annuum* (S. 254), *Zingiber officinale* (S. 373) und *Szygium aromaticum* (S. 358); mit *Lavandula* (S. 301) in Haarwuchsmitteln.

WIRTSCHAFT Das Wachs der Früchte wird zur Herstellung von Kerzen und Seifen verwendet.

M. gale (Heidegagelstrauch) S. 162

VERWENDBAR Gesamte Pflanze, Blätter, Früchte.
EIGENSCHAFTEN Bitteres, adstringierendes, antiseptisches Kraut mit harzigem Lorbeer ähnlichen Aroma.
GEBRAUCH
KÜCHE Einst ein Hopfenersatz für Bier. Die Blätter lassen sich als Tee aufgießen und den Suppen und Eintöpfen beigeben.
WIRTSCHAFT Die Früchte liefern Kerzenwachs.

ANBAU UND ERNTE

ANBAU Frostharte Kultur- (*M. cerifera*) oder winterharte Zierpflanze (*M. gale*); gut entwässerter bis nasser, saurer, sandiger Boden, Sonne oder Halbschatten. Vermehrung durch Aussaat im Herbst oder Frühjahr; durch Ableger im Frühjahr; durch Ausläufer *(M. gale)*; durch halbreife Stecklinge im Sommer.
ERNTE Ganze Pflanzen oder Blätter in der Wachstumsphase, die Rinde und Wurzelrinde im Spätherbst oder zeitigen Frühjahr sammeln. Alle Teile für Absude, Flüssigextrakte, Aufgüsse und Puder trocknen. Reifen Früchten wird Wachs entzogen.

MYRISTICA Muskatnußbaum
(Myristicaceae)

Die Früchte der *M. fragrans* enthalten viele ätherische Öle, wobei der Gehalt (und daher auch Geschmack) in den Samen (Muskatnuß) und im Samenmantel (Muskatblüte) unterschiedlich hoch sein kann. Die Öle enthalten Safrol (wie man es auch in *Sassafras albidum*, vgl. S. 349, findet) und Myristizin, eine halluzinogene Substanz. Nach der Eroberung der Molukken durch die Portugiesen im Jahre 1512 besaßen diese ein Monopol für den Anbau dieser Früchte und warben für sie als Stärkungsmittel. Der erste dokumentierte Fall einer Vergiftung durch Muskatnüsse ereignete sich im Jahre 1576, als eine „schwangere englische Lady" nach dem Verzehr von 10-12 Früchten „wie berauscht delirierte". Die chinesische traditionelle Medizin kennt *M. fragrans* seit spätestens 600 n.Chr.

M. fragrans (Echter Muskatnußbaum) S. 162

VERWENDBAR Samen („Rou dou kou"), Öl.
EIGENSCHAFTEN Ein bitteres, adstringierendes, würziges Kraut, das als wärmendes Verdauungstonikum wirkt. Es hemmt Erbrechen und löst Krämpfe. Die lokale Anwendung ist entzündungshemmend.
GEBRAUCH
KÜCHE Gemahlene oder geraspelte Muskatnuß würzt Backwaren, Pudding, Getränke, Fleischgerichte, Gemüse, Käse, Saucen und Pasta. Muskatblüte, als Puder oder ganz, ergibt einen ähnlichen, aber weniger durchdringenden Geschmack und wird, wo Nüsse störend aussehen, klaren Suppen, Soufflés und Saucen beigegeben.
MEDIZIN Innerlich bei Durchfall, Ruhr, aufgeblähtem Leib, Erbrechen, Koliken. Übermaß verursacht heftige Kopfschmerzen, Übelkeit, Schwindelgefühl und Delirium; äußerlich bei Zahnschmerzen, rheumatischen und Unterleibsbeschwerden, schmerzhaften Wehen. In der ayurvedischen Medizin bei Harninkontinenz, Schlaflosigkeit, schlechter Verdauung und vorzeitigem Samenerguß verwendet.
WIRTSCHAFT Fettige Öle („Muskatbutter") werden in der pharmazeutischen Industrie, in Parfümen, Seifen und zur Herstellung von Kerzen verwendet.

ANBAU UND ERNTE

ANBAU Empfindliche Kulturpflanze; gut entwässerter, humusreicher, sandiger Boden, mindestens 15-18° C. Vermehrung durch reifen Samen; durch Steckhölzer am Ende der Wachstumsperiode. Getrocknete Muskatnüsse können von Schädlingen befallen werden; sie werden in der Regel geleimt und in verschlossenen Behältern aufbewahrt.
ERNTE Die Samen entnimmt man den reifen Früchten und befreit sie vom Samenmantel; beide, Samen und Mantel, für die Destillation von Ölen trocknen oder für Absude und Puder verwenden.

MYROXYLON Balsambaum
(Leguminosae/Papilionoideae)

Balsambäume wurden von den Inkas kultiviert. Der erste Europäer, der ihren medizinischen Nutzen beschrieb, war Nicholas Monardes. 1565 notierte er, daß Balsam durch Abschneiden der Rinde oder das Auskochen von Zweigen in Wasser gewonnen wurde. Im Gefolge der spanischen Eroberungen wurde Balsam für Arzneien und Parfüme nach Europa ausgeführt. Eine besondere Wertschätzung genossen salbende Öle: 1562 und 1572 erklärten päpstliche Bullen das Zerstören von Balsambäumen zum Sakrileg. Der Tolubalsam *(M. balsamum)* ist nach Santiago de Tolu (Kolumbien) benannt. Sein Harz unterscheidet sich in der chemischen Zusammensetzung kaum vom öligen, flüssigen Perubalsam *(M. pereirae)*, der ursprünglich aus Callao (Peru) verschifft wurde. Tolubalsam wird durch V-förmige Einschnitte in die Rinde gewonnen und verhärtet sich zu einer kristallinen Substanz. Der Perubalsam wird anders entzogen: man schlägt die Rinde ein und brennt sie nach einigen Tage der Ruhe ab. An den verwundeten Stellen des Baumes hat sich dann Balsam angesammelt, der in Lappen aufgefangen wird. Diese werden in Wasser ausgekocht; dabei setzt sich eine ölige Schicht ab.

M. balsamum, syn. *M. toluiferum* (Tolubalsambaum) S. 162

VERWENDBAR Samen, Ölharze, Öl.
EIGENSCHAFTEN Ein süßes, säuerlich schmeckendes, aromatisches Kraut, das als antiseptischer und anregender Schleimlöser wirkt.
GEBRAUCH
AROMA Öl wird für Parfüme verwendet.
MEDIZIN In der Hauptsache als angenehm schmeckender Bestandteil in Hustenmischungen; als Grundlage für Pastillen (Ölharz).
WIRTSCHAFT Extrakte werden zum Würzen von Lebensmitteln (besonders Kaugummi, Eiskrem, Süßwaren, Softdrinks, Backwaren) verwendet.

M. pereirae, syn. *M. peruiferum*, *M. balsamum* var. *pereirae* (Perubalsambaum)

Empfindlicher, ausbreitender, immergrüner Baum, Höhe 12-15m, Breite 10m. Er gleicht *M. balsamum*, jedoch bestehen die Blätter aus 7-11 Blättchen, die Blütentrauben sind weniger behaart und die Schoten haben nur einen Samen. Wächst an der Pazifikküste Mittelamerikas.

VERWENDBAR Samen, Ölharze.
EIGENSCHAFTEN Ein bitteres, herbes Kraut mit vanilleähnlichem Aroma. Es wirkt als antiseptischer und anregender Schleimlöser.
GEBRAUCH
MEDIZIN Innerlich bei Katarrh, Durchfall, Husten, Asthma und Bronchitis; äußerlich bei kleineren Verletzungen, rheumatischen Schmerzen, Geschwüren, Ekzem, Windelekzem und wunden Brustwarzen.
WIRTSCHAFT In Mittelamerika als Weihrauch verwendet. Gewürz in käuflichen Lebensmitteln. Wichtiger Bestandteil von Parfümen, Seifen und Handcrèmes mit orientalischer Duftnote.

ANBAU UND ERNTE

ANBAU Empfindliche Kulturpflanze; gut entwässerter Boden mit zusätzlichem Sand sowie Kompost und während des Wachstums reichlich Wasser; mindestens 15-18° C. *M. pereirae* verträgt alkalische und nährstoffarme Böden. Vermehrung durch Aussaat reifer Samen; durch halbreife Stecklinge im Spätsommer. Balsambäume sind unverwüstlich, vertragen starkes Anzapfen und werden oft 100 Jahre alt.
ERNTE Ölharz wird durch Verletzen der Rinde zu jeder Jahreszeit gewonnen, in der Regel aber während der Trockenzeit. Es wird roh verwendet oder zu Extrakten, Ölen und Tinkturen verarbeitet. Das Öl wird aus dem Ölharz destilliert. Die Samen werden reif gesammelt und im Ganzen verwendet.

MYRRHIS Süßdolde
(Umbelliferae/Apiaceae)

M. odorata enthält ein ätherisches Öl, in dem sich Anethol (Aniskampfer) befindet, wie man es auch in *Foeniculum vulgare* (vgl. S. 283), *Pimpinella anisum* (vgl. S. 328) und *Illicium verum* (vgl. S. 296) findet. Die gleiche Substanz enthalten auch die Wurzeln von *Osmorhiza claytoni* und *O. longistylis*.

M. odorata (Süßdolde, Myrrhenkerbel) S. 162

VERWENDBAR Blätter, Wurzeln, Samen.
EIGENSCHAFTEN Ein süßes, aromatisches, schleimlösendes Kraut, das der Verdauung förderlich ist.
GEBRAUCH
KÜCHE Blätter werden Suppen, Eintöpfen und Bowlen zugegeben und als kalorienarmer Süßstoff und Geschmacksverstärker für eingemachte Früchte, Joghurt und Schlagsahne verwendet. Die Wurzeln kocht man als Gemüse und verwendet sie kalt in Salaten; die Samen ißt man in Salaten roh.
MEDIZIN Innerlich bei Husten, leichten Verdauungsbeschwerden und Anämie.

ANBAU UND ERNTE
ANBAU Winterharte Zierpflanze; feuchter, humusreicher Boden in Sonne oder Schatten. Vermehrung durch Aussaat oder Teilung im Herbst oder Frühjahr. Samen keimt bisweilen langsam; reichliche Selbstaussaat unter günstigen Bedingungen möglich.
ERNTE Die Blätter werden während der Wachstumsperiode gepflückt und frisch verwendet oder eingefroren; Wurzeln im Herbst geerntet und frisch oder getrocknet für Absude verwendet. Die Samen sammelt man ein, wenn sie noch grün sind, und verwendet sie dann frisch.

MYRTUS Myrte
(Myrtaceae)

Die Wirkstoffe aus *M. communis* werden rasch aufgenommen und geben dem Urin schon nach 15 Minuten einen Geruch nach Veilchen.

M. communis (Brautmyrte) S. 163

VERWENDBAR Gesamte Pflanze, Blätter, Früchte, Öl.
EIGENSCHAFTEN Ein aromatisches, adstringierendes Kraut, das antiseptisch und kongestionsvermindernd wirkt.
GEBRAUCH
KÜCHE Die Blätter würzen Gerichte aus Schwein, Lamm und kleinen Vögeln. Die Früchte werden im Nahen Osten als Gewürz verwendet.
AROMA Öle nutzt man in der Parfümindustrie.
MEDIZIN Innerlich bei Infektionen des Harntrakts (als Ersatz für *Agathosma crenulata*, vgl. S. 230), Scheidenausfluß, bronchialer Stauung, Nebenhöhlenentzündung und Reizhusten; äußerlich bei Akne (Öl), Zahnfleischinfektionen und Hämorrhoiden.
WIRTSCHAFT Das Öl ist Bestandteil in Seifen und Hautpflegeprodukten.
VARIANTEN
***M. c.* 'Flore Pleno'**, S. 163.
***M. c.* 'Variegata'**, syn. *M. c.* 'Tricolor', S. 163.
M. c.* ssp. *tarentina, syn. *M. c.* 'Jenny Reitenbach', *M. c.* 'Microphylla', *M. c.* 'Nana', S. 163.

ANBAU UND ERNTE
ANBAU Frostharte Zierpflanze; gut entwässerter, neutraler bis alkalischer Boden; Sonne. Bei stark entwässertem Boden und Kälteschutz kann *M. communis* im Freien bei bis zu -10° C überdauern. Selbst bei besten Bedingungen übersteht *M. c.* 'Variegata' selten weniger als -5° C. Vermehrung durch Aussaat im Frühjahr (nur Arten); durch halbreife Stecklinge im Spätsommer. Pflanzen im Frühjahr beschneiden und beschädigte oder abgestorbene Triebe entfernen. Unter Abdeckungen gezogene Pflanzen können von Spinnmilben und Weißen Fliegen befallen werden.
ERNTE Die Pflanzen werden mit oder auch ohne Blüten geschnitten und zu Öl destilliert. Blätter können nach Bedarf gepflückt werden und frisch oder getrocknet für Aufgüsse verwendet werden. Früchte sammelt man nach Erreichen der Reife ein und trocknet sie im Ganzen oder verwendet sie gemahlen.

N

NARDOSTACHYS
(Valerianaceae)

N. grandiflora ist die Nardenähre der Bibel. Sie wird im Hohen Lied Salomos erwähnt und war auch die Substanz, mit der Jesu Füße beim Letzten Abendmahl gesalbt wurden. Aus den Wurzeln wurde ein Parfüm extrahiert, das zu Zeiten des Römischen Reiches ein wertvolles Handelsgut war. Ein Pfund (0,66 kg) kostete 300 Denar (ein Denar war der Tageslohn eines Arbeiters). Die Pflanze enthält Borneol-Azetat (der Hauptbestandteil von *Dryobalanops aromatica*, vgl. S. 275) und Patschulialkohol, wie er auch in *Pogostemon cablin* vorkommt (S. 332). In der ayurvedischen Medizin wird sie mit *Valeriana officinalis* (S. 367) gleichgesetzt, gilt jedoch dieser zur Kräftigung von Körper und Geist als überlegen.

N. grandiflora, syn. *N. jatamansi* (Nardenähre) S. 164

VERWENDBAR Wurzeln, Öl.
EIGENSCHAFTEN Ein bitteres, adstringierendes, aromatisches Kraut, das verdauungsfördernd, krampflösend und blutdrucksenkend wirkt.
GEBRAUCH
AROMA Öl wird in der Parfümindustrie verwendet.
MEDIZIN Innerlich bei nervöser Verdauungsstörung, Schlaflosigkeit, Niedergeschlagenheit und Spannungskopfschmerzen; äußerlich bei Ausschlag und als Deodorant.

ANBAU UND ERNTE
ANBAU Winterharte Wildpflanze; genutzte Teile werden gesammelt; gut entwässerter, kieseliger, feuchtigkeitshaltender Boden; Halbschatten. Wurzeln brauchen kühle Umgebung zum Ausbreiten; liebt keine reichen Böden. Vermehrung durch Aussaat reifer Samen; braucht Licht zum Keimen.
ERNTE Wurzeln für Öl oder Absude trocknen.

NASTURTIUM Brunnenkresse
(Cruciferae/Brassicaceae)

N. officinale enthält ein ätherisches Senföl und weitere Substanzen, die denen in *Raphanus sativus* (vgl. S. 339) gleichen und den typischen, beißenden Geschmack erzeugen. Sie hat einen hohen Anteil an Vitaminen und Mineralien, darunter Eisen, Jod und Kalzium. Viele Beete werden mit Hybriden von *N. officinale* bepflanzt. Sie erlauben bis zu 10 Ernten im Jahr.

N. officinale, syn. *Rorippa nasturtium-aquaticum* (Echte Brunnenkresse) S. 164

VERWENDBAR Blätter.
EIGENSCHAFTEN Ein bitteres, beißendes, anregendes Kraut, das Gifte ausschwemmt, verdauungsfördernd, harntreibend und schleimlösend wirkt.

GEBRAUCH
KÜCHE Seit alters als Frühjahrstonikum verwendet. Blätter als Salatbeigabe und um Butter zu garnieren; auch in Suppen und Fischsaucen.
MEDIZIN Innerlich bei Katarrh, Ödemen, Bronchitis, Husten mit Auswurf, Hautausschlag, Rheuma, Anämie, Schwächezuständen in Verbindung mit chronischen Krankheiten und Gallenblasenbeschwerden.

ANBAU UND ERNTE
ANBAU Winterharte Kulturpflanze; flaches, fließendes, leicht alkalisches Wasser; Sonne, bei etwa 10° C. Kann als Topfpflanze gezogen werden, wenn viel Kompost verwendet wird und der Topf bei täglichem Wasserwechsel auf einem Teller voller Wasser steht. Für einen Topf mit 15-21cm Durchmesser genügen 3 bis 4 Stecklinge; Vermehrung durch Wurzelstecklinge in Wasser während der Wachstumszeit. Ausknipsen, um buschigen Wuchs zu fördern und die Blüte zu verzögern.
ERNTE Blätter werden nach Bedarf geschnitten und ganz oder verflüssigt verwendet. Sammeln im Freien ist angesichts verschmutzter und (mit krankmachenden Organismen wie dem Leberegel) verseuchter Wasserläufe nicht zu empfehlen.

NELUMBO Lotosblume
(Nelumbonaceae)

N. nucifera war im antiken Indien, in China, Tibet und Ägypten Gegenstand der Verehrung. Bestimmte Teile werden in der traditionellen chinesischen Medizin verwendet. Dort finden die Samen um 500 n.Chr. Erwähnung.

N. nucifera, syn. *Nelumbium speciosum* (Indische Lotosblume) S. 164

VERWENDBAR Blätter („He ye"), Blattstiele („Liang geng") oder Blütenstiele mit anhängendem Fruchtboden („Lian fang"), Rhizome („Ou jie"), Staubblätter („Lian xu"), Plumula des Samens und Keimwurzel („Lia zi xin"), Samen („Lian zi").
EIGENSCHAFTEN Ein adstringierendes und kühlendes Kraut, das Blutungen hemmt, Blutdruck und Fieber senkt, das Herz beruhigt, Milz und Nieren kräftigt.
GEBRAUCH
MEDIZIN Innerlich bei Blutungen, übermäßiger Menstruation, Nasenbluten (Rhizome); Bluthochdruck, Schlaflosigkeit, Rastlosigkeit (Plumula und Keimwurzel); Durchfall, schlechter Verdauung, Schlaflosigkeit, Herzklopfen (Samen); häufigem Wasserlassen, vorzeitigem Samenerguß (Stiele); blutendem Magengeschwür, übermäßiger Menstruation, Blutungen nach der Geburt (Blütenstiele). In der ayurvedischen Medizin in der Hauptsache als kühlendes Heilmittel bei Leiden mit Blutungen und als Tonikum für das Herz und die Fortpflanzungsorgane (Rhizome und Samen).
VARIANTEN
***N. n.* 'Alba Grandiflora'**, S. 164.
***N. n.* 'Rosea Plena'**, S. 164.

ANBAU UND ERNTE
ANBAU Empfindliche Zierpflanze. Sonnige Lage im Wasser mit mindestens 60 cm Tiefe oder im Gewächshaus in großen Becken mit reichlichem nassen Kompost, mindestens 1-7° C. Vermehrung durch Aussaat oder Teilung im Frühjahr. Kann im Freien bei günstigen Bedingungen wuchern. ►

► **ERNTE** Blätter und Blattstiele im Sommer und Herbst sammeln; Rhizome im Herbst und Winter, Staubblätter von Anfang bis Sommermitte; Samen und Blütenstiele mit Fruchtboden von Mitte bis Spätsommer. Alle Teile für Absude und Puder trocknen. Plumula und Keimwurzel vor dem Trocknen von den Samen trennen.

NELUMBIUM

N. speciosum. Siehe *Nelumbo nucifera.*

NEPETA Katzenminze

(Labiatae/Lamiaceae)

N. cataria enthält Zitronellal (wie auch *Melissa officinalis*, vgl. S. 310), Thymol (wie bei *Thymus vulgaris*, S. 362) und Pulegon (wie bei *Mentha pulegium*, S. 311). Der Wirkstoff, der für den belebenden Effekt auf Katzen verantwortlich ist, ist Actinidin, ein iridoides Glykosid, das dem in *Valeriana officinalis* (S. 367) gleicht. Die eng verwandte *Schizonepeta tenuifolia* wird in der chinesischen Medizin bei Blutungen, insbesondere Nachgeburtsblutungen und übermäßiger Menstruation, Erkältungen, Masern und Nesselfieber eingesetzt.

N. cataria (Echte Katzenminze) S. 165

VERWENDBAR Gesamte Pflanze, Blätter.

EIGENSCHAFTEN Ein bitteres, adstringierendes, kühlendes Kraut mit kampferartigem Poleiminze-Thymian-Aroma. Es wirkt fiebersenkend, krampflösend, schweißbildend und beruhigend.

GEBRAUCH

KÜCHE Blätter werden aufgegossen, um einen nach Minze schmeckenden Tee zu brauen (nach Zitrone duftend bei *N. c.* 'Citriodora').

MEDIZIN Innerlich bei mit Fieber verbundenen Krankheiten (insbesondere Erkältungen und Grippe), Schlaflosigkeit, Reizbarkeit, Herzklopfen, nervösen Verdauungsstörungen, Durchfall, Magenverstimmung und Koliken. Bei Erkältungen und Grippe empfiehlt sich während der Fieberphasen die Kombination mit *Achillea millefolium* (vgl. S. 227) und *Sambucus nigra* (S. 347), während der Stauungsphasen die mit *Glechoma hederacea* (S. 289).

WIRTSCHAFT Mit getrockneter Katzenminze werden Katzenspielzeuge ausgestopft.

VARIANTE

***N. c.* 'Citriodora'**

Eine winterharte, nach Zitrone duftende Sorte, für Tees häufig bevorzugt. H 30cm-1 m, B 23-60cm.

N. glechoma. Siehe *Glechoma hederacea.*

N. hederacea. Siehe *Glechoma hederacea.*

ANBAU UND ERNTE

ANBAU Winterharte Zierpflanze; feuchter, gut entwässerter Boden; Sonne. Vermehrung durch Aussaat im Herbst oder Frühjahr; durch Teilung im Frühjahr; durch Kopf- oder Grünstecklinge im Frühjahr oder Sommer. Sämlinge erreichen bereits im ersten Jahr die nötige Größe zum Blühen. Für eine zweite Ernte stark zurückschneiden. ►

► Echter Mehltau kann die Blätter beschädigen. *N. cataria* gilt als Schädlinge vertreibende Pflanze, wenn sie zwischen Gartenpflanzen und Gemüse ausgepflanzt wird.

ERNTE Pflanze im Knospenstadium schneiden, für Aufgüsse trocknen; Blätter für kulinarische Verwendung jung ernten und frisch verwenden.

NIGELLA Schwarzkümmel

(Ranunculaceae)

N. sativa ist in Indien, der Türkei, Griechenland und dem Nahen Osten ein beliebtes Gewürz. Die Samen besitzen einen würzigen, fruchtigen Geschmack und waren ein wichtiges Gewürz, bevor der Pfeffer (*Piper nigrum*, vgl. S. 329) im 5. Jahrhundert n.Chr. aus Südostasien nach Europa eingeführt wurde. In der islamischen Medizin ist die Pflanze seit langem im Gebrauch. Malaysia führt sie für medizinische Zwecke sogar ein. *N. sativa* sollte nicht mit der bekannten Gartenpflanze *N. damascena* (Braut in Haaren, Jungfer im Grünen) verwechselt werden. Beide Arten sehen fast gleich aus, werden jedoch unterschiedlich verwendet. Aus *N. damascena* werden ätherische Öle für Lippenstifte und Parfüms gewonnen.

N. sativa (Schwarzkümmel) S. 165

VERWENDBAR Samen, Öl.

EIGENSCHAFTEN Ein beißend aromatisches, abführendes Kraut, das den Uterus anregt, die Milchbildung erhöht, der Verdauung dient und Entzündungen hemmt.

GEBRAUCH

KÜCHE Samen würzen Brote, Teigwaren, Currygerichte, Fleisch, Chutneys, Saucen und gekochtes Gemüse. Öl dient als Ersatz für *Nardostachys grandiflora.*

MEDIZIN Innerlich bei schmerzhafter Menstruation, Nachgeburtskontraktionen, ungenügender Milchbildung und bronchialen Beschwerden; äußerlich bei Abszessen, Hämorrhoiden und Hodenentzündung.

ANBAU UND ERNTE

ANBAU Winterharte Kulturpflanze; gut entwässerter Boden; Sonne. Vermehrung durch *in situ*-Aussaat im Herbst oder Frühjahr.

ERNTE Samen werden bei Erreichen der Reife gesammelt und für die Extraktion von Öl getrocknet; für Aufgüsse ganz oder gemahlen verwendet.

NYMPHAEA Seerose

(Nymphaeaceae)

N. lotus (Ägyptische Lotosblume) gehörte im alten Ägypten zu den wichtigsten Pflanzen überhaupt: Sie trat in der Kunst, bei kultischen Handlungen, als Lebensmittel und Heilpflanze in Erscheinung. Ihre Blüten waren üblicherweise in Salben, Ölen, Umschlägen und Klistieren enthalten. Die Blätter tauchen in Rezepturen für Leberkrankheiten auf. Die Wurzeln wurden entweder roh gegessen oder gekocht; ihre Samen würzten Brote. Ägyptische Kräuterkenner nutzen die Pflanze noch immer wegen ihrer kühlenden, beruhigenden Wirkung. *N. caerulea* (Blaue Lotosblume) stand in der Verehrung und im medizinischen Gebrauch der Weißen Lotosblume nicht nach. Sie wächst in Teilen Nord-, Mittel- und Südafrikas und wird dort innerlich bei Nieren- und Gallenbeschwerden, äußerlich als beruhigendes, antiseptisches Heilmittel bei Sonnenbrand, Frieselausschlag und Hautentzündungen verwendet.

N. lotus (Ägyptische Lotosblume) S. 165

VERWENDBAR Wurzelstock, Blüten, Früchte, Samen.

EIGENSCHAFTEN Ein linderndes, adstringierendes Kraut, das harntreibende und beruhigende Wirkungen zeigt, als entgiftend und den Geschlechtstrieb anregend gilt.

GEBRAUCH

KÜCHE Der Wurzelstock wird als stärkehaltiges Gemüse gekocht und in Teilen Indiens, Sri Lankas und Chinas zu Mehl vermahlen. Früchte und Samen werden eingelegt, Currygerichten beigegeben oder mit Mehl vermischt aufgebacken. Die in Wasser zerquetschten Samen sind ein altes Hausmittel bei Diabetes, können aber auch als nahrhaftes Lebensmittel fritiert werden.

MEDIZIN In der ayurvedischen Medizin innerlich bei Verdauungsstörungen, Darmerkrankungen, Durchfall, Hämorrhoiden, Harnproblemen, Fieber, Schlaflosigkeit (Wurzelstock); Herzklopfen (Blüten).

N. odorata S. 165

VERWENDBAR Rhizome.

EIGENSCHAFTEN Ein adstringierendes, linderndes Kraut, das antiseptisch, schmerzberuhigend und blutreinigend wirkt.

GEBRAUCH

MEDIZIN Innerlich bei Tuberkulose, chronischen bronchialen Beschwerden, Durchfall, Ruhr, Magendarmentzündungen, Tripper, Scheidenausfluß, Blasenentzündung, Vorsteherdrüsenentzündung, Infektionen der Gebärmutter und Gebärmutterkrebs. Äußerlich bei Furunkeln, Bindehautentzündung, wundem Hals und Scheidenkatarrh. Bei bronchialen Beschwerden in Verbindung mit *Prunus serotina* (vgl. S. 335), bei Furunkeln mit *Ulmus rubra* (S. 366) und *Linum usitatissimum* (S. 304).

VARIANTE

***N. o.* 'Sulphurea Grandiflora'**, S. 165.

ANBAU UND ERNTE

ANBAU Zierpflanze; winterart (*N. lotus:* empfindlich); nährstoffreicher Boden in ruhigem Wasser bis zu 45cm tief *(N. odorata)*; nährstoffreicher Boden in ruhigem Wasser bei wenigstens 30cm Tiefe und mindestens 21° C im Winter *(N. lotus)*. Beide Arten benötigen pralle Sonne. Ruhende Knollen der *N. lotus* können aus dem Teich genommen und im feuchtem Sand gelagert werden. Vermehrung durch Aussaat im Frühjahr; durch Ableger oder Teilung im Frühjahr oder Frühsommer. Zu tiefes Wasser und zu viele Nährstoffe im Boden können die Blüte verhindern.

ERNTE Blüten schneiden, wenn sie offen sind, für Aufgüsse frisch verwenden. Wurzelstöcke in der Ruhephase ernten und frisch oder getrocknet für Absude benutzen *(N. lotus)*. Reife Früchte und Samen frisch verwenden. Rhizome im Herbst ausheben, nachdem die Blätter abgestorben sind; für Absude, Extrakte, Puder trocknen *(N. odorata)*.

O

OCIMUM Basilienkraut
(Labiatae/Lamiaceae)

Basilienkräuter sind reich an ätherischen Ölen, deren Anteil allerdings sogar in derselben Art, je nach Wachstumsbedingungen, unterschiedlich hoch sein kann. Etwas über 20 Bestandteile konnten isoliert werden. Die wichtigsten sind Methyl-Chavicol (Anis), Methyl-Zimtsäure (Zimt), Eugenol (Nelke), Zitral (Zitrone), Geraniol (Rose), Linalool (Flieder/Orangen-Blüte), Thymol (Thymian) und Kampfer. Die Varianten, in denen bestimmte Bestandteile vorherrschen, nennt man „Chemotypen". *O. americanum* (syn. *O. canum, O. micranthum*), der dem *O. basilicum* sehr ähnlich ist, weist drei charakteristische Chemotypen auf: blumig-zitronensauer, kampferartig und würzig. Die Zusammensetzung der Öle in einer bestimmten Pflanze wirkt sich auf ihr Aroma, den Geschmack und die mögliche Anwendung aus. Sie kann die genaue Bestimmung erschweren. Die mediterranen Typen von *O. basilicum* enthalten in der Hauptsache Linalool sowie Methyl-Chavicol und so gut wie keinen Kampfer. Das gibt ihnen den typischen, süßlichen Basilikumgeschmack. Osteuropäische Typen werden durch den Gehalt an Methyl-Zimtsäure bestimmt. Südostasiatische Typen enthalten reichlich Eugenol. Bei afrikanischen und von der Insel Réunion stammenden Typen herrschen Kampfer und Methyl-Chavicol vor. Die Hybridisation bei der Kultivierung erschwert die Bestimmung noch zusätzlich. Die am häufigsten für kommerzielle Verwertung wie Ölextraktion und Trocknen als Küchengewürz verwendeten Basilikumpflanzen tragen unterschiedliche Namen und werden von Botanikern nicht immer als eigenständige Sorten anerkannt. Darunter befinden sich 'Lettuce Leaf' (*O. b.* var. *crispum*), 'Italian' und 'Albahaca', die alle ein charakteristisches, süßliches Basilikumaroma haben. Die meisten Basilienkräuter haben Samen mit einem hohen Gehalt an Pflanzenschleim, und ihr Laub kann für verschiedene Zwecke Verwendung finden.

O. basilicum (Basilikum) S. 166

VERWENDBAR Gesamte Pflanze, Blätter, Samen, Öl.
EIGENSCHAFTEN Ein stärkendes, wärmendes, aromatisches Kraut, das krampflösend, fiebersenkend, verdauungsfördernd sowie gegen bakterielle Infektionen und Darmparasiten wirkt.

GEBRAUCH
KÜCHE Die Blätter ißt man zusamen mit Tomaten und in Tomatengerichten, in Nudelsaucen (besonders „Pesto"), zu Gemüsen (insbesondere Bohnen, Paprika und Auberginen), Suppen („Soupe au pistou") und in Füllungen von Enten.
AROMA Öle werden für Parfüme und in der Aromatherapie verwendet.
MEDIZIN Innerlich bei fiebrigen Krankheiten (besonders Erkältungen und Grippe), schlechter Verdauung, Übelkeit, Krämpfen im Unterleib, Magendarmkatarrh, Migräne, Schlaflosigkeit, gedrückter Stimmung und Erschöpfung; äußerlich bei Akne, Verlust des Geruchssinnes, Insektenstichen, Schlangenbissen und Infektionen der Haut.
WIRTSCHAFT Samen (*O. b.* var. *citriodorum*) werden zu einem Stärkungstrank verarbeitet. Öl wird in Zahnpräparaten und Insektenmitteln verwendet.
VARIANTEN
O. b. **'African Blue'**, S. 166.
O. b. **'Anise'**, syn. *O. b.* 'Licorice', S. 166.
O. b. **'Cinnamon'**, S. 166.
O. b. **'Dark Opal'**, syn. *O. b.* 'Purpureum', S. 166.
O. b. **'Genovese'**, S. 166.
O. b. **'Mini Purpurascens Wellsweep'**, S. 166.
O. b. **'Purple Ruffles'**, S. 167.
O. b. var. ***citriodorum***, syn. *O. citriodorum*, S. 167.
O. b. var. ***crispum***, syn. *O. b.* 'Lettuce Leaf', S. 167.
O. b. var. ***minimum***, S. 167.

O. gratissimum, syn. *O. viride*, *O. suave* S. 167

VERWENDBAR Blätter, Öl.

EIGENSCHAFTEN Ein aromatisches, anregendes, antiseptisches Kraut, das Insekten vertreibt, Darmparasiten abführt und Fieber senkt.
GEBRAUCH
KÜCHE Die Blätter werden als Tee aufgegossen.
AROMA Öl wird in der Parfümherstellung verwendet.
MEDIZIN Innerlich bei Fieber, Impotenz, Durchfall, Problemen nach der Entbindung und Würmern bei Kindern; äußerlich bei Rheumatismus und Hexenschuß.
WIRTSCHAFT Pflanzen baut man zum Vertreiben von Stechmücken an. Ihr Öl wird gern in Insektenmitteln verwendet. Nach Nelken und Thymian riechende Typen werden zum Würzen verwendet.

O. tenuifolium, syn. *O. sanctum* S. 167

VERWENDBAR Gesamte Pflanze, Blätter, Stiele, Samen, Öl.
EIGENSCHAFTEN Ein beißend aromatisches, wärmendes, antiseptisches Kraut, das Fieber senkt, Krämpfe löst, bakterielle Infektionen heilt, das Immun- und Nervensystem stärkt und der Verdauung wohltut.
GEBRAUCH
KÜCHE Blätter werden Salaten und kalten Speisen beigegeben, jedoch nicht gekocht verwendet.
MEDIZIN Innerlich bei fiebrigen Krankheiten (besonders bei Kindern), Grippe, Nebenhöhlenentzündung, Kopfschmerzen, Rheuma, Arthritis, Unterleibsdistention und -krämpfen, schwachem Geschlechtstrieb. Äußerlich bei Hautinfektionen.
WIRTSCHAFT Stämme werden zu Rosenkranzperlen geschnitzt. Samen verarbeitet man für Stärkungsmittel. Die Öle der Pflanze sind in Insektenmitteln und Antibiotika enthalten.

ANBAU UND ERNTE
ANBAU Zierpflanze (*O. gratissimum*: Kulturpflanze); empfindlich; nährstoffreicher, leichter, gut entwässerter bis trockener Boden; Sonne, mindestens 10-15° C, pH-Wert 5-8. Vermehrung durch Aussaat im Frühjahr bei mindestens 13° C; durch Grünstecklinge im Frühjahr (Stauden und Sträucher). Wachsende Blütenköpfe ausknipsen, um das buschige Wachstum zu fördern und die Blüte zu verzögern. Schnecken, Blattläuse, Weiße Fliegen, Spinnmilben und Botrytis können die Pflanzen befallen. Basilikum wird häufig zusammen mit anderen Pflanzen angebaut, weil er Blattläuse, Spargelhähnchen, Milben vertreiben soll.
ERNTE Ganze Pflanzen (*O. basilicum, O. gratissimum, O. sanctum*) zu Beginn der Blüte schneiden und zu Öl destillieren; Blätter in der Wachstumsphase ernten und frisch oder entsaftet, für Aufgüsse getrocknet verwenden (*O. sanctum* wird für medizinische Zwecke mit indischer Büffelbutter verarbeitet). Samen (*O. basilicum, O. sanctum*) werden reif geerntet und für Absude getrocknet.

OENOTHERA Nachtkerze
(Onagraceae)

Den Ausführungen von Mrs Grieves zufolge („A Modern Herbal", 1931) wurde aus den Blättern und den Schalen der Stiele der *O. biennis* ein Präparat zubereitet, das bei Asthma, Magendarmstörungen, Keuchhusten und „gewissen weiblichen Beschwerden, wie Völlegefühl im Becken" verwendet wurde. Die medizinischen Qualitäten von Öl aus Nachtkerzen sind erst jüngst entdeckt worden. In den 80er Jahren haben wissenschaftliche Forschungen ihre Wirksamkeit bei einer ganzen Reihe hartnäckiger Beschwerden gezeigt. Das Öl enthält Gamma-Linolsäure, eine ungesättigte Fettsäure, die zur Herstellung hormonähnlicher Substanzen beiträgt. Wenn dieser Vorgang blockiert ist, entstehen Leiden, von denen u.a. die Gebärmuttermuskulatur, die Blutbahnen und das Nervensystem betroffen sind. Gamma-Linolsäure kommt auch in den Samen von *Borago officinalis* (vgl. S. 249) und *Ribes nigrum* (S. 341) vor.

O. biennis (Zweijährige Nachtkerze, Schinkenkraut, Rapontikawurzel) S. 167

VERWENDBAR Öl.
EIGENSCHAFTEN Blutreinigendes Kraut, welches das Hormonsystem steuert.

GEBRAUCH
MEDIZIN Innerlich bei prämenstruellen- und Wechseljahrs-Beschwerden, Ekzemen, Akne, brüchigen Nägeln, Überaktivität bei Kindern, rheumatischer Arthritis, alkoholbedingten Leberschäden und multipler Sklerose. Äußerlich bei trockener Haut.
WIRTSCHAFT Das Öl ist Bestandteil von Hautpflegemitteln und Kosmetika. Häufig in Verbindung mit Vitamin E, um die Oxydation zu verhindern.

ANBAU UND ERNTE
ANBAU Winterharte Zierpflanze; trockener Boden, auch Küstenboden, Sonne. Vermehrung durch Aussaat im Herbst oder Frühjahr. Pflan- ►

► zen sind bei Nässe der Wurzelfäule ausgeliefert. Echter Mehltau kann die Blätter befallen; sät sich bei günstigen Bedingungen selbst aus.
ERNTE Samen nach Erreichen der Reife sammeln und das Öl auspressen.

OLDENLANDIA
(Rubiaceae)

Diese sehr große Gattung umfaßt etwa 300 Arten von Ein- und Mehrjährigen sowie Sträuchern, die in den Tropen und Subtropen vorkommen. Es gibt darunter keine ausgesprochenen Zierpflanzen, und die wenigsten Arten sind von praktischem Nutzen, aber aus *O. umbellata* wird ein Farbstoff zum Färben von Turbanen gewonnen und *O. diffusa* ist ein Kraut, das in der chinesischen Volksmedizin eine lange Tradition besitzt. Einst war es ein chinesisches Hausmittel bei Schlangenbissen. In jüngster Zeit kam es durch pharmakologische Forschungen zu Ehren. *O. hedyotidea* dient in China für die gleichen Anwendungsgebiete. Ihre Blätter und Wurzeln besitzen schleimlösende Eigenschaften.

O. diffusa

Dicht verzweigte, kriechende Einjährige, hart bis -5° C; Höhe 20-30cm, Breite 30cm, mit linealischen Blättern. Kleine, purpurfarbene bis weiße Blüten werden das Jahr über gebildet, hauptsächlich im Spätsommer; wächst in China als ein Unkraut auf feuchten Böden und Feldern.

VERWENDBAR Ganze Pflanze („Bai hua zhe she cao").
EIGENSCHAFTEN Ein angenehm schmeckendes, kühlendes, blutreinigendes Kraut, das Fieber senkt, Entzündungen hemmt, Schmerzen lindert, harntreibend und antibakteriell ist. Es wirkt hauptsächlich auf die Leber und regt das Immunsystem an.
GEBRAUCH
MEDIZIN Innerlich bei Fieber, Husten, Asthma, Gelbsucht, Infektionen der Harnwege und Krebs des Verdauungstraktes. Äußerlich bei Furunkeln, Abszessen und ernsthaften Quetschungen.

ANBAU UND ERNTE
ANBAU Frostharte Kulturpflanze; feuchter Boden im Halbschatten. Aussaat im Frühjahr.
ERNTE Pflanzen im Sommer schneiden und für die Verwendung als Absud oder Sirup trocknen.

OLEA Ölbaum, Olive
(Oleaceae)

Die Kultivierung der Olive reicht bis in vorgeschichtliche Zeiten zurück. Die Küche der Mittelmeerländer ist von ihr bestimmt. Sowohl das Öl wie die Früchte unterscheiden sich je nach Sorte, Zeit der Ernte und Methode der Verarbeitung deutlich im Geschmack. Das beste Öl stammt häufig von unschmackhaften Sorten und wird ohne Hitzebehandlung oder chemische Lösungsmittel gepreßt. Es besitzt den niedrigsten Säuregehalt (etwa ein Prozent) und hat daher den besten Geschmack. Die medizinischen Anwendungen der Olive sind allgemein wenig bekannt. Das Olivenöl ist einfach ungesättigt. Regelmäßiger Verzehr soll das Risiko von Kreislauferkrankungen vermindern. Es reduziert die Magensaftsekretion und hilft Patienten mit übersäuertem Magen.

O. europaea (Ölbaum, Olivenbaum, Echter Ölbaum) S. 167

VERWENDBAR Blätter, Früchte, Öl.
EIGENSCHAFTEN Ein antiseptisches, adstringierendes, fiebersenkendes Kraut, das eine beruhigende Wirkung hat; auch ein abführendes und linderndes Mittel.

GEBRAUCH
KÜCHE Oliven sind ein wichtiger Bestandteil von Vorspeisen, Salaten, Aufstrichen (z.B. Tapenade), Pastasaucen, Tomaten- und Auberginengerichten, Pizzen und Broten. Ölivenöl bereichert Geschmack und Struktur von gekochten Speisen, Salaten, Saucen sowie Mayonnaisen und wird in der Mittelmeerregion mit Brot gegessen. Die Früchte werden in Wasser geweicht, bevor sie in Öl oder Salzlake konserviert werden. Unreif sind sie grün, halbreif purpurmalvenfarben und reif schwarz.
MEDIZIN Innerlich bei leichter fiebriger Erkrankung, nervöser Spannung, Bluthochdruck (Blätter); Verstopfung und Magengeschwüren (Öl). Äußerlich bei Hautabschürfungen (Blätter), trockener Haut, Schuppen (Öl).
WIRTSCHAFT Das Öl ist Bestandteil von Einreibemitteln, Salben, Haut- und Haarmitteln sowie Seifen.

ANBAU UND ERNTE
ANBAU Frostharte Zierpflanze; gut entwässerter Boden; Sonne. Vermehrung durch Aussaat im Herbst; durch halbreife Stecklinge im Sommer. Den Haupttrieb entfernen, wenn die Pflanze 1,5m erreicht hat. Alte Zweige muß man entfernen, um neues Wachstum anzuregen, da die meisten Früchte auf einem Jahr alten Holz wachsen. Die Bäume können von Schildläusen, Wurzelgallenälchen und *Verticillium*-Welke beschädigt werden. Unter Abdeckungen gezogene Pflanzen können durch Weiße Fliegen, Spinnmilben und Thripse Schaden nehmen.
ERNTE Die Blätter werden nach Bedarf gesammelt und für Aufgüsse, Flüssigextrakte und Tinkturen getrocknet. Die Früchte erntet man im Herbst und Winter; das aus ihnen gewonnene Öl muß an einem kühlen, dunklen Standort gelagert werden.

OPHELIA
O. chirata. Siehe *Swertia chirata*.

OPHIOPOGON Schlangenbart
(Liliaceae/Convallariaceae)

O. japonicus enthält Substanzen, die „die Lebenssäfte wieder auffüllen und die Produktion der Körperflüssigkeiten anregen". In der traditionellen chinesischen Medizin wird die Pflanze seit dem ersten Jahrhundert n.Chr. als Stärkungsmittel für die Yin-Energie verwendet.

O. japonicus (Jap. Schlangenbart) S. 167

VERWENDBAR Knollen („Mai men dong").
EIGENSCHAFTEN Ein süßes, linderndes, beruhigendes Kraut, das Husten stoppt und die Verdauungs- und bronchialen Trakte schmiert.
GEBRAUCH
MEDIZIN Innerlich bei Reizhusten, Fieber, Durst, trockener Verstopfung, Schlaflosigkeit, Angstzuständen und Herzklopfen; häufig mit Zinnober (Merkurisulfid) vermischt, um den beruhigenden Effekt zu verstärken.

ANBAU UND ERNTE
ANBAU Winterharte Zierpflanze. Nährstoffreicher, gut entwässerter Boden; Sonne oder Halbschatten. Aussaat im Herbst; Teilung im Frühjahr.
ERNTE Die Knollen werden im Frühjahr geerntet und für die Verwendung als Absud getrocknet.

ORIGANUM Dost
(Labiatae/Lamiaceae)

Origanum-Arten werden zumeist als Küchenkräuter verwendet und besitzen viele flavonoide und ätherische Öle, darunter Carvacrol und Thymol, die auch medizinische Bedeutung haben. Theophrast (370-285 v.Chr.) schrieb in seiner „Geschichte der Pflanzen", daß *O. dictamnus* „in der Wirkung herrlich und für viele Zwecke, doch besonders für niederkommende Frauen dienlich" sei. Jedoch deutet nichts darauf hin, daß es in der modernen Kräuterkunde noch für einen bestimmten medizinischen Zweck verwendet wird. *O. vulgare* kann sowohl vom Aussehen her wie von der chemischen Zusammensetzung sehr unterschiedlich sein. Von *O. majorana* unterscheidet es sich durch den höheren Gehalt an Thymol, das ihm ein thymianartiges Aroma verleiht. Obwohl verschiedene Arten von *Origanum* als „Origano" bezeichnet werden, ist das käuflich zu erwerbende Origano eine Kräutermischung, die aus verschiedenen, miteinander nicht verwandten Pflanzen hergestellt wird. Häufig besteht das käufliche Oregano-Öl aus *Thymus capitatus* (vgl. S. 362). *O. dictamnus* ist als Wildpflanze nur noch selten verbreitet.

O. dictamnus (Diptamdosten) S. 168

VERWENDBAR Blätter, Blüten.
EIGENSCHAFTEN Ein aromatisches Kraut.
GEBRAUCH
KÜCHE Die Blätter werden für Salate verwendet. Blüten gießt man zu Tee auf.
MEDIZIN Die medizinische Verwendung ist veraltet.
WIRTSCHAFT Für das Würzen von Vermouth verwendet.

O. majorana, syn. *Majorana hortensis* (Majoran) S. 168

VERWENDBAR Gesamte Pflanze, Blätter, Samen, Öl.
EIGENSCHAFTEN Wie bei *O. vulgare*, in der Wirkung entspannender.
GEBRAUCH
KÜCHE *O. majorana* besitzt einen feineren Geschmack als *O. vulgare* und wird am besten zum Ende des Kochvorgangs frisch dazugetan. Blätter und blühende Zweiglein sind in der italienischen

und griechischen Küche sehr beliebt und gehen einher mit Fleischgerichten, Suppen, Tomatensaucen und Pasta sowie zum Würzen von Ölen und Essigen.
MEDIZIN Innerlich bei bronchialen Beschwerden, Spannungskopfschmerzen, Schlaflosigkeit, Angstzuständen, kleineren Verdauungsstörungen und schmerzhafter Menstruation; nicht für Schwangere. Äußerlich bei bronchialen Stauungen, Muskelschmerzen, Arthritis, Verstauchungen und steifen Gelenken.
WIRTSCHAFT Samen sind Bestandteil käuflicher Gewürze und von Fleischprodukten. Öl wird kommerziell als Geschmacksverstärker in Lebensmitteln, in Likören, Parfümen, Seifen und Haarpflegemitteln verwendet.

O. x *majoricum*

Diese sterile Hybride, Höhe 60cm, Breite 45cm, ist vermutlich eine Kreuzung zwischen *O. majorana* und dem gelbblühenden *O. vulgare* ssp. *virens.* Sie ähnelt *O. majorana* in Erscheinung und Aroma, ist aber härter und verträgt bis zu -5° C.

VERWENDBAR Blätter.
EIGENSCHAFTEN Sehr ähnliche wie *O. majorana*.
GEBRAUCH
KÜCHE Die ganze Pflanze sowie die Blätter können als Ersatz für *O. majorana* gelten.

O. onites, syn. *Majorana onites* S. 168

VERWENDBAR Blätter, Blüten.
EIGENSCHAFTEN Ein leicht bitteres, aromatisches Kraut mit thymianartigem Aroma.
GEBRAUCH
KÜCHE Als Ersatz für *O. majorana* oder *O. vulgare*, im Geschmack minderwertiger.
AROMA Blätter und blühende Zweiglein werden Dufttöpfen und parfümierten Artikeln beigegeben.
VARIANTE
O. o. **'Aureum'**
Diese Sorte, hart bis -5° C, Höhe und Breite 60cm, hat goldfarbenes Laub, das weniger schnell in der Sonne ausdörrt als *O. vulgare* 'Aureum'.

O. vulgare (Gemeiner Dost, Echter Dost, Wilder Majoran) S. 168

VERWENDBAR Gesamte Pflanze, Blätter, Öl.
EIGENSCHAFTEN Scharf aromatisches, antiseptisches Kraut, das krampflösend, schweißtreibend, verdauungsfördernd, die Gebärmutter anregend und leicht schleimlösend wirkt.
GEBRAUCH
KÜCHE In der italienischen, griechischen und mexikanischen Küche von besonderer Bedeutung, in letzterer häufig eher getrocknet als frisch verwendet; bei stark gewürzten Speisen, in denen Zutaten wie Chilies, Knoblauch, Tomaten, Zwiebeln und Wein vorherrschen. Blätter und blühende Spitzen werden als Tee aufgegossen.
AROMA Blätter und blühende Spitzen werden Dufttöpfen zugegeben.
MEDIZIN Innerlich bei Erkältung, Grippe, fiebrigem Kränkeln, Verdauungsstörungen, Blähungen, Magenverstimmungen und schmerzhafter Menstruation. Äußerlich bei Bronchitis, Asthma, Arthritis und Muskelschmerzen; nicht für Schwangere. Das Öl wird in der Aromatherapie bei ähnlichen Beschwerden verwendet und äußerlich, um Läuse zu töten; es kann Hautreizungen auslösen.
WIRTSCHAFT Öl wird zum Würzen von Lebensmitteln, für Toilettenartikel und Herrenparfüms verwendet.
VARIANTEN
O. v. **'Album'**, S. 168.
O. v. **'Acorn Bank'**, S. 169.
O. v. **'Aureum'**, S. 168.
O. v. **'Aureum Crispum'**, S. 168.
O. v. **'Compactum'**, syn. *O. v.* 'Humile', S. 169.
O. v. **'Gold Tip'**, S. 169.
O. v. **'Nanum'**
Zwergsorte, hart bis -15° C, Höhe 20cm, Breite 30cm, purpurfarbene Blüten.
O. v. **'Polyphant'**, S. 169.
O. v. **'White Anniversary'**, S. 169.

ANBAU UND ERNTE
ANBAU Winterharte Zierpflanze (*O. dictamnus, O.* × *majoricum, O. onites* 'Aureum': frosthart; *O. majorana*: halbhart; *O. onites:* frosthart/winterhart); gut entwässerter bis trockener, neutraler bis alkalischer Boden; Sonne. *O. dictamnus* benötigt penible Drainage und Schutz vor Winternässe. *O.* × *majoricum* und *O. onites* sind in der Regel frosthart, können sich aber bei penibler Drainage und an einem warmen Standort als noch härter herausstellen. Vermehrung durch Aussaat im Herbst oder Frühjahr (nur Arten); durch Stecklinge nicht blühender Triebe im Frühsommer; durch Teilung im Herbst oder Frühjahr.
ERNTE Die Pflanzen werden bei Beginn der Blüte geschnitten, die Blätter während der Wachstumsperiode, und frisch zu Öl destilliert oder für Aufgüsse getrocknet verwendet.

ORYZA Reis
(Gramineae)

Reis wird in Indien und China seit mindestens 4.000 Jahren kultiviert und ist das Grundnahrungsmittel von über der Hälfte der Weltbevölkerung. Er wurde im ersten Jahrhundert n.Chr. aus Indien nach Südostasien eingeführt und durch die Araber im 8. oder 9. Jahrhundert nach Spanien gebracht. *O. sativa* taucht in frühen chinesischen Schriften im siebenten Jahrhundert als gekeimtes Korn auf, das für therapeutische Diäten verwendet wurde. Reis wird heute häufig zusammen mit gekeimter Saatgerste (*Hordeum vulgare*, S. 293) verschrieben, insbesondere in „Yi tang", einem Verdauungstonikum und Hustensaft. Reiswasser wird im Fernen Orient in der gleichen Weise bei Magenverstimmungen verwendet wie im Westen Gerstenwasser. Reissirup hat ähnliche Eigenschaften wie (Gersten)Malzextrakte; er stärkt das Bronchial- und Verdauungssystem, besonders bei Kindern. Reispapier wiederum wird allerdings nicht aus Reis, sondern aus dem Mark von *Tetrapanax papyrifera* (Araliaceae) hergestellt. *O. sativa* hat unzählige Sorten, von denen die meisten zu *O. s.* ssp. *indica* gehören und durch lange Körner gekennzeichnet sind, die sich eher für „trockene" Speisen, z.B. „Pilaw", eignen. Die härtere *O. s.* ssp. *japonica* besitzt kürzere Körner und läßt sich eher für „nasse" Gerichte, wie „Risotto", „Paella" und Reispuddinge empfehlen.

O. sativa (Reis) S. 169

VERWENDBAR Rhizome („Nuo dao gen xu"), Samen („Jing mi"), gekeimte Samen („Gu ya").
EIGENSCHAFTEN Ein nahrhaftes, linderndes, kräftigendes Kraut, das harntreibend, die Milchbildung reduzierend, die Verdauung verbessernd und die Schweißbildung hemmend wirkt.
GEBRAUCH
KÜCHE Reis wird gekocht oder aufgedampft verzehrt und kann sowohl vor wie nach dem Kochen gebraten werden. Er ist ein wichtiger Begleiter von Curry-Gerichten, fernöstlichen Speisen; auch ein Hauptbestandteil von „Pilaw" (Türkei, Naher Osten, Indien), „Paella" (Spanien), „Risotto" (Italien). Er kann ebenso eine mit Milch zubereitete Nachspeise, z.B. ein Reispudding, sein. Als Puffreis dienen die Körner für Frühstücksgerichte und fermentiert für „Sake" (Japanischer Reiswein).
MEDIZIN Innerlich bei Harnwegfehlfunktionen (Samen); übermäßiger Milchbildung (Samen, gekeimte Samen), schlechtem Appetit, Verdauungsstörungen, Unterleibsunbehagen und Völlegefühl (gekeimte Samen); nächtlichem Schwitzen, besonders bei Tuberkulose und chronischer Lungenentzündung (Rhizome). In der chinesischen Medizin werden die Körner häufig mit Kräutern gekocht, um eine medizinische Schleimsuppe zuzubereiten.
VARIANTE
O. s. ssp. ***japonica***, **'Arborio'**, S. 169.

ANBAU UND ERNTE
ANBAU Empfindliche Kulturpflanze. Überfluteter Boden in Sonne bei mindestens 15-18° C für *O. s.* ssp. *indica* und 10-12° C für *O. s.* ssp. *japonica.* Optimale Temperaturen für das Wachstum der ersteren sind 25-30° C und 18° C für letztere. *O. s.* ssp. *japonica* hört bei Temperaturen, die niedriger als 5° C sind, auf zu wachsen, überlebt möglicherweise aber Frostschäden. Vermehrung durch Aussaat in Schulbeeten und Umpflanzung in Gruppen von 2-6 Setzlingen. Die Überlebensfähigkeit des Samens von *O. s.* ssp. *japonica* ist nach einem kalten Sommer geringer.
ERNTE Rhizome werden im Herbst ausgehoben und für den Gebrauch als Absude getrocknet. Samen werden nach Erreichen der Reife gesammelt und nach Bedarf zum Keimen gebracht oder für die Verwendung als Absud und Puder getrocknet.

P

PAENONIA Päonie, Pfingstrose
(Paeoniaceae)

P. officinalis war bis zum 16. Jahrhundert in Europa eine weit verbreitete Arzneipflanze. Sie wird aber heutzutage nur noch selten verwendet. Culpeper unterschied zwei Varianten: die männliche Pfingstrose mit purpurroten, kaum geteilten Blättern und sowohl schwarzen als auch karminroten Samen, und die weibliche Pfingstrose, mit reicherem und mehr geteiltem Laub, kleineren, duftenden Blüten von dunklerem Purpurrot und schwarzem Samen. Sie wurden jeweils entsprechend für Männer- bzw. Frauenleiden genutzt. *P. lactiflora* kennt die chinesische Medizin seit mindestens 500 n.Chr. *P. suffruticosa* wird schon im 12. Jahrhundert in dem Werk „Der Perlenbeutel" von Zhang Yuan-su erwähnt. Die modernen chinesischen Kräuterheilkundler betrachten die Wurzeln von Kultur- und Wildpflanzen ungeachtet der Blüten- oder Wurzelfarbe als verschiedene Arzneien. Die kultivierte *P. lactiflora* (Chinesische Päonie) wird dort „weiße Päonie" genannt und ist ein Yin-Tonikum für Leber und Kreislauf („Bai shao yao"). Die genutzten wildwachsenden Pflanzen heißen „rote Päonie" („Chi shao yao)" und werden vor allem als Mittel zur Kühlung des Blutes betrachtet.

P. lactiflora, syn. *P. albiflora* (Chinesische Pfingstrose, Edelpäonie) S. 170

VERWENDBAR Wurzeln („Bai shao yao", weiße Päonie; „Chi shao yao", rote Päonie).
EIGENSCHAFTEN Ein bitteres, kühlendes, adstringierendes, saures Kraut, das Entzündungen hemmt, Krämpfe löst und das Fieber sowie den Blutdruck senkt. Es hat eine schmerzlindernde, beruhigende und antibakterielle Wirkung.
GEBRAUCH
MEDIZIN Innerlich bei Menstruationsbeschwerden, Verletzungen, Hauterscheinungen, die mit Wärmeüberschuß verbunden sind, wie Ekzeme („Chi shao"), Bluthochdruck, prämenstruellem Syndrom und Leberstörungen („Bai shao"); nicht während der Schwangerschaft. Nur von Qualifizierten anzuwenden.
VARIANTE
***P. l.* 'Duchesse de Nemours'**, S. 170.

P. officinalis (Echte Pfingstrose) S. 170

VERWENDBAR Wurzeln.
EIGENSCHAFTEN Ein harntreibendes, beruhigendes, reinigendes Kraut, das Krämpfe löst, den Uterus anregt und die Blutgefäße zusammenzieht.
GEBRAUCH
MEDIZIN Früher innerlich bei Epilepsie, Konvulsionen, Keuchhusten, Nieren- und Gallensteinen, Hämorrhoiden, Darmkneifen, Menstruations- und Nachgeburtsbeschwerden sowie Krampfadern; nur von qualifizierten Praktikern anzuwenden.

P. suffruticosa, syn. *P. moutan* (Strauchpäonie, Strauchpfingstrose) S. 170

VERWENDBAR Wurzelrinde („Mu dan pi").
EIGENSCHAFTEN Ein scharfes, bitteres, schmerzlinderndes Kraut, das das Blut kühlt, den Blutdruck senkt und antiallergische, antibakterielle und beruhigende Wirkungen hat.
GEBRAUCH
MEDIZIN Innerlich bei Fiebern, Furunkeln, Regelstörungen, Nasenbluten, Geschwüren, Reizbarkeit und Magendarminfektionen; roh bei Bluthitze, kurzgebacken bei Blutstockung und, verkohlt, um Blutungen zum Stillstand zu bringen; nur von qualifizierten Heilpraktikern anzuwenden.

> **ANBAU UND ERNTE**
> ANBAU Winterharte Zierpflanze; nährstoffreicher, gut entwässerter Boden, Sonne oder Halbschatten; Lagen, an denen Frostschäden wahrscheinlich sind, sind zu vermeiden. Vermehrung durch Aussaat im Herbst (nur Arten); durch Teilung im Herbst oder zeitigen Frühling; durch Wurzelschnittlinge im Winter (*P. lactiflora* und *P. officinalis*); durch Ablegen oder halbreife Stecklinge im Frühling oder durch Pfropfen im Winter *(P. suffruticosa)*. Die Samen können zum Keimen bis zu 3 Jahre brauchen; totes Holz von *P. suffruticosa* im zeitigen Frühling entfernen. Die Arten sind anfällig für die Päonienwelke.
> ERNTE Wurzeln *(P. lactiflora)* von 4-5 Jahre alten kultivierten Pflanzen vom Spätsommer an bis Mitte des Herbstes ernten und für Absude, Pillen und Puder kochen und trocknen; Wildpflanzen werden im Frühling oder (vorzugsweise) im Herbst geerntet und in der Sonne getrocknet. Die Wurzeln *(P. officinalis)* von 2-jährigen Pflanzen für Absude trocknen; die Wurzelrinde *(P. suffruticosa)* im Herbst von den Wurzeln abziehen und roh oder getrocknet für Absude verwenden.

PANAX Kraftwurz, Gilgen
(Araliaceae)

P. ginseng ist ein altes taoistisches stärkendes Kraut, das seit etwa 5.000 Jahren in der chinesischen Medizin als Qi-(Lebensessenz-)Tonikum verwendet wird. Seit dem 9. Jahrhundert kam es mehrfach nach Europa, gewann aber in der westlichen Medizin keine Bedeutung, bis sowjetische Wissenschaftler Anfang der 50er Jahre feststellten, daß es ein „Adaptogen" ist. Um die Verfügbarkeit des Arzneimittels zu erhöhen, suchten sie auch bei verwandten einheimischen Arten nach ähnlichen Eigenschaften und entdeckten *Eleutherococcus senticosus* (Sibirischer Ginseng, vgl. S. 277). *P. pseudoginseng* ist seit dem 16. Jahrhundert aus chinesischen medizinischen Texten bekannt. Es handelt sich um ein heilendes Kraut. In der medizinischen Literatur gibt es Verwechslungen zwischen *P. pseudo-ginseng* und *P. notoginseng*. Daher ist es nicht klar, ob sie sich in ihren Bestandteilen merklich unterscheiden. *P. quinquefolius* wurde im 18. Jahrhundert in Nordamerika entdeckt. Die Hinterwäldler waren die ersten, die ihn für den Export nach China sammelten. Dort taucht er in der Literatur erstmals um 1765 auf. Man geht in China davon aus, daß *P. quinquefolius* mehr „Yin" ist als *P. ginseng* und verabreicht ihn deshalb Kindern und Jugendlichen, für die *P. ginseng* nicht angebracht wäre. Die wichtigsten medizinisch genutzten Arten sind heute in der Wildnis rar und werden deshalb in Korea, China, Rußland und den USA kommerziell kultiviert. Der brasilianische Ginseng (oder „Suma" ist eigentlich die Wurzel von *Pfaffia paniculata*, einem Mitglied der Familie der *Amaranthaceae*, das in Bergschluchten des Regenwaldes am oberen Amazonas wächst. Die Pflanze ist als „Para tudo" (Für alles) bekannt und wird von den Eingeborenen seit langem als Aphrodisiakum und Allheilmittel verwendet. Sie enthält u. a. Pfaffiasäure und Derivate, die als Mittel gegen Tumore patentiert sind. Die gemahlene Wurzel wird als Stärkungsmittel eingenommen, besonders während der Rekonvaleszenz und der Wechseljahre.

P. ginseng (Ginseng, Asiatischer Ginseng, Roter Ginseng) S. 170

VERWENDBAR Wurzeln („Ren shen"), verarbeitet je nach Bedarf zu rotem oder weißem Ginseng.

EIGENSCHAFTEN Ein süßes, stärkendes Kraut, welches das Nervensystem sowohl entspannt als auch anregt, die Produktion von Hormonen fördert, die Vitalität erhöht, den Blutzucker- sowie den Cholesterinspiegel senkt und die Widerstandskraft gegen Krankheiten erhöht.
GEBRAUCH
MEDIZIN Innerlich bei alters- oder krankheitsbedingten Schwächezuständen, bei Appetitlosigkeit, Schlaflosigkeit, Streß, Schock und chronischen Krankheiten; Bestandteil vieler wichtiger chinesischer Rezepturen; Einnahme auch allein (d.h. nicht mit anderen Kräuter gemischt), oft als „Yang"-Tonikum vor dem Winter oder einer Periode mit großem Streß; gewöhnlich nicht für Schwangere oder Patienten unter 40 Jahren oder Patienten mit Depressionen, Angstzuständen oder akut entzündlichen Krankheiten. Die Anwendung ist normalerweise auf drei Wochen beschränkt; Überdosis kann Kopfschmerzen, Ruhelosigkeit, erhöhten Blutdruck und andere Nebenwirkungen verursachen, besonders in Verbindung mit Koffein, Alkohol, bitteren oder würzigen Speisen.

P. pseudo-ginseng

Mehrjährige, winterhart bis -15° C, Höhe 1m, Breite 75cm, mit karottenartigen Wurzeln, manchmal zu kriechenden Rhizomen erweitert.

VERWENDBAR Wurzeln (gelegentlich Blüten).
EIGENSCHAFTEN Ein süßes, leicht bitteres, wärmendes Kraut, das Blutungen stillt, Entzündungen hemmt, die Durchblutung verbessert, Schmerzen lindert und eine antibakterielle Wirkung hat.
GEBRAUCH
MEDIZIN Innerlich bei Erkrankungen der Herzkranzgefäße und bei Angina pectoris (Wurzeln) sowie bei Schwindel (Blüten). Innerlich und äußerlich bei Na-

senbluten und Blutungen aus Lunge, Verdauungstrakt, Uterus oder Verletzungen (Wurzeln); nicht während der Schwangerschaft verabreichen.

P. quinquefolius (Amerikanischer Ginseng) S. 170

Verwendbar Wurzeln („Xi yang shen").
Eigenschaften Ein bittersüßes, stärkendes Kraut mit ähnlichen Eigenschaften wie *P. ginseng*.

Anbau und Ernte
Anbau Winterharte Kulturpflanze; feuchter, gut entwässerter, nährstoffreicher Boden, Schatten, mit reichlich Wärme und Luftfeuchtigkeit in der Vegetationszeit. Vermehrung durch Aussaat im Frühling; keimt langsam und unregelmäßig.
Ernte Die Wurzeln von 6-7 Jahre alten Pflanzen im Herbst ernten und frisch oder getrocknet für Absude, Extrakte, Pillen und Puder verwenden. Die Verarbeitung von *P. ginseng* hängt davon ab, welches Produkt und welche Qualität gewünscht werden. Roter Ginseng wird gedämpft, erst durch Hitze, dann in der Sonne getrocknet; weißer Ginseng geschält und zum Kauen getrocknet. Blüten im Frühling und Sommer für Absude pflücken.

PANDANUS Schraubenbaum, Schraubenpalme
(Pandanaceae)

P. odoratissimus ist in den Tropen weithin verbreitet. Den dornenlosen *P. o.* var. *laevis* nutzt man für die Ernte von Fasern für Seilerwaren, Deckmaterial usw. In Ostindien stellt man aus der Pflanze ein beliebtes Parfüm her. *P. amaryllifolius* befindet sich in Sri Lanka und Indien wegen seiner aromatischen Blätter im Anbau; sie schmecken nach Knoblauch.

P. odoratissimus, syn. *P. tectorius* S. 170

Verwendbar Luftwurzeln, Blattknospe („Kohl"), Blüten, Früchte, Samen, Öl.
Eigenschaften Ein harntreibendes Kraut (Wurzeln und Blattknospe), nach Hyazinthen und Ylang-Ylang duftend (Blüten).

Gebrauch
Küche Die Früchte werden von den Bewohnern pazifischer Inseln gegessen; die Samen sind in Teilen Neuguineas ein Hauptnahrungsmittel.
Aroma Das Blütenöl wird für Parfüme verwendet.
Medizin Als Umschlag bei Furunkeln (Blattknospe). Die Wurzeln nutzt man in der Volksmedizin innerlich als harntreibendes, reinigendes und stärkendes Mittel.
Wirtschaft Aus den Tragblättern der männlichen Blüten wird ein Zusatz zu Sandelholzöl destilliert.

Anbau und Ernte
Anbau Empfindliche Kulturpflanze; gut entwässerter Boden in der Sonne oder im Halbschatten; mindestens 13-16° C. Vermehrung durch Aussaat oder Ausläufer im Frühling; durch Stecklinge von Seitentrieben im Sommer. Die Pflanzen brauchen 3-4 Jahre bis zur ersten Blüte.
Ernte Blüten und Tragblätter werden in der Blütezeit gesammelt und zu Öl destilliert.

PAPAVER Mohn
(Papaveraceae)

Medizinische Anwendungen von Opium, das aus *P. somniferum* extrahiert wird, sind schon auf Tontafeln der Sumerer im 4. Jahrtausend v.Chr. beschrieben worden. *P. sonmiferum* ist auch heute noch ein Lieferant wichtiger Schmerzmittel. Es enthält etwa 25 Alkaloide, von denen Morphium und Kodein die wichtigsten sind. Morphium ist ein äußerst wirksames Schmerzmittel. Es macht süchtig und ist deshalb in der Regel Patienten mit äußerst schmerzhaften, unheilbaren Krankheiten vorbehalten. Die Alkaloide werden für spezifische Anwendungen voneinander getrennt oder als Gesamtextrakt (*Opium concentratum*) verabreicht, der als präoperatives Schmerz- und Entspannungsmittel verwendet wird. *P. rhoeas* enthält verschiedene, weniger stark wirkende Alkaloide und ein rotes Pigment. Die Samen von *P. rhoeas* und *P. somniferum* sind alkaloidfrei und für alle kulinarischen Zwecke unbedenklich. Sie werden in der ayurvedischen Medizin bei Verdauungsstörungen genutzt.

P. rhoeas (Klatschmohn, Feuermohn, Feldmohn) S. 171

Verwendbar Blüten, Samen.
Eigenschaften Ein süßes, adstringierendes, beruhigendes Kraut, das Schmerzen lindert, Krämpfe löst, eine schleimlösende Wirkung hat und die Verdauung fördert.

Gebrauch
Küche Die Samen werden, ganz oder gemahlen, ähnlich verwendet wie die Samen von *P. somniferum*.
Medizin Innerlich bei Husten, Schlaflosigkeit, schlechter Verdauung, nervösen Verdauungsstörungen und geringfügigeren Schmerzzuständen (Blütenblätter).
Wirtschaft Blütenblätter rotblütiger Pflanzen färben Arzneimittel und Weine.
Variante
***P. r.* 'Shirley Single Mixed'**, S. 171.

P. somniferum (Schlafmohn, Gartenmohn, Magsamen) S. 171

Verwendbar Früchte, Samen, Milchsaft, Öl.
Eigenschaften Ein bitteres, narkotisches, beruhigendes Kraut, das Schmerzen lindert, Krämpfe löst, Husten und Durchfall bekämpft und die Schweißbildung verstärkt.

Gebrauch
Küche Die Samen werden ganz oder gemahlen für Brot, Gebäck, Konditoreiwaren und würzige Fleischgerichte sowie als Garnierung für gekochte Nahrungsmittel verwendet. Das kaltgepreßte, nach Mandeln schmeckende Öl („Huile d'œillette") ist für Salatsoßen.
Medizin Innerlich, in käuflichen Arzneimitteln, bei schmerzhaften Zuständen, Husten und Durchfall. In der Homöopathie bei Schock, Betäubung, Apathie, Alkoholvergiftung, Atemschwierigkeiten. WARNHINWEIS Dieses Kraut, besonders in Form von Opium und seinen Alkaloiden, unterliegt in den meisten Ländern gesetzlichen Beschränkungen.
Wirtschaft Durch weiteres Pressen von kaltgepreßtem Öl entstehen Farben, Seifen und Salben.
Varianten
***P. s.* 'Danebrog'**, S. 171.
***P. s.* 'Peony-flowered Mixed'**, S. 171.

Anbau und Ernte
Anbau Winterharte Zierpflanze; entwässerter Boden, Sonne. Vermehrung durch Aussaat im Herbst oder Frühling. *P. rhoeas, P. somniferum* und ihre Sorten verbreiten sich leicht wild durch Samen, doch neigen Sorten zum Zurückschlagen. Mohnblumen sind empfindlich gegen Störungen und lassen sich selten erfolgreich umpflanzen.
Ernte Blütenblätter sammeln, wenn sich die Blüten öffnen, dann trocknen und ganz oder in Aufgüssen sowie Sirups verwenden *(P. rhoeas)*. Die Samen von reifen Kapseln sammeln, trocknen und ganz, gemahlen oder in Aufgüssen verwenden. Öl wird aus reifen Samen (meistens von *P. somniferum*) gepreßt. Milchsaft (Rohopium) und verschiedene Alkaloide werden aus den grünen Kapseln extrahiert, nachdem die Blütenblätter abgefallen sind *(P. somniferum)*.
Warnhinweis Alle Teile der Mohnpflanzen, außer den Samen, sind bei Verzehr giftig. Der Anbau von *P. somniferum* unterliegt in einigen Ländern gesetzlichen Beschränkungen.

PARDANTHUS
P. chinensis. Siehe *Belamcanda chinensis.*

PARIETARIA Glaskraut
(Urticaceae)

P. judaica ist ein geschätztes, nicht reizendes Mittel gegen chronische Beschwerden der Harnwege.

P. judaica, syn. *P. diffusa* (Mauerkraut) S. 171

Verwendbar Gesamte Pflanze.
Eigenschaften Ein herbes, beruhigendes, kühlendes Kraut mit harntreibender und entzündungshemmender Wirkung.
Gebrauch
Medizin Innerlich bei Blasen- und Nierenbeckenentzündung, Harnsteinen und mit Nierenbeschwerden zusammenhängenden Ödemen. Kann gegen Infektionen mit *Apium graveolens* (vgl. S. 240), *Petroselinum crispum* (S. 325), *Aphanes arvensis* (S. 239), *Arctostaphylos uva-ursi* (S. 241), *Agathosma crenulata* (S. 230), *Juniperus communis* (S. 299) und zur Linderung von Schmerzen und Entzündungen mit *Elymus repens* (S. 277) und *Zea mays* (S. 372) kombiniert werden. Nicht für Patienten mit Heuschnupfen und anderen allergischen Zuständen.

Anbau und Ernte
Anbau Winterharte Kulturpflanze; gut entwässerter bis trockener, alkalischer Boden in der Sonne oder im Halbschatten. Vermehrung durch Aussaat im Herbst oder Frühling.
Ernte Die Pflanzen werden während der Blüte geschnitten und frisch oder getrocknet für Flüssigextrakte und Tinkturen verwendet. Absude können eingefroren oder die Pflanze verflüssigt werden.

PASSIFLORA Passionsblume
(Passifloraceae)

Spanische Missionare aus Südamerika betrachteten diese Blumen als Symbole der Leiden Christi. Die drei Stigmata stellen die Nägel, die fünf Staubbeutel die Wunden und die zehn Kelchblätter die Apostel (Judas Ischariot und Petrus sind abwesend) dar. *P. incarnata* wurde in der Medizin der Indianer Nordamerikas als kräftigender Zusatz zum Trinkwasser genutzt. Im 19. Jahrhundert galt sie als ein beliebtes Mittel gegen Schlaflosigkeit. Von 1916 bis 1936 war sie im „National Formulary" der USA verzeichnet. Dieses Kraut enthält Alkaloide und Flavonoide, die wirksame, nicht süchtig und nicht schläfrig machende Beruhigungsmittel sind. Das Apigenidin, ein Flavonoid, ist ein krampflösendes und entzündungshemmendes Mittel, das in verschiedenen, nicht miteinander verwandten Pflanzen, namentlich *Apium graveolens* (vgl. S. 240), vorkommt.

P. incarnata (Passionsblume) S. 171

VERWENDBAR Gesamte Pflanze, Früchte.
EIGENSCHAFTEN Ein bitteres, beruhigendes, kühlendes Kraut, das Schmerzen lindert, Krämpfe löst und den Blutdruck senkt.
GEBRAUCH
KÜCHE Die Früchte werden für Marmelade und Desserts zu Brei verarbeitet.
MEDIZIN Innerlich bei nervöser Erregbarkeit, Schlaflosigkeit, Reizbarkeit, Spannungskopfschmerzen, Asthma, nervösem Darm, prämenstrueller Phase, nervösem Herzjagen, Bluthochdruck und Gürtelrose. Ergänzt sich gut mit *Valeriana officinalis* (vgl. S. 367), *Chamaemelum nobile* (S. 259) und *Humulus lupulus* (S. 294) bei Schlaflosigkeit; während der Schwangerschaft nicht zu empfehlen.

ANBAU UND ERNTE
ANBAU Winterharte Kulturpflanze; gut entwässerter, sandiger, leicht saurer Boden, Sonne. Vermehrung durch Samen im Frühling bei 18-21° C; durch halbreife Stecklinge im Sommer. Das Keimen erfolgt langsam und sporadisch. Im zeitigen Frühling zurückschneiden.
ERNTE Pflanzen schneiden, wenn sie Früchte tragen, und für Aufgüsse, Flüssigextrakte, Tabletten und Tinkturen trocknen. Zum Essen bestimmte Früchte im Herbst reif pflücken und frisch oder gekocht verbrauchen.

PAULLINIA
(Sapindaceae)

Die Samen von *P. cupana* werden von den Guaranis im brasilianischen Amazonasgebiet genutzt, um ein mit Tee und Kaffee vergleichbares, anregendes Getränk zu bereiten. Die Samen enthalten bis zu 7% einer koffeinähnlichen Verbindung, bekannt als „Guaranin". Im Gegensatz zu Coffein macht Guaranin nicht süchtig, und es braucht länger, bis es im Körper umgesetzt wird, weshalb seine anregende Wirkung milder ist und länger andauert. Vor kurzem hat die Lebensmittelindustrie es in Form von Kapseln und Süßwaren sowie als Bestandteil von erfrischenden Getränken aus Quellwasser, Fruchtsäften und Kräuterextrakten auf den Markt gebracht. Die Stengel der eng verwandten *P. yoco* werden von den Eingeborenen in Kolumbien, Ekuador und Nordperu für ein ähnliches Getränk genutzt.

P. cupana, syn. *P. sorbilis* S. 171

VERWENDBAR Samen.
EIGENSCHAFTEN Ein adstringierendes, bitteres Kraut mit stark anregender Wirkung.
GEBRAUCH
KÜCHE Die Samen werden geröstet, gemahlen und zu einer Paste gepreßt („Pasta guaranà"), die zu Stäbchen getrocknet wird, welche, in Wasser zerrieben, ein teeähnliches Getränk ergeben.
MEDIZIN Innerlich, um Müdigkeit zu vertreiben, die Konzentration zu fördern und die Stimmung zu heben. Kann Schlaflosigkeit verursachen (angeblich jedoch nicht so sehr wie coffeinhaltige Produkte). Nicht zu empfehlen für Personen mit Erkrankungen der Herzkranzgefäße oder mit Bluthochdruck.
WIRTSCHAFT Zutat zur Schlankheitskost, für Sportler, erfrischende Getränke und Kaugummi. Lieferant von Koffein und Geschmacksstoffen für alkoholfreie Getränke, Liköre und Süßwaren.

ANBAU UND ERNTE
ANBAU Empfindliche Kulturpflanze; feuchter, humusreicher Boden im Halbschatten, mindestens 18° C. Vermehrung durch Steckhölzer am Ende der Vegetationsperiode.
ERNTE Die Samen werden reif gesammelt, geröstet, gemahlen und als Paste oder Puder gelagert.

PAUSINYSTALIA
(Rubiaceae)

Die medizinische Anwendung der Yohimberinde scheint in den 90er Jahren des 19. Jahrhunderts nach Europa gekommen zu sein. *P. johimbe* und die verwandten *P. macroceras* und *P. tillesii* enthalten Indol-Alkaloide. Das wichtigste davon ist das Yohimbin, das die Freisetzung von Adrenalin blockiert und in der richtigen Dosierung sexuell anregend wirkt. In Afrika wird auch *P. lane-poolei* medizinisch genutzt. Verbände aus gemahlener Rinde werden auf Frambösien und juckende Haut gelegt.

P. yohimbe, syn. *Corynanthe yohimbe* (Yohimbe)

Empfindlicher, immergrüner Baum, Höhe 27m, Breite 12m, mit rotem bis gelbockerfarbenem Holz und glänzenden, verkehrt lanzettlichen, dunkelgrünen Blättern von bis zu 35cm Länge; die weißen oder rosa Röhrenblüten erscheinen in der Wildnis im Winter in Trauben, die in bis zu 18cm langen Rispen angeordnet sind. Die Fruchtkapseln enthalten kleine geflügelte Samen.

VERWENDBAR Rinde.
EIGENSCHAFTEN Ein bitteres, wärmendes, antidiuretisches Kraut mit den Geschlechtstrieb anregenden Wirkungen. Es hat eine anregende Wirkung auf das Herz, erhöht die Pulsfrequenz sowie den Blutdruck und ist örtlich betäubend.
GEBRAUCH
MEDIZIN Innerlich bei Impotenz und Frigidität. Nicht für Patienten mit Bluthochdruck, Nieren- oder Leberkrankheiten, hat aber Wechselwirkungen mit bestimmten blutdrucksenkenden Mitteln. Überdosierung kann Depression verursachen. WARNHINWEIS Dieses Kraut unterliegt in einigen Ländern Beschränkungen.

ANBAU UND ERNTE
ANBAU Wildwachsend, genutzte Teile werden gesammelt; empfindlich. Feuchter Boden bei hoher Luftfeuchtigkeit, mindestens 15-18° C. *P. yohimbe* scheint nicht kultiviert zu werden.
ERNTE Rinde wird, in Streifen getrocknet, für Pillen, Flüssigextrakte und für die Extraktion von Yohimbin verwendet.

PEGANUM Steppenraute
(Zygophyllaceae)

P. harmala enthält halluzinogene Alkaloide und hat in der Volksmedizin lange Zeit eine wichtige Rolle gespielt.

P. harmala (Syrische Raute) S. 174

VERWENDBAR Früchte, Samen, Öl.
EIGENSCHAFTEN Bitteres, würziges, harntreibendes Kraut, das den Uterus und das Verdauungssystem anregt, wohl auch den Geschlechtstrieb.
GEBRAUCH
KÜCHE Die Samen werden als Gewürz und entschlackendes Mittel genutzt.
MEDIZIN Örtlich, innerlich bei Magenbeschwerden, Störungen der Harnwege, sexuellen Störungen, Epilepsie, Menstruationsstörungen, Nerven- und Geisteskrankheiten. Überdosierung verursacht Halluzinationen und Erbrechen; äußerlich bei Hämorrhoiden und Haarlosigkeit.

ANBAU UND ERNTE
ANBAU Winterharte Kulturpflanze; gut entwässerter bis trockener, nährstoffarmer Boden in der Sonne. Vermehrung durch Aussaat oder Teilung im späten Frühling.
ERNTE Die Früchte und Samen werden gesammelt, wenn sie reif sind. Aus den Früchten werden ein Farbstoff und Öl gepreßt. Die Samen läßt man für Aufgüsse und Salben trocknen.

PELARGONIUM Pelargonie
(Geraniaceae)

Duftende Pelargonien enthalten sehr komplexe flüchtige Öle. Man hat über 2.000 Bestandteile gefunden, darunter Stoffe, die erkennbare Ähnlichkeit den Ölen von Orangen, Zitronen, Pfefferminzen, Rosen, Muskatnuß und Eukalyptus besitzen. Am meisten verbreitet sind die nach Rosen duftenden Arten und ihre Sorten wie *P.* 'Rober's Lemon Rose'. Sie liefern das Geraniumöl, das eine eigene Duftnote hat und oft als Streckungsmittel für Rosenöl verwendet wird. *P. capitatum* und seine Sorten, die mit 'Graveolens' und 'Radula' verwandt sind, werden in Frankreich, Italien, Indien, Ägypten, Algerien und der ehemaligen Sowjetunion für die Herstellung von Geraniumöl angebaut. Das feinste Geraniumöl, das „Bourbon-Öl", kommt von der Insel Réunion. *P. betulinum* ist ein gutes Dekongestions- und Verdauungsmittel. Die Blätter von *P. antidysentericum* werden aufgegossen und mit Zitronensaft bei Magendarmbeschwerden eingenommen. Die Blätter von *P. acetosum* besitzen einen säuerlichen Geschmack und können in Salaten roh gegessen oder Suppen und Eintopfgerichten hinzugegeben werden. Mehrere Arten, wie *P. rapaceum* und *P. triste*, haben knollige Wurzeln, die wie Kartoffeln gekocht werden. Die meisten Arten sind leicht zu vermehren und zu kreuzen. In jüngster Zeit werden Versuche durchgeführt, Aromen aus Pflanzenzellen herzustellen, die in *in vitro* kultiviert werden.

P. capitatum S. 173

VERWENDBAR Gesamte Pflanze, Blätter, Öl.
EIGENSCHAFTEN Ein aromatisches, beruhigendes, linderndes Kraut mit einem rosenähnlichen Aroma.
GEBRAUCH
AROMA Das Öl wird für Parfüms verwendet. Die Blätter werden für Dufttöpfe getrocknet.
MEDIZIN Innerlich bei kleinen Verdauungsbeschwerden sowie Nieren- und Blasenstörungen; äußerlich bei Ausschlägen sowie bei schwieliger und rissiger Haut. Das Öl ist ein Hauptbestandteil des Geraniumöls, das in der Aromatherapie genutzt wird.

P. citronellum S. 172

VERWENDBAR Blätter.
EIGENSCHAFTEN Ein aromatisches Kraut mit Zitronenduft.
GEBRAUCH
KÜCHE Die Blätter können zu einem Tee aufgegossen oder frisch als aromatische Zutat in Desserts, Punsch und Essig genutzt werden.

P. 'Clorinda' S. 172

VERWENDBAR Blätter.
EIGENSCHAFTEN Ein aromatisches Kraut mit einem Zeder-Rosen-Duft.
GEBRAUCH
AROMA Hauptsächlich als aromatische Zierpflanze angebaut; die Blätter können für Dufttöpfe getrocknet werden.

P. crispum S. 172

VERWENDBAR Blätter.
EIGENSCHAFTEN Ein aromatisches Kraut mit einem Zitronenaroma.
GEBRAUCH
KÜCHE Die Blätter können zu einem Tee aufgegossen werden und dienen frisch als Zitronenaroma für Soßen, Speiseeis, Kuchen, Früchtepunsch und Essig.

P. c. 'Major' S. 172

VERWENDBAR Blätter.
EIGENSCHAFTEN Ein aromatisches Kraut mit Zitronenaroma.
GEBRAUCH
Wie bei *P. crispum.*

P. c. 'Peach Cream' S. 172

VERWENDBAR Blätter.
EIGENSCHAFTEN Ein fruchtig aromatisches Kraut.
GEBRAUCH
Wie bei *P. crispum.*

P. c. 'Variegatum' S. 172

VERWENDBAR Blätter.
EIGENSCHAFTEN Ein aromatisches Kraut mit Zitronenaroma.
GEBRAUCH
Wie bei *P. crispum.*

P. 'Fair Ellen' S. 172

VERWENDBAR Blätter.
EIGENSCHAFTEN Ein aromatisches Kraut mit balsamartigem Duft.
GEBRAUCH
AROMA Eine aromatische Zierpflanze.

P. 'Fragrans' S. 173

VERWENDBAR Blätter.
EIGENSCHAFTEN Ein aromatisches Kraut mit würzigem Duft.
GEBRAUCH
AROMA Eine aromatische Zierpflanze. Die getrockneten Blätter gibt man in Dufttöpfe.
MEDIZIN Äußerlich zum Einreiben bei schmerzenden Füßen oder Beinen (frische Blätter).
WIRTSCHAFT Die Blätter sind Geschmacksgeber für Pasteten und verleihen Kaffee ein würziges Aroma.

P. 'Fragrans Variegatum' S. 173

VERWENDBAR Blätter.
EIGENSCHAFTEN Ein würzig-aromatisches Kraut.
GEBRAUCH
Wie bei *P.* 'Fragrans'.

P. 'Galway Star' S. 173

VERWENDBAR Blätter.
EIGENSCHAFTEN Ein aromatisches Kraut mit Zitronenduft.
GEBRAUCH
Wie bei *P. crispum.*

P. 'Graveolens' (Rosenpelargonie) S. 173

VERWENDBAR Gesamte Pflanze, Blätter, Öl.
EIGENSCHAFTEN Ein aromatisches, nach Rosen duftendes Kraut, das entspannende, antidepressive und antiseptische Wirkungen hat, Entzündungen abschwächt und Blutungen stillt.
GEBRAUCH
KÜCHE Die frischen Blätter werden zu Tee aufgegossen.
AROMA Das Öl wird zur Parfümherstellung und in der Aromatherapie verwendet.
MEDIZIN Innerlich bei prämenstruellen und klimakterischen Problemen, Übelkeit, Mandelentzündung und Kreislaufstörungen; äußerlich bei Akne, Hämorrhoiden, Ekzemen, Kopfflechte und Läusen.
WIRTSCHAFT Das Öl ist der Hauptbestandteil des Geraniumöls, das für Hautpflegemittel und Speisewürzen verwendet wird.

P. 'Lady Plymouth' S. 173

VERWENDBAR Blätter.
EIGENSCHAFTEN Ein aromatisches, nach Minze, Rosen und Zitrone duftendes Kraut.
GEBRAUCH
Wie bei *P.* 'Graveolens'.

P. 'Mabel Grey'

Empfindliche, aufrechte Hybride, Höhe 1-1,5m, Ausbreitung 1m, mit starkem Zitronenduft, ähnlich wie *P. citronellum.*
VERWENDBAR Gesamte Pflanze, Blätter, Öl.
EIGENSCHAFTEN Aromatisches Kraut mit starkem Zitronenduft.
GEBRAUCH
WIRTSCHAFT Das Öl wird in der Lebensmittelindustrie als Würze verwendet.

P. odoratissimum (Zitronenpelargonie) S. 172

VERWENDBAR Gesamte Pflanze, Blätter, Öl.
EIGENSCHAFTEN Ein aromatisches Kraut mit einem fruchtigen Duft. Es hat adstringierende, stärkende und antiseptische Wirkungen, stillt Blutungen, fördert die Heilung und wehrt Insekten ab.
GEBRAUCH
KÜCHE Wie bei *P. crispum.*
MEDIZIN Innerlich bei Schwäche, Magendarmkatarrh und Blutungen; äußerlich bei Hautbeschwerden, Verletzungen, Neuralgie und Racheninfektionen. Das Öl wird in der Aromatherapie bei Verbrennungen, wunden Stellen und Gürtelrose angewendet.

P. 'Old Spice' S. 173

VERWENDBAR Blätter.
EIGENSCHAFTEN Ein würzig-aromatisches Kraut.
GEBRAUCH
Wie bei *P.* 'Fragrans'.

P. 'Prince of Orange' S. 173

VERWENDBAR Blätter.
EIGENSCHAFTEN Ein aromatisches Kraut mit Zitronenduft.
GEBRAUCH
Wie bei *P. crispum.*

P. quercifolium

Ein Empfindlicher, aufrechter Halbstrauch, Höhe 0,45-1,5m (Breite 45-90cm) mit grob texturierten, nach Balsam duftenden Blättern von 5-10cm Länge.
VERWENDBAR Blätter.
EIGENSCHAFTEN Ein aromatisches, anregendes Kraut von harzartigem Duft.
GEBRAUCH
MEDIZIN Innerlich als südafrikanisches Mittel gegen Rheuma, Bluthochdruck und Herzkrankheiten.
WIRTSCHAFT Die getrockneten Blätter sind in Kräuterkissen zur Insektenabwehr enthalten.

P. radens (Rosenpelargonie) S. 173

VERWENDBAR Blätter.
EIGENSCHAFTEN Ein aromatisches Kraut mit zitronenartigem Duft.
GEBRAUCH
MEDIZIN Äußerlich zum Einreiben bei schmerzenden Füßen oder Beinen (frische Blätter).
WIRTSCHAFT Getrocknete Blätter sind in Mischungen zur Insektenabwehr enthalten und dienen in Dufttöpfen als Fixiermittel für andere Düfte.

P. 'Radula' S. 173

VERWENDBAR Gesamte Pflanze, Blätter, Öl.
EIGENSCHAFTEN Ein aromatisches Kraut mit kampferartigem Rosen-Zitronen-Duft.
GEBRAUCH
KÜCHE Frische Blätter können zum Kochen dienen.
AROMA Das Öl wird in der Parfümindustrie verwendet. Die getrockneten Blätter können Dufttöpfen und Kräuterkissen hinzugefügt werden.
WIRTSCHAFT Das Öl, als Bestandteil des Geraniumöls, wird in der Aromatherapie, als Speisewürze und zur Hautpflege genutzt.

P. 'Radula Rosea' S. 173

VERWENDBAR Blätter.
EIGENSCHAFTEN Ein aromatisches Kraut mit kampferartigem Rosen-Zitronen-Duft.
GEBRAUCH
KÜCHE Frische Blätter können zum Kochen dienen.
AROMA Blätter werden für Dufttöpfe getrocknet.

P. 'Rober's Lemon Rose' S. 173

Verwendbar Gesamte Pflanze, Blätter, Öl.
Eigenschaften Ein aromatisches Kraut mit Zitronen-Rosen-Duft.
Gebrauch
Küche Wie bei *P.* 'Graveolens'.
Wirtschaft Das Öl wird als Gewürz verwendet.

P. 'Royal Oak' S. 173

Verwendbar Blätter.
Eigenschaften Ein aromatisches Kraut mit einem Balsamduft.
Gebrauch
Aroma Eine aromatische Zierpflanze.

P. 'Sweet Mimosa' S. 173

Verwendbar Blätter.
Eigenschaften Ein fruchtig-aromatisches Kraut.
Gebrauch
Küche Frische Blätter können zum Kochen dienen.
Aroma Eine aromatische Zierpflanze.

P. tomentosum S. 173

Verwendbar Blätter.
Eigenschaften Ein aromatisches Kraut mit Pfefferminzduft.
Gebrauch
Küche Frische Blätter werden zu Tee aufgegossen.
Medizin Als Umschlag bei Verstauchungen.

Anbau und Ernte
Anbau Empfindliche Zierpflanze; gut entwässerter, neutraler bis alkalischer Boden in der Sonne, mindestens 7-10° C. *P. crispum, P. odoratissimum* und *P. tomentosum* vertragen auch Halbschatten. Vermehrung durch Grünstecklinge vom Frühling bis in den Herbst. Die Pflanzen können im zeitigen Frühling zurückgeschnitten werden. Wenn sie unter kühleren Bedingungen im Freien angebaut werden, können sie auch zum Unterstellen über den Winter zurückgeschnitten werden. Abgedeckte Pflanzen werden von Zwergzikaden, Blattläusen, Spinnmilben, Weißen Fliegen befallen.
Ernte Pflanzen im Spätsommer schneiden und zu Öl destillieren; die Blätter nach Bedarf pflücken.

PERILLA Schwarznessel
(Labiatae/Lamiaceae)

Das ätherische Öl in den Blättern von *P. frutescens* enthält Perillaldehyd, das 2.000mal süßer als Zucker und bis zu 8mal süßer als Sacharin ist. Das Öl der Samen hat einen hohen Gehalt an Linolensäure. Grüne und purpurne Blätter (in China als grüne und rote „Shiso" bezeichnet) von *P. frutescens* verwendet man zum Kochen. Die Samen der purpurblättrigen Varianten werden für alle anderen Anwendungen bevorzugt.

P. frutescens S. 174

Verwendbar Blätter („Zi su ye"), Stengel („Zi su geng", „Su gen"), Samen („Zi su zi", „Su zi"), Öl.
Eigenschaften Scharfes, aromatisches, wärmendes Kraut, das Krämpfe löst, die Schweißbildung anregt und gegen bakterielle Infektionen wirkt. Es ist auch abführend, schleimlösend und hustenbekämpfend.
Gebrauch
Küche Frische oder sauer eingelegte Blätter und Samen werden zum Würzen von japanischem rohen Fisch, Bohnengallerte, „Tempura" und Pickles, die purpurnen Blätter zum Färben von konservierten Früchten verwendet.
Medizin Innerlich bei Erkältungen und Verkühlungen, Übelkeit, Bauchschmerzen, Nahrungsmittelvergiftung und allergischen Reaktionen; bei Bronchitis, Asthma und Verstopfung (Samen). Die Stengel sind ein traditionelles chinesisches Mittel gegen morgendliches Übelsein bei Schwangerschaft.
Variante
P. f. **'Crispa'**, S. 174.

Anbau und Ernte
Anbau Kulturpflanze *(P. frutescens)*; Zierpflanze (*P. f.* 'Crispa'); halbhart. Gut entwässerter Boden, Sonne oder Halbschatten, am besten unter feuchten, nährstoffreichen Bedingungen. Vermehrung durch Aussaat im Frühling. Vegetationsspitzen abkneifen, um buschigen Wuchs zu fördern.
Ernte Blätter im Sommer schneiden und frisch oder sauer eingelegt verwenden oder für Absude trocknen; Stengel im Sommer schneiden oder, wenn die Pflanzen in Samen geschossen sind.

PERSICARIA
P. bistorta. Siehe *Polygonum bistorta.*

PETIVERIA
(Phytolaccaceae)

Der starke, knoblauchartige Geruch von *P. alliacea* wird durch eine schwefelhaltige Verbindung verursacht. Er mag für ihre Beliebtheit als Arzneipflanze verantwortlich sein. Über ihre Wirksamkeit liegen keine Informationen vor. Die Pflanze wird offenbar immer in Verbindung mit anderen Kräutern verwendet.

P. alliacea S. 174

Verwendbar Gesamte Pflanze, Blätter, Wurzeln.
Eigenschaften Ein scharfes, harntreibendes, antiseptisches Kraut, das angeblich die Nerven beruhigt, Durchfall bekämpft, Fieber senkt, den Uterus anregt und Krämpfe löst.
Gebrauch
Medizin Innerlich bei nervösen Krämpfen, Lähmung, Hysterie, Asthma, Keuchhusten, Lungenentzündung, Bronchitis, Heiserkeit, Fieber, Kopfschmerzen, Grippe, Blasenentzündung, Geschlechtskrankheiten, Menstruationsbeschwerden und Fehlgeburt; äußerlich bei Ohrenschmerzen, Fieber und Kopfschmerzen.

Anbau und Ernte
Anbau Empfindliche Wildpflanze; benötigte Teile werden gesammelt.
Ernte Ganze Pflanzen, Blätter und Wurzeln für die Verwendung in Absuden sammeln. Frische Blätter bei Kopfschmerzen um den Kopf binden oder bei Ohrenschmerzen zu Saft verarbeiten, der direkt appliziert wird.

PETROSELINUM Petersilie
(Umbelliferae/Apiaceae)

P. crispum und seine Varianten sind reich an Vitamin A und C. Sie enthalten Apigenin, ein Flavonoid, das allergische Reaktionen mildert und ein wirksames Antioxidans ist. Die Zusammensetzung der ätherischen Öle ist bei Blättern und Samen verschieden. In den verschriebenen Dosierungen ist *P. crispum* ziemlich unbedenklich, doch ist es bei Überdosierung toxisch, besonders als ätherisches Öl.

P. crispum (Gartenpetersilie) S. 174

Verwendbar Blätter, Wurzeln, Samen, Öl.
Eigenschaften Ein bitteres, aromatisches, harntreibendes Kraut, das Krämpfe löst, Entzündungen hemmt und entgiftend wirkt. Es regt die Verdauung und den Uterus an.
Gebrauch
Küche Die Blätter dienen zur Garnierung und zum Würzen von Saucen, Salatsaucen, Füllungen und pikanten Speisen. Glatte Petersilie schmeckt kräftiger als krause Sorten. Der Geschmack von *P. c.* var. *tuberosum* ist minderwertiger.
Medizin Innerlich bei Menstruationsbeschwerden, Ödemen, Blasenentzündung, Nierensteinen, Verdauungsstörungen, Koliken, Appetitlosigkeit, Anämie, Arthritis und Rheumatismus, nach der Entbindung, um die Milchbildung anzuregen und den Uterus zusammenzuziehen (Wurzeln, Samen). Überdosis verursacht Fehlgeburt, Nieren- und Leberschäden, Nervenentzündung, Magendarmbluten; nicht für Schwangere oder Nierenkranke.
Wirtschaft Öl wird für Speisewürzen verwendet.
Varianten
P. c. **'Italian'**, S. 174.
P. c. **'Moss Curled'**, S. 175.
P. c. var. ***tuberosum***, S. 175.

Anbau und Ernte
Anbau Kulturpflanze (*P. crispum, P. c.* var. *tuberosum*); Zierpflanze (*P. c.* 'Italian', *P. c.* 'Moss Curled'); frosthart. Nährstoffreicher, gut entwässerter, neutraler bis alkalischer Boden; Sonne oder Halbschatten. Vermehrung durch Aussaat vom zeitigen Frühling bis zum Frühsommer und im Herbst; durch Aussaat im Frühling (*P. c.* var. *tuberosum*). Petersilie braucht 3-6 Wochen zum Keimen, es kann aber schneller gehen, wenn die Samen in heißem Wasser eingeweicht werden.
Ernte Blätter vor der Blüte pflücken und frisch, gefroren, als Saft oder getrocknet nutzen. Die Wurzeln im Spätherbst des ersten Jahres oder im Frühling des zweiten Jahres ernten und für Absude und Flüssigextrakte trocknen. Samen reif sammeln und für Infusionen und Flüssigextrakte trocknen. Öl aus Blättern und Samen destillieren.

PEUCEDANUM
P. graveolens. Siehe *Anethum graveolens.*

PEUMUS
(Umbelliferae/Apiaceae)

P. boldus wurde schon 1869 von einem französischen Arzt erforscht. Sie enthält ein ätherisches Öl, das innere Parasiten vernichtet, und Alkaloide, die die Leber anregen. Die aus der Rinde extrahierten Alkaloide sind wirksamer als die Präparate aus den Blättern.

P. boldus S. 175

VERWENDBAR Blätter, Rinde.
EIGENSCHAFTEN Ein bitteres, aromatisches, harntreibendes Kraut, das die Leber- und Gallenblasenfunktion verbessert und Würmer austreibt.
GEBRAUCH
MEDIZIN Innerlich bei Lebererkrankungen, Gallensteinen, Infektionen der Harnwege, Darmparasiten und bei Rheumatismus; früher als Ersatz für Chinin verabreicht. Wird häufig Schlankheitsmitteln beigefügt. Läßt sich bei Leber- und Gallenblasenbeschwerden gut mit *Berberis vulgaris* (vgl. S. 248) und *Chionanthus virginicus* (S. 260) kombinieren.
WARNHINWEIS Diese Pflanze unterliegt in einigen Ländern gesetzlichen Einschränkungen.

ANBAU UND ERNTE
ANBAU Frostharte Kulturpflanze. Durchlässige, sandige, saure Böden in sonniger Lage. Vermehrung durch Aussaat der Samen im Frühjahr; durch halbreife Stecklinge im Sommer.
ERNTE Die Blätter werden während der Wachstumsperiode gepflückt und für Aufgüsse, Flüssigextrakte und Tinkturen getrocknet. Aus der Rinde werden kommerziell Alkaloide gewonnen.

PHELLODENDRON Korkbaum
(Rutaceae)

Im Jahre 1578 wurde *P. amurense* erstmals in chinesischen Schriften beschrieben. Auch *P. chinense* wird als Heilkraut verwendet. Alle Arten sind reich an Alkaloiden, u. a. an Berberin (das auch in *Berberis vulgaris* vorkommt, vgl. S. 248).

P. amurense S. 175

VERWENDBAR Rinde („Huang bai").
EIGENSCHAFTEN Ein bitteres, harntreibend und kühlend wirkendes Kraut, das die Leber und Gallenblase anregt, Fieber, Blutdruck und Blutzuckerspiegel senkt und über stark antibakterielle Eigenschaften verfügt. Es wirkt hauptsächlich auf die Nieren und gilt als Entgiftungsmittel bei heißen, feuchten Zuständen.
GEBRAUCH
MEDIZIN Innerlich bei Durchfall, Gelbsucht, Harnweginfektionen, Abszessen, Darmerkrankung, Furunkeln, Nachtschweiß und Hauterkrankungen. Bestandteil der Arznei „San huang zhe she ye" (Injektion aus drei gelben Kräutern), die anderen sind *Scutellaria baicalensis* (S. 351) und *Coptis chinensis* (S. 266). Sie wird intramuskulär bei Infektionen der oberen Atemwege verabreicht.

ANBAU UND ERNTE
ANBAU Winterharte Zierpflanze; nährstoffreiche, durchlässige, neutrale bis alkalische Böden in sonniger Lage. In kalten Regionen können junge Triebe durch Spätfröste Schaden nehmen. Vermehrung durch Aussaat der Samen im Herbst; durch Grünstecklinge im Sommer; durch Wurzelstecklinge im Spätwinter.
ERNTE Die Rinde wird im Winter abgezogen und für die Verwendung in Absuden getrocknet.

PHRAGMITES Schilf, Rohr
(Gramineae/Poaceae)

Die Wurzeln, Triebe und Samen des Gemeinen Schilfrohrs *P. australis* sind eßbar. Seine Stengel enthalten einen süßen Gummi, der von Indianern in Nordamerika als Ausgangsstoff für Zucker verwendet wurde. Als chinesische Heilpflanze wird die Pflanze erstmals um das Jahr 500 von Tao Hong-Ying in der Kommentarsammlung zu klassischen Texten der „Materia Medica" erwähnt. Sie enthält Asparagin, ein Diuretikum, das auch in *Asparagus officinalis* (vgl. S. 245) vorkommt.

P. australis, syn. *P. communis* (Gemeines Schilfrohr) S. 175

VERWENDBAR Rhizome („Lu gen").
EIGENSCHAFTEN Ein süßes, kühlendes und beruhigend wirkendes Kraut, das harntreibende Eigenschaften hat, Husten und Erbrechen eindämmt, Schmerzen lindert und Fieber senkt.
GEBRAUCH
MEDIZIN Innerlich bei Fieber, Erbrechen, Husten mit dickem dunklen Schleim, Lungenabszessen, Infektionen der Harnwege und bei Lebensmittelvergiftungen (besonders durch Meeresfrüchte verursacht); äußerlich, in Verbindung mit Gips, bei Mundgeruch und Zahnschmerzen.
VARIANTE
P. a. **'Variegatus'**, S. 175.

ANBAU UND ERNTE
ANBAU Winterharte Zierpflanze; nasse Böden oder seichte Gewässer in sonniger Lage; Vermehrung durch Teilung im Frühjahr. *P. australis* ist groß, wuchernd und für Gartenteiche ungeeignet.
ERNTE Rhizome im Herbst ernten und entsaften bzw. für die Verwendung in Absuden trocknen.

PHYLLOSTACHYS
(Gramineae/Poaceae–Bambusoideae)

In Asien ist Bambus von großer wirtschaftlicher Bedeutung. Aus Bamubus werden z.B. Papier, Musikinstrumente, Gerüste, Angelruten und sogar Abflußrohre hergestellt. Aufgrund ihres hohen Silikatgehaltes sind seine Stämme besonders haltbar. Von vielen Arten sind die jungen Triebe eßbar. In China nutzt man verschiedene Arten medizinisch unter dem Oberbegriff „Zhu". Offenbar sind sie austauschbar. Bambussaft („Zhu li") und Stengelschnitzel („Zhu ru") werden in China erstmals um das Jahr 500 n.Chr. erwähnt. Ein als Tabasher oder Tabashir („Tian zhu huang") bekanntes kieselsäurehaltiges Gebilde wird in ähnlicher Weise wie der getrocknete Saft verwendet. Es tritt als zerbrechliche, eckige Verhärtung an den unteren Stengelgliedern auf und kann die Größe eines Hühnereis erreichen.

P. nigra S. 176

VERWENDBAR Blätter, Stengelschnitzel, Wurzel, Saft.
EIGENSCHAFTEN Ein süßes, kühlendes und harntreibendes Kraut, das Fieber senkt, schleimlösend wirkt, Erbrechen lindert, Blutungen stillt und bei bakteriellen Infektionen hilft.
GEBRAUCH
MEDIZIN Innerlich bei Lungeninfektionen mit Husten und Schleim (Stengel, Saft); Erbrechen, Nasenbluten (Blätter, Stengel); Fieber, bei Krämpfen bei Kindern (Blätter, Wurzeln); Tollwut (Wurzeln).
VARIANTEN
P. n. **'Boryana'**, S. 176.
P. n. var. ***henonis***, syn. *P. henonis*, S. 176.

ANBAU UND ERNTE
ANBAU Frostharte Zierpflanze; feuchte Böden in geschützter, sonniger Lage. Vermehrung durch Teilung im Frühjahr bei feuchter Witterung; durch Stecklinge von jungen Rhizomen im Spätwinter. Teilstücke aus dem Freiland lassen sich nur schwer umsetzen und sollten bis zum späten Frühjahr in Töpfen unter Glas gehalten werden. Kleine Teilstücke sind erfolgversprechender als große Klumpen. Abgestorbene Stengel sollten zu jeder Zeit entfernt werden. Pflanzengruppen können im Frühjahr ausgelichtet werden, indem nur die stärksten Stämme stehenbleiben. So wird ein kleines Wäldchen geschaffen.
ERNTE Die Blätter werden in der Wachstumsperiode gesammelt, junge Stengel für Schnitzel im Sommer geschnitten und die Wurzeln im Winter geerntet. Sie alle können für eine Weiterverwendung in Absuden getrocknet werden. Aus jungen Stengeln wird der Saft gepreßt und kondensiert.

PHYSALIS Lampionblume
(Solanaceae)

Dioskorides zufolge sind die Früchte von *P. alkekengi* ein Heilmittel gegen Epilepsie. In der europäischen Volksmedizin wurden die Früchte bei Scharlach eingenommen. Das Laub verwendete man in Stärkungsmitteln bei Anämie und Malaria. Wie viele andere Arten, die zur Familie der Nachtschattengewächse (*Solanaceae*) gehören, hat auch *P. alkekengi* eine interessante chemische Zusammensetzung aufzuweisen. Seine medizinische Anwendung ist heute aber obsolet.

P. alkekengi, syn. *P. franchetti* (Judenkirsche, Blasenkirsche) S. 176

VERWENDBAR Früchte, Fruchtsaft, Blätter.
EIGENSCHAFTEN Ein bittersüßes Kraut mit harntreibender und abführender Wirkung, das das Fieber senkt und Entzündungen lindert.
GEBRAUCH
KÜCHE Die Früchte können roh oder geschmort (Kelch vorher entfernen) verzehrt werden.
MEDIZIN Innerlich bei Wechselfieber, Harnwegsstörungen, Arthritis, Rheumatismus und Gicht (Früchte, Saft). In der Homöopathie bei arthritischen, rheumatischen und Harnwegsstörungen sowie bei Gelbsucht.

ANBAU UND ERNTE
ANBAU Winterharte Zierpflanze; durchlässige Böden in sonniger Lage. Vermehrung durch Aussaat im Frühjahr; durch Teilung im Frühjahr.
ERNTE Die Früchte reif ernten und frisch, als Saft oder getrocknet verwenden; für medizinische Zwecke wird der Kelch entfernt. Die Blätter pflückt man im Sommer und verwendet sie frisch für Packungen.
WARNHINWEIS Der Verzehr von Laub und unreifen Früchten ist gefährlich.

PHYSOSTIGMA
(Leguminosae)

Zu dieser westafrikanischen Gattung gehören vier Arten mehrjähriger Kletterpflanzen. Vor ihrem Eingang in die westliche Medizin war *P. venenosum* als diejenige Pflanze berüchtigt, die in der nigerianischen Provinz Kalabar für das „Gottesurteil" verwendet wurde. Bei diesem Ritual trank die beschuldigte Person eine Lösung aus giftigen Bohnen. Wenn sie überlebte, wurde damit ihre Unschuld offenbart. *P. venenosum* enthält mehrere Alkaloide. Das wichtigste davon ist Physostigmin (Eserin), ein Indolderivat, welches das parasympathische Nervensystem beeinflußt und z.B. die Darmperistaltik erhöht. Es findet hauptsächlich in Augentropfen zur Verringerung des Drucks auf den Augapfel Verwendung sowie als Gegengift zu Atropin (vgl. *Atropa belladonna*, S. 246). Ein weiteres Alkaloid, Kalabarin, besitzt gegenteilige Wirkungen. Extrakte aus den ganzen Samen wirken anders als die isolierten Alkaloide allein.

P. venenosum (Kalabarbohne)

Eine empfindliche, immergrüne Kletterpflanze, bis zu 15m hoch, mit dreigeteilten, 16cm langen und 10cm breiten Blättern. Im Frühjahr entwickeln sich herabhängende Büschel rosaroter erbsenähnlicher Blüten, aus denen sich längliche, bis zu 16cm lange Schoten entwickeln, die 2-3 braunschwarze, 3cm lange Samen enthalten.

VERWENDBAR Samen (ohne äußere Hülle).
EIGENSCHAFTEN Ein narkotisch wirkendes Kraut, das das Zentralnervensystem hemmt, das parasympathische Nervensystem nachahmt, die Augenpupille zusammenzieht, den Blutdruck erhöht und die Darmtätigkeit stimuliert.
GEBRAUCH
MEDIZIN Als Physostigmin innerlich bei neuromuskulären Erkrankungen (besonders bei Myasthenia gravis) und bei postoperativer Verstopfung; äußerlich als Augentropfen (insbesondere bei Glaukom). Früher für die Behandlung von Tetanus, Epilepsie und Rheumatismus verwendet. Übermäßiger Gebrauch verursacht Muskelschwäche, Atemversagen und Herzstillstand. Nur durch qualifizierte Heilpraktiker zu verwenden.

ANBAU UND ERNTE
ANBAU Empfindliche Kulturpflanze. Nährstoffreiche, durchlässige Böden in sonniger Lage, nicht kälter als 15-18° C. Vermehrung durch Aussaat.
ERNTE Die Samen werden reif, vorwiegend in der Regenzeit, gesammelt und für die Verwendung in Absuden sowie die Alkaloidextraktion getrocknet.

PHYTOLACCA Kermesbeere
(Phytolaccaceae)

Kermesbeeren haben eine ungewöhnliche chemische Zusammensetzung, die gegenwärtig im Zusammenhang mit der Entwicklung von Mitteln gegen AIDS erforscht wird. Sie enthalten starke entzündungshemmende Stoffe, antivirale Proteine sowie Substanzen (die insgesamt als „Phytolacca-Mitogene" bezeichnet werden), die eine Teilung der Zellen auslösen. Diese Bestandteile wirken auf viele krankheitserregende Organismen vergiftend. *P. acinosa* wurde während der Han-Dynastie (206 v.Chr.-23 n.Chr.) erstmals in chinesischen Texten erwähnt. Manchmal werden ihre Wurzeln auf orientalischen Märkten irrtümlich als Ginseng verkauft, und es kommt zu Vergiftungserscheinungen. *P. americana* verwendeten die nordamerikanischen Indianer als Brech- und Rheumamittel. Es fand als schmerzstillendes und entzündungshemmendes Mittel Eingang in die „U.S. Pharmacopoeia" (1820-1916).

P. acinosa S. 176

VERWENDBAR Wurzeln („Shang lu").
EIGENSCHAFTEN Ein bitteres, scharfes und kühlend wirkendes Kraut mit harntreibender und schleimlösender Wirkung, das Husten lindert. Es hilft bei verschiedenen bakteriellen und Pilzinfektionen.
GEBRAUCH
MEDIZIN Innerlich bei Harnstörungen, Nierenentzündung, Ödem und Bauchblähungen; äußerlich bei Furunkeln, Karbunkeln und Wunden.

P. americana, syn. *P. decandra* (Amerikanische Kermesbeere) S. 176

VERWENDBAR Wurzeln, Früchte (Beeren).
EIGENSCHAFTEN Ein bitteres, scharf schmeckendes, blutreinigendes Kraut mit einer entzündungshemmenden, Immun- und Lymphsystem anregenden und entgiftenden Wirkung. Es hilft gegen viele bakterielle, virale, pilzartige und parasitäre Organismen.
GEBRAUCH
MEDIZIN Innerlich bei Autoimmunkrankheiten (besonders bei rheumatischer Arthritis), Mandelentzündung, Mumps, geschwollenen Drüsen (einschließlich Drüsenfieber), chronischem Katarrh, Bronchitis, Hauterkrankungen und Entzündungen. Eine Überdosis führt zu Durchfall und Erbrechen. Nicht an Schwangere verabreichen. Äußerlich bei Hautbeschwerden (einschließlich Pilzinfektionen), Gelenkentzündungen, Hämorrhoiden, Brustdrüsenentzündung, Brustabszessen und Krampfadergeschwüren. Beeren wirken milder als die Wurzeln. Bei rheumatischen Zuständen gut mit *Guaiacum officinale* (vgl. S. 290) und *Zanthoxylum* spp. (S. 372) kombinierbar; mit *Galium aparine* (S. 285) und *Iris versicolor* (S. 297) bei geschwollenen Drüsen. Nur durch qualifizierte Heilpraktiker zu verwenden.

ANBAU UND ERNTE
ANBAU Frost- *(P. acinosa)* oder winterharte *(P. americana)* Zierpflanze; nährstoffreiche, feuchte, durchlässige Böden in sonniger oder halbschattiger Lage. Vermehrung durch Aussaat im Herbst oder Frühjahr; Teilung im Herbst oder Frühjahr.
ERNTE Wurzeln und Früchte *(P. americana)* werden im Herbst gesammelt und für Absude, Extrakte, Pulver, Packungen sowie Tinkturen getrocknet.
WARNHINWEIS Alle Teile, besonders Blätter und Beeren, sind bei Verzehr giftig. Der Saft ruft Haut- und Augenreizungen hervor.

PICRAENIA
P. excelsa. Siehe *Picrasma excelsa.*

PICRASMA Bitterholz
(Simaroubaceae)

Zu dieser Gattung gehören acht Arten von laubwechselnden Bäumen, die in den tropischen Regionen Amerikas, Indiens und in Malaysia vorkommen. *P. excelsa* besitzt etwas andere Bestandteile als *P. ailanthoides* oder die verwandte *Quassia amara* (Amerikanischer Quassiaholzbaum); medizinisch sind sie aber austauschbar zu verwenden. *Q. amara* kam 1756 nach Europa. 1788 wurde sie in die „London Pharmacopoeia" eingetragen. 1809 ersetzte man sie durch *P. excelsa (Q. excelsa).* Der Begriff „Quassia" bezieht sich auf einen bitteren Stoff, der aus Holz und Rinde von *P. excelsa* oder *Q. amara* extrahiert wird.

P. excelsa, syn. *Picraenia excelsa*

Empfindlicher, eschenartiger Baum, Höhe 25m, Ausdehnung 15m, mit gefiederten, grobgezähnten, bis zu 30cm langen Blättern. Im Spätherbst werden grünweiße Blütenrispen gebildet, aus denen sich kugelförmige, schwarzglänzende Beeren entwickeln, die im Winter reifen; anzutreffen in den Bergwäldern der Inseln der Karibik.

VERWENDBAR Holz.
EIGENSCHAFTEN Ein stark bitteres, nicht adstringierend wirkendes, geruchloses Kraut, das Fieber senkt, den Appetit anregt und die Verdauung verbessert. Es ist ein wirksames Insektizid sowie Parasitizid und angeblich antileukämisch.
GEBRAUCH
MEDIZIN Innerlich bei Rekonvaleszenzschwäche, schlechtem Appetit, Malaria und Nematoden. Übermäßiger Gebrauch führt zu Magenreizung und Erbrechen; äußerlich als Lotion bei Parasiten, z.B. Läusen, und als Einlauf bei Fadenwürmern.
WIRTSCHAFT Quassiaextrakt wird Bier, Erfrischungsgetränken und Spirituosen als Bitterstoff zugesetzt und ist in Insektiziden enthalten.

ANBAU UND ERNTE
ANBAU Empfindliche Kulturpflanze. Feuchte, sandige, humusreiche Böden in sonniger oder halbschattiger Lage bei mittlerer bis hoher Luftfeuchtigkeit, mindestens 15-18° C. Vermehrung durch Aussaat der reifen Samen; durch halbreife Stecklinge im Spätsommer bei 15-18° C. Formschnitt vor dem Neuaustrieb im Spätwinter.
ERNTE Das Holz wird geschnitzelt und für konzentrierte Aufgüsse, Pulver, Tinkturen getrocknet.

PILOCARPUS
(Rutaceae)

Zu dieser Gattung gehören etwa 20 Arten von Sträuchern und kleinen Bäumen, die in den amerikanischen Tropen und der Karibik vorkommen. Die Pflanzen sind eine Ressource für das wichtige Alkaloid Pilokarpin, das man aus verschiedenen Arten gewinnt, z.B. aus *P. jaborandi, P. microphyllus, P. pinnatifolius* und *P. trachylophus*. Die medizinischen Verwendungsmöglichkeiten machte in Europa der brasilianische Arzt Symphronio Coutinho

(1832-87) um 1873 bekannt. Pilokarpin stimuliert das parasympathische Nervensystem. Es wird heute hauptsächlich in der Augenheilkunde verwendet, um die Pupillen einzuengen. Die Bezugsquelle ist noch immer das von Wildpflanzen gesammelte Blattwerk, obwohl es die Pflanzen in Brasilien mittlerweile im Plantagenanbau gibt.

P. microphyllus

Empfindlicher, immergrüner Strauch, 1,2-1,5m hoch, 1m breit, mit einer glatten, grauen Rinde und matten, gelbgrünen, gefiederten Blättern. Es bilden sich lockere Trauben kleiner, purpurroter Blüten, aus denen Früchte mit zwei Kammern entstehen, die aus 1-5 fast separaten, einsamigen Fruchtblättern bestehen; wächst im brasilianischen Regenwald.

VERWENDBAR Blätter, belaubte Zweige.
EIGENSCHAFTEN Ein bitteres, leicht aromatisches Kraut, das das Herz anregt, ausgiebiges Schwitzen und vermehrten Speichelfluß bewirkt, die Pupillen verengt und angeblich den Haarwuchs verstärkt.
GEBRAUCH
MEDIZIN Innerlich bei Schuppenflechte, Hautjucken, Syphilis, chronischem Katarrh und Wassersucht (Blattextrakte). Innerlich und äußerlich bei Glaukom und als Gegengift für Atropin (Pilokarpin); äußerlich bei Haarausfall (Blattextrakte). Übermäßiger Gebrauch führt zu sehr starker Schweiß- und Speichelabsonderung, Pulsrasen, verengten Pupillen, Durchfall sowie Erbrechen und kann lebensbedrohlich sein. WARNHINWEIS Diese Pflanze, insbesondere das daraus gewonnene Pilokarpin und die Blattextrakte, unterliegen in einigen Ländern gesetzlichen Einschränkungen. Die Verwendung in Kosmetika ist in vielen Ländern untersagt.

ANBAU UND ERNTE
ANBAU Empfindliche Kulturpflanze; nährstoffreiche, durchlässige Böden in halbschattiger Lage bei hoher Luftfeuchtigkeit, nicht kälter als 15-18° C. Vermehrung durch Aussaat der reifen Samen; durch Steckhölzer mit unversehrten Blättern in der Wachstumsperiode.
ERNTE Blätter und belaubte Zweige werden bei Bedarf gepflückt und für die Alkaloidextraktion sowie zur Verwendung in Flüssigextrakten und Tinkturen getrocknet.

PILOSELLA

P. officinarum. Siehe *Hieracium pilosella.*

PIMENTA Pimentbaum

(Myrtaceae)

Etwa vier Arten aromatischer, immergrüner Bäume gehören dieser tropischen amerikanischen Gattung an. Die Früchte von *P. dioica* wurden erstmals im 16. Jahrhundert durch die Spanier nach Europa importiert. Der englische Botaniker John Ray (1627-1705) beschrieb ihren Geschmack als eine Kombination aus Gewürznelke, Zimt sowie Muskatnuß und verlieh ihnen den Namen Allspice (etwa: „Alleswürzer"). Auf Jamaika ist *P. dioica* eine wichtige Kulturpflanze. *P. dioica* enthält ein ätherisches Öl, das hauptsächlich aus Eugenol besteht (auch in *Syzygium aromaticum*, S. 358, zu finden). Der verwandte karibische *P. acris* (syn. *P. racemosa*, Bayrumbaum) war einst als Quelle für Bayrum von Bedeutung. Diese aromatische Flüssigkeit wurde in Frisiermitteln verwendet und aus seinen Blättern destilliert. Heute wird sie synthetisch hergestellt.

P. dioica (Nelkenpfeffer, Pimentbaum)

Empfindlicher, aromatischer Baum, 10-15m hoch, 5m Spannweite, mit dünnen, ellipsenförmigen, ledrigen Blättern. Im Frühjahr und Sommer bilden sich Rispen mit vielen kleinen, weißen Blüten, denen dunkelbraune, Beeren folgen; wächst auf bewaldeten Berghängen Mittel- und Südamerikas.

VERWENDBAR Blätter, Früchte (Beeren), Öl.
EIGENSCHAFTEN Ein scharfes, wärmendes und aromatisches Kraut mit einem gewürznelkenähnlichen Aroma. Es fördert die Verdauung, hat eine stärkende Wirkung auf das Nervensystem und wirkt als lokales Antiseptikum und Narkosemittel. Pimentöl ist ein Karminativum (gegen Blähungen) und ein Antioxydationsmittel.
GEBRAUCH
KÜCHE Ganze getrocknete, unreife Beeren werden in sauer eingelegten Gewürzen, Marinaden und für Glühwein sowie gemahlen als Gewürz für Kuchen, Kekse, Puddings und Chutneys verwendet.
AROMA Öl und Beeren ergeben bei der Parfümherstellung orientalische Duftnoten.
MEDIZIN Innerlich bei Verdauungsstörungen, Blähungen, Durchfall und nervöser Erschöpfung. Äußerlich bei Brustinfektionen sowie bei Muskelkater und -schmerzen.
WIRTSCHAFT Die pulverisierten Beeren sind in Medikamenten zur Geschmacksmaskierung sowie in Einreibemitteln und Pflastern enthalten.

ANBAU UND ERNTE
ANBAU Empfindliche Kulturpflanze; nährstoffreiche, durchlässige, sandige Böden in sonniger Lage, nicht kälter als 15-18° C. Vermehrung im Sommer durch halbreife Stecklinge.
ERNTE Die Blätter werden bei Bedarf gepflückt und frisch für Aufgüsse verwendet. Die Früchte werden voll entwickelt, aber noch unreif gesammelt und zur Ölgewinnung destilliert bzw. für Flüssigextrakte und Pulver getrocknet.

PIMPINELLA Bibernelle

(Umbelliferae/Apiaceae)

P. anisum wurde zuerst von den alten Ägyptern, später von Griechen, Römern und Arabern als Gewürzpflanze angebaut. In den letzten Jahren hat sie durch den Wettbewerb mit billigeren Anisaromen, wie z.B. *Illicium verum* (vgl. S. 296) und synthetischem Anethol an Bedeutung verloren. *P. saxifraga*, enthält in ihren Wurzeln einen hohen Anteil an Kumarin. Sie kann medizinisch im Austausch mit *P. s.* var. *nigra* (deren Wurzeln etwas größer sind) und der eng verwandten *P. major* verwendet werden.

P. anisum (Anis) S. 176

VERWENDBAR Blätter, Samen, Öl.
EIGENSCHAFTEN Ein süß schmeckendes, wärmendes und stimulierendes Kraut, das die Verdauung fördert, der Leber und dem Kreislauf zuträglich ist sowie schleimlösend und östruserzeugend wirkt.
GEBRAUCH

KÜCHE Die frischen Blätter werden in den Ursprungsländern Salaten, Gemüsen und verschiedenen gekochten Gerichten beigefügt. Die Samen sind als Geschmacksstoff in Konfekt, Kuchen, Brot und Curries enthalten. Samen und Öl bilden die Grundlage für alle anisartigen Getränke, wie z.B. Pernod, Ouzo, Raki und Arrak, die eine milchige Färbung annehmen, wenn man sie mit Wasser verdünnt.
MEDIZIN Innerlich bei trockenem Husten, Keuchhusten, Bronchitis, Luftröhrenkatarrh, Bronchialasthma, Verdauungsstörungen, Blähungen, Kolik und unzureichendem Milchfluß; äußerlich bei Läusen, Krätze und als Brusteinreibung bei Bronchialbeschwerden. Läßt sich gut kombinieren mit *Mentha* x *piperita* (vgl. S. 311) bei Kolik, mit *Prunus serotina* (S. 335) bei Luftröhrenkatarrh, *Lactuca* spp. (S. 300) bei trockenem Husten sowie bei Bronchialbeschwerden mit *Marrubium vulgare* (S. 308), *Tussilago farfara* (S. 365), *Lobelia inflata* (S. 305) und *Symplocarpus foetidus* (S. 358). Das Öl wird häufig mit dem Öl von *Sassafras albidum* (S. 349) bei Hautparasiten sowie mit dem von *Eucalyptus globulus* (S. 280) für Brusteinreibungen gemischt. Traditionell betrachtet man es als Aphrodisiakum.
WIRTSCHAFT Das Öl wird kommerziell für die Parfümherstellung, in der Tabakindustrie und in pharmazeutischen Produkten verwendet.

P. saxifraga S. 177

VERWENDBAR Gesamte Pflanze, Blätter, Wurzel, Öl.
EIGENSCHAFTEN Ein bitter schmeckendes, scharfes und harntreibend wirkendes Kraut mit schleimlösenden Eigenschaften, das die Verdauung fördert, Krämpfe löst und den Milchfluß erhöht. Es wirkt antiseptisch und fördert den Heilungsprozeß.
GEBRAUCH
KÜCHE Junge Blätter haben einen gurkenähnlichen Geschmack und werden Salaten beigefügt.
MEDIZIN Innerlich bei Infektionen des Rachenraums und der oberen Atemwege, Katarrh, Masern, Sodbrennen, Blasenentzündung, Harnsteinen, Gicht und unzureichendem Milchfluß; äußerlich bei Halsentzündungen, entzündetem Gaumen und Wunden.

ANBAU UND ERNTE
ANBAU Halb- *(P. anisum)* oder winterharte *(P. saxifraga)* Kulturpflanze; nährstoffreiche, gut entwässerte, sandige Böden, pH-Wert 6,0-7,5, in sonniger Lage *(P. anisum)*; trockene, alkalische Böden in sonniger oder leicht schattiger Lage *(P. saxifraga)*. Vermehrung durch Aussaat im Frühjahr. Alle weißblühenden Doldengewächse müssen genau identifiziert werden, da sie sich sehr ähnlich sehen und einige ausgesprochen giftig sind. *P. anisum* wird als Begleitkultur empfohlen, da sie Blattläuse und Kohlraupen vertreibt. Die Blüten ziehen nützliche Schlupfwespen an.
ERNTE Pflanzen und Blätter im Sommer schneiden und frisch verwenden; die Wurzeln erntet man im Herbst und trocknet sie für die Verwendung in Absuden oder zur Öldestillation *(P. saxifraga)*; die Samen bei Reife sammeln und zu Öl destillieren bzw. ganz, gemahlen oder destilliert in Wasser, Aufgüssen oder Spirituosen *(P. anisum)* weiterverwenden.

PINELLIA

(Araceae)

P. ternata fand in der chinesischen Heilkunst erstmals während der späten Han-Dynastie Erwähnung. Wie die meisten Mitglieder der Familie der *Araceae* ist auch diese Pflanze frisch beißend scharf. Die Giftstoffe können durch Trocknen bzw. Einlegen in Tee oder Essig neutralisiert werden. Zu ihren Bestandteilen gehören Alkaloide, die Koniin (wie in *Conium maculatum*, vgl. S. 265) und Ephedrin (in den *Ephedra*-Arten enthalten, S. 278) gleichen. Ihr Ruf, gegen Übelkeit und Erbrechen zu helfen, ist wissenschaftlich bestätigt worden. Sie ist Bestandteil einer chinesischen Arznei, die beim Entfernen von Gallensteinen ohne Operation eingesetzt wird – einem Vorgang, der üblicherweise starke Übelkeit auslöst.

P. ternata S. 177

VERWENDBAR Knollen („Ban xia").
EIGENSCHAFTEN Ein scharfes, leicht bitteres, wärmendes Kraut, das Husten lindert, schleimlösend und antikatarrhal wirkt. Es ist eine wirksames Mittel gegen Erbrechen.
GEBRAUCH
MEDIZIN Innerlich bei Husten mit dünnem, wässrigen Schleim, Gastritis, Übelkeit und Erbrechen. Häufig kombiniert mit *Zingiber officinale* (vgl. S. 373) bei Erbrechen, mit *Citrus reticulata* („Chen pi", S. 262), *Scutellaria baicalensis* (S. 351) oder *Coptis chinensis* (S. 266) bei Husten; mit *Glycyrrhiza uralensis* (S. 289), Kalziumkarbonat und Alaun als Expektorans. In chinesischen Arzneien kombiniert man es zur Verringerung seiner Toxizität mit *Zingiber officinale* (S. 373) oder *Glycyrrhiza uralensis*.

ANBAU UND ERNTE
ANBAU Winterharte Zierpflanze; humushaltige Böden in halbschattiger Lage. Vermehrung durch Tochterknollen im zeitigen Frühjahr. *P. ternata* breitet sich im Spätsommer (bei optimalen Bedingungen) durch Bulben stark wuchernd aus.
ERNTE Die Knollen werden im Sommer geerntet und zur Verwendung in Absuden getrocknet.
WARNHINWEIS Ein Verzehr hat schädigende Wirkung; reizt Haut, Augen und Schleimhäute.

PINUS Kiefer
(Pinaceae)

Alle Kiefern sind reich an Harzen und kampferartigen, ätherischen Ölen, darunter auch an Pinen, die eine stark antiseptische und anregende Wirkung haben. Kiefernöl wird aus vielen verschiedenen Arten gewonnen. Es ist ein weit verbreitetes Massageöl bei Muskelsteife, Ischias sowie Rheumatismus und wird in Dampfbädern bei Bronchialkongestion verwendet. In der traditionellen chinesischen Heilkunst greift man hauptsächlich auf die Arten *P. massoniana* und *P. tabuliformis* zurück. Wenn in chinesischen Texten von knorrigem Kiefernholz („Song jie") die Rede ist, bezieht sich das normalerweise auf die letztere. Es kommt im chinesischen Schrifttum erstmals bereits um das Jahr 500 n.Chr. als Mittel gegen Gelenkentzündung und Schmerzmittel vor. Von *P. massoniana* werden verschiedene Teile verwendet: die Nadeln bei Grippe und rheumatischer Arthritis; das Harz bei Ekzemen sowie Brandwunden und der Blütenstaub, der innerlich bei peptischem Ulkus, Schwindelgefühl und Gesichtsödem sowie äußerlich bei Furunkeln und Wunden eingesetzt wird. Ein versteinertes Kiefernharz (Bernstein, „Hu po") von fossilen Bäumen (*P. succinifera*, heute ausgestorben) dient zur Behandlung von Infektionen der Harnwege, Harnsteinen, Herzerkrankungen und Krämpfen im Kindesalter. Das klebrige Ölharz Terpentin zapft man von verschiedenen Arten, darunter *P. palustris* und *P. pinaster* (Strandkiefer). Es wird zur Herstellung von Terpentinöl oder -geist destilliert. Terpentinharz (Kolophonium) ist eine spröde, lichtdurchlässige Substanz, die bei der Terpentindestillation entsteht. In Griechenland nimmt man das Harz von *P. halepensis* (Aleppokiefer), um damit den Retsina zu harzen. Einige Kiefernarten bilden große, eßbare Samen, die man als „Kiefernkerne" kennt.

P. mugo var. *pumilio* (Latsche, Legföhre, Knieholz, Krummholz) S. 177

VERWENDBAR Öl.
EIGENSCHAFTEN Ein aromatisches, anregendes und antiseptisches Kraut, das schleimlösend wirkt, Bronchialkongestion und die Anschwellung der Nasenschleimhaut lindert sowie örtlich die Durchblutung verbessert.
GEBRAUCH
AROMA In Parfümen mit einer holzigen Duftnote.
MEDIZIN Innerlich und äußerlich bei Infektionen der oberen Atemwege, chronischer Bronchitis, Katarrh und Asthma; äußerlich bei Rheumatismus und Muskelsteife. WARNHINWEIS Diese Pflanze, insbesondere das daraus gewonnene Pumiliokiefernöl, unterliegt in einigen Ländern gesetzlichen Einschränkungen.

P. palustris (Sumpfkiefer)

Nadelbaum, hart bis -5° C, 30m hoch, Ausdehnung 5m, mit einer unregelmäßigen Krone, orangebrauner, schuppiger Borke sowie weißen, feuerfesten, bis zu 6cm dicken Knospen. Kommt in trockenen, sandigen Gebieten im Südosten der USA vor.

VERWENDBAR Öl (Terpentin), Harz (Kolophonium).
EIGENSCHAFTEN Ein aromatisches, antiseptisches Kraut, das die Durchblutung örtlich verbessert.
GEBRAUCH
MEDIZIN Äußerlich bei Furunkeln, Geschwüren, Bronchitis und Flechte (Harz), Rheumatismus und Muskelsteife (Öl, Harz).
WIRTSCHAFT Das Öl wird als Lösungsmittel verwendet; Harz für Lacke, Druckerfarbe, Siegellack sowie zur Behandlung der Bögen von Streichinstrumenten.

P. sylvestris (Gemeine Kiefer, Föhre, Waldkiefer, Forle, Forche, Sandkiefer) S. 177

VERWENDBAR Blätter, junge Triebe und Knospen; Teer, Öl.
EIGENSCHAFTEN Ein bitteres, aromatisches, wärmendes Kraut, das schleimlösend und harntreibend wirkt, die Durchblutung örtlich verbessert sowie einen stärkenden Effekt auf die Nerven ausübt. Es hat stark antiseptische Eigenschaften.
GEBRAUCH
MEDIZIN Innerlich bei Infektionen der Harn- und Atemwege sowie bei Gallenblasenbeschwerden; äußerlich bei Arthritis, Rheuma, schlechter Durchblutung, Ischias, Bronchitis, Katarrh, Nasennebenhöhlenentzündung, Asthma, Lungenentzündung, Nervenschmerz, Akne, Ermattung und Erschöpfung. Das Öl wird in der Aromatherapie bei verschiedenen Beschwerden angewendet; nicht an Patienten mit allergischen Hauterkrankungen verabreichen.
VARIANTE
***P. s.* 'Aurea'**, S. 177.

ANBAU UND ERNTE
ANBAU Winterharte Zierpflanze; gut entwässerte, neutrale bis saure Böden in sonniger Lage. *P. sylvestris* gedeiht sowohl auf sauren als auch auf alkalischen Böden. *P. palustris* verträgt Trockenheit und nährstoffarme Böden, braucht aber Wärme und Luftfeuchtigkeit. Vermehrung durch Aussaat im Herbst oder Frühjahr (nur Arten und Varianten); durch Absenker (*P. m.* var. *pumilio*); durch Veredeln. Abgestorbene Zweige im Winter entfernen. Haupttriebe einkürzen. Das Laub kann durch Fichtenläuse, Raupen der Kieferneule, Blattwespenlarven, Brand, Wipfeldürre, *Botrytis* und Rost geschädigt werden. Die vom Hallimasch befallenen Bäume sterben gelegentlich ab.
ERNTE Blätter und junge Triebe in der Wachstumszeit sammeln und in der Regel frisch für Absude und Sirup verwenden *(P. sylvestris)*. Das Harz wird durch vertikale Einschnitte in die Rinde und Auffangen des Exudats gewonnen; Öl wird destilliert bzw. durch Lösungsmittel aus Holz und Rinde extrahiert *(P. palustris)*.

PIPER Pfeffer
(Piperaceae)

Der Pfeffer ist eines der wichtigsten Gewürze und war für lange Zeit auch eines der wertvollsten. Der Westgotenkönig Alarich forderte während der Belagerung Roms (410 n.Chr.) riesige Mengen davon als Lösegeld. Indien ist heute der Hauptproduzent; Pfeffer macht ein Viertel des weltweiten Gewürzhandels aus. Die meisten Pfefferarten werden wegen ihrer Früchte angebaut. Diese sind reich an ätherischen Ölen und scharfen Piperidinalkaloiden. Die Pfefferkörner von *P. guineense* (Aschantipfeffer) sind mild im Geschmack und seine Blätter werden als Ersatz für *P. betle* im Betelkautabak verwendet. *P. methysticum* (Kawapfeffer, Rauschpfeffer) ist eine ungewöhnliche Pflanze, denn ihre Wurzeln wiegen 5,5-7,3 kg. *P. auritum* und *P. angustifolia* sind tropische amerikanische Arten und werden wegen ihrer Blätter angebaut. Die des ersteren ähneln im Geschmack dem Spinat. In der mexikanischen und guatemaltekischen Küche dienen sie als Gewürz. Die letztere ist eine adstringierende, blutstillende Pflanze mit einem teeähnlichen Aroma. Aus ihr sind Präparate gegen Hämorrhoiden, Blutungen und Ausfluß erhältlich. Außer *P. nigrum* werden noch viele andere Arten wegen ihrer Früchte angebaut, allerdings eignen sich nur *P. longum* und *P. retrofractum* als hinlänglich ähnlich schmeckender Ersatz. Rosafarbene Pfefferkörner stammen von *Schinus terebinthifolius*. Für dekorative Zwecke mischt man diese häufig mit grünen, schwarzen und weißen Pfefferkörnern. Sie besitzen einen harzigen Geschmack und sind somit kein Ersatz.

P. betle (Betelpfeffer) S. 178

Verwendbar Blätter, Öl.
Eigenschaften Ein aromatisches, antibakterielles, stimulierendes Kraut mit einem gewürznelkenähnlichen Geschmack; es verstärkt den Speichelfluß und kann vor Darmparasiten schützen.
Gebrauch
Aroma Die Blätter werden zumeist um Betelnüsse (Samen von *Areca catechu*, vgl. S. 241) gewickelt.
Medizin In den Ursprungsländern wird er in nur unbedeutendem Maße medizinisch angewendet, z.B. äußerlich bei Katarrh, Diphtherie, Brustabszessen (Öl); in Indonesien als Pessar nach der Entbindung.

P. cubeba (Kubebenpfeffer) S. 178

Verwendbar Früchte, Öl.
Eigenschaften Ein bitteres, antiseptisches, stimulierendes Kraut mit einem scharfen, pimentähnlichen Geschmack. Es verfügt über eine schleimlösende und harntreibende Wirkung und fördert die Verdauung.
Gebrauch
Küche In der indonesischen Küche verwendet man die getrockneten, unreifen Früchte.
Medizin Innerlich bei Husten, Bronchitis, Nasennebenhöhlenentzündung, Infektionen des Rachenraums und des Urogenitalsystems, schlechter Verdauung und bei Amöbenruhr.
Wirtschaft Das Öl dient kommerziell als Geschmacksstoff für Eingelegtes, Saucen, Magenbitter und Tabak.

P. longum S. 178

Verwendbar Früchte („Bi ba").
Eigenschaften Ein aromatisches, antibakterielles, scharfes, stimulierendes Kraut, das die Verdauung fördert und über eine dekongestive, antibiotische und schmerzstillende Wirkung verfügt.
Gebrauch
Küche Die Fruchtbüschel verwendet man im Ganzen in Curries und für Pickles.
Medizin In der traditionellen chinesischen Heilkunst innerlich bei Magenverkühlung, Erbrechen, saurem Rückfluß, Kopfschmerz und Rhinitis; in der ayurvedischen Medizin bei Erkältungen, Asthma, Bronchitis, Arthritis, Rheumatismus, Hexenschuß, Ischias, Epilepsie, Verdauungsstörungen und Blähungen; äußerlich in der traditionellen chinesischen Medizin bei Zahnschmerz. Kombiniert mit *P. nigrum* und *Zingiber officinale* (vgl. S. 373) als „Trikatu", ein ayurvedisches Mittel bei Kältezuständen.

P. methysticum (Kawapfeffer, Rauschpfeffer)

Empfindlicher, aufrechter Strauch, 3-7m hoch, Ausdehnung 2-5m, mit kräftigen Rhizomen. An etwa 7,5cm langen Ähren bilden sich kleine Blüten; im polynesischen Hochland zu Hause.

Verwendbar Wurzeln, Rhizome.
Eigenschaften Ein bitteres, sehr scharfes, wärmendes Kraut. Es wirkt harntreibend, schmerz- sowie krampflösend und stimuliert Kreislauf und Nerven.
Gebrauch
Medizin Innerlich bei Infektionen des Urogenitalsystems, Gallenblasenbeschwerden, Arthritis und Rheumatismus; äußerlich bei Gelenkschmerzen; nicht an Schwangere verabreichen. Übermäßiger Gebrauch führt zu krankhaftem Stupor.

P. nigrum (Pfefferstrauch) S. 178

Verwendbar Früchte („Hu jiao").
Eigenschaften Ein scharfes, aromatisches und wärmendes Kraut, das Fieber senkt und die Verdauung verbessert. In der westlichen und ayurvedischen Medizin wird es als stimulierendes Expektorans betrachtet, in der chinesischen Heilkunst als Beruhigungsmittel; auch als Mittel gegen Brechreiz.
Gebrauch
Küche Schwarze und weiße Pfefferkörner sind getrocknete unreife bzw. reife Beeren; sie verleihen den meisten würzigen Speisen einen pikanten Geschmack. Gemahlener weißer Pfeffer ist nicht ganz so aromatisch. Resedapfeffer (auch als „grauer Pfeffer" bezeichnet) ist eine Mischung aus gemahlenen weißen und schwarzen Pfefferkörnern. Grüne Pfefferkörner sind frisch und unreif.
Medizin In der westlichen Medizin innerlich bei Verdauungsstörungen und Blähungen; in der chinesischen Heilkunst bei Magenverkühlung, Lebensmittelvergiftungen (durch Fisch, Fleisch, Krebse oder Pilze), Cholera, Ruhr, bei durch Erkältung ausgelöstem Durchfall und Erbrechen. In der ayurvedischen Heilkunst äußerlich, mit „Ghee" gemischt, bei Nasenschleimhautanschwellung, Nasennebenhöhlenentzündung, Epilepsie und Hautentzündungen.

Anbau und Ernte

Anbau Empfindliche Kulturpflanze; reiche, entwässerte Böden in leicht schattiger Lage bei hoher Luftfeuchtigkeit *(P. longum, P. nigrum)*. Reiche tiefe Böden, auch schwere Lehmböden, mit reichlich Feuchtigkeit und Schatten *(P. betle, P. cubeba)*; durchlässige, steinige Böden mit reichlich Wasser in schattiger Lage *(P. methysticum)*. Alle benötigen mindestens 15-18° C. Die Pflanzen werden in der Regel im Frühbeet gezogen. Vermehrung durch halbreife Stecklinge im Sommer. Schwache oder überzählige Stengel im Spätwinter bzw. im zeitigen Frühjahr vor dem Neuaustrieb entfernen. Bei *P. nigrum* die jungen Pflanzen mehrmals im Jahr auf 30cm zurückschneiden, um den Wuchs der Seitentriebe zu stimulieren, wobei die 10 stärksten erhalten bleiben und an jedem Knoten zusammengebunden werden. Ausgewachsene Pflanzen sind regelmäßig auf 4m zu stutzen.
Ernte Blätter bei Bedarf pflücken, im Dunkeln bleichen, für Extrakte trocknen oder ganz verwenden *(P. betle)*. Wurzeln bei Bedarf ernten und frisch verwenden bzw. für Absude, Extrakte, Pulver und Tabletten *(P. methysticum)* trocknen. Früchte unreif pflücken und für Ölharz oder Öl destillieren bzw. für die Weiterverwendung in Extrakten, Pulvern und Tinkturen *(P. cubeba)* trocknen. Fruchtbüschel pflückt man unreif und trocknet diese, um sie dann ganz, gemahlen oder in Absuden *(P. longum)* zu verwenden. Die Früchte von *P. nigrum* unreif pflücken und frisch, sauer eingelegt (grüne Pfefferkörner) oder getrocknet (grüne, schwarze Pfefferkörner) verwenden; oder man pflückt sie reif und fermentiert sie 8 Tage lang, bevor sie getrocknet werden (weiße Körner).

PISCIDIA
(Leguminosae)

Zu dieser Gattung gehören etwa acht Arten von Bäumen, die in Mittelamerika, auf den karibischen Inseln und in Florida vorkommen. *P. piscipula* wurde 1690 aus der Karibik nach Europa eingeführt. Im 19. Jahrhundert war sie eine beliebte Treibhauspflanze. Heute ist sie nur noch selten anzutreffen. Der Gattungsname ist von lateinisch *piscis*, „Fisch", und *caedere*, „töten", abgeleitet und bezieht sich auf die Verwendung dieser Pflanzen durch Nordamerikas Indianer. Die damit betäubten Fische kommen an die Wasseroberfläche und können leichter gefangen werden. Die *Piscidia*-Arten sind mit *Lonchocarpus* verwandt, einer viel größeren Gattung. Auch diese enthält die als Fischgift wirksamen Rotenoide und ihre Arten sehen denen von *Piscidia* auch ähnlich. Unter den Rotenoiden, die den Fisch betäuben, das Fleisch aber eßbar belassen, befindet sich Rotenon, ein starkes Insektizid, das für kommerzielle Zwecke aus der ostindischen Hülsenfrucht *Derris elliptica* extrahiert wird.

P. piscipula, syn. *P. erythrina*

Empfindlicher Laubbaum, 15m hoch, mit gefiederten, geteilten und bis zu 24cm langen Blättern. Vor den neuen Blättern bilden sich im Frühjahr blaurote bis weiße, rotgestreifte Blüten an Rispen, aus denen geflügelte, bis 7cm lange Hülsen entstehen; wächst in trockenen Wäldern in Südflorida und der Karibik.

Verwendbar Rinde.
Eigenschaften Ein bitteres, scharfes, beruhigendes Kraut mit einem opiumähnlichen Aroma. Es löst Krämpfe und lindert Husten und Schmerzen.
Gebrauch
Medizin Innerlich bei Keuchhusten, Asthma, Nervenschmerzen, Migräne, nervöser Erschöpfung, Zahnschmerzen, Schlaflosigkeit, Menstruationsschmerzen, drohender Fehlgeburt und Schmerzen nach der Entbindung. Kombiniert mit *Viburnum prunifolium* (vgl. S. 369) bei gynäkologischen Problemen; mit *Passiflora incarnata* (S. 323), *Humulus lupulus* (S. 294) bzw. *Valeriana officinalis* (S. 367) bei schweren Symptomen nervöser Spannung, z.B. bei Herzklopfen und Panikanfällen; nicht an Patienten mit Herzinsuffizienz oder Schwangere verabreichen. Nur durch Qualifizierte zu verwenden.

Anbau und Ernte

Anbau Empfindliche Kulturpflanze; tiefe, gut entwässerte Böden in sonniger Lage mit hoher Luftfeuchtigkeit (mindestens 16-18° C). Vermehrung durch Aussaat der Samen im Frühjahr; durch halbreife Stecklinge im Sommer. Nach der Blüte zurückschneiden, um das Wachstum zu zügeln.
Ernte Rinde bei Bedarf sammeln; für die Verwendung in Extrakten und Pulvern trocknen.

PISTACIA Pistazie
(Anacardiaceae)

P. lentiscus enthält das stark antiseptisch wirkende ätherische Öl Pinen, das eigentlich für *Pinus*-Arten (vgl. S. 329) typisch ist. Im ersten Jahrhundert v.Chr. nannte Theophrast *P. terebinthus* als Quelle für das klebrige Ölharz Terpentin, das heute zumeist aus verschiedenen Nadelbäumen gewonnen wird, z.B. *Pinus palustris* (vgl. S. 329). Die in der Aromatherapie verwendete Essenz wird durch Destillation des Terpentins von *P. terebinthus* hergestellt. Bei Fioravanti-Balsam handelt es sich um ein mit antirheumatischen Substanzen und Alkohol destilliertes Terpentinpräparat.

P. lentiscus (Mastix-, Pistakistrauch) S. 178

VERWENDBAR Harz, Öl.
EIGENSCHAFTEN Ein aromatisches, stimulierendes und antiseptisches Kraut mit einem kiefernähnlichen Aroma. Es wirkt harntreibend sowie schleimlösend und stillt Blutungen.
GEBRAUCH
MEDIZIN Äußerlich bei Furunkeln, Geschwüren, Bronchitis, Flechte und Muskelsteife.
WIRTSCHAFT Harz und Öl werden als Fixiermittel bei der Parfümherstellung eingesetzt und auch für das griechische Konfekt „Masticha" verwendet. Das Harz findet Verwendung in Farben, Lacken und beim Versiegeln von Objektträgern für Mikroskope.

P. terebinthus (Terpentinpistazie) S. 178

VERWENDBAR Harz, Essenz.
EIGENSCHAFTEN Ein bitteres, aromatisches und antiseptisches Kraut mit schleimlösenden Eigenschaften, das Krämpfe löst, Blutungen stillt, den Heilprozeß fördert und gegen verschiedene Parasiten hilft.
GEBRAUCH
MEDIZIN Innerlich bei chronischen Bronchialinfektionen, Streptokokken-, Harnweg- und Niereninfektionen, Blutungen, Gallensteinen, Bandwurm und Rheumatismus; äußerlich bei Arthritis, Ischias, Gicht, Krätze und Läusen.

ANBAU UND ERNTE
ANBAU Empfindliche Kulturpflanze; durchlässige bis trockene, sandige oder steinige, alkalische Böden in sonniger Lage, mindestens 10° C. Vermehrung durch Aussaat im Frühjahr; durch halbreife Stecklinge im Sommer. Im Frühjahr stutzen.
ERNTE Harz wird aus Einschnitten in die Rinde etwa vom Hochsommer bis zur Mitte des Herbstes gewonnen und für Pulver getrocknet *(P. lentiscus)* bzw. zu Öl oder Essenz destilliert *(P. lentiscus, P. terebinthus).*

PLANTAGO Wegerich
(Plantaginaceae)

Verschiedene Arten des Wegerich werden medizinisch genutzt, von denen teils die Blätter, teils die Samen von Bedeutung sind. Die Blätter enthalten in der Hauptsache Tannine und iridoide Glykoside, darunter insbesondere das Aukubin, welches die Harnsäureabsonderung der Nieren anregt. Samen des Wegerich enthalten bis zu 30% Schleim, der in den Eingeweiden schwillt und somit stark abführend und zugleich beruhigend auf die gereizten Membrane wirkt. Für gewisse Präparate verwendet man nur die Samenhülsen. *P. asiatica* (der chinesische Wegerich) ist *P. major* in Aussehen und Chemie sehr ähnlich. *P. ovata* hat rosa- bzw. graubraune Samen. Sie können medizinisch als Ersatz für die von *P. psyllium* (Flohkraut) dienen. Andere Arten, darunter *P. indica* und *P. arenaria* (Sandwegerich), finden medizinisch ebenfalls vielfältig Verwendung.

P. asiatica, syn. *P. major* var. *asiatica* (Asiatischer Breitwegerich) S. 178

VERWENDBAR Gesamte Pflanze („Che qian cao"), Samen („Che qian zi").
EIGENSCHAFTEN Ein kühlendes Kraut, harntreibend schleimlösend; stillt Blutungen und hilft bei Husten.
GEBRAUCH
MEDIZIN Innerlich bei Beschwerden, die mit „Überhitzung" einhergehen, wie z.B. bei akuten Infektionen der Lunge oder der Harnwege, Hepatitis oder Furunkeln (gesamte Pflanze); Harnbeschwerden, Durchfall, Husten mit übermäßiger Schleimbildung, Bindehautentzündung und Schwindel (Samen).
VARIANTE
***P. a.* 'Variegata'**, S. 179.

P. major (Großer Wegerich, Breitwegerich) S. 179

VERWENDBAR Blätter.
EIGENSCHAFTEN Ein adstringierendes, harntreibendes und schleimlösendes Kraut, es fördert den Heilprozeß und hilft bei bakteriellen Infektionen.
GEBRAUCH
MEDIZIN Innerlich bei Durchfall, Blutungen, Hämorrhoiden, Blasenentzündung, Bronchitis, Katarrh, Bindehautentzündung, Asthma, Heuschnupfen, Ohreninfektionen, Reizhusten und Magengeschwüren; äußerlich bei Wunden, Insektenstichen, Geschwüren, Augenentzündungen, Gürtelrose, Hämorrhoiden und Krampfadergeschwüren. Wird oft verwendet, um die Reizwirkung von Pflanzen abzuschwächen, die ätherische Öle enthalten.
VARIANTE
***P. m.* 'Rubrifolia'**, S. 179.

P. psyllium (Flohkraut) S. 179

VERWENDBAR Samen.
EIGENSCHAFTEN Ein süß schmeckendes, adstringierendes, kühlendes Kraut, das die Membrane feucht hält, Reizungen lindert und Verdauungsgifte absorbiert.
GEBRAUCH
MEDIZIN Innerlich bei Verstopfung und Durchfall. Äußerlich bei Hautreizung und entzündeten Augenlidern. In der ayurvedischen Medizin wird es mit Buttermilch bei Durchfall und warmer Milch bei Verstopfung angewendet.
WIRTSCHAFT Dient als Stärkemittel für Gewebe und ist in Gesichtsmasken enthalten.

ANBAU UND ERNTE
ANBAU Kulturpflanze *(P. asiatica, P. major, P. psyllium)*; Zierpflanze (*P. a.* 'Variegata', *P. m.* 'Rubrifolia'); winterhart. Gut entwässerte Böden in sonniger Lage *(P. asiatica, P. psyllium)*; feuchte Böden in sonniger oder halbschattiger Lage *(P. major)*. Letztere gedeiht auch in sandigen, kieseligen Böden. Vermehrung durch Aussaat im Frühjahr (Einjährige und Mehrjährige); durch Teilung im Frühjahr (nur Mehrjährige). *P. major* und seine Varianten samen leicht selbst aus und können sich aus Rabatten weiterverbreiten. *P. m.* 'Rubrifolia' behält durch Aussaat seine Eigenschaften.
ERNTE Die Pflanzen in der Wachstumszeit schneiden und dann frisch, als Saft oder getrocknet für Absude *(P. asiatica)* verwenden. Die Blätter vor der Blüte schneiden und für Aufgüsse, Flüssigextrakte und Tinkturen *(P. major)* trocknen; die reifen Samen für Absude und Pulver trocknen.

PLATYCLADUS
P. orientalis. Siehe *Thuja orientalis.*

PLATYCODON Ballonblume
(Campanulaceae)

P. grandiflorus wird in der traditionellen chinesischen Heilkunst schon seit langem verwendet und fand bereits während der Han-Dynastie (206 v.Chr.-23 n.Chr.) im chinesischen Schrifttum Erwähnung. Sie ist in vielen Markenarzneimitteln enthalten und wird als Hustentablette verkauft.

P. grandiflorus (Ballonblume) S. 179

VERWENDBAR Wurzeln („Jie geng").
EIGENSCHAFTEN Ein bitteres, scharfes, wärmendes Kraut, das die Bronchialgefäße erweitert. Es wirkt schleimlösend und hilft gegen viele krankheitserregende Organismen.
GEBRAUCH
KÜCHE Die Wurzeln werden als stärkendes Gemüse in Suppen verzehrt (Korea) oder sauer eingelegt.
MEDIZIN Innerlich bei Husten mit starker Schleimbildung, Erkältung, Bronchitis, Brustfellentzündung, Lungenabszeß; kombiniert mit *Glycyrrhiza uralensis* (vgl. S. 289) bei Racheninfektion.
VARIANTE
P. g.* var. *apoyama, S. 179.

ANBAU UND ERNTE
ANBAU Winterharte Zierpflanze; nährstoffreiche, gut entwässerte, sandige Böden in sonniger Lage. Vermehrung durch Aussaat im Herbst oder Frühjahr; durch grundständige Stecklinge nichtblühender Triebe im Sommer. Die Sämlinge am besten in der Ruhezeit im Winter auspflanzen.
ERNTE Wurzeln von 2- bis 3jährigen Pflanzen im Frühjahr oder Herbst ernten, schälen, frisch verwenden oder für Absude und Pulver trocknen.

PLECTRANTHUS
Harfenstrauch
(Labiatae/Lamiaceae)

P. amboinicus stammt aus Südostasien (vermutlich von der indonesischen Insel Ambon). *P. barbatus* ist vor einiger Zeit auf seine Wirkung auf Herz und Kreislauf wissenschaftlich untersucht worden.

P. amboinicus, syn. *Coleus amboinicus* S. 179

VERWENDBAR Blätter.
EIGENSCHAFTEN Ein stark aromatisches Kraut mit salbeiähnlichem Geschmack. Außer der Tatsache, daß es Entzündungen lindert, ist über seine Wirkung wenig bekannt.
GEBRAUCH
KÜCHE Die Blätter werden als Tee aufgegossen und Bohnen, Salaten und stark riechendem Fleisch oder Fisch beigegeben.
MEDIZIN Innerlich bei Bronchitis, Asthma und Schmerzen nach der Geburt. Äußerlich bei Kopfschmerz, Wunden, Verbrennungen und Skorpionstichen (Indonesien).

P. barbatus, syn. *Coleus barbatus*, *C. forskohlii* S. 180

VERWENDBAR Gesamte Pflanze.
EIGENSCHAFTEN Ein aromatisches Kraut, das die Herzkontraktion und Blutgerinnung beeinflußt.
GEBRAUCH
AROMA Die Blätter haben ein starkes, kampferähnliches Aroma und werden zum Einreiben des Körpers zur Hautreinigung und als Deodorant benutzt.
MEDIZIN Es wird erforscht, ob man es zur Behandlung kongestiver Herz- und chronischer Bronchialerkrankungen einsetzen kann.

ANBAU UND ERNTE
ANBAU Empfindliche Zier- *(P. amboinicus)* oder Kulturpflanze *(P. barbatus)*; leichte, nährstoffreiche, durchlässige Böden in sonniger oder halbschattiger Lage, mindestens 10-15° C. Für ausreichend Feuchtigkeit in der Wachstumszeit sorgen, im Winter allerdings trocken halten. Vermehrung durch Triebstecklinge oder Teilung im Frühjahr oder Sommer; Spitzen zur Anregung eines buschigen Wuchses in der Wachstumszeit abknipsen; Rückschnitt wuchernder Pflanzen im Frühjahr.
ERNTE Die Pflanzen werden während der Wachstumszeit geschnitten und kommerziell weiterverarbeitet *(P. barbatus)*; Blätter von *P. amboinicus* bei Bedarf pflücken und frisch verwenden.

PODOPHYLLUM Maiapfel
(Berberidaceae)

Podophyllum-Arten enthalten Lignane. Von ihnen sind Podophyllotoxin sowie ein Harz, das unter dem Namen Podophyllin bekannt ist, am wichtigsten. Aus diesen Substanzen werden sehr wirksame Arzneimittel gegen Tumore gewonnen. Sie sind ausgesprochen zelltoxisch und verursachen den Tod des Fötus, wenn Schwangere sie einnehmen. Die Indianer wendeten *P. peltatum* auf verschiedene Weise an: in kleinsten Dosen als Brech-, Abführ- und Wurmmittel sowie als Lebertonikum; äußerlich zum Entfernen von Warzen.

P. peltatum S. 180

VERWENDBAR Rhizome, Harz.
EIGENSCHAFTEN Ein scharfes, ätzendes Kraut mit unangenehmem Geruch, das eine krebshemmende und antivirale Wirkung hat. Es ist ein drastisches Abführmittel.
GEBRAUCH
MEDIZIN Innerlich bei bestimmten Krebsarten; äußerlich bei venerischen und anderen Warzen. Nicht an Schwangere verabreichen.
WARNHINWEIS Diese Pflanze unterliegt in fast allen Ländern gesetzlichen Einschränkungen.

ANBAU UND ERNTE
ANBAU Winterharte Zierpflanze; humusreiche, feuchte Böden, pH-Wert 4,0-7,0; in geschützter, halbschattiger Lage. In kalten Gegenden können junge Blätter durch Fröste geschädigt werden. Vermehrung durch Aussaat im Herbst oder Frühjahr; durch Teilung im Frühjahr.
ERNTE Die Rhizome werden im Herbst geerntet und für die Weiterverarbeitung zu Tinkturen sowie die kommerzielle Harzextraktion getrocknet.
WARNHINWEIS Hochgiftig bei Verzehr; der Umgang kann systemische Vergiftung bewirken.

POGOSTEMON
(Labiatae/Lamiaceae)

Patschuli-Öl wird aus verschiedenen und nicht immer miteinander verwandten Arten hergestellt. Aus *P. heyneanus* gewinnt man ein hervorragendes Öl, auch als „Java-Patschuli" oder „Dilem" bekannt. Zu den anderen Quellen gehören *P. comosus, Microtaena cymosa* und *Plectranthus patchouli.*

P. cablin, syn. *P. patchouli* (Patschulipflanze) S. 180

VERWENDBAR Blätter, Öl.
EIGENSCHAFTEN Ein adstringierend wirkendes, antiseptisches, wärmendes Kraut mit einem langanhaltenden, durchdringenden Aroma. Es wirkt harntreibend, senkt Fieber, verbessert die Verdauung, stillt Erbrechen, hat eine stärkende und beruhigende Wirkung auf das Nervensystem und ist angeblich ein Aphrodisiakum.
GEBRAUCH
AROMA Das Öl besitzt eine große Bedeutung in der Parfümherstellung.
MEDIZIN Innerlich bei Erkältungen, Kopfschmerz, Übelkeit, Erbrechen, Bauchschmerzen und Durchfall. Äußerlich bei Mundgeruch, Hautpilzen, nässendem Ekzem, Akne, rissiger Haut und Eiterflechte. In der Aromatherapie bei nervöser Erschöpfung, Depression, auf Streß zurückzuführende Beschwerden, bei geringer Libido und Frigidität.

ANBAU UND ERNTE
ANBAU Empfindliche Kulturpflanze; nährstoffreiche, feuchte Böden bei hoher Luftfeuchtigkeit, nicht kälter als 16-18° C. Vermehrung durch Aussaat der Samen, falls vorhanden, im Frühjahr (die Pflanzen setzen selten Samen an); durch Grünstecklinge mit einem Keil (gebräuchlichste Methode) im späten Frühjahr; durch Teilung im Frühjahr oder Herbst. Im Frühjahr ausknipsen.
ERNTE Blätter zwei- bis dreimal im Jahr ernten und für die Öldestillation trocknen.

POLEMONIUM Jakobsleiter, Sperrkraut
(Polemoniaceae)

P. caeruleum und *P. reptans* werden auch „Griechischer Baldrian" genannt, obwohl beide mit dem echten Baldrian (*Valeriana officinalis*, vgl. S. 367) nicht verwandt sind und über völlig andere medizinische Eigenschaften verfügen. Allerdings haben auch diese Pflanzen eine anziehende Wirkung auf Katzen, die sich mit offensichtlichem Vergnügen darin rollen. Im antiken Griechenland verschrieb man *P. caeruleum* in Wein bei Ruhr, Zahnschmerz und giftigen Bißwunden oder Stichen. In verschiedene europäische Arzneibücher ist die Pflanze als *Herba valerianae graeca* eingegangen und galt als vorwiegend bei Tollwut und Syphilis anzuwendendes Kraut. Da sie als Zierpflanzen leicht zu ziehen sind, trifft man in Kräutergärten verbreitet auf *P. caeruleum* und *P. reptans.* Für medizinische Zwecke nutzt man sie heute nur noch selten. *P. caeruleum* ist eine sehr variantenreiche Art mit einer großen Anzahl benannter Varianten.

P. caeruleum (Blaues Sperrkraut) S. 180

VERWENDBAR Gesamte Pflanze.
EIGENSCHAFTEN Ein leicht bitteres, geruchloses, adstringierendes Kraut, das die Hautatmung verstärkt.
GEBRAUCH
MEDIZIN Früher innerlich für diverse Zustände wie Kopfschmerzen, Fieber und Epilepsie verwendet.
VARIANTE
***P. c.* 'Album'**, S. 180.

P. reptans S. 180

VERWENDBAR Rhizome.
EIGENSCHAFTEN Ein leicht bitteres, scharfes, adstringierend wirkendes Kraut, das die Hautatmung verstärkt und schleimlösend sowie blutreinigend wirkt.
GEBRAUCH
MEDIZIN Innerlich bei Husten, Erkältungen, Bronchitis, Kehlkopfentzündung, Tuberkulose, fiebrigen und entzündlichen Zuständen, z.B. Hauterkrankungen bzw. giftigen Bißwunden oder Insektenstichen. Wird heute kaum noch verwendet.
VARIANTE
***P. r.* 'Pink Beauty'**
Diese Sorte, mit einer Höhe von 15-30cm und einer Breite von 38cm ist winterhart bis -15° C und besitzt rosa Blüten.

ANBAU UND ERNTE
ANBAU Winterharte Zierpflanze; feuchter Boden in Sonne oder Halbschatten. *P. caeruleum* verträgt auch alkalische Böden; *P. reptans* bevorzugt humusreiche Böden. Vermehrung durch Aussaat im Frühjahr; Teilung im Frühjahr. Sorten, aus Samen gezogen, behalten ihre Eigenschaften nicht. Falls keine Samen benötigt werden, sind nach der Blüte die Blütenstengel zurückzuschneiden. Unter guten Bedingungen samt *P. caeruleum* stark selbst aus.
ERNTE Die Pflanzen *(P. caeruleum)* im Sommer schneiden und für Aufgüsse verwenden. Die Rhizome *(P. reptans)* erntet man im Winter und trocknet diese für Absude und Tinkturen.

POLYGALA Kreuzblume
(Polygalaceae)

Zu dieser umfangreichen Gattung gehören etwa 500 Arten Einjähriger, Stauden, Sträucher und Bäume, die fast über die ganze Welt verbreitet sind. Einige von ihnen werden als Zierpflanzen angebaut. Die medizinisch nutzbaren Arten haben aber als Gartenpflanzen kaum einen Wert. Die nordamerikanischen Seneca-Indianer kannten *P. senega* als Gegenmittel bei Bissen von Klapperschlangen. Der schottische Arzt John Tennent entdeckte um 1735, daß die Symptome von Schlangenbissen denen der Rippenfellentzündung und den späten Stadien der Lungenentzündung ähnlich sind. Versuche, die Pflanze bei respiratorischen Erkrankungen einzusetzen, erwiesen sich als überaus erfolgreich, so daß sie ab 1740 in Europa angebaut und weithin verwendet wurde. In der traditionellen chinesischen Heilkunst findet *P. tenuifolia* erstmals in der frühen Han-Zeit (206 v.Chr.-23 n.Chr.) Erwähnung. *P. senega* und *P. tenuifolia* enthalten ähnliche Wirkstoffe. Die europäische und die chinesische Medizin machen aber davon sehr unterschiedlich Gebrauch. Die europäische *P. vulgaris* (Gemeine

Kreuzblume) verfügt über ähnliche, aber weniger wirksame Eigenschaften.

P. senega

Mehrjährige, winterhart bis -5° C, 45cm hoch bzw. breit, mit dicken Wurzeln und bis zu 5cm langen linealisch-lanzettförmigen Blättern. Im Sommer bilden sich an endständigen Trauben kleine weiße Blüten. Heimisch in steinigen, trockenen Wäldern in den meisten Bergregionen Nordamerikas.

Verwendbar Wurzeln.
Eigenschaften Ein bitteres, scharfes, wärmendes Kraut von schleimlösender Wirkung, das den Speichelfluß und die Hautatmung verstärkt.
Gebrauch
Medizin Innerlich bei Bronchitis, Katarrh, Asthma und Krupp. Übermäßiger Gebrauch führt zu Durchfall und Erbrechen; äußerlich bei Rachenentzündung und Schlangenbissen.

P. tenuifolia

Mehrjährige, winterhart bis -15° C, 25cm hoch und breit, mit dünnen Stengeln und geraden Blättern. An den Seitenzweigen erscheinen hellviolette bis blaue Blüten. Auf trockenen Wiesen und steinigen Hängen in Sibirien, der Mongolei und China heimisch.

Verwendbar Wurzeln („Yuan zhi“).
Eigenschaften Ein scharfes, bitteres und wärmendes Kraut, das den Blutdruck senkt sowie antibakteriell, schleimlösend und beruhigend wirkt. Es hat vor allem eine die Herz- und Nierentätigkeit stärkende Wirkung.
Gebrauch
Medizin Innerlich bei Bronchitis, Husten mit übermäßiger Schleimbildung, Schlaflosigkeit, Herzklopfen, schlechtem Erinnerungsvermögen, Angst, Depression und nervöser Spannung; äußerlich bei Furunkeln und Karbunkeln. Kombiniert mit *Glycyrrhiza uralensis* (vgl. S. 289) für Husten bei Rauchern.

Anbau und Ernte

Anbau Frost- *(P. senega)* oder winterharte *(P. tenuifolia)* Kulturpflanze; gut entwässerte, Feuchtigkeit haltende Böden in sonniger oder halbschattiger Lage. Vermehrung durch Aussaat im Frühjahr; durch Grünstecklinge im Frühjahr; durch halbreife Stecklinge im Spätsommer.
Ernte Wurzeln im Herbst ernten und für die Verwendung in Absuden, konzentrierten Aufgüssen, Flüssigextrakten, Pulvern und Tinkturen trocknen.

POLYGONATUM Salomonsiegel (Liliaceae/Convallariaceae)

Mehrere Quellen nennen *P. multiflorum* und nicht *P. odoratum* als die medizinisch verwendbare Art. Da es sich bei den meisten angebauten Pflanzen aber um Hybriden aus beiden handelt, unterscheiden sie sich vermutlich nur unwesentlich in ihren Bestandteilen.

P. odoratum, syn. *P. officinale* (Salomonsiegel) S. 181

Verwendbar Rhizome („Yu zhu“).
Eigenschaften Ein bittersüßes, adstringierendes und kräftigendes Kraut, das schleimlösend sowie entgiftend wirkt und Entzündungen lindert.
Gebrauch
Medizin In der chinesischen Medizin innerlich bei Herzerkrankungen, Tuberkulose, Reizhusten, trok-

kenem Rachenraum bei Diabetikern und zur Sekretionsförderung von Körperflüssigkeit. In der westlichen Kräuterkunde innerlich bei Husten und Magenreizung; äußerlich bei Brüchen, Quetschungen, Hämorrhoiden und Verrenkungen. In der ayurvedischen Medizin innerlich als Verjüngungsmittel und Aphrodisiakum; eines von 8 Wurzelkräutern, „Ashtavarga“, die bei Unfruchtbarkeit, unzureichender Milch, chronischer auszehrender Krankheit und Blutungsstörungen bei Nierenschwäche eingesetzt werden. Sie wird häufig mit warmer Milch und „Ghee“ als Tonikum verabreicht.
Variante
P. o. **'Variegatum'**, S. 181.

Anbau und Ernte

Anbau Winterharte Zierpflanze; gut entwässerte, feuchte, humusreiche Böden in halbschattiger Lage bzw. sonnig mit der Möglichkeit eines kühlen Wurzelverlaufs; Vermehrung durch Aussaat im Herbst; durch Teilung im zeitigen Frühjahr.
Ernte Die Rhizome werden im Herbst geerntet und frisch für Tinkturen und Salben verwendet bzw. für eine Weiterverwendung in Absuden oder Pulvern getrocknet.
Warnhinweis Alle Pflanzenteile, besonders die Beeren, wirken bei Verzehr schädigend.

POLYGONUM Knöterich (Polygonaceae)

P. bistorta wurde einst wegen ihrer gewundenen, schlangenähnlichen Rhizome als „Serpentaria“ bezeichnet. Auch *P. hydropiper* (Wasserpfeffer) verwendet man medizinisch, vorwiegend beim Ausbleiben der Menstruation. *P. multiflorum* wirkt kräftigend auf Nieren und Leber. In China ist sie eine der wichtigsten Pflanzen mit stärkender Wirkung und wird schon seit alters verwendet. Im Chinesischen bedeutet ihr Name „schwarzhaariger Herr“, was auf ihren Ruf als Haarwuchsmittel hinweist. Das empfindliche, feuchtigkeitsliebende *P. odoratum* ist in der Erscheinung dem *P. hydropiper* ähnlich und wird in Südostasien medizinisch sowie als Küchenkraut genutzt. Es besitzt ein Zitronen-Koriander-Aroma.

P. bistorta, syn. *Persicaria bistorta* (Wiesen-, Schlangenknöterich) S. 181

Verwendbar Rhizome.
Eigenschaften Ein adstringierendes, beruhigendes und kühlendes Kraut, das Entzündungen hemmt, bei Durchfall und Blutungen hilft und den Heilvorgang beschleunigt.
Gebrauch
Medizin Innerlich bei Durchfall (besonders bei Säuglingen), Cholera, Ruhr, Katarrh, Blasenentzündung, Colitis mukomembranosa und sehr starker Menstruation. Äußerlich bei Rachen- und Mundhöhlenentzündung, Scheidenausfluß, Analfissur, eiternden Wunden, Hämorrhoiden, Mundgeschwüren und Gaumenerkrankungen; läßt sich bei Durchfall gut mit *Geranium maculatum* (vgl. S. 288), *Agrimonia eupatoria* (S. 231) bzw. *Quercus robur* (S. 338) kombinieren.

Variante
P. b. **'Superbum'**, S. 181.

P. multiflorum

Laubwechselnde Kletterpflanze, hart bis -15°C, 7-10m hoch, mit knollentragenden Rhizomen, in der Jugend roten Stengeln und hellgrünen, bis zu 7cm langen, eiförmigen Blättern. An 20-24cm langen schlanken Rispen bilden sich im Herbst weiße oder rosagefärbte Blüten, denen dreigeteilte Früchte folgen; in Südwestchina beheimatet.

Verwendbar Wurzeln („He shou wu“, „Fo ti“), Stengel („Shou wou teng“).
Eigenschaften Ein bittersüßes, adstringierendes, leicht wärmendes Kraut, das eine kräftigende und verjüngende Wirkung auf die Leber sowie auf das Fortpflanzungs-, Harn- und Kreislaufsystem hat. Es senkt Blutzucker- und Cholesterinspiegel, entgiftet und hilft gegen viele bakterielle Infektionen.
Gebrauch
Medizin Innerlich bei Menstruations- und Menopausebeschwerden, geringer Nieren- und Lebertätigkeit, Verstopfung bei Älteren, geschwollenen Lymphdrüsen und hohem Cholesterin (Wurzeln), Schlaflosigkeit und Nervenschwäche (Stengel); äußerlich bei blutenden Wunden und Verletzungen (Wurzeln) sowie bei Flechte (Wurzeln und Stengel). In der chinesischen Medizin werden die Wurzeln mit *Panax ginseng* (vgl. S. 321) und *Angelica polymorpha* var. *sinensis* (S. 238) als Tonikum kombiniert. Übermäßiger Gebrauch kann Hautausschlag und Taubheit der Extremitäten bewirken.

Anbau und Ernte

Anbau Winterharte Zier- (*P. bistorta, P. b.* 'Superbum') oder Kulturpflanze *(P. multiflorum)*; nährstoffreiche, feuchte Böden in sonniger oder halbschattiger Lage. *P. multiflorum* benötigt zusätzlich Torf, Sand und Komposterde sowie Schutz vor Unwettern. Vermehrung durch Aussaat oder Teilung im Herbst oder Frühjahr; durch halbreife Stecklinge im Sommer *(P. multiflorum)*, die sich in Erde oder Wasser leicht bewurzeln lassen. Im Frühjahr bis auf 30cm über der Erde zurückschneiden *(P. multiflorum)*. Blattläuse können Jungpflanzen von *P. multiflorum* befallen.
Ernte Rhizome *(P. bistorta)* im Herbst ernten und für eine Weiterverwendung in Absuden, Aufgüssen, Flüssigextrakten, Pulvern und Tinkturen trocknen; ebenso die Wurzeln von *P. multiflorum*: für Absude, Extrakte, Pillen, Pulver, Umschläge und Tinkturen. Wenn die Pflanzen 3-4 Jahre alt sind, werden die Wurzeln von *P. multiflorum* geerntet. Stengel im Spätsommer und Herbst schneiden und in der Sonne für Absude und Umschläge trocknen.

POLYPODIUM Tüpfelfarn (Polypodiaceae)

Dioskorides verschrieb *P. vulgare* als Abführmittel und verwendete es als Umschlag bei Verrenkungen und Brüchen. Das Rhizom enthält im Pflanzenschleim das süß schmeckende Saponin Osladin. Diese Süße ist auch in *P. glycyrrhiza* zu bemerken, den die Indianer gegen Masern und Husten einnahmen.

P. vulgare (Engelsüß, Gemeiner Tüpfelfarn) S. 181

Verwendbar Rhizome.
Eigenschaften Ein sehr süßes, leicht scharfes, wär-

mendes Kraut mit schleimlösender und harntreibender Wirkung, das den Gallenfluß verstärkt, den Heilprozeß fördert, Verdauung und Leberfunktionen verbessert und Darmwürmer abtötet. Es wirkt auch antirheumatisch, blutreinigend und leicht abführend.
GEBRAUCH
MEDIZIN Innerlich bei Reizhusten, Bronchialkatarrh, Brustinfektionen, Arthritis, Verdauungsstörungen, schlechtem Appetit, Hauterkrankungen und Darmparasiten; äußerlich bei Wunden. Übermäßiger Gebrauch kann Ausschlag bewirken.
VARIANTE
P. v. **'Cornubiense'**, S. 182.

ANBAU UND ERNTE
ANBAU Winterharte Zierpflanze; feuchte, gut entwässerte, humusreiche Böden in halbschattiger Lage. Vermehrung durch Sporen im Spätsommer (nur bei Arten); durch Teilung im Frühjahr. Die Blätter können durch Rost geschädigt werden.
ERNTE Die Rhizome werden im Herbst geerntet und gewöhnlich frisch in Absuden, Flüssigextrakten, Sirup und Tinkturen verwendet.

POPULUS Pappel
(Salicaceae)

Pappeln sind eng mit den Weiden (*Salix*-Arten, vgl. S. 345) verwandt und enthalten wie diese Salizin, das Entzündungen hemmt und Schmerzen lindert. Aus Salicylaten ist Aspirin entstanden, das im 19. Jahrhundert erstmals synthetisch hergestellt wurde. Die Chemie vieler Pappeln ist so ähnlich, daß man verschiedene Arten austauschbar verwenden kann. Pappelrinde stammt hauptsächlich von *P. alba*. Doch kann man auch *P. nigra* (Schwarzpappel), *P. tremuloides* (Amerikanische Zitterpappel) und andere Arten dafür verwenden. In der „U.S. Pharmacopoeia" (1895-1936) war *P. alba* als Mittel bei Fieber und Menstruationsschmerzen eingetragen. Pappelknospen sammelt man vor allem von *P.* x *candicans*, aber auch hierbei kann auf andere, z.B. auf *P. balsamifera* (Balsampappel) und *P. nigra* zurückgegriffen werden. Pappelknospen wurden in der „U.S. Pharmacopoeia" (1916-65) als schleimlösendes und stimulierendes Mittel aufgeführt.

P. alba (Silberpappel, Weißpappel) S. 182

VERWENDBAR Rinde.
EIGENSCHAFTEN Ein adstringierendes, harntreibendes und kühlendes Kraut, das Entzündungen hemmt, Schmerzen lindert und als Bittertonikum sowie als Blutreinigungsmittel wirkt.
GEBRAUCH
MEDIZIN Innerlich bei rheumatischer Arthritis, Gicht, Fieber, Schmerzen im unteren Rückenbereich, Harnbeschwerden, Verdauungs- und Leberstörungen, Debilität und Appetitlosigkeit; äußerlich bei Frostbeulen, Hämorrhoiden, infizierten Wunden und Verrenkungen; kombiniert mit *Cimicifuga racemosa* (S. 261) und *Menyanthes trifoliata* (S. 312) bei rheumatischer Arthritis; bzw. *Mahonia aquifolium* (S.308) und *Chelone glabra* (S. 259) bei Appetitlosigkeit.
VARIANTE
P. a. **'Richardii'**, S. 182.

P. x *candicans*, syn. *P.* x *gileadensis* (Pappel „Balm-of-Gilead") S. 182

VERWENDBAR Blattknospen.
EIGENSCHAFTEN Ein antiseptisches, schleimlösendes Kraut, das Fieber senkt und den Kreislauf anregt. Topisch angewendet, lindert es Schmerzen und verbessert die Durchblutung in diesem Bereich.
GEBRAUCH
MEDIZIN Innerlich bei Bronchitis und Infektionen der oberen Atemwege; nicht an Patienten verabreichen, die empfindlich auf Aspirin reagieren. Äußerlich bei Erkältungen, Nasennebenhöhlenentzündung, Arthritis, Rheumatismus, Muskelschmerz und trockener Haut.
VARIANTE
P. x *c.* **'Aurora'**, S. 182.

ANBAU UND ERNTE
ANBAU Winterharte Zierpflanze; tiefe, feuchte, gut entwässerte Böden in sonniger Lage. *P. alba* verträgt trockenere Umweltbedingungen als die meisten Pappeln; Vermehrung durch Steckhölzer im Winter. *P.* x *candicans* 'Aurora' ist im Spätwinter stark zu stutzen, um einen kräftigen Austrieb und farbige neue Blätter anzuregen. Pappeln bilden ein weitverzweigtes Wurzelwerk aus und sollten nicht zu dicht an Gebäuden oder Abflußsystemen gepflanzt werden.
ERNTE Die Knospen werden im Frühjahr, bevor sie sich öffnen *(P.* x *candicans)*, gesammelt und für Aufgüsse, Flüssigextrakte und Tinkturen getrocknet. Von Seitenästen oder Baumkronen wird die Rinde abgezogen und für Absude, Flüssigextrakte und Pulver getrocknet.

PORIA
***P. cocos*.** Siehe *Wolfiporia cocos.*

PORTERANTHUS
***P. trifoliatus*.** Siehe *Gillenia trifoliata.*

PORTULACA Portulak
(Portulacaceae)

Die neuere Forschung hat in *P. oleracea* viele Omega-3-Fettsäuren nachgewiesen. Man hält sie für wichtig bei der Verhütung von Herzinfarkt und für die Stärkung des Immunsystems. *P. oleracea* wurde erstmals im Jahre 500 n.Chr. in China beschrieben. *P. grandiflora* (Portulakröschen) wird als frischer Saft bei Hepatitis oder als Lotion bei Insektenstichen, Verbrennungen und Ekzemen genutzt.

P. oleracea (Gartenportulak) S. 182

VERWENDBAR Ganze Pflanze („Ma chi xian"), Blätter.
EIGENSCHAFTEN Ein saures, harntreibendes und kühlendes Kraut, das Fieber senkt und entgiftend wirkt; es hilft gegen viele bakterielle Infektionen.
GEBRAUCH
KÜCHE Die Blätter werden als Gemüse gekocht, in Essig eingelegt sowie Saucen und Salaten beigegeben.

MEDIZIN Innerlich bei Ruhr, akuter Darm-, Blinddarm- und Brustdrüsenentzündung, Hämorrhoiden und Blutungen nach der Entbindung; nicht an Schwangere und Patienten mit Verdauungsstörungen verabreichen. Äußerlich bei Furunkeln, Bienenstichen und Ekzemen.
VARIANTE
P. o. var. ***aurea***, S. 182.

ANBAU UND ERNTE
ANBAU Halbwinterharte Zierpflanze; nährstoffreiche, feuchte, gut entwässerte Böden in sonniger Lage. Vermehrung durch Aussaat im Frühjahr.
ERNTE Die Pflanzen im Sommer, gewöhnlich vor der Blüte, schneiden und frisch verwenden bzw. für Absude trocknen. Blätter und junge Triebe werden vor der Blüte gepflückt und frisch verwendet.

POTENTILLA Fingerkraut
(Rosaceae)

Wegen ihres hohen Tanningehaltes, der in *P. erecta* fast 20 Prozent beträgt, werden verschiedene Arten medizinisch eingesetzt. Dazu gehören auch *P. anserina* und *P. reptans*, die zwar weniger Tannin enthalten, aber als Adstringens trotzdem gut verwendbar sind.

P. erecta, syn. *P. tormentilla* (Blutwurz, Waldfingerkraut, Ruhrwurz) S. 183

VERWENDBAR Wurzeln.
EIGENSCHAFTEN Ein bitteres, adstringierend wirkendes und kühlendes Kraut, das Blutungen stillt, Entzündungen lindert und den Heilprozeß fördert.
GEBRAUCH
MEDIZIN Innerlich bei Durchfall, Darmentzündung, Crohnscher Krankheit, Colitis mukomembranosa, ulzeröser Colitis, Gastritis, Divertikelentzündung, Ulcus pepticum und Kolonentzündung; äußerlich bei Hämorrhoiden, Scheidenausfluß, Rachenentzündung, Mundgeschwüren, Schnittwunden, Wunden, Geschwüren, Verbrennungen, Sonnenbrand, Erfrierungen und Gürtelrose. Bei topischer Anwendung starker Tannine ist besondere Sorgfalt geboten, da es durch diese zur Narbenbildung kommen kann.

ANBAU UND ERNTE
ANBAU Winterharte Kulturpflanze; feuchte oder trockene, saure Böden in sonniger oder leicht schattiger Lage. Vermehrung durch Aussaat oder Teilung im Herbst oder Frühjahr.
ERNTE Die Wurzeln werden im Herbst oder Frühjahr geerntet und getrocknet für Aufgüsse, Flüssigextrakte, Pulver und Tinkturen verwendet.

POTERIUM
***P. officinalis*.** Siehe *Sanguisorba officinalis.*

PRIMULA Primel, Schlüsselblume
(Primulaceae)

P. veris und *P. vulgaris* verwendet man schon seit alters für medizinische Zwecke. Plinius empfahl die letztere bei Paralyse, Gicht und Rheumatismus, Culpeper für die Wundheilung. Aufgrund ihrer weitverbreiteten Anwendung bei Zuständen wie z.B. Spasmus, Krampf, Paralyse und rheumatischen Schmerzen, die wenigstens bis in das Mittelalter zurückreicht, nannte man *P. veris* einst *Herba paralysis, Radix arthritica* und „Lähmungskraut“. Bevor Schlüsselblumen in diesem Jahrhundert durch den Verlust ihres Lebensraums und die moderne Landwirtschaft sehr selten geworden sind, sammelte man die Blüten immer im Frühjahr, um daraus einen Wein herzustellen, der zumeist zur Beruhigung und als nervenstärkendes Mittel genommen wurde. Beide Arten haben ähnliche Bestandteile und sind deshalb austauschbar. Zu den Bestandteilen gehören Saponine, die eine schleimlösende Wirkung haben, und Salicylate (wie in Aspirin). *P. veris* wird von beiden heute häufiger angewendet.

P. veris (Duftende Schlüsselblume, Frühlingsschlüsselblume) S. 183

VERWENDBAR Wurzeln, Blüten.
EIGENSCHAFTEN Ein beruhigendes und schleimlösend wirkendes Kraut, krampflösend, entzündungshemmend.
GEBRAUCH
KÜCHE Die Blüten werden frisch Salaten beigefügt; auch kandiert und für Landwein und Tee geeignet.
MEDIZIN Innerlich bei Bronchitis, Arthritis, Reizhusten, Keuchhusten, Schlaflosigkeit, Kopfschmerz, Unruhe (besonders bei Kindern); nicht an Schwangere verabreichen oder an Patienten, die empfindlich auf Aspirin reagieren bzw. gerinnungshemmende Mittel einnehmen; äußerlich bei Gesichtsneuralgie, Gelenkschmerzen, Hautfehlern, Sonnenbrand und Migräne.

P. vulgaris (Kissenprimel) S. 183

VERWENDBAR Gesamte Pflanze, Blätter, Wurzeln, Blüten.
EIGENSCHAFTEN Ein schleimlösend und entzündungshemmend wirkendes Kraut, das Schmerzen lindert, Krämpfe löst und den Heilprozeß fördert.
GEBRAUCH
MEDIZIN Innerlich bei Bronchitis, Infektionen der Atemwege, Schlaflosigkeit, Angst, rheumatischen Beschwerden und Gicht; nicht verabreichen während einer Schwangerschaft oder an Patienten, die empfindlich auf Aspirin reagieren bzw. gerinnungshemmende Mittel einnehmen; äußerlich bei kleinen Wunden und bei Nerven- oder Gelenkschmerzen. Kann auch als Ersatz für *P. veris* benutzt werden, obwohl es allgemein für weniger wirksam gehalten wird.
VARIANTEN
***P. v.* 'Alba Plena'**, S. 183.
P. v.* ssp. *sibthorpii, S. 183.

ANBAU UND ERNTE

ANBAU Winterharte Zierpflanze; trockene, neutrale bis alkalische Böden in sonniger oder halbschattiger Lage *(P. veris)*. Feuchte, gut entwässerte Böden in sonniger oder schattiger Lage ► *(P. vulgaris)*. Vermehrung durch Aussaat im Spätsommer (außer Sorten); durch Teilung im späten Frühjahr oder Frühherbst. Zur Erhaltung der Lebenskraft ist eine regelmäßige Teilung notwendig. Rost, Botrytis, Blattflecken und andere Pilz- sowie Viruserkrankungen könnnen die Pflanzen befallen, Blattläuse, Raupen und gefurchte Dickmaulrüßler die Blätter schädigen.
ERNTE Im Frühjahr werden die Blüten (mit Blütenkelch) gepflückt und frisch verwendet bzw. für Aufgüsse, Salben und Tinkturen getrocknet. Die gesamte Pflanze *(P. vulgaris)* schneidet man in der Blüte und trocknet sie für Aufgüsse. Die Wurzeln werden im Frühjahr *(P. veris)* oder Herbst des 2. Jahres *(P. vulgaris)* geerntet und für Absude und Tinkturen getrocknet.
WARNHINWEIS Wirkt hautreizend und allergen.

PROSTANTHERA
(Labiatae/Lamiaceae)

Die Pflanzen dieser Gattung sind reich an ätherischen Ölen, wie z.B. Menthol und Cineol, die auch in *Mentha*-Arten (vgl. S. 311) vorkommen und über bakterien- und pilztötende Eigenschaften verfügen. Verschiedene Arten, z.B. *P. cineolifera*, wurden von australischen Aborigines in Aufgüssen zur Linderung von Kopfschmerzen und Erkältungen verwendet.

P. rotundifolia S. 183

VERWENDBAR Blätter.
EIGENSCHAFTEN Ein aromatisches, kongestionsverminderndes Kraut; bakterien- und pilztötend.
GEBRAUCH
AROMA Die Blätter fügt man Dufttöpfen bei.
MEDIZIN Äußerlich bei Erkältung und Kopfschmerz.

ANBAU UND ERNTE

ANBAU Empfindliche Zierpflanze; durchlässige Böden in der Sonne oder im Halbschatten, nicht kälter als -5° C. Vermehrung durch Aussaat im Frühjahr; durch halbreife Stecklinge von Spätsommer bis Herbst. Sofort nach der Blüte leicht zurückschneiden. *Prostanthera*-Arten sollten nicht stark verschnitten werden.
ERNTE Die Blätter werden bei Bedarf gepflückt und für Aufgüsse verwendet bzw. für Dufttöpfe getrocknet.

PRUNELLA Braunelle
(Labiatae/Lamiaceae)

P. vulgaris wurde in der chinesischen medizinischen Literatur erstmals während der Han-Dynastie (206 v.Chr.-23 n.Chr.) erwähnt, vorwiegend für Beschwerden im Zusammenhang mit einer gestörten Leberfunktion. Europäische Kräuterkenner haben sie immer in erster Linie als Wundkraut angesehen.

P. vulgaris (Gemeine Braunelle) S. 183

VERWENDBAR Gesamte Pflanze, Blüte („Xia ku cao“).
EIGENSCHAFTEN Ein adstringierend wirkendes, leicht bitteres, salziges Kraut, das Fieber und Blutdruck senkt und Leber und Gallenblase stimuliert. Es wirkt harntreibend, bakterientötend und blutreinigend.

GEBRAUCH
MEDIZIN In der westlichen Medizin innerlich bei Blutungen und starker Menstruation (gesamte Pflanze); in der chinesischen Medizin, häufig kombiniert mit *Dendranthema* x *grandiflorum* (vgl. S. 272), bei Kopfschmerz, hohem Blutdruck, Mumps, Brustdrüsen-, Bindehautentzündung und bei Hyperaktivität der Kinder in Verbindung mit Problemen der Leber (Blüten). In der westlichen Medizin äußerlich bei Verletzungen, Verbrennungen, Mund- , Rachenentzündung und Hämorrhoiden (gesamte Pflanze).

ANBAU UND ERNTE

ANBAU Winterharte Zierpflanze. Feuchte, gut entwässerte Böden in sonniger oder halbschattiger Lage. Vermehrung durch Aussaat im Herbst oder Frühjahr; durch Teilung im Frühjahr. *P. vulgaris* wuchert ziemlich schnell, was sich aber leicht verhindern läßt.
ERNTE Die Pflanzen werden im Sommer in der Blüte geschnitten und für Aufgüsse, Salben und Tinkturen getrocknet. Die Blütenähren schneidet man im Spätherbst und trocknet sie für Absude.

PRUNUS Pflaume, Kirsche
(Rosaceae)

Aus vielen Arten lassen sich eine Reihe von pharmazeutischen Produkten, von erweichenden Ölen bis zu Husten- und Abführmitteln, herstellen. Die Verwendungsgeschichte der chinesischen Arten ist besonders lang: *P. armeniaca* und *P. mume* sind in der medizinischen Literatur erstmals um das Jahr 500 n. Chr. erwähnt worden. Hinweise auf *P. japonica* gehen bis in die Han-Dynastie (206 v.Chr.-23 n.Chr.) zurück. Die meisten der medizinischen Eigenschaften ergeben sich aus dem Vorhandensein von Amygdalin (Bittermandelstoff) und Prunasin, die sich in Wasser zu Blausäure (Zyanid) aufspalten. In kleinen Mengen regt dieser äußerst giftige Bestandteil die Atmung an, verbessert die Verdauung und verleiht ein Gefühl von Wohlbehagen. Benzaldehyd, das den typischen Mandelduft erzeugt, ist ebenfalls vorhanden. Heute wird es als Ersatz für das Lebensmittelaroma Bittermandelöl synthetisch hergestellt. *P. africana* hat seit 1960 an Bedeutung gewonnen. Damals entdeckte man darin einen fettlöslichen Komplex, der sich bei der Behandlung von Prostatavergrößerung als wirksam erwies. Die immense Nachfrage hat jetzt zu schwerwiegenden Engpässen geführt. Gegenwärtig werden Plantagen angelegt, um den Druck auf die wilden Vorkommen zu mindern. Die Fruchtstiele von *P. avium* (Süßkirsche, Vogelkirsche) und einiger anderer Arten wurden ehemals als harntreibendes, adstringierendes Tonikum bei Blasenentzündung, Ödem und Durchfall aufgegossen. *P. serotina* hat man erstmals im Jahre 1820 in der „U.S. Pharmacopoeia“ als Beruhigungs- und Hustenmittel aufgeführt. Die Chirokee-Indianer benutzten sie zur Linderung von Geburtsschmerzen. *P. spinosa* (Schlehdorn) produziert kleine blauschwarze, sehr adstringierend wirkende Früchte (Schlehen), die den Geschmack von Schlehengin ausmachen.

P. armeniaca (Aprikose, Marille) S. 184

Verwendbar Früchte, Kerne („Xing ren"), Öl.
Eigenschaften Ein bittersüßes, wärmendes, schmierendes Kraut, das schleimlösend wirkt und Husten lindert. Das extrahierte Laetril ist in der Krebstherapie verwendet worden.
Gebrauch
Küche Die Früchte werden frisch, getrocknet oder aus Konserven verzehrt und zu Marmelade und Fruchtsaft verarbeitet.
Medizin Innerlich bei Reizhusten, Bronchitis, Asthma, Emphysem und Verstopfung. Überdosis führt zu Störungen des Zentralnervensystems und zu Atemversagen. Die Toxizität von Amygdalin läßt sich durch häufiges Umrühren bei der Zubereitung und durch Dämpfen verringern bzw. durch einen Absud aus der äußeren Rinde neutralisieren.
Wirtschaft Das Öl wird in Kosmetika verwendet. Aus den Früchten stellt man Schnaps und Likör her.
Variante
P. a. **'Hemskerk'**, S. 184.

P. domestica (Pflaume) S. 184

Verwendbar Getrocknete Früchte (Backpflaumen).
Eigenschaften Ein kühlendes Kraut mit abführender Wirkung.
Gebrauch
Küche Backpflaumen werden getrocknet, eingelegt oder gekocht, in Weinbrand oder Essig konserviert sowie in Saucen oder Schmorgerichten, Füllungen, Desserts und Kuchen verzehrt.
Medizin Innerlich bei Verstopfung. Wird häufig Abführmitteln beigefügt.
Wirtschaft Backpflaumen werden mit bzw. ohne Stein verkauft. Manchmal behandelt man sie zur Verbesserung der Haltbarkeit mit Mineralöl oder Konservierungsstoffen (z.B. Schwefeldioxid).
Variante
P. d. **'Prune d'Agen'**, S. 184.

P. dulcis, syn. *P. amygdalus* (Mandelbaum) S. 184

Verwendbar Samen, Öl.
Eigenschaften Ein beruhigendes Kraut mit abführender Wirkung, das Krämpfe löst.
Gebrauch
Medizin Innerlich bei Nierensteinen, Gallensteinen und Verstopfung; äußerlich bei trockener Haut.
Wirtschaft Süßmandelöl wird für die Herstellung von Emulsionen für Medikamente, Massageöle, Hautpflegemittel und Kosmetika verwendet. Bittermandelöl benutzt man als handelsübliches Lebensmittelaroma.
Variante
***P. d.* 'Macrocarpa'**
Laubbaum oder -strauch, winterhart bis -15° C.

P. japonica (Japanische Mandelkirsche)

Laubwechselnder Strauch, hart bis -15°C, 1,5m hoch bzw. breit, mit drahtigen Zweigen und eiförmigen, zugespitzten und bis 7cm langen Blättern. Im Frühjahr entstehen kleine weiße oder blaßrosa Blüten, denen dunkelrote Früchte von etwa 1cm Durchmesser folgen.
Verwendbar Samen („Yu li ren").
Eigenschaften Ein bittersüßes, scharfes Kraut mit abführender Wirkung, das den Blutdruck senkt.
Gebrauch
Medizin Innerlich bei Verstopfung und Ödemen, sowie in der Volksmedizin bei Schlaflosigkeit nach einem Trauma; bei chronischer Verstopfung oft mit *Cannabis sativa* (S. 253) kombiniert.

P. laurocerasus (Kirschlorbeer) S. 184

Verwendbar Blätter (destillierter Extrakt [Kirschlorbeerwasser] und Öl).
Eigenschaften
Sehr giftiges, beruhigendes Kraut, das Krämpfe löst, die Verdauung verbessert und Husten lindert.
Gebrauch
Medizin Innerlich bei Übelkeit und Erbrechen; äußerlich bei Augeninfektion (Kirschlorbeerwasser).
Wirtschaft Wasser und entgiftetes Öl werden in handelsüblichen Lebensmittelaromen verwendet.
Varianten
P. l. **'Castlewellan'**, syn. *P. l.* 'Marbled White', S.185.
P. l. **'Schipkaensis'**, S.185.

P. mume (Japanische Aprikose)

Laubbaum, winterhart bis -15° C, 9m hoch, 5-6 m breit, mit in der Jugend grünen Zweigen und meist eiförmigen bis abgerundeten, gezähnten, bis 10cm langen Blättern. Im Spätwinter erscheinen an den nackten Zweigen blaßrosa, nach Mandeln duftende Blüten, denen kugelförmige, etwas flaumige, gelbe Früchte folgen; ist in Südjapan beheimatet.

Verwendbar Unreife Früchte („Wu mei").
Eigenschaften Ein adstringierend wirkendes, saures Kraut, das Darmparasiten austreibt und den Gallenfluß anregt. Es hilft bei vielen bakteriellen und Pilzinfektionen.
Gebrauch
Medizin Innerlich bei chronischem Husten oder Durchfall und Rundwürmern. Äußerlich bei pilzlichen Hautinfektionen, Hühneraugen und Warzen.
Variante
P. m. **'Beni-chidori'**, syn. *P. m.* 'Beni-shidori', S. 185.

P. persica (Pfirsichbaum) S. 185

Verwendbar Blätter, Rinde, Früchte, Blüten, Samen („Tao ren"), Öl.
Eigenschaften Ein bittersüßes, beruhigendes, abführend wirkendes Kraut, das den Husten lindert sowie Uterus und Kreislauf stimuliert, das Fieber senkt und harntreibende, sedative und schleimlösende Eigenschaften hat.
Gebrauch
Küche Die Früchte werden frisch, gekocht bzw. konserviert verzehrt.
Medizin In der westlichen Medizin innerlich bei Gastritis, Husten, Keuchhusten und Bronchitis (Rinde, Blätter); in der chinesischen Medizin bei Malaria, Furunkeln, Hämorrhoiden und Ekzem (Blätter); Verstopfung und Ödem (Blüten); Verstopfung bei betagten Patienten, Husten, Asthma und Menstruationsbeschwerden (Samen); nicht an Schwangere verabreichen.
Wirtschaft Das Öl wird als Ersatz für Mandelöl in Hautkrems verwendet. Die Früchte sind als Aromastoffe in Konfekt und Speiseeis enthalten.

P. serotina („Black Cherry") S. 185

Verwendbar Rinde.
Eigenschaften Ein bitteres, adstringierendes, wärmendes Kraut, das Husten lindert, die Perspirationsrate erhöht, die Verdauung verbessert und eine beruhigende, antibakterielle und antivirale Wirkung hat.
Gebrauch
Medizin Innerlich bei chronischem und trockenem Husten, Keuchhusten, Bronchitis, nervöser Verdauungsstörung, Gastritis, Durchfall und Rekonvaleszenzschwäche.

Anbau und Ernte

Anbau Winterharte Kulturpflanze; Zierpflanze (*P. armeniaca* 'Hemskerk', *P. dulcis* 'Macrocarpa', *P. laurocerasus*, *P. l.* 'Castlewellan', *P. l.* 'Schipkaensis', *P. mume, P. m.* 'Beni-shidori', *P. m.* 'Pendula', *P. serotina*); gut entwässerte, neutrale bis alkalische Böden in sonniger Lage. *P. laurocerasus* verträgt auch Schatten. Vermehrung durch Aussaat im Herbst (laubtragende Arten); durch Grünstecklinge (laubtragende Arten und Sorten) oder halbreife Stecklinge *(P. laurocerasus)* im Sommer. Fruchttragende Arten im Sommer schneiden, um das Wachstum zu zügeln und die Bildung von Fruchtknospen anzuregen. *P. laurocerasus* im Frühjahr schneiden; Blätter und junge Triebe werden von Blattläusen und Raupen befallen. Es können Krankheiten wie die Blattkräuselkrankheit, Bleiglanz, durch Bakterien verursachter Brand, Bleichsucht, Hexenbesen und Hallimasch auftreten. *P. laurocerasus* kann von der Blattflekkenkrankheit und von Echtem Mehltau befallen werden. Die meisten *Prunus*-Arten haben flache Wurzeln und bilden Ausläufer, wenn die Wurzeln beschädigt werden.
Ernte Die Blätter *(P. persica, P. laurocerasus)* im Sommer pflücken und für Aufgüsse trocknen oder (nur *P. laurocerasus*) für wäßrige Extrakte und Öl destillieren; die Rinde *(P. persica, P. serotina)* im Herbst abziehen und für Aufgüsse, Extrakte, Pulver, Sirup und Tinkturen trocknen. Die Blüten *(P. persica)* sammelt man im Frühjahr, unreife Früchte *(P. armeniaca, P. domestica, P. mume, P. persica)* im Sommer und trocknet diese für Absude. Die Früchte von *P. domestica*-Sorten, die für Backpflaumen geeignet sind, kann man am Baum bzw. gepflückt trocknen. Die Samen reifer Früchte für Absude trocknen *(P. japonica)* oder zur Ölgewinnung zermahlen *(P. armeniaca, P. dulcis, P. persica)*.
Warnhinweis Alle Teile von *P. laurocerasus* sind bei Verzehr schädlich.

PSORALEA Harzklee
(Leguminosae/Papilionaceae)

Zu dieser Gattung, die in Nord- und Südamerika, Südafrika und Asien vorkommt, gehören etwa 130 Arten von Stauden und Halbsträuchern. *Psoralea*-Samen werden sowohl in der chinesischen als auch in der ayurvedischen Heilkunst verwendet; sie wurden erstmals im Jahre 470 n.Chr. in der chinesischen Literatur beschrieben. Einige Arten, so zum Beispiel auch die nordamerikanische *P. esculenta*, haben eßbare Knollen.

P. corylifolia

Eine empfindliche, aufrechte, einjährige Pflanze, 90 cm hoch, 10-20cm breit, mit einfachen, meist eiförmigen, gezähnten Blättern. Vom Frühjahr bis zum Sommer erscheinen langstielige Dolden von gelben, kleeähnlichen Blüten, aus denen sich kurze, schwarze Schoten bilden, die flache, ovale, gelbschwarze Samen enthalten; wächst auf Ackerland in Asien.
VERWENDBAR Samen („Bu gu zhi").
EIGENSCHAFTEN Ein bitteres, adstringierendes, wärmendes Kraut, das Husten lindert, die *(Yang-)* Energie der Nieren stimuliert und eine harntreibende und antibakterielle Wirkung hat.
GEBRAUCH
MEDIZIN In der chinesischen Medizin innerlich bei Störungen, die mit einer Nierenschwäche verbunden sind, wie z.B. Durchfall am frühen Morgen, Harnbeschwerden, Impotenz, Asthma und Haarausfall. Kann mit Salz vermischt werden, um die Wirkung auf die Nieren zu verstärken. In der chinesischen Forschung wurden Injektionen von *Psoralea*-Extrakt mit beachtlichem Erfolg bei Haarausfall eingesetzt. In der ayurvedischen Medizin inner- und äußerlich bei Hautkrankheiten und Haarausfall.

P. linearis. Siehe *Aspalathus linearis.*

ANBAU UND ERNTE
ANBAU Empfindliche Kulturpflanze; gut entwässerte Böden in sonniger Lage, nicht kälter als 10-15° C. Vermehrung durch Aussaat der Samen, die in heißem Wasser gequollen werden, im Frühjahr, um die Keimfähigkeit zu verbessern.
ERNTE Die Samen werden bei Reife gesammelt und für die Verwendung in Absuden getrocknet.

PTELEA Lederstrauch
(Rutaceae)

P. trifoliata galt dem Menominee-Stamm in Nordamerika als heilige Pflanze. Diese Indianer fügten die Wurzelrinde anderen Medikamenten bei, um deren Wirkung zu verstärken; erstmals in „Medical Flora" von C. Rafinesque (2 Bände, 1828-30) erwähnt und schnell durch die Heilpraktiker angenommen.

P. trifoliata S. 185

VERWENDBAR Wurzelrinde.
EIGENSCHAFTEN Ein bitteres, stärkendes Kraut, das Husten lindert, die Verdauung verbessert, Darmparasiten austreibt und antibakteriell wirkt.
GEBRAUCH
MEDIZIN Innerlich bei Fieber (besonders Wechselfieber), Sodbrennen, Rundwürmern, schlechter Verdauung und Enterobiasis; äußerlich bei Wunden.
VARIANTE
P. t. **'Aurea'**, S.185.

ANBAU UND ERNTE
ANBAU Winterharte Zierpflanze; feuchte, gut entwässerte Böden; Sonne. Vermehrung durch Aussaat im Herbst (nur Arten); durch Grünstecklinge im Sommer.
ERNTE Wurzeln im Herbst ernten und schälen. Die Rinde trocknet man für Aufgüsse und Pulver.

PTEROCARPUS
(Leguminosae)

P. marsupium produziert einen sehr adstringierenden Saft, der „Kino" genannt wird. Dieser härtet zu spröden, glänzenden, rotschwarzen Stücken aus, die den Speichel rot färben, wenn man sie kaut. In seiner chemischen Zusammensetzung ist Kino der *Acacia catechu* (vgl. S. 226) ähnlich. Der Saft enthält auch Verbindungen, die denen aus anderen *Pterocarpus*-Arten gleichen, bzw. denen der nicht verwandten *Coccoloba uvifera* (Seetraube) und *Butea frondosa*. *P. santalus* wird wegen seines purpurroten Holzes geschätzt, das antidiabetische Eigenschaften besitzt und als Farbstoff in Medikamenten verwendet wird.

P. marsupium (Kino, „Padouk") S. 185

VERWENDBAR Saft.
EIGENSCHAFTEN Ein stark adstringierendes Kraut, das Durchfall und Absonderungen stoppt, die Heilung fördert und eine antidiabetische Wirkung hat.
GEBRAUCH
MEDIZIN Innerlich bei Durchfall, Ruhr und Diabetes; äußerlich bei Rachenentzündungen und Ausfluß.

ANBAU UND ERNTE
ANBAU Empfindliche Kulturpflanze; gut entwässerte Böden in sonniger Lage, nicht kälter als 15-18° C. Vermehrung durch Aussaat reifer Samen.
ERNTE Der Saft wird durch Einschnitte in den Stamm gewonnen und für die Verwendung in Pulvern und Tinkturen getrocknet.

PUERARIA
(Leguminosae/Papilionaceae)

P. lobata wird in der chinesischen Heilkunst schon seit langem bei Alkoholmißbrauch eingesetzt. Sie wurde kürzlich als sehr sichere und wirksame Behandlung versprechende Arznei in Forschungsergebnissen vorgestellt. Sie enthält in Wurzeln und Blüten Chemikalien (Daidzin und Daidzein), die den Appetit auf Alkohol unterdrücken. Die bisherigen Medikamente mischen sich in den Abbau des Alkohols ein und können das Entstehen von Giftstoffen hervorrufen. Im Fernen Osten wird sie auch als Futterpflanze und zur Verhinderung der Bodenerosion angebaut.

P. lobata, syn. *P. thunbergiana* (Kopoubohne) S. 186

VERWENDBAR Wurzeln („Ge gen"), Blüte („Ge hua").
EIGENSCHAFTEN Ein süßes, kühlendes und stärkendes Kraut, das die Hautatmung verbessert, Schmerzen lindert, Krämpfe löst, den Blutdruck senkt und das Verdauungssystem beruhigt.
GEBRAUCH
KÜCHE In der makrobiotischen Küche dient die gemahlene Wurzel zum Andicken von Saucen.
MEDIZIN Innerlich bei Erkältungen, Grippe, fiebrigen Erkrankungen, Durst bei Diabetes und Muskelspannungen im Nacken- und Schulterbereich; auch bei akuten Zuständen, z.B. steifem Hals und plötzlicher Taubheit (Wurzeln), Gastritis, Übelkeit und Erbrechen, Alkoholvergiftung sowie abdominalen Blähungen (Blüten); äußerlich bei Schlangenbissen (Wurzeln). Gemahlene Wurzeln finden verbreitet in Mitteln gegen Erkältungen, Grippe und leichte Verdauungsstörungen Verwendung.

ANBAU UND ERNTE
ANBAU Halbwinterharte Kulturpflanze; durchlässige Böden in sonniger Lage. Vermehrung durch Aussaat oder Teilung im Frühjahr; durch Absenker während der Wachstumsperiode. Die Saat keimt schneller, wenn sie vor dem Säen eingeweicht wurde; regelmäßig zurückschneiden, damit die Größe erhalten bleibt.
ERNTE Wurzeln zwischen Herbst und Frühjahr ernten und frisch zu Saft verarbeiten, bzw. für Absude und Pulver trocknen. Blüten pflücken, bevor sie sich voll geöffnet haben, und für die Verwendung in Absuden trocknen.

PULMONARIA Lungenkraut
(Boraginaceae)

Die Doktrin der „Signatura rerum", die das medizinische Denken in Europa im 16. und 17. Jahrhundert bestimmte, besagte, daß die Kräuter von Gott zur Heilung der Krankheiten gegeben waren und daß das Aussehen einer Pflanze auf ihre Verwendung hinwies. So ließen die gefleckten eiförmigen Blätter des Lungenkrauts auf eine kranke Lunge schließen. Diese Theorie wurde in „The Art of Simpling" (William Coles, 1656) beschrieben. Tatsächlich werden bis heute viele Pflanzen für die darin beschriebenen Zwecke eingesetzt, wenn auch nicht aus den dort dargestellten phantasievollen Gründen. Die Gattung *Pulmonaria* ist eng verwandt mit *Symphytum* (S. 357) und wohl in gleicher Weise giftig.

P. officinalis (Echtes Lungenkraut) S. 186

VERWENDBAR Blühendes Kraut.
EIGENSCHAFTEN Beruhigendes, adstringierendes und schleimlösendes Kraut.
GEBRAUCH
KÜCHE Die jungen Blätter fügt man Salaten und Suppen bei.
MEDIZIN Innerlich bei Husten, Bronchitis, Katarrh, Hämorrhoiden und Durchfall; äußerlich bei Wunden und als Augenwasser. WARNHINWEIS Diese Pflanze unterliegt in einigen Ländern gesetzlichen Einschränkungen.
WIRTSCHAFT Der Extrakt ist Bestandteil von Wermut.
VARIANTEN
P. o. **'Cambridge Blue'**, S. 186.
P. o. **'Sissinghurst White'**, S. 186.

ANBAU UND ERNTE
ANBAU Winterharte Zierpflanze; feuchte Böden, auch Lehm, in schattiger Lage. Vermehrung durch Aussaat im Frühjahr; durch Teilung im Herbst oder Frühjahr. Eventuell erfolgt die Keimung sehr langsam. Das Laub kann von Blattwespenlarven befallen werden.
ERNTE Die Pflanzen im Frühsommer schneiden und für Aufgüsse und Extrakte trocknen.
WARNHINWEIS Wirkt hautreizend und allergen.

PULSATILLA Kuhschelle, Küchenschelle
(Ranunculaceae)

Mehrere Arten werden in verschiedenen Teilen der Welt medizinisch genutzt. *P. chinensis* ist eine entzündungshemmend, adstringierend und antibakteriell wirkende Pflanze. *P. patens* war in der „U.S. Pharmacopoeia" (1882-1905) als Diuretikum, Expektorans und Uterusstimulans aufgeführt. *P. pratensis* wird in der Homöopathie für eine Reihe von Zuständen eingesetzt.

P. vulgaris, syn. *Anemone pulsatilla* (Gemeine Kuhschelle) S. 186

VERWENDBAR Blühende Pflanze.
EIGENSCHAFTEN Ein bitteres, kühlendes und blutreinigendes Kraut, das Krämpfe löst, Schmerzen lindert und die Nerven beruhigt.
GEBRAUCH
MEDIZIN Innerlich bei prämenstruellem Syndrom, Entzündungen der Fortpflanzungsorgane, Kopfschmerzen, Nervenschmerzen, Schlaflosigkeit, Hyperaktivität, bakteriellen Hautinfektionen, Blutvergiftung, krampfartigem asthmatischen Husten, Keuchhusten und Bronchitis. Nicht an erkältete Patienten verabreichen. Übermäßiger Gebrauch führt zu Durchfall und Erbrechen sowie zu Konvulsionen; nur durch qualifizierte Heilpraktiker zu verwenden.
VARIANTEN
P. v. var. ***alba***, S. 186.
P. v. var. ***rubra***, S. 186.

ANBAU UND ERNTE
ANBAU Winterharte Zierpflanze; durchlässiger, neutraler bis alkalischer Boden; Sonne. Vermehrung durch Aussaat im Sommer; durch Teilung nach der Blüte; durch Wurzelschnittlinge im Winter. *P. vulgaris* läßt sich schlecht verpflanzen.
ERNTE Pflanzen in der Blüte schneiden und frisch für Elixiere, Flüssigextrakte, Tinkturen verwenden. Diese innerhalb eines Jahres verbrauchen.
WARNHINWEIS Bei Verzehr schädlich; häufige Berührung kann Hautreizungen hervorrufen.

PUNICA
(Punicaceae/Lythraceae)

P. granatum wird als Heilmittel gegen Bandwurm bereits in den Ebers-Papyri (etwa 1500 v.Chr.) erwähnt. Die Pflanze enthält ungewöhnliche, als Pelletierin bezeichnete Alkaloide, die Bandwürmer lähmen, so daß sie in Verbindung mit einem Abführmittel leicht ausgetrieben werden können. In der Antike wurde der Granatapfel als Symbol der Fruchtbarkeit von kinderlosen Frauen gegessen.

P. granatum (Granatapfelbaum) S. 187

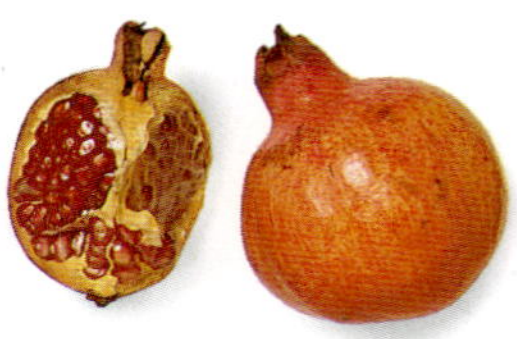

VERWENDBAR Wurzelrinde, Fruchtschale („Shi liu pi"), Fruchtsaft, Samen.
EIGENSCHAFTEN Ein bittersüßes, adstringierend wirkendes und wärmendes Kraut, das Darmparasiten tötet. Es wirkt auch antiviral und hilft bei Durchfall.
GEBRAUCH
KÜCHE Die Früchte werden frisch verzehrt. Die Samen verwendet man zur Garnierung von Desserts. Aus dem Fruchtsaft stellt man einen Likör her, der als Grenadine bekannt und ein wichtiger Bestandteil in Cocktails ist. Er dient als Aroma für Fruchtsalat, Sorbet und Speiseeis.
MEDIZIN Innerlich bei chronischem Durchfall, Amöbenruhr und Darmwürmern; äußerlich bei Scheidenausfluß, Mundgeschwüren und Racheninfektionen.
WARNHINWEIS Diese Pflanze, besonders in Form ihrer Rindenextrakte, unterliegt in einigen Ländern gesetzlichen Einschränkungen.
VARIANTE
P. g. var. ***nana***, S. 187.

ANBAU UND ERNTE
ANBAU Halbharte Zierpflanze; gut entwässerter Boden, Sonne. Vermehrung durch Aussaat im Frühjahr bei 22° C; durch halbreife Stecklinge im Sommer, durch Steckhölzer im Herbst; durch Wurzelausläufer im Herbst. Falls die Ausläufer zur Vermehrung nicht benötigt werden, sind sie zu entfernen. *P. granatum* und ihre Varianten vertragen nur kurze Perioden mit Temperaturen von 0° C. Für einen hohen Fruchtertrag sind ein warmes Klima und lange, heiße Sommer erforderlich.
ERNTE Wurzeln im Herbst ernten; die Rinde abschälen und für Absude und Extrakte trocknen. Die reifen Früchte im Herbst pflücken. Ihre Schale entfernen und für Absude und Pulver trocknen; Samen und Fruchtfleisch vom bitteren Mark trennen und frisch verzehren oder zu Fruchtsaft auspressen.

PYCNANTHEMUM
(Labiatae/Lamiaceae)

P. virginianum ist in Nordamerika eine traditionelle würzige Zutat zu Suppen und Fleisch. Sie gehört neben *P. incanum, P. muticum* und *P. pilosum* zu denjenigen Arten dieser Gattung, die in der Küche als Ersatz für Minze verwendet werden können. *P. flexosum* und *P. incanum* nutzten die Cherokee-, Choctaw- und Koasati-Indianer als allgemeines Stärkungsmittel sowie für die Behandlung von verdorbenem Magen, Fieber, Erkältungen und Nebenhöhlenkopfschmerz.

P. virginianum S. 187

VERWENDBAR Gesamte Pflanze, Blätter, Blüten, Knospen.
EIGENSCHAFTEN Ein aromatisches, stärkendes und stimulierendes Kraut, das die Hautatmung verstärkt, Krämpfe löst und die Verdauung verbessert.
GEBRAUCH
KÜCHE Blätter, Blütenspitzen und Blütenknospen verleihen pikanten Gerichten einen minzeartigen Geschmack.
MEDIZIN Innerlich bei Verdauungsstörungen, Kolik, Schüttelfrost und Fieber.

ANBAU UND ERNTE
ANBAU Von Wildpflanzen gesammelt; winterhart. Reiche Böden, Sonne oder Halbschatten. Vermehrt sich durch Samen im Frühjahr oder Herbst.
ERNTE Pflanze, Blätter und Blüten werden mit Beginn der Blütezeit gesammelt und frisch als Würze verwendet bzw. für Aufgüsse getrocknet.

Q

QUASSIA
Q. cedron. Siehe *Simaba cedron.*

QUERCUS Eiche
(Fagaceae)

In alten Zeiten waren die Eichen Thor, dem Gott des Donners, geweiht. Daher glaubte man, daß eine Eiche nie vom Blitz getroffen werden könne. Um das Haus zu schützen, wurden die Holzgriffe an den Schnüren, mit denen die Rolläden geschlossen werden, Eicheln nachgebildet. Rinde, Gallen und Eicheln verschiedener Arten sind eine bedeutende Quelle für die Gewinnung von Gerbsäure. Viele Eichen enthalten bis zu 20% Tannine; bei der im östlichen Mittelmeerraum beheimateten Art *Q. infectoria* sind es sogar 36-58%. Sie wird von der pharmazeutischen Industrie genutzt. In der Medizin der Eingeborenen Nordamerikas spielte *Q. alba* (Weißeiche) eine wichtige Rolle als Heilmittel bei Durchfall, Wunden und Hämorrhoiden. Die Indianer vom Stamm der Menominee und Potawatomi stellten Spritzen aus Tierblasen und den hohlen Knochen von Vögeln her, um Einläufe aus Eichenrinde in das Rektum vornehmen zu können. *Q. alba* wurde von den Siedlern als Ersatz für die Stieleiche verwendet. Die „U.S. Pharmacopoeia" (1820-1916) führte sie als Adstringens, Tonikum und Antiseptikum.

Q. robur (Stieleiche, Sommereiche) S. 187

VERWENDBAR Rinde.
EIGENSCHAFTEN Ein bitteres, adstringierendes, antiseptisches Kraut, das Entzündungen und Blutungen hemmt.
GEBRAUCH
MEDIZIN Innerlich bei Durchfall, Ruhr, Blutungen und Vorfällen der Gebärmutter und des Afters; äußerlich bei Blutungen, Scheidenausfluß, entzündetem Hals, Zahnfleischbluten, kleineren Verletzungen, Hautentzündungen, nässendem Ekzem, Kopfflechte, Geschwüren und Krampfadern.
WIRTSCHAFT Rinde und Gallen werden zum Gerben und Färben benutzt. Welche Farbe sich schließlich ergibt, hängt von der Beize ab.
VARIANTEN
***Q. r.* 'Atropurpurea'**, S. 187.
***Q. r.* 'Concordia'**, S. 188.
Q. r. f. ***fastigiata***, S. 188.

ANBAU UND ERNTE
ANBAU Winterharte Zierpflanze; tiefer, gut entwässerter Boden in der Sonne oder im Halb- ►

▸ schatten. Vermehrung durch Aussaat im Herbst (nur Arten); durch Veredlung im Spätwinter. Die Seitentriebe im Spätwinter entfernen, um einen gut proportionierten Stamm zu erhalten. Laub kann durch Mehltau, Eichenläuse, Engerlinge von Käfern und durch Raupen befallen werden. Gallwespen verursachen die Bildung von Gallen an verschiedenen Teilen des Baumes, wobei die schädlichsten, die sogenannten „Knospengallen", zu Deformationen an den Eicheln führen.
ERNTE Die Rinde wird von 10-25 Jahre alten Bäumen im Frühjahr abgeschält und für Absude und Flüssigextrakte getrocknet.

QUILLAJA Seifenbaum
(Rosaceae)

Etwa 9% der Rinde von *Q. saponaria* besteht aus komplexen Saponinen, die unter dem Begriff „Quillajasoponine" zusammengefaßt werden, sowie aus Calciumoxalat und Tanninen. Die moderne Verwendung beschränkt sich auf pharmazeutische und kosmetische Produkte, denn Forschungen haben gezeigt, daß bei innerlicher Anwendung unerwüschte Nebenwirkungen auftreten.

Q. saponaria (Chilenischer Seifenbaum) S. 188

VERWENDBAR Innere Rinde.
EIGENSCHAFTEN Ein beißend scharfes, adstringierendes, reinigendes Kraut mit entzündungshemmender und schleimlösender Wirkung.
GEBRAUCH
MEDIZIN Innerlich bei bronchialem Schleimstau. Die Verwendung kann zu Reizungen und Entzündungen der Verdauungswege führen. Darum gilt das Kraut nicht mehr als empfehlenswert; äußerlich bei Hautgeschwüren und -ausschlägen sowie Schuppen. Pulverisierte Rinde kann heftigen Niesreiz verursachen.
WIRTSCHAFT Die Extrakte sind Bestandteil von Shampoos gegen Schuppen sowie von Reinigungsmitteln zum Abschilfern der Haut. In Feuerlöschern wirken die Extrakte als schaumbildendes Mittel.

ANBAU UND ERNTE
ANBAU Halbharte Zierpflanze; gedüngter, gut entwässerter Boden, in kälteren Gegenden in geschützter Lage. Vermehrung durch reife Stecklinge am Ende der Wachstumsphase.
ERNTE Die Rinde für die Verwendung in Flüssigextrakten, Pudern und Tinkturen trocknen.

R

RANUNCULUS Hahnenfuß
(Ranunculaceae)

Die meisten Mitglieder der Familie der Hahnenfußgewächse enthalten derart scharfe und reizauslösende Bestandteile, daß sie für eine innere Anwendung nicht in Frage kommen. *R. ficaria* bildet hierbei eine Ausnahme. Die Pflanze wird häufig in Tabelettenform bei Hämorrhoiden(knoten) verwendet.

R. ficaria (Scharbockskraut, Feigwurz) S. 188

VERWENDBAR Gesamte Pflanze, einschließlich der Wurzeln.
EIGENSCHAFTEN Ein adstringierendes, leicht bitteres Kraut mit besonderer Wirkung bei Hämorrhoiden.
GEBRAUCH
MEDIZIN Innerlich und äußerlich bei Hämorrhoiden. Äußerlich bei beschädigtem Damm nach der Niederkunft. Häufig in Verbindung mit *Hamamelis virginiana* (vgl. S. 291) bei äußerlicher Anwendung; in Zäpfchen mit *Plantago major* (vgl. S. 331), *Calendula officinalis* (vgl. S. 252) oder *Hamamelis virginiana* (vgl. S. 291).
VARIANTEN
R. f. var. ***albus***, S. 188.
R. f. **'Brazen Hussy'**, S. 188.
R. f. var. ***flore pleno***, S. 188.

ANBAU UND ERNTE
ANBAU Winterharte Zierpflanze (ausgenommen *R. ficaria:* Kulturpflanze); feuchter, neutraler bis alkalischer Boden in Sonne oder Schatten. Vermehrung durch Aussaat im Sommer (nur Arten); durch Teilung im Frühjahr oder Herbst. *R. ficaria* ist, im Schatten angebaut, ein besonders hartnäkkiges Unkraut, da dieser Standort die Bildung von Achselzwiebeln an den Blattenden fördert.
ERNTE Die Pflanzen nach der Blüte vollständig, einschließlich der Wurzeln, herausnehmen und frisch für Salben und Zäpfchen oder getrocknet für Aufgüsse, Extrakte und Tabletten verwenden.
WARNHINWEIS Verzehr schädlich; hautreizend.

RAPHANUS Rettich
(Cruciferae)

Nicholas Culpeper empfahl 1653 den Rettich in Verbindung mit Problemen beim Harnlassen. *R. sativus* enthält das antbiotisch wirkende Raphinin. Er ist nicht so scharf wie *R. raphanistrum* (Hederich, Ackerrettich), dessen chemische Zusammensetzung eher *Sinapis alba* (Weißer Senf, vgl. S. 353) gleichkommt. Rettiche wurden in der chinesischen Medizin erstmals im 14. Jahrhundert erwähnt. Die Rettiche mit orientalischer Herkunft werden mitunter als *R. s.* var. *macropodus* klassifiziert. Sie besitzen größere Wurzeln, die bis zu 20 kg schwer werden können. Darunter finden sich auch die schmaleren japanischen Hybridsorten (Daikon, Mooli), die weiße Wurzeln haben, im Herbst geerntet und für den Verzehr im Winter gelagert werden. Die schwarzen Rettiche finden vor allem in den Homöopathie Verwendung, sie zeichnen sich durch eine signifikante Wirkung auf die Leberfunktionen aus.

R. sativus (Gartenrettich) S. 189

VERWENDBAR Blätter, Wurzeln, Samen („Lai fu zi").
EIGENSCHAFTEN Ein süßes, leicht scharfes, stärkendes Kraut, das die Verdauung verbessert, schleimlösend und bei vielen durch Bakterien oder Pilze verursachten Infektionen wirkt.
GEBRAUCH
KÜCHE Zerkleinerte oder geraspelte Wurzeln werden zu Fisch gereicht sowie Suppen, Eintöpfen und Salaten beigefügt. Unreife Samenschoten werden sauer eingelegt. Junge Blätter ißt man als Salat.
MEDIZIN Innerlich bei Verdauungsstörungen, Unterleibsblutungen, Blähungen, saurem Aufstoßen, Durchfall im Zusammenhang mit „Nahrungsstau", Bronchitis (Samen).

ANBAU UND ERNTE
ANBAU Winterharte Kulturpflanze; nährstoffreicher, feuchter, gut entwässerter Boden; Sonne. Vermehrung durch Aussaat im Frühjahr für die Ernte von Samen im Herbst; durch aufeinanderfolgende Aussaat für die Ernte von Wurzeln vom Spätwinter bis Spätsommer. Wurzeln können durch Schorf und Nacktschnecken beschädigt werden. Rettiche gelten als wirksam gegen Gurkenkäfer, sowie gegen Bohrfraß verursachende Insekten.
ERNTE Die Blätter jung ernten und frisch verwenden; die Wurzeln nach Bedarf ernten und frisch verwenden. Die Samen werden ausgereift eingesammelt und für Absude und Pillen getrocknet.

RAUVOLFIA
(Apocynaceae)

R. serpentina heißt im Sanskrit „Sarpagandha". Sie wird in Hindu-Schriften um 600 v.Chr. erwähnt. Ein Tee, der aus der ganzen Pflanze zubereitet wurde, war für Jahrhunderte in Indien ein Mittel gegen Irrsinn, Hysterie und Ruhelosigkeit. Von Mahatma Gandhi wird behauptet, daß er ihn wegen seiner beruhigenden Wirkung regelmäßig getrunken haben soll. Die Pflanze enthält etwa 25 Alkaloide, darunter das besonders wichtige, stark blutdrucksenkende Reserpin. Zu den anderen nützlichen Arten gehört auch *R. vomitoria*, ein Baum mit noch höherem Alkaloidgehalt, vor allem an Ajmalin, das das Reserpin wegen geringerer Nebenwirkungen allmählich verdrängt hat. Die Wurzeln dieser Pflanze sind in Afrika eine alte Volksmedizin, um geistig verwirrte Patienten zu beruhigen.

R. serpentina S. 189

VERWENDBAR Wurzeln.
EIGENSCHAFTEN Ein beruhigendes Kraut, das den Blutdruck senkt und den Herzschlag verlangsamt.
GEBRAUCH
MEDIZIN Innerlich bei Bluthochdruck, unüblich

hohem Puls und nervösen und geistigen Störungen. Nebenwirkungen sind unter anderem trockener Mund, verstopfte Nase, Depression und herabgesetzter Pulsschlag. WARNHINWEIS Dieses Kraut unterliegt in einigen Ländern einschränkenden gesetzlichen Bestimmungen.

ANBAU UND ERNTE

ANBAU Empfindliche Kulturpflanze; gut entwässerter Boden in Sonne oder Halbschatten, mindestens 10-13° C, mit fast trockener Winterruhezeit. Vermehrung durch Aussaat bei 24° C im Frühjahr; durch Steckhölzer im Frühjahr und Sommer; durch Wurzelstecklinge im Winter. Samen keimen langsam.

ERNTE Wurzeln mit etwa 1cm Durchmesser von mindestens 15 Monate alten Pflanzen werden im Winter geerntet und für Absude und Pulver oder für die industrielle Extraktion der Alkaloide getrocknet. Vor dem Trocknen sollte die Rinde von der inneren Wurzel getrennt werden.

REHMANNIA
(Scrophulariaceae)

R. glutinosa gehört in China zu den beliebtesten Stärkungskräutern und zählt zu den 50 wichtigsten chinesischen Kräutern überhaupt. Die frischen oder getrockneten Wurzeln („Sheng di huang") werden in Schriften erstmals während der Han-Dynastie (206 v.Chr.-23 n.Chr.) erwähnt. In Reiswein gedämpfte Wurzeln, unter dem Namen „Shu di huang" bekannt, wurden schon um 1061 n.Chr. beschrieben. *R. glutinosa* war die erste Art dieser Gattung, die im Abendland kultiviert wurde.

R. glutinosa S. 189

VERWENDBAR Wurzeln („Di huang").
EIGENSCHAFTEN Ein süßes, kühlendes („Sheng di huang") bis leicht wärmendes („Shu di huang") Kraut, das blutstillend, fiebersenkend, blutzuckersenkend, harntreibend und bakterizid wirkt („Sheng di huang"). Als Stärkungsmittel für Herz-, Blut- und Nierenenergie, die Regel beeinflussend sowie zur allgemeinen Stärkung der Frau nach der Niederkunft („Shu di huang").
GEBRAUCH
MEDIZIN Innerlich bei Durst in Verbindung mit fiebriger Krankheit, Frieselausschlag, allen Formen von Blutungen, übermäßiger Menstruation und Diabetes („Sheng di huang"); Anämie, Nachtschweiß, Menopause-Beschwerden, Schwäche nach der Niederkunft und ungewolltem Samenerguß („Shu di huang"). Nicht an Patienten mit Verdauungsproblemen verabreichen. Häufig in Kombination mit *Angelica polymorpha* var. *sinensis* (S. 238), der Schale von *Citrus reticulata* (S. 262) und *Ziziphus jujuba* (S. 373).

ANBAU UND ERNTE

ANBAU Halbharte Kulturpflanze; leichter, feuchter, gut entwässerter, neutraler bis saurer, sandiger Boden, Sonne; Vermehrung durch Aussaat im Herbst oder Frühjahr; durch Wurzelstecklinge im Winter; durch Teilung im Frühjahr oder durch ► Triebstecklinge von Schößlingen im Frühjahr.
ERNTE Die Wurzeln im Herbst und frühen Winter (Kulturpflanzen) oder im zeitigen Frühjahr (wildwachsende Pflanzen) herausnehmen und frisch oder getrocknet für Absude, Extrakte, Tabletten, Puder und Tinkturen verwenden.

RHAMNUS Kreuzdorn
(Rhamnaceae)

Die Rinde verschiedener Arten enthält Anthrachinon-Glykoside und muß nach dem Trocknen noch mindestens ein Jahr gelagert werden, wenn sie nicht starken Durchfall, Bauchschmerzen, Übelkeit und Erbrechen bewirken soll. Anthrachinone sind Farbstoffe. Daher werden Pflanzen, die sie enthalten, meistens auch zum Färben verwendet. Diese Bestimmung geht ihrem medizinischen Gebrauch historisch meist voraus. Die Früchte der *R. cathartica*, bekannt als „Kreuzdornbeeren" oder „Gelbbeeren", liefern einen Farbstoff für Malerfarben. Er wird spätestens seit dem 9. Jahrhundert auch medizinisch verwendet. Seine Wirkung ist allerdings so durchschlagend, daß er heute nicht mehr verschrieben wird. *R. frangula* (Gemeiner Faulbaum) und *R. purshiana* (Amerikanischer Faulbaum) haben *R. cathartica* in der medizinischen Anwendung abgelöst, weil sie eine sanftere Wirkung haben. *R. purshiana* wurde erstmals in die „U.S. Pharmacopoeia" 1890 aufgenommen. Sie ist so sanft, daß sie auch Kindern und älteren Leuten verabreicht werden kann. Bereits im Jahre 1909 notierte man, daß das wahllose Abschälen der Rinde jedes Jahr zur Zerstörung von 100.000 Bäumen geführt habe, so daß man auf die Ausbeutung der kleineren *R. alnifolia* ausweichen mußte, nachdem erwiesen war, daß sie die gleiche chemische Zusammensetzung besitzt. *R. frangula* wurde früher zur Herstellung von Holzkohle angebaut, aus der man ein Schießpulver für Handfeuerwaffen gewann.

R. cathartica (Purgierkreuzdorn, Hirschdorn, Gemeiner Kreuzdorn) S. 189

VERWENDBAR Rinde, Früchte.
EIGENSCHAFTEN Ein bitteres, kühlendes, harntreibendes, abführendes Kraut, das Gifte aus dem Gewebe ausspült.
GEBRAUCH
MEDIZIN Innerlich bei Verstopfung; geringe Dosen werden manchmal in blutreinigenden Rezepten bei Hautkrankheiten, Darmparasiten und Gallensteinen verschrieben.
WIRTSCHAFT Die Rinde und die Früchte liefern einen gelben Farbstoff, der früher zum Einfärben von Papier und Karten verwendet wurde. Mit Gummi arabicum in einer Kalklösung macht man grüne Farbe.

R. frangula, syn. *Frangula alnus* (Gemeiner Faulbaum, Pulverholz) S. 189

VERWENDBAR Innere Rinde.
EIGENSCHAFTEN Ein bitteres, adstringierendes, antiseptisches Kraut, das die Leberfunktionen und Gallenblase anregt und als Abführmittel wirkt.
GEBRAUCH
MEDIZIN Innerlich bei chronischer Verstopfung, schlaffer Verdauung, Völlegefühl im Unterleib, Hepatitis, Zirrhose, Gelbsucht sowie Leber- und Gallenblasenbeschwerden; äußerlich bei Zahnfleischerkrankungen und Befall der Kopfhaut durch Parasiten.

R. purshiana (Amerikanischer Faulbaum)

Locker wachsender, immergrüner Strauch oder Baum, hart bis -15° C, Höhe 3-12m, Breite 3-10m, mit unregelmäßig gezähnten, tief geäderten Blättern. Dolden mit kleinen Blüten im Spätfrühling folgen giftige schwarze Beeren; wächst in Wäldern an der Pazifikküste Nordamerikas.

VERWENDBAR Rinde.
EIGENSCHAFTEN Ein bitteres, adstringierendes, kühlendes Kraut, das eine stärkende Wirkung auf die Leber und das Verdauungssystem besitzt und als Abführmittel wirkt.
GEBRAUCH
MEDIZIN Innerlich bei chronischer Verstopfung, Dickdarmentzündung, Verdauungsbeschwerden, Hämorrhoiden, Problemen der Leber, Gelbsucht. Übermäßiger Verzehr der Früchte verursacht Durchfall und Erbrechen. Nicht an schwangere oder stillende Frauen verabreichen oder Patienten mit Darmverschluß; äußerlich gegen Kauen an den Nägeln.

ANBAU UND ERNTE

ANBAU Zierpflanze (*R. purshiana*: Wildpflanze); winterhart; gut entwässerter Boden in Sonne oder Halbschatten. *R. cathartica* zieht alkalischen Boden vor, *R. frangula* neutralen bis sauren Boden. Vermehrung durch Aussaat im Herbst; durch halbreife Stecklinge im Sommer; durch Ableger im späten Winter oder zeitigen Frühjahr.
ERNTE Die Rinde von jungen Pflanzen im Frühjahr und Frühsommer lösen und für 1-2 Jahre trocknen, bevor sie in Absuden, Flüssigextrakten, Pudern und Tabletten Verwendung findet. Bei *R. frangula* empfiehlt sich die Rinde von 2 Jahre alten Pflanzen; Früchte *(R. cathartica)* ausgereift einsammeln und zu einem Sirup verarbeiten.
WARNHINWEIS Alle Teile, besonders die Beeren, sind bei Verzehr schädlich. Saft und Beeren sind hautreizend.

RHEUM Rhabarber
(Polygonaceae)

Die beiden medizinisch wichtigsten Rhabarber sind *R. palmatum*, das 1762 nach Europa eingeführt wurde, und *R. officinale*. Es erreichte Europa 1867. Im 18. Jahrhundert wurde auf den Anbau von *R. palmatum* großes Gewicht gelegt. Eine Karte des Royal Botanical Garden Edinburgh aus dem Jahre 1777 zeigt eine große Fläche, die für seinen Anbau reserviert war.

R. palmatum ist aber auch eines der in China am häufigsten verwendeten Kräuter. Es wurde erstmals im „Shen Nong Canon of Herbs", der auf die Han-Dynastie (206 v.Chr.-23. n.Chr.) zurückgeht, erwähnt. Rharbarber enthält Anthrachinon-Glykoside (starke Abführmittel), wie sie auch in den *Rhamnus*-Arten zu finden sind. Verschiedene Arten werden medizinisch verwendet, darunter *R. officinale, R. australe* sowie die Hybride *R. palmatum* × *R. coreanum*. Die vielen Bezeichnungen wie „Türkischer Rhabarber", „Holländischer Rhabarber", beziehen sich eher auf die Herkunft der Arznei als auf das Ursprungsland der Pflanze. Alle diese Rhabarber unterscheiden sich geringfügig in ihrer chemischen Zusammensetzung, können aber austauschbar verwendet werden. Man nutzt nur die Wurzeln; die Blätter sind giftig. Der bekannte eßbare Rhabarber wurde im 19. Jahrhundert durch Hybridisierung von *R. rhabarbarum* (syn. *R. rhaponticum*) entwickelt. Die Wurzeln eßbarer Rhabarber werden medizinisch nicht verwendet.

R. palmatum (Medizinalrhabarber) S. 189

VERWENDBAR Rhizome („Da huang").
EIGENSCHAFTEN Ein bitteres, adstringierendes, kühlendes Kraut, das die Verdauung verbessert, die Gebärmutter anregt und abführend wirkt.
GEBRAUCH
MEDIZIN Innerlich bei chronischer Verstopfung, Durchfall, Leber- und Gallenblasenbeschwerden, Hämorrhoiden, Menstruationsproblemen, mit Körperhitze zusammenhängenden Symptomen (z.B. Nasenbluten), Hautausschlag in Verbindung mit Giftansammlungen; nicht an schwangere oder stillende Frauen verabreichen oder Patienten mit Darmverschluß; äußerlich bei Verbrennungen. In der Homöopathie bei reizbaren und zahnenden Kindern.
WIRTSCHAFT Die Extrakte, aus denen die Bitterstoffe entfernt wurden, werden in der Lebensmittelindustrie zum Aromatisieren von Speisen verwendet.
VARIANTEN
R. s. **'Atrosanguineum'**, syn. *R. s.* 'Atropurpureum', S. 190.
R. s. var. ***tanguticum*** (Kronrhabarber) Ungewöhnliche Variante aus China, hart bis -15° C; Höhe 2m, Breite 60-75cm, mit lebhafter Färbung.

ANBAU UND ERNTE
ANBAU Winterharte Zierpflanze; gut entwässerter, feuchter, humusreicher Boden; Sonne. Vermehrung durch Aussaat (nur Arten und Varianten) oder durch Teilung im Frühjahr oder Herbst.
ERNTE Rhizome werden im Herbst von Pflanzen, die mindestens drei Jahre alt sind, geerntet und für Absude, Trockenextrakte, Puder, Tinkturen und Tabletten getrocknet.
WARNHINWEIS Verzehr der Blätter ist schädlich.

RHUS Sumach
(Anacardiaceae)

Viele Sumach-Arten besitzen einen hohen Gehalt an Tanninen. Sie tragen häufig Gallen (Gewebewucherungen), die durch parasitäre Insekten verursacht werden. Bei *R. chinensis* (Gallensumach) können diese bis zu 70% Tannine enthalten. In der traditionellen chinesischen Medizin wurde ihre Verwendung bei Husten, Durchfall, Blutungen, Verletzungen, Mundgeschwüren und Hämorrhoiden erstmals bereits um 720 n.Chr. beschrieben. *R. radicans* (Kletternder Giftsumach) unterscheidet sich von den meisten anderen Arten durch Giftstoffe, die zu schwerer Kontaktdermatitis führen können.

R. glabra (Scharlachsumach) S. 190

VERWENDBAR Wurzelrinde, Früchte.
EIGENSCHAFTEN Ein adstringierendes, antiseptisches, schleimiges Kraut mit stärkender Wirkung. Die Rinde gilt als blutreinigendes Mittel, die Früchte sind kühlend und harntreibend.
GEBRAUCH
MEDIZIN Innerlich bei Durchfall und Ruhr (Wurzelrinde), fiebrigen Krankheiten und Harnwegsbeschwerden (Früchte); äußerlich bei Hautreizungen, Wunden, Geschwüren, Ausfluß und Hämorrhoiden (Wurzelrinde).
VARIANTE
R. g. **'Laciniata'**, S. 190.

ANBAU UND ERNTE
ANBAU Winterharte Zierpflanze (*R. g.* 'Laciniata': frosthart); gut entwässerter Boden; Sonne. Vermehrung durch Aussaat im Herbst (nur Arten); durch halbreife Stecklinge im Sommer; durch Wurzelstecklinge im Winter. Pflanzen im Herbst von Ausläufern befreien. Im zeitigen Frühjahr bis auf den Boden zurückschneiden, um kräftigen, neuen Wuchs und die Bildung großer Blätter anzuregen. Pflanzen können durch Rotpustelkrankheit befallen werden oder absterben. Sumach-Arten sind kurzlebig und brüchig, das gilt besonders für einstielige Solitäre. Wenn man sie gekappt als Sträucher anbaut, wird die Lebenserwartung verlängert und der mögliche Schaden durch Wind und Schnee verringert.
ERNTE Die Wurzeln werden nach Bedarf geerntet; Rinde schält man ab und trocknet sie für Absude und Flüssigextrakte. Früchte reif ernten und für Absude, Flüssigextrakte und Puder trocknen.

RIBES Johannisbeere, Stachelbeere
(Grossulariaceae)

Der charakteristische Geschmack der Schwarzen Johannisbeere war früher nicht in dem Umfang geschätzt, wie er es heute ist. John Gerard befand in seiner „Generall Historie of Plantes" (1597), sie hätte „einen stinkenden und ziemlich abscheulichen Beigeschmack". Man glaubte zudem, aus den Früchten würden sich im Bauch Würmer bilden. Die Blätter der Pflanze waren einstmals ein wichtiger Ersatz für schwarzen und grünen Tee. Zu verschiedenen Zeiten im 18. und 19. Jahrhundert führten Verknappungen oder Preiserhöhungen im Vereinigten Königreich zu der geläufigen Praxis, Ersatzmischungen für Tee herzustellen. Getrockente Blätter der Schwarzen Johannisbeere wurden auch zum Strecken von indischen Teemischungen verwendet. Die meisten der heutigen Sorten sind von Züchtern und Forschungsinstituten nach dem Zweiten Weltkrieg entwickelt worden, als die Knappheit an Lebensmitteln das Interesse am Nahrungsgehalt dieser Gattung wachrief. Die medizinischen Eigenschaften von *R. nigrum* wurden erstmals durch Peter Forestus beschrieben, der die Blätter zur Behandlung von Harnretention und Blasensteinen verwendete. Die Blätter enthalten Tannine und die Früchte einen hohen Gehalt an Vitamin C. Bei frischen Früchten beträgt er 120mg auf 100g Gewicht. Aus den Samen gewinnt man Gamma-Linolensäure (vgl. auch *Oenothera biennis*, S. 318), die für Kosmetikpräparate Verwendung findet.

R. nigrum (Schwarze Johannisbeere, Ahlbeere) S. 190

VERWENDBAR Blätter, Früchte.
EIGENSCHAFTEN Ein süßsaures, adstringierendes, stärkendes Kraut, das entzündungshemmend wirkt, die Kapillargefäße stärkt und bakterielle Infektionen stoppt.
GEBRAUCH
MEDIZIN Innerlich bei Erkältungen, schwachen Kapillargefäßen, Infektionen in Mund und Hals; äußerlich bei wundem Hals.
WIRTSCHAFT Getrocknete Blätter sind Bestandteil von Kräuterteemischungen. Früchte und Fruchtextrakte werden für Desserts, Marmeladen, Gelees, Getränke, Stärkungsmittel und Liköre verwendet.

ANBAU UND ERNTE
ANBAU Winterharte Kulturpflanze; gut entwässerter, vorzugsweise lehmiger Boden in Sonne oder Halbschatten (und in vor Spätfrösten und Wind geschützter Lage). Vermehrung durch Steckhölzer im Winter. Schwachen Wuchs und ein Drittel älterer Triebe im Herbst entfernen; die Büsche verlieren mit zunehmendem Alter an Kraft und sollten etwa alle 10 Jahre ersetzt werden. Die Knospen können von Blattläusen und Gallmilben befallen werden.
ERNTE Die Blätter pflückt man in der Wachstumsphase und verwendet sie frisch oder für Aufgüsse getrocknet. Die Früchte werden reif gesammelt; aus den reifen Samen wird Öl extrahiert.

RICINUS Wunderbaum, Palma Christi
(Euphorbiaceae)

R. communis wird seit über 6.000 Jahren angebaut. Er war im alten Ägypten eine Quelle für Lampenöl und kosmetische Präparate. Alle Teile der Pflanze sind giftig. Die Samen enthalten Rizin, ein außerordentlich giftiges Protein, mit dem auch schon Morde begangen worden sind. Aus den hübschen Samenkörnern wurden auch Halsketten hergestellt. Es genügt, nur zwei Samen zu verschlucken, um den Tod herbeizuführen. Wenn die Samen zur Ölgewinnung ausgepreßt werden, bleibt ein Rest Rizin im Rückstand. Griechische Ärzte des ersten Jahrhunderts n.Chr. hielten das Öl nur für äußerliche Anwendung für geeignet. Diese Sicht der Dinge hielt sich bis etwa 1780. Damals wurde aus Berichten bekannt, daß das Öl in der Karibik als Abführmittel Verwendung fand; seitdem wurde es in viele Arzneibücher aufgenommen.

R. communis (Wunderbaum, Palma Christi, Christuspalme) S. 190

VERWENDBAR Öl.
EIGENSCHAFTEN Ein abführendes, erweichendes Kraut mit unangenehmem Geschmack.
GEBRAUCH
MEDIZIN Innerlich bei Verstopfung und akutem Durchfall bei Lebensmittelvergiftung. Übermaß führt zu schwerer Kolik, Erbrechen und Stuhlentleerung. Äußerlich als Klistier bei schwerer Verstopfung, bei Reizzuständen von Haut und Augen. In der ayurvedischen Medizin bei nervösen Störungen.
WIRTSCHAFT Das Öl ist Bestandteil von Seifen, Kosmetika und Augentropfen. Es wird verwendet bei der Herstellung von Kerzen, Buntstiften, Schmierölen, Lacken, hochwertigen Brennstoffen, Kohlepapier, Kunstfasern, Lederimprägnierungen, wasserabweisenden Fasern sowie zum Färben von Baumwolle. Es vertreibt Insekten, insbesondere Schaben. Der Rückstand dient der Herstellung von Düngemitteln.
VARIANTEN
***R. c.* 'Carmencita'**, S. 190.
***R. c.* 'Impala'**, S. 190.

ANBAU UND ERNTE
ANBAU Halbwinterharte Zierpflanze; gut entwässerter, humusreicher Boden in der Sonne. Vermehrung durch Aussaat der Samen im Frühjahr.
ERNTE Die reifen Samen werden gesammelt und das Öl wird ausgepreßt.
WARNHINWEIS Alle Teile dieser Pflanze, darunter insbesondere die Samen, sind bei Verzehr hochgiftig. Das häufige Berühren des Laubs oder der Samen kann zu unangenehmen Reizungen der Haut oder sogar zu allergischen Reaktionen führen.

RORIPPA

R. nasturtium-aquaticum. Siehe *Nasturtium officinale*.

ROSA Rose
(Rosaceae)

Rosen haben seit frühesten Zeiten im Brauchtum, als Kosmetika, Parfüme und Arzneien eine wichtige Rolle gespielt. Schon die alten Griechen, Römer und Perser verwendeten verschiedene Arten für medizinische Zwecke. Plinius notierte 77 n.Chr. 32 verschiedene Beschwerden, die sich durch Präparate aus Rosen beheben ließen. Im Mittelalter baute man *R. gallica* var. *officinalis* und *R. damascena* im großen Umfang als Heilkräuter an. Die orientalische Art *R. laevigata* kommt in der chinesischen Literatur erstmals um 470 n.Chr. vor. Vieles deutet darauf hin, daß sie durch die Ostindische Kompanie 1759 in die USA gelangt ist. Die Bekanntheit von *R. rugosa* ist jüngeren Datums. Erstmals während der Ming-Dynastie (1368-1644 n.Chr.) erwähnt, kam sie im 19. Jahrhundert aus ihrer Heimat Japan und Nordchina nach Europa, in die USA und nach Australien. Rote Rosenblütenblätter waren bis etwa 1930 in der „British Pharmacopoeia" als Adstringens und Geschmacksgeber für Arzneien aufgeführt. Rosenöl besteht in der Hauptsache aus Beta-Damaszenon, das für den charakteristischen Rosenduft verantwortlich ist. Zu seinen Bestandteilen gehört Zitronellol, eine insektizide und antirheumatische Substanz, die industriell isoliert (hauptsächlich aus *Pelargonium* spp.) und in nach Rosen riechenden Parfümen, Kosmetika und Seifen verwendet wird. Ursprünglich wurde Rosenöl durch Einweichen von Blütenblättern in Öl oder geschmolzenem Fett hergestellt. Persische Chemiker des 16. Jahrhunderts waren berühmt für ihr vorzüglich destilliertes Rosenöl. Es war ein teures Handelsgut, denn man benötigt eine Tonne Blütenblätter, um daraus 300g Öl herzustellen. Daher wird es heute größtenteils synthetisch erzeugt. Etwa 96% aller Parfüms für Frauen und ungefähr 42% der Duftwässer für Männer basieren auf Rosenöl. Rosenwasser wurde erstmals vom persischen Arzt Avicenna im 11. Jahrhundert n.Chr. hergestellt. „Cold Cream" war ursprünglich eine Salbe aus Rosenwasser, wobei Rosenwasser und -öl Bestandteile sein konnten. Für ihre Herstellung werden heute verschiedene Rosen angebaut, darunter *R. gallica, R. damascena, R. centifolia* und Varianten von *R.* × *alba*. Es kann jede intensiv duftende Rose verwendet werden.

R. canina (Hundsrose) S. 191

VERWENDBAR Früchte (Hagebutten).
EIGENSCHAFTEN Ein säuerliches, adstringierendes, stärkendes Kraut, reich an Vitaminen.

GEBRAUCH
MEDIZIN Innerlich bei Erkältungen, Grippe, kleineren Infektionskrankheiten, Skorbut, Durchfall und Gastritis.
WIRTSCHAFT Die Früchte werden zu einem nahrhaften Sirup verarbeitet und für Babynahrung und käufliche Arzneien verwendet. Sirup ist auch Bestandteil von Hustensaft und Geschmacksgeber in Arzneien. Fruchtextrakte sind in Vitamin C-Tabletten enthalten. Die Früchte werden auch im Haushalt zu Wein, Essig und Eingemachtem verarbeitet.

R. eglanteria, syn. *R. rubiginosa* (Weinrose, Schottische Zaunrose) S. 191

VERWENDBAR Öl (Samen).
EIGENSCHAFTEN Ein heilendes Kraut, das die Erneuerung des Gewebes fördert.
GEBRAUCH
MEDIZIN Äußerlich bei Verbrennungen, Narben und auch Falten.

R. gallica var. *officinalis* (Essigrose) S. 191

VERWENDBAR Blüten.
EIGENSCHAFTEN Ein adstringierendes, stärkendes Kraut, das bakterielle Infektionen hemmt, den

Heilungsprozeß fördert und die Stimmung hebt.
GEBRAUCH
AROMA Getrocknete Blütenblätter und Knospen sind Bestandteil von Dufttöpfen.
MEDIZIN Innerlich bei Erkältungen, Bronchialinfekten, Gastritis, Durchfall, Depression und Lethargie; äußerlich bei wundem Hals, Augenentzündungen, kleineren Verletzungen, Hautproblemen. Innerlich in der ayurvedischen Medizin bei Entzündungen, Blutstauung, wundem Hals oder Mund und Menstruationsbeschwerden. Als Stärkungsmittel in Kombination mit *Asparagus racemosus* (vgl. S. 245), bei unregelmäßiger Menstruation mit *Hibiscus rosa-sinensis* (S. 293) oder *Carthamus tinctorius* (S. 255). In der Aromatherapie gegen Depression, Angstzustände und Unbehagen.
WIRTSCHAFT Rosenöl und -wasser sind Bestandteile von Balsam und Hautpflegemitteln. Rosenwasser aromatisiert Konfekt, Süßspeisen und Wackelpudding. Blütenblätter können kandiert und zu Sirup verarbeitet werden. Getrocknete Blütenblätter und Rosenknospen sind ein Bestandteil der nordafrikanischen Gewürzmischung „Ras-el-hanout".

R. laevigata S. 191

VERWENDBAR Früchte („Jing ying zi").
EIGENSCHAFTEN Ein säuerliches, adstringierendes Kraut, das die Lebertätigkeit beeinflußt, die Verdauung anregt und gegen viele bakterielle und durch Viren verursachte Infektionen wirkt.
GEBRAUCH
MEDIZIN Innerlich bei Fehlfunktionen der Harnwege, Unfruchtbarkeit und chronischem Durchfall.

R. rugosa (Kartoffelrose) S. 191

VERWENDBAR
Blüten („Mei gui hua"), Früchte.
EIGENSCHAFTEN
Ein aromatisches, stärkendes Kraut, das die Leberfunktionen und den Kreislauf anregt und als Gegengift bei Antimonvergiftung wirkt (Blüten).

GEBRAUCH
MEDIZIN Innerlich bei schlechtem Appetit und schwacher Verdauung, bei Menstruationsbeschwerden, die durch gestaute Leberenergie verursacht werden (Blüten). Bei übermäßiger Menstruation in Verbindung mit *Leonurus cardiaca* (vgl. S. 302) oder *L. sibiricus* (vgl. S. 150).
VARIANTE
***R. r.* 'Alba'**, S. 191.

ANBAU UND ERNTE
ANBAU Winterharte Zierpflanze (*R. laevigata*: frosthart/halbhart); gut entwässerter, jedoch feuchter, fruchtbarer, neutraler bis leicht saurer Boden in sonniger Lage. *R. eglanteria* bevorzugt trockene, kalkige Lagen, *R. laevigata* arme Böden. *R. rugosa* verträgt auch trockene, sandige Böden oder Lagen an der Küste. Vermehrung durch Aussaat im Herbst (nur Arten); durch Augenveredlung im Sommer; durch Steckhölzer im Herbst. Totes und beschädigtes Holz entfernen und zu Winterbeginn leicht zurückschneiden, wobei schwacher Wuchs entfernt wird. Bei den Arten treten die Blüten am vorjährigen Wuchs auf. Die Pflanzen sollten nicht zu stark zurückgeschnitten werden. Hagebutten werden ►

► durch Vögel beschädigt. Blätter können durch Blattflecken, Rost und Blattwespen Schaden nehmen. Blattläuse können die Blüten befallen.
ERNTE Blütenblätter (*R. gallica* var. *officinalis, R. rugosa*) werden beim ersten Öffnen der Blüten gesammelt und zu Öl und Rosenwasser destilliert, für Sirup frisch zu einer Paste zerdrückt, für Absude getrocknet. Früchte *(R. canina, R. laevigata)* werden gepflückt, wenn sie reif sind, und frisch oder getrocknet für Absude verwendet oder zu Sirup und Konfekt verarbeitet. Samen *(R. eglanteria)* gehen in die kommerzielle Ölextraktion.
WARNHINWEIS Hagebutten und Samen enthalten reizauslösende Härchen.

ROSMARINUS Rosmarin
(Labiatae/Lamiaceae)

Rosmarin enthält viele ätherische Öle, Flavonoide und Phenolsäure, die stark antiseptisch und entzündungshemmend wirken. Rosmarinsäure ermöglicht die Behandlung des Giftschock-Syndroms. Das Flavonoid Diosmin gilt bei der Behandlung schwacher Kapillargefäße im Vergleich zu Rutin (vgl. *Ruta graveolens*, S. 345) als wirksamer. Als ein Symbol für Freundschaft und treues Gedenken werden Rosmarinsträuße traditionell von den Trauernden bei Beerdigungen und von der Braut bei ihrer Hochzeit getragen. Im 14. Jahrhundert behauptete Königin Isabella von Ungarn, daß sie, im Alter von 72 Jahren von Gicht und Rheuma geplagt, ihre Kraft und Schönheit durch „ungarisches Wasser" (Rosmarinspitzen in Alkohol eingeweicht) zurückerhalten habe. Daraufhin soll ihr der König von Polen einen Heiratsantrag gemacht haben.

R. officinalis (Echter Rosmarin) S. 192

VERWENDBAR Blätter, Blütenspitzen, Öl.
EIGENSCHAFTEN Ein aromatisches, stärkendes Kraut, das krampflösend, schmerzstillend und schweißtreibend wirkt. Es regt die Leber und die Gallenblase an, fördert die Verdauung und unterdrückt viele krankheitserregende Organismen.
GEBRAUCH

KÜCHE Frische oder getrocknete Blätter würzen Fleischgerichte (besonders Lamm und Ziege), Suppen und Eintöpfe; sie besitzen einen bitteren, harzigen Geschmack und eine feste Struktur, so daß man sie entweder geraspelt oder in ganzen Zweiglein (die man vor dem Servieren herausnimmt) verwenden sollte. Sehr kleine Mengen (in der Regel als Pulver) werden Biskuits und Marmeladen beigegeben, frische Zweige in Essig, Wein oder Olivenöl eingelegt. Das würzt Saucen und Dressings.
MEDIZIN Innerlich bei Depression, Apathie, nervöser Erschöpfung, Kopfschmerzen, Migräne in Verbindung mit nervösen Spannungen oder Kältegefühl, schwachem Kreislauf und Verdauungsstörungen in Verbindung mit Angstzuständen. Übermaß verursacht bei Schwangeren Fehlgeburt und Krämpfe; äußerlich bei Rheuma, Arthritis, Neuralgie, Muskelverletzungen, Wunden und Schuppen. Mit *Avena sativa* (vgl. S. 246), *Scutellaria lateriflora* (S. 351) oder *Verbena officinalis* (S. 368) bei Depression.
WIRTSCHAFT Die Extrakte sind Bestandteil von Bade-, Haar- und Hautpräparaten.
VARIANTEN
R. o. var. ***albiflorus***, S. 192.
***R. o.* 'Arp'**, S. 192.
***R. o.* 'Aureus'**, syn. *R. o.* 'Variegatus', S. 192.
***R. o.* 'Benenden Blue'**, syn. *R. o.* 'Collingwood Ingram', S. 192.
***R. o.* 'Fota Blue'**, S. 192.
***R. o.* 'Majorca Pink'**.
***R. o.* 'McConnell's Blue'**, S. 192.
***R. o.* 'Miss Jessopp's Upright'**, syn. *R. o.* 'Erectus', *R. o.* 'Fastigiatus', S. 192.
***R. o.* 'Pinkie'**, S. 193.
***R. o.* 'Primley Blue'**, S. 193.
***R. o.* Gruppe Prostratus**, syn. *R. lavandulaceus*, S. 193.
***R. o.* 'Roseus'**, S. 193.
***R. o.* 'Severn Sea'**, S. 193.
***R. o.* 'Sissinghurst Blue'**, S. 193.
***R. o.* 'Sudbury Blue'**, S. 193.
***R. o.* 'Tuscan Blue'**, S. 193.

ANBAU UND ERNTE

ANBAU Frostharte Zierpflanze (*R. o.* 'Majorca Pink', *R. o.* 'McConnell's Blue', *R. o.* Gruppe Prostratus und *R. o.* 'Tuscan Blue': halbhart); gut entwässerter, neutraler bis alkalischer Boden in Sonne; in kälteren Gegenden in geschützter Lage. Vermehrung durch Aussaat im Frühjahr (nur Arten); durch halbreife Stecklinge im Sommer. Tote Stiele im Frühjahr entfernen. Nach der Blüte zurückschneiden, um buschigen Wuchs anzuregen. Rosmarin mag keine kalten, feuchten Winter. Die befallenen Pflanzen faulen an der Wurzel, bleiben aber oberhalb des Bodens bis zum späten Frühjahr grün. Sie erholen sich nur selten, aber Stecklinge können erfolgreich wurzeln, bevor die Pflanze abstirbt.
ERNTE Die Blätter und Blütenspitzen werden im Frühjahr und Frühsommer gesammelt und zu Öl destilliert oder für Aufgüsse, Absude, Extrakte, alkoholische Geister und Tinkturen getrocknet.

ROUPELLIA
R. grata. Siehe *Strophanthus gratus.*

ROXBURGHIA
R. gloriosa. Siehe *Stemona tuberosa.*

RUBIA Krapp
(Rubiaceae)

Viele Arten enthalten Pigmente, darunter Alizarin (Röte), Purpurin (Purpur), Rubiacin (Orange) und Xanthin (Gelb). Diese Substanzen sind die gleichen wie beim verwandten *Galium aparine* (vgl. S. 285) und *G. verum* (S. 285). *R. cordifolia* wurde erstmals in der chinesischen Medizin im „Shen Nong Canon of Herbs" während der Han-Dynastie (206 v. Chr.-23 n.Chr.) beschrieben. Auch in der ayurvedischen Medizin wird die Pflanze seit alters verwendet. *R. tinctorum* wurde von Plinius (23-79 n.Chr.) als Heilmittel bei Gelbsucht erwähnt. Alizarin, ihr wichtigster Farbstoff, früher als „türkisches Rot" bekannt, konnte 1868 erstmals künstlich hergestellt werden. Daher ging der kommerzielle Anbau der Pflanze stark zurück.

R. cordifolia, syn. *R. manjith* S. 193

VERWENDBAR Rhizome, Wurzeln („Qian cao gen").
EIGENSCHAFTEN Ein bittersüßes, kühlendes Kraut, das harntreibend und schleimlösend wirkt, Blutungen stoppt, Husten stillt, Entzündungen hemmt und bakterizide Wirkungen hat (chinesische Medizin). Es regt den Kreislauf an, löst Nierensteine auf und verhindert deren Bildung; hat blutreinigende Wirkung (ayurvedische Medizin).
GEBRAUCH
MEDIZIN Innerlich bei ungewöhnlichen Blutungen der Gebärmutter, inneren und äußeren Blutungen, Bronchitis und Rheuma (chinesische Medizin); bei Menstruationsbeschwerden und Problemen der Wechseljahre, Gelbsucht, Hepatitis, Nieren-, Blasen- und Gallensteinen, Herpes, Hautbeschwerden und Ruhr (ayurvedische Medizin); äußerlich zusammen mit Honig bei Entzündungen der Haut und mit *Glycyrrhiza glabra* (vgl. S. 289) bei Verbrennungen und Verletzungen (ayurvedische Medizin).
WIRTSCHAFT Wurzeln sind ein Farbstoff-Lieferant.

R. tinctorum (Färberröte) S. 193

VERWENDBAR Wurzeln.
EIGENSCHAFTEN Ein antiseptisches, harntreibendes, abführendes Kraut, das die Leber und die Gebärmutter anregt und Krämpfe löst.
GEBRAUCH
MEDIZIN Innerlich bei Nieren- und Blasensteinen; äußerlich bei Wunden.
WIRTSCHAFT Die fermentierten Wurzeln sind eine Quelle natürlicher Farben, die im Farbton entsprechend der Beize variieren. Alizarin wird zum Färben verwendet und liefert Pigmente für Tinten und Farben.

ANBAU UND ERNTE

ANBAU Frostharte Kulturpflanze (*R. tinctorium*: winterhart); gut entwässerter Boden, Sonne oder Halbschatten. *R. tinctorium* mag leichte, trockene Böden. Vermehrung durch Aussaat reifer Samen; durch Teilung zwischen Frühjahr und Herbst.
ERNTE Rhizome und Wurzeln von mindestens 3 Jahre alten Pflanzen werden im Herbst geerntet und für Absude und Puder geschält und getrocknet. Chinesische Kräuterkenner nehmen die Wurzeln auch im Frühjahr aus dem Boden heraus. Wurzeln, die für die Gewinnung von Farbstoffen verwendet werden, sollen von 2 Jahre alten Pflanzen im Frühjahr und Herbst geerntet werden. Innerliche Anwendung von Krapp färbt Urin rot.

RUBUS Himbeere, Brombeere
(Rosaceae)

Durch Ausgrabungen weiß man, daß Himbeeren *(R. idaeus)* und Brombeeren *(R. fruticosus)* seit alters zum menschlichen Speiseplan gehören. Himbeeren werden schon vom römischen Dichter Properz (um 50-16 v.Chr.), Brombeeren vom griechischen Dramatiker Aischylos (um 525-456 v.Chr.) und dem griechischen Arzt Hippokrates (um 460-357 v. Chr.) erwähnt. Wurzeln und Laub der meisten *Rubus*-Arten enthalten Tannine und Flavonoide, während die Früchte viel Vitamin C, Zucker, Fruchtsäure und Pektin besitzen. Jüngste Forschungen über die Wirkstoffe von *R. idaeus*, die während der Schwangerschaft die Gebärmutter entspannen, haben zur Isolation einer Substanz geführt, die mit „Fragarin" bezeichnet wird. *R. fruticosus* wurde von den Griechen bei Gicht genutzt. Die Römer verwendeten die Pflanze bei wundem Mund und Entzündungen des Darms. Sie gilt als austauschbar mit *R. villosus* (eine amerikanische Brombeere), die als adstringierendes Tonikum im Jahre 1820 in die „U.S. Pharmacopoeia" Aufnahme fand. Verschiedene einheimische Arten, z.B. *R. hispidus, R. odoratus,* wurden auch schon von den nordamerikanischen Indianern zur Heilung von Durchfall und Ruhr verwendet. *R. idaeus* kam durch die Siedler in die USA, stellte sich aber als weniger erfolgreich heraus als die einheimischen Arten, etwa *R. occidentalis* (Schwarze Himbeere). Kreuzungen der beiden ergeben übrigens schwarzrote oder purpurne Himbeeren. Verschiedene Stämme nutzten die Früchte von *R. idaeus*, um ihre Arzneien im Geschmack zu verbessern. Dieser Verwendungszweck wurde erstmals 1882 in der „U.S. Pharmacopoeia" erwähnt und bleibt bis heute von Bedeutung. *R. coreanus* taucht in der chinesischen Literatur erstmals um 500 n.Chr. auf. Er ist einer von mehreren fernöstlichen Arten, die sich durch einen grauweißen, wächsernen Bezug der Stiele auszeichnen. *R. parvifolius* (Sandbrombeere) trägt rote Früchte und wird ebenfalls medizinisch genutzt. Die Blätter und Wurzeln finden bei Hautproblemen, die unreifen, getrockneten Früchte als Stärkungsmittel und Aphrodisiakum Verwendung.

R. coreanus S. 194

Verwendbar Früchte („Fu pen zi").
Eigenschaften Ein adstringierendes Kraut, das als Stärkungsmittel für Nieren und Leber wirkt.
Gebrauch
Medizin Innerlich bei Beschwerden, die mit Leber- und Nierenfunktionsstörungen in Verbindung gebracht werden, z.B. Probleme beim Harnlassen, vorzeitigem Grauwerden, Schleiersehen, Unfruchtbarkeit, Impotenz und vorzeitigem Samenerguß.

R. fruticosus (Echte Brombeere) S. 194

Verwendbar Blätter, Wurzeln, Wurzelrinde, Früchte.
Eigenschaften Ein adstringierendes, stärkendes, leicht harntreibendes Kraut.
Gebrauch
Küche Die getrockneten Blätter sind in Kräuterteemischungen enthalten. Die Früchte verzehrt man roh oder gekocht oder verarbeitet sie zu Nachspeisen.
Medizin Innerlich bei Ruhr, Hämorrhoiden und Blasenentzündung; äußerlich bei wundem Hals, Mundgeschwüren und Zahnfleischentzündungen.

R. idaeus (Himbeere) S. 194

Verwendbar Blätter, Früchte.
Eigenschaften Ein adstringierendes Kraut, das die Gebärmuttermuskulatur während der Schwangerschaft entspannt.
Gebrauch
Küche Früchte werden roh oder gekocht verzehrt.
Medizin Innerlich bei Durchfall und als Zubereitung bei der Niederkunft. Wird an schwangere Frauen in den letzten 3 Monaten und während der Wehen verabreicht, jedoch nicht im Frühstadium. Äußerlich bei Mandel- und Mundraumentzündung, Wunden, Bindehautentzündung, Verbrennungen und Krampfadern; läßt sich bei Durchfall gut mit *Agrimonia eupatoria* (vgl. S. 231) und *Geum urbanum* (vgl. S. 288) kombinieren; als Augenlotion mit *Euphrasia officinalis* (vgl. S. 281) und *Salvia officinalis* (vgl. S. 346) als Mundspülung und Gurgelwasser.
Wirtschaft Früchte werden zu Sirup, Likör, Marmeladen, Gelee, Wein und Puree verarbeitet (als Geschmacksstoffe für Essig). Fruchtessenzen fügt man Shampoos und Badewässern hinzu. Fruchtsirup ist ein Geschmacksverbesserer für Arzneien.
Variante
***R. i.* 'Aureus'**, S. 194.

Anbau und Ernte

Anbau Winterharte Kulturpflanze (*R. i.* 'Aureus': Zierpflanze); feuchter, gut entwässerter Boden in Sonne oder Halbschatten. Vermehrung durch Aussaat im Frühjahr (nur Arten); durch Grünstecklinge im Sommer; durch Blattaugenstecklinge im Spätsommer; durch Steckhölzer im Winter; durch Absenker im Sommer *(R. fruticosus)*, durch Wurzelstecklinge und Ausläufer während der Ruhephase *(R. idaeus)*; durch Teilung im zeitigen Frühjahr oder Herbst. *R. fruticosus* kann an einer Wand gezogen werden; alten Stamm nach der Fruchtzeit entfernen. Im Frühjahr Pflanzen, die Früchte tragen sollen, leicht zurückschneiden. Pflanzen können durch Blattläuse, Blindwanzen, Himbeerkäfer, Wurzelkropf, Botrytis, Verkümmerung und Viruskrankheiten Schaden nehmen.
Ernte Die Blätter *(R. fruticosus, R. idaeus)* werden vor der Blüte gepflückt und für die Verwendung in Aufgüssen, Flüssigextrakten und Tabletten getrocknet. Die Wurzeln *(R. fruticosus)* erntet man im Sommer und trocknet sie für Absude. Die Früchte werden reif geerntet, für Absude getrocknet, für die Zubereitung von Saft frisch oder gefroren, für Sirup und andere kulinarische Zwecke frisch oder gefroren verarbeitet.

RUMEX Ampfer
(Polygonaceae)

R. crispus und *R. obtusifolius* gelten seit langem als Mittel bei Hautbeschwerden. Sie haben die gleichen Inhaltsstoffe, insbesondere das abführende Anthrachinon. *R. crispus* gewann im 19. Jahrhundert bei den amerikanischen Vertretern der reinen Pflanzentherapie Bedeutung und bestimmt auch heute noch die modernen Verfahren. Die Wurzeln von *R. aquatica* werden in Pulverform als Zahnputzmittel verwendet und innerlich in gleicher Weise wie *R. crispus* genutzt. *R. acetosella* hat eher harntreibende Wirkungen und wird bei damit zusammenhängenden Beschwerden verwendet. Die meisten Arten enthalten auch Oxalate, ähnlich denen im Spinat und Rhabarber. Oxalate sind im Übermaß genommen giftig, besonders für Menschen, die eine Anfälligkeit für Rheuma, Arthritis, Gicht, Nierensteine und Übersäuerung des Magens besitzen. Sie sind sauer und können empfindliche Zähne angreifen. Culpeper meinte, Ampfer seien „ausnehmend leberstärkend … und bekömmlich" (1653). Die modernen Menschen finden Ampfer eher unverdaulich; nur der Sauerampfer ist nach wie vor beliebt.

R. acetosa (Großer Sauerampfer) S. 194

Verwendbar Blätter.
Eigenschaften Ein säuerliches, adstringierendes, kühlendes, harntreibendes Kraut.
Gebrauch
Küche Frische, junge Blätter werden Salaten, Saucen, Suppen und Eierspeisen beigegeben oder püriert, um Mayonnaisen und Eierkuchenteigen Farbe und Säure zu verleihen.
Medizin Kaum noch im Gebrauch.
Wirtschaft Der Saft wird zum Entfernen von Rost, Schimmel und Tintenflecken von Leinen, Holz, Silber und Flechtwerk verwendet.

R. crispus S. 194

Verwendbar Wurzeln.
Eigenschaften Ein bitteres, adstringierendes, kühlendes Kraut, das die Leber und Gallenblase anregt, Gifte ausspült und abführende Wirkung hat.
Gebrauch
Medizin Innerlich bei chronischen Hautkrankheiten, Gelbsucht, Verstopfung (in Verbindung mit Ausschlägen), Leberstörungen und Anämie. Übermaß kann Übelkeit und Dermatitis verursachen. Bei Hautproblemen in Verbindung mit *Taraxacum officinale* (vgl. S. 360) oder *Smilax* spp. (S. 354) und mit Melasse als Bluttonikum. In der Homöopathie bei Kehlkopfentzündung, Reizhusten, wundem Hals.

R. scutatus (Römischer Ampfer) S. 194

Verwendbar Blätter.
Eigenschaften Ein säuerliches, adstringierendes, kühlendes Kraut, das harntreibende Wirkung hat.
Gebrauch
Küche Blätter werden wie die von *R. acetosa* verwendet, diesen oft vorgezogen, weil sie weniger Säure haben.
Variante
***R. s.* 'Silver Shield'**, S. 194.

Anbau und Ernte

Anbau Winterharte Zierpflanze (*R. crispus*: Kulturpflanze); feuchter Boden in Sonne oder Halbschatten. Vermehrung durch Aussaat ►

▸ der Samen im Frühjahr; durch Teilung im Frühjahr oder Herbst. *R. acetosa* und *R. crispus* besitzen tiefreichende Wurzeln und sind nur schwer auszurotten, wenn sie sich einmal festgesetzt haben. *R. scutatus* ist ein wucherndes Kraut.
ERNTE Die Blätter *(R. acetosa, R. scutatus)* werden vor dem Beginn der Blütezeit gepflückt und frisch verwendet. Die Wurzeln *(R. crispus)* erntet man im Herbst und trocknet sie für die Verwendung in Absuden, Flüssigextrakten und Tinkturen.

RUSCUS Mäusedorn
(Liliaceae/Ruscaeae)

R. aculeatus wird für medizinische, dekorative und kulinarische Zwecke verwendet. Er enthält Saponine, die die Gefäßwanddurchlässigkeit verringern. Dioskorides (1. Jahrhundert n. Chr.) erwähnt ihn als Heilmittel bei Nierensteinen. Die Ausbeutung und das Sammeln wildwachsender *Ruscus*-Arten können Kriterien der Bewirtschaftung unterliegen.

R. aculeatus (Mäusedorn) S. 195

VERWENDBAR Gesamte Pflanze, junge Triebe, Wurzeln.
EIGENSCHAFTEN Ein aromatisches, harn- und schweißtreibendes, leicht abführendes Kraut, das Entzündungen hemmt und die Gefäße verengt.
GEBRAUCH
KÜCHE Die jungen Triebe verzehrt man wie Spargel.
MEDIZIN Früher innerlich bei Gelbsucht, Gicht sowie Nieren- und Blasensteinen; heute für Gefäßkrankheiten und Hämorrhoiden (auch äußerlich). Nicht an Patienten mit Bluthochdruck verabreichen.
WIRTSCHAFT Die fruchttragenden Zweige sind Bestandteil von Weihnachtsschmuck.

ANBAU UND ERNTE
ANBAU Winterharte Zierpflanze; gut entwässerter bis trockener Boden in Sonne oder Schatten. Vermehrung durch Aussaat im Herbst; durch Teilung im Frühjahr oder Herbst. Samen brauchen bis zu 18 Monate zum Keimen; tote Triebe im Frühjahr entfernen. Zum Bodendecken und für die Fruchtbildung sollten Gruppen von mehreren weiblichen Pflanzen auf eine männliche gebildet werden.
ERNTE Die Pflanzen werden im Spätfrühling geschnitten, die Wurzeln im Herbst geerntet und für Absude, Salben und Zäpfchen getrocknet. Die jungen Triebe werden im Frühjahr für den kulinarischen Gebrauch abgenommen.

RUTA Raute
(Rutaceae)

R. graveolens enthält Flavonoide (hauptsächlich Rutin, das die Sprödigkeit von Kapillargefäßen vermindert). Darin könnte eine Erklärung liegen, warum die Raute ein traditionelles Mittel bei nachlassender Sehkraft ist. Die besondere chemische Zusammensetzung der Rauten hat wohl dazu geführt, daß sie stets als ein Schutzmittel gegen Ansteckungen angesehen wurden. Sie waren im „Essig der vier Diebe", einer legendären Bande, die die Leichen von Pestopfern ausplünderte, und Sträußchen aus Rauten und Eberrauten (*Artemisia abrotanum*, vgl. S. 243) wurden früher in Gerichtssälen aufgestellt, um vor Flecktyphus zu schützen. Rauten werden bisweilen auch in der Bibel erwähnt, obwohl sich diese Stellen wohl eher auf *R. chalapensis* beziehen dürften, da diese eine südlichere Verbreitung hat.

R. graveolens (Weinraute, Gartenraute) S. 195

VERWENDBAR Blätter.
EIGENSCHAFTEN Ein bitteres, scharfes, wärmendes Kraut, das die Gebärmutter anregt, Krämpfe löst, die Verdauung verbessert, die Schweißbildung erhöht und die Kapillargefäße kräftigt.
GEBRAUCH
KÜCHE Die Raute wird manchmal als Begleitung zu Fleischgerichten empfohlen; jedoch ist ihr Geschmack streng und bitter.
MEDIZIN Innerlich bei Menstruationsbeschwerden, Koliken, Epilepsie und rheumatischen Schmerzen. Eine Überdosierung beeinträchtigt das zentrale Nervensystem und kann letztlich tödlich wirken; nicht an Schwangere verabreichen; äußerlich bei entzündeten Augen, Ohrenschmerzen, Hautkrankheiten, Neuralgie und Rheuma. In der Homöopathie bei Verstauchungen, Quetschungen über Knochen, Tennisarm, Rückenschmerzen, schwachem Augenlicht und überanstrengten Augen verwendet.
WIRTSCHAFT Die Blätter werden zum Aromatisieren von italienischem Weingeist („Grappa") verwendet und waren in früheren Zeiten ein Bestandteil des Honigweins.
VARIANTEN
***R. g.* 'Jackman's Blue'**, S. 195.
***R. g.* 'Variegata'**, S. 195.

ANBAU UND ERNTE
ANBAU Winterharte Zierpflanze; gut entwässerter, neutraler bis alkalischer Boden in sonniger Lage. Vermehrung durch Aussaat (ausgenommen *R. g.* 'Jackman's Blue') im Frühjahr; durch halbreife Stecklinge im Sommer; im Frühjahr reichlich (aber nicht den Haupttrieb) zurückschneiden. *R. g.* 'Variegata' ist eine ungewöhnliche bunte Sorte, weil sie ihre charakteristischen Eigenschaften bei der Aussaat beibehält.
ERNTE Die Blätter werden im Frühjahr und Sommer gepflückt und für Aufgüsse, Flüssigextrakte und Puder getrocknet.
WARNHINWEIS Im Sonnenlicht kann es zu ernsthaften Hautreizungen im Verein mit Bläschenbildung kommen.

S

SALIX Weide
(Salicaceae)

Spätestens seit den Zeiten des Dioskorides (1. Jahrhundert n.Chr.) wird die Rinde der Weide zur Linderung von Schmerzen und zum Senken von Fieber verwendet. Weiden sind eine Quelle für Salizylsäure. Sie konnte zum ersten Mal 1838 sysnthetisch hergestellt werden und bildet die Grundlage für Aspirin. *S. cinerea, S. fragilis* (Knackweide), die amerikanische *S. nigra, S. pentandra* (Lorbeerweide) und *S. purpurea* (Purpurweide) können medizinisch mit *S. alba* austauschbar verwendet werden. Die Indianer Nordamerikas nutzten auch mehrere andere Arten und tranken einen starken Tee aus Weidenrinde, um bei Fieber das Schwitzen einzuleiten.

S. alba (Silberweide) S. 195

VERWENDBAR Blätter, Rinde.
EIGENSCHAFTEN Ein bitteres, adstringierendes, kühlendes Kraut, das Schmerzen lindert, Fieber senkt und Entzündungen hemmt.
GEBRAUCH
MEDIZIN Innerlich bei geringfügigen fiebrigen Erkrankungen und Kolik (Blätter), Rheuma, Arthritis, Gicht, entzündlichen Phasen von Autoimmunkrankheiten, Durchfall, fiebrigen Erkrankungen, Neuralgie, Kopfschmerzen (Rinde). Bei rheumatischer Arthritis in Verbindung mit *Cimicifuga racemosa* (vgl. S. 261), *Apium graveolens* (S. 240) und *Guaiacum officinale* (S. 290).
VARIANTEN
S. a. var. ***vitellina***, S. 195.
S. a. var. ***vitellina* 'Britzensis'**, syn. *S. a.* 'Chermesina', S. 195.

ANBAU UND ERNTE
ANBAU Winterharte Zierpflanze; feuchter bis nasser, schwerer Boden in Sonne. Vermehrung durch halbreife Stecklinge im Sommer; durch Steckhölzer im Winter. Weiden sind anfällig für Blattläuse, Raupen, Schildläuse, Blattwespen, offene Herzfäule und Rost.
ERNTE Die Blätter sammelt man während der Wachstumsphase und verwendet sie frisch oder getrocknet für Aufgüsse. Die Rinde kann den Sommer über entfernt werden und wird für Absude, Flüssigextrakte, Puder, Tabletten und Tinkturen getrocknet.

SALVADORA
(Salvadoraceae)

Vier oder fünf Arten immergrüner (salziger Bedingungen vertragender) Bäume und Sträucher bilden diese Gattung, die in trockeneren Gegenden Afrikas, des Nahen Ostens, Indiens und Chinas vorkommt. Samen der *Salvadora*-Arten enthalten einen hohen Gehalt an ätherischen Senfölen. Forschungen legen nahe, daß es sich bei *S. persica* um die Pflanze handeln muß, von der das biblische Gleichnis vom Senfkorn handelt (Matthäus 13, 31-32): „Es ist zwar das kleinste unter allen Samenkörnern, wächst es aber empor, so ist es größer als alle Sträucher und wird zu einem Baum". Alle Teile von *S. persica* werden vor Ort für medizinische Zwecke verwendet. Aus Abschnitten der Wurzeln stellt man Zahnbürsten her, indem man an einem Ende die Rinde entfernt und das innere Holz ausfranst. Die Wurzeln enthalten Substanzen, die hervorragende Eigenschaften für die Mundpflege besitzen.

S. persica

Empfindlicher Strauch oder kleiner Baum, Höhe 2-6 m, Breite 5m, mit grauen, herabhängenden Zweigen und intensiv grünen, elliptischen Blättern. Kleine, grünweiße, glockenförmige Blüten werden das Jahr über gebildet, gefolgt von kugelförmigen, roten bis purpurfarbenen, aromatischen Früchten; kommt in Regionen Afrikas, Arabiens und Indiens vor, die nur zu bestimmten Jahreszeiten überschwemmt werden.

VERWENDBAR Blätter, Zweige, Holz, Wurzelrinde, Früchte, Samen.
EIGENSCHAFTEN Ein adstringierendes, anregendes Kraut, das harntreibend und schleimlösend wirkt und Gifte ausspült (Blätter), Parasiten abtötet (Blätter, Rinde), die Heilung fördert (Holz), Appetit und Darmfunktionen verbessert, den Menstruationszyklus beeinflußt (Früchte) und den Kreislauf anregt (Früchte, Samen).
GEBRAUCH
MEDIZIN Innerlich bei Erkältungen, Hautbeschwerden, Harnwegsproblemen, Syphilis und Darmparasiten, Verstopfung, schlechtem Appetit und Menstruationsbeschwerden; Rheuma und Arthritis; äußerlich bei Abszessen und Schwellungen (Blätter), Quetschungen und zur Mundhygiene.
WIRTSCHAFT Die Blätter werden zur Salzgewinnung verbrannt.

ANBAU UND ERNTE
ANBAU Empfindliche Wildpflanze; genutzte Teile werden gesammelt; gut entwässerter, zu bestimmten Jahreszeiten feuchter bis nasser Boden, Sonne, mindestens 10-13° C. Vermehrung bei 18° C durch halbreife, im Sand wurzelnde Stecklinge.
ERNTE Blätter pflückt man nach Bedarf und verwendet sie frisch, getrocknet oder pulverisiert. Rinde und Holz werden getrocknet und zu Pulver zermahlen. Zweige und Wurzeln schneidet man nach Bedarf und verwendet sie frisch. Die Früchte sammelt man reif und nutzt sie frisch, gekocht oder getrocknet. Samen können im Ganzen verwendet oder in Öl zerdrückt werden.

SALVIA Salbei
(Labiatae/Lamiaceae)

S. officinalis wird in Nordeuropa seit dem Mittelalter angebaut und kam im 17. Jahrhundert nach Nordamerika. Früher unter dem Namen *Salvia salvatrix* („Ehre dem Erlöser") bekannt, stand die Pflanze schon seit dem Altertum im Ruf, ein langes Leben zu gewähren. Salbei-Arten enthalten viele ätherische Öle, die von Art zu Art verschieden sein können und somit eine große Vielfalt an Aromen aufweisen. *S. officinalis* enthält ein kampferartiges Öl, das zu etwa 50% aus Thujon besteht. Im Übermaß verwendet, ruft diese Substanz Halluzinationen hervor, macht süchtig und ist giftig. *S. fruticosa* besitzt weniger Thujon, wohingegen *S. lavandulifolia* gar keines aufweist. *S. officinalis* enthält auch Rosmarinsäure. In der entsprechenden Dosierung kann sie innerhalb von 2 Stunden starkes Schwitzen stoppen. Die schleimhaltigen Samen der mexikanischen *S. hispanica* mischt man mit Wasser, Zitronensaft und Zucker. *S. miltiorhiza* ist ein bedeutendes chinesisches Arzneikraut seit mindestens 206 v.Chr. *S. officinalis* wird am häufigsten als Küchenkraut verwendet; die getrockneten Blätter – meist mit denen von *S. fruticosa, S. pomifera* und *S. lavandulifolia* vermischt – werden als Salbei im Handel vertrieben.

S. clevelandii S. 196

VERWENDBAR Blätter.
EIGENSCHAFTEN Ein sehr aromatisches Kraut.
GEBRAUCH
AROMA Getrocknete Blätter sind Bestandteil von Dufttöpfen.

S. coccinea S. 196

VERWENDBAR Blätter.
EIGENSCHAFTEN Ein aromatisches Kraut.
GEBRAUCH
AROMA In der Hauptsache als aromatische Zierpflanze gezogen.
VARIANTE
***S. c.* 'Lady in Red'**
Sehr unregelmäßig blühende mehrjährige Zwergsorte für Beete mit leuchtend roten Blüten; Höhe 30-38 cm, Breite 23-30cm.

S. dorisiana S. 196

VERWENDBAR Blätter.
EIGENSCHAFTEN Ein aromatisches Kraut mit fruchtigem Duft.
GEBRAUCH
KÜCHE Die Blätter werden für Salate und Dressings verwendet.
AROMA Blätter werden für Dufttöpfe getrocknet.

S. elegans 'Scarlet Pineapple', syn. *S. rutilans* S. 196

VERWENDBAR Blätter.
EIGENSCHAFTEN Ein aromatisches Kraut das nach Ananas duftet.
GEBRAUCH
KÜCHE Zweiglein werden kalten Getränken und Fruchtsalaten hinzugefügt. Frische Blätter können in Biskuitkuchenteig untergerührt werden und ergeben einen feinen Duft; frische oder getrocknete Blätter aromatisieren Gerichte mit Schweinefleisch.

S. fruticosa, syn. *S. triloba* (Griechischer Salbei) S. 196

VERWENDBAR Blätter, Öl.
EIGENSCHAFTEN Wie von *S. lavandulifolia.*
GEBRAUCH
KÜCHE Blätter werden für das zypriotische Getränk „Chanomilia" aufgegossen und in Griechenland für einen Tee („Faskomelo") mit denen von *S. pomifera* vermischt.
MEDIZIN Innerlich bei Grippe, Husten und rheumatischen Schmerzen.
WIRTSCHAFT Die getrocknete Blätter machen etwa 50-95% des kommerziellen Handels mit Salbei aus. Das Öl wird zum Strecken von Lavendelöl (aus *Lavandula latifolia*) verwendet.

S. lavandulifolia S. 196

VERWENDBAR Blätter, Öl.
EIGENSCHAFTEN Ein antiseptisches, adstringierendes, stärkendes Kraut mit Lavendel-Balsam-Aroma. Es verbessert die Verdauung, senkt Fieber, stärkt das Immun- und Nervensystem, spült Gifte aus, regt die Gebärmutter an und wirkt schleimlösend und östruserzeugend.
GEBRAUCH
AROMA Öl wird für Parfüme verwendet.
MEDIZIN Innerlich bei Verdauungs- und Atembeschwerden, Beschwerden der Menstruation, Unfruchtbarkeit, nervöser Spannung und Depression. Nicht während der Schwangerschaft verabreichen.
WIRTSCHAFT Blätter werden als Ersatz für *S. officinalis* zum Aromatisieren von Lebensmitteln und in Teemischungen verwendet. Öl findet als Lebensmittelaroma, in Seifen und Kosmetika Verwendung.

S. miltiorhiza

Behaarte, krautige Mehrjährige, winterhart bis -15° C, Höhe 30-80cm, Breite 23-30cm mit rot-purpurnen Wurzeln und gezähnten Blättern.

VERWENDBAR Wurzeln („Dan shen").
EIGENSCHAFTEN Ein bitteres, beruhigendes, kühlendes Kraut, das Blutungen stillt, den Kreislauf und das Immunsystem anregt, den Cholesterinspiegel senkt, Heilung fördert und viele krankheitserregende Organismen hemmt. Es wirkt hauptsächlich auf die Herzenergie, beseitigt übermäßige Hitze und löst Blockaden auf (chinesische Medizin).
GEBRAUCH
MEDIZIN Innerlich bei schwachem Kreislauf, Herzkranzkrankheiten, Herzklopfen, Reizbarkeit, Schlaflosigkeit, Abszessen der Brust, Brustdrüsenentzündung, Geschwüren, Furunkeln, Wunden, Quetschungen, Menstruationsbeschwerden und Schmerzen nach der Geburt.

S. officinalis (Gartensalbei) S. 196

VERWENDBAR Blätter, Öl.
EIGENSCHAFTEN Ein adstringierendes, antiseptisches, entzündungshemmendes Kraut mit kampferartigem Aroma. Es löst Krämpfe, unterdrückt die Schweißbildung und Milchbildung, verbessert die Funktionen der Leber und die Verdauung; besitzt östruserzeugende Eigenschaften und hilft bei Stimmungsschwankungen. Viele Kräuterkenner schätzen die *S. o. Purpurascens* Gruppe im Vergleich zur Art als wirkungsstärker ein.
GEBRAUCH
KÜCHE Blätter gießt man als Tee auf, sie würzen „Saltimbocca" und Leber (Italien), sind Bestandteil von Käse, Saucen, Gerichten mit Aal und Füllungen für Gänse- und Schweinefleisch (Nordeuropa).
MEDIZIN Innerlich bei Verdauungsstörungen, Blähungen, Beschwerden der Leber, übermäßigem Milchfluß, nächtlichem Schwitzen, starkem Spei-

chelfluß (wie bei der Parkinsonschen Krankheit), reichlicher Schweißbildung (wie bei Tuberkulose), Angstzuständen, Depression, weiblicher Unfruchtbarkeit und Beschwerden der Wechseljahre. Im Übermaß oder über einen längeren Zeitraum verwendet ist die Pflanze giftig. Nicht während der Schwangerschaft verabreichen; äußerlich bei Insektenstichen, Infektionen der Kehle, des Mundes, Zahnfleisches, der Haut und bei Ausfluß. Als Gurgelwasser mit *Potentilla erecta* (vgl. S. 334) zu verwenden und bei Verdauungsproblemen in Verbindung mit *Chamaemelum nobile* (S. 259) und *Filipendula ulmaria* (S. 283).
WIRTSCHAFT Öl dient als Fixativ in Parfümen und Zahnpasten und ist in zellaktiven Kosmetika.
VARIANTEN
S. o. **'Albiflora'**, syn. *S. o.* 'Alba', S. 196.
S. o. **'Berggarten'**, S. 197.
S. o. **'Icterina'**, S. 197.
S. o. **'Kew Gold'**, S. 197.
S. o., **Gruppe Purpurascens**, S. 197.
S. o. **'Purpurascens Variegata'**
Ähnlich *S. o.* 'Purpurascens', aber mit unregelmäßig rosa überzogenen, purpurfarbenen Blättern; hart bis -15° C; Höhe 60-80cm, Breite 1m.
S. o. **'Tricolor'**
Nicht so kräftig wie die Art, daher als Topf- oder Kübelpflanze zu empfehlen.; hart bis -15° C, Höhe und Breite 45-60cm.

S. pomifera, syn. *S. calycina* S. 197

VERWENDBAR Blätter, Gallen.
EIGENSCHAFTEN Wie *S. officinalis*, nur stärker.
GEBRAUCH
WIRTSCHAFT Blätter werden anstelle von *S. officinalis* in Lebensmittelaromen verwendet; bilden mit *S. fruticosa* den „Faskomelo-Tee" (Griechenland). Gallen werden präpariert und zu einem medizinischen Bonbon verarbeitet (Griechenland).

S. sclarea (Muskatellersalbei) S. 197

VERWENDBAR Blätter, Blüten, Samen, Öl.
EIGENSCHAFTEN Ein bitteres, adstringierendes, wärmendes Kraut mit schleimhaltigen Samen und Vanille-Balsam-Aroma. Es löst Krämpfe, hilft der Verdauung, regt die Gebärmutter an, beruhigt die Nerven, stillt Erbrechen und gilt als aphrodisisch.
GEBRAUCH
KÜCHE Die frischen, jungen Blätter werden Beignets hinzugefügt. Blüten können zu Salaten getan oder in Teemischungen verwendet werden.
MEDIZIN Innerlich bei Erbrechen, schlechtem Appetit und Menstruationsbeschwerden. Nicht an Schwangere verabreichen; äußerlich bei Fremdkörpern im Auge oder der Haut (Samen), kleineren Verletzungen und bei Geschwüren.
WIRTSCHAFT Junge Blätter werden mit Holunderblüten aufgegossen, um Rheinweinen ein Muskatellerbouquet zu verleihen. „Muskatelleröl" hat ein Ambergris-Aroma und wird in Seifen und Kosmetika sowie als Fixativ in Parfümen verwendet.
VARIANTE
S. s. var. ***turkestanica***, S. 197.

S. viridis, syn. *S. horminum* S. 197

VERWENDBAR Blätter, Blütenähren, Samen, Öl.
EIGENSCHAFTEN Aromatisches, antiseptisches Kraut.
GEBRAUCH
KÜCHE Samen und Blätter dienen zum Würzen.
MEDIZIN Äußerlich bei wundem Zahnfleisch und als Schnupfpulver.
WIRTSCHAFT Öl aromatisiert Weine und Biere.
VARIANTE
S. v. **'Claryssa'**, S. 197.

ANBAU UND ERNTE

ANBAU Zierpflanze (*S. miltiorhiza* und *S. pomifera*: Kulturpflanzen); winterhart (*S. elegans* 'Scarlet Pineapple', S. *lavandulifolia*: frosthart; *S. clevelandii, S. coccinea, S. c.* 'Lady in Red', *S. fruticosa, S. pomifera*: halbhart; *S. dorisiana*: empfindlich); gut entwässerter bis trockener, neutraler bis alkalischer Boden; Sonne. *S. miltiorhiza* benötigt feuchten, sandigen Boden. *S. dorisiana* und *S. elegans* 'Scarlet Pineapple' brauchen mindestens 5° C. Einige harte Salbei-Arten überstehen -10° C, erliegen aber niedrigeren Temperaturen, besonders bei feucht-klammen Bedingungen. Vermehrung durch Aussaat im Frühjahr (nur Arten und einjährige Sorten); durch Grünstecklinge im Frühjahr und Sommer, durch Teilung *(S. miltiorhiza)* oder Ableger im Herbst oder Frühjahr. *S. sclarea* sät sich in sandigem Boden leicht selbst aus. Salbei verholzt mit zunehmendem Alter und wird schütter. Die Pflanze sollte deshalb alle 4-7 Jahre ausgewechselt werden.
ERNTE Die Blätter pflückt man zum sofortigen Gebrauch oder zur Destillation von Öl oder zum Trocknen vor dem Öffnen der Blüten; getrocknete Blätter werden für Aufgüsse, Flüssigextrakte und Tinkturen verwendet. Die Wurzeln *(S. miltiorhiza)* werden im Spätherbst und Winter geerntet und für Pillen, Absude und Tinkturen getrocknet; reife Samen *(S. sclarea)* vor dem Aufquellen getrocknet. Blütenähren *(S. viridis)* schneidet man im Sommer; Gallen *(S. pomifera)* im Frühjahr sammeln und kandieren.

SAMBUCUS Holunder
(Caprifoliaceae)

Holunder wird nicht umsonst das „medizinische Schatzkästlein des Volkes" genannt. Er ist ein Heilmittel für die gängigsten Beschwerden. Früher verwendete man alle Teile von *S. nigra* für medizinische Zwecke, heute konzentriert man sich auf die Blüten. Sie enthalten eine pflanzliche Säure (die als entzündungshemmend gilt) sowie Flavonoide (darunter das Rutin, vgl. *Ruta graveolens*, S. 345) und feste Öle. In den Blättern sind giftige Cyanglykoside (wie bei *Prunus*-Arten, S. 335) enthalten.

S. nigra (Schwarzer Holunder, Flieder) S. 197

VERWENDBAR Blätter, Rinde, Blüten, Früchte.
EIGENSCHAFTEN Ein bitteres, scharfes, kühlendes Kraut, das Fieber senkt, Entzündungen hemmt, Reizungen abschwächt und harntreibend, blutreinigend und Katarrh bekämpfend wirkt (Blüten, Früchte); Blätter sind insektizid, antiseptisch und heilungsfördernd.

GEBRAUCH
KÜCHE Die Blütenköpfe werden in Eierkuchenteig fritiert (Holunderbeignets). Sie geben eingekochtem Obst und Marmeladen ein Muskateller-Aroma (besonders Stachelbeerwein). Früchte verarbeitet man in Saucen sowie aromatisiert und färbt damit eingekochtes Obst (Trockenfrüchte sind weniger bitter). Den Saft kocht man mit Zucker auf und aromatisiert ihn mit Ingwer und Gewürznelken (Holunderwein).
MEDIZIN Innerlich bei Grippe, Erkältungen, Katarrh, Nebenhöhlenentzündung und fiebrigen Krankheiten (Blüten, Früchte), Rheuma (Früchte); sowie Verstopfung und arthritischen Beschwerden (Rinde); äußerlich bei kleinen Verbrennungen und Frostbeulen (Blätter, Rinde), entzündeten Augen, gereizter oder entzündeter Haut, Mundgeschwüren und kleineren Verletzungen (Blüten). Bei Infektionen der oberen Atemwege (Früchte, Blüten) mit *Mentha x piperita* (vgl. S. 311), *Achillea millefolium* (S. 227), *Hyssopus officinalis* (S. 295) oder *Tilia cordata* (S. 363); bei Rheuma (Früchte) mit *Menyanthes trifoliata* (S. 312) oder *Salix alba* (S. 345).
WIRTSCHAFT Blüten sind Bestandteil von Hautpflegemitteln (Holunderwasser), Ölen und Salben. Sie werden auch zur Herstellung von Weißweinen verarbeitet. Blätter kocht und filtert man für die Produktion eines Insektensprays auf Naturbasis.
VARIANTEN
S. n. **'Aurea'**, S. 197.
S. n. **'Guincho Purple'**, syn. *S. n.* 'Purpurea', S. 197
S. n. f. ***laciniata***, S. 197.
S. n. **'Marginata'**, syn. *S. n.* 'Albovariegata', *S. n.* 'Argenteomarginata', S. 197.

ANBAU UND ERNTE

ANBAU Winterharte Zierpflanze; nährstoffreicher, feuchter, neutraler bis alkalischer Boden; Sonne oder Halbschatten. Vermehrung durch Aussaat im Herbst (Arten); durch Grünstecklinge im Sommer; durch Steckhölzer im Winter. Bei den als Zierpflanzen gezogenen Varianten im Winter bis auf Bodennähe zurückschneiden, um große, farbenprächtige Blätter zu erhalten. Wenn die Pflanzen zur Fruchterzeugung oder zur Ernte der Blüten angebaut werden, sollte kein harter Rückschnitt erfolgen.
ERNTE Die Blätter erntet man im Sommer und verwendet sie frisch. Die Rinde wird im Spätwinter abgezogen, bevor sich neue Blätter bilden oder im Herbst, bevor die Blätter sich verfärben; für Absude trocknen. Vollständig geöffnete Blütenköpfe werden eingesammelt und im Ganzen getrocknet; im Anschluß werden die Blüten abgenommen und für Aufgüsse, Blütenwasser, Extrakte, Salben und Tinkturen verwendet. Die Früchte erntet man reif, entstielt sie, verwendet sie frisch, als Saft oder getrocknet für Absud und Tinktur.
WARNHINWEIS Der Verzehr der Blätter und rohen Beeren ist schädlich.

SANGUINARIA Blutwurz
(Papaveraceae)

Wie die meisten Pflanzen aus der Familie der Mohngewächse enthält auch *S. canadensis* eine Reihe von opiumähnlichen Alkaloiden. Verschiedene nordamerikanische Indianerstämme nutzten dieses giftige Kraut als roten Farbstoff für Haut und Werkzeuge und innerlich, um heilsames Erbrechen herbeizuführen. Ebenso wurden damit Halsschmerzen, Kopfflechte und Rheuma behandelt. In jüngster Zeit bekam die Pflanze Bedeutung als Ressource für Sanguinarin, das die Bildung von Zahnbelag verhindert.

S. canadensis (Blutwurz) S. 198

VERWENDBAR Rhizome.
EIGENSCHAFTEN Bitteres, beißendes, wärmendes Kraut, das schleimlösend und harntreibend wirkt, Fieber senkt, Krämpfe löst und den Puls senkt. Es

ist örtlich betäubend und wirkt gegen viele krankheitserregende Organismen.

GEBRAUCH

MEDIZIN Innerlich bei Infektionen der Bronchien, Atemwege und Kehle sowie schlechter Durchblutung der peripheren Blutgefäße. Übermaß verursacht die Dämpfung des zentralen Nervensystems, führt zu Übelkeit und Erbrechen und kann tödlich sein. Nicht an Stillende und Schwangere verabreichen (nur durch qualifizierte Heilpraktiker zu verwenden). Äußerlich bei gutartigen Tumoren der Haut, Hautkrankheiten, Nasenpolypen, wundem Hals und Frostbeulen. Bei Bronchialasthma in Verbindung mit *Lobelia inflata* (vgl. S. 305); mit *Salvia officinalis* (S. 346) und *Capsicum annuum* (S. 254) als Gurgelwasser; bei Nasenpolypen mit *Myrica cerifera* (S. 314) als Schnupfmittel; zum Entfernen von Warzen mit *Chelidonium majus* (S. 259).

WIRTSCHAFT Extrakte sind in Zahnpasten und Mundwassern als Wirkstoffe gegen Zahnbelag enthalten.

VARIANTE

S. c. **'Plena'**, syn. *S. c.* 'Flore Pleno', *S. c.* 'Multiplex', S. 198.

ANBAU UND ERNTE

ANBAU Winterharte Zierpflanze; gut entwässerter, humusreicher Boden in Sonne oder Halbschatten. Vermehrung durch Aussaat im Herbst (Arten), Teilung nach der Blüte. (Rhizome sind zerbrechlich und sollten sorgsam behandelt werden).

ERNTE Die Rhizome werden im Herbst geerntet und für Flüssigextrakte, Salben und Tinkturen getrocknet.

SANGUISORBA Wiesenknopf

(Rosaceae)

S. officinalis enthält ungewöhnliche Tannine und Glykoside. Die Verwendung der Wurzeln wird in der chinesischen Medizin erstmals während der Han-Dynastie (206 v.Chr.-23 n.Chr.) erwähnt. Die westliche Medizin bevorzugte eher die blättrigen Teile. Culpeper beschrieb die adstringierenden Eigenschaften drastisch: „Es ist ein Kraut, … um Blutungen sowohl nach innen wie nach außen Einhalt zu gebieten, allen Ausflüssen, blutenden Ausflüssen, der Weiber zu reichlichem Regelfluß, dem weißen und dem jähzornigen Geifer, dem Auswurf des Bauches."

S. officinalis, syn. *Poterium officinalis* (Großer Wiesenknopf) S. 198

VERWENDBAR Blätter, Wurzeln („Di yu").

EIGENSCHAFTEN Ein bitteres, adstringierendes, kühlendes Kraut, das Blutungen stillt, Entzündungen hemmt, die Heilung fördert und viele krankheitserregende Organismen abtötet.

GEBRAUCH

MEDIZIN Innerlich bei Durchfall, Ruhr, ulzeröser Dickdarmentzündung, Hämorrhoiden, Blutungen, ungewöhnlichen Blutungen der Gebärmutter; äußerlich bei Verbrennungen, Verbrühungen, Wunden und Hautkrankheiten. Bestandteil von chinesischen Rezepten zur Behandlung von Portioerosion und Gebärmutter- und Magendarmblutungen; auch in einem Zahnpulver für Zahnwurzelkrankheit enthalten. Die Wurzeln werden häufig kurzgebraten oder verkohlt, um die Adstringenz zu erhöhen.

ANBAU UND ERNTE

ANBAU Winterharte Zierpflanze; nährstoffreicher, feuchter Boden; Sonne. Vermehrung durch Aussaat im Herbst oder Frühjahr; durch Teilung im Frühjahr.

ERNTE Blättrige Teile werden vor Öffnen der Blüten abgeschnitten und für Aufgüsse, Flüssigextrakte und Tinkturen getrocknet. Wurzeln erntet man im Herbst und trocknet sie für Absude.

SANTALUM Sandelbaum

(Santalaceae)

Sandelholz wird im Fernen Osten als Medizin, Räuchermittel und Parfüm seit über 4000 Jahren verwendet. In hinduistischen Riten spielt es eine besondere Rolle. Bei buddhistischen Beerdigungen verbrennt man das Holz als Teil der Zeremonie. Gemahlenes Holz dient zur Kennzeichnung der jeweiligen Hindu-Kaste. Sandelholz kam etwa 1880 nach Europa und wurde sofort zu einem wichtigen Faktor in der Parfümherstellung. *S. album* baut man als halbwilde Pflanze zusammen mit ihrem natürlichen Wirt an. Sie hat einen hohen Gehalt an ätherischen Ölen, die zu mindestens 90% aus Sesquiterpenalkoholen bestehen und als „Santalol" bezeichnet werden. Das Öl ist in allen Teilen der Pflanze vorhanden: zu 6% in den Wurzeln, 5% in den Blättern, 5% im Kernholz und zu 2% in der Rinde. Trockene, steinige Anbaugebiete steigern den Ertrag und erhöhen die Qualität. Sandelholzöl wird häufig mit Rizinus- und Zedernöl gestreckt. Auch das Öl der verwandten *S. spicatum* und *Osyris tenuifolia* können als Ersatz dienen, oder das der gänzlich anderen, nicht verwandten *Amyris balsamifera* (einer Verwandten von *Phellodendron* und *Ptelea*). Verschiedene Teile von *S. lanceolatum*, einem kleinen Baum oder Strauch, der auf felsigem Grund in fast allen Teilen Australiens vorkommt, werden in der Medizin der Aborigines für Wunden, Furunkel, Juckreiz, Tripper, Verstopfung und Rheuma verwendet. Der Baum enthält ein bakterizides ätherisches Öl.

S. album (Weißer Sandelbaum, Sandelholzbaum, „Santal") S. 198

VERWENDBAR Kernholz, Wurzeln, Öl.

EIGENSCHAFTEN Ein aromatisches, adstringierendes Kraut, das den Körper kühlt, den Geist beruhigt, Krämpfe löst und die Verdauung verbessert. Es hat harntreibende, örtlich betäubende und antiseptische Wirkungen.

GEBRAUCH

AROMA Das Öl wird zur Parfümherstellung verwendet.

MEDIZIN Innerlich bei Störungen im Urogenitalbereich, Fieber, Sonnenstich, Verdauungsstörungen und Schmerzen im Unterleib; äußerlich bei Hautbeschwerden.

WIRTSCHAFT Das Markholz wird für Schnitzarbeiten verwendet. Das Öl ist in Seifen, Körperölen, Lebensmittelaromen und Räuchermitteln enthalten.

ANBAU UND ERNTE

ANBAU Empfindliche Kulturpflanze; gut entwässerter, feuchter, fruchtbarer Boden im Halbschatten; mindestens 15° C. Vermehrung durch reifen Samen, der vorher in einer Bleichelösung im Verhältnis 1:9 eingeweicht wurde, Aussaat in Vermiculit bei 15-21° C. Sämlinge werden zusammen zu den Wirten gepflanzt, wenn die Wurzeln 4cm Länge erreicht haben.

ERNTE Die Bäume werden in der Regel geschlagen, wenn sie mindestens 50 Jahre alt sind.

SANTOLINA Heiligenkraut

(Compositae)

Culpeper beschreibt *S. chamaecyparissus* 1653 als Heilmittel bei giftigen Bissen, Würmern in den Eingeweiden und Hautreizungen. Obwohl sie heute kaum noch verwendet wird, haben Forschungen um 1980 gezeigt, daß die Pflanze entzündungshemmende Wirkungen besitzt.

S. chamaecyparissus (Zypressenkraut) S. 198

VERWENDBAR Blätter, blühende Stiele.

EIGENSCHAFTEN Ein bitteres, anregendes Kraut mit starkem Kamille-Aroma. Es hemmt Entzündungen, verbessert die Verdauung, regt die Gebärmutter und Leber an und vertreibt Darmparasiten.

GEBRAUCH

AROMA Getrocknete Blätter fügt man in Dufttöpfe.

MEDIZIN Innerlich bei schlechter Verdauung, Verdauungsstörungen und Menstruationsbeschwerden, Gelbsucht. Äußerlich bei Stichen, Bissen, kleineren Wunden und Hautentzündungen.

WIRTSCHAFT Die getrockneten Blätter werden mit *Tussilago farfara* (S. 365) und *Chamaemelum nobile* (S. 259) in Kräutermischungen verwendet.

VARIANTEN

S. c. **'Lemon Queen'**, S. 198.

S. c. var. ***nana***, S. 198.

S. c. **'Pretty Carol'**, S. 199.

ANBAU UND ERNTE

ANBAU Winterharte Zierpflanze; leichter, gut entwässerter bis trockener Boden, Sonne. Verträgt auch sandige und alkalische Böden. Vermehrung durch halbreife Stecklinge im Herbst. Abgeblühte Blütenköpfe im Herbst entfernen; leicht beschneiden. Harter Rückschnitt im Frühjahr.

ERNTE Die Blätter werden in der Wachstumsphase geerntet; die blühenden Stiele im Sommer; beide werden für Aufgüsse und Puder getrocknet.

SAPONARIA Seifenkraut

(Caryophyllaceae)

Pflanzen, die reich an Saponinen sind, wie *S. officinalis*, wurden vor dem Aufkommen industriell hergestellter Seife (um 1800) häufig für Reinigungszwecke verwendet. *S. officinalis* nimmt man im Nahen Osten auch heute noch zum Waschen. Museen reinigen ihre Gemälde, Tapeten und Möbel damit. Culpeper erwähnt 1653 *S. officinalis* als „ ein zuverlässiges Heilkraut bei Syphilis“. Die Anwendung für diese und andere Geschlechtskrankheiten wird auch von Mrs Grieve („A Modern Herbal“, 1931) empfohlen, zumal dort, wo die Behandlung mit Quecksilber (Standardtherapie über viele Jahrhunderte) sich als unwirksam erwies.

S. officinalis (Gemeines Seifenkraut, Echtes Seifenkraut) S. 199

Verwendbar Blättrige Stiele, Rhizome.
Eigenschaften Ein harntreibendes, abführendes, schleimlösendes Kraut, das die Leber anregt.
Gebrauch
Medizin Innerlich bei Gicht und Hautkrankheiten, Bronchialkongestion und Gelbsucht; heute nur noch selten im Gebrauch, hauptsächlich wegen seiner reizauslösenden Wirkung auf den Verdauungsapparat; Überdosis verursacht die Zerstörung der roten Blutkörperchen und die Lähmung des vasomotorischen Zentrums. Äußerlich bei Hautkrankheiten.
Wirtschaft Das getrocknete Kraut dient als Seifenersatz bei empfindlichen Materialien.
Varianten
S. o. **'Dazzler'**, syn. *S. o.* 'Variegata', S. 199.
S. o. **'Rubra Plena'**, S. 199.

Anbau und Ernte
Anbau Winterharte Zierpflanze; gut entwässerte, feuchte, neutrale bis alkalische Böden in Sonne oder Halbschatten. Vermehrung durch Aussaat im Frühjahr oder Herbst (nur Arten); durch Teilung in der Ruhephase; durch Grünstecklinge im Sommer. Neigt als Unkraut zum Wuchern; vergiftet Fische; Wurzeln oder Laub sollten mit Teichwasser nicht in Berührung kommen.
Ernte Die blättrigen Stiele sammelt man im Sommer, die Rhizome im Spätherbst; beide werden für Absude getrocknet.

SARGASSUM Beerentang
(Laminariaceae)

Diese Gattung besteht aus etwa 150 Arten von Braunalgen, die in der Hauptsache im Pazifik von Australien bis nördlich nach Japan und im Atlantik bis Cape Cod vorkommt. „Sargaçao“ war die Bezeichnung der portugiesischen Lotsen für schwimmenden Seetang. *S. fusiforme* wurde in China erstmals während der späten Han-Dynastie (25-220 n.Chr.) erwähnt. Es enthält 0,2% Jod, und man setzt es zur Behandlung von Jodmangel ein. Um 1940 entdeckten japanische Forscher gerinnungshemmende Wirkungen. Die Pflanze enthält auch Alginsäure, die mit Kalzium in blutstillenden Pflastern enthalten ist.

S. fusiforme

Gelbbrauner Seetang mit zylindrischem Haftorgan, dicken, fleischigen Zweigen und achselständigen Schwimmblasen. In der Jugend halten sich die Pflanzen an Steinen fest, später schwimmen sie frei; wächst vor den Küsten Chinas, Japans und Koreas.

Verwendbar Gesamte Pflanze („Hai zao“).
Eigenschaften Ein bitteres, salziges, kühlendes Kraut, das schleimlösend und harntreibend wirkt, Blutungen stoppt, Blutdruck und Lipidspiegel senkt, harte Schwellungen sänftigt, die Schilddrüsenfunktion beeinflußt und den Appetit zügelt.
Gebrauch
Medizin Innerlich bei Kropf, Tuberkulose der Lymphknoten, Zysten, Bronchitis, Ödemen und Wasserbruch. Äußerlich bei Blutungen.

Anbau und Ernte
Anbau Wildpflanze; benötigte Teile werden gesammelt. Wächst auf teilweise unter Wasser befindlichen Steinen in der Gezeitenzone. Sie vermehrt sich durch die Haftorgane, die regenerationsfähig sind.
Ernte Pflanzen sammelt man im Winter und Frühjahr ein, trocknet sie für Absude und Puder.

SAROTHAMNUS
S. scoparius. Siehe *Cytisus scoparius.*

SASSAFRAS Sassafrasbaum
(Lauraceae)

S. albidum, von den Spaniern um 1560 in Florida entdeckt, enthält ätherisches Öl, das zu 80-90% aus Safrol besteht, sowie Alkaloide, Lignane, Tannine und Harz. Safrol löst bei Tieren Krebs aus, daher wird es in vielen Ländern nicht mehr als Lebensmittelaroma verwendet. Safrolfreie Extrakte können aus der Rinde gewonnen werden. Sie schmecken allerdings nicht besonders angenehm.

S. albidum (Echter Sassafrasbaum, Fenchelholzbaum, Nelkenzimtbaum) S. 199

Verwendbar Blätter, Wurzeln (Rinde, Mark, Öl).
Eigenschaften Ein süßes, wärmendes Kraut mit fenchelartigem Aroma. Es erhöht die Schweißbildung, lindert Schmerzen, verbessert die Verdauung und hat antirheumatische, harntreibende und blutreinigende Wirkung.
Gebrauch
Küche Blätter werden getrocknet und pulverisiert zum Verdicken von Suppen verwendet (USA).
Aroma Extrakte sind Bestandteile von Parfümen.
Medizin Innerlich bei Magendarmbeschwerden, Kolik, Menstruationsschmerz, Hautkrankheiten, Akne, Syphilis, Tripper, Arthritis und Rheuma (Wurzelrinde). Überdosierung (1 Teelöffel Öl oder mehr) verursacht Erbrechen, erweiterte Pupillen, Benommensein, Kollaps und Nieren- und Leberschaden; äußerlich bei entzündeten Augen (Wurzelmark), Läusen und Insektenstichen (Öl), jedoch kann das Öl die Haut reizen. Um heilsames Schwitzen bei fiebrigen Krankheiten anzuregen, wird es mit *Guaiacum officinale* (vgl. S. 290) und *Smilax glabra* (S. 354) zu einem Tee zubereitet.
Wirtschaft Extrakte werden als Aroma von der Lebensmittelindustrie und in Mundpflegeprodukten verwendet. WARNHINWEIS Das Kraut unterliegt in einigen Ländern gesetzlichen Beschränkungen.

Anbau und Ernte
Anbau Winterharte Zierpflanze; tiefer, nährstoffreicher, neutraler bis saurer Boden in Sonne oder Schatten; vor Spätfrösten im Frühjahr zu schützen. Vermehrung durch Aussaat im Herbst; durch Ausläufer im Herbst; durch Wurzelstecklinge im Winter.
Ernte Die Blätter erntet man im Herbst und trocknet sie für Absude, Flüssigextrakte, Puder und Tinkturen. Wurzelrinde wird zu Öl destilliert, Wurzelmark für späteres Einweichen getrocknet.

SATUREJA Kölle
(Labiatae/Lamiaceae)

Diese Pflanzen sind reich an ätherischen Ölen, die sich in ihrer Zusammensetzung je nach Art unterscheiden. Sie ähneln den Aromen von Thymian und Majoran. Trotz ihrer medizinischen Eigenschaften werden sie hauptsächlich zum Kochen verwendet.

S. acinos. Siehe *Acinos arvensis.*

S. hortensis (Echtes Bohnenkraut) S. 199

Verwendbar Blätter, Blütenspitzen.
Eigenschaften Ein antiseptisches, adstringierendes, wärmendes Kraut mit einem Pfeffergeschmack und hohem Carvacrolgehalt. Es verbessert die Verdauung, erhöht die Schweißbildung, wirkt schleimlösend, regt die Gebärmutter und das Nervensystem an und gilt als Aphrodisiakum.
Gebrauch
Küche Blätter würzen Hülsenfrucht- sowie Fleischgerichte und sind in den „Herbes de Provence“ (mit *Rosmarinus officinalis*, vgl. S. 343, *Thymus vulgaris*, S. 362, und *Origanum*-Arten, S. 319) enthalten.
Medizin Innerlich bei Verdauungsstörungen, Übelkeit, Kolik, Durchfall, Bronchialkongestion, wundem Hals und Menstruationsbeschwerden; nicht an Schwangere geben. Äußerlich bei Halsschmerzen.

S. montana (Winterbohnenkraut) S. 200

Verwendbar Blätter, Triebe.
Eigenschaften Wie bei *S. hortensis*, mit niedrigerem Gehalt an Thymol.
Gebrauch
Küche Wie *S. hortensis.*
Medizin Wie bei *S. hortensis.* Ist Bestandteil in Kräuterlikören bei Magenbeschwerden. Nicht an Schwangere verabreichen.

S. nepeta. Siehe *Calamintha nepeta.*

S. spicigera, syn. *S. repandra* S. 200

Verwendbar Blätter.
Eigenschaften Wie *S. hortensis*, aber intensiver im Geschmack.
Gebrauch
Medizin Wie bei *S. hortensis.*

S. thymbra S. 200

VERWENDBAR Blätter.
EIGENSCHAFTEN Ein scharfes, aromatisches Kraut, das die Verdauung verbessert und bakterizid sowie schleimlösend wirkt.
GEBRAUCH
KÜCHE Blätter besitzen einen thymianähnlichen Geschmack und können zu Broten, Fleisch und Hülsenfrüchten hinzugegeben werden.
MEDIZIN Innerlich, in den Ursprungsländern, als Aufguß, um kleinere Verdauungsbeschwerden und Bronchialkongestion zu beheben.
WIRTSCHAFT Das Öl, das viel Carvacrol und Thymol enthält, wird aus den Blättern destilliert und von der pharmazeutischen Industrie verwendet.

ANBAU UND ERNTE
ANBAU Winterharte Zierpflanze (*S. thymbra*: Kulturpflanze, frosthart); gut entwässerter bis trockener, neutraler bis alkalischer Boden in Sonne. Vermehrung durch Aussaat im Frühjahr (alle Arten); durch Teilung im Herbst oder Frühjahr; durch Grünstecklinge im Sommer (*S. montana, S. spicigera, S. thymbra*), durch Ableger im Frühjahr (*S. montana*). Neue Triebe im Frühjahr auszupfen, um buschigen Wuchs zu fördern (*S. hortensis, S. montana*). Im Herbst oder Frühjahr zurückschneiden (*S. montana*). Um *S. hortensis* im Winter ernten zu können, sollte die Pflanze in Töpfen unter Abdeckungen bei 7-10° C gezogen werden oder die Aussaat sollte im Frühherbst erfolgen. Vertreibt dem Augenschein nach den mexikanischen Bohnenkäfer, wenn sie entlang der Gemüsereihen gepflanzt wird.
ERNTE Blätter werden während der Wachstumsphase gepflückt, Blütenspitzen (*S. hortensis*) im Sommer geerntet; beide frisch oder getrocknet für Aufgüsse und zur Extraktion von Öl verwenden.

SAUSSUREA Alpenscharte
(Compositae/Asteraceae)

S. lappa wird seit tausenden von Jahren sowohl in der chinesischen wie auch in der ayurvedischen Medizin verwendet. Diese Art wurde jüngst in CITES (Appendix I) aufgenommen, denn sie gilt durch übermäßiges Sammeln als bedroht. Die Wurzeln haben einen durchdringenden Duft („Mu xiang“ bedeutet „Holzgeruch“). Mu xiang-Produkte stammen in der Hauptsache aus der Provinz Guangdong, China; ätherische Öle für die Parfümherstellung kommen aus Indien.

S. lappa, syn. *S. costus* S. 200

VERWENDBAR Wurzeln („Mu xiang“), Öl.
EIGENSCHAFTEN Ein bitteres, scharfes, wärmendes Kraut, das Krämpfe löst, Blutdruck senkt, Schmerzen lindert und bakterizid wirkt. Es beeinflußt die Energie der Milz und des Magens.
GEBRAUCH
AROMA Das Öl besitzt einen starken, nachhaltigen Duft und wird in der Parfümherstellung verwendet.
MEDIZIN Innerlich bei aufgeblähtem Bauch und Schmerzen, Brustschmerzen in Verbindung mit Problemen der Leber und Gelbsucht, schmerzender Gallenblase, Verstopfung im Zusammenhang mit Energiestau, Asthma. In der ayurvedischen Medizin bei Verdauungsbeschwerden, Husten, Asthma, Cholera und als alterierendes Mittel bei Hautkrankheiten und Rheuma.

ANBAU UND ERNTE
ANBAU Winterharte Kulturpflanze; feuchte Böden in Sonne oder Halbschatten. Vermehrung durch Aussaat reifer Samen, durch Teilung im Frühjahr.
ERNTE Die Wurzeln erntet man im Herbst und Frühjahr und verarbeitet sie getrocknet für Absud, Flüssigextrakte und Puder oder zur Ölextraktion.

SCHISANDRA
(Schisandraceae)

Schisandra wurde im chinesischen Schrifttum erstmals während der späten Han-Dynastie (25-220 n. Chr.) erwähnt. Im Norden und Süden Chinas greift man auf verschiedene Arten zurück. Sie wurden zuerst von Li Shi Zhen 1596 im Kompendium zur „Materia Medica“ unterschieden. *S. chinensis* wird von Männern und Frauen gleichermaßen als Stärkungsmittel für die Sexualenergie verwendet. Bei den Frauen ist sie besonders beliebt, weil sie den Teint verbessern soll. Der chinesische Name bedeutet „Frucht aus fünf Geschmäckern“. Sie hat saure und süße Geschmacksnoten in der Schale sowie im Fruchtfleisch und beißende, bittere und salzige Stoffe in den Samen. Die rotblühende *S. sphenanthera*, die weiter südlich und westlich wächst, wird wie *S. chinensis* verwendet, jedoch kaum exportiert.

S. chinensis S. 200

VERWENDBAR Früchte („Wu wei zi“).
EIGENSCHAFTEN Ein süßes wie auch saures, adstringierendes, wärmendes Kraut, das die Produktion der Körpersäfte beeinflußt, Husten stillt und trockenes und gereiztes Gewebe befeuchtet. Es wirkt als Stärkungsmittel für das Nervensystem und die Nieren- und Herztätigkeit.
GEBRAUCH
MEDIZIN Innerlich bei Reizhusten, Asthma, nächtlichem Schwitzen, Störungen des Harntraktes, frühzeitigem Samenerguß, chronischem und morgendlichem Durchfall (in Verbindung mit schwachen Nieren), Herzklopfen, Schlaflosigkeit, Übersäuerung, Hepatitis und Diabetes. Äußerlich bei gereizter und allergisch reagierender Haut; bei Schockwirkung zusammen mit *Ophiopogon japonicus* (vgl. S. 319) und *Panax ginseng* (S. 321) injiziert.

ANBAU UND ERNTE
ANBAU Winterharte Zierpflanze; nährstoffreicher, gut entwässerter, feuchter Boden in Sonne oder Halbschatten. Für erfolgreiche Befruchtung sind sowohl männliche wie weibliche Pflanzen anzubauen. Vermehrung durch Aussaat im Herbst; durch Aussaat von Samen, die über Nacht eingeweicht wurden, im Frühjahr; durch halbreife Stecklinge im Sommer; durch Ableger im Frühjahr oder Frühsommer. Bei Pflanzen, die an einer Mauer oder einem Zaun gezogen werden, unerwünschte Triebe im Spätwinter entfernen.
ERNTE Früchte erntet man nach dem ersten Frost und trocknet sie in der Sonne für Absude, Puder und Tinkturen.

SCLEROTIUM
S. cocos. Siehe *Wolfiporia cocos*.

SCOPOLIA Tollkraut
(Solanaceae)

Scopolia-Arten erinnern in ihren chemischen Eigenschaften an *Atropa* (vgl. S. 246) und *Hyoscyamus* (vgl. S. 295). Vier Arten sind die Hauptquelle für die Gewinnung von Tropanalkaloiden: *S. carniolica, S. physaloides, S. lurida* und *S. tangutica. S. carniolica* enthält Hyoszin und Hyoszyamin. In den USA setzte sich die Pflanze im 19. Jahrhundert als Ersatz für Belladonna durch (vgl. *Atropa belladonna*, S. 246). 1900 wurde ein Alkaloid aus dieser Pflanze mit Morphium aus *Papaver somniferum* (S. 322) kombiniert, um einen „Dämmerschlaf“ zu erzeugen. Diese Substanz kam vor Chloroform oder Äther zur Vorbehandlung bei der Narkose zum Einsatz.

S. carniolica, syn. *S. atropoides* (Krainer Tollkraut) S. 200

VERWENDBAR Rhizome.
EIGENSCHAFTEN Ein narkotisierendes, wärmendes Kraut, das die Pupillen erweitert, Krämpfe löst und Schmerzen lindert.
GEBRAUCH
MEDIZIN Innerlich in der chinesischen Medizin, bei chronischem Durchfall, Ruhr, Magenschmerzen und depressiven Zuständen. Quelle für Hyoszin und Ersatz für *Atropa bella-donna* (S. 246), besonders bei der Herstellung von Belladonna-Pflastern, und für *Hyoscyamus niger* (S. 295). Nur durch qualifizierte Heilpraktiker zu verwenden. WARNHINWEIS Dieses Kraut und seine Alkaloide unterliegen in einigen Ländern gesetzlichen Einschränkungen.

ANBAU UND ERNTE
ANBAU Winterharte Zierpflanze; gut entwässerter, fruchtbarer Boden im Schatten. Vermehrung durch Aussaat im Herbst; Teilung im Frühjahr.
ERNTE Rhizome werden im Herbst geerntet und für die Extraktion von Alkaloiden verarbeitet.
WARNHINWEIS Bei Verzehr giftig.

SCROPHULARIA Braunwurz
(Scrophulariaceae)

Die Verwendung von *S. ningpoensis* in der Medizin reicht bis in die Tage der späten Han-Dynastie (25-220 n. Chr.) zurück. *S. nodosa* (Knotiger Braunwurz) enthält Aucubin, eine mild abführende Substanz, die das Ausscheiden von Harnsäure aus den Nieren erleichtert. In Europa wurde sie lange Zeit als Arzneikraut zur Behandlung von Hautkrankheiten verwendet. Culpeper befand im Jahre 1653, daß „ein besseres Heilmittel zur Behandlung von 'King's evil' (Lymphknotentuberkulose) nicht zu finden ist“.

S. ningpoensis S. 201

VERWENDBAR Wurzeln („Xuan shen“).
EIGENSCHAFTEN Ein bitteres, salziges, kühlendes Kraut, das Fieber, Blutdruck sowie den Blutzuckerspiegel senkt und antibakteriell wirkt. Geringe Dosierung stärkt das Herz, große Dosen schwächen die Herzfunktionen.

GEBRAUCH
MEDIZIN Innerlich bei fiebrigen Krankheiten mit Symptomen wie Ausschlag, Delirium und Schlaflosigkeit (in Verbindung gebracht mit übermäßiger Hitze), Reizhusten, Halsinfektionen, Abszessen und Karbunkeln.

S. nodosa (Knotiger Braunwurz) S. 201

VERWENDBAR Gesamte Pflanze.
EIGENSCHAFTEN Ein harntreibendes, blutreinigendes Kraut, das mild abführend, schmerzlindernd und auf Leber, Herz und Kreislauf anregend wirkt.
GEBRAUCH
MEDIZIN Innerlich bei chronischen Hautkrankheiten (z.B. Ekzem, Schuppenflechte, Hautjucken), Brustdrüsenentzündung, geschwollenen Lymphknoten und schwachem Kreislauf. Nicht an Patienten mit Herzproblemen verabreichen. Äußerlich bei Hautkrankheiten (einschließlich Pilzinfektionen), Wunden, Verbrennungen, Geschwüren und Hautentzündungen.

ANBAU UND ERNTE
ANBAU Winterharte Kulturpflanze; feuchter bis nasser Boden in Sonne oder Halbschatten. Vermehrung durch Aussaat im Herbst oder Frühjahr; durch Teilung im Frühjahr; durch halbreife Stecklinge im Sommer. Pflanzen können durch Larven von Rüsselkäfern beschädigt werden.
ERNTE Die Wurzeln *(S. ningpoensis)* werden im Herbst geerntet und für Absude getrocknet. Die Pflanzen *(S. nodosa)* schneidet man in der Blütezeit und trocknet sie für Aufgüsse, Flüssigextrakte, Salben, Umschläge und Tinkturen.

SCUTELLARIA Helmkraut
(Labiatae/Lamiaceae)

In China wurde *S. baicalensis* eingehend erforscht, und man hat herausgefunden, daß die Pflanze Flavonoide enthält, die die Leberfunktionen erheblich verbessern und entzündungshemmende sowie antiallergene Wirkungen haben. *S. barbata* wird medizinisch hauptsächlich als Entgiftungsmittel bei bestimmten Krebskrankheiten, Leberkrankheiten und bei Rachenentzündung verwendet. *S. lateriflora* nutzten die Cherokee-Indianer zur Förderung der Menstruation. Sie wurde von Dr. Van Deveer 1772 erforscht, der befand, daß sie zur Behandlung von Tollwut nützlich sei. Die Pflanze fand zunächst als Beruhigungs- und krampflösendes Mittel 1863 Eingang in die „U.S. Pharmacopoeia". Kräuterkenner halten sie immer noch für eine sehr wirksame Heilpflanze. *S. galericulata* (Sumpfhelmkraut) scheint die selben Bestandteile wie *S. baicalensis* zu besitzen und wird als Ersatz für *S. lateriflora* verwendet.

S. baicalensis, syn. *S. macrantha* S. 201

VERWENDBAR Wurzeln („Huang qin").
EIGENSCHAFTEN Ein bitteres, beruhigendes, kühlendes Kraut, das Fieber, Blutdruck, den Cholesterinspiegel senkt, Krämpfe löst, die Leber anregt, die Verdauung verbessert, Blutungen stillt, und harntreibende, bakterizide und entgiftende Wirkungen zeigt. Es soll den Fötus in schwangeren Frauen beruhigen.

GEBRAUCH
MEDIZIN Innerlich bei Darmerkrankung, Ruhr, Durchfall, Gelbsucht, chronischer Hepatitis, Harntraktinfektionen, Bluthochdruck, drohender Fehlgeburt, Nasenbluten und Blutungen aus Lunge oder Darm. Es ist Bestandteil der chinesischen Rezeptur San huang zhe she ye („Injektion aus drei gelben Kräutern"). Die anderen sind *Coptis chinensis* (vgl. S. 206) und *Phellodendron amurense* (vgl. S. 326).

S. lateriflora S. 201

VERWENDBAR Gesamte Pflanze.
EIGENSCHAFTEN Ein bitteres, beruhigendes, kräftigendes Kraut, das die Krämpfe löst, das Fieber senkt und die Nieren anregt.
GEBRAUCH
MEDIZIN Innerlich bei nervösen und krampfartigen Beschwerden, Schlaflosigkeit, Reizbarkeit, Delirium tremens, Neuralgie und Entzug von Barbituraten und Tranquillizern. Überdosierung verursacht Schwindel, Betäubung, Verwirrung und Zuckungen; nicht während der Schwangerschaft verabreichen.

ANBAU UND ERNTE
ANBAU Winterharte Zierpflanze *(S. baicalensis)*. Kulturpflanze *(S. lateriflora)*; leichter, gut entwässerter Boden in Sonne oder Halbschatten. *S. lateriflora* liebt naßklamme Bedingungen. *S. baicalensis* benötigt sorgfältige Entwässerung und kann Dürre vertragen. Vermehrung durch Aussaat im Herbst oder Frühjahr; durch Teilung im Frühjahr; durch halbreife Stecklinge im Sommer. Im zeitigen Frühjahr auf 7-10cm zum Boden zurückschneiden, im Frühjahr für buschigen Wuchs ausknipsen.
ERNTE Wurzeln *(S. baicalensis)* erntet man im Herbst oder Frühjahr von 3-4 Jahre alten Pflanzen und trocknet sie für Absude. Pflanzen *(S. lateriflora)* schneidet man in der Blüte und trocknet sie für Aufgüsse, Extrakte und Tinkturen oder Tabletten.

SELENICEREUS
Schlangencereus
(Cactaceae)

Eine begeisterte Beschreibung von *S. grandiflorus* in „The Illustrated Dictionary of Gardening" (hrsg. von George Nicholson, 1885) kommt zu der Schlußfolgerung, daß „es kaum eine Pflanze von größerer Schönheit gibt". Sie enthält u.a. Cactin, ein Alkaloid, das angeblich auf das Herz eine ähnliche Wirkung ausübt wie *Digitalis* (vgl. S. 273). Sie wird in Mexiko für ein Rheumapräparat angebaut.

S. grandiflorus (Königin der Nacht) S. 202

VERWENDBAR Stiele, Blüten.
EIGENSCHAFTEN Ein harntreibendes, beruhigendes, kräftigendes Kraut, das das Herz anregt.
GEBRAUCH
MEDIZIN Innerlich bei Herzklopfen, Angina, Ödem, Rheuma, Nierenkongestion und nervösen Kopfschmerzen. Überdosierung verursacht Magenreizungen, Verwirrung und Halluzinationen.

ANBAU UND ERNTE
ANBAU Empfindliche Zierpflanze; Kompost für Epiphyten, unterhalb pH-Wert 6, in Halbschatten, bei hoher Luftfeuchtigkeit, mindestens 10° C. Vermehrung durch Aussaat im Frühjahr oder Sommer; durch Triebstecklinge im Frühjahr oder Sommer. Pflanzen im Gewächshaus können von Schmierläusen befallen werden.
ERNTE Stiele und Blüten werden im Sommer abgeschnitten und für Aufgüsse, Flüssigextrakte und Tinkturen getrocknet.

SEMPERVIVUM Hauswurz, Dachwurz
(Crassulaceae)

Ein Erlaß Kaiser Karls des Großen verfügte, daß seine Untertanen auf ihren Dächern Hauswurz anbauen sollten, um Blitze abzuleiten. *S. tectorum* enthält Tannine und Pflanzenschleim, die beschädigtes Gewebe beruhigen und heilend wirken.

S. tectorum (Echter Hauswurz) S. 202

VERWENDBAR Blätter.
EIGENSCHAFTEN Ein adstringierendes, säuerliches, salziges Kraut, das harntreibend und kühlend, beruhigend und heilend wirkt.
GEBRAUCH
MEDIZIN Innerlich bei Gürtelrose, Hautbeschwerden und Hämorrhoiden. Überdosierung verursacht Erbrechen und Durchfall. Äußerlich bei Stichen, Bissen, Warzen, Verbrennungen, Sonnenbrand, entzündeter oder juckender Haut und Hühneraugen.
VARIANTE
S. t. **'Royal Ruby'**, S. 202.

ANBAU UND ERNTE
ANBAU Winterharte Zierpflanze; gut entwässerter, kieseliger oder steiniger Boden; Sonne. Kann in Spalten und Risse von Dachabdeckungen, Wänden und Fußwegen gedeihen. Vermehrung durch Aussaat im Frühjahr; durch Teilung übervölkerter Klumpen; durch Ausläufer im Frühjahr. Blätter können durch Rost beschädigt werden. Hauswurz benötigt wenig Aufmerksamkeit und überlebt auch längere Zeiten ohne Wasser.
ERNTE Blätter bei Bedarf sammeln und frisch für Aufgüsse, Umschläge und Tinkturen verwenden.

SENECIO Kreuzkraut, Greiskraut (Compositae/Asteraceae)

S. aureus ist ein klassisches Kraut zur Regulierung weiblicher Funktionen. Es wurde von den Indianern zur Erleichterung der Niederkunft und bei Beschwerden der weiblichen Fortpflanzungsorgane verwendet. Obwohl man es es als „bei gynäkologischen Störungen für vollständig sicher" einstufte (Hutchens, „Indian Herbology of North America", 1973), enthält es Pyrrolizidin-Alkaloide (vgl. *Symphytum officinale*, S. 357), die zu Leberschäden führen können. *S. vulgaris* (Gemeines Greiskraut) wurde in ähnlicher Weise verwendet und kann auch nicht mehr als sicher gelten. Das äußerlich angewendete *S. jacobaea* (Jakobskraut) wird in Lotionen oft mit *Lobelia inflata* (S. 305) und *Gaultheria procumbens* (S. 286) bei arthritischen, rheumatischen und Muskelschmerzen kombiniert.

S. aureus S. 202

VERWENDBAR Gesamte Pflanze, Rhizome.
EIGENSCHAFTEN Ein bitteres, adstringierendes Kraut, das harntreibend, den Uterus anregend und blutstillend wirkt.
GEBRAUCH
MEDIZIN Innerlich bei ausbleibender Menstruation, Symptomen der Wechseljahre, verlängerten Wehen, Lungenblutung; äußerlich bei Ausfluß. Schwangeren nicht verabreichen; nur durch Qualifizierte zu verwenden. WARNHINWEIS Das Kraut unterliegt in einigen Ländern gesetzlichen Einschränkungen.

ANBAU UND ERNTE
ANBAU Winterharte Kulturpflanze; klammnasser Boden; Sonne oder Halbschatten. Vermehrung durch Teilung oder Aussaat (Herbst oder Frühjahr).
ERNTE Die Pflanzen vor der Blüte schneiden und für Aufgüsse, Extrakte trocknen. Die Wurzeln im Herbst ernten und für Puder trocknen.

SENNA
(Leguminosae/Caesalpiniaceae)

Abgesehen von ihren seit langer Zeit bekannten Eigenschaften als abführende Kräuter, sind *Senna*-Arten bei vielen anderen Beschwerden nützlich, von der Kopfflechte (*S. alata, S. obtusifolia* und *S. sophera*) bis zu Geschlechtskrankheiten (*S. sieberiana* und *S. surattensis*). *S. reticulata* liefert die antibiotische Rhein-Cassia-Säure, die bei verschiedenen bakteriellen und durch Pilze verursachten Infektionen wirksam ist. Die Schoten von *S. fistula* werden bis zu 50cm lang und enthalten ein schwarzes Fruchtfleisch, das als milderer Ersatz für *S. alexandrina* dienen kann. *S. obtusifolia* wurde in der chinesischen Medizin in der späten Han-Dynastie (25-220 n.Chr.) beschrieben. Es wird in patentierten Arzneimitteln zur Behandlung von Bluthochdruck, hohem Cholesterinspiegel, Verstopfung, Hautkrankheiten und Augenstörungen verwendet. Die Samen von *S. sericea, S. laevigata, S. obtusifolia, S. occidentalis* dienen in einigen Teilen der Welt als Kaffeersatz.

S. alexandrina, syn. *Cassia angustifolia, C. senna* S. 202

VERWENDBAR Blätter („Fan xie ye"), Schoten.
EIGENSCHAFTEN Ein süßes, kühlendes, bakterizides, abführendes Kraut mit teeartigem Aroma.
GEBRAUCH
MEDIZIN Innerlich bei Verstopfung; es ist in vielen Abführmitteln ein Hauptbestandteil. In der Regel mit einem Karminativum verschrieben (wie *Zingiber offinicale*, vgl. S. 373, oder *Coriandrum sativum*, S. 267), um Bauchschmerzen zu verringern. Übermaß oder regelmäßige Einnahme können Übelkeit, Erbrechen, Unterleibsschmerzen, Entzündungen des Magendarmtraktes und verminderte Darmfunktion verursachen. Nicht an Schwangere oder Patienten mit Kolitis oder spastischer Verstopfung verabreichen.

S. marilandica, syn. *Cassia marilandica* S. 202

VERWENDBAR Blätter, Schoten.
EIGENSCHAFTEN Ein abführendes Kraut mit milderer, langsamerer Wirkung als *S. alexandrina.*
GEBRAUCH
MEDIZIN Innerlich bei Verstopfung.

ANBAU UND ERNTE
ANBAU Winterharte Zierpflanze (*S. alexandrina*: empfindliche Kulturpflanze); gut entwässerter Boden in Sonne; mindestens 5° C für *S. alexandrina*; nährstoffreicher, feuchter, sandiger Boden in Sonne *(S. marilandica)*. Vermehrung durch Aussaat im Frühjahr; durch halbreife Stecklinge im Sommer. Im Frühjahr im Gewächshaus gezogene oder abgeschirmt angebaute Pflanze zurückschneiden. Im Topf gezogene Pflanzen können von Wurzelschmierläusen beschädigt werden.
ERNTE Die Blätter pflückt man vor und während der Blüte, die Schoten werden im Sommer reif gesammelt. Beide trocknet man für Aufgüsse, Pulver, Tabletten und Tinkturen.

SERENOA
(Palmae/Arecaeae)

Die Früchte von *S. repens* aßen die Indianer im Südosten Nordamerikas wegen ihrer beruhigenden, kräftigenden Eigenschaften. Die gleiche Wirkung von verbesserter Verdauung, vermehrter Kraft und höherem Gewicht konnten die Siedler bei denjenigen beobachten, die regelmäßig die Früchte oder aus ihnen gewonnene Produkte zu sich nahmen. Unter diesen Produkten befand sich auch die meistverkaufte Kräuterarznei gegen männliche Impotenz. Obwohl der Pflanze besondere hormonelle Wirkungen auf die männlichen Fortpflanzungsorgane zugeschrieben werden, ist ihre chemische Zusammensetzung noch kaum erforscht.

S. repens, syn. *S. serrulata* S. 203

VERWENDBAR Früchte.
EIGENSCHAFTEN Ein beruhigendes, harntreibendes, wärmendes, kräftigendes, schleimlösendes, seifig schmeckendes Kraut mit scharfem Vanille-Aroma. Es wirkt auf das endokrine System, ist ein Antiseptikum der Harnwege und gilt als Aphrodisiakum.
GEBRAUCH
MEDIZIN Innerlich bei Impotenz, Schwäche bei älteren Männern, Beschwerden der Prostata, Blasenentzündung, bronchialen Beschwerden in Verbindung mit Erkältung. Bei Prostatavergrößerung in Verbindung mit *Equisetum arvense* (vgl. S. 278) und *Hydrangea arborescens* (S. 294).

ANBAU UND ERNTE
ANBAU Zierpflanze; winterhart/frosthart; gut entwässerter, feuchter Boden in Sonne; mindestens ► 10-13° C. Vermehrung durch Ausläufer und durch Aussaat im Frühjahr. Geteilte Klumpen wachsen nicht wieder an. Pflanzen unter Abdekkungen können von Spinnmilben befallen werden.
ERNTE Die Früchte sammelt man reif und trocknet sie zum Teil für Elixiere, Aufgüsse, Flüssigextrakte und Tinkturen oder trocknet und pulverisiert sie für die Verwendung als Tabletten.

SESAMUM Sesam
(Pedaliaceae)

Als Kulturpflanze afrikanischen Ursprungs wird *S. indicum* in Teilen Asiens und Afrikas seit alters angebaut. Eine „Semsent" genannte Pflanze wird in den ägyptischen Ebers-Papyri (ca. 1500 v.Chr.) erwähnt und stellt damit die wahrscheinlich früheste Beschreibung von *S. indicum* dar. Sesam wurde in der Zeit von Plinius (23-79 n.Chr.) in Italien angebaut. Dioskorides beschreibt den sizilianischen Brauch, Sesamkörner auf Brot zu streuen. In Afrika kocht man die Samen häufig im Ganzen. In Indien werden sie zu Mehl vermahlen und im Nahen Osten, Indien und China würzen die Bewohner süße Fleischgerichte. Sesamöl wird in Japan weithin verwendet. Die Samen von *S. indicum* enthalten viele ungesättigte Öle, die Vitamine E, A und B und Kalziumsalze. Es gibt Hinweise, daß das Kalzium gut aufgenommen wird. Somit kann Sesam währende einer Diät als Quelle für Kalzium dienen. *S. indicum* wird in der chinesischen Medizin seit dem 16. Jahrhundert verwendet und gilt auch als wichtiges Verjüngungsmittel in der ayurvedischen Medizin.

S. indicum (Indischer Sesam) S. 203

VERWENDBAR Blätter, Samen („Hei zhi ma"), Öl.
EIGENSCHAFTEN Ein süßes, wärmendes, beruhigendes Kraut, das die Knochen und Zähne kräftigt, trockene Gewebe glättet, Krämpfe löst und stärkend auf Leber und Nieren wirkt. Es ist leicht abführend.
GEBRAUCH
KÜCHE Sesamöl besitzt beim Kochen und für Salate eine hohe Qualität und einen unverwechselbaren Geschmack. Gemahlene Samen werden mit Honig zu „Halva" (Naher Osten) verarbeitet oder zu einer Paste als Aufstrich („Tahini") oder zu „Hummus" (Tunke aus Kichererbsen), Saucen und Patés.
AROMA Sesamöl dient zur Parfümherstellung.
MEDIZIN Innerlich bei vorzeitigem Haarausfall und Ergrauung, Rekonvaleszenz, chronisch trockener Verstopfung, Zahnkaries, brüchigen Knochen, steifen Gelenken, Reizhusten sowie bei Symptomen wie Ohrenklingen, schlechtem Sehvermögen, Schwindel, Kopfschmerz in Verbindung mit schwacher Leber- und Nierenfunktion (Samen), Cholera bei Kindern, Durchfall, Ruhr, Katarrh und Blasenentzündung (Blätter), trockener Verstopfung bei älteren Menschen (Öl). Samen und Öl sind kalorienreich und nicht empfehlenswert bei der Behandlung beleibter Patienten; äußerlich bei Hämorrhoiden (Samen), Furunkeln und Geschwüren (Öl mit Kalkwasser vermischt).
WIRTSCHAFT Samen werden ganz Bäckereiprodukten beigefügt. Öl dient zur Herstellung von Margarine.

ANBAU UND ERNTE

ANBAU Halbwinterharte Kulturpflanze; gut entwässerter, sandiger Boden in der Sonne. Vermehrung durch Aussaat im Frühjahr oder Herbst. Pflanzen lassen sich leicht aus gekauftem, für die Küche verwendbaren Samen ziehen.

ERNTE Die Blätter pflückt man in der Wachstumsphase für Aufgüsse. Samen werden reif gesammelt und gelagert, um für Absude, zu Öl ausgepreßt oder zu Mehl verarbeitet zu werden.

SILYBUM Mariendistel
(Compositae/Asteraceae)

S. marianum wurde früher als Gemüse angebaut. Die Wurzeln schmecken gekocht wie Haferwurzel *(Tragopodon porrifolius)*. Die Blütenköpfe dienten als Ersatz für Artischocken, die jungen Blätter als Spinatersatz. *S. marianum* enthält ungewöhnliche Substanzen, die zusammen als „Silymarine" bezeichnet werden. Sie schützen die Leber vor Giften und sind offenbar so wirksam, daß das damit gefütterte Vieh durch *Amanita phalloides* (Grüner Knollenblätterpilz), was oft irriversible Leberschäden verursacht, nicht geschädigt wird.

S. marianum, syn. *Carduus marianus* (Mariendistel)
S. 203

VERWENDBAR Gesamte Pflanze, Samen.

EIGENSCHAFTEN Ein bitteres, harntreibendes, stärkendes Kraut, das Leberzellen regenerieren läßt, den Gallenfluß anregt und Krämpfe löst.

GEBRAUCH

MEDIZIN Innerlich bei Leber- und Gallenblasenkrankheiten, Gelbsucht, Zirrhose, Hepatitis und Vergiftungen (besonders durch *Amanita phalloides*, Alkohol, Drogen und Chemikalien).

ANBAU UND ERNTE

ANBAU Winterharte Zierpflanze; gut entwässerter Boden in Sonne. Vermehrung durch Aussaat im Frühjahr (als Einjährige), im Sommer oder Frühherbst (als Zweijährige). Blühende Stiele von der Pflanze entfernen, um länger dekoratives Laub zu haben. Schnecken und Nacktschnecken können die Blätter beschädigen.

ERNTE Die Pflanzen werden während der Blüte geschnitten und die Samen ausgereift gesammelt und alle Teile für Aufgüsse und Tinkturen oder die Extraktion der Silymarine getrocknet.

SIMABA
(Simaroubaceae)

Diese Gattung von 14 Arten laubwechselnder und immergrüner Bäume und Sträucher läßt sich in Süd- und Mittelamerika finden. *S. cedron* wurde um 1890 für medizinische Zwecke nach Europa eingeführt. Die Samen enthalten wirksame Quassinoide gegen Malaria, die auch im Familienmitglied *Picrasma excelsa* (S. 327) vorkommen. *Quassia amara* (syn. *Simaruba amara*) ist ebenso eng verwandt und wird zur Behandlung von Malaria und Amöbenruhr eingesetzt. In der pharmazeutischen Nomenklatur bezieht sich der Ausdruck „Quassia" auf eine bittere Substanz, die aus dem Holz von *P. excelsa* oder von *Q. amara* extrahiert wird, jedoch nicht aus *Simaba cedron*. Quassia dient vor allem zum Vergällen von Alkohol und als Bitterstoff. Verkauf und Verwendung von Quassiaextrakten sind in einigen Ländern Einschränkungen unterworfen.

S. cedron, syn. *Quassia cedron*

Empfindlicher Baum, Höhe 5-15m, Breite 3-10m, mit Blättern, die bis zu 1m lang werden und in schmale Blättchen unterteilt sind. Dunkelgelbe, leicht duftende, 5-blättrige Blüten werden im Sommer gebildet, gefolgt von eiförmigen Früchten, die jede einen Samen enthalten; wächst in Mittelamerika und im Norden Brasiliens.

VERWENDBAR Samen.

EIGENSCHAFTEN Äußerst bitteres, stärkendes Kraut mit kokosnußähnlichem Aroma. Es senkt Fieber, hemmt Entzündungen und löst Krämpfe.

GEBRAUCH

MEDIZIN Innerlich bei Malaria oder Fieber; innerlich und äußerlich bei Schlangenbissen.

ANBAU UND ERNTE

ANBAU Empfindliche Kulturpflanze; gut entwässerter Boden in Sonne, mindestens 15-18° C. Vermehrung durch Aussaat reifer Samen, durch Steckhölzer am Ende der Wachstumsphase.

ERNTE Die Samen werden reif geerntet und für Aufgüsse pulverisiert.

SIMMONDSIA Jojoba
(Simmondsiaceae)

Aus *S. chinensis* wird Jojobaöl gewonnen. Als Flüssigwachs besitzt es eine ungewöhnliche Schmierfähigkeit. Um 1970 bewiesen wissenschaftliche Forschungen, daß es auch ein ausgezeichneter Ersatz für das Öl aus dem Sperma von Walen sein kann. Durch Gewebskulturen von weiblichen Pflanzen konnte die Produktion erheblich erhöht werden.

S. chinensis, syn. *S. californica* (Jojobastrauch)
S. 203

VERWENDBAR Öl (aus Samen).

EIGENSCHAFTEN Ein beruhigendes, milderndes Kraut.

GEBRAUCH

MEDIZIN Äußerlich für trockene Haare und Haut, Psoriasis, Akne und Sonnenbrand.

WIRTSCHAFT Wird Shampoos, Feuchtigkeitsspendern und Sonnencrèmes beigefügt, als Schmiermittel verwendet, besonders für Maschinen, Reinigungsmittel etc.

ANBAU UND ERNTE

ANBAU Halbwinterharte Kulturpflanze; entwässerte, sandige oder kieselige Böden in der Sonne. *S. chinensis* verträgt auch Dürre. Vermehrung durch Aussaat im Frühjahr; durch Knotenstecklinge im Frühjahr; durch Rißlinge im Herbst. ►

► ERNTE Die Samen werden reif geerntet und für Extraktion von Öl ausgepreßt.

SINAPIS Senf
(Cruciferae)

Der Geschmack von Senf hängt von den verwendeten Samen und der Art der Zubereitung ab. Man nimmt dazu Wasser, unfermentierten Wein, Essig oder Traubensaft. Die Samen von *S. alba* sind größer und milder als die von *Brassica nigra* (Schwarzer Senf, vgl. S. 250) und blaßbraun. Sie bilden den Hauptbestandteil im amerikanischen Senf und werden für englischen Senf mit Samen von *B. nigra* gemischt. Im französischen Senf sind sie nicht enthalten. Culpeper empfiehlt Senf für eine Vielzahl von Beschwerden, von Verdauungsstörungen über Erkältungskrankheiten bis zu Zahn- und Gelenkschmerzen, Hautproblemen und steifem Hals. John Evelyn gilt der Senf als „ausnehmend scharf und brennend, das trifft nicht nur auf die Samen zu, sondern auch auf die Blätter … er ist von unvergleichlicher Wirkung auf die Geister, sie bewegend und belebend; er stärkt das Gedächtnis, vertreibt die Trägheit, verhindert Schwindelgefühle und ist ein preisenswertes Mittel für den Kopf" („Acetaria, a Discourse on Sallets", 1699).

S. alba, syn. *Brassica alba*, *B. hirta* (Weißer Senf)
S. 203

VERWENDBAR Samen („Bai jie zi"), Öl.

EIGENSCHAFTEN Ein scharfes, anregendes, wärmendes Kraut, das die Verdauung verbessert und den Kreislauf anregt, Schmerzen lindert und schleimlösend, harntreibend und antibiotisch wirkt.

GEBRAUCH

MEDIZIN Äußerlich (in der Regel in Senfpflastern, Bädern oder Umschlägen) bei Atemwegserkrankungen, arthritischen Gelenken, Frostbeulen und Hautausschlägen. In der traditionellen chinesischen Medizin bei Beschwerden, die durch Kältezustände und Erstarrung bestimmt sind: innerlich bei bronchialer Kongestion, Husten und Gelenkschmerzen; äußerlich bei schmerzenden Gliedern, Neuralgie, Verstauchungen, Wunden, Furunkeln und Quetschungen. Wie die anderen Senf-Arten enthalten die Samen von *S. alba* auch Substanzen, die Haut und Schleimhäute reizen. Nur durch Qualifizierte zu verwenden.

WIRTSCHAFT Gemahlene Samen sind die Grundlage von Senf, der zu Fleisch gereicht wird. Ganzer Samen spielt in sauer eingelegten Speisen eine Rolle.

S. juncea. Siehe *Brassica juncea.*

S. nigra. Siehe *Brassica nigra.*

ANBAU UND ERNTE

ANBAU Winterharte Kulturpflanze; fast alle Bodentypen in der Sonne. Vermehrung durch Aussaat im Frühjahr.

ERNTE Die Samen werden während des Reifeprozesses geerntet, getrocknet und im Ganzen gelagert, gemahlen oder für Öl ausgepreßt.

SISYMBRIUM Rauke
(Cruciferae/Brassicaceae)

Sisymbrium-Arten enthalten Glukosinolate, wie sie im echten Senf (*Brassica nigra*, *B. juncea*, S. 250 und *Sinapis alba*, S. 353) zu finden sind, und ein Glykosid, ähnlich dem Digitalin.

S. alliaria. Siehe *Alliaria petiolata.*

S. officinale, syn. *Erysimum officinale* (Wegerauke) S. 203

VERWENDBAR Ganze Pflanze, Blätter, Blütenspitzen.
EIGENSCHAFTEN Ein stärkendes Kraut mit senfähnlichem Aroma. Es hat abführende, harntreibende, schleimlösende und verdauungsfördernde Wirkung.
GEBRAUCH
KÜCHE Junge Blätter aromatisieren Salate, Suppen, Saucen und Omelette.
MEDIZIN Innerlich bei Husten, Bronchitis, Rachenentzündung, Kehlkopfentzündung und Bronchialkatarrh. Eine Überdosis kann das Herz angreifen.

ANBAU UND ERNTE
ANBAU Winterharte Kulturpflanze; feuchter bis trockener, saurer bis alkalischer Boden in der Sonne oder bei leichtem Schatten. Vermehrung durch Aussaat im Herbst oder Frühjahr.
ERNTE Pflanzen und Blütenspitzen schneidet man im Sommer für Aufgüsse und Extrakte; Blätter pflückt man im Frühjahr und verwendet sie frisch.

SMILAX Stechwinde
(Liliaceae/Smilacaceae)

Die Sarsaparillawurzel wird von mehreren verschiedenen Arten gewonnen. Um 1685 kamen drei Arten für den medizinischen Gebrauch nach Europa: *S. aristolochiaefolia*, *S. febrifuga* und *S. regelii*. Die Wurzel wurde sehr schnell zu einem Allheilmittel und war bis in das frühe 20. Jahrhundert in fast allen nationalen Arzneibüchern zu finden. Sie enthält steroide Saponine, antibiotische Substanzen, die die Grundlage für Sarsaponintabletten bilden und in vielen Fällen der Schuppenflechte wirksam sind. Auch haben sie hormonelle Wirkungen und können die Fruchtbarkeit von Frauen bei Fehlfunktionen der Eierstöcke verbessern. *S. glabra* wird auch in der chinesischen Medizin verwendet und findet erstmals in der „Materia Medica of South Yunnan" während der Qing-Dynastie (1644-1911) Erwähnung. Sie wird innerlich angewendet, um Gifte auszuschwemmen und rheumatische Arthritis, Syphilis, Harntraktinfektionen, Gelbsucht, Hautgeschwüre, Furunkel und Quecksilbervergiftungen zu behandeln.

S. china (Chinawurzel) S. 204

VERWENDBAR Knollige Rhizome.
EIGENSCHAFTEN Ein kühlendes, leicht bitteres, blutreinigendes Kraut, das antibiotische, entzündungshemmende, harntreibende und antirheumatische Eigenschaften besitzt.
GEBRAUCH
MEDIZIN Innerlich bei rheumatischer Arthritis, Gicht, Syphilis, Störungen der Haut (einschließlich Schuppenflechte), Darmerkrankung, Harntraktinfektionen, Gelbsucht, Hautgeschwüren, Furunkeln, Abszessen und verschiedenen Krebserkrankungen.

S. regelii, syn. *S. ornata*, *S. officinalis* (Sarsaparillawurzel)

Empfindlicher, immergrüner Kletterer, Höhe und Ausbreitung 1,5m, mit stachligen Stielen und eiförmigen Blättern. Weißblaßgrüne, 6-blättrige Blüten werden im Sommer gebildet: männliche Blüten einzelnstehend oder in Büscheln; weibliche Blüten einzeln an Stengeln, gefolgt von schwarzen Beeren.

VERWENDBAR Wurzeln, Rhizome.
EIGENSCHAFTEN Ein süßes, scharfes, blutreinigendes Kraut, das entzündungshemmend und antiseptisch wirkt, den Juckreiz unterdrückt, die Verdauung und Ausscheidung verbessert.
GEBRAUCH
MEDIZIN Innerlich bei Hautkrankheiten, Leberstörungen, Geschlechtskrankheiten, Herpes und Scheidenausfluß. Kann mit anderen alterativen Kräutern wie z.B. *Rumex crispus* (vgl. S. 344), *Taraxacum officinale* (S. 360) und *Trifolium pratense* (S. 364) zusammen verwendet werden.

ANBAU UND ERNTE
ANBAU Frostharte Kulturpflanze (*S. regelii*: empfindlich); gut entwässerter Boden in Sonne oder Halbschatten. *S. regelii* braucht mindestens 12° C. Vermehrung durch Aussaat, Ausläufer oder Teilung im Frühjahr; durch halbreife Stecklinge im Sommer.
ERNTE Wurzeln und Rhizome ernten, indem man größere Wurzeln in der Nähe der Krone abtrennt, kleinere Wurzeln läßt man weiterwachsen; für Absude, Elixiere, Flüssigextrakte, Puder trocknen.

SMYRNIUM Gelbdolde
(Umbelliferae/Apiaceae)

S. olusatrum ist in erster Linie eine Topfpflanze und gilt heute als medizinisch wertlos. Sie wurde früher bei Asthma, Menstruationsbeschwerden und Wunden verwendet.

S. olusatrum (Pferdeeppich) S. 204

VERWENDBAR Blätter, junge Stengel und Triebe, Wurzeln, Blüten, Samen.
EIGENSCHAFTEN Ein bitteres, harntreibendes Kraut mit Sellerie-Aroma, das verdauungsfördernd ist.
GEBRAUCH
KÜCHE Die Blätter, jungen Stengel und Triebe werden als Gemüse gekocht und Suppen und Eintöpfen beigegeben. Blütenknospen bilden eine wohlschmeckende Ergänzung in Salaten. Samen können zu Gewürzmitteln vermahlen werden.
MEDIZIN Nicht mehr im Gebrauch.

ANBAU UND ERNTE
ANBAU Winterharte Zierpflanze; feuchter, sandiger, nährstoffreicher Boden; Sonne. Vermehrung durch Aussaat im Spätsommer oder Frühjahr.
ERNTE Blätter, junge Stiele und Triebe sowie Blütenknospen pflückt man im Frühjahr und Früh- ► ► sommer. Wurzeln erntet man im Herbst. Alle Teile werden frisch verwendet. Samen sammelt man reif, lagert ihn im Ganzen oder gemahlen.

SOLANUM Nachtschatten
(Solanaceae)

S. dulcamara kennt man seit langem als Heilpflanze bei Hautkrankheiten, Warzen, Tumoren und Nagelbetteiterung. Es gilt als Ersatz für Sarsaparillawurzel (vgl. *Smilax*-Arten auf dieser Seite). Das nordamerikanische *S. carolinense*, ebenso reich an Alkaloiden, hat den gleichen zunächst bitteren, dann süßen Geschmack. Seine Wirkungen sind hauptsächlich antibakteriell, krampflösend und beruhigend. Bei einigen *Solanum*-Arten sind bestimmte Teile eßbar, während andere Teile der gleichen Pflanze sehr giftig sind. Das bekannteste Beispiel ist die Kartoffel *(S. tuberosum)*, die einerseits eßbare Knollen und andererseits giftige Blätter und Früchte hat.

S. dulcamara (Bittersüß, Bittersüßer Nachtschatten) S. 204

VERWENDBAR Stiele, Wurzelrinde.
EIGENSCHAFTEN Ein adstringierendes, kühlendes Kraut mit zuerst bitterem, dann süßem Geschmack. Es senkt Fieber und besitzt harntreibende, schleimlösende, beruhigende, blutreinigende und antirheumatische Wirkungen.
GEBRAUCH
MEDIZIN Innerlich bei Hautkrankheiten, Bronchialkongestion, Rheuma, Gelbsucht und ulzeröser Kolitis. Überdosierung lähmt das zentrale Nervensystem, senkt die Herztätigkeit, Atmung und Körpertemperatur herab, verursacht Schwindelgefühl, Delirium, Krämpfe und Tod. Äußerlich bei Hautausschlägen, Geschwüren, Rheuma und Zellulitis. Nur durch qualifizierte Heilpraktiker zu verwenden.
VARIANTE
S. d. **'Variegatum'**, S. 204.

ANBAU UND ERNTE
ANBAU Winterharte Zierpflanze; trockener bis feuchter, neutraler bis alkalischer Boden in Sonne oder Halbschatten. Vermehrung durch Aussaat im Frühjahr (nur Arten); durch halbreife Stecklinge im Sommer. Ausdünnen oder Rückschnitt im Frühjahr.
ERNTE Die Stiele von 2-3jährigen Pflanzen werden im Frühjahr geschnitten oder nach dem Abwurf der Blätter. Wurzeln erntet man im Herbst und schält sie. Stiele und Wurzeln werden für die Verwendung in Aufgüssen, Flüssigextrakten und Salben getrocknet.
WARNHINWEIS Alle Teile sind bei Verzehr giftig.

SOLIDAGO Goldrute, Goldraute
(Compositae/Asteraceae)

Zu den Bestandteilen von *S. virgaurea* gehören Saponine (vergleichbar mit denen in *Polygala*-Arten, vgl. S. 332), die fungizid wirken, Rutin (wie in *Ruta graveolens*, vgl. S. 345) und Phenolglykoside, die entzündungshemmend sind. Viele andere Arten gehörten zur Medizin der nordamerikanischen Indianer: die Blüten von *S. canadensis* (Kanadische Goldrute) wurden bei Halsschmerzen gekaut, *S. odora* war in der „U.S. Pharmacopoeia" (1820-82) als Stimulans und schweißtreibendes Mittel aufgeführt und *S. rigida* wurde zu einer Lotion gegen Bienenstiche verarbeitet.

S. virgaurea (Echte Goldrute) S. 204

VERWENDBAR Blätter, Blütenspitzen.
EIGENSCHAFTEN Ein bitteres, adstringierendes, entspannendes Kraut, das die Leber und Nieren anregt und Entzündungen hemmt; es wirkt schleimlösend, verdauungsfördernd und heilend. Auch ist es ein wirksames Antiseptikum für die Harnwege.
GEBRAUCH
MEDIZIN Innerlich bei Harnwegsinfektionen, chronischem Katarrh und Hautkrankheiten, Grippe, Keuchhusten, Verdauungsstörungen mit Blähungen durch nervöse Spannungen, Nierensteinen; äußerlich bei Wunden, Insektenstichen, Geschwüren und Halsschmerzen; bei Nasenkatarrh in Verbindung mit *Gnaphalium uliginosum* (S. 289) anzuwenden.

ANBAU UND ERNTE
ANBAU Winterharte Kulturpflanze; gut entwässerter, feuchtigkeitshaltender Boden in Sonne oder Halbschatten. Vermehrung durch Aussaat im Frühjahr; durch Teilung im Herbst oder Frühjahr. Blätter können von Wicklern und Echtem Mehltau beschädigt werden. Die Blüten von *Solidago* ziehen viele nützliche Insekten an, z.B. Florfliegen und Blattlauskäfer, die gegen Schädlinge, insbesondere Blattläuse sehr wirkungsvoll sind.
ERNTE Blätter und Blütenspitzen werden vor dem vollständigen Öffnen der Blüten geerntet und für Aufgüsse, Flüssigextrakte, Salben, Puder und Tinkturen getrocknet.

SOPHORA Schnurbaum
(Leguminosae/Papilionaceae)

Die Mitglieder dieser Gattung enthalten viel Cytisin, das Ähnlichkeit mit Nikotin besitzt und ebenso giftig ist. *S. flavescens* wurde erstmals während der späten Han-Dynastie (25-220 n.Chr.) erwähnt und die erste Verwendung von *S. japonica* kann auf etwa 600 n.Chr. datiert werden. *S. subprostrata* wird in der chinesischen Medizin zum ersten Mal um 973 n. Chr. als entzündungshemmendes und entgiftendes Mittel bei Mund- und Halsinfektionen sowie bei Schlangenbissen beschrieben. Jüngste Forschungen legen ihre Verwendung bei der Behandlung verschiedener Krebskrankheiten durchaus nahe.

S. flavescens

Laubwechselnder Strauch, winterhart bis -15° C, Höhe 1,5m, Breite 2m, mit aufrechten Stielen und bis zu 25cm langen Blättern, die in 15-40 schmallängliche Blättchen unterteilt sind. Blaßgrüne bis gelbe, selten auch purpurne Blüten werden in aufrechten Trauben im Sommer gebildet, gefolgt von ledrigen Schoten von etwa 8cm Länge; wächst auf Grasland in Japan, China, Sibirien und Korea.

VERWENDBAR Wurzeln („Ku shen").
EIGENSCHAFTEN Bitteres, kühlendes, harntreibendes Kraut, das Juckreiz lindert und bakterizide, fungizide und gegen Tumore wirkende Wirkungen besitzt.
GEBRAUCH
MEDIZIN Innerlich bei Gelbsucht, Ruhr, Durchfall und Harnwegsinfektionen. Innerlich und äußerlich bei Scheidenkatarrh, Ekzem, Hautjucken, Kopfflechte, Lepra, Syphilis, Krätze und juckenden und allergischen Reaktionen.

S. japonica S. 205

VERWENDBAR Blüten (einschließlich Knospen, „Huai hua"), Früchte („Huai jiao").
EIGENSCHAFTEN Ein bitteres, kühlendes, antibakterielles Kraut, das Blutungen stoppt. Es senkt den Blutdruck und den Cholesterinspiegel, stärkt die Kapillargefäße, hemmt Entzündungen und löst Krämpfe (Blüten); beruhigt gereiztes und beschädigtes Gewebe, erhöht den Blutzuckerspiegel, vertreibt Darmparasiten und verbessert die Leberfunktion (Früchte).
GEBRAUCH
MEDIZIN Innerlich bei inneren Blutungen; Bluthochdruck und schlechter Durchblutung der peripheren Blutgefäße, Darmparasiten, unausgewogener Leberfunktion mit Symptomen wie Brustbeklemmung, Schwindel, Kopfschmerz, geröteten Augen, Bluthochdruck; nicht an Schwangere verabreichen.
VARIANTE
S. j. **'Pendula'**, S. 205.

ANBAU UND ERNTE
ANBAU Winterharte Zierpflanze (*S. flavescens*: frosthartе Kulturpflanze); gut entwässerter Boden in der Sonne; in kälteren Gegenden in geschützter Lage. Vermehrung durch Aussaat im Herbst (nur Arten) oder durch halbreife Stecklinge im Sommer.
ERNTE Die Wurzeln *(S. flavescens)* werden im Herbst geerntet. Blüten und Blütenknospen *(S. japonica)* pflückt man im Spätsommer. Die Früchte werden im Herbst gesammelt und alle Teile für die Verwendung in Absuden getrocknet.

SPHAGNUM Sumpfmoos
(Sphagnaceae)

Sumpfmoose wurden seit alters her wegen ihrer Saugfähigkeit und antiseptischen Eigenschaften von den Eskimos, Lappen, den Bewohnern Kaschmirs und den Kelten benutzt: für die Menstruation, Babywindeln und als Streu im Viehstall. Kompressen aus Sphagnum wurden auch häufig im Feldlazarett verwendet. *S. japonicum* empfiehlt eine chinesische Rezeptur für innerliche Anwendung bei epidemischer Ruhr. Extrakte aus zersetztem Sumpfmoos, z. B. Torfteer und Sphagnol, sind bei Hauterkrankungen und -reizungen billige und wirksame adstringierende Mittel; sie sind von antibiotischer Wirkung und unterdrücken den Juckreiz.

S. cymbilifolium S. 205

VERWENDBAR Gesamte Pflanze.
EIGENSCHAFTEN Ein adstringierendes, antiseptisches, absorbierendes Kraut.
GEBRAUCH
MEDIZIN Äußerlich bei Wunden.
WIRTSCHAFT Getrocknetes Sphagnum ist Bestandteil von Kompost für Orchideen und wird für Schnüre von Hängekörben verwendet.

ANBAU UND ERNTE
ANBAU Winterharte Wildpflanze; benötigte Teile werden gesammelt. Nasser, saurer Boden; Sonne oder Halbschatten. Vermeht sich durch Teilung, durch Steckhölzer während der Wachstumsphase.
ERNTE Pflanzen werden im Ganzen getrocknet.

STACHYS Ziest
(Labiatae/Lamiaceae)

In alten Zeiten war *S. officinalis* ein wichtiges medizinisches Kraut, dem magische Eigenschaften zugeschrieben wurden. Culpeper zufolge „schrieb Antonius Musa, Leibarzt des Kaisers Augustus, ein Buch nur über die vorteilhaften Eigenschaften dieses Krauts; neben anderen Tugenden nennt er die Fähigkeit, Leber und Körper der Menschen vor epidemischen Krankheiten zu bewahren sowie vor Zauberkräften". *S. officinalis* und *S. palustris* enthalten Tannine und Alkaloide; darüber hinaus enthält *S. palustris* auch Allantoin.

S. officinalis, syn. *S. betonica*, *Betonica officinale* (Echter Ziest, Heilziest) S. 205

VERWENDBAR Gesamte Pflanze.
EIGENSCHAFTEN Ein bitteres, adstringierendes, beruhigendes Kraut, das die Verdauung verbessert, auch die Durchblutung des Gehirns.
GEBRAUCH
MEDIZIN Innerlich bei Kopfschmerzen in Verbindung mit Schwächezuständen und nervösen Spannungen, bei Angstzuständen, Neuralgie, Nebenhöhlenentzündung, Katarrh der oberen Atemwege, Gastritis, schlechter Verdauung, Bluthochdruck und Problemen in den Wechseljahren. Überdosierung verursacht Durchfall und Erbrechen; nicht an Schwangere verabreichen. Äußerlich bei Wunden (insbesondere infizierten), Quetschungen, Geschwüren, Halsschmerzen und Entzündungen des Zahnfleisches; gut in Verbindung mit *Scutellaria lateriflora* (vgl. S. 351), *Verbena officinalis* (S. 368), *Lavandula angustifolia* (S. 301) oder *Hypericum perforatum* (S. 295) bei Spannungskopfschmerz.
VARIANTE
S. o. **'Rosea Superba'**, S. 205.

S. palustris (Sumpfziest) S. 205

VERWENDBAR Gesamte Pflanze.
EIGENSCHAFTEN Ein adstringierendes, antiseptisches Kraut mit unangenehmem Geruch. Es löst Krämpfe, stoppt Blutungen und fördert die Heilung.
GEBRAUCH
MEDIZIN Innerlich bei Gicht, Krampf, Schwindel und Blutungen. Äußerlich bei kleinen Verletzungen.

ANBAU UND ERNTE
ANBAU Winterharte Zierpflanze; trockener, neutraler bis saurer Boden in Sonne oder Halbschatten; sumpfiger bis nasser Boden oder Wasser bis 8cm tief in Sonne oder Halbschatten *(S. palustris)*; Vermehrung durch Aussaat im Herbst oder ►

► Frühjahr; durch Teilung in der Ruhephase.
ERNTE Blühende Pflanzen im Sommer schneiden und für Aufgüsse, Extrakte, Tinkturen trocknen.

STELLARIA Sternmiere
(Caryophyllaceae)

In Culpepers Rezept für Salben heißt es: „Eine Handvoll Vogelmiere und ebensoviel getrocknete Rosenblütenblätter in einem Viertel Muskatellerwein solange kochen, bis ein Viertel der Flüssigkeit verdampft ist. Sodann füge man ein Pint Öl von Schafsfüßen hinzu und lasse alles eine gute Weile unter Umrühren kochen. Nach dem Durchseihen die schmerzende Stelle damit einsalben, am Kamin warmhalten und mit einer Hand weiterreiben". Dieses Kraut ist einfach zu verwenden, das ganze Jahr in fast allen Gärten vorhanden und es läßt sich leicht in Öl aufgießen.

S. media (Vogelmiere) S. 205

VERWENDBAR Gesamte Pflanze.
EIGENSCHAFTEN Linderndes, kühlendes, leicht salzig schmeckendes Kraut, das Juckreiz vermindert und schmerzlindernd wirkt sowie blutreinigende und antirheumatische Wirkungen hat.
GEBRAUCH
KÜCHE Innerlich bei Rheuma. Äußerlich bei juckenden Hautbeschwerden, Ekzemen, Schuppenflechte, Scheidenkatarrh, Geschwüren und Abszessen; für Salbe gegen Hautjucken häufig in Kombination mit *Althaea officinalis* (S. 236) oder *Ulmus rubra* (S. 366).
WIRTSCHAFT Die Zweige werden als Futter für Geflügel und Ziervögel verwendet.

ANBAU UND ERNTE
ANBAU Winterharte Kulturpflanze; feuchter Boden in Sonne oder Schatten. Vermehrung durch Aussaat zu jeder Zeit.
ERNTE Pflanzen schneiden und für Saft oder Umschläge frisch verwenden oder auch getrocknet für Aufgüsse, Extrakte, medizinische Öle und Salben.

STEMONA
(Stemonaceae)

Diese Gattung aus 25 Arten mehrjähriger Kletterpflanzen kommt von Indien über Malaysia bis Ostasien sowie in den tropischen Teilen Australiens vor. Die meisten Arten enthalten Alkaloide und machen sie somit zu wirksamen Insektiziden. Einem Gartenhandbuch aus dem 19. Jahrhundert zufolge kam *S. tuberosa* 1803 aus Ostindien nach Europa. Sie hat schöne große, leider übelriechende Blüten und wird heute nur noch selten angebaut.

S. tuberosa, syn. *Roxburghia gloriosa*

Empfindliche, immergrüne, mehrjährige Kletterpflanze, Höhe 5-6m, mit knolligen Wurzeln und zugespitzt ovalen bis herzförmigen Blättern mit welligen Rändern. Im Sommer werden glockenförmige, tiefrot geäderte, grüne Blüten gebildet, gefolgt von Kapseln mit 5-8 Samen. *S. tuberosa* ist in den Hochwäldern Indiens, Chinas und des nördlichen Malaysia heimisch.

VERWENDBAR Knollen („Bai bu").
EIGENSCHAFTEN Ein bittersüßes, kühlendes Kraut, das die Lunge geschmeidig macht, Husten stillt, Parasiten abtötet und bakterizid und fungizid wirkt.
GEBRAUCH
MEDIZIN Innerlich bei Bronchitis, Tuberkulose, Reizhusten, Keuchhusten, Amöbenruhr und Madenwürmern; äußerlich bei Läusen und Flöhen. Mit Honig gebacken bei Husten. Frisch als Waschung gegen Insekten.

ANBAU UND ERNTE
ANBAU Empfindliche Kulturpflanze; leichter, gut entwässerter Boden in Sonne oder Halbschatten, bei mindestens 15-18° C; Vermehrung durch Aussaat im Herbst; durch halbreife Stecklinge im Frühjahr; durch Teilung in der Ruhephase. Rückschnitt im zeitigen Frühjahr.
ERNTE Die Knollen werden während der Ruhezeit geerntet, mit heißem Wasser überbrüht und für Absude in der Sonne getrocknet.

STILLINGIA
(Euphorbiaceae)

Zu dieser Gattung gehören etwa 30 Arten von Stauden und immergrünen oder laubwechselnden Sträuchern, die über die tropischen und wärmeren Teile Amerikas, auf Madagaskar und im Osten Malaysias verbreitet sind. Über den Anbau einer ihren Arten ist nichts bekannt. Wie fast alle Pflanzen aus der Familie der Euphorbiaceae enthalten sie einen reizauslösenden Milchsaft. Diese Reiz erzeugenden Eigenschaften in *S. sylvatica* gleichen denen der *Daphne*-Arten (vgl. S. 272); sie verlieren sich aber fast völlig bei der Verarbeitung der getrockneten Wurzeln. Die gekochten, gestampften Wurzeln der *S. sylvatica* wurden von den nordamerikanischen Indianerfrauen nach der Niederkunft gegessen. Die Siedlerfrauen verwendeten sie zur äußerlichen Behandlung von Menstruationsbeschwerden. Im Süden der USA war das Kraut ein beliebtes Heilmitel bei Verstopfung. Die frische, beißend scharf schmeckende Wurzel wurde auch bei Bronchialbeschwerden gekaut.

S. sylvatica

Mehrjährige, winterhart bis 0° C, Höhe 60cm-1,2m, Breite 60- 90cm, mit stiellosen ovalen Blättern von bis zu 8cm Länge. Kleine, grüngelbe männliche und weibliche Blüten, ohne Blätter, werden im Sommer an aufrecht stehenden, 5-10cm langen Ähren gebildet, gefolgt von Kapseln mit 3 Samen. Wächst auf trockenem Waldland im Osten Nordamerikas.

VERWENDBAR Wurzeln.
EIGENSCHAFTEN Bitteres, beißend scharf schmeckendes, kräftigendes Kraut mit unangenehmem Geruch. Es wirkt blutreinigend, harntreibend, schleimlösend und abführend.
GEBRAUCH
MEDIZIN Innerlich bei Syphilis sowie bei Beschwerden der Leber, des Uro-Genitaltrakts und der Bronchien. Als Tonikum und zur Blutreinigung in Kombination mit anderen reinigenden oder alterativen Kräutern, z. B. *Trifolium pratense* (vgl. S. 364). Eine Überdosierung führt leicht zu Durchfall und Erbrechen. Nur durch qualifizierte Heilpraktiker zu verwenden.

ANBAU UND ERNTE
ANBAU Halbwinterharte Wildpflanze; genutzte Teile werden gesammelt. Trockener, sandiger, saurer oder alkalischer Boden; Sonne oder Halbschatten. Vermehrung durch Aussaat im Herbst oder Frühjahr; durch Teilung im Frühjahr; durch halbreife Stecklinge im Frühjahr bei 15-18° C. Die Stecklinge werden in Holzkohlepulver getaucht, um das Latex am Austreten zu hindern.
ERNTE Wurzeln erntet man im Spätsommer sowie Frühherbst und trocknet sie für Absude, Elixiere, Extrakte, Tabletten und Tinkturen. Nach der Ernte sollte die Verarbeitung zügig erfolgen, weil die heilenden Eigenschaften schnell verlorengehen; getrocknete Wurzeln nach 2 Jahren entsorgen.

STROPHANTHUS
(Apocynaceae)

S. gratus enthält Herzfunktionen beeinflussende Glykoside, wie Ouabain und Strophanthin. Letzteres wurde erstmals 1885 isoliert. Diese Wirkstoffe werden, oral eingenommen, kaum resorbiert, darum verabreicht man sie normalerweise als Injektion. Anders als Digitalis (vgl. *Digitalis purpurea*, S. 273) haben diese Stoffe keine kumulierende Wirkung. Die nämlichen Glykoside sind auch in *S. intermedius, S. kombe, S. hispidus* und *S. strophantus* enthalten. Wo die Pflanzen natürlich vorkommen, dienen sie als Pfeilgifte und zum Töten von Fischen. Die in Wasser eingeweichten Samen ergeben eine hochgiftige Flüssigkeit. Der Forscher David Livingstone hatte 1861 die Wirkung von *S. kombe* beschrieben.

S. gratus, syn. *Roupellia grata* S. 206

VERWENDBAR Samen.
EIGENSCHAFTEN Ein außerordentlich giftiges, harntreibendes, kräftigendes Kraut, das die Herztätigkeit anregt.
GEBRAUCH
MEDIZIN Innerlich, in der Regel injiziert, bei Herzversagen, Angina, Bluthochdruck, Lungenödem sowie bei zu niedrigem Blutdruck während der Narkose und Operation. Nur durch qualifizierte Heilpraktiker zu verwenden. WARNHINWEIS Dieses Kraut unterliegt in vielen Ländern gesetzlichen Einschränkungen.

ANBAU UND ERNTE
ANBAU Empfindliche Kulturpflanze; feuchter, gut entwässerter, humusreicher Boden. Sonne, hohe Luftfeuchtigkeit, mindestens 16° C. Vermehrung durch Aussaat im Frühjahr; durch Steckhölzer im zeitigen Frühjahr. Pflanzen benötigen 3 Jahre, um zur ersten Blüte zu gelangen; die optimale Entwicklung von Früchten erfolgt nach 6-10 Jahren. Viele Pflanzen entwickeln keine Samen.
ERNTE Die Samen werden ausgereift gesammelt und für die pharmazeutische Extraktion der Glykoside verarbeitet.
WARNHINWEIS Samen sind bei Verzehr hochgiftig.

STRYCHNOS Brechnußbaum
(Loganiaceae)

Diese Gattung ist reich an Alkaloiden, darunter auch an Strychnin. Für die Herstellung von Kurare werden mehr als zwölf Arten benötigt. Dieses harzige, schwarze Pfeilgift stellten die amerikanischen Indianerstämme her. Es löst eine sofortige Muskellähmung aus. Extrakte aus *S. nux-vomica* und *S. ignatii* (Ignatiusbohne) werden in kleinsten Dosen für Stärkungsmittel verwendet.

S. nux-vomica (Strychninbaum, Brechnußbaum) S. 206

VERWENDBAR Samen.
EIGENSCHAFTEN Ein sehr bitteres, stärkendes Kraut, welches das Nervensystem anregt und den Appetit anregt.
GEBRAUCH
MEDIZIN Innerlich, in winzigen Dosen, bei nervöser Erschöpfung, Schwäche, geringem Appetit (insbesondere bei Kindern und alten Menschen); auch zur Anregung des zentralen Nervensystems verwendet bei Chloroform- oder Chlorvergiftung, bei Operationsschock und Herzstillstand. Überdosierung führt zu Lähmung (besonders *risus sardonicus*: einseitige Gesichtslähmung), zu Krämpfen, Atemstillstand und Tod. WARNHINWEIS Dieses Kraut und Strychnin unterliegen in den meisten Ländern gesetzlichen Einschränkungen.

ANBAU UND ERNTE
ANBAU Empfindliche Kulturpflanze; gut entwässerter, humusreicher Boden in Sonne oder Halbschatten, mindestens 15° C. Vermehrung durch Aussaat im Frühjahr; durch halbreife Stecklinge im Sommer.
ERNTE Samen sammelt man reif und trocknet sie für Elixiere, Extrakte, Tabletten, Tinkturen sowie für die industrielle Extraktion der Alkaloide.

STYRAX Storaxbaum
(Styracaceae)

In dieser Gattung sind etwa 100 Arten immergrüner und laubwechselnder Sträucher und kleiner Bäume enthalten, die in Amerika, in Asien und Europa weit verbreitet sind. Ibn Batuta, ein arabischer Forscher, der zwischen 1325 und 1349 Sumatra bereist hat, beschrieb als erster *S. benzoin*. Er nannte die Pflanze Luban jawi („Javanischer Weihrauch"). Aus *S. benzoin* gewinnt man Benzoeharz, das für die Behandlung von Wunden und Geschwüren und vaporisiert als Inhalationsmittel zum Einsatz gelangt. Gegen Ende des 16. Jahrhunderts war das Harz in Europa ziemlich beliebt. In Worms wurde es zum steuerpflichtigen Handelsgut erklärt, damals hieß es „Asa dulcis". Zur gleichen Zeit wurde es auch in der chinesischen Heilkunde erwähnt, zum ersten Mal in Li Shi Zhens-Kräuterhandbuch von 1596. Der Name „Storax" bezieht sich auf das nach Vanille duftende, feste Harz der eurasischen Art *S. officinalis* (Echter Styraxbaum), das als Räuchermittel, zur Parfümherstellung und in der Medizin Verwendung findet.

S. benzoin (Benzoe-, Benzoe-Storaxbaum)

Empfindlicher, immergrüner Baum, Höhe 8m, Breite 5-6m, mit grauer, harziger Rinde und ovalen, fein gezähnten, bis zu 14cm langen Blättern mit flaumigen, grauen Unterseiten. Im Frühjahr und Sommer 10-20, in Büscheln wachsende, duftende, tassenförmige, weiße Blüten, 3cm im Durchmesser; wächst in dichten Wäldern und Sümpfen Sumatras.

VERWENDBAR Gummiharz („An xi xiang").
EIGENSCHAFTEN Ein adstringierendes, schleimlösendes und antiseptisch wirkendes Kraut mit einem Zimt-Kampfer-Aroma. In der chinesischen Medizin wird es zur Anregung des Kreislaufs benutzt, in der Aromatherapie verwendet man es zur Beruhigung.
GEBRAUCH
MEDIZIN In der westlichen Medizin innerlich bei Husten, Erkältung, Bronchitis, Halsschmerzen, Wunden, Geschwüren und bei Entzündungen der Mundschleimhaut. In der chinesischen Medizin innerlich bei Schmerzen des Brustkorbs und des Unterleibs. In der Aromatherapie bei Grippe, Schüttelfrost und juckender Haut.
WIRTSCHAFT In der Kosmetikindustrie als Antioxidationsmittel, als Fixativ in der Parfümherstellung.

ANBAU UND ERNTE
ANBAU Empfindliche Wildpflanze; feuchter bis nasser Boden; Sonne oder Halbschatten; mindestens 15-18° C. Vermehrung durch Aussaat im Herbst; durch halbreife Stecklinge im Sommer.
ERNTE Das Balsamharz wird durch tiefe Einschnitte in die Stämme von wenigstens 7 Jahre alten Bäumen gewonnen. Das verhärtete Harz wird in Stücken („Tränen") gelagert. Es kann auch zu einer festen Masse gepreßt oder zu Tinkturen verarbeitet werden.

SWERTIA Tarant
(Gentianaceae)

Diese Gattung besteht aus etwa 50 Arten meist ein- und mehrjähriger Pflanzen, die in den Bergregionen Nordamerikas, Eurasiens und Afrikas vorkommen. Außerhalb botanischer Gärten werden sie bei uns kaum noch angebaut. In den indischen Basaren verkauft man unter dem Namen „Chirata" verschiedene bittere, enzianähnliche Pflanzen. Die chemische Zusammensetzung von *S. chirata* gleicht in vielen Punkten der von *Gentiana lutea* (vgl. S. 287). Auch diese Pflanze enthält Xanthone, die gegen Malaria und Tuberkulose wirksam sind, sowie Amarogentin, ein Iridoid-Glykosid, das die Leber gegen Vergiftung durch Carbon-Tetrachlorid schützen kann. Auch in anderen Arten finden sich Bitterstoffe. In China wird *S. japonica* wegen dieser Bestandteile angebaut. Aus der nicht verwandten Pflanze *Andrographis paniculata*, Mitglied der Familie der Acanthaceae, wird das fiebersenkende „Grüne Chiretta" gewonnen.

S. chirata, syn. *Ophelia chirata*

Robuste Einjährige, winterhart bis -15° C, Höhe 1,5m, Breite 60cm; mit zugespitzt lanzettlichen bis ovalen Blättern. Viele schmutzig gelbgrüne, tiefrot geäderte und viergelappte Blüten an großen, blättrigen Rispen im Herbst; gefolgt von kleinen Samenkapseln mit 2 Kammern. Wächst auf den Weiden und den Hängen des Himalaya.

VERWENDBAR Gesamte Pflanze.
EIGENSCHAFTEN Ein sehr bitteres Kraut, das kräftigend, fiebersenkend und verdauungsfördernd wirkt.
GEBRAUCH
MEDIZIN Innerlich bei Leber- und Gallenblasenbeschwerden, Verdauungsstörungen, Verstopfung, Malaria und bei Schwäche in der Rekonvaleszenz.

ANBAU UND ERNTE
ANBAU Winterharte Kulturpflanze; feuchter, gut entwässerter Boden; Sonne oder Halbschatten. Die Vermehrung geschieht durch Aussaat im Herbst oder Frühjahr.
ERNTE Die Pflanzen schneidet man gegen Ende der Blüte und trocknet sie für Aufgüsse, Flüssigextrakte und Puder.

SYMPHYTUM Beinwell
(Boraginaceae)

S. officinale enthält Allantoin, das eine Zellwucherung anregt und heute nur noch synthetisch für Heilcrèmes hergestellt wird. Außerdem sind in der Pflanze (in den Wurzeln in höherer Konzentration als in den Blättern) Pyrrolizidin-Alkaloide enthalten. In Tierversuchen konnte nachgewiesen werden, daß diese Leberschäden und Tumore verursachen. Daher werden in einigen Ländern Tabletten und Kapseln aus *S. officinale* nicht mehr gehandelt. Beinwell in Form von Tee, Tinkturen und in Mitteln zur äußerlichen Anwendung scheint jedoch ohne Risiko zu sein. Dennoch ist es für die Selbstmedikation nicht unbedenklich. Es sollte auch nicht regelmäßig eingenommem werden. Culpeper schrieb, daß es „besonders gut bei Rissen und Knochenbrüchen wirkt, ja, man sagt sogar, daß seine Heilkräfte es vermögen, daß Knochen wieder zusammenwachsen, wenn man das Kraut in einem Topf mit Fleischstückchen kocht". Er empfiehlt es auch bei Hämorrhoiden, wozu es auch heute noch von der pharmazeutischen Industrie verwendet wird, wenn auch in synthetischer Form.

S. officinale (Gemeiner Beinwell) S. 206

VERWENDBAR Blätter, Wurzeln.
EIGENSCHAFTEN Ein süßes, schleimiges, kühlendes Kraut mit schleimlösender, adstringierender, lindernder und heilender Wirkung; entzündungshemmend und blutstillend.
GEBRAUCH
KÜCHE Früher wurden die jungen Blätter verzehrt. Wegen des Verdachts auf Gesundheitsschädlichkeit wird neuerdings vom Verzehr abgeraten.

MEDIZIN Innerlich bei chronischer Bronchitis, Magen- und Zwölffingerdarmgeschwüren, Dickdarmentzündung und bei Rheuma (nur Tee aus Blättern). Äußerlich bei Schuppenflechte, Ekzem, Wunden, Krampfadern, Geschwüren, Arthritis, Verstauchungen, entzündeten Ballen, Hämorrhoiden, Entzündungen der Brüste während der Stillzeit sowie bei Verletzungen und Knochenbrüchen. WARNHINWEIS Dieses Kraut unterliegt in einigen Ländern besonderen gesetzlichen Einschränkungen.

S. x *uplandicum*, syn. *S. peregrinum* S. 206

VERWENDBAR Blätter, Wurzeln.
EIGENSCHAFTEN Wie *S. officinale.*
GEBRAUCH
KÜCHE Wie *S. officinale.*
MEDIZIN Wie *S. officinale.*
WIRTSCHAFT Wird gerne als Viehfutter verwendet.
VARIANTE
S. x *u.* **'Variegatum'**, S. 206.

ANBAU UND ERNTE
ANBAU Winterharte Zierpflanze; feuchter bis nasser Boden in Sonne oder Halbschatten; Vermehrung durch Aussaat im Herbst oder Frühjahr (nur Arten); durch Teilung im Herbst oder Frühjahr. Beinwell wuchert stark und wurzelt tief. Einmal fest etabliert, läßt sich die Pflanze nur schwer ausrotten; sie kann von Rost befallen werden.
ERNTE Die Blätter sammelt man vor der Blüte im Frühsommer und trocknet sie für Aufgüsse, Flüssigextrakte und Umschläge. Die Wurzeln werden während der Ruhezeit geerntet und für Absude, Flüssigextrakte und Salben getrocknet.
WARNHINWEIS Hautreizend.

SYMPLOCARPUS Stinkkohl
(Araceae)

Von den Wurzeln von *S. foetidus* ist bekannt, daß sie ätherische Öle, Harze und ein leicht narkotisierendes Alkaloid, das 5-Hydroxytryptamin, enthalten. Über die pharmakologische Wirkung weiß man bislang jedoch wenig. Die Indianer benutzten die zerstoßenen Blätter für Inhalationen bei Kopfschmerzen, und sie bereiteten aus den Wurzelhaaren einen Sud gegen äußere Blutungen zu.

S. foetidus S. 206

VERWENDBAR Rhizome, Wurzeln.
EIGENSCHAFTEN Ein scharfes, wärmendes, krampflösendes, beruhigendes Kraut von üblem Geruch. Es wirkt schleimlösend, harn- und schweißtreibend.
GEBRAUCH
MEDIZIN Innerlich bei Bronchitis, Asthma, Keuchhusten, Katarrh, Heuschnupfen und Reizhusten. Läßt sich bei Bronchitis und Asthma gut mit *Grindelia camporum* (vgl. S. 290) und *Euphorbia hirta* (S. 281) kombinieren; eine Überdosierung verursacht Erbrechen.

ANBAU UND ERNTE
ANBAU Winterharte Zierpflanze; tiefe, humusreiche, feuchte bis nasse, kalkfreie Böden in Sonne oder Schatten. *S. foetidus* ist sehr hart und hält bis zu -35° C aus. Vermehrung durch Samen, der bis zur Aussaat im Herbst oder Frühjahr feucht gehalten werden muß (Keimzeit im Frühjahr); durch Teilung großer Pflanzen während der Ruhezeit. ►

► *S. foetidus* läßt sich nur schwer verpflanzen.
ERNTE Rhizome, Wurzeln in der Ruhezeit ernten, für Absude, Aufgüsse, Extrakte, Pulver trocknen.

SYZYGIUM
(Myrtaceae)

Frische Gewürznelken sind rosa und werden beim Trocknen braun. Werden sie gedrückt, tritt Öl aus. Zuerst waren sie in China bekannt, um 300 n.Chr. kamen sie nach Europa. Die Hauptanbauländer sind heute Madagaskar, Tansania, Indonesien und die Komoren. In der chinesischen Medizin findet *S. aromaticum* erstmals um 600 n.Chr. Erwähnung. Das ätherische Öl enthält Methylsalicylat und Eugenol, das den Gewürznelken das charakteristische Aroma verleiht. *S. cumini* hat andere, gleichermaßen interessante Eigenschaften. Es kann bei Diabetes den Blutzuckerspiegel regulieren.

S. aromaticum, syn. *Eugenia caryophyllata* (Gewürznelkenbaum) S. 206

VERWENDBAR Blütenknospen („Ding xiang"), Öl.
EIGENSCHAFTEN Ein würziges, wärmendes, anregendes Kraut, das schmerzlindernd und gegen Übelkeit sowie Erbrechen wirkt. Es ist verdauungsfördernd, schützt gegen Darmparasiten und verursacht Gebärmutterkontraktionen; hat eine stark antiseptische Wirkung. In der chinesischen Medizin gilt es vor allem als Nierentonikum.
GEBRAUCH
KÜCHE Die ganzen oder gemahlenen Gewürznelken und auch das Öl nimmt man zum Würzen von eingemachtem oder eingelegtem Obst, Gemüse, Schinken, geschmorten Äpfeln, Kuchen.

AROMA Ganze Gewürznelken werden für Duftkugeln und -töpfe verwendet. Das Öl wird in der Parfümherstellung verarbeitet.
MEDIZIN Innerlich bei Magendarm-Katarrh und bei Darmparasiten; äußerlich bei Zahnschmerzen und Insektenstichen. In der chinesischen Medizin bei Übelkeit, Erbrechen, Schluckauf, Magenbeschwerden und Impotenz.
WIRTSCHAFT Das Öl sowie die ganzen oder die gemahlenen Gewürznelken dienen als Aromastoffe in indischen und indonesischen Zigaretten. Das Öl wird Zahnpasten zugegeben.

ANBAU UND ERNTE
ANBAU Empfindliche Kulturpflanze; gut entwässerter, nährstoffreicher Boden; Sonne, mindestens 15-18° C. Vermehrung durch Aussaat im Frühjahr; durch halbreife Stecklinge im Sommer.
ERNTE Die geschlossenen Blütenknospen sammelt man, sobald sie sich entwickeln, und trocknet sie in der Sonne für Aufgüsse, Pulver und zur Gewinnung des Öls.

T

TABEBUIA
(Bignoniaceae)

Das Kernholz von *T. impetiginosa* enthält Lapachol, ein Naphthochinon, von dem 1956 antibiotische und 1967 Wirkungen gegen Tumore nachgewiesen wurden. Die südamerikanischen Indios hatten schon früh unter dem Oberbegriff „Ipê" verschiedene Arten der Gattung medizinisch genutzt. Einige stehen im Ruf, Krebs heilen zu können. Hierzu gehören *T. incana* und *T. impetiginosa*, die die Campas in Peru verwendeten, *T. rosea,* was die Maya in Mexiko nutzten (in Guatemala zur Behandlung von Tollwut). In Kolumbien nahm man *T. serratifolia*. Die Arten *T. insignis* var. *monophylla* und *T. neochrysantha* dienten der Behandlung von Magengeschwüren. *T. heptaphylla* soll bei Syphilis helfen.

T. impetiginosa, syn. *T. avellanedae* S. 207

VERWENDBAR Holz, innere Rinde.
EIGENSCHAFTEN Ein bitteres, scharfes, kühlendes Kraut, das fiebersenkend und entzündungshemmend wirkt. Es bekämpft viele Krankheitserreger und hat krebsbekämpfende Wirkungen.
GEBRAUCH
MEDIZIN Innerlich bei chronischen Entzündungen, Krebs, Tumoren, Geschwüren, Zysten, Pilzinfektionen (besonders *Candida*-Infektionen), Geschlechtskrankheiten, Rheuma und Hautkrankheiten (besonders bei Ekzemen, Herpes und Krätze). Zusammen mit anderen blutreinigenden Kräutern wie *Echinacea purpurea* (vgl. S. 276), *Trifolium pratense* (S. 364) und *Panax ginseng* (S. 321) zur Behandlung von Vergiftungen, Kongestionen und zur Stärkung des Immunsystems. Übermäßige Dosierung kann zu Übelkeit, Erbrechen, Schwindelgefühl und Durchfall führen.

ANBAU UND ERNTE
ANBAU Empfindliche Kulturpflanze; gut entwässerter, nährstoffreicher Boden; Sonne, mindestens 16-18° C. Vermehrung durch Aussaat oder Abmoosen im Frühjahr; durch halbreife Stecklinge im Sommer. Jungpflanzen sollten im Herbst beschnitten werden.
ERNTE Das Holz und die innere Rinde werden für Absude, Pulver, Tabletten und zur Extraktion der wirksamen Bestandteile getrocknet.

TAGETES Studentenblume
(Compositae/Asteraceae)

Die als Beetpflanzen angebauten Studentenblumen gehen auf die beiden Hauptarten *T. patula* (Kleine Sammetblume) und *T. erecta* (Große Sammetblume) zurück. Beide stammen aus Mexiko und haben die gleichen medizinischen Eigenschaften. Sie werden bei hartnäckiger Verstopfung und Koliken verwendet. Man baut beide aber auch als Küchenkräuter an, ebenso *T. lucida* und *T. minuta*. Mit *T. lucida* aromatisierten die Azteken einst ein schäumendes Getränk, das sie auf der Basis von Kakao herstellten, „Chocólatl" genannt. *T. minuta* wird vor allem für medizinische Zwecke kultiviert. Die Pflanze hat aber auch eine ungewöhnliche Bedeutung im Gartenbau. Die Wurzelextrakte, sogenannte Thiophene (Schwefelverbindungen), verhindern das Wachstum von Nematoden (Älchen), die vielen Pflanzen großen Schaden zufügen können. Thiophene wirken sich auch auf das Wachstum anderer Pflanzen aus. Diesen Effekt nutzt man, um der Ausbreitung von Unkraut vorzubeugen.

T. lucida S. 207

VERWENDBAR Gesamte Pflanze, Blätter.
EIGENSCHAFTEN Anregendes, harntreibendes, nach Anis duftendes Kraut, das fieber-, blutdrucksenkend, verdauungsfördernd wirkt. Es wirkt dämpfend auf das Zentralnervensystem, angeblich auch betäubend und halluzinogen.
GEBRAUCH
KÜCHE Aus den getrockneten Blättern und Blütenspitzen wird in Lateinamerika ein beliebter Tee zubereitet. Die Blätter werden als Ersatz für Estragon (*Artemisia dranunculus*, vgl. S. 243) verwendet.
AROMA Die getrockneten Pflanzen werden als Räuchermittel (und gegen Insekten) verbrannt.
MEDIZIN Innerlich bei Durchfall, Verdauungsstörungen, Übelkeit, Koliken, Schluckauf, Malaria und fiebrigen Erkrankungen; äußerlich bei Skorpionstichen und zum Entfernen von Zecken.

T. minuta S. 207

VERWENDBAR Gesamte Pflanze, Öl.
EIGENSCHAFTEN Ein stark aromatisches, harntreibendes, abführendes Kraut, das krampflösend und verdauungsfördernd wirkt sowie viele Krankheitserreger bekämpft. Ein wirksames Insektizid.
GEBRAUCH
KÜCHE Die getrockneten Blätter geben Suppen, Fleischgerichten und Gemüse ein Apfelaroma.
MEDIZIN Innerlich bei Magenschleimhautentzündung, Verdauungsstörungen und Darmparasiten; äußerlich bei Hämorrhoiden und Hautinfektionen.
WIRTSCHAFT Der Anbau der Pflanzen erfolgt zum Schutz von Feldfrüchten gegen Nematoden und Nacktschnecken – auch, um die Ausbreitung von mehrjährigem Unkraut, wie z.B. *Aegopodium podagraria* (Geißfuß, vgl. S. 229) *Calystegia sepium* (Zaunwinde) und *Elymus repens* (Quecke, S. 277) zu verhindern. In Afrika werden die getrockneten Pflanzen aufgehängt oder in das Bettzeug getan, um Insekten zu vertreiben. Das Öl wird als Aromastoff in der Lebensmittelindustrie und in der Tabakherstellung eingesetzt.

T. patula (Kleine Sammetblume) S. 207

VERWENDBAR Gesamte Pflanze, Blätter, Blüten, Öl.
EIGENSCHAFTEN Ein aromatisches, harntreibendes, beruhigendes und verdauungsförderndes Kraut. Es hilft gegen viele Pflanzenschädlinge.
GEBRAUCH
KÜCHE Die Blätter dienen dem Würzen von Speisen.
AROMA In Indien wird das Öl zur Herstellung des „Attar Genda"-Parfüms mit Sandelholzöl vermischt.
MEDIZIN Innerlich bei Verdauungsstörungen; äußerlich bei Augenentzündungen und Rheuma.
WIRTSCHAFT Mit den getrockneten Blüten verlängert man Saffran (*Crocus sativus*, vgl. S. 268). Blütenextrakte sind Farbstoffe in Milchprodukten, Geflügelfutter und Textilien. Das Öl dient als Aromastoff in der Lebensmittelherstellung.
VARIANTE
T. p. **'Honeycomb'**, S. 207.

ANBAU UND ERNTE
ANBAU Halbwinterharte Kulturpflanze (*T. patula* 'Honeycomb': Zierpflanze); gut entwässerter, nährstoffreicher Boden; Sonne. Vermehrung durch Aussaat im Frühjahr bei 18° C. Zur Verlängerung der Blüte verwelkte Blüten entfernen. Die Pflanzen können von Botrytis und Stengelgrundfäule befallen werden. *T. minuta* und (seltener) *T. patula* werden in Begleitung anderer Pflanzen angebaut. Der Pflanzensaft von *T. minuta* ist hautreizend und kann Dermatitis verursachen.
ERNTE Die Pflanzen in der Blüte schneiden und zur Ölgewinnung destillieren oder für Aufgüsse trocknen. *T. lucida* und *T. minuta* zur äußerlichen Verwendung zu Salben verarbeiten. Die Blätter (*T. lucida, T. patula*) und die Blüten (*T. patula*) pflückt man im Sommer und verwendet sie frisch oder getrocknet für Aufgüsse.

TAMARINDUS Tamarinde
(Leguminosae)

Die Früchte der Tamarinden werden meist zu Blöcken gepreßt verkauft. Sie enthalten Zukker, Pflanzensäuren und ein komplexes ätherisches Öl, das u.a. die charakteristischen Bestandteile von Zitronen (Limonen), *Geranium* (Geraniol), *Sassafras* (Safrol), *Gaulthiera procumbens* (Methylsalicylat), Minze (Menthol) und Zimt (Cinnamylaldehyd) enthält. *T. indica* ist ein mexikanisches Küchenkraut.

T. indica S. 207

VERWENDBAR Früchte.
EIGENSCHAFTEN Ein süßsaures, adstringierendes, anregendes Kraut mit angenehmem Geschmack. Es ist fiebersenkend, verdauungsfördernd und wirkt antiseptisch sowie abführend.
GEBRAUCH
KÜCHE Die Früchte werden frisch gegessen oder zu einem Erfrischungsgetränk verarbeitet. Die frischen oder getrockneten Früchte nimmt man als Säuerungsmittel (wie Zitronensaft oder Essig) zu Currygerichten, Fisch, Chutneys und in Soßen, in südostasiatischen Satays und süßsauren Gerichten.
MEDIZIN Innerlich bei Fieber, Ruhr, Asthma, Gelbsucht und Übelkeit während der Schwangerschaft. Äußerlich bei Geschwüren, Augenentzündungen und Rheuma. In Abführmitteln zusammen mit *Senna alexandrina* (vgl. S. 352).

ANBAU UND ERNTE
ANBAU Empfindliche Kulturpflanze; leichter, gut entwässerter Boden. Sonne, mindestens 15-18° C. Vermehrung durch Aussaat bei 21° C im Frühjahr; Abmoosen oder Veredlung im Frühjahr.
ERNTE Die Früchte erntet man reif und verarbeitet sie frisch oder getrocknet zu Konzentraten oder für die Verwendung in Absuden.

TANACETUM
(Compositae/Asteraceae)

Diese Pflanzen enthalten viele ätherische Öle, Bitterstoffe und Sesquiterpenlaktone, die allergisch-entzündliche Reaktionen verhindern und insektizid wirken. Es handelt sich um beißend scharfe, äußerst wirksame Kräuter, die man mit Vorsicht verwenden sollte. *T. pharthenium* ist seit 1970 intensiv erforscht worden. Heute läßt sich sagen, daß es ein ziemlich sicheres und wirksames Mittel bei Migräne und Rheumatismus ist. Insektizide auf der Basis von Pyrethrinen wurden zuerst aus den Blüten von *T. coccineum* (syn. *Chrysanthemum coccineum, Pyrethrum roseum*) hergestellt und hießen „Persisches Insektenpulver". Die Blüten von *T. cineraiifolium* stellten sich später als noch wirksamer heraus. Die getrockneten Blüten und das Pulver behalten ihre insektiziden Eigenschaften für fast unbeschränkte Zeit bei. Pyrethrine sind für Säugetiere nicht giftig. *T. vulgare* (Rainfarn) wurde früher in den Häusern ausgestreut. Es enthält Thujon, eine insektizide Substanz, die auch in *Artemisia absinthium* (vgl. S. 243) vorkommt, doch in größerer Dosierung hochgiftig ist. Der Rainfarn spielte auf den britischen Inseln in einer Reihe von Osterbräuchen eine Rolle. Er galt sowohl als reinigendes Kraut nach dem Ende der Fastenzeit wie auch als Symbol des bitteren Opfergangs des Osterlamms.

T. balsamita, syn. *Balsamita major* (Marienblatt) S. 208

VERWENDBAR Blätter.
EIGENSCHAFTEN Ein bitteres, adstringierendes, abführendes Kraut mit Balsam-Minze-Aroma. Es verbessert die Verdauung und Funktionen der Leber.
GEBRAUCH
KÜCHE Frische Blätter können in kleiner Menge Fleisch- und Gemüsegerichten beigegeben werden. Getrocknete Blätter werden als Tee aufgegossen.
MEDIZIN Heute medizinisch nicht mehr verwendet, früher innerlich als Medizin für Leber und Gallenblase, äußerlich bei Insektenstichen.
WIRTSCHAFT Diente früher zum Bierbrauen.
VARIANTE
T. b. var. ***tomentosum***, S. 208.

T. cinerariifolium, syn. *Chrysanthemum cinerariifolium, Pyrethrum cinerariifolium* (Dalmatinische Insektenblume) S. 208

VERWENDBAR Blüten.
EIGENSCHAFTEN Ein aromatisches Kraut mit starken Wirkungen gegen Insekten.
GEBRAUCH
WIRTSCHAFT Die getrockneten Blüten sind Bestandteil von Insektiziden und Räuchermitteln, insbesondere in Sprays gegen Schädlinge und Insekten, die Krankheiten übertragen.

T. parthenium, syn. *Matricaria parthenium, Chrysanthemum parthenium* S. 209

VERWENDBAR Gesamte Pflanze, Blätter.
EIGENSCHAFTEN Ein bitteres, stärkendes, kühlendes Kraut mit beißendem Geruch und üblem Geschmack. Es wirkt schmerzlindernd, krampflösend, erweitert die Blutgefäße, senkt Fieber, fördert die

Verdauung, regt die Gebärmutterfunktion an und führt ab.

GEBRAUCH

MEDIZIN Innerlich bei Migräne (durch übermäßige Hitze), Kopfschmerzen, Rheuma, Arthritis, leichteren fiebrigen Erkrankungen sowie Verdauungs- und Menstruationsbeschwerden; äußerlich bei Insektenstichen und blauen Flecken. Nicht an Schwangere verabreichen. Die frischen Blätter können bei Verzehr Dermatitis und Mundgeschwüre verursachen.

VARIANTEN

T. p. **'Aureum'**, S. 208.
T. p. **'Golden Ball'**, S. 208.
T. p. **'Golden Moss'**, S. 208.
T. p. **'Plenum'**, syn. *T. p.* 'Flore Pleno', S. 209.
T. p. **'Snowball'**, S. 209.
T. p. **'Tom Thumb White Stars'**, S. 209.
T. p. **'White Bonnet'**, S. 209.

T. vulgare (Rainfarn, Wurmkraut) S. 209

VERWENDBAR Gesamte Pflanze, Öl.

EIGENSCHAFTEN Ein bitteres, scharfes, wärmendes Kraut mit stechendem Aroma. Es wirkt bei Darmparasiten, ist verdauungsfördernd und regt die Gebärmutter an.

GEBRAUCH

KÜCHE Blätter werden einer besonderen Eierspeise beigegeben sowie zu Kuchen und Puddingen verwendet.

MEDIZIN Hauptsächlich als Einlauf bei Kindern gegen Rund- und Fadenwürmer sowie örtlich in Lotionen gegen Krätze. Die innerliche Anwendung des Krauts birgt Risiken, besonders während der Schwangerschaft, obwohl es gelegentlich bei Ausbleiben der Menstruation und bei Übelkeit empfohlen wird. Öl aus Rainfarn ist hochgiftig, sowohl bei innerer wie äußerer Anwendung; bereits kleinste Mengen können verhängnisvoll sein. Überdosierung führt zu Fehlgeburten, Arterienverschluß in Organen des Unterleibs und zu Krämpfen. Es wird selten innerlich verwendet. WARNHINWEIS Dieses Kraut, besonders in der Form von Öl, unterliegt in einigen Ländern gesetzlichen Einschränkungen.

VARIANTEN

T. v. var. ***crispum***, S. 209.
T. v. **'Isla Gold'**, S. 209.
T. v. **'Silver Lace'**, S. 209.

ANBAU UND ERNTE

ANBAU Winterharte Zierpflanze; gut entwässerter bis trockener, steiniger Boden; Sonne. Vermehrung durch Aussaat im Frühjahr oder Herbst (nur Arten und einige Varianten); durch Teilung im Frühjahr oder Herbst; durch grundständige Stecklinge im Frühjahr; durch halbreife Stecklinge im Sommer. Verwelkte Blüten von *T. parthenium* entfernen, um übermäßige Selbstaussaat zu verhindern. *T. vulgare* ist ein wucherndes Unkraut.

ERNTE Die ganzen Pflanzen *(T. parthenium, T. vulgare)* schneidet man während der Blüte; Blätter pflückt man nach Bedarf und verarbeitet beide frisch oder getrocknet für Aufgüsse, Flüssigextrakte, Pulver und Tinkturen. Aus *T. vulgare* wird Öl destilliert. Blätter *(T. parthenium)* verzehrt man mitunter frisch oder trocknet sie, um sie in Tablettenform bei Migräne, Rheuma und Arthritis zu verwenden. Blüten *(T. cineraiifolium)* pflückt man nach dem Öffnen und trocknet sie für Pulver.

TARAKTOGENOS

T. kurzii. Siehe *Hydnocarpus kurzii.*

TARAXACUM Kuhblume, Löwenzahn, Pusteblume

(Compositae/Asteraceae)

Die wohl bekannteste Art dieser Gattung ist *T. officinale* (Gemeiner Löwenzahn), eine stark harntreibende Pflanze. Sie enthält viele Kaliumsalze, eine wichtige Komponente für starke Diuretika, weil über den Urin große Mengen davon ausgeschieden werden. Um 659 n.Chr. wurde die Pflanze erstmals in einem chinesischen Text und 1485 in einem europäischen beschrieben. Möglicherweise ist von ihr aber schon bei Plinius (23-79 n.Chr.) die Rede. Arabische Ärzte des 11. Jahrhunderts förderten ihren Einsatz, und im 16. Jahrhundert wurde sie ein anerkanntes Arzneikraut.

T. officinale (Gemeiner Löwenzahn, Kuhblume, Kettenblume, Ringelblume) S. 210

VERWENDBAR Gesamte Pflanze („Pu gong ying"), Blätter, Wurzeln, Blüten.

EIGENSCHAFTEN Bittersüßes, kühlendes Kraut, harntreibend, abführend und antirheumatisch; regt die Leberfunktionen an, verbessert die Verdauung und läßt Schwellungen und Entzündungen zurückgehen.

GEBRAUCH

KÜCHE Die frischen Blätter werden, meistens blanchiert, Salaten beigegeben oder wie Spinat (häufig zusammen mit Sauerampfer) zubereitet.

MEDIZIN Innerlich bei Gallenblasenbeschwerden, Erkrankungen der Harnwege, Gallensteinen, Gelbsucht, Zirrhose, Verdauungsstörungen mit Verstopfung, Ödemen in Zusammenhang mit hohem Blutdruck und Herzschwäche, chronischen Gelenk- und Hautbeschwerden, Gicht, Ekzemen und Akne. In der chinesischen Medizin innerlich bei Brust- und Lungentumoren, Brustdrüsenentzündung, Abszessen, Gelbsucht, Hepatitis sowie Harnweginfektionen; äußerlich bei Schlangenbissen. Bei Gallenblasenbeschwerden ist die Kombination mit *Veronicastrum virginicum* (vgl. S. 368), *Berberis vulgaris* (S. 248) und *Chelone glabra* (S. 259) zu empfehlen.

WIRTSCHAFT Die Blätter und Wurzeln werden zum Aromatisieren von Kräuterbieren und Erfrischungsgetränken verwendet.

ANBAU UND ERNTE

ANBAU Winterharte Kulturpflanze; feuchte bis trockene, neutrale bis alkalische Böden; Sonne. *T. officinalis* ist hart bis -29° C. Vermehrung durch Aussaat im Frühjahr. Kulturen mit Löwenzahn sollten von Blüten befreit werden, um die unkontrollierte Selbstaussaat zu verhindern.

ERNTE Die Pflanzen schneidet man im Frühsommer und trocknet sie für Absude (nur in der chinesischen Medizin). Blätter sammelt man im Frühjahr und verwendet sie frisch als Gemüse, preßt sie zu Saft aus, trocknet sie für Aufgüsse, Flüssigextrakte und Tinkturen. Gegen den bitteren Geschmack hilft kurzes Blanchieren. Wurzeln 2jähriger Pflanzen erntet man im Herbst und preßt sie zu Saft aus, röstet sie als Kaffee-Ersatz oder trocknet sie für Absude, Aufgüsse, Flüssigextrakte und Tinkturen. Vorräte mit konservierten Wurzeln und Blättern sollten jährlich erneuert werden. Blüten als Zusatz in Weinen werden im Frühjahr abgenommen und von allen grünen Teilen befreit.

TAXUS Eibe

(Taxaceae)

Eibenbäume waren bereits den Druiden heilig. Sie errichteten ihre Tempel in deren Nähe. Die Christen übernahmen diesen Brauch und pflanzten sie nahe ihrer Kirchen. Das Holz von *T. baccata* (Gemeine Eibe) ist äußerst hart und beständig; es wurde früher zur Herstellung von Langbogen verwendet. *T. brevifolia* enthält Taxol, das sich klinischen Untersuchungen zufolge als vielversprechende Substanz zur Behandlung bei Krebs der Eierstöcke und anderer Krebsarten herausgestellt hat. Jedoch benötigt man eine große Anzahl von Bäumen, um genügend Rinde für das Medikament bereitstellen zu können. Zur Behandlung eines einzigen Krebspatienten wird die Rinde von 6 Bäumen gebraucht. In den USA führte die Ausbeutung dieser Bäume für diese Zwecke zu einem entsprechenden Gesetz („Pacific Yew Act", 1992), das die Ernte wie die Erhaltung des Bestandes regelt. Auch *T. baccata* enthält Taxol. Die Konzentration reicht jedoch nicht für eine größere Ausbeutung und ist nur für Forschungszwecke von Interesse. Der Tod durch den Verzehr von Eibenblättern tritt beim Vieh so umstandslos ein, daß sich Blätter häufig noch im Maul des toten Tieres befinden.

T. brevifolia S. 210

VERWENDBAR Extrakte aus Blättern, Rinde.

EIGENSCHAFTEN Ein giftiges Kraut, das krebsbekämpfende Wirkungen besitzt.

GEBRAUCH

MEDIZIN Innerlich hauptsächlich bei Krebserkrankungen der Lunge, Eierstöcke sowie bei Brustkrebs. Nebenwirkungen sind u.a. Übelkeit und eine Verminderung der weißen Blutkörperchen. Nur durch qualifizierte Heilpraktiker zu verwenden.

ANBAU UND ERNTE

ANBAU Winterharte Wildpflanze; genutzte Teile werden gesammelt; gut entwässerter Boden; Sonne oder Schatten. Vermehrung durch Aussaat im Herbst; durch Rißlinge im Frühherbst.

ERNTE Blätter erntet man im zeitigen Herbst oder im Frühjahr; Rinde sammelt man vom Herbst bis zum Frühjahr zur industriellen Taxolextraktion.

WARNHINWEIS Bei Verzehr hochgiftig.

TERMINALIA Almend, Almond (Combretaceae)

T. chebula spielt in der ayurvedischen Medizin eine wichtige Rolle; die Pflanze ist dem Gott Shiva geweiht. Das Triphala („Drei Früchte") genannte Abführ- und Verjüngungstonikum wird aus *T. chebula*, *Phyllanthus emblica* (Amblabaum) und *T. belerica* hergestellt. In der chinesischen Medizin wird *T. chebula* erstmals im Jahr 1061 erwähnt. Die tibetanische Heilkunde nennt die Pflanze „Königin der Arzneien" und verwendet sie zusammen mit *T. belerica* sowie *T. arjuna* in fast allen Rezepturen.

T. chebula („Chieu liêu") S. 210

VERWENDBAR Früchte („He zi").
EIGENSCHAFTEN Ein süßes, adstringierendes, wärmendes Kraut mit unangenehmem Geschmack. Es reguliert die Funktionen des Dickdarms, verbessert die Verdauung, ist schleimlösend, blutstillend, ausflußhemmend und bekämpft Darmparasiten. Darüber hinaus hat es stärkende, verjüngende Wirkungen und beeinflußt das Verdauungs-, Atmungs- und Nervensystem.
GEBRAUCH
MEDIZIN Innerlich bei Verstopfung, Verdauungsbeschwerden, nervösen Leiden, Durchfall, Darmparasiten, Ruhr, Hämorrhoiden, Rektalvorfall, ungewöhnlichen Blutungen und Entzündungen der Gebärmutter, Scheidenausfluß, frühzeitigem Samenerguß, Husten und Asthma. Nicht für Schwangere und Patienten mit schwerer Erschöpfung oder bei Flüssigkeitsmangel; äußerlich bei Geschwüren, Wunden, Mund- und Zahnfleischentzündungen.

ANBAU UND ERNTE
ANBAU Empfindliche Kulturpflanze; gut entwässerter Boden; Sonne, mindestens 16-18° C. Vermehrung durch Aussaat im Frühjahr; durch halbreife Stecklinge im Sommer.
ERNTE Die Früchte werden ausgereift geerntet und in der Sonne für Absude, Pasten und Pulver getrocknet.

TETRADIUM
(Rutaceae)

T. ruticarpum wird erstmals in chinesischen Aufzeichnungen vor 200 n.Chr. erwähnt, zu Zeiten der späten Han-Dynastie. Während die Früchte dieser Pflanze giftig sind und auch unangenehm schmecken, haben die der engen Verwandten *Ravensara aromatica* aus Madagaskar ein Gewürznelkenaroma und werden zum Aromatisieren von Lebensmitteln verwendet.

T. ruticarpum, syn. *T. officinalis* S. 210

VERWENDBAR Früchte („Wu zhu yu").
EIGENSCHAFTEN Ein scharfes, bitteres, stark wärmendes Kraut, das schmerzstillend, Darmparasiten abtötend, die Gebärmutterfunktion anregend ist und bakterizid wirkt. Es erhöht sowohl die Körpertemperatur wie auch den Blutdruck.
GEBRAUCH
MEDIZIN Innerlich bei verkühltem Magen und Magenschmerzen, bei Erbrechen und saurem Aufstoßen, Durchfall, schmerzhafter Menstruation und Befall durch Fadenwürmer. Um die Toxizität zu vermindern, häufig in Kombination mit *Glycyrrhiza glabra* (vgl. S. 289) und mit *Zingiber officinale* (S. 373) bei Verkühlung des Unterleibs. Überdosierung führt zu Durchfall, Verdauungsstörungen und zum Delirium.

ANBAU UND ERNTE
ANBAU Halbwinterharte Kulturpflanze; entwässerter Boden; Sonne, mindestens 5-10° C. Vermehrung durch Samen im Herbst; durch Wurzelstecklinge im Spätwinter. Abgestorbene oder überflüssige Triebe im zeitigen Frühjahr entfernen.
ERNTE Früchte werden ausgereift geerntet und für Absude getrocknet.
WARNHINWEIS Die Früchte sind giftig.

TEUCRIUM Gamander
(Labiatae/Lamiaceae)

Schon im klassischen Griechenland wurde *T. chamaedrys* medizinisch verwendet. Dioscorides empfahl das Kraut bei Husten und Asthma. Der deutsche Kaiser Karl V. (1500-1558) wurde durch eine 60 Tage währende Kur von der Gicht befreit, als er einen Absud des Krautes trank. Culpeper empfahl es als „gut gegen Beschwerden des Gehirns, wie bei ausdauerndem Kopfschmerz, Fallsucht, Melancholie, Schläfrigkeit, Trägheit des Geistes, Krämpfen und Lähmungen" („The English Physitian Enlarged", 1653). Bei der Kultivierung wird *T. chamaedrys* häufig mit *T. divaricatum* und der Hybride *T.* x *lucidrys (T. chamaedrys* x *T. lucidum)* verwechselt. Die letzteren sind höher, haben einen aufrechteren Wuchs und Blätter von dunklerem Grün, die auch glänzender und ledriger sind. Sie lassen sich schwer auseinanderhalten. Die Pflanzen im Handel sind häufig falsch etikettiert. Daher ist eine korrekte Bestimmung unerläßlich, wenn man sie für den späteren medizinischen Gebrauch kauft.

T. chamaedrys (Echter Gamander) S. 210

VERWENDBAR Gesamte Pflanze, Blätter.
EIGENSCHAFTEN Ein bitteres, adstringierendes, antirheumatisch wirkendes Kraut. Es ist entzündungshemmend, verdauungsfördernd und fiebersenkend, hat antiseptische, abführende und abschwellende Eigenschaften.
GEBRAUCH
MEDIZIN Innerlich bei Appetitlosigkeit, Gallenblasen- und Verdauungsbeschwerden, Sommerdurchfall bei Kindern, Gicht, rheumatischer Arthritis, Nasenkatarrh, Bronchitis; äußerlich bei Zahnfleischentzündung, Hautausschlägen und bei Verletzungen. Gegen rheumatische Arthritis in Verbindung mit *Apium graveolens* (vgl. S. 240), *Filipendula ulmaria* (S. 283) und *Guaiacum officinale* (S. 290). Mit *Achillea millefolium* (S. 227) und bei Gicht *Apium graveolens*, mit *Lobelia inflata* (S. 305) sowie *Marrubium vulgare* (S. 308) bei Bronchitis. Die Applikation kann zu Leberschäden führen, daher verzichten die Heilpraktiker in einigen Ländern (besonders in Frankreich) freiwillig auf die Anwendung des Krautes.

ANBAU UND ERNTE
ANBAU Winterharte Zierpflanze; leichter, gut entwässerter bis trockener oder steiniger Boden; Sonne. *T. chamaedrys* ist hart bis -29° C. Vermehrung durch Aussaat im Frühjahr; durch Teilung im Herbst; durch Grünstecklinge oder halbreife Stecklinge im Frühjahr und Sommer. Welke Blüten abschneiden, um buschigen Wuchs zu fördern.
ERNTE Die Pflanzen während der Blüte schneiden und für Aufgüsse und Flüssigextrakte trocknen.

THEA
T. sinensis. Siehe *Camellia sinensis.*

THEOBROMA Kakaobaum
(Sterculiaceae)

Aus den fermentierten, getrockneten und gerösteten Samen von *T. cacao* werden Kakaobutter und Kakaopulver hergestellt, die für verschiedene medizinische Anwendungsbereiche Verwendung finden. Außerdem dienen sie der Herstellung von Kakaogetränken und Schokolade. Kakao war der Hauptbestandteil von „Chocólatl", dem Getränk der Azteken. Von den Maya, Inkas und Azteken war er so hochgeschätzt, daß die Samenkörner als Zahlungsmittel dienten. Kakaopulver und Kakaopaste sind von Natur aus bitter und werden als Lebensmittel oder zum Aromatisieren vorher gesüßt. Schokoladen unterscheiden sich voneinander im Geschmack durch die verwendeten Kakaobohnen und die Herstellungsweise: Blockschokolade hat die meisten Kakaobestandteile und den geringsten Zuckeranteil, Milchschokolade enthält Trocken- oder kondensierte Milch, und weiße Schokolade besteht aus Kakaobutter mit Milch und Zucker.

T. cacao (Kakao) S. 210

VERWENDBAR Früchte, Samen, Fett, Butter.
EIGENSCHAFTEN Ein bitteres, anregendes, harntreibendes Kraut, das blutdrucksenkend wirkt und die Herzkranzgefäße erweitert. Kakaopulver und -butter sind sehr nahrhaft.
GEBRAUCH
KÜCHE Außer als Lebensmittel dient Schokolade zum Aromatisieren von Wildgerichten und Milchgetränken.
MEDIZIN Innerlich bei Angina und hohem Blutdruck (Pulver); äußerlich bei aufgesprungener Haut und Verbrennungen (Butter). Einnahme empfiehlt sich nicht bei Patienten mit nervösem Darm. Schokolade kann Allergien und Migräne auslösen.
WIRTSCHAFT Schokolade wird zum Aromatisieren von Likör verwendet. Kakaobutter nutzt man in der Kosmetikindustrie, für Hautcrèmes und als Basis für Zäpfchen. Abfallprodukte bei der Kakaoverarbeitung sind Düngemittel, Viehfutter, Brennstoff (Hülsen), Gelee, Alkohol und Essig (Fruchtfleisch).

ANBAU UND ERNTE
ANBAU Empfindliche Kulturpflanze; gedüngter, feuchter, gut entwässerter Boden im Schatten, mit hoher Luftfeuchtigkeit und windgeschützt bei mindestens 16° C. Vermehrung durch Aussaat reifer Samen; durch Abmoosen im Frühjahr oder Sommer; durch halbreife Stecklinge im Sommer. Alle diese Methoden benötigen eine Mindesttemperatur von 26° C. Im Gewächshaus Rückschnitt in die gewünschte Form im zeitigen Frühjahr.
ERNTE Die Früchte erntet man das ganze Jahr über, besonders vom Frühsommer bis Frühwinter. Die Samen werden herausgenommen und fermentiert, getrocknet, geröstet und zu Paste vermahlen (Kakaomasse). Kakaobutter wird aus der Kakaomasse extrahiert, zurück bleibt das Kakaopulver.

THLASPI

T. bursa-pastoris. Siehe *Capsella bursa-pastoris*.

THUJA Lebensbaum
(Cupressaceae)

Die nordamerikanischen Indianer machten aus *T. occidentalis* Bogen, Kanus und Dächer. Sie benutzten sie auch zur Behandlung von Menstruationsbeschwerden, Kopfschmerzen und Herzkrankheiten. Die Holzfäller bereiteten aus den Zweigen einen Tee gegen Rheuma. Das Kraut wurde als harntreibendes und die Gebärmutter anregendes Mittel in die „U.S. Pharmacopoeia" (1882-94) aufgenommen. In der chinesischen Medizin wird *T. orientalis* erstmals um 659 n.Chr. in der „Tang Materia Medica" beschrieben. Beide Arten enthalten viel ätherisches Öl, hauptsächlich das Thujon. Diese Substanz ist in hohen Dosen giftig und sollte mit Vorsicht angewendet werden.

T. occidentalis S. 211

VERWENDBAR Laub, Rinde.
EIGENSCHAFTEN Ein bitteres, adstringierendes, kühlendes Kraut mit kampferartigem, fruchtigem Aroma. Es wirkt anregend auf Herz, Gebärmutter und Nerven, ist entzündungshemmend, schleimlösend, spült Giftstoffe aus und tötet Pilze und Bakterien.
GEBRAUCH
MEDIZIN Innerlich in der Krebstherapie und bei Bronchialbeschwerden (insbesondere in Verbindung mit Blutandrang und Herzinsuffizienz), Infektionen der Harnwege, Schuppenflechte, Ekzemen, ausbleibender Menstruation und Nebenwirkungen bei Impfungen; nicht für Schwangere und Patienten mit Reizhusten. Äußerlich bei Infektionen der Vagina, Warzen, Muskelschmerzen und Rheuma. Bei nässendem Ekzem in Verbindung mit *Hamamelis virginiana* (vgl. S. 291) als Lotion; nur durch qualifizierte Heilpraktiker zu verwenden.
VARIANTEN
T. o. **'Holmstrup'**, S. 211.
T. o. **'Rheingold'**, S. 211.

T. orientalis, syn. *Biota orientalis, Platycladus orientalis* S. 211

VERWENDBAR Laub („Ce bai ye"), Samen („Bai zi ren").
EIGENSCHAFTEN Ein bitteres, adstringierendes, kühlendes Kraut, das blut- und hustenstillend wirkt, die Gebärmutter anregt, den Haarwuchs fördert und schleimlösend sowie antibakteriell wirkt (Laub); süßes, beruhigendes, mild abführendes Kraut (Samen).
GEBRAUCH
MEDIZIN Innerlich bei Husten, Blutungen, sehr starker Menstruation, Bronchitis, Asthma, Hautinfektionen, Mumps, Bakterienruhr, arthritischen Schmerzen und vorzeitiger Glatzenbildung (Laub); bei Herzklopfen, Schlaflosigkeit, nervösen Störungen und Verstopfungen bei Älteren (Samen). Präparate aus den Blättern sollten Schwangeren nicht verabreicht werden.
VARIANTE
T. o. **'Aurea Nana'**, S. 211.

ANBAU UND ERNTE
ANBAU Winterharte Zierpflanze; tiefer, feuchter Boden an einem geschützten, sonnigen Standort. Vermehrung durch Aussaat im Spätwinter (nur Arten); durch halbreife Stecklinge im Sommer oder Frühherbst. *Thuja* spp. können durch Rückschnitt dauerhaft Schaden nehmen, die Bäume vom Hallimasch *(Armillaria mellea)* befallen werden.
ERNTE Laub und Rinde erntet man nach Bedarf und trocknet sie für Absude, Flüssigextrakte und Tinkturen. Die Samen *(T. orientalis)* werden im Herbst den ausgereiften Zapfen entnommen und für Absude, Pulver und Tinkturen getrocknet.
WARNHINWEIS Die Blätter sind bei Verzehr giftig. Hautallergien sind möglich.

THYMUS Thymian
(Labiatae/Lamiaceae)

Wie andere wohlriechende Pflanzen auch war Thymian einmal ein Symbol des Todes. Früher glaubte man nämlich, daß sich die Seelen der Verstorbenen in die Blüten der Blumen zurückziehen. Die Thymianarten sind im Aroma recht verschieden. Die meisten von ihnen lassen sich aber als Gewürz verwenden. Zu den am häufigsten angebauten Arten gehören *T. vulgaris, T.* x *citriodorus* und ihre Sorten. Für medizinische Zwecke werden vor allem *T. vulgaris* und *T. serpyllum* verwendet. Alle Thymianarten sind reich an ätherischen Ölen, in der Hauptsache an Thymol, das ein wirkungsvolles Antiseptikum ist. Die chemische Zusammensetzung des Öls ist je nach Art und sogar von Pflanze zu Pflanze verschieden. Das kommerziell genutzte Thymianöl wird hauptsächlich aus *T. zygis* (Spanischer Thymian) gewonnen. Das Öl von *T. serpyllum* (Feldthymian) weicht vom Öl aus *T. vulgaris* durch den geringeren Gehalt an Carvacrol und größere Mengen an Linalol und Cymol ab. Es besitzt dadurch eine beruhigende Wirkung. Rotes und weißes Thymianöl unterscheiden sich nur durch die Farbe. Das rote Öl bekommt seine Färbung durch Berührung mit Metall (Oxidation); anderenfalls bleibt es klar.

T. caespititius, syn. *T. azoricus*

Kleiner Strauch, winterhart bis -15° C, Höhe 15cm, Breite 45cm, mit aufrechten Blütenstielen und schmalen, klebrigen Blättern mit harzigem Aroma von ca. 6mm Länge. Rosa-, lilafarbene oder weiße Blüten werden an kleinen Trauben in Bodennähe vom späten Frühjahr bis zum Sommer gebildet. Wächst auf trockenen, steinigen Hängen auf den Azoren, im Nordwesten Spaniens und in Portugal.

VERWENDBAR Blätter.
EIGENSCHAFTEN Ein aromatisches Kraut mit Zitronen-Kiefer-Duft.
GEBRAUCH
KÜCHE Läßt sich beim Kochen als Ersatz für *T.* x *citriodorus* verwenden und als Aromastoff in einer Eiercrème.
VARIANTE
T. c. **'Aureus'**, S. 212.

T. capitatus, syn. *Coridothymus capitatus* S. 212

VERWENDBAR Gesamte Pflanze, Blätter, Blütenspitzen, Öl.
EIGENSCHAFTEN Wie *T. vulgaris.*
GEBRAUCH
WIRTSCHAFT Hauptsächlich zur Gewinnung ätherischer Öle, die als Aromastoffe in der Lebensmittelindustrie, zum Parfümieren von Seife und Herrentoilettenartikeln Verwendung finden. Die Blüten sind stark schleimhautreizend und sollten in der Aromatherapie nicht verwendet werden.

T. cilicicus S. 212

VERWENDBAR Blätter.
EIGENSCHAFTEN Ein aromatisches Kraut mit einem Duft nach Zitronen.
GEBRAUCH
KÜCHE Die Blätter können zum Würzen verwendet werden.

T. x *citriodorus* S. 212

VERWENDBAR Gesamte Pflanze, Blätter, Blütenspitzen, Öl.
EIGENSCHAFTEN Ein aromatisches, kongestionsverminderndes, entspannendes Kraut mit starkem Zitronenduft.
GEBRAUCH
KÜCHE Die Blätter nimmt man zum Würzen von pikanten Gerichten, besonders für Fisch, Geflügelfüllungen und Gemüse.
AROMA Die getrockneten Blätter sind Bestandteil von Dufttöpfen und Kräuterkissen.
MEDIZIN Das Öl dieser Pflanze ist weniger reizauslösend als andere Thymianöle; es wird in der Aromatherapie bei Asthma und anderen Atemwegserkrankungen, besonders bei Kindern, benutzt.
VARIANTEN
T. × *c.* **'Archer's Gold'**, S. 212.
T. × *c.* **'Aureus'**, S. 212.
T. × *c.* **'Bertram Anderson'**, syn. *T.* x *c.* 'Anderson's Gold', *T.* x *c.* 'E. B. Anderson', S. 212.
T. × *c.* **'Golden King'**
Aufrechte, buschige Sorte, hart bis -15° C, Höhe 23 cm, Breite 30cm. Die gelbgerandeten Blätter neigen zum Zurückschlagen.
T. × *c.* **'Silver Queen'**, S. 212.

T. herba-barona S. 212

VERWENDBAR Blätter.
EIGENSCHAFTEN Aromatisches Kraut, je nach Form nach Kümmel, Muskat oder Zitrone riechend.
GEBRAUCH
KÜCHE Blätter dienen zum Würzen für Lendenbraten, außerdem für Wild- und Fleischgerichte, die mit Wein und Knoblauch zubereitet werden.

T. mastichina

Aufrechter Strauch, winterhart bis -15° C, Höhe 20-30cm, Breite 60-75cm, mit Büscheln eiförmiger, flaumiger Blätter. Sie haben ein starkes Kampferaroma. Wächst in Spanien und Portugal an Wegrändern und auf felsigem Untergrund.

VERWENDBAR Gesamte Pflanze, Blätter, Blütenspitzen, Öl.
EIGENSCHAFTEN Ein scharfes, süßlich-bitteres, aromatisches Kraut mit eukalyptusähnlichem Duft.

GEBRAUCH
KÜCHE Die Blätter können stark gewürzten Fleischgerichten beigegeben werden.
WIRTSCHAFT Das Öl wird in der Lebensmittelindustrie zum Würzen von Fleischsaucen und Suppen verwendet.

Thymus praecox S. 213

VERWENDBAR Blätter.

EIGENSCHAFTEN Ein aromatisches Kraut mit typischem Thymianduft; wird nicht zur Ölgewinnung oder für Extrakte verwendet, hat aber wahrscheinlich die gleichen Eigenschaften wie *T. serpyllum.*
GEBRAUCH
KÜCHE Die Blätter können als Gewürz verwendet werden.

T. pseudolanuginosus, syn. *T. serpyllum* ssp. *lanuginosus*, *T. lanuginosus* S. 213

VERWENDBAR Blätter.
EIGENSCHAFTEN Ein aromatisches Kraut mit Thymianduft.
GEBRAUCH
AROMA Hauptsächlich eine aromatische Zierpflanze, Blätter können aber zum Würzen dienen.

T. pulegioides (Quendel) S. 213

VERWENDBAR Blätter.
EIGENSCHAFTEN Ein aromatisches Kraut mit einem Thymianduft.
GEBRAUCH
KÜCHE Kann als Ersatz für *T. vulgaris* dienen.

T. serpyllum (Feldthymian, Quendel) S. 213

VERWENDBAR Gesamte Pflanze, Blätter, Öl.
EIGENSCHAFTEN Ein aromatisches, beruhigendes Kraut, das harntreibend und schleimlösend, krampflösend und verdauungsfördernd wirkt.
Es ist stark antiseptisch und fördert den Heilungsprozeß.

GEBRAUCH
KÜCHE Wie *T. vulgaris*.
MEDIZIN Innerlich bei Bronchitis, Katarrh, Keuchhusten, Kehlkopfentzündung, Verdauungsstörungen mit Blähungen, Menstruationsschmerzen, Koliken und nach übermäßigem Alkoholgenuß; gilt als wirksam zur Behandlung von Alkoholismus. Nicht für Schwangere; äußerlich bei kleineren Verletzungen, Brustdrüsenentzündung, Rheuma sowie bei Zahnfleisch-, Mundhöhlen- und Halsentzündung. Bei Keuchhusten in Verbindung mit *Prunus serotina* (vgl. S. 335) und *Marrubium vulgare* (S. 308). Bei Halsentzündungen mit adstringierenden Kräutern, z.B. *Rubus idaeus* (S. 243) und *Commiphora myrrha* (S. 265). Die Pflanze liefert ein Öl, das bei streßbedingten Zuständen wie das von *T. vulgaris* wirkt, jedoch allergische Reaktionen hervorrufen kann.
VARIANTEN
T. s.* var. *albus
Diese Sorte hat weiße Blüten. Winterhart bis -15° C, Höhe 1-7cm, Breite 1m.
***T. s.* 'Annie Hall'**, S. 213.
T. s.* var. *coccineus, S. 213.
***T. s.* 'Elfin'**, S. 213.
***T. s.* 'Goldstream'**
Diese kräftige Sorte hat mehrfarbige, goldene und hellgrüne Blätter sowie lila Blüten; winterhart bis -15° C, Höhe 1cm, Breite 60cm.
***T. s.* 'Minor'**
Eine langsam wachsende, kompakte Sorte mit winzigen Blättern und rosa Blüten. Hart bis -15° C, Höhe 1cm, Breite 60cm.
***T. s.* 'Pink Chintz'**, S. 213.
***T. s.* 'Rainbow Falls'**, S. 213.
***T. s.* 'Russetings'**, S. 213.
***T. s.* 'Vey'**, S. 213.

T. vulgaris (Gemeiner Thymian, Gartenthymian) S. 213

VERWENDBAR Gesamte Pflanze, Blätter, Blütenspitzen, Öl.
EIGENSCHAFTEN Aromatisches, nach Thymian riechendes Kraut, wärmend, adstringierend, schleimlösend, verdauungsfördernd, krampflösend und hustenstillend sowie stark antiseptisch und fungizid.
GEBRAUCH
KÜCHE Thymian ist ein wichtiger Bestandteil des „Bouquet garni" und vieler klassischer französischer Gerichte. Außerdem wird er zum Würzen von Suppen, Marinaden (besonders mit Oliven), Füllungen, Geschmortem sowie für gebackenes und sautiertes Gemüse (Pilze und Zucchini) verwendet. Er behält sein Aroma bei langsam gegarten Gerichten.
AROMA Getrocknete Blätter sind Bestandteil von Dufttöpfen, in Leinensäckchen als Mottenvertreiber.
MEDIZIN Innerlich bei Reizhusten, Keuchhusten, Bronchitis, Bronchialkatarrh, Asthma, Kehlkopfentzündung, Verdauungsstörungen, Gastritis und bei Durchfall und Bettnässen bei Kindern. Nicht während der Schwangerschaft verabreichen. Äußerlich bei Mandelentzündung, Zahnfleischentzündung, Rheuma, Arthritis und bei Pilzinfektionen. Bei Asthma in Kombination mit *Lobelia inflata* (vgl. S. 305) und *Ephedra*-Arten (S. 278); mit *Marrubium vulgare* (S. 308), *Prunus serotina* (S. 335) und *Drimia maritina* (S. 275) bei Keuchhusten. In der Aromatherapie wird das Öl verwendet bei Schmerzen, Erschöpfung, Depression, Infektionen der oberen Atemwege und bei Haut- und Kopfhauterkrankungen. Nicht während der Schwangerschaft anwenden. Das Öl kann Haut und Schleimhäute reizen sowie allergische Reaktionen verursachen.
WIRTSCHAFT Thymol ist ein wichtiger Bestandteil von Zahnpasta, Mundwassern und lokal wirksamen Antirheuma-Mitteln.
VARIANTEN
***T. v.* 'Erectus'**, S. 213.
***T. v.* 'Silver Posie'**, syn. *T. v.* 'Variegatus', S. 213.

ANBAU UND ERNTE

ANBAU Winterharte Zierpflanze (*T. capitatus*: Kulturpflanze); gut entwässerter Boden; Sonne. *T. cilicicus* gedeiht auf steinigem Untergrund. *T.* x *citriodorus, T. praecox, T. serpyllum, T. vulgaris* und *T. pseudolanuginosus* sind hart bis -15° C, die anderen bis mindestens -10° C. Thymian bekommt keine Winternässe, das Laub sollte durch eine Lage Kies vor dem Kontakt mit dem nassen Boden geschützt werden. Vermehrung durch Aussaat im Frühjahr (nur Arten); durch Grünstecklinge oder halbreife Stecklinge im Sommer; durch Teilung im Frühjahr oder Spätsommer. Nach der Blüte leicht zurückschneiden, verwelkte Blüten entfernen, um ein buschiges Wachstum anzuregen. Grüne Triebe von mehrfarbigen Sorten abschneiden, um die Mehrfarbigkeit zu bewahren. *T. vulgaris* wird als Begleitpflanze angebaut.
ERNTE Die ganzen Pflanzen und die Blütenspitzen sammelt man im Sommer (zu Beginn der Blüte) und verwendet sie für die Destillation von Öl oder trocknet sie für Elixiere, Flüssigextrakte *(T. vulgaris)* und Aufgüsse. Die Zweige nimmt man in der Wachstumsphase ab und verwendet sie frisch oder getrocknet für Aufgüsse.

TILIA Linde
(Tiliaceae)

Lindenbäume sind sehr anpassungsfähig und vertragen einen starken Rückschnitt. Das läßt sie für die Randbepflanzung von Straßen besonders geeignet erscheinen. Das Holz verschiedener Arten wird wegen seiner hellen Farbe und seines geringen Gewichts gerne zum Schnitzen, Drechseln und zur Herstellung von Musikinstrumenten verwendet. Medizinisch finden Lindenblüten verschiedener Arten und Hybriden Verwendung, darunter die von *T. cordata, T. platyphyllos* (Sommerlinde), *T. americana* und *T.* x *europaea* (Winterlinde).

T. cordata, syn. *T. parvifolia* (Winterlinde) S. 214

VERWENDBAR Blüten.
EIGENSCHAFTEN Ein aromatisches, schleimiges Kraut, das harntreibend, schleimlösend, nervenberuhigend und blutdrucksenkend wirkt. Es ist schweißtreibend, krampflösend und verdauungsfördernd.
GEBRAUCH
MEDIZIN Innerlich bei Bluthochdruck, Arteriosklerose, Herz- und Kreislauferkankungen sowie bei Verdauungsbeschwerden in Verbindung mit Angstzuständen, Harnweginfektionen, fiebrigen Erkältungen, Grippe, Atemwegkatarrh, Migräne und Kopfschmerzen. Bei hohem Blutdruck in Verbindung mit *Crataegus laevigata* (vgl. S. 268), bei Arteriosklerose mit *Ginkgo biloba* (S. 288), bei nervöser Anspannung mit *Humulus lupulus* (S. 294) und bei Erkältung und Grippe mit *Sambucus nigra* (S. 347).

ANBAU UND ERNTE

ANBAU Winterharte Zierpflanze; feuchte, gut entwässerte, neutrale bis alkalische Böden in Sonne oder Halbschatten. Vermehrung durch Aussaat im Frühjahr; durch Ausläufer im Frühjahr; durch Veredlung im Spätsommer. Ausläufer an Basis und Stamm sofort entfernen. Die Blätter können von Blattläusen, Raupen, Gallmilben und Blattflecken befallen werden; die Triebe von Welke und Krebs. Lindenblüten entwickeln mit zunehmendem Alter narkotisierende Eigenschaften und sollten deshalb gleich nach dem Öffnen der Blüten geerntet werden.
ERNTE Die Blüten werden im Sommer geerntet und für Aufgüsse, Flüssigextrakte und Tinkturen getrocknet.

TRACHYSPERMUM
(Umbelliferae)

Zu dieser Gattung gehören 20 aromatische Einjährige, die im nördlichen Afrika bis nach Zentralasien, Indien (wo sie im großen Maßstab angebaut werden) und Westchina vorkommen. Die Samen von *T. ammi* enthalten viele ätherische Öle, vor allem Thymol, wie man es in *Thymian*-Arten (vgl. S. 362) findet.

T. ammi, syn. *T. copticum*, *Ammi copticum*, *Carum copticum*

Empfindliche Einjährige, Höhe 30-90 cm, Breite 30-45cm; mit fiederteiligen Blättern. Weiße Blüten mit behaarter Außenseite an dichten Dolden werden im Sommer gebildet, gefolgt von kleinen, scharf-aromatischen, eiförmigen, ca. 2cm langen Früchten; wächst auf feuchten Böden in Asien.

VERWENDBAR Samen, Öl.
EIGENSCHAFTEN Ein bitteres, aromatisches, wärmendes Kraut mit Thymian-Aroma und stärkender, harntreibender und schleimlösender Wirkung. Es ist krampflösend, verdauungsfördernd, schweißtreibend und stark antiseptisch.
GEBRAUCH
KÜCHE Die Samen werden vor allem in Indien zum Würzen pikanter Speisen, wie z.B. Currygerichte, Hülsengerichte und für kleine Teiggerichte verwendet. Als Thymianersatz nicht geeignet.
MEDIZIN Innerlich bei Erkältungen, Husten, Grippe, Asthma, Durchfall, Cholera, Koliken, Verdauungsstörungen, Blähungen, Ödemen, Arthritis und Rheuma. Nicht für Patienten mit übermäßiger Magensäurebildung. Äußerlich bei Scheidenausfluß und Rheuma. In der ayurvedischen Medizin hauptsächlich als anregendes Mittel, das eine Kongestionsverminderung des Atem- und Verdauungstrakts bewirken soll.
WIRTSCHAFT Extrakte aus den Samen werden Hustenmitteln und Kunstharzen beigegeben.

ANBAU UND ERNTE
ANBAU Empfindliche Kulturpflanze; feuchter Boden in der Sonne. Vermehrung durch Aussaat im Herbst oder Frühjahr.
ERNTE Die Samen werden ausgereift geerntet und entweder zur Ölgewinnung destilliert oder für Aufgüsse und Pulver getrocknet.

TRICHOSANTHES Haarblume (Cucurbitaceae)

T. kirilowii wird in China erstmals zur Zeit der späten Han-Dynastie (25-220 n.Chr.) beschrieben. In China dient es zum Schwangerschaftsabbruch. In jüngster Zeit konzentriert sich das Interesse auf die mögliche Verwendung zur Bekämpfung von AIDS. Der aktive Wirkstoff ist Trichosanthin, in der Forschung als „Wirkstoff Q" bezeichnet. In der chinesischen Medizin werden außer *T. kirilowii* auch *T. japonica* und *T. rosthornii* verwendet. Getrocknete Früchte von *T. cucumeroides* enthalten Saponine und dienen als Ersatz für Seife.

T. kirilowii, syn. *Eopepon vitifolius* S. 214

VERWENDBAR Knollen („Gua lou gen", „Tian hua fen"), Fruchtschalen („Gua lou pi"), Samen („Gua lou zi").
EIGENSCHAFTEN Ein bittersüßes Kraut, entzündungshemmend, kühlend, fiebersenkend, sekretionsfördernd (besonders den Milchfluß) und die Gebärmutter anregend (Knollen). Ein süßes, schleimlösendes, abführendes Kraut, das den Kreislauf anregt, die Bronchialgefäße erweitert und bakterizid wie auch fungizid wirkt (Früchte).
GEBRAUCH
MEDIZIN Innerlich bei Diabetes, Reizhusten, Abszessen, Niederkunft (in der zweiten Phase der Wehen) und bei Schwangerschaftsabbruch (Knollen). Bei Bronchialinfektionen mit dickem Schleim, Schmerzen und Beklemmung im Brustkorb, bei trockener Verstopfung und bei Lungen- oder Brusttumoren (Früchte); darf nicht an Schwangere verabreicht werden. Die Früchte werden in China im Winter als Suppe zur Vorbeugung gegen Erkältung und Grippe zubereitet.

ANBAU UND ERNTE
ANBAU Halbwinterharte Kulturpflanze; feuchter, gut entwässerter Boden, Halbschatten. Vermehrung durch Aussaat des Samens, der vorher 24 Stunden eingeweicht werden muß, im Frühjahr; durch Teilung im Frühjahr. Dichte Zweige ausdünnen, um Luftzirkulation um die reifenden Früchte zu ermöglichen.
ERNTE Die Knollen werden im Herbst geerntet und für Absude, Tabletten und Puder getrocknet.

TRIFOLIUM Klee (Leguminosae/Papilionaceae)

Bereits im Mittelalter züchtete man landwirtschaftlich nutzbare Sorten, die sich hinsichtlich ihrer Lebensdauer und Zeit der Blüte voneinander unterschieden. *T. pratense* ist bei uns die wichtigste Hülsenfrucht, die als Viehfutter angebaut wird. Klee enthält Flavonoide, die beim Vieh die Östrogenproduktion anregen.

T. pratense (Wiesenklee, Rotklee) S. 214

VERWENDBAR Blütenspitzen.
EIGENSCHAFTEN Ein süßes, kühlendes, blutreinigendes Kraut, das krampflösend, harntreibend und schleimlösend wirkt.
GEBRAUCH
MEDIZIN Innerlich bei Hautleiden (z.B. Ekzem und Schuppenflechte), Krebs der Brust, Eierstöcke und der Lymphdrüsen, bei chronischen Leiden, Gicht, Keuchhusten und Reizhusten. Zur Hintergrundtherapie bei Krebs in Verbindung mit *Larrea divaricata* (Kreosot) und mit *Rumex crispus* (vgl. S. 344) bei Hauterkrankungen.
VARIANTE
***T. p.* 'Susan Smith'**, syn. *T. p.* 'Gold Net', S. 214.

ANBAU UND ERNTE
ANBAU Winterharte Kulturpflanze (*T. p.* 'Susan Smith': Zierpflanze); *T. pratense* ist winterhart bis -23° C. Feuchter, gut entwässerter, neutraler Boden; Sonne. Vermehrung durch Aussaat im Frühjahr; durch Teilung im Frühjahr. Blätter können von Echtem Mehltau befallen werden.
ERNTE Die Blütenspitzen und die oberen Blätter werden im Sommer nach dem Öffnen gesammelt und für Aufgüsse, Flüssigextrakte, Salben und Tinkturen getrocknet.

TRIGONELLA Bockshornklee (Leguminosae/Papilionaceae)

Im Ebers-Papyrus (um 1500 v.Chr.) wird *T. foenum-graecum* als ein Kraut erwähnt, das die Geburt einleiten kann. Es wurde im 7. Jahrhundert v.Chr. in Assyrien angebaut und breitete sich dann in östlicher Richtung bis nach Indien aus. In der chinesischen Medizin findet es erstmals im 11. Jahrhundert Erwähnung. Sowohl in der chinesischen wie auch ayurvedischen Medizin hat es als Stärkungsmittel Tradition. Das Interesse im Westen konzentriert sich auf ein darin enthaltenes Alkaloid (Trigonellin), das Möglichkeiten in der Krebstherapie eröffnet, und die Saponine, die für orale Verhütungsmittel und andere pharmazeutische Produkte extrahiert werden.

T. foenum-graecum (Griechisch Heu) S. 214

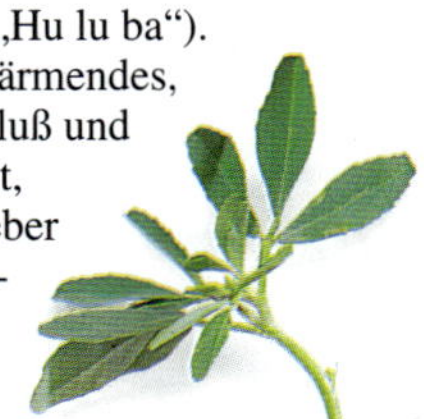

VERWENDBAR Blätter, Samen („Hu lu ba").
EIGENSCHAFTEN Ein bitteres, wärmendes, scharfes Kraut, das den Milchfluß und die Gebärmutterfunktion anregt, gereiztes Gewebe beruhigt, Fieber senkt, die Blutzuckerwerte normalisiert sowie verdauungsfördernd, heilend, abführend, schleimlösend und harntreibend wirkt. Es tötet Parasiten und wirkt bei Tumoren.
GEBRAUCH
KÜCHE In Indien und dem Nahen Osten werden die getrockneten Blätter mit Wurzelgemüsen gekocht; frische Blätter kocht man als Gemüsecurry. Die Samen werden kurz geröstet, um die Bitterstoffe zu beseitigen, dann werden sie gemahlen und als Bestandteil von Currypulver, eingelegtem Gemüse und für Gewürzmischungen verwendet. Als Aromastoff für Brot, Eintöpfe und Pfannengerichte. Die Samensprossen als Salatgemüse stärken Leber, Nieren und Fortpflanzungsorgane.
MEDIZIN Innerlich bei Altersdiabetes, schlechter Verdauung (u.a. in der Rekonvalenszenz), Magenschleimhautentzündung, Verdauungsstörungen, Tuberkulose, Menstruationsschmerzen, Wehenschmerzen und unzureichender Milchbildung. Nicht während der Schwangerschaft verabreichen; äußerlich bei Hautentzündungen und Zellulitis. In der chinesischen Medizin hauptsächlich bei Beschwerden, die mit den Nieren zusammenhängen, z.B. Rückenschmerzen, vorzeitigem Samenerguß, schwachem Geschlechtstrieb, Ödemen in den Beinen sowie bei Hernie. In der ayurvedischen Medizin gilt die Pflanze als Verjüngungsmittel sowie Aphrodisiakum; sie wird bei Verdauungsstörungen, Bronchialleiden, Schwäche, Allergien, Neurasthenie, Gicht und Arthritis eingesetzt.
WIRTSCHAFT Extrakte aus den Samen dienen in der Lebensmittelindustrie als künstlicher Ahornsirup sowie als Aromastoffe für einige Geschmacksnoten.

ANBAU UND ERNTE
ANBAU Winterharte Kulturpflanze; gut entwässerter, gedüngter Boden in der Sonne; Vermehrung durch Aussaat im Frühjahr.
ERNTE Die Blätter pflückt man im Sommer und verwendet sie frisch oder getrocknet für Aufgüsse und als Gemüse. Die Samen erntet man ausgereift und trocknet sie für Absude, Pasten und Pulver. Die Extrakte werden industriell gewonnen.

TRILLIUM Dreiblatt, Waldlilie (Liliaceae/Trilliaceae)

Constantine Rafinesque führte *T. erectum* in seinem Buch „Medical Flora" (2 Bände, 1828-30) in die Pflanzenheilkunde ein. In das „U.S. National Formulary" wurde es von 1916-1947 aufgenommen. Die Pflanze und die verwandten *T. kamtschaticum* und *T. tschonoskii* enthalten steroide Saponine, die hormonell wirksam sind und daher in der Gynäkologie und bei derGeburtshilfe verwendet werden. Die weißblühende Variante von *T. erectum* wurde von den Indianern bei wunden Brustwarzen, zur Einleitung der Wehen, zum Stillen von Blutungen nach der Geburt, bei Scheidenausfluß und starker Menstruation eingesetzt.

T. erectum S. 214

Verwendbar Rhizome.
Eigenschaften Süßsaures, adstringierendes, wärmendes Kraut, das schleimlösend, blutstillend wirkt und für die weiblichen Fortpflanzungsorgane heilsam ist.
Gebrauch
Medizin Innerlich bei Blutungen der Gebärmutter, der Harnwege und der Lunge sowie bei starken Menstruationsblutungen. Äußerlich bei Scheidenausfluß, Geschwüren (besonders Krampfadern), Hautleiden und bei Insektenstichen und -bissen; bei starker Menstruationsblutung zusammen mit *Vinca major* (vgl. S. 369) oder *Geranium maculatum* (S. 288); bei Blut im Urin mit *Bidens tripartita* (S. 249); bei Geschwüren mit *Ulmus rubra* (S. 366) und *Lobelia inflata* (S. 305).
Variante
T. e. f. ***albiflorum***, S. 215.

Anbau und Ernte
Anbau Winterharte Zierpflanze; feuchter, gut entwässerter, neutraler bis leicht saurer, humusreicher Boden im Halbschatten. *T. erectum* ist hart bis -35° C. Vermehrung durch Aussaat im Frühjahr; durch Teilung in der Ruhephase. Der Samen braucht zum Keimen bis zu 3 Jahre. Die Blätter können durch Nacktschnecken geschädigt werden.
Ernte Rhizome werden nach dem Welken der Blüten im Spätsommer geerntet und für Absude, Flüssigextrakte und Tinkturen getrocknet.

TROPAEOLUM Kapuzinerkresse
(Tropaeolaceae)

Die spanischen Eroberer brachten *T. majus* im 16. Jahrhundert nach Europa. Wegen seines scharfen, der Brunnenkresse ähnlichen Aromas wurde es zunächst *Nasturtium indicum*, „Indianische Kresse“ genannt. Man sieht diese Art heute nur noch selten, da sie von vielen Züchtungen überlagert ist. *T. majus* hat viele Eigenschaften, die das Kraut für die Küche und Medizin gleichermaßen interessant machen. Es enthält viel Schwefel, der vorzeitiger Glatzenbildung vorbeugen soll, sowie ein Glykosid, das mit Wasser reagiert und ein Antibiotikum herausbildet. Die unreifen eingelegten Samen sind ein Ersatz für Kapern; sie entwickeln Kapernsäure, was deren charakteristischen Geschmack ausmacht.

T. majus (Große Kapuzinerkresse) S. 215

Verwendbar Gesamte Pflanze, Blätter, Blüten, Samen.
Eigenschaften Ein bitteres, antiseptisches, stärkendes Kraut, das harntreibend und schleimlösend sowie bakterizid und fungizid wirkt.
Gebrauch
Küche Blätter, Blüten, Blütenknospen und die Nektarien ißt man in Salaten. Die gehackten, frischen Blätter fügen Weichkäse und Eiergerichten einen Pfeffergeschmack hinzu. Aus unreifen Samen bereitet man einen Kapernersatz.
Medizin Innerlich bei Infektionen des Uro-Genitaltraktes und der Atemwege, bei Mangelerscheinungen der Haut und der Haare; äußerlich bei Glatzenbildung, kleineren Wunden und Hautausschlägen.
Wirtschaft Wird in Kombination mit *Urtica dioica* (vgl. S. 366), *Buxus sempervirens* (S. 351) und *Quercus robur* (S. 338) in Haarwassern verwendet.
Varianten
T. m. **'Alaska'**, S. 215.
T. m. **'Empress of India'**, S. 215.
T. m. **'Hermine Grashoff'**, S. 216.
T. m. **'Peach Melba'**, S. 216.

Anbau und Ernte
Anbau Winterharte Zierpflanze; gut entwässerter, feuchter, mittelschwerer bis nährstoffarmer Boden; Sonne. Vermehrung durch Aussaat im späten Frühjahr oder Frühsommer. Sät sich leicht selbst aus und kann als Unkraut wuchern. Bei nährstoffreichem Boden gehen die Blüten zugunsten der Blätter zurück. Häufig als Begleitpflanzung gegen Gurkenkäfer und Weiße Fliegen, kann aber von Blattläusen (besonders schwarzen) befallen werden. Anfällig für Viruserkrankungen. Gilt andererseits als Blattläuse fernhaltend, wenn sie um den Stamm von Apfelbäumen gepflanzt wird.
Ernte Alle Teile werden im Sommer geerntet und frisch für Aufgüsse verwendet. Man schneidet die Pflanzen auch, um Saft auszupressen.

TURNERA
(Turneraceae)

Zu dieser Gattung gehören sechzig Arten von Sträuchern und kurzlebigeren Mehrjährigen, die hauptsächlich in Mittel- und Südamerika vorkommen. Eine Art ist in Afrika heimisch. Trotz ihres Namens konnte *T. diffusa* var. *aphrodisiaca* eine aphrodisierende Wirkung nicht nachgewiesen werden. Berichtet wird aber über Wirkungen bei Depressionen. Die eng verwandte *T. ulmifolia* hat die gleichen Eigenschaften. Sie ist als Zierpflanze verbreitet, weil sie dekorativere Blätter und größere, hibiskusähnliche Blüten besitzt.

T. diffusa var. *aphrodisiaca*

Aromatische, strauchige Mehrjährige, winterhart bis -5° C, Höhe 1m, Breite 60cm, mit hellgrünen Blättern. Den gelborangefarbenen Blüten im Sommer folgen aromatische Früchte, bestehend aus 3 Kammern, mit vielen kleinen Samen. Wächst in trockenen, sandigen oder felsigen Gegenden u.a. im Norden Südamerikas, in Mittelamerika und Namibia.

Verwendbar Gesamte Pflanze.
Eigenschaften Ein bitteres, scharfes, wärmendes Kraut mit feigenartigem Aroma. Es ist verdauungsfördernd, stimmungsaufhellend, nervenberuhigend; reguliert die Funktion der Hormone, regt den Uro-Genitaltrakt an und aktiviert die Nieren.
Gebrauch
Medizin Innerlich bei nervöser Erschöpfung, Angstzuständen, Depression, Schwächezuständen während der Rekonvaleszenz, Impotenz, vorzeitigem Samenerguß, Prostatabeschwerden, Harnweginfektionen, Frigidität, Scheidenausfluß, schmerzhafter Menstruation, Problemen in den Wechseljahren, Appetitlosigkeit und schlechter Verdauung; bei Verstopfung durch Muskelerschlaffung. Bei sexuellen Neurosen in Verbindung mit *Serenoa reopens* (S. 352) als Tonikum; bei Depressionen mit *Avena sativa* (S. 246) und bei Angstzuständen mit *Scutellaria lateriflora* (S. 351) oder *Stachys officinalis* (S. 355).

Anbau und Ernte
Anbau Halbwinterharte Kulturpflanze; trockener Boden in der Sonne. Vermehrung durch Aussaat im Frühjahr; durch Teilung im Frühjahr oder Herbst; durch Stecklinge im Sommer. Im zeitigen Frühjahr zurückschneiden.
Ernte Die Pflanzen werden während der Blütezeit geschnitten und für Heilmixturen, Aufgüsse, Flüssigextrakte und Tabletten getrocknet.

TUSSILAGO Huflattich
(Compositae/Asteraceae)

Im Altertum wurde *T. farfara* als Mittel gegen Husten geraucht. Plinius (23-79 n.Chr.) empfahl, die Blätter und Wurzeln über Holzkohle von Zypressen zu verbrennen und den Rauch mehr zu schlucken als zu inhalieren. In der chinesischen Medizin wird die Pflanze für ähnliche Zwecke verwendet, allerdings nimmt man nur die Blütenknospen und Blüten. Das Kraut enthält Pyyrrolizidin-Alkaloide, die in geringer Dosierung, wie Untersuchungen bewiesen haben, nicht giftig sind.

T. farfara (Gemeiner Huflattich) S. 216

Verwendbar Blätter, Blüten.
Eigenschaften Ein süßlichbitteres, adstringierendes, schleimlösendes Kraut mit lakritzeähnlichem Aroma. Es wirkt krampflösend, hustenstillend, beruhigt gereiztes Gewebe, ist entzündungshemmend und regt das Immunsystem an.
Gebrauch
Küche Die Blätter werden roh in Salaten gegessen, Suppen beigegeben und als Gemüse gekocht. Aus den Blüten wird ein Landwein produziert.
Medizin Innerlich bei Husten, Keuchhusten, Asthma, Katarrh, Bronchitis und Kehlkopfentzündung. Äußerlich bei Geschwüren, Wunden, Ekzem, Insektenstichen und Hautentzündungen. Läßt sich bei Reizhusten gut mit *Marrubium vulgare* (vgl. S. 308) und *Verbascum thapsus* (S. 368) kombinieren.
WARNHINWEIS Dieses Kraut unterliegt in einigen Ländern gesetzlichen Beschränkungen.
Wirtschaft Die getrockneten Blätter sind Bestandteil von Kräutertabak und werden dem Pfeifentabak für Heilzwecke untergemischt.

Anbau und Ernte
Anbau Winterharte Kulturpflanze; feuchter, neutraler bis alkalischer Boden; Sonne oder Halbschatten. *T. farfara* ist hart bis -29° C. Vermehrung durch Aussaat im Frühjahr; durch Teilung im Frühjahr oder Herbst. Wucherndes Unkraut.
Ernte Blätter schneiden, wenn sie ausgewachsen sind, und frisch oder getrocknet zum Rauchen, für Trocken- und Flüssigextrakte und Tinkturen verwenden. Blüten nach dem Öffnen pflücken und frisch oder getrocknet für Absude (in China), Flüssigextrakte, Sirup und Tinkturen verwenden.

TYPHA Rohrkolben
(Typhaceae)

Für die chinesische Arznei „Pu huang“ können *T. angustifolia*, *T. bungeana*, *T. davidiana*, *T. minima*, und *T. orientalis* mit *T. latifolia* austauschbar verwendet werden. Ihre Pollen enthalten Flavonoide, ätherische Öle und hormonelle Substanzen.

T. latifolia (Breitblättriger Rohrkolben) S. 216

VERWENDBAR Pollen der männlichen Blüten („Pu huang“).
EIGENSCHAFTEN Ein süßes, beißendes Kraut, das harntreibend, blutstillend und auf die Gebärmutter anregend wirkt. Getrocknete Pollen verhindern die Blutgerinnung; auf Holzkohle geröstet wirken sie blutstillend.
GEBRAUCH
MEDIZIN Innerlich bei Blutungen, schmerzhafter Menstruation, außergewöhnlichen Blutungen der Gebärmutter, Schmerzen nach der Entbindung, Abszessen und Krebs der Lymphgefäße. Nicht während der Schwangerschaft verabreichen. Äußerlich bei Bandwurm, Durchfall und Verletzungen. Bei Abszessen eignet sich eine Behandlung mit dem Kraut in einer Mischung mit Honig und bei blutenden Verletzungen mit pulverisiertem Kalkschulp.
VARIANTE
T. l. **'Variegata'**, S. 216.

ANBAU UND ERNTE
ANBAU Winterharte Zierpflanze; nasser Boden oder flaches Wasser in sonniger oder schattiger Lage. Vermehrung durch Aussaat der Samen im Frühjahr (nur die Arten); durch Teilung im Frühjahr.
ERNTE Die Pollen schüttelt man während der Blütezeit vorsichtig aus den Blütenähren heraus und trocknet sie für die spätere Verwendung in Absuden, Pasten, Pulvern und Zäpfchen.

U

ULMUS Ulme, Rüster
(Ulmaceae)

Die nordamerikanischen Indianer bereiteten aus der äußeren Rinde von *U. rubra* eine Heilsalbe zu. Außerdem stellten sie aus ihr Aufgüsse her, die gegen Halsschmerzen wirken und die Niederkunft erleichtern sollten. Von den Siedlern wurde die Rinde später als mechanisches Reizmittel zur Abtreibung halbausgewachsener Föten benutzt. Der Gebrauch der äußeren Rinde als Abtreibungsmittel war schließlich derart weit verbreitet, daß ihr Verkauf heute in vielen Ländern untersagt ist. Das Pulver aus der inneren Rinde, das man dafür nicht einsetzen kann, ist jedoch für andere medizinische Anwendungen frei verkäuflich. Mit Wasser vermischt bildet die innere Rinde von *U. rubra* einen hellen, rosabräunlichen Schleim, der sich mit Honig und anderen Gewürzen binden läßt und häufig in dieser Form eingenommen wird. Aus *U. minor* var. *vulgaris* (Feldulme) stellt man eine Hautlotion her. Durch die Holländische Ulmenkrankheit ist ihre Verwendung stark zurückgegangen.

U. rubra, syn. *U. fulva* (Rotulme) S. 217

VERWENDBAR Innere Rinde.
EIGENSCHAFTEN Ein süßes, schleimiges, abführendes Kraut, das ähnlich wie Bockshornklee riecht. Es beruhigt das Gewebe und macht es geschmeidig, spült Giftstoffe aus und wirkt heilungsfördernd.
GEBRAUCH
MEDIZIN Innerlich bei Magen- und Zwölffingerdarmgeschwüren, Gastritis, Dickdarmentzündung sowie Verdauungsstörungen bei Kindern. Äußerlich bei Halsschmerzen, Husten, Wunden, Verbrennungen, Furunkeln, Abzessen und Frostbeulen. Zur Schmerzlinderung oft Medikamenten gegen Husten beigegeben. Läßt sich gut bei Verdauungsstörungen mit *Althaea officinalis* (vgl. S. 236) und als Umschlag bei Hautentzündungen mit *Linum usitatissimum* (S. 304) anwenden.

ANBAU UND ERNTE
ANBAU Frost- oder Winterharte Kulturpflanze; feuchter, tiefer Boden; Sonne. *U. rubra* ist bis zu -10° C winterhart. Vermehrung durch Aussaat im Herbst; durch Ausläufer oder Absenker im Herbst; durch halbreife Stecklinge im Sommer und durch Pfropfen. Die Pflanzen können von Blattläusen, Raupen, Gallmilben und von der Holländischen Ulmenkrankheit befallen werden.
ERNTE Die innere Rinde schält man im Frühjahr vom Stamm und von dickeren Zweigen ab, trocknet und pulverisiert sie für Absude, Flüssigextrakte, Salben, Breiumschläge, Pulver und Tabletten; fein pulverisiert für die innere Anwendung; grobkörniges Pulver besser für Umschläge geeignet.

UMBELLULARIA Berglorbeer
(Lauraceae)

U. californica hat ein stechendes Aroma. Das Einatmen des Geruchs der Blätter kann Kopfschmerzen verursachen. Dennoch ist die Pflanze ein traditionelles Kopfschmerzmittel; man trinkt sie als Aufguß oder legt die Blätter auf die Stirn. Die kalifornischen Indianer benutzten die Blätter auch zur Insektenabwehr.

U. californica („Oregon myrtle“) S. 217

VERWENDBAR Blätter.
EIGENSCHAFTEN Ein scharfes, schmerzlinderndes Kraut mit Kampferaroma.
GEBRAUCH
KÜCHE Die Blätter können als Ersatz für Lorbeerblätter sparsam zum Würzen von Fleischgerichten verwendet werden.
MEDIZIN Innerlich bei Kopfschmerzen, Neuralgie, Darmkrämpfen und bei Magendarmkatarrh. Äußerlich bei Kopfschmerzen und bei Ohnmacht.

ANBAU UND ERNTE
ANBAU Winterharte Zierpflanze; gut entwässerte, feuchte Böden; Sonne. Vermehrung durch Aussaat im Herbst, halbreife Stecklinge im Sommer, Absenker im Frühjahr oder Sommer; benötigt als Jungpflanze unter Umständen einen Winterschutz.
ERNTE Die Blätter werden nach Bedarf geerntet und frisch verwendet oder für die Verwendung in Aufgüssen als ganze Blätter getrocknet.

URGINEA
U. maritima. Siehe *Drimia maritima.*

URTICA Brennessel, Nessel
(Urticaceae)

U. dioica ist eine Faserpflanze, die von der Bronzezeit bis ins frühe 20. Jahrhundert zur Herstellung von Textilien verwendet wurde. Sie enthält viele Vitamine, besonders Vitamin A und C sowie Mineralien wie Eisen, außerdem Indole (Histamin und Serotonin) und viel Chlorophyll. *U. urens* (Kleine Brennessel) und *U. pilulifera* haben die gleichen medizinischen Eigenschaften wie *U. dioica. Urtica* kommt von lateinisch *urere,* „brennen“ und bezieht sich auf die stechenden Haare, die bei einigen Arten sogar tödliche Gifte enthalten.

U. dioica (Große Brennessel) S. 217

VERWENDBAR Gesamte Pflanze, besonders Blätter.
EIGENSCHAFTEN Ein adstringierendes, harntreibendes, stärkendes, blutstillendes Kraut, das Giftstoffe ausspült und leicht blutdruck- und blutzuckersenkend wirkt.
GEBRAUCH
KÜCHE Die jungen Blattspitzen werden wie Spinat gekocht, für Suppen püriert und

zur Nesselbierherstellung verwendet. Die rohen Blätter sind sehr hautreizend. Auf Rezepte, die ihre Verwendung in gehackter Form für Salate und Weichkäse empfehlen, sollte lieber verzichtet werden. Ältere Blätter enthalten Calciumoxalat-Kristalle, dadurch haben sie, selbst nach dem Kochen, eine grobkörnige Struktur. Die Blätter werden zur Verwendung als Tee getrocknet. Er ist mild und nicht aromatisch und kann indischem Tee als Heilmittel beigegeben werden.
MEDIZIN Innerlich bei Anämie, Blutungen (besonders der Gebärmutter), starker Menstruationsblutung, Hämorrhoiden, Arthritis, Rheuma, Gicht und bei Hautleiden (besonders bei Ekzemen); äußerlich bei arthritischen Schmerzen, Gicht, Ischias, Neuralgien, Hämorrhoiden, Haut- und Kopfhautproblemen, Verbrennungen, Insektenstichen und bei Nasenbluten. Läßt sich bei Ekzemen gut zusammen mit *Arctium lappa* (vgl. S. 240) anwenden.
WIRTSCHAFT Aus den Pflanzen wird das Chlorophyll industriell extrahiert, das als Farbstoff (E 140) für Lebensmittel und Medikamente benutzt wird.

ANBAU UND ERNTE

ANBAU Winterharte Kulturpflanze; feuchter, stickstoffreicher Boden; Sonne oder Halbschatten. Vermehrung durch Aussaat im Frühjahr; durch Teilung im Frühjahr. Brennesselpflanzen im Sommer bis auf den Boden zurückschneiden, um eine zweite Ernte zu ermöglichen. Brennesseln breiten sich leicht aus, sind aber durch das Herausnehmen der Rhizome in der Ruhezeit leicht unter Kontrolle zu halten. Sie sind Nahrung für die Raupen vieler Schmetterlinge, u.a. auch für den Roten Admiral.
ERNTE Die ganzen Pflanzen werden für die medizinische Verwendung zu Beginn der Blütezeit im Sommer geschnitten und für die Verwendung in Aufgüssen, Flüssigextrakten, Salben, Pulvern und Tinkturen getrocknet. Für den kulinarischen Gebrauch werden die jungen Blattspitzen von Pflanzen unter 10 cm Höhe abgenommen, bevor sie die Oxalatkristalle entwickeln.

V

VACCINIUM Heidelbeere
(Ericaceae)

Die Blätter von *V. myrtillus* enthalten Glukochinon, das die Blutzuckerwerte senkt. Die Früchte sind reich an Anthozyanosiden, bei denen Untersuchungen ergeben haben, daß sie die Blutgefäße erweitern. Das Harnwegantiseptikum Arbutin ist in *V. myrtillus* nicht enthalten, kommt aber in den meisten anderen *Vaccinium*-Arten und weiteren Erikagewächsen vor (z.B. *Arctostaphylos uva-ursi,* vgl. S. 241). Die Blätter von *V. vitis-idaea* (Preiselbeere) enthalten bis zu 7% Arbutin. Sie dienen der Behandlung von Harnweginfektionen, Blasenentzündung, Diabetes und Durchfall.

V. myrtillus (Blaubeere, Heidelbeere, Bickbeere) S. 217

VERWENDBAR Blätter, Früchte.
EIGENSCHAFTEN Ein süßlich-bitteres, adstringierendes, heilendes Kraut, das hartreibend wirkt, die Blutzuckerwerte senkt und tonisch auf das Blut wirkt.
GEBRAUCH
KÜCHE Die Früchte können Salaten beigegeben werden. Man verarbeitet sie zu Marmelade, Sirup und Nachspeisen.
MEDIZIN Innerlich bei Diabetes (Blätter), Ödemen, Anämie, Durchfall, Ruhr sowie bei Harnwegbeschwerden; äußerlich bei Zahnfleischentzündungen, Hämorrhoiden, Hautleiden und Verbrennungen (Früchte).

ANBAU UND ERNTE

ANBAU Winterharte Kulturpflanze; feuchte, kalkfreie Böden; Sonne oder Halbschatten. Vermehrung durch Aussaat im Herbst; durch halbreife Stecklinge im Sommer. Rückschnitt im Frühjahr, um ein buschiges Wachstum zu erreichen.
ERNTE Die Blätter sammelt man im Frühjahr und trocknet sie für Absude, die Früchte im Spätsommer für Absude und Extrakte.

VALERIANA Baldrian
(Valerianaceae)

V. officinalis wurde bereits im 4. Jahrhundert v.Chr. von Hippokrates verwendet. Der Gattungsname stammt aus dem 10. Jahrhundert, als das Kraut von arabischen Ärzten empfohlen wurde. Er geht vermutlich auf das lateinische Verb *valere* („wohlsein") zurück. Die Zusammensetzung des Krautes ist komplex und nicht vollständig bekannt. Die Wurzeln enthalten Iridoide, sog. Valeriansäuren, die auf das Nervensystem wirken. Manche Fachleute behaupten, daß sich diese Bestandteile nicht in den Wurzeln selbst befinden, sonderen erst bei deren Verarbeitung entstehen. Im Ersten Weltkrieg war der Einsatz von Baldriantinktur zur Behandlung des „Granatsplitterschocks" (Gedächtnisverlust und Verlust anderer Funktionen, bedingt durch psychische Belastung) weit verbreitet. In *V. jatamansi* und *V. mexicana* finden sich ähnliche Bestandteile.

V. officinalis (Gemeiner Baldrian, Arzneibaldrian) S. 217

VERWENDBAR Rhizome, Wurzeln, Öl.
EIGENSCHAFTEN Bitteres, beruhigendes, wärmendes Kraut mit Moschusaroma. Es wirkt beruhigend, krampflösend, verdauungsfördernd, schmerzstillend und blutdrucksenkend.
GEBRAUCH
AROMA Das Öl dient zur Herstellung von Moschusparfümen.
MEDIZIN Innerlich bei Schlaflosigkeit, Hysterie, Angstzuständen, Krämpfen, nervösen Verdauungsstörungen, Bluthochdruck und bei Menstruationsbeschwerden. Übermäßige Einnahme führt zu Kopfschmerzen, Herzklopfen und Benommenheit; langfristiger Gebrauch kann zur Sucht führen. Nicht an Patienten mit Leberleiden verabreichen. Äußerlich bei Ekzemen, Geschwüren und kleineren Verletzungen (besonders bei Splittern); geeignet insbesondere für Patienten mit kühler, nervöser Disposition. Bei Hysterie zusammen mit *Viscum album* (S. 370) und *Scutellaria lateriflora* (S. 351), bei Schlaflosigkeit mit *Humulus lupulus* (S. 294) und *Passiflora incarnata* (S. 323), bei Menstruationsbeschwerden mit *Dioscorea villosa* (S. 273), *Pulsatilla vulgaris* (S. 338) und *Caulophyllum thalictroides* (S. 256) anzuwenden.
WIRTSCHAFT Extrakte dienen dem Aromatisieren von Eiskrem, Gebäck, Gewürzmischungen, alkoholfreien Getränken, Likören, Bier und Tabak.

ANBAU UND ERNTE

ANBAU Winterharte Zierpflanze; feuchter Boden; Sonne oder Schatten. Vermehrung durch Aussaat im Frühjahr; durch Teilung im Frühjahr oder Herbst. Für das stärkere Wachstum der Rhizome Blüten abschneiden.
ERNTE Rhizome und Wurzeln werden im zweiten Jahr nach dem Absterben der Blätter geerntet und frisch verarbeitet oder für Absude, Aufgüsse, Flüssigextrakte, Tabletten und Tinkturen getrocknet oder zur Öldestillation verwendet.

VANILLA Vanille
(Orchidaceae)

Vanille gehört zu den wichtigsten Aromastoffen überhaupt. Sie kam durch die Spanier im 16. Jahrhundert nach Europa. Die spanischen Eroberer lernten sie bei den Azteken kennen, die ihre Schokolade damit würzten. Die Produktion findet heute vornehmlich auf Madagaskar, Réunion, Tahiti, Java und den Seychellen statt. Die Vanilleblüten sind kurzlebig und haben besondere Bestäubungsorgane. In Kulturen müssen sie von Hand bestäubt werden, um Früchte (Vanilleschoten) hervorbringen zu können. Die Schoten brauchen zur Reife 5-7

Monate. Die Aromastoffe entwickeln sich während der Fermentierung der unreifen Schoten. *V. planifolia* enthält ca. 3,5% Vanillin. Es ist auch in vielen Naturharzen und Balsamen enthalten. Vanille entsteht zudem als Nebenprodukt bei der Papierherstellung und wird aus *Ferula assa-foetida* (vgl. S. 282) sowie bei der Eugenol-Fraktion des Gewürznelkenöls (*Syzygium aromaticum*, S. 358) extrahiert. Das Aroma ist nicht zu vergleichen mit dem der natürlichen Vanille, die noch 35 weitere aromatische Bestandteile enthält.

V. planifolia (Echte Vanille) S. 217

VERWENDBAR Früchte.
EIGENSCHAFTEN Ein aromatisches, verdauungsförderndes Kraut.
GEBRAUCH
AROMA Extrakte werden in der Parfümherstellung verwendet.

WIRTSCHAFT Ganze Schoten bewahrt man in Zucker auf, der zum Süßen und Aromatisieren von Nachspeisen und Kuchen verwendet wird. Extrakte werden zum Würzen von Eiskrem, Sirup, Süßigkeiten, Gebäck, süßen Getreideflocken, alkoholfreien Getränken, Likör und Tabak benötigt.
VARIANTE
V. S. **'Variegata'**, S. 218.

> **ANBAU UND ERNTE**
> ANBAU Empfindliche Kulturpflanze (*V. p.* 'Variegata': Zierpflanze); für Epiphyten bestimmter, sehr feuchter Kompost; Schatten, hohe Luftfeuchtigkeit, bei 27° C. Vermehrung jederzeit (am besten zum Ende der Trockenzeit) durch Stecklinge, 1,5-2m lang, die an einem trockenen, schattigen Platz locker aufgewickelt 2-3 Wochen vor dem Einpflanzen in den offenen Kompost lagern müssen. Um möglichst viele Früchte zu erhalten, sollten die Pflanzen eher in Bögen wachsen als nach oben. Damit wird die Bildung neuer Triebe und Adventivwurzeln erreicht, die die Pflanze miternähren. Schildläuse, Mehltau, Vanillewurzelfäule und Schnecken können die Pflanzen befallen.
> ERNTE Früchte erntet man reif, aber vor dem Aufplatzen. Dann werden sie gebrüht und durchlaufen anschließend verschiedene Fermentierungsstadien; danach werden sie getrocknet. Diese Prozedur kann 6 Monate dauern. Haltbar gemachte Schoten werden im Ganzen aufbewahrt oder industriell zu löslichen Extrakten und alkoholischen Tinkturen (Vanilleessenz) verarbeitet.

VERBASCUM Königskerze, Wollblume
(Scrophulariaceae)

Seit der Antike werden *Verbascum*-Arten zur Behandlung von Atemwegerkrankungen genutzt. Keine ist jedoch gründlich erforscht worden. *V. densiflorum* (Großblütige Königskerze) enthält Iridoid-Glykoside, die denen in *Plantago major* (vgl. S. 331) gleichen. Diese Bestandteile regen die Harnsäuresekretion der Nieren an. Sie kommen möglicherweise auch in anderen *Verbascum*-Arten vor. Wie *V. thapsus* werden auch *V. densifolium, V. nigrum* und die seltene *V. phlomoides* verwendet.

V. thapsus S. 218

VERWENDBAR Gesamte Pflanze, Blätter, Blüten.
EIGENSCHAFTEN Ein bitteres, kühlendes, schleimiges Kraut, das das Gewebe heilt und es geschmeidig macht. Es wirkt heilungsfördernd, schleimlösend, harntreibend, schmerzlindernd und antiseptisch.
GEBRAUCH
MEDIZIN Innerlich bei Keuchhusten, Husten, Bronchitis, Kehlkopfentzündung, Mandelentzündung, Luftröhrenentzündung, Asthma, Grippe, Atemwegskatarrh, Tuberkulose, Infektionen der Harnwege, nervöser Anspannung und bei Schlaflosigkeit; äußerlich bei Ohrenschmerzen (Blüten in Olivenöl), wunden Stellen und Wunden, Furunkeln, rheumatischen Schmerzen, Hämorrhoiden und bei Frostbeulen. Bei Bronchitis mit *Marrubium vulgare* (vgl. S. 308), *Lobelia inflata* (S. 305) und *Tussilago farfara* (S. 365).
WIRTSCHAFT Die Blätter werden allein oder mit *Tussilago farfara* (S. 365) und *Eriodictyon californicum* (S. 279) als Tabakersatz geraucht.

> **ANBAU UND ERNTE**
> ANBAU Winterharte Zierpflanze; gut entwässerter bis trockener Boden in sonniger Lage. Vermehrung durch Aussaat im Herbst oder Frühjahr; durch Wurzelschnittlinge im Spätwinter. Unter günstigen Bedingungen erfolgt bei *V. thapsus* Selbstaussaat. Die Pflanzen können von Raupen befallen werden.
> ERNTE Die ganzen Pflanzen sammelt man während der Blütezeit. Die Blätter und Blüten werden im Sommer geerntet und für die Verwendung in Aufgüssen, Flüssigextrakten und Tinkturen getrocknet. Die Blüten können auch frisch oder tiefgefroren für Aufgüsse, medizinische Öle und für Sirup verwendet werden.

VERBENA Eisenkraut, Verbene
(Verbenaceae)

In der westlichen Medizin wird *V. officinalis* hauptsächlich zur Behandlung nervöser Beschwerden eingesetzt. In der chinesischen Medizin hingegen verwendet man sie bei Beschwerden, die mit den Leber-, Milz- und Blasenmeridianen in Zusammenhang gebracht werden.

V. officinalis (Echtes Eisenkraut) S. 218

VERWENDBAR Gesamte Pflanze („Ma bian cao").
EIGENSCHAFTEN Ein sehr bitteres, aromatisches, kühlendes Kraut, das harntreibend, nervenberuhigend, schweißtreibend, milchflußanregend, entzündungshemmend und schmerzstillend wirkt. Es ist blutstillend, regt die Leber-, Gallenblasen- und Gebärmutterfunktion an. In der chinesischen Medizin setzt man es als Mittel gegen Malaria ein.
GEBRAUCH
MEDIZIN Innerlich bei nervöser Erschöpfung, Depressionen, Schwäche während der Rekonvaleszenz, Asthma, Migräne, Gelbsucht, Gallenblasenbeschwerden und bei geringem Milchfluß. Übermäßige Einnahme führt zu Übelkeit und Erbrechen. Die Einnahme während der Schwangerschaft wird nicht empfohlen, es kann jedoch die Wehenkontraktionen unterstützen; äußerlich bei kleineren Verletzungen, Ekzemen, wunden Stellen, Neuralgie und bei Zahnfleischentzündung. In der chinesischen Medizin bei Malaria, Menstruationsbeschwerden, Grippe, fieberhaften Erkrankungen, Zahnfleischentzündung, Abszessen, Harnwegsbeschwerden und bei Schistosomiasis. Bei Depressionen in Kombination mit *Scutellaria lateriflora* (vgl. S. 351), *Avena sativa* (S. 246) und *Cypripedium parviflorum* var. *pubescens* (S. 271) zu verwenden.

> **ANBAU UND ERNTE**
> ANBAU Winterharte Kulturpflanze; gut entwässerter, feuchter Boden; Sonne. Vermehrung durch Aussaat im Frühjahr oder Herbst; durch Teilung im Frühjahr; durch Triebstecklinge im Spätsommer; Spitzen abknipsen, um die Bildung von Zweigen zu fördern.
> ERNTE Die Pflanzen werden zu Beginn der Blütezeit geschnitten und für Absude (chinesische Medizin), Aufgüsse, Flüssigextrakte, Salben und Tinkturen getrocknet.

VERONICA Ehrenpreis
(Scrophulariaceae)

V. officinalis war eine im europäischen Mittelalter beliebte Heilpflanze. Damals wurde sie *herba Veronica majoris* genannt. Im Jahr 1690 schrieb Johannes Francus über sie die 300seitige Abhandlung „Polchresta Herba Veronica". Im 19. Jahrhundert trank man sie vor allem als Tee-Ersatz, in Frankreich hieß sie „Thé d'Europe". Heutige Kräuterkenner betrachten sie nicht mehr als eine wirksame Heilpflanze. Der Name „Veronica" deutet wohl darauf hin, daß sie der heiligen Veronica gewidmet ist.

V. officinalis (Echter Ehrenpreis, Heilsamer Ehrenpreis, Wald-Ehrenpreis) S. 218

VERWENDBAR Gesamte Pflanze.
EIGENSCHAFTEN Ein bitteres, adstringierendes, reinigendes Kraut, das im getrockneten Zustand einen teeähnlichen Duft hat. Es ist schwach harntreibend und von schleimlösender Wirkung.
GEBRAUCH
MEDIZIN Früher wurde die Pflanze innerlich bei Bronchialleiden, Arthritis, Rheuma und bei Hautleiden sowie bei Magenverstimmung angewendet, äußerlich bei kleineren Verletzungen.
WIRTSCHAFT Die getrockneten Blätter können Teemischungen beigegeben werden.

> **ANBAU UND ERNTE**
> ANBAU Frost- oder winterharte Kulturpflanze; trockener, leicht saurer Boden in Sonne oder Halbschatten. Vermehrung durch Aussaat im Herbst; durch Teilung im Frühjahr oder Herbst; durch halbreife Stecklinge im Sommer. Anfällig für Echten und Falschen Mehltau.
> ERNTE Die Pflanzen werden während der Blütezeit geschnitten und für Aufgüsse getrocknet.

VERONICASTRUM
(Scrophulariaceae)

V. virginicum ist ein starkes Abführ- und Brechmittel, das schon bei den nordamerikanischen Indianern eine wichtige Rolle spielte. Sie benutzten es, um während bestimmter Rituale Erbrechen auszulösen und als Komponente des

Heilungsprozesses. *V. virginicum* enthält einen Bitterstoff, das Leptandrin, außerdem Saponine, hormonelle Substanzen, Tannine und ätherisches Öl, in dem Zimtsäureester und ein Glykosid vorkommen, das dem Senegin (wie in *Polygala senega*, vgl. S. 332) ähnelt.

V. virginicum, syn. *Leptandra virginica* — S. 218

VERWENDBAR Rhizome und Wurzeln.
EIGENSCHAFTEN Ein bitteres, abführendes Kraut, das stärkend, schweißtreibend und krampflösend wirkt, die Leber- und Gallenblasenfunktionen anregt.
GEBRAUCH
MEDIZIN Innerlich bei chronischer Verstopfung und Verdauungsstörung in Verbindung mit Leberbeschwerden und Gallenblasenentzündung. Bei Leberleiden gut in Kombination mit *Taraxacum officinale* (vgl. S. 360) und *Berberis vulgaris* (S. 248), bei Verstopfung mit Blähungen und Völlegefühl zusammen mit *Acorus calamus* (S. 228) und *Hydrastis canadensis* (S. 294).
VARIANTE
V. v. var. ***roseum***, S. 218.

ANBAU UND ERNTE
ANBAU Winterharte Zierpflanze; gut entwässerte, feuchte bis trockene Böden; Sonne oder Halbschatten. Vermehrung durch Aussaat im Herbst; durch Teilung im Frühjahr oder Spätherbst; durch halbreife Stecklinge von Seitentrieben im Spätsommer. Hohe Blütenstiele müssen bei windiger Lage gestützt werden. Pflanzen können von Falschem Mehltau befallen werden.
ERNTE Rhizome und Wurzeln werden im Herbst geerntet und für Absude, Flüssigextrakte, Pulver, Tabletten und Tinkturen getrocknet.

VETIVERIA
(Gramineae)

Wurzeln der *Vetiveria*-Arten enthalten viel ätherisches Öl. In Indien und Sri Lanka wird es „das Öl der Stille" genannt. Es hat ein schweres, erdiges Aroma und wirkt gegen Fliegen, Kakerlaken, Wanzen und Motten.

V. zizanioides — S. 219

VERWENDBAR Wurzeln, Öl.
EIGENSCHAFTEN Ein aromatisches, beruhigendes, antiseptisches Kraut, das die Produktion der roten Blutkörperchen anregt.
GEBRAUCH
AROMA Das Öl ist Bestandteil von Parfümen mit einer orientalisch-holzigen Duftnote.
MEDIZIN Innerlich bei nervösen Beschwerden und Kreislaufproblemen, äußerlich gegen Läuse.
WIRTSCHAFT Die getrockneten Wurzeln werden in duftgetränkte Matten, Wandschirme und Fächer verwoben, die auf diese Weise Insekten vertreiben. Das Öl wird in Seifen und Kosmetika verarbeitet und als Duftfixativ verwendet. Es gibt auch einige Anwendungen als Aromastoff in der Lebensmittelindustrie.

ANBAU UND ERNTE
ANBAU Empfindliche Kulturpflanze; nasse bis trockene Böden; Sonne, mindestens 15-18° C. Vermehrung hauptsächlich durch Teilung oder „Ableger" und durch Absenker zu Beginn der Wachstumszeit, kommerziell durch Gewebe- ► kulturen. Rückschnitt bei Pflanzen, die als Hecken wachsen (um einen dichten Wuchs zu erreichen). Pflanzen ansengen, um Schädlingslarven abzutöten. Pilzkrankheiten und Termiten können die Pflanzen befallen.
ERNTE Für Öl Wurzeln nach Bedarf ernten.

VIBURNUM Schneeball
(Caprifoliaceae)

V. opulus und *V. prunifolium* enthalten Skopoletin, ein Kumarin, das beruhigend auf den Uterus wirkt. In *V. prunifolium* kommt außerdem noch Salizin vor. Dieses Analgetikum findet sich auch in *Salix alba* (vgl. S. 345). Beide Kräuter werden mitunter im Wechsel oder zusammen verschrieben. *V. opulus* gilt in der Wirkung als schwächer. Im Osten der USA werden die Früchte von *V. prunifolium* seit der Kolonialzeit eingemacht. Sie sind, wie auch die von *V. opulus*, im rohen Zustand giftig, gekocht jedoch eßbar.

V. opulus (Gemeiner Schneeball, Drosselbeere, Gichtbeere) — S. 219

VERWENDBAR Rinde.
EIGENSCHAFTEN Ein bitteres, adstringierendes, beruhigendes, krampflösendes Kraut, das die Uterusfunktionen reguliert.
GEBRAUCH
MEDIZIN Innerlich bei Schmerzen der Eierstöcke, während der Menstruation und nach Geburten, bei drohender Fehlgeburt, Bluthochdruck, nervöser Verstopfung und bei Muskelkrämpfen; äußerlich bei Muskelkrämpfen. Bei Krämpfen gut in Kombination mit *Dioscorea villosa* (vgl. S. 273) und *Zanthoxylum americanum* (S. 372) anzuwenden; bei Gebärmutterschmerzen und drohender Fehlgeburt zusammen mit *V. prunifolium* und *Chamaelirium luteum* (S. 258).
VARIANTEN
V. o. **'Aureum'**, S. 219.
V. o. **'Roseum'**, syn. *V. o.* 'Sterile', S. 219.
V. o. **'Xanthocarpum'**, S. 219.

V. prunifolium

Laubabwerfender Strauch oder buschiger Baum, hart bis -15° C; Höhe 5-9m, Breite 1-6m, mit rötlichen Trieben und glänzenden, ovalen, bis zu 8cm langen Blättern, die sich im Herbst rot färben. Weiße Blüten, 8mm Durchmesser, werden in abgeflachten Büscheln im späten Frühjahr und Frühsommer gebildet, gefolgt von schwarzblauen, ovalen, fast 2cm langen Früchten; im Osten der USA heimisch.

VERWENDBAR Stammrinde, Wurzelrinde.
EIGENSCHAFTEN Ein bitteres, adstringierendes, beruhigendes, krampflösendes, schmerzstillendes, nervenberuhigendes und blutdrucksenkendes Kraut, das die Uterusfunktion reguliert.
GEBRAUCH
MEDIZIN Innerlich bei Menstruationsschmerzen, drohender Fehlgeburt, Krämpfen, Hysterie, Muskelkrämpfen, Asthma und bei nervösem Herzklopfen. Bei drohender Fehlgeburt in Kombination mit *Chamaelirium luteum* (vgl. S. 258) und *Hydrastis canadensis* (S. 294).

ANBAU UND ERNTE
ANBAU Winterharte Zierpflanze (*V. prunifolium*: Kulturpflanze); tiefer, feuchter Boden; Sonne oder Halbschatten. Vermehrung durch Aussaat im Herbst (nur Arten); durch halbreife Stecklinge im Sommer. Nach der Blüte totes Holz und ältere Stämme entfernen. Die Pflanzen (besonders *V. o.* 'Roseum') können von Blattläusen, die Blätter von Blattfleckenkrankheiten befallen werden.
ERNTE Die Rinde wird im Herbst, vor dem Farbwechsel der Blätter) oder im Frühjahr (vor dem Öffnen der Blattknospen) abgeschält und dann für Absude, Flüssigextrakte und Tinkturen *(V. opulus, V. prunifolium)*, für Crèmes *(V. opulus)* und für Aufgüsse, Elixire und Pulver *(V. prunifolium)* getrocknet.

VINCA Immergrün, Singrün
(Apocynaceae)

Aus *V. major* und *V. minor* (Kleines Immergrün) läßt sich das Alkaloid Vincamin gewinnen. Es wird pharmakologisch zur Anregung der Gehirnfunktion und zur Gefäßerweiterung eingesetzt. *V. major* enthält auch Reserpin (wie *Rauvolfia serpentina*, vgl. S. 339), das den Bluthochdruck senkt. Die aus dem verwandten *Catharanthus roseus* (vgl. S. 256) bekannten, bei Krebserkrankungen wirksamen Alkaloide finden sich bei dieser Pflanze nicht.

V. major (Immergrün) — S. 220

VERWENDBAR Gesamte Pflanze
EIGENSCHAFTEN Ein scharfes, leicht bitteres, adstringierendes, blutstillendes Kraut.
GEBRAUCH
MEDIZIN Innerlich bei zu starker Menstruationsblutung, außergewöhnlicher Gebärmutterblutung, Vaginalausfluß und bei Arteriosklerose (besonders der Hirnarterien). Nicht für Patienten, die unter Verstopfung leiden; äußerlich bei Vaginalausfluß, Nasenbluten, Halsschmerzen und bei Mundgeschwüren. Bei zu starker Menstruationsblutung mit *Trillium erectum* (vgl. S. 364) und bei Verhärtung der Gehirnarterien mit *Ginkgo biloba* (S. 288) zu verwenden.
VARIANTEN
V. m. **'Maculata'**, S. 220.
V. m. **'Reticulata'**, S. 220.
V. m. **'Variegata'**, S. 220.

V. rosea. Siehe *Catharanthus roseus*.

ANBAU UND ERNTE
ANBAU Winterharte Zierpflanze; feuchter Boden; Sonne oder Halbschatten. Vermehrung durch Teilung vom Herbst bis zum Frühjahr; durch halbreife Stecklinge im Sommer. *V. major* wuchert leicht, bis zu 1m lange Triebe können sich an jedem Knoten bilden. Zur Kontrolle der Ausbreitung Rückschnitt im Herbst oder Winter. Überflüssige Triebe, bevor die Bewurzelung an den Knoten stattfindet, im Sommer entfernen, um eine zu starke Ausbreitung zu verhindern.
ERNTE Die Pflanzen werden während der Blüte geschnitten und industriell zur Extraktion der Alkaloide verarbeitet, oder sie werden für Aufgüsse, Flüssigextrakte, Pulver und Tinkturen getrocknet.
WARNHINWEIS Bei Verzehr giftig.

VIOLA Veilchen
(Violaceae)

Die Moslems rühmen das Veilchen mit einem Sprichwort: „Der Rang des Veilchens ist erhaben, wie der des Islam über alle anderen Religionen". Horaz (65-8 v.Chr.) rügte seine Landsleute, indem er geltend machte, sie verbrächten mehr Zeit mit dem Anbau der Veilchen (die sie nämlich zum Würzen ihrer Weine benötigten) als mit der Arbeit an den Olivenbäumen. Veilchen waren übrigens die Lieblingsblumen Napoleons, der den Spitznamen „Caporal Violette" hatte. Als er starb, trug er ein Medaillon mit Veilchen vom Grabe Josephines. Der Hauptaromabestandteil von *V. odorata* ist Ionon, das seit 1893 synthetisch hergestellt werden kann. Man hält die Veilchen für reinigende Kräuter. Sie werden auch zur Hintergrundtherapie bei Krebserkrankungen eingesetzt. In einem Londoner Kinderkrankenhaus hat man kürzlich Forschungen mit *V. yezoensis* zur Behandlung von Ekzemen bei Kindern durchgeführt. Auch *V. striata* wird medizinisch genutzt. Die Pflanze ist offfenbar gegen Tumore wirksam. In chinesischen Kräuterbüchern werden noch andere Arten, wie z.B. *V. diffusa, V. inconspicua* und *V. patrinii* aufgeführt. In hohen Dosen führt die Einnahme zu Übelkeit und Erbrechen.

V. odorata (Duftveilchen) S. 220

VERWENDBAR Blätter, Blüten, Öl.
EIGENSCHAFTEN Ein süßlich-bitteres, schleimiges, heilendes Kraut, das Gifte ausspült, schleimlösend, antiseptisch und gegen Krebs wirkt..
GEBRAUCH
AROMA Das Öl wird zur Parfümherstellung benutzt.
MEDIZIN Innerlich bei Bronchitis, Atemwegskatarrh, Husten, Asthma und bei Krebserkrankungen der Brüste, der Lunge und des Verdauungstrakts. Äußerlich bei Mund- und Halsinfektionen. In der Aromatherapie bei Bronchialbeschwerden, Erschöpfung und bei Hautproblemen (Öl).
WIRTSCHAFT Die Blüten liefern Farb- und Aromastoffe für Süßwaren und für Mundwasser.
VARIANTE
V. o. **'Alba'**, S. 220.

V. tricolor (Stiefmütterchen) S. 220

VERWENDBAR Gesamte Pflanze.
EIGENSCHAFTEN Ein süßlich-bitteres, heilendes Kraut, das abführend, harntreibend und fiebersenkend wirkt. Es spült Gifte aus, ist entzündungshemmend, schleimlösend, schmerzlindernd und heilungsfördernd.
GEBRAUCH
MEDIZIN Innerlich bei Bronchitis, Keuchhusten, Rheuma, Hautleiden (besonders bei nässendem Ekzem), Harnwegerkrankungen sowie bei Blutgefäßschwäche und bei Krankheiten des Autoimmunsystems mit oben genannten Symptomen; äußerlich bei Hautleiden und Krampfadergeschwüren. Bei Ekzemen gut in Kombination mit *Galium aparine* (vgl. S. 285), *Rumex crispus* (S. 344), *Trifolium pratense* (S. 364) und *Urtica dioica* (S. 366) anzuwenden; bei Blasenentzündung zusammen mit *Agathosma crenulata* (S. 230), *Elymus repens* (S. 277) und *Eupatorium purpureum* (S. 281); bei Keuchhusten mit *Tussilago farfara* (S. 365) oder *Drimia maritima* (S. 275).

V. yezoensis

Mehrjährige, bis -15° C winterharte Pflanze, mit schlanken Rhizomen und ovalen, gezähnten, bis zu 6cm langen Blättern; weiße, dunkelrot gestreifte, ca. 3cm lange Blüten im Frühjahr, gefolgt von dreilappigen Kapseln; in Japan heimisch.

VERWENDBAR Gesamte Pflanze („Zi hua di ding").
EIGENSCHAFTEN Ein bitteres, scharfes, kühlendes Kraut, das Gifte ausspült, entzündungshemmend und antibakteriell wirkt.
GEBRAUCH
MEDIZIN Innerlich bei Furunkeln, Karbunkeln, Schlangenbiß, Hautleiden (besonders Wundrose), Mumps, und bei „heißen" Krankheiten mit Entzündungen der Augen, des Halses oder der Ohren.

ANBAU UND ERNTE
ANBAU Winterharte Zierpflanze; gut entwässerte, feuchtigkeitshaltende Böden; Sonne oder Halbschatten. Vermehrung durch Aussaat im Frühjahr oder Herbst; durch halbreife Stecklinge im Frühjahr; durch Stecklinge nicht blühender grundständiger Triebe im Sommer; durch Teilung im Herbst. *V. tricolor* sät sich leicht selbst aus. Verwelkte Blüten sofort entfernen, um eine längere Blütezeit zu erreichen. Schnecken, Nacktschnecken sowie Virus- und Pilzkrankheiten (Wurzel-, Stengelfäule) können die Pflanzen befallen.
ERNTE Ganze Pflanzen, Blätter und Blüten in der Blütezeit sammeln und für Absude *(V. yezoensis)*, Aufgüsse und Flüssigextrakte trocknen. Die Blätter von *V. odorata* verwendet man oft frisch, die Blüten können auch im Frühjahr zur Extraktion des ätherischen Öls geerntet werden. *V. tricolor* wird getrocknet und danach häufig zur Herstellung von Hautcrèmes pulverisiert.

VISCUM Mistel, Hexenkraut, Donnerbesen, Kreuzholz
(Viscaceae)

Der „Kuß unter dem Mistelzweig" hat seinen Ursprung in einer nordischen Legende. Baldur, der Gott des Friedens, von einem Pfeil aus Mistelholz getötet, wurde von den anderen Göttern wieder zum Leben erweckt. Daraufhin weihte man die Mistel der Göttin der Liebe. Diese kürte sie zum Liebessymbol, und so entstand der Brauch, daß jeder, der unter einem Mistelzweig wandelte, einen Kuß erhalten solle. Für die Druiden war die Mistel gleichfalls bedeutsam. Sie wurde nur von Eichen in einer bestimmten Mondphase und auch nur mit einer goldenen Sichel geschnitten. Die Bestandteile von *V. album* sind offenbar je nach Wirt verschieden. Hierin könnte auch die Erklärung liegen, warum die Druiden die auf Eichen wachsenden Misteln bevorzugten. Zu ihren Bestandteilen gehören Stoffe, die die Synthese der Proteine, das Immunsystem und den Kreislauf sowie das Herz beeinflussen. Mitunter benutzt die chinesische Medizin auch *V. album*; häufiger ist jedoch der Gebrauch von *V. coloratum* sowie *Loranthus europaeus* (Eichenmistel), einem Parasiten auf Pflanzen der Buchenfamilie (Fagaceae).

V. album (Laubholzmistel) S. 221

VERWENDBAR Blätter, Stengel.
EIGENSCHAFTEN Ein scharfes, bittersüßes, wärmendes Kraut, das den Blutdruck senkt, das Immunsystem anregt, den Puls verlangsamt, krampflösend, beruhigend und harntreibend sowie gegen Krebserkrankungen wirksam ist.
GEBRAUCH
MEDIZIN Innerlich bei leichtem Bluthochdruck, Arteriosklerose, nervösem Herzjagen, nervöser Anspannung, Veitstanz und bei Kreberkrankungen (besonders der Lunge und Eierstöcke). Äußerlich bei Arthritis, Rheuma, Frostbeulen, Beingeschwüren und Krampfadern. Bei leichtem Bluthochdruck gut in Kombination mit *Crataegus laevigata* (S. 268) und *Melissa officinalis* (S. 310) anzuwenden, bei Arteriosklerose zusammen mit *Ginkgo biloba* (S. 288) oder *Vinca major* (S. 369); nur von qualifizierten Heilpraktikern anzuwenden.

ANBAU UND ERNTE
ANBAU Winterharte Kulturpflanze; wächst auf den jungen Zweigen von Wirtspflanzen (z.B. Eichen, Apfelbäumen). Vermehrung vom Herbst bis zum Frühjahr durch (in Rindenspalten gepreßte) Früchte, die man vor Vögeln schützen muß.
ERNTE Im Frühjahr schneidet man blattreiche Stengel und trocknet sie für Aufgüsse, Flüssigextrakte, Tabletten und Tinkturen.
WARNHINWEIS Alle Teile, besonders die Stengel und Blätter, sind bei Verzehr giftig.

VITEX Mönchspfeffer
(Verbenaceae)

In Südeuropa sind weißblühende Pflanzen ein Symbol der Tugend. Auch *V. agnus-castus* wurde lange Zeit als ein Sinnbild der Keuschheit angesehen. In den Klöstern nahm man die gemahlenen Samen als Gewürz zur Unterdrükkung des Geschlechtstriebes. Hier liegt der Urspung für den Populärnamen „Mönchspfeffer". *V. agnus-castus* beeinflußt das hormonelle Gleichgewicht bei Mann und Frau. Sie ist, wie auch *V. negundo* mit ihren Varianten, reich an ätherischem Öl und enthält Glykoside. In der chinesischen Medizin („Chinese Pharmacopoeia", 1985) hat die kurzblättrige chinesische *V. n.* var. *cannabinifolia* (von westlichen Botanikern oft als Synonym von *V. n.* var. *heterophylla* klassifiziert) eine andere Verwendung. Die aus ihr hergestellte Medizin, „Mu jing" genannt, ist schleimlösend, hustenstillend, beruhigend, krampflösend und wirkt gegen Asthma und Bakterien. Chinesische Kräuterkenner verwenden auch noch *V. trifolia* und *V. rotundifolia*. Beide nennt man „Man jing zi".

V. agnus-castus (Keuschlamm) S. 221

VERWENDBAR Früchte.
EIGENSCHAFTEN Ein scharfes, bittersüßes, leicht adstringierendes, entspannendes Kraut, das die Hormonfunktionen reguliert, den Milchfluß anregt,

krampflösend und schmerzstillend wirkt.
GEBRAUCH
MEDIZIN Innerlich bei Menstruations- und Wechseljahrebeschwerden, nicht ausreichendem Milchfluß und bei vorzeitigem Samenerguß. Bei Wechseljahrebeschwerden gut zusammen mit *Hydrastis canadensis* anzuwenden; übermäßige Einnahme führt zu nervösem Hautkribbeln.

V. negundo S. 221

VERWENDBAR Blätter, Stämme, Wurzeln, Früchte („Huang jing zi"), Öl.
EIGENSCHAFTEN Ein beruhigendes, heilendes, entgiftendes Kraut, fiebersenkend, schmerzstillend, verdauungsfördernd, schleimlösend und antibakteriell.
GEBRAUCH
MEDIZIN Innerlich bei Malaria, giftigen Stichen, Arthritis und bei Brustkrebs. Nicht bei Patienten mit Herzkrankheiten oder hohem Blutdruck verabreichen. Äußerlich bei Kopfflechte (Blätter); rheumatischen und arthritischen Schmerzen, Zahnschmerzen und Halsschmerzen (Stämme); Erkältung und Husten (alle Teile); Asthma und Verdauungsstörungen (Blätter, Wurzeln, Früchte); Bronchitis (Wurzeln, Früchte, Öl) und bei Hämorrhoiden, Migräne und Augenleiden (Früchte). In der ayurvedischen Medizin innerlich bei Kopfschmerzen, Katarrh und Tripper (Blätter); Fieber und Bronchialstau (Wurzeln); äußerlich bei Geschwüren (Saft aus den Blättern) und bei Wunden (medizinisches Öl).
WIRTSCHAFT Die frischen Blätter werden als Mittel gegen Moskitos zusammen mit Gras verbrannt.
VARIANTE
V. n. var. ***heterophylla***, syn. *V. n.* var. *cannabinifolia*, S. 221.

ANBAU UND ERNTE
ANBAU Winterharte Zierpflanze; nährstoffreicher, feuchter bis nährstoffarmer, trockener Boden; Sonne. Vermehrung durch Aussaat im Frühjahr oder Herbst; durch Absenker oder Grünstecklinge im Frühjahr; durch halbreife Stecklinge im Sommer. Im Frühjahr Rückschnitt der vorjährigen Triebe auf 3cm.
ERNTE Blätter pflückt man im Frühsommer und verarbeitet sie frisch zu Saft, Aufgüssen oder Umschlägen oder für Absude. Stämme schneidet man im Spätsommer oder Herbst und trocknet sie für Absude und Holzkohlepulver. Wurzeln erntet man im Spätsommer oder Herbst und trocknet sie für Absude. Früchte *(V. agnus-castus, V. negundo)* werden im Herbst geerntet und frisch verbraucht oder für Absude und Pulver getrocknet. Öl wird meistens aus *V. n.* var. *heterophylla* extrahiert.

VITIS Rebe
(Vitaceae)

Der Wein spielt in jüdischen und christlichen Bräuchen eine große Rolle. Er ist Bestandteil fast aller europäischer Kulturen. Nicht nur in den Mittelmeerländern, aber dort besonders, gehört er zu jedem guten Essen dazu. Vor über 4.000 Jahren wurde *V. vinifera* bereits in Ägypten angebaut. Die Römer brachten ihn nach Burgund und ins Rheinland, wo bis heute die Landschaft von den Weinbergen bestimmt wird. Verschiedene Teile des Rebstocks werden in der Medizin schon lange genutzt. Sie dienen hauptsächlich der Behandlung chronischer Verstopfung.

V. vinifera (Weinstock, Echte Weinrebe) S. 221

VERWENDBAR Blätter, Stämme, Früchte.
EIGENSCHAFTEN Ein saures, adstringierendes, heilendes Kraut, das harntreibend, entzündungshemmend und kreislaufanregend wirkt sowie Gifte ausspült.
GEBRAUCH
KÜCHE Blanchierte frische oder in Salzlake konservierte Weinblätter nimmt man zum Umhüllen von Füllungen, wie z.B. bei mit Minze gewürztem Fleisch, bei Fisch oder Reis („Dolmades").
MEDIZIN Innerlich bei Krampfadern, zu starker Menstruationsblutung, Wechseljahrebeschwerden, Blutungen, Harnwegbeschwerden, Bluthochdruck, überhöhten Cholesterinwerten, Hautausschlag und bei Topor in Verbindung mit Übergewicht und Zellgewebsentzündungen; innerlich und äußerlich bei Entzündungen des Mundes, des Zahnfleisches, des Halses oder der Augen. Die Früchte werden zu Kuren bei Leberunterfunktion verwendet.
WIRTSCHAFT Die Früchte werden zu Wein, Essig, Saft und Gelee verarbeitet. Die getrockneten Früchte sind unter den Namen „Korinthen", „Sultaninen" oder „Rosinen" bekannt. Die Samen ergeben ein mehrfach ungesättigtes Öl, das für Mayonnaise und zum Kochen, besonders zum Fritieren benutzt wird. Kaliumbitartrat, ein kristallines Salz, wird aus dem Rückstand der gepreßten Trauben („Trester") und aus den Ablagerungen in den Weinfässern extrahiert. Es dient zur Herstellung von Backpulver, Abführmitteln und Flußmitteln zum Löten.
VARIANTEN
V. v. **'Ciotat'**, syn. *V. v.* 'Apifolia'.
V. v. 'Laciniosa', S. 221.
V. v. **'Incana'**
Außergewöhnliche Sorte, hart bis 0° C, Höhe 4-5m; mit Blättern von spinnwebartiger Oberfläche auf den Oberseiten und schwarzen Früchten.
V. v. **'Pinot Noir'**.
V. v. **'Purpurea'**, S. 221.

ANBAU UND ERNTE
ANBAU Frostharte Zierpflanze (*V. vinifera:* Wildpflanze; *V. v.* 'Pinot Noir': Kulturpflanze *V. v.* 'Incana': halbwinterhart); je nach Sorte unterschiedliche Winterhärte; feuchte, humusreiche, neutrale bis alkalische Böden; Sonne. Vermehrung durch Steckhölzer im Spätherbst; durch halbreife Stecklinge im Sommer; durch Aussaat im Herbst (nur Arten); durch Pfropfung; durch Augenstecklinge im Spätwinter. Junge Pflanzen im Winter auf 20-30cm zurückschneiden. Bei älteren Weinpflanzen im Spätsommer alte Triebe ausdünnen und junge Triebe kürzen. Schildläuse, Schmierfliegen, Blattläuse, gefurchte Dickmaulrüßler und Raupen können die Pflanzen befallen. Sorten zur Ernte von Früchten sind anfällig für Magnesiummangel, Grauschimmel, Stielfäule und für verschiedene physiologische Störungen, die durch ungünstige Lebensbedingungen hervorgerufen werden.
ERNTE Blätter und Stämme erntet man im Frühsommer und verwendet sie frisch, konserviert oder getrocknet für Absude, Flüssigextrakte und Tinkturen; Stämme enthalten tropfenweise eine Flüssigkeit, die harntreibend wirkt und auch für Augenwaschungen benutzt werden kann. Reife Früchte werden medizinisch frisch verwendet.

WX

WASABIA
(Cruciferae/Brassicaceae)

W. japonica gehört zur gleichen Familie wie Meerrettich, Radieschen und Senf. Sie alle enthalten scharfe Schwefel-Glykoside.

W. japonica, syn. *Eutrema wasabi* S. 222

VERWENDBAR Wurzeln.
EIGENSCHAFTEN Ein scharfes, wärmendes, verdauungsförderndes Kraut.
GEBRAUCH
KÜCHE Die Pflanze wird in der japanischen Küche verwendet: Die geraspelten frischen Wurzeln werden zu „Sashimi" (rohem Fisch) gegessen, die pulverisierten Wurzeln zu einer Paste verarbeitet, mit der man Fleisch- und Fischgerichte würzt (oder man reicht sie als Tunke, mit anderen Zutaten vermengt).
MEDIZIN Innerlich als Mittel bei Fischvergiftung.

ANBAU UND ERNTE
ANBAU Winterharte Kulturpflanze; feuchter bis nasser Boden, am besten in klarem, fließendem Quellwasser; Halbschatten, bei 10-15° C in der Wachstumszeit. Vermehrung durch Aussaat der Samen im Frühjahr, die ständig feucht gehalten werden müssen; durch Teilung im Frühjahr oder Herbst (am einfachsten während der Ernte).
ERNTE Die Wurzeln erntet man im Frühjahr oder Herbst, 15-24 Monate nach dem Pflanzen.

WITHANIA
(Solanaceae)

Die Rolle von *W. somnifera* in der ayurvedischen Medizin läßt sich nur mit der von *Panax ginseng* (S. 321) in der chinesischen vergleichen.

W. somnifera S. 222

VERWENDBAR Wurzeln.
EIGENSCHAFTEN Ein bitter-süßes, adstringierendes, wärmendes Kraut, das wie die Ausdünstung der Pferde riecht. Es wirkt vor allem auf die Fortpflanzungsorgane und das Nervensystem, es ist beruhigend, verjüngend und aphrodisisch.
GEBRAUCH
MEDIZIN Innerlich bei Schwäche, in der Rekonvaleszenz, bei nervöser Erschöpfung, Schlaflosigkeit, Altersgebrechen, Verfallserscheinungen, Wachstumsstörungen bei Kindern, Impotenz, Unfruchtbarkeit, Gelenk- und Nervenschmerzen und bei multipler Sklerose. Gewöhnlich mit Milch aufgekocht.

ANBAU UND ERNTE
ANBAU Halbharte Kulturpflanze; trockene, steinige Böden in Sonne oder Halbschatten. Vermehrung durch Aussaat im Frühjahr; durch Rißlinge im späten Frühjahr. Rückschnitt im Frühjahr.
ERNTE Die Wurzeln werden getrocknet und vor allem zu medizinischen Ölen, Pasten und Pulvern verarbeitet.
WARNHINWEIS Bei Verzehr giftig.

WOLFIPORIA
(Polyporaceae)

Die Arten dieser Gattung von 250 Pilzen wachsen an Baumwurzeln und Hölzern in Asien und den gemäßigten Zonen Nordamerikas. Eine Art, *W. cocos*, kommt in beiden Erdteilen vor. Sie spielt daher in der Geschichte der chinesischen Medizin und auch bei den nordamerikanischen Indianern eine Rolle.

W. cocos, syn. *Poria cocos*, *Sclerotium cocos*

Unterirdischer Pilz, winterhart bis -15° C, Höhe 5-15cm, Breite 10-30cm, mit großen, kugelförmig bis elliptischen, knollenartigen Körpern, die eine harte, dunkelbraune, runzlige Oberfläche haben und innen blaßrosa gekörnt sind; wächst an den Wurzeln von Nadel- und Laubbäumen, oft bis zu 60cm tief in der Erde.

VERWENDBAR Gesamte Pflanze („Fu ling").
EIGENSCHAFTEN Ein süßes, beruhigendes, harntreibendes Kraut, das den Flüssigkeitsstoffwechsel reguliert und beruhigend auf das Herz wirkt.
GEBRAUCH
MEDIZIN Innerlich bei Harnwegbeschwerden, Schlaflosigkeit, Herzklopfen, emotionalen Unruhezuständen, Durchfall und Unterleibsbeschwerden. Es wird in vielen chinesischen Rezepturen verwendet, z.B. in Si jun zi tang („Suppe aus vier vortrefflichen Dingen"), die aus *W. cocos, Panax ginseng* (vgl. S. 321), *Glycyrrhiza uralensis* (S. 289) und *Atractylodes macrocephala* (vgl. S. 246) besteht.

ANBAU UND ERNTE
ANBAU Winterharte Kulturpflanze; wächst an der Basis von Laub- und Nadelbäumen. Über die chinesische Anbautechnik ist nichts bekannt.
ERNTE Die Pilze werden im Winter gesammelt und für Absude sowie Tinkturen getrocknet.

XANTHIUM Spitzklette
(Compositae)

X. strumarium wird in der chinesischen Medizin erstmals in der Tang-Dynastie (618-907 n.Chr.) erwähnt. Es handelt sich um eine sehr gebräuchliche Zutat in chinesischen Markenmedizinen. Die Pflanze dient auch zum Verschnitt von *Datura stramonium*.

X. strumarium, syn. *X. sibiricum* S. 222

VERWENDBAR Früchte („Cang er zi").
EIGENSCHAFTEN Ein wohlschmeckendes, wärmendes, schmerzstillendes, krampflösendes Kraut, das gegen Bakterien und Pilze sowie bei Rheuma wirkt.
GEBRAUCH
MEDIZIN Innerlich bei allergischem Nasenschleimhautkatarrh, Nebenhöhlenentzündung, Katarrh, Rheuma, rheumatischer Arthritis, Hexenschuß, Lepra und bei Hautjucken; äußerlich bei Hautjucken.

ANBAU UND ERNTE
ANBAU Winterharte Kulturpflanze; nährstoffarmer, trockener Boden in sonniger Lage. Vermehrung durch Aussaat im Herbst oder Frühjahr.
ERNTE Die Früchte werden reif geerntet und für Absude getrocknet.

Z

ZANTHOXYLUM Gelbholz
(Rutaceae)

Die meisten Gelbholzarten enthalten Alkaloide, die gegen Mikroben wirksam sind. *Z. americanum* ist ein traditionelles Mittel der nordamerikanischen Indianer gegen Zahnschmerzen. John Nash, ein vielseitig interessierter Arzt, führte es 1894 in die etablierte Heilkunde ein. Er setzte es zur Behandlung von Typhus und bei Choleraepedemien ein. In der Mitte und im Süden der USA bedient man sich des *Z. clavaherculis*. Viele andere Gelbholzarten werden entweder medizinisch oder kulinarisch verwendet. In Sikkim sind die Früchte von *Z. acanthopodium* als Gewürz im Handel. Verschiedene Teile von *Z. armatum*, das von Kaschmir bis nach Südostasien vorkommt, benutzt man dort zum Zähneputzen und gegen Zahnschmerzen, aber auch zum Töten von Fischen und als Gewürz. In Südafrika nutzt man *Z. capense* und *Z. zanthoxyloides* für medizinische Zwecke. In der chinesischen Medizin gelten *Z. schinifolium, Z. simulans* und *Z. piperitum* als miteinander austauschbar.

Z. americanum (Zahnwehholz) S. 222

VERWENDBAR Rinde, Früchte.
EIGENSCHAFTEN Ein würziges, wärmendes, anregendes Kraut, das schmerzstillend, fiebersenkend, kreislaufanregend, verdauungsfördernd, antirheumatisch sowie gegen Durchfall wirkt.
GEBRAUCH
MEDIZIN Innerlich bei rheumatischen und arthritischen Beschwerden, Hexenschuß, Zahnschmerzen, Fieber, peripheren Durchblutungsstörungen, Durchfall, Verdauungsstörungen, Unterleibsverkühlung und bei chronischen Hautleiden; äußerlich bei chronischen Gelenkschmerzen und Rheuma; ergänzt sich gut bei Kreislaufstörungen zusammen mit *Myrica cerifera* (vgl. S. 314) und *Zingiber officinale* (S. 373); bei Ohrensausen mit *Cimicifuga racemosa* und bei Rheuma zusammen mit *Guajacum officinale* (S. 290), *Menyanthes trifoliata* (S. 312) und *Capiscum annuum* (vgl. S. 254).

Z. piperitum S. 222

VERWENDBAR Blätter, Rinde, Früchte, Fruchtwände („Hua jiao").

EIGENSCHAFTEN Ein würziges, wärmendes, anregendes Kraut, das vor allem auf Milz und Magen einwirkt. Es ist blutdrucksenkend sowie harntreibend und wirkt gegen Pilze und Bakterien sowie zur örtlichen Betäubung.
GEBRAUCH
KÜCHE Die Blätter dienen dem Würzen von Suppen und Fleischgerichten; außerdem kocht man sie mit Zucker und Sojasoße zu einem Gewürz. In Japan, China und Hawaii nimmt man die Rinde und unreifen Früchte gemahlen als Gewürz. Die trockengerösteten, gemahlenen Früchte sind Teil einer aus fünf Gewürzen bestehenden chinesischen Mischung.
MEDIZIN Innerlich bei Verdauungsstörungen in Verbindung mit Erkältung.

ANBAU UND ERNTE
ANBAU Winterharte Kulturpflanze; nährstoffreicher Boden; Sonne oder Schatten. Vermehrung durch Aussaat im Herbst; durch Wurzelschnittlinge im Spätwinter. Totes Holz entfernen (anfällig für die Rotpustelkrankheit). Rückschnitt im Spätwinter oder zeitigen Frühjahr.
ERNTE Blätter *(Z. piperitum)* werden während der Wachstumsperiode abgenommen und frisch verwendet. Rinde schält man im Frühjahr ab und trocknet sie für Absude, Tinkturen und Flüssigextrakte. Früchte werden im Sommer geerntet und für Absude und Flüssigextrakte getrocknet.

ZEA Mais, Kukuruz, Türkischer Weizen, Welschkorn
(Gramineae)

Der kulinarische Wert von Mais ist wohlbekannt. Es gibt fünf Großgruppen: Zahnmais (meist mit weißen bis gelben Körnern); Hartmais (der beim Trocknen schrumpft und weiße, gelbe, rote, tiefrote oder blauschwarze, oft gestreifte oder gesprenkelte Körner hat); Puffmais (eine einfache Sorte mit harten Körnern, die zur Popcornherstellung angebaut wird); Zuckermais (mit einem höheren Zuckergehalt, daher als Gemüse besonders geeignet) und Weichmais (der eine wachsartige Stärke enthält). Zahnmais und Hartmais werden zur Ölgewinnung, als Frühstücksgetreide, für Mehl und als Viehfutter angebaut. Weichmais enthält eine tapiokaähnliche Stärke. Weniger bekannt ist seine Bedeutung als medizinisch nutzbare Pflanze. Die weiblichen Blüten von *Z. mays* enthalten Allantoin (vgl. auch in *Symphytum officinale*, vgl. S. 357) und Alkaloide. *Z. mays* kam wohl im 17. Jahrhundert von Nordamerika nach China. Als Heilkraut findet diese Pflanze zum ersten Mal im 20. Jahrhundert im „Sichuan Journal of Chinese Herbal Medicine" Erwähnung.

Z. mays (Mais) S. 223

VERWENDBAR Narbe und Griffel der weiblichen Blüten (Maishaar, „Yu mi xu"), Früchte, Samen, Öl.

EIGENSCHAFTEN Ein süßes, kühlendes, linderndes, harntreibendes Kraut, das die Blutzuckerwerte senkt, den Gallenfluß anregt und der Bildung von Harnsteinen vorbeugt.
GEBRAUCH
KÜCHE Die unreifen Kolben werden im Ganzen als Gemüse gegessen; die frischen, reifen Samen kocht man als Gemüse. Die Hüllblätter sind nicht genießbar, werden aber in der mittel- und südamerikanischen Küche gerne für ein süßes, nussiges Aroma benötigt.
MEDIZIN Innerlich bei Blasenentzündung, Harnröhrenentzündung, Prostataentzündung, Harnsteinen und gegen das Bettnässen bei Kindern. Bei Blasenentzündung gut in Kombination mit *Elymus repens* (vgl. S. 277) und *Arctostaphylos uva-ursi* (S. 241);

bei Bettnässen mit *Agrimonia eupatoria* (S. 231) und *Equisetum arvense* (S. 278) und bei Harnsteinen mit *Aphanes arvensis* (S. 239) und *Eupatorium purpureum* (S. 281) anzuwenden. In der chinesischen Medizin ähnlich angewendet bei Harnwegbeschwerden, auch bei Gallensteinen, Gelbsucht, Hepatits und Zirrhose.
WIRTSCHAFT Reife, getrocknete Samen werden zu Getreideflocken und Mehl verarbeitet; sie enthalten Maisöl, das kulinarisch für viele Zwecke dienen kann. Kaltgepreßt schmeckt es nach süßem Mais. Aus dem frischen Mais gewinnt man Sirup.
VARIANTEN
***Z. m.* 'Black Aztec'**
Kräftige Sorte aus der Zeit vor Kolumbus; hart bis 0° C, Höhe 1,5m, Breite 45cm, mit mittelgroßen Kolben; unreife Samenkörner sind zunächst weiß, im reifen Zusstand blauschwarz. Man kann sie jung frisch essen; werden sie reif gemahlen, so erhält man blaues Maismehl.
***Z. m.* 'Gigantea Quadricolor'**, syn. *Z. m.* 'Quadricolor', S. 223.
***Z. m.* 'Gracillima Variegata'**, S. 223.
***Z. m.* 'Strawberry Corn'**
Zierpflanze, harte Sorte bis 0° C; Höhe 1-1,2m, Breite 45cm, mit erdbeerförmigen, 5cm langen Kolben und mahagoniroten Samen, die ausgereift für Blumengestecke getrocknet werden.

ANBAU UND ERNTE
ANBAU Halbwinterharte Zierpflanze (*Zea mays*: Wildpflanze, halbhart/empfindlich); die Härte ist je nach Sorte unterschiedlich. Nährstoffreicher, gut entwässerter Boden; Sonne. *Z. mays* wird durch den Wind befruchtet, daher für reichere Fruchtbildung in geschlossener Formation anbauen. Vermehrung durch Aussaat im Frühjahr.
ERNTE Das Maishaar wird im Sommer, vor dem Weißwerden der Faser geerntet und für Absude, Aufgüsse, Flüssigextrakte und Sirup getrocknet. Die Kolben erntet man unreif oder reif und bereitet sie als Gemüse zu, oder sie werden reif abgenommen, um sie zu Getreideflocken, Mehl, Öl und Sirup zu verarbeiten.

ZINGIBER Ingwer, Ginger
(Zingiberaceae)

Schon seit frühester Zeit wird *Z. officinale* für medizinische und kulinarische Zwecke angebaut. Bei den Römern war es 200 n.Chr. ein zu versteuerndes Handelsgut. Im chinesischen Schrifttum wird es erstmals während der späten Han-Dynastie (25-220 n.Chr.) erwähnt. *Z. officinale* wird in der ayurvedischen Medizin als „Universalheilmittel" bezeichnet und kommt dort wie in China in etwa der Hälfte aller Rezepturen vor. Ingwer enthält viele ätherische Öle, darunter die Gingerole und Schogaole. Die Schogaole, die ein Spaltprodukt der Gingerole sind, entstehen nur durch Trocknung. Sie sind doppelt so scharf wie die Gingerole. Daher ist getrockneter Ingwer viel schärfer als frischer. In der chinesischen Medizin werden beide daher für verschiedene Anwendungsbereiche genutzt. Für kulinarische Zwecke gibt es verschiedene Arten: der südostasiatische *Z. cassumar* (Blockzitwer); *Z. mioga*, der ein bergamottähnliches Aroma hat und *Z. zerumbet*, eine indomalaysische Art. *Z. zerumbet* enthält Zerumbon, ein zellschädigendes Gift, das in China zur Krebsbehandlung verwendet wird.

Z. officinale (Ingwer) S. 223

VERWENDBAR Rhizome („Jiang"), Öl.
EIGENSCHAFTEN Ein süßes, scharfes, aromatisches, wärmendes Kraut, das schleimlösend, schweißtreibend und verdauungsfördernd wirkt. Es regt die Leberfunktion an, wirkt gegen Übelkeit, Erbrechen und Husten, ist schmerzlindernd, krampflösend und kreislaufanregend.

GEBRAUCH
KÜCHE Frische, junge Rhizome (grüner Ingwer) werden roh gegessen, in Sirup eingelegt und kandiert. Sie können auch für Currygerichte, Chutneys, eingelegtes Gemüse, Fleisch- und Fischgerichte, Suppen und Marinaden verwendet werden. Eingelegter Ingwer („Gari") wird in der japanischen Küche viel verwendet, besonders zum Würzen von „Sushis". Getrockneter und gemahlener Ingwer gibt Kuchen, Keksen und Soßen ein besonderes Aroma.
MEDIZIN Innerlich bei Problemen des Stuhlgangs, Übelkeit, morgendlichem Unwohlsein, Verdauungsstörungen, Koliken, Unterleibsverkühlung, Erkältung, Husten, Grippe und bei Durchblutungsstörungen der äußeren Gliedmaßen. Nicht für Patienten mit Hautentzündungen, Geschwüren des Verdauungstrakts oder hohem Fieber. Äußerlich bei krampfartigen Schmerzen, Rheuma, Hexenschuß, Menstruationsbeschwerden und bei Verstauchungen. Bei Verdauungsstörungen oft in Kombination mit *Rheum palmatum* (vgl. S. 340) und *Gentiana lutea* (S. 287). In der chinesischen Medizin innerlich bei Husten, Erkältung, Durchfall, Erbrechen und Unterleibsschmerzen, verbunden mit Erkältung (frische Rhizome), Gebärmutterblutungen und Blut im Urin (frische, verkohlte Rhizome), Völlegefühl und Ödemen (Rhizomhaut), Kältegefühl durch Schock; bei Verdauungsstörungen, bedingt durch fehlende Milzenergie und bei chronischer Bronchitis (getrocknete Rhizome).

ANBAU UND ERNTE
ANBAU Empfindliche Kulturpflanze; gut entwässerter, humusreicher, neutraler bis alkalischer Boden; Sonne oder Halbschatten bei hoher Luftfeuchtigkeit, Tiefsttemperatur -1° C. Vermehrung durch Teilung im späten Frühjahr zu Beginn der Wachstumsperiode. Ingwer wird als einjährige oder zweijährige Pflanze behandelt; er braucht 10 Monate zur optimalen Rhizombildung. Die ältesten Teile können entfernt werden, wenn die neuen Triebe erscheinen.
ERNTE Rhizome erntet man, wenn keine Faserigkeit gewünscht wird, während der Wachstumsperiode. Sollen sie getrocknet werden, nimmt man sie in der Ruhezeit heraus. Junge, frische Rhizome, die man zum Kochen gekauft hat, halten sich 2-3 Monate an einem kühlen, trockenen Ort; sie werden in Lake und Essig eingelegt und dann in Zuckersirup zu „kandiertem Ingwer" verarbeitet. Reife Rhizome werden abgepellt („weißer Ingwer"), gekalkt („gebleicht") oder ungehäutet („umhüllt") im Ganzen gelagert oder gemahlen und zu Aufgüssen, Absuden, Tinkturen und Pulver verarbeitet. Öl wird aus getrockneten, ungehäuteten, gemahlenen Rhizomen destilliert.

ZIZIPHUS
(Rhamnaceae)

In China wird *Z. jujuba* schon seit alters wegen seiner Früchte angebaut. Man nennt sie dort Da zao, („große Dattel"). „Sie sind für die Chinesen, was den Amerikanern die Äpfel sind" (Foster, „Herbal Emissaries", 1992). Von China kamen die Pflanzen vor etwa 3.000 Jahren in das westliche Asien. In der chinesischen Medizin werden sie mindestens seit der späten Han-Dynastie (25-220 n.Chr.) verwendet. Auch die alten Griechen und Römer bauten schon Jujube an. Die Römer brachten die Pflanzen nach Spanien, wo sie heimisch wurden. Im 17. Jahrhundert gab es 43 Sorten, heute sind es Hunderte. Die eng verwandte *Z. vulgaris* hat ähnliche Eigenschaften wie *Z. jujuba*.

Z. jujuba (Jujube, Judendorn, Dornjujube) S. 223

VERWENDBAR Früchte („Da zao"), Samen („Suan zao ren").
EIGENSCHAFTEN Ein schleimiges, nahrhaftes, beruhigendes Kraut mit einem süßsauren Geschmack. Es wirkt bei allergischen Reaktionen, ist hustenlindernd, beruhigt gereiztes oder verletztes Gewebe, schützt die Leber, beugt streßbedingter Geschwürbildung vor und hat eine kräftigende Wirkung auf Milz und Magen. Es dämpft außerdem die Wirkung anderer Medikamente.
GEBRAUCH
KÜCHE Die Früchte werden liegengelassen, bis sie runzelig und schwammig sind; dann sind sie noch süßer. Sie werden frisch oder gekocht gegessen.
MEDIZIN Innerlich bei chronischer Erschöpfung, Appetitlosigkeit, Durchfall, Anämie, Reizbarkeit und Hysterie (Früchte); Herzklopfen, Schlaflosigkeit, nervöser Erschöpfung, Nachtschweiß und bei starker Transpiration (Samen). Oft in Kombination mit *Panax ginseng* (vgl. S. 321) oder *Angelica polymorpha* var. *sinensis* (S. 238) sowie kräftigenden Heilmitteln verabreicht, um deren Wirkung noch zu erhöhen und eventuelle Nebenwirkungen zu verringern. Die Einnahme über längere Zeit soll angeblich den Teint verbessern. Die Früchte werden auch zum Süßen und Aromatisieren von Arzneimitteln verwendet.

ANBAU UND ERNTE
ANBAU Frostharte Zierpflanze; gut entwässerter, feuchter bis trockener Boden in sonniger Lage. Vermehrung durch Aussaat in sandigem Kompost im Herbst (Vorkeimung erforderlich); durch Ausläufer im Frühjahr; durch Steckhölzer im Herbst und Winter, durch Wurzelschnittlinge im Spätwinter bei 5-10° C. Im Winter zurückschneiden, um das Wachstum neuer, Früchte tragender Triebe zu fördern. *Z. jujuba* wächst unter verschiedenen Bedingungen, benötigt aber für eine gute Fruchtbildung trockene, heiße Sommer.
ERNTE Die Früchte werden im Herbst reif geerntet, sodann vorgekocht und anschließend in der Sonne getrocknet. Die Samen nimmt man aus den reifen Früchten heraus und trocknet sie. Die Samen und die Früchte werden für Absude verwendet.

Der Anbau von Kräutern

Eine reiche Ernte
Kräuter zum Trocknen und Genießen.

Der Anbau von Kräuterpflanzen ist eine vielfältige und abwechslungsreiche Freizeitbeschäftigung. Hier verbindet sich die sinnliche Freude, wie man sie an einem Blumengarten haben kann, mit der Freude über den Ertrag wie bei einem Gemüsefeld. Hinzu gesellt sich das Wissen um die alten Legenden, die sich um viele bekannte Kräuter ranken. Zu den Kräuterpflanzen gehören Einjährige, Bäume, Sträucher, Pilze, Flechten, Moose und Meerespflanzen ebenso wie krautige Pflanzen. Sie wachsen in allen klimatischen Zonen, und ihre Anwendung ist aus allen Kulturen bekannt. Auf den folgenden Seiten finden Sie Vorschläge für den Anbau von Kräutern an verschiedenen Standorten sowie Hinweise zu ihrer Vermehrung, Ernte und Lagerung. Selbst wenn Sie keinen Garten besitzen, können Sie viele Kräuter auch in Töpfen auf dem Fensterbrett ziehen oder in Behältern, die Sie an der Wand befestigt haben. Die praktischen Ratschläge auf den folgenden Seiten werden Ihnen helfen, Ihre Ziele zu erreichen.

Die Enzyklopädie der Kräuter in diesem Buch (S. 224-373) gibt Ihnen Hinweise zum Anbau jedes Krauts. Dieses Kapitel versorgt den Hobbygärtner mit genaueren Ratschlägen zu den einzelnen Phasen, von der Anlage eines Gartens bis zur Lagerung des Ertrags.

Die Auswahl der Pflanzen

Nicht jedes Kraut, das in der Enzyklopädie vorgestellt wird, eignet sich für den Anbau zu Hause, und einige davon werden überhaupt nicht kultiviert. Dazu gehören zum Beispiel Bäume aus dem Regenwald wie der Angosturabaum *(Galipea officinalis)* oder Flechten wie *Evernia prunastri*. In diesen Fällen kann über die Wachstumsbedingungen nur vom natürlichen Lebensraum der Pflanzen zurückgeschlossen werden, aber das Wissen um ihre Pflege und Kultivierung bleibt notwendigerweise dürftig. Daher besteht die erfolgreiche Anlage eines Kräutergartens nicht nur in der Planung seiner Lage und Größe, sondern auch in der Auswahl der Pflanzen, die für ihn geeignet sind.

Schnittstelle aus zwei Stilen
Das Rautenmuster fügt sich sehr gut in diese frei gestaltete Rabatte.

Kräuter für kleine Gärten

Einen Teil seines Gartens für Kräuter zu reservieren, kann sehr lohnenswert sein. Eine beliebte Methode besteht in der Anlage eines Beetes mit Küchenkräutern in unmittelbarer Nähe zum Haus. Eine andere Möglichkeit ist die Anpflanzung von Teekräutern in einem Beet oder in Töpfen um den Gartentisch oder die Sitzgelegenheiten herum. In diesem „Teegarten" könnte man die duftende Zitronenmelisse *(Melissa officinalis)* finden, Echte Kamille *(Matricaria reticulata)*, Zitronenstrauch *(Aloysia triphylla)* oder Pfefferminze *(Mentha x piperata)* einbeziehen. Baut man sie in Behältern an, lassen sie sich leichter auswechseln und neu zusammenstellen, besonders wenn es sich dabei um ein wucherndes Kraut handelt wie Minze. Kräuter können aber auch zusammen mit anderen Pflanzen in Rabatten stehen; Einjährige, wie zum Beispiel die Sonnenblumen (*Helianthus* spp.), bilden darin einen Blickfang, oder die Kräuter füllen Lücken und setzen dabei farbliche Akzente und bieten zugleich auch kulinarischen Nutzen.

Platz zum Ausbreiten
Samenköpfe von Angelica archangelica *(rechts) sind der Blickfang in diesem Garten. Der Feigenbaum* (Ficus carica) *gegenüber dem Gewächshaus dient als Windschutz.*

Duft und Farben

Citrus-Bäume als Topfpflanzen sind hervorragende Duftspender in Innenhöfen und Wintergärten. Lavendel oder das gelbe Schinkenkraut *(Oenothera biennis)* in der Nähe eines Fensters erfüllen eine sommerliche Abendbrise mit ihrem Duft. Die bronze-purpurfarbene *Salvia officinalis,* Purpurascens Gruppe oder *Ajuga reptans* 'Atropurpurea' ließen sich gut mit dem silbrigen Laub des Beifuß (*Artemisia* spp.) kombinieren.

Kletterer und Kriechpflanzen

Viele interessante Kräuter sind natürliche Kletterer. Der goldfarbene Hopfen (*Humulus lupulus* 'Aureus') könnte an einer Hütte im

◄ VERBLÜFFENDE FARBEN UND FORMEN
Warme, vibrierende Farben und stark gegliedertes Laub treffen in diesem Kräutergarten zusammen. Die dominierende Angelica *wird von gefiedertem Bronzefenchel, scharf konturiertem* Allium *und Hügeln aus* Alchemilla mollis *eingerahmt. Purpurner Salbei und* Lavandula stoechas *ssp.* pedunculata *verschaffen intensive und langanhaltende Farben.*

VIELFALT AUF KLEINSTEM RAUM ►
*Die Anpflanzung auf diesem schmalen Beet verbindet Petersilie (*Petroselinum crispum*, Vordergrund), hohe Stiele von Zwiebeln* (Allium cepa)*, silbrige Zweiglein von* Santolina *und purpurne Blüten von* Lavandula.

Garten hochklettern oder an einem alten Baumstumpf; das gilt auch für die Passionsblume *(Passiflora incarnata)* oder den Jasmin *(Jasminum officinale)*. Mauern und Zäune verleihen dabei in kälteren Gegenden den frostharten Kräutern Schutz und ermöglichen ihren Anbau außerhalb des Hauses. Einige Kräuter sind langsam wachsende Kriechpflanzen und können auf geringstem Raum wachsen.

DER KÜCHENKRÄUTERGARTEN

Küchengärten verbinden Arbeit mit Freude; auch bieten sie Nahrung für die Familie und schmeicheln den Sinnen. Kleinere Anpflanzungen mit einer wechselnden Mischung kurzlebigerer Pflanzen machen übrigens auch landwirtschaftlich gesprochen Sinn, weil sie seltener von Krankheiten und Schädlingen befallen werden als der großflächige Anbau einer Frucht.

DER ANBAU OHNE GARTEN

Wer Kräuter ziehen möchte, kommt auch ohne Garten aus. Viele Kräuter sind so kleine Pflanzen, daß sie sich leicht in Behältern jeder Art anpflanzen lassen. Auf kleinen Parzellen wurden seit jeher Schubkarren und Gießkannen randvoll bepflanzt, und in vielen Teilen der Welt werden Konservenbüchsen und Ölfässer in Miniaturgärten verwandelt. Man kann auch Töpfe mit Kräutern an Mauern festmachen, und das Wachstum von Pflanzen in Containern läßt sich im Haus in den Winter hinein verlängern.

MIKROKLIMA IM GARTEN

Die meisten der in diesem Buch angesprochenen Kräuter können im Garten oder unter Abdeckungen angebaut werden. Der Erfolg setzt voraus, daß man den Wachstumsbedingungen des natürlichen Lebensraums so nahe wie möglich kommt. Selbst in kleinen Gärten findet man Mikroklimate. Zäune und Hecken schützen vor Wind. Mauern und Steine im Boden speichern Wärme, u. a. ideal für kriechende Thymian-Arten. Die Entwässerung für Kräuter aus dem Mittelmeerraum wie zum Beispiel Rosmarin *(Rosmarinus officinalis)* kann durch geneigte Beete verbessert werden und indem man der Erde kieseligen oder groben Sand hinzufügt.

TEMPERATUREN FÜR DAS WACHSTUM

Pflanzen aus verschiedenen Klimazonen (vgl. die Klimazonen S. 8-9) unterscheiden sich in den Bedürfnissen für ihr Wachstum nach Bodenbeschaffenheit, Wassermenge, Luftfeuchtigkeit, Helligkeitsgrad und Temperatur. Die Temperaturspanne, die vertragen wird, ist dabei besonders wichtig. Die Höchsttemperatur, die die meisten Pflanzen vertragen, wenn sie nicht besonders angepaßt sind, liegt bei 35° C, hingegen variiert die Mindesttemperatur beträchtlich. Aus diesem Grund muß die Härte einer Pflanze als erstes bedacht werden, bevor man versucht, sie anzubauen. Als Mindesttemperatur sollte immer die tiefste der Nacht angenommen werden; die meisten Pflanzen mögen es, wenn die Temperatur tagsüber ansteigt. Die folgende Liste der in der Kräuterenzyklopädie verwendeten Begriffe soll Ihnen bei der Auswahl der geeigneten Pflanzen für Ihren Garten helfen.

Winterhart: benötigt eine Resistenz bis mindestens -15° C. Einige Pflanzen aus Klimazonen am Mittelmeer, zum Beispiel *Lavandula, Salvia, Thymus* und *Rosmarinus* spp., vertragen gelegentlich auch niedrige Temperaturen, gehen aber in längeren Kältephasen ein, besonders wenn diese mit nassem Wetter verbunden sind. In ähnlicher Weise sind Wüstenarten unter sonnigen, trockenen Bedingungen härter.
Frosthart: benötigt eine Resistenz bis mindestens -5° C. In gemäßigten Regionen können frostharte Arten, so wie *Aloysia triphylla*, im Freien in geschützter Lage oder in Containern wachsen.
Halbhart: benötigt eine Resistenz bis mindestens 0° C. Diese Pflanzen vertragen im Vergleich zu den „empfindlichen" niedrigere Temperaturen und werden in gemäßigten Regionen in der Regel nur in Sommerbeeten und Containern gezogen. Sie benötigen für Vermehrung und frühes Wachstum 13-21° C.
Empfindlich: warm (mindestens 18° C), mittel (mindestens 13° C) und kühl (mindestens 10° C). In gemäßigten Regionen sollen empfindliche Pflanzen das ganze Jahr über unter Abdeckungen gezogen werden, denn die Nächte sind für sie zu kalt, selbst im Sommer. Unter „Abdeckungen" kann die Aufzucht im Haus, in einem Gewächshaus oder einem Wintergarten verstanden werden, auf jeden Fall an einem Standort, wo die Mindesttemperatur, die sie benötigen, aufrechterhalten werden kann.

GESTALTUNG BEI WENIG PLATZ
Küchenkräuter, wie hier in Töpfen gruppiert , können in die Sonne geschoben werden. Eine Schubkarre hebt sie in die Höhe und macht das Arrangement interessanter.

Stil und Anlage

Kräuter können an verschiedenen Standorten angebaut werden. Sie lassen sich in Kübeln, auf einem Fleckchen Erde in der Nähe der Küche oder zusammen mit Blumen und Gemüsen an anderen Stellen im Garten ziehen. Aber auch ein Kräutergarten hat Vorteile. Als eine Attraktion für jedes Anwesen verbindet er eine interessante Ansicht mit köstlichen Aromen und Farben sowie praktischen Nutzen.

Entscheidung über den Stil

Überlegungen über Stil, Größe und Form des Kräutergartens sollten zu einem frühen Zeitpunkt angestellt werden. Sowohl freie wie formale Gestaltung können Ihren Garten ergänzen und zur Gesamtanlage Ihres Heims passen. Ein frei gestalteter Garten wäre die Lösung für eine weitläufige Anlage bei einem Landhaus, während ein formales Design eher zu einem Garten mit gepflasterten Wegen in der Stadt paßt. Stilvorschläge finden Sie im Kapitel „Die Anlage eines Kräutergartens" (S. 20-41). Stimmen Sie diese auf Ihren individuellen Geschmack ab. Schon bei der Planung sollten Sie Kosten und Unterhalt berücksichtigen. Formal gestaltete Gärten sind teuer und sehr arbeitsintensiv. Es ist ermüdend, wenn viele Meter Zwerghecken beschnitten oder gepflasterte Wege von Unkraut freigehalten werden müssen, um einen tadellosen Zustand aufrechtzuerhalten. Ein frei gestalteter Garten erfordert schon zu Beginn weniger Eingriffe und läßt sich leichter pflegen, zumal Zusammensetzung und Unterhalt auf einen größeren Zeitraum verteilt werden können.

Strenge Gestaltung

Streng gestaltete Gärten folgen geometrischen Mustern und werden von kleinen Hecken sowie Wegen eingerahmt. Ein geschlossenes Bild mit einheitlichen Farben und Strukturen erreicht man, indem jedes kleine Beet nur mit Kräutern einer Art bepflanzt wird. Allgemein stören hohe, wuchernde oder spreizende Kräuter das Muster und die Proportionen eines formalen Kräutergartens und können auch die Zwerghecken schädigen. Wo große Sträucher oder Bäume als Blickfang dienen, müssen sie gestutzt werden. Die einfachste Form ist ein Wagenrad mit verschiedenen Kräutern in jedem Segment oder verschiedenen Arten einer Gattung wie auf der folgenden Seite abgebildet. Eine strenge Gestaltung läßt sich gut von einem erhöhten Standort aus betrachten. Die Möglichkeit eines Blicks aus einem Fenster oder von einem Hügel herab sollte man einplanen.

Freie Gestaltung

Ein frei gestalteter Kräutergarten eignet sich besonders für ein unregelmäßig geschnittenes Stück Land. Sein Erfolg hängt von den Pflanzen selbst und einem geschickten Arrangement ab. Man kann verschiedene Elemente einbringen – z.B. eine Wasserfläche für aquatische, einen gepflasterten Abschnitt für kriechende Kräuter oder auch Pflanzen verschiedener Höhe und Ausbreitung. Kräuter mit komplementären oder kontrastierenden Farben lassen sich zu vielfältigen Effekten kombinieren – zum Beispiel ein dichter Bestand aus kriechendem Thymian (*Thymus* spp.) zu Füßen, die hohen Ähren und sanften Farben des Fingerhuts (*Digitalis* spp.) und das goldene Schinkenkraut *(Oenothera biennis)* in einer Ecke des Gartens.

Ein frei gestalteter Garten
Zwischen Lavandula angustifolia *'Hidcote Blue' sind gelber Efeu und grauweißes* Eryngium *eingestreut.*

> **Römische Kamille**
> Obwohl häufig eine großflächige Anlage empfohlen wird, ist das nichtblühende *Chamaemelum nobile* 'Treneague' von langsamem Wuchs und schwierig zu etablieren. Eine gangbare Alternative ist eine kleinere, leicht zu pflegende Anpflanzung, die ein durchgehendes Pflaster unterbricht oder als Verbindungsstück zwischen Steinen auf einem Weg dient. Tritte setzen dabei seinen Duft frei. Die Pflanzen benötigen reichen, aber gut entwässerten Boden und unermüdliches Jäten.

Strenges Design mit Kontrasten
Die weißen Blüten von Tanacetum parthenium *'Aureum' und das* T. cinerariifolium.

Höhe als Blickfang
Bodenbepflanzung und Töpfe auf verschiedenen Ebenen ergeben einen interessanten Blickfang.

EIN WAGENRAD ALS BEET MIT KÜCHENKRÄUTERN
Die Speichen trennen verschiedene Arten langsam wachsende Thymians. Eine platzsparende Möglichkeit für eine kleine Gruppe Pflanzen.

KRÄUTERBEETE ZU VERSCHIEDENEN THEMEN

Auch ein Beet mit Nutzkräutern kann attraktiv aussehen. Es kann Teil einer Rabatte sein und durch eine Zwerghecke aus Lavendel (*Lavandula* spp.) oder Winterbohnenkraut (*Satureja montana*) eingefriedet sein. Empfindliche Kräuter können im Sommer im Freien in Töpfen wachsen und im Winter hereingeholt werden.

KRÄUTER FÜR KOSMETISCHE ZWECKE – für Haut- und Haarpflege: Gartenringelblume *(Calendula officinalis)*; Kamille (*Chamaemelum nobile* oder *Matricaria recutita*); Walderdbeere *(Fragaria vesca)*; Rosmarin *(Rosmarinus officinalis)*; Schwarzer Holunder *(Sambucus nigra)*.

KRÄUTER ZUR BERUHIGUNG – leicht nervenberuhigende Kräuter: Kamille (*Chamaemelum nobile* oder *Matricaria recutita*); Hopfen *(Humulus lupulus)*; Zitronenmelisse *(Melissa officinalis)*; Helmkraut *(Scutellaria lateriflora)*; Echter Ziest *(Stachys offinicalis)*; Baldrian *(Valeriana officinalis)*; Eisenkraut *(Verbena officinalis)*.

KRÄUTER FÜR DÜFTE – aromatische Kräuter für die Extraktion: Pomeranze (*Citrus aurantium*); Zitrone *(Citrus limon)*; Seregras *(Cymbopogon citratus)*; Jasmin *(Jasminum sambac)*; Patschuli *(Pogostemon heyneanus)*.

die von den Strahlen der Abendsonne beleuchtet wird. Andere Möglichkeiten wären ein Vorhang aus blauem Rosmarin (*Rosmarinus officinalis,* Gruppe *Prostratus*) oder ein Engelwurz *(Angelica archangelica)* als Blickfang.

BESTIMMUNG DER ANLAGE

Wenn Sie einen Kräutergarten planen, müssen Sie Einzelheiten festlegen und über Größe, Form sowie Blickrichtung entscheiden. Sie werden die Bodenbeschaffenheit bestimmen müssen und Faktoren wie Klima, die Lage Ihres Grundstücks, seine Neigung und Entwässerung sowie andere Aspekte der Umgebung. Berücksichtigen Sie auch die Jahreszeiten; Laubbäume sehen im Winter langweilig aus, werfen aber im größten Teil des Jahres dichte Schatten. Eine ideale Anlage würde sich durch offene, aber geschützte, sonnige Lage auszeichnen, mit neutralem bis alkalischem, entwässertem, fruchtbarem Boden. Soweit möglich sollte sie frei von mehrjährigem Unkraut oder überhängenden Bäumen und für die Ernte bei jedem Wetter leicht zu erreichen sein. Wenn die von Ihnen in Erwägung gezogene Anlage Nachteile aufweist, sollte Hilfe hinzugezogen werden. Landschaftsgestaltung, Entwässerung, Bodenverbesserung, Wege verlegen und andere Arbeiten erfordern Erfahrung. Wenn die Anlage überwuchert oder vernachlässigt ist, kann es eine Wachstumsphase dauern, bis sie frei von Unkräutern und bereit zum Auspflanzen ist.

BODENVORBEREITUNG

Wenn der Boden von mehrjährigem Unkraut befallen ist, säubern Sie ihn so früh wie möglich und lassen Sie ihn mehrere Wochen brach liegen. Das erlaubt verbliebenen Unkräutern, zu Tage zu treten. Diese auszugraben, bedeutet harte Arbeit, ist aber lohnenswerter als der Einsatz chemischer Unkrautvernichtungsmittel, die tief sitzende Rhizome nicht erreichen. Wenn der Boden „sauber" ist, graben Sie gut verrottete organische Substanzen, z.B. Gartenkompost oder Pilzsubstrat, in den Boden ein und rechen Sie ihn, um eine feine Krume zu erreichen. Das Ziel ist ein fruchtbarer, gut entwässerter Boden. Intensives Düngen ist für viele Mittelmeerkräuter von Nachteil. Es führt zu einem schwachem Wuchs, zu wenig Aroma und geringer Widerstandskraft gegen Schädlinge, Krankheiten oder Frost. Bei schweren Tonböden kann die Drainage verbessert werden, indem man Sand oder Grit hinzufügt. Nicht der ganze Garten muß auf diese Weise präpariert werden, es genügt, das Pflanzloch und seine Umgebung so zu behandeln. Die meisten Kräuter gedeihen in neutraler oder leicht saurer Erde, jedoch vertragen viele mediterrane auch alkalische Bedingungen.

ANLAGE EINES PLANS

Um einen Plan zu zeichnen, sollten Sie die Anlage exakt ausmessen und die wichtigsten Merkmale der Umgebung berücksichtigen. Denken Sie auch an Details wie die Ausbreitung vorhandener Bäume und Unterschiede in der Höhe des Bodens. Beobachten Sie, wohin der Schatten zu verschiedenen Zeiten des Tages und des Jahres fällt. Damit bestimmen Sie nicht nur den besten Standort für Sitzgelegenheiten, sondern tragen den Bedürfnissen der Kräuter Rechnung. Bei freier wie formaler Gestaltung sollten die Kräuter in Reichweite wachsen, um sie bequem ernten zu können. Bei großen Beeten oder Rabatten sollten Sie Schrittsteine einplanen. Steine oder Belag, die vor dem Pflanzen gelegt werden, können Sie benutzen, wenn Sie zur Gestaltung und Vorbereitung des Gartens übergehen. Wenn alle Daten der Anlage erfaßt sind, übertragen Sie diese maßstabsgerecht auf Millimeterpapier, und Sie haben Ihren Masterplan. Sind veränderliche Bedingungen zu berücksichtigen, zeichnen Sie diese auf Klarsichtfolie, die Sie über den Masterplan legen. Entscheiden Sie, welche Kräuter am besten zu Ihrer Gestaltung passen (vgl. „Auswahl und Anpflanzen der Kräuter", S. 378-79) und machen Sie Stichpunkte zu Wachstumsart, Höhe etc.

VORBEREITUNG UND MARKIERUNG DER ANLAGE

1 *Mit der Grabgabel die Wurzeln von mehrjährigem Unkraut ausgraben. Den Hauptstamm in Bodennähe halten, um das ganze Wurzelwerk zu entfernen.*

2 *Nach der Vorbereitung des Bodens kann die Gestaltung markiert werden. Benutzen Sie Schnüre und Stäbe; vergessen Sie nicht Fußwege und Pflaster.*

AUSWAHL UND ANPFLANZEN DER KRÄUTER

Wenn Sie einen Kräutergarten anlegen wollen, sollten Sie alle Planung dafür im Herbst und Winter vornehmen. Wenn der Frühling naht, müssen Sie für die Arbeit im Freien gerüstet sein, die Anlage vorbereiten und ihre Pläne vom Papier in die Wirklichkeit übertragen.

VORBEREITUNG DER ANLAGE

Die Zeit, die Sie dafür verwenden, hängt von der Größe und Komplexität des vorgesehenen Gartens sowie der Bodenbeschaffenheit ab (vgl. „Stil und Anlage" S. 376-77). Wenn das Vorhaben groß und anspruchsvoll sowie der vorhandene Garten eine Wildnis ist, kann die Vorbereitung ein ganzes Jahr dauern. In dieser Zeit können Sie das Gärtnern mit Topfpflanzen beginnen, Kräuter aus Samen ziehen, sich Pflanzen und Stecklinge besorgen und einen Bestand für Anbau sowie Vermehrung anlegen.

AUSWAHL DER KRÄUTER

Die erfreulichste Phase bei der Planung eines Kräutergartens ist die Entscheidung, welche Pflanzen angebaut werden sollen. Versichern Sie sich auf jeden Fall, daß diese für Ihren Garten geeignet sind. Kräuter sollten nach Möglichkeit unter Bedingungen wachsen, die ihrem natürlichen Lebensraum entsprechen. Viele beliebte Kräuter stammen aus dem Mittelmeerraum; sie bevorzugen Sonne, milde Winter und entwässerte Böden. Andere brauchen feuchte, schattige oder nasse Lagen. Kalmus *(Acorus calamus)* und Fieberklee *(Menyanthes trifoliata)* sind Wasserpflanzen und können in Morast oder flachem Wasser wachsen. Die meisten Sorten mit bunten oder goldenen Blättern lieben Morgen- und Abendsonne, aber Schatten am Mittag, weil die pralle Sonne ihr Laub versengt. Informieren Sie sich über den natürlichen Lebensraum der Pflanzen. Kissenprimeln *(Primula vulgaris)* z.B. lieben schattige Böschungen und können an ihrem Fuß Platz finden; Echter Hauswurz *(Sempervivum tectorum)*, ein Bewohner felsiger Regionen, kann so gepflanzt werden, daß er an Mauern wächst.

ANPFLANZEN EINES *SEMPERVIVUM*
Die Wurzeln werden in den Spalt einer Mauer oder eines Steingartens gefüllt und sofort mit nachgefülltem Kompost fixiert.

DER KAUF VON KRÄUTERN

Viele Küchenkräuter kann man in jedem Gartengeschäft kaufen. Meistens vorrätig sind Petersilie (*Petroselinum* spp.), Schnittlauch *(Allium schoenoprasum)*, Gartensalbei *(Salvia officinalis)* oder Purpursalbei (*S. o.*, Gruppe Purpurascens), Pfefferminze *(Mentha × piperita)*, Ährenminze *(Mentha spicata)*, Gartenthymian *(Thymus vulgaris)*, Rosmarin *(Rosmarinus officinalis)*, Zitronenmelisse *(Melissa officinalis)*, Strohblume *(Helichrysum italicum)* und bronzefarbener Fenchel (*Foeniculum vulgare* 'Purpureum'). Medizinische Kräuter wie Baldrian *(Valeriana officinalis)*, Weinraute *(Ruta graveolens)* und Immergrüner Buchsbaum *(Buxus sempervirens)* werden oft mit Küchenkräutern angeboten. Eine interessante Auswahl an Thymian (*Thymus* spp.) kann man häufig bei den Alpinpflanzen finden; die Abteilung für den Wassergarten führt vielleicht Kalmus *(Acorus calamus)*, Brunnenkresse *(Nasturtium officinale)*, Bachminze *(Mentha aquatica)* oder *Houttuynia*. Einige Kräuter vertragen keine Störung der Wurzeln; Boretsch (*Borago* spp.), Gartenkerbel *(Anthriscus cerefolium)*, Dill *(Anethum graveolens)* und Klatschmohn *(Papaver rhoeas)* sollten daher dort aus Samen gezogen werden, wo sie blühen sollen.

SPEZIELLE KRÄUTERPFLANZSCHULEN

Pflanzschulen, die sich auf Kräuter spezialisiert haben, bieten eine größere Auswahl und Beratung an als Gartengeschäfte. Die meisten liefern auch Heilkräuter, Färbepflanzen und vorgepflanzte Kübel. Da sich das Personal besser auskennt und mehr Interesse zeigt, sind die Pflanzen häufig auch von besserer Qualität. Wenn Sie eine Auswahl an Thymian suchen oder Lavendel, lohnt sich ein Besuch der Pflanzschulen zur Zeit der Blüte. Der zur Auswahl stehende Reichtum an Farben und Wuchs ist verblüffend, und Entscheidungen fallen Ihnen leichter, wenn Sie die Sorten in Augenschein nehmen können.

WURZELSTAU BEI KÜBELPFLANZE
Gestaute Wurzeln in zu kleinen Töpfen sollten Sie vermeiden; Wurzeln, die den Boden des Topfes durchstoßen, zeigen, daß dieser zu klein ist.

WAS ZU BEACHTEN IST

Wenn Sie Ihre Auswahl vornehmen, überprüfen Sie die Pflanzen auf Schädlinge und Krankheiten. Wählen Sie Pflanzen im besten Zustand und mit dem schönsten Wuchs. Ignorieren Sie die Blüten-

SPEZIALISIERTE PFLANZSCHULE FÜR KRÄUTER
Gut eingeführte Kräuterpflanzschulen bieten die beste Auswahl an Küchen-, Heil- und aromatischen Pflanzen sowie eine Fachberatung zu ihrer Kultivierung. Man findet sie in Gartenzeitschriften, Büchern über Kräuter und über örtliche Gesellschaften für Kräuteranbau.

▲ AUSPFLANZEN VON KRÄUTERN *Die Pflanzlöcher sollten groß genug sein, um die Pflanze mit Dünger aufzunehmen. Einige zusätzliche Pflanzen erhöhen die Dichte, solange sie alle noch nicht ausgewachsen sind.*

ÜBERPRÜFUNG DER GESTALTUNG ▶ *Stellen Sie die Töpfe mit Kräutern an die Position, die diese im Beet einnehmen sollen; das ermöglicht Ihnen, den Raumverbrauch und die allgemeine Wirkung einzuschätzen.*

pracht, das könnte zum Erwerb eines minderwertigen Exemplars verführen. Schauen Sie lieber auf die Anzahl der Sprossen oder neuer Triebe und achten Sie auf farbenreiches, kräftiges Laub. Achten Sie auch auf Pflanzen in zu kleinen Töpfen; diese brauchen manchmal mehrere Monate, bis sich aus den im Topf zusammengepreßten Wurzelballen neue Wurzeln entwickeln.

DAS AUSPFLANZEN

In Containern gezogene Pflanzen können das ganze Jahr über ausgepflanzt werden. Aber sie gedeihen am schnellsten im Frühjahr, wenn ein kräftiger Wuchs beginnt und mit regelmäßigem Regen zu rechnen ist. Wenn sie den Winter über unter Glas aufbewahrt wurden, müssen sie unter Umständen vor dem Auspflanzen in einem Frühbeetkasten abgehärtet werden. Küchen- und Heilkräuter sollten an Standorten ausgepflanzt werden, wo sie von Haustieren, Straßenabgasen und landwirtschaftlichen Unkrautvernichtungsmitteln nicht erreicht werden können. Eine Reihe häufig angebauter Kräuter sind im übrigen hochgiftig, zum Beispiel Fingerhut (*Digitalis* spp.), Wunderbaum *(Ricinus communis)* oder Eisenhut (*Aconitum* spp.).

METHODEN DES AUSPFLANZENS

Die Pflanzen vor dem Einsetzen gut wässern, denn trockene Wurzelballen lassen sich, sind sie erst einmal unter der Erde, schlecht gründlich wässern. Nackte Wurzeln können sich, in Wasser getaucht, vollsaugen. Um eine Verdichtung des Bodens zu vermeiden, sollte man, um die Pflanzstelle erreichen zu können, auf einer Planke stehen. Wenn Sie einem Pflanzplan folgen, setzen Sie zuerst die Pflanzen an ihre Stelle, wie oben gezeigt. Lassen Sie genügend Platz für die erwartete Höhe und Ausbreitung – ein Engelwurz *(Angelica archangelica)*, beim Auspflanzen nur 15 cm hoch, wird zuletzt mehr als 2m Höhe und 1,2m Breite einnehmen. Sämlinge von kleineren Kräutern können dichter ausgepflanzt und später ausgedünnt werden. Das Auspflanzen geschieht, um die Belastung der Pflanzen zu verringern – am besten an einem windstillen, feuchten Tag. Sonnige, windige Wetterbedingungen erhöhen den Feuchtigkeitsverlust. Mischen Sie etwas organischen Bodenverbesserer oder konzentrierten organischen Dünger wie Fisch- oder Knochenmehl unter. Drücken Sie den Boden um die Pflanze herum sanft an und wässern Sie gründlich, um den Boden zu verdicken und genügend Feuchtigkeit für neues Wurzelwachstum zur Verfügung zu stellen.

EINE KLEINE AUSWAHL FÜR ANFÄNGER

KRÄUTER FÜR SONNIGE, TROCKENE LAGEN

KÜCHE
Foeniculum vulgare, Origanum vulgare, Rosmarinus officinalis, Salvia officinalis, Satureja montana, Thymus vulgaris.

AROMA
Agastache foeniculum, Artemisia abrotanum, Helichrysum italicum, Lavandula spp., *Santolina chamaecyparissus.*

MEDIZIN
Calendula officinalis, Eschscholzia californica, Galega officinalis, Hyssopus officinalis, Nepeta cataria, Sempervivum tectorum, Verbascum thapsus.

KRÄUTER FÜR FEUCHTE BÖDEN IM SCHATTEN

KÜCHE
Allium schoenoprasum, Angelica archangelica, Levisticum officinale, Mentha spicata, Myrrhis odorata, Petroselinum crispum.

AROMA
Artemisia lactiflora, Galium odoratum, Houttuynia cordata, Mentha requienii, Pelargonium tomentosum.

MEDIZIN
Ajuga reptans, Digitalis spp., *Filipendula ulmaria, Melissa officinalis, Mentha* x *piperita, Sambucus nigra.*

KRÄUTER FÜR SUMPF ODER TEICH

Acorus calamus / A.gramineus, Cardamine pratensis, Iris versicolor, Mentha aquatica, Menyanthes trifoliata, Myrica gale, Typha latifolia.

DAS AUSPFLANZEN WUCHERNDER KRÄUTER IM FREIEN

Einige sehr nützliche Gartenkräuter können aufgrund ihrer Neigung zum Wuchern zu einem Ärgernis werden. Das sind v. a. Minzen (*Mentha* spp.), Waldmeister *(Galium odoratum)* und Rainfarn *(Tanacetum vulgare)*. Ihre Ausbreitung im Freien läßt sich eingrenzen, wenn man sie in (unter der Erde versenkten) Containern einpflanzt. Jeder Topf oder alte Eimer mit Wasserloch ist dafür geeignet. Die Pflanze sollte jedes Frühjahr geteilt und der Topf vor der Neupflanzung mit frischer Erde oder Topferde aufgefüllt werden.

1 *Graben Sie ein entsprechend großes Loch und füllen Sie es mit einer Mischung aus Erde und Kompost auf.*

2 *Pflanzen Sie das Kraut (hier Minze,* Mentha x piperita*) ein und bedecken Sie den Topf mit Erde; dann gründlich wässern.*

KRÄUTER IN BEHÄLTERN

Kräuter, die in Behältern gezogen werden, benötigen mehr Pflege als im Boden wachsende. Im Prinzip ist jeder Behälter geeignet, vorausgesetzt es sind Topfscherben zur Abdeckung vorhanden, die den Verlust von Kompost verhindern, und ein Entwässerungsloch, um Staunässe zu vermeiden. Wasserundurchlässige Behälter lassen sich aber für Kräuter verwenden, die eine nasse Umgebung lieben, wie zum Beispiel Zypergras *(Cyperus longus)*. Töpfe aus Terrakotta passen sehr gut zu mediterranen Kräutern; wenn sie verwittern, ergänzen sie die feinen Farbtöne der Blüten und Blätter. Der Nachteil besteht v.a. darin, daß sie bei warmem Wetter sehr schnell austrocknen und im Winter unter Abdeckungen gebracht werden müssen, bis sie Frösten widerstehen können. Sehr viel Abwechslung wird erzielt, wenn ein nach strengen Gestaltungskriterien gestutzter Lorbeer- oder Buchsbaum in einer rechteckigen Sitzwanne oder einem Halbfaß angepflanzt wird. Ein großer Behälter oder eine Gruppe von kleineren stellen im Kräutergarten einen hübschen Blickfang dar. Aus Containern läßt sich ein kompletter Kräutergarten zusammenstellen – sie können auf Mauern, Stufen, Fensterbrettern oder auch nur auf dem Boden stehen. Wo Platznot vorherrscht, gedeihen trotzdem noch vielerlei Kräuter, zum Beispiel in einem Halbfaß, Wagenrad oder Blumenkasten. Auch ein Topf mit Pflanzöffnungen tut es.

VORTEILE DER ANPFLANZUNG VON KRÄUTERN IN BEHÄLTERN

- Töpfe können in erreichbarer Nähe plaziert werden.

EIN MINIATURWASSERGARTEN
Eine hübsche Zurschaustellung von kleinen Seerosen.

- Behälter können durch Auswechseln der Pflanzen das ganze Jahr über Wirkung erzielen.
- Wuchernde Kräuter lassen sich leichter unter Kontrolle halten.
- Empfindliche Kräuter können bei schlechtem Wetter ins Haus gebracht werden.
- Kräuter, die einen besonderen Boden brauchen, können im geeigneten Kompost gedeihen.
- Sukkulente Kräuter, die Nacktschnecken anziehen, wie z.B. Basilikum (*Ocimum* spp.) sind im Topf geschützt.

PFLANZUNG UND PLAZIERUNG

Der Schlüssel zum Erfolg bei Behältern mit Kräutern besteht in der Anpflanzung der richtigen Art und Zahl. Zu viele Pflanzen machen den Behälter oberlastig, trocknen ihn schnell aus und verbrauchen schnell alle Nährstoffe. Wenn Sie Kräuter für eine gemischte Anpflanzung in einem Behälter aussuchen, bedenken Sie Größe und Wachstumsart. Zwergsorten (wie *Origanum vulgare* 'Compactum') wären eine gute Wahl. Liegende oder kriechende Kräuter machen die Konturen weicher. Große, tiefwurzelnde Kräuter, wie zum Beispiel die Engelwurz (*Angelica* spp.), sind für Behälter ungeeignet. Verwenden Sie für Kräuter in Töpfen unbedingt Topferde, da diese vergleichsweise schwerer ist als Kompost ohne Erde und dadurch die Feuchtigkeit besser zurückhält. Behälter trocknen im Verlauf einer Wachstumsphase schneller aus und können zusätzliches Wasser erhalten, wenn man sie in Schalen stellt.

KRÄUTERGÄRTEN IN GROSSER HÖHE

In großer Höhe wachsende Kräuter – auf Balkonen, Dachgärten, Fenstersimsen und in Hängekörben – sind eine besondere Herausforderung. Der begrenzte Platz verkleinert die Auswahl, und zusätzliche Luftbewegungen beschleunigen das Austrocknen. Wo der Raum begrenzt ist, kann die Wachstumsart der Pflanze ausgenutzt werden, und wo sich eine große Wanne unterbringen läßt, ziehen immergrüne Kräuter mit unterschiedlicher Wachstumsart den besten Nutzen aus dem vorhandenen Platz. Probieren Sie zum Beispiel die Zusammenstellung aus einem Kletterer wie Jasmin *(Jasminum officinale)*, an der Rückseite eines fächerförmigen Spaliers gezogen, mit Zwerglavendel (*Lavandula* spp.) um die Sohle herum sowie herabhängendem Bohnenkraut (*Satureja spicigera*). Wenn Sie Kräuter auf einem Fenstersims wachsen lassen wollen, hängt die Auswahl der

AUF VERSCHIEDENEN EBENEN
*Eine Auswahl von Kräutern in Terrakottatöpfen auf kleinstem Raum macht Eindruck. Der goldfarbene und purpurne Salbei (*Salvia*-Arten) verleihen dem Bild Farbe.*

EIN ERDBEERTOPF
Dieser Behälter für das Anpflanzen von Kräutern auf engstem Raum macht von den Jahreszeiten unabhängig und erlaubt das regelmäßige Auswechseln der Pflanzen.

BEPFLANZUNG EINES BLUMENKASTENS

ANLAGE MIT GOLDFARBEN
*Wilder Majoran (*Origanum vulgare-*Arten),* Tanacetum parthenium, *Zinnien und Gazanien.*

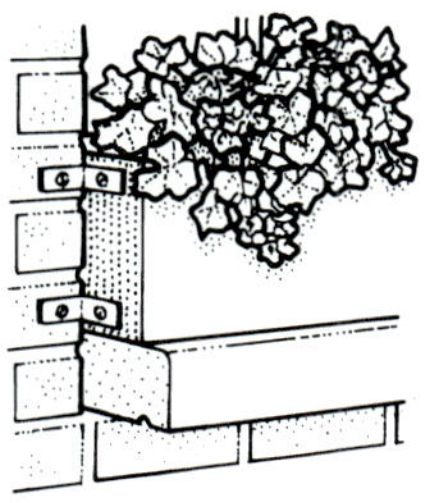

BEFESTIGUNG
Einen haltbaren Blumenkasten von mindestens 15 cm Tiefe wie im Bild an der Wand oder am Fensterrahmen befestigen.

KRÄUTER FÜR BLUMENKÄSTEN

Dianthus chinensis Sorten
Glechoma hederacea 'Variegata'
Hedera helix Sorten
Helichrysum italicum ssp. *microphyllum*
Lavandula angustifolia 'Nana Alba'
Origanum vulgare 'Compactum'
Rosmarinus officinalis 'Benenden Blue'
Rosmarinus officinalis, Gruppe Prostratus
Salvia officinalis 'Tricolor'
Salvia viridis Sorten
Santolina chamaecyparissus var. *nana*
Tagetes patula Sorten
Tanacetum parthenium 'Golden Moss'
Thymus vulgaris Sorten
Vinca minor und Sorten
Viola tricolor

PFLANZVORSCHLÄGE FÜR BEHÄLTER

SOLITÄRSTRÄUCHER UND BÄUME

Aloysia triphylla
Buxus sempervirens und Sorten
Citrus Arten
Eucalyptus globulus
Ilex aquifolium 'Ferox Argentea'
Juniperus communis
Laurus nobilis und Sorten
Myrtus communis 'Variegata'
Olea europaea
Pelargonium spp. und Hybriden
Phyllostachys nigra und Sorten
Pinus sylvestris 'Aurea'
Punica granatum var. *nana*

IN DER MITTE GROSSER BEHÄLTER

Agave americana 'Variegata'
Helianthus annuus 'Teddy Bear'
Laurus nobilis und Sorten
Ricinus communis 'Carmencita'
Zea mays 'Gracillima Variegata'

DICHT WACHSENDE KRÄUTER

Arctostaphylos uva-ursi
Buxus sempervirens 'Suffruticosa'
Buxus sempervirens 'Kingsville Dwarf'
Dianthus chinensis Sorten
Hedera helix 'Erecta'
Hyssopus officinalis spp. *aristatus*
Lavandula angustifolia 'Nana Alba'
Myrtus communis spp. *tarentina*
Ocimum basilicum 'Mini Purpurascens Wellsweep'
Ocimum basilicum var. *minimum*
Origanum vulgare 'Compactum'
Pinus mugo var. *pumilio*
Salvia officinalis 'Tricolor'
Santolina chamaecyparissus var. *nana*
Sempervivum tectorum
Tagetes patula Sorten
Thymus serpyllum 'Elfin'
Thymus vulgaris 'Erectus'

EIN HÜBSCHER KONTRAST
Hier sehen Sie einen Topf mit blassem Lauch vor einem Beet mit rosa Schnittlauch und silbrigem Thymian.

KRIECHENDE KRÄUTER

Acinos arvensis
Cytisus scoparius ssp. *maritimus*
Fragaria vesca
Glechoma hederacea 'Variegata'
Hedera helix Sorten
Rosmarinus officinalis, Gruppe Prostratus
Thymus herba-barona
Tropaeolum majus 'Empress of India'
Vinca minor und Sorten

AQUATISCHE KRÄUTER

Acorus gramineus und Sorten
Cyperus longus
Houttuynia cordata
Iris versicolor
Mentha aquatica
Menyanthes trifoliata.

Kräuter von dessen Lage ab. Kräuter mit holzigen Stielen und zurückfederndem Laub, wie zum Beispiel Salbei (*Salvia* spp.) oder Thymian (*Thymus* spp.) und Lorbeer *(Laurus nobilis)*, widerstehen dem Wind besser als Kräuter mit weichen Stielen wie Petersilie (*Petroselinum* spp.) und Schnittlauch *(Allium schoenoprasum)*.

PFLEGE UND BETREUUNG

Regelmäßiges Wässern ist entscheidend. Prüfen Sie die Feuchtigkeit des Bodens täglich, insbesondere an heißen oder windigen Tagen. Geben Sie in der Wachstumsphase alle zwei Wochen etwas Flüssigdünger hinzu und bringen Sie die Behälter im Winter unter Abdeckungen. Töpfe, die bei Frost nicht kaputt gehen, können im Freien belassen werden; bei besonders tiefen Temperaturen müssen die Töpfe jedoch umwickelt werden, um die Wurzeln vor dem Erfrieren zu schützen. Dazu kann ein alter Teppich oder Jutesack dienen, der mit Strippe sicher festgebunden wird. Mit Gartenvlies kann man sowohl den Topf wie auch die Pflanze einschlagen, weil es genügend Licht durchläßt. Im Frühjahr sollte der Zustand jeder Pflanze geprüft werden. Wenn sich bei einer Pflanze die Wurzeln stauen, treten einige Wurzeln durch den Boden des Topfes durch; die Pflanze hat dann blasses Laub und einen schwachen neuen Wuchs. Sie sollte alsbald in einen größeren Topf umgesetzt oder für die Neuanpflanzung im gleichen Topf geteilt werden. Das Zurückschneiden der Kräuter nach dem Umtopfen regt neuen Wuchs an, entfernt Schädlinge auf dem Laub und kompensiert Schäden an den Wurzeln. Wenn ein Umtopfen nicht möglich ist, kann ein 2,5-5 cm tiefes Auswechseln der abdeckenden Bodenschicht mit geeignetem Kompost hilfreich sein. Lorbeerbäume gedeihen in ziemlich kleinen Behältern und werden, vorausgesetzt sie sind nicht zu oberlastig, besser neu abgedeckt

EIN HOCHSTÄMMCHEN
Die Anpflanzung eines Hochstämmchens von Buxus sempervirens *in einem Behälter läßt Platz für buschige oder kriechende Kräuter wie z.B. Thymian.*

Anbau unter Abdeckungen

Hängekorb mit Küchenkräutern
Das geringe Gewicht von Topferde ohne Lehm eignet sich für Hängekörbe; sie trocknet aber schnell aus.

Anzucht von Brunnenkresse
Pflanzen Sie 3 oder 4 Triebe in einen 15 cm hohen Topf mit nährstoffreichem Kompost, der in Wasser steht.

Es gibt unzählige Kräuter für jeden Geschmack, die unter Abdeckungen oder auch im Haus angebaut werden können. Zusätzliche Wärme und Schutz sind ideal für empfindliche Exemplare und verlängern die Wachstumszeit von winterharten und auch halbharten Pflanzen.

Licht und Wärme

Obwohl die abgedeckte Umgebung Schutz gegen Wind und Wetter bietet, kann sie andererseits die Menge an vorhandenem Licht vermindern. Die meisten Kräuter gedeihen bei strahlender Helligkeit und benötigen daher eine sonnige Lage mit 12-14 Stunden Tageslicht, davon so viel wie möglich von oben. Besonders Pflanzen mit verschiedenfarbigem Laub brauchen eher mehr Licht als die anderen, da ihnen nur eine kleinere Fläche Grün für die Photosynthese zur Verfügung steht. Pflanzen, die lediglich von einer Seite Licht bekommen, sollten regelmäßig gewendet werden, um einem einseitigen Wuchs vorzubeugen. Die meisten empfindlichen Pflanzen stammen aus den Tropen, wo die Luftfeuchtigkeit mit steigenden Temperaturen zunimmt. Diese feuchte Umgebung kann zum Beispiel durch Besprühen der Pflanzen am Morgen bewirkt werden. Gewächshäuser werden „eingenebelt", indem man Wasser auf den Boden und die Regale sprengt. Bei zu geringer Luftfeuchtigkeit entwickeln empfindliche Pflanzen braune Spitzen an den Blättern und können von Spinnmilben befallen werden.

Kräuter im Haus

Eine der einfachsten Methoden, Küchenkräuter zu ziehen, besteht darin, Töpfe mit Kräutern auf der Fensterbank zu plazieren. Sämlinge, die nach Bedarf abgeerntet werden können, wie zum Beispiel Kresse, können im Supermarkt in Töpfen gekauft werden, lassen sich aber auch aus Samen ziehen. Rauken (*Eruca vesicaria* spp. *sativa*), Koriander *(Coriandrum sativum)* und Dill *(Anethum graveolens)* sind zum Abernten als Sämlinge besonders geeignet: Raukensamen schießt in drei bis vier Tagen in die Höhe; Koriander braucht etwa fünf bis sechs Tage. Körbe trocknen leicht aus, Feuchtigkeitsspeicher wie Granulat können dem abhelfen. Kapuzinerkressen *(Tropaeolum majus)* läßt man kriechen, um im Zimmer einen farblichen Effekt zu erzielen. Steckzwiebeln *(Allium cepa)* und Zehen von Knoblauch *(A. sativum)* lassen sich als ganze Zwiebeln oder in Teilen zu jeder Zeit (von Herbst bis Frühjahr) in einem Topf auspflanzen. Innerhalb von ca. 3 Wochen schießen sie sukkulente, würzige Blätter hoch, die bei 5 cm Länge abgeschnitten werden können. Hochwachsende Kräuter werden eine Fensterbank bald ausgewachsen haben. Doch selbst solche „Giganten" wie Liebstöckel *(Levisticum officinale)* und Fenchel *(Foeniculum vulgare)* werden Sie als Setzlinge mit einer genügenden Menge Würze versorgen. Die meisten dieser Küchenkräuter sind winterhart und können daher selbst am sonnigsten Fensterbrett nicht für unbestimmte Zeit gedeihen.

Kräuter für das Gewächshaus

Natürlich ist das Gewächshaus der ideale Ort, um Küchenkräuter in größerer Auswahl und Menge zu ziehen. Dort ist die Lichtstärke ausreichend; selbst ungeheizte Gewächshäuser bilden eine geschütztere Umgebung als der Anbau im Freien und erlauben Ernten auch außerhalb der Wachstumszeit. Übergehen Sie die ausgelaugten Pflanzen im Frühjahr, pflanzen Sie diese im Freien aus und lassen Sie ihnen ruhig eine Vegetationsperiode lang Zeit zur Erholung. Eine ganze Reihe von verschiedenen Kräutern wie der Kerbel *(Anthriscus cerefolium)*, der Koriander und die Petersilie werden auch den Winter hindurch wachsen, wenn man sie im Spätsommer oder im Frühherbst aussät und vor Frost schützt.

Das Gewächshaus im Sommer

Der optimale Nutzen eines Gewächshauses im Sommer besteht hauptsächlich in der Aufzucht empfindlicher Kräuter, mit denen im Freien in kühlen Sommern nur unbefriedigende Ergebnisse erzielt werden. Zudem kann die Auswahl so erhöht werden. Basilikum gedeiht in kälteren Regionen nur selten, entwickelt sich unter Glas bei Wärme und Licht aber hervorragend. Wenn man verschiedene Sorten anbaut, wird man dekorative Akzente mit einer Auswahl an Geschmacksnoten verbinden. *Perilla frutescens* gehört auch zu den Kräutern, die von zusätzlicher Wärme profitieren. Paprika (*Capsicum* spp.) liebt Temperaturen über 21° C und wird unter Glas eher reife Früchte entwickeln als im Freien. Ihre Wachstumsphase ist ziemlich lang und beträgt 15-18

Photosynthese

Die Blätter enthalten das grüne Pigment Chlorophyll. Dieses nimmt die Energie des Sonnenlichts auf und wandelt das in der Luft und im Bodenwasser enthaltene Kohlendioxyd im Verlauf der Photosynthese in Kohlenhydrate um. Pflanzen mit verschiedenfarbigen Blättern, bei denen die grüne Fläche kleiner ist, brauchen mehr Licht als Pflanzen mit glatt grünen Blättern. Sauerstoff ist die Basis allen Lebens und ein Ergebnis der Photosynthese. Die Energie, die den Stoffwechsel der Pflanzen steuert, wird durch die Atmung herbeigeführt. Die Blätter nehmen Sauerstoff auf und spalten Kohlenhydrate zu Energie, Kohlendioxyd und Wasser auf.

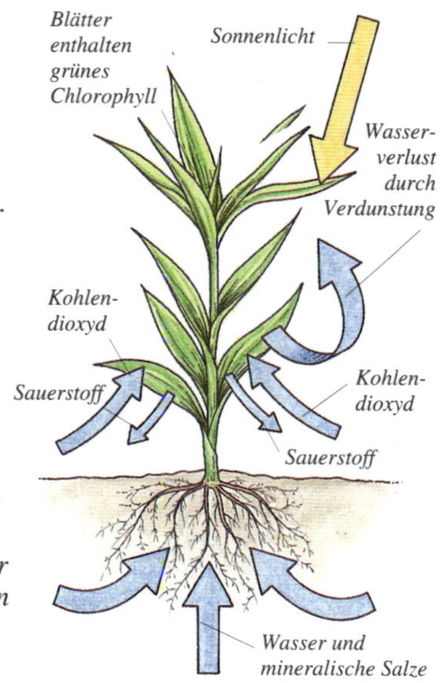

Kräuter auf der Fensterbank
*Majoran (*Origanum *spp.), Schnittlauch (*Allium *spp.), purpurne Salbei (*Salvia *spp.) und Apfelminze (*Mentha *spp.) stehen für den Gebrauch in der Küche bequem zur Hand.*

SONNE UND SCHATTEN
Dieser Weinstock (Vitis vinifera) *trägt in der Wärme Früchte und wurde entlang des Daches gezogen, wo er vom Sonnenlicht profitiert und anderen Pflanzen Schatten gibt.*

Wochen, bis sie die notwendige Größe zum Blühen erreicht haben. Deshalb sollten Samen im zeitigen Frühjahr bei Wärme ausgesät werden. Wenn das Gewächshaus sich aufheizt und es zuviel Sonne geben sollte, kann man mit kletternden Kräutern wie Weinreben *(Vitis vinifera)*, Gurken *(Cucumis sativus)* und Schwammgurken *(Luffa cylindrica)* Schatten erzeugen. Junge halbharte Pflanzen müssen vor dem Auspflanzen abgehärtet werden. In der Regel geschieht dies durch den Umzug der Pflanze an eine kühlere, luftigere Stelle im Gewächshaus oder auf der Fensterbank. Nach dem Abhärten können halbharte Pflanzen in Kübel oder in die Erde gepflanzt werden, wenn keine Frostgefahr mehr besteht.

KRÄUTER ALS ZIERPFLANZEN IM HAUS

Ein grünes Zimmer oder ein Wintergarten sind Refugien, in denen man sitzen und die Schönheit sowie den Duft der Kräuter bei jedem Wetter und zu jeder Jahreszeit genießen kann. Eine geringe Menge mit Bedacht ausgewählter Pflanzen, an denen man lange Zeit Freude haben will, benötigen weniger Betreuung als eine größere Zusammenstellung mit kleineren Pflanzen. Zitrusbäume bilden mit ihren glänzenden, immergrünen Blättern, herrlich duftenden Blüten und farbenfrohen Früchten dekorative Solitäre. Die buntblättrige Zitrone (*Citrus limon* 'Variegata') gehört zu den hübschesten Exemplaren für eine Kultivierung im Haus; sie hat gelb geränderte Blätter und gestreifte junge Früchte. Buntblättrige Brautmyrte (*Myrtus communis* 'Variegata') ruft ein größeres Interesse hervor als ihre durchgehend grüne Entsprechung und ist als weniger winterharte Pflanze geeignet für liebevolles Verwöhnen hinter Glas. Sie hat kleine, aromatische Blätter, im Sommer zierliche weiße Blüten und blauschwarze Früchte.
Duftende Pelargonien unterscheiden sich in der Größe der Blätter, in der Oberfläche und im Aroma. Sie akzeptieren auch einen harten Schnitt und trockene Bedingungen; wenn sie zu holzig werden oder zu unordentlich aussehen, können sie leicht vermehrt werden. In der Nähe von Türen oder Durchgängen plaziert, erfüllt ihr Duft die Luft. Die hellgrüne, samtweiche, minzige Pelargonie *(Pelargonium tomentosum)* ist mit Halbschatten zufrieden. Salbei- (*Salvia* spp.) und Lavendelpflanzen (*Lavandula* spp.) verwöhnen Sie ähnlich großzügig mit Duft und Farben. Der nach Ananas duftende Salbei, *Salvia elegans* 'Scarlet Pineapple', bringt mitten im Winter scharlachrote Blüten hervor. Wenn Sie einen exotischeren Akzent lieben, versuchen Sie Ingwer *(Zingiber officinale)* oder Kurkuma *(Curcuma longa)* aus frischen Rhizomen in Töpfen zu züchten. Mit dekorativem Laub wirken sie sehr elegant, zudem sterben sie im Herbst ab und schaffen Platz für Pflanzen, die Sie aus dem Garten ins Haus holen.

SCHÄDLINGE UND KRANKHEITEN

Luftzufuhr und Hygiene sind zur Vermeidung von Schädlingen sowie Krankheiten von höchster Bedeutung. Um Pilzkrankheiten zu bekämpfen, müssen abgestorbene Blätter oder Blüten regelmäßig entfernt und bei schönem Wetter die Fenster geöffnet werden. Sie können auch einen Ventilator einsetzen. Nehmen Sie zum Wechsel jeder Jahreszeit eine gründliche Säuberung vor. Halten Sie das Glas von innen und außen sauber, um die höchste Lichtdurchlässigkeit sicherzustellen. Wenn Sie die Pflanzen im Herbst aus dem Garten hereinholen, tauchen Sie sie in eine biologische Lösung, um Nacktschnecken, die sich noch in den Töpfen befinden können, abzutöten. Wärme unterstützt das Wachstum von Schädlingen und Pflanzen. Untersuchen Sie die im Haus gezogenen Pflanzen regelmäßig auf Anzeichen von Blattläusen, Weißen Fliegen und Spinnmilben, besonders unter den Blättern und um den neuen Wuchs herum.

BIOLOGISCHE SCHÄDLINGSBEKÄMPFUNG

Vielen Menschen widerstrebt der Einsatz chemischer Mittel bei Küchenkräutern, zumal wenn sie im Haus wachsen, aber biologische Bekämpfung, die die Schädlinge zwar nicht ausrottet, aber auf ein erträgliches Maß reduziert, kann zum Einsatz gelangen. Man versteht darunter Räuber, Parasiten und Krankheitserreger, die einen bestimmten Schädling angreifen. Das mag sich reißerisch anhören, aber die Mittel sind kleiner als die Schädlinge und arbeiten unsichtbar. Es gibt hervorragende biologische Feinde für Blattläuse, Weiße Fliegen, Spinnmilben, Schmier- und Schildläuse sowie Raupen. Es braucht einige Wochen, bis eine sichtbare Wirkung zu bemerken ist. Die meisten Räuber und Parasiten benötigen eine Mindesttemperatur von 21° C und helles Licht, um zu brüten. Wenn die Menge der Schädlinge im Frühjahr außer Kontrolle gerät, bevor Sie biologische Mittel zum Einsatz bringen, schneiden Sie die befallenen Pflanzen zurück, verbrennen das Laub und topfen sie um oder düngen sie, um gesunden Wuchs anzuregen. Benutzen Sie keine Pestizide, nachdem Sie begonnen haben, mit biologischen Mitteln zu arbeiten; selbst organische Pestizide schädigen auch die Räuber.

EINIGE HÄUFIGE KRANKHEITEN

Larven der Weißen Fliege

Weiße Fliegen

▲ *Grauschimmel oder „Botrytis"*

Diese häufig auftretenden Schädlinge können durch chemische Mittel oder durch Räuber, die sie angreifen, unterdrückt werden. Verbesserte Belüftung und der Einsatz von Fungiziden halten Pilzbefall ab.

◄ *Spinnmilben*

LAUFENDE GARTENPFLEGE

Wie schön der Kräutergarten auch geplant und angelegt sein mag, er bedarf regelmäßiger Pflege, um seine Schönheit zu bewahren. Auch jede einzelne Pflanze braucht Ihre Aufmerksamkeit.

BEWÄSSERN

Viele mediterrane Kräuter, wie Rosmarin *(Rosmarinus officinalis)* und Thymian (*Thymus* spp.), sind bei Trockenheit von Natur aus widerstandsfähig und brauchen Bewässerung nur bei längerer Dürre. Neu gepflanzte Kräuter müssen regelmäßig bewässert werden, bis kräftiger Wuchs sichtbar geworden ist und das Wurzelsystem sich über den ursprünglichen Wurzelballen hinaus verbreitert hat. Es ist besser, gründlich und dafür weniger oft zu wässern. Die beste Zeit für das Bewässern ist der Abend. Die Verdustung ist minimal, ein Versengen nassen Laubs in der Sonne wird dabei ausgeschlossen.

DÜNGEN UND MULCHEN

Nur wenige der beliebten Küchenkräuter brauchen reichliche Nahrung; intensives Abernten – zum Beispiel von Schnittlauch *(Allium schoenoprasum)* – erhöht den Bedarf an Nährstoffen. Jährliches Mulchen mit schwer zersetzbarem organischem Dünger, Kompost oder zerteilter Rinde fügt neue Nährstoffe hinzu und verhindert das Wachstum von Unkräutern. Das Ausbringen sollte im Frühjahr nach einem Regen erfolgen, wenn der Boden sich erwärmt hat. Das Abdecken mit trockener, gefrorener Erde hält das Wachstum zurück. Bei nassen, schweren Böden sollte Düngen und Mulchen nur bei Pflanzen erfolgen, deren Aufbauphase abgeschlossen ist und die in nährstoffreichen, feuchten Bedingungen gedeihen. Breiten Sie eine Schicht Grit um mediterrane und Kräuter mit grauen Blättern aus, um die Gefahr des Verrottens zu verringern. Nichtorganische Dünger und schwerer Stallmist sind nicht zu empfehlen. Sie fördern nur saftigen Wuchs, dem der Geschmack fehlt und der für Frostschäden, Schädlinge und Krankheiten anfälliger ist.

JÄTEN

Das Jäten von Unkraut garantiert, daß das Wachstum nicht durch den Wettbewerb um Licht, Nährstoffe und Feuchtigkeit unterdrückt wird. Es gibt Ihnen auch die Möglichkeit, Ihre Kräuter zu untersuchen. Vorsicht in der Nähe von Rauten *(Ruta graveolens)* und anderen Kräutern, weil die Blätter Hautreizungen auslösen können.

PANASCHIERUNG UND ZURÜCKSCHLAGEN

Die meisten buntblättrigen Kräuter werden aus grünblättrigen Arten vermehrt, die einen Trieb mit buntem Laub hervorgebracht haben. Diese Mutationen können durch Umweltfaktoren oder durch einen besonderen Virus hervorgerufen worden sein. Panaschierte Pflanzen sind in der Regel nicht so kräftig wie ihre grünen Verwandten, was bei wuchernden Arten wie Geißfuß *(Aegopodium podagraria)* von Vorteil sein kann. Manchmal entwickeln panaschierte Pflanzen Triebe, die zu vollem Grün zurückschlagen. Diese Zweige sind kräftiger und sollten entfernt werden. Wenn man sie an der Pflanze beläßt, wird diese schließlich ganz zu vollem Grün zurückschlagen. Einige panaschierte Kräuter, wie die nach Ananas duftende Apfelminze (*Mentha suaveolens* 'Variegata') bilden gelegentlich auch vollständig crèmefarbene Triebe aus. Auch hierbei ist das Entfernen angeraten, weil diese leicht versengen. Zurückgeschlagene Triebe von Kräutern kann man ohne Bedenken zum Würzen verwenden.

ENTFERNEN VERBLÜHTER BLÜTENKÖPFE

Einige Kräuter blühen länger oder wachsen kräftiger, wenn abgestorbene Blüten entfernt werden. Das rettet die Energie, die sonst in die Samen fließen würde. Besonders gilt das für Einjährige wie die Gartenringelblume *(Calendula officinalis)* und Römische Kamille *(Chamaemelum nobile)*. Das Entfernen verblühter Köpfe ist bei Kräutern vonnöten, die selbst aussäen. Von Löwenzahn sollten die Knospen sofort entfernt werden. Blüten strauchiger Kräuter wie Lavendel (*Lavandula* spp.) werden mit ca. 2,5 cm Wuchs entfernt.

ÜBERWACHUNG DES WACHSTUMS

Eine Reihe von häufig angebauten Kräutern sind wuchernd. Dazu gehören Minze (*Mentha* spp.), Immergrün (*Vinca* spp.), Rainfarn *(Tanacetum vulgare)* und Waldmeister *(Galium odoratum)*. Wenn sie im Boden statt in Kübeln angebaut werden, ist es ratsam, überflüssigen Wuchs sofort zu entfernen, besonders wenn Pflanzen in der Nähe davon bedroht werden.

Einige Sträucher und Bäume bringen aus Wurzeln oder Stämmen Ruten hervor, die das Aussehen verderben können. Bei veredelten Pflanzen wird die Rute vorherrschen, wenn man sie wachsen läßt. *Prunus* spp. neigen zu Ruten, wenn ihre Wurzeln gestört werden. Kleine Ruten können leicht entfernt werden, aber bei fortgeschrittenem Wachstum müssen sie am Stamm oder an den Wurzeln abgeschnitten werden.

SCHNITT

Beschneiden ist ein wichtiger Teil der laufenden Pflege. Es regt kräftiges Wachstum an und sorgt für gutgeformte Pflanzen. Kräuter, die wegen ihres frischen Laubs angebaut werden, können in der Wachstumszeit ein- oder zweimal hart zurückgeschnitten werden, um eine neue Ernte junger Blätter zu ermöglichen. Minze (*Mentha* spp.) und Zitronenmelisse *(Melissa offi-*

PANASCHIERUNG
Die blassen Teile panaschierter Pflanzen, z.B. Teucrium × lucidrys *'Variegatum' werden leicht in praller Sonne versengt. Die meisten bringen gelegentlich gänzlich grüne Triebe heror, die das Zurückschlagen fördern und entfernt werden müssen.*

SCHUTZ VOR SELBSTAUSSAAT
Die Samenköpfe von Engelwurz (Angelica archangelica) *entfernen, bevor die Samen reif sind, um Sämlinge, die kleine Gartenpflanzen unter sich begraben, zu vermeiden.*

SCHNEIDEN UND KAPPEN

GESUNDEN WUCHS ERHALTEN
Schneiden Sie mediterrane Kräuter (hier Heiligenkraut, Santolina chamaecyparissus) *im Frühjahr und nach der Blüte zurück, um neuen Wuchs zu fördern.*

KAPPEN VON STRÄUCHERN
*Für farbenfrohen, regelmäßigen Wuchs schneiden Sie Pflanzen wie die Weide (*Salix alba *'Britziensis') beim ersten neuen Wachstum bis auf Bodennähe zurück.*

ABFALL BESEITIGEN
Die toten Stämme von Hopfen (Humulus lupulus) *jeden Winter entfernen. Sie lassen sich im Frühjahr aus den neuen Trieben nur schwer entflechten und würden sich, am Stamm belassen, von Jahr zu Jahr aufstauen und nicht mehr zu handhaben sein.*

cinalis) sollten vor Beginn der Blüte und im Spätsommer zurückgeschnitten werden. Bei Schnittlauch *(Allium schoenoprasum)* und Majoran (*Origanum* spp.) ist es besser, das Ende der Blüte abzuwarten, weil die Blüten dekorativ sind und ein nützliches Gewürz sein können. Entfernen Sie bei Gartensauerampfer *(Rumex acetosa)* bereits den ersten blühenden Stengel. Wenn Sie Rauten *(Ruta graveolens)* zurückschneiden, achten Sie darauf, den Hauptstamm nicht zu verletzen, weil das die Pflanze töten könnte.

Die meisten Laubbäume werden während der Ruhephase im Spätherbst und Frühwinter geschnitten. Vorsicht ist bei denen geboten, die zum Ende der Ruhephase exzessiv „bluten". Beispiele sind Roßkastanien *(Aesculus)*, Birken *(Betula)*, Nußbäume *(Juglans)* und *Prunus* spp.; sie sollten am besten Mitte des Sommers geschnitten werden. Die meisten immergrünen Bäume benötigen bis auf das Entfernen von totem Holz kaum Schnitt. Die meisten Nadelbäume vertragen ihn nicht und erholen sich nach einem harten Schnitt nicht mehr. Buchsbaum *(Buxus sempervirens)*, wenn er als Hecke oder für Formschnitte angebaut wird, muß zwei- oder dreimal in der Wachstumszeit geschnitten werden.

Der Schnitt eines Strauchs verbessert die Form und fördert das Wachstum von Laub, Blüten sowie Früchten. Schwarzer Holunder *(Sambucus nigra)* sollte im Winter hart beschnitten werden, weil er sehr früh im Jahr mit neuem Wachstum beginnt. Silberweiden *(Salix alba)* können im zeitigen Frühling bis fast zum Boden zurückgeschnitten werden. Viele Bäume, Sträucher und Kletterer, insbesondere jene, die zur Ernte ihrer Früchte angebaut werden, wie zum Beispiel Wein *(Vitis* spp.), Schwarze Johannisbeere *(Ribes nigrum)*, Himbeeren sowie Brombeeren (*Rubus* spp.) benötigen besondere Schnitt- und Formierungsmaßnahmen. Im enzyklopädischen Teil (S. 224-373) finden Sie allgemeine Hinweise für den Schnitt von Pflanzen. Detailliertere Informationen halten Bücher zu diesem Thema bereit.

ERZIEHUNG

Verschiedene Kräuter und Kletterer können an Mauern, Pfeilern oder einer Pergola gezogen werden. Das gibt dem Kräutergarten Höhe und erlaubt, auf kleinem Raum viele Pflanzen anzubauen. Mauern dienen als Wärmespeicher und bieten in kalten Gegenden weniger winterharten Exemplaren Schutz. Das Anbringen eines Rahmens aus dauerhaften Materialien für die Erziehung bereits bei der Anpflanzung ist genauso wichtig wie die neuen Triebe anzubinden, solange sie noch biegsam sind. Es ist wichtig, daß die Pflanze nicht zu schwer wird und sich nicht so ausbreitet, daß die Stützen beschädigt und benachbarte Pflanzen überschwemmt werden.

HERBSTPUTZ

Wenn man das tote Laub krautiger Mehrjähriger abschneidet, erreicht man einen ordentlichen Eindruck, aber das Belassen dieser natürlichen Schicht bis zum Frühjahr beschützt die schlafenden Kronen. Entfernen Sie jedoch jedes tote Blatt, das auf kleine, immergrüne Kräuter gefallen ist.

WINTERSCHUTZ

Die Winterhärte vieler Küchenkräuter hängt von der jeweiligen Art oder Sorte ab. Schützen Sie im Zweifelsfall in kalten Regionen mit isolierendem Material, oder heben Sie sie aus und bringen Sie sie unter Abdekkungen. Im Frühjahr kann man sie zurückschneiden und wieder auspflanzen oder zur Vermehrung als Lieferant von Stecklingen verwenden.

UMPFLANZEN

Auch bei guter Planung kann es notwendig werden, eine Pflanze umzusetzen. Bei Mehrjährigen, Sträuchern und Bäumen geschieht dies am besten im Herbst oder zeitigen Frühjahr. Große Pflanzen müssen mit Vorsicht ausgehoben werden, um Beschädigungen der Wurzeln gering zu halten. Einjährige muß man in der Regel ausdünnen, so daß sie genügend Platz haben. Setzen Sie diese an einem regnerischen Tag um und wässern Sie sie gut, weil Einjährige dabei zum „Schießen" (frühzeitiges Blühen) neigen. Kerbel *(Anthriscus cerefolium)* und Dill *(Anethum graveolens)* schießen besonders leicht. Schlafmützchen *(Eschscholzia californica)*, Lein *(Linum usitatissimum)* und Boretsch *(Borago officinalis)* gehören zu den Arten, die sich nicht umpflanzen lassen.

SCHUTZ DES WURZELBALLENS
Bei dieser jungen Rotbuche (Fagus sylvatica) *müssen die Wurzeln während des Transports oder beim Umsetzen in Sackleinen gehüllt werden, damit keine Erde verlorengeht.*

VERMEHRUNGSMETHODEN

Kräuter lassen sich, abhängig von der Art der Pflanze, mit einer Vielzahl von Methoden vermehren. Die Rubrik „Anbau und Ernte“ auf den Seiten 224-373 gibt Hinweise zur Vermehrung der einzelnen Arten und Sorten.

KRÄUTER AUS SAMEN ZIEHEN

Viele Kräuter lassen sich leicht aus Samen ziehen. Man kann sie in Töpfe aussäen oder in größerer Zahl im Freien in ein vorbereitetes Beet mit guter Erde. Bei kleinen, kriechenden Kräutern lassen sich die Samen unmittelbar in die Lücken zwischen Pflastersteinen säen, das Einsetzen der Pflanzen wäre mit Schwierigkeiten verbunden.

WINTERHARTE EINJÄHRIGE, z.B. Boretsch *(Borago officinalis)*, Ringelblumen *(Calendula officinalis)*, Kornblumen *(Centaurea cyanus)* und Mohn (*Papaver* spp.) sollten, um im Sommer zu blühen, im Frühjahr gesät werden; im Frühherbst für das folgende Frühjahr. **ZWEIJÄHRIGE**, wie zum Beispiel Schinkenkraut *(Oenothera biennis)*, Engelwurz *(Angelica archangelica)* und Kümmel *(Carum carvi)*, sollten im Spätsommer oder Frühherbst für den nächsten Sommer gesät werden. Dünnen Sie Sämlinge nach der Keimung sowie wenige Wochen später aus, so daß nur die kräftigsten weiterwachsen. Kurzlebige, winterharte Kräuter, die man oft benötigt wie Petersilie *(Petroselinum crispum)* oder Koriander *(Coriandrum sativum)* sollten in Abständen von 3-4 Wochen vom zeitigen Frühjahr bis zum Frühherbst ausgesät werden. Dill *(Anethum graveolens)* und Kerbel *(Anthriscus cerefolium)* müssen *in situ* ausgesät werden, weil sie zum „Schießen“ neigen, wenn die Wurzeln gestört werden. In kalten Regionen sollte man Basilikum *(Ocimum basilicum)* erst im Spätfrühjahr aussäen. Die Samen brauchen mindestens 13° C und gute Belüftung, um nicht von Krankheiten oder Pilzen wie Grauschimmel (Botrytis) befallen zu werden.

MEHRJÄHRIGE sollten im Frühjahr bei Wärme ausgesät werden und in Töpfen wachsen, bis sie groß genug sind, um ausgepflanzt zu werden. Die Samen einiger winterharter Mehrjähriger, Bäume und Sträucher müssen stratifiziert werden (Lagerung unter kalten Bedingungen), um die Keimruhe zu unterbrechen. Lassen Sie die Samen über Nacht einweichen, füllen Sie sie in eine Plastiktüte mit einer Mischung aus feuchtem Torf sowie Sand, und stellen Sie die Tüte für 4-12 Wochen bei 1-5° C in den Kühlschrank. Eine andere Methode ist die Aussaat der Samen in Töpfe mit Kompost, die mit Grit abgedeckt werden und im Winter im Freien bleiben. Zu den Samen, die stratifiziert werden müssen, gehören die von Eisenhut *(Aconitum napellus)*, Buche (*Fagus* spp.), Birke (*Betula* spp.), Kissenprimel *(Primula vulgaris)*, *Adonis*, *Euonymus* und einigen *Viburnum*-Arten. Wechselnde Phasen von Wärme und Kälte sind für die erfolgreiche Keimung von *Trillium*- und *Paeonia*-Arten erforderlich. Samen mit harten Schalen, wie bei *Galega officinalis*, *Baptisia tinctoria* und *Paeonia*-Arten, keimen schneller, wenn die Hülsen vor der Aussaat eingeritzt werden.

BEI WÄRME GEDEIHENDE ODER TROPISCHE Kräuter produzieren Samen, die in der Reife ausgesät werden müssen, da sie eine kurze Lebensfähigkeit haben.

SAMEN ZWISCHEN PFLASTERSTEINEN
In feuchtem Kompost in Lücken aussäen, um den Innenhof zu verzieren.

SAMEN AUFBEWAHREN

Wenn Sie Samen von Gartenpflanzen aufbewahren, beachten Sie, daß manche Kräuter fremdbestäubt werden und abweichende Sämlinge entwickeln. Wenn verschiedene Arten von Thymian (*Thymus* spp.), Majoran (*Origanum* spp.), Minze (*Mentha* spp.) und Lavendel (*Lavandula* spp.) nebeneinander angebaut werden, sind die Aussichten für Hybridbildungen groß. Auch zwischen verwandten Gattungen kann es zu Kreuzungen kommen, wenn sie zur gleichen Zeit blühen; von Dill und Fenchel *(Foeniculum vulgare)* ist bekannt, daß sie sich kreuzen. Mehr Erfolg wird man mit Samen aus eigenem Anbau bei Koriander, Ringelblumen, Süßdolde *(Myrrhis odorata)*, Engelwurz, Kümmel und Boretsch haben. Samen sollten in der Reife geerntet und in Umschlägen (keine Plastiktüten) an einem trockenen, dunklen Ort bei 1-5° C gelagert werden. Bedenken Sie bei selbst gezogenen Samen, daß viele Sorten ihre Merkmale nicht bewahren. Einige Ein- und Zweijährige wie Mohn, Ringelblumen und Fingerhut produzieren Sämlinge, die der Mutterpflanze ähnlich sind, davon aber jedes Jahr weniger. Nur wenige Sorten mit panaschierten Blättern reproduzieren ihre Merkmale aus Samen.

PFLANZEN VOM GEMÜSEHÄNDLER

Manche Kräuter lassen sich aus dem Angebot des Gemüsehändlers vermehren. Viele Händler verkaufen Töpfe mit wachsenden Kräutern wie Petersilie *(Petroselinum crispum)*, Basilikum *(Ocimum basilicum)* und Koriander *(Coriandrum sativum)*, in denen Sämlinge enthalten sind. Diese lassen sich in drei oder vier Gruppen aufteilen, die einzeln eingetopft werden und für das Auspflanzen in Kübel oder im Garten weiterwachsen. (Wenn die Sämlinge in Baumwollfasern statt in Kompost wachsen, können Sie die Wurzelballen auch mit der Schere trennen; einige Sämlinge

AUSSAAT IN CONTAINER

1 Streuen Sie getrocknete Samen mit Aussaaterde gleichmäßig auf die Oberfläche. Verteilen Sie größere Samen von Hand. Bedecken Sie sie leicht mit gesiebtem Kompost.

2 Wenn die Sämlinge die nötige Größe erreicht haben, rütteln Sie den Behälter, um den Kompost zu lockern. Heben Sie die Sämlinge an den Blättern heraus.

AUSPFLANZEN IM FREIEN
Wenn die Sämlinge entwickelt sind, können sie in empfohlenem Abstand und entsprechender Tiefe gepflanzt werden. Drücken Sie die Erde sanft an und wässern Sie gründlich.

AUFBEWAHRUNG VON SAMEN

1 Samen erntet man, indem man die Kapseln oder Fruchtstände zunächst auf Lösch- oder Zeitungspapier trocknen läßt, bis sich die Samen lösen.

2 Aus dem getrockneten Fruchtstand schüttelt man die Samen heraus und trennt sie vom Abfall. Sie werden in einer beschrifteten Tüte trocken und kühl gelagert.

werden dadurch zwar unweigerlich beschädigt, aber die Mehrzahl von ihnen wird bald neue Wurzeln und Blätter hervorbringen). Büschel mit Brunnenkresse *(Nasturtium officinale)* können wie Stecklinge, die für den Gartenteich bestimmt sind, behandelt werden und gedeihen für kurze Zeit auch in einem Glas mit Wasser auf dem Fensterbrett. Neue Wurzeln von Ingwer *(Zingiber officinale)* und Gelbwurzel *(Curcuma longa)* bilden rasch Triebe aus, wenn man sie in einen Topf mit feuchtem Kompost auspflanzt und die Temperaturen über 21° C hält. Die beste Zeit, um Rhizome zum Wachsen zu bringen, ist das Frühjahr. Knoblauchzwiebeln *(Allium sativum)*, die in einzelne Zehen geteilt werden, sollten im Abstand von 15cm im Herbst ausgepflanzt werden. Die Ernte vieler Knoblauchzwiebeln kann dann im folgenden Sommer erfolgen. Bei einem Abstand von 2,5cm bilden die Zehen im Topf nach Knoblauch schmeckende Blätter aus.

WEIN AUS KERNEN GEZOGEN
Weinstöcke lassen sich leicht aus Kernen ziehen. Die Früchte behalten allerdings nicht ihre Merkmale. Für die Verwendung als Zierpflanze ist diese Methode jedoch ausreichend.

AUFZUCHT AUS KERNEN

Eine Zahl von Bäumen und Sträuchern können leicht aus Kernen hervorgebracht werden. Eine auf diese Weise vermehrte Pflanze wird den Eltern nicht genau gleichen. Kerne von „Pinot Noir"-Weintrauben werden wieder Weintrauben hervorbringen, die sich aber von „Pinot Noir" erheblich unterscheiden können. Orangen, Mandarinen, Zitronen und Limonen bilden hübsche Bäume mit duftendem Laub, ob sie erfolgreich zum Blühen und zur Fruchtbildung gebracht werden können oder nicht. Die beste Zeit, um Zitrus-Kerne auszupflanzen, ist das Frühjahr, wenn für die Sämlinge genügend Wärme und Helligkeit zur Verfügung stehen. Sie brauchen 3-4 Wochen zum Keimen, wenn sie bei 16-21° C ausgesät werden. Die meisten Zitrus-Arten bilden polyembryonische Kerne, die je 2-3 Sämlinge ergeben. Man kann sie zusammen aufziehen oder teilen. Samen von Granatäpfeln *(Punica granatum)* benötigen zum Keimen etwa 21° C. Waschen und trocknen Sie einige Samen, die Sie aus dem rosa Fruchtfleisch herausgelöst haben, oder lagern Sie eine ganze Frucht über den Winter – die Haut schrumpelt und verhärtet sich zwar, aber die Samen bleiben prall. Japanische Mispeln *(Eriobotrya japonica)* reifen im Frühjahr und keimen sofort aus frischen Kernen, die in sandigen Kompost ausgesät und bei Temperaturen über 18° C gehalten werden. Junge Mispeln sind außergewöhnlich schöne Topfpflanzen. Ein Melonenbaum *(Carica papaya)* ist vermutlich die exotischste Pflanze, die Sie leicht aus einem Kern aufziehen können. Er braucht 22-28° C zum Keimen.

ERIOBOTRYA JAPONICA
Eine japanische Mispel, aus Samen gezogen, kann z.B. als Busch in Containern wachsen oder an einer sonnigen Mauer gezogen werden.

AUFLAUFKRANKHEITEN

Sämlinge, die unter Abdeckungen gezogen werden, sind anfällig für Auflaufkrankheiten, die durch verschiedene boden- oder wasserbürtige Pilze verursacht werden. Die Wurzeln der Sämlinge verrotten und die Pflanzen fallen um. Diese gefährliche Krankheit kommt vor allem in überfüllten Pflanzschalen und in Kompost auf Torfbasis vor. Sie breitet sich rasch aus und befällt alle Pflanzen im gleichen Behälter. Es gibt keine wirksame Bekämpfungsmethode, allerdings kann das Wässern mit einem Fungizid auf Kupferbasis dem Befall vorbeugen.

VERMEHRUNG AUS EINER INGWERWURZEL
Eine reiche Ernte an Ingwer (Zingiber officinale) *erhält man durch Auspflanzen von Rhizomen, wenn dies in einer warmen Umgebung geschieht.*

VEGETATIVE VERMEHRUNG

Unter den verschiedenen Methoden der Vermehrung ist das Arbeiten mit Stecklingen eine der beliebtesten und zuverlässigsten. Das gilt sowohl für Kräuter wie auch für andere Pflanzen und stellt häufig den schnellsten Weg dar, um mehrjährige Kräuter zu vermehren.

TYPEN VON STECKLINGEN

Nehmen Sie ein sauberes, scharfes Messer oder eine Gartenschere, um Stecklinge abzunehmen und stecken Sie diese so schnell wie möglich in offenen, gut entwässerten Kompost oder eine Mischung aus Torf und Sand. Zum Bewurzeln ist Wärme unabdingbar: 18-25° C für Arten aus kühlen und gemäßigten Zonen; 25-32° C für Arten aus wärmeren bis tropischen Gegenden. Die Schnittfläche kann man in ein Bewurzelungshormon tauchen. Für blättrige Stecklinge ist Feuchtigkeit wichtig.

STECKHÖLZER werden von reifem Holz am Ende der Vegetationsperiode genommen, und zwar sowohl von immergrünen Exemplaren, zum Beispiel Stechpalmen, wie auch von laubwechselnden Bäumen und Sträuchern, zum Beispiel Pappeln und Rosen. Stecklinge von laubabwerfenden Arten sollten ohne Blätter sein.

GRÜNSTECKLINGE werden von jungem, nichtblühendem Wuchs während der Vegetationsperiode abgenommen. Bei strauchigen Kräutern können dies Kopfstecklinge, bei krautigen Pflanzen wie *Buxus, Hyssopus, Origanum* und *Viola* grundständige Stecklinge sein. Entfernen Sie die unteren Blätter, die beim Einsetzen in den Kompost verrotten würden. Grünstecklinge der meisten Minzen (*Mentha* spp.) bewurzeln sich leicht in Wasser. Stecklinge von Pelargonien sollten einen Tag ruhen, da dann die Schnittfläche abtrocknet. Dies verhindert Verrotten und verbessert die Wurzelbildung.

HALBREIFE STECKLINGE werden von halbreifem Holz während der Vegetationsperiode abgenommen, bei Pflanzen wie *Artemisia, Buxus* und *Citrus.* Triebstecklinge lassen sich von jedem Abschnitt des Pflanzenstammes während der Vegetationsperiode abnehmen.

GRUNDSTÄNDIGE STECKLINGE werden von der Pflanzenbasis, über- oder auch unterhalb der Erdoberfläche, zu Beginn neuen Wachstums im Frühjahr abgenommen.

WURZELSCHNITTLINGE sind kleine Abschnitte von halbreifen oder reifen Wurzeln von Pflanzen wie *Albizia*.

BLATTSTECKLINGE bestehen aus abgetrennten, gesunden, reifen Blättern, die von der Pflanze (z.B. *Cardamine)* während der Vegetationsphase abgenommen wurden.

WEICHE KOPFSTECKLINGE werden von der Spitze eines Triebes genommen. Es können Stecklinge von noch grünem Holz oder von krautigen Trieben sein.

STECKHÖLZER
Steckhölzer (hier Salix alba) *lassen sich leicht in Ordnung halten.*

STECKLINGE VON NOCH GRÜNEM HOLZ bestehen aus den weichen Spitzen des neuen Wuchses und werden im Frühjahr abgenommen, nachdem sich der Hauptaustrieb abgeschwächt hat, zum Beispiel *Withiana somnifera.*

BLATTAUGENSTECKLINGE bestehen aus einem kurzen Abschnitt des Stammes, der ein Blattauge aufweist (oder Paare von Augen sowie ein Blatt) und werden während der Vegetationsperiode abgenommen.

RIßLINGE werden mit einem kleinen Keil alten Holzes an der Basis von Pflanzen wie *Helichrysum italicum* abgerissen. Man wählt dafür einen halbreifen Seitentrieb des Hauptstammes.

AUGENSTECKLINGE sind kleine, reife, blattlose Abschnitte des Stammes, jeder mit einem Auge. Sie werden im Winter abgenommen, zum Beispiel bei *Vitis.*

ABLEGEN UND ABSENKEN

Bei dieser Vermehrungsmethode wird ein Sproß oder Trieb angeregt, Wurzeln zu bilden, während er noch mit der Mutterpflanze verbunden ist. Wählen Sie einen starken, biegsamen Trieb, der sich leicht zum Boden neigen läßt. Nehmen Sie an der Unterseite des Triebes einen Einschnitt vor und versenken sie ihn im Boden, so daß die Wachstumsspitze aus dem Boden herausragt. Befestigen Sie die Triebspitze an einem Stock und beschweren Sie den unter der Erde befindlichen Abschnitt mit einem großen Stein.

Das **ABMOOSEN** wird in der Regel bei in Wärme gedeihenden Bäumen und Sträuchern angewendet, zum Beispiel bei *Ficus* und *Theobroma.* Wählen Sie einen gesunden Trieb, 1-2 Jahre alt, und machen Sie 15-40cm unterhalb der Spitze einen Schnitt. Umwickeln Sie den Schnitt und die Umgebung mit Torfmoos und umhüllen Sie alles mit einem Plastikbeutel, der an beiden Ende mit Gartenzwirn befestigt wird. Abmoosen wird am besten im Frühjahr vorgenommen; das Bewurzeln kann bis zu 2 Jahre benötigen.

BLATTSTECKLINGE VON EINER HALBHARTEN STAUDE

1 Wählen Sie einen Steckling mit mindestens 3 Blättern und einem neuen Trieb. Schneiden Sie ihn direkt unter dem untersten Blattgelenk ab; anschließend in ein Bewurzelungshormon stippen.

2 Stecken Sie den Steckling in einen Topf mit gut entwässertem Kompost und führen Sie ihn in das mit einem Pflanzstock vorbereitete Loch ein; anschließend den Kompost leicht andrücken.

3 Ein Bogen aus Draht über dem Steckling wird mit Plastikfolie überzogen. Sie können auch den ganzen Topf mit Plastikfolie überziehen, aufblasen und verschließen.

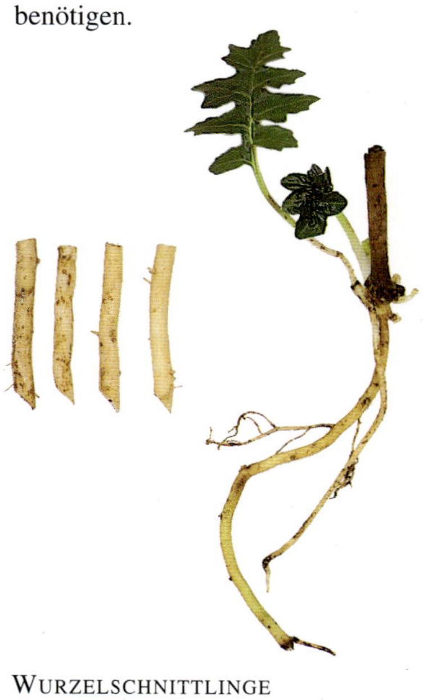

WURZELSCHNITTLINGE
Diese werden am besten während der Vegetationsruhe geschnitten. Je wärmer die Umgebung, desto kürzer dürfen die Schnittlinge sein (Mindestlänge: 2,5 cm).

EINFACHES ABSENKEN
Für diese Vermehrungsmethode zwischen Herbst und Frühjahr verwendet man eine junge, kräftige Pflanze. Wenn sie sich bewurzelt hat, trennt man sie im darauffolgenden Herbst von der Mutterpflanze.

ANHÄUFELN ist die geeignete Vermehrungsmethode für strauchige Kräuter, die mit der Zeit holzig und dünn werden, zum Beispiel Thymian. Im Frühjahr wird durchlässige Erde über die Basis der Pflanze gehäufelt, bis nur noch die Spitzen der Triebe freiliegen. Dadurch regt man die Bewurzelung neuer Sprosse an.

TEILUNG

Ballen von krautigen Stauden müssen nach einigen Jahren geteilt werden (oder wenn sie zu groß geworden sind). Nehmen Sie die Pflanze heraus und teilen Sie diese in kleinere Stücke von Hand oder mit einem Spaten, wenn die Wurzeln zu hart sind. Primeln müssen zur Erhaltung ihrer Lebenskraft regelmäßig geteilt werden. Die beste Zeit für die Teilung von Kräutern ist, wenn das Wachstum gering ist, vom Herbst bis zum zeitigen Frühjahr, bei gutem milden Wetter, um Frostschäden auszuschließen. Um die Störung so gering wie möglich zu halten, kann man heikle Pflanzen im zeitigen Frühjahr teilen, wenn neue Augen sichtbar werden.

TOCHTERZWIEBELN

Viele Kräuter mit Speicherorganen vergrößern sich auf natürliche Weise, indem sie aus der reifen Zwiebel oder dem Kormus Tochterzwiebeln bilden. Man kann sie während der Ruhephase ablösen und als neue Pflanzen gesondert anzüchten. Tochterpflanzen bilden sich auch an den Spitzen von Ausläufern.

AUSLÄUFER

Die Vermehrung durch Ausläufer ist eine einfache Methode bei Kräutern wie *Alnus glutinosa* und *Rosa rugosa*. Sie eignet sich nicht für veredelte Pflanzen, weil diese nicht aus eigenen Wurzeln wachsen.

VEREDLUNG UND AUGENVEREDLUNG

Diese viel Kenntnis erfordernde Vermehrungsmethode eignet sich für holzige Pflanzen, bei denen ein Abschnitt des Stammes (Edelreis) mit dem Wurzelstock oder dem Stamm einer anderen Pflanze verbunden wird. Wenn das Reis aus einem kurzen Stück eines Stammes mit einem einzelnen Auge besteht, spricht man von Augenveredlung. Das Ziel besteht in der Schaffung einer neuen Pflanze mit bestimmten Eigenschaften, wie zum Beispiel größerer Abwehrkraft bei Wurzelerkrankungen.

SPOREN

Nicht blühende Pflanzen wie Farne, Moose, Pilze, Schachtelhalme und Algen vermehren sich durch winzige, wie Staub aussehende Sporen. Zum Keimen brauchen sie anhaltende Feuchtigkeit. Farne wie *Adiantum capillus-veneris* sind aus Sporen schnell und leicht zu ziehen. Um einen Farn nach dieser Methode zu vermehren, wähle man einen Wedel aus, der reife, braune Sporangien an der Unterseite der Blattspreite besitzt. Um die Sporen einzusammeln, halte man ihn über ein sauberes weißes Blatt Papier.

GEWEBEKULTUR

Für diese Technik braucht man sterile Bedingungen. Sie wird von der Agrarwirtschaft verwendet, um große Mengen identischer Pflanzen von derselben Sorte in kürzester Zeit zu vermehren. Mit dieser wichtigen Methode werden virusfreie Bestände von befallenen Pflanzen angelegt und seltene Arten „aufgestockt", um diese wieder als Wildpflanzen auszusetzen; auch für den Handel mit Gartenbedarf wird sie verwendet.

TEILUNG VON PFLANZEN MIT RHIZOMEN

1 Schütteln Sie die lose Erde von den Wurzeln. Teilen Sie den Ballen mit den Händen oder einer Handgabel in passende Stücke und halten Sie nach Krankheitsanzeichen Ausschau.

2 Alte Rhizome kommen weg. Lösen Sie die jungen Rhizome vom Wurzelballen und schneiden Sie die Enden glatt ab. Schnittflächen mit Fungizid bestäuben und überflüssiges Puder abschütteln.

ANHÄUFELN
Um die Bewurzelung anzuregen, häufelt man 7-12 cm sandigen Lehm über die Wurzelkrone der Pflanze, so daß nur die Triebspitzen zu sehen sind.

STAUDEN DURCH TEILUNG VERMEHREN

*1 Nehmen Sie die zu teilende Pflanze auf, wobei Sie mit der Gabel in einiger Entfernung vom Wurzelballen einstechen, damit die Wurzeln nicht beschädigt werden. Die Pflanze hier ist eine Sonnenblume (*Helianthus *ssp.).*

2 Zerlegen Sie die Pflanze in kleinere Stücke, verwenden Sie nur gesunde, kräftige Teile mit jungen Sprossen. Schneiden Sie den alten oberirdischen Wuchs zurück und pflanzen Sie die Teile so tief wie die Pflanze vorher stand.

Die Ernte der Kräuter

Das Ernten der Kräuter ist Abenteuer und Freude in einem. Es macht uns auf bemerkenswerte Pflanzen aufmerksam, von denen Gesundheit und körperliches Wohlergehen der Menschen weltweit abhängen. Das Ernten ist jedoch auch ein praktisches Unterfangen und bedarf der gründlichen Vorbereitung.

Wildwachsende Kräuter

In vielen Ländern gilt es als Delikt, von seltenen Pflanzen Teile zu pflücken oder ohne ausdrückliche Genehmigung ganze Pflanzen dem Boden zu entnehmen. Sie sollten daher nur diejenigen Pflanzen sammeln, bei denen Sie sicher sind, daß sie zahlreich vorkommen, ihre Ernte erlaubt ist, und die Sie einwandfrei bestimmen können. Besondere Vorsicht ist bei Pflanzen aus der Familie der Doldengewächse *(Umbelliferae)* geboten, weil bei diesen selbst Experten Schwierigkeiten mit der Bestimmung haben. Wie häufig diese auch vorkommen mögen, nehmen Sie bei wildwachsenden Pflanzen Rücksicht und pflücken Sie nur einige Blätter, Blüten oder Früchte, um die Überlebensfähigkeit und Vermehrung der Pflanzen nicht zu gefährden.

Abschneiden

Schneiden Sie Gartenpflanzen nicht aufs Geratewohl, sondern nutzen Sie immer auch die Gelegenheit, die Pflanze zu beschneiden, unerwünschte Triebe zu entfernen und ferner einen buschigen Wuchs anzuregen. Bei der Ernte bietet sich stets auch an, zurückgeschlagene Triebe panaschierter Pflanzen zu entfernen.

Zeitpunkt

Dem enzyklopädischen Teil (S. 224-373) können Sie entnehmen, wann für die verschiedenen Teile eines Krautes die beste Erntezeit ist. Wenn Sie die Kräuter konservieren und lagern wollen, wählen Sie dazu einen trockenen, sonnigen Morgen.

Ernte aus dem Garten
Eine Zusammenstellung aus Lorbeerblättern, Rosmarin, Lavendel, Basilikum, Salbei und Petersilie. Ein sauberer Schnitt von der Mutterpflanze ist unabdingbar. Der flache Trog stellt sicher, daß die Verarbeitung bald erfolgen kann.

Landwirtschaftliche Ernte
Viele Kräuter werden als landwirtschaftliche Produkte angebaut und wie andere Feldfrüchte geerntet. Hier wird Lavendel im Süden Spaniens geerntet. Sein Öl aus den Blüten wird für die Parfümherstellung verwendet.

Ausrüstung

Dazu benötigen Sie die üblichen Gartengeräte und ein scharfes Messer oder eine scharfe Schere. Einige Kräuter können allergische Reaktionen hervorrufen und bei einigen wenigen (z.B. Raute) führt der Kontakt des Pflanzensaftes mit der Haut bei Sonnenlicht zu unangenehmer Blasenbildung.

Mengen

Ernten Sie immer nur kleine Mengen, behandeln Sie diese sorgsam und konservieren Sie sie so schnell wie möglich, bevor sich die wirksamen Bestandteile verflüchtigen. Aromatische Kräuter sind davon besonders betroffen – bereits ein geringer Duft in der Luft zeigt an, daß die ätherischen Öle sich verflüchtigen.

Zur Erinnerung

Ernten Sie immer nur Material von sauberen, gesunden Pflanzen, und zwar zum günstigsten Zeitpunkt. Dann sind die Wirkstoffe und wirksamen Eigenschaften am besten entfaltet. Sammeln Sie zu einer bestimmten Zeit immer nur Pflanzen einer Art, um Verwechslungen und die Vermischung von Gerüchen zu vermeiden. Legen Sie die sorgfältig geschnittenen Pflanzen in einer Schicht in einem flachen Behälter aus und verwenden oder konservieren Sie diese zum frühestmöglichen Zeitpunkt.

Welche Teile, und wann?

Bedenken Sie ferner, daß Sie den richtigen Teil der Pflanze ernten, zum Beispiel haben die Blätter und Samen von Koriander *(Coriandrum sativum)* verschiedene Aromen und werden folglich unterschiedlich verwendet. In einigen Fällen sind es eher ungewöhnliche Teile der Pflanzen, die von Bedeutung sind – der Stempel des Safran *(Crocus sativus)* beispielsweise oder die Schalen der Mandarine *(Citrus reticulata)*. Nachfolgend sind die verschiedenen Pflanzenteile beschrieben.

Ganze Pflanze

Gemeint sind alle Teile der Pflanze, die über der Erdoberfläche

Einfaches Trocknen
Der Geschmack einiger Kräuter (z.B. Lorbeer) wird durch Trocknen verbessert. Ein Gestell zum Trocknen läßt sich leicht aus einem mit Maschendraht bespannten Holzrahmen herstellen. Legen Sie die Kräuter nur in einer Schicht darauf.

wachsen. Sie werden in der Regel kurz über dem Boden abgeschnitten, wenn die Pflanze zu blühen beginnt.

Blätter und Stiele

Einzelne Blätter oder beblätterte Zweiglein werden im Prinzip jung geerntet, weil das Laub sich mit dem Beginn der Blüte zu verhärten beginnt. Große Blätter erntet man einzeln. Schneiden Sie Stiele zusammen mit den kleinen Blättern und entfernen Sie diese im Anschluß.

Blüten

Gelegentlich werden sie als Knospen geerntet, aber meist sind die Blüten kurz nach dem Öffnen am besten. Große Blüten werden einzeln mit oder ohne Stengel geerntet, kleine nach dem Pflücken vom Stengel abgenommen. Bei einigen Kräutern, zum Beispiel beim Lavendel, wird der ganze Blütenkopf geschnitten und ganz oder in Teilen verwendet.

Früchte und Beeren

Sie werden in der Regel ausgereift geerntet, aber noch bevor sie matschig werden. Man kann sie einzeln pflücken oder in Trauben; das ist abhängig von der Wachstumsart und der vorgesehenen Anwendung.

Samen

Sie werden als Schoten oder Samenköpfe geerntet, wenn sie reif, aber bevor sie überreif sind und die Pflanze sie aussät. Wenn der Samenkopf heil geblieben ist, wird sich der Reifeprozeß noch für eine gewisse Zeit nach der Ernte fortsetzen.

Blütenköpfe trocknen

1 Blütenköpfe ohne Stengel kommen auf ein mit Küchenpapier ausgeschlagenes Tablett.

2 Bei Ringelblumen verwendet man nur die Blütenblätter. Sie werden vom Zentrum separiert, das anschließend entsorgt wird.

3 Lavendelblüten werden am Stengel getrocknet. Da der ganze Blütenkopf verwendet wird, kann man sie in dieser Weise aufhängen. Der Sack verhindert den Verlust von Blüten oder Samen.

Wurzeln, Rhizome, Knollen und Zwiebeln

In der Regel erntet man diese während der Vegetationsruhe, wenn die oberirdischen Teile abgestorben sind. Häufig läßt sich die Pflanze erhalten, indem nur ein Stück der unterirdischen Teile entnommen wird. Zwiebelpflanzen bilden häufig Tochterzwiebeln, die neu ausgepflanzt werden können.

Rinde und Holz

Das nötige Alter des Strauches oder Baumes und die Zeit der Ernte ist von vielen Faktoren abhängig. Wo immer es möglich ist, sollten Sie von jeder Pflanze nur einige Äste abnehmen oder sie regelmäßig kappen. Schneiden Sie die Äste sauber ab und entfernen Sie anschließend ihre Rinde, um den Befall mit einer Krankheit zu vermeiden. Entrinden Sie niemals einen Baum rundherum um den Zweig oder Stamm, weil dies den Baum tötet.

Saft, Gummi und Harz

Der Saft des Baumes wird in der Regel im Frühjahr, wenn er zu steigen beginnt, gesammelt. Gummi und Harze werden durch diagonale Einkerbungen in die Ringe gewonnen. Häufig tritt das Harz auf natürliche Weise aus und kann vom Baum jederzeit abgekratzt werden.

Vorbereitung der Verarbeitung

Der Zweck der Lagerung von Kräutern dient der möglichst vollständigen Bewahrung ihrer Be-

REIFE SAMENKÖPFE
Die Samenköpfe von Mohn haben eine geriffelte äußere Haut und ein Stigma, das wie ein Krönchen aussieht. Die inneren Kammern enthalten Hunderte von Samen.

standteile – und damit ihres Geschmacks, Aromas und der therapeutischen Eigenschaften – für den späteren Gebrauch. Wie dies geschieht, hängt von den verwendeten Teilen und davon ab, wozu man sie später verwenden will. Mit wenigen Ausnahmen ist die Nutzung frisch geernteter Kräuter am besten. Bestimmte Bestandteile, zum Beispiel die Alkaloide von *Papaver somniferum*, sind auch nach Jahren noch wirksam, aber die meisten unterliegen bei geschnittenen Kräutern durch die Einwirkungen von Licht, Wärme und Luft einem schnellen enzymatischen Zersetzungsprozeß.

Säubern der Ernte

Stellen Sie sicher, daß alle geernteten Teile sauber und frei von Schmutz und Insekten sind. Vermeiden Sie es, Blätter, Blüten, Früchte und Samenköpfe zu waschen, weil dies die Zeit für die Lufttrocknung verlängert und die Zersetzung fördert.

Trocknen oberirdischer Teile und Blätter

1 Kleinblättrige Kräuter werden am besten am Stiel getrocknet. Binden Sie nach der Ernte und Säuberung kleine Büschel zusammen; zum Trocknen an einem gut gelüfteten Ort verkehrt aufhängen.

2 Brüchige Blätter sollten auf trockenes Papier abgestreift werden; anschließend werden dann die Krümel aufgenommen.

3 Die getrockneten Kräuter vom Papier in einen Behälter schütten und diesen gut versiegeln. Gefärbtes Glas vernindert die Oxydation.

KONSERVIEREN UND LAGERN

Die meisten Techniken, die man zum Konservieren und Lagern von Kräutern benötigt, sind leicht zu lernen. Die Extraktion der Wirkstoffe (z.B. durch Destillation) ist schwieriger; sie erfordert Spezialkenntnissse uns eine Ausrüstung, die zu Hause selten verfügbar ist. Zudem ist der Besitz von Destillierapparaten in vielen Ländern verboten.

LUFTTROCKNEN

Die gängigste Methode besteht im Aufhängen oder Auslegen der Kräuter zum Trocknen. In vielen Ländern legt man sie auf Matten in die Sonne oder fädelt sie an Schnüren auf. Die knapp bemessene Zeit (die Kräuter sollten innerhalb von 24-48 Stunden trokken sein) ist der wichtigste Faktor bei dieser Methode. Anderenfalls beginnen die Enzyme in der Pflanze zu arbeiten; das geschieht ebenso unter dem Einfluß von Feuchtigkeit, Licht und Wärme.

Der ideale Ort zum Trocknen ist trocken und luftig, staub- und rauchfrei bei einer konstanten Temperatur von 20-32° C. Um die Luftbewegung auszunutzen, lassen sich die ganzen Pflanzen, Stiele und Samenköpfe in kleinen Büscheln aufhängen; in Stücke geschnittene Wurzeln und Pilze können auf Fäden gezogen werden. Einzelne Blütenköpfe, zum Beispiel Schnittlauch *(Allium schoenoprasum)* und Rosen (*Rosa*-Arten) werden am Stiel getrocknet, indem man sie in die Schlitze des mit einem Maschendraht überzogenen Trockengestells steckt oder sie einfach auflegt.

Brüchige Samenköpfe von Kräutern sollten mit reichlich bemessenem Stengel geschnitten werden, an dem man sie, zu kleinen Bündeln verschnürt, verkehrt herum aufhängt. Die Köpfe sollten über sauberem Papier innerhalb einer Papiertüte hängen, um die herabfallenden Samen auffangen zu können. Zwiebeln und Knoblauch werden traditionell mit anhängenden Stengeln geerntet, die anschließend zu Stricken geflochten und in der Sonne getrocknet werden. Große Blätter, Blüten, Früchte oder Blütenblätter werden in einer Schicht auf ein mit Maschendraht oder Tuch überzogenes Gestell gelegt.

TROCKNEN IN DER MIKROWELLE

Wenn nötig, müssen Kräuter vor dem Trocknen gewaschen werden. Die geschnittenen Teile werden auf Küchenpapier ausgebreitet und in der Mikrowelle getrocknet. Im Durchschnitt beträgt diese Trocknung nicht mehr als 2-3 Minuten; eine Kontrolle des Vorgangs sollte aber alle 30 Sekunden erfolgen, um die Kräuter umgruppieren zu können.

LUFTTROCKNEN
Hier wird ein Bündel langer Stiele von Liebstöckel (Levisticum officinale) *mit den Köpfen nach unten zum Trocknen aufgehängt. Die Blätter lassen sich frisch oder getrocknet verwenden.*

TROCKNEN IM OFEN

Diese Methode ist nur für die unterirdischen Teile der Pflanzen zu empfehlen, die längeres Trocknen und höhere Temperaturen vertragen als die empfindlichen Blätter und Blüten. Breiten Sie die Abschnitte auf einem Backblech aus und trocknen Sie diese bei 50-60° C (Dauer: 2-3 Stunden).

GEFRIERTROCKNEN

Diese Methode bewahrt den Geschmack von Kräutern mit weichen Blättern, zum Beispiel Petersilie, Basilikum und Schnittlauch, am besten. Einzelne Blätter oder Zweiglein werden in beschriftete Plastiktüten oder -behälter verpackt. Auftauen vor dem Gebrauch ist nicht notwendig, weil die Kräuter im gefrorenen Zustand krümelig sind. Gehackte Kräuter lassen sich im Sieb auftauen. Bei der Herstellung von Eiswürfeln kann man Kräuter hinzufügen (siehe Illustration auf der nächsten Seite).

BEHÄLTER

Es ist außerordentlich wichtig, nur keimfreie Behälter und Deckel zu benutzen. Man kann sie im Ofen oder bei Wiederverwendung in kochendem Wasser sterilisieren. Behälter mit konservierten Kräutern müssen an einem kühlen, trockenen Ort lagern; direktes Sonnenlicht ist zu vermeiden. Getöntes Glas, Keramikbehälter und Flaschen sind für getrocknetes oder flüssiges Material besonders zu empfehlen. Durchsichtiges Glas läßt Licht hinein und führt zum Ausbleichen und zur Oxydation des Produkts. Bei ständiger Verwendung sollte man den Behälter in einen dunklen Schrank stellen. Deckel müssen luftdicht abschließen, um das Eindringen von Feuchtigkeit, Schimmel und Bakterien zu verhindern.

LAGERUNG GETROCKNETER KRÄUTER

Die abgetrockneten Kräuter werden in Behälter getan, die mit Namen und Datum beschriftet werden. Aromatische Kräuter sollten solange wie möglich unter Verschluß bleiben, weil der Zutritt von Luft zum Verlust der ätherischen Öle führt. Wenn man große Mengen von getrockneten Kräutern verarbeitet, kann es sich als ratsam erweisen, eine Gesichtsmaske zu tragen, um das Einatmen von Staub zu vermeiden. Alle getrockneten Kräuter neigen zur Aufnahme von Feuchtigkeit aus der Luft. Die Größe der Behälter sollte daher der jeweils zu lagernden Menge entsprechen, um soviel Luft als möglich auszuschließen.

KRÄUTERÖLE UND -ESSIG

Der Geschmack von vielen frischen Kräutern läßt sich in Öl

TROCKNEN VON BLÜTENKÖPFEN
Diese Schnittlauchblüten trocknen auf Maschendraht. Die Stiele werden durch den Draht gefädelt, um den Blüten ihre Form zu bewahren.

KRÄUTER ZUM TROCKNEN
Die zum Konservieren und Lagern abgeschnittenen Teile der Pflanzen sollten, wie dieses Thymian- und Lorbeer-Bündel, immer in bester Verfassung sein.

VORBEREITUNGEN ZUR LAGERUNG VON WURZELN

1 Schneiden Sie von den Wurzeln immer nur Teile ab, damit sich die Pflanze erholen kann; die Teile anschließend gut säubern.

2 Schneiden Sie die Wurzelteile sodann mit einem scharfen Messer in Stücke. Noch feucht lassen sie sich am besten schneiden.

3 Breiten Sie die Stücke auf einem Blech, das mit Papier belegt ist, aus. Trocknen Sie diese anschließend im Ofen.

oder Essig konservieren. Diese Methode ist einfach, zudem verbessert sie Salatdressings und Marinaden.
Bei der Zubereitung von Kräuterölen kann man im Prinzip jedes Kraut, allein oder in Kombination mit anderen, verwenden. Wählen Sie ein Öl besonderer Güte. Füllen Sie ein durchsichtiges Einweckglas locker mit Kräutern auf; gießen Sie dann das Öl darüber und verschließen Sie es. Stellen Sie das Glas für mindestens zwei Wochen an einen sonnigen Ort und schütteln Sie es täglich. Dann sieben Sie die durchgeweichten Kräuter aus, füllen das Öl in saubere Gläser oder Flaschen und versenken ein Zweiglein vom frischen Kraut darin, um die spätere Wiedererkennung auf diesem Wege zu erleichtern.

Für die Herstellung von Kräuteressig sollten die Kräuter zunächst leicht zerdrückt werden. Wärmen Sie Wein oder Apfelessig auf und verfahren Sie wie bei der Herstellung von Kräuteröl. Benutzen Sie aber keine Behälter mit Metalldeckeln. Die Säure würde das Metall angreifen und den Inhalt verderben.

KRÄUTER EINFRIEREN
Einfrieren ist eine einfache Methode, um Kräuter zu lagern, und eignet sich besonders für kleine Mengen. Beschriftete durchsichtige Plastikbeutel sind dafür am besten.

KRÄUTERSAFT

Einige Kräuter, wie zum Beispiel *Galium aparine*, werden als Saft verwendet; er wird am besten in einem Arbeitsgang hergestellt. Man benötigt dabei große Mengen des Krautes. Die frischen Kräuter werden ausgepreßt oder in einen Entsafter gegeben. Anschließend werden sie gesiebt und in kleinen Plastikschälchen eingefroren. Auf die gleiche Weise läßt sich auch eine Kräuterpaste herstellen, eine ideale Vorstufe für Kräuterbutter.

KONSERVIEREN IN ZUCKER

In ausreichender Konzentration mag für bestimmte Kräuter auch Zucker oder Honig ein nützliches Konservierungsmittel sein, zum Beispiel für *Glycyrrhiza uralensis*. So läßt sich bisweilen ein unangenehmer Geschmack überdecken. Bei der Herstellung von Sirup muß der Zuckergehalt bei mindestens 65% liegen. Häufig wird der nicht raffinierte Zucker vorgezogen. Die frischen Kräuter läßt man dabei in der Zuckerlösung simmern, oder man gibt Zucker den Aufgüssen, Absuden und Tinkturen des Krautes bei und erhitzt sie, bis sich der Zucker gelöst hat.

Honig wird gern bei der Verarbeitung einiger chinesischer Kräuter verwendet, weil er die lindernde Wirkung erhöht. Hagebutten (*Rosa* spp.) werden zerstückelt und mit kochendem Wasser aufgegossen, das noch einmal kurz zum Kochen gebracht wird; anschließend läßt man es 15 Minuten ziehen. Der Aufguß wird anschließend passiert, um irritierende Samenhärchen zu entfernen, und dann gibt man Zucker bei.

KRÄUTERWEIN

Alkohol ist ein gutes Konservierungsmittel, weil er die Wirkstoffe herauszieht und das Wachstum von Mikroorganismen verhindert. Rezepte für Kräuterweine finden sich in Büchern über Weinzubereitung. Zu den beliebtesten gehören Weine unter anderem aus Schwarzem Holunder *(Sambucus nigra)*, Schlüsselblumen *(Primula veris)* und Löwenzahn *(Taraxacum officinale)*.

ANDERE ALKOHOLISCHE GETRÄNKE

„Sekt" aus Holunder und Ingwerbiere haben nur einen geringen Gehalt an Alkohol, weil sie nur kurze Zeit fermentiert werden. Auf Hopfen *(Humulus lupulus)* basierende Biere bestehen auch aus Kräuteressenzen. Hausgemachte Biere kann man mit Brennesseln *(Urtica dioica)* oder Gundelrebe *(Glechoma hederacea)* versetzen. Ein Minzlikör läßt sich leicht herstellen, indem man Blätter von Ährenminze *(Mentha spicata)* oder Pfefferminze *(Mentha x piperita)* für eine Woche in Wodka einweicht und nach dem Durchsieben Zucker hinzutut. Bei den Kräutergetränken sollte man sich genau an die Rezepte halten, um den richtigen Gehalt zu erreichen, von dem letztlich der Geschmack abhängt.

KRÄUTER IN EISWÜRFELN

1 Verwenden Sie Ihre Kräuter nach Geschmack oder Aussehen zur Herstellung von Eiswürfeln für Ihre gekühlten Getränke. Hier sind es Boretsch, Apfelminze und Petersilie.

2 Die gehackten Kräuter oder Blüten (hier Boretsch) kommen dann in Gefrierschälchen (auf 1 Eßlöffel Kräuter 1 Eßlöffel Wasser).

BEHÄLTER
Keramische, luftdichte Gefäße wie diese eignen sich für das Lagern von Kräutern in getrockneter oder flüssiger Form. Sie schützen am besten vor Lichteinwirkung.

Glossar

Botanisch

Ableger. Kleine Pflanze, gewöhnlich an der Basis der Mutterpflanze, durch natürliche vegetative Vermehrung entstanden.

Abmoosen. Vermehrungsmethode, bei der ein Abschnitt des Stammes, mit einem geeigneten Medium umwickelt, zur Wurzelbildung angeregt wird, während er noch in Verbindung zur Mutterpflanze steht (vgl. *Der Anbau von Kräutern*, S. 374-393).

Absenker. Vermehrungsmethode, bei der ein im Boden befestigter Stengel wurzelt und austreibt, während er noch mit der Mutterpflanze verbunden ist (vgl. *Der Anbau von Kräutern*, S. 374-393).

Absterben. Das Absterben von Spitzen oder Trieben, z.B. durch Frost oder Krankheiten.

Achsel. Der obere Winkel zwischen einem Blatt und einem Stengel, zwischen Stamm und Seitenast oder zwischen Stengel und Deckblatt.

Achselständig. In der Achsel wachsend.

Adventiv [Wurzeln]. Wurzeln, die aus einem Sproß oder Blatt entspringen.

Aggregierte Arten [Pflanzen]. Gruppe von eng verwandten Arten oder Unterarten, die häufig als eine Art angesehen werden.

Ährchen. 1. Blütenstand von Gräsern mit einer oder mehreren Blüten und basalen Deckblättern. 2. Eine kleine Ähre, Teil eines zusammengesetzten Blütenstandes.

Ähre. Ein Blütenstand mit einigen oder vielen ungestielten Blüten entlang einer gemeinsamen Achse.

Alkalisch. Mit einem pH-Wert über 7.

Alpinpflanze. Eine Pflanze, die im Gebirge heimisch oder an seine Bedingungen angepaßt ist. Sie wächst oberhalb der Baumgrenze; im weiteren Sinne auch auf Steingartenpflanzen angewendet, die in relativ geringer Höhenlage angepflanzt werden.

Anhäufeln. Vermehrungsmethode für kleine Sträucher (vgl. *Der Anbau von Kräutern*, S. 374-393).

Aquatische Pflanze. Eine im Wasser wachsende Pflanze.

Art. Pflanzen der gleichen Art, die sich in der Natur untereinander vermehren; sie werden durch den zweiten Teil ihres botanischen Namens gekennzeichnet.

Arttypisch. Pflanzen, die die chrakteristischen Merkmale der Eltern behalten, wenn sie aus Samen gezogen werden.

Aufplatzen [von Früchten]. Öffnungsfrüchte, die an einer Sollbruchlinie aufplatzen, um den Inhalt zu entleeren.

Aufrecht [Habitus]. Mit (fast) vertikalen Hauptzweigen.

Augenveredlung [Augenpfropfung]: Eine Veredlungsmethode, bei der ein Auge zusammen mit einem kleinen Rindenstück (Reiser) von der gewünschten Varietät abgeschnitten wird und in einen in die Rinde des Wurzelstocks (Unterlage) geritzten Spalt eingesetzt wird.

Ausdünnen. Das Entfernen von Sämlingen, Sprossen, Blüten oder Fruchtknospen, um das Wachstum und die Qualität der verbleibenden verbessern zu können.

Ausknipsen. Die Wachstumstriebe einer Pflanze entfernen, um Seitentriebe zu erhalten.

Ausläufer. Seitensprosse, die sich bewurzeln und neue Pflanzen bilden.

Basal. An der Basis wachsend.

Beetpflanze. Eine Pflanze, die als Zierpflanze üblicherweise in großer Menge angepflanzt wird, um für einen gewissen Zeitraum eine dekorative Wirkung zu erzielen.

Belag. Mit einem wachsartigen oder staubigen Belag bedeckt.

Bestäubung. Die Übertragung des Pollens vom Staubbeutel zur Narbe derselben oder einer anderen Blüte; dadurch werden die embryonalen Samen im Fruchtknoten befruchtet.

Bezug. Eine dünne, weißliche oder bläulich-weiße, wachsartige Schicht auf Stengeln, Blättern oder Früchten.

Blättchen. Teil eines zusammengesetzten Blattes.

Blüte. Das wesentliche Vermehrungsorgan der Angiospermien (Bedecktsamer). Die Grundformen der Blüte sind: *einfach*, mit einer Reihe von gewöhnlich 4-6 Blütenblättern; *halbgefüllt*, mit mehr Blütenblättern, meist in zwei Reihen; *gefüllt* [doppelt], mit vielen Blütenblättern in mehreren Reihen und wenigen oder fehlenden Staubblättern sowie *doppelt gefüllt*, gewöhnlich in runder Form, mit eng beieinander stehenden Blütenblättern, bei denen die Staubblätter fast ganz verschwunden sind.

Blüte. Der Blumenkopf.

Blütenblatt [Petalum]. Teil der Krone (Corolla).

Blütenboden. Erweiterte Spitze eines Blütenstengels, an dem sich die Blüte befindet.

Blütenkopf. Eine Menge kleiner Einzelblüten oder Blüten, die zusammen eine einzige Blüte zu bilden scheinen.

Blütenscheide. Großes Hüllblatt, oft farbenprächtig, das den Kolben (Spadix) umhüllt (wie bei *Arisaema*).

Blütenstand. Ein Blütenbüschel mit bestimmter Anordnung, z.B. Doldentraube, Trugdolde, Rispe, Blütentraube, Ähre oder Dolde.

Blütentraube. Unverzweigter Blütenbüschel mit einigen oder vielen gestielten Blüten, die jede für sich längs der Hauptachse steht – die jüngste Blüte an der Spitze.

Brutknospe, Bulbille. Ein kleines, zwiebelähnliches Organ, entspringt oft einer Blattachsel, gelegentlich einem Blütenstand. Es kann zur Vermehrung genutzt werden.

Chemotyp. Eine Pflanzenpopulation innerhalb einer Art, bei der sich gewisse chemische Bestandteile signifikant unterscheiden.

Chip-Veredlung. Eine Veredelungsmethode (vgl. *Der Anbau von Kräutern*, S. 374-393).

Chlorophyll. Das grüne Pigment der Pflanze, das das Licht absorbiert und die Energie für die Photosynthese liefert.

Corymbus, Doldentraube. Ein traubenartiger Blütenbüschel, bei dem die inneren Blütenstengel kürzer als die äußeren sind, so daß ein runder oder abgeflachter Blütenkopf entsteht.

Deckblatt. Ein an der Basis einer Blüte oder eines Blütenbüschels wachsendes, verändertes Blatt. Deckblätter können wie normale Blätter aussehen oder kleiner und schuppenähnlich sein; oft sind sie auch groß und farbenfroh.

Dolde. Ein meist flaches oder gerundetes Blütenbüschel, bei dem die einzelnen Blütenstengel von einem zentralen Punkt ausgehen. In einer zusammengesetzten Dolde bildet bereits jeder untere Blütenstengel eine Dolde. Merkmal der *Umbelliferae* (Familie der Doldengewächse).

Doppelt gefiedert. Ein gefiedertes Blatt, bei dem auch die Blättchen gefiedert sind.

Dränageanlage. Tiefe, lockere Steinschicht mit etwas Lehm. Der Boden wird so extrem wasserdurchlässig; gut geeignet für Pflanzen, die keine Staunässe vertragen.

Dreiblättrig. Mit 3 Blättern, im weiteren Sinne auch mit 3 Blättchen.

Dreibuchtig. Mit drei Ausbuchtungen.

Dreieckig-oval [Blätter]. Mittelform zwischen dreieckig und eiförmig.

Eiförmig [Blätter]. In der Form eines Eis mit dem dickeren Ende an der Basis und am gegenüberliegenden Ende eher spitz zulaufend.

Einfach [Blätter]. Nicht in Blättchen unterteilt.

Eingerollt. Am Rand nach hinten und/oder nach unten gerollt.

Einjährige. Eine Pflanze, die ihren Lebenskreislauf von der Keimung über die Blüte bis zum Absterben in einem Jahr vollendet.

Einzelblüte. Kleine Blüte in einem vielblütigen Blütenstand.

ELLIPTISCH [Blätter]. In der Mitte breit, an beiden Enden schmal zulaufend.

EMPFINDLICH. Pflanzen, die keine niedrigen Temperaturen vertragen. Diese Pflanzen werden häufig nach folgenden Kategorien eingeteilt: kühl wachsend, Mindesttemperatur 10° C; mittel, Mindesttemperatur 13° C oder warmwachsend, Mindesttemperatur 18° C.

ENTFERNEN VERWELKTER BLÜTEN. Verwelkte Blüten entfernen, um die Blütezeit zu verlängern, die Selbstaussaat zu verhindern oder um das Erscheinungsbild der Pflanze zu verbessern.

ENTGEGENGESETZT [Blätter]. Zwei je einzeln aus einem Knoten wachsende Blätter, die einander gegenüberstehen.

EPIPHYT. Pflanze, die auf der Oberfläche einer anderen Pflanze lebt, ohne Parasit zu sein.

ERBSENÄHNLICH [Blüte]. In der Struktur wie eine Erbsenblüte.

ERICACEAE. Pflanzen der Familie der *Ericaceae* (Erikagewächse), die meist einen kalkfreien Boden von oder unter einem pH-Wert von 6,5 verlangen.

F1-HYBRIDEN. Erste Generation aus der Kreuzung von zwei eindeutig reinerbigen Elternpflanzen, um einheitliche, kräftige und auch ertragreiche Nachkommen zu erhalten. Samen aus F1-Hybriden entwickeln sich nicht arttypisch.

FLACHSPROSS, PLATYKLADIUM. Bezeichnung für eine abgeflachte bis blattähnliche Sproßachse.

FLECHTE. Organismus, aus der symbiotischen Verbindung von Pilz und Alge entstanden.

FORMSCHNITT. Die Kunst, Bäume und Sträucher zu dekorativen, oft geometrischen (oder Tieren und Vögeln nachgebildeten) Formen zu schneiden oder zu erziehen.

FROSTHART. Eine Pflanze, die Temperaturen bis -5° C verträgt.

FRUCHT. Der Teil der Pflanze, der einen oder mehrere Samen hervorbringt, z.B. Beere oder Nuß.

FRUCHTKNOTEN. Die geschwollene Basis des weiblichen Blütenteils, der Stempel. Er ist hohl und enthält einen oder mehrere Samenanlagen. Nach der Befruchtung bildet seine äußere Hülle die Außenhaut der Frucht.

FRÜHTREIBEN. Künstlich ein vorzeitiges Wachstum der Pflanze bzw. das Hervorbringen von Blüten und Früchten bewirken.

GANZRANDIG [Blätter]. Blätter mit ungezähntem Rand.

GATTUNG. Eine Gruppe aus verwandten Arten, die durch den ersten Teil ihres botanischen Namens bezeichnet werden, z.B. *Acacia.*

GEFIEDERT [Blätter]. Ein zusammengesetztes Blatt, bei dem die Blättchen in zwei Reihen zu beiden Seiten der Mittelrippe wachsen.

GEFLÜGELT [Samen, Früchte]. Äußere Membran oder Flügelchen.

GEGENZUNGEN. Vermehrungsmethode durch Veredlung (vgl. *Der Anbau von Kräutern*, S. 374-393).

GERÖLLHALDE. Felsen und Steine auf einem Abhang.

GEWEBEKULTUR. Die künstliche Vermehrung von kleinen Teilen des Pflanzengewebes in Nährlösungen unter sterilen Bedingungen.

GRANNE. Steifer, borstenartiger Fortsatz, der sich gewöhnlich an Grassamen und Ähren befindet.

GRIFFEL. Verbindungsglied zwischen Fruchtknoten und Narbe.

HABITUS. Der charakteristische Wuchs oder das spezielle Erscheinungsbild einer Pflanze.

HAGEBUTTEN. Die charakteristischen Früchte der Gattung *Rosa.*

HALBHART. Pflanzen, die Temperaturen bis 0° C, aber keinen Frost vertragen.

HALBSTRAUCH. Buschige, holzige Pflanze mit krautigen Zweigenden.

HANDFÖRMIG [Blätter]. Blatt mit vier oder mehr Blättchen, die von einem Punkt ausgehen, wie bei der Roßkastanie *(Aesculus hippocastanum).*

HART, WINTERHART. Pflanzen, die das Klima in gemäßigten Zonen, auch Frost, das ganze Jahr über ohne Schutz vertragen.

HARZ. Feste oder halbfeste Verbindung mit variierenden Anteilen von Öl und/oder Gummi, die als Absonderung von verschiedenen Pflanzen oder Bäumen direkt gewonnen wird.

HAUPTSTAMM. Der untere Teil des Baumes vom Boden bis zum ersten Hauptast.

HAUPTTRIEB. Die Spitze des Hauptsprosses einer Pflanze.

HOCHSTAMM. Baum oder Strauch mit einem zweig- und blattlosen Stamm unterhalb der ersten Zweige. Bestimmte Sträucher wie Rosen und Lorbeer können als Hochstammgewächse gezogen werden.

HOLZIGER STAMM. Pflanze mit einem dauerhaften Stamm aus Holzfasern, im Gegensatz zu weichstämmigen und krautigen Pflanzen. Ein halbholziger Stamm enthält weichere Pflanzenfasern.

HÜLSENFRUCHT. Einteilige Frucht, die im reifen Zustand aufplatzt, gehört zur Familie der *Leguminosae.*

HUMUS. Der weiche, feuchte, dunkelbraune bis schwarze Inhalt des Bodens, der aus pflanzlichen oder tierischen Abbauprodukten besteht.

HYBRIDE. Nachkommen genetisch verschiedener Eltern, meist durch Zufall oder künstlich in der Pflanzenzüchtung entstanden, aber auch bei Wildpflanzen gelegentlich möglich.

IMMERGRÜNE PFLANZE. Pflanze, die ihre Blätter in der Regel das ganze Jahr über behält und nur ältere Blätter abwirft. Semi-immergrüne Pflanzen behalten nur einige Blätter oder werfen die älteren Blätter erst mit Beginn einer neuen Vegetationsphase ab.

KALK. Kalziumverbindungen; der Kalkanteil im Boden bestimmt, ob es sich um alkalischen, neutralen oder sauren Boden handelt.

KALKFREIER KOMPOST. Kompost mit einem geeigneten pH-Wert für Pflanzen, die in kalkhaltigem Boden nicht gedeihen.

KAMMER. Teil einer trockenen, aufplatzenden Frucht, besonders bei einer Kapsel.

KAPPEN. Eine Pflanze jedes Jahr bis fast zum Boden zurückschneiden, um neue, kräftige Triebe für dekorative oder für praktische Zwecke zu erhalten.

KAPSEL. Eine trockene Frucht, die aufspringt, wenn sie reif ist, um die Samen zu entlassen.

KÄTZCHEN. Ein in der Regel hängendes Blütenbüschel mit Blüten ohne Blütenblätter und (oft ohne) Stengel, die von schuppenartigen Deckblättern umgeben sind. Sie sind gewöhnlich eingeschlechtlich.

KEIL. Das kleine Stück altes Holz, das am Steckling verbleibt, wenn er vom Stamm abgeschnitten wird.

KEIMWURZEL. Embryonale Wurzel, normalerweise das erste Organ, das bei der Samenkeimung entsteht.

KELCH. Der äußere Teil der Blüte, meist klein und grün, aber manchmal prächtig und leuchtend bunt, der aus den Kelchblättern gebildet wird und als Knospe die Blütenblätter umschließt.

KELCHBLÄTTER [Sepalen]. Der äußere Wirtel der Blütenhülle, meist klein und grün, mitunter auch prächtig.

KERBE. V-förmiger Einschnitt.

KERNHOLZ. Der innere Kern eines Baumstamms, der aus nicht mehr aktiven Fasern besteht und der sich im Laufe der Zeit mit Harz, Tanninen, Pflanzengummi und Ölen gefüllt hat.

KINOHARZ. Dunkelrotes Pflanzenharz, das als Adstringens und zum Färben benutzt wird, hauptsächlich aus den *Eucalyptus*-Arten und aus *Pterocarpus marsupium* gewonnen.

KLETTERPFLANZE, KLIMMER. Eine Pflanze, die klettert und andere Pflanzen oder Gegenstände als Stütze benutzt: 1. mit den Blattstengeln werden Stützen umwickelt; oder 2. durch Luftwurzeln wird Halt gebildet; oder 3. als Selbstklimmer durch Haftscheiben; oder viertens, indem Stämme von der Kletterpflanze umschlungen werden.

KNOLLE. Ein verdicktes, aus einem Stengel oder einer Wurzel entstandenes, meist unterirdisches Speicherorgan.

KNOSPE. Rudimentärer oder verdichteter Sproß, aus dem sich Blätter oder Blüten entfalten.

KNOTEN. Abschnitt des Stengels, an dem das Blatt oder Blätter entspringen.

KORMUS [Stengelknolle]. Ein zwiebelartiges, unterirdisches Speicherorgan, das hauptsächlich aus einer geschwollenen Stengelbasis besteht und oft von einer papierartigen Hülle umgeben ist.

KORONA [Krone]. Ein Auswuchs, ähnlich einem Blütenblatt, auf der Corolla bestimmter Blüten.

KRAUS. Mit sehr fein gewelltem Rand.

KRAUTIG. Pflanzen, die am Ende der Wachstumsperiode absterben.

KRIECHPFLANZE. Eine Pflanze, die nahe am Boden wächst und in der Regel bei ihrer Ausbreitung Wurzeln bildet.

KRONE, COROLLA. Der häufig prächtige Teil der Blüte, der von den Blütenblättern gebildet wird.

KRONE. 1. Der Teil der Pflanze, der sich direkt am oder über dem Boden befindet und aus dem die neuen Triebe wachsen bzw. bis zu dem sie im Herbst absterben; 2. der obere, verzweigte Teil des

Baumes über dem Hauptstamm; 3. die Korona.

KRUME, ACKERKRUME. Feine, krümelige Bodenoberfläche, die beim Anbau von Pflanzen entsteht.

KULTURPFLANZE. Eine auf großen Flächen (Feldern) angebaute Zuchtpflanze.

LANZETTFÖRMIG, LANZETTLICH. Schmal und spitz an beiden Enden.

LATEX. Eine oft weiße Flüssigkeit, die von vielen Pflanzen produziert wird, sie enthält Stärke, Alkaloide, Mineralsalze und Zucker.

LAUBABWERFEND. Pflanzen, die jährlich ihre Blätter am Ende der Vegetationsphase verlieren, halblaubabwerfende Bäume verlieren nur einige Blätter.

LEGUMINOSAE. Pflanze aus der Familie der *Leguminosae* oder der Unterfamilien *Caesalpiniaceae, Mimosaceae* bzw. *Papilionaceae.*

LEHMBODEN. Gut strukturierter, fruchtbarer Boden, der Feuchtigkeit zurückhält und dennoch über eine gute Dränage verfügt.

LEICHTER KOMPOST. Kompost ohne Erde und Lehm für Topfpflanzen, auf Torfbasis oder aus Kokosnußfasern.

LIANE. Holzige Kletterpflanze, die in tropischen Wäldern vorkommt.

LIEGEND. Mit am Boden entlangwachsendem Sproß.

LINEALISCH [Blätter]. Sehr schmal mit parallelen Rändern.

LIPPE. Eine Ausbuchtung mit 2 oder mehr flachen oder taschenförmigen Blütenhüllensegmenten.

LITHOPHYTEN. Pflanzen, die in der Natur auf steinigem oder felsigem Untergrund wachsen.

LOCKER. Lose oder mit lockeren Teilen.

LUFTWURZEL. Siehe Wurzel.

MEHRFARBIG, PANASCHIERT. Mit Flecken- oder Streifenmuster aus unterschiedlich gefärbtem Gewebe.

MEHRJÄHRIGE. Pflanzen, die mindestens drei Vegetationsperioden lang leben. In diesem Buch Bezeichnung für mehrjährige Kräuter. Bei holzigen Mehrjährigen hingegen stirbt nur ein Teil ab und hinterläßt an der Basis einen holzigen Stamm.

MIKROVERMEHRUNG. Pflanzenvermehrung durch Gewebekulturen.

MINERALSALZE. Anorganische Substanzen in Pflanzen, wie z.B. Kalium, Silikon, Kalzium und Selen, die Mineralmangel im menschlichen Körper ergänzen können.

MITTELRIPPE. Die Hauptader eines Blattes oder der Hauptstengel, an dem die Blättchen eines gefiederten Blattes sitzen.

MONOKARPISCH. Pflanzen, die nur einmal blühen und fruchten, bevor sie absterben; sie können mehrere Jahre brauchen, bis sie die nötige Größe zum Blühen erreichen.

MONOTYPISCH. Eine Gruppe mit nur einer Untergruppe, z.B. eine Familie mit nur einer Gattung oder auch eine Gattung mit einer einzigen Art.

MULCH. Eine Schicht aus organischem Material, die um oder auf eine Pflanze aufgetragen wird, um die Feuchtigkeit zu halten, die Wurzeln vor Frost zu schützen, das Unkrautwachstum zu verhindern und um die Bodenqualität zu verbessern.

NARBE. Teil der weiblichen Blüte an der Spitze des Griffels, der den Pollen aufnimmt.

NATURALISIEREN. Einbürgern oder heimisch werden wie wildwachsende Pflanzen.

NEBELWALD. Ein Bergwald, der ständig nebelverhangen ist, in dem auf verkümmerten Bäumen epiphytische Pflanzen in großer Menge wachsen.

NEKTAR. Zuckerartige Flüssigkeit, die von einem drüsigen Gewebe *(Nektarium)* abgesondert wird, das sich für gewöhnlich in den Blüten, manchmal auch auf Blättern oder Stengeln befindet.

NEUTRAL [Boden]. Mit einem pH-Wert von 7, d.h. weder sauer noch alkalisch.

NÜSSCHEN. Einsamiger Teil einer Frucht, der im reifen Zustand aufspringt.

PANTROPISCH. In tropischen Regionen überall in der Welt wachsend.

PARASIT. Pflanze, die in oder auf einer anderen Pflanze (der Wirtspflanze) lebt und von dieser ernährt wird.

PFAHLWURZEL. Die größte und wichtigste, senkrecht nach unten wachsende Wurzel einer Pflanze, auch allgemein für ähnliche, abwärts wachsende Wurzeln verwendet.

PHOTOSYNTHESE. Die Synthese von Kohlenhydraten aus Kohlendioxyd und Wasser in Grünpflanzen; die Energie hierzu entsteht durch das vom Chlorophyll absorbierte Licht.

PH-WERT. Bemessungsgrundlage für den Säuregehalt des Bodens (vgl. sauer, alkalisch, neutral).

PUNKTDRÜSEN. Mit kleinen, runden Sekretionsdrüsen versehen.

RACHEN. Der innere Teil einer röhren- oder glockenförmigen Blüte.

RANKE. Fadenförmige, meist verlängerte, verzweigte Klammerorgane, die Kletterpflanzen Halt geben.

RHIZOM. Ein verzweigter unterirdischer Stamm, der sich horizontal ausbreitet und blättrige Triebe hat.

RISPE. Zusammengesetzte, verzweigte Blütentraube, bei der sich die Blüte jeweils an einem Stiel (Pendunculus), der vom Hauptstengel abgeht, entwickelt.

ROSETTE. Gruppe von Blättern, die von demselben Punkt ausstrahlen, oft in Bodennähe auf einem sehr kurzen Stengel.

RUHEND. Am Leben, aber nicht aktiv.

SAMENGEHÄUSE. Im allgemeinen eine trockene Frucht, die Samen enthält.

SAMENMANTEL [Arillus]. Ein fleischiger oder flauschiger, häufig farbenfroher Auswuchs von bestimmten Samen, wie z.B. bei den Muskatnüssen *(Myristica fragrans).*

SAPROPHYT. Von faulenden organischen Substanzen lebend.

SAUER [Boden]. Mit einem pH-Wert unter 7 (vgl. auch alkalisch und neutral).

SCHALENRITZUNG. Die Samenhülle wird eingeritzt, um sie wasserdurchlässig zu machen und auf diese Weise die Keimung zu beschleunigen.

SCHEINZWIEBEL, PSEUDOBULBE. Schwellung an der Stengelbasis, in der epiphytische Orchideen Wasser und Nährstoffe speichern.

SCHIESSEN. Vorzeitig Blüten und Samen bildend.

SCHILDFÖRMIG [Blätter]. Schildförmige Blätter, deren Stengel sich nicht am Rand, sondern in der Mitte (bzw. in der Nähe) des Blattes befindet.

SEITENSTÄNDIG, SEITLICH. Seitlich aus einem Sproß oder einer Wurzel wachsender Trieb.

SELBSTAUSSAAT. Sämlinge, die von der Elternpflanze produziert werden und rund um diese wachsen.

SELBSTFERTIL. Pflanze, die nach der Befruchtung mit eigenen Pollen lebensfähigen Samen hervorbringt.

SERIEN. Bezeichnung für eine Gruppe ähnlicher, aber nicht identischer, meist einjähriger Pflanzen, die ein oder mehrere charakteristische Merkmale gemeinsam haben.

SKLEROPHYLL. Holzige Pflanze mit kleinen, ledrigen, immergrünen Blättern, für heiße, trockene Gegenden typisch.

SKLEROTIUM. Geschlossene Ruhephase von bestimmten Pilzen, nach der neues Wachstum entsteht, oder Sporen produziert werden.

SORI [Singular: Sorus]. Büschel von sporenproduzierenden Strukturen auf der Unterseite der fertilen Farnwedel.

SORTE. Eine durch Kultivierung entstandene Variante oder Abstammungslinie, die durch die Aufzucht von Pflanzen entstanden ist und normalerweise in der Natur nicht vorkommt.

SPADIX [Plural: Spadices]. Kolben. Ährenartige Blütenbüschel, meist fleischig mit vielen kleinen Blüten, charakteristisch für *Araceae,* z.B. *Arisaema.*

SPALIERPFLANZE. Pflanze, deren Hauptstamm vertikal und Äste nach beiden Seiten horizontal auf einer Ebene gezogen werden.

SPITZE. Die Spitze oder Wachstumsspitze eines Pflanzenorgans, z.B. eines Triebes oder Blattes.

SPORE. Winzige Reproduktionsstrukturen von nichtblühenden Pflanzen, z.B. Farne, Pilze und Moose.

SPORN. Hohler Auswuchs eines Blütenblattes, oft nektarproduzierend.

SPORT. Mutation, durch künstliche oder zufällige Veränderung der genetischen Struktur der Pflanze entstanden; dadurch entsteht ein Trieb mit anderen Charakteristika als denen der Elternpflanze.

SPROSS, KURZTRIEB. Ein kurzer Trieb mit einer Anzahl Blütenknospen, oft bei Obstbäumen.

SPROSSKNOSPE. Der embryonale Trieb einer samentragenden Pflanze.

STAUBBEUTEL. Der pollenproduzierende Teil des Staubblattes, entspringt in der Regel einem Staubfaden.

STAUBBLATT. Staubbeutel und Filament oder Stiel.

STAUBFADEN. Stiel eines Staubblattes, trägt den Staubbeutel.

STECKLING. Teil einer Pflanze, der zum Zweck der Vermehrung abgenommen wird (vgl. *Der Anbau von Kräutern,* S. 374-393).

STEMPEL. Der weibliche Teil der Blüte, bestehend aus Fruchtknoten, Griffel und Narbe.

STERIL. Unfruchtbar, keine Sporen, Pollen oder Samen produzierend.

STOLON, AUSLÄUFER. Ein sich horizontal oder bogenförmig ausbreitender Sproß, meist über dem

Boden, der an seiner Spitze Wurzeln für eine neue Pflanze bildet.

STRAHLENFÖRMIG, RADIÄR [Blüte]. Kleine Blüten mit meist zungenförmigen Blütenblättern, die den äußeren Blütenring bei zusammengesetzten Blütenköpfchen, z.B. beim Gänseblümchen *(Bellis perennis)*, bilden.

STRATIFIZIEREN. Methode, die Keimruhe bestimmter Samen zu brechen, indem sie z.B. eine Zeitlang der Kälte ausgesetzt werden.

STRAUCH. Holzige Pflanze, meist schon am Boden stark verzweigt.

SUBALPINE PFLANZE. Pflanze, die unterhalb der Baumgrenze im Gebirge wächst.

SUKKULENTEN. Pflanzen mit fleischigen, wasserspeichernden Blättern oder Stengeln, an Lebensbedingungen angepaßt, bei denen es entweder wenig Wasser oder nur Salzwasser gibt.

TEILUNG. Vermehrungsmethode von Pflanzen, durch Teilung eines Pflanzenbüschels während der Ruhezeit in mehrere Stücke (vgl. *Der Anbau von Kräutern*, S. 374-393).

TEPALUM. Unterteilung der Blüten ohne deutlich ausgeprägten Kelch und Krone, wie z.B. bei *Crocus*.

TERMINAL. An der Spitze eines Stengels oder Zweiges.

TOCHTERZWIEBEL. Eine kleine Zwiebel, die aus der Basis einer großen Zwiebel wächst.

TORFMOOS. Moose, die häufig in Mooren vorkommen; da sie die Feuchtigkeit speichern, sind sie für bestimmte Anbaumethoden gut geeignet.

TRANSPIRATION. Wasserverlust durch Verdunsten an der Pflanzenoberfläche.

TRAUER-, HÄNGE-. Mit schlanken, hängenden Zweigen.

TRIEB. Der obere, blatttragende Teil der Pflanze. Ein Seitentrieb entspringt an der Seite eines Haupttriebs.

TRUGDOLDE. Ein Blütenbüschel, bei dem die erste Blüte aus der Terminalknospe des Hauptstengels entsteht; alle weiteren Blüten entwickeln sich aus den Terminalknospen der Seitenstengel.

UMMANTELUNG. Eine zylindrische Struktur, die teilweise oder vollständig einen Pflanzenteil, z.B. den Stamm, umhüllt.

UMWACHSEN [Blätter]. Die Blätter wachsen an der Basis vollständig um den Stengel herum.

UNTERGESCHOSS [im Regenwald]. Die unterste Stufe mit Sträuchern und kleineren Bäumen.

UNTERIRDISCHER AUSLÄUFER. Ein Trieb, der unterhalb des Bodens direkt aus der Wurzel entspringt.

UNTERLAGE. Gut verwurzelte Pflanze, auf die ein Edelreis gepfropft wird, vgl. Veredlung.

ÜPPIG. Reichliche Blütenbildung.

VEGETATIVE VERMEHRUNG. Jede Vermehrungsmethode von Pflanzen außer der durch Samen.

VERANKERUNGEN. An der Basis von vielen Algenpflanzen (die in fließendem oder Gezeitenwasser leben) befindliche Strukturen, mit denen sich die Pflanze an Halterungen fixiert.

VEREDLUNG. Vermehrungsmethode, bei der zwischen verschiedenen Teilen zweier Pflanzen eine künstliche Vereinigung hergestellt wird (vgl. *Der Anbau von Kräutern*, S. 374-393).

VERKEHRT EIFÖRMIG [Blätter]. Eiförmig im Aussehen, mit dem schmaleren Ende an der Basis.

VERKEHRT LANZETTFÖRMIG [Blätter]. Mit einem breiten, gerundeten oberen Ende und einer spitzen Basis.

VERMICULIT. Ein leichtes, glimmerähnliches Material; ermöglicht gute Wasserspeicherung und Durchlüftung. Es wird deshalb Kompost für Topfpflanzen beigegeben.

VERROTTEN. Verarbeitungsmethode für geschlagenes Holz; die Pflanzenfasern werden durch Eindringen von Bakterien freigelegt.

VERWILDERTE PFLANZE. Eine nicht-heimische Pflanze, die in einer Region kultiviert wurde und sich nun als Wildpflanze vermehrt.

WECHSELSTÄNDIG [Blätter]. Einzeln, an jeder Stengelseite abwechselnd aus einem Knoten austreibende Blätter.

WEDEL. Das zusammengesetzte Blatt eines Farns. Einige Farne bilden sowohl sterile als auch fertile Wedel; letztere tragen Sporen.

WILDPFLANZE. Pflanzen, die nicht angebaut werden (können) und die an den Stellen geerntet werden, wo sie natürlicherweise vorkommen.

WIRT. Pflanzen (oder auch Tiere), die Parasiten ernähren.

WIRTEL, QUIRL. Anordnung von drei oder mehr Pflanzenorganen, die aus demselben Punkt entspringen; charakteristisch für die Familie der *Rubiaceae*.

WURZEL. Der in der Regel unterirdische Teil der höheren Pflanzen; verankert die Pflanze und nimmt Wasser und Nährstoffe auf. Luftwurzeln entspringen am Stamm in einiger Entfernung zum Boden.

WURZELAUSLÄUFER. Ein horizontal wachsender, schlanker Trieb, der an jedem Knoten wurzelt, oft mit Ausläufer verwechselt.

WURZELBALLEN. Wurzeln und damit verbundene Erde oder Kompost, die beim Herausnehmen der Pflanze sichtbar werden.

x. Bezeichnung einer hybriden Pflanze; das „x" bedeutet die Kreuzung von zwei oder mehr genetisch verschiedenen Pflanzen.

ZAHN. Eine kleine, am Rand befindliche, oft spitze Ausbuchtung eines Blattes, des Kelches oder der Krone.

ZAPFEN. Die büscheligen Blüten oder holzigen Samenträger von Nadelbäumen.

ZIERPFLANZE. Pflanze, deren Wert hauptsächlich in einer dekorativen Funktion besteht.

ZURÜCKSCHLAGEN. Zur ursprünglichen Ahnenform zurückkehren; so kann z.B. eine panaschierte Pflanze ein einfaches grünes Blatt hervorbringen.

ZUSAMMENGESETZT. Aus mehreren oder vielen Teilen bestehend; z.B. kann sich ein Blatt aus zwei oder mehr Blättchen zusammensetzen.

ZWEIJÄHRIGE. Eine Pflanze, die in der ersten Vegetationsphase nach der Keimung nur Wurzeln, Stamm und Blätter hervorbringt und erst in der zweiten Phase blüht und abstirbt.

ZWIEBEL. Speicherorgan, hauptsächlich aus fleischigen Schuppenblättern und geschwollenen, modifizierten Blättern auf einem sehr verkürzten Stengel bestehend. Zwiebeln wachsen für gewöhnlich (jedoch nicht immer) unterirdisch.

ZWIEBELPFLANZE. Aus einer Zwiebel wachsende oder Zwiebeln hervorbringende Pflanze.

MEDIZINISCH

ABORTIV. Abortiv wirkend, eine Fehlgeburt erzeugend.
ADAPTOGEN. Verbessert die Widerstandsfähigkeit gegenüber Belastungen.
ADRENALER KARTEX. Nebennierenrinde, Teil der Nebenniere, der Steroidhormone bildet.
ADRENALIN. Hormon aus dem Nebennierenmark, Streßhormon.
ADRENOKARTIKAL. Zur Nebennierenrinde gehörig.
ADSTRINGENS. Zusammenziehendes Mittel, das durch Entquellung von Proteinen der obersten Geweheschichten zur Bildung einer schützenden Membran führt und dadurch Blutung und Ausfluß vermindert.
ALEXIPHARMAKON. Gegengift, Abwehrmittel, Antidot.
ALKALOID. Stickstoffhaltiger Naturstoff (gebildet von Pflanzen), der eine potente systemische Wirkung auf den Körper haben kann.
ALLERGEN. Bezeichnung für eine Substanz, die eine allergische Reaktion auslösen kann.
ALTERATIV. Blutreinigungsmittel, das durch Aufspalten und Ausscheiden von Abfallprodukten aus dem Körper entschlackend wirkt.
AMINOSÄURE. Einfachster Baustein der Eiweiße.
AMÖBOIDE DYSENTERIE. Amöbenruhr, Entzündung des Darms, verursacht durch Amöben.
ANAESTHETISCH. Gefühllos, unempfindlich; eine lokale oder sich auf den ganzen Körper erstreckende Betäubung.
ANALGETISCH. Analgesie, Schmerz beseitigend.
ANETHOL. Ätherisches Öl, nach Anissamen riechend, meist aus *Pimpinella anisum* und *Illicium verum* extrahiert, mit leicht schleimlösender und blähungstreibender Wirkung.
ANTHELMINTIKUM. Wurmmittel; Vermifugum.
ANODYN. Schmerzlindernd.
ANTIBAKTERIELL. Das Wachstum von Keimen zerstörend oder hemmend.
ANTIBIOTISCH. Das Wachstum von Mikroorganismen zerstörend oder hemmend.
ANTIINFLAMMATORISCH. Entzündungshemmend.
ANTIKOAGULANS. Mittel zur Hemmung der Blutgerinnung.
ANTIOXIDANS. Stoff, der die Entstehung freier Radikale verhindert und dadurch eine Zellschutzfunktion ausübt.
ANTIPYRETISCH. Verhindert Entstehung von Fieber.
ANTIRHEUMATISCH. Mindert die Symptome von Rheuma.
ANTISEPTISCH. Verhindert oder kontrolliert eine Infektion.
ANTISPASMODIKUM. Reduziert Krämpfe oder Spannungen bei Muskeln.
APERIENS. Laxans; Abführmittel.
APHRODISIAKUM. Mittel zur Erhöhung der sexuellen Erregung.
ÄTHERISCHE ÖLE. Komplexe, aromatische Bestandteile von Pflanzen, die zur Herstellung von Essenzen verwendet werden.
BAKTERIZID. Bakterien zerstörend.
BALSAM. Aromatische Öl-Harz-Verbindung aus verschiedenen Hölzern, findet Verwendung als Grundlage für Medikamente, Parfüms und rituelle Salben.
BAZILLUS. Stäbchenbakterien.
BETACAROTIN. Vorstufe des Vitamin A, das im Körper umgewandelt wird, gelber Farbstoff in orange-gelben Pflanzen, z.B. Karotten.
BITTERSTOFF. Stimuliert die Ausschüttung von Verdauungssaft, verbessert den Appetit.
BITTERSÜSS. Geschmacksrichtung zwischen süß und bitter.
BLUTGERINNUNG. In Phasen ablaufender Prozeß, der der Blutstillung dient.
BLUTKOAGULANS. Stoff, der bei der Blutgerinnung hilft.
BLUTZUCKER. Glucosekonzentration im Blut.
BORNEOL. Alkohol der Camphenreihe, Bestandteil verschiedener ätherischer Öle, z.B. im Fichtennadelöl, Rosmarin- oder Lavendelöl, hustenlösende und hautreizende Wirkung.
BRONCHIAL. Bronchien, Atemwege betreffend.
CARVACROL. Ein flüchtiges, ätherisches Öl, wird in verschiedenen Kräutern gefunden, hauptsächlich in *Thymus*-Arten; fördert die Sekretion von Schleimhäuten (Hustenmittel).
CARVON. Hauptbestandteil des Kümmelöls (aus *Carum carvi*) mit blähungstreibender Wirkung.
CHOLESTERIN. Aromatische Kohlenwasserstoffverbindung; Grundsubstanz der Steroidhormone, der Gallensäuren und fast aller Gewebe; Blutbestandteil; fettähnliche Substanz.
CINEOL. Ein ätherisches Öl mit Kampfer-Aroma, das zumeist aus *Eucalyptus*-Arten und *Melaleuca leucandendron* extrahiert wird und hautreizende und antiseptische Wirkung hat. Auch unter der Bezeichnung Zineol und Eucalyptol bekannt.
CUCURBITACINE. Giftige Bestandteile, hauptsächlich aus Kürbissamen und *Bryonia dioica*, mit wurmtötender und gegen Tumore gerichteter Wirkung.
DEKONGESTIONSMITTEL. Von Blutandrang, Stauung, Verstopfung befreiendes Mittel.
DEPRESSIVUM. Beruhigungsmittel, reduziert nervöse oder funktionelle Aktivität.
DEPURATIV. Abführmittel, das Schlacken aus dem Körper entfernt.
DETOXIKATION. Entgiftung, Dekontamination.
DIAPHORETIKUM. Schweißtreibendes Mittel.
DIOSPHENOL. Ätherisches Öl, wirkt entwässernd.
DIURETIKUM. Entwässerungsmittel, erhöht das Urinvolumen.
EMETIKUM. Brechmittel.
EMOLLENTIUM. Erweichendes Mittel, Weichmacher; fördert die Geschmeidigkeit der Haut.
ENZYM. Ein komplexes Eiweiß, das in Zellen gebildet wird, biologische Prozesse in Gang setzt, ohne sich selbst zu verändern.
EPIGASTRISCH. Zum Magen gehörig; Region zwischen Brust und Nabel im Bauchraum.
ESSENTIELLES ÖL. Ein ätherisches Öl, welches aus Pflanzen gewonnen wird und ihren charakteristischen Geruch oder Geschmack hat.
EUGENOL. Ätherisches Öl mit dem Geruch nach Gewürznelken; hat blähungstreibende und örtlich betäubende Wirkung; wird meist aus *Syzygium aromaticum* extrahiert.
EUPHORIKUM. Stimmungsaufhellendes Mittel.
EXPEKTORANS. Hustenmittel, erhöht den Auswurf von Schleim aus dem Respirationstrakt.
FIXATIV. Substanz, die einem Parfüm zugefügt wird, um es länger haltbar zu machen.
FLAVONOIDE. Kommen in gelöster, glykosidischer Form im Pflanzensaft vor; durchblutungsfördernde, diuretische, spasmolytische, entzündungshemmende Wirkung.
FUMARO-KUMARIN. Kumarintyp, der häufig in Pflanzen gefunden wird; antispasmolytischer Effekt.
FUNGIZID. Antimykotikum; Stoff, der Pilzwachstum hemmt.
GALAKTAGOGUM. Milchtreibendes Mittel.
GALLE. Bitteres Sekret aus der Leber, das sich in der Gallenblase befindet; dient zur Fettverdauung.
GAMMA-LINOLENSÄURE. Eine ungesättigte Fettsäure, von großer Bedeutung für das Wachstum und die Wiederherstellung der Zellen sowie der Bildung hormonähnlicher Substanzen. Wird im Körper produziert; kann bei Mangel durch Bestandteile aus Ölen verschiedener Pflanzen ersetzt werden.
GERMIZID. Keimtötend.
GLEITMITTEL. Reduziert Reibung.
GLYKOSIDE. Bestandteile bestimmter Pflanzen; Kohlenhydratverbindungen (Zucker), deren Nichtkohlenhydratanteil Aglykon oder Genin genannt wird; ist für das Glykosid in diesen Wirkstoffen die Wirkgruppe.
GYNÄKOLOGISCH. Die Frauenheilkunde betreffend.
HÄMORRHAGIE. Blutung.
HÄMOSTASE. Blutstillung.
HAFERKEIM. Vitaminreicher Keim des Haferkerns.
HAUTREIZMITTEL. Mittel zur Beeinflussung tiefsitzender Entzündungsvorgänge; Gegenmittel bei Reizvergiftungen.
HERZFLIMMERN. Schnelles und unregelmäßiges Herzklopfen.
HORMONE. Chemische Substanzen, die in innersekretischen Drüsen hergestellt werden; werden im Blut transportiert und haben spezielle Wirkungen auf das Gewebe.
HYPERAZIDITÄT. Übersäuerung, speziell im Magen, was ein brennendes Gefühl hervorruft.
HYPERTONIE. Bluthochdruck.
HYPOGLYKÄMIE. Unterzuckerung, Schock.
HYPOTENSION. Niedriger Blutdruck.
HYSTERIE. Persönlichkeitsstörung, bei der Geltungsbedürfnis, Egozentrismus auftreten.
IMMUNSYSTEM. Komplex funktionierendes körpereigenes System zur Abwehr körperfremder Substanzen wie Krankheitserreger und Reizstoffe durch das lymphatische System.
INSEKTIZID. Insekten tötend.
KALIUMSALZ. Form des Kaliums, welche bei großen Flüssigkeitsverlusten wie etwa bei Durchfall, Verbrennungen oder der Einnahme von harntreibenden Mitteln gereicht

wird, um den Kaliumhaushalt des Organismus stabil zu halten.

KAPILLARPERMEABILITÄT. Durchlässigkeit von Haargefäßen.

KARZINOGEN. Krebs erzeugend.

KARDIOVASKULÄRES SYSTEM. Herzkreislaufsystem.

KARMINATIVUM. Blähungsmittel, befreit von Blähungen, Koliken und Verdauungsbeschwerden.

KATARRH. Entzündung der Schleimhäute, hauptsächlich des Atmungsapparates, die zu erhöhter Schleimproduktion führt.

KAUSTIKUM. Ätzmittel.

KREISLAUFMITTEL. Erweitert die Blutgefäße und vergrößert den Blutfluß.

KÜHLENDES KRAUT. Ein bitteres oder entspannendes Kraut, das innere Hitze und Überaktivität verringert.

KUMARIN. Riechstoff zahlreicher Pflanzen, wirkt gerinnungshemmend, antiphlogistisch und antiödematös.

LAKTATION. Sekretion von Milch aus der Brustdrüse am Ende der Schwangerschaft.

LARVIZIDAL. Insektenlarven tötend.

LAXANS. Abführmittel.

LICHENSÄURE. Bitterer Bestandteil von Flechten mit antibiotischer Wirkung.

LINALOL, LINALOOL. Eine Flüssigkeit in Pflanzen; Bestandteil von ätherischen Ölen; hat antiseptische Wirkung und wird auch in der Parfümherstellung verwendet.

LIPIDE. Fette; natürliche Substanzen; im menschlichen Körper vorhanden als Serumlipide (Cholesterin), als Strukturlipide (in der Zellmembran) sowie als Depotfett (Fettpolster).

MENSTRUATION. Monatliche Regelblutung; mit Blutung einhergehende Abstoßung der Gebärmutterschleimhaut während der Geschlechtsreife.

MENTHOL. Hauptbestandteil von *Oleum Menthae piperitae*; Öl mit Pfefferminzaroma, welches auf der Haut ein Kältegefühl, begleitet von lokalanästhetischer Wirkung, erzeugt; bei innerlicher Anwendung spasmolytische und expektorierende Wirkung.

METABOLISMUS. Der gesamte Stoffwechsel im Körper. Er ermöglicht Wachstum, Energie und das Ausscheiden von Abfallstoffen.

MUCILAGO. Pflanzenschleim; komplexe, klebrige Kohlenwasserstoffe, die von bestimmten Pflanzen z.B. Beinwell *(Symphytum officinale)* produziert werden.

NARKOTIKUM. Betäubendes Pharmazeutikum.

NEMATOCID. Mittel gegen Fadenwurmbefall.

NERVENTONIKUM. Nervenstärkungsmittel; unterstützt die Wirkung des Nervensystems.

ÖDEM. Wasseransammlung im Gewebe.

OFFIZINELLE HEILPFLANZEN. Amtlich anerkannte und zugelassene Arzneikräuter.

ÖSTRUS. Ähnlich dem Hormon Östrogen, welches eine wichtige Rolle bei der Entwicklung und Funktion weiblicher Geschlechtsorgane spielt.

OVARIAL. Den Eierstock betreffend; zum Ovarium, der Produktionsstätte für Östrogen (Sexualhormon) im weiblichen Organismus gehörig.

PATHOGEN. Krankmachend; meist Mikroorganismen, die eine Krankheit verursachen.

PERIPHER. Außen, direkt unter der Körperoberfläche.

PERISTALTIK. Darmtätigkeit; wellenförmige Bewegung zur Beförderung des Darminhaltes.

PHLEGMA. Schleim im Respirationstrakt.

PHOTODERMATITIS. Zustand der Überempfindlichkeit der Haut gegenüber Sonnenlicht, der zu Hautreaktionen wie Rötung, Entzündung oder Ausschlag führen kann.

PHOTOSENSIBILITÄT. Lichtempfindlichkeit.

PIGMENTIERUNG. Normale Färbung der Haut, die durch Pigmente wie Melanin gesteuert wird.

PIMENT-ÖL. Essentielles Öl aus *Pimenta dioica*, welches stuhlregulierend und antioxidativ wirkt.

PIPERITON. Bestandteil des ätherischen Pfefferminzöls aus *Mentha* x *piperita*.

PORPHYRINE. Farbstoffe, die im Knochenmark gebildet werden; Bausteine des Hämoglobins (roter Blutfarbstoff) und des Chlorophylls bei Pflanzen.

PRODUKTIVER HUSTEN. Husten verbunden mit Schleimauswurf.

PROTEIN. Eiweiß; Baustein zahlreicher Strukturen im Körper (Muskeln, Gewebe und Organe); werden vom Körper aus Aminosäuren hergestellt.

PULEGON. Ätherisches Öl mit einem Geruch nach Poleiminze; zur Abtreibung sowie zur Insektenabwehr verwendetes Mittel.

PYRROLIZIDIN-ALKALOIDE. Gruppe von Alkaloiden, die in Kräutern wie Beinwell *(Symphytum officinale)*, Boretsch *(Borago officinalis)* oder Gemeiner Huflattich *(Tussilago farfara)* vorkommen; eine Überdosierung gilt als schädlich für die Leber.

REINIGENDES KRAUT. Ein Kraut, das die Ausscheidung der Schlakken aus dem Körper verbessert.

RELAXANS. Relaxierendes, beruhigendes Mittel.

SAFROL. Ätherisches Öl, welches aus *Sassafras albidum* gewonnen wird und in Geschmacksstoffen und Toilettenartikeln Verwendung findet. Es gilt als krebserregend und leberschädigend und ist daher in einigen Ländern verboten.

SAPONINE. Zu den Glykosiden gehörende, seifenähnliche Stoffe, die vor allem in Pflanzen gefunden werden, die in der Kräuterheilkunde verwendet werden.

SEDATIVUM. Beruhigungsmittel.

SEKRETION. Absonderung von Stoffen aus Drüsenzellen.

SERUM. 1. Flüssigkeit, die sich bei abgestandenem Blut bildet; 2. Abwehrstoff, welcher aus dem Blutserum von immunisierten Tieren stammt.

SPERMIZID. Männliche Keimzellen zerstörend.

STAPHYLOKOKKUS. Bakterium, welches Furunkel, Wundinfektionen und Septikämien (Blutvergiftungen) verursacht.

STEROIDE. Hormone mit typischer Ringstruktur; kommen vor in Sexualhormonen, der Nebennierenrinde und dem Vitamin D.

STEROL. Wachsähnlicher, steroider Alkohol, der z. B. im Cholesterin vorkommt.

STIMULANS. Mittel zur Erhöhung der physiologischen Aktivität.

SYNTHESE. Chemischer Vorgang, bei dem sich zwei oder mehr Stoffe miteinander verbinden.

THERAPIE. Heilverfahren zur Behandlung von Krankheiten.

THIXOTROPIE. Verflüssigung von Gel durch Rühren bzw. Schütteln.

THROMBOSE. Blutgerinsel, welches zur Verstopfung von Blutgefäßen und zur Stase führt.

THUJON. Ätherisches Öl, meist aus *Salvia officinalis* und *Artemisia absinthium* mit verdauungsfördernder und antiseptischer Wirkung.

THYMOL. Ätherisches Öl von *Herba thymi*; bekämpft Mikroorganismen (Keime), Pilze und Würmer.

TONIKUM. Kräftigendes und stärkendes Mittel.

TOPISCH. Örtlich, äußerlich wirkend.

TOXISCH. Schädlich oder giftig.

TOXIZITÄT. Grad der Giftigkeit.

TOXIN. Gift.

TRANQUILIZER. Beruhigungsmittel, welches wirkt, ohne das Bewußtsein zu trüben; abhängig machend.

TROPHISCH. Nahrhaft und stärkend.

UROGENITAL. Geschlechtsteile und Harnwege betreffend.

UTERUS. Gebärmutter.

VASOKONSTRIKTOR. Gefäßverengendes Mittel.

VENERISCH. Geschlechtskrankheiten betreffend.

VERMIFUGA. Wurmmittel; Vermizid.

VIRAL. Durch einen Virus hervorgerufen.

VIRUS. Krankmachender Organismus bei Tieren und Pflanzen, der zur Vermehrung die Wirtszelle benutzt.

WÄRMENDES KRAUT. Ein häufig würziges, scharfes und/oder bitteres Kraut, welches Kältegefühle oder Müdigkeit vertreibt sowie vitalitäts- und verdauungsfördernd wirkt.

WUNDREINIGUNG. Darmreinigungsmittel, Hautreinigungsmittel.

YIN UND YANG. Die zwei Prinzipien der chinesischen Philosophie, deren Zusammenwirken die Harmonie im Universum aufrechterhalten soll; *Yin* steht für die weibliche Energie, das Dunkle, Feuchte, Böse, Kalte, Absteigende, Innere und Negative; *Yang* symbolisiert alles Männliche, das Helle, Warme, Trockene, Aufsteigende, Äußere und Positive.

INDEX

Kursive Seitenzahlen verweisen auf Abbildungen. Seitenzahlen in **Fettdruck** beziehen sich auf den Haupteintrag im enzyklopädischen Teil.

A

Abdeckung 375
Abelmoschus 70, 226
A. moschatus 70, **226**
A. m. 'Mischief' *70,* **226**
Abendländische Medizin 56
Abendsonne 378
Abfall beseitigen 385
Abführmittel 53, 57, 59, 61, 63, 65, 67
Abhärten 379, 383
Abholzung 58, 60
Abies 70, 224
A. alba 70, **226**
A. balsamea 70, **226**
A. b. 'Hudsonia' *70,* **226**
A. pectinata siehe *A. alba*
Ablegen und Absenken 388
Ableger 394
Abmoosen 394
Aborigines 66, 227, 309, 348
Abortiv 398
Abrus 70, 224
A. precatorius 66, *70,* **226**
Absinth siehe *Artemisia absinthium*
Absterben 394
Acacia 66, 71, 226
A. ancistrocarpa 227
A. bivenosa var *wayi* 227
A. catechu 71, 226, **227**, 337
A. farnesiana 71, 226, **227**
A. holosericea 227
A. senegal 60, 61, **227**
A. tetragonaphylla 227
A. trachycarpa 227
Acajubaum siehe *Anacardium occidentale*
Acanthaceae 299, 357
Acantopanax senticosus siehe *Eleutherococcus senticosus*
Acetaria, a Discourse on Sallets 233, 268
Achillea 71, 227
A. millefolium 71, **227**, 238, 281, 297, 301, 317, 347, 361
A. m. 'Cerise Queen' **227**
A. m. 'Lavender Beauty' siehe *A. m.* 'Lilac Beauty'
A. m. 'Lilac Beauty' **227**
Achsel 394
Achselständig 394
Achyranthes 72, 227
A. aspera 227
A. bidentata 72, **227**
Acinos 32, 72, 228
A. arvensis 72, **228**, 381
Ackerdill siehe *Anethum graveolens*
Ackerfrauenmantel siehe *Aphanes arvensis*
Ackerfuchsschwanz siehe *Amaranthus retroflexus*
Ackergauchheil siehe *Anagallis arvensis*
Ackerknoblauch siehe *Allium ampeloprasum* var. *ampeloprasum*
Ackerminze siehe *Mentha arvensis*
Ackerrettich siehe *Raphanus raphanistrum*
Ackerschachtelhalm siehe *Equisetum arvense*
Aconitum 43, 72, 117, 228, 379
A. carmichaelii 72, **228**
A. c. 'Arendsii' *72,* **228**
A. ferox 228
A. napellus 15, 33, 57, *72,* **228**, 386
A. n. 'Carneum' *73,* **228**
Acoraceae 228
Acorus 73, 228
A. calamus 73, **228**, 249, 298, 309, 369, 378, 379
A. c. 'Oborozuki' siehe *A. gramineus* 'Ogon'
A. c. 'Variegatus' *73,* **228**
A. gramineus 73, **228**, 379, 381
A. g. 'Ogon' *73,* **228**
A. g. 'Pusillus' *73,* **228**
A. g. 'Variegatus' 30
Actinidin 317
Adaptogen 398
Adenophora 74, 229
A. liliifolia 229
A. stricta 74, **229**
A. trachiloidis 229
Adhatoda vasica siehe *Justicia adhatoda*
Adianthum 74, 229
A. aethiopicum 74
A. capillus-veneris 74, **229**, 389
A. pedatum 229
Adiantiaceae 229
Adlerholz siehe *Aquilaria*
Adonis 14, 74
Adonis 74, 229, 386
A. vernalis 74, **229**
Adonisröschen siehe *Adonis*
Adrenalin 323, 398
Adrenaler Kartex 398
Adrenokartikal 398
Adstringens 49, 66, 338, 342, 398
Adstringierend 53
Adventiv 394
Aegopodium 74, 229
A. podagraria 74, **229**, 359, 384
A. p. 'Variegatum' 33, *74,* **229**
Aemilius Macer 19
Aeollanthus 229
A. gamwelliae **229**
A. graveolens siehe *A. gamwelliae*
A. helistropioides 229
A. lamborayi 229
A. myrianthus 229
A. pubescens 229
Aesculus 75, 230
A. hippocastanum 57, *75,* **230,** 291, 385, 395
A. h. 'Baumannii' *75,* **230**
Afghanistan 60
Aframomum 230
A. angustifolium 230
A. melegueta **230**
Afrika 58, 59, 63
Afrikanische Kirsche siehe *Prunus africana*
Afrikanischer Regenwald 58
Agar-Agar 287
siehe auch *Gelidium amansii*
Agathosma 59, 239
Agastache 75, 230
A. anethiodora siehe *A. foeniculum*
A. foeniculum 26, 27, *75,* **230**, 379
A. f. 'Alabaster' 35, *75,* **230**
A. rugosa 75, **230**
Agathosma 75, 230, 241, 266, 277, 278, 311
A. betulina 230
A. crenulata 75, **230**, 316, 322, 370
A. serratifolia siehe *A. crenulata*
Agavaceae 231
Agave 32, 76, 231
A. americana 32, 55, *76,* **231**
A. a. 'Variegata' *76,* **231**, 381
A. sisalana 231
Aggregierte Arten 394
Aglaia 76, 231
A. argentea 231
A. edulis 231
A. odorata 76, **231**
Agni 46
Agrimonia 76, 231
A. eupatoria 76, **231**, 249, 264, 288, 291, 300, 307, 333, 344, 373
Agropyron repens siehe *Elymus repens*
Ägypten 14, 16, 18, 48, 56, 59
Altägyptische Gartenkosmetik *48*
Ägyptische Gartengestaltung 12
Ägyptische Lotosblume siehe *Nymphaea lotos*
Ahlbeere siehe *Ribes nigrum*
Ährchen 394
Ähre 394
Ährenminze siehe *Mentha spicata*
Ailanthus 76, 175, 231
A. altissima 76, **231**
A. glandulosa siehe *A. altissima*
A. vilmoriniana 76
Aischylos 343
Ai ye *(Artemisia vulgaris)* 243
Ajmalin 339
Ajuga 77, 231
A. australis 231
A. chamaepitys 77, **232**
A. iva 231
A. remota 231
A. reptans 77, **232**, 379
A. r. 'Atropurpurea' 33, *77,* **232** 374
A. r. 'Burgundy Glow' *77,* **232**
A. r. 'Purpurea' siehe *A. r.* 'Atropurpurea'
A. r. 'Variegata' *77,* **232**
Akazie siehe *Acacia*
Akebia 21, 78, 232
A. quintana 232
A. trifoliata 78, **232**
Akelei siehe *Aquilegia*
Alant siehe *Inula*
Alarich 329
Albizia 78, 232
A. julibrissin 78, **232**
A. odoratissima 232
Alcea 78, 232
A. rosea 78, **232**
A. r. 'Chater's Double' *78,* **232**
A. r. 'Nigra' *78,* **232**
Alchemilla 57, 79, 85, 232
A. alpina 79, **232**
A. mollis 33, 232, 375
A. xanthochlora 79, **232**
A. vulgaris siehe *A. xanthochlora*
Aletris 232
A. farinosa 53, 232, **233**
Alexandria 127
Alexipharmakon 398
Alfred, König 18
Algae 10
Algiermalve siehe *Malva sylvestris*
Alginsäure 349
Alisma 79, 233
A. plantago-aquatica 79, **233**
A. p. var. *orientale* 233
Alismataceae 233
Alizarin 343
Alkalisch 394
Alkaloide 11, 17, 59, 63, 66, 67, 241, 325, 329, 349, 355, 356, 357, 358, 364, 369, 372, 398
Alkanna 79, 233
A. tinctoria 79, **233**
Alkannawurzel siehe *Alkanna*
Alkoholische Getränke 57, 393
Allantoin 49, 355, 357, 372
Allergen 398
Allheilmittel 59
Alliaria 79, 233
A. officinalis siehe *A. petiolata*
A. petiolata 79, **233**
Allium 80, 81, 233, 375
A. ampeloprasum 234
A. a. var. *ampeloprasum 80,* **234**
A. a. var. *kurrat* 234
A. ascalonicum 233
A. cepa 61, *80,* 233, **234**, 375, 382
A. c. 'Alisa Craig' *80,* **234**
A. c. 'Noordhollandse Bloedrode' *80,* **234**
A. c. Gruppe Proliferum 22
A. c. var. *proliferum 80,* **234**
A. c. 'Sweet Sandwich' *80,* **234**
A. chinense 233
A. fistulosum 80, 233, **234**
A. f. 'White Lisbon' *80,* **234**
A. porrum 'Musselburgh' *38*
A. sativum 61, *80,* 233, **234,** 382, 386
A. schoenoprasum 22, *23,* 29, 34, 36, 38, 40, *80,* 233, **234**, 378, 379, 381, 384, 385
A. s. 'Forescate' 30, *80*
A. scorodoprasum 81, **234**
A. sibiricum siehe *A. schoenoprasum*
A. tricoccum **234**
A. tuberosum 36, *81,* 233, **234**
A. ursinum 81, **234**
Almend siehe *Terminalia*
Alnus 81, 235
A. glutinosa 81, **235**, 389
A. g. 'Imperialis' *81,* **235**
A. rotundifolia siehe *A. glutinosa*
A. rubra 235
A. rugosa 235
A. serrulata 235
Aloe 59, 81, 86, 235
A. barbadensis siehe *A. vera*
A. ferox 59, 235
A. perryi 60, 61, 235
A. vera 41, 49, *59, 81,* **235**, 253
Aloysia 82, 152, 235
A. triphylla 27, 41, *82,* 152, **235**, 374, 375, 381
Alpenhelmkraut siehe *Scutellaria*
Alpenscharte siehe *Saussurea*
Alpensteinquendel siehe *Acinos arvensis*
Alpinia 82, 235
A. galanga 67, *82,* **235**, 299
A. officinarum 82, 235, **236**
A. oxyphylla 235
Alpinpflanze 394
Alraune *15*
siehe auch *Mandragora*
Alraunenwurzel siehe *Mandragora*
Alstonia 82, 236
A. boonei 82, 236
A. constricta 236
A. scholaris 82, **236**
Althaea 82, 236
A. officinalis 11, *82,* 232, **236,** 239, 241, 257, 260, 284, 285, 288, 299, 308, 356, 366
A. rosea 82
siehe auch *Alcea rosea*
Alterativ 398

Alternative Medizin 50
Amanitha phalloides 353
Amaranthaceae 236, 321
Amaranthus 82, 236
A. hybridus ssp. *A. hypochondriacus*
A. hypochondriacus 82, **237**
A. polygamus 236
A. retroflexus 236
A. spinosus 236
Amarogentin 357
Amazonas 18, 46, 54
Amazonastiefland 54
Amberbaum siehe *Liquidambar*
Amblabaum siehe *Phyllanthus emblica*
Amerikanische Blueberry siehe *Vaccinium corymbosum*
Amerikanische Kermesbeere *siehe Phytolacca americana*
Amerikanische Polei siehe *Hedeoma pulegioides*
Amerikanischer Faulbaum siehe *Rhamnus purshiana*
Amerikanischer Ginseng 64
siehe auch *Panax quinquefolius*
Amerikanische Zitterpappel siehe *Populus tremoloides*
Aminosäure 398
Ammi 82, 236
A. copticum siehe *Trachyspermum ammi*
A. majus 61, *82*, **236**
A. visnaga 16, 82, *83*, **236**
Amöbenruhr 398
A Modern Herbal 299, 307, 349
Amomum 237
A. xanthioides **237**
Ampfer siehe *Rumex*
Ampher siehe *Rumex*
Amygdalin 335
An xi xiang *(Styrax benzoin)* 357
Anacardiaceae 237, 330, 341
Anacardium 83, 237
A. occidentale 55, *83*, **237**
Anacyclus 83, 237
A. pyrethrum 83, **237**
A. p. var. *depressus* 83
Anagallis 83, 237
A. arvensis 83, **237**
A. a. var. *caerulea 83*, **237**
Analgetikum 369
Analgetisch 398
Anaphalis 135
Anästhetisch 398
Anbau ohne Garten 375
Anbau unter Abdeckungen 382
Anbau von Heilkräutern 64
Anden 54, 300
Andere alkoholische Getränke 393
Änderungen in der Einstellung zur Kräutermedizin 50
Andorn siehe *Marrubium*
Andrographis paniculata 63, 357
Anemarrhena 237
A. asphodeloides 237, **238**
Anemone
A. hepatica siehe *Hepatica nobilis*
A. pulsatilla siehe *Pulsatilla vulgaris*
Anethol 283, 315, 328, 398
Anethum 83, 238
A. graveolens 29, 30, 36, 61, *83*, **238**, 378, 382, 385, 386
A. g. 'Mammoth' *84*
A. g. var. *sowa* 238
A. sowa 83
A new Herbal 275
Angelica 84, 238, 375, 380
A. anomala 238
A. archangelica 22, *84*, **238**, 374, 377, 379, 386
A. atropurpurea 238
A. glauca 238
A. polymorpha 84
A. p. var. *sinensis* 64, *84*, **238**, 246, 303, 333, 340, 373
A. pubescens 238
A. sinensis siehe *A. p.* var. *sinensis*
A. sylvestris 238
Angelikabaum siehe *Aralia chinensis*
Angelsachsen 49
Angiospermae 10
Angosturabaum siehe *Galipea officinalis*
Anhäufeln 389, 394
Aniba 239
A. roseaodora **239**, 251
Anis 318
siehe auch *Pimpinella anisum*
Anisodamine 64
Anisodine 64
Anlage eines Kräutergartens 20
Anlage eines Plans 377
Anlage mit Goldfarben 381
Annatostrauch siehe *Bixa orellana*
Annonaceae 253
Anpflanzen eines *Sempervivum 378*
Antelope State Park 53
Antennaria 84, 239
A. dioica 84, **239**
A. d. 'Rosea' *85*, **239**
Anthelmintikum 398
Anthemis 105, 239
A. nobilis 239
siehe auch *Chamaemelum nobile*
A. n. 'Flore Pleno' 239
A. n. 'Treneague' 239
Anthoxanthum 85, 139, 239
A. odoratum 85, **239**
Anthozyanosid 367
Anthrachinon-Glykosid 341
Anthrachinone 11
Anthriscus 85, 239
A. cerefolium 38, *85*, **239**, 378, 382, 385, 386
Antiasthmatikum 53
Anti-Baby-Pille 17
Antibakteriell 49, 398
Antibakterielle Eigenschaften 57
Antibiotikum 61
Antibiotisch 66, 398
Antifaltencrème 49
Antiinflammatorisch 398
Antikoagulans 398
Antikongestive Wirkung 61
Antioxidantien 49, 398
Antipyretisch 398
Antirheumatisch 398
Antiseptikum 49, 57, 61, 338
Antiseptische Wirkung 61, 67, 398
Antispasmodikum 398
Anwendung von Kräutern 42
Anzucht von Brunnenkresse 382
Aperiens 398
Aperitif 57
Apfelminze siehe *Mentha suaveolens*
Aphanes 85, 239
A. arvensis 85, **239**, 265, 294, 299, 322, 373
Aphrodisiakum 53, 55, 344, 398
Aphrodite 15
Apiaceae 229, 236, 238, 239, 251, 255, 257, 265, 267. 269, 272, 279, 282, 283, 292, 303, 315, 325, 328, 354
Apigenidin 323
Apigenin 325
Apium 85, 240
A. graveolens 85, **240**, 322, 323, 345, 361
A. g. var. *dulce* 240
Apocynaceae 66, 236, 240, 245, 256, 339, 356, 369
Apocynum 85, 240
A. androsaemifolium 240
A. cannabinum 85, **240**
Appalachen 52, 53
Aprikose siehe *Prunus armeniaca*
Aquatische Kräuter 376
Aquatische Pflanze 394
Äquatorialer Regenwald 58
Aquifoliaceae 296
Aquilaria 86, 240
A. agallocha 240
A. crassna 240
A. malaccensis 62, 67, *86*, **240**
A. sinensis 240
Aquilegia, Hybride der Serie Musik 35
Arabien 14
Arabische Halbinsel 60
Arabische Welt 56
Araceae 328, 329
Aralia 86, 240
A. chinensis 240
A. hispida 240
A. nudicaulis 86, **240**
A. racemosa, *86*, **240**, 244
A. spinosa 240
Araliaceae 240, 277, 292, 320, 321
Aralie siehe *Aralia*
Arbutin 241, 300, 367
Arctium 86, 240
A. lappa 86, 222, 240, **241**, 247, 277, 367
A. l. 'Gobo' 240
Arctostaphylos 86, 241
A. uva-ursi 56, *86*, **241**, 260, 278, 294, 300, 302, 322, 367, 372, 381
Areca 86, 241
A. catechu 86, **241**, 330
Arecaceae 241, 352
Arisaema 87, 241
A. amurense 241
A. atrorubens 241
A. consanguineum, *87*, **241**
A. heterophyllum 241
A. stewardsonii 241
A. triphyllum 87, **241**
Aristolochia 87, 241
A. bracteata 242
A. clematitis 87, **242**
A. debilis **242**
A. indica 242
A. longa 242
A. reticulata 242
A. rotunda 242
A. serpentaria **242**
Aristolochiaceae 241
Arktische Tundra 52
Armoracia 87, 242
A. lapathifolia 242
A. rusticana 87, 222, **242**
A. r. 'Variegata' *87*, *242*
Arnica 87, 242
A. montana 56, 57, *87*, **242**
Arnika siehe *Arnica*
Aroma 379
Aromastoff 57, 59, 61
Aromatherapie 57, 63, 66, 67
Arrangement 376
Art 394
Artabotrys hexapetalus 253
Artemisia 88, 374, 388
A. abrotanum 26, 27, *88*, **243**, 345, 379
A. absinthium 32, 57, **243**, 359
A. a. 'Lambrook Silver' *88*
A. afra 59, 243
A. annua 65, *88*, **243**, 261
A. anomala 243
A. arborescens 88, **243**
A. assoana 243
A. capillaris 88, **243**
A. caucasica 88, **243**
A. cina 243
A. dracunculus 29, *88*, **243**, 359
A. d. ssp. *dracunculoides 89*, **243**
A. lactiflora 89, **243**, 379
A. l., Gruppe Guizhou *89*, **243**
A. lanata 243
A. ludoviciana 89, **243**
A. l. 'Silver Queen' 32, *89*, **243**
A. pallens 243
A. pedemontana 243
A. pontica 22, *23*, *34*, 35, *89*, **243**
A. 'Powis Castle' *35*, *88*, **243**
A. schmidtiana 'Nana' 36
A. spp. 13
A. tilesii 243
A. vulgaris 88, *89*, **243**
A. v. 'Variegata' *89*, **243**
Arten 10
Artischocke siehe *Cynara cardunculus*
Arttypisch 394
Arzneibaldrian siehe *Valeriana officinalis*
Arzneikräuter 11
Arzneimittel 50
Arzneipastillen 61
Asa dulcis 357
Asarum 89, 244
A. canadense 89, 240, **244**
A. europaeum 244
A. sieboldii
Aschantipfeffer siehe *Piper guineense*
Asclepiadaceae 309
Asclepias 89, 244
A. tuberosa 89, **244**, 281, 297
Ascomycetes 267
Asiatischer Breitwegerich siehe *Plantago asiatica*
Asiatischer Ginseng siehe *Panax ginseng*
Asien 63, 66
Asimina triloba 255
Äskulap (Asklepios) 89
Aspalathus 89, 244
A. contaminatus 244
A. linearis 58, 59, *89*, **244**
Asparagaceae 245
Asparagin 326
Asparagus 89, 245
A. cochinchinensis **245**
A. lucidus 245
A. officinalis 38, *39*, *90*, **245**, 326
A. racemosus 90, 238, **245**, 342
Asperula odorata siehe *Galium odoratum*
Aspidium 245
A. filix-mas 245
siehe auch siehe *Dryopteris filix-mas*
Aspidosperma 245
A. quebracho-blanco **245**
Aspirin 17, 264, 283, 334, 335, 345
Assyrien 18, 56
Aster 245
A. tatricus **245**
Asteraceae 227, 237, 239, 242, 243, 247, 249, 255, 257, 259, 260, 270, 272, 276, 281, 289, 290, 292, 296, 300, 303, 309, 350, 351, 353, 354, 358, 359, 360, 365
Asthma 16-17, 65
Astragalus 90, 245
A. complanatus 245
A. gummifer 60, **245**, 313
A. membranaceus 90, 245, **246**, 307
Atemberaubende chinesische Landschaft 64
Athatoda vasica siehe *Justicia adhatoda*
Äther 350
Ätherische Öle 11, 43, 45, 398
Atlas der allgemein genutzten traditionellen chinesischen Heilmittel 19
Atmungsfunktion 53
Atractylodes 90, 246
A. chinensis 246
A. macrocephala 64, *90*, **246**, 264, 372

Atriplex 246
A. halimus 246
A. hortensis 90, **246**
A.h. 'Rubra' 38, *90,* **246**
A. nummularia 66, 246
A. patula 246
Atropa 91, 246, 350
A. bella-donna 15, 43, 57, *91,* **246**, 272, 276, 308, 327, 350
Atropin 246, 276, 327, 328
Aucubin 350
Aufguß 47
Auflaufkrankheiten 386
Aufplatzen 394
Aufrecht 394
Aufrechter Augentrost siehe *Euphrasia officinalis*
Aufzucht aus Kernen 387
Aufzucht im Haus 375
Auge
Augenbrennen 47
Augenheilkunde 59
Augenlider 66
Augenlotion 53
Augenstecklinge 388
Augentrost siehe *Euphrasia*
Augenveredlung 389, 394
August II., König von Sachsen 138
Augustus 355
Ausdünnen 394
Ausgestorbene Kräuter 51
Ausknipsen 394
Ausläufer des Himalayagebirges in Nepal 62
Auspflanzen von Kräutern 379
Auspflanzen wuchernder Kräuter im Freien 379
Auspressen 47
Ausrüstung 390
Aussaat 386
Australasien 66
Australien 66
Australischer Pfefferbaum siehe *Tasmannia lanceolata*
Australisches Buschfeuer 66
Auswahl der Kräuter 378
Auswahl der Pflanzen 374
Auswahl der Randbepflanzung 37
Auswahl und Anpflanzen der Kräuter 378
Auswertung der Aufzeichnungen über Tiere und Pflanzen im Handel 51
Avena 91, 246
A. fatua 91
A. sativa 61, *91,* **246**, 365
Avicenna 19, 342
Awas empas 299
Ayurveda 62
Ayurvedische Medizin 18, 46, 61, 63
Azadirachta 91, 247
A. indica 91, **247**
Azetylsalicylsäure 17
Azteken 13
Aztekische Pflanzenbücher 55

B

Babylon 14
Bachminze siehe *Mentha aquatica*
Bach-Nelkenwurz siehe *Geum rivale*
Badeöl 48
Badezusatz 48
Bai bu *(Stemona tuberosa)* 356
Ba dou 269
Bai dou kou (*Elettaria cardamomum)* 277
Bai guo *(Gingko biloba)* 288
Bai hua zhe she cao *(Oldenlandia diffusa)* 319
Bai jie zi *(Sinapis alba)* 353
Bai shoa yao (*Paeonia lactiflora)* 321
Bai xian pi 272
Bai zhu *(Atractylodes macrocephala)* 246
Bai zi ren *(Thuja orientalis)* 362
Ba ji 313
Ba jiao hui xiang *(Illicium verum)* 296
Bakterienruhr 63
Bakterizid 398
Baldrian 45
siehe auch *Valeriana*
Baldriantinktur 367
Baldur 15, 370
Ballonblume siehe *Platycodon grandiflorus*
Ballota 91, 247
B. nigra 91, **247**, 260
B. n. 'Archer's Variety' *91,* **247**
Balsam 398
Balsambestandteile 67
Balsambirne siehe *Momordica charantia*
Balsaminaceae 296
Balsamine siehe *Impatiens*
Balsamita 208
B. major 247, 359
Balsamodendron opobalsamum 256
Balsampappel siehe *Populus balsamifera*
Balsamtanne siehe *Abies balsamea*
Bambus 13
Bambuswald 64
Bambusoideae 326
Ban bian lian *(Lobelia chinensis)* 305
Ban lang gen *(Isatis tinctoria)* 297
Ban xia *(Pinellia ternata)* 329
Banckes Kräuterbuch 19
Bandwürmer 61
Bangladesh 63
Baptisia 92, 247
B. australis 247
B. leucantha 247
B. leucophaea 247
B. tinctoria 92, **247**, 265, 277, 386
Bärenklau siehe *Heracleum*
Bärenlauch siehe *Allium ursinum*
Bärentang siehe *Sargassum*
Bärentraube siehe *Arctostaphylos*
Barfußdoktoren 64
Bärlapp 10
siehe auch *Lycopodium*
Barosma betulina siehe *Agathosma betulina*
B. crenulata siehe *Agathosma crenulata*
Bartolomaeus Angelicus 19
Basal 394
Basilienkraut siehe *Ocimum*
Basilikum 21, 26, 49
siehe auch *Ocimum basilicum*
Bäume 10, 377
Baumschule für Heilpflanzen *62*
Baumwollbaum siehe *Ceiba pentandra*
Baumwolle 13
siehe auch *Gossypium*
Bayrumbaum siehe *Pimenta acris*
Bazillus 398
Bdellium 265
Bechterew-Mixtur 229
Bedecktsamer 10
Bedrohte Arten 62
Bedürfnisse der Kräuter 377
Beeren 391
Beerentraube siehe *Schisandra*
Beet mit Diamantmotiv 28
Beetpflanze 394
Befestigung 380
Begonia semperflorens ' Excel Mixed' *36*
Behälter 380, 392, 393
Beifuß 21
siehe auch *Artemisia*
Beinwell siehe *Symphytum officinale*
Beinwellsalbe 47
Beißgurke siehe *Momordica*
Beißrinde siehe *Drimys*
Belag 394
Belamcanda 92, 247
B. chinensis 92, **247**
Belebend 65, 67
Beliebtheit von Badeöl 48
Bellis 92, 247
B. perennis 92, 247, **248**
B. p. 'Alba Plena' *92,* **248**
B. p. 'Pomponette' *92,* **248**
B. p. 'Prolifera' *92,* **248**
Benediktenkraut siehe *Cnicus*
Benediktiner 13
Beneluxstaaten 56
Benincasa 93, 248
B. hispida 93, **248**
Benzaldehyd 335
Benzoeharz 357
Benzoe-Storax-Baum siehe *Styrax benzoin*
Bepflanzung einer schattigen Ecke 33
Bepflanzung in Farbkontrasten 28
Bepflanzung mit vielen Möglichkeiten 26
Berberidaceae 248, 256, 278, 308, 332
Berberin 248, 295, 326
Berberis 62, 93, 155, 248
B. aristata 63, 248
B. asiatica 63, 248
B. thunbergii 28
B. vulgaris 93, **248**, 257, 266, 270, 281, 295, 308, 326, 360, 369
Berberitze siehe *Berberis*
Bergamotte 49
siehe auch *Citrus bergamia*
Bergapten 292
Bergarnika siehe *Arnica montana*
Bergflockenblume siehe *Centaurea montana*
Bergkiefer siehe *Pinus mugo* var. *pumilio*
Berglorbeer siehe *Kalmia latifolia* und *Umbellularia*
Bergregion 62
Bergwald 54, 58
Bergweide 56
Berg-Zitwer siehe *Artemisia cina*
Beruhigend 61
Beruhigungsmittel 53, 57, 63
Besenginster siehe *Cytisus scoparius*
Besenheide siehe *Calluna*
Bestäubung 394
Bestimmung der Anlage 377
Betacarotin 398
Beta-Damaszenon 342
Betäubungsmittel 55
Beta vulgaris Gruppe Cicla 38
Betelkautabak 329
Betelnußpalme siehe *Areca catechu*
Betelpfeffer siehe *Piper betle*
Betonica officinale siehe *Stachys officinalis*
Bettlerkraut siehe *Clematis vitalba*
Betula 52, 93, 248, 385, 386
B. alleghaniensis 248
B. lenta 248
B. nigra 248
B. pendula 93, **248**
B. p. 'Laciniata' *93,* **249**
B. p. 'Tristis' *93,* **249**
B. p. 'Youngii' *93,* **249**
B. pubescens 248
Betulaceae 235, 248
Bevölkerungswachstum 67
Bewässern 384
Bewurzeln 388, 389
Bewurzelungshormon 388
Bhringaraja siehe *Eclipta*
Bhutan 62
Bi ba *(Piper longum)* 330
Bibel 86
Bibernelle siehe *Pimpinella*
Bickbeere siehe *Vaccinium myrtillus*
Bidens 94, 249
B. atrosanguineus 94
B. ferulifolia 94
B. pinnata 249
B. tripartita 94, **249**, 288, 365
Bier 57
Bignoniaceae 358
Bilharziose 53
Bilsenkraut siehe *Hyoscyamus*
Biologische Schädlingsbekämpfung 383
Biota orientalis siehe *Thuja orientalis*
Birke siehe *Betula*
Birma 67
Bisameibisch siehe *Abelmoschus*
Bitterdistel siehe *Cnicus benedictus*
Bitterholz siehe *Picrasma*
Bitterklee siehe *Menyanthes*
Bittermandelöl *335*
Bitterorange siehe *Poncirus trifoliata*
Bitterstoffe 11, 398
Bittersüß 398
Bittersüß siehe *Solanum dulcamara*
Bittersüßer Nachtschatten siehe *Solanum dulcamara*
Bixa 94, 249
B. orellana 44, 49, *55, 94,* **249**
Bixaceae 249
„Black Bean" siehe *Castanospermum australe*
„Black Cherry" siehe *Prunus serotina*
Blasenentzündung 53
Blasenkirsche siehe *Physalis alkekengi*
Blasentang siehe *Fucus*
Blattaugenstecklinge 388
Blättchen 394
Blätter und Stiele 391
Blattläuse 383
Blattstecklinge 388
Blattstecklinge von einer halbharten Staude 388
Blaubeere siehe *Vaccinium myrtillus*
Blaue Lotosblume siehe *Nymphaea caerulea*
Blaue Schwertlilie siehe *Iris versicolor*
Blauer Eisenhut siehe *Aconitum carmichaelii*
Blaues Sperrkraut siehe *Polemonium caeruleum*
Blaugummibaum siehe *Eucalyptus globulus*
Blausäure 304, 335
Bleistiftholz siehe *Juniperus virginiana*
Blet, Don Louis 94
Bletia hyacinthina siehe *Bletilla striata*
Bletilla 94, 249
B. hyacinthina 249
B. striata 94, 231, **249**
Blet-Orchidee *siehe Bletilla striata*
Blockzitwer siehe *Zingiber* cassumar
Blumea balsamifera 261
Blumenesche siehe *Fraxinus ornus*
Blumenhartriegel siehe *Cornus florida*
Blüte 394
Blüten 391
Blütenboden 394
Blütenköpfe 384, 391, 394
Blütenköpfe trocknen 391
Blütenscheide 394
Blütenstand 394
Blütentraube 394
Blutgerinnung 398
Bluthochdruck 17
Blutkoagulans 398

Blutung 66
Blutweiderich siehe *Lythrum salicaria*
Blutwurz siehe *Potentilla erecta* und *Sanguinaria*
Blutzirkulation 61
Blutzucker 398
Bocksdorn siehe *Lycium*
Bockshornklee siehe *Trigonella*
Bodenbepflanzung 376
Bodenbeschaffenheit 375, 377, 378
Bodenerosion 62
Bodenlorbeer siehe *Epigaea repens*
Bodenverbesserung 377, 379
Bodenverdichtung 379
Bodenvorbereitung 377
Bo he *(Mentha arvensis)* 311
Bohnenkraut 56
siehe auch *Satureja*
Bois 112
Boldo siehe *Peumus boldus*
Bolle siehe *Allium cepa*
Bombaceae 257
Bombax pentandra siehe *Ceiba pentandra*
Boraginaceae 249, 271, 305, 338, 357
Borago 10, 94, 249, 378
B. officinalis 22, 29, 30, *31*, 36, 57, **249**, 318, 385
B. o. 'Alba' *94,* **249**
Boretsch siehe *Borago officinalis*
Borneo 66
Borneol 237, 398
Bosisto, Joseph 280
Boswellia 95, 250
B. carteri 250
B. frereana 95
B. papyrifera 95
B. sacra 12, 14, *49*, 60, *61, 95,* **250**
B. serrata 95
Botanische Artenvielfalt 60
Botanischer Garten 51, 59, 63
Botanologia 19
Botrytis 383, 386
Botswana 59
Bouquet garni 44, 301
Bourbonrose siehe *Rosa* 'Mme Isaac Pereire'
Brahma 14
Brandrodung 58
Brasilianischer Ginseng siehe *Pfaffia paniculata*
Brasilien 46, 50, 54, 55
Brassica 95, 250, 354
B. alba siehe *Sinapis alba*
B. hirta siehe *Sinapis alba*
B. juncea 61, *95*, 233, **250**, 254, 354
B. nigra 95, 233, **250**, 254, 353, 354
B. oleracea 38
B. o. 'Red Drumhead' 38
Brassicaceae 242, 250, 254, 279, 297, 316, 354, 371
Brassingham, Norfolk 121
Braunalge 64
siehe auch *Fucus*
Braunelle siehe *Prunella*
Braunwurz siehe *Scrophularia*
Braut in Haaren siehe *Nigella damascena*
Brautmyrte siehe *Myrtus communis*
Brechmittel 55, 61
Brechwurz siehe *Cephaelis ipecacuanha*
Breitblättrige Kalmie siehe *Kalmia latifolia*
Breitblättriger Rohrkolben siehe *Typha latifolia*
Breitwegerich siehe *Plantago major*
Brekhman 122
Brennender Busch siehe *Dictamnus albus*
Brennessel
siehe *Urtica*
Brennesselsuppe 45
Große Brennessel siehe *Urtica dioica*
Kleine Brennessel siehe *Urtica urens*
Britannien 15
British Pharmacopoeia 342
Brombeere siehe *Rubus fruticosus*
Bronchialbeschwerden 59
Bronzefenchel 375
Bronzezeit 366
Brotwurzel siehe *Dioscorea opposita*
Brou de noix 298
Browne, Patrick 314
Brucea 95, 250
B. antidysenterica 95
B. javanica 95, **250**
B. sumatrana 95
Brugmansia 116
Brunfels, Otto 95
Brunfelsia 95, 250
B. chiricaspi 251
B. grandiflora 251
B. hopeana 251
B. uniflora 95, **251**
Brunnenkresse 44, 45
Brunnenkresse siehe *Nasturtium*
Brutknospe 394
Bryonia 95, 237, 251
B. alba 251
B. cretica ssp. *dioica* 251
B. dioica 95, **251**
Bryophyta 10
Bu gu zhi *(Psoralea coryfolia)* 337
Buch der Wandlungen 227
Buche siehe *Fagus*
Bucheckern 282
Buchsbaum 24
siehe auch *Buxus*
Buchweizen siehe *Fagopyrum*
Buddhismus 14, 348
Bukkostrauch siehe *Agathosma crenulata*
Bulbille 394
Bulgurweizen 44
Bulnesia 290
B. arborea 290
B. sarmienti 290
Bupleurum 96, 251
B. chinense 251
B. falcatum 96, **251**
B. scorzoneraefolium 251
Burgund 371
Burma 63
Bursera 251
B. aloexylon 251
B. delpechiana 251
B. glabrifolia **251**
B. klugii 251
B. morelensis 251
B. penicillata 251
B. simarda 251
B. simarouba 251
B. spinosa 251
Burseraceae 250, 251, 265
Buschfeuer 66
Butea frondosa 337
Butter 44
Butternußbaum siehe *Juglans cinera*
Buxaceae 251
Buxus 96, 251, 388
B. sempervirens 13, 24, 28, *96,* **251**, 365, 378, 381, 385
B. s. 'Elegantissima' 28, *96,* **251**
B. s. 'Kingsville Dwarf' *96,* **251,** 381
B. s. 'Latifolia Maculata' *96,* **251**
B. s. 'Suffruticosa' 24, *96,* 198, **251**, 381

C

Cactaceae 351
Cactin 351
Caesar, Julius 297
Calabar siehe *Physostigma venenosum*
Calamintha 252
C. acinos 252
C. ascendens 252
C. grandiflora
C. g. 'Variegata' 97
C. nepeta 22, 97, **252**
C. n. ssp. *nepeta 97,* **252**
C. nepetoides 252
C. officinalis 252
C. sylvatica 97, **252**
Calciumoxalat 339
C.-Kristalle 367
Calendula 252
C. officinalis 22, 25, 26, 27, 30, 38, 41, 49, 57, *97,* **252**, 291, 295, 339, 377, 379, 384, 386
C. o. 'Prolifera' *97,* **252**
Callao 315
Callistemon 157
Calluna 98, 252
C. vulgaris 98, **252**
C. v. 'Alba Plena' *98,* **252**
C. v. 'Darkness' *98,* **252**
C. v. 'Multicolor' *98,* **252**
C. v. 'Silver Queen' *98,* **252**
Calumbaholz im Sinharaya-Schutzgebiet *62*
Calystegia sepium 359
Camellia 99, 252
C. sinensis 99, 244, **252**, 296
Campanula 179
Campanulaceae 229, 264, 331
Cananga 99, 253
C. odorata 67, 99, **253**
Canangium odoratum 253
Canella 99, 253
C. alba 253
C. winterana 59, *99,* **253**, 275
Canellaceae 253
Canfield, Dr. 290
Cang er zi (*Xanthium strumarium)* 372
Cannabaceae 294
Cannabidaceae 253
Cannabis 99, 253
C. sativa 15, 61, *99,* **253**, 336
C. s. ssp. *indica* 253
C. s. ssp. *sativa* 253
Canon Medicinae 19
Caporal Violette 370
Capparaceae 253
Capparis 99, 253
C. brevispina 253
C. decidua 253
C. spinosa 99, **253**
C. s. var. *inermis* 253
C. zeylanica 253
Caprifoliaceae 304, 305, 347, 369
Capsella 99, 254
C. bursa-pastoris 56, *99,* **254**
Capsicum 19, 54, 55, 100, 254, 382
C. annuum 348, 372
C. a. var. *annuum* 50, **254**, 281, 314
C. a. var. *annuum* 'Anaheim' *100,* **254**
C. a. var. *annuum* 'Chili Serrano' *100,* **254**
C. a. var. *annuum* 'Hungarian Wax' *100,* **254**
C. a. var. *annuum* 'Jalapeno' *100,* **254**
C.a. var. *annuum* 'Purple Tiger' *100,* **254**
C.a. var. *annuum* 'Super Cayenne' *100,* **254**
C. a var. *glabriusculum,* **254**
C. baccatum 100, **254**
C. chinense 'Habanero' *100,* **254**
C. frutescens 100, 247, **254**
C. f. 'Tabasco' *100,* **254**
C. microcarpum 254
C. minimum 254
C. pubescens **254**
Carbenia benedicta siehe *Cnicus benedictus*
Cardamine 101, 254, 388
C. pratensis 101, **255**, 379
C. p. 'Flore Pleno' *101,* **255**
Carduus benedictus siehe *Cnicus benedictus*
Carduus marianus siehe *Silybium marianum*
Carica 101, 255
C. papaya 54, *55, 101,* **255**, 387
C. p. 'Solo' 101, **255**
Caricaceae 255
Carlina 101, 255
C. acaulis 101, **255**
Carthamin 101
Carthamus 101, 255
C. tinctorius 101, **255**, 303, 342
Carum 101, 255
C. carvi 61, *101,* 114, **255**, 270, 311, 386
C. copticum 255
C. petroselinum 255
Carvacrol 319, 350, 362, 398
Carvon 255, 311, 398
Caryophyllaceae 273, 348, 356
Caryophyllus sinensis siehe *Dianthus chinensis*
Cascade Range 52
Cassia angustifolia 267
siehe auch *Senna alexandrina*
Cassia marilandica siehe *Senna marilandica*
Cassia senna siehe auch *Senna alexandrina*
Cassiarinde siehe *Cinnamomum cassia*
Cassie absolute 226
Castanea 102, 256
C. sativa 102, **256**
C. s. 'Albomarginata' *102,* **256**
C. s. 'Marron de Lyon' 256
C. s. 'Paragon' 256
Castanospermin 256
Castanospermum 102, 256
C. australe 102, 247, **256**
Çatal Hüyük 254
Catawba 266
Catawissazwiebel siehe *Allium cepa* var. *proliferum*
Catha edulis 61, 278
Catharanthus 102, 256
C. roseus 11, *17*, 43, 58, 59, *102,* **256**, 369
C. r., Serie Pacifica *102,* **256**
C. r. var. *alba* 102
C. r. var. *ocellatus* 102
C. tinctorius 61
Caulophyllum 103, 256
C. thalictroides 53, *103,* **256**, 367
Cayenne 44, 45
Cayennepfeffer siehe *Capsicum frutescens*
Ce bai ye *(Thuja orientalis)* 362
Ceanothus 103, 256
C. americanus 53, *103,* **256**
C. integerrimus 256
C. sanguineus 256
Cedronella 103, 256
C. canariensis 103, **256**
C. triphylla 256
Cedrus 61, 103, 147, 257
C. libani 60

C. l. ssp. *atlantica 103,* **257**
C. l. ssp. *atlantica* Gruppe Glauca *103,* **257**
Ceiba 104, 257
C. pentandra 104, **257**
Celastraceae 280
Celebes 66
Centaurea 104, 257
C. cyanus 12, 30 *104,* **257**, 386
C. c. Serie Florence *104,* **257**
C. montana 257
C. nigra 257
C. scabiosa 257
Centaurium 104, 257
C. chilensis 257
C. erythraea 104, **257**
Centella 104, 257
C. asiatica 63, 104, 257, **258**, 277
Centranthus ruber 217
Cephaelis 104, 258
C. ipecacuanha 55, *104,* 247, **258**, 265, 309
Cetraria 105, 258
C. islandica 105, **258**
Ceylonzimtbaum siehe *Cinnamomum zeylanicum*
Chakras 46
Chaldäer 18
Chaenomeles 105, 258
C. speciosa 105, **258**
C. s. 'Moerloosii' *105,* **258**
C. s. 'Nivalis' *105,* **258**
Chamaelirium 258
C. luteum 243, **258**, 369
Chamaemelum 259
C. nobile 12, 49, 57, *105,* 238, 239, 257, **259**, 278, 283, 288, 294, 295, 309, 310, 323, 347, 377, 384
C. n. 'Flore Pleno' 22, 26, 41, *105,* 239, **259**, 309
C. n. 'Treneague' 30, *105,* 239, **259**, 376
Chamomilla 105
C. recutita siehe *Matricaria recutita*
Chanomilia 346
Chanel No.5 49
Charaka Samhita 17
Chauka 100
Che quian cao *(Plantago asiatica)* 331
Che quian zi *(Plantago asiatica)* 331
Chelidonium 106, 259
C. majus 106, 162, **259**, 348
C. m. 'Flore Pleno' *106*
C. m. 'Laciniatum Flore Pleno' *106*
Chelone 106, 259
C. glabra 106, **259**, 264, 309, 334, 360
Chelsea 13
Chelsea Physic Garden 21
Chemotherapie 59
Chemotyp 394
Chenopodiaceae 246
Chenopodium 106, 259
C. album 106
C. ambrosioides 55, *106*, **259**
C. anthelminticum 259
C. bonus-henricus 106
Chen pi *(Citrus reticulata)* 263, 329
Cherokee 338, 351
Chi shao yao *(Paeonia lactiflora)* 321
Chicorée 44, 107
siehe auch *Cichorium intybus*
Chieu liêu siehe *Terminalia chebula*
Chile 19, 54
Chilenischer Seifenbaum siehe *Quillaja saponaria*
Chili 13, 44, 45
siehe auch *Capsicum frutescens*
Chilipulver 44
Chimaphila 107, 260
C. umbellata 107, **260**
China 13, 14, 17, 42, 44, 52, 62, 63, 303
Atemberaubende chinesische Landschaft *64*
China und seine Nachbarn 64
Chinesische Akademie der Wissenschaften 19
Chinesische Arzneimittel 64
Chinesische Gärten 13
Chinesische Gesellschaft für Arzneirohstoffe 64
Chinesische Heilkunst 62
Chinesische Kräuterbücher 19
Chinesische Kräuterkunde 18, 46
Chinesische Medizin 13, 64
Chinesische und ayurvedische Medizin 46
Traditionelle chinesische Medizin 65
China officinalis 261
Chinarindenbaum siehe *Cinchona*
Chinawurzel siehe *Smilax china*
Chinese Pharmacopoeia 313, 370
Chinesische Päonie siehe *Paeonia lactiflora*
Chinesische Pfingstrose siehe *Paonia lactiflora*
Chinesischer Roseneibisch siehe *Hibiscus rosa-sinensis*
Chinesischer Wegerich siehe *Plantago asiatica*
Chinesischer Zimt siehe *Cinnamomum cassia*
Chinin *17*, 55, 261
siehe auch *Cinchona*
Chinidin 261
Chionanthus 107, 260
C. virginicus 53, *107,* 248, **260**, 281, 326
Chip-Veredlung 394
Chiratta 357
Chloroform 350
Chlorogensäure 264
Chlorophyll 367, 382, 394
Chocolatl 55
Choctaw 338
Choenomeles speciosa 13
Cholesterin 398
Cholesterinspiegel 63
Chondrodendron 260, 271
C. tomentosum 17, 55, **260**
Chondrus 260
C. crispus **260**
Chong wei zu 302
Choraca 238
Christentum 14
Christuspalme siehe *Ricinus communis*
Chromone 16
Chrysantheme siehe *Dendranthema*
Chrysanthemum 117, 208
C. cineraiifolium siehe *Tanacetum cineraiifolium*
C. coccineum siehe *Tanacetum coccineum*
C. coronarium 272
C. morifolium siehe *Dendranthema* × *grandiflorum*
C. parthenium siehe *Tanacetum parthenium*
Chuang-xiong 303
Chufa siehe *Cyperus esculentus*
Chun pi 231
Cichorium 107, 260
C. intybus 107, **261**
C. i. 'Giulio' 36
C. i. 'Red Devil' *107*, 260
Cimicifuga 107, 261
C. americana 261
C. dahurica 261
C. foetida 107, **261**
C racemosa 52, *107*, **261**, 301, 334, 345, 372
Cinchona 17, 55, 108, 251, 261
C. ledgeriana 17, 261
C. officinalis 261
C. pubescens 108, **261**
Cineol 309, 398
Cinnamodendron corticosum 275
Cinnamomum 99, 108, 253, 261
C. aromaticum siehe *C. cassia*
C. burmanii 261
C. camphora 65, *108*, 261, **262**, 275
C. cassia 64, *108*, 260, **262,** 278
C. iners 261
C. loureirii 261
C. massoia 261
C. oliveri 262
C. tamala 262
C. zeylanicum 63, *108*, 261, **262**, 275
Cinnamylaldehyd 359
Cissampelos pareira 260
Cistaceae 262
Cistus 108, 262
C. albiflorus 262
C. creticus 262
C. ladanifer 108, **262**
C. maculatus 262
CITES 51, 53, 350
Citrus 11, 49, 108, 262, 282, 381, 387, 388
C. aurantiifolia 108, **262**
C. aurantium 108, *109*, 262, **263**, 377
c. a. var. *bergamia* siehe *C. bergamia*
C. bergamia 262, **263**
C. hystrix 262
C. limon 27, 108, **263**, 310, 377
C. l. 'Variegata' *109,* 383
C. reticulata 42, *109*, 262, **262**, 329, 340, 390
C. r. 'Clementine' **263**
Civil and Natural History of Jamaica 314
Claviceps 16, 109, 263
C. purpurea 109, **263**
Clavicipitaceae 263
Clematis 263
C. chinensis **263**
C. glycinoides 263
C. recta 263
C. vitalba 263
Clinopodium acinos siehe *Acinos arvensis*
Cnicus 109, 264
C. benedictus 109, 255, **264**
Coca-Cola 16
Coccoloba uvifera 337
Cochlearia armoracia siehe *Armoracia rusticana*
Codonopsis 109, 264
C. pinosula 264
C. tangshen 109, 246, **264**
C. tubulosa 264
Coffea 110, 264
C. arabica 110, **264**
C. a. 'Nana' 110
Coffin, Albert 19, 52
Coix 110, 264
C. lachryma-jobi 110, **264**
Cola 110, 264
C. acuminata 264
C. anomala 264
C. nitida 110, **264**
C. vera siehe *C. nitida*
C. verticillata 264
Colchicaceae 265, 289
Colchicin 59, 265
Colchicum 43, 110, 265
C. autumnale 16, *110*, **265**
C. a. var. *album 110*, **264**
C. a. 'Pleniflorum' *110*, **264**
Coles, William 19, 233, 243, 337
Coleus
C. amboinicus siehe *Plectranthus amboinicus*
C. barbatus siehe *Plectranthus barbatus*
C. forskohlii siehe *Plectranthus barbatus*
Collinson, Peter 110
Collinsonia 110, 265
C. canadensis 110, **265**
Colocasia esculenta 66
Combreataceae 360
Commiphora 265
C. foliacea 265
C. gileadensis 265
C. habessinica 265
C. molmol siehe *C. myrrha*
C. mukul 63, 265
C. myrrha 11, 12, 14, 60, 61, 247, 252, 254, **265**, 277, 363
Compendium der Medizin 19
Compositae 227, 237, 239, 240, 242, 246, 247, 249, 252, 255, 257, 259, 260, 263, 266, 270, 272, 276, 277, 281, 289, 290, 292, 296, 300, 303, 309, 348, 350, 351, 353, 354, 358, 359, 360, 365, 372
Compton, Henry 111
Comptonia 111, 265
C. peregrina 111, **265**
Conium 111, 265
C. maculatum 111, **266**, 329
Consolida ajacis 272
Convallaria 43, 111, 266
C. majalis 33, *111*, **266**, 271
C. m. 'Albostriata' 266
C. m. 'Hardwick Hall' *111*, 266
C. m. 'Prolificans' 111
C. m. 'Rosea' 111
Convallariaceae 266, 319, 333
Convolvulaceae 270, 297
Convolvulus
C. arvensis 297
C. jalapa siehe *Ipomoea purga*
Conyza 112, 266
C. canadensis 112, **266**
Copaifera 266
C. guyanensis 266
C. landsdorfii **266**
C. martii 266
C. multijuga 266
C. nitida siehe *C. landsdorfii*
C. officinalis 266
C. reticulata 266
C. sellowii siehe *C. landsdorfii*
Coptis 266
C. chinensis 63, 64, 266, **267**, 289, 329, 351
C. groenlandica 266
C. japonica 266
C. teeta 63, 266
C. trifolia 266
Cordyceps 267
C. sinensis **267**
Coriandrum 112, 267
C. sativum 26, 27, 29, 30, 36, 61, *112*, **267**, 279, 352, 382, 386, 390
Coridothymus capitatus siehe *Thymus capitatus*
Cornaceae 267
Cornus 112, 267
C. florida 267
C. officinalis 112, **267**
C. sericea 267
Cortés, Hernán 13
Corydalis 112, 267
C. bulbosa 112
C. cava 112
C. solida 112, 267, **268**, 289
C. s. 'George Baker' *112*, **268**

Corymbus 394
Coscinium fenestratum 63
Cosmos atrosanguineus 94
Costa Rica 55
Coumarouna odorata siehe *Dipteryx odorata*
Coutinho, Symphronio 327
Crambe cordifolia *34*, 35
Crassulaceae 351
Crataegus 112, 268
C. cuneata 268
C. laevigata 15, *112*, **268**, ***288***, 363, 370
C. l. 'Paul's Scarlet' *113*, **268**
C. l. 'Plena' *113*, **268**
C. l. 'Rosea' *113*, **268**
C. l. 'Rosea Flore Pleno' 113
C. monogyna 15, 112, 268
C. oxyacantha siehe *C. laevigata*
C. pinnatifida *113*, 268
C. pinnatifolia 112
C. × media 112
Cree 266
Crème de menthe 311
Crithmum 113, 268
C. maritimum *113*, **268**
Crocus 113, 268
C. nudiflorus 269
C. sativus *42, 57, 113*, **269**, 359, 390
Croton 114, 269
C. eleuteria 269
C. tiglium 67, *114*, **269**, 281
Crow 46
Cruciferae 233, 242, 250, 254, 279, 297, 316, 339, 353, 354, 371
Cruyboeck 19
Cryptotaenia 114, 269
C. canadensis *114*, **269**
Cucumis 114
C. colocynthis 269
C. sativus 39, 49, *114*, **269**, 383
C. s. 'Telegraph Improved' 38
Cucurbita 43, 114, 269
C. maxima *114*, **269**
C. moschata 114
C. pepo 39, 114
C. p. 'Butternut' 38
Cucurbitaceae 251, 269, 276, 291, 306, 364
Cucurbitazine 276, 398
Culpeper, Nicholas 19, 104, 217, 229, 231, 238, 243, 251, 252, 256, 269, 289, 292, 294, 321, 335, 339, 344, 348, 349, 350, 353, 355, 356, 357, 361
Culver, Dr. 218
Culver's Root siehe *Veronicastrum virginicum*
Cuminum 114, 269
C. cyminum 61, *114*, **270**
Curcuma 114, 270, 299
C. aromatica *114*, **270**
C. domestica siehe *C. longa*
C. longa 114, *115*, 248, **270**, 299, 383, 387
C. zedoaria 270
Cure-dents du Prophète 236
Cuscuta 270
C. ephitymum 270
C. japonica **270**
C. systyla siehe *C. japonica*
Cyanglykosid 304, 347
Cymbopogon 115, 235, 270
C. citratus *115*, **270**, 305, 310, 377
C. flexuosus 115, 270
C. martinii 270
C. m. var. *sofia* 270
C. nardus 115, 270
Cymol 362
Cynara 115, 270
C. cardunculus 115, 270
C. c., Gruppe Scolymus *115*, 270, **271**
C scolymus 30
Cynoglossum 115, 271
C. officinale *115*, **271**
Cyperaceae 271
Cyperus 115, 271
C. articulatus 271
C. esculentus var. *sativus* 115
C. involucratus 115
C. longus 82, 271, 380, 381
C. rotundus *115*, **271**
Cypripedium 115, 271
C. parviflorum 53, 300
C. p. var. *parviflorum* *271*
C. p. var. *pubescens* *115*, 246, **271**
C. pubesvens siehe *C. parviflorum* var. *pubescens*
Cytisus 116, 271
C. scoparius *116*, 239, **271**, 287
C. s. ssp. *maritimus* 381
C. s. var. *prostratus* *116*, **271**

D

Dachwurz siehe *Sempervivum*
Da feng zi *(Hydnocarpus kurzii)* 294
Dahlia Coltness Hybride 36
Da huang siehe *Rheum palmatum*
Daidzein 337
Daidzin 337
Daikon 339
Dalmatinische Insektenblume siehe*Tanacetum cineraiifolium*
Damaszenerrose 14
Dang gui 238
Dang shen *(Codonopsis tangshen) 264*
Dan nan xing *(Arisaema)* 241
Daphne 43, 116, 272, 356
D. genkwa *116*, **262**, 289
D. gnidium 272
D. laureola 272
D. mezerum 272
Da quing ye *(Isatis tinctoria)* 297
Dardymow 122
Das Auspflanzen wuchernder Kräuter im Freien 379
Das englische Kräuterbuch oder die Pflanzenkunde 19
Das Gewächshaus im Sommer 382
Das Heilkundebuch von Bald 19
Dasht-e-Margo 60
Das Kräuterbuch der Südsee 19
Das Kräuterbuch oder allgemeine Pflanzenkunde 19
Dattelpflaume siehe *Diospyros*
Datura 55, 116, 272
D. metel 272
D. meteloides 272
D. stramonium *116*, **272**, 372
Daucus 116, 272
D. carota *116*, **272**
D. c. ssp. *sativus* *117*, **272**
D. visnaga siehe *Ammii visnaga*
Da zao *(Ziziphus)* 373
De Causis Plantarum 19
Deckblatt 394
Dekongestionsmittel 398
Dekorative und nützliche Anlage 29
Delphinium 117, 272
D. staphisagria *117*, **272**
De Materia Medica 19, 279
Dendranthema 117, 272
D. indicum 117
D. Serie Suncharm 36
D. × grandiflorum *117*, **272,** 278, 311, 335
Dendrobium 117, 273
D. nobile *117*, **273**
Depressivum 398
De Proprietatibus Rerum 19
Depurativ 398
Der amerikanische Arzt 19
Der Anbau von Kräutern 374
Der englische Arzt 19
Der Kräuterkanon des Shen Nong 19
Der Perlenbeutel 321
Des Gelben Kaisers Klassiker der Inneren Medizin 19
Destillation 392
Detoxikation 398
Deutscher Indigo siehe *Isatis tinctoria*
De Simplicibus 19
Destillation von Rosenöl 60
Deveer, Dr. Van
De Virtutibus Herbarum 19
Dianthus *117*, 273
D. caryophyllus *26*, 27, 37, *117*, **273**
D. chinensis *37, 117, 118*, **273**, 381
D. c. 'Strawberry Parfait' *118*, **273**
D. 'Mrs Sinkins' 35
D. superbus 273
Diaphoretikum 398
Diaspis carueli 299
Dichtwachsende Kräuter 381
Dictamnus 118, 273
D. albus *118*, **273**
D. a. var. *purpureus* *118*, **273**
Dicumarin 310
Die Entdeckung der Seltenheiten Neu-Englands 19
Die Flora wird dokumentiert 51
Die Kunst des Einfachen 19
Digitalin 353
Digitalis 16, 33, 37, 43, 57, 118, 240, 266, 273, 290, 351, 376, 379
D. grandiflora 273
D. lanata 11, 22, 33, *118*, **273**
D. purpurea *57*, 118, 273, 356
Digitoxin 273
Di gu pi 306
Di huang 340
Dill 45, 57
siehe auch *Anethum graveolens*
Ding xiang *(Syzygium aromaticum)* 358
Dioscorea 17, 119, 273
D. alata *119*
D. batatas siehe *D. opposita*
D. deltoidea 63
D. hypoglauca 273
D. macrostachya *55*, 273
D. nipponica *65*, 273
D. opposita *119*, 273, **274**
D. quaternata 273
D. villosa *16*, 273, **274**, 369
Dioscoreaceae 273
Diosgenin 17, 55
Dioskorides *19*, 122, 237, 279, 326, 333, 345, 361
Diosma crenulata siehe *Agathosma crenulata*
Diosmin 343
Diosphenol 311, 398
Diospyros 119, 274
D. kaki *119*, **274**
D. lotus 119
D. virginina 119, 274
Diptam siehe *Dictamnus*
Diptamdosten siehe *Origanum dictamnus*
Dipterocarpaceae 275
Dipteryx 274
D. odorata **274**
D. oppositifolia 274
Discours et advis sur les flus de ventre douloureux 261
Distel siehe *Eryngium*
Diterpenalkaloid 272
Di yu 348, 398
Diuretikum 264
Djeunngdjing siehe *Albizia julibrissin*
Dodoens, Rembert 19, 119
Dodonaea 119, 274
D. viscosa 66, **274**
D. v. 'Purpurea' *119*
Dolcihos pruriens siehe *Mucuna pruriens*
Dolde 394
Dolden-Winterlieb siehe *Chimaphila umbellata*
Doldengewächse 390
Dolmades 371
Dominikanische Republik 55
Dong chong xia cao 267
Donnerbesen siehe *Viscum*
Doppelt gefiedert 394
Dorema 274
D. ammoniacum **275**
Dornjujube siehe *Ziziphus jujuba*
Dost siehe *Origanum*
Kretischer Dost siehe *Origanum dictamnus*
Dotterweide siehe *Salix alba* var. *vitellina*
Dragon siehe *Artemisia dracunculus*
Drainage 377, 394
Drakensberge 58
Dreiblatt siehe *Trillium*
Dreiblättrig 394
Dreiblättriger Fieberklee siehe *Menyanthes trifoliata*
Dreiblattspiere siehe *Gillenia*
Dreieckige Beete 25
Dreieckig-oval 394
Drimia 119, 275
D. indica 275
D. maritima 57, *119*, **275**, 363, 370
Drimys 120, 275
D. lanceolata 120
D. winteri 54, *120*, **275**
D. w. var. *andina* 120
Droseraceae 275
Drosselbeere siehe *Viburnum opulus*
Drosera 120, 275,
D. rotundifolia *120*, **275**, 293
Druiden 11, 15, 18, 218, 370
Dryobalanops 120, 275
D. aromatica *120*, 261, **275**, 316
Dryopteridaceae 276
Dryopteris 120, 276
D. crassirhizoma 276
D. cristata 276
D. filix-mas *120*, 245, 269, **276**
D. f. 'Crispa Cristata' *120*, **276**
D. f. 'Linearis' *121*, **276**
D. oreades 276
D-Tubocurarin 260
Du Bois, Charles 121
Duboisia 66, 121, 276
D. leichardtii 276
D. myoporoides *121*, **276**
Duft
Duftnote 49
Duftstoff 48, 61, 66
Duftträger 48
Duftraute siehe *Agathosma*
Duft und Farben 374
Duftveilchen siehe *Viola odorata*
Dulacia 276
D. inopiflora **276**
Düngen 384
Durchfall 63, 66
Dyje 56

E

Eau d'arquebusade 231
Eau de Cologne 48

Eau de Toilette 48
Ebenaceae 274
Ebenholz 119
Eberraute siehe *Artemisia abrotanum*
Eberspapyrus 18, 294, 338, 364
Eberwurz siehe *Carlina*
Ecballium 121, 276
E. elaterium 121, **276**
Echinacea 121, 265, 276
E. angustifolia 53, 121, 276
E. pallida 121, 276
E. purpurea 53, *121,* 247, 269, **276**, 285, 290, 358
E. p. 'Robert Bloom' *121,* **277**
E. p. 'White Swan' *122,* **277**
Echte Aloe siehe *Aloe vera*
Echte Brombeere siehe *Rubus fruticosus*
Echte Brunnenkresse siehe *Nasturtium officinalis*
Echte Goldrute siehe *Solidago virgaurea*
Echte Kamille siehe *Matricaria recutita*
Echte Mädesüß siehe *Filipendula ulmaria*
Echte Nelkenwurz siehe *Geum urbanum*
Echte Pfingstrose siehe *Paeonia officinalis*
Echter Alant siehe *Inula helenium*
Echter Dost siehe *Origanum vulgare*
Echter Ehrenpreis siehe *Veronica officinalis*
Echter Feigenbaum siehe *Ficus carica*
Echter Gamander siehe *Teucrium chamaedrys*
Echter Hauswurz siehe *Sempervivum tectorum*
Echter Kapernstrauch siehe *Capparis spinosa*
Echter Lavendel siehe *Lavandula angustifolia*
Echter Lein siehe *Linum usitatissimum*
Echter Muskatnußbaum siehe *Myristica fragrans*
Echter Rosmarin siehe *Rosmarinus officinalis*
Echter Safran siehe *Crocus sativus*
Echter Sassafrasbaum siehe *Sassafras albidum*
Echter Spargel siehe *Asparagus officinalis*
Echter Steinklee siehe *Melilotus officinalis*
Echter Styraxbaum siehe *Styrax officinalis*
Echter Ziest siehe *Stachys officinalis*
Echtes Bohnenkraut siehe *Satureja hortensis*
Echtes Herzgespann siehe *Leonurus cardiaca*
Echtes Hirtentäschelkraut siehe *Capsella bursa-pastoris*
Echtes Johanniskraut siehe *Hypericum perforatum*
Echtes Labkraut siehe *Galium verum*
Echtes Leberblümchen siehe *Hepatica nobilis*
Echtes Lungenkraut siehe *Pulmonaria officinalis*
Echtes Seifenkraut siehe *Saponaria* officinalis
Echte Vanille siehe *Vanilla planifolia*
Echte Weinrebe siehe *Vitis vinifera*
Eclipta 122, 277
E. alba 277
E. prostrata 122, **277**
Ecuador 55
Edeldistel siehe *Eryngium foetidum*
Edelgamander siehe *Teucrium chamaedris*
Edelkastanie siehe *Castanea sativa*
Edelminze siehe *Mentha × gracilis*
Edelpäonie siehe *Paeonia lactiflora*
Edeltanne siehe *Abies*
Edinburgh 60
Efeu *376*
siehe auch *Hedera*
Efeu-Gundermann siehe *Glechoma hederacea*
Ehre dem Erlöser 346
Ehrenpreis siehe *Veronica* und *Veronicastrum virginicum*
Eibe siehe *Taxus*
Eibisch 25
siehe auch *Althaea officinalis* und *Hibiscus*
Eiche siehe *Quercus robur*
Eichenblattsalat siehe *Lactuca sativa* 'Cocarde'
Eichenmistel siehe *Loranthus europaeus*
Eichenmoos siehe *Evernia prunastri*
Eichenwald 64
Eiförmig 394
Einbalsamierung 60
Ein botanisches Handbuch zur Gesundheit 19
Eine kleine Auswahl für Anfänger 379
Einfach 395
Einfaches Absenken 389
Einfaches Trocknen 390
Ein frei gestalteter Garten 376
Eingeborener Amazoniens 54
Eingerollt 395
Einhaltung der Gesetze 51
Einjährige 10, 386, 395
Einjährige Sonnenblume siehe *Helianthus annuus*
Ein kleines Schatzkästlein mit Heilkräutern 47
Ein modernes Kräuterbuch 19
Ein neues Kräuterbuch 19
Ein Platz für alles 30
Einschränkungen des Anbaus 11
Einweichen 47
Einzelblüte 395
Einzelne Gartenflächen 30
Eisenhut siehe *Aconitum*
Eisenkraut siehe *Verbena officinalis*
Eiswürfel 393
Ekzeme 65
Elburs 60
Elemente 46
Elephantiasis 313
Elettaria 122, 277
E. cardamomum 63, *122,* 237, **277**
Eleutherococcus 122, 277
E. senticosus 65, *122,* **277**, 321
El Faiyum 12
Elfenblume siehe *Epimedium sagittatum*
Elisabeth I. 297
Elliptisch 395
Elymus 122, 277
E. repens 122, 241, **277**, 301, 322, 359, 370, 372
Emetikum 398
Emetin 292
Emollentium 398
Empfängnisverhütung 55
Empfindlich 375, 395
Emulgiermittel 50, 53
Endivia 107
Endivie 107
Engelskraut siehe *Angelica*
Engelsüß siehe *Polypodium vulgare*
Engelwurz siehe *Angelica archangelica*
Entdeckung moderner Arzneimittel 54
Entfernen verwelkter Blütenköpfe 384, 395
Entgegengesetzt 395
Entgiftend 61, 63
Enthaarungsmittel 48
Entscheidung über den Stil 376
Entspannende Wirkung 61
Entwässerung 377
Entwicklung der Duftstoffe 48
Entwicklungsländer 67
Entzündungen 47, 63,
Entzündung der Augenlider 66
Entzündungshemmend 61
Enzian, gelber siehe *Gentiana lutea*
Enzyklopädie der Kräuter 226
Enzym 398
Eopepon vitifolius siehe *Trichosanthes kirilowii*
Ephedaraceae 278
Ephedra 122, 278, 288, 329, 363
E. dystachya 122, **278**
E. equisetina 65, 278
E. gerardiana 278
E. intermedia 278
E. sinica 64, 278
E. trifurca 278
Ephedrin 64, 65, 278, 329
Epidemie 60
Epigaea 123, 278
E. repens 123, **278**
Epigastrisch 398
Epilobium 167
Epimedium 123, 278
E. sagittatum 123, **278**
Epiphyt 395
Eppich siehe *Apium*
Equisetaceae 278
Equisetum 123, 278
E. arvense 123, **278**, 282, 352, 373
E. hyemale 123, **278**
Erdbeertopf 380
Erdmandel siehe *Cyperus esculentus*
Erdrauch siehe *Fumaria*
Ergonovin 16
Ergotamin 16
Ergotismus 109
Erhaltung der Regenwälder 55
Erica 98
Ericaceae 241, 252, 260, 278, 286, 299, 302, 367, 395
Erigeron canadensis siehe *Conyza canadensis*
Erikagewächse 367
Eriobotrya 123, 278
E. japonica 123, ***278, 387***
Eriodictyon 279
E. californicum **279**, 368
Erkältung 47
Erkältungsmittel 66
Erle siehe *Alnus*
Ernte auf dem Meer *64*
Ernte der Kräuter 390, 391
Erosion 56
Eruca 123, 279
E. vesicaria ssp. *sativa* **279**, 382
E. vesicaria var. *sativa 123*
Eryngium 21, 124, 279, *376*
E. antihystericum 279
E. aquaticum 279
E. campestre 279
E. foetidum 124, **279**
E. maritimum 32, *124*
E. planum 279
E. yuccifolium 279
Erysimum officinale siehe *Sisymbrium officinale*
Erythraea centaurium 257
Erythroxylaceae 279
Erythroxylum 124, 279
E. cataractacum 279
E. coca 16, 54, 55, *124,* **279**
E. novogranatense 279
Erziehung 385
Eschscholzia 124, 280
E. californica 32, 53, *124,* **280**, 379, 385
E. californica Serie Ballerina *124,* **280**
Eselsgurke siehe *Ecballium elaterium*
Essentielles Öl 398
Essig der vier Diebe 345
Essigrose siehe *Rosa gallica* var. *officinalis*
Eßkastanie siehe *Castanea sativa*
Estragon siehe *Artemisia dracunculus*
Eucalyptol 399
Eucalyptus 66, 125, 280, 309, 395
E. camaldulensis 125, **280**
E. citriodora 125, **280**
E. dives 125, **280**
E. globulus 32, *125,* **280**, 283, 295, 328, 381
E. gummifera 280
E. haemastoma 280
E. macarthurii 280
E. macrorhyncha 280
E. mannifera 280
E. polybractea 280
E. radiata var. *australiana* 280
E. racemosa 280
E. smithii 280
E. viminalis 280
Eugenia caryophyllata siehe *Syzygium aromaticum*
Eugenol 288, 318, 358, 398
Eugenol-Fraktion 368
Eukalyptol 280
Eukalyptus 32, 66
siehe auch *Eucalyptus*
Eukalyptusöl 280
Euodia 210
Euonymus 125, 280, 386
E. atropurpureus 125, **280**
E. europaeus 125, **281**
E. e. 'Red Cascade' *125,* **281**
Eupatorium 126, 281
E. cannabinum 22, *126,* **281**
E. chinense 281
E. fortunei 126, **281**
E. japonicum var. *fortunei* 281
E. lindleyanum 281
E. perfoliatum 281
E. purpureum 126, 264, **281**, 294, 370, 373
E. stoechadasum 281
Euphorbia 126, 281
E. hirta 126, 275, 281, 290, 293, 358
E. kansui 281, 289
E. lathyrus 126
E. pekinensis 281, 289
E. pilulifera 281
E. pulcherrima 126
E. resinifera 281
E. tirucalli 59
Euphorbiaceae 269, 281, 341, 356
Euphorikum 398
Euphrasia 126, 281
E. montana 126
E. officinalis 126, **281**, 295, 344
E. rostkoviana 126
Euphrat 60
Europa 56
Europäische Heilkunst im Mittelalter 46
Europäische Kräuterheilkunde 56
Europäische Lärche siehe *Larix decidua*
Europäisches Wanzenkraut siehe *Cimicifuga foetida*
Euryale 126, 282
E. ferox 126, **282**
Eutrema wasabi siehe *Wasabia japonica*
Evelin, John 233, 268, 310, 353
Evernia 126, 281
E. prunastri 126, **281**, 374
Expektorans 55, 398
Extraktion 391
E wei *(Ferula assa-foetida)* 282

F

F-1-Hybriden 395
Fächerbaum siehe *Gingko biloba*
Fagaceae 256, 282, 338, 370
Fagara *45*
Fagopyrum 127, 282
F. esculentum 11, *127,* **282**
Fagus 127, 282, 386
F. sylvatica 56, *127,* **282**, 385
F. s. 'Dawyck' *127,* **282**
F. s. Gruppe Heterophylla *127,* **282**
F. s. Gruppe Purpurea *127,* **282**
falscher Safran siehe *Carthamus tinctorius*
Familien 10
Fan hong hua 269
Fan xie ye *(Senna alexandrina)* 352
Färbepflanzen 378
Färberalkanna siehe *Alkanna tinctoria*
Färberdistel siehe *Carthamus tinctorius*
Färberginster siehe *Genista tinctoria*
Färberhülse siehe *Baptisia*
Färbersaflor siehe *Carthamus tinctorius*
Färberwaid siehe *Isatis tinctoria*
Farbkreis aus Hochbeeten 25
Farnesische Akazie siehe *Acacia farnesiana*
Farnpflanzen 10
Faskomelo 346
Faskomelo-Tee 347
Faulbaum siehe *Rhamnus frangula*
Feige 60
siehe auch *Ficus*
Feigensaft 48
Feigwurz siehe *Ranunculus ficaria*
Feldgladiole 36
Feldmohn siehe *Papaver rhoas*
Feldthymian siehe *Thymus serpyllum*
Feldulme siehe *Ulmus minor* var. *vulgaris*
Felsenkalmus siehe *Acorus gramineus*
Fenchel 27, 45
siehe auch *Foeniculum*
Fenchelsamen *45*
Fencheltee 47
Fenchelholzbaum siehe *Sassafras albidum*
Ferula 127, 282
F. assa-foetida 61, *127,* **282**, 368
F. galbaniflua 283
F. gummosa 127, 282, **283**
F. rubicaulis 282
F. sumbul 282
Fett 45
Feuchtigkeitsspender 49
Feuerkolben siehe *Arisaema*
Feuermohn siehe *Papaver rhoeas*
Feurige tunesische Paste *44*
Ficus 127, 283, 388
F. carica 60, 61, *127,* **283**, 374
F. c. 'Brown Turkey' *128,* **283**
F. c. 'White Ischia' **283**
F. ssp. 12
Fieberbaum siehe *Eucalyptus* und *Sassafras albidum*
Fieberklee siehe *Menyanthes*
Fiebersenkend 63
Fieberstrauch siehe *Lindera*
Fieberwurz siehe *Centaurium erythraea*
Filipendula 128, 283
F. ulmaria 11, 17, 57, *128,* 257, 283, 288, 295, 310, 347, 361, 379
F. u. 'Aurea' 30, *128,* **283**
F. u. 'Flore Pleno' **128**
F. u. 'Variegata' *128,* **283**
Fingerhut 21
siehe auch *Digitalis*
Fingerkraut siehe *Potentilla*
Fingerwinde siehe *Akebia trifoliata*
Fisch 45
Fischvergiftung 45
Fixativ 398
Flacourtiaceae 140, 294
Flachs 60
siehe auch *Linum usitatissimum*
Flachsproß 395
Flaschenbovist siehe *Lycoperdon perlatum*
Flavone 11
Flavonoide 65, 282, 323, 344, 347, 351, 364, 366, 398
Flechten 10, 395
Flechtgarten *13*, 24
Fleckenschierling siehe *Conium maculatum*
Fleisch 45
Flieder siehe *Sambucus nigra*
Flockenblume siehe *Centaurea*
Flohkraut siehe *Plantago psyllium*
Flora Medica 19
Flora der Türkei 60
Flora Iranica 60
Flora von Arabien 60
Florentiner Schwertlilie siehe *Iris germanica* var. *florentina*
Florenz 54
Flügelfruchtbaum siehe *Pterocarpus*
Flughafer siehe *Avena fatua*
Flüssigdünger 381
Flüssige Extrakte 47
Foeniculum 128, 283
F. vulgare 22, 27, 29, 38, 57, 66, 113, *128*, 235, **283**, 315, 379, 382, 386
F. v. var. *dulce 128,* **283**
F. v. 'Purpureum' 22, 30, *128,* **283**, 378
Föhre siehe Pinus *sylvestris*
Forche siehe *Pinus sylvestris*
Forestus, Peter 341
Forle siehe *Pinus sylvestris*
Formale Gestaltung 376
Formaler oder freier Stil 20
Formales Design mit Kontrasten 376
Formschnitt 395
Formstrenger Garten 13
Forsythia 129, 284
F. × intermedia 129
F. suspensa 65, 129, **284**
F. s. f. *atrocaulis 129,* **284**
Forsyth, William 129
Fortpflanzungsorgane 57
Fortschritte bei der Erhaltung 60
Foster 373
Fragaria 129, 284
F. × ananassa 129
F. chiloensis 129
F. vesca 38, *129,* **284**, 377, 381
F. v. 'Alexandria' *129*
F. v. 'Baron Solemacher' *129*
F. v. 'Fructu Albo' *129,* **284**
F. v. 'Multiplex' *129,* **284**
F. virginiana 129
Fragarin 344
Francus, Johannes 368
Frangula alnus siehe *Rhamnus frangula*
Frankreich 44, 48
Französischer Stil *21*
Frauenflachs siehe *Linaria*
Frauenhaarfarn siehe *Adianthum capillus-veneris*
Frauenmantel siehe *Alchemilla*
Frauenschuh siehe *Cypripedium*
Fraxinus 129, 284
F. excelsior 284
F. ornus 129, 280, **284**
Frei angelegte Gärten 30
Freie Gestaltung 21, 376
Friedenspfeife 53
Fritillaria 130, 284
F. cirrhosa 284
F. imperialis 130
F. pallidiflora 284
F. verticillata 130, **284**
Frohe Kunde aus der Neuen Welt 19
Froschlöffel siehe *Alisma plantago-aquatica*
Frost 377
Frosthart 375, 395
Frucht 395
Frucht aus fünf Geschmäckern 350
Früchte 391
Fruchtknoten 395
Fruchtsäure 344
Frühbeetkasten 379
Frühlingsadonisröschen siehe *Adonis vernalis*
Frühtreiben 397
Fucaceae 284
Fuchs, Leonhardt 18, 19
Fuchsschwanz siehe *Amaranthus hypochondriacus*
Fucus 49, 130, 284
F. serratus 284
F. vesiculosus 49, 130, 284, **285**
Fu ling *(Wolfiporia cocos)* 372
Fumaria 130, 285
F. officinalis 130, **285**
Fumarokumarin 398
Fünf-Gewürz-Pulver 44, *45*
Fungizide 383, 387, 398
Fu pen zi 344
Furokumarine 238
Fußblatt siehe *Podophyllum*
Fußpflege 49
Fu zi 228

G

Gachel siehe *Achillea millefolium*
Gagel siehe *Myrica*
Gagelstrauch siehe *Myrica gale*
Galaktogogum 398
Galangawurzel siehe *Kaempferia galanga*
Galega 130, 285
G. officinalis 130, **285**, 379, 386
G. o. 'Alba' 35, *130,* **285**
Galen 19, 46
Galgant siehe *Alpinia*
Galipea 285
G. cusparia 285
G. officinalis **285**, 374
Galium 131, 285
G. aparine 56, *131,* **285**, 290, 327, 343, 370, 393
G. odoratum 33, 35, *131,* **286**, 379, 384
G. verum 131, **286**, 343
Galle 398
Gallenblasenbeschwerden 53, 55
Gallensumach siehe *Rhus chinensis*
Gallien 15
Gamander siehe *Teucrium*
Gambia 58
Gamma-Linolsäure 318, 341, 398
Gan cao *(Glycyrrhiza uralensis)* 289
Gandhi, Mahatma 339
Ganesh 138
Ganoderma 131, 286
G. lucidum 131, **286**
Ganodermataceae 286
Gänseblümchen siehe *Bellis perennis*
Gänsefuß siehe *Chenopodium*
Gan sui *(Euphorbia kansui)* 281
Ganze Pflanze 390
Ganzrandig 395
Garam masala 44
Garden, Dr. Alexander 131
Gardenia 131, 286
G. augusta 131, **286**
G. a. 'Fortuniana' *132,* **286**
G. florida 286
G. jasminoides 286
Gari 373
Garnierung 45
Gärten auf der ganzen Welt 13
Garten der Weltmedizin 21
Gartenkerbel siehe *Anthriscus cerefolium*
Gartenkompost 377
Gartenkürbis siehe *Cucurbita pepo*
Gartenmelde siehe *Atriplex hortensis*
Gartenmohn siehe *Papaver somniferum*
Gartennelke siehe *Dianthus cariophyllus*
Gartenpetersilie siehe *Petroselinum crispum*
Garten-Pfinstrose siehe *Paeonia officinalis*
Gartenpflege 384
Gartenportulak siehe *Portulaca oleracea*
Gartenraute siehe *Ruta graveolens*
Gartenrettich siehe *Raphanus sativus*
Gartenringelblume siehe *Calendula officinalis*
Gartenrittersporn siehe *Consolida ajacis*
Gartensalat siehe *Lactuca sativa*
Gartensalbei siehe *Salvia officinalis*
Gartensauerampfer siehe *Rumex acetosa*
Gartenthymian siehe *Thymus vulgaris*
Gartenvlies 381
Gärtner-Chrysantheme siehe *Dendranthema × grandiflorum*
Gastrodia 286
G. elata 64, **286**
Gattungen 10, 395
Gauchheil siehe *Anagallis*
Gaultheria 132, 286
G. procumbens 132, **286**, 352
Gaulthier, Jean François 132
Gebirge 62
Geburtswehen 16
Gefährdete Arten in den Wäldern 52
Gefährdete Kräuter 51
Gefiedert 395
Geflügelt 395
Gefriertrocknen 392
Ge gen 337
Gegenzungen 395
Ge hua 337
Geißblatt siehe *Lonicera*
Geißfuß siehe *Aegopodium*
Geißklee siehe *Cytisus*
Geißraute siehe *Galega*
Geisterglauben 46
Gelbbeere 340
Gelbbirke siehe *Betula alleghaniensis*
Gelbdolde siehe *Smyrnium*
Gelber Enzian siehe *Gentiana lutea*
Gelber Fluß 303
Gelbes Schinkenkraut siehe *Oenothera biennis*
Gelbholz siehe *Zanthoxylum*
Gelbwurz 44
Gelbwurzel siehe *Curcuma longa*
Geleitwort 6
Gelidium 287
G. amansii **287**
G. cartilagineum 287
Gelsemium 132, 287
G. sempervirens 132, **287**
Gemeine Braunelle siehe *Prunella vulgaris*
Gemeine Flachsseide siehe *Cuscuta ephitymum*
Gemeine Hundszunge siehe *Cynoglossum officinale*

Gemeine Kiefer siehe *Pinus sylvestris*
Gemeine Kreuzblume siehe *Polygala vulgaris*
Gemeine Kuhschelle siehe *Pulsatilla vulgaris*
Gemeine Lärche siehe *Larix decidua*
Gemeiner Andorn siehe *Marrubium vulgare*
Gemeiner Baldrian siehe *Valeriana officinalis*
Gemeiner Beifuß siehe *Artemisia vulgaris*
Gemeiner Beinwell siehe *Symphytum officinale*
Gemeiner Dost siehe *Origanum vulgare*
Gemeiner Efeu siehe *Hedera helix*
Gemeiner Faulbaum siehe *Rhamnus franguls*
Gemeiner Hopfen siehe *Humulus lupulus*
Gemeiner Huflattich siehe *Tussilago farfara*
Gemeiner Kreuzdorn siehe *Rhamnus carthartica*
Gemeiner Löwenzahn siehe *Taraxacum officinale*
Gemeine Roßkastanie siehe *Aesculus hippocastanum*
Gemeiner Schneeball siehe *Viburnum opulus*
Gemeiner Stechapfel siehe *Datura stramonium*
Gemeiner Thymian siehe *Thymus vulgaris*
Gemeiner Tüpfelfarn siehe *Polypodium vulgare*
Gemeiner Wacholder siehe *Juniperus communis*
Gemeiner Wasserdost siehe *Eupatorium cannabinum*
Gemeiner Wasserhanf siehe *Eupatorium cannabinum*
Gemeiner Wurmfarn siehe *Dryopteris filix-mas*
Gemeine Schafgarbe siehe *Achillea millefolium*
Gemeines Greiskraut siehe *Senecio vulgaris*
Gemeines Hirtentäschelkraut siehe *Capsella bursa-pastoris*
Gemeines Katzenpfötchen siehe *Antennaria dioica*
Gemeines Leinkraut siehe *Linaria vulgaris*
Gemeine Sonnenblume siehe *Helianthus annuus*
Gemeines Schilfrohr siehe *Phragmites communis*
Gemeines Seifenkraut siehe *Saponaria officinalis*
Gemischtes Beet mit Kräutern 36
Gemüseartischocke siehe *Cynara cardunculus*
Gemüsegarten 38
Gemüsespargel siehe *Asparagus officinalis*
Gene 60
Generall Historie of Plantes 341
Genetik 63
Genever 299
Genista 132, 287
G. tinctoria 132, **287**
Gentechnologie 16, 59
Gentiana 132, 287, 312
G. burserii var. *villarsi* 287
G. lutea 11, *56*, 57, *132*, 259, **287**, 291, 309, 357, 373
G. macrophylla 132, *133,* **287**
G. scabra 132, *133,* **288**
Gentianaceae 257, 287, 357
Gentius, König 132
Geometrische Muster 376
Geometrischer Garten 22
Geraniaceae 288, 323
Geranie 48
Geraniol 318, 359
Geranium 133, 172, 288
G. dalmaticum 'Album' 35
G. dissectum 288
G. maculatum 133, 252, 283, **288**, 301, 333, 365
G. m. f. *albiflorum 133,* **288**
G. robertianum 33, 133, **288**
G. r. 'Celtic White' *133,* **288**
G. wilfordii 288
Gerard, John 19, 186, 189, 229, 242, 248, 249, 283, 292, 341
Gerbrinde 66
Germanium 44
Germizid 398
Geröllhalde 395
Gerste 60
Gerste siehe *Hordeum*
Geruchshemmer 49
Geschichte der Natur 19
Geschichte der Pflanzen 19
Geschmacksstoff 57, 61
Geschwulstbehandlung 63
Geschwür 66
Gesetzliche Bestimmungen 10, 11
Gesichtsmaske 49
Gesichtspflege 49
Gestaltung bei wenig Platz 375
Gesunden Wuchs erhalten 385
Gesundheitstee 47
Getreide 45
Geum 134, 288
G. rivale 288
G. urbanum 134, **288**, 344
Gewächshaus 375, 382, 383
Gewebe 49
Gewebekultur 389, 395
Gewürzinseln 67
Gewürzlilie siehe *Kaempferia*
Gewürznelke 44, 45, 55, 67
siehe auch *Syzygium aromaticum*
Gewürznelkenöl 47, 368
Gewürzpflanze 67
Gewürzrinde siehe *Senna*
Ghats 62
Gicht 16, 59, 63
Gichtbeere siehe *Viburnum opulus*
Giersch siehe *Aegopodium podagraria*
Giftige Kräuter 11, 43
Giftlattich siehe *Lactuca virosa*
Giftprobe 59
Giftschock-Syndrom 343
Giftsumach 305
Gigartinaceae 260
Gilgen siehe *Panax*
Gillenia 134, 288
G. stipulata 134, 288
G. trifoliata 34, 35, *134,* **288**
Gin 57
Ginger siehe *Zingiber*
Gingerol 373
Gingko 10
siehe auch *Gingko biloba*
Gingko 134, 288
G. biloba 65, *134,* **288**, 363, 369, 370
G. b. 'Pendula' *134,* **289**
Gingkoaceae 288
Gingkolide 288
Ginseng 64, 65, 327
siehe auch *Panax*
Amerikanischer Ginseng 64
Brasilianischer Ginseng siehe *Pfaffia paniculata*
Ginsenganbau 50
Sibirischer Ginseng siehe *Eleutherococcus senticosus* 65
Wachsender Bedarf nach Ginseng 64
Ginster siehe *Genista*
Girlandenchrysantheme siehe *Chrysanthemum coronarium*
Gitaloxin 273
Gitoxin 273
Gladiolus communis ssp. *byzantinus* 36
Glaskraut siehe *Parietaria*
Glechoma 134, 289
G. hederacea 134, 140, **289**, 317, 393
G. h.'Variegata' 41, 134, *135,* **289**, 381
Gleitmittel 398
Glockenwinde siehe *Codonopsis*
Gloriosa 43, 135, 289
G. superba 59, 63, *135,* **289**
G. s. 'Rothschildiana' 63
Gloriosalilie siehe *Gloriosa*
Glycyrrhiza 135, 289
G. glabra 135, 260, **289**, 290, 295, 296, 310, 343, 361
G. g. var. *glandulifera* 289
G. g. var. *typica* 289
G. g. var. *violacea* 289
G. lepidota 289
G. uralensis 65, *135*, 246, 264, 273, 281, **289**, 313, 329, 331, 333, 372, 393
G. viscida 289
Glycyrrhizin 289
Glykochinon 367
Glykoside 11, 56, 246, 290, 291, 356, 365, 369, 398
Gnadenkraut siehe *Gratiola*
Gnaphalium 135, 239, 289
G. dioica 239
G. multiceps 289
G. obtusifolium 289
G. polycephalum 289
G. uliginosum 135, **289**, 307, 355
Goa 298
Goethe, Johann Wolfgang 242
Goldfaden siehe *Coptis teeta*
Goldglöckchen siehe *Forsythia suspensa*
Goldmohn siehe *Eschscholzia*
Goldraute siehe *Solidago*
Goldrute siehe *Solidago*
Gonolobus condurango siehe *Marsdenia cundurango*
Gossypium 136, 290
G. arboreum 290
G. barbadensis 290
G. herbaceum 136, **290**
G. hirsutum 290
Gossypol 290
Götterbaum siehe *Ailanthus*
Gottesgnadenkraut siehe *Gratiola officinalis*
Gottvergeß siehe *Ballota*
Gou qi zi 306
Gou zhi 262
Gracilaria 287
G. confervoides 287
G. verrucosa 287
Gramineae 239, 246, 264, 270, 277, 293, 320, 326, 369, 372
Granatapfel 60
siehe auch *Punica granatum*
Granne 395
Grappa 345
Grasland 58, 64
Gratiola 136, 290
G. officinalis 136, **290**
Grauschimmel 383, 386
Green, Thomas 18
Greiskraut siehe *Senecio*
Griechenland 14, 15
Griechischer Salbei siehe *Salvia fruticosa*
Griechisch Heu siehe *Trigonella foenum-graecum*
Grieve, M. 19, 99, 285, 297, 299, 307, 318, 349
Griffel 395
Grindelia 290
G. camporum 275, **290**, 293, 358
G. lanceolata 290
G. robusta var. *rigida* 290
G. squarrosa 290
Grippe 47
Großblütige Königskerze siehe *Verbascum densifolium*
Großbritannien 52
Große Brennessel siehe *U. dioica*
Große Kapuzinerkresse siehe *Tropaeolum majus*
Große Klette siehe *Arctium lappa*
Große Sammetblume siehe *Tagetes erecta*
Großer Wegerich siehe *Plantago major*
Großer Sauerampfer siehe *Rumex acetosa*
Großer Wiesenknopf siehe *Sanguisorba officinalis*
Großes Schöllkraut siehe *Chelidonium majus*
Grossulariaceae 341
Grüne Minze siehe *Mentha spicata*
Grüner Knollenblätterpilz (Amanita phalloides) 353
Grüner Star 55
Grünes Chiretta 357
Grünstecklinge 388
Gu ya *(Oryza sativa)* 320
Gua lou gen *(Trichosanthes kirilowii)* 364
Gua lou pi pi *(Trichosanthes kirilowii)* 364
Gua lou zi *(Trichosanthes kirilowii)* 364
Guajacum 136, 290
G. officinale 54, 55, *136*, 240, 282, **290**, 327, 345, 347, 361, 372
G. sanctum 290
Guajakbaum siehe *Guajacum*
Guangdong 350
Guan zhong *(Dryopteris crassirhizoma)* 276
Guarana 50, 323
Guaranin 323
Guayana 54
Gugulipide 265
Guibourt 99
Gulasch 44
Gummi 11, 48, 63, 66, 391
Gummiarabikum siehe *Acacia senegal*
Gummiharz 11, 48, 391
Gummiakazie siehe *Acacia senegal*
Gummibaum 66
siehe auch *Eucalyptus*
Gundelrebe siehe *Glechoma hederacea*
Gundermann siehe *Glechoma*
Günsel siehe *Ajuga*
Gurke 45, 48, 57
siehe auch Cucumis sativus
Gurkenkraut siehe *Borago officinalis*
Guter Heinrich siehe *Chenopodium bonus-henricus*
Guttiferae 295
Gymnospermae 10
Gynäkologisch 398
Gynostemma 291
G. pentaphyllum **291**

H

Haar 49
Haarkosmetika 50
Haarpflege 377
Haarspülung 57
Haarwasser 48

Haarblume siehe *Trichosanthes*
Haargerste siehe *Elymus*
Habichtskraut siehe *Hieracium*
Habitus 395
Hafer 60
siehe auch *Avena*
Haferkeim 398
Hagebutte 342, 395
Hahnemann, Samuel 46, 261
Hahnenfuß siehe *Ranunculus*
Hainault, Gräfin 19
Hai zao *(Sargassum fusiforme)* 349
Halbhart 375, 395
Halbreife Stecklinge 388
Halbstrauch 395
Halbwüste 52
Halluzinationen 61
Hamamelidaceae 291, 305
Hamamelis 136, 291
H. virginiana 49, 53, *136*, 252, 265, **291**, 295, 339, 362
Hamersley Ranges 66
Hämorrhagie 398
Hämostase 398
Handförmig 395
Handschriften über Kräuter 18
Han-Dynastie 273, 276, 340, 341, 343, 348, 349, 350, 373
Hanf siehe *Cannabis sativa*
Hängekorb mit Küchenkräutern 382
Han lian cao *(Eclipta prostrata)* 277
Haputale 62
Harfenstrauch siehe *Plectranthus*
Harissa 44
Harmonisierend 65
Harnblasenentzündung 57
Harntreibend 57, 59, 61
Harpagid 291
Harpagophytum 291
H. procumbens 58, **291**
Hart 395
Härte 375
Hartmais 372
Hartriegel siehe *Cornus*
Harz 11, 66, 391, 395
Harzgewinnung 56
Harzklee siehe *Psoralea*
Haschisch 253
Haselwurz siehe *Asarum*
Hasenohr siehe *Bupleurum*
Hatschepsuth, Königin von Ägypten 12, 250
Hauptgruppen 10
Hauptstamm 395
Haupttrieb 395
Hauswurz 25
Hauswurz siehe *Sempervivum*
Haut 49
Hautbeschwerden 59
Hauteigene Öle 49
Hautkosmetika 50
Hautkrankheiten 67
Hautkrebs 53
Hautpflege 48, 377
Hautpflegemittel 48, 59
Hautpigmentation 61
Hautprobleme 57, 60
Hautreizung 47
Hautreizmittel 398
Hawaii 66
Hecke 376
Heckengamander siehe *Teucrium* × *lucidris*
Heckenkirsche siehe *Lonicera*
Heddewigsnelke siehe *Dianthus chinensis*
Hedeoma 136, 291
H. floribunda 291
H. pulegioides 136, **291**, 311
Hedera 136, 292
H. helix 136, **292**, 381
H. h. 'Erecta' *137*, **292**, 381
H. h. 'Glacier' *137*, **292**
H. h. 'Goldheart' *137*, **292**
Hederich siehe *Raphanus raphanistrum*
He huan 232
Heidegagelstrauch siehe *Myrica gale*
Heidekraut siehe *Calluna*
Heidelbeere siehe *Vaccinium*
Heidewacholder siehe *Juniperus communis*
Heiligenkraut siehe *Santolina*
Heiliger Geist 14
Heiliges Land 60
Heilkraut 50, 53, 66, 378
Heilkräutergarten 13
Heilkräuter in der Hausapotheke 47
Heilkundebuch von Bald 18
Heilkundige 50, 58
Heilmittel 46, 50, 52
Heilpflanze 58, 63
Heilsamer Ehrenpreis siehe *Veronica officinalis*
Heiltrank 57
Heilung gegen Asthma 65
Heilziest siehe *Stachys officinalis*
Heinrich VI. 140
Heinrich VII. 140
Hei zhi ma *(Sesamum indicum)* 352
Helenenkraut siehe *Inula helenium*
Helianthus 137, 292, 374, 389
H. annuus 137, **292**
H. a. 'Italian White' *137*, **292**
H. a. 'Teddy Bear' *137*, **292**, 381
Helichrysum 137, 292
H. angustifolium 292
H. italicum 22, *23*, 32, *137*, **292**, 378, 379, 388
H. i. ssp. *microphyllum* 381
H. orientale 292
H. serpyllifolium 292
H. stoechas 292
Helligkeitsgrad 375
Helmkraut siehe *Scutellaria*
Helonias dioica siehe *Chamaelirium dioica*
Henna 49
Hennasalbe 49
Hennastrauch siehe *Lawsonia inermis*
Hepatica 138, 292
H. acutiloba 292
H. nobilis 138, **292**
H. n. 'Rubra Plena' *138*
H. triloba 292
Hera 14
Heracles siehe Herkules
Heracleum 138, 292
H. lanatum 292
H. sphondylium 138, 292, **293**
Heraklion 16
Herba angelica siehe *Angelica*
Herba benedicta siehe *Geum urbanum*
Herbal Emissaries 373
Herba paralysis siehe *Primula veris*
Herbarium *51*
Herbarius zu Teutsch 18
Herba Veronica majoris 368
Herbe au gueux siehe *Clematis vitalba*
Herbes de Provence 349
Herbs, Spices and Flavourings 268
Herbstzeitlose siehe *Colchicum autumnale*
Herkules 14, 138
Herkuleskraut siehe *Heracleum*
Herz
Herzglykoside 57
Herzinfarkt 17
Herzmittel 57, 61, 63, 67
Herzflimmern 398
Herzgespann siehe *Leonurus*
Herzog von Burgund 15
He shou wu *(Polygonum multiflorum)* 333
Heucher, Johann Heinrich von 138
Heuchera 138, 293
H. americana 138, **293**
Hexenkraut siehe *Viscum*
Heyden, Herman van der 261
He ye *(Nelumbo nucifera)* 316
He zi *(Terminalia chebula)* 361
Hibiscus 136, 138, 293
H. abelmoschus siehe *Abelmoschus moschatus*
H. rosa-sinensis 138, **293**, 342
H. r. 'Cooperi' *138*, **293**
H. sabdariffa 42, 138, *139*,
H. s. var. *altissima* 293
Hieracium 139, 293
H. pilosella 139, **293**
Hierochloe 139, 293
H. borealis 293
H. odorata 139, **293**
Hilfe bei der Nahrungsverwertung 44
Himachal Pradesh 62
Himalaya 60, 62, 63
Himbeere siehe *Rubus idaeus*
Hindu 62, 339, 348
Hinduismus 14
Hindukusch 60
Hindukuschgebirge in Afghanistan 60
Hintergrundtherapie 370
Hiobsträne siehe *Coix lachryma-jobi*
Hippocastanaceae 230
Hippokrates 46, 275, 344, 367
Hirschdorn siehe *Rhamnus cathartica*
Hirtentäschel siehe *Capsella*
Histamin 366
Historia Naturalis 19
Historia Plantarum 19
Historia Stirpium 18
Hl. Antonius 12
Hl. Benedikt 12
Hl. Hieronymus 12
Hl. Veronica 368
Hochbeet *20*, 25
Hochlandgebiete 56, 60
Hochplateau 54
Hochstamm 395
Hochstämmchen 381
Höchsttemperatur 375
Hodgkin'sche Krankheit 17
Höhe als Blickfang 376
Höhe ist wichtig 39
Holländische Ostindische Kompanie 13
Holländischer Rhabarber 341
Holländische Ulmenkrankheit 366
Holunder 21
siehe auch *Sambucus*
Holz 391
Holziger Stamm 395
Homöopathie 46, 57
Hong hua *(Carthamus tinctorius)* 255
Hopfen 20, 26, 27
siehe auch *Humulus*
Horaz 217, 370
Hordeum 139, 293
H. distichum 293
H. polystichum 294
H. vulgare 139, 293, **294**, 320
Hormone 398
Hormonfunktionen 57
Hortensie siehe *Hydrangea*
Hosta 'Royal Standard' 35
Hottentotten 59, 89
Houma 266
Hou po hua 307
Houttuyn, Maarten 139
Houttuynia 139, 294
H. cordata 139, **294**, 379, 381
H. c. 'Chameleon' *139*, **294**
H. c. 'Flore Pleno' *139*, **294**
Hu *(Coriandrum)* 267
Huai hua *(Sophora japonica)* 355
Huai jiao *(Sophora japonica* und *Zanthoxylum piperitum)* 355
Huai niu xi 227
Huang bai *(Phellodendron amurense)* 326
Huang jing zi *(Vitex negundo)* 371
Huang lian 267
Huang qi *(Astragalus membranaceus)* 246
Huang qin *(Scutellaria baicalensis)* 351
Huaxtepec 13
Huflattich siehe *Tussilago*
Hughes, William 19
Hu jiao *(Piper nigrum)* 330
Hülsenfrucht 395
Hu lu ba *(Trigonella foenum-graecum)* 364
Humbold, Alexander von 54
Humulus 140, 294
H. lupulus 57, *140*, *289*, **294**, 300, 309, 310, 323, 363, 367, 374, 377, *385*, 393
H. l.'Aureus' *21*, 26, *30*, *140*, **294**
Humus 395
Hundertjährige Aloe siehe *Agave americana*
Hundsgift siehe *Apocynum cannabinum*
Hundskamille *siehe Anthemis*
Hundsrose siehe *Rosa canina*
Hundszunge siehe *Cynoglossum*
Hu po *(Pinus succinifera)* 329
Husten 47
Hustenmedikament 53, 55, 57, 67
Hustensaft 66
Hu tao ren 298
Hutchens 351
Hyacinthaceae 275
Hybridbildungen 386
Hybride 16, 386, 395
Hydnocarpus 140, 294
H. kurzii 67, *140*, **294**
Hydrangea 140, 294
H. arborescens 52, *140*, 265, 277, 278, **294**, 301, 352
H. a. 'Annabelle' *140*, **294**
H. a. ssp. *radiata* 294
Hydrangeaceae 294
Hydrastis 141, 294
H. canadensis 52, 53, *141*, 252, 266, 285, 294, **295**, 369, 371
Hydrochinone *241*
Hydrocotyle
H. asiatica 258
H. vulgaris 104
Hyoscyamus 141, 295, 350
H. albus 295
H. muticus 295
H. niger 15, *141*, 272, 276, **295**, 308, 350
Hyoszin 295, 350
Hyoszyamin 295, 350
Hyperazidität 398
Hypericum 141, 295
H. perforatum 141, 277, **295**, 355
Hyperizin 295
Hypertonie 398
Hypoglykämie 398
Hypotension 398
Hyssopus 141, 295, 388
H. officinalis 22, 25, 41, *141*, 278, **295**, 347, 379, 381
H. o. f. *albus* 35, *141*, **295**
H. o. ssp. *aristatus* 28, 141, *142*, **295**, 381
H. o. f. *roseus* 37, *142*, **295**
Hysterie 398

I

Ibn Batuta 357
I Ching 227
Igelkopf siehe *Echinacea*
Ilex 142, 296
I. aquifolium 142, **296**
I. a. 'Ferox Argentea' *142,* **296**, 381
I. a. 'Madame Briot' *143,* **296**
I. paraguariensis 296
I. paraguensis 55, 142, *143,* **296**
I. verticillata 143, **296**
Illiciaceae 296
Illicium 296
I. anissatum 296
I. verum **296**, 315, 328
Illustrierte Familienbibliothek 18
Immergrün siehe *Catharantus roseus* und *Vinca*
Immergrüne Bärentraube siehe *Arctostaphylos uva-ursi*
Immergrüne Bäume 385
Immergrüne Pflanze 395
Immunsystem 398
Impatiens 143, 296
I. capensis 143, 296
I. pallida 143, **296**
Indianer 46, 52, 53
Indianernessel siehe *Monarda*
Indian Herbology of North America 351
Indianische Kresse 365
Indien 14, 45, 56, 61, 62, 63
Indisches Dessert 63
Indischer Senf 63
Indischer Subkontinent 62
Indigofera 297
Indische Jalapenwurzel siehe *Ipomoea turpethum*
Indische Lotosblume siehe *Nelumbo nucifera*
Indische Seerose siehe *Euryale ferox*
Indischer Senf siehe *Brassica juncea*
Indol 366
Indol-Alkaloide 323
Indonesien 67
Infektion 61, 66
Ingwer 45, 49, 67
siehe auch *Zingiber*
Ingwerkapseln 47
Injektion aus drei gelben Kräutern siehe San huan zhe she ye
Inka 16
Innenhof 374
Inselbeet mit Küchenkräutern 29
Insektenabwehr 59
Insektizid 398
Internationale Vereinigung zur Bewahrung der Natur 51
Inula 143, 296
I. britannica var. *chinensis* **296**
I. cappa 296
I. helenium 143, 290
I. japonica 296
Inulin 296
Investition für Ihren Garten 24
Ionon 370
Ipomoea 297
I. arvensis 297
I. digitata 297
I. japala 297
I. purga **297**
I. turpetethum 297
Irak 18, 60
Iran 60
Iridaceae 247, 268, 297
Iridoide 367
Iridoid-Glykosid 368
Iris 143, 297
I. germanica var. *florentina* 26, 27, 32, 34, 35, *143,* **297**
I. pallida 297
I. versicolor 143, **297**, 327, 379, 381
I. v. 'Kermesina' *144,* **297**
Irisch Moos siehe *Chondrus crispus*
Irland 15
Irländisch Moos siehe *Chondrus crispus*
Isabella von Ungarn 343
Isatis 144, 297
I. tinctoria 49, 132, *144,* **297**
Ishtar 15
Isis 14
Islam 12, 14, 60, 370
Islamische Gärten 12
Isländisch Moos siehe *Cetraria islandica*
Isop siehe *Hyssopus officinalis*
Israel 60
IUCN 51
Ixia chinensis siehe *Belamcanda chinensis*

J

Jahreszeiten 377
Jakobskraut siehe *Senecio jacobaea*
Jakobsleiter siehe *Polemonium*
Jalape siehe *Ipomoea purga*
Jamaika 55
Jamaika-Hartriegel siehe *Piscidia piscipula*
Jamu 67
Japan 45, 64, 65
Japanische Aprikose siehe *Prunus mume*
Japanische Flachsseide siehe *Cuscuta japonica*
Japanische Mandelkirsche *siehe Prunus japonica*
Japanische Mispel siehe *Eriobotrya japonica*
Japanische Quitte siehe *Chaenomeles speciosa*
Japanische Zierquitte siehe *Chaenomeles speciosa*
Japanischer Garten 13
Japanischer Schlangenbart siehe *Ophiopogon japonicus*
Jasmin 49
siehe auch *Jasminum*
Jasminum 12, 144, 298
J. angustifolium 298
J. grandiflorum 144, **298**
J. lanceolarium 298
J. odoratissimum 298
J. officinale 27, *144,* **298**, 375, 380
J. o f. *affine 144,* **298**
J. o. 'Aureum' *144,* **298**
J. sambac 63, *145,* **298**. 377
J. s. 'Grand Duke of Tuscany' 145, **298**
J. s. 'Trifoliatum' **298**
Jasminwurzel siehe *Gelsemium*
Jäten 384
Jatheorhiza 298
J. calumba siehe *J. palmata*
J. palmata **298**
Java 17, 67, 261, 367
Javanischer Weihrauch 357
Jelängerjelieber siehe *Lonicera caprifolium*
Jemen 60
Jesuiten 52, 261
Jesus Christus 14
Jiang *(Zingiber officinale)* 373
Ji cai *(Capsella bursa-pastoris)* 254
Jie geng *(Platycodon grandiflorus)* 331
Jing mi *(Oryza sativa)* 320
Jing ying zi 342
Jin yin hua 305
Jin yin teng 305
Johannisbeere siehe *Ribes*
Johanniskraut siehe *Hypericum*
Johanniter 269
Johnson, Thomas 19
Jojoba 53
siehe auch *Simmondsia chinensis*
Jojobaöl 50
Josefskraut siehe *Hyssopus officinalis*
Josephine, Gattin Napoleon Bonapartes 370
Josselyn, John 19
Juckbohne siehe *Mucuna*
Juckfasel siehe *Mucuna pruriens*
Judendorn siehe *Ziziphus jujuba*
Judenkirsche siehe *Physalis alkekengi*
Jugendbewegung 50
Juglans 145, 298, 385
J. cinerea 259, 298
J. regia 145, **298**
J. r. 'Laciniata' *145,* **299**
Juglandaceae 298
Ju he 263
Ju hua 272
Jujube siehe *Ziziphus jujuba*
Jungfer im Grünen siehe *Nigella damascena*
Jungfrau Maria 14, 15, 151
Juniperus 145, 299
J. communis 56, 57, *145,* **299**, 322, 381
J. sabina 299
J. scopulorum 299
J. virginiana 52, 299
Juno 14, 151
Jupiter 151
Justicia 145, 299
J. adhatoda 145, **299**
J. adhatoides 145
J. brandegeana 145

K

Kaempfer, Engelbert 146
Kaempferia 146, 299
K. galanga 146, **299**
K. pandurata 299
K. rotunda 299
Kaffee 44
Kaffeestrauch siehe *Coffea arabica*
Kaili 42
Kaiserkrone siehe *Fritillaria*
Kaisernelke siehe *Dianthus chinensis*
Kajalstift 61
Kajeputbaum siehe *Melaleuca leucandendron*
Kakao siehe *Theobroma cacao*
Kakaobestandteile 55
Kakipflaume siehe *Diospyros kaki*
Kalabarbohne siehe *Physostigma venenosum*,
Kalahari 58
Kalifornien 53
Kalifornischer Mohn siehe *Eschscholzia californica*
Kaliumsalz 399
Kalk 395
Kalkfreier Kompost 395
Kalm, Peter 299
Kalmia 146, 299
K. latifolia 146, 299, **300**
K. l. 'Clementine Churchill' *146,* **300**
K. l. 'Ostbo Red' **300**
Kalmus siehe *Acorus*
Felsenkalmus siehe *Acorus gramineus*
Kalmusöl 228
Kältekonservierung 50
Kältephase 375
Kalzium 309
Kambodscha 67
Kamel, George Joseph 99
Kamerun 58
Kamille 49
siehe auch *Chamaemelum nobile*
Kamillentee 47
Kampfer 318
Kampferbaum siehe *Cinnamomum camphora*
Kampferöl 275
Kammer 395
Kanada 52, 53
Kanadische Goldrute siehe *Solidago canadensis*
Kanadisches Flohkraut siehe *Conyza canadensis*
Kapernsäure 365
Kapernstrauch siehe *Capparis*
Echter Kapernstrauch siehe *Capparis spinosa*
Kapha 46
Kapilarpermeabilität 398
Kapokbaum siehe *Ceiba pentandra*
Kappen 395
Kappen von Sträuchern 385
Kappenfrucht siehe *Pilocarpus*
Kapprovinz 58
Kapregion 59
Kapsel 395
Kapstadt 13
Kapur siehe *Dryobalanops aromatica*
Kapuzinerkresse 39
siehe auch *Tropaeolum*
Kardamom 44, 48
siehe auch *Elettaria cardamomum*
Kardamom sammeln 62
Kardiovaskuläres System 398
Kardobenediktenkraut siehe *Cnicus benedictus*
Kardone siehe *Cynara cardunculus*
Karibik 54, 342
Karien 61
Karl der Große 101, 351
Karl V., König 13
Karl V., 361
Karmeliter 13
Karminativum 398
Karotte siehe *Daucus carota*
Karrageenmoos siehe *Chondrus crispus*
Kartoffel siehe *Solanum tuberosum*
Kartoffelrose siehe *Rosa rugosa*
Karzinogen 398
Kaschmir 372
Kaschubaum siehe *Anacardium occidentale*
Käse 44
Kaskarillabaum siehe *Croton eleuteria*
Kassie *45*
Kastanie siehe *Castanea*
Katarrh 47, 53, 398
Katechu 226
Kathstrauch siehe *Catha edulis*
Kätzchen 395
Katzenminze siehe *Nepeta cataria*
Katzenpflötchen siehe *Antennaria*
Kauf von Kräutern 378
Kaugummi 56, 61
Kaustikum 399
Kawapfeffer siehe *Piper methysticum*
Kayu-puti 309
Keimabtötung 66
Keimruhe 386
Keimwurzel 395
Kelch 395
Kelchblätter 395
Kellerhals siehe *Daphne mezereum*
Kelten 15
Kerala 45
Kerbe 395

Kerbel siehe *Anthriscus*
Kermesbeere siehe *Phytolacca*
Kerne (Aufzucht aus Kernen) 387
Kernholz 395
Kettenblume siehe *Taraxacum officinale*
Keulenbärlapp siehe *Lycopodium clavatum*
Keuschlamm siehe *Vitex agnus-castus*
Khellin 16, 236
Kiefer 13
  siehe auch *Pinus*
King's Evil 350
Kino siehe *Pterocarpus marsupium*
Kinoharz 66, 280, 337, 395
Kirsche siehe *Prunus*
Kirschlorbeer siehe *Prunus laurocerasus*
Kissenprimel siehe *Primula vulgaris*
Klassen 10
Klassifizierung der Pflanzen 10
Klassische Mythen 14
Klassischer formaler Kräutergarten *20*
Klatschmohn siehe *Papaver rhoeas*
Klebkraut siehe *Galium aparine*
Klebstoff 11
Klee siehe *Trifolium*
Kleeseide siehe *Cuscuta*
Kleine Brennessel siehe *Urtica urens*
Kleine Sammetblume siehe *Tagetes patula*
Kleiner Odermennig siehe *Agrimonia eupatoria*
Kleiner Speik siehe *Lavandula angustifolia*
Kleines Habichtskraut siehe *Hieracium pilosella*
Kleines Immergrün siehe *Vinca minor*
Klette siehe *Arctium*
Klettenlabkraut siehe *Galium aparine*
Kletterbohne 39
Kletterer und Kriechpflanzen 374, 385, 395
Kletternder Giftsumach siehe *Rhus radicans*
Kletterpflanze 59
Klimatische Unterschiede 56
Klimazonen 8, 63, 375
Klostergarten 12
Knackweide siehe *Salix fragilis*
Knieholz siehe *Pinus mugo* var. *pumilio*
Knoblauch 44, 45, 47, 60
  siehe auch *Allium sativum*
  Ackerknoblauch siehe *Allium ampeloprasum* var. *ampeloprasum*
  Sommerknoblauch siehe *Allium ampeloprasum* var. *ampeloprasum*
Knoblauchskraut siehe *Alliaria petiolata*
Knollen 391, 395
Knopflochsträußchen *48*
Knorpelmöhre siehe *Ammi*
Knospe 395
Knoten 395
Knotenstendel siehe *Dendrobium*
Knöterich siehe *Polygonum*
Knotiger Braunwurz siehe *Scrophularia nodosa*
Koasati 338
Koch, Robert 287
Kochen mit Kräutern und Gewürzen 45
Kodein 17, 322
Ködergift 55
Koffein 264
  Koffeinfreie Getränke 59
Kohl 45, 60
Kohlenwasserstoffe 59
Kohonoor-Diamant 226
Koka 13, *16*, 55
  siehe auch *Erythroxylum coca*
Kokain 16, 54, 55, 124, 279
Kokastrauch siehe *Erythroxylum coca*
Kolanußbaum siehe *Cola*
Kolbenbärlapp siehe *Lycopodium clavatum*
Kolchizin 16, 63
Kölle siehe *Satureja*
Kolophonium 329
Kolumbien 55
Kolumbus, Christoph 45, 100, 101
Komoren *48*
Kompaßpflanze siehe *Lactuca serriola*
Kompresse 47
Kondurangostrauch siehe *Marsdenia cundurango*
Kongobecken 58
Königin der Nacht siehe *Selenicereus grandiflorus*
Königliche Botanische Gärten zu Peradeniya 62
Königlicher Botanischer Garten Edinburgh 60
Königskerze siehe *Verbascum*
Koniin 265, 329
Konservieren 392
Konservieren in Zucker 393
Kontaktdermatitis 341
Kontrastbildung 24
Kontrazeptiva 55
Kontrolle fremder Arten 66
Kopaifabaum siehe *Copaifera*
Kopfhaut 49
Kopfschmerzen 47
Kopfstecklinge 388
Kopoubohne siehe *Pueraria lobata*
Kopten 18
Kordofan gum 227
Korea 65
Koriander 26, 49
  siehe auch *Coriandrum*
  Koriandersamen *44*
Korinthe 371
Korkbaum siehe *Phellodendron*
Kormus 395
Kornblume 26
  siehe auch *Centaurea cyanus*
Korona 395
Körperbemalung und Make-up 49
Körperlotion 48
Körpersäfte 46
Kortison 17
Kos 56
Kosmetik 48, 49
Kosmetika 50, 61
Krabi 67
Kraftwurz siehe *Panax*
Krainer Tollkraut siehe *Scopolia carniolica*
Krameria 300
  K. argentea 300
  K. cristoidea 300
  K. triandra 49, **300**
Krameriaceae 300
Kranewitt siehe *Juniperus communis*
Krankheiten (der Kräuter) 377, 378, 383
Krapp siehe *Rubia*
Kraus 395
Kräuter
  Kraut des Blutes 308
  Kräuter als Gartenpflanzen *21*
  Kräuter als Zierpflanzen im Haus 383
  Kräuter aus Samen ziehen 385
  Kräuteranbau im alten China 13
  Kräuteranbau in der Geschichte 12
  Kräuterbeete zu verschiedenen Themen 377
  Kräuterblumenkasten 40
  Kräuterbücher 18
    Chinesische Kräuterbücher 19
    Kräuterbuch 19
    Kräuterbücher aus der Alten Welt 19
    Kräuterbücher aus der Neuen Welt 19
  Kräuter einfrieren 393
  Kräuter für Blumenkästen 381
  Kräuter für das Gewächshaus 382
  Kräuter für Düfte 377
  Kräuter für feuchte Böden im Schatten 379
  Kräuter für kleine Gärten 374
  Kräuter für kosmetische Zwecke 377
  Kräuter für sonnige, trockene Lagen 379
  Kräuter für Sumpf oder Teich 379
  Kräutergärten in großer Höhe 380
  Kräutergarten mit Waldpflanzen 33
  Kräuterheilmittel 67
  Kräuterkategorien 46
  Kräuter im Haus 382
  Kräuter im Rosengarten 37
  Kräuter im Volksglauben *64*
  Kräuter in alter Überlieferung 18
  Kräuter in der Kosmetik 48
  Kräuter in der Medizin 46
  Kräuter in Eiswürfeln 393
  Kräuter in Kübeln 40
  Kräuter in Mythen und Sagen 14
  Kräuter in nordischen Sagen 15
  Kräuterkatalog 69
  Kräuter kulinarisch genutzt 44
  Kräuterladen *47*
  Kräutermedizin 50
  Kräutermischungen 47
  Kräuterpaste 47
  Kräutersammeln in China 46
  Kräutertonikum 53
  Kräuter und Hexerei 15
  Kräuter unter Blumen 34
  Kräuter verändern die Welt 16
  Kräuter zum Trocknen 392
  Kräuter zum Würzen *44*
  Kräuter zur Beruhigung 377
  Wildwachsende Kräuter 390
Kräuteressig 392, 393
Kräuteröle 392, 393
Kräutersaft 393
Kräuterwein 393
Krautig 395
Krautige Immergrüne 10
Krebsmedizin 53
Kreislauf
  Kreislaufbelebend 65
  Kreislaufprobleme 57
  Kreislaufstimulierend 49
Kreislaufmittel 398
Kreosot 282, 364
Kresse
  Brunnenkresse 44, 45
Kreta 16, 56
Kretischer Dost siehe *Origanum dictamnus*
Kreutterbuch 18
Kreuzblume siehe *Polygala*
Kreuzdorn siehe *Rhamnus*
Kreuzdornbeere 340
Kreuzfahrer 60
Kreuzholz siehe *Viscum*
Kreuzkraut siehe *Senecio*
Kreuzkümmel 44
  siehe auch *Cuminum*
Kriechende Kräuter 376, 381
Kriechende Serenoa siehe *Serenoa repens*
Kriechpflanze 395
Kriegsbemalung 49
Krone 395
Kronrhabarber siehe *Rheum palmatum* var. *tanguticum*
Krotonöl 281
Krotonölbaum siehe *Croton tiglium*
Krume 377, 395
Krummholzkiefer siehe *Pinus mugo var. pumilio*
Kubebenpfeffer siehe *Piper cubeba*
Kübel 376
Küche 379
Küchenkräuter 57, 382, 383
Küchenkräutergarten 375
Küchenschelle siehe *Pulsatilla*
Kuhblume siehe *Taraxacum*
Kühlendes Kraut 399
Kuhschelle siehe *Pulsatilla*
Kukuruz siehe *Zea*
Kultivierung als Ausweg 53
Kultivierungsanspruch 56
Kulturpflanze 395
Kumarin 11, 239, 293, 310, 328, 369, 274, 398
Kümmel 44, 45
  siehe auch *Carum carvi*
  Kümmelkörner 47
Kurare *17*, *54*, 55, 260, 307
Kürbis 13
  siehe auch *Cucurbita*
Kurkuma siehe *Curcuma longa*
Ku shen *(Sophora flavescens)* 355
Kuß unter dem Mistelzweig 370

L

Labiatae 228, 229, 230, 231, 247, 252, 256, 265, 289, 291, 295, 300, 301, 302, 305, 307, 308, 310, 317, 318, 319, 325, 331, 332, 335, 338, 343, 346, 349, 351, 355, 361, 362
Labkraut siehe *Galium*
Labradortee siehe *Ledum groenlandicum*
Lacksumach 305
Lactuca 146, 300, 328
  L. canadensis 300
  L. sativa 146, 300
    L. s. 'Cocarde' 38, *39*
  L. serriola 146, **300**
  L. virosa 300
Lacticarium 300
Ladamum 262
Ladanisterion 262
Lagern 392
Lagerung getrockneter Kräuter 392
Lai fu zi 339
Lakritze siehe *Glycyrrhiza glabra*
Laktation 399
Lamiaceae 228, 230, 231, 247, 265, 289, 291, 295, 300, 301, 302, 307, 308, 310, 317, 318, 319, 325, 331, 332, 335, 338, 343, 346, 349, 351, 355, 361, 362
Laminariaceae 349
Lamium 146, 300
  L. album 146, **300**
    L. a. 'Friday' *146*, **301**
Lammbraten 44
Lampionblume siehe *Physalis*
Landhaus 376
Landschaftsgestaltung 377
Landwirtschaftliche Ernte 390
Lanzettförmig 395
Laos 67
Lapachol 358
Lärche siehe *Larix*
Lardizabalaceae 232
Larix 147, 257, 301
  L. decidua 147, **301**
    L. d. 'Pendula' *147*, **301**
  L. europaea siehe *L. decidua*
  L. laricia 301
Larrea divaricata 290, 364
Larven der Weißen Fliege *383*
Larvizidal 399
Latex 395
Latsche siehe *Pinus mugo* var. *pumilio*
Lattich siehe *Lactuca*
  Lattichopium 300

Laubabwerfend 395
Laubbäume 377, 385
Laubholzmistel siehe *Viscum album*
Lauchkraut siehe *Alliaria*
Laufende Gartenpflege 384, 385
Lauraceae 239, 261, 301, 304, 349, 366
Laurus 147, 301
L. azorica 147
L. camphora siehe *Cinnamomum camphora*
L. nobilis 12, 15, 22, 28, 30, 57, *147*, 152, **301**, 381
L. n. 'Angustifolia' *147*, **301**
L. n. 'Aurea' *147*, **301**
Lavandula 57, 148, 301, 314, 375, *376*, 377, 379, 380, 383, 384, 386
L. × allardii 148, **301**
L. angustifolia 22, 28, 32, *148*, 271, **301**, 311, 355
L. a. 'Alba Nana' siehe *L. a.* 'Nana Alba'
L. a. 'Folgate' 37, *148*, **301**
L. a. 'Hidcote' *21*, 22, *23*, 26, 27, 28, 30, *148*, **301**
L. a. 'Hidcote Pink' *148*, **301**
L. a. 'Imperial Gem' 25, *148*, **301**
L. a. 'Miss Katherine' *148*, **302**
L. a. 'Munstead' 38, *39*, *148*, **301**
L. a. 'Nana Alba' 28, 35, *148*, **301**, 381
L. a. 'Rosea' *23*, 37, *148*, **301**
L. a. 'Royal Purple' *148*, **301**
L. dentata 149, **301**
L. d. var. *candicans 149*, **302**
L. d. 'Silver Form' siehe *L. d.* var. *candicans*
L. × intermedia 149, 301, **302**
L. × i. 'Dutch Group' **302**
L. × i. 'Grappenhall' *149*, **302**
L. × i. 'Grosso' *149*, **302**
L. × i. Holländische Gruppe *149*
L. × i. 'Provence' *149*, **302**
L. × i. 'Seal' *149*, **302**
L. × i. 'Twickel Purple' *149*, **302**
L. lanata 32, *148*, **302**
L. latifolia 301
L. multifida 149, **302**
L. nobilis 40
L. officinalis siehe *L. angustifolia*
L. pinnata 149, **302**
L. 'Sawyers' *149*, **302**
L. spica siehe *L. angustifolia*
L. stoechas 57, *149*, 301, **302**
L. s. f. *leucantha 149*, **302**
L. s. ssp. *pedunculata* 32, *149*, 302, 375
L. vera siehe *L. angustifolia*
L. viridis 149, **302**
Lavatera trimestris 'Mont Blanc' *34*, *35*
Lavendel 24, 26, 32, 45, 48, 49, 56, 374
siehe auch *Lavandula*
Lavendelhecke 378
Lavendelöl 47
Lawson, William 25
Lawsonia 150, 302
L. alba siehe *L. inermis*
L. inermis 49, *61*, *150*, **302**
Laxans 399
L-dopa 314
Lebensenergie 46
Lebensbaum siehe *Thuja*
Lebenskunde 62
Lebensraum 51, 67, 378
Leber 57
Leberbeschwerden 53, 55
Lebererkrankung 63
Leberfunktion 61
Lebermittel 63
Leberblümchen siehe *Hepatica*
Lebermoos 10
Lecanorales 282
Ledebourielle seseloides 246
Lederstrauch siehe *Ptelea*
Ledum 150, 302
L. groenlandicum 53, *150*, **302**
L. latifolium siehe L. groenlandicum
L. palustre 302
Legföhre siehe *Pinus mugo* var. *pumilio*
Leguminosae 226, 232, 245, 247, 256, 266, 271, 274, 285, 288, 289, 309, 314, 330, 336, 337, 355, 359, 364, 395, 396
Lehmboden 395
Leichter Kompost 395
Lein siehe *Linum*
Leinkraut siehe *Linaria*
Leonurus 150, 302
L. cardiaca 150, **302**, 342
L. heterophyllus siehe *L. sibiricus*
L. sibiricus 150, **302**, 342
Leopardenblume siehe *Belamcanda*
Lepra 67
Leptandra virginica siehe *Veronicastrum virginicum*
Leptandrin 369
Leptospermium scoparium 66
Lerchensporn siehe *Corydalis*
Leukämie 17, 59
Levisticum 150, 303
L. officinale 150, 151, **303**, 379, 382, *392*
Levy, Juliette de Bairacli 239
Lian fang *(Nelumbo nucifera)* 316
Lian quiao *(Forsythia suspensa)* 284
Lian xu *(Nelumbo nucifera)* 316
Lian zi *(Nelumbo nucifera)* 316
Lian zi xin *(Nelumbo nucifera)* 316
Liang geng *(Nelumbo nucifera)* 316
Liane 395
Liatris 151, 302
L. callilepis 151
L. chapmannii 303
L. punctata 303
L. scariosa 303
L. spicata 151, **303**
L. sqarrosa 303
L. s. 'Alba' *151*
Libanon 60
Libanonzeder siehe *Cedrus libani*
Lichensäure 399
Licht und Wärme 382
Liebstöckel siehe *Levisticum*
Liegend 395
Lignan 349
Liguster siehe *Ligustrum*
Ligusticum 151, 303
L. levisticum siehe *Levisticum officinale*
L. porteri **303**
L. scoticum 151, **303**
L. sinense 151, ***303***
L. s. 'Chuanxiong' *151*
Ligustrum 151, 304
L. lucidum 151, **304**
L. l. 'Excelsum Superbum' *151*, **304**
Liliaceae 232, 245, 258, 265, 266, 275, 284, 289, 304, 319, 333, 345, 354
Lilie 14, 48
siehe auch *Lilium*
Gloriosalilie siehe *Gloriosa*
Lilienöl 48
Schwertlilie 48
Lilium 151, 304
L. candidum 14, 34, 35, 60, *151*, **304**
L. concolor 304
L. ssp. 12
Lima 261
Limette siehe auch *Citrus aurantiifolia*
Limone 48
siehe auch *Citrus*
Limonen 359
Linaceae 304
Linalol 362, 399
Linalool 318, 399
Linaria 152, 304
L. vulgaris 152, **304**
Linde 49
siehe auch *Tilia cordata*
Lindenblütentee 47
Lindera 152, 304
L. benzoin 152, **304**
L. glauca 304
L. strychnifolia 304
Lindley, John 19
Linealisch 396
Ling zhi *(Ganoderma lucidum)* 286
Linhares 51
Linnaea borealis 10
Linné, Carl von 10, *10*, 131, 160
Linolensäure 304
Linolsäure 304
Linum 152, 304
L. bienne 304
L. catharticum 304
L. usitatissimum 152, **304**, 317, 366, 385
Lipide 399
Lippe 396
Lippia 82, 152, 305
L. adoensis 305
L. alba 305
L. citriodora siehe *Aloysia triphylla*
L. dulcis 305
L. graveolens 152, **305**
L. micromera 305
L. palmeria 305
L. pseudo-thea 305
Liquidambar 152, 305
L. formosana 205
L. orientalis 152, **305**
L. styraciflua 52, *152*, **305**
L. s. 'Aurea' *153*, **305**
L. s. 'Variegata' siehe *L. s.* 'Aurea'
L. s. 'Worplesdon' *153*, **305**
L. taiwaniana 305
Liriosma ovata siehe *Dulacia inopiflora*
Li Shi Zhen 19, 350, 357
Lithophyten 396
Lithospermum 153, 305
L. erythrorhizon 153, **305**
L. officinale ssp. *erythrorhizon* siehe *L. erythrorhizon*
L. ruderale 305
Lobaria pulmonaria 186
L'Obel, Matthias de 153
Lobelia 153, 305
L. cardinalis 305
L. chinensis 153, **305**
L. inflata 53, *153*, 290, 305, **306**, 309, 328, 348, 352, 361, 365, 368
L. peltatum 305
L. radicans siehe *L. chinensis*
L. siphilitica 305
L. tupa 305
Lobelie siehe *Lobelia*
Lobelin 305
Locker 396
Loganiaceae 287
London Dispensatory 231
London Pharmacopoeia 226
Long dan cao *(Gentiana scabra)* 288
Long Island 13
Lonicera 153, 306
L. caprifolium 306
L. japonica 153, 284, 289, **306**
L. j. 'Aureoreticulata' *153*, **306**
L. j. 'Halliana' *30*, *65*, 153
L. periclymenum 306
Loquat siehe *Eriobotrya japonica*
Loranthus europaeus 370
Lorbeer 44, 45, 56
siehe auch *Laurus*
Berglorbeer siehe *Kalmia latifolia*
Bodenlorbeer siehe *Epigaea repens*
Lorbeerkirsche siehe *Prunus laurocerasus*
Lorbeerrose siehe *Kalmia*
Lorbeerseidelbast siehe *Daphne laureola*
Lorbeerweide siehe *Salix pentandra*
Lotos 14
siehe auch *Nymphaea lotus*
Lotosblume und Rose 14
Löwenschwanz siehe *Leonurus cardiaca*
Löwenzahn 44, 45
siehe auch *Taraxacum officinale*
LSD 16, 263
Luffa 154, 306
L. aegyptica siehe *L. cylindrica*
L. cylindrica 39, *154*, **306**, 383
Luftfeuchtigkeit 375
Lufttrocknen 392
Luftwurzel 396
Lu gen *(Phragmites australis)* 326
Lu hui 235
Lunaria annua 'Alba Variegata' 34, 35
Lungenflechte siehe *Lobaria pulmonaria*
Lungenkraut siehe *Pulmonaria*
Lupus erythematosus disseminatus 309
Luxor 250
Luzerne 60
siehe auch *Medicago sativa*
Lycium 154, 306
L. barbarum 154, **306**
L. chinense siehe *L. barbarum*
L. europaeum 154
Lycoperdaceae 306
Lycoperdon 154, 306
L. gemmatum siehe *L. perlatum*
L. perlatum 154, **306**
Lycopodiaceae 307
Lycopodium 154, 307
L. cernuum 307
L. clavatum 154, **307**
L. complanatum 307
Lycopus 154, 307
L. americanus 307
L. europaeus 154, 307
L. lucidus 307
L. virginicus 154, **307**
Lysergsäurediäthylamid siehe LSD
Lythraceae 302, 307, 338
Lythrum 154, 307
L. salicaria 154, **307**

M

Ma bo 306
Machandel siehe *Juniperus communis*
Ma chi xian *(Portulaca oleracea)* 334
Madagaskar 58, 367
Madagaskarveilchen siehe *Catharantus roseus*
Madaus 276
Mädchenhaarbaum siehe *Gingko*
Mädesüß 21
siehe auch *Filipendula ulmaria*
Madonnenlilie siehe *Lilium candidum 14*
Magen
Magenbeschwerden 47
Magendarmstörung 57
Magengeschwür 53, 57
Maggikraut siehe *Levisticum officinale*
Magnokurarin 307
Magnolia 155, 307
M. acuminata 307
M. glauca siehe *M. virginiana*
M. liliiflora 155, **307**
M. l. 'Nigra' *155*, **307**
M. quinquepeta siehe *M. liliiflora*

M. officinalis *155*, **307**
M. tripetala 307
M. virginiana *155*, **307**
Magnoliaceae 307
Magnolie siehe *Magnolia*
Magsamen siehe *Papaver somniferum*
Maharashtra 62
Mahlen von Senfkörnern in Bhutan *63*
Mahonia 155, 248, 308
M. aquifolium *155*, 270, **308**, 334
M. a. 'Apollo' *155*, **308**
Mähren 56
Ma huang *(Ephedra)* 278
Mai men dong *(Ophiopogon japonicus)* 319
Mai ya *(Hordeum vulgare)* 294
Maiapfel siehe *Podophyllum*
Maiblume siehe *Convallaria majalis*
Maiglöckchen 33
siehe auch *Convallaria*
Maikönigin 15
Mais *13*, *14*, 42
siehe auch *Zea mays*
Majoran 21
siehe auch *Origanum vulgare*
Majorana
M. hortensis siehe *Origanum majorana*
M. onites siehe *Origanum onites*
Make-up 49, 53
Makou 64
Malabargras siehe *Cymbopogon citratus* und *Cymbopogon flexuosus*
Malabarkardamome siehe *Elettaria cardamomum*
Malaquetapfeffer siehe *Aframomum*
Malaria 17, 55, 65
Malaysia 67
Malva 26, 156, 308
M. moschata 27, 308
M. neglecta 236, 308
M. sylvestris *156*, 236, **308**
M. s. 'Cottenham Blue' *156*, **308**
M. s. ssp. *mauritania* 'Bibor Felho' *156*, **308**
M. s. 'Zebrina' **308**
M. verticillata 308
Malvaceae 226, 232, 236, 290, 293, 308
Malvaviscus arboreus 293
Malve siehe *Malva*
Stockmalve siehe *Alcea rosea*
Mandel 48, 60
siehe auch *Prunus dulcis*
Mandragora 156, 308
M. officinarum 15, *156*, 251, **308**
M. ssp. 12
M. suaveolens 'Variegata' 22
Manihot esculenta 249
Manna 284
Mannaesche siehe *Fraxinus ornus*
Mannstreu siehe *Eryngium*
Maori 66
Mao Tse-tung 64
Margarine 44
Marienblatt siehe *Tanacetum balsamita*
Mariendistel siehe *Silybum marianum*
Marienfrauenschuh siehe *Cypripedium parviflorum*
Mariengras siehe *Hierochloe*
Marille siehe *Prunus armeniaca*
Marinade 45
Markham, Gervase 21
Marktstand mit Nahrungsmitteln *44*
Marihuana 253
Marokko 44
Marrubium 156, 308
M. vulgare 66, *156*, 278, 293, 295, 297, **308**, 328, 361, 363, 365, 367
Marsdenia 309
M. cundurango **309**
M. tinctoria 309
Marshmallow 236
Masterplan 377
Mastixdistel siehe *Atractylodes*
Mastixstrauch 56
siehe auch *Pistacia lentiscus*
Mate siehe *Ilex paraguensis*
Materia Medica 46, 302, 326, 350
Materia Medica of South Yunnan 354
Materia Medica Sinica 267
Mate-Teestrauch siehe *Ilex paraguensis*
Matricaria 105, 156, 208, 309
M. chamomilla siehe *M. recutita*
M. parthenium siehe *Tanacetum parthenium*
M. recutita *156*, 259, **309**, 372, 377
Matthäus 346
Mattioli, Pietro Andrea 18
Mauerandorn siehe *Marrubium vulgare*
Mauerkraut siehe *Parietaria judaica*
Maulbeerbaum 39
Maulbeerbaum siehe *Morus*
Mäusedorn siehe *Ruscus*
Mausohr siehe *Hieracium pilosellum*
Maximilian II., Kaiser 18
Mayotte *48*
Meconopsis 106
Medicago 157, 309
M. sativa 61, *157*, **309**
Medical Flora 337, 364
Medikamente 50
Medizinalpflanzen 59
Medizinalrhabarber siehe *Rheum palmatum*
Medizin 379
Medizin im Regenwald 50
Medizinische Grundversorgung 58
Medizinmann 46, 58
Medizintasche aus Nordamerika 52
Meeresalgen 10
Meerfenchel siehe *Crithmum*
Meerrettich siehe *Armoracia*
Meerträubel siehe *Ephedra dystachya*
Meerzwiebel siehe *Drimia maritima*
Mehlblume siehe *Chamaelirium luteum*
Mehrfarbig 396
Mehrjährige 386, 396
Mei gui hua 342
Mekka 60
Melaleuca 157, 280, 309
M. alternifolia 66, **310**
M. cajuputi 309
M. leucandendron 67, *157*, 309, **310**
M. quinquenervia 309
M. viridiflora 309
Melalenthium cochinchinensis siehe *Asparagus cochinchinensis*
Melanthiaceae 232, 258
Melde siehe *Atriplex*
Melia 157, 310
M. azadirachta siehe *Azadirachta indica*
M. azederach 91, *157*, 247, **310**
M. indica 247
siehe auch *Azadirachta indica*
Meliaceae 231, 247, 310
Melilotus 157, 310
M. arvensis siehe *M. officinalis*
M. caerulea 310
M. officinalis 11, *157*, *288*, **310**, 370
Melissa 157, 310
M. officinalis 33, *157*, 270, 283, **310**, 317, 374, 377, 378, 379, 384
M. o. 'All Gold' *157*, **310**
M. o. 'Aurea' 22, *23*, 25, 85, *157*, **310**
M. o. 'Variegata' siehe *M. o.* 'Aurea'
Melisse siehe *Melissa*
Melissengeist 13
Melissentee 47
Melonenbaum siehe *Carica papaya*
Mengen 390
Menianthaceae 312
Menispermaceae 260, 298
Menispermum palmatum siehe *Jatheorhiza palmata*
Menominee 338
Menstruation 399
Menstruationsbeschwerden 53
Mentha 154, 158, 379, 384, 386, 388
M. aqautica *158*, 283, **311**, 378, 379, 381, 384
M. arvensis *158*, 278, **311**, 312
M. a. var. *piperascens* 65, **311**
M. a. var. *villosa* **311**
M. austriaca siehe *M. arvensis*
M. cardiaca siehe *M.* × *gracilis*
M. crispa siehe *M. spicata*
M. diemenica 158, 311
M. × *gentilis* siehe *M.* × *gracilis*
M. × *gracilis* *158*, **311**
M. × *g.* 'Aurea' siehe *M.* × *g.* 'Variegata'
M. × *g.* 'Variegata' *158*, **311**
M. hirsuta siehe *M. aqautica*
M. incana siehe *M. longifolia*
M. insularis siehe *M. suaveolens*
M. longifolia *158*, **311**
M. macrostachya siehe *M. suaveolens*
M. nemorosa var. *alopecuroides* siehe *M.* × *villosa* var. *alopecuroides*
M. nigricans siehe *M.* × *piperita*
M. × *piperita* 22, 41, 49, *158*, 294, **311**, 314, 328, 349, 374, 378, 379, 393
M. × *p.* *'Citrata'* *158*, **311**
M. pulegium 30, 159, 252, 291, **311**, 317
M. p. 'Cunningham Mint' 159, **311**
M. p. 'Dwarf Pennyroyal' siehe *M. p.* 'Cunningham Mint'
M. requienii 30, *31*, *159*, **311**, 312, 379
M. rubra siehe *M.* × *smithiana*
M. satureioides **311**, 312
M. × *smithiana* *159*, **312**
M. spicata 22, 29, 49, 57, *159*, 311, **312**, 378, 379, 393
M. s. 'Crispa' 30, *159*
M. suaveolens *159*, **312**
M. s. 'Variegata' 27, 33, 85, *159*, **312**, 384
M. sylvestris siehe *M. longifolia*
M. × *villosa* var. *alopecuroides* *159*, **312**
M. viridis siehe *M. spicata*
Menthol 65, 399
Menyanthes 160, 312
M. trifoliata 30, *160*, 240, 261, **312**, 334, 347, 372, 378, 379, 381
Meridiane 46
Merkmale gefährdeter Kräuter 51
Meskwaki 266
Metabolismus 399
Methadon 17
Methoden des Auspflanzens 379
Methylsalicylat 358
Methyl-Chavicol 318
Methyl-Zimtsäure 318
Mexikanische Ringelblume siehe *Tagetes*
Mexikanisches Teekraut siehe *Chenopodium ambrosioides*
Mexiko 13, 17, 51, 54
Microtaena cymosa 332
Migräne 16
Mikroben 372
Mikroklima im Garten 375
Mikrovermehrung 396
Milchstraße 14
Millspaugh, Charles 92
Mimosaceae 226, 232
Mindesttemperatur 375
Mineralsalze 396
Ming-Dynastie 237, 342
Minze 41, 44
siehe auch *Mentha*
Ackerminze siehe *M. arvensis*
Ährenminze siehe *M. spicata*
Apfelminze siehe *M. suaveolens*
Bachminze siehe *M. aquatica*
Grüne Minze siehe *Mentha spicata*
Pfefferminze siehe *Mentha* × *piperita*
Poleiminze siehe *M. pulegium*
Roßminze siehe *M. longifolia*
Minzesauce 44
Minzetee 44
Mischwälder 56, 64
Mispel, japanische siehe *Eriobotrya japonica*
Mistel siehe *Viscum*
Mitchell, John 160
Mitchella 160, 312
M. repens *160*, **312**
Mittelalterlicher Garten 12
Mitteleuropa 56
Mittellage 49
Mittelmeer, 58
Mittelmeerkräuter 20, 377
Mittelmeerkräuterbeet 32
Mittelmeerländer 56
Mittelmeerraum 56, 60, 378
Mittel- und Südamerika 54, 55
Mittelrippe 396
Mochica 14
Moctezuma 13
Moderne Kräuterkunde 47
Mohammed 14
Mohn
Kalifornischer Mohn siehe *Eschscholzia californica*
Mohnblume siehe *Papaver*
Möhre siehe *Daucus*
Mohrrübe siehe *Daucus*
Molukken 67
Momordica 160, 312
M. charantia *160*, 230, **313**
M. cochinchinensis 312
M. elateria siehe *Ecballium elaterium*
Monarda 160, 312
M. austromontana 313
M. 'Cambridge Scarlet' 160
M. citriodora 313
M. didyma 22, 25, *26*, 27, *160*, **313**
M. menthaefolia 313
M. fistulosa *160*, **313**
M. punctata *160*
Monardes, Nicolas 19, 315
Monatsklee siehe *Medicago sativa*
Mönche 12
Mönchspfeffer siehe *Vitex agnus-castus*
Mondphase 370
Monimiaceae 175
Monokarpisch 396
Monotypisch 396
Monte Cassino 12
Montreal 52
Mooli 339
Moorbirke siehe *Betula pubescens*
Moorfarn siehe *Dryopteris cristata*
Moos 10
Moraceae 283
Morast 378
Morgensonne 378
Morinda 161, 313
M. citrifolia *161*, **313**
M. officinalis 313
M. tinctoria 313

Moringa 161, 313
M. oleifera 161, **313**
M. peregrina 313
M. pterygosperma 313
Morphin 17
Morphium 322, 350
Morus 161, 313
M. alba 161, 288, 313
M. a. 'Pendula' *162*
M. nigra 38, 60, 161, 313
Moschusmalve siehe *Malva moschata*
Moskitos 59
Moslems 370
Mottenabwehr 65
Mount Rainier Nationalpark 52
Mo yao 265
Mucilago 399
Mucuna 314
M. bennettii 314
Mu dan pi *(Paoenia suffruticosa)* 321
Mu gua *(Chaenomeles speciosa)* 258
Muir, John 52
Mu Jing *(Vitex negundo* var. *cannabinifolia)* 370
Mulch 396
Mulchen 384
Mundhygiene 49
Mundpflege 49, 57, 61
Mundwasser 49
Murraya 162, 314
M. koenigii 44, 162, **314**
M. paniculata 76, 162
Musa, Antonius 355
Muskat 44, 45, 49, 67
siehe auch *Myristica fragrans*
Muskatellersalbei 48
Muskatellersalbei siehe *Salvia sclarea*
Muskatnußbaum *siehe Myristica fragrans*
Muskellähmung 54
Mu tong 232
Mutterkorn siehe *Claviceps*
Mutterkornpilz siehe *Claviceps purpurea*
Mutterkraut siehe *Matricaria*
Mutterwurz siehe *Ligusticum*
Mu xiang 350
Mu zei *(Equisetum hyemale)* 278
Myanmar 63
Myrica 111, 162, 314
M. californica 314
M. cerifera 162, **314**, 348, 372
M. gale 30, *162,* 314, **315**, 379
M. pennsylvanica 162
Myricaceae 314
Myristica 162, 315
M. argentea 162
M. fatua 162
M. fragrans 67, 162, **315**
M. malabarica 162
Myristicaceae 315
Myristizin 315
Myronbalane 62
Myroxylon 162, 315
M. balsamum 162, **315**
M. balsamum var. *pereirae* 315
M. pereirae **315**
M. peruiferum 315
M. toluiferum 315
Myrrhe 48, 49
siehe auch *Commiphora*
Myrrhenkerbel siehe *Myrrhis odorata*
Myrrhis 162, 315
M. odorata 33, *162,* **315**, 379, 386
Myrtaceae 280, 309, 316, 328, 358
Myrte 12, 15, 21
siehe auch *Myrtus communis*
Myrtenheide siehe *Melaleuca*
Myrtus 163, 316
M. communis 14, 29, 60, *163,* **316**
M. c. 'Flore Pleno' *163,* **316**
M. c. ssp. *tarentina 163,* **316**, 381
M. c. 'Variegata' 30, 163, **316**, 381, 383

N

Nachtkerze siehe *Oenothera*
Nachtschatten 21
Bittersüßer Nachtschatten siehe *Solanum dulcamara* 'Variegatum'
Nacktsamer 10
Nacktschnecken 380, 383
Nadelbäume 385
Nadelholz 10
Nadelholzwald 64
Naher Osten 44, 60, 61
Nahrungsmittelzusatz 61
Nan gua zi 269
Naphthochinone 358
Napoleon 370
Narbe 396
Nardenähre siehe *Nardostachys*
Nardenöl 301
Nardostachys 164, 316
N. grandiflora 164, **316**, 317
N. jatamansi 316
Narkotikum 55, 399
Nash, John 372
Nasturtium 164
N. indicum 365
N. officinale 164, 378, 387
National Forest 53
Nationalpark 51, 52, 55
Naturalisieren 396
Natürliche Waldgebiete 56
Naturmedizin 46, 52
Naturprodukte 50
Naturschutzgebiet 51, 60, 63
Naturschutzorganisation 51
Nebelwald 396
Nektar 396
Nelke siehe *Dianthus*
Nelke (Gewürz-) 44, 45
Nelkenpfeffer siehe *Pimenta dioica*
Nelkenwurz siehe *Geum*
Nelkenzimtbaum siehe *Sassafras albidum*
Nelumbium speciosum siehe *Nelumbo nucifera*
Nelumbo 164, 316
N. nucifera 14, 63, *164,* **316**
N. n. 'Alba Grandiflora' *164,* **316**
N. n. 'Rosea Plena' *164,* **316**
Nelumbonaceae 316
Nematozid 399
Nepal 62
Nepeta 165, 317
N. cataria 165, **317**, 379
N. c. 'Citriodora' **317**
N. × faassenii 165
N. glechoma 289, 317
N. hederacea 289, 317
Nerium oleander 60
Nervenstärkendes Mittel 61
Nerventonikum 399
Nervosität 47
Nessel siehe *Urtica*
Nesselbier 367
Neuer Ratgeber der Gesundheit oder: der botanische Hausarzt 19
Neues Kreuterbuch 18
Neues Testament 61
Neuguinea 66, 262
Neuseeland 66
Neuseeländer Flachs siehe *Phormium tenax*
Neutral 396
Niaouli 309
Nicholson, George 351
Nicotiana sylvestris 34, 35
Niedrige Buchsbaumhecken 24
Nierenleiden 52
Nierensteine 16
Nigella 165, 317
N. damascena 165, 317
N. sativa 26, *165,* **317**
Nigeria 59
Nikotin 355
Nil 14
Nimbaum siehe *Azadirachta indica*
Nordamerika 52
Nordamerikanische Stechpalme siehe *Ilex verticillata*
Nordbrasilien 54
Nordchina 65
Norditalien 44
Nuo dao gen xu *(Oryza sativa)* 320
Nürnberg 268
Nußbaum siehe *Juglans*
Nüßchen 396
Nußgras siehe *Cyperus rotundus*
Nutzholz 67
Nutzkräuter 377
Nu zhen zi 304
Nymphaea 165, 317
N. alba 30, 165
N. caerulea 14, 317
N. lotus 12, 14, *165,* **317**
N. odorata 165, **317**
N. o. 'Sulphurea Grandiflora' *165,* **317**
Nyphaeaceae 282, 317

O

Oaxtepec 13
Oberton 49
Ocimum 166, 318, 380
O. americanum 318
O. basilicum 29, 30, 50, *166,* **318**, 386
O. 'African Blue' *166,* **318**
O. b. 'Anise' *166,* **318**
O. b. 'Cinnamon' *166,* **318**
O. b. var. *citriodorum 167,* **318**
O. b. var. *crispum 167,* **318**
O. b. 'Dark Opal' 36, *166,* **318**
O. b. 'Genovese' *166,* **318**
O. b. var. *minimum 167,* **318**, 381
O. b. 'Mini Purpurascens Wellsweep' *166,* **318**, 381
O. b. 'Purple Ruffles' 41,**318**
O. canum 318
O. gratissimum 167, **318**
O. micranthum 318
O. sanctum 167
O. tenuifolium **318**
Ödem 399
Odermennig siehe *Agrimonia*
Oenothera 167, 318
O. biennis 22, 49, 57, *167,* **318**, 341, 374, 376, 386
Offener Flechtgarten 24
Offen gestaltetes Kräuterbeet 29
Offizinelle Heilpflanzen 399
Ojibwa 244, 266
Ökologische Nische 58
Ökosystem 50, 54, 60
Öl 47, 48, 66
Öl der Stille 369
Olacaceae 276, 298
Ölbaum siehe *Olea*
Oldenlandia 319
O. diffusa **319**
O. hedyotidea 319
O. umbellata 319
Olea 167, 319
O. europaea 60, *167,* **319**, 381
O. ssp. 12
Oleaceae 260, 284, 304, 319
Oleander siehe *Nerium oleander*
Olive 48, 56, 60
siehe auch *Olea*
Olivenbaum siehe *Olea europaea*
Ölrauke siehe *Eruca vesicaria* ssp. *sativa*
Omega-3-Fettsäuren 334
Omnimorbia 308
Onagraceae 318
Ophelia chirata siehe *Swertia chirata*
Ophiopogon 167, 319
O.japonicus 167, **319**, 350
Opium 16, 300
siehe auch *Papaver somniferum*
Orangenbaum 26
Orangenblüte 49
Orangenblütenwasser 49
Orangenraute siehe *Murraya koenigii*
Orangenwurzel siehe *Hydrastis*
Orchidaceae 217, 249, 271, 273, 286, 367
Ordnungen 10
Oregano 56
siehe auch *Origanum*
Oregon 52
Oregon Myrtle siehe *Umbellularia californica*
Orienttee 58
Origanum 57, 168, 319, 349, 386, 388
O. dictamnus 56, 118, *168,* **319**
O. majorana 168, **319,** 320
O. × majoricum **320**
O. onites 168, **320**
O. o. 'Aureum' **320**
O. onites 'Aureum' 22, *23, 27,* **320**
O. vulgare 22, 37, 38, *168,* **320**, 379
O. v. 'Acorn Bank' *169,* **320**
O. v. 'Aureum' 27, 28, *39, 168,* **320**
O. v. 'Album' *168,* **320**
O. v. 'Aureum Crispum' *168,* **320**
O. v. 'Compactum' 29, 36, *169,* **320**, 380, 381
O. v. 'Gold Tip' 40, *169,* **320**
O. v. 'Nanum' **320**
O. v. 'Polyphant' 169, **320**
O. v. ssp. *virens* 320
O. v. 'White Anniversary' *169,* **320**
Orleansstrauch siehe *Bixa orellana*
Oryza 169, 320
O. sativa 169, **320**
O. s. ssp. *indica* 320
O. s. ssp. *japonica* 320
O. s. ssp. *japonica* 'Arborio' *169,* **320**
Osladin 333
Osmorhiza calytoni 315
Ossmorhiza longistylis 315
Ostafrika 59
Osterluzei siehe *Aristolochia clematitis*
Osteuropa 56
Östrogen 364
Östrus 399
Osyris tenuifolia 348
Ouabain 356
Ou jie *(Nelumbo nucifera)* 316
Ovarial 399
Oxalat 344
Ozarks 53
Ozeanien 66

P

„Padouk" siehe *Pterocarpus marsupium*
Padua 13
Paeonia 170, 307, 321, 386
P. albiflora 321
P. lactiflora 65, *170,* **321**
P. l. 'Duchesse de Nemours' *170,* **321**
P. moutan 321
P. officinalis 170, **321**
P. suffruticosa 64, *170,* **321**
P. s. 'Reine Elizabeth' *65*
Paeoniaceae 321
Päonie siehe *Paeonia*
Pakistan 62
Palicourea 104
Palma Christi siehe *Ricinus communis*
Palmae 241, 352
Palmen im Regenwald *67*
Pamirknoten 60
Panaschiert 396
Panaschierung 384
Panax 65, 170, 277, 321
P. ginseng 50, 64, 65, *170,* 277, 289, **321**, 333, 350, 358, 371, 372, 373
P. notoginseng 64, 321
P. pseudo-ginseng 170, **321**
P. quinquefolius 50, 52, 53, 64, 141, *170,* 321, **322**
P. zingiberensis 170
Pandanaceae 322
Pandanus 170, 322
P. amaryllifolius 322
P. odoratissimus 66, *170,* **322**
P. o. var. *laevis* 322
P. tectorius 322
Pantropisch 396
Papaver 171, 322, 386
P. rhoeas 30, *31, 171,* **322**, 378
P. r. 'Shirley Single Mixed' *171,* **322**
P. somniferum 11, 15, 17, *43, 61, 171,* 280, 300, **322**, 350, 391
P. s. 'Danebrog' *171,* **322**
P. s. 'Peony-flowered Mixed' *171,* **322**
P. ssp. 12
Papaveraceae 198, 267, 280, 285, 322, 347
Papaya siehe *Carica papaya*
Papayotin 55
Papilionaceae 247, 271, 285, 288, 289, 309, 314, 336, 337, 364
Papilionoideae 315
Pappel siehe *Populus*
Pappel 'Balm of Gilead' siehe *Populus × gileadensis*
Paprika 44
siehe auch *Capsicum*
Pará 54
Paracelsus 16, 19, 46, 310
Paracetamol 264
Paradieskörnerpflanze siehe *Aframomum melegueta*
Paradisi in Sole *19*
Parasiten 383, 396
Pardanthus chinensis siehe *Belamcanda chinensis*
Parfüm 48, 49, 50
Parfümherstellung 48, 61
Parfümindustrie 57, 63
Parietaria 171, 322
P. judaica 171, **322**
Parkinson, John 19
Passiflora 171, 323
P. incarnata 53, *171,* 300, **323**, 367, 375
Passifloraceae 323
Passionsblume siehe *Passiflora*
Paternosterbaum siehe *Melia*
Paternostererbse siehe *Abrus*
Pathogen 399
Patriarch von Jerusalem 18
Patschuli-Öl 332
Java-Patschuli 332
Patschulipflanze siehe *Pogostemon*
Paullinia 171, 323
P. cupana 171, **323**
P. sorbilis 323
P. yoco 323
Pausinystalia 323
P. lane-poolei 323
P. macrocereas 323
P. tillesii 323
P. yohimbe 245, 323
Pedaliaceae 291, 352
Pedunculus 396
Peganin 299
Peganum 174, 323
P. harmala 61, *174,* **323**
Pektin 344
Pelargonie siehe *Pelargonium*
Pelargonium 133, 172, 323, 342, 381
P. acetosum 324
P. antidysentericum 323
P. betulinum 323
P. capitatum 173, 323, **324**
P. citronellum 172, **324**
P. 'Clorinda' *172,* **324**
P. crispum 172, **324**
P. c. 'Peach Cream' *172,* **324**
P. c. 'Major' *172,* **324**
P. c. 'Variegatum' 30, 41, *172,* **324**
P. 'Fair Ellen' *172,* **324**
P. 'Fragrans' *173,* **324**
P. 'Fragrans Variegatum' *173,* **324**
P. 'Galway Star' *173,* **324**
P. 'Graveolens' 30, *173,* 323, **324**
P. 'Lady Plymouth' *173,* **324**
P. 'Mabel Grey' 32, **324**
P. odoratissimum 172, **324**
P. 'Old Spice' *173,* **324**
P. 'Prince of Orange' *173,* **324**
P. quercifolium **324**
P. radens 173, **324**
P. 'Radula' *173,* 323, **324**
P. 'Radula Rosea' *173,* **324**
P. rapaceum 324
P. 'Rober's Lemon Rose' 27, *173,* *323,* **325**
P. 'Royal Oak' *173,* **325**
P. 'Sweet Mimosa' *173,* **325**
P. tomentosum 173, **325**, 379, 383
P. triste 324
Pelletierin 338
Pemberton, John 16
Peradeniya 62
Perilla 45, 174, 325
P. frutescens 174, **325**, 382
P. f. 'Crispa' *174,* **325**
P. f. var. *crispa* 30
Perillaldehyd 325
Peripher 399
Peristaltik 399
Perltang siehe *Chondrus*
Persicaria bistorta siehe *Polygonum bistorta*
Persien 60
Persisches Insektenpulver 359
Peru 14, 16, 19, 55, 300
Perubalsam siehe *Myroxylon pereirae*
Pestizide 383
Pesto 298
Petersilie 21, 44
siehe auch *Petroselinum crispum*
Petiver, James 19
Petiveria 174, 325
P. alliacea 174, **325**
Petroselinum 174, 325
P. crispum 22, 29, 36, *38, 40, 57, 174,* 255, 261, 322, **325**, 375, 378, 379, 381, 386
P. c. 'Italian' *174,* **325**
P. c. 'Moss Curled' 25, 29, 30, 36, 40, *175,* **325**
P. c. var. *tuberosum* 174, *175,* **325**
Peucedanum graveolens siehe *Anethum graveolens*
Peumus 175, 325
P. boldus 55, 175, 325, **326**
Pfaffenhütchen siehe *Euonymus atropurpureus*
Pfaffia paniculata 55, 321
Pfaffiasäure 321
Pfahlwurzel 396
Pfeffer 45
siehe auch *Piper nigrum*
Malaquetapfeffer siehe *Aframomum*
Pfefferernte 45
Pfefferpflanze *19*
Schwarzer Pfeffer 44
Setchuanpfeffer *45*
Pfefferminz 45
siehe auch *Mentha × piperita*
Pfefferstrauch siehe *Piper nigrum*
Pfeifenblume siehe *Aristolochia*
Pferdeeppich siehe *Smyrnium olusatrum*
Pferderettichbaum siehe *Moringa oleifera*
Pfirsich siehe *Prunus persica*
Pflanzen vom Gemüsehändler 386
Pflanzenhaltung in Kübeln 21
Pflanzenreich 10
Pflanzensamen 51
Pflanzensammlung 51
Pflanzenschutzgebiet 60
Pflanzenstoffe in Kosmetika und Parfüms 49
Pflanzloch 377, 379
Pflanzschulen 378
Pflaume siehe *Prunus domestica*
Pflege des Topfes 41
Pflege und Betreuung 381
Pflegecrème
Phaseolus vulgaris 'Purple Teepee' 38
Phellodendron 175, 210, 326, 348
P. amurense 175, **326**, 351
P. chinense 326
Phenolglykoside 354
Phenolsäure 343
Philadelphus 'Belle Etoile' 35
Philippinen 67
Phlegma 399
Phormium tenax 66
Photodermatitis 399
Photosensibilität 399
Photosynthese 42, 382, 396
Phragmites 175, 326
P. australis 175, **326**
P. a. 'Variegatus' *175,* **326**
P. communis 326
pH-Wert 396
Phygelius capensis 36
Phyllanthus emblica 62, 63, 360
Phyllostachys 176, 326
P. nigra 176, **326**, 381
P. n. 'Boryana' *176,* **326**
P. n. var. *henonis 176,* **326**
Physalis 176, 326,
P. alkekengi 176, **326**
P. franchetti 326
Physiomedizin 46, 55
Physostigma 327
P. venenosum 58, 58, 59, **327**
Physostigmin 59, 327
Phytolacca 43, 174, 176, 327
P. acinosa 176, **327**
P. americana 53, *176,* 297, **327**
P. decandra 327
Phytolaccaceae 325
Phytolacca-Mitogene 327
Pi pa ye *(Eriobotrya japonica)* 278
Picea abies 226
Picraenia excelsa siehe *Picrasma excelsa*
Picrasma 327
P. ailanthoides 327
P. excelsa **327**, 353
Pigmentierung 399
Pilocarpin 55, 327
Pilocarpus 55, 327
P jaborandi 327
P. microphyllus 327, **328**
P. pinnatifolius 327
P. trachylophus 327
Pilosella officinarum siehe *Hieracium pilosella*
Pilze 10, 66
Pilzabtötend 66
Pilzsubstrat 377
Pilzkrankheiten 383, 386, 387
Pimenta 328
P. acris 328
P. dioica 55, 304, **328**
P. racemosa 328
Pimentbaum siehe *Pimenta dioica*
Piment-Öl 399
Pimpinella 176, 328
P. anisum 57, *176, 315,* **328**
P. saxifraga 176, *177,* **328**
P. s. var. *nigra* 328
P. halepensis 329
P. major 328
P. m. 'Rosea' 176
Pinaceae 226, 257, 301, 329
Pinelli, Giovanni 177
Pinellia 177, 328
P. ternata 177, 328, 329
Pinen 280, 329, 330
Pinus 52, 177, 226, 329, 330
P. halapensis ssp. *brutia 60*
P. massoniana 329
P. mugo 177
P. m. var. *pumilio* 177, 329, 381
P. palustris ***329,*** 330
P. pinaster 329
P. succinifera 329
P. sylvestris 56, 177, **329**
P. s. 'Aurea' 177, **329**, 381
P. tabuliformis 329
Piper 329
P. angustifolia 329
P. auritum 329
P. betle 178, 241, 329, **330**
P. cubeba 178, 266, **330**
P. guineense 329
P. longum 178, 329, **330**
P. methysticum 329, **330**
P. nigrum 63, 100, 178, 317, 329, **330**
P. retrofractum 329
Piperaceae 329
Piperidinalkaloide 305, 329
Piperiton 280, 399
Pisa 298
Piscidia 330
P. erythrina 330
P. piscipula 55, **330**
Pistacia 178, 330
P. lentiscus 56, *178,* 330, **331**
P. terebinthus 178, 330, **331**
Pistakistrauch siehe *Pistacia lentiscus*
Pistazie siehe *Pistacia*
Pitta 46
Pituri 66
Siehe auch *Duboisia*
Planta genista siehe *Cytisus scoparius*
Plantago 126, 178, 331
P. arenaria 331
P. asiatica 178, 331
P. a. 'Variegata' *179,* **331**
P. indica 63, 331

P. major 57, 79, 178, *179*, 291, **331**, 339, 368
P. m. var. *asiatica* 331
P. m. 'Rubrifolia' *179*, **331**
P. ovata 331
P. psyllium 178, *179*, 331
Plantaginaceae 331
Planung 376
Platz zum Ausbreiten 374
Platycladus orientalis siehe *Thuja orientalis*
Platycodon 179, 331
P. grandiflorus 179, **331**
P. g. var. *apoyama 179*, **331**
Plectranthus 179, 331
P. amboinicus 179, **331**
P. barbatus 179, *180*, *331*, **332**
P. patchouli 332
Plinius, d. Ä. 19, 96, 139, 194, 204, 217, 218, 237, 238, 283, 297, 304, 334, 343, 365
Poaceae 239, 246, 264, 270, 277, 293, 326
Pockholz siehe *Guajacum*
Podophyllin 331
Podophyllotoxin 299, 332
Podophyllum 180, 332
P. hexandrum 63
P. peltatum 53, *180*, 299, **332**
Pogostemon 180, 332
P. cablin 180, 230, 316, **332**
P. comosus 332
P. heyneanus 332, 377
P. patschouli 332
Polchresta Herba Veronica 368
Polei siehe *Hedeoma pulegioides*
Poleiminze 45
Poleiminze siehe *Mentha pulegium*
Polemoniaceae 332
Polemonium 180, 332
P. caeruleum 180, **332**
P. c. 'Album' *180*, **332**
P. reptans 180, **332**
P. r. 'Pink Beauty' **332**
Poliomintha longiflora 291
Polygala 332, 354
P. senega 275, 293, 332, **333**, 369
P. tenuifolia 332, **333**
P. vulgaris 332
Polygonaceae 282, 344
Polygonatum 181, 333
P. multiflorum 333
P. odoratum 181, **333**
P. o. 'Variegatum' *181*, **333**
P. officinale 333
Polygonum 181, 333
P. baldshuanicum 181
P. bistorta 33, *181*, **333**
P. b. 'Superbum' *181*, **333**
P. hydropiper 333
P. multiflorum 181, **333**
P. odoratum 333
Polynesier 66
Polynesische Inseln 66
Polypodiaceae 333
Polypodium 181, 333
P. glycyrrhiza 333
P. vulgare 181, **333**
P. v. 'Cornubiense' *182*, **334**
Polyporaceae 372
Polysaccharide 260
Pomeranze siehe *Citrus aurantium*
Poncirus trifoliata 262
Popcorn 372
Populus 182, 256, 334
P. alba 182, **334**
P. a. 'Richardii' *182*, **334**
P. balsamifera 334
P. × *candicans 182*, **334**
P. × *candicans* 'Aurora' *182*, **334**
P. × *gileadensis* 334
P. nigra 334
P. tremuloides 334
Poria cocos siehe *Wolfiporia cocos*
Porphyrin 309, 399
Porree siehe *Allium porrum*
Porst siehe *Ledum*
Porteranthus
P. trifoliatus 288, 334
Portulaca 182, 334
P. grandiflora 334
P. oleracea 182, **334**
P. o. var. *aurea* 36 *182*, **334**
P. o. var. *sativa* 182
Portulacaceae 334
Portulak siehe *Portulaca*
Portulakröschen siehe *Portulaca grandiflora*
Potager 38
Potentilla 183, 334
P. anserina 334
P. erecta 11, *183*, 264, 274, 300, **334**, 347
P. reptans 334
P. tormentilla 334
Poterium officinalis siehe *Sanguisorba offinicinalis*
Potowatomi 338
Potpourri-Kräuterbeet 26
Powis Castle, Wales 88
Prachtscharte siehe *Liatris*
Prana 46
Prärie 52
Preiselbeere siehe *Vaccinium vitis-idaea*
Prellung 47
Primel siehe *Primula*
Schlaflose Primel siehe *Primula vulgaris*
Wiesenprimel siehe *Primula veris*
Primula 183, 334
P. veris 43, *183*, 278, 290, 334, **335**, 393
P. vulgaris 43, *183*, 214, 334, **335**, 378, 386
P. v. 'Alba Plena' *183*, **335**
P. v. ssp. *sibthorpii 183*, **335**
Primulaceae 237, 334
Prinos verticillatus siehe *Ilex verticillata*
Probleme bei der Erhaltung 59
Produktiver Husten 399
Properz 343
Prostanthera 66, 183, 335
P. cineolifera 335
P. rotundifolia 183, **335**
Prostatastörungen 59
Protein 399
Prunasid 335
Prunella 183, 335
P. vulgaris 183, **335**
Prunkwinde siehe *Ipomoea*
Prunus 184, 335, 347, 384, 385
P. africana 59, 335
P. amygdalus 336
P. armeniaca 12, 49, *184*, *335*, **336**
P. a. 'Hemskerk' *184*, **336**
P. avium 335
P. domestica 184, **336**
P. d. ssp. *domestica* 184
P. d. 'Prune d'Agens' *184*, **336**
P. dulcis 49, 61, *184*, 278, **336**
P. d. 'Macrocarpa' **336**
P. japonica 335, **336**
P. laurocerasus 184, **336**
P. l. 'Castelewellan' *185*, **336**
P. l. 'Schipkaensis' *185*, **336**
P. mume 184, 335, **336**
P. m. 'Beni-chidori' *185*, **336**
P. persica 185, **336**
P. serotina 11, *185*, 317, 328, 335, **336**, 363
P. spinosa 336
Pseudobulbe 396
Pseudoevernia purpuracea 282
Psoralea 336
P. corylifolia 336
P. esculenta 336
P. linearis 244, 337
Psoralen 236
Psychose 17
Psychotria 104
Ptelea 185, 337, 348
P. trifoliata 185, **337**
P. t. 'Aurea' *185*, **337**
Pteridophyta 10
Pterocarpus 185, 337
P. angolensis 58
P. marsupium 62, *185*, **337**, 395
P. santalus 337
Pterocladia pinnata 287
Puerari, Marc 186
Pueraria 186, 337
P. lobata 186, **337**
P. thunbergia siehe *P. lobata*
Puffmais 372
Pu gong ying *(Taraxacum officinale)* 360
Pu huang *(Typha)* 366
Pulai siehe *Alstonia scholaris*
Pulegon 252, 311, 317, 399
Pulmonaria 186, 337
P. officinalis 186, **337**
P. o. 'Cambridge Blue' *186*, **337**
P. o. 'Sissinghurst White' *186*, **337**
Pulsatilla 186, 338
P. chinensis 338
P. patens 338
P. pratensis 338
P. vulgaris 56, *186*, 281, **338**, 367
P. v. var. *alba 186*, **338**
P. v. var. *rubra 186*, **338**
Pulver 47
Pulverholz siehe *Rhamnus frangula*
Punica 187, 338
P. granatum 12, 61, *187*, **338**, 387
P. g. var. *nana 187*, **338**, 381
Punicaceae 338
Punktdrüsen 396
Purgierkraut siehe *Gratiola officinalis*
Purgierkreuzdorn siehe *Rhamnus cathartica*
Purgierlein siehe *Linum catharticum*
Purgierwinde siehe *Ipomoea purga*
Purpurblume siehe *Chamaelirium luteum*
Purpurglöckchen siehe *Heuchera*
Purpurin 343
Purpurweide siehe *Salix purpurea*
Pusteblume siehe *Taraxacum officinale*
Pycnanthemum 187, 338
P. flexosum 338
P. incanum 338
P. muticum 338
P. pilosum 338
P. virginianum 187, **338**
Pyrethrine 359
Pyrethrum 208, 237
P. cineraiifolium siehe *Tanacetum cineraiifolium*
P. roseum siehe *Tanacetum coccineum*
Pyrrolizidin-Alkaloide 351, 357, 365, 399

Q

Qi 46
Qian cao gen 343
Qing hao *(Artemisia annua)* 243
Qing pi 263
Quarantänegesetze 51
Quassia 327
Q. amara 231, 327, 353
Q. cedron siehe *Simaba cedron*
Q. excelsa 327
Quassinoide 353
Quebrachobaum siehe *Aspidosperma*
Quecke siehe *Elymus repens*
Quendel siehe *Thymus serpyllum* und *T. pulegioides*
Quercus 187, 338
Q. alba 338
Q. ilex 56
Q. infectoria 338
Q. robur 56, *187*, 291, 333, **338**, 365
Q. r. 'Atropurpureus' *187*, **338**
Q. r. 'Concordia' *188*, **338**
Q. r. f. *fastigiata* 187, *188*, **338**
Quillaja 188, 339
Q. saponaria 188, **339**
Quillajasoponin 339
Quilon 45
Qu mai *(Dianthus* ssp.*)* 273

R

Rachen 396
Radix arthritica siehe *Primula veris*
Rafinesque, C. 337, 364
Rainfarn 27, 45
siehe auch *Tanacetum*
Raito 298
Rama siehe *Hibiscus sabdariffa*
Ramses II., Pharao 12
Ranke 396
Ranunculaceae 228, 229, 261, 263, 266, 272, 294, 317, 338, 339
Ranunculus 188, 339
R. ficaria 188, **339**
R. f. var. *albus 188*, **339**
R. f. 'Brazen Hussy' *188*, **339**
R. f. var. *flore pleno* 30, *188*, **339**
Raphanus 189, 339
R. raphanistrum 189, 339
R. sativus 189, **339**
R. s. 'Cherry Belle' 38
R. s. var. *macropodus* 339
Raphinin 339
Rapontikawurzel siehe *Oenothera biennis*
Ras-el-hanout 342
Rashona 233
Ratanhia siehe *Krameria triandra*
Rattengift 310
Rauke 44, 45
siehe auch *Eruca* und *Sisymbrium*
Raupen 383
Raute siehe *Ruta*
Rauvolfia 17, 58, 63, 189, 339
R. serpentina 17, 62, 63, *189*, 230, **339**, 369
R. vomitoria 339
Rauwolf, Leonhart 110, 189
Ravensara 210
R. aromatica 361
Ray John 328
Rebe siehe *Vitis*
Rebhuhnbeere siehe *Mitchella*
Regenwald 18, 50, 51, 54, 55, 58, 62, 64, 67
Regenwald in Surinam 50
Regenwaldliane siehe *Chondrodendron tomentosum*
Regula Monachorum 12
Rehmann, Joseph 189
Rehmannia 189, 340
R. elata 189
R. glutinosa 64, *189*, **340**
Reife Samenköpfe 391
Reinigendes Kraut 399

Reinigungscrème 48
Reinigungsmittel 55
Reis siehe *Oryza*
Reisekrankheit 47, 57
Reiswein 340
Reizhusten 47
Relaxans 399
Ren shen *(Panax ginseng)* 321
Resedapfeffer siehe *Piper nigrum*
Reserpin 17, 62, 369
Reservat 67
Rettich 44
siehe auch *Raphanus*
Réunion 367
Rhabarber siehe *Rheum*
Rhabarberbehörde 189
Rhamnaceae 340, 373
Rhamnus 189, 340
R. alnifolia 340
R. cathartica 189, **340**
R. frangula 56, 57, *189*, **340**
R. purshiana 52, 53, 189, **340**
Rhein-Cassiasäure 352
Rheum 65, 189, 340
R. australe 341
R. officinale 267, 340, 341
R. palmatum 11, 162, *189*, 340, **341**, 373
R. p. 'Atropurpureum' siehe *R. p.* 'Atrosanguineum'
R. p. 'Atrosanguineum' *190*, **341**
R. p. × *R. coreanum* 341
R. p. var. *tanguticum* **341**
R. raponticum 11
siehe auch *R. rhabarbarum*
R. rhabarbarum 341
Rheumatismus 53, 57
Rhizome 377, 391, 396
Rhizome teilen 389
Rhizome zum Wachsen bringen 387
Rhodophyceae 287
Rhus 190, 296, 341
R. chinensis 341
R. glabra 190, **341**
R. g. 'Laciniata' *190*, **341**
R. radicans 341
Ribes 190, 341, 385
R. nigrum 190, 318, **341**, 385
Ricinus 190, 341
R. communis 43, 59, *190*, 341, **342**, 379
R. c. 'Carmencita' *190*, **342**, 381
R. c. 'Impala' *190*, **342**
Riesenkürbis siehe *Cucurbita maxima*
Rigveda 18
Rinde 391
Ringelblume siehe *Calendula*
Ringelblume siehe *Taraxacum officinale*
Rispe 396
Rißlinge 388
Rittersporn siehe *Delphinium*
Rizinus siehe *Ricinus communis*
Rizinusöl 48, 59
Rocky Mountains 52, 303
Rohr siehe *Phragmites*
Rohrkolben siehe *Typha*
Rom 14
Roman de la Rose 12
Römische Kamille 375
siehe auch *Chamaemelum nobile*
Römischer Bertram siehe *Anacyclus pyrethrum*
Rooibos-Tee *58*, 89
siehe auch *Aspalathus linearis*
Roosevelt, Theodore 52
Rorippa nasturtium-aquaticum siehe *Nasturtium officinale*
Rosa 12, 49, 191, 342, 393
R. × alba 342
R. × a. 'Semiplena' *34*, 35
R. canina 191, **342**, 343
R. centifolia 342
R. × centifolia 'Muscosa' 37
R. 'Complicata' 37
R. 'Comte de Chambord' 37
R. damscena 14, 60, 61, 191, 342
R. eglanteria 191, **342**, 343
R. gallica var. *officinalis* 26, 27, *191*, **342**, 343
R. g. 'Versicolor' *37*
R. laevigata 191, **342**, 343
Rosa 'Mme Alfred Carrière' 37
R. 'Mme Isaac Pereire' 37
R. rubiginosa siehe *R. eglanteria*
R. rubra 191
R. rugosa 191, **342**, 343, 389
R. r. 'Alba' *191*, **342**
Rosaceae 231, 232, 239, 258, 268, 283, 284, 288, 304, 335, 339, 342, 343, 348
Rosa Mystica 14
Rosa Solis 275
Rose 14, 15, 21, 26, 37, 49, 60
siehe auch *Rosa*
Damaszenerrose 14
Rosenöl 60, 342
Rose von York *34*
Stockrose siehe *Alcea rosea*
Rosée du Soleil siehe *Drosera rotundifolia*
Rosenmalve siehe *Alcea*
Rosenöl 60, 342
Rosenpelargonie siehe *Pelargonium radens*
Rosenwasser 60, 342
Rosette 396
Rosine 371
Rosmarin 19, 24, 44, 48, 49, 56
siehe auch *Rosmarinus*
Rosmarinsäure 346
Rosmarinus 192, 343, 349, 375, 384
R. lavandulaceus siehe R. o. Gruppe Prostratus
Rosmarinus officinalis 12, 22, 27, 29, 32, *192, 301*, **343**, 375, 377, 378, 379
R. o. var. *albiflorus 192*, **343**
R. o. 'Arp' *192*, **343**
R. o. 'Aureus' *192*, **343**
R. o. 'Benenden Blue' *192*, **343**, 381
R. o. 'Collingwood Ingram' siehe *R. o.* 'Benenden Blue'
R. o. 'Erectus' siehe *R. o.* 'Miss Jessopp's Upright'
R. o. 'Fastigiatus' siehe *R. o.* 'Miss Jessopp's Upright'
R. o. 'Fota Blue' *192*, **343**
R. o. Gruppe Prostratus 30, *193*, **343**, 377, 381
R. o. 'Majorca Pink' *192*, **343**
R. o. 'McConnells' Blue' *192*, **343**
R. o. 'Miss Jessopp's Upright' *192*, **343**
R. o. 'Pinkie' *193*, **343**
R. o. 'Primley Blue' *193*, **343**
R. o. 'Roseus' *193*, **343**
R. o. 'Roseus-Cozart' siehe *R. o.* 'Majorca Pink'
R. o. 'Severn Sea' 40, *193*, **343**
R. o. 'Sissinghurst Blue' *193*, **343**
R. o. 'Sudbury Blue' *193*, **343**
R. o. 'Tuscan Blue' *193*, **343**
R. o. 'Variegatus' siehe *R. o.* 'Aureus'
Roßkastanie siehe *Aesculus hippocastanum*
Roßminze siehe *Mentha longifolia*
Roßpappel siehe *Malva sylvestris*
Rotbuche siehe *Fagus sylvatica*
Rotdorn siehe *Crataegus laevigata*
Röte siehe *Rubia*
Rote Liste 51
Rote Zeder siehe *Juniperus virginiana*
Rotklee siehe *Trifolium pratense*
Rotkohl siehe *Brassica oleracea*
Rotulme siehe *Ulmus rubra*
Rou dou kou *(Myristica fragrans)* 315
Rou gui 262
Roupellia grata siehe *Strophanthus gratus*
Roxburghia gloriosa siehe *Stemona tuberosa*
Royal Botanical Garden Edinburgh 340
Rubia 193, 343
R. cordifolia 193, **343**
R. manjith siehe *R. cordifolia*
R. tinctorium 193, **343**
Rubiaceae 258, 261, 264, 285, 286, 312, 319, 323, 343
Rubiacin 343
Rubus 194, 343, 385
R. coreanus 194, **344**
R. fruticosus 194, 312, 343, **344**
R. hispidus 344
R. idaeus 194, 343, **344**, 363
R. i. 'Aureus' *194*, **344**
R. occidentalis 344
R. odoratus 344
R. parvifolius 344
R. villosus 344
Ruchgras siehe *Anthoxanthum odoratum*
Ruhend 396
Ruhmeskrone siehe *Gloriosa*
Ruhr 63
Ruhrkraut siehe *Gnaphalium*
Ruhrwurz siehe *Potentilla erecta*
Rumex 194, 344
R. acetosa 29, 38, *39, 194*, **344**, 345, 385
R. acetosella 344
R. aquatica 344
R. crispus 194, 241, 257, 297, **344**, 345, 354, 370
R. obtusifolius 344
R. scutatus 25, *194*, **344**, 345
R. s. 'Silver Shield' 36, *194*, **344**
Rundblättriger Sonnentau siehe *Drosera rotundifolia*
Ruprechtskraut siehe *Geranium robertianum*
Ruscaeae 345
Ruscus 195, 345
R. aculeatus 195, **345**
Rüster siehe *Ulmus*
Ruta 195, 345
R. chalapensis 345
R. graveolens 22, 32, 43, *195, 282*, 343, **345**, 347, 354, 378, 384, 385
R. g. 'Jackman's Blue' 25, 30, *35*, *195*, **345**
R. g. 'Variegata' *195*, **345**
Rutaceae 230, 262, 272, 285, 314, 326, 327, 337, 345, 361, 372
Ruten 384
Rutin 282, 343, 347, 354
Ru xiang *(Boswellia sacra)* 250

S

Saatgerste siehe *Hordeum vulgare*
Saatgutbank 51
Saathafer siehe *Avena sativa*
Sacharin 325
Säckelblume siehe *Ceanothus americanus*
Sadebaum siehe *Juniperus sabina*
Sadewacholder siehe *Juniperus sabina*
Saffron Walden 268
Saflor siehe *Carthamus tinctorius*
Safran 44, *45*
siehe auch *Crocus sativus*
Safranernte 45
Safrankrokus siehe *Crocus sativus*
Safranwurz siehe *Curcuma*
Safrol 315, 349, 359, 399
Sahara 58
Salatkräuter 44
Salatsauce 45
Salbe 47, 48
Beinwellsalbe 47
Salbe aus Vogelmiere 47
Salbei 21, 24, 25, 26, 28, 49, 56, 375
siehe auch *Salvia*
Salicin 17
Salicornia 268
Salicylate 11, 57, 334, 335
Salicylsäure 17, 345
Salix 195, 334, 345
S. alba 195, **345**, 347, 369, 385, 388
S. a. 'Britzensis' 195 , 385
S. a. 'Chermesina' siehe *S. a.* var. *vitellina* 'Britzensis'
S. a. var. *sericea* 28
S. a. var. *vitellina 195*, **345**
S. a. var. *vitellina* 'Britzensis' *195*, **345**
S. babylonica 195
S. cinerea 345
S. fragilis 345
S. nigra 345
S. pentandra 345
S. purpurea 345
Salizin 369
Salmon, William 19
Salomon 103, 316
Salomonssiegel siehe *Polygonatum*
Salvadora 345
S. persica 60, 61, **346**
Salvadoraceae 345
Salvia 13, 196, 346, *375, 380, 383*
S. calycina siehe *S. pomifera*
S. clevelandii 196, **346**
S. coccinea 196, **346**
S. c. 'Lady in Red' **346**
S. dorisiana 196, **346**
S. elegans 'Scarlet Pineapple' *196*, **346**, 383
S. fruticosa 196, **346**, 347
S. hispanica 54
S. horminum siehe *S. viridis*
S. lavandulifolia 197, **346**
S. microphylla 54
S. miltiorhiza **346**
S. officinalis 29, 34, 40, 57, *196, 344*, **346**, 348, 378, 379
S. o. 'Albiflora' 35, 37, *196*, **347**
S. o. 'Berggarten' 32, 37, *196*, **347**
S. o. 'Icterina' *22, 28, 197*, **347**
S. o. 'Kew Gold' *197*, **347**
S. o. 'Purpurascens Variegata' **347**
S. o Gruppe Purpurascens 22, *23*, 25, 27, 28, 30, 37, *197*, **347**, 374, 378
S. o. 'Tricolor' 30, 41, 381
S. pomifera 197, 346, **347**
S. rutilans siehe *S. elegans* 'Scarlet Pineapple'
S. salvatrix siehe *S. officinalis*
S. sclarea 27, 196, *197*, **347**
S. s. var. *turkestania 197*
S. triloba siehe *S. fruticosa*
S. viridis 196, *197*, **347**, 381
S. v. 'Claryssa' *197*

Sambucus 197, 347
S. nigra 15, *33*, 49, *197, 281,* 290, 314, 317, **347**, 377, 379, 385, 393
S. n. 'Albovariegata' siehe *S. n.* 'Marginata'
S. n. 'Argenteomarginata' **347**
S. n. 'Aurea' *197*, **347**
S. n. 'Guincho Purple' 30, *197*, **347**
S. n. f. *laciniata 197*, **347**
S. n. 'Marginata' 33, *197*, **347**
S. n. 'Purpurea' siehe *S. n.* 'Guincho Purple'
Samen 391
Samen aufbewahren 386
Samengehäuse 396
Samenköpfe 391
Samenmantel 396
Sammeln von Kräutern 51
Sammetblume siehe *Tagetes*
Samtpappel siehe auch *Althaea officinalis*
Sandbirke *siehe Betula pendula*
Sandbrombeere siehe *Rubus parvifolius*
Sandelholz 49, 86
siehe auch *Santalum*
Sandkiefer siehe *Pinus sylvestris*
Sandwegerich siehe *Plantago arenaria*
Sang bei pi *(Morus alba)* 314
Sang shen *(Morus alba)* 314
Sang ye *(Morus alba)* 314
Sang zhi *(Morus alba)* 314
Sanguinaria 198, 347
S. canadensis 49, 53, *198*, 214, **347**
S. c. 'Plena' *198*
Sanguinarin 347
Sanguisorba 198, 348
S. officinalis 198, 231, **348**
San huan zhe she ye 267, 351
Santalaceae 348
Santalum 198, 348
S. album 62, 63, *198*, 266, 298, **348**
S. lanceolatum 66, 348
S. spicatum 66, 348
Santal siehe *Santalum album*
Santaro-Orange siehe *Citrus reticulata*
Santiago de Tolu 315
Santolina 198, 348, 375
S. chamaecyparissus 22, 24, *198,* **348**, 379, *385*
S. c. 'Lemon Queen' *198*, **348**
S. c. var. *nana 198*, **348**, 381
S. c. 'Pretty Carol' *199*, **348**
São Paulo 46
Sapindaceae 274, 323
Saponaria 199, 348
S. officinalis 11, *199*, 348, **349**
S. o. 'Dazzler' *199*, **349**
S. o. 'Rubra Plena' 30, *199*, **349**
S. o. 'Variegata' siehe *S. o.* 'Dazzler'
Saponine 11, 17, 63, 333, 348, 354, 364, 365, 369, 399
Saprophyt 396
Sareptasenf siehe *Brassica juncea*
Sargaçao 413
Sargassum 349
S. fusiforme 289, **349**
Sarothamnus scoparius siehe *Cytisus scoparius*
Sarpagandha 339
Sarsaparillawurzel 354
Sarsaponin 354
Sashimi 222, 371
Sassafras 199, 349, 359
S. albidum 52, 53, *199*, 261, 315, 328, *349*
Satureja 199, 349
S. acinos siehe *Acinos arvensis*
S. hortensis 30, *40, 199*, **349**
S. montana 29, 199, *200*, **349**, 377, 379
S. nepeta siehe *Calamintha nepeta*
S. repandra siehe *S. spicigera*
S. spicigera 30, 36, 199, *200*, **349**, 380
S. thymbra 199, *200*, **350**
Säubern der Ernte 391
Sauer 396
Sauerampfer 44, 45
Sauerdorn siehe *Berberis vulgaris*
Sauerzitrone siehe *Citrus limon*
Säure 11
Saure Limette siehe *Citrus aurantifolia*
Saururaceae 294
Saussure, Th. de 200
Saussurea 200, 350
S. costus siehe *S. lappa*
S. lappa 62, 63, **350**
Savanne 58
Saxifragaceae 293
Schabzigerkäse 310
Schachbrettblume siehe *Fritillaria verticillata*
Schachtelhalm 10, 123
Ackerschachtelhalm siehe *Equisetum arvense*
Schadensursachen 51
Schädlinge 377, 378, 383
Schafgarbe siehe *Achillea millefolium*
Schalenritzung 396
Scharbockskraut siehe *Ranunculus ficaria*
Scharlachsumach siehe *Rhus glabra*
Schatten 377, 378, 383
Schattenwirtschaft 58
Schaumkraut siehe *Cardamine*
Scheinbeere siehe *Gaultheria*
Scheinzwiebel 396
Schellenblume siehe *Adenophora*
Schierling siehe *Conium*
Schießen 396
Schießpulver 340
Schildblume siehe *Chelone*
Schildförmig 396
Schildläuse 383
Schilf siehe *Phragmites*
Schinkenkraut siehe *Oenothera biennis*
Schinopsis quebracho-colorado 245
Schinus terebinthifolius 329
Schirmakazie siehe *Albizia*
Schirmmagnolie siehe *Magnolia tripetala*
Schisandra 200, 350
S. chinensis 200, **350**
S. spenanthera 350
Schisandraceae 350
Schizonepeta tenuifolia 311, 317
Schlaflose Primel siehe *Primula vulgaris*
Schlaflosigkeit 47
Schlafmohn 16
siehe auch *Papaver somniferum*
Schlafmützchen siehe *Eschscholzia californica*
Schlagkräutlein siehe *Ajuga chamaepitys*
Schlangenbart siehe *Ophiopogon*
Schlangenbiß 17
Schlangenbusch siehe *Justicia adhatoides*
Schlangencerus siehe *Selenicereus*
Schlangenknöterich siehe *Polygonum bistorta*
Schlangenlauch siehe *Allium scorodoprasum*
Schlankheitsmittel 55
Schlehdorn siehe *Prunus spinosa*
Schleierkraut 21
siehe auch *Crambe cordifolia*
Schleimlösend 53
Schlüsselblume siehe *Primula veris*
Schmerz
Schmerzlindernd 61
Schmerzmittel 61
Schmerzstillend 57
Schmetterlingsflechte 309
Schmierläuse 383
Schminken 49
Schminkwurz siehe *Alkanna tinctoria*
Schmuckgarten 24
Schneckenklee siehe *Medicago*
Schneeball siehe *Viburnum*
Schneeblume siehe *Chionanthus virginicus*
Schneeflockenstrauch siehe *Chionanthus*
Schnitt 384
Schnittlauch 44
siehe auch *Allium schoenoprasum*
Schnurbaum siehe *Sophora*
Schock 57
Schogaol 373
Schokolade 19
Schöllkraut siehe *Chelidonium*
Schönheitsmittel 48
Schoten 391
Schottische Zaunrose siehe *Rosa eglanteria*
Schottland 56
Schraubenbaum siehe *Pandanus odoratissimus*
Schraubenpalme siehe *Pandanus*
Schrittsteine 377
Schutz bedrohter Arten 60
Schutz der Umwelt 67
Schutz der Wildpflanzen 50
Schutz des Wurzelballens 385
Schutz vor Selbstaussaat 384
Schutzgebiet 59, 63
Schutz- und Kultivierungs-aktivitäten 63
Schutz wildwachsender Kräuter in der Zukunft 51
Schwammgurke siehe *Luffa*
Schwammkürbis siehe *Luffa*
Schwarzbirke siehe *Betula nigra*
Schwarze Himbeere siehe *Rubus occidentalis*
Schwarze Johannisbeere siehe *Ribes nigrum*
Schwarzer Holunder *siehe Sambucus nigra*
Schwarzerle siehe *Alnus glutinosa*
Schwarzer Maulbeerbaum siehe *Morus nigra*
Schwarzer Pfeffer siehe *Piper nigrum*
Schwarzer Senf siehe *Brassica nigra*
Schwarzkümmel siehe *Nigella sativa*
Schwarzmeerküste 60
Schwarznessel siehe *Ballota nigra*
Schwarznessel siehe *Perilla*
Schwarzpappel siehe *Populus nigra*
Schwefel-Glykosid 371
Schweißabsonderung 57
Schwertlilie 48
siehe auch *Iris*
Florentiner Schwertlilie siehe *Iris germanica* var. *florentina*
Schwimmende Gärten von Xochimilco 13
Scillaren 275
Sclerotium cocos siehe *Wolfiporia cocos*
Scopoli, Giovanni Antonio 200
Scopolia 200, 350
S. atropoides siehe *S. carniolica*
S. carniolica 200, 276, **350**
S. lurida 350
S. physaloides 350
S. tangutica 64, 350
Scrophularia 201, 350
S. ningpoensis 201, **350**
S. nodosa 201, 285, 291, 350, **351**
Scrophulariaceae 259, 273, 281, 290, 304, 340, 350, 368
Scutellaria 201, 351
S. altissima 201
S. baicalensis 201, 246, 329, **351**
S. barbata 351
S. galericulata 351
S. lateriflora 201, 246, 268, 271, 300, 343, **351**, 355, 365, 367, 377
S. macrantha siehe *S. baicalensis*
Sedativum 63, 399
Seefenchel siehe *Crithmum maritimum*
Seerose siehe *Nymphaea*
Seetraube siehe *Coccoloba uvifera*
Seide siehe *Cuscuta*
Seidelbast siehe *Daphne*
Seidenpflanze siehe *Asclepias*
Seidenproduktion 313
Seife 67
Seifenbaum siehe *Quillaja saponaria*
Seifenkraut siehe *Saponaria officinalis*
Seitenständig 396
Sekretion 399
Selbstaussaat 384, 396
Selbstfertil 396
Selenicereus 202, 351
S. grandiflorus 202, 268, **351**
Sellerie siehe *Apium*
Seltene Kräuter 51
Seltene Salatmischung *44*
Sempervivum 202, 351
S. tectorum 41, *202*, **351**, 378, 379, 381
S. t. 'Royal Ruby' *202*, **351**
Senecio 202, 351
S. aureus 202, 351, **352**
S. jacobaea 352
S. vulgaris 351
Senegin 369
Senf 63
siehe auch *Brassica juncea* und *Sinapis alba*
Senna 202, 352
S. alata 352
S. alexandrina 202, 269, 298, **352**, 359
S. fistulosa 352
S. laevigata 352
S. marilandica 53, *202*, 352
S. obtusifolia 277, 352
S. occidentalis 352
S. reticulata 352
S. sericea 352
S. sieberiana 352
S. sophera 352
S. surattensis 352
Seregras siehe *Cymbopogon citratus*
Serenoa 203, 352
S. repens 53, *203*, 269, **352**, 365
S. serrulata 352
Serien 396
Serotonin 366
Serum 399
Sesam 48, 60
siehe auch *Sesamum indicum*
Sesamum 203, 352
S. indicum 61, *203,* **352**
S.orientale 203

Sesquiterpenlaktone 359
Setchuanpfeffer *45*
Seychellen 367
Shampoo 49, 57
Shan yao 274
Shan zha 268
Shan zhu yu 267
Shang lu *(Phytolacca acinosa)* 327
Sha ren *(Elettaria cardamomum)* 277
She gan *(Belamcanda chinensis)* 247
Shen jin cao *(Lycopodium clavatum)* 307
Sheng di huang 340
Sheng ma *(Cimicifuga foetida)* 261
Shen Nong Canon of Herbs 278, 341, 343
Shi di 274
Shi hu 273
Shi nan xing *(Arisaema)* 241
Shiso *(Perilla)* 325
Shou wu teng *(Polygonum multiflorum)* 333
Shu di huang 340
Sibirischer Ginseng siehe *Eleutherococcus senticosus*
Sicherer Gebrauch von Kräutern 43
Sichuan 372
Signatura rerum 259, 337
Si gua luo 306
Si jun zi tang 372
Sikkim 372
Silberblättrige Pflanzen 32
Silberbuchsbaum siehe *Buxus sempervirens* 'Elegantissima'
Silberdistel siehe *Carlina acaulis*
Silberkerze siehe *Cimicifuga*
Silberpappel siehe *Populus alba*
Silberweide siehe *Salix alba*
Si-Ling, Kaiserin 313
Silymarine 57, 353
Silybum 203, 353
S. marianum 32, 57, *203*, 255, **353**
Simaba 353
S. cedron **353**
Simaroubaceae 231, 250, 327, 353
Simbabwe 58, 59
Simmonds, F. W. 203
Simmondsia 203, 353
S. californica 353
S. chinensis 49, 50, 51, 53, 203, **353**
Simmondsiaceae 353
Sinapis 203, 353
S. alba 11, 61, *203*, 233, 250, 254, 305, 339,
S. juncea siehe *Brassica juncea*
S. nigra siehe *Brassica nigra*
Singapur 67
Singrün 369
Sinharaya 62
Sirup 47
Sisymbrium 203, 354
S. alliaria siehe *Alliaria petiolata*
S. officinale 203, **354**
Sitzgelegenheiten 377
Skandinavien 56
Skopoletin 369
Skorbut 66
Skythen 99
Sloane, Sir Hans 54
Smilacaceae 354
Smilax 204, 344, 354
S. aristolochiaefolia 354
S. china 204, **354**
S. febrifuga 354
S. glabra 349, 354
S. glauca 53
S. officinalis 354
S. ornata 204, 354
S. regelii **354**
Smyrnium 204, 354
S. olusatrum 204, **354**
Sklerophyll 396
Sklerotium 396
Sockenblume siehe *Epimedium sagittatum*
Sokrates 265
Sokrota 60
siehe auch *Aloe perryi*
Solanaceae 222, 246, 250, 272, 276, 295, 306, 308, 326, 350, 354, 371
Solanum 204, 354
S. capicastrum 176
S. carolinense 354
S. dulcamara 204, **354**
S. tuberosum 354
S. 'Variegatum' 43, *204*
Solenostemon 174
Solidago 204, 354, 355
S. canadensis 355
S. odora 355
S. rigida 355
S. virgaurea 204, 290, 354, **355**
Solitärbäume 381
Solitärsträucher 381
Soma 46
Sommerbeet 375
Sommereiche siehe *Quercus robur*
Sommerknoblauch siehe *Allium ampeloprasum* var. *ampeloprasum*
Sommerlinde siehe *Tilia platyphyllos*
Sommerliche Farben 41
Sommervase mit Kräutern 41
Sonchus 146
Song-Dynastie 228
Song jie *(Pinus tabuliformis)* 329
Sonne und Schatten 382
Sonnenblume siehe *Helianthus*
Sonnenbrand 49
Sonnentau siehe *Drosera*
Sophora 205, 355
S. flavescens **355**
S. japonica 205, **355**
S. j. 'Pendula' *205,* **355**
S. secundiflora 205
S. subprostrata 355
Sori 396
Sorte 396
Spadix 396
Spalierpflanze 396
Spaltglöckchen siehe *Lobelia*
Spanischer Pfeffer siehe *Capsicum*
Spanischer Thymian siehe *Thymus zygis*
Spargel siehe *Asparagus officinalis*
Speiköl 301
Spermizid 399
Sperrkraut siehe *Polemonium*
Spezielle Kräuterpflanzschulen 378
Sphagnaceae 355
Sphagnol 355
Sphagnum 205, 355
S. cymbillifolium 205, **355**
S. japonicum 355
Spindelstrauch siehe *Euonymus*
Spinnmilben *383*
Spiraea 288
Spiraea ulmaria 17, 283
Spitze 396
Spitzklette siehe *Xanthium*
Sporen 389, 396
Sporn 396
Sport 396
Spotted gum 280
Spreublume siehe *Achyranthes bidentata*
Springkraut siehe *Impatiens*
Spring-Wolfsmilch siehe *Euphorbia lathyrus*
Spritzgurke siehe *Ecballium elaterium*
Sproß 396
Sproßknospe 396
Sri Lanka 44, 62, 63
Stabilisator 61
Stachelbeere siehe *Ribes*
Stachelsalat siehe *Lactuca serriola*
Stachys 205, 355
S. betonica 355
S. officinalis 205, **355**, 365, 377
S. o. 'Rosea Superba' *205,* **355**
S. palustris 205, **355**
Stadtbevölkerung 58
Staphylokokkus 399
Stärkungsmittel 55, 344
Staubbeutel 396
Staubblatt 396
Staubfaden 397
Stäubling siehe *Lycoperdon perlatum*
Stauden durch Teilung vermehren 389
Stechapfel siehe *Datura*
Stechpalme siehe *Ilex*
Stechwinde siehe *Smilax glauca*
Steckenkraut siehe *Ferula*
Stecklinge 377, 388, 389, 397
Stecklinge von noch grünem Holz 388
Steinblume siehe *Anacyclus*
Steineiche siehe *Quercus ilex*
Steinhirse siehe *Lithospermum erythrorhizon*
Steinklee siehe *Melilotus*
Steinquendel siehe *Calamintha*
Steinsame siehe *Lithospermum*
Stellaria 205, 356
S. media 56, *205,* **356**
Stemona 356
S. tuberosa **356**
Stemonaceae 356
Stempel 397
Steppenraute siehe *Peganum harmala*
Sterculiaceae 264, 361
Steril 397
Sternanis *45*
Sternanis siehe *Illicium*
Sternmiere siehe *Stellaria*
Steroide 16, 17, 65, 365, 399
Steroidherstellung 55
Sterol 399
Stiche 66
Stiefmütterchen 26, 36
siehe auch *Viola tricolor*
Stieleiche siehe *Quercus robur*
Stillingia 356
S. sylvatica 297, **356**
Stil und Anlage 376
Stimulans 55, 66, 67, 399
Stinkasant siehe *Ferula assa-foetida*
Stinkendes Wanzenkraut siehe *Cimicifuga foetida*
Stinkkohl siehe *Symplocarpus*
Stizolobium pruriens siehe *Mucuna pruriens*
Stobarth, Tom 268
Stockmalve siehe *Alcea rosea*
Stockrose siehe *Alcea rosea*
Stolon 397
Storaxbaum siehe *Styrax*
Storchschnabel siehe *Geranium*
Strahlenförmig 397
Stranddistel *21*
siehe auch *Eryngium maritimum*
Strandkiefer siehe *Pinus pinaster*
Straßburgbalsam 226
Stratifizieren 386, 397
Sträucher 10, 385, 397
Strauchpäonie siehe *Paeonia suffruticosa*
Strenge Gartengestaltung 22
Strohblume siehe *Helichrysum*
Strophantin 356
Strophantus 58, 59, 206, 236, 356
S. gratus 206, **356**
S. hispidus 356
S. intermedius 356
S. kombe 356
S. strophantus 356
Strychnin 357
Strychninbaum siehe *Strychnos nux-vomica*
Strychnos 206, 271, 357
S. ignatii 357
S. nux-vomica 54, 55, 67, *206,* **357**
Stuart, G. A. 267
Studentenblume siehe *Tagetes*
Stufenartige Pflasterung 29
Sturmhut siehe *Aconitum*
Styraceae 357
Styrax 357
S. benzoin 67, 305, **357**
S. officinalis 357
Suan zao ren *(Ziziphus jujuba)* 373
Subalpine Pflanze 397
Subtropisch 52
Sud 47
Südamerika 17, 45, 50, 54, 55
Südamerikanischer Regenwald 54
Südkap 58
Südkorea 50
Südtürkei 60
Südwestasien 61
Südostasien 62, 66, 67
Südostrußland 65
Su he xiang 305
Suk gok *(Dendrobium nobile)* 273
Sukkulenten 59, 380
Sukkulente Pflanze 397
Sultanine 371
Sumach siehe *Rhus*
Sumerer 17
Sümpfe 52
Sumpfhelmkraut siehe *Scutellaria galericulata*
Sumpfkiefer siehe *Pinus palustris*
Sumpfklee siehe *Menyanthes trifoliata*
Sumpfmoos siehe *Sphagnum*
Sumpfziest siehe *Stachys palustris*
Suppe aus vier vortrefflichen Dingen 372
Supplement to the Extension of the Materia Medica 268
Surinam 50
Süßdolde siehe *Myrrhis*
Süßholz siehe *Glycyrrhiza*
Süßkirsche siehe *Prunus avium*
Su Song 302
Su Ying 19
Swertia 357
S. chirata 63, **357**
S. japonica 357
Symphytum 206, 337, 357
S. asperum 10
S. a. × *S. officinale* 10
S. *officinale 10*, 49, *206,* 249, 271, 273, 288, 351, **357**, 372
S. o. var. *ochroleucum 10*
S. peregrinum 358
S. × *uplandicum 10, 206,* **358**
S. × *u.* 'Variegatum' 10, 30, *206,* **358**

Symplocarpus 206, 358
S. foetidus 30, *206,* 328, **358**
Synthese 399
Syphilis 54
Syrien 60
Syrische Raute siehe *Peganum harmala*
Syrische Wüste 60
Syzygium 206, 358
S. aromaticum 67, 206, 288, 314, **358**, 368
S. cumini 358
S. officinale 274, 358

T

Tabbouleh 44
Tabeuia 207, 358
T. avellanedae 358
T. heptaphylla 358
T. impetiginosa 207, **358**
T. incana 358
T. insignis var. monophylla 358
T. neochrysantha
T. rosea 358
T. serratifolia 358
Tabu 58
Tafelberg 58
Tagetes 54, 207, 358
T. erecta 358
T. lucida 207, **359**
T. minuta 207, **359**
T. patula 25, *39, 207, 358,* **359**, 381
T. p. 'Honeycomb' *207,* **359**
T. p. 'Sophia Mixed' 38
Tahiti 367
Talmud 238
Tamarinde siehe *Tamarindus*
Tamarindus 207, 359
T. indica 207, 235, **359**
Tanacetum 208, 359
T. balsamita 208, 247, **359**, 384
T. b. var. *tomentosum* 32, *208,* **359**
T. cineraiifolium 208, 237, **359**, 376
T. densum ssp. *amani* 32
T. parthenium 41, *208,* **359**
T. p. 'Aureum' 25, 35, *208,* **360**, *376*
T. p. 'Golden Ball' *208,* **360**
T. p. 'Golden Moss' *208,* **360**, 381
T. p. 'Plenum' *209,* **360**
T. p. 'Snowball' *209,* **360**
T. p. 'Tom Thumb White Stars' *22,* 26, 27, *209,* **360**
T. p. 'White Bonnet' *209,* **360**
T. vulgare 27, 209, **360**, 379
T. v. var. *crispum 20*
T. v. 'Isla Gold' *209,* **360**
T. v. 'Silver Lace' *209,* **360**
Tang-Dynastie 372
Tang Materia Medica 19, 305, 362
Tanne siehe *Abies*
Tannenöl 48
Tannine 11, 66, 241, 266, 274, 334, 338, 339, 341, 344, 349, 355, 369
Tao Hong-ying 326
Tao-kuang, Kaiser von China 64
Tao ren *(Prunus persica)* 336
Taraktogenos kurzii siehe *Hydnocarpus kurzii*
Tarant siehe *Swertia chirata*
Taraxacum 210, 360
T. officinale 56, *210,* 240, 281, 307, 344, 354, **360**, 369, 393
Taro siehe *Colocasia esculenta*
Tasmannia lanceolata 54, 120, 275
Taubnessel siehe *Lamium*
Taurus 60
Tausendgüldenkraut siehe *Centaurium*
Tausendschön siehe *Bellis perennis*
Taxaceae 360
Taxol 360
Taxus 210, 360
T. baccata 210, 360
T. brevifolia 210, **360**
Tee 252
Teebeere 21
Teeberenstrauch siehe *Gaultheria procumbens*
Tee-Ersatz 53, 368
Teekräuter 374
Teestrauch siehe *Camellia sinensis*
Teestrauchöl 47
Teile der Kräuter 42
Teilung 389, 397
Teilung von Pflanzen mit Rhizomen 389
Temperamente 46
Temperatur 375
Temperaturen für das Wachstum 375
Tepalum 397
Terminal 397
Terminalia 63, 210, 360
T. arjuna 62, 360
T. bellirica 62, 63, 360
T. chebula 62, 63, *210,* 360, **361**
Terpene 248
Terpenketon 261
Terpentin 329, 330, 331
Terpentinharz 329
Terpentinpistazie siehe *Pistacia terebinthus*
Terrakottatöpfe 380
Terrassenfelder 62
Tetanus 63, 313
Tetradium 210, 361
T. officinalis 361
T. ruticarpum 210, 289, **361**
Tetrapanax papyrifera 320
Teucrium 210, 361
T. chamaedrys 24, 27, 37, *210,* **361**
T. divaricatum 210, 361
T. × *lucidrys* 24, 37, 210
T. × *l.* 'Variegatum' *384*
T. lucidum 361
Teufelsabbiß siehe *Chamaelirium luteum*
Teufelsdreck siehe *Ferula assa-foetida*
Teufelszwirn siehe *Lycium*
Thailand 67
The Art of Simpling 233, 337
Thea sinensis siehe *Camellia sinensis*
Theaceae 252
Theatrum Botanicum 19
The Countrie Houswife's Garden 25
Thé d'Europe 368
The English Husbandman 21
The English Physitian Enlarged, or the Herball 217, 237, 238, 269
The illustrated Dictionary of Gardening 351
Theobroma 210, 361, 388
T. cacao 13, 49, 55, *210,* **361**
Theophrast 19, 110, 160, 212, 320, 331
Theoprastus Bombastus von Hohenheim siehe Paracelsus
Therapie 399
The Temple of Flora 10
The Thomsonian Materia Medica 19
The Universal Herbal 18
Thiophene 359
Thixotropie 399
Thlaspi bursa-pastoris siehe *Capsella bursa-pastoris*
Thomson, Samuel 19, 46, 52, 305, 314
Thor 338
Thuja 211, 362
T. occidentalis 52, 53, *211,* **362**
T. o. 'Holmstrup' *211,* **362**
T. o. 'Rheingold' *211,* **362**
T. orientalis 211, **362**
T. o. 'Aurea Nana' *211,* **362**
Thujon 243, 346, 359, 362, 399
Thunberg, Carl 89
Thymelaeaceae 240, 272
Thymian 20, 21, 25, 26, 44, 56, 377, 378
siehe auch *Thymus*
Thymol 49, 57, 313, 318, 320, 350, 362, 363, 399
Thymus 212, 362, 363, 375, 376, 378, 384, 387
T. azoricus 362
T. caespitatus **362**
T. c. 'Aureus' *212,* **362**
T. capitatus 212, 320
T. cilicius 212, **362**
T. × *citriodorus* 29, *212,* **362**
T. × *c.* 'Archer's Gold' 36, *212,* **362**
T. × *c.* 'Aureus' 36, *212,* **362**
T. × *c.* 'Bertram Anderson' *212,* **362**
T. × *c.* 'Golden King' **362**
T. × *c.* 'Silver Queen' 36, *212,* **362**
T. herba-barona 30, *212,* **362**, 381
T. languinosus 363
T. mastichina **362**
T. m. 'Pink Chintz' *31*
T. praecox 213, 363
T. p. var. *pseudolanuginosus* 30
T. pseudolanuginosus 213
T. pulegioides 28, **363**, *213*
T. serpyllum 213, 362, **363**
T. s. var. *albus* **363**
T. s. 'Annie Hall' *213,* **363**
T. s. var. *coccineus* 30, *213,* **363**
T. s. 'Pink Chintz' 22, 30, *213,* **363**
T. s. 'Elfin' *213,* **363**, 381
T. s. 'Goldstream', **363**
T. s. 'Minor' **363**
T. s. 'Rainbow Falls' *213,* **363**
T. s. 'Russetings' 30, *213,* **363**
T. s. 'Snowdrift' 30
T. s. ssp. *languinosus* 363
T. s. 'Vey' *213,* **363**
T. vulgaris 11, 22, 29, 41, 49, 57, *213,* 278, 283, 295, 313, 317, 349, 362, **363**, 378, 379, 381
T. v. 'Aureus' 30
T. v. 'Erectus' *213,* **363**, 381
T. v. 'Silver Posie' 27, 28, 32, *213,* **363**
T. zygis 362
Tian hua fen *(Trichosanthes kirilowii)* 364
Tian ma *(Gastrodia elata)* 286
Tian nan xing *(Arisaema)* 241
Tian zhu huang *(Phyllostachys)* 326
Tiao dang shen 264
Tibetanische Medizin 63
Tigris 60
Tilia 214, 268, 288, 363
T. americana 363
T. cordata 56, *214, 347,* **363**
T. × *europaea* 214, 363
T. parviflora 363
T. platyphyllos 214, 363
Tinkturen 47
Tochterzwiebeln 389, 391, 397
Todeswüste 60
Tollkirsche siehe *Atropa bella-donna*
Tollkraut siehe *Scopolia*
Tolubalsam siehe *Myroxylon balsamum*
Tonboden 377
Tonikum 53, 338, 399
Tonkabohne siehe *Dipteryx*
Tönungslotion 49
Topferde 380
Topferde ohne Lehm 382
Topf für Heilkräuter im Haus 41
Topfkräuter 45
Topfpflanzen 378
Topisch 399
Topographische Unterschiede 56
Torfmoos 397
Toxin 399
Toxisch 399
Toskana, Großherzog von 298
Trachyspermum 363
T. ammi 61, 255, 363, **364**
T. copticum 364
Traditionelle Chinesische Medizin 65
Traditionelle europäische Kräuter 56
Traditionelle Medizin *67*
Traditioneller Sammler 58
Traditionelle Zeremonie 53
TRAFFIC 51
Tragant siehe *Astragalus*
Tränengras siehe *Coix*
Tranquilizer 17, 399
Transpiration 397
Trauer- 397
Traumatick Decoction 231
Travels in North America 299
Trester 371
Trichosanthes 214, 364
T. cucumeroides 364
T. japonica 364
T. kirilowii 214, 364
T. rosthornii 364
Trichosanthin 364
Trichterwinde siehe *Ipomoea*
Trieb 397
Trifolium 214, 309, 364
T. pratense 126, *214,* 241, *285,* 297, 354, 356, 358, **364**, 370
T. p. 'Brown Red' *214*
T. p. 'Susan Smith' *214,* **364**
Trigonella 214, 364
T. foenum-graecum 61, *214,* **364**
Trigonellin 364
Trilisa odoratissima 303
Trilliaceae 364
Trillium 214, 386
T. erectum 33, 52, *214,* 288, 295, 364, **365**, 369
T. e. f. *albiflorum 215,* **365**
T. kamtschaticum 365
T. tschonoskii 365
Triphala 62
Trockener Landstrich 66
Trockengebiet 58
Trocknen 390
Trocknen im Ofen 392
Trocknen in der Mikrowelle 392
Trocknen oberirdischer Teile und Blätter 391
Trocknen von Blütenköpfen 392
Troja 71
Tropaeolaceae 365
Tropaeolum 215, 365
T. majus 38, 164, *215,* 253, **365**, 382
T. m. 'Alaska' 41, *215, 365*
T. m. 'Empress of India' 25, *215,* **365**, 381
T. m. 'Hermine Grashoff' *216,* **365**
T. m. 'Peach Melba' *216,* **365**
T. m. Whirlybird Serie 38
Tropanalkaloide 55, 57, 276, 350
Tropen 55, 62, 66
Trophisch 399

Tropische Kräuter 386
Tropischer Regenwald 18, 58, 64, 67
Trugdolde 397
Tubokurarin 55
Tumerikwurzel 299
Tundra 52, 64
Tunesien 44
Tüpfelfarn siehe *Polypodium*
Tüpfel-Johanniskraut siehe *Hypericum perforatum*
Türkei 60
  Türkischer Rhabarber 341
  Türkische Volksmedizin 60
Türkische Kiefer siehe *Pinus halapensis* ssp. *brutia*
Türkischer Weizen siehe *Zea*
Turner, William 19, 275
Turnera 365
  T. diffusa var. *aphrodisiaca* **365**
  T. ulmifolia 365
Turneraceae 365
Tu si zi 270
Tussilago 216, 365
  T. farfara *216*, 238, 293, 297, 309, 328, **365**, 368, 370
Tut-ench-Amun 48, 233
Typen von Stecklingen 388, 389
Typha 216, 366
  T. angustifolia 366
  T. bungeana 366
  T. davidiana 366
  T. latifolia *216*, **366**, 379
    T. l. 'Variegata' 30, *216*, **366**
  T. minima 366
  T. orientalis 366
Typhaceae 366

U

Überbeweidung 56, 58, 60
Übereinkunft über den internationalen Handel von gefährdeten Pflanzen- und Tierarten 51
Überprüfung der Gestaltung 379
Überwachung des Wachstums 384
Uferwolfstrapp siehe *Lycopus europaeus*
Ulmaceae 366
Ulme siehe *Ulmus*
Ulmus 217, 366
  U. fulva 366
  U. mina var. *vulgaris* 366
  U. rubra 53, *217*, 296, 317, 356, 365, **366**
Umbelliferae 229, 236, 238, 239, 240, 251, 255, 257, 265, 267, 268, 269, 272, 275, 279, 282, 283, 292, 303, 325, 328, 354, 363, 390
Umbellularia 217, 366
  U. californica *217*, **366**
Ummantelung 397
Umpflanzen 385
Umweltbewegung 50
Umwachsen 397
Umweltverträglich 50
Ungarisches Wasser 343
Ungewöhnliche Kombinationen 36
Unkraut 13, 56, 376, 377
  Unkrautvernichtungsmittel 377
Untergeschoß 397
Untergliederungen 10
Unterirdischer Ausläufer 397
Unterlage 397
Unterton 49
Üppig 397
Uppsala 10
Urginea maritima siehe *Drimia maritima*
Urogenital 399
Urtica 146, 217, 366
  U. dioica 56, *217*, 249, 278, 285, 365, **366**, 370, 393
  U. pilulifera 366
  U. urens 366
Urticaceae 366
USA 16, 52
US National Formulary 266, 276, 312
US Pharmacopoeia 233, 260, 266, 271, 274, 298, 305, 307, 313, 338, 340, 344, 351
Ustilago zeae 263

V

Vaccinium 217
  V. ashei 217
  V. corymbosum 217
  V. myrtillus *217*, 367
  V. vitis-idaea 367
Valencia 268
Valeriana 164, 217, 367
  V. jatamansi 367
  V. mexicana 367
  V. officinalis 33, 57, *217*, 271, 300, 316, 317, 323, **367**, 377, 378
Valerianaceae 316, 367
Valeriansäure 367
Vanilla 217, 367
  V. planifolia 55, *217*, **368**
    V. p. 'Variegata' 217, *218*, **368**
  V. ssp. 13
Vanille 49
    siehe auch *Vanilla*
  Echte Vanille siehe *Vanilla planifolia*
  Vanilleblüte 367
  Vanilleschote 367
Vanillegras siehe *Hierochloe odorata*
Vanillin 367
Vasokonstriktor 399
Vata 46
Vegetative Vermehrung 388, 389, 397
Veilchen siehe *Viola*
Venerisch 399
Venus 14
Veränderung in der traditionellen Heilkunst 58
Verankerungen 397
Verarbeitung 391
Verbascum 32, 218, 368
  V. densiflorum 368
  V. nigrum *368*
  V. phlomoides 368
  V. thapsus *218*, 293, 295, 365, **368**, 379
Verbena 218, 368
  V. officinalis *218*, 283, 301, 343, 355, 368, 377
Verbenaceae 235, 305, 370
Verblüffende Farben und Formen 375
Verbrennungen 47
Verbrühungen 47
Verdauung
  Verdauungsfördernd 63
  Verdauungsmittel 57
  Verdauungsprobleme 57
  Verdauungsstörungen 47, 53, 55, 57, 61
  Verdauungstonikum 53
Verdickungsmittel 61
Veredlung 389, 397
Veredlung und Augenveredlung 389
Vereinigte Staaten 52, 54
Verjüngungsmittel 63
Verkehrt eiförmig 397
Verkehrt lanzettförmig 397
Verletzungen 47
Vermehrung aus einer Ingwerwurzel 387
Vermehrungsmethoden 386, 387, 388, 389
Vermehrungsquote 51
Vermiculit 397
Vermifuga 399
Veronica 218
  V. officinalis 218
Veronicastrum 218, 368
  V. virginicum *218*, 248, 360, 368, **369**
    V. v. f. *album* 35
    V. v. var. *roseum* *218*, **369**
Verrotten 397
Verschiedene Entwürfe 26
Verstädterung 67
Verteilungsgrad 51
Verwilderte Pflanze 397
Vespucci, Amerigo 54
Vetiveria 219, 369
  V. zizanioides *219*, **369**
Victoriafälle 58
Vielfalt auf kleinstem Raum 375
Vietnam 67
Viktoria, Königin 220
Villandry 13
Viburnum 219, 369, 386
  V. opulus *219*, **369**
    V. o. 'Aureum' *219*, **369**
    V. o. 'Roseum' *219*, **369**
    V. o. 'Xanthocarpum' *219*, **369**
  V. prunifolium **369**
Vinblastin 17
Vinca 33, 220, 369
  V. major 33, 57, *220*, 288, 301, 365, **369**, 370, 384
    V. m. 'Maculata' *220*, **369**
    V. m. 'Reticulata' *220*, **369**
    V. m. 'Variegata' *220*, **369**
  V. minor 369, 381
Vincamin 369
Vincristin 17
Viola 220, 370, 388
  V. cornuta 'Alba' 35
  V. diffusa *370*
  V. inconspicua 370
  V. odorata *220*, 247, **370**
    V. o. 'Alba' *220*, **370**
  V. patrinii 370
  V. striata *370*
  V. tricolor 41, *220*, **370**, 381
  V. × *wittrockiana* Serie Universal 36
  V. yezoensis **370**
Violaceae 370
Viral 399
Virginischer Wacholder siehe *Juniperus virginiana*
Virus 399
Viscaceae 370
Viscum 221, 370
  V. album 15, *221*, 268, 367, **370**
  V. coloratum 370
Vitaceae 371
Vitamine 45, 66, 309
Vitex 221, 370
  V. agnus-castus *221*, **370**
  V. negundo *221*, 370, **371**
    V. n. var. *cannabinifolia* 370
      siehe auch *V. n.* var. *heterophylla*
    V. n. var. *heterophylla* *221*, 370, **371**
  V. rotundifolia 370
  V. trifolia 370
Vitis 221, 371, 385
  V. vinifera 61, *221*, **371**, *383*
    V. v. 'Apifolia' siehe *V. v.* 'Ciotat'
    V. v. 'Ciotat' *221*, **371**
    V. v. 'Incana' 32, **371**
    V. v. 'Pinot Noir' *221*, **371**
    V. v. 'Purpurea' *221*, **371**
    V. v. 'Spätburgunder' siehe *V. v.* 'Pinot Noir'
Voacanga 58
  V. africana 59
Vogelkirsche siehe *Prunus avium*
Vogelmiere 47
  siehe auch *Stellaria media*
Volksmedizin 14
Vom Aussterben bedrohte Kräuter 51
Vorbereitung der Anlage 377
Vorbereitung der Verarbeitung 391
Vorbereitung und Markierung der Anlage 377
Vorbereitung und Pflege der Beete 28
Vorbereitung zur Lagerung von Wurzeln 393
Vorinkazeit 16
Vorwort der Autorin 7
Vranow 56

W

Wacholder siehe *Juniperus*
  Wacholderbeeren 48
Wachsender Bedarf nach Ginseng 64
Wachskürbis siehe *Benincasa*
Wachstum der Pflanzen 19, 384
Wachstumsart 377
Wagenrad 376
  Ein Wagenrad als Beet mit Küchenkräutern 377
Wahnsinn 17
Waid siehe *Isatis*
Wald-Ehrenpreis siehe *Veronica officinalis*
Wälder 52, 58, 64
Walderdbeere siehe *Fragaria vesca*
Waldfingerkraut siehe *Potentilla erecta*
Waldgeißblatt siehe *Lonicera periclymenum*
Waldkiefer siehe *Pinus sylvestris*
Waldkräuter 20
Waldlilie siehe *Trillium*
Waldmeister 21
  siehe auch *Galium odoratum*
Waldrebe siehe *Clematis*
Waldregionen 56
Waldreservate 63
Walnußbaum siehe *Juglans regia*
Warburgia salutatis 59
Wärmendes Kraut 399
Warzen 59
Wasabia 222, 371
  W. japonica *222*, **371**
Washington 52
Wasserdost siehe *Eupatorium*
Wasserfläche 376
Wasserhanf siehe *Eupatorium cannabinum*
Wassermenge 375
Wasserminze siehe *Mentha aquatica*
Wässern 381
Wassernabel siehe *Centella asiatica*
Wasserpfeffer siehe *Polygonum hydropiper*
Wasserpflanzen 378
Wasserstrauch siehe *Hydrangea arborescens*
Was zu beachten ist 378
Wechselständig 397
Wedel 397

Wegerauke siehe *Sisymbrium officinale*
Wegerich siehe *Plantago*
Wegmalve siehe *Malva neglecta*
Wegrauke siehe *Sisymbrium officinale*
Wegwarte 36
siehe auch *Cichorium*
Weiche Kopfstecklinge 388
Weichmais 372
Weide siehe *Salix*
Weiderich siehe *Lythrum*
Weihnachtsstern siehe *Euphorbia pulcherrima*
Weihrauch 48, 49, 63, 250
siehe auch *Boswellia sacra*
Weihrauchbaum *siehe Boswellia*
Weihrauchharz 49
Wei ling xian 263
Wein aus Kernen gezogen 387
Weinraute siehe *Ruta graveolens*
Weinrebe siehe *Vitis vinifera*
Weinrose siehe *Rosa eglanteria*
Weinstock 32
siehe auch *Vitis vinifera*
Weintraube 60
Weißbirke siehe *Betula pendula*
Weißdorn siehe *Crataegus*
Weiße Fliegen *383*
Weißeiche siehe *Quercus alba*
Weiße Lilie siehe *Lilium candidum*
Weißer Gänsefuß siehe *Chenopodium album*
Weißer Gummibaum 66
Weißer Maulbeerbaum siehe *Morus alba*
Weißer Pfeffer siehe *Piper nigrum*
Weißer Sandelbaum siehe *Santalum* album
Weißer Senf siehe *Sinapis alba*
Weißes Beet mit Kräutern 34
Weiße Taubnessel siehe *Lamium album*
Weißgummibaum siehe *Bursera*
Weißtanne siehe *Abies alba*
Welche Teile und wann ?
Welschkorn siehe *Zea*
Wermut siehe *Artemisia absinthium*
Westargentinien 54
Westasien 60
Westaustralien 66
Wichtige Kräuterbücher 19
Wichtige Kräuter der Region 53, 55, 57, 59, 61, 63, 65, 66, 67
Wickel 47
Wickel auflegen 47
Wiederaufforstung 60
Wiederkehrende Beetmuster 28
Wiege der Evolution 60
Wiesenbärenklau siehe *Heracleum sphondylium*
Wiesenklee siehe *Trifolium pratense*
Wiesenknopf siehe *Sanguisorba*
Wiesenknöterich siehe *Polygonum bistorta*
Wiesenprimel siehe *Primula veris*
Wiesensauerampfer siehe *Rumex acetosa*
Wiesenschaumkraut siehe *Cardamine pratensis*
Wilde Möhre siehe *Daucus carota*
Wilder Lattich siehe *Lactuca serriola*
Wilder Lattich siehe *Lactuca serriola*
Wilder Majoran siehe *Origanum vulgare*
Wilde Safrandistel siehe *Carthamus tinctorius*
Wildgebiet 59
Wildkräuterarten 50
Wildkräuter in Spanien 57
Wildpflanze 51, 53, 397
Wildwachsende Kräuter 46, 51, 390
Windhafer siehe *Avena fatua*
Winteraceae 275
Winterbohnenkraut siehe *Satureja montana*
Wintergarten 374, 375
Wintergrünstrauch siehe *Gaultheria procumbens*
Winterhart 375
Winterharte Einjährige 386
Winterlieb siehe *Chimaphila*
Winterlinde siehe *Tilia cordata*
Winterrinde siehe *Drimys winteri*
Winterschutz 385
Winterzwiebel siehe *Allium fistulosum*
Wirbeldost siehe *Clinopodium*
Wirt 397
Wirtel 397
Withania 222, 371
W. somnifera 63, *222*, **371**, 388
Wohlriechendes Mariengras siehe *Hierochloe odorata*
Wolfiporia 372
W. cocos 64, 246, 264, **372**
Wolfsmensch 15
Wolfsmilch siehe *Euphorbia*
Wolfstrapp siehe *Lycopus*
Wollbaum siehe *Ceiba pentandra*
Wollblume siehe *Verbascum*
Wolliger Fingerhut siehe *Digitalis lanata*
Wollmispel siehe *Eriobotrya*
Woodfordia fruticosa 63
Worcestersauce 61
World Wide Fund for Nature 60
Wu jia pi *(Eleutherococcus senticosus)* 277
Wu mei *(Prunus mume)* 336
Wunde 66
Wunderbaum siehe *Ricinus communis*
Wundreinigung 399
Würmer 55
Wurmfarn siehe *Dryopteris filix-mas* und *Tanacetum vulgare*
Wurzelausläufer 397
Wurzelballen 385, 386, 397
Wurzeln 391, 393, 397
Wurzelpetersilie siehe *Petroselinum crispum var. tuberosum*
Wurzelschnittlinge 388
Wurzelstau bei Kübelpflanze 378
Würzmittel 57
Wüste 58, 60, 64
Wüstenart 375
Wu tou 228
Wu wei zi *(Schisandra chinensis)* 350

X

Xanthium 222, 372
X. sibiricum 372
X. strumarium 222, 290, **372**
Xanthone 357
Xia ku cao *(Prunella vulgaris)* 335
Xin yi 307
Xing ren *(Prunus armeniaca)* 336
Xochimilco 13
Xuan chen *(Scrophularia ningpoensis)* 350
Xuan fu hua *(Inula britannica* var. *chinensis)* 296

Y

Ya dan zi *(Brucea javanica)* 250
Yamswurzel siehe *Dioscorea*
Yang 46, 399
Yangchou 64
Yerba de la sangre 308
Yi mu cao *(Leonurus cardiaca)* 302
Yin 46, 399
Yin chen hao *(Artemisia capillaris)* 243
Yin yang huo *(Epimedium sagittatum)* 278
Yi tang *(Oryza sativa)* 320
Yi yi ren 264
Ylang-Ylang *48*, 49
siehe auch *Cananga odorata*
Yoga 14
Yohimbe siehe *Pasinystalia yohimbe*
Yohimbin 323
Ysop 21, 24, 28
siehe auch *Hyssopus*
Yuan hua 272
Yuan zhi *(Polygala tenuifolia)* 333
Yuen-Dynastie 268
Yu jin *(Curcuma aromatica)* 270
Yu li ren *(Prunus japonica)* 336
Yu mi xu *(Zea mays)* 372
Yünnan 65
Yu zhu *(Polygonatum odoratum)* 333

Z

Za'fân (Safran) 268
Zahn 397
Zahnmais 372
Zahnpasta 49
Zahnschmerzen 47, 66, 67
Zahnstein 53
Zahnstocherkraut siehe *Ammi visnaga*
Zahnwehholz siehe *Zanthoxylum americanum*
Zanthoxylum 222, 327, 372
Z. acanthopodium 372
Z. americanum 222, 261, 369, **372**
Z. armatum 372
Z. capense 372
Z. clavaherculis 372
Z. piperitum 222, **372**
Z. schinifolium 372
Z. simulans 372
Z. zanthoxyloides 372
Zapfen 397
Zaubernuß 21
siehe auch *Hamamelis*
Destillierte Zaubernuß 47
Zaunrübe siehe *Bryonia*
Zea 223, 372
Z. mays 14, 54, 55, *223,* 241, 299, 301, **372**, 381
Z. m. 'Black Aztec' **373**
Z. m. 'Gigantea Quadricolor' *223*, **373**
Z. m. 'Quadricolor' siehe *Z. m.* 'Gigantea Quadricolor'
Z. m. 'Gracillima Variegata' *223*, **373**
Z. m. 'Strawberry Corn' **373**
Zeder 49
siehe auch *Cedrus*
Zedrachbaum siehe *Melia azederach*
Zeitlose siehe *Colchicum*
Zeitpunkt 390
Zelluloid 261
Zentralafrika 58
Zentralafrikanische Landschaft 58
Zentralchile 54
Zerebrovasculäre Störungen 59
Zerumbon 373
Zeus 14
Zhang nao 262
Zhang Yuan-su 321
Zhe bei mu *(Fritillaria verticillata)* 284
Zhi ke 263
Zhi mu 238
Zhi shi 263
Zhi zi *(Gardenia augusta)* 286
Zhu li *(Phyllostachys)* 326
Zhu ru *(Phyllostachys)* 326
Zhu Zhen Heng 268
Zi cao 315
Zichorie siehe *Cichorium*
Zierpflanze 56, 383, 397
Zierpflanzen im Westen 65
Zierquitte siehe *Choenomeles*
Ziest siehe *Stachys*
Zigeuner 15
Zi hua di ding *(Viola yezoensis)* 370
Zimt 44, 45, 48, 49
siehe auch *Cinnamomum*
Zimtkassie siehe *Cinnamomum cassia*
Zimtrindenbaum siehe *Canella winterana*
Zimtsäureester 369
Zineol 280
Zingiber 223, 299, 373
Z. cassumar 373
Z. mioga 373
Z. officinale 223, 244, 249, 274, 281, 296, 298, 307, 309, 314, 329, 330, 352, 372, **373**, 383, 387
Z. zerumbet 373
Zingiberaceae 229, 235, 237, 270, 277, 299, 373
Zinnie *381*
Zistrose siehe *Cistus*
Zi su geng *(Perilla frutescens)* 325
Zi su ye *(Perilla frustescens)* 325
Zi su zi *(Perilla frutescens)* 325
Zitral 318
Zitrone 43, 48, 49
siehe auch *Citrus limon*
Zitronellgras siehe *Cymbopogon nardus*
Zitronellol 280, 317, 342
Zitronenblume siehe *Cedronella*
Zitronengras 49
Zitronenmelisse siehe *Melissa officinalis*
Zitronenöl 43
Zitronenpelargonie siehe *Pelargonium odoratissimum*
Zitronenstrauch siehe *Aloysia triphylla* und *Lippia*
Zitrusfrüchte 44
Zitwerwurzel siehe *Curcuma zedoaria*
Zi wan *(Aster tataricus)* 245
Zizania aquatica 169
Ziziphus 223, 373
Z. jujuba 223, 340, **373**
Z. vulgaris 373
Zubereitung einer Tinktur 47
Zuckerbirke siehe *Betula lenta*
Zuckermais 42, 372
Zurückschlagen 384, 397
Zusammengesetzt 397
Zweijährige 10, 386, 397
Zweijährige Nachtkerze siehe *Oenothera biennis*
Zweiter Weltkrieg 58
Zweizahn siehe *Bidens*
Zweizähniger Amarant siehe *Achyranthes bidentata*
Zwergdahlie 36
Zwerghecke 375, 377
Zwerglavendel siehe *Lavandula angustifolia* 'Nana Alba'
Zwergsorten 380
Zwetschge siehe *Prunus domestica*
Zwiebel 44, 60, 397
siehe auch *Allium cepa*
Zwiebelpflanzen 21, 391, 397
Zygophyllaceae 290, 323
Zypergras siehe *Cyperus*
Zypressenkraut siehe *Santolina chamaecyparissus*

Literaturempfehlungen

Bickel, Gabriele: ***Mit einer Hexe durchs Kräuterjahr***. Geschichten, Tips und Rezepte. Mühlacker, 1994.

Bown, Deni: ***Fine Herbs,*** London, 1988 (unter dem Titel: ***Ornamental Herbs for Your Garden***, London, 1993).

Bremness, Lesley: ***Das große Buch der Kräuter.*** Ein praktischer Führer für den Anbau, die Pflege und Verwendung von Kräutern. Aarau, Stuttgart, 1988.

Brooke, Elisabeth: ***Kräuter für Frauen.*** Münsingen, 1994.

Clevely, Andi; Richmond, Katherine: ***DuMont's großes Kräuterbuch.*** Garten – Küche – Dekors. Mit über 120 köstlichen Rezepten. Köln, 1995.

Culpeper's Complete Herbal. Ware, 1995.

Fehringer, Barbara: ***Das Speyerer Kräuterbuch mit den Heilpflanzen Hildegards von Bingen.*** Eine Studie zur mittelhochdeutschen Physica-Rezeption mit kritischer Ausgabe des Textes. Würzburg, 1994.

Frawley, D. und Lad, V.: ***The Yoga of Herbs: An Ayurvedic Guide to Herbal Medicine.*** Santa Fe, New Mexiko, 1986.

Fröhlich, Hans H.: ***Der Naturgarten des Sebastian Kneipp.*** Vorwort von Leusse Luitpold. Würzburg, 1993.

Fuchs, Leonhardt: ***Tübinger Kräuterbuchtafeln.*** Botanisch-historische Raritäten der Eberhard-Karls-Universität (Bearbeitet von Klaus v. Dobat). Tübingen, 1983.

Gaigg, Walter: ***Ansatzschnäpse.*** Liköre und Kräuterweine. Graz, 1996.

Gerard's Herbal (Hrsg. von M. Woodward). London, 1994.

Gerhard, Ulrich: ***Gewürze in der Lebensmittelindustrie.*** Eigenschaften, Technologien, Verwendung. Hamburg, 1990

Graupe, Friedrich; Koller, Sepp: ***Delikatessen aus Unkräutern.*** Das Wildpflanzen-Kochbuch. Wien, 1992.

Grieve, M.: ***A Modern Herbal*** (London, 1931), hrsg. von C. F. Leyel, London 1988.

Gutjahr, Markusine: ***Kräuterrezepte.*** Aus der Bad Lauterberger Kräuterküche. Hannover, 1995.

Haslam, Gillian: ***Mit Kräutern durchs Jahr.*** Garten und Küche im Einklang mit der Natur. München, 1995.

Hensel, Wolfgang: ***Das Kosmos-Kräuterbuch.*** Erkennen – sammeln – verwenden. Stuttgart, 1994.

Hillier, Malcolm: ***Duftende Kräuter.*** Kochen und Backen mit Kräutern – Dekorationen – Kosmetik – Heilmittel. Köln, 1993.

Hoffmann, David: ***Mit Kräutern gegen Streß.*** Ein medizinischer Ratgeber. Augsburg, 1992.

Hohenberger, Eleonore: ***Heilkräuter, die wirklich helfen.*** Anbau und Verwendung nach Dr. Bach, Sebastian Kneipp, Hildegard von Bingen, u.a. Augsburg, 1994.

Holt, Geraldine: ***Kräuter Kräuter Kräuter.*** In Garten und Küche – Für Gesundheit und Schönheit – Als Duft und Dekoration. München, 1992.

Die Jahreszeiten-Küche: Salate und Kräuter (Rezepte und Texte von Hildegard Loretan und Susanne Krebs), Zürich, 1990.

Jenuwein, Hans: ***Tropische Nutzpflanzen für Wintergarten und Terrasse.*** Stuttgart 1992.

Kauth, Hans J.: ***Kräutertherapie und Volksheilkunde – eine Renaissance.*** Gesellschaft für Volkskunde in Rheinland-Pfalz e.V., Mainz, 1991.

Klapp, Ernst; Opitz von Boberfeld, Wilhelm: ***Kräuterbestimmungsschlüssel für die häufigsten Grünland- und Rasenkräuter.*** Zur Ansprache im blütenlosen Zustand. Bearbeitet von Opitz von Boberfeld, 3. Aufl. Wien, 1995.

Koch, Silke: ***Gewürze und Kräuter.*** Niedernhausen, 1996.

Köstliches aus dem Kräutergarten: Die 150 besten Rezepte. München, 1996.

Körke, Harald: ***Die Kräuter des langen Lebens.*** Tübingen, 1993.

Die Kraft der Kräuter: Unsere Kräuterspirale – selbst gebaut und vielfältig genutzt. (Hrsg. von Wolfgang Tyssen). Aachen, 1994.

Kremer, Bruno: ***Welche Heilpflanze ist das?*** Kennen – verwenden – anbauen. Gesund durchs Jahr. Stuttgart, 1987.

Küster, Hansjörg: ***Wo der Pfeffer wächst.*** Ein Lexikon zur Kulturgeschichte der Gewürze. Mit 28 Holzschnitten aus dem „New Kreütterbuch" des Leonhart Fuchs. München, 1987.

Lechthaler, Ernst: ***Kräuterdrinks mit und ohne Alkohol.*** Weil der Stadt, 1995.

Melchior, Hans; Kastner, Hans: ***Gewürze.*** Botanische und chemische Untersuchung. Berlin, 1974.

Mességué, Maurice: ***Das Mességué Schönheitskräuter-Lexikon.*** Berlin, 1991.

Mességué, Maurice: ***Die Kräuterküche.*** Ein Lexikon der Küchenkräuter mit über 200 französischen Rezepten. Berlin, 1992.

Michalak, Patricia S.; Peterson, Cass: ***Biologisch Gärtnern mit Erfolg – Kräuter.*** Köln, 1993.

Minter, Sue: ***Der heilende Garten.*** Oase für Körper, Geist und Seele. Köln, 1995.

Ody, P.: ***The Herb Society's Complete Medicinal Herbal;*** London 1993.

Ohrbach, Barbara: ***Kräuter und Blumendüfte im Haus.*** Vom Lavendel zum duftenden Rosenblatt. Köln, 1988.

Pahlow, Mannfried: ***Das große Buch der Heilpflanzen.*** Gesund durch die Heilkräfte der Natur. 2. Aufl. München, 1994.

Pfannenschmidt, Ilka: ***Kräuterbuch zum Kräutergarten des Klosterhofmuseums Isenhagen.*** Landkreis Gifhorn, 1993.

Rees, Yvonne; Titterlington, Rosemary: ***Kräuter.*** Erlangen, o.J.

Reid, D.P.: ***Chinese Herbal Medicine.*** Wellingborough, 1987.

Salentiny, Ferdinand: ***Die Gewürzroute.*** Entdeckung des Seewegs nach Asien. Portugals Aufstieg zur ersten europäischen See- und Handelsmacht. Köln, 1991.

Schmidt, Siegfried: ***Geweihte Kräuter im Odenwald.*** Eine Bestandsaufnahme des traditionellen Brauches. (Hrsg: Arbeitsgemeinschaft der Geschichts- und Heimatvereine im Kreis Bergstrasse). Lorsch, 1992.

Schmidtlein, Gisela: ***Küchenkräuter.*** Kräuterkunde – Gesundheitstips – Rezeptideen. Bielefeld, 1988.

Schmidtlein, Gisela: ***Meine Kräuterkiste.*** Bielefeld, 1984.

Schreiber, Wilhelm L.: ***Die Kräuterbücher des XV. und XVI. Jahrhunderts.*** (Zum Gedenken an den Autor anläßlich seines 50. Todestages hrsg. und mit einem Nachwort von Reimar v. Fuchs; unveränderter Nachdruck der Ausgabe von 1924), Stuttgart, 1982.

Schunk, Rainer: ***Die Heilpflanze.*** 120 Heilpflanzen und 40 Gewürze. Abtswind, 1977.

Seidemann, Johannes: ***Würzmittel-Lexikon.*** Ein alphabetisches Nachschlagewerk von Abelmoschussamen bis Zwiebeln. Hamburg, 1993.

Seitz, Paul: ***Die Gartenapotheke.*** Heilkräuter anbauen und verwenden. Stuttgart, 1992.

Siegel, Gerhard: ***Küchenkräuterbüchlein.*** Leipzig, 1992.

Siewek, Fred: ***Exotische Gewürze.*** Herkunft, Verwendung, Inhaltsstoffe. Basel, 1990.

Stoffler, Hans D.: ***Der Hortulus des Walahfrid Strabo.*** Aus dem Kräutergarten des Klosters Reichenau (Mit einem Beitrag von Theodor Fehrenbach). Sigmaringen, 3. Aufl. 1989.

Tolley, Emelie; Mead, Chris: ***Gartengestaltung mit Kräutern.*** Köln, 1996.

Wee, Y.C.; Hsuan, K.: ***An Illustrated Dictionary of Chinese Medicinal Herbs.*** Sebastopol, California, 1992.

Yilmaz, Martina: ***Zauberkräuter Hexengrün.*** Bergen, 1989.

Danksagungen

1	4	7	10
2	5	8	11
3	6	9	12

Die Herausgeber danken folgenden Personen und Institutionen für die Erlaubnis zur Reproduktion von Bildmaterial. Auf die Fotografien im Katalog wird durch zwei Zahlen verwiesen: die Seitenzahl, gefolgt von der (den) zu der (den)Fotografie(n) gehörenden Zahl(en); diese ist, wie in dem obigen Raster zu sehen, durch die Position auf der Seite festgelegt. Auf Fotografien in anderen Teilen des Buchs wird durch die Seitenzahl und durch ihre Position auf der Seite verwiesen: o = oben, m = Mitte, u = unten, l = links, r = rechts.

AKG, London 12ul (British Museum), 18l
A-Z Botanical 128/9 (Derek Shimmin), 143/6 (Jiri Loun), 146/10 (F. Collet & U. Lund), 150/4 (K. Jayaram), 180/9 (Ron Bass), 198/12 (Mike Maidment), 210/12 (Andrea Balogh)
Gillian Beckett 109/6, 222/9
Biofotos/Heather Angel 42um, 51or, 112/4, 125/7, 200/10
Deni Bown 25ul, 26om, 26or, 26ul, 27m, 27um, 27um, 31ur, 32om, 33lm, 33ul, 34or, 35mr, 37um, 37ur, 38om, 55or (W. Tait), 58ur, 70/10, 75/10, 76/3, 78/5-6, 79/10, 81/10, 83/8, 87/2-12, 88/5, 89/11, 91/5 (W. Tait), 93/5-12, 101/2-6, 102/6, 105/9, 111/6-8, 112/8-12, 113/1, 120/4-5, 121/10, 122/11, 123/4-6, 124/2, 126/2, 127/6-7-10, 128/5-7-10, 129/12, 130/5-10, 132/6-11, 135/2-8, 139/9, 141/10, 142/1, 143/10, 144/8-9, 145/11-12, 147/4, 147/6-9, 149/9, 150/6, 151/6, 152/10, 154/6, 155/4, 156/10, 157/4-11, 162/3-10-12, 164/6-8-9, 168/2, 170/3-5, 172/3, 173/3, 176/8, 178/10, 183/3, 186/5, 188/9-10, 189/5, 191/2, 194/9, 195/3-12, 196/8-12, 197/2, 197/10, 200/1, 203/6, 205/8, 206/4-11, 207/12, 209/7, 214/12, 216/10, 217/5-11, 218/12, 219/5, 220/11, 223/4, 379or
Bridgeman 10ml, 15om (Nationalbibliothek Wien), 19ur (British Library)
Pat Brindley 82/11, 194/8, 197/3, 223/7
British Museum 12or, 14ml
R.B. Burbridge 104/12
Neil Campbell Sharp 13or, 20om, 118/6, 176/6, 180/8, 186/7, 374mr, 378ur, 382ur
Jean-loup Charmet 53mr
Bruce Coleman 7om (Kevin Rushby), 45or (Dr Sandro Prato), 46ur (John Murray), 48ul (Michael Freeman), 50ml (Michael Freeman), 50om (Frank Lanring), 51ul (Luiz Claudio Marigo), 52or (John Shaw), 54or (Luiz Claudio Marigo), 56or (Atlantide SDF), 56ml (Michel Viard), 57or (Norbert Schwirtz), 57ur (Hans Reinhard), 58or & 58ml (Gerald Cubitt), 62or (Gerald Cubitt), 62ur (Michael Freeman), 63mr (Dr Jaroslav Poncar), 66or (George Bingham), 66ml (Fritz Prenzel), 67or (John Murray), 67ul (Alain Compost), 217/12, 390ul (Hans Reinhard)
Eric Crichton 24or, 30ur, 38or, 39or, 39ur
Tom Croat 99/6, 133/3
James Davis 50ur
CM Dixon 16ul
Frank Dobson 105/4
Ente Nazionale Risi 169/9
ET Archive 12ml (Topkapi Museum), 14or, 15or, 45ul, 54ml
Mary Evans 64ml
John Fielding 74/4-5, 76/4, 166/11, 205/2
Steven Foster 84/8, 90/6-10, 107/4, 108/6, 154/11, 170/8, 202/10, 214/5, 217/4
M.P. Frankis 60ml, 61mu
Andrew Gagg 94/4, 113/12, 141/5, 200/3
Garden Picture Library 6om (Linda Burgess), 20ml, 47or (Mayer/le Scanff), 187/9 (Brian Carter), 224 (Didier Willery), 374om (Christel Rosenfeld), 374ul (Clive Boursnell), 375or (Neil Holmes), 375ur (Lynne Brotchie), 384ur (Bob Challinor)
John Glover 375ol, 376ul, 383ol
Derek Gould 34ml
Robert Harding 13um, 43um (Robert Frerck/Odyssey, Chicago), 49mr, 53ur (SH & DH Cavanaugh), 56ul (Fiore), 65ol,
Hutchison 43ur, 46ul (Felix Greene), 54um, 55m, 60or
Image Bank 44mr (Harald Schon)
Image Select 10or (Anne Ronan)
Andrew Lawson 25ml
Charles Mauzy 210/5
Miranda Morris 61ml, 61mr, 61ul
National Trust Photographic Library 68 (Mike Williams)
Clive Nichols 21mr (Glazely Old Rectory), 39mr (Le Manoir Aux Quat), 376or (Old Rectory, Shropshire), 376ur, 381or (Lucy Huntington), 381ur
Oxford Scientific Films 42om (Deni Bown), 57om (Peter Ryley), 103/4, 165/6 (James Robinson), 165/9 (Karen Ross/Partridge Films Ltd), 171/12 (Rob Cousins), 186/4 (Jack Dermid)
Panos 59or (Victoria Keble-Williams)
Photos Horticultural 78/7, 91/9, 109/2, 121/6, 128/1, 146/6, 147/5, 183/11, 216/3, 220/9
Pictor 387ul
Royal Botanic Garden Edinburgh 59ol (David Rae), 59ur, 61ur, 146/4, 160/5, 164/4 (R.M. Beath), 61ur
RHS Wisley Photographic Collection 18ur, 19ml, 19or, 383ur
Royal Photographic Society 15u (Robinson)
Science Photo Library 17mr (John Greim), 46or (Jean-loup Charmet)
Harry Smith Collection 17or, 43or, 56ur, 70/3, 99/4, 125/10, 133/1 (Ivan Tolunix), 138/2, 160/8-9, 170/10, 178/8, 179/6, 209/3, 221/9, 222/6, 223/3, 380ur
South American Pictures 13mr
Derek St Romaine 100/12
Telegraph/Colorific 64or (Patrick Morrow/Blackstar), 64ul (Michael Yamashita)
Trip 54ur (A. Gasson), 60ul, 61or (H. Rogers)
John Vander-plank, National Collection of Passiflora 171/11
Werner Forman Archive 46ml
Joan Wilder 189/6
Steve Wooster 1m, 2 & 3, 20ur, 21om, 21ul, 29ml (John Brookes), 29ul (Anthony Park), 40or

Abkürzungen

C	Celsius	mm	Millimeter
ca.	circa	n.Chr.	nach Christus
cm	Zentimeter	S.	Seite
f.	Form	sing.	Singular
g	Gramm	spp.	Species
ha	Hektar	ssp.	Subspecies
kg	Kilogramm	syn.	synonym
m	Meter	var.	Variante
ml	Milliliter	v.Chr.	vor Christus

Danksagung der Autorin
Mein Dank gilt dem Redaktionsteam, besonders Laura Langley (Chefredaktion), Rachel Gibson (Kunstredaktion) und Claire Folkard (Herausgeber), welche die komplexe Aufgabe mit großer Geduld und viel Freude angingen. Vielen Dank auch an Neil Fletcher für seine professionellen Fotos, ebenso an:

Die Experten
Roger Hyam (Systematik); Penelope Ody (chinesische Kräuter); Elizabeth Dauncey (nicht-chinesische Kräuter); Alison Denham (nicht-chinesische Kräuter); Adrian Whiteley, Royal Horticultural Society (Pflanzenbeschreibungen); Frances Hutchison (Information zu Australien und Neuseeland); Carol Church (Recherche); Holly Shimizu (amerikanische Kräuter); Susyn Andrews, Royal Botanic Gardens, Kew (*Lavandula*); Rose Clement, Royal Botanic Garden Edinburgh (*Teucrium*); Dr Chris Page, Royal Botanic Garden Edinburgh (*Cedrus*); Dr Mark Watson, Royal Botanic Garden Edinburgh (*Umbelliferae*); James Morley, Royal Botanic Gardens, Kew (ökonomische Botanik); Sue Minter, Chelsea Physic Garden (ökonomische Pflanzen); Susie White, Hexham Herbs (*Thymus* und *Origanum*); Ben Nash, Rio Trading Company (Amazonaskräuter); Harriet Gillet, IUCN (Erhaltung); Lindsay Lardner, Wellcome Foundation, London; Henry Head (*Lavandula*); Diana Miller (*Pelargonium*); Mr M W Kotze, Rooibos Tea Natural Products (*Aspalathus linearis*); Peter Wilde (ätherische Öle); Pandora Thoresby, Yorkstock Herbs, Wetherby, Yorkshire (*Rosmarinus*); Moles Seeds, Colchester, Essex (*Catharanthus*-Arten); Mario Casali, Ente Nazionale Risi, Italien (*Oryza*); Western Hybrid Seeds, Kalifornien, USA (*Capsicum*-Arten)

Leiter und Mitarbeiter der folgenden Institutionen, bei denen Fotografien aufgenommen wurden: Royal Botanic Garden Edinburgh; Royal Botanic Gardens, Kew; Royal Horticultural Society, Wisley; Royal Botanic Gardens, Peradeniya, Gampaha Botanic Garden, Ganewatta Botanic Garden, und Haputale Botanic Garden, Sri Lanka; Singapore Botanic Gardens; Kirstenbosch Botanic Garden, Kapstadt; Tropical Botanical Gardens and Research Institute, Trivandrum, Indien; Chelsea Physic Garden, London; Harlow Carr Botanical Gardens, Harrogate, Yorkshire; Birmingham Botanical Gardens; Glasgow Botanic Gardens; US National Arboretum, Washington DC; Kenilworth Aquatic Gardens, Washington DC; New York Botanical Garden; Arnold Arboretum, Boston, USA; New England Wildflower Society, Massachusetts; Westonbirt Arboretum, Tetbury, Gloucestershire; University Botanic Garden, Cambridge.

Aufrechter Dank auch an: die Eigentümer und den Stab der Hollington Nurseries, Newbury, Berkshire; The Herb Garden, Hardstoft, Derbyshire; Hill Farm Herbs, Brigstock, Northamptonshire; Hexham Herbs, Hexham, Northumberland; Norfolk Lavender, Kings Lynn; Rooibos Tea Natural Products, Clanwilliam, Südafrika; Poyntzfield Herb Nursery, Ross and Cromarty; Congham Hall Hotel, Congham, Norfolk; Ryton Gardens (Henry Doubleday Research Association), Coventry; Beth Chatto Gardens, Colchester; Alex Brenton's Cottage Garden Plants, Wareham, Dorset; Chessington Nurseries, Surrey; Bridgemere Garden World, Cheshire; Holly Gate Cactus Nursery, Ashington, W Sussex; Reads Nursery, Norfolk; Cally Gardens, Gatehouse of Fleet, Schottland; Cheshire Herbs, Little Budworth, Cheshire; Salley Gardens, Nottingham; The Cottage Herbery, Tenbury Wells, Worcestershire; The Herb Farm, Reading, Berkshire; Waterperry Gardens, Oxford; Barnsley House garden, Gloucestershire; Acorn Bank Garden, Temple Sowerby, Cumbria; Hardwick Hall, Derbyshire; Iden Croft Herbs, Staplehurst, Kent; Herb and Heather Centre, Selby, Yorkshire; Ripley Castle Gardens, Harrogate; Hyde Hall Garden, Chelmsford, Essex; Arne Herbs, Chew Magna, Avon.

Weitere Helfer
Julian Holland (Initialisierung des Projekts); Lesley Brown (Sekretariat); Anna Walsh and Rebecca Wallen, Oxford Scientific Films (Archivbilder der Autorin); Jon and Sue Atkins, Summerfield Books (Bücher); Jenny Evans (Kommunikation), Royal Botanic Gardens, Kew; Kate Haywood (Kommunikation), Royal Horticultural Society, Wisley; Norma Gregory (Kommunikation), Royal Botanic Garden Edinburgh; William Tait (Fotografien), Royal Botanic Garden Edinburgh.

Der Verlag schuldet Dank: Bob Gordon, Geoff Manders und Ina Stradins für das Design, Jane Aspden, Alison Copland, Maggie O'Hanlon und Kate Swainson für Redaktionsarbeiten, und Dorothy Frame für den Index.

Illustratoren:
Karen Cochrane: 21, 22, 27, S.28ul, 29o, 32u, 30, 33o, 35o, 36u, 37o, 38, 40m, 41or & ul.
Martine Collings: 23, 26, 31, 34-35, 36m, 39, 40u, .41or & ur.
Valerie Hill: 28ur, 29u, 32m, 33u, 37m.